黑龙江农垦年鉴

HEILONGJIANG NONGKEN NIANJIAN

2016

黑龙江农垦年鉴编纂委员会 编

方志出版社
Publishing House of Local Records

图书在版编目(CIP)数据

黑龙江农垦年鉴. 2016/黑龙江农垦年鉴编纂委员会编.
——北京:方志出版社,2016.12
ISBN 978-7-5144-2272-6
I.①黑… II.①黑… Ⅲ.①农垦地区-黑龙江省-2016-年鉴 Ⅳ.①Z523.5

中国版本图书馆 CIP 数据核字(2016)第 320263 号

黑龙江农垦年鉴(2016)

编　　者: 黑龙江农垦年鉴编纂委员会
责任编辑: 梅中英　陈　效

出 版 人: 冀祥德
出 版 者: 方志出版社
地址　北京市朝阳区潘家园东里 9 号(国家方志馆 4 层)
邮编　100021
网址　http://www.fzph.org
发　　行: 方志出版社发行中心
电话 (010)67110500
经　　销: 各地新华书店
设计排版: 黑龙江省教育厅印刷厂
印　　刷: 黑龙江省教育厅印刷厂

开　　本: 890×1240　1/16
印　　张: 27
字　　数: 1200 千字
插　　页: 44
版　　次: 2016 年 12 月第 1 版　2016 年 12 月第 1 次印刷
印　　数: 0001~2000 册

ISBN 978-7-5144-2272-6　**定价:** 218.00 元

编辑说明

一、《黑龙江农垦年鉴》(2016) 编纂以马克思列宁主义、毛泽东思想、邓小平理论、“三个代表”重要思想和科学发展观为指导，客观地记述垦区各行各业2015年度基本情况，是集知识、信息、资料为一体的具有公报性、权威性的工具书。

二、《黑龙江农垦年鉴》(2016)是一部全面反映黑龙江垦区自然、政治、经济、文化、社会等方面情况的综合性年鉴。主要记载2015年垦区各领域、各部门、各行业、各分局的基本情况、重大事件、主要发展变化。断限为2015年1月1日至12月31日。特载中收录总局党委(扩大)会议工作报告和总结讲话，彩页收录总局党委(扩大)会议图片，时间超限。

三、《黑龙江农垦年鉴》(2016)采用分类编辑法，类目、分目、条目三个层次组成框架结构的主体部分。个别分目中增加子分目，全书条目标题统一用黑体加【 】表示，个别包含多方面资料的条目增加子条目，用楷体标示。

四、《黑龙江农垦年鉴》(2016)记述采用规范的现代语体文，开门见山，直陈其事，述而不作。

五、《黑龙江农垦年鉴》(2016) 采用的稿件由总局各有关部门和管理局、农场专人撰写，文稿中的个别数字，由于统计口径不同等原因，与“统计资料”类目不尽一致，使用时概以“统计资料”类目为准。

六、书中中共黑龙江省委员会、黑龙江省人民政府，分别简称为省委、省政府。中共黑龙江省农垦总局委员会、黑龙江省农垦总局简称总局党委、总局。中共黑龙江省农垦宝泉岭管理局委员会、黑龙江省农垦宝泉岭管理局分别简称宝泉岭管理局党委、宝泉岭管理局，其他各管理局亦如此表示。中共黑龙江省农垦宝泉岭管理局普阳农场委员会、黑龙江省农垦宝泉岭管理局普阳农场分别简称普阳农场党委、普阳农场，其他各农牧场亦是如此表示。

《黑龙江农垦年鉴》编纂委员会

《黑龙江农垦年鉴》编辑人员

主　　编	王兆力　王有国	
副主编	谭占龙	
执行主编	曲　伟	
执行副主编	郭思宝	
编　　辑	曲　伟　郭思宝　赵宝海	
总　　纂	曲　伟　郭思宝	
校　　对	曲　伟　郭思宝	
总体设计	曲　伟　郭思宝	

《黑龙江农垦年鉴》撰稿人员名单

（按姓氏笔画排序）

丁凯伟	丁艳红	万保国	于　佳	于　洋	于　淼	于成波	于英涛
于遵海	才宏伟	马凤金	马君国	马志强	马树森	马继红	王　慧
王　浩	王　赫	王文达	王东光	王正申	王庆文	王延庆	王利达
王京航	王建华	王建胜	王彦华	王洪波	王洪鹏	王玲灵	王振远
王晓燕	王淑红	王婷婷	王湘湘	王瑞娜	王肇仁	王德强	王毅翼
车　利	付　靖	付苑超	付春雷	付维秋	付维秋	冯　舟	冯明东
史大勇	史延华	叶名辉	田　彪	田乃浩	白　婧	白井慧	石　磊
石宝瑞	石绪辉	任　波	任玉福	任海军	刘　畅	刘　博	刘　文
刘　江	刘　宏	刘　波	刘　洋	刘广吉	刘文忠	刘世禄	刘永扬
刘汉杰	刘向东	刘国红	刘奉艳	刘建文	刘金贵	刘青帝	刘彦彬
刘春文	刘海维	刘景山	刘景瑞	刘楠楠	刘瑞生	向世华	吕振龙
吕鹏飞	孙　兵	孙　静	孙少如	孙兰英	孙立民	孙成钰	孙抒远
孙宝江	孙彦玲	孙维亚	孙鸿君	安　静	安立奇	安晓峰	安蒙龙
成子金	曲　伟	曲　琳	朱　峰	朱文涛	朱玉宝	朱希春	朱奎峰
权　力	祁江恒	那全峰	闫　威	闫　欣	闫海滨	齐汉强	何　丽
何　晶	何忠志	何易雯	冷曙臣	吴　擎	吴小军	吴永江	吴晓东
宋　欢	宋丽英	宋志强	宋金鑫	宋惠忠	张　欣	张　涛	张　文
张　勇	张　洪	张　颖	张万山	张才钢	张仁群	张凤海	张长顺
张东阳	张玉超	张立国	张军舰	张丽红	张叔瑀	张国民	张宝财
张泽新	张泽滨	张春鹏	张晓波	张海军	张新平	张德金	李　礼
李　红	李　辛	李　威	李　萍	李少宏	李乐勤	李冬生	李冬春
李伟俊	李延平	李明辉	李恒进	李洪山	李继祥	李银龙	杜　克
杜　鑫	杜宏伟	杜朝东	杨　仙	杨　明	杨　恽	杨金良	杨春楠
杨海良	杨银满	杨雪松	沈　赛	沈玉佳	肖青和	肖鸿坤	谷宇佳
迟长昕	邹　林	邹斌斌	闵建东	阿海峰	陆文祥	陈　旭	陈　智
陈　燕	陈　敏	陈旭光	陈翠平	周　虹	周宝贵	周春华	孟令军
孟祥婷	林　妮	林　巍	林晓芳	郑再飞	金　忠	金洪洋	侯　飞
姚志仁	姜　薇	姜书汉	姜佐卿	洪道锋	祝　宏	胡　琳	费秀杰
赵　辉	赵宏峰	赵国春	赵宝海	赵英杰	赵俊明	赵家敏	唐　海
夏玉玲	徐天斌	徐海舟	秦　智	秦景秋	袁红玲	袁福兴	郭宇龙
郭思宝	陶奕民	高　扬	高　昶	高　鹏	高井霞	高传荣	崔　柳
崔少宁	崔超伟	康术臣	曹培杰	梁才辉	梅立河	鄂肖艳	隋　蕾
黄伟明	黄传宝	黄晓军	黄舒婷	黄新亮	曾　明	温丽薇	焦永梅
焦丽梅	焦新秋	程　远	董红玉	董良福	蒋光锋	蒋来福	韩　玉
韩传忠	韩延鑫	韩春娥	韩洪喜	韩景奎	鲁守萍	詹思远	雷玉宝
管连才	翟文波	蔡文利	樊雪飞	穆玉玲	霍　刚	魏世媛	魏立文

2015年7月25日，省委书记王宪魁(前左三)在总局党委书记王兆力(前左四)的陪同下，到八五三农场水稻育秧大棚二次利用现场调研(张伟 摄)

2015年6月25日，省长陆昊(前右三)在总局党委书记王兆力(前右四)、局长王有国(前右二)陪同下到红兴隆管理局北大荒农机博览园调研(张伟 摄)

2016年2月1日上午，中共黑龙江省农垦总局委员会（扩大）会议召开，总局党委书记王兆力作题为《转方式 调结构 稳增长 促改革 努力实现垦区“十三五”经济社会发展良好开局》的工作报告（孟凡俊　张瑜　摄）

中共黑龙江省农垦总局委员会（扩大）会议上，总局党委副书记、局长王有国作总结讲话（孟凡俊　张瑜　摄）

2015年，黑龙江垦区经济实力进一步增强，实现地区生产总值(GDP)1172.7亿元，按可比价格计算，比上年增长5.8%。图为北大荒农业股份有限公司七星分公司国家安全食品生产基地

2015年，垦区农作物总播种面积286.1万公顷，其中，粮食种植面积282.5万公顷，粮食综合单产实现7810公斤/公顷，总产量达220.66亿公斤，增产2.6亿公斤，比上年增长1.2%。图为二道河农场万亩大地号

2015年,垦区在黑龙江省粮食生产中的地位和对国家粮食安全的贡献进一步增强,粮食产量占全省和全国的比重分别为34.9%和3.6%。为国家提供商品粮208.29亿公斤,粮食商品率达94.4%,比上年提高0.1个百分点。图为牡丹江管理局飞机航化作业

至2015年,垦区已累计生产粮食3504.1亿公斤,累计向国家交售商品粮2839.9亿公斤。垦区每年提供的商品粮总量可以保障全国1.2亿城镇人口一年的口粮供应,为国家粮食安全提供重要保障。图为八五四农场晒场

2015 年，垦区种植绿色有机农作物 236.1 万公顷，占垦区种植面积的 75.8%，有国家地理标志农产品 9 个，全国农业标准化示范场 25 个，全国绿色食品原料标准化基地 60 个。图为红兴隆管理局绿色食品大豆种植基地(张伟 摄)

2015 年末，垦区农业生产田间作业综合机械化率提高到 98.3%，农用机械总动力达 980.4 万千瓦，比上年增长 5.3%。图为友谊农场旱田作物精密播种(张伟 摄)

友谊农场、分公司水稻机械收获

友谊农场、分公司第五管理区秸秆打包机打包作业。农场全年可为境内的国电友谊生物质发电厂提供农作物秸秆20万吨，为农场职工增收5000余万元

八五二农场全国马力最大的凯斯600整地作业现场

友谊农场、分公司秋整地机械作业

二龙山农场双青现代农机合作社

八五六农场现代化农机管理服务中心
（周艳艳 摄）

尖山农场农机装备更新接车仪式

国家AAAA级旅游景区——北大荒农机博览园一角

八五一一农场将军奶牛养殖专业合作社的现代化集中榨乳厅

双峰牧场牛舍

鹤山农场收获苜蓿草

绥棱农场马铃薯种植基地

被评为绿色食品的五九七农场金红苹果已列入农垦农产品质量追溯项目(张伟 摄)

红旗农场种植的蝴蝶兰进入销售旺季

山市农场祥泰食用菌基地

勤得利灌区渠首站

七星泡农场东风水库

九三管理局拥有大豆加工企业14家，年可加工大豆23万吨。管理局为全国非转基因大豆加工产业知名品牌示范区

丰缘集团丰润公司

完达山哈尔滨乳品有限公司

兴凯湖国家级自然保护区吸引候鸟迁徙此地

东方白鹳在红旗岭农场(刘立明 摄)

鸟瞰红旗岭农场（刘立明 摄）

胜利农场小城镇建设

八五六农场小城镇建设(石磊摄)

建三江至黑瞎子岛高速公路前锋农场路段

当壁镇兴凯湖旅游度假区

前锋农场职工医院

青龙山农场学校

2015 年 7 月 24 日，农垦牡丹江管理局志愿服务工作启动大会授旗仪式于兴凯湖农场举行(张晓强)

红兴隆管理局开展冰雪活动(张伟 摄)

宁安农场水立方

2015年10月15日，黑龙江垦区第七次史志工作会议召开，总局党委副书记邹积慧、省委党史研究室副主任车迎坤、省地方志办公室副主任袁建勋出席会议并讲话。总局史志办主任曲伟作题为《抓住机遇 迎接挑战 推进垦区史志事业再上新台阶》的工作报告。图为颁奖现场

2015年10月15日，《黑龙江省志·农垦志》出版发行仪式现场

2015年12月29日，全国地方志系统先进模范座谈会在北京人民大会堂召开。总局史志办获人力资源社会保障部和中国地方志指导小组联合授予的全国地方志系统先进集体称号，总局史志办主任曲伟(左二)与黑龙江省地方志办公室主任隋岩(左三)在全国地方志系统先进模范座谈会上合影

八五一一农场老干部深入社区爱心小屋开展“传统教育进社区”活动

延军农场举办第二届山地自行车越野赛

红兴隆管理局全民健身活动(张伟 摄)

位于哈尔滨市红旗大街175号的黑龙江省农垦总局办公大楼

目 录

目 录

社会生活

人 物

管理局农(牧)场

总局直属企业

统计资料

索 引

特　　载

转方式　调结构　稳增长　促改革
努力实现垦区“十三五”经济社会发展良好开局

——在中共黑龙江省农垦总局委员会(扩大)会议上的报告

王兆力

(2016年2月1日)

同志们:

这次会议的主要任务是:深入贯彻落实党的十八大和十八届三中、四中、五中全会,中央经济工作会议、农村工作会议、全国农垦改革发展电视电话会议、全国农垦工作会议,省委十一届六次全会和经济工作会议精神,回顾总结垦区“十二五”及2015年工作,部署“十三五”及2016年重点工作。

下面,我代表总局党委向大会报告工作。

一、“十二五”时期及2015年工作回顾

“十二五”时期,在党中央、国务院的关怀支持下,在省委、省政府和农业部的正确领导下,总局党委团结带领广大干部职工,开拓创新,真抓实干,经济社会发展取得了显著成就。2015年实现地区生产总值1172.7亿元,“十二五”时期年均增长11.3%。产业结构进一步优化,一二三次产业比例47.3:20.7:32.0,与2010年相比,一产下降6.8,二产基本持平,三产上升7.5个百分点。粮食总产量达到220.65亿公斤,比2010年增加38.7亿公斤,连续5年稳定在200亿公斤以上,为保障国家粮食安全做出了重大贡献。预计北大荒集团实现营业收入1313亿元,年均增长16.6%;实现利润6.47亿元,年均增长6.02%。垦区居民人均可支配收入达到23855元,年均增长12.9%,连续5年高于全省平均水平。这些成绩的取得,凝聚了垦区广大干部职工和家属的辛勤汗水。在此,我代表总局党委,向奋战在一线的广大干部职工、家属致以亲切慰问!向关心支持农垦工作的各位老领导、老同志和社会各界表示衷心感谢!

2015年,在经济下行压力加大情况下,我们主动适应经济发展新常态,认真贯彻省委、省政府和农业部的决策部署,扎实抓好各项工作落实。

(一)现代化大农业快速发展。落实中央关于“把农垦建成重要农产品生产基地和现代农业的示范带动力量”的战略定位,积极发展现代化大农业。

夯实农业发展基础。彻底扭转施工进度慢的被动局面,全年完成水利投资51.5亿元(其中,完成当年投资计划21.53亿元,完成以前年度结转投资29.97亿元),投资计划总体完成率达到99%。三江平原绥滨、二九〇、饶河、兴凯湖4个灌区和江萝、勤得利、八五九灌区一期工程基本建成,青龙山灌区一期渠系工程全面启动,新增地表水灌溉控制面积192万亩。完成了三江连通项目规划并启动可研报告编制工作。三江治理项目全面开工。完成“节水增粮行动”项目建设110万亩。新建生态高产标准农田328.54万亩,累计完成1971.5万亩,占垦区耕地面积的45.85%。完成造林6.1万亩。

提高农业装备水平。完成农机更新投入20亿元,购置更新各类农业机械3万台(件)。新增粮食仓储能力400万吨,有效仓容达2200万吨;日烘干能力由上年的19万吨提高到21万吨。新增农用飞机5架,总数达到92架,完成航化作业面积2282.2万亩,比上年增加38.2万亩。粮食综合单产达到520.7公斤/亩,比上年增加7.2公斤/亩。

加快农业创新发展。转变农业发展方式,强化科技创新驱动,以农业标准化提升和农作物绿色增产模式攻关为载体,加快科技成果转化。实施水稻“双增一百”项目1170.7万亩,平均亩产633.9公斤;玉米“双增二百”项目677.6万亩,平均亩产707.7公斤,节本增效34.3亿元。加强环境保护,发展生态循环农业。落实“三减”试验面积19.96万亩,化肥、农药和除草剂施用量分别减少5%、3%和10%,作物保持不减产,试验取得成功,为下步大面积推广奠定了基础。全垦区化肥、农药总施用量较上年分别降低25580吨和2129吨。推进畜禽粪便、秸秆资源化利用,秸秆还田率比上年提高10%以上。建立有机肥生产加工厂280余个,覆盖面积300余万亩。中节能公司共青农场有机废弃物综合利用项目已试运营,为农业废弃物综合利用探索了路子。推进两大平原现代农业综合配套改革,加快体制创新,鼓励培育新型农业经营主体,农工专业合作社总数达4444个、成员6.28万户,分别比上年增加993个、1800户。

(二)农业结构进一步优化。立足垦区实际,加快结构调整,发展质量效益型农业。调整种植结构。各管理局、农(牧)场因地制宜扩大饲草饲料、杂粮杂豆、经济作物等种植,培育了一批好典型,为今后结构调整起到了示范引领作用。绿色草原牧场改良天然草场种植苜蓿6.5万亩,采取半干青贮模式,成功解决了遇雨季收获损失问题,亩纯效益达到490元左右。设施农业面积比上年增加0.4万亩,达到31.8万亩。水稻育秧大棚二次利用17万栋、10.14万亩,利用率达到47.67%。发展食用菌和果蔬栽培,每栋大棚纯效益都在1万元以上。调整品质结构。大力发展绿色(有机)农业,新增绿色(有机)作物监测面积292万亩,总监测面积达到3542万亩。肇源、宝泉岭、红光等农场试验发展"鸭稻""蟹稻""鹅玉"等生态种养模式效果良好。新增农产品质量追溯系统建设项目单位1家,建设项目单位达到63家。"三品一标"质量追溯农产品扩展到13大类90余个品种。调整农业结构。围绕"两牛一猪一禽",发展质量效益型现代畜牧业,推进规模化、集约化、标准化畜禽养殖。实现畜牧业产值169亿元,同比增长3.1%,占农业总产值比重达到18.2%,提高0.5个百分点。省政府支持的53个现代示范奶牛场建设全部完成,入场奶牛3.6万头。对58个奶牛养殖小区进行了牧场化改造。标准化规模养殖比重达到90%。宝泉岭管理局年屠宰1.2亿只白羽鸡项目已经投产,肉鸡年饲养量达到2000万只。部分农(牧)场大鹅养殖效益良好。野生动(禽)特色养殖数量已达100万只。着力促进一、二、三产业融合发展,以建三江为代表的现代化大农业,以北大荒现代农业园为代表的设施农业和以雁窝岛、千鸟湖自然保护区为代表的湿地等"北大荒游"发展迅速,旅游业综合收入突破30亿元。北大荒生态养老产业开始起步,接待南方"候鸟养老"超过5000人。

(三)农业产业化水平有所提高。总局重点监管的16户企业预计实现利润17.1亿元,同比增长251%。其中,归属于北大荒集团的净利润7亿元,同比增加9.3亿元。加快绿色食品营销网络建设,重点龙头企业新增绿色食品旗舰店30家,总数达到51家。加快发展直销、配送、电子商务等新型农产品流通业态,实现电子商务交易额156.5亿元,同比增长13%;其中网络零售额3.2亿元,同比增长148.5%。"大农网"上线运行三个月,交易额突破10亿元,日均交易额1000多万元。九三集团成为全国首个大豆系列国家标准制修订基地。"北大荒"品牌连续12年入选中国500最具价值品牌榜,稳居中国农业第一品牌。马铃薯集团改制后,从2016年开始,在齐齐哈尔、九三和北安三个管理局整体承包100万亩土地,建立原料基地,为理顺龙头企业与基地关系做了有益探索。

(四)各项改革稳步推进。落实省委、省政府深化司法体制改革和社会体制改革的实施意见,配合有关部门理顺农垦系统法院、检察院管理体制,两院移交协议已经正式签署。管委会试点改革成效明显,建三江、九三和共青管委会分别完成全口径税收收入9.53亿元、2.45亿元和0.23亿元,同比分别增长40.3%、31.6%和96.7%,为下步农垦改革积累了经验。

规范土地发包。部分农(牧)场降低基本田收费标准,探索基本田货币化分配,规模田实行市场化公开透明竞包取得较好效果。切实发挥职工代表大会在企业生产经营管理中的审议和监督作用,将农(牧)场土地承包、生产经营管理、重大决策、生产资料集中采购以及涉及职工切身利益有关事项纳入职代会审议、评议内容,进一步规范和完善了场(厂)务公开制度,确保把职工群众的知情权、参与权、表达权和监督权落到实处。

深化国企改革。全面推进合资合作引进战略投资者,发展混合所有制经济;鼓励管理层和员工持股;市场化选聘职业经理人和具备条件企业与资本市场合作融资上市四项改革措施,取得初步效果。北大荒马铃薯集团对分子公司证照齐全的资产进行整合,以整合后的净资产引入战略投资者增资扩股,约定黑土地、东北投资两只基金分期注入资金5亿元,形成马铃薯集团40%、黑土地30%、东北投资25%、管理层及员工5%的股权结构。未纳入合资公司的证照不全资产,由合资公司采取TOT方式进行回租,资产补齐相关证照手续,符合上市要求时由合资公司无条件回购。这一模式和股权结构适用于农垦多数企业,做法可复制、可推广,为垦区国有企业改革做了示范。北大荒农业股份有限公司以解决6户工、贸企业亏损为突破口,推进工、贸企业引进战略投资者发展混合所有制经济。北大荒股份浩化分公司以评估后有效资产出资,引进战略投资者投资10亿元组建合资公司,对浩化进行全面改造升级,目前,正在进行资产评估。龙垦麦芽以经评估的部分有效资产出资占49%,新的战略投资者出资2.04亿元,占51%,成立合资公司重组龙垦麦芽公司,目前,正在进行尽职调查和审计评估。2015年11月,北大荒股份联合九三集团与联想佳沃集团有限公司共同设立佳沃北大荒农业控股有限公司,注册资金3亿元,联想佳沃集团占股40%,北大荒股份有限公司30%,九三集团18%,香港智恒里海12%。主要采取订单种植、委托加工、批发零售方式生产销售垦区有机大米、有机非转基因大豆及有机杂粮杂豆、九三非转基因大豆油等,力争三年后上市。九三集团已完成下属惠康、哈尔滨、北安公司非转基因大豆加工板块的资产重组,上市服务机构已经进场开始工作,计划2016年底前在香港挂牌上市。北大荒丰缘集团推进生物板块丰润公司上市。丰润公司作为多元股份制企业,具备上市条件,已经完成股改方案、招股书等相关上市准备工作,计划2016年实现香港H股创业板上市。推进面粉板块合资合作。引进战略投资者投资1.5亿元,占45%,丰威食品公司以谷朊粉现有资产评估入股,占55%,已经签署《战略合作框架协议》。北大荒垦丰种业2015年1月在新三板挂牌,5月28日配股后,实收资本由3.33亿元增加到4.33亿元,正在推进IPO各项工作,择机在主板或创业板上市。北大荒粮食集团已在下属的6家控股子公司实施董事长持股的混合所有制改革,使管理者利益与企业利益挂钩。北大荒米业集团已对所属的全部8家制米厂、6家销售子公司,实施了管理层和员工全员持股。

深入推进简政放权,完成了总局级权力清单、责任清单和权力运行流程图梳理工作,总局本级行政权力精简比例达81.1%。

(五)管理水平逐步提升。北大荒集团信誉等级由AA+上升到AAA级。为成员单位担保的银行贷款基准利率下浮10%以上,替换到期银行贷款,节省了融资成本。完成了对亏损严重、潜亏风险大、管理混乱企业的专项审计,对垦区"走出去"企业实行了常态化审计,有针对性地完善相关制度。出台了《关于加强党政主要领导和国有企业领导人员离任前经济责任审计的意见》,并对列入组织考察范围领导人员开展了任中经济责任审计。出台了《关于控制农(牧)场债务增长加快化解债务的意见》,积极扭转债务过快增长势头,管理局和农(牧)场资产负债率由91.4%下降到86.57%,下降了4.83个百分点。开展总局重点监管企业清收应收款工作,收回超账期三项应收款180.8亿元,占应收额的51.1%。进一步强化国有及国有控股企业管理,规范制度约束,堵塞管理漏洞,16户直属企业上报减亏增盈12亿元。牢固树立过紧日子思想,基本控制了各类"政绩工程""形象工程"和超还款能力举债。

(六)民生事业持续改善。落实省政府确定的32件民生实事,努力发展民生事业,提高职工群众幸福指数。新增就业4.65万人,其中安置困难人员再就业1.6万人,登记失业率2.4%,比总局控制目标低1.1个百分点。低保标准提高到每人每月500元,月人均补差标准提高到335元。落实"一帮一"扶贫解困工程帮扶周转金1.86亿元,困难和低收入职工脱困脱低率达96%以上。建成40多个农(牧)场残疾人综合服务中心。提高企业退休人员养老金待遇水平,人均月增加养老金227.49元,达到1960.15元。加强以"三供两治"为重点的基础设施建设,硬化市政道路41.33公里,新建农村饮水安全工程14处,更新改造供水管道72.2公里,建设排水管道68.1公里,更新改造供热锅炉300吨、供热管线64公里。燃气入户率提高0.5个百分点,达到83.5%。建设垃圾处理项目4个、污水处理项目13个。新建住宅90.6万平方米。全面实施了垦区居民大病保险。在省返还的土地出让金中,分别安排3亿元、3.7亿元和817万元用于教育、卫生事业和保障房建设。新建公办幼儿教育机构109所,从中小学调剂富余编制2349人,解决了学前教师编制问题。创建了7所省级和10所总局级"示范社区卫生服务中心"。新建标准化健康小屋24个。完成了北大荒数字图书馆建设。强化社会治安综合治理,居民区全部实行网格化管理,基本实现视频监控全覆盖。开展"信访法治建设年"活动,抓源头预防。全面创建"平安垦区",着力解决影响社会和谐稳定的突出问题,提升了群众公共安全感和对平安建设的满意度。加强重点行业领域监管,安全生产形势持续稳定。

(七)党的建设进一步加强。加强理论武装,深入学习习近平总书记系列重要讲话精神。扎实开展"三严三实"专题教育,重点把握书记带头讲党课、组织学习研讨、边学边查边改等关键步骤,党风、政风、作风明显好转。深入开展"转方式、调结构、促发展"等新闻主题宣传活动。将弘扬北大荒精神与践行社会主义核心价值观结合起来,凝聚广大干部职工干事创业力量。进一步加强领导班子、基层党组织和干部队伍建设,坚持新时期好干部标准选人用人,各级领导班子和基层组织整体战斗力显著增强,选人用人公信力明显提高。注重发挥农(牧)场党委集体领导核心作用,规范完善职工代表大会和场(厂)务公开制度,民主决策和民主监督管理水平进一步提升。出台了《关于落实党风廉政建设党委主体责任和纪委监督责任实施细则(试行)》等20多项规范性制度文件,进一步提高了党的建设和党风廉政建设科学化水平。坚定不移推进党风廉政建设和反腐败斗争,突出抓好"两个责任"落实,着力解决管党治党失之于宽、失之于松、失之于软的问题。严肃查处了干部群众反映强烈的米业集团腐败窝案,反腐败的震慑作用得到发挥。坚持抓早抓小,对发现的苗头性、倾向性问题予以及时提醒和纠正。加大治庸治懒力度,对个别不在状态、不担当、不作为、乱作为的责任人和责任单位进行了严肃问责和通报,防止小问题发展成大问题,违纪发展成违法。各管理局、农(牧)场党组织与属地党组织建立了定期沟通联系机制,实施了"双报告"制度,党建共建、和谐发展格局初步形成。

在肯定成绩的同时,我们必须更清醒地看到问题和不足:产业结构调整进展不明显,职工持续增收困难进一步加大;部分管理局、农(牧)场债务负担重,个别农(牧)场生产经营陷入困境;产业化水平低,龙头企业竞争力不强,部分企业亏损严重,个别企业、农(牧)场财务信息不实,潜亏风险大的问题还没有明显好转;国企改革进展不平衡,部分企业推进力度不大,个别企业没有实质性进展;部分企业管理混乱,应收款、存货过高,境外企业失控,风险隐患较大;民生保障水平不高;个别干部缺少担当,"为官不为",懒政、怠政,不收敛、不收手,顶风违纪违法;对上争取工作不到位,部分国家支持、补贴项目在垦区还是空白或额度不大。对这些问题,我们必须高度重视,认真加以解决。

二、"十三五"时期及2016年工作安排

"十三五"时期是全面建成小康社会的决胜阶段,是垦区传统农业向现代农业转变的关键时期,也是垦区改革发展的攻坚时期。党的十八届五中全会和省委十一届六次全会审议通过的"一三五"规划建议,为今后五年经济社会发展绘制了宏伟蓝图。《中共中央 国务院关于进一步推进农垦改革发展的意见》对农垦改革发展做出了全面部署。"十三五"时期,垦区上下要牢固树立"创新、协调、绿色、开放、共享"五大发展理念,加快农业现代化进程,转变农业发展方式,调整农业结构,促进职工持续增收,加快推进农垦改革,着力打造具有国际竞争力的现代农业企业集团,率先基本实现农业现代化,率先全面建成小康社会。到2020年,地区生产总值和居民人均可支配收入比2010年翻一番以上,年均增速保持在6%以上,粮食生产能力稳定在200亿公斤以上。

2016年是"十三五"的开局之年,是全面建成小康社会进入决胜阶段的第一年,也是全面启动农垦改革的起步年。我们要全面贯彻党的十八大和十八届三中、四中、五中全会以及中央经济工作会议、中央农村工作会议、全国农垦改革发展电视电话会议、全国农垦工作会议,省委十一届六次全会和经济工作会议精神,深入贯彻习近平总书记系列重要讲话精神,按照"五位一体"总体布局和"四个全面"战略布局,牢固树立和贯彻落实"五大发展理念",深刻认识新常态,适应新常态,引领新常态,创新实施"五大规划"发展战略,深入推进"龙江丝路带"建设,提质增效转方式、稳粮增收可持续,加快推进农业现代化;着力推进供给侧结构性改革,提高龙头企业竞争力,推进农业产业化发展;按照《中共中央 国务院关于进一步推进农垦改革发展的意见》,深化农垦改革,努力实现"十三五"时期垦区经济社会发展的良好开局。主要发展目标是:经济增长速度保持在6%以上,粮食综合生产能力稳定在200亿公斤以上,居民人均可支配收入增长与经济增长同步,北大荒集团营业收入增长争取达到8%以上,利润增长5%以上。

围绕上述目标任务,重点抓好以下工作。

(一)加快现代化大农业建设。农业现代化是全面建成小康社会、实现现代化的基础,更是垦区的立足之本,发展之基。

转变农业发展方式。垦区农业发展取得了巨大成就,但和全国一样,也付出了巨大代价。耕地质量下降、地下水超采、农业面源污染加重等问题凸显,投入产出边际效应下降,资源环境两道"紧箍咒"越绷越紧,已经到了迫切需要加快转变发展方式的新阶段。要以新的理念引领新的发展,以"提质增效转方式、稳粮增收可持续"为主线,推动农业发展由数量增长为主转到数量质量效益并重上来、由主要依靠物质要素投入转到依靠科技创新和提高劳动者素质上来、由依靠拼资源拼消耗转到可持续发展上来。转变农业生产方式。围绕"一控三减三基本",推广节水灌溉技术;加大"三减"示范推广,实施"三减"试验面积50万亩,改进施肥方式,推广高效缓释肥、有机肥、低毒低残高效农药和专业化统防统治与绿色防控,实现减量提效控害;加强作物秸秆、畜禽粪便、地膜等农业废弃物资源化利用,减少面源污染,推进现代生态循环农业发展。加快免耕种植技术试验示范,实现节本提质增效。继续开展绿色增产模式攻关,实施耕地质量保护和提升行动。加快体制机制创新。坚持并不断完善以职工家庭经营为基础、大农场统筹小农场的双层经营体制,鼓励发展多种形式的适度规模经营主体。结合垦区实际,引导、鼓励发展各类专业种养加和多种形式的经营合作社。强化市场信息、病虫统防统治、代耕代种、市场流通等社会化服务,进一步提高农业社会化、专业化服务能力。开展新型农业经营主体、新型职业农民和实用人才培训。

调整农业产业结构。当前出现的农产品卖难、价格下行,有农产品总量供需平衡问题,但对我们来讲,更重要的是产品结构问题,要加快推进农业供给侧结构性改革,把结构调整放在更加重要的位置。上年,国家下调玉米临储价格,对职工增收产生较大负面影响。今年,国家已经明确水稻收购政策不变,但玉米、大豆价格走势还有可能趋低,垦区调整农业结构压力进一步增大,形势进一步严峻。各管理局、农(牧)场要以市场为导向,调整优化区域布局和产业布局,调整农业结构,实现农业提质增效、职工持续增收。调整种植业结构。稳定并扩大水稻种植面积;杜绝第四、五积温带玉米越区种植,减少普通玉米种植面积,扩大专用品种玉米、青贮玉米、绿色玉米、有机鲜食玉米种植面积;扩大绿色(有机)大豆、马铃薯、杂粮、杂豆、中草药、水果等经济作物种植以及苜蓿、燕麦和大豆复种青贮等饲料作物种植,加快形成粮经饲三元结构。推进水稻育秧大棚二次利用,发展食用菌、蔬菜等种植,拓宽职工增收渠道。调整农业结构。以市场需求为导向,因地制宜发展"两牛一猪一禽",加快草牧业发展,发展规模化、集约化、标准化畜禽养殖。着力打造一批现代奶牛、肉牛、生猪和禽产业核心示范区。加快发展林产经济、林下经济、水产养殖。调整品质结构。适应消费结构升级和需求多样化的趋势,着力发展安全、优质、绿色(有机)农业。严格饲料、兽药管理,发展绿色(有机)养殖。加快发展"鸭稻""蟹稻""鹅玉"等绿色(有机)农牧业生产模式。推广农业标准化生产,打造标准化生产体系。突出全产业链食品安全,进一步完善农畜产品质量安全追溯体系,实现绿色(有机)农畜产品生产全过程安全可控、全程可追溯。加快一、二、三产业融合发展,积极发展"休闲农业""创意农业""养生度假农业"和"都市农业",支持"农家乐"和农场旅游,加大开放力度,引入社会资本加快服务设施和美丽农场建设。要加大对结构调整的支持力度,各专项资金要向结构调整倾斜。

推进农业节本增效。当前,粮食库存加大,价格下降,很大程度上是由于国内外粮食价差大,受进口粮食冲击造成的。我国农业大而不强、多而不优,成本高、竞争力弱的问题已经非常明显。节本就是增效,就是增收,就是提高竞争力。我们要采取有效措施,从技术、装备、设施、服务、加工和流通等多方面着手,从节水、节肥、节药、节电、节油等多环节入手,帮助职工降低生产成本。各农(牧)场可从实际出发,探索对信誉好的职工给予贷款担保等办法,帮助职工降低贷款利息。

总结和推广先进适用典型。要善用典型引路,推进工作。加快各类结构调整典型的试验、示范和推广。各管理局、农(牧)场要结合各自实际,学习、借鉴八五一一农场坡岗地旱直播滴灌水稻,水稻振捣提浆和黑大豆、绿大豆种植,红光农场玉米和大鹅立体种养,肇源、宝泉岭等农场“鸭稻”“蟹稻”绿色(有机)水稻种植,普阳农场富硒水稻种植,五九七、庆阳、延军、二九一等农场水稻育秧大棚二次利用发展食用菌,绿色草原、荣军、四方山等农场苜蓿种植半干贮,查哈阳农场樟子松嫁接红松、八五一一农场种植核桃楸、北兴农场种植平欧大榛子、庆阳农场种植红树莓,尖山、红光、名山、铁力、海林、宁安等农场中草药、经济作物种植,肇源、新华、铁力、嫩北、格球山、胜利、八五二等农场貂(貉)、大鹅养殖、林下养殖,飞鹤乳业燕麦和大豆复种青贮等等典型。要加快免耕技术试验。对有普遍推广意义的典型,要在九个管理局全面布点,为加快推广奠定基础。

要把“互联网+”真正做实。突出关键问题、关键环节。“互联网+精准农业”要突出农业生产过程和重要环节管理;“互联网+绿色(有机)农业”要突出农业投入品管理和食品安全全程可追溯。重点围绕水稻等优势产业,构建全产业链质量可追溯体系,打造垦区绿色(有机)健康的品牌形象。“互联网+营销”要顺应发展大势,加快发展电子商务。鼓励各管理局、农(牧)场积极加入“大农网”,并认真学习借鉴“大农网”“乡淘、村淘”等好经验、好做法,采取混合所有制的方式,加快发展“局淘、场淘”。

加强农业基础设施建设。扎实推进重点水利工程、生态高产标准农田、农业技术装备和粮食仓储加工等项目建设,巩固提升农业综合产能,提高抗灾减灾能力。加快水利工程建设。建成青龙山灌区北站及北区骨干工程,新增地表水控制面积60万亩。完成赵光等10个农场农业综合开发水土保持项目建设,新增水土流失治理面积15万亩。抓好小型农田水利项目建设,进一步夯实农田抗灾减灾基础。做好三江连通项目前期工作。建设生态高产标准农田236.4万亩。提高农业技术装备水平。重点围绕农业结构调整,加强薄弱环节机械化。计划农机更新总投入22亿元,购置更新各类农业机械2.2万台(件)。完成肇东机场建设工程收尾工作。依托农垦种业联盟平台,提升种业科技创新研发能力,构建种子育繁推一体化体系。对接落实国家粮食主产区农业支持政策,加强粮食收储设施和购销体系建设。

(二)继续深化国有企业改革。实践证明,总局党委确定的全面推进合资合作引进战略投资者,发展混合所有制经济;鼓励管理层和员工持股;市场化选聘职业经理人和具备条件企业与资本市场合作融资上市四项改革措施是完全正确的,是符合垦区发展实际的,今年要继续坚定不移加以推进。要针对不同企业,“一企一策”推进落实。

北大荒农业股份有限公司要通过引进战略投资者、发展混合所有制重组所属工贸企业,“僵尸企业”要加快重组或破产清算,实现工、贸企业完全扭亏;鼓励、支持公司层面引进战略投资者增资扩股或分拆,真正建立现代企业制度。完达山乳业要在解决好历史遗留问题的基础上,完成引进战略投资者增资扩股,管理层和员工持股,完善现代企业制度,加快推进上市工作。九三集团要完成集团层面和非转基因板块引进战略投资者、发展混合所有制改革;推进非转基因板块上市。北大荒丰缘集团要完成集团层面引进战略投资者、发展混合所有制改革;完成境外公司重组、引入战略投资者、发展混合所有制改革,彻底解决丰澳公司管理失控、经营亏损问题。北大荒商贸集团、米业集团、粮食集团和农垦建工集团、农垦通信公司要完成下属分子公司整顿重组,完成集团层面和分子公司引进战略投资者、发展混合所有制改革。北大荒种业集团完成集团层面和所属企业引进战略投资者、发展混合所有制改革;加快垦丰种业IPO进程,择机转主板或创业板。北大荒通用航空公司完成引进战略投资者、发展混合所有制和员工持股改革。阳光农业相互保险公司完成股份制改革,择机引进战略投资者、发展混合所有制。农垦干部培训中心要加强管理,完善制度,扭亏为盈。鼓励管理层和员工持股,市场化选聘职业经理人。北大荒集团、各管理局和农(牧)场要从各自实际出发,“一企一策”加快推进所属国有企业改革,要制定改革的路线图和时间表,落实改革推进责任。尤其是北大荒集团,要扭转改革滞后局面,防止“灯下黑”。

(三)强化企业管理。牢固树立正确的政绩观,更加注重提高发展质量和效益,切实做到投资有回报、产品有市场、企业有利润、环境有改善。完善制度,加强管理。严厉惩处做假账。

继续抓好控债化债。除国家、省和总局立项项目需要匹配的资金外,任何农(牧)场在2014年底的基础上不能增加新的债务。北大荒集团给各管理局和农(牧)场担保的贷款,必须落实还款来源,贷款只能用于替换到期或高息银行贷款。各管理局、农(牧)场要深化改革,加强管理,充分挖掘自身潜力,增收节支,严格控制管理费用、财务费用,逐步化解债务。支持各管理局从实际出发,对各农(牧)场收入进行调剂,解决各农(牧)场因资源占有不均导致贫富差距过大,社会公共服务水平差距悬殊问题。

继续抓好应收款清收。进一步落实责任,打好清收攻坚战。要继续强化企业现任一把手第一责任人责任,防止新官不理旧账。对造成欠款的当事主要领导、分管领导和经办人,要落实责任倒查。有关当事人、责任人现在仍在岗位的,一律停止其他工作,停发工资,只发生活费,专职清收;有关当事人、责任人已离任,但仍在垦区其他单位任职的,一律停止现岗位工作,回原单位清欠;有关当事人、责任人已调离垦区或已退休的,要深挖失职、渎职和违法违纪问题线索,发现违法违纪问题的,一律移交纪检监察或司法机关查处。要加大依法清收力度,对长期拖欠的欠款人要尽快依法起诉,运用法律手段坚决追讨。要严肃清收工作纪律,严厉查处倒账龄等弄虚作假行为,切实防止前清后欠。

全面开展存货清查。2015年末,总局直属16户国有重点企业存货资金占用227亿元,占流动资产总额的28%。其中原材料82亿元,库存商品145亿元,最长的已达数十年,潜在风险巨大。各企业要对存货开展清查,摸清底数,控制风险。各级国资监管部门要建立工作督办报告制度,各级审计部门要在适当时机进行专项审计核查,对工作不到位的要严肃追责。要通过存货清查工作,查找管理漏洞,完善制度。

加强境外企业风险防控。有关管理局和集团公司,要对所属境外企业进行全面审计,切实防止境外企业失控。要加强对境外企业生产、经营、管理状况了解,加快境外企业引进战略投资者,发展混合所有制,管理层和员工持股改革,完善内部监督制约机制,提高境外企业管理水平。对亏损严重的境外企业,要果断处置,决不能让境外企业成为亏损的“无底洞”和腐败的“避风港”。

强化审计监督。落实审计常态化机制,对所有管理、分配、使用公共资金、国有资产、国有资源的部门和单位,以及党政主要领导干部和国有企事业单位领导人员履行经济责任情况进行定期审计,实现审计全覆盖,切实做到应审尽审、凡审必严。对重大政策措施投资项目、重点专项资金和重大突发事件开展跟踪审计,对问题多、反映大的单位及领导干部要加大审计频次。落实党政主要领导和国有企业领导人员离任前经济责任审计。强化审计结果使用,切实防止前审后犯、屡审屡犯。

加强投资项目管理。吸取垦区近年腐败案件多发频发的教训,进一步加强投资项目管理。要突出重点项目,加强对投资额度大、社会关注度高的重点资金、项目和领域的审计监督。要突出重点环节,加强薄弱环节制度建设,采取有效措施解决该招标不招标、虚假招标和领导干部插手工程招投标等问题,加强工程验收和资金结算环节管理。严格审查工程招投标、物资采购等易发多发腐败案件的环节,严肃查处违法违规行为。依法建立“黑名单”制度,把发生严重违法违规行为的开发、设计、施工、监理单位和中介机构列入“黑名单”,清出垦区市场。

加强民主管理。坚持以职工代表大会为基本形式的农(牧)场民主管理制度,认真落实好职代会各项职权,规范职工代表大会审议事项、程序,尤其要重点做好对土地发包、生产资料采购、债务及预决算等情况的审议,有效发挥职工代表大会制度在推进基层民主建设、协调劳动关系、维护职工合法权益、促进企业发展中的积极作用。切实做好场(厂)务公开工作,依法依规公开企业重大决策、生产经营管理和涉及职工切身利益等有关事项。落实职工知情权、参与权、监督权和表达权,防止腐败,改善干群关系。

(四)进一步保障和改善民生。坚持可用财力向民生投入、工作力量向民生倾斜,着力解决公共服务“短板”问题,使发展成果更多惠及垦区人民群众。拓宽职工增收渠道,优化创业就业环境,新增就业4.6万人,安置困难人员再就业1.5万人,登记失业率控制在3.5%以下。结合农垦改革,统筹解决存续农场困难。加大对边境农(牧)场、贫困农(牧)场的支持力度,对5.7万贫困人口建档立卡,实施分类施策、精准扶贫、精准脱贫。对200户贫困重度残疾人家庭实施无障碍改造。完善社会保障机制,拉齐农业职工与工商企业职工社保缴费标准,推进机关事业单位养老保险制度改革。对低保家庭医疗救助标准提高到政策范围内住院自费部分的95%。在本人自愿的前提下,“三无”老人全部实现集中供养。低保标准提高到每人每月560元,月人均补差标准提高到375元。推进医疗保险总局级统筹。简化异地转诊审批、异地居住定点医疗和异地急诊等手续,方便职工群众就医。坚持走以人为本的新型城镇化道路,加强以“三供两治”为重点的人居环境和生态环境建设。以改善环境质量为核心,做好大气、水体、土壤污染防治工作。鼓励民营资本参与基础设施投资建设和运营管理,支持政府和社会资本合作(PPP)。更新改造供热锅炉150吨,供水管线74.3公里,燃气入户率提高到84%。新建垃圾处理项目2个,污水处理项目5个。力争建三江机场全面竣工。继续抓好教育、卫生服务、文化信息资源共享、全民健身等惠民工程。中小学校园网建成比例达到65%,“班班通”设备普及率达到76%以上。实现义务教育均衡化发展目标。新建标准化健康小屋20个,全民健身路径工程100个,社区多功能运动场(室)50个。健全基层综合服务管理平台和矛盾纠纷调处机制。畅通群众诉求表达渠道,引导群众按照法定途径和程序,依法理性反映诉求、解决诉求。坚持信访工作抓源头,用法治思维和法治方式化解社会矛盾。切实加强公共安全管理。加大重点行业领域安全生产整治力度,确保安全生产形势持续稳定。大力推进垦区社会信用体系建设。深入开展“平安垦区”建设,加快构建立体化防控体系、网格化责任体系、法治化治理体系,全面提升社会治理的能力和水平。

三、积极推进农垦改革

《中共中央 国务院关于进一步推进农垦改革发展的意见》,是在新的历史条件下明确农垦战略地位作用、改革发展方向和政策措施的纲领性文件。我们要在省委、省政府和农业部的统一部署和领导下,全面贯彻落实《意见》精神,积极推进农垦改革。

贯彻落实《意见》精神,要坚持社会主义市场经济改革方向。把握“在发展上要以保障国家粮食安全和重要农产品有效供给为核心;在改革上要以推进垦区集团化、农场企业化为主线”两个重点。守住“不断发展壮大国有农业经济,放大国有农业资本功能,决不能把国有经济改没了;始终坚持以农为主,延伸和打造现代农业全产业链,决不能把农业改弱了;改革的目的是发展壮大农垦经济,着力发展适度规模经营,决不能把规模改小了”三条底线。明确“努力把农垦建成保障国家粮食安全和重要农产品有效供给的国家队,中国特色新型农业现代化的示范区,农业对外合作的排头兵,安边固疆的稳定器”四个定位。

农垦改革要坚持国有属性,服务大局,围绕发挥国有经济主导作用,完善国有农业经济实现形式;坚持市场导向，政府支持，推进政企分开、社企分开，确立国有农场的市场主体地位；坚持分类指导，分级负责，注重差异，不搞“一刀切”和“齐步走”；坚持统筹兼顾，稳步推进，鼓励大胆探索，试点先行四个基本原则。

围绕垦区率先基本实现农业现代化、率先全面建成小康社会，通过改革，实现建立健全适应市场经济要求，充满活力，富有效率的管理体制和经营机制，打造一批具有国际竞争力的现代农业企业集团；建成一批稳定可靠的大型粮、棉、油等重要农产品生产加工基地，形成完善的现代农业产业体系；垦区民生取得显著进展三个主要目标。

总局党委的初步思路是：

推进垦区集团化改革。按照集团化改革方向和政企分开的原则，将农垦总局与北大荒集团分开，农垦总局作为政府行业管理部门，主要承担行业管理、社会管理和公共服务职能，不参与北大荒集团生产经营。做实北大荒集团，将北大荒集团组建成农垦国有资本投资和运营公司，成为大型现代农业企业集团。在北大荒集团内打造一批具有国际竞争力的现代农业企业。在确保国有资本控股前提下，积极引进战略投资者，依法推进集团公司股权多元化改革。北大荒集团与各农（牧）场、各直属企业，构建以资本为纽带的母子公司管理体制。规模较小的农（牧）场和直属企业，按产业或地域实施重组。推进农（牧）场公司化改造，建立农业产业公司。发挥农垦组织化程度高、规模化特征突出、产业体系健全的独特优势，建成一批稳定可靠的大型粮食等重要农产品生产加工基地，形成完善的现代农业产业体系。从黑龙江农垦实际出发，继续保留农垦总局和现行财务体制，承担行业管理、社会管理和公共服务职能。在改革过渡期内，农垦总局继续与北大荒集团实行一个机构、两个牌子，改革过渡期后农垦总局与北大荒集团彻底分开。

推进农场企业化改革。从黑龙江垦区实际出发，注重各管理局、农（牧）场区位条件等差异，坚持不搞“一刀切”和“齐步走”的改革原则，将各农（牧）场目前承担的社会管理和公共服务职能分离出来。对不同的社会管理和公共服务职能及不同类型的农（牧）场，采取从农垦完全分离、移交当地政府和移交管理局、实行垦区内部分离两种办法。一是对具备移交条件的法检职能整建制地移交；对离中心城镇较近的管理局和农（牧）场，将其具备移交条件的社会管理和公共服务职能移交所在地地方政府管理。二是对远离中心城镇等暂不具备移交条件的，在一定过渡期内分步分项移交；暂不能移交地方政府的，移交给管理局，由管理局承担社会管理和公共服务职能，在农垦系统内部实行社企分开。

总局对各农（牧）场和直属企业编制国有资本经营预算，调节各农（牧）场因资源占有不均等导致的贫富不均。各管理局依靠现行财务体制的国家投入、国家对农垦改革的支持投入、企业上缴的国有资本经营收入和管委会试点体制的税收收入来承担社会管理和公共服务职能。改革初期，资金先由管理局层面统筹，视情况逐步过渡到总局层面统筹，实现全垦区社会服务均等化。总局和各管理局只承担行业管理、社会管理和公共服务职能，不再干预企业经营，实行垦区内部政企分开。继续完善以职工家庭经营为基础、统分结合的双层经营体制。结合两大平原现代农业综合配套改革，创新农业经营主体，发展适度规模经营。发挥农垦体制优势，强化统一经营和服务职能。依法完善职工承包租赁经营制度，兼顾农场、职工利益，加强土地收费管理。

继续推进管委会改革试点。积极争取省委、省政府支持，继续扩大试点范围，加快推进农垦内部政企分开，完善总局、管理局承担社会管理和公共服务职能投入保障机制。

推进资源要素有效配置。各农（牧）场要构建新型劳动用工制度，逐步建立以劳动合同制为核心的市场化用工制度，依法规范劳动合同。完善社会保障机制。切实加强国有资产监督和管理。开展改组或组建农垦国有资本投资和运营公司试点，依法依规开展农垦国企改革，杜绝国有资产流失。抓住政策机遇，加快推进土地资源资产化和资本化进程。有序开展农垦国有农用地使用权抵押、担保试点。

各单位、各部门要认真学习，全面准确理解《意见》精神，把思想和行动统一到《意见》精神上来。要搞好改革的顶层设计，按省委要求，今年三月末前争取完成总体方案制定。各部门、各单位要在总局党委和改革领导小组的领导下，从自身的职能和实际出发，密切配合，深入开展调查研究，广泛听取干部职工的意见，认真研究改革发展的思路，按时完成总体方案的制定。在总体方案指导下，分批制定各专项改革方案。成熟一个，启动实施一个。

四、全面加强党的建设

坚持从严治党，切实加强领导班子和干部队伍建设，充分发挥各级党组织的领导核心作用，努力提高党的建设科学化水平，为垦区率先基本实现农业现代化，率先全面建成小康社会提供坚强组织保证。

（一）大力弘扬北大荒精神，积极培育和践行社会主义核心价值观。要大力传承、弘扬并丰富、发展北大荒精神，进一步激发广大党员干部和职工群众干事创业的热情，凝聚起推动垦区改革发展的强大力量。努力践行社会主义核心价值观，培育健康向上的良好道德风尚。紧紧围绕垦区改革发展稳定中心任务和重点工作，继续开展“转方式、调结构、促发展”等新闻宣传主题活动。坚持团结、稳定、鼓劲的方针，加强意识形态工作，强化新闻舆论宣传和引导，弘扬主旋律，传播正能量，提振精气神。

（二）进一步加强领导班子和干部队伍建设。要始终把思想政治建设放在班子建设、干部队伍建设的重要位置，认真学习习近平总书记系列重要讲话精神，坚持用科学理论武装头脑、指导实践。领导干部要将严守党的政治纪律、政治规矩放在首位，对党忠诚、个人干净、敢于担当，在思想上、政治上、行动上与中央、省委保持高度一致，确保政令畅通，提高执行力和落实力。要以新时期好干部标准选拔干部、配齐班子，切实提升各级领导班子深化改革、攻坚克难、领导科学发展的能力。强化“三严三实”和作风建设，用好班子、好队伍，带出好作风、好民风。各级党委要切实发挥领导核心作用，严格执行民主集中制，任何人都不能凌驾于组织之上，任何人都不能以个人代替组织，决不允许搞“一言堂”。要进一步完善议事规则，凡属“三重一大”事项，必须集体讨论做出决定。要健全一把手不直接分管具体事项制度，把人、财、物等管理权向班子副职分解，党政一把手重点抓好监督。完善垦区干部管理和选拔任用工作的各项规章制度，按照《垦区领导干部交流工作暂行规定》推进干部交流轮岗，不断优化领导班子结构，激发干部队伍活力。着眼为垦区改革发展提供人才支撑，重点做好人才引进、人才培养工作。引导人才向基层和科研生产一线流动，坚持培养与使用相结合，激发人才队伍创新活力和创业激情。

（三）切实加强基层党组织和党员队伍建设。基层党组织是党全部工作和战斗力的基础，是推进垦区改革发展的坚强堡垒。在垦区改革发展的关键时期，必须进一步巩固和加强基层党组织建设。各级党委要严格按照党建工作责任制要求，坚持把抓好基层党建摆在突出位置，强化建党、管党职责，形成一级抓一级、层层抓落实的工作机制。坚持固本强基创建服务型党组织，进一步整合服务资源，改进服务手段，创新服务载体，丰富服务内容，努力形成党组织和党员服务群众的长效化工作体系，进一步密切党群干群关系。加强对基层软弱涣散党组织的整顿。建立和完善管理局、农（牧）场与属地党委定期沟通汇报机制，完善党建工作“双报告”制度，形成党建共建、和谐发展的良好格局。切实加强党员队伍建设，重点在高知识群体、生产一线、优秀青年中发展党员，进一步提升党员队伍整体素质。坚持党管武装原则，不断提升军民融合发展水平。

（四）大力推进党风廉政建设和反腐败斗争。当前，垦区党风廉政建设和反腐败工作形势依然复杂严峻，任务依然艰巨。垦区各级党组织要认真贯彻中、省纪委全会精神，落实全面从严治党要求。以推动落实“两个责任”为重点，以深入学习贯彻《准则》《条例》为契机，全面强化纪律建设。教育广大党员尤其是党员领导干部要模范遵守党的政治纪律和政治规矩，全面遵守组织纪律、廉洁纪律、群众纪律、工作纪律和生活纪律。净化垦区政治生态环境。加大“一案三查”责任追究力度，推动“两个责任”落实，努力形成不敢腐、不能腐、不想腐的有效机制。要坚持把纪律和规矩挺在前面，加大案件查办力度，坚决查处十八大以后不收敛不收手，问题反映集中、群众反映强烈，现在重要岗位且可能还要提拔使用的领导干部。切实解决发生在群众身边的腐败行为。坚持抓早抓小，关口前移，对苗头性问题及时教育提醒。引导党员干部敢于担当、善于担当、体现担当，重点整治不在状态、不作为、慢作为、懒作为等突出问题。深入推进垦区纪检监察机构改革，加强纪检监察队伍建设。抓好省委巡视反馈意见整改落实，立行立改，以整改的实际成效取信于民。进一步加强权力清单制度建设，清理规范行政审批中介服务，清理规范表彰奖励项目，加快简政放权、优化发展环境。

同志们，垦区今年及“十三五”期间改革发展的任务十分繁重，我们的责任十分重大。让我们紧密团结在以习近平同志为总书记的党中央周围，进一步弘扬北大荒精神，坚定信心、攻坚克难、真抓实干，为垦区率先基本实现农业现代化，率先全面建成小康社会做出新的更大贡献！

在总局党委(扩大)会议上的总结讲话

王有国

(2016 年 2 月 2 日)

同志们:

总局党委(扩大)会议历时一天半的时间,圆满完成了各项议程,就要结束了。

大会听取了兆力同志代表总局党委所作的题为《转方式 调结构 稳增长 促改革 努力实现垦区"十三五"经济社会发展良好开局》的工作报告,与会代表围绕《报告》进行了充分认真地讨论。大家一致认为,《报告》紧贴垦区实际,认真贯彻落实党中央、国务院、省委省政府和农业部会议精神,具有全局性、方向性和指导性。

一是《报告》回顾总结了垦区"十二五"及 2015 年工作,站在新的历史起点上,统筹谋划了垦区"十三五"及 2016 年的发展思路、发展目标和重点任务。

二是《报告》抓住了垦区农业供给侧结构性改革的"牛鼻子",指明了"提高龙头企业竞争力,推进农业产业化发展,提质增效转方式、稳粮增收可持续"的发展方向。

三是《报告》明确了垦区全面深化改革,加快经济社会全面发展的重大举措,是垦区当前和"十三五"时期经济社会发展的行动指南。

昨天下午,与会代表在讨论中提出了很好的意见和建议,会后我们将组织相关部门认真研究,积极吸纳。下面,我就学习领会、贯彻落实好这次会议精神,讲三点意见。

一、深刻领会、准确把握《报告》的精神实质

当前,垦区各级要坚持问题导向和底线思维,选择合理节奏、力度和角度,不折不扣抓好贯彻落实。

一是找准切入点。要把树立和践行"五大发展理念",作为落实总局党委(扩大)会议精神的切入点,切实把思想和行动统一到会议精神上来,使之转化为垦区改革发展的动力源泉,达成共识,汇聚正能量,着力提高经济社会发展质量和效益。

二是把握结合点。要把实施我省"五大规划"发展战略,与贯彻落实总局党委(扩大)会议精神紧密结合起来,加快改革,创新发展,更好地服务全省经济社会发展大局,着力推动垦区与地方经济深度融合发展。

三是抓住突破点。要抓住加快垦区改革、扩大管委会试点的政策机遇,围绕垦区集团化、农场企业化主线,尽快推进农垦内部政企分开,把中央和省释放的政策红利运用好,激发垦区发展活力和内生动力。

四是聚焦关键点。省委书记王宪魁同志在省委经济会议上指出,农垦经济总量相当于齐齐哈尔一个市的规模,潜力特别大。我们要深挖"发展潜力特别大"这一关键词,按照年均增长 8% 以上的速度,瞄准"十三五"期间北大荒集团营业收入突破 2000 亿元的目标,全力打造国际化现代企业集团。

五是明确落脚点。垦区改革发展的落脚点是全体职工群众共享发展成果,全面建成小康社会。要认真对照新的指标体系,大力推进民生工程建设,切实提升职工群众的幸福指数,着力推动职工群众收入增长与经济发展同步、劳动报酬提高和劳动生产率提高同步。

二、全面深入贯彻落实党委(扩大)会议精神,着力抓好 2016 年工作

2016 年是垦区改革发展的关键年。兆力同志对全年工作作出了全面部署,重点要真抓实干,切实把会议精神落到实处。

(一)现代化大农业要提档升级

《中共中央 国务院关于进一步推进农垦改革发展的意见》明确提出,"将黑龙江垦区建设成为国家大型商品粮基地和优质奶源基地"。这是黑龙江垦区根本任务所在,必须不折不扣贯彻落实。

一是稳粮增收种好地。种好地是农垦的"本",垦区任何时候都不能放松粮食生产。"扩水稻、减玉米、增大豆"的粮食生产计划要稳步推进落实。高效经济作物的供给侧研究要搞清楚,在做好市场回归性分析的同时,搞好市场行情预测,不能一哄而上,不能随大流,不能种啥啥便宜,"调"就要调出效益。要发挥八一农垦大学和中高职业院校的科技优势,加强技术推广和职工培训,解决好"谁来种地"的问题。

二是适应市场养好畜。围绕建设国家大型优质奶源基地,推广奶牛性控繁育技术,实现进口奶牛初产应用性控冻精全覆盖;实施规模牧场 9 吨奶工程,具有方向性、革命性、战略性的乳肉兼用型奶牛要有大突破。扩大鹅、鸭、鸡等禽类饲养。要适当扩大苜蓿草种植规模,青贮玉米种植面积在

30万亩以上。建设标准化超大型生猪养殖场，继续发展家庭牧场，大力发展特色养殖，实现“两牛一猪一禽”整体上水平。

三是深挖潜力用好林。垦区有林地1300万余亩，资源潜力特别巨大，要积极发展家庭林场、股份合作林场。深入探讨、有序改造次生林，重点发展生态林，逐步释放林业生物资产，大力发展林下产业。用好、用足国家更新退化防护林专项资金，完成6万亩植树造林和退化防护林带更新改造任务。大力培育园林、苗圃、食用菌、林下种植养殖和生态观光旅游等产业。

四是着眼长远发展强基础。今年236.4万亩高标准农田建设任务要确保完成。以青龙山灌区为重点的各项水利工程建设要强力推进，垦区重点堤防工程要全面建成。积极配合三江连通工程建设并争取开工。水稻侧深施肥、免耕机具等机械化装备水平要有新提高。全面启动北大荒通用航空肇东机场生产运营，进一步扩大飞机总量，确保建三江国际湿地机场建成并投入使用。

五是突出协同创新抓产业。围绕会议确定的具体目标，北大荒集团及其龙头企业要深入研究，拿出可行性措施，杜绝亏损企业。充分发挥北大荒集团融资平台作用，综合运用各种金融工具，确保由北大荒集团担保的每笔银行贷款利率均下浮10%以上。利用好国家粮食储备政策，推进国有粮食加工企业储加销一体化模式创新，提高农产品整体加工价值。强化“互联网+”新型营销模式，实现销售收入、利润同步增长，带动二三产业协同发展。

六是对外合作上水平控风险。积极争取承担国家农业援外项目，扩大特色优势农产品出口。充分利用好来之不易的粮食进出口经营权，发挥好国有贸易企业的作用。加强对外贸企业投资、生产、经营的监管，规范龙头企业开展境外农业资源开发和技术合作项目，加强国际化复合型人才储备，切实抓好远东“新友谊农场”农业综合开发。

(二)农垦改革要稳步推进

兆力同志的《报告》明确了改革思路，作出了全面部署。要围绕国家农垦改革发展《意见》规划到2020年实现“两个一批、一个显著”的主要发展目标，抓好以下五项重点工作。

一要深入搞好调查研究。系统总结友谊模式、虎林模式和绥滨模式等经验教训，调查研究北大荒集团运行、龙头企业改制重组、大农场统筹小农场、土地承包经营等问题，进一步研究总结北大荒农业股份公司16家农业分公司社企分开形式。摸清土地、林地资源的利用现状和使用权配置情况，甄别农垦办社会机构人员、资产负债和经费收支的真实底数，明确垦区所有单位性质、机构编制、人员配置关系，为垦区改革提供基础依据。统筹安排人员到兄弟垦区学习考察。

二要制定好改革方案。广泛听取广大干部职工群众意见，3月末形成总体改革方案。加强与省、部沟通，积极争取各类专项试点。组织制定完善北大荒集团母子公司体制、农场办社会职能改革、创新农业经营管理体制、新型劳动用工制度和完善社会保障机制等专项改革试点方案，争取开展垦区土地资源资产化和资本化试点。

三要努力争取政策支持。有关部门要认真研究国家和省关于推进农垦改革发展的相关政策，理清对上争取政策清单，落实对上争取政策主体责任，力争将农垦承办的办社会职能全部纳入公共财政保障范围。解决养老保险缺口问题，确保农垦改革发展《意见》中“一个同步实施、两个全面覆盖”政策在垦区落地生根。

四要积极扩大管委会试点范围。认真落实省委省政府关于“适当扩大管委会试点”的要求，借鉴建三江、九三和共青管委会模式，选择具备条件的管理局和大型农场或农场群，进一步推动管委会试点向纵深发展。积极发展各类所有制经济，大力培植新增税源，促进区域经济更快发展。

五要保持垦区社会稳定。全面推进农垦改革，事关垦区的发展和稳定。要着力加强对改革工作的领导，提高认识，统一思想。各级领导小组要切实负起责任，明确目标任务，建立责任分工，确保改革工作顺利进行。尤其是农垦办社会职能改革，政策性强、涉及面广、工作量大、情况复杂，涉及干部职工的切身利益，要认真研究政策，及时化解各类矛盾，确保垦区改革顺利进行和稳定。

(三)要更加注重管理工作

管理是企业发展的生命，所有问题的产生，归根结底是源于对管理制度的蔑视。

一要摸清家底。底数清，是加强管理、推进改革发展的基础。要全面清理人、财、物，制定清理方案。人事部门牵头清理垦区从业人员身份情况，财务部门牵头清理垦区资产和债务情况，农业部门牵头清理垦区土地承包情况，国土部门牵头清理垦区土地和林地确权颁证情况。尤其是办社会形成的债务要逐一甄别，为核呆做好准备。

二要严格编制管控。垦区所有干部都要实行编制管理，各级编委办要承担起定岗定编、定岗控编的职能。严禁党政部门、事业单位超标配备人员。国企管理干部也要借鉴机关事业单位编制管理办法，实行定岗定员管理。农(牧)场党政机关、社会基层组织和城镇管护机构，没有定岗定员的，有关部门要予以核定。北大荒集团各成员企业的管理干部要实行定岗定员，切实解决人浮于事等问题。

三要强化财务管理。进一步提高管控水平，要加强预算管理，严格控制支出。北大荒集团总公司要进一步加强资金管理，尤其要把好担保贷款审核关，抓紧替换高息贷款。无论是管理局，还是农(牧)场，债务总额不能增加，要千方百计降低财务费用，新增贷款只能用于国家项目的配套。

四要加强监管。充分发挥纪检监察、审计机关的“利剑”作用，集中力量查处一批破坏和影响发展环境的典型案件，对懒政、庸政、怠政行为要严肃问责。审计监督要实现全覆盖和常态化，着力加强干部经济责任审计监督工作，要使接受监督成为自觉和习惯。

五要严厉打击侵吞国有资产行为。切实加强对国有资产的监督管理，既要防止内部侵吞国有资产，又要坚决杜绝内外勾结、吃里爬外、借合作之机贵买贱卖、关联交易、利益输送等现象发生。充分发挥政法机关保障功能,依法保障垦区安全发展、和谐发展。对各类侵吞国有资产的犯罪行为,无论发生在什么时期都必须一追到底、严厉打击。

(四)新型城镇化水平要明显提升

以大规模住宅楼建设为标志的农场城镇化进程已经结束,下一步的工作重心要转向发挥垦区特色小城镇群的载体功能,推动城镇化与工业化良性互动、与农业产业化相互协调,促进"四化同步"发展。一要以"干净美丽吸引人"为目标,完善农垦小城镇基础设施建设,做到让居住者舒适、让旅游者向往。各管理局要科学制定规划实施方案,切实抓好污水、垃圾等源头治理,抓好绿化美化、停车场等公用场所建设,抓好场容场貌及群众文明素质提升工作。二要运用市场手段,解决城镇运营维护建设资金问题,发挥城镇拉动经济发展的载体功能,现代化的农场才是垦区真正的特色。鼓励和吸引社会资本参与基础设施和公共服务领域建设,决不能走负债建设的老路。要发挥独立管理局中心城镇和100多个农场小城镇群的辐射功能,强化城镇要素集散能力,挖掘和释放居民个性化、多样化消费需求,促进电子商务、物流配送、餐饮娱乐、健康养老等现代服务业发展,走"以城建城、以城养城"的城镇化建设新路子。三要去库存。总局各职能部门、各管理局和农(牧)场要准确把握政策,制定切实可行措施,着力消化垦区现存的81.13万平方米商品房及101.77万平方米空置保障房,盘活农(牧)场房地产存量资产。合理处置闲置的办公、小区、休闲场所等房产,发展相关产业。

(五)坚决打赢扶贫、脱贫攻坚战

认真贯彻中央、省委扶贫工作会议精神,把总局党委(扩大)会议提出的"分类施策、精准扶贫、精准脱贫"攻坚要求落到实处、取得实效。一要解决"扶谁"的问题。找准"人"是精准扶贫的先决条件。要按作业站、管理区、农(牧)场逐级调查,确定好帮扶对象,全面摸清贫困人口底数,做到户有卡、管理区(作业站)有簿、农(牧)场有档案。二要解决"谁扶"的问题。习近平总书记讲得很清楚,就是要加快形成中央统筹、省负总责、市县抓落实的扶贫工作机制。垦区扶贫工作,总局负总责,管理局做好上下衔接、区域协调、督促检查工作,各农(牧)场承担主体责任,书记、场长是第一责任人,管理区(作业站)承担具体责任。建立健全协同扶贫工作机制和"一对一"精准帮扶模式,将扶贫工作纳入各级党政主要负责人的政绩考核范围。三要解决"怎么扶"的问题。根据贫困户、贫困场的实际情况,"量身定制"扶贫脱贫方案。要举全垦区之力,充分利用国家、省扶贫支持政策,整合相关部门帮扶资金,立足产业扶贫。有效化解贫困农场历史债务,实施贫困人口家庭低保全覆盖。根据脱贫时间表,明确进度、倒排工期、精准"滴灌",确保实现"十三五"垦区5.7万贫困人口全部脱贫、32个贫困农(牧)场全部摘帽的目标。

(六)进一步改善垦区民生

继续大力发展民生事业,提升职工群众的幸福指数。落实文化信息资源共享、全民健身等文化惠民工程,保障职工群众文化权益。完善公共教育服务体系,加强教育经费管理,推进普及高中教育,全面完成教育均衡发展目标。扩大疾病预防、免疫及妇女儿童保健等公共卫生服务范围,不断提高基层医疗、基本公共卫生服务能力,化解医保转诊难、转院难的问题。加强社保扩面,以个体工商户和临时用工较多行业为重点,突出灵活就业人员,做到应保尽保。引导非从业居民自愿参加医疗保险和养老保险,努力实现人人享有社会保障的目标。

三、扎扎实实落实总局党委(扩大)会议精神,重点抓好当前以下工作

一要科学编制好"十三五"规划。认真贯彻总局党委(扩大)会议精神,突出创新、协调、绿色、开放、共享的发展理念,紧紧围绕《中共中央 国务院关于进一步推进农垦改革发展的意见》要求,紧密结合垦区实际,对标衔接。要广泛听取社会各界意见建议,制定不同层级的发展规划,落实主体责任,明确牵头部门,确定时间表。

二要做好粮食销售和备春耕生产工作。针对目前玉米和大豆价格走低、销售慢的实际情况,各部门要做好粮食信息服务,帮助职工多渠道销售手中余粮。今年"春脖子"短,农时较紧,涉农部门要精心组织,紧密配合,高标准做好农机检修、水稻育秧准备、种子和生产资料储备等工作。要切实维护好农资市场秩序,严厉惩处伪劣农资坑农、害农事件,确保备春耕生产工作顺利进行。

三要切实抓好安全生产工作。认真落实总书记提出的"党政同责、一岗双责、失职追责"的要求,突出关键节点和重要部位,切实加强对道路交通、危险化学品、烟花爆竹及特种设备安全管理的督促检查。要特别重视值班值守工作,主要领导要亲自带班。要切实树立"隐患就是事故"的理念,用最严的制度、最严的措施、最严的监督、最严的问责,将隐患排查到位、整改到位、追责到位。

四要安排好职工群众生活。要切实解决困难职工的吃饭、穿衣、就医、子女上学和越冬等方面的问题,尤其是今年遇到罕见的极寒天气,要保证他们正常的生产生活。节日期间,要深入特困、劳模、老复转军人、军烈属、残疾人和离退休老干部家中,体察社情民意,帮助解决实际困难,让每一个家庭都过上祥和、快乐的春节。

五要多方协力维护社会稳定。开展"平安垦区"建设,完善社会治安防控体系,依法严厉打击各种刑事犯罪。坚持"抓早、抓小、抓了"的方针,合理解决群众诉求,依法处置非法行为。进一步完善应急管理机制,提高垦区应对突发事件的能力。

同志们,做好今年各项工作,对垦区"十三五"开好局起好步、全面建成小康社会具有十分重要的意义。我们一定要发扬北大荒精神,坚定信心,凝聚共识,激发改革新动力,培育发展新动能 让改革发展红利最大限度惠及广大职工群众,提振170万北大荒人干事创业的精气神,奋力谱写垦区改革发展新篇章!

大事记

1 月

1日 垦区的大米、挂面、大豆油、奶粉等绿色食品亮相央视，早晨，在“朝闻天下”中间；晚上，在“新闻联播”之后、“天气预报”之前，“北大荒——中国绿色食品基地”统一进行形象宣传。

1日 《北大荒日报》报道：近日，农业部对2014年全国粮食生产先进单位和先进个人进行了通报表扬，黑龙江省农垦总局获“全国粮食生产先进单位”称号。建三江管理局等10个单位获“全国粮食生产先进单位”称号。农垦科学院水稻所那永光等4人获“全国粮食生产突出贡献农业科技人员”称号；八五四农场王淑琴等获“全国种粮大户”称号。

3日 在北京举行的“2014亚洲品牌年会暨中国品牌年度总评榜颁奖大会”上，完达山乳业股份有限公司入围“2014中国品牌100强排行榜”，荣获“中国品牌榜样企业”和“亚洲品牌十大最具发展力企业”称号等3项大奖。此为该公司第4次入围“亚洲品牌500强”。

6日 下午，总局局长王有国、副局长周昊旬和总局机关干部收听收看了全国安全生产电视电话会议后，立即召开垦区安全生产电视电话会议，传达贯彻落实会议精神，并对当前垦区安全生产工作进行部署。

9日 《北大荒日报》报道：近期，八五八农场“黑龙江小穆棱河省级湿地公园”和青年农场“黑龙江青年沿江省级湿地公园”两家省级湿地公园正式建立，这是垦区首批得到批准的湿地公园。

20日 上午，总局副巡视员李殿君在总局机关20楼党委会议室会见辽宁省西丰县县委书记赵力军一行，双方就开展产业合作等相关事宜进行了交流洽谈。

22日 黑龙江（北京）绿色有机食品产业博览会（2015年货大集）在北京全国农业展览馆开幕，北大荒集团米、面、油、乳等系列产品参展。

23日 上午，总局召开广播电视网络转制重组工作电视电话会议，会议传达了《黑龙江省广播电视网络转制重组工作实施方案》，并对垦区广电网络转制重组工作作出部署。总局党委副书记邹积慧出席会议并讲话，总局党委委员、宣传部部长高跃辉主持会议。

25日 上午9点，集零售、休闲、娱乐、餐饮、旅游、文化等多元形态于一体的“五代”城市综合体——北京永泰集团开发的永泰城在香坊实验农场正式开业。省政协副主席洪袁舒、总局副巡视员李殿君出席仪式。

26日 下午，垦区安全生产工作电视电话会议在总局机关一楼小会堂召开。会议总结了2014年垦区安全生产情况，安排部署2015年垦区安全生产工作。总局局长王有国出席会议并讲话。总局党委副书记邹积慧主持会议，总局副局长周昊旬代表总局安委会作安全生产工作报告。总局党委委员、工会主席于春明通报了2014年垦区安全生产责任制考核情况。

是日 上午，挠力河国家级自然保护区管理局发布资源状况冬季清查结果，保护区内拥有鸟、兽、鱼等物种593种，鸟类物种增加12个，并且在五九七管理站发现两只世界濒危动物白尾海雕。

30日 宝泉岭管理局白羽鸡屠宰加工项目试车仪式正式启动，标志着这个管理局白羽鸡产业产业项目中的种鸡饲养、孵化、商品鸡饲养以及饲料加工生产各个环节全面投入使用。

2 月

3日 上午，总局党委副书记、局长王有国主持召开总局党委会议，传达十一届省纪委五次全会精神，总结2014年垦区纪检监察工作，部署2015年垦区党风廉政建设和反腐败工作。

4日 《北大荒日报》报道：刚刚闭幕的全国农村青年致富带头人协会第二届会员代表大会上，共青农场场长苏彦山、八五一〇农场场长郭显文、九三粮油工业集团董事长、总经理杨宝龙被授予“全国农村青年致富带头人”荣誉称号。在全国农村青年致富带头人协会第二届会员代表大会上，苏彦山先后当选为中国农村青年致富带头人协会第二届理事会副秘书长、中国农村青年致富带头人协会第二届理事会常务理事及中国农村青年致富带头人协会新农村建设委员会副主任兼秘书长。

6日 总局党委副书记邹积慧，总局党委委员、军事部政委张秀军，分别来到九三和北安管理局，走访慰问离退休干部、贫困职工、军属代表，并为他们送去了慰问品、慰问金。

是日 《北大荒日报》报道：春节前夕，总局党委副书记、纪委书记刘君，总局副局长周昊旬、谭占龙，总局党委委员、工会主席于春明，分别来到哈尔滨、齐齐哈尔、宝泉岭和牡丹江管理局，走访慰问离退休干部、老党员、贫困职工等人员，并为他们送去慰问品、慰问金。

7日 《北大荒日报》报道：日前，2014—2015年度全国少年速度滑冰锦标赛在沈阳解放军冰上训练基地八一速滑馆结束，代表总局参赛的宝泉岭管理局速滑队队员取得了4金4银3铜的成绩。

9日 上午，总局局长王有国在总局机关会见了福田雷沃重工董事长、总经理王桂民，党委书记梁启荣一行，双方就进一步拓展战略合作等事宜进行了会谈。

10日 上午，总局党委副书记、局长王有国到总局哈尔滨干休所，代表总局党委书记王兆力和其他总局领导看望总局在哈离退休老领导老干部，并通过他们给垦区的全体老同志拜年。

11日 总局副局长徐学阳，总局副巡视员李殿君、刘锡荣，分别来到绥化、红兴隆和建三江管理局，走访慰问老劳模、离退休干部、贫困职工等，并送上慰问金和新春的祝福。

13日 上午，总局党委副书记、局长王有国看望慰问垦区离休干部肖寒和家住红旗农场的田素民、汤少明两个贫困户，并送去慰问金。总局党委副书记邹积慧一同看望肖寒。

是日 下午，总局党委副书记邹积慧到垦区著名作家郑加真家中，送去总局党委的新春问候和祝福。总局党委委员、宣传部部长高跃辉一同看望。

是日 由新疆生产建设兵团十师党委常委、副师长、北屯市常务副市长刘宗江带队的考察团到齐齐哈尔管理局柯尔克孜民族村，就现代化大农业、畜牧业和旅游业发展等情况参观考察。

15日 上午，总局局长王有国主持召开2015年第二次局长办公会，贯彻落实国务院第三次廉政会议和省政府第三次廉政会议精神。总局领导邹积慧、刘君、周昊旬、徐学阳、谭占龙、于春明、刘锡荣以及总局水利工程局局长王立荣出席会议。

16日 上午，总局局长王有国来到九三粮油工业集团和完达山乳业集团走访慰问，听取企业负责人汇报2015年发展规划。

是日 下午，总局党委副书记邹积慧到北大荒日报社、农垦广播电视台，代表总局党委、总局看望慰问新闻工作者，并向垦区全体新闻工作者致以新春的问候和祝福。总局党委委员、宣传部部长高跃辉一同慰问。

是日 总局党委副书记邹积慧走访慰问垦区公安局和香坊农场派出所干警，代表总局党委向坚守岗位的广大干警送去节日的问候和祝福。

是日 农垦总局下发文件：按照《黑龙江省农垦总局办公室关于开展农业标准化提升和农作物高产创建活动的通知》精神，结合各管理局推荐意见，经总局农业标准化提升活动专家组和成员单位认真考核评比，决定授予建三江管理局和绥滨农场等31个单位为总局农业标准化提升活动标兵单位称号；授予牡丹江管理局等50个单位为农业标准化提升活动优秀单位称号；授予齐齐哈尔管理局等35个单位为农业标准化提升活动达标单位称号。

是日 农垦总局下发文件：按照黑垦局办文〔2014〕4号文件精神，总局决定对七星、友谊、绥滨、八五〇农场等34个单位给予通报表扬，并对上述单位颁发2014年度高产创建先进单位奖牌。

17日 下午，总局局长王有国来到北大荒马铃薯产业集团和北大荒米业集团走访慰问，了解企业发展情况和未来规划。总局水利工程局局长王立荣陪同走访慰问。

28日 《北大荒日报》报道：近日，经各地商务部门组织申报和省商务厅审核公示，认定19家企业为“龙江老字号”，这些企业是省第三批认定的“龙江老字号”企业。垦区的宝泉岭农垦宝泉酱业有限公司的“宝泉”品牌、农垦雁窝岛集团酿酒有限公司的“雁窝岛”品牌入选。

3月

3月2日 上午，中共黑龙江省农垦总局委员会(扩大)会议召开。总局党委书记王兆力作工作报告。总局党委副书记、局长王有国主持会议，总局领导邹积慧、刘君、周昊旬、徐学阳、谭占龙、于春明、张秀军、李殿君、刘锡荣、李恒伟、高跃辉、刘伟康出席大会。3日上午，总局党委(扩大)会议在总局机关大会堂闭幕。总局领导王兆力、刘君、周昊旬、徐学阳、谭占龙、于春明、张秀军、李殿君、刘锡荣、李恒伟、高跃辉、刘伟康以及总局水利工程局局长王立荣出席闭幕式。总局党委副书记、局长王有国作总结讲话，总局党委副书记邹积慧主持会议。

是日 下午，垦区党风廉政建设暨反腐败工作会议召开。总局党委书记王兆力出席会议并讲话。总局党委副书记、局长王有国主持会议，总局党委副书记、纪委书记刘君作反腐倡廉工作报告，总局领导邹积慧、周昊旬、徐学阳、谭占龙、于春明、张秀军、李殿君、刘锡荣、李恒伟、高跃辉、刘伟康以及总局水利工程局局长王立荣出席会议。省纪委第五纪检监察室副主任张金鹏出席会议并讲话。

是日 上午，总局农业工作电视电话会议召开。总局党委副书记、局长王有国出席会议并讲话。总局副局长周昊旬主持会议，总局副局长徐学阳作工作报告，总局副局长谭占龙宣读表彰通报。总局领导邹积慧、刘君、于春明、张秀军、李殿君、刘锡荣、李恒伟、高跃辉、刘伟康以及总局水利工程局局长王立荣出席会议。

是日 十二届全国人大三次会议在北京召开，作为垦区唯一的全国人大代表，完达山乳业股份有限公司董事长王景海先后接受了中央电视台、中央人民广播电台、新华社等30余家主流媒体的采访。

5日 《北大荒日报》报道：三八国际劳动妇女节前夕，垦区7个女职工先进集体和10名先进个人受到国家和省表彰。

8日 截至今天，垦区已清雪扣棚34.5万栋，完成计划的89.2%，为促进水稻苗床化冻散墒、提高做床标准、旱育壮秧提供了保障。垦区拥有集中育秧基地2500多处、育秧大棚32万栋，占垦区钢骨架大棚总量的80%。

10日 下午，垦区备春耕生产专家座谈会召开，总局局长王有国与垦区农业生产领域的专家学者以及垦区农业生产战线的管理者，围绕春耕生产进行农情调度和综合情况分析，指导垦区备春耕生产和全年种植业工作。总局副局长徐学阳主持会议。

11日 绥滨农场机械厂厂长伊永刚、梧桐河农场店主王春生获第四届全国残疾人“自强创业奖”。

14—15日 总局局长王有国来到九三和齐齐哈尔管理局，就贯彻落实总局党委(扩大)会议精神，做强产业、加强管理、推动发展等工作调研。总局水利工程局局长王立荣陪同调研。

15日 2014—2015年度黑龙江省速度滑冰锦标赛在省冰上基地结束。以宝泉岭管理局运动员为主的总局速度滑冰队取得5金、3银、3铜的成绩，金牌总数、奖牌总数、团体总分均位列全省第4名。

17日 上午，垦区召开春季森林草原防火暨造林绿化工作电视电话会议，总局副局长、总局森林防火指挥部副总指挥徐学阳出席会议并讲话。

19日 全省第四届“人民满意的公务员”和“人民满意的公务员集体”表彰大会暨为享受国务院及省政府特殊津贴人员、领军人才授予称号电视电话会议上，垦区多个个人和集体荣获全省“人民满意的公务员”、“人民满意的公务员集体”及“领军人才梯队”等称号。总局副局长谭占龙在总局分会场参加表彰大会。

25日 北大荒垦丰种业股份有限公司登陆“新三板”市场挂牌仪式在位于北京的全国股份转让系统公司举行。公司证券简称为“垦丰种业”，证券代码831888，于1月27日正式在“新三板”挂牌上市。

27日 上午，总局党委书记王兆力主持召开2015年总局第三次党委会议，传达全省2014年度落实党风廉政建设责任制检查和省管领导班子及领导干部考核工作情况通报电视电话会议精神。总局党委副书记、局长王有国传达了全省绿色食品产业专题会议精神。总局领导刘君、周昊旬、徐学阳、谭占龙、于春明、高跃辉、刘伟康出席会议，总局副巡视员李殿君、总局水利工程局局长王立荣列席会议。

28日 《北大荒日报》报道：近日，新疆生产建设兵团对2014年度兵团对口援疆工作进行表彰，黑龙江省对口援疆前方指挥部十师分指挥部获2014年度对口援疆工作卫生援疆突出贡献奖。2014年，垦区共有11名医疗技术人员到十师北屯市和各团场援疆

28—29日 由总局人社局主办、农垦人才中心承办的黑龙江垦区2015年人才招聘会在八一农垦大学和东北农业大学举行。垦区共有99家用人单位参会，提供就业岗位370余个。为期两天的招聘会共入场各类人才5000余人次，现场签订意向协议280余份。

28—30日，由总局军事部组织的垦区民兵野战炊事车操作手集训暨比武大赛在红旗农场举行，来自9个管理局人武部的50余名现役干部和民兵参加了集训比赛。齐齐哈尔管理局代表队、建三江管理局代表队、哈尔滨管理局代表队分获前三名。

31日 上午 总局党委书记王兆力主持召开总局党委理论中心组学习会议，围绕垦区主动适应经济发展新常态专题进行集中学习讨论。总局领导邹积慧、刘君、谭占龙在会上发言，总局副局长周昊旬作中心发言，总局副局长徐学阳递交书面发言材料。总局领导于春明、高跃辉、刘伟康出席会议，总局领导李殿君、刘锡荣以及总局水利工程局局长王立荣列席会议。

是日 北大荒农业股份有限公司通过上海证券交易所公布了企业2014年年度报告，北大荒股份2014年归属上市公司股东净利润实现7.998亿元，彻底扭转了连续两年亏损的局面。

3月 教育部公布了2014年度普通高等学校本科专业备案或审批结果，八一农垦大学申报的水利水电工程、食品营养与检验教育、审计学3个专业获得备案，计划于2015年开始招生。

4 月

1日 上午，省委常委、政法委书记杨东奇在省委政法委常务副书记姚大为、秘书长张云凯的陪同下来到总局机关，就理顺垦区法院、检察院管理体制问题调研座谈。总局党委书记王兆力，总局党委委员、组织部部长刘伟康出席座谈会。总局党委副书记、政法委书记邹积慧汇报有关工作。

是日 水利部副部长矫勇一行到建三江管理局，就垦区春季水利工程施工情况调研。省政府副秘书长金济滨，省水利厅厅长陆兵、副厅长马庆国，总局副局长徐学阳陪同调研。

2日 《北大荒日报》报道：近日，在哈尔滨市冰上训练基地举行的2015年黑龙江省中学生速度滑冰锦标赛上，宝泉岭局直中学代表垦区参赛，包揽了锦标赛10项冠军，荣获团体总分第一名 。

是日 继3月31日北大荒农业股份有限公司公布年报发出扭亏为盈利好消息后，公司的股票连续两个交易日涨停，截至4月1日收盘，股价已达16.35元，股票总市值达290.65亿元。4月3日起，公司股票将复牌并撤销退市风险警示，证券简称由“＊ST大荒”变更为“北大荒”，股票代码“600598”不变，股票交易的日涨跌幅限制由5%变更为10%。

3日 下午，垦区春季防火安全电视电话会议召开，总局党委副书记、总局消安委主任邹积慧出席会议并讲话。会上，邹积慧与哈尔滨管理局、总局教育局负责人签订了2015年消防安全责任书。

7日 上午，总局党委召开中央巡视组反馈意见落实推进会议，对中央巡视组反馈意见整改情况和存在的问题进行督促落实。总局党委书记王兆力出席会议并讲话。他强调，各部门要高度重视中央巡视组反馈意见整改落实推进工作，坚持完善制度、严肃纪律、责任倒查，制定切实可行的整改措施，积极主动、加快进度，切实做到反馈意见整改件件有着落，事事有回音。总局领导王有国、邹积慧、周昊旬、刘锡荣、刘伟康出席会议。总局党委副书记、纪委书记刘君主持会议。

8日 上午，总局党委书记王兆力来到北大荒米业集团，就企业深化改革、生产经营情况和在发展过程中存在的问题进行调研。总局副局长周昊旬一同调研。

是日 下午，垦区水利重点项目建设推进电视电话会议在总局机关一楼小会堂召开。总局局长王有国出席会议并讲话。总局副局长徐学阳布置了2015年垦区重点水利项目建设任务，总局副巡视员刘锡荣主持会议，总局水利工程局局长王立荣出席会议。

9日 上午，总局党委书记王兆力来到北大荒马铃薯产业集团，就这个集团产权制度改革、产业化经营和实施“走出去”战略等情况进行调研。总局副局长周昊旬一同调研。

9—10日 总局局长王有国来到建三江和红兴隆管理局，就当前春耕生产、青龙山灌区渠首项目设计和施工以及高标准农田建设等工作进行调研。王有国强调，要抢工期、抓进度、保质量，推动青龙山灌区工程早投入、早见效，落实好高标准农田建设及节水增粮项目，大力发展现代高效农业，稳步推进垦区农业经济的转型升级。

10日 《北大荒日报》报道：近日，北大荒文化创意产业集团申报的北大荒版画基地项目被文化部评为2015年度特色文化产业重点项目。黑龙江省仅有4家企业申报的项目榜上有名，该集团也是垦区唯一一家获此殊荣的企业。

15日 上午，总局党委书记王兆力来到完达山阳光乳业公司，对完达山乳业集团实施股权多元化改革、产业化发展、营销体系建设等问题进行

调研。

16日 总局党委书记王兆力到九三粮油工业集团惠康食品公司和北大荒豆制品公司,对九三集团产权制度改革、产品研发设计、营销体系建设等问题进行调研。总局副局长周昊旬一同调研。

17日 上午,总局党委书记王兆力来到北大荒药业集团,就这个集团优化所有制结构、产品研发设计、营销体系建设等问题进行调研。总局副局长周昊旬一同调研。

是日 《北大荒日报》报道:为解决涉农惠农工作中存在的问题,响应最高检察院、省人民检察院工作部署,近期,省人民检察院农垦区分院开展了"破坏环境资源犯罪"和"危害食品药品安全犯罪"专项立案监督活动,活动将持续到2016年12月。专项监督活动的重点为依法监督行政执法机关移送、公安机关立案侦查退耕还林、食品生产、生猪屠宰领域涉嫌犯罪的案件。

21日 下午,总局局长王有国在总局机关20楼党委会议室会见了中国农业银行总行营销总监易映森一行,双方围绕服务"三农"建设、拓展金融合作等事宜进行座谈。总局副局长周昊旬、中国农业银行黑龙江省分行行长葛海蛟参加会见和座谈。

22日 上午,总局党委书记王兆力到农垦通信有限公司,就这个公司改革发展问题进行调研。总局副局长周昊旬一同调研。

是日 上午,中国国际奶业展览会暨乳业合作大会在哈尔滨开幕,完达山乳业股份有限公司多款乳品亮相。在总局局长王有国的陪同下,国家质量监督检验检疫总局副局长张沁荣、中国检验检疫学会会长魏传忠、副省长孙尧参观了完达山展台。

是日 晚上,完达山乳业股份有限公司在哈尔滨华旗礼堂以"完达山之夜"为主题,承办了第十三届中国国际奶业展览会暨2015中国国际乳业合作大会欢迎晚宴,来自36个国家和地区的乳业精英参加。中国出入境检验检疫学会会长魏传忠、副省长孙尧参加晚宴并致辞。

24日 上午,总局党委书记王兆力主持召开2015年第四次党委会议,通报省委党风廉政建设领导小组办公室关于检查考核总局落实党风廉政责任制的反馈意见,传达黑龙江陆海丝绸之路经济带建设推进工作会议精神。总局党委副书记、局长王有国以及总局领导邹积慧、刘君、周昊旬、徐学阳、谭占龙、于春明、高跃辉出席会议,总局副巡视员李殿君、总局水利工程局局长王立荣、北大荒集团总公司总经理侯培耀列席会议。

27日 上午,黑龙江省农垦青年致富带头人协会成立大会在总局机关举行。总局党委副书记邹积慧出席大会并讲话。总局团委书记唐浩主持会议,九三粮油工业集团董事长、总经理杨宝龙当选为北大荒青农协会长。邮政储蓄银行黑龙江分行副行长吴宝慈,团省委青农部部长、黑龙江省青农协副会长王义海等参加大会。

是日 佳木斯市委书记、市人大常委会主任王爱文到建三江管理局考察,双方就现代农业合作事宜进行交流和探讨。佳木斯市委常委、秘书长孙希平,副市长周启涛,市政协副主席、富锦市委书记王君清等有关领导一同考察。

28日 《北大荒日报》报道:垦区共有8个先进集体和10名先进劳动者在"五一"前夕受到国家和省表彰。

是日 上午,总局副局长徐学阳会见了中国盐业总公司战略发展部副部长张海涛一行,双方围绕化肥生产、特色农产品销售等事宜进行了座谈。

是日 黑龙江垦区对口援建的新疆生产建设兵团第十师北屯市召开庆祝"五一"劳动节表彰大会,垦区援疆干部徐子胜被十师北屯市总工会授予"屯垦戍边劳动奖章"。徐子胜原是前进农场工业科科长,2014年2月援疆任十师北屯市工业园区管委会主任助理。

29日 《北大荒日报》报道:近日,"京东·中国特产·萝北宝泉岭馆"开馆暨携手濮存昕爱心基金公益之旅新闻发布会在北京举行,这也是首个加入京东特产的县级馆。

30日 由省委宣传部、省总工会组织开展的"龙江最美职工"评选活动新闻发布会在哈尔滨举行,来自全省基层的10名职工登上"龙江最美职工"领奖台,前进农场现代农业发展中心主任王丹名列其中。

5　月

4日 《北大荒日报》报道:近日,由共青团中央主办的"全国向上向善好青年"推选活动结果揭晓,二九一农场青年女职工郭炳莉名列其中,黑龙江垦区仅此一人入选。

是日 下午,垦区水利重点项目建设推进会议在总局机关20楼第一会议室召开,总局副局长徐学阳出席会议并讲话。

是日 农垦中级法院正式启动立案登记制改革,对符合法律规定条件的案件,法院必须依法受理,任何单位和个人不得以任何借口阻挠法院受理案件。在第一时间下发《关于做好立案登记相关工作的通知》。

4—6日 2015黑龙江省(香港)经贸合作交流活动在香港举办。总局局长、北大荒集团董事长王有国率领由九三粮油工业集团、北大荒商贸集团、完达山乳业集团、北大荒丰缘集团、北大荒米业集团、北大荒药业集团6家北大荒知名企业负责人组成的农垦代表团参加了相关活动。

5日 《北大荒日报》报道:共青团中央、全国青联日前决定,授予25人第19届"中国青年五四奖章",由总局团委推荐的北大荒青联副主席、北大荒青农协副会长、尖山农场场长冯占山获此殊荣。同时,由总局团委推荐的北大荒青联副主席、北大荒青农协副会长、红旗农场场长池强荣获"黑龙江省青年五四奖章"。

是日 截至目前,建三江管委会已完成全口径税收收入5.57亿元,同比增长107%,其中县级税收收入2.77亿元,同比增长122%,完成省政府核定税收基数(县级)的110%。

5—8日 总局副局长、总局水利重点项目建设工作领导小组副组长徐学阳率领总局水务、林业、国土、农业、农机等部门和总局党委督查室、农垦勘测设计研究院的负责同志，奔赴红兴隆、建三江、宝泉岭管理局，对垦区灌区建设和春播生产等情况进行了督导检查和专题调研，并在建三江管理局召开了青龙山灌区建设专题推进会。

6日 《北大荒日报》报道：2015年，北大荒通用航空公司投入固定翼、直升机多种新机型参与全省2015年春季护林作业，共有4种机型、8架飞机参与了佳木斯、伊春和加格达奇三地的护林作业。

是日 下午，由全国人大常委会委员、财经委副主任委员彭森带队，部分财经委委员及国家发改委有关同志组成的调研组，在省人大财经委主任委员李希龙、总局副局长周昊旬、省物价局局长龚振山的陪同下来到红旗农场，对农产品价格政策执行、棚室生产、花卉生产及销售等情况进行实地考察调研。

是日 第十六届中国国际食品和饮料展览会在上海新国际博览中心开幕。北大荒集团旗下的北大荒米业集团、九三粮油工业集团、完达山乳业集团、北大荒商贸集团4家企业参加展览会，共展出四大类百余种绿色特色产品。总局副巡视员李殿君检查了北大荒展团参展工作。

7日 《北大荒日报》报道：北大荒薯业集团4月底将收购价格从以往的一口价0.3元/斤的基础收购价，上调为保底价0.32元/斤后，再次上调至0.35元/斤。两次收购价格的上调，使薯农较上年增收5000万元。

8日 《北大荒日报》报道：近日，在省精神文明建设工作表彰暨创建文明城市大会上，红兴隆局直农垦城被授予"省级文明城市"荣誉称号，垦区获此殊荣的仅此一家。

是日 上午，由北京奶牛中心研究员孙凤俊教授任组长的审核组来到完达山乳业松北牧场，就这个牧场开展的全国农垦现代化养殖示范场创建提升活动进行现场审核。最终，牧场以98分的成绩通过审核验收。

是日 共青农场管委会地方税务局正式挂牌成立，共青管委会正式具备了特殊建制县财税职能。共青管委会地方税务局是鹤岗市地税局派驻的地方税收征收管理机构。在现有税收征管体制不变的基础上，共青管委会地方税务局将对宝泉岭管理局下辖的共青农场、延军农场及宝泉岭农场行使税收征管权。从此，共青管委会将按照"税收超基数财税返还"的标准，把税收用于反哺农场经济社会建设。

6—8日 总局党委书记王兆力赴俄罗斯滨海边疆区，考察垦区在俄企业，参加在符拉迪沃斯托克市举行的2015中国黑龙江省—俄罗斯滨海边疆区经贸合作洽谈会，并在会上作推介发言。

9日 《北大荒日报》报道：日前，在中央精神文明建设指导委员会开展的命名表彰活动中，八五〇农场、垦区工商局获"第四届全国文明单位"称号，八五〇农场第十二管理区、八五四农场富荣管理区、赵光农场第九管理区获"第四届全国文明村镇"称号。

9—10日 总局党委书记王兆力到牡丹江管理局，对八五一一、庆丰农场农业、畜牧业、工业等领域的产业结构现状以及企业运营情况进行调研。

10日 下午，省委书记、省人大常委会主任王宪魁到建三江管理局，就建三江管委会改革试点和春耕生产工作进行调研。省委常委、秘书长李海涛，总局党委书记王兆力、局长王有国参加调研。

11日 总局党委书记王兆力到七星、创业和青龙山农场，就现代农业建设、农场增效、职工增收以及水利重点项目建设等工作进行调研。

11—13日 双鸭山市委书记孙喆到红兴隆管理局，就双鸭山市、红兴隆管理局区域经济社会事业共同发展等事宜调研。双鸭山市委常委、秘书长张振伟，副市长唐丽华等一同调研。

12日 垦区残疾人职业技能竞赛在农垦科技职业学院开幕，来自9个管理局的43名残疾竞技选手参加了电脑组装、摄影、盲人保健按摩、中式面点制作等4大项、7小项的比赛。哈尔滨管理局残疾人代表队荣获团体冠军。竞赛选拔出的选手，将备战2015年7月在湖北武汉举办的第五届全国残疾人职业技能竞赛。

是日 下午，辽宁省铁岭市委书记吴野松在总局局长王有国、副局长周昊旬的陪同下参观了北大荒博物馆。铁岭市委常委、秘书长李军一同参观。

13日 上午，总局党委书记王兆力主持召开第五次党委会议，传达全省美丽乡村建设工作会议精神和省委书记王宪魁到建三江管理局调研时的指示精神。王兆力强调，各局场要结合实际，量力而行，突出特色，坚持实用原则，在建设规模、造型设计、风格品位上突出区域性和差异性，以市场为导向，进一步规范公共服务管理，提升城镇建设水平。总局党委副书记、局长王有国出席会议并讲话。总局领导邹积慧、刘君、周昊旬、徐学阳、谭占龙、于春明、张秀军、高跃辉出席会议，总局水利工程局局长王立荣以及北大荒集团总公司总经理侯培耀列席会议。

14日 上午，介绍徐一戎生平的著作《寒地稻魂》首发仪式暨一戎水稻科技奖励基金学术交流会在农垦科学院哈尔滨院区召开。总局副局长徐学阳出席仪式并为徐一戎塑像揭幕。总局农业局、科技局、党委宣传部，省农科院、八一农垦大学等单位代表，宝泉岭、红兴隆、建三江、牡丹江管理局及部分农场代表、徐一戎亲属，农垦科学院科技人员代表近百人参加了首发仪式和学术交流活动。

16日 《北大荒日报》报道：日前，垦区一批省级精神文明创建先进集体获得了省委省政府的命名表彰。其中，北大荒日报社等18家单位被命名为省级文明单位标兵，五九七农场等17家单位被命名为省级文明单位。同时，红兴隆管理局局直被命名为省级文明城市；军川农场场部等5个小城镇被命名为省级文明乡镇标兵，大西江农场场部等4个小城镇被命名为省级文明乡镇；绥滨农场龙门管理区等9个管理区被命名为省级文明村标兵，八五七农场第三管理区等5个管理区被命名为省级文明村；前进农场街道办事处和八五二农场场直社区居民委员会被命名为省级文明社区。另外，省文明委还对全省未成年人思想道德建设工作先进单位、先进工作者进行了表彰。

是日 “2014中国特许连锁100强”发布仪式在北京举办,中国连锁经营协会发布了“2014中国特许连锁100强”企业榜单,北大荒营销股份有限公司荣登此榜。

17日 《北大荒日报》报道:北大荒股份八五三分公司利用两年时间,完成50万亩绿色水稻标准化生产基地创建工作,成为全国第15批51个绿色食品原料标准化生产基地之一。

18日 由中国文物报社、中国博物馆协会主办的第十二届(2014年度)全国博物馆十大陈列展览精品推介活动终评会暨颁奖仪式在河北省石家庄市举行。“东北抗联圣地——梧桐河抗日历史陈列”荣获优胜奖。

是日 总局与省委全面深化改革领导小组办公室联合调研组到九三管理局,就九三管委会运行情况进行专题调研。

是日 北大荒股份勤得利分公司渔工张程胜在黑龙江勤得利段捕获重515斤、长约3.16米的雌性大鳇鱼。

20日 上午,中国农业银行深化金融服务垦区现代农业座谈会在总局机关20楼党委会议室召开,双方就进一步拓宽金融合作领域、增强服务便利性等事宜进行了交流磋商。中国农业银行总行董事长刘士余,总局局长、北大荒集团董事长王有国,农行总行营销总监易映森、三农业务总监赵忠世,农行黑龙江省分行行长葛海蛟等出席会议。总局水利工程局局长王立荣,北大荒集团总经理侯培耀和垦区部分龙头企业、农场、总局机关处室负责人以及农行总行、黑龙江分行有关部门负责人参加座谈。

21日 上午,九三粮油工业集团与兴业银行在北大荒九三大厦签署了“随兴盈”线上销售和结算平台的合作协议。

21—22日 省委副书记陈润儿在总局局长王有国、副局长徐学阳的陪同下来到建三江管理局,就灌区工程建设和农业生产情况进行调研。

22日 《北大荒日报》报道:九三管委会2015年财税收入已完成省政府核定基数的72.1%,完成全年县级税收收入10603万元、基数外返还3171.55万元目标的50.5%。截至4月末,实现全口径税收收入11041万元,同比增长64.27%。

是日 上午,中国农业银行党委书记、董事长刘士余一行在总局局长王有国的陪同下到二道河、前进农场及北大荒股份七星分公司,就支持企业发展、服务“三农”等项工作调研。王有国与刘士余就农业银行如何更好地融入、支持垦区经济发展,实现相互促进交换了意见。

是日 省人大常委会党组副书记、副主任符凤春率领省全国人大代表考察团一行15人,到位于天津市武清开发区的完达山乳业股份有限公司天津分公司,就促进企业间相互学习、借鉴,实现资源共享、共促发展等方面情况进行考察。全国人大代表、全国人大外事委员会副主任委员赵少华参加考察,天津市人大常委会副秘书长李清陪同考察。

是日 截至今天,垦区在高产期内完成1222.7万亩玉米播种任务。

25日 垦区各管理局及有关农(牧)场完成2230万亩水稻插秧工作。全垦区3月16日扣棚结束、4月7日摆盘结束、4月11日浸种结束、4月15日催芽结束、4月17日播种结束、4月30日泡田结束 。

26日 上午,省委副书记陈润儿到总局机关,主持召开青龙山灌区工程建设协调会议,专题研究解决灌区建设过程中遇到的具体问题。副省长吕维峰出席会议并讲话。总局党委书记王兆力,总局局长王有国、副局长徐学阳参加会议。

是日 上午,总局党委委员、组织部部长刘伟康在垦区“三严三实”专题教育工作电视电话会议上对有关工作进行了具体部署。从5月末开始,垦区将在场处级以上领导干部中开展“三严三实”专题教育。

是日 下午,总局副局长徐学阳在总局机关20楼第一会议室会见了韩国亚细亚科技株式会社社长金信吉、部长千元基一行,双方重点就田间管理机具、水稻侧深施肥技术等领域深入开展合作事宜进行了洽谈。

是日 《北大荒日报》报道:近日,东北林业大学李晓民教授一行5人,到挠力河国家级自然保护区红兴隆管理局区域,开展为期6天的春季鸟类资源本底调查活动,共调查发现鸟类实体89种。其中,首次发现大规模国家二级保护动物白琵鹭集群,地点为五九七、八五三管理站。其中,八五三管理站共发现白琵鹭148只,五九七管理站地河观测点发现92只。保守估计挠力河保护区红兴隆管理局区域白琵鹭数量达250余只。此外,在这些区域还发现丹顶鹤43只、白枕鹤25只。

是日 《北大荒日报》报道:八一农垦大学招收的首期青岛九天民航队、北大荒通航队28名飞行学员经过私照、商照和飞行仪表理论考试、地面准备阶段、机舱仪表实习以及地面综合演练等流程后,全部进入到飞行实践教学环节。

是日 《北大荒日报》报道:近日,完达山乳业集团产品进驻浙江杭州物美超市。

27日 总局党委书记王兆力来到哈尔滨管理局红旗、青年、闫家岗农场以及北大荒辉煌小区,对这个管理局社会事业管理、都市农业发展、民生保障等方面工作进行调研。

28日 下午,总局召开电视电话会议,对垦区自5月20日至9月20日开展夏季消防大检查工作进行了具体部署。

29日 《北大荒日报》报道:近日,总局党委、总局联合下发文件,进一步加强垦区农(牧)场场务公开工作,对土地承包、竞价,对外投资引资、产权转让以及领导班子成员的薪酬奖金、职务消费等广大职工群众普遍关心的热点、焦点问题的公开,作出了更加明确具体规定。

是日 下午,总局局长王有国会见率队到垦区洽谈合作的黑龙江大学校长何颖。双方就利用好黑大在农业物联网、精量播种监控、农业智能云服务等领域取得的科研成果,促进垦区现代农业建设,进一步深化战略合作关系等事宜,进行了深入交流。总局副局长徐学阳出席座谈会。农垦科学院以及总局农业局、教育局、科技局、农机局、绿色食品办公室、种子管理局负责人参加座谈会。

是日 上午，总局局长王有国会见交通银行总行公司业务总监吕本献、交通银行黑龙江省分行行长柴卫平一行，双方就拓展金融业务、深化金融合作等方面事宜进行了洽谈。总局副局长周昊旬一同会见。总局水利工程局局长王立荣、北大荒集团总公司总经理侯培耀以及总局财务处负责人参加会见。

6月

1日 中国少年先锋队第七次全国代表大会在北京召开。宝泉岭管理局局直小学学生李宛恬作为少先队员代表，尖山农场场长、“中国青年五四奖章”获得者冯占山作为成人代表参加了会议，并受到中共中央总书记、国家主席、中央军委主席习近平的接见。

是日 下午，省委常委、宣传部部长张效廉在双鸭山市委书记孙喆的陪同下到红兴隆管理局，就垦区经济社会发展、现代化大农业建设等方面情况进行调研。

2日 上午，国土资源部党组书记、部长、国家土地总督察姜大明率国务院督查组到总局机关，对垦区现代农业重大项目实施进展情况督查指导。副省长吕维峰主持汇报会，总局党委书记王兆力、局长王有国汇报了项目进展情况并向督查组提出了建议。王兆力代表总局党委、总局向国务院督查组汇报了垦区现代农业重大项目实施进展情况。总局局长王有国作了发言。省政府副秘书长赵万山，总局领导邹积慧、周昊旬、谭占龙、于春明、张秀军、刘锡荣、高跃辉、刘伟康以及总局水利工程局局长王立荣、北安管理局局长刘新华参加汇报会。

是日 下午，总局局长王有国在总局机关会见了团省委书记李豪岩、团省委副巡视员李井泉、省绿色食品交易中心董事长陈殿运一行，双方就即将启动的首届“北大荒”杯黑龙江省绿色食品青年电商创业大赛的相关事宜进行了磋商。

是日 下午，垦区“安全生产月”暨“安全生产垦区行”活动动员电视电话会议召开，会议传达了习近平总书记关于健全公共安全体系的讲话精神，对今年垦区的“安全生产月”活动提出具体要求。总局副局长周昊旬出席会议并讲话，总局党委委员、工会主席于春明主持会议。

3日 下午，总局党委政法委召开动员会议，正式启动“三严三实”专题教育。

4—5日 由北大荒垦丰种业股份有限公司承办的2015年中国农垦种业联盟第二次主席联席会议在哈尔滨召开。农业部农垦局巡视员何子阳、黑龙江省农垦总局副局长徐学阳出席会议，中国农垦种业联盟秘书处秘书长杨培生主持会议。

8日 总局党委书记王兆力在总局机关一楼小会堂主持召开垦区企业改革和发展座谈会，听取垦区龙头企业负责人对总局党委（扩大）会议确定的改革发展目标推进落实情况汇报，并对企业下一步改革发展进行再部署。总局局长王有国出席会议并讲话。总局领导周昊旬、徐学阳、谭占龙、刘锡荣结合所分管的企业改革发展工作发言。总局水利工程局局长王立荣、北大荒集团总公司总经理侯培耀参加会议。

是日 《北大荒日报》报道：近日，在北京举办的全国助残日爱心团队表彰大会上，来自红兴隆局直第一小学的丁乙爱心助残小队获得“全国志愿助残阳光团队”称号，并接受中国残疾人联合会主席张海迪等领导的接见。

9日 下午，总局局长王有国会见了台湾财团法人二十一世纪基金会执行长、台湾前农委主席孙明贤，国家中医药管理局原副局长、国家中药资源中心理事长李大宁，亚洲基础设施建设开发有限公司董事长钟伟昌一行，双方就加强合作，谋求互利共赢等事宜进行了会谈。总局副巡视员李殿君一同会见。

12日 下午，总局党委举办“三严三实”专题党课，总局党委书记王兆力以《发扬北大荒精神 做“三严三实”好干部》为题，带头讲专题党课。总局党委副书记、局长王有国主持党课。

是日 垦区道路客运驾驶员安全承诺行动在建三江管理局启动。总局党委委员、工会主席于春明出席启动仪式并致辞。总局、建三江管理局有关部门及建三江管理局营运客车、公交车、出租汽车驾驶员代表共计200余人参加启动仪式。

15日 省委副书记陈润儿由总局党委书记王兆力陪同，到完达山阳光乳业公司、九三集团惠康公司、北大荒豆制品公司、北大荒丰威公司和北大荒肉业公司，对垦区龙头企业生产经营情况进行调研。省委副秘书长高岩一同调研。总局党委副书记邹积慧、副局长周昊旬陪同调研。

是日 总局副巡视员李殿君率北大荒米业集团、九三粮油工业集团、北大荒宜宾电子商务公司等相关企业负责人到成都市，与四川省粮食局等部门就相关合作事宜洽谈。

是日 2015中俄（哈尔滨）文化博览会暨北大荒文化产品展示交流会落幕，各管理局共销售各类文化产品价值近30万元，签订意向性合作协议56份，总价值约300万元。

是日 农垦建工路桥有限公司收到河南省机西高速公路建设有限公司发来的郑州机场至周口西华高速公路主体工程JXIIZT—3标段施工中标通知书。该标段施工里长13.5公里，合同造价5.625亿元。

16日 总局局长王有国到位于北京市西城区天宁寺东里甲11号的北大荒绿色有机食品完达山体验馆调研，听取企业负责人对旗舰店经营和企业未来发展规划的汇报。完达山乳业集团、北大荒商贸集团、北大荒米业集团负责人参加调研。

是日 世界品牌实验室在北京发布了2015年（第十二届）“中国500最具价值品牌”排行榜，垦区“北大荒”、“完达山”和“九三”3个品牌入选。“北大荒”品牌已经是连续第十二次入选中国500最具价值品牌榜，2015年品牌价值首次突破500亿元大关，以511.69亿元位居榜单第45位。与上年相比，品牌价值增长了49.27亿元，再次成为榜单中农业第一品牌。“完达山”品牌价值为202.85亿元，比上届增长了57.49亿元，位列排行榜第130

位,在上榜的乳业品牌中排名第三。“九三”品牌价值为121.56亿元,比上届增长了86.93亿元,位列排行榜第251位。

17日 上午,农垦共青管委会赴全国重点省市招商推介活动在北京新闻大厦启动,共青团中央书记处书记徐晓、共青团北京市委书记常宇、共青团黑龙江省委书记李豪岩出席启动仪式并讲话。

18日 八一农垦大学依托国家杂粮工程技术研究中心成立了中印有机杂粮研究所,并举行了揭牌仪式。八一农大副校长、国家杂粮工程技术研究中心主任王金满与印度达尔瓦德农业科技大学B. M. Khadi博士为研究所揭牌。

19日 下午,总局党委书记王兆力主持召开第六次党委会议,传达全省进一步优化发展环境会议精神,听取关于垦区梳理行政权力清单进展情况的汇报。总局党委副书记、局长王有国以及总局领导邹积慧、刘君、周昊旬、谭占龙、于春明、高跃辉、刘伟康出席会议,总局副巡视员刘锡荣、总局水利工程局局长王立荣、北大荒集团总公司总经理侯培耀列席会议。

是日 农垦建工路桥有限公司收到青冈至兰西段改扩建工程A9标中标通知书。该标段路基基层里长9.66公里,路面面层里长14.5公里,合同造价2.02亿元。

25日 《北大荒日报》报道:今年,总局大力解决重点监管企业应收账款突出问题,截至6月20日,完成全年清收指标的55.9%,其中,北大荒建设集团、北大荒商贸集团、北大荒米业集团、北大荒通用航空公司等企业取得较好的成效。

是日 来自全国30多个省市的120多名农村青年致富带头人及涉农企业代表齐聚共青农场,进行为期两天的商业考察交流。共青团中央书记处书记徐晓、共青团黑龙江省委书记李豪岩、共青团中央青农部副部长尹娓、总局党委副书记邹积慧、共青团黑龙江省委副巡视员李井泉出席招商推介会。

25—27日 省委副书记、省长陆昊在省政府秘书长李显刚,省政府研究室主任田恃玮,总局党委书记王兆力、局长王有国的陪同下,到红兴隆和牡丹江管理局调研。陆昊强调,垦区要不遗余力地发展现代农业,积极借助资本力量,发挥资源效能,建立股权激励机制,加强合作经营,不断提升农业产业化经营水平。双鸭山市委书记孙喆、市长李玉刚,红兴隆管理局局长王贵,牡丹江管理局相关负责人陪同调研。

26日 《北大荒日报》报道:近日,公安部追授在执行处警任务中牺牲的九三农垦公安局民警范子军“全国公安系统二级英雄模范”称号。他是垦区公安系统第一个被授予全国公安系统二级英雄模范称号的民警。

是日 下午,总局局长王有国先后来到八五一一农场旱作水稻基地和八五〇农场北大荒米业卫星制米厂,就探索旱作水稻攻关技术以及提升稻米产业附加值等情况进行调研。

是日 垦区对口支援的新疆生产建设兵团十师召开庆祝中国共产党成立94周年暨“七一”表彰大会,黑龙江省援疆前方指挥部十师分指挥部党支部被十师党委评为先进基层党组织,垦区援疆干部徐子胜被评为优秀共产党员。

29日 上午,总局党委书记王兆力会见中国机械工业集团有限公司总经理徐建,就加强合作、谋求互利共赢等事宜进行洽谈。总局副局长徐学阳一同会见。

30日 上午,总局党委书记王兆力在总局机关一楼小会堂主持召开垦区部分企业改革推进情况座谈会,听取垦区部分龙头企业发展及产业项目推进情况汇报,并对企业下一步改革发展进行了再部署。总局局长王有国出席会议并讲话。总局副局长周昊旬、谭占龙分别结合分管企业改革发展工作发言。北大荒集团总公司总经理侯培耀参加会议。

是日 上午,垦区规模奶牛场高产攻关活动启动仪式暨第一届牛人论坛在哈尔滨举行。总局局长王有国出席启动仪式并讲话。总局副局长徐学阳一同出席启动仪式。

7月

1日 下午,总局局长王有国主持召开总局局长办公会议,贯彻落实农业部东北四省区农业结构调整座谈会和全国现代畜牧业建设工作会议精神。总局领导邹积慧、刘君、周昊旬、徐学阳、谭占龙、于春明、刘锡荣出席会议。总局水利工程局局长王立荣、北大荒集团总公司总经理侯培耀参加会议。

是日 由九三粮油工业集团冠名的哈尔滨至大连的高铁列车和牡丹江至北京的特快列车启动仪式在哈尔滨西客站举行。总局副局长周昊旬、哈尔滨铁路局副局长刘树峰出席启动仪式并致辞。

是日 上午,总局副局长周昊旬主持召开总局安委会第二次全体会议,会议征求了2015年垦区安全生产控制指标意见,部署了下一步安全生产大检查工作

是日 垦区企业“四证合一”登记制度正式启动。企业申请人只需填写一张包含注册登记、组织机构代码证、税务登记、社会保险登记相关内容的申请表,就可领取“四证合一”的营业执照。

2日 下午,垦区部分龙头企业销售渠道建设座谈会在总局机关党委会议室召开,总局局长王有国、副局长周昊旬出席会议。王有国强调,垦区有关龙头企业要充分利用好北大荒营销股份公司这条渠道,线上线下结合,实现由“种得好”向“卖得好”转变。

是日 下午,垦区传达全国加强食品安全工作会议精神电视电话会议召开,总局副局长谭占龙出席会议并讲话。会议强调,垦区各有关部门要准确把握当前食品安全监管工作面临的形势及主要问题,切实把食品安全作为一项重大而紧迫的政治任务来抓,全力做好垦区食品安全监管工作。

3日 《北大荒日报》报道:日前,教育部公布了“2014—2015年度全国毕业生就业典型经验高校”评选结果,八一农垦大学获2015年度“全国高校毕业生就业工作50强”。

4—5日 总局党委书记王兆力到宝泉岭管理局绥滨、军川、普阳、梧桐河、宝泉岭农场和局直等单位的33个现场，就“三严三实”专题教育、现代化大农业建设、工业和合作社发展、水稻育秧大棚二次利用、场务公开、创新产业发展及社会事业等工作进行调研。总局副局长徐学阳参加调研。

6日 上午，总局党委书记王兆力到北大荒股份浩良河化肥分公司，就企业的生产经营情况进行调研。

是日 下午，总局局长王有国到红旗和闫家岗农场，就农业生产和第三产业发展等情况进行调研。总局水利工程局局长王立荣、哈尔滨管理局局长满连奎陪同调研。

是日 垦区水稻育秧大棚二次利用工作推进会议召开，总局副局长徐学阳出席会议并讲话。他强调，垦区要创造条件引进和建立食用菌生产等龙头企业，扩大食用菌种植规模，全力推进水稻育秧大棚二次利用工作。

7日 上午，总局征兵工作电视电话会议在总局军事部召开，总局党委副书记、总局征兵工作领导小组组长邹积慧出席会议并讲话，总局党委委员、军事部政委张秀军主持会议，总局军事部部长王世成安排部署了今年垦区征兵工作。

9日 《北大荒日报》报道：日前，国家工信部正式公布2015年全国两化融合管理体系贯标试点企业名单，九三粮油工业集团名列其中，它是黑龙江省四家入围企业中唯一的食品加工企业，也是垦区唯一入围企业。

是日 上午，上海市委副书记、市长杨雄一行来到八五〇农场考察农场发展现代农业和绿色食品品牌建设情况。副省长吕维峰、总局局长王有国陪同考察。鸡西市委书记康志文、市长张常荣陪同考察。

9—10日 总局局长王有国来到牡丹江管理局八五〇、八五一〇和八五八农场，就农业产业化、旅游产业化、特色农产品品牌建设等工作进行调研。

11日 上午，副省长吕维峰在总局局长王有国的陪同下到青龙山灌区渠首施工现场，考察工程建设情况。吕维峰强调，要切实增强紧迫感和责任感，保证工程质量，加快建设进度，如期完成施工计划，尽早发挥灌区工程作用。

12日 21时，由人力资源和社会保障部、中国残疾人联合会主办，湖北省人民政府承办的第五届全国残疾人职业技能竞赛在武汉东湖国际会议中心落下帷幕。由总局党委副书记邹积慧任团长的黑龙江垦区代表团参加了相关竞赛，并获道德风尚奖。本届竞赛历时两天，共设计算机、工艺美术等5大类24个竞赛项目，共有33个代表团的843名残疾人选手参赛。黑龙江垦区代表团有9名残疾人选手参加了3大类11个项目的竞赛。

13日 下午总局党委书记王兆力主持召开总局党委理论中心组“三严三实”专题学习研讨会议，围绕“严以修身，坚定理想信念”专题进行集中学习研讨。总局领导王有国、邹积慧、周昊旬、张秀军、刘伟康分别作中心发言，总局领导刘君、徐学阳、谭占龙、于春明、高跃辉出席会议，总局副巡视员刘锡荣、水利工程局局长王立荣以及农垦中级法院院长肖凤鸣、省人民检察院农垦区分院检察长高杉列席会议。

是日 下午，黑龙江省“候鸟养老优质服务季”启动仪式暨农垦系统欢迎首批“候鸟老人”仪式在北大荒养老中心举行。总局党委书记王兆力，省民政厅厅长、省老龄办主任蔡炳华，总局党委副书记邹积慧，省司法厅副厅长潘志学，省交通运输厅副厅长张志权，省旅游局副局长李兵以及来自江苏省溧阳市的130余名“候鸟老人”参加仪式。

14日 下午，总局党委书记王兆力主持召开第七次总局党委会议，听取三江平原灌区建设和建三江机场前期工作情况汇报，并针对相关工作推进过程中遇到的困难研究应对措施，部署下一步工作。总局领导王有国、邹积慧、刘君、周昊旬、徐学阳、谭占龙、于春明、高跃辉、刘伟康出席会议，总局副巡视员刘锡荣、总局水利工程局局长王立荣、北大荒集团总公司总经理侯培耀列席会议。

15日 下午，追授范子军同志全国公安系统二级英模荣誉称号命名大会在垦区公安局举行。总局党委副书记、纪委书记刘君出席会议并讲话，省公安厅党委委员、政治部主任王晓丹宣读公安部授予命令。垦区公安局党委书记、局长、督察长徐连斌为范子军家属颁发奖章、证书。

15日 全国“中华魂”“放飞梦想”主题教育读书活动组委会在北京召开总结表彰大会，垦区10名学生、6名辅导老师受到表彰。总局关心下一代工作委员会荣获先进集体称号，哈尔滨管理局关工委张洪春荣获先进个人称号。

15—16日 总局党委书记王兆力到北安管理局的赵光、红星、长水河、引龙河、尾山、五大连池以及二龙山农场，就农业合作社建设、种植业结构调整、小城镇建设、有机产业、循环经济、工业企业发展等方面情况进行调研。

16日 北大荒日报报道：垦区工商局在年报工作开展过程中采取发放《市场主体年报指南》、现场指导报送和工商所代业户上传个体年报数据等方法，帮助垦区各类市场主体报送年报。截至目前，垦区共有各类市场主体55145户需要报送年报，已有50469户报送年报，综合年报率为91.52%，排在全省第一位。

17—18日 总局党委书记王兆力到九三管理局的七星泡农场、尖山农场、大粮仓酿酒厂、九三物流公司、北大荒九三薯业股份有限公司、鹤山农场、荣军农场和九三老年公寓，就种植业结构调整及作物长势、产业化进程、产加销合作社推进、“互联网+”、畜牧业发展、服务民生等方面情况进行调研。

18日 全国政协副主席、中央统战部副部长、国家民委主任王正伟带领调研组，到北大荒通用航空公司，就中央民族工作会议精神贯彻落实等情况调研。副省长孙永波、总局局长王有国陪同调研。

20日 国务院参事、中央新疆工作协调小组办公室副主任、全国政协民族和宗教委员会副主任杜鹰带领调研组到红兴隆管理局，就大豆和玉米价格改革等情况进行调研。国务院参事、农业部农村经济研究中心研究员刘志仁，国务院参事、中央农办原局长、国家信访局党组副书记、副局长王石奇和国家发展改革委价格司副司长丁杰等参加调研。总局党委书记王兆力、副局长徐学阳陪同调研。

21日 下午，总局党委书记王兆力到红旗岭农场，就有机可追溯水稻生产基地、千鸟湖景区等绿色产业建设和发展情况进行专题调研。

是日 下午，国家农业综合开发办公室主任卢贵敏率农发办相关部门负责人到垦区调研，总局局长王有国在总局机关汇报了垦区农业综合开发的有关情况。

23日 上午，总局党委书记王兆力在红兴隆管理局主持召开垦区水稻育秧大棚二次利用发展食用菌产业座谈会，听取宝泉岭、红兴隆、建三江、牡丹江、齐齐哈尔5个管理局和北大荒农业股份有限公司关于水稻育秧大棚二次利用的专题汇报。总局副局长徐学阳出席会议并讲话，局副巡视员、齐齐哈尔管理局党委书记李恒伟参加座谈会。座谈会上，总局农发办、农业局负责人围绕食用菌产业项目申报和高产攻关等问题分别发言。

24日 下午，北大荒垦丰种业股份有限公司与中国农业科学院作物科学研究所签署战略合作协议。农业部种子管理局副局长廖西元出席签约仪式。垦丰种业总经理刘显辉与中国农业科学院作物科学研究所所长万建民分别在战略合作协议书上签字。

25日 总局局长王有国到成都北大荒绿色食品配送有限公司，就公司生产经营和发展情况调研。他要求成都北大荒绿色食品配送有限公司要充分发挥营销网络优势，立足"互联网+渠道"的运营模式，精抓细管，大力提升产品品质，努力做到"产得好"更要"卖得好"。

25—26日 省委书记王宪魁来到红兴隆和牡丹江管理局，就转变发展方式、优化产业结构、践行"三严三实"等工作调研。省委常委、秘书长李海涛，省委财经领导小组秘书长、改革办副主任高大伟，省委财经办主任、政研室主任郑大泉，总局党委书记王兆力、局长王有国一同调研。

26日 总局局长王有国到红兴隆管理局，就水稻育秧大棚二次利用、玉米高产创建、现代畜牧业发展等工作进行调研。

26—27日 总局党委书记王兆力到牡丹江管理局的宁安农场、海林农场和山市种奶牛场，就职工增收、企业增效等工作调研。

28日 上午，总局副巡视员刘锡荣到新建哈佳铁路建设项目佳南实验农场段，督查征地拆迁工作完成情况。新建哈佳铁路是国家中长期铁路网规划重点建设项目，项目在佳南实验农场段长度为2990米，由中铁23局承建。

29日 上午，总局党委书记王兆力主持召开第八次总局党委会议，传达省委常委(扩大)会议、省委统战工作会议精神和省委书记王宪魁在八五三农场座谈会上的重要讲话精神以及全国加快转变农业发展方式现场会和全国农业生态环境保护与治理工作会议精神。总局领导王有国、邹积慧、刘君、周昊旬、徐学阳、谭占龙、张秀军、高跃辉、刘伟康出席会议并分别结合分管工作发言，总局副巡视员李殿君、刘锡荣以及总局水利工程局局长王立荣、北大荒集团总公司总经理侯培耀列席会议并发言。

是日 下午，总局局长王有国在总局机关会见了欧洲化学集团销售副总经理谢列金？马克西姆和米高集团董事长刘国才一行，双方就推进化肥和境外开发合作进行了深入交流。总局副巡视员李殿君一同会见。

是日 国家发改委下发《关于新建黑龙江省建三江民用机场项目可行性研究报告批复的请示》《关于送审黑龙江省建三江民用机场项目可行性研究报告及节能评估报告的请示》，同意新建建三江民用机场。项目总投资6.13亿元。

30日 上午，佳木斯市委书记、市人大常委会主任王爱文来到北大荒通用航空公司考察，与公司负责人就通航文化旅游产业开发等事宜进行交流和探讨。佳木斯市委常委、秘书长孙希平，副市长邱士林，北大荒通用航空公司总经理郭庆才等陪同考察。当天，王爱文来到佳南实验农场北大荒绿色庄园考察，双方就围城经济和设施农业进行交流和探讨。佳木斯市委常委、秘书长孙希平，副市长邱士林，农垦科学院院长马守义陪同考察。

是日 上午，垦区公路平交道口安全改造工程电话会议召开。总局副局长周昊旬出席会议并讲话。今年，垦区上报省三级及三级以上需要改造的公路平交道口共计577个，其中，国省道上的平交道口69个、农村公路上的平交道口508个，工程涉及6个管理局、24个农(牧)场。

是日 黑龙江省建三江农垦双盛米业有限责任公司的"双盛"品牌和黑龙江省农垦胜利粮油食品有限责任公司的"长乐"品牌两个商标被认定为"中国驰名商标"。

30—8月2日 中国工程院院士、著名大豆育种专家、中国农业大学、南京农业大学教授盖钧镒到北大荒垦丰种业股份有限公司，帮助企业解决大豆商业化育种体系的顶层设计、生物技术对常规育种的支持以及大豆种质资源的扩增与创新等技术难题。中国大豆产业协会副会长刘登高、黑龙江省农业辩荔学院大豆育种专家杜维广、东北农业大学大豆育种专家李文滨等陪同。

31日 上午，总局党委副书记邹积慧会见了韩国农业技术实用化财团理事长张原硕一行，双方就开展现代农业生产技术合作等内容进行了交流会谈。

是月 总局畜牧兽医局在全国和省重大动物疫病防控工作会议结束后，就完成了疫苗招标采购工作，3月10日到5月10日完成了上半年集中免疫工作。截至目前，累计完成牲畜口蹄疫免疫108万头(份)、禽流感免疫318万羽(份)，应免密度均达到100%，通过定期和集中开展免疫抗体监测和病原学监测，免疫抗体监测合格率均在90%以上。

是月 中国质量协会用户委员会公布了2015年度全国食用油行业的用户满意度测评结果。"九三"牌系列食用油荣登"2015年度全国食用油行业品牌钟爱度”排行榜榜首，高于第二名9个百分点。

8月

3日 省人大常委会执法检查组在省人大常委会副主任胡世英的带领下到宁安农场和海林农场，就《中华人民共和国消费者权益保护法》的实施情况进行调研，并召开了座谈会，听取了总局工商局的工作汇报。

4日 上午，国务院妇儿工委副主任，全国妇联党组书记、副主席、书记处第一书记宋秀岩一行到九三粮油工业集团和完达山乳业股份有限公司，就两家公司的生产经营情况和女职工工作开展情况进行调研。省委副书记陈润儿，总局党委书记王兆力，省妇联党组书记、主席刘睦终，全国妇联办公厅副主任李颖，省妇联副主席、党组成员董濮，总局党委委员、工会主席于春明陪同调研。

5日 上午，北大荒集团总公司与黑土地控股有限公司战略合作协议签约仪式在北大荒国际饭店举行。总局党委书记王兆力、局长王有国、副局长周昊旬，黑土地公司董事长孙强、CEO刘石出席签约仪式。

是日 总局副局长徐学阳到青龙山灌区3个工程施工现场，查看了渠首泵站及青龙河总干渠工程施工进展情况，并检查了七星、青龙山农场的农业生产情况。徐学阳要求，青龙山灌区参建单位要抢进度、保质量，确保完成计划建设任务；各农场要抓管理、促早熟，努力夺取今年农业生产全面丰收。

是日 以“展示科技创新成果，丰富首都市场供应，金融服务农业”为主题的大型行业展会——北京国际农业产业化展览会在国家会议中心开幕。北大荒集团秉承“坚持绿色发展、维护食品安全”的主题，参加了本届展览会。总局副巡视员李殿君检查了北大荒展团参展工作。

5—7日 总局党委副书记、纪委书记刘君带领调研组，先后到九三粮油工业集团、完达山乳业股份有限公司、阳光农业相互保险公司，就垦区国有企业落实“两个责任”情况开展专题调研督导。

6日 省委常委、组织部部长杨汭到建三江管理局七星、创业农场，就“三严三实”专题教育开展情况调研。杨汭强调，垦区各级党委要下大力气查找解决“不严不实”问题，努力实现作风建设常态化。总局党委书记王兆力，总局党委委员、组织部部长刘伟康陪同调研。

6—7日 农垦科学院水稻研究所选育的“垦香稻10179”荣获全国优良食味粳稻品评会特等奖，填补了垦区没有优质香型水稻品种的空白。

7日 总局纪委组织总局机关各部门实职处级领导干部配偶和总局驻哈直属单位班子成员配偶共200余人，分批到省廉政教育基地参观，接受廉政教育。

8日 下午，总局局长王有国主持召开垦区加快发展工作会议，贯彻落实党中央、国务院和省委省政府以及总局党委关于“保增长、转方式、调结构”一系列重大决策和部署，对垦区下一步经济工作进行具体安排。总局领导邹积慧、周昊旬、徐学阳、于春明、刘锡荣、李恒伟以及北大荒集团总公司总经理侯培耀出席会议。

8—9日 江西省共青城市委副书记、市长卢宝云一行到共青农场，进行为期两天的考察交流。共青农场与共青城的前身都是1955年响应党中央的号召，在共青团的组织下开发创建的青年集体农庄和青年垦殖场。考察期间，共青城与共青管委会签署了深化合作共建协议。

10日 总局党委委员、军事部政委张秀军在北安管理局党委副书记徐树清的陪同下，到锦河、红色边疆和龙镇农场，调研基层武装部正规化建设和征兵工作。

8月10日 总局党委、总局下发《关于绥化管理局柳河农场群众进京非访重访群体性事件查因问责情况的通报》要求垦区各级单位要进一步提高对信访工作重要性的认识，引以为戒，全面落实总书记习近平“三严三实”要求和信访工作“三个到位，一个处置”总体要求，严格实行信访工作责任制，坚定不移抓源头，做好源头化解、源头稳控、源头预防，花大力气，用真功夫依法按政策解决好群众合理诉求，对集体进京非访的组织者、串联者及非访违法行为坚决依法处置，坚决遏制垦区进京非访问题发生。3月19日至6月7日，柳河农场因土地承包问题引发个体进京非访21人次，集体进京聚众非访4批次、53人次，总局驻京信访工作组和绥化管理局组织劝返2批次、32人次，累计达106人次。绥化管理局1—6月进京非访112人次，占垦区进京非访总量的三分之一，造成极大负面影响。绥化管理局和柳河农场以及部门的有关领导受到党纪、政纪处分

11日 总局党委宣传部下发《关于推荐和宣传“转方式、调结构、促发展”先进典型的通知》，要求垦区各地、各部门要做好“转方式、调结构、促发展”先进典型的推荐和宣传工作，充分发挥先进典型在垦区各项工作中的示范引领作用，用典型指导实际工作，促进垦区“转方式、调结构、促发展”工作再上新台阶。

12日 下午，总局党委书记王兆力主持召开第九次总局党委会议，传达省委党的群团工作会议精神。总局领导王有国、刘君、周昊旬、徐学阳、谭占龙、于春明、张秀军、高跃辉、刘伟康出席会议，总局副巡视员李殿君以及总局水利工程局局长王立荣、北大荒集团总公司总经理侯培耀列席会议。

是日 上午，垦区召开反腐倡廉警示教育大会，中国纪检监察报社原社长、中央纪委宣传部副部长李本刚为垦区广大党员干部作了题为《坚持从严治党，努力践行“三严三实”》的专题报告。总局领导王兆力、周昊旬、谭占龙、于春明、李殿君、高跃辉、刘伟康以及总局水利工程局局长王立荣出席会议，总局党委副书记、纪委书记刘君主持会议。

是日 以财政部行政政法司司长耿虹为组长的财政部司法体制改革试点工作专题调研组一行3人到宝泉岭管理局，就司法体制改革试点、财政部门参与司法体制改革试点相关工作和理顺农垦、森工系统法院、检察院管理体制改革以及如何推动全国司法体制

改革工作等问题进行调研。总局党委副书记邹积慧、省财政厅副厅长关宸忠陪同调研。

是日 在北京举行的中国乳制品协会第二十一次年会暨第十五次乳品技术精品展示会上,完达山乳业荣获优秀企业奖、优秀新产品奖、技术发明奖、技术进步奖、杰出企业家奖和突出贡献奖等多项大奖。

13日 下午,省委组织部副部长、省委老干部局局长范宏来到总局干休所,围绕“我看党的十八大以来的变化”、“关爱龙江、赞美龙江”主题开展调研活动,并与总局老领导座谈。总局党委副书记邹积慧主持座谈会。

是日 北大荒日报报道:垦区的红兴隆、建三江、牡丹江、九三、宝泉岭管理局入选中国避暑休闲百佳县榜,友谊、红旗岭、八五三、八五二、五九七、嘉荫农场入选中国避暑小镇百佳榜。

14日 上午,总局安委会成员单位和各管理局、农(牧)场相关人员收看了全省安全生产紧急视频会议。随后,总局第一时间召开安全生产视频会议,落实中央、省有关精神,总局副局长周昊旬参加会议并讲话。周昊旬强调,垦区各单位要深刻吸取日照石大科技公司和天津港瑞海公司爆炸事故的教训,不断强化安全生产责任意识,时刻保持如履薄冰、如临深渊的状态,有效防范和坚决遏制各类生产安全事故的发生。

15日 下午,全国安全生产电视电话会议召开。会议深刻分析了当前安全生产面临的严峻形势和突出问题,传达了总书记习近平、总理李克强对安全生产工作作出的批示精神,并就全面开展安全生产大检查,抓好危险化学品和易燃易爆物品整治等重点安全领域工作进行安排部署。总局组织机关干部第一时间收听收看,总局领导王有国、徐学阳、刘锡荣一同收看。

18日 以“优质安全发展,振兴中国奶业”为主题的首届中国奶业D20峰会在北京召开。中共中央政治局委员、国务院副总理汪洋出席峰会并作重要讲话。农业部部长韩长赋,国务院副秘书长江泽林,国家质检总局、国家卫生计生委、国家发改委、国家工商行政管理总局、中国奶业协会等相关部门负责人以及伊利、完达山等20家中国顶尖乳企代表出席会议,共同见证中国奶业D20《北京宣言》的签署。峰会召开前,汪洋在韩长赋的陪同下来到完达山乳业展台,并叮嘱在场的完达山乳业股份有限公司董事长王景海,一定要本着“黑土地、健康牛、诚信人、放心奶”的原则,抓好生产经营,尤其要做好“诚信人”。

是日 北大荒农业股份有限公司在上海证券交易所发布2015年半年度报告。上半年,北大荒股份公司实现营业收入18.8842亿元,实现归属于母公司所有者的净利润6.0753亿元,实现基本每股收益(扣除非经常性损益)0.344元;加权平均净资产收益率(扣除非经常性损益)10.44%,公司运营质量和经济效益稳健提升。

18—20日 总局党委书记王兆力到齐齐哈尔管理局的克山农场、查哈阳农场、齐齐哈尔种畜场、绿色草原牧场和北大荒马铃薯研究院,就产业结构调整、深化“两田制”改革、促进农场增收等方面工作进行调研。总局副巡视员、齐齐哈尔管理局党委书记李恒伟陪同调研。

19日 上午,省政协副主席、九三学社省委主委陶夏新率部分九三学社社员和专家学者到总局机关,就垦区农业生产专业化分工的程度、组织与资金结算方式,各行各业尤其是金融部门对农业生产服务的情况及存在的问题进行专题调研。总局局长王有国、副巡视员李殿君出席座谈会。

是日 下午,红旗农场全资企业——哈尔滨农垦鑫旗商贸有限公司在上海股权托管交易中心中小企业股权报价系统(Q板)正式挂牌。公司员工平均年龄不到30岁。

是日 经清华大学、国际休闲产业协会、国际旅游学会景区管理专业委员会等有关单位专家的评定,我省新增24家国家AAA级旅游景区,其中包括垦区的北方共青城景区、宝泉岭森林博物园景区和北大荒酒庄景区。

20—21日 总局党委书记王兆力来到绥化管理局和平牧场和肇源农场,就农业结构调整、发展混合所有制经济、控制和化解债务等工作调研。

21日 下午,总局局长王有国到哈尔滨管理局香坊农场嘉圣国际物流园区、美居花卉市场和北大荒现代农业园,就产业结构调整和转型升级、产业化项目经营建设以及产业创新发展、增加效益等情况调研。

24日 下午,农业部农垦局巡视员何子阳率农垦局相关处室负责人和安全生产专家到垦区开展安全生产检查工作,听取了总局机关相关部门负责人关于安全生产工作的汇报。总局副局长谭占龙出席汇报会。

25日 上午,在纪念中国关工委成立25周年暨全国关心下一代工作表彰大会上,垦区两个集体、3名个人受到表彰。

是日 上午,总局局长王有国来到抗战老战士、原总局老领导杨清海家中,看望杨老夫妇,并代表总局党委、总局向他们致以诚挚的问候。总局党委委员、组织部部长刘伟康一同看望。

25—28日 总局领导邹积慧、刘君、徐学阳、谭占龙、于春明、张秀军在哈尔滨和佳木斯分别走访慰问了抗战老战士,送上慰问金,致以亲切的问候和崇高的敬意。总局党委组织部、宣传部和总局机关党委、离退休干部工作处、团委、哈尔滨干休所、佳木斯干休所等部门负责人陪同走访慰问。

26日 总局党委书记王兆力来到阿城农场和香坊实验农场,就哈尔滨管理局的产业结构调整、设施农业发展、企业经营管理等工作进行调研。

是日 垦区召开水利工程建设项目调度推进会议,传达近期全省有关水利建设工作的系列会议精神,深入查找垦区水利建设工作中存在的问题,研究部署下一步工作。总局局长王有国出席会议并讲话,他强调,垦区上下齐心协力奋战70天,坚决打赢水利建设攻坚战,确保年度重大水利建设任务按期完成。总局副局长徐学阳主持会议,总局副巡视员、齐齐哈尔管理局党委书记李恒伟出席会议并汇报相关工作。

是日 上午,总局局长、北大荒集

团董事长王有国在总局机关一楼小会堂会见了香港霍氏实业集团董事长霍文芳一行，双方就涉农产业项目开发、合作进军资本市场等事宜进行了深入交流，并签署战略合作协议。总局副巡视员李殿君出席签约仪式。北大荒集团总公司总经理侯培耀，总局商务局、工信委、发改委、财务处以及九三粮油工业集团、完达山乳业集团、北大荒丰缘集团、北大荒米业集团负责人参加签约仪式。

27日 上午，北大荒马铃薯集团与黑土地控股有限公司合作座谈会在总局机关一楼小会堂召开。总局党委书记王兆力、副局长徐学阳，黑土地公司董事长孙强、CEO 刘石等出席座谈会。

是日 上午，北大荒米业集团与香港霍氏实业集团签署了合作协议，双方商定，霍氏实业将为北大荒米业提供企业财务顾问及投资银行财务业务，推动北大荒米业与香港资本市场对接。总局副巡视员李殿君、霍氏实业集团董事长霍文芳出席合作洽谈会暨签约仪式。

28日 上午，总局党委书记王兆力看望了抗战老战士李淑云、肖寒，代表总局党委向她们致以诚挚的问候和崇高的敬意，感谢她们为民族解放事业和改革发展做出的贡献，并送上慰问金。总局党委委员、宣传部部长高跃辉陪同走访慰问。

是日 总局局长王有国来到双鸭山农场，就现代农业和畜牧业发展情况调研。

29日 总局在共青农场召开中节能共青有机废弃物综合利用项目推进会，总局局长王有国、中国节能环保集团总经理王彤宙、总局副巡视员李殿君出席会议。双方就如何加快项目建设以及垦区与中国节能环保集团进一步深化合作事宜进行了深入洽谈。

是日 北京、天津、河北、山东、哈尔滨5省市团组织主要领导代表家乡领导和亲人看望和慰问共青农场老垦荒队员，并送上慰问金和慰问品。2015年是中国青年志愿垦荒60周年。

30日 上午，由省农垦总局、团省委主办，宝泉岭管理局、共青农场承办的纪念中国青年志愿垦荒60周年大会暨共青农场发展恳谈会在农垦共青管委会培训中心召开。

是月 省工信委、省统计局日前联合向社会公布了2014年全省工业企业主营业务收入和利税前50强排行榜。垦区的九三粮油工业集团、完达山乳业股份有限公司、北大荒肉业有限公司、北大荒米业集团分列全省工业企业主营业务收入50强榜单第3位和第23位、第29位和第33位，北大荒肉业、完达山乳业在全省规模以上工业企业利税50强中排名第31和39位。

9月

1—4日 总局局长王有国在总局商务局负责人的陪同下，远赴位于俄罗斯滨海边疆区的牡丹江管理局新友谊农场考察调研，并代表总局党委、总局看望慰问常年在境外农业生产一线工作的员工。

2日 为贯彻落实全省抓住重要节点深入纠正"四风"工作电视电话会议精神，切实抓好抗战纪念日、中秋节、国庆节等重要时间节点严肃刹风整纪工作，总局纪委特发出《关于抓住重要节点狠刹"四风"问题的紧急通知》。并设立专项举报电话。

3日 上午，九三集团成立30周年之际，全国油脂行业内首个由企业建立的九三粮油工业集团九三商学院正式成立。

是日 为贯彻落实《全国地方志事业发展规划纲要（2015—2020年）》精神，总局史志办认真组织学习，开展对照检查，并下发通知，要求垦区史志战线全面贯彻落实《纲要》精神，推进垦区史志工作，服务垦区经济社会发展。

5日 第五届中国贫困地区可持续发展战略论坛暨北京大学贫困地区发展研究院成立十周年纪念活动在建三江管理局举行。全国政协原副主席张梅颖，全国政协常委、北京大学光华管理学院名誉院长厉以宁及夫人何玉春，全国政协常委、中华海外联谊会副会长颜延龄，全国政协委员、原国务院扶贫开发领导小组办公室主任、党组书记范小建，农业部农垦局局长王守聪，黑龙江省农垦总局党委书记王兆力、局长王有国，国家能源局电力司副司长童光毅，国务院扶贫办开发指导司副司长吴华，国家发改委就业和收入分配司副司长哈增友，黑龙江省农垦总局领导谭占龙、刘锡荣、李恒伟参加论坛及有关活动。

6日 总局党委书记王兆力、局长王有国来到格球山农场养殖场、社会管理服务中心等地，考察农场畜禽养殖、社会管理、党的建设、合作社建设等重点工作落实情况。北安管理局局长刘新华陪同调研。

7日 下午4时，来自京、津、沪、苏、浙等17省市的508名知青乘坐"醉美北大荒知青专列"抵达哈尔滨。知青们将从哈尔滨出发，踏上"醉美北大荒观摩之旅"，感受北大荒的变化和自然风光，并参加一系列庆祝抗战胜利70周年活动。副省长孙尧出席欢迎晚会并致辞。"醉美北大荒知青专列"由上海始发，活动时间为9月5日至19日，由上海《黑土情》杂志社组织。

是日 下午，总局党委书记王兆力、局长王有国到绥化管理局的海伦、红光和绥棱农场，调研调整产业结构，促进职工群众增收等工作。

6—7日 省委书记王宪魁到九三管理局七星泡农场和绥化管理局海伦农场、红光农场就农垦从严管党治党及改革发展等情况进行调研。

8日 北京市副市长林克庆率北京市农委、农业局、发改委等部门及部分企业负责人到查哈阳农场，实地考察农场的大农业、绿色农业与食品安全和小城镇建设等方面情况。总局副巡视员、齐齐哈尔管理局党委书记李恒伟陪同。

9日 2015亚洲品牌年度"奥斯卡"——第十届亚洲品牌盛典在澳门开幕。"完达山"品牌连续第五年跻身"亚洲品牌500强"，排名从上一届的219名升至205名，完达山乳业股份有限公司同时荣获"亚洲品牌年度创新企业"称号。完达山乳业董事长王景海荣获"中国（行业）品牌十大创新人物"光荣称号，并代表亚洲品牌500强企业发布品牌宣言。

10日 上午，总局党委书记王兆力主持召开总局党委理论中心组“三严三实”第二专题学习研讨会议，围绕“严以律己，严守党的政治纪律和政治规矩”专题进行集中学习研讨。总局领导王有国、邹积慧、周昊旬、刘伟康出席会议并递交书面中心发言材料，总局领导刘君、谭占龙、于春明以及总局水利工程局局长王立荣分别作中心发言，总局副巡视员李殿君、农垦中级法院院长肖凤鸣、北大荒集团总公司总经理侯培耀列席会议。

是日 前进农场第十六管理区主任刘庆国被评为全省第十届“十佳公仆”，成为垦区惟一获此殊荣的党员干部。

11日 上午，总局党委书记王兆力主持召开第十二次总局党委扩大会议，传达了近期召开的省委常委（扩大）会议精神，研究贯彻落实省委书记王宪魁在九三和绥化管理局调研时的重要讲话精神以及全国、全省安全生产系列会议精神具体事宜。总局领导王有国、邹积慧、刘君、周昊旬、谭占龙、于春明、刘伟康出席并发言，总局副巡视员李殿军、总局水利工程局局长王立荣列席会议并发言，北大荒集团总公司经理侯培耀列席会议。

12日 总局局长王有国到建三江管理局，检查粮库仓容建设、粮食安全存储等方面工作，并听取了相关负责人的工作汇报。王有国强调，随着垦区秋收工作临近，各粮库、粮食收储加工企业要切实做好相关准备工作，在建的粮仓、罩棚等项目，要严格遵照相关标准建造设计，确保收获的粮食安全存储。

是日 下午，总局局长王有国来到位于庆阳农场的北大荒绿洲米业有限公司，就企业发展思路、市场定位、品牌建设、产品销售等情况调研

13日 《北大荒日报》报道：九三管理委员会已完成税收基数的117.6%，全年税收基数外返还将突破5000万元。

14日 上午，总局党委（扩大）会议召开。会议传达了省委书记王宪魁在垦区改革发展座谈会上的重要讲话精神，并部署了贯彻落实工作。总局党委书记王兆力出席会议并讲话。总局党委副书记、局长王有国主持会议，并传达了省委书记王宪魁在垦区改革发展座谈会上的重要讲话精神。总局领导刘君、周昊旬、谭占龙、于春明、李殿君、高跃辉、刘伟康以及总局水利工程局局长王立荣、北大荒集团总公司总经理侯培耀出席会议。

15日 省人大常委会副主任朱清文带领省人大常委会水利建设视察组来到青龙山农场和绥滨农场，检查灌区水利工程建设情况。王有国向视察组汇报了青龙山灌区建设进展情况。宝泉岭管理局党委书记刘炳东、建三江管理局党委书记陶喜军陪同视察。

是日 经过测产，黑龙江垦区援疆干部在新疆兵团十师阿勒泰地区试种的旱育滴灌水稻平均亩产在400公斤以上，这在当地是零的突破。

16日 上午，总局党委召开垦区司法体制改革动员会议，贯彻落实全省司法体制改革试点工作推进会和省委政法委理顺农垦系统法院、检察院管理体制推进会精神，并就垦区司法体制改革工作作动员和部署，总局党委副书记、政法委书记邹积慧出席会议并讲话。邹积慧还就做好当前各项政法、综治、维稳等工作进行了部署。

是日 下午，国家教育部部长助理陈舜、综改司副巡视员彭斌柏、省教育厅副厅长李云增来到江滨农场学校，对这所学校的常规教学、学生素质和特色教育、学生住宿和伙食条件、校舍安全等情况进行考察，并对农场学校注重培养学生多方面兴趣、大力开发学生第二课堂、培养全方面优秀人才的做法给予充分肯定。

16—17日 总局局长王有国到建三江、红兴隆管理局，就灌区工程项目建设、农业产业化发展等方面情况进行调研。王有国还对红兴隆管理局“三严三实”专题教育、饶河农场城镇建设、友谊农场水稻分段收割、北大荒米业友谊分公司30万吨生产线运行等方面情况进行了实地调研。建三江管理局局长王利仁、红兴隆管理局局长王贵陪同调研。

17日 上午，2015黑龙江国际绿色有机食品产业博览会暨哈尔滨世界农业博览会在哈尔滨国际会展体育中心开幕，北大荒集团携700余种绿色有机特色产品亮相。总局副巡视员李殿君检查了北大荒集团室内展区和室外农机展区。

是日 上午，总局副巡视员李殿君会见了中节能环保集团公司副总经理余红辉一行，双方就合作利用有机废弃物（秸秆、畜禽粪便）生产生物天然气、发展循环经济等事宜进行了深入洽谈，并举行了签约仪式。总局商务局、发改委、能源办以及宝泉岭、牡丹江、九三、哈尔滨管理局相关部门负责人参加签约仪式。

22日 上午，总局局长王有国会见了嘉吉投资（中国）有限公司副主席康保罗率领的“嘉吉学习之旅”代表团，双方就多领域开展合作进行了交流，就非转基因农产品以及非农产业与农业产业如何结合等问题进行了探讨。会见之前，嘉吉公司代表团参观了北大荒商贸集团、北大荒米业集团和九三粮油工业集团。

23日 上午，总局安委会第三次全体会议召开，会议就总局加强安全生产监管执法重点工作分工方案和关于全面加强垦区公共安全工作的实施方案征求了意见，部署了近期安全生产重点工作。总局副局长周昊旬主持会议并讲话。

24日 2015全国农业系统纪检监察工作座谈会在北大荒国际饭店召开。农业部党组成员、中央纪委驻农业部纪检组组长宋建朝出席并讲话，中央纪委驻农业部纪检组副组长、监察局局长蔡晓主持会议，总局党委书记王兆力出席会议并致辞，总局党委副书记、纪委书记刘君作交流发言。

下午，在王兆力和刘君的陪同下，宋建朝一行还参观了北大荒博物馆、完达山阳光乳业有限公司和九三粮油工业集团惠康食品有限公司、北大荒豆制品有限公司。来自全国各省区市农业部门、部分省区畜牧渔业部门以及农业部直属垦区纪检监察机构的负责同志参加会议。

27日 宁夏自治区党委常委、银川市委书记徐广国会见了参加银川航

展的北大荒通用航空公司总经理郭庆才一行,就合作发展通航产业进行了交流。银川市委常委、组织部部长周云峰,银川市副市长郭柏春参加会见。

29日 下午,总局党委书记王兆力主持召开第十三次总局党委会议,传达全省产业项目建设推进会议精神,并对垦区产业项目建设进行部署。总局领导王有国、邹积慧、刘君、周昊旬、徐学阳、谭占龙、张秀军、高跃辉、刘伟康出席会议。总局水利工程局局长王立荣、北大荒集团总公司总经理侯培耀列席会议。

是日 下午,中国农业银行黑龙江省分行服务垦区专属产品推介会在中国农业银行黑龙江农垦分行举行。总局局长王有国,省农行党委书记、行长葛海蛟出席会议并分别致辞,共同为中国农业银行黑龙江农垦分行揭牌,省农行党委委员、副行长贾勇主持会议,总局副局长周昊旬、总局水利工程局局长王立荣、北大荒集团总公司总经理侯培耀出席推介会。

是日 上午,垦区秋季森林草原防火工作电视电话会议召开,会议传达了全国秋冬季和全省秋季森林防火工作电视电话会议精神,研究部署了垦区今年秋季森林草原防火工作的任务和措施。总局副局长、总局森林防火指挥部副总指挥徐学阳出席会议并讲话。

是月 农垦路桥公司承建的省重点高速工程项目——建抚高速、密兴高速、建黑高速路面工程全部提前完工。

是月 按照省委、省政府“齐心协力奋战70天,坚决打赢水利建设攻坚战”的要求,总局党委、总局部署各有关管理局、农场和建设单位精心组织,创新举措,进一步加快了大型灌区的建设进度。目前垦区三江平原灌区项目2015年度资金完成率达到57.3%,其中青龙山灌区项目已完成投资8.36亿元,资金完成率达到64.3%。

是月 八一农垦大学科研团队历经5年打造的“玉鹅种养模式”经过推广获得显著成效。据课题组连续3年的统计和测定,每年,鹅养殖效益达到每亩450~700元;可使每亩玉米增产5~10%,每亩可增加收入100元左右;在化肥、农药和人工费用方面,每亩可节约开支20元,可为每亩玉米地提供鹅粪有机肥料600公斤。

10月

1日 八五一一农场新友谊食品加工有限公司将生产的豆珍面系列产品发往迪拜和巴基斯坦等国家和地区。这是公司继生产的产品发往欧洲市场后,又一次将豆珍系列食品打入国际市场。

6—7日 总局副局长徐学阳在总局水务局、农业局、林业局主要负责人陪同下,到建三江管理局青龙山灌区、勤得利灌区、创业农场、勤得利农场检查指导水利建设、秋收及明年农业生产准备、森林草原防火工作。

9日 上午9时,大农网举行了鸣锣开盘仪式,庆祝上线19天试运行交易额突破2000万元。大农网(www.danongwang.com.cn)是农业资源交互平台,致力于提供农业交易信息、信用服务和大数据分析,9月20日上线试运行至今,已有100余个农场旗舰店、350余户商家的农特产品在该平台上线销售,网站注册会员达11000余人,网站点击量达50余万次。

10日 下午,总局组织直属机关副处级以上干部观看了“三严三实”正反面典型专题教育片。总局领导邹积慧、徐学阳、谭占龙、张秀军、刘锡荣、高跃辉、刘伟康一同观看。

12日 第二届中俄博览会暨第二十六届哈洽会向客商开放的第一天,总局局长王有国到北大荒展区检查参展情况。总局副巡视员李殿君一同检查。上午,总局副巡视员刘锡荣陪同内蒙古自治区副主席云光中来到第二届中俄博览会北大荒展区,参观了绥化、建三江以及红兴隆等管理局展位。

是日 下午总局党委书记王兆力主持召开第十四次总局党委会议,传达全省现代农业综合配套改革试验推进会议精神。总局领导王有国、刘君、周昊旬、徐学阳、于春明、高跃辉、刘伟康出席会议,总局副巡视员刘锡荣以及总局水利工程局局长王立荣、北大荒集团总公司总经理侯培耀列席会议。

是日 下午,第二届中俄博览会韩国济州出口商品说明会暨签约仪式在哈尔滨华旗国际会议中心举行,北大荒集团与韩国济州商工会议所、韩中经贸总商会签署了《构建中国黑龙江·北大荒——韩国济州绿色产品流通集散地战略协议》。总局副巡视员李殿君出席签约仪式并致词。

12—13日 齐齐哈尔管理局代表总局接受由农业部农垦局副局长叶长江带队的国家扶贫成果验收组验收。总局副局长谭占龙和总局副巡视员、齐齐哈尔管理局党委书记李恒伟陪同。国家扶贫验收组对该管理局有关农(牧)场的扶贫效果和项目落实情况逐一进行了实地验收,对相关项目资金使用情况进行了审核审计。

13日 上午,总局党委书记王兆力会见了中非发展基金有限公司董事长迟建新一行,双方就在非洲加强合作有关事宜进行了探讨和交流。总局副巡视员李殿君参加会见。

是日 上午,垦区召开秋粮收储及明年农业生产准备工作推进电视电话会议,总局副局长徐学阳出席会议并讲话。

是日 上午,总局副巡视员李殿君会见了俄罗斯联邦印古什共和国经济和投资发展部部长马利萨戈夫M.率领的代表团,双方就开展合作事宜进行了交流。

是日 晚,第五届全国道德模范授奖仪式在北京人民大会堂举行,完达山乳业股份有限公司董事长、总经理王景海获第五届全国道德模范提名奖,为垦区唯一获此殊荣者。他连续两届获此殊荣。

是日 垦区第八届“十佳公仆”评选结果正式揭晓,江滨农场老干部科科长原竹明等10名同志被总局党委、总局授予垦区“十佳公仆”荣誉称号。

15日 下午,垦区纪检监察重点工作推进会在总局机关召开,总局党委副书记、纪委书记刘君主持会议并讲话。会议还传达学习了中纪委、省纪委和总局党委近一个时期以来对党风廉政建设和反腐败工作的重要部署和要求,并对加强垦区纪律审查工作进行了专项部署。

是日 上午,垦区第七次史志工作会议在总局党校培训中心召开,总局党委副书记邹积慧、省委党史研究室副主任车迎坤、省地方志办公室副主任袁建勋出席会议并讲话。会议表彰了获得全省史志系统先进集体和先进工作者称号的单位和个人。

是日 上午,《黑龙江省志·农垦志》(1986—2005)出版发行会议在总局党校培训中心举行,总局党委副书记邹积慧、省地方志办公室副主任袁建勋出席会仪式并讲话。总局党委宣传部、文化委、北大荒日报社、农垦广播电视台、北大荒博物馆相关负责人以及黑龙江大学、省地方志办公室、省图书馆的专家学者参加会议。

16日 第二届中俄博览会暨第二十六届哈洽会落下帷幕,北大荒交易团签约总金额达18亿元。

20日 上午,垦区推进"大众创业、万众创新"政策落实情况座谈会召开,以省科协党组书记、副主席杨铭铎为组长的评估调研组对垦区推进"双创"政策落实情况开展第三方评估,总局副巡视员李殿君汇报相关情况。调研组对垦区各单位在总局党委领导下,推进"双创"各项政策落实、项目开展、推动各阶层开展创新创业、拉动就业等方面工作给予肯定。

22日 《北大荒日报》报道:近日,被称为中国粮油界"奥斯卡"的中国粮油榜评比活动揭幕。九三粮油工业集团获得"中国十佳粮油(食品)品牌特别奖""中国粮油最受尊敬企业""中国百佳粮油企业"三项殊荣。

22—25日 由澳门贸易投资促进局主办的第二十届澳门国际贸易投资展览会在澳门威尼斯人度假村酒店——会展中心举办。北大荒版画首次来澳门参展,并接受了澳门莲花卫视、澳门卫视和《澳门日报》《大众报》《濠江日报》等媒体的专题采访。

23日 下午,国家信访局信访工作调研座谈会在总局机关一楼小会堂召开。国家信访局副局长张恩玺出席会议并讲话,省委常委、政法委书记杨东奇主持会议,总局党委书记王兆力、省信访局副局长王辉出席会议,总局局长王有国陪同调研。会前,张恩玺在杨东奇、王兆力、王有国、王辉、刘锡荣的陪同下,参观了北大荒博物馆,并深入总局信访办大厅检查指导工作。

是日 下午,总局副局长周昊旬主持召开清欠和企业改革推进会议,对已出台的《总局重点监管企业清收应收款项工作方案》的实施和企业改革的相关工作进行了部署。

24日 垦区水稻收获工作全面告捷,水田秋整地任务已完成60%。

23—27日 应韩国光州市政府邀请,由总局副巡视员李殿君带队的北大荒企业家一行参加了韩国光州直辖市世界泡菜文化节,并走访了韩国首尔、全罗南道、忠清北道、光州市政府的部分企业,洽谈会上,双方共签署了合作协议3项、大米出口意向合同5项。

27日 《北大荒日报》报道 九三集团哈尔滨惠康食品有限公司和农垦龙王食品有限公司获得中国绿色食品协会授予的全国绿色食品示范企业称号。

28日 由完达山乳业股份有限公司打造的完达山商学院在东北财经大学之远楼礼堂正式揭牌成立。

29日 上午,总局副局长周昊旬主持召开垦区"十三五"经济社会发展座谈会,听取了机关各部门关于"十三五"规划编制工作的情况汇报。

是日 第五届全省道德模范名单揭晓,垦区的赵光农场退休职工王静贤(诚实守信类)、农垦佳木斯学校教师陈喜华(孝老爱亲类)入选。

是日 总局办公室出台《黑龙江垦区居民大病保险实施办法(试行)》,垦区将全面启动居民大病保险工作,2015年年底前实现待遇支付。

是日 14时整,饶河灌区渠首提水站点击提水启动,至此,50公里长的南北灌渠全线灌通。饶河灌区是《黑龙江省三江平原灌区规划》中确定的14个灌区之一。

31日 《北大荒日报》报道:2015年,垦区粮食又获大丰收,目前,水稻已销售180万吨,占商品量的14%;玉米销售390万吨,占商品量的52%;大豆销售17万吨,占商品量的13%。

31日—11月1日 省委督查组一行5人到建三江管理局,督查垦区水利建设进展情况。总局副局长徐学阳向督查组汇报了垦区水利建设总体进展情况,并在建三江组织召开了垦区水利建设推进会议。省委督查组充分肯定了垦区的水利建设工作。

是月 挠力河国家级自然保护区的巡检人员在日常巡护过程中,意外观测到一个大型涉禽集群。通过保护区派出候鸟专家进行连续跟踪观测,于10月26日在保护区的红旗岭管理站,确定该集群为国家一级保护动物东方白鹳,初步统计种群数量约700只以上,属罕见集群。

是月末 垦区三起典型违纪问题责任单位和责任人受到严肃问责并在全垦区通报。

11月

1日 由中国绿色食品发展中心、陕西省农业厅和西安市人民政府共同主办的第十六届中国绿色食品博览会在西安落下帷幕。垦区共有8家"三品一标"认证企业携米、面、油、乳、肉、酸菜、食用菌、蜂产品、酒9大类60个有机、绿色、无公害、地理标志农产品参加博览会。

6日 上午,垦区美丽乡村建设推进会议召开,总局副局长徐学阳出席会议并讲话。

7日 第十三届中国国际农产品交易会在福建省福州市海峡国际会展中心隆重开幕。全国各垦区企业组成"中国农垦馆"统一参展。黑龙江垦区20家企业的18个展位,展示了米、面、油、乳、酒、山特产品、方便食品等8大类200余种北大荒绿色特色产品。全国人大常委会副委员长张宝文在参加本届农交会开幕式后,参观视察了北大荒展区。黑龙江省副省长吕维峰、总局局长王有国、总局副巡视员李殿君陪同参观视察。

7—9日 第十三届中国食品安全年会在北京召开。完达山乳业集团因历年历次抽检100%的合格率,摘得2015年度"全国食品安全管理创新二十佳案例""2015年度中国食品安全年会突出贡献单位”两项大奖。集团双城分公司总经理杨忠利获得“全国食品安全优秀管理者”称号。

8日 上午,第十三届国际农交会全国农产品经销商大会在福州海峡国际会展中心召开。各省级农业主管部门、第十三届农交会各展团的负责人,各省级和专业展团邀请的经销商代表,全国及地域性农产品流通行业协会负责人和有关专家等约1400人参加大会。农业部副部长屈冬玉出席会议并讲话,副省长吕维峰代表黑龙江省作主旨推介发言,总局局长王有国率垦区有关部门、企业代表参会。

10日 垦区玉米收获工作全面结束。垦区水稻收获9月14日开始,10月24日完成收获任务;大豆收获9月18日开始,10月26日完成收获任务;玉米收获9月16日开始。

是日 “九三”系列食用油荣获2015第六届中国国际食用油、粮食及高端食品饮品产业博览会食用油产业金奖。

是日 上午,垦丰长江种业科技有限公司成立揭牌仪式在湖北武汉市雄楚国际大酒店举行。垦丰长江种业是由垦丰种业与南方育种家以及种业资深职业经理人共同出资成立的,注册资金1亿元,垦丰种业持股51%。

12日 金融支持企业“走出去”政策宣讲暨项目融资对接会在哈尔滨市和平邨宾馆举行。会上,九三粮油工业集团与中国银行黑龙江分行签署战略合作协议。

是日 由中国食品工业协会主办、以中国食品产业发展和品牌创新为主题的2015中国食品产业发展论坛在上海举行。完达山乳业股份有限公司获得“2015消费者最喜爱的食品品牌”殊荣。

13日 上午,中国·上海国际食品博览会在上海展览中心开幕,总局局长王有国出席开幕式并检查了北大荒集团参展工作。北大荒集团共有10家企业参加此次博览会,参展产品包含米、面、油、乳、薯等10大类200多个品种,充分展示了垦区的农业优势、资源优势、科技优势和发展潜力。总局副巡视员李殿君陪同检查。

19日 上午,副省长吕维峰来到青龙山灌区施工现场,对冬季施工情况进行调研。吕维峰强调,要切实增强紧迫感和责任感,积极创造条件开展工作,加快施工进度,确保工程质量。

20日 下午,总局局长王有国主持召开垦区龙头企业座谈会,就北大荒产品全面、迅速进入哈尔滨市场相关事宜进行部署,并现场协调解决有关问题。总局水利工程局局长王立荣、北大荒集团总公司总经理侯培耀出席会议。

22日 下午,总局与黑龙江广播电视台合作座谈会召开,双方就垦区米、面、油、乳等龙头企业与省广播电视台加强合作事宜进行交流探讨,并达成合作共识。总局局长王有国,黑龙江广播电视台台长、总编辑杨晶,黑龙江广播电视台副台长赵鸿洋,总局水利工程局局长王立荣出席会议。黑龙江广播电视台副台长刘宁出席会前活动。会前,王有国、杨晶、刘宁、赵鸿洋、王立荣等出席了由黑龙江广播电视台举办的龙视“新知时代秀”宣传产品推介活动。

24日 上午,总局副局长徐学阳会见了中国中化集团公司战略规划部总经理程永一行。双方就加深多领域、多层次合作进行了交流。

25日 首届垦区道德模范评选结果正式揭晓,梧桐河农场退休职工初路等20名同志荣获首届垦区道德模范荣誉称号。

26日 下午,总局党委书记王兆力主持召开总局党委理论中心组“三严三实”第三专题学习研讨会议,围绕“严以用权,为民务实创业”专题进行集中学习研讨。总局领导王有国、刘君、谭占龙、刘伟康出席会议,总局党委委员、宣传部部长高跃辉以及北大荒集团总公司总经理侯培耀分别作中心发言,总局副局长徐学阳、副巡视员李殿君递交书面中心发言材料。农垦中级法院院长肖凤鸣列席会议。

是日 下午,总局局长王有国来到2015中国黑龙江餐饮博览会检查北大荒集团展区。

是日 下午,总局安委会成员单位负责人和各管理局、农(牧)场相关人员收看了省政府安委会全体(扩大)会议。随后,总局第一时间召开安全生产电视电话会议,落实有关精神,部署当前安全生产工作。总局副局长王立荣出席会议并讲话。

是日 省军区政委王炳跃在总局党委委员、军事部政委张秀军的陪同下到红兴隆管理局检查指导经济社会发展状况及人民武装工作。

是日 上午,2015中国黑龙江餐饮博览会在哈尔滨国际会展中心开幕。九三集团成为本次中国黑龙江餐饮博览会的独家冠名企业。

27日 上午,总局党委书记王兆力主持召开第十六次总局党委会议,传达黑龙江省委十一届六次全会精神,并对贯彻落实全会精神工作进行部署。总局领导王有国、谭占龙、于春明、王立荣、刘伟康出席会议。

是日 下午,由总局党委宣传部主办的微信公众号——“微观北大荒”正式开通运行,总局党委委员、宣传部部长高跃辉出席开通仪式并宣布公众号开通。

30日 总局党委书记王兆力到绥化管理局大农公司和大农网铁力农场旗舰店,就大农网发展经营情况进行调研。总局副局长徐学阳一同调研。

12月

1日 下午,总局副局长王立荣组织召开总局安委会第四次会议,传达省政府安委会全体(扩大)会议精神,通报了近期3起事故处理情况,阐述《关于建议调整垦区年度安全生产责任制考核暂行办法部分考核评分标准的说明》,并对下一步安全生产工作进行了部署。

是日 11时28分,由九三粮油工业集团冠名的中国南北跨度最长、途经省份最多的铁路列车Z114次顺利到达海口市。11月29日10时50分,“九三集团号”直达特快列车由哈尔滨站正式开行,途经黑龙江、吉林、辽宁、天津、河北、山东、安徽、河南、湖北、江西、广东等12个省、直辖市,贯穿长春、沈阳、天津、阜阳、九江、南昌、广州、湛江等中国27个重点城市,全程4269公里,历时48小时,从冰天雪地的松花江畔盛装抵达椰风暖阳的琼州海峡。

1—2日 垦区农机化发展座谈会在北大荒国际饭店召开,会议对垦区"十二五"农机化发展经验进行了总结交流,分析了当前农机发展形势,研究确定了"十三五"农机化发展规划,并部署了2016年垦区农机化重点工作。总局副局长徐学阳出席会议并讲话。

2日 上午,省委第十六巡视组巡视省农垦总局工作动员会召开,大会对农垦总局的巡视工作的要求和任务进行强调和部署。省委巡视工作领导小组成员、省委巡视办主任李洪斌,省委第十六巡视组组长董凤山出席会议并讲话,总局党委书记王兆力主持会议并代表总局党委作表态发言,总局局长王有国、省委第十六巡视组副组长宋树生、孟凡领出席会议。总局领导刘君、徐学阳、谭占龙、于春明、王立荣、李殿君、高跃辉、刘伟康以及北大荒集团总公司总经理侯培耀、部分总局退休老领导在主会场出席。

7日 上午,省委十一届六次全会精神宣讲团成员、省委全会文件起草组成员、省委财经领导小组秘书长高大伟到总局机关,就深入宣传贯彻省委十一届六次全会精神,准确把握党中央和省委未来五年对经济形势的重大判断,更好地适应经济发展新常态,为垦区领导干部作辅导报告。总局党委书记王兆力主持报告会。总局领导刘君、谭占龙、于春明、张秀军、王立荣、高跃辉、刘伟康等出席报告会。

8日 下午,总局副局长王立荣主持召开推进总局直属企业应收税款清收工作会议,传达落实总局主要领导近期关于清欠工作的批示,对攻坚阶段清欠工作进行再动员、再部署。

9日 下午,全省冬季消防安全百日攻坚战视频会议召开,总局组织消安委成员单位负责人第一时间收听收看。会议强调,各地各部门要认真研判当地消防安全形势,加大消防安全工作力度,强化督导检查,落实责任追究制度,深入开展好冬春火灾防控和冬季消防安全百日攻坚战,确保今冬明春全省消防安全形势持续稳定。会议通报了全省年初以来火灾形势和全省冬季消防安全百日攻坚战实施方案。

是日 垦区10名应届高中毕业生收到总局团委——"北大荒爱心圆梦基金"资助的爱心捐款1.9万元。总局团委通过微信公众平台和北大荒青农宝宣传贫困学子的生活境遇,筹集爱心捐款7400元,"北大荒爱心圆梦基金"匹配资金11600元。

是日 垦区肢残人协会正式成立。来自全垦区的130位肢残人代表齐聚哈尔滨,共同参加了协会成立大会暨垦区肢残人协会会员第一次代表大会。

11日 上午,在"中国黑龙江省——荷兰弗里斯兰省经贸交流对接活动"中,北大荒马铃薯集团董事长李顺与荷兰B&E公司、Semagri公司代表Epi Postma就种薯的合资合作事宜签署了合作框架协议。总局副巡视员李殿君出席约仪式。

12日 为期3天的垦区"联网+"绿色有机追溯企业电商技术培训班在北京开班,总局副局长徐学阳出席开班仪式并讲话。培训班邀请了来自北京汇财智企业管理有限公司、北京龙达科贸发展总公司的电商平台建设管理团队授课,垦区32家绿色有机和质量追溯农产品生产加工企业代表参加培训班。

14日 下午,全国农垦改革发展电视电话会议召开,总局组织垦区系统各单位各有关部门负责人第一时间收看收听。总局领导王兆力、王有国、徐学阳、谭占龙、王立荣以及部分总局机关部门负责人在省中心会场收看收听会议实况,总局领导刘君、李殿君、刘锡荣、高跃辉、刘伟康以及北大荒集团总公司总经理侯培耀、部分总局机关部门负责人在总局会场收看收听会议实况。

是日 下午,农垦科学院与八五一一农场签订了寒地节水(滴灌)水稻栽培技术、振捣提浆机具研制以及大棚综合利用种植新疆哈密瓜等合作协议。

15日 上午,雷沃马特马克高端精量播种机下线仪式在松花江农场举行。

15—18日 由国家水利部松辽水利委员会牵头,黑龙江省水利厅、总局水务局、牡丹江管理局水务局的水利专家到庆丰农场第四管理区,就乌苏里江流域庆丰农场段沿岸水土流失情况展开调研。调研组认为,乌苏里江沿岸水土流失破坏了生态环境,土壤侵蚀削弱了生态系统抵御自然灾害的能力,同时,自然灾害又加速了土壤的侵蚀。考察结束后,水利部松辽水利委员会的同志表示,下一步,将加快审查乌苏里江流域庆丰农场段沿岸堤防可研报告,以便项目尽快立项并开工建设,有效推进乌苏里江流域水土保持工作。

16日 下午,总局党委书记王兆力在总局机关20楼党委会议室会见了福田雷沃国际重工股份有限公司董事长、总经理王桂民以及福田雷沃国际重工股份有限公司党委书记梁启荣一行,双方就在垦区发展农机装备产业等合作事宜进行了交流探讨。总局副局长徐学阳、王立荣参加会见。

21日 下午,总局局长王有国主持召开总局安委会第五次全体会议,对垦区安全生产工作进行专门部署。总局领导刘君、谭占龙、于春明、王立荣、李殿君、刘锡荣出席会议。会议通报了鹤岗市向阳煤矿"12·16"瓦斯事故情况和省安委会的下步工作要求。

24日 上午,总局与中国光大集团股份有限公司战略合作签约仪式举行。总局局长王有国、中国光大集团综合金融部总经理陈昌宏分别致辞,总局副局长徐学阳主持签约仪式,总局副局长王立荣、北大荒集团总公司总经理侯培耀、中国光大集团战略规划部资深高级业务副经理杨超、中国光大银行黑龙江分行党委书记刘瑜晓出席签约仪式。

25日 上午,理顺省农垦、森工系统法院检察院管理体制移交协议签署仪式在哈尔滨举行。省委常委、政法委书记杨东奇代表省委讲话,省委常委、秘书长李海涛主持签署仪式。省人大常委会副主任庞义华、副省长孙永波出席签署仪式。省法院院长张述元、省检察院检察长徐明、总局局长王有国出席签署仪式并讲话。省委组织部、省委政法委、省委改革办、省编办、省人大人事委、省财政厅、省人社厅、省法院、省检察院和省农垦总局、省森工总局有关负责同志以及省农垦、森工系统法院、检察院干警代表参加签署仪式。

是日 垦区采购招标中心获得2015年中国政府采购奖"年度创新奖",也成为全国唯一一家因内设机构改革而获奖的单位。

是日 为全面贯彻落实2015年中央1号文件和《中共中央国务院关于进一步推进农垦改革发展的意见》精神,全国农垦改革发展轮训班(第三期)在农垦管理干部学院开班。总局党委副书记刘君、农业部管理干部学院发展部主任石恒出席开班仪式并讲话。为期5天,来自全国30余个垦区的农场场长、企业经理共计100余名学员参加培训。

28日 由九三粮油工业集团承办的油脂行业最具权威性和专业性的全国大豆系列标准制修订暨大豆产业发展研讨会在哈尔滨华旗国际饭店举行,九三集团被确定为全国首个大豆系列国家标准制修订基地。

29日 垦区规模奶牛养殖场高产攻关活动总结大会信息,经垦区DHI测定和专家数据评定,完达山乳业松北牧场在4家成母牛305天平均单产9吨以上的养殖场中位列第二名;在奶牛个体单产排名中,这个牧场有89头奶牛排名进入前100位。

是日 全国地方志系统先进模范座谈会在北京人民大会堂召开,中共中央政治局委员、国务院副总理刘延东接见与会代表并讲话。总局史志办公室荣获人力资源和社会保障部及中国地方志指导小组联合授予的全国地方志系统先进集体称号,是黑龙江省唯一获此殊荣的单位。

30日 晚7点30分,由省委宣传部、省精神文明办、省总工会、团省委等单位主办的2015"感动龙江人物(群体)"颁奖仪式在黑龙江电视台演播厅举行。兴凯湖农场第十六作业站水稻种植户孔德春获"感动龙江人物"称号。孔德春义务照顾非亲非故、双腿截肢又患有重度精神疾病的孤残支边青年何巨山18年,用自己的实际行动弘扬了北大荒精神。

是月 黑龙江省博士后管理办公室公布获得2015年省博士后资助和博士后科研启动金人员名单。黑龙江八一农垦大学6名博士后获省博士后资助共计44万元,5名博士后获得科研启动金共计45万元。另有1人获中国博士后科学基金58批面上资助二等奖5万元。

概　况

建置沿革

【历史沿革】 黑龙江垦区自1947年创建第一批国营机械农场以来,农场管理机构随着领导体制的调整和行政区域的划分和变动,经历了多次变革,大体上分为多头领导、分口领导、统一领导三个时期。

多头领导时期1947—1955年,黑龙江地区无统一的国营农场管理机构。当时国营农场是由各省(松江省、黑龙江省、嫩江省、合江省、牡丹江省)建设厅(后改农业厅)分别创建。1947年2月,嫩江省并入黑龙江省。1948年7月,牡丹江省划归松江省和合江省。1949年4月,合江省并入松江省。至此,各省创建的国营农场归并为两省(黑龙江省和松江省)农业厅领导。共辖11个农场,其中,黑龙江省农业厅辖赵光、花园、五大连池、平阳、泰来5个农场,松江省农业厅辖宁安、庆阳、兴凯、桦南、绥滨、集贤6个农场。上述农场中少数后来转归为东北机械农场。1949年4月,东北人民政府(原为东北行政委员会)农林部,成立机械农场管理处(翌年改为公营农场管理局),地址设在哈尔滨市。这是第一个国营农场管理机构,管辖东北地区原黑龙江省、松江省、吉林省、辽东省、辽西省、热河省所属机械农场。其中,黑龙江地区所辖通北、永安、鹤山、八一五、赵光、宁安、五大连池、平阳、桦南、花园10个农场。(1951年鹤山农场与八一五农场合并,名为“鹤山八一五农场”,后改称“九三机械农场”)。1949年至1951年,东北荣军工作委员会组织荣誉军人发展生产,创建两个荣军农场:伊拉哈荣军农场、伏尔基河荣军农场。与此同时,组织战争中起义、投诚和被俘的国民党官兵创办一批“解放团”农场,共7个:解放一团创建的宝泉岭农场,解放二团创建的香兰农场、铁力农场,解放三团创建的孟家岗农场,解放四团创建的笔架山农场,青干一团创建的红星农场、二龙山农场。1951年8月,东北荣军工作委员会并入东北公营农场管理局,所属农场随之划归其领导。1954年6月19日,黑龙江省与松江省合并,随之成立黑龙江省农业厅国营农场管理局。1955年6月,中国人民解放军农建二师,奉中央军委命令,由山东广饶地区集体转业来黑龙江省,创建三个军垦农场:二八九团创建的“十一”农场,二九〇团创建的二九〇农场,二九一团创建的二九一农场。“十一”农场后与铁力机械农场合并,命为铁力农场。1955年7月16日,经国务院批准,东北公营农场管理局与省农业厅国营农场管理局合并,成立省国营农场管理厅。统一领导原东北公营农场管理局在黑龙江省的农场,原农业厅国营农场管理局和农建二师所属农场以及省农业厅畜牧处所属种畜场。同时,原农建二师师部随之撤销。至此,省内国营农场系统渐趋统一。但县营农场和公安系统创建的劳改农场,不在此系统之内。

分口领导时期1956—1976年。1956年,国务院成立农垦部。并建立铁道兵农垦局,局址在黑龙江省密山市。这是第一个中央直属农垦局,辖铁道兵创建的农场群。1958年十万转业官兵开发北大荒,在铁道兵所建农场基础上以场扩场,随之铁道兵农垦局改名为牡丹江农垦局。辖八五〇、八五一、八五二、八五三、八五四、八五五、八五六、八五七、八五八、八五九、八五一〇、八五一一、牡丹江军马场共13个农场。1958年建立合江农垦局,这是第二个中央直属垦区,新创建一批军垦农场,并管辖合江地区原国营农场群,有江滨、军川、延兴、名山、青年、二九〇、二九一、五九七、绥滨、宝泉岭、伏尔基河、汤原、集贤、七星、勤得利、曙光、友谊、依兰共18个农场。1962年3月,黑龙江省政府根据东北局和省委国营农场会议关于调整农场场队规模和管理体制的精神,将九三农场所属10个分场,赵光农场所属6个分场,查哈阳农场所属8个分场,红色草原牧场所属9个分场,改为独立场。撤销原来的总场部,设立黑龙江省农业厅九三、赵光、查哈阳、红色草原4个地区国营农场管理局。同年8月14日,国务院同意黑龙江省设立农垦厅。上述4个地区国营农场管理局改为省农垦厅九三农垦局、赵光农垦局、查哈阳农垦局和红色草原农垦局。1954年成立黑河农垦局(地区级),隶属省农垦厅。黑龙江省农垦厅辖克山、二龙山、宁安、海林、庆阳、红旗、十一、和平种畜场、肇源、红光、万宝、龙头马场、齐齐哈尔种畜场13个农场和5个地区农场管理局。其中,九三农场管理局辖鹤山、大西江、红五月、铁锋、跃进、尖山、荣军、高峰8个农场;赵光农场管理局辖通北、东方红、黎明、涌泉、建设、双丰、红星、共青团、晨光8个农场;查哈阳农场管理局辖金光、金星、金边、丰收、绿色海洋、稻花香、太平湖、幸福之路、阿伦河、万发、新立11个农场;红色草原农场管理局辖东风、春雷牛场、星火、红骥、红卫星猪场、工农牛场、红星羊场、银浪羊场、巨浪牧场9个农(牧)场;黑河农场管理局辖红色边疆、沿江、新华、东山、北方、黑河马场、沾河野生动物饲养场7个农场。1962年11月18日,中共中央和国务院决定合江农垦局和牡丹江农垦局合并。1963年1月成立东北农垦总局。总局是农垦部的直属局,为农垦部在东北地区的派出机构,同时受中共中央东北局和黑龙江省委的领导。辖曙光、集贤、汤原、二九一、七星、伏尔基河、五九七、八五二、八五三、二九〇、友谊、宝泉岭、八五九13个农场和3个分局。分局为总局的派出机关,只管农场的企业行政管理,不作为一级经济核算单位。其中,虎林分局辖八五四、八五〇、八五六、八五八、和平、红星、云山7个农场;密山分局辖八五五、八五七、八五一〇、八五一一、北兴、牡丹江种畜场6个农场;萝北分局辖绥滨、军川、名山、青年、江滨、延兴6个农场。1964年6月,总局撤销了八五九农场建制,分别建立了八五九、饶河和胜利农场,并新设“饶河农垦分局”辖该3场;1965年4月,撤销“密山农垦分局”,设立了“东北农垦总局驻密山办事处”。1966年3月,中国人民解放军沈阳军区所属部队万余名转业官兵,分批到达东北农垦总局、省农垦厅、省水产局所属29个边境农、牧、渔场,组建了黑龙江生产建设兵团黑河农建第一师和合江农建第二师,共辖9个团、24个营、94个生产连队。不久“文化大革命”开始,这项工作停止。1968年6月18日,中共中央、国务院、中央军委和中央文革小组共同发出《关于建立沈阳军区黑龙江生产建设兵团的批示》,撤销东北农垦总局和省农垦厅,重新组建兵团,将所属农场以及黑河农建一师、合江农建二师,合编为5个师、58个团。1969年,兵团开发抚远荒原,新建6个团,并将原三师4个团划入组建为兵团第六师。兵团为解放军序列,肩负的任务是:屯垦戍边,反帝反修,保卫边疆,建设边疆。兵团辖6个师,其中一师辖一团(锦河)、二团(红星)、三团(红色边疆)、四团(建设)、五团(五大连池)、六团(二龙山)、七团(赵光)、六十四团(红色边疆);二师辖八团(军民二九〇)、九团(绥滨)、十团(江滨)、十一团(军川)、十二团(名山)、十三团(延军)、十四团(向阳)、十五团(宝泉岭)、十六团(新华)、十七团(普阳)、六十三团(汤原)、独立一团(嘉荫)、独立二团(铁力);三师辖十八团(友谊)、十九团(五九七)、二十团(八五二)、二十一团(八五三)、二十二团(饶河)、二十八团(二九一)、二十九团(双鸭山)、三十团(江川)、三十一团(曙光)、三十二团(北兴)、五十八团(红旗岭)、二十六团(宝山);四师辖三十三团(八五四)、三十四团(八五八)、三十五团(庆丰)、三十六团(八五〇)、三十七团(八五六)、三十八团(八五〇)、三十九团(云山)、四十团(八五一一)、四十一团(八五五)、四十二团(八五七)、四十三团(兴凯湖)、四十四团(八五一〇);五师辖四十五团(鹤山)、四十六团(跃进)、四十七团(大西江)、四十八团(铁峰)、四十九团(尖山)、五十团(查哈阳)、五十一团(荣军)、五十二团(旭光)、五十三团(红五月)、五十四团(克山)、五十五团(查哈阳)、五十六团(双河)、六十七团(查哈阳)、独立营(高峰马场);六师辖二十三团(八五九)、二十四团(胜利)、二十五团(七星)、二十七团(勤得利)、五十七团(大兴)、六十八团(前哨)、五十九团(青龙山)、六十团(前进)、六十一团(创业)、六十二团(红卫)、反修营(前锋)。1968年黑龙江省撤销农垦厅时,将部分农场下放地市县领导。1972年,省政府再次成立黑龙江省国营农场管理局。收回下放农场。省国营农场管理局辖6个分局。其中,嫩江分局辖依安、泰来、福安、东明、富裕、老莱、巨浪、绿色草原牧场8个农牧场;合江分局辖香兰、笔架山、莲江口、合江良种场、梧桐河、鹤立河6个农场;绥化分局辖海伦、绥棱、和平种畜场、红光、安达畜牧场、肇源6个农牧场;黑河分局辖龙门、龙镇、襄河种马场、引龙河、格球山、尾山、长水河、嫩江、北安试验场、永丰、七星泡、花园、山河、华山、嫩北、北安、建边17个农场;呼伦贝尔盟分局辖室韦牧场、哈达图农牧场、嵯岗牧场、恩和牧场、托尼河农牧场、敖尔金牧场、苏泌农牧场、谢尔塔拉种牛场、扎兰屯、三河种马场、大雁种马场、绰尔河、上库力牧场、伊敏河农牧场、那吉屯、拉布达林农牧场、牙克石牧场、格尼河、八一马场19个农牧场;大兴安岭分局辖巴彦、东方红、五四、欧肯河、宜里、甘河、扎赉河、诺敏河8个农场。此外还辖有7个直属农场:庆阳农场、岔林河农场、阎家岗农场、香坊农场、海林农场、宁安农场、青年农场。经多次分合变动,国营农场基本归属两大系统:中国人民解放军沈阳军区黑龙江生产建设兵团所属农场和省属农场。此外,还有部分县营农场、部队农场和部分劳改农场不在两系统内。

统一领导时期1976年至今,根据中央决定,1976年2月撤销兵团和省农场管理局,成立黑龙江省国营农场总局,实行全省国营农场组织上的统一领导。辖宝泉岭、红兴隆、建三江、牡丹江、北安、九三、嫩江、绥化、哈尔滨、大兴安岭、呼伦贝尔盟11个国营农场管理局,147个农牧场。1979年9月,国家调整行政区划,总局所属大兴安岭和呼伦贝尔盟两个农场管理局划归内蒙古自治区农牧总局,同时划出27个农牧场。同年,总局所属香兰、花园农场划归省劳改局。1980年1月,黑龙江垦区由省属上划为中央直属垦区,人、财、物、供、产、销由农垦部直接管理。党政工作仍归地方负责,实行“部省双重领导,以地方为主”的领导体制。1980年5月,总局以补偿贸易方式,引进美国农业机械,在同江县境内建立洪河农场。1981年,总局所属莲江口、笔架山、华山、双河、老莱农场划归省劳改局。1984年,总局通过世界银行贷款引进先进机械,在抚远地区新建二道河、鸭绿河农场。1984年9月,省政府决定,总局所属龙镇、龙门、引龙河、襄河、长水河、格球山、尾山等16个农场,移交给省司法厅劳改局。1985年末,上述16个劳改农场又重新归属总局。至此,总局所属农牧场共101个。这一时期,农场虽经局部变动,基本上保持全省国营农场的统一。但仍有劳改农场、部队农场、县营农场不在统一系统之内。1997年1月,黑龙江省国营农场总局更名为黑龙江省农垦总局,所辖9个管理局更名为分局,为总局派出机构。1998年3月,经国务院批准,组建黑龙江北大荒集团,与农垦总局并列,二者为“一套机构,两块牌子”,实行政企分开。所辖各分局同时挂牌成立北大荒集团分公司,为总公司的子公司。2000年1月总局机关由佳木斯市迁至省会哈尔滨市。按照2010年10月15日省第十一届人大常委会第二十次会议通过的《黑龙江省垦区条例》有关规定,2011年1月,将总局所属分局更名为管理局。

(齐长伐　郭思宝)

【区划】 2015年,黑龙江省农垦总局下辖9个管理局,113个农牧场。辖区可分为三大片。东片三江平原有4个管理局,54个农场。其中,宝泉岭管理局下辖二九〇、绥滨、普阳、江滨、军川、名山、延军、共青、宝泉岭、新华、汤原、梧桐河、依兰共13个农场,红兴隆管理局下辖友谊、五九七、八五二、八五三、二九一、饶河、红旗岭、双鸭山、江川、宝山、曙光、北兴共12个农场,建三江管理局下辖八五九、胜利、红卫、七星、大兴、创业、青龙山、前进、勤得利、洪河、鸭绿河、浓江、前哨、前锋、二道河共15个农场,牡丹江管理局下辖八五〇、八五四、八五六、八五八、庆丰、云山、八五五、八五七、八五一一、兴凯湖、八五一〇、海林、山市种奶牛场、宁安共14个农场。北片小兴安岭南麓有两个管理局,26个农场。其中,北安管理局下辖锦河、红色边疆、逊克、龙门、襄河、龙镇、二龙山、引龙河、尾山、格球山、五大连池、长水河、赵光、红星、建设共15个农场,九三管理局下辖鹤山、大西江、尖山、荣军、红五月、七星泡、嫩江、山河、嫩北、建边、哈拉海共11个农场。西片松嫩平原有3个管理局,32个农牧场。其中,齐齐哈尔管理局下辖克山、依安、红旗种马场、富裕、繁荣种畜场、查哈阳、泰来、绿色草原、大山种羊场、巨浪、齐齐哈尔种畜场共11个农牧场,绥化管理局下辖嘉荫、铁力、海伦、红光、绥棱、安达、和平、肇源、涝洲鱼种场、柳河共10个农牧场,哈尔滨管理局下辖庆阳、岔林河、沙河、香坊实验、青年、闫家岗、红旗、四方山、松花江、阿城原种场、九龙山柞蚕育种场共11个农场。另有总局局直所属农场佳南实验农场。 (郭思宝)

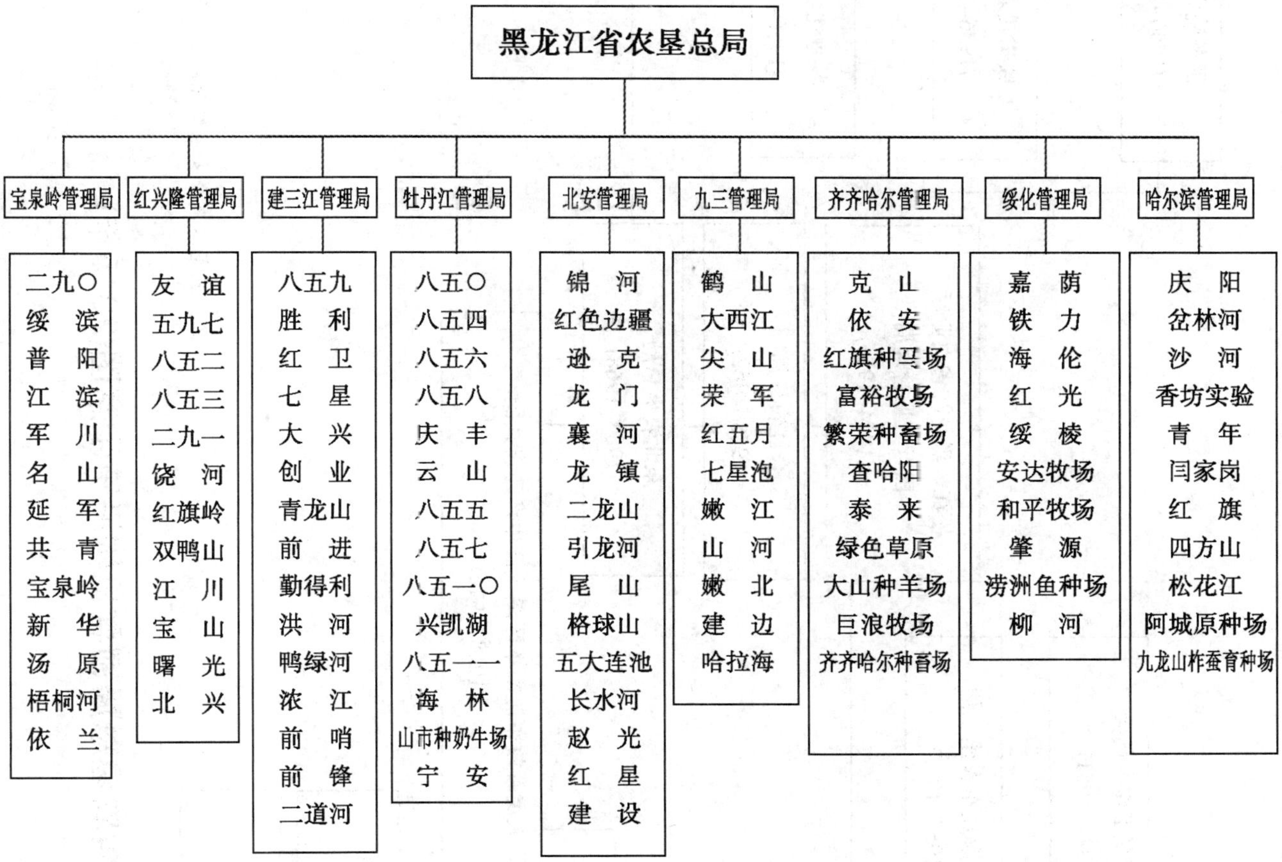

图1 总局所属管理局 农(牧)场示意图(2015年)

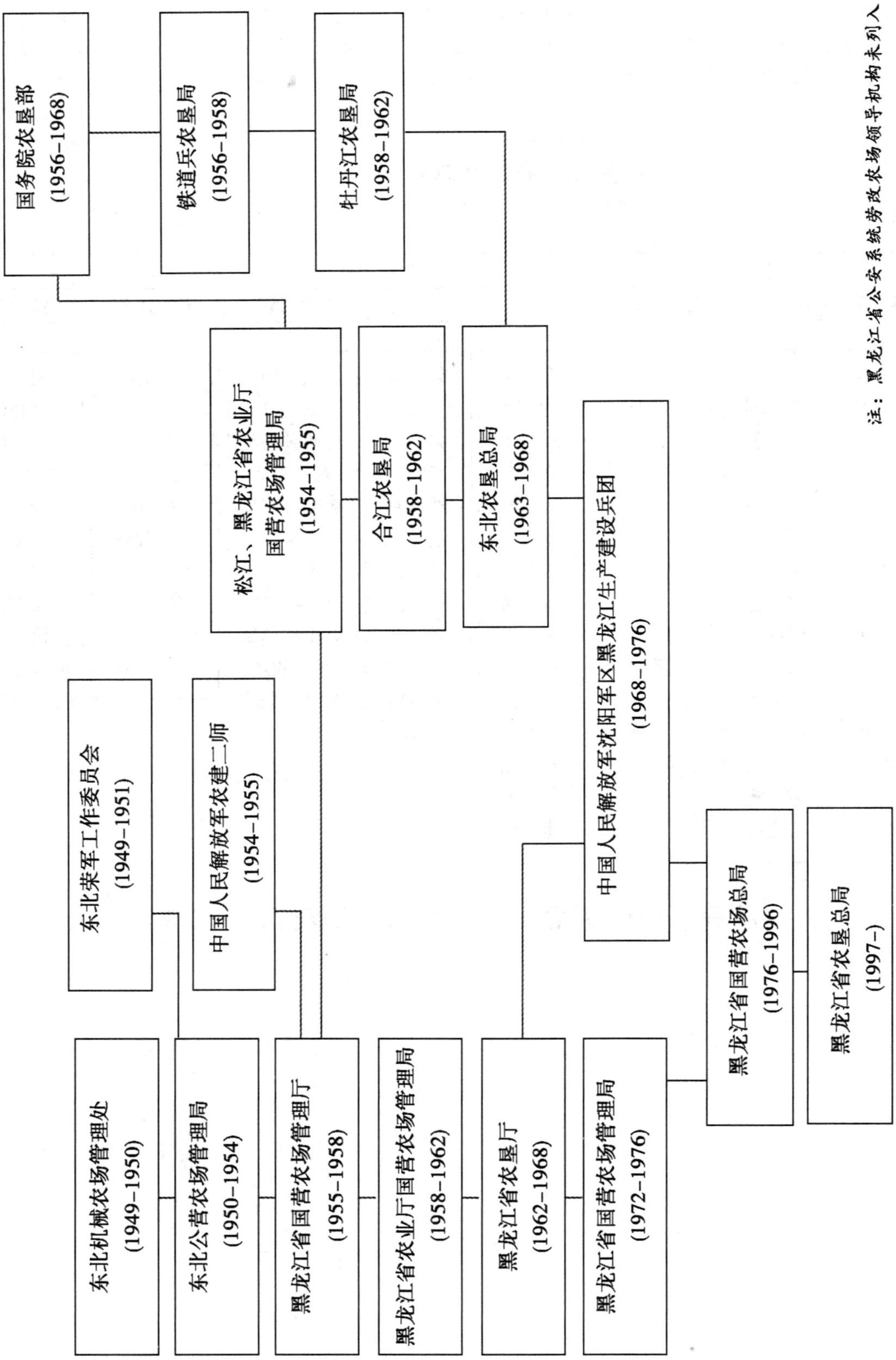

注：黑龙江省公安系统劳改农场领导机构未列入

图2 黑龙江省农垦总局领导机构沿革示意图(2015年)

【总局党政机构及直属事业单位主要领导】

中共黑龙江省农垦总局委员会

党委书记:王兆力,1962年12月出生,黑龙江双城人。1984年7月加入中国共产党。硕士学位,高级经济师。1987年8月参加工作。2000年8月—2003年1月,任省财政厅副厅长、党组成员(公开选拔)。2003年1月—2004年4月,任省财政厅副厅长、党组成员,省政协人口资源环境委员会副主任。2004年4月—2004年10月,任鸡西市委副书记、省政协人口资源环境委员会副主任。2004年10月—2005年1月,任鸡西市委副书记、市长,省政协人口资源环境委员会副主任。2005年1月—2009年7月,任鸡西市委副书记、市长。2009年7月—2011年6月,任鸡西市委书记、人大常委会主任。2011年6月—2012年1月,任佳木斯市委书记。2012年1月—2014年12月,任佳木斯市委书记、市人大常委会主任。2014年12月,任省农垦总局党委书记。

局长、党委副书记:王有国,1961年10月出生,黑龙江省望奎县人。1981年7月参加工作,1986年4月入党,大学文化,高级经济师职称。2004年5月任红兴隆分局局长、党委副书记,2006年3月任红兴隆分局党委书记,2007年6月任总局副局长、党委委员。2013年4月任现职。

党委副书记:邹积慧,1955年7月出生,吉林农安人。1972年12月参加工作,1978年7月入党,研究生学历,博士学位,有哈尔滨工业大学博士后经历,教授级高级政工师职称。1999年12月任宝泉岭分局局长、党委副书记,2000年11月任宝泉岭分局党委书记,2007年6月任总局副局长、党委委员,2013年12月任总局党委副书记。2015年8月退休。

党委副书记、纪委书记:刘君,女,1962年10月出生,山东龙口人。1984年7月参加工作,1990年9月入党,党校研究生学历,政工师职称。2002年10月任黑河市政府助理巡视员,2005年11月任黑河市常委、市纪委书记,2006年11月任伊春市委常委、市纪委书记,2012年1月任伊春市委副书记、市纪委书记,2013年12月任现职。

副局长、党委委员:周昊旬,1958年4月出生,吉林怀德人。1983年7月参加工作,1990年10月入党,学士学位,注册会计师。2003年11月任齐齐哈尔分局局长,2007年9月任省农垦总局副局长、党委委员,2015年11月任省政府国有资产监督管理委员会监事会主席。

副局长、党委委员:徐学阳,1963年11月出生,黑龙江林甸人。1984年7月参加工作,1991年10月入党,本科学历,硕士学位,高级政工师职称。2000年3月任黑龙江省大庆市纪委常委、秘书长(正处级),2000年10月任大庆市纪委副书记、秘书长,2001年7月任大庆市纪委副书记,2003年7月任肇源县委书记,2009年4月任现职。

副局长、党委委员:谭占龙,1962年7月出生,黑龙江省富裕人。1984年7月参加工作,1991年7月入党,党校研究生学历,高级会计师职称。2000年6月任总局财务处处长,2007年9月任总局副巡视员,2010年2月任现职。

工会主席、总局党委委员:于春明,1959年3月出生,山东省潍坊人。1977年7月参加工作,1988年3月入党,大学文化,学士学位。1996年3月任总局畜牧水产局局长,2008年3月任农垦工会党组书记、副主席,2009年9月任现职。

副局长、总局党委委员:王立荣,1958年5月出生,山东莱阳人,1976年11月参加工作,1985年9月加入中国共产党,中央党校本科学历,研究员级高级会计师。2007年10月—2011年7月任省农垦总局财务处处长,2011年7月—2015年10月任总局水利工程局局长,2015年10月—2015年11月,任总局水利工程局局长兼总局财务处处长,2015年11月任总局副局长、党委委员兼财务处处长。

总局党委委员、军事部政治委员:张秀军,1963年3月出生,辽宁北票人,1980年11月参加工作,1984年6月入党,本科学历。2011年4月至2014年3月,任沈阳军区政治部《前进报》社副社长,2014年3月至2014年5月,任省农垦总局军事部政治委员,2014年5月,任省农垦总局党委委员、军事部政治委员。

总局副巡视员:李殿君,1956年2月出生,辽宁兴城人。1973年3月参加工作,1978年6月入党,大专学历,教授级,高级政工师职称。2000年11月任北安分局党委书记,2007年12月任九三分局党委书记,2010年7月任现职。

总局副巡视员:刘锡荣,1955年12月出生,四川广安人,1974年12月参加工作,1976年4月入党,大学文化,高级经济师职称,2000年6任总局司法局局长,2009年4月任佳木斯市中级人民法院副院长、党组书记。2009年10月任佳木斯市中级人民法院院长,2011年12月任现职。

总局副巡视员:李恒伟,1960年4月出生,山东莱阳人,1976年10月参加工作,1985年6月入党,大学文化,高级经济师职称,2005年7月任牡丹江分局副局长、党委委员,2011年12月任省农垦总局副巡视员,省援疆干部副总领队,新疆生产建设兵团农十师副师长,省农垦齐齐哈尔管理局党委书记,2015年11月,任省农垦齐齐哈尔管理局党委书记。

总局党委委员、宣传部部长:高跃辉,1951年7月出生,湖南桃江人。1978年9月参加工作,1985年12月入党,党校研究生学历。1994年9月任总局佳木斯肉联厂党委书记,2000年6月任总局离退休干部工作处处长,2008年10月任总局质量技术监督局局长,2009年10月任总局党委宣传部部长,2010年4月任现职。

总局党委委员、组织部部长:刘伟康,1974年11月出生,吉林省扶余人,研究生学历,博士学位,1995年8月参加工作,2000年7月入党,2007年10月任省政府办公厅调研员,2007年11月任总局党委组织部调研员、副部长,2010年6月任总局党委组织部部长,2010年11月任现职。

纪律检查委员会

纪委书记:刘君,女,1962年10月出生,山东龙口人。1990年9月入党,党校研究生学历,政工师职称。1984年7月参加工作,2013年12月任现职。

副书记、监察局局长:崔永生,1959年5月出生,黑龙江省勃利县人,中共党员,本科学历,经济师。1975年8月参加工作,2015年9月任现职。

副书记:胡玉平,1961年10月出生,吉林省梨树人,本科学历,高级政工师、高级经济师。1983年8月参加工作,2011年1月任现职。

副书记:宋万军,1969年4月出生,黑龙江省桦川人,中共党员,本科学历。1985年11月参加工作,2015年10月任现职。

监察局副局长:

张仲民(2015.12—)

蒋本东(2015.12—)

信访室主任:程国峰(2012.6—)

案件审理室主任:

张晓平(女)(2003.11—)

党风建设室主任:

张仲民(2001.4—)

执法监察室主任:

丁　彦(2011.1—)

办公室主任:翁叔章(2012.6—)

案件检查室主任:

李永刚(2011.4—)

副调研员:

宋万军(2014.10—2015.10)

蒋光锋(2015.10—)

组织部

部长:刘伟康,1974年11月出生,吉林省扶余人,中共党员,研究生学历,博士学位。1995年8月参加工作,2010年6月任现职。

副部长:张　如(2010.1—)

张广民(2012.6—)

赵广来(2014.1—)

宣传部

部长:高跃辉,1961年7月出生,籍贯湖南省桃江县,中共党员,党校研究生学历,教授级高级政工师。1978年9月参加工作,2009年10月任现职。

调研员、副部长:史桂霞,女,1965年5月出生,吉林省双阳人,中共党员,研究生学历,编审。1985年7月参加工作,2011年4月任现职。

调研员:安殿武,1955年7月出生,辽宁省海城人,中共党员,专科学历,教授级高级政工师。1974年11月参加工作,2007年11月至2015年7月任现职。

副部长:顾大峰(2013.11—)

副调研员:鲁宏杰(2014.1—)

统战部

部长:初景国,1961年9月出生,黑龙江省安达市人,中共党员,研究生学历,高级经济师。1981年7月参加工作,2009年10月任现职。

调研员、副部长:马向东1968年12月出生,籍贯山东郯城,中共党员,博士,研究员级高级工程师。1990年7月参加工作,2015年10月任现职。

调研员:李阳,1957年7月出生,福建省长汀县人,九三学社社员,本科学历,享受研究员待遇,高级农艺师。1994年10月参加工作,2011年4月任现职。

副调研员:黄芙(女)(2007.10—)

政法委

常务副书记:王英志,1958年10月出生,黑龙江省双城市人,中共党员,本科学历,经济师。1975年11月参加工作,2012年6月任现职。

副书记:刘洋,1958年12月出生,黑龙江省望奎县人,中共党员,本科学历,高级政工师。1975年9月参加工作,2011年4月任现职。

副书记兼综治办主任:庞忠林,1959年3月出生,黑龙江省富裕县人,中共党员,本科学历,政工师,1978年11月参加工作,2013年10月至2015年6月任现职。

副书记:卢庆久(2011.4—)

执法检查室主任:

唐海(2001.5—)

编委办

主任:于立华,女,1968年4月出生,辽宁省宽甸人,中共党员,研究生学历,教授级高级政工师。1989年7月参加工作,2012年6月任现职。

副调研员:姬霞(女)(2014.1—)

机关党委

副书记:扈海滨,1962年5月出生,山东省人,中共党员,本科学历,高级经济师。1983年7月参加工作,2014年3月任现职(主持工作)。

工会主席:公丽(女)(2008.12—)

纪委书记:吕守君(2003.11—)

副调研员:徐燕(女)(2010.10—)

离退休干部工作处

处长:周聚文,1963年8月出生,黑龙江省海伦市人,中共党员,在职研究生,教授级高级政工师。1983月10月参加工作,2014年2月任现职。

副处长:陈贵昌(2004.7—)

丛　明(2006.8—)

关工委办公室主任:

任少军(2013.9—)

总局(党委)办公室

主任:刘几何,1965年1月出生,山东省乳山人,中共党员,本科学历,高级政工师,1985年7月参加工作,2015年10月任现职。

调研员、副主任:杨淑波,女,1972年9月出生,黑龙江省双城市人,中共党员,博士研究生,高级经济师。1994年7月参加工作,2013年6月任现职。

副主任:蒋济众(2015.10—)

安传斌(2013.11—)

副调研员:

鄂肖婷(女)(2009.1—)
张业骞(2012.4—)

信访办

主任:史维强,1963年6月出生,上海市人,中共党员,本科学历。1979年9月参加工作,2013年9月任现职。

副主任:王亚静(女)(2004.6—)

发展和改革委员会

主任:王峰,1960年7月出生,山东省人,中共党员,本科学历,高级经济师,1977年7月参加工作,2007年9月任现职。

调研员:杨健,1956年5月出生,河南省人,中共党员,研究生学历,高级经济师,1974年12月参加工作,2007年9月任现职。

副主任:于家傲(2010.1—)
马忠峙(2010.1—)

副调研员:李兆天(2004.7—)
蒋华(2010.1—)

统计局

局长:李建明,1963年3月出生,江苏省海门市人,中共党员,本科学历,高级统计师。1984年7月参加工作,2007年9月任现职。2009年1月兼任国家统计局黑龙江农垦调查队队长。

副局长:朱建东(2008.12—)

副调研员:黄丰(女)(2001.4—)

国家统计局黑龙江农垦调查队副队长:秦莉萍(女)(2009.1—)
黄信梅(女)(2009.12—)

国家统计局黑龙江农垦调查队副调研员:杨雪松(2014.9—)

财务处

处长:王立荣,1958年5月出生,山东省莱阳市人,中共党员,研究生学历,研究员级高级会计师。1976年9月参加工作,2015年11月兼任总局财务处处长。

调研员、副处长:张允海,1972年11月出生,山东省龙口市人,中共党员,研究生学历,1996年7月参加工作,2015年6月任现职。

调研员、副处长:于彦,1967年10月出生,黑龙江省巴彦县人,中共党员,研究生学历,高级会计师,1990年7月参加工作,2008年12月任总局财务处副处长,2014年1月任总局财务处调研员。

调研员:于国良,1962年6月出生,黑龙江省庆安县人,中共党员,研究生学历,高级会计师,1983年7月参加工作,2011年2月任现职。

副处长:张忠武(2002.3—)

农业综合开发办

主任:万良平,1959年11月出生,湖北嘉鱼县人,中共党员,专科学历,高级经济师。1976年9月参加工作,2008年10月任现职。

副主任:刘伟(2001.4—)
田玉明(2007.9—)

审计局

局长:魏清,1964年5月出生,黑龙江海伦市人,中共党员,研究生学历,研究员级高级审计师。1986年7月参加工作,2013年9月任现职。

副局长:葛佩雅(女)(2008.12—)
李兆银(2014.2—)

政策法规局

局长:向世华,1962年3月出生,湖北省仙桃人,中共党员,研究生学历,高级农业经济师,教授级高级政工师,1983年8月参加工作,2013年9月任现职。

副局长:迟长昕(2014.2—)

人力资源和社会保障局

局长:郭宝松,1963年2月出生,黑龙江省山东城武人,中共党员,林业高级工程师、博士研究生,1983年8月参加工作。2012年7月任现职。

副局长:何雯德(2009.10—)
白林海(2010.10—)

调研员:阚孝全(2014.1—)

就业局局长:李亚斌(2014.2—)

副调研员:尹少华(2014.1—)

科技局

局长:葛文杰,女,满族,1963年9月出生,辽宁省本溪市人,九三学社社员,博士学位,研究员级高级会计师。1986年7月参加工作,2008年11月任现职。社会职务为黑龙江省政协委员、哈尔滨市政协常委,九三学社黑龙江省委常委、省政府直属机关委员会主委,省政府参事协会会员,省科协常委,黑龙江省科顾委专家。

副局长:迟兆江(2000.7—)

副调研员:李金海(2001.5—)

农业局

局长:樊庆东,1964年11月出生,黑龙江人,中共党员,本科学历,高级农艺师。1983年8月参加工作,2014年2月任现职。

调研员:姜国庆,1957年9月出生,吉林省德惠人,中共党员,本科学历,高级农艺师。1972年参加工作,2007年9月任现职。

副局长:李玉成(2000.7—)
张力军(2011.9—)

副调研员:鲍文东(2001.5—)

植保站站长:董桂军(2014.2—)

农业机械化管理局

负责人:周建龙,1957年7月出生,黑龙江省佳木斯市人,中共党员,本科学历,研究员。1977年7月参加工作,2014年主持农机局工作。

副局长:冯舟 (2012.6—)

畜牧兽医局

局长:张忠旭,1960年1月出生,黑龙江省桦南县人,中共党员,本科学历,高级兽医师。1976年6月参加工作,2009年10月任现职。

副局长(正处级):张景伟,1962年

4月出生,黑龙江省拜泉县人,中共党员,本科学历,高级畜牧师。1983年7月参加工作,2010年1月任现职。

副局长:王祺宝(2008.12—)

副调研员:胡斌(2001.4—)

林业局

局长:张宏升,1958年7月出生,黑龙江省阿城市人,中共党员,本科学历,高级经济师,1976年6月参加工作,2012年6月任现职。

副局长:满东斌(2008.12—)

挠力河国家级自然保护区管理局局长:张宏升(2012.7—)

水务局

局长:潘福田,1959年5月出生,辽宁省西丰县人,中共党员,本科学历,高级工程师。1980年9月参加工作,2002年12月至2015年7月任现职。

局长:刘学,1964年4月出生,黑龙江省望奎县人,中共党员,工程硕士研究生,高级工程师。1988年7月参加工作,2015年7月任现职。

副局长:康百赢(1998.10—)

刘焕友(2008.12—)

副调研员:鲍远坤(2014.3—)

质量监督站站长:

李宝林(1999.8—)

水管总站站长:宋军(2000.8—)

建设管理中心主任:

朱福才(2000.8—)

建设管理中心副主任、招投标管理中心主任:王学农(2001.4—)

水政监察支队支队长:

陈福生(2001.4—)

交通运输局

党组书记、局长:于雷,1960年6月出生,黑龙江拜泉人,中共党员,本科学历,1974年参加工作,2012年6月任现职。

调研员、党组成员:韩建奎,1958年6月出生,辽宁锦州人,中共党员,本科学历,高级工程师,1975年7月参加工作,2007年10月任现职。

副局长、党组成员:

郭友(2007.10—)

李红林(2009.1—)

住房和城乡建设局

副局长:段长利(2000.7—)

张艳斌(2004.7—)

副调研员:武经辉(2001.4—)

总局人民防空办公室副主任:武经辉(2012.6—)

工业和信息化委员会

主任:王丛江,1957年7月出生,山东省文登市人,中共党员,本科学历,高级经济师。1975年10月参加工作,2011年4月任现职。

副主任:孙彦献(2009.10—)

田继德(2009.10—)

刘　斌(2009.10—)

安全生产监督管理局

局长:张风格,1959年7月出生,黑龙江省八五二农场人,中共党员,本科学历,高级工程师。1976年参加工作,2013年9月任现职。

副局长:祝宏(2014.1—)

副调研员:张玉峰(2006.2—)

商务局

局长:崔龙江,1965年1月出生,山东省泰安人,中共党员,本科学历,政工师。1984年8月参加工作,2009年10月任现职。

副局长:

赵贵军(2005.9—)

蒋济众(2007.10—2015.9)

陈宇华(2008.12—)

副调研员:罗东(女)(2014.1—)

粮食局

局长:陈智,1961年2月出生,籍贯安徽省明光市,中共党员,本科学历,高级经济师。1976年8月参加工作,2014年10月任现职。

副调研员:陈新(2001.4—)

民政局

局长:孙明义,1957年1月出生,吉林省农安县人,中共党员,研究生学历,档案馆员。1976年1月参加工作,2000年6月任现职。

调研员:吕维明,1962年10月出生,黑龙江省友谊农场人,中共党员,本科学历,高级工程师。1980年11月参加工作,2011年1月任现职(享受副厅级生活待遇)。

副局长:张令江(2010.6—)

副调研员:吕振龙(2001.4—)

文化委员会

主任:王甲林,1958年7月出生,辽宁省岫岩县人,中共党员,本科学历,教授级高级政工师。1976年10月参加工作,2012年6月任现职。

副主任:匡　野(2014.1—)

丁凯伟(2010.4—)

马鸣春(2011.1—)

欧海燕(女)(2015.7—)

教育局

局长:刘几何,1965年出生,籍贯山东省乳山县,中共党员,本科学历,高级政工师职称。1985年参加工作,2010年6月至2015年10月任现职。

副局长:镇丰平(2002.6—)

马德义(2007.10—)

副调研员:

孔令嘉(女)(2010.4—)

招生办主任:高志(2002.6—)

卫生局

局长:张启新,1960年12月出生,辽宁省海城人,中共党员,本科学历,副主任医师。1983年8月参加工作,2009年8月任现职。

副局长:陈艳(女)(2010.5—)

环境保护局

局长、党组书记：郝安林，1964 年 4 月出生，河南睢县人，中共党员，本科学历，高级环保工程师。1984 年 7 月参加工作，2014 年 8 月任现职。

调研员、党组成员：杨乃武，1963 年 12 月出生，黑龙江省肇州县人，中共党员，在职研究生，高级农艺师。1981 年 7 月参加工作，2011 年 5 月任现职。

副局长、党组成员：

郝安林（2010. 7—2014. 7）

武勇（2012. 12—）

纪检组长、党组成员：

甄宏（女）（2010. 7—）

质量技术监督局

局长：刘海生，1958 年 1 月出生，河北南皮县人，中共党员，研究生学历。1974 年 6 月参加工作，2009 年 12 月任现职。

副局长：希琦（2000. 7—）

刘晓梅（女）（2009. 12—）

张晓光（2009. 12—）

纪检组长：

孙淑华（女）（2009. 12—）

工商物价局

局长、党组书记：崔萍，女，1957 年 4 月出生，山东省栖霞市人，中共党员，本科学历，高级政工师。1974 年 8 月参加工作，2008 年 8 月至 2015 年 9 月任职。

局长、党组书记：王树海，1967 年 4 月出生，河北阜城人，中共党员，研究生学历。1991 年 8 月参加工作，2015 年 9 月任现职。

调研员：李志弘，1959 年 11 月出生，黑龙江省依兰县人，中共党员，研究生学历。1976 年 9 月参加工作，2011 年 4 月任现职。

调研员：王勤友，1958 年 7 月出生，山东省临县人，中共党员，本科学历。1974 年 4 月参加工作，2012 年 11 月任现职。

调研员：冯志明，1961 年 1 月出生，中共党员，本科学历。1981 年 8 月参加工作，2012 年 11 月任现职。

副调研员：张菲（2011. 4—）

党组成员、副局长：

孙金声（2012. 11—）

王明新（2012. 11—）

刘文全（2012. 10—）

党组成员、纪检组长：张少军（2012. 11—）

消费者协会办公室主任：刘晓（2006. 4—）

个体私营企业协会办公室主任：张惠玲（女）（2011. 4—）

国土资源管理局

党组书记、局长：李永清，满族，1966 年 4 月出生，辽宁盖县人，中共党员，本科学历，高级工程师。1989 年 7 月参加工作，2015 年 5 月任现职。

调研员：谢秋云，女，1963 年 8 月出生，山东曹县人，中共党员，研究生学历，工程师。1987 年 7 月参加工作，2009 年 12 月任现职。

调研员：张迎，1965 年 2 月出生，吉林市人，中共党员，本科学历，工程师。1983 年 11 月参加工作，2009 年 12 月任现职。

调研员：王云侠，1963 年 3 月出生，安徽省利津县人，中共党员，专科学历，工程师。1980 年 9 月参加工作，2013 年 12 月任现职。

副局长：矫福山（2005. 8—）

付朝勇（2011. 12—）

白俊武（2006. 1—）

曹志新（女）（2011. 12—）

副调研员：刘洪斌（2013. 12—）

工会

主席、党组书记：于春明，女，1959 年 3 月出生，山东省潍坊市人，中共党员，本科学历，高级畜牧师职称。1976 年 7 月参加工作，2009 年 9 月任现职。

副主席、党组成员：李凤军，1963 年 8 月出生，吉林省农安县人，中共党员，本科学历，工程师职称。1981 年 10 月参加工作，2011 年 1 月任现职。

副主席、经费审查委员会主任、党组成员：朱晓坤，女，满族，1962 年 10 月出生，陕西省汉阴县人，中共党员，本科学历，高级政工师职称。1982 年 7 月参加工作，2012 年 6 月任现职。

副调研员：欧海燕（女）（2014. 1—2015. 7）

团委

书记：唐浩，1977 年 6 月出生，黑龙江讷河人，中共党员，研究生学历，高级政工师。2000 年 7 月参加工作，2014 年 10 月任现职。

省农垦中级人民法院

党组书记、院长：肖凤鸣，1956 年 4 月出生，黑龙江省明水县人，中共党员，本科学历，二级高级法官。1979 年 9 月参加工作，2009 年 10 月任现职。

党组副书记、副院长：王军，1957 年 1 月出生，辽宁省黑山县人，中共党员，本科学历，二级高级法官。1973 年 3 月参加工作，2001 年 4 月任现职。

党组副书记、政治处主任：谢长宁，1957 年 4 月出生，安徽省巢县人，中共党员，本科学历，三级高级法官。1974 年 7 月参加工作，1998 年 2 月任现职。

党组成员、副院长：马华，1964 年 1 月出生，中共党员，本科学历，三级高级法官。1984 年 1 月参加工作，2011 年 3 月任现职。

党组成员、副院长：刘星海，1967 年 9 月出生，中共党员，本科学历，三级高级法官。1988 年 7 月参加工作，2011 年 9 月任现职。

党组成员、副院长：李岫岩，1973 年 11 月出生，中共党员，研究生学历，一级法官。1995 年 8 月参加工作，2013 年 9 月任现职。

党组成员、纪检组长：刘仲秋，1964 年 9 月出生，黑龙江省巴彦县人，中共党员，本科学历，三级高级法官。1983 年 7 月参加工作，2009 年 6 月任现职。

省人民检察院农垦区分院

党组书记、检察长：高杉，1959 年 1

月出生,黑龙江省呼兰县人,中共党员,研究生学历。1975 年 7 月参加工作,2013 年 12 月任现职。

党组成员、副检察长:白义波,蒙古族,1961 年 2 月出生,辽宁省彰武县人,中共党员,研究生学历,工程师。1978 年 9 月参加工作,2009 年 6 月任现职。

党组成员、副检察长:施卉,1962 年 8 月出生,江苏省海门县人,中共党员,研究生学历,工程师。1979 年 8 月参加工作,2012 年 6 月任现职。

党组成员、纪检组长:孙玉杰,1956 年 6 月出生,河北省玉田县人,中共党员,本科学历,政工师。1974 年 12 月参加工作,2011 年 9 月任现职。

党组成员、政治部主任:朱佳波,女,1962 年 10 月出生,浙江省宁波市人,中共党员,本科学历,会计师。1982 年 7 月参加工作,2012 年 6 月任现职。

党组成员、副检察长:马晓东(2014. 5—)

党组成员、办公室主任:洪延伟(2014. 7—)

公安局

党委书记、局长、督察长:徐连斌,1968 年 7 月出生,山东省五莲人,中共党员,本科学历。1992 年 7 月参加工作,2013 年 10 月任现职。

党委委员、副局长:徐修忠,1957 年 5 月出生,山东省掖县人,中共党员,本科学历,高级政工师。1974 年 12 月参加工作,2011 年 4 月任现职。

党委委员、副局长:朱荣先,1962 年 9 月出生,山东省梁山人,中共党员,本科学历,高级政工师。1982 年 5 月参加工作,2007 年 10 月任现职。

党委委员、政治部主任:柳桂云,女,1957 年 2 月出生,山东省枣庄人,中共党员,本科学历,高级政工师。1974 年 7 月参加工作,2006 年 8 月任现职。

党委委员、副局长:刘春辉(2010. 1—)

党委委员、副局长:崔元超(2010. 1—)

党委委员、纪委书记:张文君(2014. 1—)

司法局

局长:韩庆海,1969 年 6 月生人,籍贯山东章丘,中共党员,党校研究生学历,高级政工师,1989 年 8 月参加工作, 2012 年 6 月任现职。

副局长:王惠贤(女)(2010. 10—)
蒋本东(2011. 4—)

军事部

部长:王世成,1960 年 9 月出生,吉林通榆人,中共党员,本科学历。1978 年 12 月入伍,2004 年 8 月晋升为大校军衔,2010 年 10 月任现职。

政治委员:韩宝琛,1958 年 12 月出生,辽宁喀左人,中共党员,研究生学历。1976 年 4 月参加工作,1976 年 12 月入伍,2005 年 3 月晋升为大校军衔,2010 年 3 月—2014 年 1 月任现职。

政治委员:张秀军,1963 年 3 月出生,辽宁北票人,中共党员,本科学历。1980 年 11 月入伍,2007 年 4 月晋升为大校军衔,2014 年 2 月任现职。

副部长:齐恩义,1964 年 6 月出生,黑龙江肇州人,中共党员,研究生学历。1981 年 9 月入伍,2007 年 12 月晋升为大校军衔,2007 年 4 月任现职。

副部长:董延常,1964 年 2 月出生,山东齐河人,中共党员,本科学历。1981 年 11 月入伍,2009 年 10 月晋升为大校军衔,2009 年 10 月任现职。

副部长:赵奎,1964 年 10 月出生,黑龙江肇源人,中共党员,本科学历。1982 年 10 月入伍,2009 年 7 月晋升为大校军衔,2011 年 6 月—2015 年 6 月任现职。

参谋长:张树,1962 年 9 月出生,黑龙江林甸人,中共党员,研究生学历。1980 年 11 月入伍,2008 年 6 月晋升为大校军衔,2008 年 6 月—2014 年 3 月任现职。

副部长兼参谋长:王友林,1965 年 11 月出生,河南信阳人,中共党员,本科学历。1983 年 10 月入伍,2009 年 10 月晋升为大校军衔,2014 年 9 月任现职。

政治部主任:付裕朋,1966 年 6 月出生,山东高密人,中共党员,研究生学历。1982 年 9 月入伍,2008 年 3 月晋升为大校军衔,2009 年 3 月任现职。

后勤部长:马哲新,1972 年 11 月出生,安徽宣州人,中共党员,本科学历,1990 年 12 月入伍,2010 年 3 月晋升为中校军衔,2012 年 3 月任现职。

副参谋长:程光,1972 年 2 月出生,河北秦皇岛人,中共党员,研究生学历。1990 年 3 月入伍,2009 年 3 月晋升为中校军衔,2013 年 3 月任现职。

八一农垦大学

党委书记:李佐同,1962 年 12 月出生,黑龙江省海伦人,中共党员,博士,教授,硕士研究生导师,1983 年 7 月参加工作,2009 年 9 月任现职。

校长、党委副书记:秦智伟,1957 年 7 月出生,山东省济南人,中共党员,博士,教授,博士研究生导师。1985 年 7 月参加工作,2013 年 6 月任现职。

党委副书记:杨颗粒(2010. 12—)

副校长、党委委员:

汪春(2002. 5—)
王金满(2010. 2—)
于立河(2010. 2—)
安增龙(2010. 2—)

党委委员、纪委书记:李伟凯(2010. 12—)

农垦科学院

院长、党委副书记:马守义,1956 年 8 月出生,黑龙江省五常县人,中共党员,本科学历,二级研究员。1973 年 12 月参加工作,2007 年 7 月任现职。

党委副书记:刘彬,1963 年 1 月出生,湖南人,中共党员,本科学历,高级工程师。1983 年 8 月参加工作,2011 年 1 月任现职。

副院长:李宁,1962 年 1 月出生,辽宁黑山人,中共党员,本科学历,推广研究员,1983 年 7 月参加工作,2007 年 10 月任现职。

副院长:刘卫东,1961 年 10 月出生,吉林九台人,中共党员,本科学历,正高级研究员,1984 年 7 月参加工作,

2007年10月任现职。

农垦勘测设计研究院

院长:夏广亮,1964年10月出生,辽宁省丹东人。本科学历,中共党员,教授级高级工程师。1987年7月参加工作,2009年6月任现职。

党委书记:王立明,1958年9月出生,山东省梁山人,本科学历,中共党员,教授级高级政工师。1974年6月参加工作,2008年10月任现职。

党委副书记:张梅岭(1998.2—)

副院长:李凯(1999.4—)

农垦管理干部学院

党委书记:于纪健,1955年3月出生,山东省济南市人,中共党员,研究生学历,教授级高级政工师,1972年参加工作,2000年11月任现职,2015年3月退休。曾兼任省委党校系统自然辩证法学会副理事长、全国经济管理干部学院教育研究会东北区副会长等社会职务。

副书记、副院长:闫勇,1965年12月出生,黑龙江省海伦市人,中共党员,硕士研究生学历,教授级高级政工师。1987年7月参加工作,2011年9月任现职。

副书记、党委委员:朱佳萍,女,1970年12月出生,浙江宁波人,中共党员,硕士研究生学历,高级会计师、教授级高级政工师。1990年6月参加工作,2010年4月任现职。兼任中国农垦旅游协会副秘书长、北京黑龙江商会副秘书长、黑龙江省青年联合会常委,黑龙江省青少年理论研究学会常务理事等社会职务。

副院长、党委委员:林琳,女,1962年10月出生,黑龙江省密山县人,中共党员,研究生学历,教育管理专业教授。1983年参加工作,2001年4月任现职。兼任中国教育发展战略学会农村教育专业委员会理事、中国农民科技培训杂志编委、东北农村广播电视教育学会副理事长、黑龙江省远距离教育学会理事、黑龙江省广播电视大学教学资源建设委员会成员、黑龙江省振兴东北老工业基地研究会理事等社会职务。

农垦职业学院

党委书记:孟凡龙,1962年出生,辽宁省台安人,中共党员,本科学历,高级农艺师。1983年8月参加工作,2008年8月任现职。

党委副书记、院长:许淑云,女,满族,1959年7月出生,黑龙江桦南人,中共党员,研究生学历,教授。1982年1月参加工作,2008年11月任现职。

党委副书记、常务副院长、纪委书记:贺守富,1957年4月出生,黑龙江富锦人,中共党员,本科学历,副教授。1977年1月参加工作,2002年9月任现职。

党委委员、工会主席:李永林,1960年6月出生,黑龙江庆安人,中共党员,本科学历,教授。1983年7月参加工作,2004年6月任现职。

党委委员、副院长:刘景波,1957年8月出生,黑龙江省肇源县人,中共党员,本科学历,教授级高级政工师。1975年7月参加工作,2009年2月任现职。

党委委员、副院长:李洪亮,1962年3月出生,黑龙江甘南县人,中共党员,研究生学历,教授级高级政工师、副教授。1981年参加工作,2011年9月任现职。

党委委员、办公室主任、高教研究室主任:张文,1964年8月出生,辽宁富锦人,中共党员,本科学历,教授。1986年参加工作。2013年4月任现职。

农垦科技职业学院

党委书记:陈枫,1963年3月出生,黑龙江省延寿县人,中共党员,本科学历,文学硕士研究生,管理学博士学位。1984年7月参加工作,2013年11月任现职。

院长:柳咏芬,女,1962年6月出生,黑龙江省巴彦县人,中共党员,本科学历,副教授。1984年7月参加工作,2004年7月任现职。

党委副书记、纪委书记、工会主席:张学文(2005.9—)

副院长:刘金良(2005.9—)
赵静夫(2009.2—)

农垦总医院

院长、党委书记:王明库,1957年5月出生,辽宁省康平人,中共党员,本科学历,主任医师。1975年8月参加工作,2011年3月至2015年5月任总医院院长,2012年6月任总医院党委书记。

院长、党委副书记:王东华,1966年7月出生,黑龙江省哈尔滨人,中共党员,本科学历,主任医师。1989年7月参加工作,2015年8月任现职。

副院长:王德智(2001.11—)
张俊(2003.11—)

农垦太湖疗养院

党委书记、院长:李国志,1960年11月出生,籍贯辽宁省康平县,中共党员,本科学历。1976年参加工作,2012年7月任现职。

党委副书记、副院长:邹国强(2005.6—)

党委委员、副院长:
曹沈安(2008.8—)
唐苏龙(2008.8—)

农垦第二医院

院长:郑广山,1960年5月出生,籍贯黑龙江,中共党员,本科学历,副主任医师。1976年10月参加工作,2014年7月任现职。

副院长:张怀韬(2006.4—)

北大荒日报社

总编辑、党组书记:徐广耀,1957年6月出生,中共党员,专科学历,主任编辑。1975年11月参加工作,2008年7月任现职。

副总编辑:韩志营(2009.9—)
纪红(女)(2009.9—)
许跃兵(2011.3—)

北大荒文工团

副团长:李建斌(2009.9—)

黑龙江农垦广播电视台

台长、党组书记:刘玉华,1958年9月出生,吉林省伊通人,中共党员,本科学历,教授级政工师。1974年7月参加工作,2012年6月任现职。

党组副书记:王学军(2010.12—)

副台长:林子彬(2010.1—)

高峰(2010.7—)

农垦人才中心

主任:唐志斌,1958年12月出生,黑龙江省望奎县人,中共党员,本科学历,高级经济师,1975年9月参加工作,2005年10月任现职。

工程咨询评审中心

副主任:刘景瑞(2006.6—)

垦区采购招标中心

主任:刘宏,1964年7月出生,辽宁省庄河人,中共党员,本科学历,高级统计师。1984年8月参加工作,2014年1月任现职。

副主任(正处):冯玉斌,1970年9月出生,辽宁省营口人,中共党员,研究生学历,教授级高级政工师,高级审计师。1991年7月参加工作,2014年2月任现职。

农垦社会保险事业管理局

党组书记、局长:高起中,1957年9月出生,辽宁铁岭人,中共党员,本科学历,经济师。1976年8月参加工作,2008年10月任现职。

副局长:骆德奎(2008.12—)

常海(2008.12—)

张英林(2011.9—)

李淑梅(女)(2011.1—2015.4)

农垦经济研究所

副所长(主持工作):王大庆(2013.9—)

副所长:熊然(2013.11—)

总局史志办

主任:曲伟,女,1966年12月出生,黑龙江省五常县人,中共党员,本科学历,高级编辑。1988年参加工作,2011年5月任现职。

北大荒博物馆

馆长:赵国春,1957年3月出生,山东省邹平人,中共党员,本科学历,副研究员,1974年11月参加工作,2009年9月任现职。

北大荒版画院

院长:张泽新,1961年11月出生,山东省昌邑市人,中共党员,专科学历,中学高级教师。1978年10月参加工作,2014年7月任现职。

农垦残联执行理事会

理事长:赵雅辰,1959年8月出生,黑龙江省五常市人,中共党员,本科学历,教授级高级政工师,1977年7月参加工作,2012年6月任现职。

总局卫生局卫生监督所
总局疾病预防控制中心

所长、主任:夏洪波,1962年9月出生,辽宁省凤城人,中共党员,研究生学历,医学学士,公共卫生主任医师,1981年8月参加工作,2009年8月任现职。

副所长:刘彧(2011.6—)

农垦绿色食品办公室

主任:冯建全,1962年5月出生,山东省梁山县人,中共党员,硕士,研究员级高级经济师。1978年9月参加工作,2012年6月任现职。

副主任:高可珠(女)(2009.12—)

余捷(2009.11—)

总局种子管理局

局长:张锡铭,1962年6月出生,河北省宁河人,中共党员,本科学历,高级农艺师。1984年8月参加工作,2008年10月任现职。

副局长:黄大龙(2009.9—)

总局扶贫开发办

主任:金永库,1964年11月出生,吉林省延吉人,中共党员,本科学历,学士学位,高级会计师、教授级高级政工师。1988年7月参加工作,2014年1月任现职。

总局驻北京联络处

主任:刘洪,1957年5月出生,黑龙江省绥化市人,中共党员,本科学历,高级经济师。1970年10月参加工作,2008年7月至2015年10月任现职。

主任:于省元,1967年5月出生,山东省泰安人,中共党员,硕士研究生学历,高级农业推广师。1989年9月参加工作,2015年10月任现职。

副主任:李元(2002.12—)

总局驻佳木斯办事处

主任:关舒华,满族,1958年8月出生,黑龙江省兰西县人,中共党员,研究生学历,研究员级高级经济师。1976年3月参加工作,2012年6月任现职。

副主任:欧阳才文(2014.7—)

公积金管理中心

主任:刘晶,女,1967年11月出生,黑龙江省友谊县人,中共党员,本科学历,高级会计师。1986年7月参加工作,2015年11月任现职。

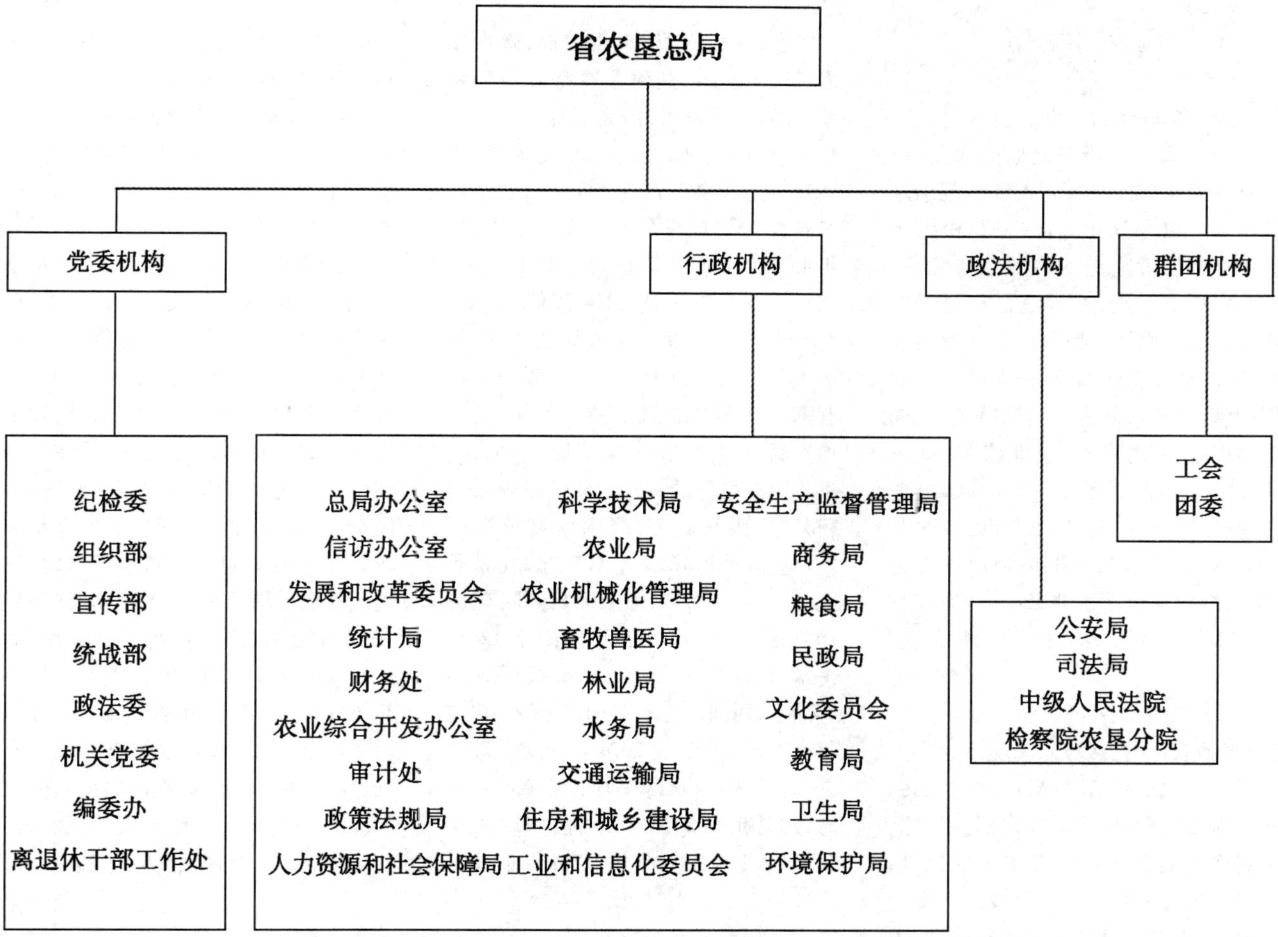

图3 总局党政群团机构示意图(2015年)

自然地理

【地理位置与面积】 北大荒,据《山海经》记载,原本泛指东北原始大荒原。岁月更迭,沧桑巨变,北大荒的范围逐渐缩小为黑龙江省三江平原、松嫩平原和小兴安岭南麓一带的亘古荒原。历史发展到今天,北大荒已经是黑龙江垦区的特称了。黑龙江垦区幅员辽阔,东隔乌苏里江、北隔黑龙江与俄罗斯相望,西与内蒙古自治区接壤,南同吉林省毗邻,地理坐标在北纬43°56′~50°21′和东经123°32′~134°33′之间。所辖区域分布在全省12个市、74个县(市、区)。土地总面积5.54万平方公里,占全省土地面积的12%。其中,耕地290.21万公顷,比上年增长0.3%。

(郭思宝)

【地形地貌】 垦区分布黑龙江省广大地区,西北狭窄,东部宽阔,由西北到东南为山地贯穿,西部和东部为平原,地貌格区受新华夏构造体系的控制,北北东向展布的三江平原及小兴安岭山地,构成本区最基本的地貌轮廓,山地区海拔高程300~500米左右,平原海拔高程为80~200米左右。

(宋惠忠　齐汉强)

【春夏秋气候】 2015年(3—10月)气温偏高,降水偏少,存在明显低温时段,热量基本充足,整体气象条件较好。

热量条件:垦区≥10℃活动积温平均近2500℃,接近常年略高,比2014年少150℃左右;终霜早、初霜晚,无霜期比常年略长,满足了各作物正常生长发育对热量的需求,保证了大田作物霜前正常成熟。

日照条件:3—10月,垦区平均日照1640.2小时,比常年同期少191.2小时,比2014年同期少62.1小时。

水分条件:3—10月,垦区平均降水485.8毫米,比常年和2014年同期分别少19.8毫米和50.0毫米。其中,东部平均538.1毫米,比常年和2014年同期分别多25.2毫米和4.5毫米;西部平均433.7毫米,比常年和2014年同期分别少61.5毫米和104.4毫米。

春季(3—5月)气温偏高,降水偏多,日照偏少。此阶段冷空气活动频繁,气温波动较大,前高后低。其中,3月份平均气温-3.4℃,比常年高3.0℃,比2014年高0.8℃;4月份平均气温6.0℃,比常年高1.1℃,比2014年低2.1℃;5月份平均气温12.0℃,比常年低0.9℃,比2014年低1.1℃。5月6—8日出现一次强降温过程,垦区大部农场出现霜冻,西部部分农场有降雪,5月中旬气温持续偏低,旬平均气温10.7℃,比常年偏低2.4℃,是近年同期最低的一年。此阶段降水过程频繁,雨日较多,降水区域分布不均。垦区平均降水93.0毫米,比常年同期多7.2毫米,比2014年同期少10.7毫米;其中,东部平均降水124.3毫米,比常年多29.8毫米,接近2014年同期;西部平均降水61.7毫米,比常年少11.7毫米,比2014年同期少23.5毫米。3—5月垦区平均日照609.4小时,比常年和2014年分别少114.4小时和62.1小时。其中,5月份垦区平均日照195.2小时,比常年少56.1小时,比2014年多46.8小时。

夏季(6—8月)气温偏高,降水偏少。此阶段冷空气活动频繁,6月上旬、7月上旬气温偏低,出现低温时段;此阶段降水时间、空间分配极不均匀,前期多,中后期少,东部多,西部少,7月份降水偏少明显,尤其垦区西部比常年少一半,出现阶段性干旱。6月份平均气温19.6℃,比常年高0.9℃,比2014年低1.6℃;7月份平均气温21.7℃,比常年和2014年均高0.3℃;8月份平均气温21.3℃,比常年和2014年分别高1.5℃和0.7℃。6月上旬、7月上旬平均气温分别为15.9℃和20.6℃,比常年分别低1.2℃和0.4℃,比2014年分别低6.1℃和1.8℃。此阶段垦区平均降水308.1毫米,比常年和2014年分别少18.6毫米和10.6毫米。其中,东部平均降水342.7毫米,比常年和2014年分别多25.4毫米和55.8毫米,西部平均降水273.5毫米,比常年和2014年分别少66.6毫米和76.9毫米。7月份垦区平均降水94.6毫米,比常年和2014年分别少32.7毫米和79.4毫米。其中,东部平均降水117.9毫米,接近常年,比2014年少38.1毫米,西部平均降水71.4毫米,比常年和2014年分别少69.9毫米和120.7毫米。此阶段垦区平均日照655小时,比常年和2014年分别少43.1小时和5.0小时。

秋季(9—10月)气温偏高,降水偏少,日照偏少。9月份平均气温14.2℃,比常年和2014年分别高0.9℃和0.2℃;10月份平均气温5.0℃,比常年和2014年均高0.8℃。此阶段平均降水84.7毫米,比常年和2014年分别少8.4毫米和28.7毫米。其中,垦区东部平均降水71.1毫米,比常年和2014年分别少30.1毫米和53.3毫米;垦区西部平均降水98.5毫米,比常年多16.8毫米,比2014年少4.0毫米。此阶段平均日照375.9小时,比常年少33.6小时,比2014年多5小时。此阶段热量条件较好,对作物成熟较为有利,后期(10月份)降水整体略偏多,对封冻前土壤水分的补充较为有利,营造了较为适宜的封冻土壤墒情。

(王晓燕)

自然资源

【土地资源】 垦区土地总面积5.54万平方公里。耕地面积290.21万公顷,水面25.67万公顷,林业用地92.49万公顷,草地34.27万公顷。

(郭思宝)

【水资源】 垦区水资源总量97.5亿立方米,其中,地表水资源量56.6亿立方米,地下水资源量40.9亿立方米。过境水量十分丰富,黑龙江、松花江、乌苏里江和兴凯湖过境水量达2785亿立方米。2015年,垦区水利工程供水总量达82.43亿立方米,其中,农业用水81.78亿立方米,占总用水量的99.21%。地表水利用量25.63亿立方米,占总用水量的31.09%。地下水利用量56.8亿立方米,占总用水量的68.91%。 (孙兵)

【野生植物资源】 垦区内共有植物1600余种。其中,裸子植物8种,被子植物近1000种，分别属于450属130科。有国家级重点保护野生植物10种，主要是红松、紫椴、兴凯湖松、水曲柳、黄檗、野大豆、松口蘑等。主要树种有红松、落叶松、云杉、杨柳、榆、桦、黄菠萝和水曲柳等。山林中有130多种野生植物可入药，山林是人工栽培人参、党参、防风、黄芪等中药材的天然场地，也是水果、蜂蜜、柞蚕、木耳和白瓜子等副业生产的良好地区。

（宋惠忠　齐汉强）

【野生动物资源】　垦区共有国家级和省级保护野生动物145种。其中，国家一级重点保护野生动物16种，包括鸟类11种，兽类5种；国家二级重点保护野生动物67种，包括鸟类56种，兽类11种；省地方保护野生动物62种，包括两栖类3种，爬行类3种，鸟类43种，兽类13种。国家一级保护野生动物有丹顶鹤、白鹳、黑鹳、大鸨、金雕、梅花鹿等，国家二级保护野生动物有白枕鹤、大天鹅、小天鹅、白琵鹭、鸳鸯、黑熊、马鹿等。省地方保护野生动物有雉鸡、鸿雁、啄木鸟、猫头鹰、赤狐、狍、林蛙、野猪等。

（宋惠忠　齐汉强）

【矿藏资源】　垦区储藏有煤、铁、铜、金、石油、大理石、云母和石英等矿产资源。种类多、分布广，但蕴藏量基本上无详细记载。矿藏属国家所有，垦区作为农业企业，矿产开采与加工基本属于自采自用，补助国家之不足。

（宋惠忠　齐汉强）

国民经济和社会发展

【概况】　2015年，黑龙江垦区经济实力进一步增强。实现地区生产总值1172.7亿元，按可比价格计算，比上年增长5.8%。人均地区生产总值达69612元，增长7.4%，以当年平均汇率折算达11176美元，比上年增加386美元。实现公有经济增加值717.5亿元，增长7.8%，非公有经济增加值455.2亿元，增长2.9%。三次产业稳步增长。第一产业增加值554.6亿元，增长4.1%；第二产业增加值242.6亿元，增长1.6%；第三产业增加值375.5亿元，增长10.8%。一、二、三产业对垦区当年经济增长的贡献率分别为34.4%、6.3%和59.3%。经济结构调整步伐加快。三次产业结构为47.3∶20.7∶32.0，第三产业比重比上年提高7.5个百分点，第一产业比重比上年下降6.8个百分点，第二产业比重比上年下降0.7个百分点公有和非公有经济结构为61.2∶38.8，非公有经济比重比上年下降1.1个百分点。

“十二五”时期，垦区经济社会发展成就显著。垦区2015年实现生产总值1172.7亿元比2010年增长70.9%，年均增长11.3%，其中，三次产业年均分别增长9.0%、13.2%和16.3%；垦区居民人均可支配收入23855元，比2010年增长83.1%，年均增长12.9%，连续5年高于全省平均水平；居住环境更加宽敞舒适，人均住宅面积32.2平方米，比2010年增加7平方米，增长27.8%，年均增长8.5%。

（韩　军　郭思宝）

【农业生产】　农业生产再夺丰收。2015年，垦区农作物总播种面积286.1万公顷，比上年下降0.4%，实现农业增加值463.3亿元，增长4.6%。其中，粮食种植面积282.5万公顷，比上年下降0.2%，占全部农作物的比重达98.7%。高产作物水稻和玉米分别达146.4万公顷和89.5万公顷，两者占粮食作物面积的比重达83.5%，比上年提高0.9个百分点，为垦区粮食产能的持续扩大奠定了基础。粮食综合单产实现7810公斤/公顷，比上年增长1.4%。粮食综合生产能力再创历史新高，总产量达220.66亿公斤，增产2.6亿公斤，比上年增长1.2%。在黑龙江省粮食生产中的地位和对国家粮食安全的贡献进一步增强，粮食产量占全省和全国的比重分别为34.9%和3.6%。为国家提供商品粮208.29亿公斤，粮食商品率达94.4%，比上年提高0.1个百分点。历经68年的开发建设，垦区已累计生产粮食3504.1亿公斤，累计向国家交售商品粮2839.9亿公斤。垦区每年提供的商品粮总量可以保障全国1.2亿城镇人口一年的口粮供应，为国家粮食安全提供重要保障。“十二五”期间，累计生产粮食和提供商品粮分别为1065亿公斤和1003亿公斤，比“十一五”期间分别增长46.5%和50.4%，占垦区68年来累计生产粮食和累计交售商品粮的比重分别为30.4%和35.3%。

（韩　军　郭思宝）

【绿色食品生产】　2015年，垦区种植绿色有机农作物236.1万公顷，其中绿色食品作物种植监测面积216.7万公顷，占垦区农作物种植面积75.8%，有机作物种植面积19.5万公顷，占垦区农作物种植面积6.8%。绿色食品获证企业100家，有效使用绿色食品标志产品数245个；有机农产品企业67家，有机农产品达296个；无公害农产品产地认定面积262.8万公顷，无公害农产品322个，认定产地367个。到2015年末，垦区累计获得国家地理标志农产品9个，累计获得全国农业标准化示范场25个，创建全国绿色食品原料标准化基地60个。垦区农产品质量追溯系统覆盖规模逐年扩大。2015年，垦区共有农产品质量追溯项目建设单位63家，追溯“三品一标”农产品扩展到13大类90余个品种。垦区农产品检验检测体系建设全面展开，建成了部级质检中心3个，6个重点县级和3个县级农产品质检站项目稳步推进。

（韩　军　郭思宝）

【林业建设】　垦区围绕“生态文明、美丽垦区”建设为主题，全面实施林业生态护农工程、林业产业富民工程和农垦城镇森林靓化工程，使垦区园林化档次明显提高，林业产业稳步发展。实现林业增加值4.8亿元，比上年下降4.7%。当年完成造林绿化6.1万亩，新建义务植树基地327个，义务植树691.8万株；城镇绿化共栽植乔木126万株，栽植灌木230.72万丛，栽植绿篱8.6万米，栽植花卉59.56万平方米；完成农牧田防护林721条（块），面积达1400公顷。使城镇暨管理区绿化覆盖率达40%，区域森林覆盖率达17.1%。全年未发生大的森林、草原火灾，森林过火面积控制在0.5‰以下，林业有害生物成灾率控制在2.9‰以下，森林无公害防治率达90%以上。严厉查处毁林、毁湿案件，有效地控制、打击了毁林、毁湿高发势头，较好地保护了森林、湿地安全。

（韩　军　郭思宝）

【畜牧业生产】　畜牧业呈现发展趋势，垦区绿色健康养殖基地建设步伐加快。实现增加值82.7亿元，比上年增长2.3%。年末，垦区“两牛一猪”存栏为黄牛3.6万头、奶牛15.6万头和生猪80.6万头，全年肉、蛋、奶产量分别为22.9万吨、3.4万吨和37.5万吨。渔业平稳发展，实现渔业增加值3.8亿元，比上年增长7.4%。

（韩　军　郭思宝）

【农业基础设施】　年末，垦区有效灌溉面积达154.1万公顷，下降4.3%，其中，节水灌溉面积31.3万公顷，增长15.5%；机电井8.9万眼，增长4.0%。现有粮食处理中心409座，种子加工厂60个，金属粮仓2501座，水泥晒场3141万平方米，农用飞机场69处。粮食仓储能力达2200万吨，比上年增长22.0%。农机装备能力显著提升。截至2015年末，垦区农业生产田间作业综合机械化率提高到98.8%，农用机械总动力达980.4万千瓦，比上年增长5.3%；农用大中型拖拉机7.7万台，增长4.8%，其中，100马力以上拖拉机8289台，增加769台；机动水稻插秧机7.5万台，增长1.1%；联合收获机3.2万台，增长5.5%。现有农用飞机50架，航化作业面积156.3万公顷。

（韩　军　郭思宝）

【工业生产】　工业生产低速增长。2015年，实现工业增加值186.0亿元，比上年增长1.8%。其中，食品工业实现增加值127.9亿元，增长0.8%，占全口径增加值的比重达68.8%。规模以上企业实现增加值66.2亿元，下降10%。在全部工业增加值中，轻工业增加值136.7亿元，增长0.9%；重工业增加值49.3亿元，增长4.2%。其中，国有及国有控股企业增加值64.4亿元，增长0.4%，非公有企业增加值121.6亿元，增长2.5%。“十二五”期间，工业增加值由2010年的94.9亿元增加到2015年的186.0亿元，增长94.4%，年均增长14.2%。国有工业企业效益明显提升。全部工业企业（不含个体）全年实现主营业务收入860.6亿元，比上年下降9.3%，其中，国有及国有控股企业主营业务收入582.4亿元，下降6.3%。实现利润12.9亿元，下降2.3%，其中，国有及国有控股企业利润1.6亿元，扭亏增盈2.4亿元。国有及国有控股企业经济效益综合指数达209.9，比上年提升2.3个百分点。　（韩　军　郭思宝）

【建筑业】　建筑业稳步发展。实现建筑业增加值56.5亿元，比上年增长1.2%，其中，国有及国有控股企业增加值14.6亿元，比上年下降3.5%。当年新开工的单位工程施工个数4150个，比上年增加6个。当年单位工程竣工个数4033个，比上年减少39个。年内房屋建筑施工面积和竣工面积分别达到343.3万平方米和220.7万平方米，分别比上年增长5.6%和下降20.6%。实现利税16.2亿元，下降2.7%，其中，国有及国有控股企业利税2.9亿元，下降11.8%。实现利润总额10.7亿元，下降1.2%，其中，国有及国有控股企业利润总额1.1亿元，下降4.5%。　（郭思宝　韩　军）

【固定资产】　固定资产投资持续负增长。完成固定资产投资总额186.3亿元，比上年下降11.9%。从用途上看，生产性建设投资123.1亿元，下降5.3%，非生产性建设投资63.2亿元，下降22.5%。从产业投向上看，第一产业61.6亿元，增长4.2%，占33.1%；第二产业14.5亿元，下降55.6%，占7.8%。其中，工业13.8亿元，下降57.4%；第三产业110.2亿元，下降8.0%，占59.1%。从投资主体看，公有控股经济投资130.4亿元，增长12.9%；非公有控股经济投资55.8亿元，下降41.8%。在投资总额中500万元及以上项目完成投资126.8亿元，增长1.9%；亿元以上项目完成投资55.4亿元，增长5.6%。

（韩　军　郭思宝）

【交通运输】　交通运输能力增强。完成运输场站、公路养护等投资2.1亿元。改建农场客运站3个；完成农村公路养护设备购置7台（套）等。全年共完成道路客运量0.1亿人次，客运周转量6.1亿人公里，货运量0.2亿吨，货运周转量17.6亿吨公里，分别比上年增长－17.7%、－2.6%、4.1%和11.1%。公路建设取得新成果。2015年末，全年完成公路建设投资17.8亿元，下降28.2%，其中，境内省属第二条建三江至抚远（黑瞎子岛）高速公路当年完成投资14.5亿元，现已交工通车。新建续建农村公路293公里，使垦区农村公路硬化里程达10613公里。

（韩　军　郭思宝）

【通信】　通信事业持续发展。年末，农垦通信拥有通信线路26941公里，比上年下降2.8%。其中，光缆线路总长度19386皮长公里，增加672皮长公里。垦网固定电话达25.5万部，比上年增长1.0%，垦网户均固定电话普及率达44.2%，比上年提高0.5个百分点。宽带用户达19.8万户，比上年增加1.2万户，增长6.5%。

（韩　军　郭思宝）

【旅游】　旅游业加快发展。2015年累计接待国内外旅游者633.8万人次，实现旅游收入32.4亿元，比上年分别增长6.7%和14.9%。年末，垦区拥有A级以上景区49个，比上年增加3个，其中，国家AAAA级旅游景区7个，国家AAA级旅游景区19个，国家AA级旅游景区23个。　（韩　军　郭思宝）

【内外贸易】　消费品市场稳定活跃。垦区实现社会消费品零售总额217.8亿元，比上年增长9.9%。其中，农场及农场以下消费品零售额184.1亿元，增长9.7%；批发零售贸易业消费品零售额184.5亿元，增长9.8%；住宿和餐饮业零售额33.3亿元，增长10.3%；食品类商品零售额85.5亿元，增长9.9%，占全部零售额的比重为

39.3%。对外贸易总额温和下行。全年实现外贸进出口总额25亿美元，比上年下降3.1%。其中，出口总额实现6.5亿美元，比上年下降33.6%；进口总额实现18.5亿美元，比上年增长15.6%。招商引资和对外经济贸易合作持续发展。全年签订国内外经济技术合作项目269项，其中利用外资项目16项。实际利用国内外资金54.9亿元，其中，合同利用外资到位资金1898.6万美元。"走出去"工作稳步推进。2015年，垦区已在俄罗斯、澳大利亚、泰国、安哥拉、莫桑比克、菲律宾、老挝等10多个国家和中国香港开展投资合作业务。境外各类公司和企业共计21家，其中，农业种植加工类9家、合作种植类3家、金融贸易类5家、进出口贸易类4家。境外农业开发面积20.29万公顷，土地种植面积12.61万公顷，生产粮豆37.7万吨，返销粮食23万吨，产值1.5亿美元，利润3075万美元，境外就业中方人数977人。项目累计投资25.35亿元人民币。

（韩　军　郭思宝）

【科学技术】　科技事业成果丰硕。2015年末，垦区拥有专业科研机构19个，技术推广中心（站）113个，省级科技成果推广示范基地11个，国家级农业科技园区1个，省级农业科技园区3个，国家级工程技术中心1个，省级工程技术中心5个，生产力促进中心2个，科技进步贡献率达到68.2%。全年垦区各级科技投入8.7亿元，比上年下降21.6%。垦区科技自主创新取得新进展，全年总局科技计划项目13个，课题118个，通过鉴定科技成果41项，获黑龙江省科技奖励8项，获得总局科技进步奖43项。加快"互联网+"在垦区现代化大农业中的推广应用，北大荒互联网核心服务平台建设逐步完成。3个单位新增为全国青少年农业科普示范基地，累计达到16个。新增专利109个，累计1760个。

（韩　军　郭思宝）

【教育】　教育事业健康发展。学前教育体系进一步完善，垦区公办幼儿园达109所，学前三年毛入园率达91%。义务教育均衡发展扎实推进。普通高中教育质量稳步提升，国家级示范性中等职业学校建设和省部共建农村现代职业教育改革试验区建设项目稳步推进。年末，垦区有独立普通小学26所，招生0.97万人，在校生5.9万人，毕业生1.1万人；普通中学126所，招生2.1万人，在校生7.0万人，毕业生2.2万人；普通高等院校3所，招生0.9万人，在校生3.1万人，毕业生0.8万人；中等职业教育学校10所，招生0.4万人，在校生1.9万人，毕业生1.2万人。2015年，垦区高考再创新高，垦区高考考生10101人，共录取9575人，其中本科6192人，其中一本学校录取人数为1395人，比上年增加了163人，全垦区高考录取率为95.81%，艺体生录取比率占录取人数14.47%。

（韩　军　郭思宝）

【医疗卫生】　医疗卫生服务体系不断完善。2015年，垦区以提高居民健康质量为中心，全面加强基本医疗服务和基本公共卫生服务建设，创建总局级示范社区卫生服务中心10所，建设标准化健康小屋24所。年末，垦区共有各级各类卫生机构1200个。综合医院125所，总局总医院1所，管理局中心医院7所，神经精神病专科医院1所，疗养院1所；农场级医院（挂社区卫生服务中心牌子，承担社区卫生服务功能）115所。卫生监督所（挂疾病预防控制中心牌子）113所。垦区拥有卫生技术人员12661人，其中，执业医师和执业助理医师5902人，注册护士4902人。拥有住院床位和观察床位10737张。2015年，报告国家法定乙类、丙类传染病17种，报告发病人数1873例，其中，乙类传染病13种1740例，丙类传染病4种133例，报告发病率132.28/10万，与2014年同期相比上升了3.2%。　（韩　军　郭思宝）

【文化】　文化事业全面发展。年末，垦区共有对外开放的博物馆（场史纪念馆）56个，文化馆53个，体育馆42个，图书馆（室）224个，社区、管理区综合文化活动室388个，文化广场、主题文化公园213个。现有一报四刊，《北大荒日报》全年总印数2045万份，杂志4种，全年总印数31.2万册。制作了各类专题片20部。举办了"垦区纪念中国人民抗日战争胜利暨世界反法西斯战争胜利70周年书法绘画摄影大赛作品展"，共收到各类作品400余件，展出170余件精品，充分展示了北大荒文化艺术事业取得的成就。中国龙舟公开赛（北大荒站）和全国钓鱼锦标赛（北大荒站），先后在八五二农场蛤蟆通水库举行。垦区继续实施文化信息资源共享工程，为5个独立区域的管理局、农垦职业学院和18个农场购置广场灯光音响。广播电视事业稳步发展。各级广播电视台站共开办专栏130余个，累计播出1640余期。农垦广播电视台开辟电视栏目9个，播出1437期，农垦广播电视台和网络电视台共播出新闻1.7万余条，其中省级以上媒体播发新闻170余条。"龙广·北大荒之声"实现了24个频点覆盖，自办栏目《北大荒新闻》《农科天地》《北大荒文化》3个，共计播出670期。继续推进数字电视平移，目前用户已达38万户。体育事业平稳发展。年末垦区拥有体育场馆156个，全年组织各类体育运动会及体育比赛1073次，有16.5万人参加了各种类型的体育运动项目。继续加大全民健身工程投入力度，争取上级扶持资金，建设雪炭工程2个、健身苑8个、社区多功能运动场10个、体质测试站2个、援建体育场馆29个、建设室内综合活动室50个、为70个农场铺设室外健身路径440条。

（韩　军　郭思宝）

【社会保障】　社会保险工作持续深入开展，各险种全部实现总局以上级别统筹。年末，垦区参加企业职工基本养老保险89万人，其中，在职参保46.7万人，离退休人员42.3万人，2015年累计发放养老金97.4亿元，比上年增长16.7%；参加机关事业养老保险5.5万人，其中，参保职工3.2万人，离退休人员2.3万人；参加城镇社会养老保险0.8万人，其中享受待遇人数0.6万人。参加基本医疗保险133.9万人，其中，参加职工医疗保险74.9万人，参加居民医疗保险59.0万人,全年支付医疗保险基金20.3亿元,比上年增长20.1%。参加失业保险36.2万人,全年发放失业金1203万元。参加工伤保险38.3万人,全年支付工伤保险基金6331万元。参加生育保险36.8万人,支付生育保险基金3317万元。保险事业加快发展。全年保费收入27.7亿元,比上年增长2.1%,其中,农险保费收入23.5亿元,比上年增长1.9%,农业保险承保面积7579.6万亩。全年赔付额18.0亿元,比上年增长10.1%,其中,农险赔付金额16.2亿元,比上年增长10%。

(韩 军 郭思宝)

【环境保护】 资源环境保护力度加大。年末,垦区已建各级各类自然保护区21个,总面积51.5万公顷,占垦区土地总面积的9.1%。继续加强农村环境保护和自然生态保护工作,2015年垦区完成国家级生态局2个,省级生态局(管理局)1个,省级生态乡镇(农场)5个,生态系列创建工作走在全省前列。狠抓污染防治工作,列入"十二五"松花江流域规划的8个项目完成率达62.5%,淘汰营运黄标车7574台,完成年度任务。做好污染减排工作,垦区新建生活污水处理项目13个,大气脱硫脱硝项目12个,严格控制污染物排放量,如期完成年度减排目标。

(韩 军 郭思宝)

【人口与人民生活】 人口保持低速下降。2015年,垦区人口出生率为3.73‰,比上年下降0.88个千分点,人口自然增长率-1.39‰,比上年上升0.63个千分点。年末,垦区常住总人口167.2万人,比年初减少2.5万人,下降1.5%。其中,农场人口146.4万人,占总人口的87.6%。职工工资水平稳步增长。年末,全部在岗职工37.5万人,在岗职工年平均工资为32496元/人,比上年增长7.1%。居民生活水平快速提高。全年垦区居民人均可支配收入达23855元,同比增长7.2%。其中,工资性收入、经营性净收入、财产性净收入和转移性净收入同比分别增长10.8%、3.9%、15.3%和7.5%。垦区居民人均生活消费支出12179元,比上年增长8.4%,其中,恩格尔系数为26.2%。耐用消费品数量与上年同期基本持平,年末平均每百户居民拥有彩色电视机100.3台、洗衣机93.3台、电冰箱88.5台、空调1.4台、摩托车35.2辆、热水器60.3台、微波炉21.8台、照相机25.6台、家用计算机51.8台、移动电话202.9部、生活用汽车15辆。居民居住条件和环境得到持续改善。垦区继续加快城镇居民住宅基础设施、公共设施建设步伐。到年末,垦区居民住房面积达到5386.4万平方米,比上年增长0.5%,人均住房面积32.2平方米,比上年增加0.6平方米。城镇集中供热面积3667万平方米,比上年增长1.4%;城镇硬化道路长度3249公里,硬化率100%;城镇人均绿地面积45.5平方米,增长2.2%;城镇化率达到85.8%,与比上年持平。居民储蓄存款继续增加。年末,垦区居民储蓄总额495.2亿元,比上年增长23.1%,人均储蓄额29620元。

(韩 军 郭思宝)

环境保护

【污染物减排】 制定年度减排计划,下发《关于报送垦区2015年减排计划的通知》,指导各管理局和重点减排企业结合实际上报主要污染物年度计划并报省环保厅确认,依据省环保厅《关于转发环境保护部〈关于印发〈建设项目主要污染物排放总量指标审核及管理暂行办法〉的通知〉的通知》开展建设项目总量确认工作,全年核定21个建设项目。联合质监局等有关部门,摸清垦区小锅炉的底数,制定淘汰计划,开展小锅炉淘汰工作,淘汰小锅炉42台。申请7个城镇生活污水处理项目、6个锅炉脱硫脱硝项目环保专项资金总额2000万元。"十二五"期间,垦区建设城镇生活污水处理厂40个,完成工业污水治理项目6个、农业畜禽治理项目249个,气污染物(二氧化硫、氮氧化物)治理项目8个(6个脱硫脱硝治理项目,2个小锅炉替代项目),完成了省政府下达的减排任务。

(马凤金)

【环境统计数据上报】 完成垦区2014年环境统计数据上报工作。主要调查统计工业企业165家,规模化畜禽养殖400家,城镇生活污水处理厂19家,涉及粮食加工、乳制品加工、供热、造纸、淀粉加工、制糖、水泥、食用油加工、屠宰、采选等行业。化学需氧量总排放量166779.4吨,氨氮总排放量8927.3吨,二氧化硫总排放量15947.7吨,氮氧化物总排放量24682.1吨,烟尘总排放量27387.7吨。调整后垦区国家重点监控企业废水类6家,废气类2家,污水处理厂3家。

(马凤金)

【污染防治】 继续贯彻落实《黑龙江省大气污染防治行动计划实施细则》,对项目环评审批严格把关,禁止建设10吨以下的燃煤小锅炉,规模以上燃煤锅炉要求全部达标排放;完成省厅下达的燃煤小锅炉淘汰任务,淘汰燃煤小锅炉15个。推进2015年重点流域水污染防治规划项目,配合省厅完成2014年松花江流域"十二五"规划项目落实情况检查,通过2014年度国家及省对流域项目的考核,开工率71%,完成率71%。协调中油黑龙江农垦石油有限公司推进2015年度垦区加油站、油罐车、储油库的油气回收工作,完成升级改造加油站30余座。督促分局强化对水源地的监督管理。推进全国农村饮用水水源地环境保护状况评估工作,垦区9个饮用水水源地参加评估,完成评估报告的编写和上报工作;调整九三局直饮用水源地保护区,获得省政府批复。推进垦区机动车污染防治工作,完成黑龙江天翼机动车尾气检测线复检工作,获省厅委托;完成2015年度机动车总量核查准备工作;与总局公安交通交警部门沟通协调,淘汰"黄标车"及老旧车1.7万多台,其中营运黄标车2615台全部淘汰。

(马凤金)

【项目监督管理】 承接省厅下放的环评审批权。2015年3月30日,下发《关于下发〈垦区建设项目(规划)环境影响评价审批程序(试行)〉的通知》《关于下发〈垦区关于落实环评有关问题整改工作方案〉的通知》,全年所有审批的项目均进行网上公示，按照三级会审审批程序进行审批，建立了公众参与、公开透明、公正高效的环评审批体系。加快项目环评审批，落实重大项目领导集体决策机制，依法减少审批事项、简化审批流程、缩短审批时间、优化审批服务，确保“项目管理更严、服务保障更优、审批效率更高”。审批项目报告书12个，报告表44个，工业园区规划环评审批1个，变更3个，下达给分局环保局委托验收通知30个。组织开展2014年度环评审批工作自查，形成报告上报。2015年3月，举办环评档案管理培训班，对各管理局环评管理人员进行培训，组织9个环保分局对2013年以来环评审批项目完善建档工作，开展环评有关问题整改工作，6月底结束。（马凤金）

【危险废物管理】　继续落实危险废物相关管理规定和标准规范，强化危险废物日常监管。2015年1月，按照《黑龙江省卫生和计划生育委员会黑龙江省环境保护关于进一步加强医疗废物管理工作的通知》要求，开展垦区医疗废物情况专项检查，对辖区内医疗废物管理情况开展全面性监督检查。2015年6月，按照《2015年危险废物规范化管理规范考核指标》，实施对危险废物重点产生单位进行危险废物规范化管理考核，2015年达标率90%。开展垦区重点行业危险废物产生情况调查工作。加强持久性有机污染防治。建立持久性有机污染物长效监管机制，按照持久性有机污染物统计报表制度要求，调查上报2015年垦区持久性有机污染物统计数据。2015年3月，开展污水处理厂污泥污染防治调查工作，重点对洪河、海林、北兴农场和红兴隆、九三管理局、宝泉岭管理局局直生活污水处理厂6家污水处理厂实施监督检查，按照有关法律法规规定，建立污泥污染防治目标责任制，制定污泥环境管理规章制度和工作流程，对污泥产生、运输、贮存、处理处置实施全过程管理，确保污泥得到妥善处理处置。加强危险废物监管，规范危险废物产生、收集、贮存、运输、利用和处置等各个环节，确保危险废物得到无害化处置，保障环境安全。全年办理危险废物跨省转移2次、浩化产生废催化剂133.7吨转移至河北省尉氏县润德有色金属有限公司，农垦科学院实验室产生剧毒化学品6.21千克转移至吉林省蓝天固废中心。跨市共5次，农垦总局疾病控制中心实验室、牡丹江管理局八五一一农场医院、绥化管理局铁力农场、宝泉岭管理局名山农场、红兴隆管理局五九七农场医院产生危险化学品和北大荒农业股份有限公司浩良河化肥分公司产生的废润滑油，产生危废总量45.3吨。按照《危险化学品安全管理条例》分别转移至黑龙江辰能环境技术服务有限公司处置和安达市景财高新液体燃料有限公司进行安全处置。（马凤金）

【环境监察】　垦区围绕水、大气、土壤污染防治工作，严格执行《中华人民共和国新环保法》及其配套办法，深入落实《国务院办公厅关于加强环境监管执法的通知》，坚持规则监管、法度治污，开展环境保护大检查、环境监管网络化、环境安全隐患排查、“两考”噪声综合整治、环境保护“利剑斩污”专项行动、秸秆禁烧（限烧）6项重点工作，共检查各类企业328家次，查处违法行为26起，罚款首次突破131.73万元，司法移送2起，停产整顿2起。关停取缔企业4家，责令改正企业116家，抽查集中式饮用水源地108处，对标志不清、垃圾堆放、私建滥建等违法问题进行了警告。组织指导各环保分局分2次完成排污收费系统软件升级和排污申报登记报表更新工作。规范排污收费管理工作，确保排污费足额收缴，首次实现年收缴排污费1331.6万元。垦区共受理各类环境保护信访案件52件，接待来访群众4批16人次，接听群众投诉咨询电话112个，疏通群众来访渠道，率先开通微信举报管理平台，网络受理3件。全年信访案件处理率100%。加大对国控重点源和承担减排项目企业在线监控设施的监督管理，截至2015年底，辖区符合安装条件的26家重点企业、34个监控点均按要求完成在线监控设备安装，其中在产的22家企业，19家完成联网和验收、3家待验收，国家重点污染源监控企业数据传输有效率达90%，超过75%的国家标准。按照省委、省政府对秸秆禁烧、限烧工作的总体部署和“不发生野外焚烧、不危害公共安全、不污染大气环境”的目标要求，牵头组织指导环保分局、农牧场按照《黑龙江省农垦总局2015年秸秆禁烧、限烧改善大气环境质量实施方案》，划定秸秆禁烧区、限烧区，以“疏堵结合、以用促禁”为原则，细化工作分工，垦区共出动人员3200余人次，车辆1360余辆次，各级广播电视台播放秸秆禁烧、限烧公告1000余次，垦区卫星遥感监测确认点位比上年同期减少50%以上，禁烧区内无一起秸秆野外焚烧事件发生。

（马凤金）

【环境应急管理】　加大环境应急管理力度，重点检查风险企业环境安全主体责任落实情况、危险化学品企业环境安全管理情况、检查风险企业突发环境事件应急预案编制及备案情况和核与辐射环境安全管理工作情况。在检查中，发挥了团结协作作用。电视台跟踪报道，广泛宣传，从被检查单位到群众都受到了教育，推进了环保检查工作的开展。联合安监局对危险化学品、重金属等环境安全风险高的70家企业进行排查，排除环境安全隐患46个。联合公安部门，对已存在放射源企业进行检查登记的同时，排查学校、水泥、粮食、煤炭、育种等可能存在放射源的行业，对4枚废弃多年的放射源，按要求进行收贮，保护了垦区辐射环境的安全。垦区全年无重大环境污染事故发生。（马凤金）

【环境法制】　2015年，《中华人民共和国环境保护法》《中华人民共和国大气污染防治法》相继修订实施，垦区研究新法内容，加大宣传力度，组织管理局、农（牧）场环境执法人员培训，聘请省环保厅法规处领导对《中华人民共和国环境保护法》和《中华人民共和国大气污染防治法》及配套文件主要内容进行阐述和解释。选派人员赴各管理局指导学习，检查环境执法案件档案建设情况，审查办理环境行政处罚案件10余件,及时纠正执法工作中存在的问题。按照省政府法制办的要求,开展新版行政执法证件换发工作,对垦区环保系统行政执法证件核查清理,上报省环保厅办理行政执法证件89件,行政执法监督证件13件。建立环保、法院、检察院和公安部门协调联动机制。制定了《垦区环境保护与公安部门执法衔接配合工作实施方案》,重点强化部门执法联动,发挥综合监管优势,开展统一行动,集中解决辖区内严重污染环境、群众反映强烈的突出问题,建立《垦区环境污染紧急案件联合调查办法》《垦区涉嫌环境犯罪案件平滑移送办法》《垦区重大环境违法案件会商督办制度》《垦区环境保护联动执法联席会议工作制度》四种执法联动机制。联合质量技术监督局和公安局开展严防劣质煤炭严控燃煤污染联合执法专项检查,对辖区燃煤企业的用煤来源、用煤量和污染治理设施运行情况开展检查,对用煤来源不清和用煤热量值低、灰分大的企业提出更换用煤的建议,对污染治理设施不正常运行的行为提出限期整改要求。

(马凤金)

【环境宣传教育活动】 利用"六五"世界环境日之际,在哈尔滨中国亭园开展生态垦区绿色环保摄影展,共展出反映垦区自然环境、宜居人文环境、经济与环境协调发展及环保工作成绩等方面的摄影作品近200幅。按照省生态文明宣传一年一主题系列活动安排,会同省环境宣教中心、宝泉岭、红兴隆、建三江环保分局共同开展环保科普下乡文化宣传活动。宣传《中华人民共和国环境保护法》《中华人民共和国大气污染防治法》《大气污染防治行动计划》《水污染防治行动计划》等法律法规。开辟环保产品展示区,向公众展示已经得到环保认证的小排量农机、汽车、电器及节能减排环保科技以及新型农业技术。开展环保科普知识大PK活动。设立环保咨询台。邀请省歌剧院女高音歌唱家共同开展文艺演出活动。在活动现场首次采取微直播适时播报工作新动态,开创省环保厅微直播第一活动。根据省环保厅的倡议,3月28日在垦区开展以主题为"能见蔚蓝""熄灯一小时"活动,号召大家"行动起来,关灯一小时,应对气候变化",倡导低碳生活,呵护生态家园。组织垦区中学生参加"我们的环保行为·2015年全省中学生环保绘画比赛",获得二等奖2个,三等奖3个,一名教师荣获优秀指导老师称号。

(马凤金)

农　业

种植业

【概况】 2015年,垦区坚持把粮食生产作为发展现代农业的重要基础,贯彻国家一系列强农惠农政策,实施全省"千亿斤粮食产能工程",稳步提升粮食综合产能,使垦区农业在高起点、高基数上连续获得丰收,粮食生产实现"十二连增"。粮食总产达220.65亿公斤,较上年新增2.6亿公斤,增长1.2%;粮食作物平均单产7810公斤/公顷,较上年新增85公斤/公顷,增长1.1%。（王晓燕）

【种植业结构调整】 按照稳稻玉、扩豆薯、强经饲、提品质、突绿色、增效益的原则,扎实推进种植结构调整,稳定水稻种植面积,优化布局高端米、一级米和商品米稻谷生产基地,提高稻谷品质和产量。稳定玉米种植面积,杜绝玉米越区种植,控制"水玉米"和"生霉粒"发生,提高玉米质量。发挥大豆目标价格政策的拉动作用,适当扩大大豆种植面积,确保旱田合理轮作。2015年,垦区农作物总面积286.12万公顷,其中粮食播种282.54万公顷,占总播种面积的98.7%,比上年增加0.15万公顷。水稻播种146.41万公顷,比上年减少4.57万公顷;玉米播种89.53万公顷,比上年增加5.28万公顷;大豆播种42.03万公顷,比上年增加0.5万公顷;小麦播种0.49万公顷,比上年减少0.27万公顷。（王晓燕）

【耕作】 针对垦区上年秋冬以来降水多,底墒足、冬雪大、气温低、春涝严重等严峻形势,牢固树立抗灾夺丰收的思想,充分发挥备耕准备充分、指挥决策科学、抗灾措施灵活、技术指导到位等优势,科学指导各地抢前抓早,加快大田播种进度,确保农作物全部播插在高产期,实现一次播种保"四苗"。以增积温、抗旱涝、防病虫、提品质、保增产为重点,全面加强大田管理和病虫害防控工作。完成玉米、大豆根际追肥面积253.3万公顷次,水稻等主要作物叶面施肥作业466.67万公顷次;防病作业500万公顷次,防虫作业240万公顷次。坚持充分准备与适时早动、秋收与翌年生产准备、直收与割晒、下棒与直收、收获与整地、人工与机械紧密结合的原则,推进垦区秋收和秋整地任务。完成伏秋整地面积286.12万公顷,实现黑色越冬100%。旱田实现少耕节能耕作面积138.5万公顷,占旱田作物面积的100%,其中深松93.4万公顷、耙茬7.6万公顷,留原茬7万公顷、平翻30.5万公顷;水田耕作以翻为主、松旋为铺,其中浅翻138.6万公顷,深松0.04万公顷,旋耕20.02万公顷;秸秆还田面积279.1万公顷,占总播种面积的97.5%。（王晓燕）

【强农惠农】 圆满地完成水稻、大豆、玉米、小麦良种补贴项目。落实四大作物良种补贴面积270.15万公顷(不包括由黑龙江省管理财政拨付的齐齐哈尔种畜场等9个农场补贴面积),其中水稻142.89万公顷,落实到9个管理局、95个农场与单位;小麦0.45万公顷,落实到4个管理局、14个农场与单位;玉米86.10万公顷,落实到9个管理局、101个农场与单位;大豆40.71万公顷,落实到9个管理局、86个农场与单位。品种品质结构坚持"调早、调优、调专、调高"的原则,四大作物良种补贴项目示范区实行标准化供种"五统一",优质品种覆盖率达100%。水稻主栽培品种空育131、垦鉴稻6号、垦鉴稻3号、三江1号等,直链淀粉含量20%以下,蛋白质含量8.5%以下的优质品种;大豆主栽品种垦农18、垦农19、垦丰9、垦鉴豆25、垦鉴豆27、绥农14等,脂肪含量21%以上,蛋白质含量38%以上的优质品种;玉米主栽品种中原单32号、阳光1号、龙辐208号、高油115号、绥玉7号、绿单1号、哲单37号、垦玉5号、龙单13号、德美亚1号等品种。受科技支撑能力增强和自然条件有利等因素作用,粮食作物单产水平进一步提高。水稻平均公顷产量达9012公斤,比上年增长1.7%;玉米平均公顷产量达8511公斤,与上年基本持平;大豆平均公顷产量达2586公斤,比上年减少1.7%;小麦平均公顷产量达3153公斤,比上年减少37.4%。按品质指标,水稻直链淀粉含量20%以下,蛋白质含量8.5%以下;大豆脂肪含量21%以上,蛋白质含量38%以上;青贮玉米达到了粗蛋白≥7%,粗脂肪≥6%的部颁三级以上标准;籽粒玉米品质标准粗蛋白在8%~10.55%,粗淀粉在70%~74%,粗脂肪在4.26%~4.98%,籽粒色泽好。垦区四大作物良种补贴项目示范区,种植的有关品种全部达品质要求。垦区水稻、小麦、玉米、大豆等四大粮食作物良种补贴资金应发合计51239.82万元。年初,中央财政已下拨第一批良种补贴资金52892万元,垦区各农牧场和单位已按实际种植面积全部发放农户,结余资金已返回到总局、管理局原资金渠道。垦区在补贴资金管理上严肃纪律,做到"五公开、四不准、三到户"。即:公开补贴面积、公开补贴资金额度、公开补贴标准和兑现方式、公开供种单位、公开种子价格;实施面积不准营私舞弊和偏亲向友、不准截留挤占和挪用补贴资金、不准擅自更改补贴标准和数额、不准以补贴款抵扣任何欠款;补贴政策宣传到户、补贴方法讲解到户、补贴资金落实到户。总局、管理局、农场均设立监督举报电话,派专人负责,及时掌握职工反映的情况,对领导不得力,工作不到位、政策不落实、执行走样的追究相关人员和领导责任,依法、依纪严肃处理。总局组织由财务牵头,农业、种子、监察等有关部门参加联合检查组,对良种补贴资金落实情况进行检查,良种补贴项目资金已全部按政策发放到户。中央惠农政策的贯彻落实,极大地调动了垦区职工种地积极性,为垦区粮食生产快速发展注入了新的动力和活力。（王晓燕）

【绿色增产模式攻关】 垦区深入贯彻《农业部关于大力开展粮食绿色增产模式攻关的意见》和《农业部办公厅关于做好2015年粮棉油高产创建工作的通知》精神,以科技创新研发绿色增产新技术模式为着力点,以成熟技术进行集成组装为核心点,在转变农业发展方式上寻求新突破,在粮食生产能力上挖掘新潜力,牢固树立增产理念、效益理念、绿色理念,加大科技创新和技术示范推广力度,突出重点作物、重点项目、重点措施,推进国家优质粮食生产基地建设,用增产模式和创建典型示范带动大面积均衡增产,实现低产变中产、中产变高产、高产可持续。实施部级水稻和玉米绿色增产模式攻关项目,落实在七星农场和友谊农场,重点开展水稻智能浸种催芽技术、水稻侧深施肥技术、钵苗机摆技术等新技术,经测产核心区平均公顷产量11782.5公斤,辐射区平均公顷产量11304公斤;玉米重点实施大马力深松整地、保密增匀、吨田攻关、测土施肥、生物肥等新技术,经测产核心区平均公顷产量14350.8公斤,辐射区平均公顷产量13096.5公斤。（王晓燕）

【高产创建活动】 继续开展农业部高产创建活动,实施水稻、玉米、大豆、小麦、马铃薯万亩示范片235个。友谊农场实施农业部整场整建制高产创建,落实面积1.69万公顷,平均公顷产量提高225公斤以上,公顷增加效益630元以上。绥滨农场、八五二农场、七星农场、红卫农场、八五四农场5个农场的5个管理区实施整管理区高产创建,面积1.43万公顷,平均公顷产量10819.8公斤。选择七星、绥滨等65个水稻农场,建设125个水稻高产创建万亩示范片,落实面积8.37万公顷,平均公顷产量10804.5公斤。选择友谊、七星等54个玉米农场,建设64个玉米高产创建万亩示范片,落实面积4.45万公顷,平均公顷产量12493.5公斤。大豆:37个万亩示范片面积2.63万公顷,平均公顷产量3159公斤。小麦:4个万亩示范片万亩片面积0.27万公顷,平均公顷产量6042公斤。马铃薯:5个万亩示范片面积0.37万公顷,平均亩产48715.5公斤。经垦区各级高产创建专家组测产验收,结果表明,创造了寒地作物单产新水平。绥滨农场水稻核心区单产每公顷12858公斤,七星农场水稻万亩片单产每公顷11461.5公斤;友谊农场大豆核心区单产每公顷3862.50公斤,八五二农场大豆万亩片单产每公顷3595.35公斤;宝泉岭农场玉米核心区单产每公顷16251.3公斤,新华农场玉米万亩片单产每公顷14908.95公斤;鹤山农场小麦核心区单产每公顷6171公斤,建边农场万亩片单产每公顷6082.5公斤;尖山农场马铃薯核心区单产每公顷63900公斤,克山农场万亩片单产每公顷49500公斤,均居省内领先水平。

（王晓燕）

【农业科技】 突出绿色农业发展,引进、推广新机械、新技术、新肥药、新模式,推进现代化水平的提升。重点推广保护性耕作、智能化浸种催芽、叶龄诊断、航化作业、节水灌溉、水稻侧深施肥、秸秆还田、三控技术、钵苗机摆和大棚二次利用种植食用菌等新技术,依靠科技进步探索了农作物增产新途径。水稻通过集成旱育壮苗智能化(智能浸种、智能选种、智能催芽、智能精播、智能育秧)、全程生产机械化、稻谷品质优质化、叶龄诊断技术管理等形成了"三化二管"栽培新模式。大豆通过集成保护性耕作、三秋作业、垄上三行、保密增匀、配方施肥、航化作业等综合配套技术,形成了"大垄密"新模式。玉米通过集成推广精细耕作+精密栽培+精准施肥+精确防控+叶龄管理+标准化管理的"四精两管"新模式。马铃薯通过集成优耕作、优种薯、优栽培、优防控等技术措施,按期适时全面标准化管理的"四优一管"新模式。通过行政主导、专家指导、团队服务等有效办法,总局聘请首席专家,组成专业技术服务队伍,通过方案会评、技术培训、现场定标、田间检查、跟踪服务、现场观摩等办法,集成推广绿色增产模式和提质增产防灾减灾技术,实现了科技增产措施到田,关键技术要点应用到户,种地职工享受服务红利,把专家的技术变成了农民的产量和效益。通过科技园区和科技示范户的品种展示、技术集成、模式推广发挥好示范带动、典型引领作用,加快科技创新和科技成果转化步伐。垦区优质品种覆盖率100%,农业科技成果转化率85%,农业科技贡献率68%。坚持基础措施常年抓,常规措施标准化,关键技术抓突破,应变措施抓到位。抓好主导新品种选用,做到品种优质化;抓好主推技术确定,做到栽培模式化;抓好技术措施标准落实,做到全程机械作业标准化。优化产前、产中等社会化服务,发挥电视、网络、微信、短信和报纸等媒体作用,提供安全便捷的有效服务。开展农药、肥料、种子联网示范试验,严把质量关。开展农资选用招标,公开、公平、公正进行生产资料采购、供应,为农户提供放心肥、放心药。运用信息化手段,提供技术、市场、销售信息服务。加强高产创建宣传、示范、观摩工作,扩大典型经验成效的示范带动作用。2015年,各级举办农业、农机等新技术培训班889期,培训人员达12.71万人次,发放技术资料21.57万份,各类专家深入田间地头现场解答农工技术咨询7万多人次。注重增加新品种、新技术、新机具、新生资、新设施等提质增产技术推广应用,保障增产模式攻关和高产创建项目实施。坚持完善多渠道投入机制,整合农业综合开发、现代农业发展、测土配方施肥等项目资金,据统计,2015年各级累计专项投入资金5802.52万元,优先向项目农场保护性耕作、模式化栽培、节水灌溉、防灾减灾、现代装备、秸秆还田、农业航空、粮食烘干等基础设施和新技术应用投入。鼓励科技创新和科技示范,推进规模化种植、机械化生产、模式化栽培、标准化作业、绿色安全生产。

（王晓燕）

【土壤墒情监测】 建立健全墒情监测体系,加强土壤墒情预测预报,及时发布墒情信息。根据土壤类型质地、区域布局、降水特点、地形地貌和种植制度等情况,在垦区9个管理局的绥滨、军川、友谊、二九一、八五二、胜利、七星、大兴、八五五、八五四、八五七、八五六、八五〇、赵光、龙镇、建设、红星、格球山、七星泡、鹤山、克山、查哈阳、和平牧场23个旱作农场建立5个国家级和18个总局级土壤墒情监测点,监测点作物以玉米、大豆、马铃薯和小麦等主要粮食作物为主,兼顾经济作物,每月10号和25号开展常规监测,发布墒情信息。全年监测土壤墒情2000余次,采集数据3000个,发布信息300余条,提出生产建议800余条。开展土壤墒情监测技术培训20余次,培训技术骨干150多人,发放宣传资料200多份。与黑龙江八一农垦大学、黑龙江农垦科学院等科研院校合作,根据不同区域、不同土壤类型及不同农作物生育时期需水特性,开展土壤墒情与旱情评价指标体系的研究工作。通过开展土壤墒情监测工作,加大了墒情监测和数据分析力度,实现定点、定时土壤墒情监测,建立土壤墒情定期报告制度,为指导垦区春播阶段农业种植结构调整、抗春涝、抢农时、夺积温、保全苗;夏管阶段抗洪涝、促早熟、提品质、保增产;秋收阶段及时收获、适墒整地以及农业抗旱减灾、指导科学灌溉、节水技术推广提供信息服务和技术支撑。指导玉米、大豆等旱田作物适墒播种面积66.7万公顷,节水农业技术推广面积13.3万公顷,增产2亿公斤以上。有效地促进了垦区农业增产、企业增效、职工增收。（王晓燕）

【测土配方施肥】 在坚持测土配方施肥对粮食作物全面覆盖的基础上,提高配方准确度,强化施肥运筹,改进施肥方法,推动测土配方施肥实现由“量”到“质”的变化。推广测土配方施肥面积280万公顷,基本实现对粮食作物种植面积的全覆盖。化肥总用量(商品量)114.86万吨,较2014年115.27万吨减少0.41万吨。通过施配方肥与按方施肥两种方式的结合,实现了对粮食作物的全覆盖。采集土壤样品5.8万个,植株样品1.1万个。实施田间试验2130个,其中“3414”类860个,肥料利用率试验水稻、玉米各100个,微量元素试验(硼、锌)30个。延续以农企合作为抓手,强化整建制推进。在七星、八五二、八五六示范农场全面推进,配方肥应用比例达70%;30个示范管理区与38个示范作业站实现整建制推进,配方肥应用比例达80%。黑龙江北大荒农垦集团农业生产资料公司对农场的“化肥直供”达50万吨,农场自行向该公司订购20万吨以上。71个项目农场,建立了土壤养分丰缺指标与施肥指标体系,完成了耕地地力评价工作,建立了场域耕地资源信息管理系统;基本配齐测土配方施肥专家咨询系统,其中应用八一农垦大学开发的专家系统的项目农场有30多个。垦区已经建立37个配肥站,2015年生产配方肥50万吨,加工能力60万吨。依据各项目农场建立的施肥指标体系,制定配方,加工配方肥。项目农场的技术人员,依据施肥指标体系、专家咨询系统及农场农业生产实际情况,向种植户提供有针对性的施肥指导。基于农场的耕地资源信息管理系统,除用于测土配方施肥外,逐步用于农场的种植结构调整、作物布局、航化作业、土地承包、耕地质量建设等方面。垦区参加东北黑土区耕地地力评价区域汇总,属性数据库已经完成,空间数据库正在建立。

（王晓燕）

【化肥零增长行动】 深入推进测土配方施肥;推广水稻侧深施肥技术,即在水稻插秧时,施肥于秧苗侧3厘米深5厘米处,有利于水稻缓苗,提高肥料利用效率;调整施肥结构,优化施肥技术,推广应用缓控释尿素10500吨,有效提高氮肥利用效率,降低尿素用量1500吨,制定适应水稻侧深施肥的区域配方,加工与之配套的配方肥,继续推广旱田分层深施肥技术;坚持秸秆还田。（王晓燕）

【耕地保护】 垦区在2010—2014年实施耕地保护与质量提升项目的基础上,立足加强耕地质量建设,调动种植业职工积极性,鼓励开展秸秆还田,加强配套技术研究,探索培肥地力的有效模式,减少化肥用量,减轻环境污染,促进农业生产可持续发展。经过调研,对项目农场进行了调整,确定江滨农场、八五二农场、七星农场、八五〇农场、红色边疆农场、大西江农场、克山农场、红旗农场、普阳农场、红卫农场、八五八农场11个农场为2015秸秆还田促腐技术示范项目实施单位,每个农场实施秸秆还田面积0.67万公顷,补贴资金120万元;确定二九一农场为盐碱土改良培肥项目农场,实施面积0.18万公顷,补贴资金80万元。总局测土配方施肥领导小组,同时负责耕地保护与质量提升项目的管理。项目农场测土配方施肥领导小组同时负责该场的耕地保护与质量提升项目的管理,实现测土配方施肥与耕地保护与质量提升项目的密切结合。在测土配方施肥专家技术组的基础上,吸收黑龙江八一农垦大学生命学院作为耕地保护与质量提升技术依托单位,充实技术力量,加强对土壤有机质提升项目农场的技术指导。垦区的作物秸秆还田工作始于1963年,垦区在秸秆还田的原理与实践各方面进行了大量的探索,随着垦区农业机械化水平的不断提高,实践证明,机械化秸秆直接还田,是最适合黑龙江垦区的秸秆还田模式,具体是在农作物收获时,在收获机械后面挂装秸秆抛撒器,在作物收获时完成秸秆还田,减少了秸秆搬运引起的损失,降低了由此增加的成本。水稻机械化秸秆直接还田,直收的水稻地块,收获机械后挂抛撒器,将秸秆切碎后均匀抛撒于田间,秋翻地时翻入土中;割晒的地块,留高茬30～40厘米,秋翻地时翻入土中。翌年春季,水田泡田整地时,在搅浆平地前,将厌氧性秸秆腐熟剂喷洒到田间,之后通过搅浆平地机械,将秸秆搅至土壤下层。在水稻基肥的分配上,适当提高基肥中氮肥的比例。玉米机械化秸秆直接还田,直收的玉米,秸秆在收获时直接粉碎还田,并采用机械灭茬后整地。部分冬收的玉米地块以及留作原垄卡种的玉米地块,选择液体型、好氧性秸秆腐熟剂,在整地播种前,机械喷洒于地表,之后整地、起垄、播种。玉米茬原垄卡种或起垄播种大豆的地块,推荐接种大豆根瘤菌,不增加氮肥用量;若仍种植玉米,则每公顷增加45～75公斤尿素作基肥。盐碱土改良培肥示范,选择适宜的酸性土壤调理剂,结合秸秆还田,春季在水田放水泡田之前,把土壤调理剂洒在土壤表面,之后搅浆平地,达到插秧状态即可。按照有关文件的要求,总局农业局负责秸秆腐熟剂和土壤调理剂的公开招标,参加招标的企业,其产品必须在获得农业部肥料登记证的有机物料腐熟剂和土壤调理剂产品名录中。项目农场从中标企业中选择2～3家作为

供应企业,根据需要,采购秸秆腐熟剂和土壤调理剂,免费提供给示范区农户使用。（王晓燕）

【种子生产】 2015年,垦区种子销售总量达23.8万吨(包括省外公司和马铃薯种薯4.925万吨,对地方供种8.9万吨),实现销售收入23亿元,利润4.5亿元。种子机械化加工率、标准化包装率、包衣率和良种覆盖率连续12年实现100%。水稻、大豆、玉米和小麦等主要作物的标准化统供率达100%。落实国家级农业技术试验示范(品种试验)点4个,展示示范品种58个,展示面积8.78万平方米;示范面积75.24万平方米。其中,大豆展示示范品种18个,水稻展示示范品种18个,玉米展示示范品种16个,小麦展示示范品种6个。完成农作物新品种展示区44个,示范方22个。其中,大豆新品种展示区10个,示范方5个;玉米新品种展示区12个,示范方6个;水稻新品种展示区15个,示范方7个;小麦新品种展示区7个,示范方4个。落实主要农作物种子生产田4.37万公顷,生产种子26万吨。落实国家救灾种子贮备1600吨。完成生产许可的审核审批等各项工作,共审批大田种子生产许可108个。贯彻落实《国务院办公厅关于深化种业体制改革提高创新能力的意见》,加强政策引导,强化改革创新,以北大荒垦丰种业股份有限公司为主体,坚持整合垦区内外种业资源,经过重组升级,全面完成对垦区与种业相关的科研单位和企业的人才、资源及业务整合,快速提升垦区种业的科技创新能力、企业竞争能力和供种保障能力,为垦区现代化大农业建设提供支撑。（林　巍）

【种子执法年活动】 继续开展以“十查”为主要内容的种子执法年活动,三级管理部门共派出种子管理人员627人次,对垦区内注册资本100万元以上的种子企业和近600家种子门店及农垦科学院的莲江口、牡丹江管理局的北大营两个种子市场逐一现场检查。把玉米、水稻、大豆种子作为检查重点,把种子集散地作为重点的检查场所,把生产经营未审先推、越区品种、假劣种子、套牌、侵权种子等种子企业(商店)作为重点的打击对象。上半年,共立案查处种子案件17件,涉案种子数量6.91万公斤,涉案种子货值65.9万元,没收种子数量6.91万公斤,没收违法所得3.16万元,罚款10.85万元,没收种子转商款14.13万元。其中立案处理假种子案件2起,办结案件金额19.2万元。（林　巍）

【种子质量监督抽查】 重点抽查了以往抽查中出问题的和近两年为抽到种子样品的企业及门市部。总计抽取种子样品340个,代表量211万公斤。其中总局中心抽样42个。从作物分布来看,水稻种子样品210个,占61.8%;玉米种子样品32个,占9.4%;大豆种子样品94个,占27.6%;麦类种子样品4个,占1.2%。从室内三项指标检验结果来看,不合格种子1份(水稻),室内所检项目符合标准的99.7%。总局检测中心共抽样42个,涉及19个种子企业。其中水稻32个,玉米1个,大豆9个。经检验指标均符合标准(标注值)。（林　巍）

【品种试验】 四大主要农作物共170个新品种(系)参加垦区品种试验,其中,大豆52个,玉米78个,水稻34个,小麦6个。继试品种(系)53个,其中,大豆19个,玉米13个,水稻19个,小麦2个。参加生产试验品种(系)23个,其中,大豆11个,玉米4个,水稻8个。垦区审(认定)定新品种14个,其中,水稻6个、大豆6个、玉米2个。（林　巍）

【“三品一标”认证与监管】 2015年,垦区绿色食品产品获标总数245个,企业100家;6家企业通过北京中绿华夏有机食品认证中心认证,有机食品个数48个,认证面积0.78万公顷。通过15家其他认证机构认证企业55家,认证面积12.45万公顷,产品数296个;累计认证无公害农产品322个,无公害农产品产地认定367个,无公害农产品产地认定面积237.7万公顷;农产品地理标志登记产品9个,其中农业部地理标志登记产品5个;垦区共有全国绿色食品标准原料基地60个,基地面积98.65万公顷;累计获得全国农业标准化示范农场项目25个。全面落实国家绿色食品中心制定的《绿色食品企业年度检查工作规范》,成立由总局、管理局绿办、农场绿办组成的三级年检组织机构,对垦区9个管理局和局直66家绿色食品企业的153个产品进行绿色食品证后检查工作,落实责任到现场,保障垦区绿色食品认证质量,提升垦区“三品一标”品牌的公信度和认知度、影响力和竞争力,推动“三品一标”持续健康发展。组织垦区管理局绿办及局直相关企业参加第十六届中国绿色食品博览会、第十三届中国国际农产品交易会、第九届中国有机食品博览会、2015(北京)黑龙江绿色食品年货大集。根据总局推进绿色食品有机示范基地建设和借助“互联网+”推动农业由“种得好”向“卖得好”转变,在全国“质量月”活动期间,组织22家农产品质量追溯(电商)企业参加第九届东北地区绿色食品博览会,推进追溯、电商、物流三融合。与总局电视台联系,推出红星农场“亲民酸菜”、绥化管理局“龙王豆浆粉”、五九七农场地理标志农产品“长林岛农垦杏”“金红小苹果”等三品一标产品在“七彩致富路”专栏节目推介。借助中国绿色食品发展中心的“绿色食品知识有奖答题”活动平台,推介垦区国家重点龙头企业九三粮油工业集团、完达山乳业集团参加中国绿色食品发展25周年纪念活动纪录片拍摄工作,组织垦区企业参加国家绿色食品发展中心、中绿华夏有机认证中心组织的《源味中国》电视纪录片拍摄工作。举办垦区绿色食品检查员监管员内检员和互联网+农业与电子商务培训班、互联网+绿色有机追溯企业电商技术培训班,组织垦区农产品质量追溯系统软件定制实施培训班,与组织部、团委联合举办3期垦区青年干部“互联网+农业”场域经济管理研修班,提高垦区绿色有机及追溯农产品生产加工企业经营和电商的运营能力。（张　涛）

【农产品质量追溯体系建设】 开展农

产品质量追溯体系建设工作，推进农产品质量追溯与电商工作融合，指导2015年新立项单位开展质量追溯工作，审定28家建设单位质量追溯资金申请、预算及资金监管工作。组织2014年通过验收项目单位申报标志使用权。配合农业部中国农垦经济发展中心对垦区追溯新建单位的中期考核和满3年期的项目单位的总结验收工作，完成各管理局和总局直属的北大荒垦丰种业、完达山乳业等63个建设单位的现场检查工作，有18家项目单位分别通过中期考核和总结验收。组织所有建设单位和创建单位参加农业部农垦局举办的电子商务培训班、软件应用培训和企业个性化需求培训，注册开通"黑龙江农垦农产品质量追溯"公众微信账号，及时宣传垦区质量追溯项目单位，促进垦区农产品质量追溯与电商工作融合并可持续发展。分批指导检测站实验室制度建设，组织9个管局检测站的业务人员参加由农业部测试中心举办的检测技术培训班，按照农业部下发的关于印发《2014年度农业投资项目绩效管理试点工作实施方案》的通知中要求印发《2014年度农产品质量安全检验检测体系绩效管理工作实施方案》，组织3个部级检测中心和9个县级检测站按照方案要求开展项目绩效管理自评工作。印发《黑龙江垦区农产品质量安全农场创建方案和实施细则》，此项工作纳入农业标准化达标提升活动考核方案，按照农业部农垦局《关于组织开展2015年全国"质量月"活动的通知》要求，组织以"注重品质关爱健康、走进农垦可追溯农产品"为主题的"质量月"活动。（张　涛）

农业机械

【概况】 2015年末，垦区有农场以上农机化管理机构122个（含农机监理站、所），农场以上管理人员412人，各类农机从业人员近11万人；各类农机化作业服务组织522个，从业人员10647人；农机作业专业合作社222个，从业人员5980人；农机维修网点930处，从业人员2515人；农机经销机构321处，从业人员672人。垦区农机原值262.4亿元，净值191.5亿元。农机总动力912.92千瓦，建设和装备400个旱田现代农机装备作业区。拥有各类型拖拉机97097台，其中大中型拖拉机90742台，大中型拖拉机配套农具248324台件，水稻插秧机93788台，联合收获机35646台（其中稻麦联合收割机33242台），畜牧饲养机械708台，大豆收获机20台，马铃薯收获机230台，电动挤奶机5546台，机动脱粒机2090台，粮食加工机械1348台，谷物烘干机678台，金属粮仓2442座，种子加工机械935台，水泥晒场2886万平方米，连栋温室634.1万平方米，塑料大棚13688.1万平方米，机动喷雾机3.99万台，农用水泵9.9万台，节水灌溉机械1.79万台，农田基本建设机械1044台，农用飞机92架，农用飞机场72处。

垦区田间作业综合机械化率98.77%，其中，机耕99.94%，机播99.61%，机收99.10%，年完成农业航化作业面积152.1万公顷，年完成跨区作业面积228.8万公顷。（郑再飞）

【农业机械更新】 完成农机更新投入20亿元，新增各种农机设备约3万台（套），其中大中型拖拉机5858台、水稻插秧机3547台、谷物联合收割机3351台、免耕精量播种机168台、水田搅浆整地机2035台、玉米灭茬机288台、拖拉机自动导航设备252套，大型智能化水稻浸种催芽设备37套，其他农机机械设备14500台套。（郑再飞）

【农机技术推广】 围绕粮食生产，垦区重点推广大马力深松技术、免耕精量播种技术、四轮乘坐式水稻插秧机技术、大型智能化浸种催芽技术、玉米秸秆处理等十几项农机新技术和新机械。围绕马铃薯生产全程机械化在尖山农场和克山农场进行了马铃薯大垄双行播种、马铃薯起高垄培土、马铃薯收获土薯分离等关键技术的试验示范。按照农业部实现"三减"（减农药、减化肥、减除草剂）要求，在建三江管理局对水稻侧深施肥装置进行改装示范，效果明显。年实现农机化新技术新机械推广应用节本增效达10亿元以上。北大荒通用航空有限公司拥有飞机92架，其中，投入运营72架，在编教练机9架。出动作业飞机46架，作业覆盖垦区40个农场，完成农业航化作业面积452万公顷。肇东机场建设项目快速推进，项目计划总投资2.4亿元，二期工程（包括航油储备库、二号机库、机场内道路、跑道灯光及照明系统、场内绿化等配套设施）建设中。

（邹　林　郑再飞）

【农机标准化管理】 继续开展全国农垦农机标准化示范农场创建活动，投入2.2亿余元用于农机基础设施建设，扩建、新建农机管理服务中心，新建设的农机管理服务中心多数具备现代农机数字管理系统和指挥调度平台。坚持实行优机、优价制度，全面实现标准化作业。开展农机大培训和农机标准化提档升级活动，提高驾驶操作人员和各级管理人员整体素质，年内累计培训7.9万人次。加快农业航空驾驶人员培训学校的建设，已正式通过国家高考招收学员。以农机服务中心为载体，坚持农机管理"六统一"的管理措施，实现农机装备设施展示、示范、技术培训功能，严格农机管理，利用GPS导航自动驾驶基站、3S车辆管理系统、3G可是语音监控系统，对机车进行全作物、全过程、全天候作业监控。2015年，垦区共有21个农场参加全国农垦农机标准化示范农场创建工作，其中山河农场、二道河农场、龙门农场、勤得利农场、曙光农场、红卫农场、兴凯湖农场被评为AAAA级（最高等级），其余14个农场获AAA级。

（冯　舟　郑再飞）

【农机安全监理】 垦区各级农机部门坚持"安全第一，预防为主，综合治理"的安全生产方针，全面落实农机安全生产政策法规，加强农机监理队伍建设，完善农机监理体系，推进"免费监理"工作，实现拖拉机、收获机登记率96%以上，驾驶员持证率96%以上。深入开展"安全生产月""平安农机"示范窗口创建等活动，各级农机监理人员深入农机生产第一线田查路检，深入管理区、作业站宣传安全生产、讲解法律法规,加大隐患排查,现场宣传1947次,印发农机宣传单11.9万份,下发安全手册37532份,电视讲座176次,张贴标语2345条,直接受教育群众达到17.6万人次。加大督导检查力度,与交警、安监部门通力协作,深入农机作业场所和重点路段开展农机安全生产检查,联合执法,保障了农机安全生产,全年无重特大农机事故。

(王瑞娜 崔少宁)

【农机试验鉴定】 加强对推广鉴定工作的组织管理和领导监督,规范农机鉴定程序,与省农委协调进行鉴定能力认定,扩大推广鉴定的产品范围,共受理推广鉴定项目29项,发放推广鉴定证书27张。完成农机产品质量监督抽查、复查工作,监督农垦鉴定站在能力认定的范围内工作,并联系申报企业对鉴定站工作情况进行反馈,定期组织开展对鉴定站的监督检查。严格审查鉴定机构报送的鉴定报告和有关材料,发放推广鉴定证书。加强法规宣传教育,各管理局、农场通过电视、广播、标语、板报、讲座等多种形式,对参加农业生产的广大职工和农机生产企业进行贯彻"两法一例"加强农机质量监管的宣传活动。全年各农场共计出版报1350余期,张贴宣传条幅2872件,出动宣传车372台。举办各类农机人员培训班,对农机产品质量如何鉴别等有关知识进行讲座,提高农机户的自我管理能力。(郑再飞 崔少宁)

【农机跨区作业】 坚持跨区作业证的免费发放有1750名机手申领2015年度跨区作业证,实现农机跨区作业面积228万公顷,其中,机耕137万公顷,机种56万公顷,机收133万公顷,出动机械1.44万台(件),作业地区包括内蒙古、吉林、辽宁、江苏等省以及黑龙江省内部分市、县,直接收益4.25亿元,跨区作业收益约占垦区农机旱田作业收益的12%。各管局加大局市农机专业合作社建设力度,推进农机专业合作社的制度建设和场库棚基础设施建设。 (郑再飞)

【农机社会化服务】 坚持开展全国农机合作社示范社创建活动,涌现出胜利农场好山河农机合作社、北安农垦丰顺专业合作社等一批取得较好效益,有较强带动作用的典型。2015年底,农机合作社农机具台数达4.11万台(件),农机原值25.58亿元。

(冯 舟 郑再飞)

【农机制造业】 垦区现有两个省级农机制造产业园区,拥有农机制造企业97家,生产自主产品的骨干企业26家。年底,26家骨干企业营业收入7.6亿元,较2014年增长5.5%。两个省级农机产业园区(松花江园区和宾西产业园)主要农机制造企业实现销售收入4.7亿元,园区建设投产运行良好。红兴隆机械有限公司异地新建工程等项目进展顺利。垦区雷沃北大荒公司、红兴隆机械制造有限公司、北大荒众荣公司、牡丹江兴凯湖机械有限公司被列入统计局规模以上企业名录,总体产业结构和布局趋向合理。松花江产业园区有41家工业企业登记在册,园区完成产值3.1亿元,增加值1.1亿元,利润0.3亿元,实现销售收入3.3亿元,实现固定资产投入150多万元,雷沃北大荒公司作为园区龙头企业,生产拖拉机1533台,收获机106台,播种机42台,完成产值1.2亿元,增加值0.4亿元,比上年增加0.13亿元;其他民营企业完成产值2.1亿元,增加值0.7亿元,生产配套农机具5万台(套),其中入住园区的依民公司生产水稻育苗覆土机1万台、粉土机500台、扬肥器1000台,依韩机械厂生旱田精密播种机2000台,维田铸塑厂生产塑料配件2万件。北大荒宾西产业园区一期项目投资已全部完成,实现固定资产投入6500万元,园区实现销售收入7150万元,比上年增加821万元,实现销售利润77万元,其中,黑龙江北大荒众荣农机有限公司实现销售收入4650万元,利润200万元,利税85万元,投产指夹播种机400台,各型号气吸式播种机100台,甜菜移栽机200台左右,育苗设备160台左右,液压翻转犁40台左右,各机型收获机60台,甜菜打秧机150台左右台;黑龙江北大荒十方农业装备有限公司销售各型号播种机120台,实现主营业务收入2500万元。园区内的黑龙江北大荒众荣农机有限公司进入统计局统计范畴。

(郑再飞)

农业综合开发

【项目投资】 2015年,垦区完成农业综合开发总投资166152.06万元,其中,争取中央财政资金124127万元,农场和职工自筹资金42025.06万元。具体完成投资:高标准农田建设项目总投资142274.74万元,其中,中央财政资金109327万元,自筹资金32947.74万元;小流域治理项目总投资858万元,其中中央财政资金660万元,自筹资金198万元;产业化经营项目总投资9823万元,其中中央财政资金5040万元,自筹资金4783万元;中型灌区节水配套改造项目总投资2600万元,其中中央财政资金2000万元,自筹资金600万元;黑土区水土流失治理项目总投资3770万元,其中中央财政资金2900万元,自筹资金870万元;原原种扩繁基地建设项目总投资261.32万元,其中中央财政资金200万元,自筹资金61.32万元;现代农业园区试点项目总投资6565万元,其中中央财政资金4000万元,自筹资金2565万元。

(叶名辉)

【项目开发与实施】 垦区农业综合开发以建设高标准农田,改善农业基本生产条件为重点,不断提高农业综合开发生产能力,依靠科技进步,优化品种结构,提高农产品质量,大力发展畜牧业和农产品加工,推动农业产业化经营,促进农场经济结构的调整和优化。完成的主要建设内容有:(1)高标准农田建设项目:新建排灌站3座,打机电井86眼,架设输变电线路256.55公里,开挖疏浚渠道3637.71公里,衬砌渠道80.66公里,埋设管道3.85公里,修建渠系建筑物4120座,喷灌880公顷,新建小型蓄排水工程1座,改良土壤15186.67公顷,新建良种基地2286.67公顷,良种仓库52657平方米,良种晒场139.75万平方米,购良种

16.76万公斤，购置设备4台（套），购置农用动力机械21台（套），修筑田间干道759.78公里，其中硬化干道40.44公里，支路810.6公里，营造防护林6.67公顷，示范推广54953.33公顷。（2）小流域治理项目：开挖疏浚渠道28公里，修建渠系建筑物22座，新建谷坊70座，修筑机耕路4公里。（3）产业化经营财政补助项目：种植项目完成新建蔬菜大棚6栋，购置配套设备17台（套），修筑砂石路1645米。养殖项目完成建设畜（禽）舍37290平方米，青贮窖3000立方米，榨奶厅360平方米，运动场4000平方米，围栏280米，购置配套设备23台（套）。（4）中型灌区节水配套改造项目：开挖疏浚渠道51.41公里，衬砌渠道3.96公里，量水设施7处，配套渠系建筑物312座。（5）黑土区水土流失治理项目：开挖疏浚沟渠11.34公里，新建渠系配套建筑物81座，修建生产道路70.3公里，营造水土保持林883公顷。（6）原原种繁育基地建设项目：建设原原种繁育基地12公顷，平整土地12公顷，修建排灌渠系2.18公里，修筑机耕路2.18公里，采购仪器设备11台（套）。（7）现代农业园区试点项目：开挖疏浚渠道89.9公里，衬砌渠道4.9公里，修建渠系建筑物35座，新建良种晒场8500平方米，购良种4万公斤，购置设备1台（套），购置农用动力机械13台（套），修筑干道6.06公里，其中硬化干道1.26公里，新建生产厂房1.83万平方米，购置生产加工设备1套。垦区完成建设高标准农田6.9万公顷。产业化经营项目完成17个，其中，养殖项目6个，种植项目2个，农产品加工项目2个，储藏保鲜项目6个，贷款贴息项目1个。中型灌区节水配套改造面积1.9万公顷。黑土区水土流失治理面积1.3万公顷。新建原原种扩繁基地12公顷；现代农业园试点项目建设高标准农田1180公顷，产业化龙头企业加工项目2个。（叶名辉）

【项目效益】　垦区农业综合开发项目均按期完工投入生产，产生了较好的经济效益和生态效益。（1）高标准农田建设项目：新增和改善灌溉面积1060公顷，新增和改善除涝面积3.88万公顷，新增农田林网防护面积60公顷，新增农机总动力1560千瓦，新增粮食生产能力9070.59万公斤，新增种植业总产值25499.49万元，新增项目区职工收入总额10497.2万元。（2）小流域治理项目：改善除涝面积400公顷，控制水土流失治理面积1.05平方公里，新增粮食生产能力52万公斤，新增种植业总产值201.4万元，新增项目区职工收入总额27.9万元。（3）产业化经营项目：建成后新增蔬菜生产能力500万公斤，肉类生产能力110.43万公斤，新增奶类生产能力441.65万公斤，新增总产值90944.23万元，利税1237.85万元，新增职工纯收入总额1292.9万元，新增就业人数1282人。（4）中型灌区节水配套改造项目：建成后新增和改善灌溉面积1.95万公顷，新增供水能力22566.5万立方米，年节水3523.05万立方米，新增粮食生产能力1918.2万公斤，新增产值52304万元。（5）黑土区水土流失治理项目：建成后提高植被覆盖率0.02%，减少土壤侵蚀量14.9万吨，控制水土流失面积1.31万公顷，提高水资源涵蓄量1726.57万立方米，新增粮食生产能力220.18万公斤，新增产值633.35万元。（6）原原种扩繁基地建设项目：建成后新增原原种繁育基地12公顷，新增大豆原原种1.62万公斤，新增产值66.45万元，新增利润20.16万元。（7）现代农业园区试点项目：建成后新增灌溉面积53.33公顷，改善灌溉面积660公顷，改善除涝面积666.67公顷，新增农机总动力854.7千瓦，新增粮食生产能力171.84万公斤，新增总产值20821.18万元，新增利税1306.4万元，新增固定资产3939.4万元，新增就业人数381人。（叶名辉）

畜牧业

【概况】　2015年，垦区畜牧业坚持农牧结合导向，以调结构转方式、稳产提质增效为主线，突出抓了好现代示范奶牛场完善和小区牧场化改造、苜蓿产业发展、乳肉兼用牛基地建设三项重点工作，面对国内经济下行压力加大，畜产品消费不振，养殖业比较效益下降，产业总体处于低谷期等困难，为垦区稳增长、调结构、惠民生提供了有力支撑。年末，垦区奶牛存栏15.6万头；肉牛存栏3.6万头，出栏19.1万头；生猪存栏80.6万头，出栏164.3万头；羊存栏26.6万头，出栏37.9万头；禽类存栏1127.5万只，出栏2701.3万只；肉类产量22.9万吨、禽蛋产量3.4万吨、牛奶产量37.5万吨，实现畜牧业增加值169.1亿元，增加值82.7亿元。（王京航）

【重大项目建设】　从2013年开始，在省政策支持下，垦区在23个农牧场建设53个单元现代示范奶牛场（存栏1200头为一个单元），共进口良种奶牛2.69万头，总投资约20亿元。此项工作于2015年底前完成。通过实施现代示范奶牛场建设项目，提高了垦区规模化养殖比重。年末，存栏300头以上的规模奶牛场50个，存栏奶牛5.73万头；奶牛养殖小区173个，存栏奶牛7.50万头。规模场和小区饲养奶牛比重达90%，散养户奶牛存栏1.41万头，占垦区奶牛存栏10%，散户奶牛存栏比2014年末减少40%。推进奶牛养殖小区向规模牧场转变，促进垦区奶业转型升级。通过国家项目和总局扶持，共补贴资金8140万元，安排53个奶牛养殖小区进行牧场化改造，改善了小区集中榨乳、TMR饲喂、疫病防治、质量监控、科技推广等方面，达到提质增效的目的，促进了垦区奶业转型升级。推进肉鸡产业一体化发展。2015年5月宝泉岭管理局白羽肉鸡生产加工一体化项目全产业链投产，已建成的4个祖代鸡场、1个种鸡孵化场、5个父母代种鸡场、26个商品鸡场、一个6000万只的屠宰加工厂和30万吨的饲料厂。现饲养5.4万套祖代种鸡，40万套父母代种鸡。2015年屠宰肉鸡2000万只。实施了垦区规模奶牛场高产攻关活动，2015年垦区有4个牧场单产达9吨以上。继续实施农业部开展的畜禽养殖标准化示范创建活动，有5个养殖场被命名为部级标准化示范场。（王京航）

【落实惠牧政策】 争取上级扶持产业发展政策。2015年下达垦区的中央和省财政补贴资金4.04亿元。对于每一个财政支持项目,都按要求制定了切实可行的项目实施方案,规范项目实施程序,加强项目督查,确保项目实施成效。年初,针对部分养猪大户无钱购买饲料,面临倒闭的严峻形势,总局增加生猪养殖大局、规模养猪场畜牧业周转金5000万元,稳定了生猪基础生产能力。在资金紧张的情况下,自筹资金8000万元,用于奶牛品种改良、小区牧场化改造、畜牧业质量安全监管和乳肉兼用牛核心育种场建设的政策扶持。同时,探索垦区畜牧金融产品开发和利用资本市场加快垦区畜牧业发展工作。 (王京航)

【重大动物疫病防控】 在国际国内动物疫情复杂多变的形势下,垦区全年无重大动物疫情发生。开展重大动物疫病强制免疫工作,修订完善疫苗采购标准,组织国内公开招标采购。分别从3月10日至5月10日和9月10日至10月10日,组织全垦区开展了重大动物疫病集中强制免疫会战工作。坚持做好动物疫病监测工作,制定《2015年垦区动物疫病监测与流行病学调查计划》,加大整体监测力度,全年完成牲畜口蹄疫、高致病性禽流感、猪瘟、新城疫免疫抗体监测151798头(只/羽),病原学监测(RT-PCR)8270头(只/羽),免疫抗体监测合格率均在90%以上,病原学监测没有检出阳性畜禽。做好产地检疫和屠宰检疫工作,全年产地检疫畜禽2718.4万头(只/羽),检出病畜禽9.92万头(只/羽),屠宰检疫畜禽1756万头(只/羽),检出病畜禽9.183万头(只/羽),对检出的病畜全部进行无害化处理。与省动物卫生监督所沟通,协调软件开发公司做好垦区动物检疫电子出证工作,电子出证硬件设施和软件调试基本就绪,除A类检疫证外,基本实现电子出证。 (王京航)

【兽医兽药】 加强兽药经营环节的质量监管,制发《2015年垦区兽药可追溯年活动实施方案》,各管理局工商、质监、公安等部门联合行动,加大打击查处力度,各局、场利用媒体和集中培训相结合方式,加强培训和舆论宣传,利用媒体讲座56讲、集中培训21次,现场咨询36场次,培训人员和受众达2517人次,发放宣传单和明白纸15488份,营造了良好的社会氛围。做好兽药GSP(药品经营质量管理规范)持续监管工作,垦区全年共出动执法人员480人次,对已取得兽药GSP认证的173家经营企业进行清理检查,对经营不善主动退出和符合条件新开业的兽药经营企业及时清理和审批发证,2015年退出8家,重新开业2家,有167家取得GSP认证的兽药经营企业运行。全面推进兽药使用环节的质量管理认证(GUP)工作。截至年底,垦区共安装GUP管理软件134家,其中备案场130家,非备案场4家,备案场认证完成率达94.9%,非备案场认证完成率7.5%。做好执业兽医资格考试和乡村兽医队伍建设工作,共有150余人网上报名参加执业兽医资格考试。对乡村兽医证书到期的重新进行审核登记换证,对离岗和退休人员及时进行清理,对新上岗人员进行登记发证,垦区登记的乡村兽医2137名。 (王京航)

【畜禽屠宰行业监管】 完成畜禽屠宰监管职责调整工作。按照农业部和省所统一部署,下发《2015年垦区生猪屠宰专项整治行动实施方案》,严厉打击私屠滥宰、添加"瘦肉精"、注水等各类违法犯罪行为,全年出动执法人员1200人次,检查生猪定点屠宰厂(点)84个。做好屠宰行业日常监管,开展垦区屠宰场点现状摸底调查,垦区正常经营生猪定点屠宰厂(点)84个。提高屠宰监管人员素质,组织垦区22人参加全国屠宰行业管理培训班。严格屠宰行业准入管理,2015年新审批了1个肉鸡屠宰厂。 (王京航)

【苜蓿和青贮饲料种植】 利用国家对苜蓿产业发展相关扶持政策,继续完善提高绿色草原、四方山、和平等农牧场苜蓿草基地建设,确保垦区松嫩平原苜蓿基地持续健康发展。春季苜蓿返青后,及时组织垦区苜蓿生产专家下场进行现场指导,总结提炼了苜蓿种植十个要点,帮助农场解决发展中的难题。对2015年新种植苜蓿的农牧场,适时组织专家在播种前到达现场,进行整地验收和播前指导,确保一次种植成功。邀请欧美专家到垦区就苜蓿生产应用技术进行讲学指导,聘请省内外专家种植苜蓿示范田,研究高产高效种植模式,提高苜蓿生产水平和效益,引领垦区苜蓿产业健康发展。组织落实农业部振兴奶业苜蓿发展行动建设项目,为新建的23个现代示范奶牛场配套充足的饲料地,保证青贮玉米等优质粗饲料的供应,坚持农牧结合,总结推广九三局苜蓿种植、奶牛养殖一体化配套经验,示范带动垦区种植业结构调整。2015年,垦区种植青贮玉米2.11万公顷。 (王京航)

【畜产品质量安全】 制定下发《2015年垦区畜产品质量安全监管工作方案》,建立定期巡查制度。5月和11月,总局分别派出2个督导检查组,开展行业重点工作督查,通过督查和量化考评,使各局场内业工作逐步得到规范和加强,各项工作档案齐全,记录翔实,追溯有据。组织开展生鲜乳违禁物质专项整治活动,完成国家、省和垦区三级生鲜乳、畜产品和饲料质量安全抽检工作,全年抽检597批次生鲜乳样品,其中,奶站468批次,生鲜乳运输环节129批次,三聚氰胺、碱类物质、硫氢酸钠检测合格率均为100%。将监管关口前移,加大垦区饲料及养殖环节"瘦肉精"例行监测力度,共抽检饲料样品473批次、牲畜尿样456个。对奶牛饲料进行三聚氰胺监测,对生猪饲料、牲畜尿样进行盐酸克伦特罗监测。通过执法检查、专项整治和例行监测,确保垦区产业安全和畜产品质量安全。 (王京航)

【畜牧实用技术】 着重抓好三项技术的推广应用:(1)奶牛性控技术。总局本级进口北美性控冻精7.3万剂,实现进口奶牛初产牛全部应用性控冻精配种,加速奶牛扩繁。(2)推广DHI技术,新建的现代示范奶牛场全部应用DHI技术,垦区参测牧场22个,成母牛参测数量达 1.4 万头。(3)推广 TMR 技术,草畜配套。推广苜蓿草应用技术,增加成母牛饲喂优质苜蓿草的比例,提高奶牛单产和生鲜乳质量;全面推广高能量全株青贮玉米生产应用技术,着力提高青贮品质。（王京航）

渔　业

【概况】　2015 年底,垦区渔业人工养殖水面 25764 公顷。其中池塘面积 8486 公顷,大中型水面面积 17278 公顷。全年水产品产量 33636 吨,其中养殖产量 24765 吨,天然捕捞产量 8871 吨。实现渔业生产总值 37878 万元,同比增长 7.4%。垦区淮业从业人员年人均纯收入在 1.5 万元左右。（郭宇龙）

【渔业结构调整】　2015 年,垦区驯化养鱼面积 1160 公顷,比上年大幅减少(主要是鱼种养殖面积减少)。其中,成鱼 893 公顷,鱼种 26 公顷。在休闲渔业方面,垦区有集养殖、休闲、垂钓、餐饮于一体的综合性休闲渔业场点 187 家,游钓面积 3060 公顷。其中,宝泉岭管理局 14 家,红兴隆管理局 73 家,牡丹江管理局 81 家。八五二农场以休闲渔业为抓手,打造蛤蟆通水库养、捕、钓、赛、餐饮、旅游、休闲为一体的渔业产业群,开展库湾育种、高背银鲫繁育、良种场建设、鱼种养殖、大库捕捞、水产品销售、赛事筹备、景观建设等工作,完成全国钓鱼锦标赛(北大荒站)、龙舟赛工作任务和繁育 50 万尾野鲤、100 万尾高背银鲫,捕捞商品鱼 13 万公斤的生产目标。垦区有水产品加工企业 2 个,分别是勤龙渔业水产品加工厂和兴凯湖白鱼加工厂。（郭宇龙）

【名特优水产品】　2015 年垦区名特优水产品养殖面积 9527 公顷,同比增长 3.2%,其中,大中水面面积 3900 公顷,与上年持平,河蟹养殖面积 4067 公顷,同比增长 25.8%。名特优品种除河蟹外,主要有兴凯湖白鱼、鲟鳇鱼、鳜鱼、鲶鱼、泥鳅和异育银鲫等品种。勤得利农场投入 70 个计 1680 平方米网箱养殖鲟鱼,其中,后备亲鱼 191 尾计 3069 公斤,2～5 龄鲟鱼 11210 尾共计 3705 公斤。绥滨农场三鑫水产泥鳅养殖基地占地面积 4.7 公顷,建有生产池 8 个,温室越冬池 1 个,年产泥鳅鱼 100 余吨,是鹤岗境内最大的泥鳅养殖基地,已与丹东淡水养殖基地签约,产品销往北京、广东及韩国。二九〇、八五二、红旗岭等农场分别在水库和池塘中投放鲶鱼、泥鳅、兴凯湖白鱼苗等进行试验,效果良好。2015 年,垦区网箱养鱼 81 个,共计 2140 平方米,比上年减少 1108 平方米。（郭宇龙）

【水产品质量安全专项执法】　总局成立专项执法行动小组,于 5 月和 8 月中旬派出两个督查组对 9 个管理局及所属 40 个农牧场进行综合督导检查,多数管理局、农牧场现有投产的精养池塘建立了养殖生产记录和用药记录,并要求销售产品时要附有产品标签和证明。总体看,广大养鱼户愿意接受检查,并有意愿按照规定要求从事养殖生产。在检查过程中没有发现贮存和使用国家禁用药物。（郭宇龙）

【渔政执法船艇建设】　(1)25 万元渔政艇情况。垦区有 2013 年中央投资渔政艇共 21 艘,项目单位分别在 9 个管理局的 21 个农场,中央投资已于 2014 年底到位(17 万元/每个项目单位)。按照《农业部关于 2014 年内陆渔政执法快艇购置项目可行性研究报告的批复》精神,原计划由省渔业局统一招标确定造船单位,后确定由项目单位自行招标。(2)50 吨渔政船情况。垦区有 2013 年中央投资 50 吨级渔政船 4 艘,项目单位分别是江川、八五九、八五八和嘉荫农场。国拨资金于 2014 年末到位,4 个场分别于 2015 年初才与招标定点厂家佳木斯龙佳船舶制造有限责任公司联系。江川、八五八农场已与佳木斯龙佳船舶制造公司签订建造合同,建造厂家按照合同规定的工期、技术要求进行施工。（郭宇龙）

【养殖证检验发放】　截至 2015 年 11 月底,共发放养殖证 618 本,发证面积 2.64 万公顷,占已养殖面积的 98.2%。其中,旧版水域滩涂养殖使用证 374 本,面积 0.45 万公顷;新版水域滩涂养殖使用证 244 本,面积 2.19 万公顷。对养殖证发放情况进行信息管理系统数据库录入,录入率 100%。（郭宇龙）

【池塘标准化改造】　宝泉岭管局绥滨农场和牡丹江管局兴凯湖、八五五农场所属渔场由于池塘老化,年久失修,池底淤积严重,导致产量低。3 个农场共投入 42 万元资金,维修改造鱼池 19 公顷。（郭宇龙）

【鱼苗繁引】　2015 年,垦区共投放春片鱼种 1228 万尾,其中,出池鱼种 901 万尾(红兴隆局出池春片鱼种 318 万尾,成活率 86%,牡丹江管理局出池春片鱼种 299 万尾,越冬成活率 82%,绥化管理局出池春片鱼种 200 万尾,越冬成活率 79%),外购鱼种 327 万尾。垦区繁育鱼苗 7470 万尾,外购鱼苗 1658 万尾。（郭宇龙）

【渔政管理】　(1)宣传法规,增强渔民法律意识。下发《关于加强 2015 年禁渔期管理工作有关事宜的通知》,对渔业法规宣传和检查工作提出明确的要求,转发禁渔期通告 1000 份。1 月,与各管理局签订《渔业安全生产暨边境水域渔政管理工作》责任状,要求层层签订落实。各管理局、农牧场渔政站根据各自情况,采用电视、宣传车、发文件、张贴标语、办培训班等不同形式,开展多层次的宣传活动。禁渔期前,勤得利、八五九、二九〇等农场渔政人员多次深入江边河岸,召开渔民座谈会,对渔民进行渔业法规和安全生产教育,同渔民签订安全生产和守法捕鱼责任状,使渔民能够依法安全生产,依法保护资源。各局、场把 4 月作为渔业法的宣传月,据不完全统计,垦区共张贴发放禁渔期通告 2800 余份,发表电视讲话 100 余次,出动宣传车 232 台次。(2)加强管理依法行政,侧重"禁渔期"检查。6 月初,连续下发《关于印发垦区清理整治违规渔具和涉鱼"三无"船舶专项行动实施方案的通知》《关于进一步加强边境水域渔政管理工作的通知》《关于加强渔业船舶整顿进一步强化渔业安全生产工作的通知》,要求各管理局、农牧场渔政站采取宣传与检查相结合的办法,明确责任权限和管理区域,强化管理措施,侧重“禁渔期”检查。宝泉岭、建三江、红兴隆等管理局渔政站在禁渔期间组织所辖农场进行渔政自查,使渔船全部集中停放一处,实行“三脱离”管理,渔政人员深入渔区坚持蹲点检查,加大对违法捕鱼者的打击力度。二九〇、勤得利、八五九等农场贯彻《中俄两江议定书》,组织边防、外事等部门配合渔政进行联合检查。二九〇、勤得利、八五九等沿江农场渔政人员在整个明水期都吃住在滩地、网点死看、死守,杜绝违法捕鱼事件的发生。挠力河水域自4月15日开河后就禁捕,东安梁子和西丰嘴梁子均做到禁渔期船上岸,梁子拔箔,网入库。据不完全统计,垦区共出动渔政检查车、船439台次,出动人员446人次,查处违法案件15起,管理局及农场级领导参加检查近100次。(3)加强边境水域渔政管理。签订年度边境水域渔政管理责任状,逐项检查,追究涉事农场渔业主要负责人的领导责任,实行多船或滩地联保。加强渔业法规宣传,及时下发通告和宣传单,以越界事件为警钟,教育广大渔民在思想上牢固树立越界就是违法、犯罪的意识。对重点船只、重点滩地、重点人员进行重点排查,将所有界江渔业生产人员信息采集登记造册,建立详细的船只管理档案。严格落实捕捞许可制度。对边境捕捞渔船全面实行集中停泊、专人看管,健全渔船进出停泊点登记制度,以日出日落为准,严格执行昼捕夜停规定。加强组织领导,完善涉外事件及时上报反馈制度,健全责任制内容和渔民自我监督约束机制,建立违法违规举报制度,坚决遏制涉外渔业事件发生。2015年,在垦区的二九〇、勤得利、兴凯湖3个农场地界分别发生越界事件,非专业渔民所为。 (郭宇龙)

【渔业资源增殖放流】 八五一〇和八五三农场分别在兴凯湖、挠力河等水域放流鲢鳙鲤鲫及大白鱼和鲟鱼309万尾。6月6日,农垦震达兴凯湖大白鱼研究所和八五一〇农场在兴凯湖放流大白鱼40万尾,放流花白鲢260万尾。6月初,红兴隆管理局八五三农场渔业部门配合环保部门向挠力河水域投放鱼苗9万尾。 (郭宇龙)

【涉渔专项资金检查和使用】 年初,下发了《关于加强垦区渔业燃油补贴资金监管工作的通知》,要求各管理局、农牧场做好渔业燃油补贴资金的发放管理工作。特别要求对2013年以来渔业燃油补贴的每一笔资金流向按照是否符合有表(年度补助申请表)、有船(船与船主合照)、有牌(佩挂船名牌)、有证(证件齐全)、有档(档案资料齐全)的“五有”要求,进行全面清理;对渔业燃油补贴资金管理使用情况,从政策落实、项目计划申报、资金下达和拨付等环节,进行全面自查。垦区统计完成了国家因成品油调价对渔民和渔业企业的财政补贴及资金分配测算,按照省渔业局的要求和机动渔船燃油补贴资金发放标准,两批补贴资金已经全部发放到位。累计发放机动渔船燃油补贴资金5279496元,其中预拨2014年补贴资金4289132元,2014年清算资金990364元。总局要求各管理局按照程序组织发放,公示一周,发现问题及时上报。通过自查和全面检查,垦区渔业燃油补贴政策宣传落实到位,渔船管理规范,建有完善的渔船档案和补贴船只数据库,资金管理制度健全,补贴资金能够及时足额发放到渔民手中,不存在多头申报、虚报冒领、套取资金、挪用、占用、结转资金等违规情况。 (郭宇龙)

水　利

【概况】 至2015年,垦区建有堤防3058.89公里,水库188座,机电井96740眼,各类建筑物14.47万座,建成万亩以上灌区54处,治理主要涝区105处,拥有喷灌机14825台。水库总库容11.14亿立方米,堤防保护耕地90.47万公顷,达成除涝面积144.57万公顷,有效灌溉面积187.86万公顷,其中喷灌面积33.34万公顷,水土流失治理面积30.04万公顷。已初步建成防洪、除涝、灌溉和水土保持四大工程体系。年内,垦区完成各类水利建设投资51.15亿元,完成工程量7862.44万立方米,新建沟渠2899.97公里,桥、涵、闸等各类建筑物9033座。 (孙　兵)

【水资源利用】 垦区水资源总量97.5亿立方米,其中,地表水资源量56.6亿立方米,地下水资源量40.9亿立方米。垦区过境水量丰富,黑龙江、松花江、乌苏里江和兴凯湖过境水量达2785亿立方米。2015年,垦区水利工程供水总量达82.43亿立方米,其中,农业用水为81.78亿立方米,占总用水量的99.21%。地表水利用量25.63亿立方米,占总用水量的31.09%。地下水利用量56.8亿立方米,占总用水量的68.91%。 (孙　兵)

【防洪工程】 截至2015年,垦区已初步建成以堤防和水库为主的防洪工程体系。共建有堤防总长度3058.89公里。其中,主要江河堤防566.34公里,重点江河堤防257.08公里,一般江河堤防2235.47公里。堤防保护耕地90.47万公顷,保护村屯789个,保护人口93.98万人。建有水库188座,其中,大型水库2座(太平湖、蛤蟆通水库),中型水库16座,小(1)型水库107座,小(2)型水库63座。水库设计库容11.14亿立方米,兴利库容5.67亿立方米,防洪库容3.8亿立方米。2015年,垦区完成防洪工程投资3499万元,工程量93.57万立方米。重点推进大中型病险水闸除险加固和中小河流治理项目建设,完成中小河流富裕牧场通南沟治理项目和新河总干渠荒岗进水闸、西大岗泄洪闸2座中型水闸除险加固。此外,各沿江农场配合省统一实施三江治理项目,黑龙江、嫩江、松花江堤防达标工程全线启动。 (孙　兵)

【治涝工程】 2015年,垦区涝区面积260.8万公顷,其中,易涝面积167.05万公顷,除涝面积144.57万公顷,占易涝面积的86.5%。其中达到3—5年一遇标准的124.23万公顷,达到5—

10年一遇标准的20.31万公顷,达到10年一遇以上标准的0.03万公顷。治理主要涝区105处,涝区总面积244.49万公顷,其中易涝面积155.74万公顷,已治理面积达135.19万公顷;还有部分零星涝区,总面积16.31万公顷,其中易涝面积11.31万公顷,已治理面积9.38万公顷。年内,垦区多方筹集资金,开展以沟道清淤和涝区配套工程建设为主的除涝工程建设。完成投资57210万元,工程量3843.4万立方米。建设干沟78条,长度133.87公里。支沟148条,长度319.85公里。斗沟及以下沟道764条,长度1085.47公里。新增除涝面积1.87万公顷。

(孙　兵)

【灌溉工程】 2015年,垦区有效灌溉面积达187.86万公顷,其中,水田153.49万公顷。实际灌溉面积达149.56万公顷,其中水田146.41万公顷。完成投资297199万元,工程量3708.54万立方米。(1)加快发展地表水灌区建设,已建成各类地表水灌区343处,其中万亩以上灌区54处;地表水灌区总设计灌溉面积59.39万公顷,其中水田53.37万公顷;有效灌溉面积达34.22万公顷,其中水田33.33万公顷。2015年,垦区紧紧围绕黑龙江省"两大平原"现代农业综合配套改革试验区建设,基本建成三江平原绥滨、二九〇、饶河、兴凯湖灌区项目和江萝、勤得利、八五九灌区近期工程,基本完成灌溉面积位列全国第四的青龙山灌区渠首工程并开工一期骨干渠系工程,达成骨干工程控制面积23.8万公顷,集中土地整理、农发、新增千亿斤粮食田间工程等多渠道资金加快骨干渠系下游的配套工程建设,有力地促进地表水置换地下水灌溉步伐,优化水资源开发利用格局。(2)合理发展井灌区。垦区已累计建有灌溉井9.21万眼,其中,水田井7.58万眼,旱田井1.62万眼,菜田井98眼,另有补水井4651眼。井灌区有效灌溉面积达120.3万公顷,其中,水田120.16万公顷。2015年,垦区新打水田井1052眼,重点集中在宝泉岭、红兴隆、建三江、牡丹江管理局,九三、哈尔滨管理局也略有增长,全年井灌水田新增有效灌溉面积1.42万公顷。(3)发展旱田节水灌溉。垦区已建成各类节水灌溉工程设施1652处,拥有各类喷灌机械1.48万台,旱田喷(滴)灌等节水灌溉面积已达到33.34万公顷。2015年,垦区继续开展旱田高效节水灌溉工程建设,推进了国家"节水增粮行动"项目实施,以西部管理局、农牧场为重点大力开展旱田高效节水灌溉工程建设。全年新增工程设施178处,新增旱田节水灌溉面积8.39万公顷,农田抗旱减灾能力得到进一步提升。

(孙　兵)

【水土保持生态环境工程】 垦区有73个农(牧)场存在水土流失问题,水土流失面积68.42万公顷。水土流失多发生在耕地中,以水蚀、风蚀为主要侵蚀类型。水力侵蚀主要分布在东部山地、北部林区和中部漫川漫岗黑土区;风力侵蚀主要分布在西部干旱半干旱风沙区和三江平原局部地区。垦区水土流失治理面积达30.04万公顷,占水土流失总面积的43.91%,其中,小流域治理面积达11.24万公顷。2015年,垦区重点推进鹤山等10个农场农业综合开发水土保持项目建设,完成尖山等3个重点农场水土保持项目,新增水土流失治理面积1.74万公顷,水土保持执法监督和水土流失预防保护工作进一步推进,水土保持生态环境得到进一步改善。（孙　兵）

【农村饮水安全工程】 垦区农村饮水安全达标人口达134.11万人,已建饮水工程年设计供水能力17亿立方米/日。2015年,垦区以解决高氟、高砷、高锰、高铁等水质不达标问题及取用水不方便等问题为重点,共争取国家农村饮水安全项目计划投资1340万元,建设饮水工程14处,解决了1.88万农村人口饮水安全问题。(孙　兵)

【防汛与抗旱】 2015年1—9月,垦区平均降水463毫米,比常年和2014年同期分别少21.7毫米和56.2毫米。7月中下旬至8月中上旬,由于持续少雨,垦区西部北安、九三、哈尔滨管理局的部分农场发生了旱情。据农业部门统计,垦区最大受旱面积34.13万公顷,其中,重旱面积6.59万公顷,绝收45公顷。入汛期以后,垦区大江大河水势平稳,没有发生流域性大洪水。但因局部强降雨影响,松阿察河、挠力河等中小河流出现高水位,哈拉海、饶河等农牧场发生不同程度的涝灾。其中较为严重的是6月18日,九三管理局哈拉海农场因短时强降雨引发洪涝灾害。农场1.12万公顷耕地全部受灾,其中绝产0.22万公顷,农业经济损失8000万元;农场场部119户室内进水,临时转移居民和种植户63户。年内,垦区争取中央水利建设基金900万元,推进急需的水毁修复工程建设,各受灾农场多方筹集资金对急需的田间工程进行修复,确保农业生产顺利进行。争取山洪灾害非工程措施投资500万元,加快防汛预警能力建设。落实防汛工作"五个到位"要求,狠抓各项防汛准备工作落实,各管局、农场自筹资金解决防汛物资。汛期,加强对堤防、水库等重点部位的巡查值守,确保重点工程安全度汛。（孙　兵）

【水务管理】 (1)水行政管理。按照最严格的水资源管理制度要求,强化水资源论证和取水许可审批,开展取用水情况统计和监督。严格执行相关水法律法规,依法履行好水法规赋予的行政许可、行政征收、行政处罚、行政强制等各项执法职能。强化重点用水单位监管,推广计量收费,以点带面推进垦区节水型社会建设步伐。强化水行政执法队伍建设,提高执法人员素质和执法能力。落实行政执法责任制,规范行政执法行为,加强对重点领域、重要流域区域和重要时段的执法监督检查和日常巡查,开展专项执法检查活动,及时查处了涉水违法违规行为,加强水事纠纷预防和调处,为垦区创造了和谐健康的水事秩序。(2)建设管理。2015年,垦区水利建设项目严格履行基本建设程序,落实"四项制度",及时研究解决工程建设中出现的各种问题,为工程建设创造了良好的外部环境。总局成立由主要领导牵头的水利建设领导小组,水务局坚持每10天向党政主要领导汇报一次建设进展情况。加强督导检查,先后于5月和12月由总局领导带队开展2次专项督导,水务局每名处级干部联系一个重点项目,成立6个督导组常驻重点项目工地和设计单位现场督导。加强标后监管,青龙山灌区管理站按照旬调度制度,召开节点调度会9次,先后15次扣除6家施工单位违约金300万元,对3家进度严重滞后的施工单位指定临时代建队伍7个,增加施工机械100台套,确保项目总体进度。加强质量和安全管理,组织召开了水利工程建设质量和安全现场会,在10月开展垦区水利工程建设质量和安全管理月活动。(3)工程管理。强化水利工程管理,推进水库、灌区、堤防、涝区等工程标准化管理,持续加强水库安全管理,加强日常运行管理,敦促各项管理工作真正落实到位。深化灌区管理体制和运行机制改革,加强对已成立的40个用水合作组织的指导和监督,发挥其管理和协调作用。推进水利科技创新,稳步推进水田节水控灌技术推广,达成推广应用面积36.05万公顷,实现了节水增产的良好效果。（孙　兵）

林　业

【概况】 2015年,垦区围绕“生态林业、民生林业”目标,超额完成4415.96公顷造林绿化任务,增强了森林生态系统对农业发展的保护功能。森林、草原过火面积控制在0.5‰以下,林业有害生物成灾率控制在2.9‰以下,加大打击毁林、毁湿案件查处力度,有效地保障森林资源的安全。围绕职工致富制定的优惠政策,使营造生态经济林成为垦区林业经济发展的重要途径之一。（付苑超）

【造林绿化】 围绕“绿色垦区、美丽垦区”活动,开展绿色城堡、见缝插绿和绿色屏障三大生态工程建设,绿色通道、景观路、环城林、小城镇靓化等建设基本成型。2015年造林任务4000公顷,实际完成造林面积4415.96公顷,完成率110.4%,其中新增造林953.8公顷;城镇绿化栽植乔木115.11万株,栽植灌木353.72万丛,栽植绿篱23.62万延长米,栽植花卉34.61万平方米;完成义务植树750万株,建立义务植树基地363处。造林绿化共投入人员60余万人,车辆297.4万台次,资金2.4亿元。具有规模大、机制活、效果实的特点。（付苑超）

【林政资源管理】 重视林业队伍建设,加大投入、严格执法,全面实施行政,技术双责制,实现全覆盖管护,较好地保护了森林、湿地安全。加强执法队伍建设,依法行使行政执法职责。强化行政执法机构建设,保证执法经费,加强执法人员培训,确保公平、公正、公开执法。严厉查处乱砍滥伐林木、乱垦滥占林地(湿地)、乱捕滥猎野生动物等违法犯罪活动,针对毁湿、毁林案件频发的突出问题,组织集中力量展开专项整治、集中曝光典型案件等行动,有效地控制、打击了毁林、毁湿高发势头。加强资源监督管理,设立举报电话、举报信箱等。开展形式多样的鸟类救护和宣传活动。加强湿地保护。推广建三江管理局湿地保护管理办法。启动湿地资源调查工作,举办湿地资源调查培训班,对垦区湿地资源进行野外调查工作,为今后湿地管理和决策提供了可靠依据。（付苑超）

【林业有害生物防治】 加大先进技术推广力度,提高监测预报准确性;加强监测数据采集、传递、处理和决策基础环节管理;严格执行联系报告制度,加强种苗产地和调运苗木的检疫;加强抚育管理,及时清理病腐木,控制病发源头;把林业项目工程区、生态功能区、绿色通道、界河、景区作为防治工作的重点,加强基础设施建设和防治工作的投入,保证设备和药剂的投放,发生一块,防治一块,避免成灾。针对林业有害生物大面积发生区和集中区域,采取飞机航化作业等措施,防止蔓延。2015年,垦区发生森林病虫鼠害面积8813.34公顷,其中病害1400公顷,虫害5826.67公顷,鼠害1586.67公顷。防治面积8813.34公顷,成灾率为0,无公害防治率达94%以上,预测预报准确率92%。虫害较上年同期下降。垦区共检疫苗圃152个,苗圃面积3000公顷,检疫苗木3亿株,种苗产地检疫率100%。（付苑超）

【森林草原防火】 围绕“预防为主、积极消灭”的方针,采取有效措施,落实相关责任,确保垦区森林防火期期间无重大、特别重大森林火灾和人员伤亡事故,最大限度地避免和减少了各种森林火灾的发生。2015年,垦区共发生1起森林火灾,过火面积0.3公顷;2起草原火灾,过火面积1355.33公顷。由于扑救及时,没有发生人员伤亡事故,实现了“三个不发生”指标,没有发生有影响和重特大森林草原火灾,没有造成人员伤亡和经济损失,森林火灾24小时扑灭率达100%。派出各级各类检查组495个,检查单位1100多个,发出整改通知161份;累计召开工作部署、调研会议181次;垦区两个防期共组建宣传街369条、出动宣传车近800台次、人员近9000余人次,发放森林防火命令、宣传单近27178份,接受教育人数达65余万人次。（付苑超）

【林业经济】 垦区以全省开展的生态经济林建设活动为契机,围绕职工致富制定优惠政策,使营造生态经济林成为垦区林业经济发展的重要途径之一。农场将低产田进行改造,栽植适宜生长的经济林树种,呈现出红松果林、榛子、核桃秋、蓝莓、树莓、沙棘、五味子、杞柳、小苹果等多品种共融的生态经济林建设新局面。垦区有经济林建设6466.67公顷,产值3.2亿元;食用菌5443.1万袋,产值1.6亿元;人工种植中草药2133.33公顷,产值0.6亿元;特种养殖99.95万只,产值1.9亿元;苗圃达成面积3400公顷,育苗面积3000公顷,年产苗木2.78亿株。（付苑超）

工商・旅游

工　业

【概况】 2015年，垦区实现全口径工业增加值186亿元，同比增长1.8%。其中，规模以上企业增加值72.2亿元，同比下降10%；国有企业增加值57.7亿元，同比增长0.9%。实现全口径工业主营业收入972.2亿元，同比下降5.6%。其中，规模以上企业实现主营业收入702.8亿元，同比下降7.3%；国有及国有控股企业实现主营业收入541.4亿元，同比下降6.3%。实现全口径工业利润23.6亿元，同比下降6.5%。其中，规模以上企业实现利润8.5亿元，同比下降5.1%；国有企业实现利润1.5亿元，同比增盈1.6亿元。

（陶奕民）

【推进国企改革】 (1)加快引进战略投资者，发展混合所有制经济。北大荒马铃薯集团与黑土地基金公司合资合作完成。北大荒丰缘集团旗下的北大荒丰威食品公司与山东浩翔食品科技公司签署了《战略合作框架协议》，山东浩翔食品科技公司计划3年累计向丰远公司注资约1.5亿元。北大荒农业股份有限公司与联想佳沃公司签订了《合资合作协议》。垦丰种业于2015年1月在“新三板”挂牌上市，拟引入10家机构为战略投资者，计划实现募集资金9亿元。(2)鼓励龙头企业上市融资，利用资本市场做大做强。九三粮油工业集团完成非转基因板块重组拟赴港股创业板上市。完达山乳业与台湾统一方协商解决公司不良资产、九三项目等相关问题，计划于2016年赴香港H股上市。垦丰种业推进“新三板”转主板工作。北大荒丰缘集团丰润公司完成在港股上市后在中国A股主板发行上市的股改方案。北大荒通用航空公司就管理层和员工持股股价确定和非上市期离(退)职人员退股问题进行深入研究，推进登陆“新三板”。阳光农业相互保险公司聘请专业的咨询公司设计转制整体方案，为登陆资本市场创造条件。(3)加大市场化选人力度，构建现代企业制度。完达山乳业针对液态奶销售能力弱的问题，公开招聘了市场总监、产品经理等7名专业化人才。九三粮油工业集团从飞鹤乳业、旺旺集团引进8名具有丰富市场经验的快消品职业经理人，从中粮和京粮集团引进长期在华北市场征战的2名职业经理人。北大荒商贸集团下属分、子公司公开招聘了共计7名职业经理人。种业集团所属一级、二级公司，除农机集团经营者外，全部实现市场化用人，经营者均为职业经理人。粮食集团已通过市场化方式选聘高级管理人才5人。北大荒丰缘集团丰润公司聘任总经理、金谷丰缘公司任用职业经理人负责公司的整体运营。(4)推进薪酬制度改革，加大业绩考核力度。根据总局党委(扩大)会议关于“参照中央国有企业薪酬制度改革方案，推进垦区企业经营者薪酬制度改革”的要求，结合总局直属企业实际，制定《总局直属企业负责人薪酬考核管理办法》。该办法共8章33条，从薪酬构成、经营业绩考核指标与评价办法、经营业绩考核评定、薪酬兑现、薪酬管理与监督、统筹规范福利性待遇等方面，对垦区国有及国有控股企业薪酬制度进行了规范，强化了企业经营者经营业绩与收益的挂钩。

（陶奕民）

【企业三项应收款清理】 截至2015年末，龙头企业相互间通过对账、划款等方式，债权单位收到货币资金9248万元；龙头企业收回1年以上三项应收款180亿元，收回率51%，其中收回应收账款47.4亿元，收回率51%；收回其他应收款42.4亿元，收回率33%；收回预付账款90.2亿元，收回率69%。（陶奕民）

【国有资产监督管理】 制定出台《黑龙江省垦区企业国有资产监督管理暂行办法》。进一步规范了国有资产监管范围、程序，突出责任追究，为国有资产监督管理提供了规范化、制度化依据，为避免国有资产流失提供了制度保障。按照国家、省政府相关规定，依据国有资产处置程序，重点开展了企、事业单位车辆处置工作。年末，共处置车辆334台。根据黑龙江省委社会体制改革专项小组《关于理顺省农垦、森工系统法院、检察院管理体制的工作意见》及黑龙江省委审定的《关于理顺农垦系统法院检察院管理体制工作实施方案》要求，依据财政部印发的《行政事业单位资产清查暂行办法》规定，会同省法院、省检察院、省财政厅对农垦系统各级法院、检察院、人民法庭、检察室(检察联络室)开展资产清查工作。制定下发《关于严格管理、规范垦区各类国有企事业单位经营行为的通知》，重点对企事业单位对经营相关合作者提供借款、对外担保管理、对外签订合同、对外出租租赁、对外投资收益监管等方面提出严格管理要求，强化了国有资产监管。（陶奕民）

【营销体系建设】 组织开展了北大荒绿色食品营销体系建设及北大荒米业发展战略策划项目的招标工作。通过公开招标，IBM公司和北京和君咨询公司分别中标，于6月中旬签署了服务合同。IBM项目组已完成对4家企业营销体系现状的诊断，就规划提出相应的业务优化举措；和君咨询公司已按合同要求完成了制订北大荒米业战略规划、股改方案及现代企业制度建立等工作内容。后续将根据北大荒米业集团的需求提供专业性服务。

【龙头企业旗舰店】 垦区龙头企业以旗舰店建设为重点，投入绿色食品营销体系建设及渠道推广资金1.56亿元，继续推进绿色食品营销网络建设工作。通过自建、合资共建、加盟连锁的方式建成绿色食品旗舰店30家。垦区重点龙头企业已拥有旗舰店51家，店址覆盖东北、华北、华东、中南、西南等地区。（陶奕民）

【编制垦区工业“十三五”规划】 按照总局7月16日召开的垦区“十三五”编制启动工作会议的要求，以垦区重点龙头企业混合所有制改革、工业项目建设、产业整体发展、产品附加值提升、创新基地联结、品牌建设、重点工业园区建设、企业推进信息化和工业化深度融合为切入点，进行全面梳理，对“十三五”时期垦区经济、社会发展的有利条件和制约因素,以及亟待解决的重大问题等提前预期,提出了垦区工业和信息化“十三五”的指导思想、主要目标、重点任务和保障措施。为了保证高质量、高水平完成编制任务,聘请农垦经济研究所专家提出修改意见,据此对规划初稿进行进一步的修改、完善,使规划更具有全面性、系统性、前瞻性、协调性和可操作性。规划已完成。　　(陶奕民)

【推进中小企业发展】　组织评选培训活动,扩大服务类别。开展诚信企业创建活动,共3家企业获得诚信企业称号,被录入商务部的中国市场秩序网,提高了企业知名度;指导企业参加知名展会4次;举办针对中小企业营销及经济预测分析培训班,参加培训人员达100余人;组织企业参加第八期“清华大学—黑龙江管理与创新大讲堂”等培训活动2次,参训80余人。完善开发区及工业园区基础设施建设。九三管理局按照规划把园区建设纳入年度预算;牡丹江管理设立工业发展基金支持园区建设,3年共提取基金10144万元。争取国家扶持资金,搭建融资平台。帮助新增规模以上企业争取资金共计近100万元。搭建融资平台,为中小企业开展融资服务,协调银行等相关金融部门帮助企业申请流动资金贷款共计23300万元,解决中小企业资金短缺的燃眉之急。指导中小企业利用电商平台进行网络销售。推荐垦区28家中小企业参加省大数据服务平台,扩大企业营销空间,分享大数据服务的便利;红兴隆管理局组织开发多个电子商务平台,签署销售“雁窝岛”协议300份,销售额65万元。

(陶奕民)

【争取省财政流贷贴息】　组织企业落实《黑龙江省促进经济稳增长的若干政策措施》。对符合年主营业务收入2亿元以上且同比正增长,新增流动资金贷款3000万元以上的企业,争取省财政贷款贴息;对年度达到标准新纳入规模以上的企业,争取每户一次性奖励。经省工信委、财政厅、统计局审核,确认垦区符合流动资金贷款贴息企业3户,符合新增规上企业奖励的企业有6户,共奖励资金2460万元。其中,流动资金贷款贴息2400万元(九三粮油工业集团800万元,完达山乳业股份有限公司800万元,北大荒马铃薯集团有限公司800万元)。新增规上企业6户,每户企业奖励10万元。资金已由省财政拨付到企业。　　(陶奕民)

商务·旅游

【概况】　垦区外贸出口结构不断优化,贸易体系进一步完善,2015年,实现进出口总额25亿美元。招商引资项目质量明显提升,共签订国内经济技术合作项目253项,总投资额133.8亿元。“走出去”开发领域不断拓宽,垦区境外农业开发20.27万公顷,土地种植12.47万公顷。消费品市场供需平稳,发展环境逐步优化,实现社会消费品零售总额217.8亿元。旅游产业发展势头良好,市场规模逐步扩大,年接待旅游人数633.8万人次,旅游综合收入32.4亿元。　　(闫　威)

【外贸进出口】　2015年,垦区实现进出口总额25亿美元,其中出口实现6.5亿美元,进口总额实现18.5亿美元。“十二五”期间,垦区进出口总额累计实现122.1亿美元,比“十一五”期间增长104.8%。其中,出口总额同比增长65.2%,对俄贸易同比增长32.9%,自营出口同比增长32.2%。(1)粮食自营经营权取得历史性突破。2015年9月,商务部同意赋予黑龙江北大荒农垦集团总公司玉米和大米国营贸易出口经营权,北大荒集团成为继中粮集团和吉粮集团之外国内第三家获粮食自营经营权的企业。大米与玉米是国家实行计划管理和配额许可证管理商品,取得大米和玉米对外签约权是黑龙江垦区从“中华大粮仓”向“国际大粮商”迈进的重要转折点,增强了垦区开拓国际市场竞争优势,加快了跻身国际化大型农业企业集团行列的进程。(2)对俄出口肉制品取得实质性进展。俄罗斯对进口冻肉产品的卫生要求极其严格,按照俄罗斯联邦法令规定“肉类和食用肉类副产品都属于强制性认证范围”。自中俄两国恢复猪肉供应协议以来,北大荒肉业成为首批经过俄罗斯联邦动植物卫生监督局专家鉴定合格的猪肉生产企业,成功跻身对俄出口猪肉企业行列,产品正式出口俄罗斯,实现垦区对俄出口肉制品零突破。(3)外贸主体经营能力大幅提升。通过积极培育、规范主体,整合资源,垦区外贸主体的整体实力和竞争能力普遍提升。近30家外贸企业开展自营进出口业务,九三粮油工业集团年进出口规模超过10亿美元、北大荒粮食集团年进出口规模超1亿美元企业,成为全省外贸龙头企业。北大荒国际贸易公司、远光肠衣公司、多多集团、海林卉菊糖甙有限公司、北安天运山产品公司等外贸企业稳定发展,成为垦区外贸进出口的中坚力量。(4)外贸公共服务平台体不断完善。“十二五”期间,垦区先后培育建设北大荒物流平台、九三粮油技术研发平台、北大荒粮食批发市场质量追溯平台、北大荒丰威公共检验检测平台、北大荒丰远公共检测平台、华通有机农产品可追溯体系、北大荒药业技术研发平台7家平台。从技术研发、产品检测、质量追溯以及公共物流,全方位多角度支撑、服务出口企业,为外贸企业产品的出口提供强力支撑,提升北大荒农产品的竞争力。

(闫　威)

【招商引资】　2015年,签订国内经济技术合作项目253项,总投资额133.8亿元,到位资金53.7亿元;国外合作项目16项,总投资额2241.6万美元,利用国外到位资金1898.6万美元。“十二五”期间,垦区招商引资累计实现290亿元,比“十一五”期间增长79.5%。垦区采取形式多样的招商引资活动,不断拓展合作空间、丰富合作内涵,采取“走出去、请进来”等行之有效的措施,以主导产业、新兴产业为招商重点,全方位、多渠道地开展招商引资活动。先后组织企业参加2015黑龙江省(香港)经贸合作交流活动、第二届中俄博览会、第十三届中国国际农产品交易会、上海国际食品展等活动,签订了一批规模大、质量好、有发展前景的大项目。招商引资项目质量明显提升。垦区在建和签约的招商引资项目中,投资规模超亿元的项目有18个。除了传统的资源性的产业项目外,还引进了一批生物发电、节能环保、煤化工综合开发、有机废弃物综合利用等科技含量较高的项目。在项目选择上,由过去"来者不拒"向投入大、产出高、效益好的优质项目转变。改变了过去片面追求引进资金的做法,实现了向资金、技术、人才、信息和管理经验并举的转变;改变了过去引资主要用于基础设施建设和农产品深加工的做法,实现了向注重优势产业开发和提高农产品生产科技水平的转变。合作形式实现新突破。北大荒商贸集团与中国酿酒集团融资合作项目,采用合资合作的方式,由哈尔滨中国酿酒公司进行技术改造,融资后再投资北大荒食品产业园区建设,改变了以往传统的合作方式,由实体合作向金融、资本运作领域延伸。招商引资地域和领域不断扩展。"十二五"期间,垦区招商引资由省内招商逐步拓展到省外,并拓展到日本、韩国、荷兰、美国、加拿大等跨国家招商;引资领域由主要以农产品加工为主拓展到水泥、电力、新能源综合利用、商业综合体开发等领域。招商引资形成了多渠道、多形式、全方位的新局面。(闫　威)

【境外开发】 垦区境外农业开发20.27万公顷,土地种植12.47万公顷,累计投资22.2亿元,共输出农业机械3910台(套),输出劳务1.5万人次,返销粮食43.6万吨。境外各类公司和企业共27家,其中独资公司18家、合资公司5家、合作企业4家。"十二五"期间,垦区境外租种土地面比"十一五"增长153%。产业结构逐步优化。垦区已在10多个国家和地区开展投资合作业务,主要目标包括俄罗斯、澳大利亚、泰国、巴西、委内瑞拉、美国、安哥拉、莫桑比克、朝鲜、菲律宾、缅甸、老挝和中国香港。境外开发领域主要是农业资源开发和农作物种植,同时在农产品加工、贸易流通、工程承包、畜牧养殖、矿藏开采、期货投资、港口建设等领域进行了一些尝试。开发领域不断拓宽。已经从农业"走出去"种植向其他领域拓展。不仅有土地种植,还有矿石开采、木薯淀粉加工、科技实验合作、国际融资等。九三粮油工业集团海外分支机构依托中国香港和芝加哥期货平台及巴西常设机构,每年为母公司提供优质原料和国际融资,发展模式和经营方式向国际化大公司迈进。多种经营模式并存。"走出去"从自主经营到合作经营,从合作社联合经营发展到职工入股经营,经营形式灵活多样,吸引了国内大企业和社会资本参股经营,提升了"走出去"企业抗风险能力,加快了境外项目发展步伐。完成环兴凯湖经济圈点阵布局。境外企业坚持稳定合作经营,大力发展自主经营,同时延续技术有偿服务模式,多种模式并存,加快了垦区在俄罗斯滨海边疆区农业开发项目的发展步伐。(闫　威)

【内贸流通】 垦区城镇化建设推动消费增长提升明显,通过建立健全双向流通网络建设,培育和完善市场流通体系、促进消费快速增长,内贸流通工作取得新成效。社会消费品零售总额实现217.8亿元,同比增长9.7%。完善社会消费品零售总额统计工作,对商贸流通企业进行全面摸排登记,掌握各类企业发展状况,组织开展"放心生产资料下乡""万村千乡"试点企业商贸中心店庆等丰富多彩的促销活动,开展了"农超对接""农网对接"活动。进一步完善了市场监测和应急调控体系,维护市场繁荣稳定。通过对重要生活必需品、重要生产资料的定期监测和信息引导,有效地保障了垦区粮、油、乳、肉、菜、奶等生活必需品及成品油、化肥等重要物资的供应。加强畜禽屠宰、酒类流通、报废汽车、二手车、拍卖、典当、成品油、茧丝绸等特殊行业的管理,完成各项行业管理年度审查工作,特行市场秩序井然,运行良好。支持电子商务业态发展。加快北大荒粮食电子交易平台、融资平台和物流平台建设,推进北大荒购物网、北大荒粮油拍卖网、好特网等电子商务网站建设,争取国家、省里有关电子商务发展支持政策。完善垦区农产品市场体系。加快推进了现有农产品批发市场基础设施更新改造和功能拓展,增加冷链物流、自动销售、储藏保鲜、加工分选等设施。加强对商业发展模式的探索,发展以连锁经营,大宗贸易、电子交易、货与现货、国内贸易与国际贸易相互融合的营销体系,有效提升北大荒产品国内、国际市场占有率和产品流通网络覆盖率。(闫　威)

【旅游】 通过因地制宜发展休闲农业、养生度假农业、养老旅游产品,2015年接待旅游人数633.8万人次,旅游综合收入32.4亿元,分别比上年增长6.7%和14.9%,旅游产业呈现健康稳步发展势头。景区基础设施进一步完善,旅游产品质量进一步提升。建设项目37个,投资18490万元。重点景区进一步完善旅游基础设施,增强景区的核心竞争力。北大荒农机博览园游客接待中心、红旗岭农场千鸟湖汽车露营地、宁安农场现代农业示范园嘉禾水立方、太平湖鑫斯顿温泉度假酒店正式运营。千鸟湖、雁窝岛、二道河万亩大地号等景区纳入省重点旅游线路,推出了农业、湿地观光、中学生夏令营、自驾游旅游线路;香坊农场与同程旅游网携手推出"1元游景区,3元砸金蛋,3元绘彩蛋"活动,与同程网、美团网、大众点评等合作,推出"园区套票购"活动;红旗农场与美团网合作,推出了"中秋葡萄采摘团购"活动,迈出了"互联网+旅游"的第一步。先后举办了锦河赏花节、香坊北大荒农业园采摘节、九三啤酒节、八五八啤酒节、八五二中国龙舟公开赛及全国钓鱼锦标赛;红兴隆管局与双鸭山市政府共同开展乐游北大荒湿地,饱览双鸭山风光系列活动、邀请国内知名旅行社走进红兴隆踏查旅游线路,包装旅游产品;建三江推出环三江湿地自行车拉力赛线路;牡丹江管局开展"生态北大荒 养生兴凯湖"旅游宣传片展播活动。嘉荫农场旅游办与嘉荫县旅游局举办"端午"特惠游活动;北大荒鹤城鲜花港围绕鲜花做文章,不断推出各种促销活动;香坊、千鸟湖、石景山庄、千岛林等景区与"龙行天下"自驾游俱乐部签署了旅游促销协议，旅游市场化运作水平不断提高，经营理念不断创新。加大新景区建设，丰富北大荒旅游产品。垦区新评国家AAA级旅游景区3个，中国乡村旅游模范村1个、中国乡村旅游模范户2个、中国乡村旅游金牌农家乐12个；争取国家政策支持，争取新评景区建设奖励资金90万元，争取厕所建设资金84万元。加强行业监管，维护健康有序的旅游市场秩序。加大旅游市场执法检查力度，提升旅游服务质量，规范旅游市场运行秩序，结合总局“质量垦区”建设，制定旅游行业质量量化目标、按照“管行业必须管安全、管业务必须管安全、管生产经营必须管安全”的要求，狠抓各时期各阶段旅游安全生产工作，确保全年旅游安全各项工作任务落到实处。（闫　威）

粮　食

【概况】 垦区粮食生产连续12年实现总产量历史性突破。总产量达220.7亿公斤，增产2.6亿公斤，比上年增长1.2%。粮食总产量占全省和全国的比重分别为34.9%和3.6%，对全省和全国粮食增量贡献率为25.0%和11.5%。为国家提供商品粮205.3亿公斤，粮食商品率达93.0%。建垦以来，已累计生产粮食3504.1亿公斤，累计向国家交售商品粮2837.0亿公斤。垦区每年提供的商品粮总量可以保障全国1.2亿城镇人口一年的口粮供应，为国家粮食安全提供重要保障。（颜　夫）

【粮食购销】 加大粮食销售工作力度，规范粮食购销秩序，保证垦区农户丰产增收。到2015年12月底，垦区农户当年生产的粮食销售1964万吨，占商品粮总量的91.6%，其中水稻销售1168万吨，玉米销售741万吨，大豆销售53万吨。垦区农户手中的余粮有183万吨，其中水稻81万吨，玉米45万吨，大豆57万吨。（颜　夫）

【构建粮食收购体系】 充分利用垦区有效仓容，发挥集团整体效能，建立垦区区域内政策性粮食收储网络体系。(1)合理确定收储库点，满足农民及时出售余粮的需要。本着有利于保护农民利益、方便农民卖粮的原则，合理确定收储库点，满足农民及时出售余粮的需要。在2014—2015年度垦区粮食收储工作中，在引导农户开展多渠道销售粮食的同时，垦区区域内共启动政策性粮食收储库点219户。其中中储粮直属库20户，国有粮食购销企业13户，民营仓储企业158户。在2015—2016年度垦区粮食收储工作中，垦区区域内共启动政策性粮食收储库点155户。其中，国有粮食购销企业13户，其他国有粮食企业62户，民营仓储企业80户，确保了政策性粮食收储库点在垦区区域内实现了全覆盖。(2)完善垦区粮食仓储设施建设，为秋粮接收做好准备。在摸清、搞准、靠实垦区全社会各类企业的粮食收储和烘干能力，以及设施设备等基本情况的基础上，组织指导农场粮食处理中心采取各种措施增加收储及烘干能力，统筹落实全社会多元主体的粮食收储和烘干能力，把垦区秋粮接收能够提供的所有的收储和烘干能力落实。在2015年新粮上市前，垦区粮食收储总能力已达2528万吨，其中，标准仓容2230万吨，简易仓容45万吨，罩棚139万吨，露天囤59万吨，千斤囤55万吨。空闲仓储能力1034万吨，占商品粮总量的50%。(3)将北大荒粮食集团和北大荒米业集团纳入委托收购库点管理。根据黑龙江垦区粮食生产及粮食仓储设施的布局，总局粮食局组织协调北大荒粮食集团有限公司在垦区粮源集中的管理局组建7个北大荒粮食集团有限公司控股子公司，将北大荒粮食集团7户国有控股粮食仓储企业和北大荒米业集团纳入政策性粮收购体系序列，确认其承贷收储国家政策性粮食主体资格，承担政策性粮收储业务。有效缓解了垦区的粮食收储矛盾，增加了企业盈利能力。（颜　夫）

【粮食监督检查】 围绕贯彻落实国家和省对抓好秋粮收购工作的重大部署，结合垦区秋粮收购实际需要，总局粮食局组织实施了秋粮收购“监督检查，护农增收”重点推进活动。垦区各级粮食行政管理部门贯彻落实，履行粮食市场监管职责，加大监督检查力度，规范企业收购行为，及时核查解决群众反映的重点问题，维护粮食市场正常秩序，保障了国家粮食收购政策的有效落实，保护了种粮农民利益，为秋粮收购顺利推进提供了有力保障。把秋粮收购监督检查摆上重要日程、突出位置，强化了组织领导和保障措施，加大落实力度。把监督检查工作当作头等大事，紧抓不放，直接组织重点监督检查活动和案件核查，跟踪检查推进落实情况，及时协调解决实际问题。监督检查履职尽责，加强对重点企业和库点跟踪检查，做到了对当地所有启动政策性粮食收购库点监督检查全覆盖。加大典型案件核查力度，畅通群众合理诉求渠道，及时发现和严肃查处违法违规行为。上个秋粮收购期，垦区粮食部门共核查处理涉粮案件49起，及时核查了群众反映的实际问题，查处纠正了违法违规行为。结合开展库存检查清理整改重点问题。把执行2014—2015年度秋粮收购政策情况作为重点检查内容，对辖区内有政策性粮食库存的186个企业(库点)，1560万吨政策性粮食库存，本着“有库(点)必到、有粮必查、有账必核、查必彻底”的原则，进行了逐库逐仓全面检查。清理排查国家粮食购销政策执行中存在的问题，按国家要求进行整改。（颜　夫）

【粮食质量监测】 黑龙江垦区粮油卫生检验监测站是垦区唯一的国家级粮油卫生检验监测站，负责垦区区域内的秋粮质量调查、品质测报，国家政策性粮食抽检，政策性粮食收购验收入库及出库工作。按照属地化管理，分类、分级负责制验收的规定，垦区粮油卫生检验监测站克服垦区覆盖范围广，土地面积大，粮食样品种类多，路途遥远和需要大量人力、物力、车辆、仪器设备等方面的实际困难，全面完成了对垦区区域内135家政策性粮收储库点的721万吨粮食的入库验收工作。共抽样品3908份，出具检验报告

900份。同时也完成了垦区9个管理局1200多份稻谷、玉米、大豆等样本点的粮食质量安全和品质检验、监测工作。（颜　夫）

【粮食直补】 4月初垦区粮食直补和大豆目标价补贴工作启动后,采取一系列有效措施,精心组织,扎实推进,粮食直补工作取得了明显的成效。截至6月末,垦区粮食直补和粮食综合直补实际发放面积262.79万公顷(其中省核定补贴面积232.03万公顷);落实发放粮食直补资金和粮食综合直补资金205243.4万元,其中省下拨补贴资金200423.6万元。实际发放粮食直补和粮食综合直补种植户30.4万户,占应发户数的100%。（颜　夫）

【大豆目标价补贴】 拨付大豆补贴面积41.73万公顷,补贴资金为37924.1万元,其中省下拨补贴资金37787.0万元,农场自筹解决137.1万元,平均亩补贴标准为60.50元。补贴大豆种植户数85203户,占应发户数的100%。（颜　夫）

交通运输·城乡建设

交通运输

【建三江至前哨高速通车】 建三江至抚远(黑瞎子岛)高速建三江至前哨段项目全长166.502千米,工程概算总投资61.4亿元,于2015年10月21日交工验收,为黑龙江省又打通了一条粮食运输大通道,成为"龙江丝路带"的重要工程。 (徐天斌)

【农村公路建设】 通过抓好项目前期、冬季备料、路基储备、工程进度、质量控制五个方面工作,完成农村公路投资17394万元,完成通畅工程23项175.3公里,通达工程8项269.8公里,危桥改造32座,827.46延长米;完成省道中修工程2项,完成平交道口改造工程投资4335万元,763处。 (徐天斌)

【公路养护】 加大公路养护管理投入。补贴农村公路养护资金6139万元,农场对农村公路养护资金投入逐年加大,推动农村公路管理养护工作的常态化、规范化、标准化建设。提升公路养护水平。打造标准化大通道290公里,购置各类养护机械5台(套),保持省级科学标准路86.623公里,创建地市级科学标准路168.5公里,新建和更换公路安全标志1952块。全面普及预防性养护。全面加强路况和桥梁检测评定工作,做到灌缝、补坑、清物、治超、处理桥头跳车、整治路容路貌、桥梁养护和巡查等工作常态化,公路养护管理基本实现由矫正性养护向预防性养护转型。提升以治超为重点的路政管理水平。垦区通过强化宣传,营造氛围;关口前移,源头监管;多措并举,路面治理;整治非法改装,启动"路域治理专项"行动,提升路政管理水平和成效。路政案件查处率100%、案件结案率100%、许可证办证率100%、违建控制率100%%,查处超限车辆706辆,超限超载率下降到1.8%,收取路政赔补款450万元,超限罚款78万余元。 (徐天斌)

【道路运输】 发展公交客运。将经营期到期,具备改造条件的农村客运班车改造为公交车辆,2015年新增公交客车11台,新增公交线路4条,公交车占农村客运车辆比例达60%,公交化运行率60%。调整和优化客运运力结构。加快农场市县交叉和跨地市营运客车的报废更新步伐,鼓励老旧车辆,技术状况差的车辆提前更新,鼓励发展高中档客车,要求农场到哈尔滨市的营运客车必须更新为高一级以上客车,全年更新客车17台,提高了车辆档次、舒适性和安全性。规范客运站管理。按照"黑龙江省公路客运站级别划分标准"要求,结合垦区实际情况,完成对垦区客运站进行核查,履行许可手续,严格落实客运站"三不进站、六不出站"安全管理制度。推进源头治超工作。对垦区105家货物运输源头单位及其监管单位、监管形式及监管责任人进行公示,进一步落实源头治超工作责任。共派驻24人,累计巡查7000余人次,共出动执法人员1.5万余人次,出动执法车辆850余台次,检查货运车辆2.4万余台次,货运车辆非法改装行为得到有效遏制,道路运输市场秩序进一步改善。 (徐天斌)

【交通安全】 安全监管责任落实到位,安全督导制度常态化。交通运输部门全面启动安全督导工作,总局交通运输局综合督导巡查6次,巡查41个农牧场和104个企事业单位,整改隐患42项。平安交通建设迈上新台阶。通过"打非治违""六打六治"等专项行动,防范各类交通运输安全责任事故发生。全行业无安全生产不合格单位。 (徐天斌)

住房和城乡建设

【概况】 实现建筑业增加值56.5亿元,比上年增长1.2%,其中,国有及国有控股企业增加值14.6亿元,比上年下降3.5%。当年新开工的单位工程施工个数4150个,比上年增加6个。当年单位工程竣工个数4033个,比上年减少39个。年内房屋建筑施工面积和竣工面积分别达343.3万平方米和220.7万平方米,分别比上年增长5.5%和下降20.6%。实现利税16.2亿元,下降2.7%,其中,国有及国有控股企业利税2.9亿元,下降11.8%,实现利润总额10.7亿元,下降1.2%,其中国有及国有控股企业利润总额1.1亿元,下降4.5%。 (张凤海)

【住房建设】 建设住宅97.73万平方米,垦区人均住房面积32平方米,城镇化率常住人口85.8%、户籍人口86.4%。 (张凤海)

【城镇基础设施建设】 硬化改造市政道路41.33公里,更新改造供热锅炉300吨,更新改造供热管线64公里,更新改造供水管线72.2公里,建设排水管线68.1公里,新增绿地面积146.59公顷。 (张凤海)

【城镇环境卫生综合治理】 开展"抓干净、无死角"城镇市容环境卫生综合治理活动,解决建筑工地周边、铁路沿线、城乡结合部及建筑垃圾运输、房屋装饰装修垃圾散堆乱放等影响环境卫生的重点部位和突出问题,引导和调动职工群众爱护环境。清理街路2405条,清理七乱3763处,治理城乡结合部181处,治理区内河道1.26万延长米,治理铁路沿线2616米。 (张凤海)

【勘察设计】 垦区有勘察设计单位30家,其中,甲级建筑工程设计单位3家,甲级岩土工程勘察单位2家,甲级农林水利设计单位1家,其余均为乙级丙级的小型勘察设计企业。2015年,垦区勘察设计行业营业收入2.1亿元。在垦区注册的一级注册建筑师15人,一级注册结构工程师16人,二级注册建筑师16人,二级注册结构工程师11人。垦区共有施工图审查机构2家,均为2类审查机构。完成垦区全部建筑工程施工图的审查工作。 (张凤海)

【建筑企业】 垦区有建筑施工企业310家,施工总承包序列企业177家,其中,一级企业7家、二级企业41家、三级企业129家。专业承包序列企业61家,其中一级企业1家、二级企业14家、三级企业49家、不定级企业4家。

劳务分包序列企业72家。监理企业18家,其中,乙级企业6家、丙级企业12家。招标代理中介机构5家,甲级1家,乙级4家。一级注册建造师(含临时)210人,二级注册建造师(含临时)117人,监理工程师832人,工长537人,技术负责人459人,技术员436人。

(张凤海)

【建筑市场管理】 召开招投标管理工作会议。开展2015年垦区建筑市场检查,全面检查了2014年已竣工和2015年在建工程履行法定建设程序情况、工程项目招投标情况、企业无证、越级、转包和挂靠承揽工程情况、工程拖欠工程款和农民工工资情况及垦区外企业市场行为情况。9个管理局住建局普查所有在建项目,受检总建筑面积210万平方米,总造价32.55亿元。加强招投标网上监管工作。工程项目基本上实现招标登记备案、招标公告发布、投标报名、招标文件备案、评标定标、专家抽取、中标结果公示和书面报告备案等信息的网上传递和审核。规范垦区招投标活动,明确垦区工程建设项目招标范围和规模标准,要求垦区各单位房屋建筑及市政基础设施工程招标投标活动(包括公开招标和邀请招标),必须按照有关规定进入农垦建设工程交易中心进行招投标活动。加强施工许可管理。严格把好"四关",即一把好资金审查关。认真审查资金证明,特别是房地产开发项目要认真审查,严防拖欠工程款;把好施工图审查关;把好保证工程质量和安全生产的措施审查关;把好创建标准化工地的实施方案审查关。建立健全防止建设领域拖欠工程款和农民工工资长效机制,防止新的拖欠事件发生。建立健全了防止拖欠工程款和农民工工资长效机制,及时掌握垦区建设领域工程款支付情况及企业拖欠人员工资情况,及时发现问题,及时解决问题。在工作中继续坚持3%农民工工资交付制度和建设单位无拖欠证明制度,防止新的拖欠事件发生。

(张凤海)

【房地产业】 垦区有房地产开发企业76家,其中新成立5家。2015年新开发建筑住宅项目28个,建筑面积84万平方米。垦区有物业服务企业77家,新成立15家。物业管理住宅面积1170万平方米,非住宅面积304万平方米。

(张凤海)

【工程质量管理】 以"落实责任主体质量责任、治理工程质量常见问题、治理质量监管薄弱环节,保工期科学、造价合理、工程质量社会满意"的"一落二治三保"行动作为2015年工作的主线,落实企业对项目的管理责任和项目负责人工程质量终身责任,实行工程质量责任书面承诺、工程永久性标志牌和信息档案制度,以工程质量管理的标准化推进工程治质量常见问题的治理,形成工程质量常见问题治理的长效机制。探索适应垦区的工程质量宏观监督的基本做法,发挥监督检测的作用,确立成熟的从实体质量缺陷追究质量管理行为漏洞,从现场质量管理缺陷追究企业质量管理责任的质量监督方法。采取随机、飞行检查的方式,坚持差别化管理原则,加大约谈预警和责任追究力度,发挥监督检测的手段作用,提高监督检测的科学性、权威性。

(张凤海)

【建筑安全】 下发《关于垦区〈燃气经营许可证〉审批发放有关事项的通知》,将垦区燃气经营许可证的审批发放权下放到各管理局燃气行政主管部门。下发《关于印发〈垦区建设工程施工安全监督档案(样本)〉的通知》,对垦区建设工程安全监督管理档案进行了修订、完善。组织开展春节期间建设安全生产检查、春季开(复)工安全生产检查、2015年建筑施工安全专项整治行动、灾害风险隐患排查和治理工作、危险性较大的分部分项工程落实施工方案专项行动、"安全生产月"和"安全生产垦区行"活动、雨期汛期建设安全生产检查、房屋建筑和市政工程安全监督执法检查工作、垦区建设工程安全生产专项检查、建设安全生产大检查和国庆期间安全生产检查工作。2015年,垦区4个建筑工地被评为垦区安全质量标准化样板工地,12个建筑工地被评为垦区安全质量标准化合格工地,2个建筑工地被评为省安全质量标准化样板工地,2个建筑工地被评为省安全质量标准化合格工地。

(张凤海)

【测绘地理信息服务市场监管】 垦区测绘资质单位甲、乙、丙、丁级共29家,按照《测绘资质管理规定》《测绘资质分级标准》的规定进行测绘活动,没有超资质等级、业务范围和作业限额承担测绘项目的情况。未发生测绘成果质量不合格而给用户造成经济损失的情况。具体核心涉密人员参加省测绘局举办的涉密测绘成果管理人员岗位培训班,做到持证上岗。完成测绘地理信息综合统计网络直报和资质单位信息维护工作,督促资质单位完成统计年报与检查确认,保障数据真实性和完整性。配合省局开展测绘地理信息成果质量监管工作,对测量标志进行检查维护。

(张凤海)

综合经济管理

发展与改革

【农业项目】 落实投资6.7亿元，其中，中央投资5.3亿元，用于支持垦区现代化大农业建设。国家新增千亿斤粮食生产能力规划田间工程共落实投资5亿元，其中，中央投资4亿元，在35个农场新建高标准农田2.23万公顷。国家现代农业示范区高标准农田工程共落实投资3600万元，全部为中央投资，续建高标准农田2000公顷。巩固退耕还林成果工程共落实投资8058.8万元，其中中央投资4029.4万元，建设旱地改水浇地4067公顷等。畜牧业项目共落实投资4822万元，其中，中央投资4600万元，改扩建奶牛标准化规模养殖小区28处，改扩建奶牛良种场2处。落实投资1600万元，其中，中央投资1550万元，建设草原防火站2处，改造移民新村排水沟5224米，使垦区7.53万公顷耕地实现物联网精细化管理。（李银龙）

【仓储设施与沼气工程】 落实投资3.75亿元，其中，中央投资1.9亿元，建设粮食仓储设施项目15个，新增粮食仓储能力75万吨。落实投资中央投资4000万元，支持中节能绿碳（宝泉岭农垦）环保有限公司有机废弃物综合利用项目沼气工程建设。（李银龙）

【社会事业基础设施建设项目】 教育基础设施建设落实投资4599万元，其中，中央投资3928万元，建设教育基础设施项目10个。医疗卫生基础设施建设，落实投资4679亿元，其中，中央投资3365万元，建设医疗基础设施项目26个。污水和垃圾处理项目落实投资9033万元，其中，中央投资5400万元，建设污水治理和垃圾处理项目共7个。落实投资6338万元，其中中央投资3829万元，重点支持垦区文化、残疾人康复等其他社会事业项目9个。（李银龙）

【外资利用】 安排外资还款折合人民币6400万元，其中两亿美元日本政府贷款项目还款5000万元，芬兰政府贷款引进大型农机具项目还款1000万元，波兰政府贷款购置农用飞机项目还款400万元。（李银龙）

【项目检查验收】 （1）项目验收工作。对红兴隆、牡丹江、九三、建三江、宝泉岭5个管理局以及农垦总医院、农垦科学院、农垦科技职业学院等直属单位的中央投资项目进行竣工验收，全年验收项目780个。将验收结果填报到农业部项目管理信息系统。对2006年至2015年10年来的所有的农业部项目进行全面整理：凡是已经通过验收的项目，在信息系统中确认“竣工验收”，使其达到“省级已验收状态”；凡是逾期未验收的项目，提出整改意见，责令其尽快完成竣工验收。项目检查工作。对农业部2011—2014年下达的国家现代农业示范区旱涝保收标准农田示范建设项目进行检查和自查，检查报告上报农业部。配合农业部检查组对垦区2011年建设项目进行抽查，抽查结果基本符合规定，对发现的问题责令项目单位整改。组成项目检查组对齐齐哈尔、九三、北安、绥化4个西部管理局的16个农场2010年至2014年未验收的或验收未获通过的40个中央投资项目进行检查。（李银龙）

【“十三五”规划编制工作】 按照总局党委部署，于7月召开黑龙江垦区行业“十三五”规划编制工作会议，对种植业、畜牧业等35个行业领域规划编制工作进行安排部署。下发《黑龙江省农垦总局办公室关于启动垦区“十三五”规划编制工作的通知》，对各管理局、总局各直属企事业单位编制“十三五”规划工作做出安排。8月初，委托黑龙江省农场经济管理学会组织垦区内外90多名专家学者组建“十三五”规划编制专家组、编写组，全面启动黑龙江垦区“十三五”规划编制工作。10月29日，组织31个单位（部门）召开垦区“十三五”经济社会发展座谈会，对垦区各行业、专业“十三五”规划的主要思路进行梳理。11月下旬，垦区“十三五”规划编写组完成《黑龙江垦区经济与社会发展第十三个五年规划》（初稿）。（李银龙）

【简政放权】 根据省政府和总局领导的相关指示，对发改委的总局级行政权力和基本信息进行梳理，以清单形式进行公开。按照权责一致的原则，根据行政权力，梳理发改委与之一一对应的责任事项，建立责任清单，界定发改委的责任事项及责任边界，并予以公开。根据梳理的权力清单及责任清单，填制行政权力的一次性告知单，并绘制行政权力流程图，明确行政权力的办事流程。对下放到管理局的行政权力的承接工作进行评估，开展下放权力承接工作调查活动，加强对管理局的工作指导和服务，对管理局在权力承接过程中出现的问题进行汇总和上报。开展行政审批中介服务清理和规范工作，对申请人的申请条件进行进一步的明确规范。（李银龙）

【建三江七星民用机场建设】 建三江七星民用机场建设有序推进。场内工程总体规划和飞行程序初步设计获东北民航局批复；初步设计、施工图设计发布招标公告，确定设计单位为中国民航机场建设集团公司东北分公司。场外工程配套进场路工程招标完毕，按照二级路标准施工，排水、供电、通信工程设计完毕。（李银龙）

招投标

【概况】 开展采购招标项目281个，委托金额44998.88万元，中标金额39097.47万元，节约金额5901.41万元，节支率13.11%，高于全国同行业平均节支率。垦区采购招标中心因内设机构改革及“两阶段招标”、健全监督制约机制等工作突出在2015年中国政府采购奖评选中荣获年度创新奖。（张长顺）

【招投标管理】 （1）规范政府采购行为。制定《黑龙江垦区政府采购工作规范》。该规范涵盖采购招标业务流程、信息管理、档案管理、业务监督管理、供应商与专家管理、工作人员行为规范以及项目绩效考核管理等内容，是一部系统的、完善的、科学的、全方位的内部“法规”，在制度上进一步规范政府采购业务和有关当事人的行为。(2)强化业务学习和培训工作。分期分批派出业务人员参加中国招标投标协会举办的政府采购法实施条例解读与招标采购管理实务及电子招投标专题培训等法规及业务培训班。单位内部不定期地组织开展业务研讨活动,学习政府采购及招投标有关的法律法规和政策规定,解决业务操作过程中出现的实际问题。(3)推出优质服务新举措。采购招标中心在开评标区域内的十二楼供应商休息区设立办事大厅,设置3个服务窗口(收款、标书出售、供应商注册)和1个业务接待室。办事大厅实行定期值班制度,值班人员负责供应商、采购人的接待工作,涉及其他有关部门业务时,负责通知有关人员及时到场提供服务。办事大厅设立以后,供应商注册、购买文件、递交和退还投标保证金等工作集中办理,方便了采购单位和供应商等服务对象,提高了办事效率和服务水平。(4)加强规范化、标准化建设。坚持目标定位,强化为垦区服务意识,完善采购招标业务流程。"两阶段招标",将采购招标工作流程划分为两个阶段,设立两个采购部门,采购一部负责项目前期准备和招标文件编制,采购二部负责组织开标和评标。通过实施"两阶段招标",打破了以往业务部门分别对应若干个采购单位和行业,采购招标业务"一竿子插到底",缺乏有效监督和相互制约的模式。加强制度建设,完善岗位责任制,按照"分事行权、分岗设权、分级授权、定期轮岗、规范高效"的原则定事、定员、定岗。规范招标文件编制,按不同采购内容和方式制定相应的采购招标文件范本。

(张长顺)

财　务

【概况】 2015年,垦区国有及国有控股企业实现营业总收入13133564万元,比上年下降3.3%,实现利税总额320854万元,比上年增长0.1%。其中利润总额64662万元,比上年增长5.7%;上缴税金256192万元,比上年下降1.2%。企业实现净利润4657万元,其中,归属于母公司所有者的净利润-52052万元,即全年利润扣除贡献税收和少数股东之后,母公司股东承担亏损52052万元。五大行业四盈一亏。其中,农业行业盈利18038万元,比上年减盈61365万元,下降77.3%;工业行业亏损58658万元,比上年减亏15693万元;商品流通行业盈利44952万元,比上年增盈25196万元,增长127.5%;建筑行业盈利9385万元,比上年增盈6267万元,增长201%;服务行业盈利50945万元,比上年增盈17707万元,增长53.3%。国有及国有控股企业户数共计650户,其中,盈利企业350户,盈利面58%;亏损企业300户,亏损面42%。

(张　勇)

【财务管理】 (1)构建规范、高效的预算管理体系。强化项目支出预算管理,提高精细化管理水平。拟订文件规范部门预算项目库建立、申报、预算编制等方面的程序和方法,从制度层面进一步加强垦区项目管理。强化基本支出预算管理,提高预算单位支出保障水平。对总局、管理局两级机关及附属全额事业单位经费重新核定,全额保障这些单位的日常支出。深化预算管理改革。着力抓好将收入全部纳入预算管理,推进非税收入预算与部门预算进行融合,将非税收入预算纳入综合预算管理。(2)做好国有资本经营预算工作。做好国有资本经营预算的整改落实工作。对农业部项目检查组发现的问题,及时组织相关单位认真研究,迅速行动,积极整改,及时化解企业在国资预算项目执行中出现的问题。做好国有资本经营预算项目的申报工作。充分发挥国有资本经营预算资金的导向作用,倡导效益和质量优先。2015—2016年度申报资本性项目8个,财政资金6.4亿元;申报离休干部医药费补助资金2228万元。国有资本经营预算财政资金对垦区重点龙头工业企业已实现全覆盖。(3)做好基本建设资金管理工作。开展项目验收工作。对宝泉岭、红兴隆、建三江、牡丹江、九三5个局的2008—2013年的国家投资基本建设项目进行验收。在验收中发现的问题全部反馈给验收牵头单位总局发改委,要求有问题的单位进行整改。对水利工程项目资金支付进度检查、督促工作,确保12月20日前将应拨付资金全部拨出,按期完成各项目资金支付进度。配合审计署等部门进行三江平原灌区审计、土地出让金延伸审计等工作,根据审计建议进行整改。做好土地出让金34.03亿元返还项目统计、汇报和落实工作。(4)加强制度建设,规范财务管理。规范土地承包费核算,提高会计信息质量。以总局文件形式制定下发《关于进一步规范土地承包费核算工作的通知》,为农业企业统一财务核算依据和真实反映农业企业收入情况打下坚实基础。制定《黑龙江省农垦总局重大水利工程建设专项过桥贷款资金管理办法》。规范贷款资金借入、使用、偿还、监督管理的操作流程,明确贷款"借、用、还"主体的权利与责任,确保贷款资金合规借入、有效使用、按期偿还。严格控制支出,厉行勤俭节约。制定《关于落实厉行节约反对浪费制度和规范会计基础工作有关事项的通知》,在审批制度、开支标准和报销程序方面进行严格规定,2015年压缩"三公"经费支出取得显著效果。(5)加强财政资金监管,杜绝违规违纪事项发生。总结"小金库"治理工作经验,深入剖析产生"小金库"问题的原因,制定了垦区防治"小金库"长效机制建设方案;采取有力措施,扎实有序推进"账外账"治理整改工作,按要求对"账外账"进行重新梳理,完善各项配套管理制度,建立健全长效机制,预防违规违纪问题发生;持之以恒落实中央八项规定和厉行节约反对浪费各项制度,进一步规范财务管理、严肃财经纪律。

(张　勇)

【参与农垦改革】 开展垦区管委会2+1模式总结调研。按照总局党委的安排,财务处会同有关部门组成调研组,对建三江、九三和共青管委会运行情况进行总结调研,通过深入调研总结管委会的制度设计和实现形式有效解决了垦区发展体制障碍、机制不活和内生动力不足,以及城镇发展缺少产业支撑、社会建设缺少地方公共财政保障等问题。开展北药集团经营体制调研。按照总局部署,财务处和农垦经济研究所组成调研组,对北大荒药业集团产权制度、运营机制和企业管理等现代企业制度建设内容进行了深度调研,并形成专题调研报告。客观总结了北药集团强化股权约束、制度规范和企业文化所发挥的积极作用,以及股权多元化催生的激励与约束相结合运营模式所激发出强大的竞争优势,实现了健康、平稳、可持续发展。北药集团的经验对垦区的国有及国有控股企业有很大的借鉴意义。

(张　勇)

【服务垦区发展】 筹措资金13.6亿元支持发展垦区现代化农业,安排水利建设资金7.8亿元,安排农机购置补贴资金5.8亿元;筹措资金6.24亿元支持垦区畜牧业发展;安排城镇化建设资金5.7亿元,提升垦区城镇化建设水平;与上级主管部门沟通、协调,落实调资补助经费7.33亿元,保障垦区行政事业单位12万名职工的工资及时、足额发放;争取项目资金支持垦区高职院校建设。根据省里出台的政策,经过缜密测算和积极争取,垦区高职院校生均拨款项目已列入农业部2016—2018年项目库;争取资金支持垦区公安系统建设,会同总局公安局申请中央政法转移支付补助资金13342万元。加大对现代农业和畜牧业建设支持力度,总局已拨付资金1亿元用于畜牧业发展;筹集资金用于垦区社会和谐稳定,总局拨付资金1.1亿元用于齐齐哈尔及肇东五场的社会保障;为垦区农业产业化建设及资债结构优化提供支持,总局拨付资金300万元用于北大荒绿色食品营销体系及北大荒米业发展战略策划项目费用及森林资源预评估费用。　(张　勇)

扶贫开发

【概况】 2015年,垦区扶贫开发工作以推进精准扶贫为重点,合理安排扶贫项目计划,努力夯实生产和生活基础设施,保障和改善民生条件。争取国家政策资金支持,全力改善贫困农场生产生活条件。强化扶贫项目管理,确保扶贫资金安全使用,充分发挥建设项目效益。垦区贫困农场经济总量提升,综合实力增强,职工收入水平提高,贫困农场生产总值达247亿元,粮食总产量达561.6万吨,居民人均可支配收入达21707元。垦区扶贫项目建设总投资9284万元。扶贫项目建设共计45个。项目建设重点是进行农业基础设施建设,提高粮食综合产出能力;关注民生问题,改善社会基础设施条件,提高职工群众生活环境水平;注重生产科技推广示范,助推产业发展,提高农产品种植效益,增加职工收入;加快少数民族聚居区基础设施建设,促进少数民族地区发展。　(史大勇)

【开发建设内容】 (1)基础设施建设。包括4个贫困农场改造中低产田2400公顷,8个贫困农牧场修建机耕路78.7公里,13个贫困农场建设粮食晒场16.1万平方米、粮食库房3628平方米,1个贫困农场小型农田水利建设667公顷,1个贫困农场建设农机停放场7000平方米。4个贫困农场进行人畜饮水工程建设,解决1.8万人饮用安全水问题。1个贫困农场建设场区道路2.5公里。(2)生产发展项目建设。包括奶牛标准化养殖小区配套设施建设1处,建设农作物种植示范基地2520公顷,建设水稻育秧大棚60栋,日光节能温室22栋,养殖小区粪污无害化处理设施建设1处。(3)少数民族聚居区发展项目建设。包括少数民族聚居区水利设施建设200公顷,建设养殖中心羊舍400平方米,建设水稻新品种试验基地10公顷,砂石路建设1.03公里,建设农机库房480平方米。

(史大勇)

【扶贫政策资金支持】 争取国家扶贫政策资金对垦区贫困农场发展的更大支持,打牢贫困农场经济社会发展基础,针对"十三五"新进国家扶贫序列农场,加大扶持力度。组织垦区相关领域专家对贫困农场2016年扶贫项目可行性研究报告进行充分研讨论证,结合贫困农场实际,编制2016年扶贫项目建设投资计划,参加农业部组织的2016年扶贫项目专家评审会,根据评审意见,合理调整扶贫开发项目,完善项目可行性研究报告,编报2016年扶贫开发项目资金预算支出计划。项目编报过程中,针对垦区贫困农场扶贫开发建设需求和自有资金紧张的问题,沟通协调农业部农垦局,得到减少项目建设配套资金投入或不再要求配套资金的支持。　(史大勇)

【探索精准扶贫机制】 按照中央关于精准扶贫工作指示要求,结合贫困农场发展现状、资源优劣和急需重点解决的问题,探索和建立适合垦区特点的"因场施策,一地一品"精准扶贫机制 由各场制订方案,总局统筹,分阶段拿出规划和措施,把扶贫工作精准到管理区和作业站。以场为单位、梯次推进、逐站逐区研究帮扶措施,确保脱贫成效精准。2015年,在东西部管理局各拿出一个农场作为试点。

(史大勇)

【扶贫项目管理】 (1)规范扶贫项目运行流程。按照扶贫项目管理办法规定,在已对扶贫开发项目运行流程进行全面和细致地梳理,制作扶贫开发项目运行流程图,流程图中对项目运行和每个环节进行规范和细化,责任与工作要求划分明确,以此保证项目运行规范化、程序化,真正做到权责结合统一。(2)严格项目管理。从项目申报、审批到项目实施、验收,严格遵照执行有关规定和运行流程进行。项目报批严格执行"两上""两下"流程,加强项目实施过程中规范化管理。从2015年开始,优先支持积极性高、脱贫愿望强、扶贫工作做得好、资金使用规范的贫困农场,对项目未按期完成或有质量问题的单位实行轮停制度,加强与农发、发改等部门沟通,探索对重点扶持农场采取集中资金投入办法,加大扶持力度。(3)注重发挥第三方作用,保证项目运转过程公正规范。面向社会,通过采购方式招聘三家招标单位对项目施工单位进行统一采购,招聘专业中介机构对9个管理局35个贫困农场近2年扶贫项目计划执行、管理、资金使用、竣工验收等情况进行专项检查,边检查边指导,对检查中发现的问题提出限时整改要求,使扶贫项目的内业外业逐渐趋于规范。
（史大勇）

统　计

【概况】 适应经济发展新常态对统计工作的新要求,以提高统计数据质量为中心,推进统计改革和基层基础建设,重点加强统计监测和服务水平,推动垦区统计工作整体水平不断提高。(1)服务型统计建设。按照国家统计局"加快建设服务型统计"的要求,在统计分析、咨询服务和统计产品开发等方面做了大量工作,为总局领导掌握垦区经济运行情况和实施科学决策,提供了一系列具有较高参考价值的分析报告。农垦局队共撰写各类分析报告43篇,专题约稿信息12篇、政务信息30篇。其中,《垦区四大粮食作物亩效益调查分析》《垦区现代示范奶牛场建设现状及经营困难》《关注垦区老年群体 发展朝阳养老产业》等15篇被省统计局、黑龙江调查总队内网采用,从统计渠道为省委、省政府了解和支持垦区发展提供了信息资料。《黑龙江垦区统计资料》成为总局主要领导唯一保留的部门简报,通过这一载体全年印发统计分析18篇。《黑龙江垦区统计年鉴》《统计月报》《统计提要》等统计产品的编撰水平、印刷质量进一步提升,突出与时俱进、内容丰富、美观实用的特点,向统计用户提供了多样化的统计产品。(2)统计监测。强化经济运行分析。对垦区经济运行态势进行月度、季度重点监控,及时发现经济运行过程中出现的苗头性、倾向性问题,为总局领导科学决策提供准确依据。做好规上工业月度监测。每月撰写规模以上工业企业运行监测报告,在反映现状、分析问题、引导发展方面提出具有针对性和可操作性的政策建议,便于总局领导和上级业务部门准确把握企业运行状况。围绕"稳粮增收调结构"开展重点调查。在垦区9个管理局的70个农场开展70个农产品的种植成本与效益调查,在9个管理局的83个农场和总局直属单位开展20个畜牧品种的养殖成本与效益调查,编印了《垦区农牧业成本与效益调查资料》,为总局领导和有关部门掌握垦区农牧业生产成本与效益,实施农牧业生产宏观调控、引导种植户和养殖户调整种养结构提供参考依据。开展垦区"十三五"规划指标预测和统计行业规划编制工作。在总结垦区"十二五"发展成就基础上,对垦区"十三五"规划主要经济指标进行预测,并对规划指标体系设置提出建议,圆满完成统计行业规划的编制工作,为总局编制"十三五"规划提供重要参考依据。(3)修订完善垦区统计报表制度。推动核算、贸易、劳资等统计调查改革。完善《垦区季度GDP核算方案》,严格执行季度GDP等主要统计指标下算一级制度,加强对局场两级核算及专业主要统计数据的审核评估。在北安、绥化等5个管理局的11个农牧场开展劳资、贸易等专业统计制度改革调研工作;加强与农业局、科技局、畜牧局等部门的沟通协作,对垦区现行统计报表制度进行修订和完善,增加林下经济和设施农业统计表,满足总局领导和相关部门的需要。改革管理局和农场人均纯收入抽样调查方案,设计垦区居民人均可支配收入报表和抽样调查计算表。
（杨雪松）

【统计基层基础建设】 实施《黑龙江垦区统计管理办法》《黑龙江垦区统计基础工作规范》《黑龙江垦区农场(大中型企业)统计基础工作规范化建设评价方案》,全面加强农场和大中型企业基层基础规范化建设。落实《黑龙江省统计局关于开展统计基层基础建设回头看活动的通知》,深入宝泉岭、建三江管理局,对统计基层基础建设情况进行督导检查,针对部分农场统计工作存在的不足提出整改措施,上报垦区统计基层基础建设回头看自查报告。开展学习宣传和贯彻落实《黑龙江省人民政府关于进一步加强统计工作的通知》活动,在北大荒网、《北大荒日报》转载《黑龙江省人民政府关于进一步加强统计工作的通知》,在黑龙江农垦统计信息网上开辟"学习、宣传、贯彻加强统计工作通知"专题专栏,系列报道总局、管理局、农场贯彻落实动态等情况。
（杨雪松）

【统计执法检查】 开展常规统计执法检查,赴曙光、八五二、前哨、青龙山、八五四、八五八等13个农场,重点对总局2014年大豆目标价格补贴发放情况、农作物播种面积和产量、主要畜禽监测调查及统计台账的建立情况进行了统计执法检查,并对庆丰、八五〇农场进行了统计执法检查回访。对被检单位存在的严重统计违法违纪行为立案2件,其中警告1件、罚款1件。
（杨雪松）

【统计信息化建设】 申请总局财政专项资金300万元,实施农垦统计信息网络改造项目,对原有机房进行改造装修,增加了智能防雷、智能安防、环境智能监控报警和智能空气调节系统,为9个管理局增配了服务器。对统计数据处理网上直报系统进行升级,加快推广垦区统计电子台账,提高统计数据的综合处理能力和统计信息自动化水平。
（杨雪松）

【国家统计调查任务】 严格执行国家统计调查方法制度,在垦区各级辅助调查员的支持下,较好地完成了主要畜禽监测调查、粮食产量实割实测、农产品生产者价格调查、中间消耗调查、规模以下工业抽样调查、小微企业和个体经营户跟踪调查等常规抽样调查;在垦区范围内全面开展"平安龙江"专项调查,样本量达3390户;首次完成垦区粮食作物播种面积遥感调查,对68个承担遥感调查任务的农场及管理局的统计人员进行遥感知识和野外调查方法培训,完成82个样本单位、410个样方、2956个地块的野外调查工作。
（杨雪松）

【垦区生产总值】 初步核算,垦区2015年实现地区生产总值(GDP)1172.7亿元,按可比价格计算,比上年增长5.8%。人均生产总值达到69612元,增长6.7%,以当年平均汇率折算人均地区生产总值为11176美元,比上年增加386美元。三次产业稳步增长,其中第一产业增加值554.6亿元，增长4.1%，第二产业增加值242.6亿元，增长1.6%，第三产业增加值375.5亿元，增长10.8%。一、二、三产业对垦区当年经济增长的贡献率分别为34.4%、6.3%和59.3%。（杨雪松）

审　计

【概况】 2014年8月5日，总局审计处更名为总局审计局。至2015年底，垦区共设立审计机构155个，有审计人员376人，其中专职审计人员350人。技术职务有高级技术职称103人，中级技术职称117人。2015年，完成审计项目3007个，挽回经济损失18174万元，移送违法违纪案件线索58件，移送纪委监察处理7人，行政降职免职2人，提出并被采纳建议3814条，上报审计要情79份，总局领导对审计工作做出重要批示29件。（胡　琳）

【经济责任审计】 垦区各级审计部门对452名党政领导干部和国有企业领导人员进行经济责任审计。在审计过程中将各单位落实中央“八项规定”、省委“九项”规定和总局党委“九项规定”相关要求的执行情况作为经济责任审计的重要内容，根据不同类别领导干部的职责权限，突出审计重点。在审计范围上拓展、在审计方法上创新、在审计界定上突破、在问题线索上深挖，做到不缺项、不漏项，对领导干部的经济责任审计更加全面。建立场长、企业主要负责人离任前审计制度。通过书面征集各管理局和总局直属单位意见，对总局直属企业领导干部任职情况进行调查。根据征集到的意见，起草《中共黑龙江省农垦总局委员会关于加强党政主要领导和国有企业领导人员离任前经济责任审计的意见》（以下简称《意见》），经总局党委讨论通过印发。《意见》对开展场长、企业主要负责人任中审计提出明确要求。文件印发后，根据总局党委组织部提请，总局审计局组织精干审计力量，节假日不休息，按照《意见》要求，开展尾山农场、友谊分公司、八五九分公司、延军农场、红旗农场、农业局、人保局领导任中经济责任审计，在要求的时限内将审计结果上报组织部门。推进领导干部离任前经济责任审计，切实加大了对权力运行的监督和制约力度。（胡　琳）

【财务收支审计】 垦区各级审计部门共完成财务收支审计649项，其中，指标完成情况审计294项，总局审计局对15个局直企业的经营完成情况进行审计。在核实企业资产、负债和经营成果真实性的基础上，注重企业效益情况审计，以促进体制效率、政策效用、管理效能、工作成效、资金效益、资产安全、资源节约等为主要审计目标，揭示企业存在的风险和隐患，揭露损失浪费、效率低下等问题，分析企业产生问题和风险的原因及其后果，从体制、机制、制度层面提出解决问题的对策和建议，发挥审计的建设性作用。（胡　琳）

【预算执行审计】 按照总局《2014年垦区政府信息公开工作方案》要求，2015年初，垦区各级审计部门全面开展预算执行审计工作，共计完成192项。预算执行审计过程中，以政策为导向、以预算为中心、以资金为主线、以支出为重点，密切关注垦区财政资金存量和增量，促进盘活存量、优化增量。着力审计财政预算执行情况和各类专项资金的安全性和效益性，推进垦区加强财政预算资金管理，细化预算编制，严格预算执行，强化预算约束，促进建立和完善全面规范、公开透明的预算制度。（胡　琳）

【固定资产投资审计】 总局、管理局和农场三级审计机构围绕优化经济发展空间格局，实现基本建设投资审计全覆盖，共完成1217个审计项目，审减工程款17254万元。审计过程中着力监督检查计划下达、资金使用、建设管理和投资效益情况，着重揭示招投标、物资采购、投资控制、资金保障、工程质量和造价等环节存在的突出问题，推动完善制度、减少浪费、加强管理和堵塞漏洞，促进提高投资效益。（胡　琳）

【专项审计调查】 垦区各级审计机构以维护社会稳定、促进改善民生为目标，加强对民生资金和项目的审计。总局、管理局、农场采取三级审计机构联动的审计方式，对“一事一议”资金、草原奖励资金、社保基金、交通系统建设等重点资金重点行业进行审计；管理局和农场审计部门重点审计农业统贷资金和农业利费资金管理及使用情况。审计过程中坚持纵向到底，循着资金流向走，从政策要求、预算安排、资金拨付一直追踪到项目、追踪到个人，确保垦区职工群众真正从中受益，促进党和国家各项惠农政策真正落实到位，促进各单位提高专项资金管理能力，促进垦区民生事业得到根本改善。强化境外企业审计监督，形成常态化审计机制。总局审计局采取公开招标委托具有境外审计能力的会计师事务所和自审相结合的方式对垦区23个国有独资和合作的境外企业经营情况进行专项审计。通过检查“走出去”企业设立的合法性、经营的效益性、财务核算的真实性和遵守财经法纪情况，揭示财务管理和经营管理中存在的问题，分析产生问题的原因，指出企业存在的各种风险，并提出切实可行的审计建议。从主客观两方面分析企业可持续经营能力，真实反映企业财务状况和经营状况，为领导决策提供基础资料。按照总局党委（扩大）会议报告提出的要求，审计局在调查研究基础上制定工作方案，在开展2014年经营业绩审计的同时，启动对亏损严重、潜亏风险较大和经营管理混乱企业专项审计调查。专项审计调查对象包括北大荒米业集团、北大荒丰缘集团、北大荒薯业集团、北大荒商贸集团、完达山乳业公司、九三粮油工业集团、农垦建工集团7个总局直属企业及北大荒集团直接管理的北大荒绿洲米业公司、北大荒五大连池矿泉水公司，共9个企业。采取“一企一策”方式，以审核企业财务状况和经营成果真实性为基础，对每个企业审计和审计调查内容各有侧重，依据企业实际情况，抓住影响企业效益的主要问题、存在的经营风险和经营管理不善的主要环节进行深入剖析，提出行之有效的审

计意见和建议,为垦区加快国企改革起到了促进作用。（胡 琳）

【反腐倡廉】 贯彻落实总局党委有关加强党风廉政建设和反腐败工作决策部署,贯彻落实总局党委、行政领导批示要求,以坚决维护党纪政纪、推动完善防范机制、促进廉洁政府建设为目标,在各项审计工作中重点关注重大投资决策、项目审批、重大物资采购和招投标等重点领域和关键环节,不断加大查处违法违纪问题和移送案件线索工作力度,充分发挥审计在促进党风廉政建设中的作用。（胡 琳）

【审计成果运用】 审计发现的问题及时向单位领导报告,审计成果及时报送主责部门,强化审计成果运用,切实发挥审计监督作用。督促落实审计整改工作,把问题的整改纳入审计工作程序。建立问题整改台账,实行清单销号管理,根据各单位整改情况逐项销号,在北大荒网审计频道上对审计发现问题的整改情况进行公示。各级审计部门不只揭露问题,还把问题整改作为审计工作的重要内容,紧盯发现的问题不放,跟踪监督,确保问题彻底整改。（胡 琳）

【规范化建设】 起草《中共黑龙江省农垦总局委员会关于加强党政主要领导和国有企业领导人员离任前经济责任审计的意见》,印发《审计重大事项报告制度》《审计项目质量责任追究制度》《垦区审计结果运用管理规定》《审计局计算机信息安全管理制度》《总局审计局政务公开制度》。从制度上保证审计工作程序化、规范化,发现的重大事项能够及时、全面、真实地上报,切实发挥审计监督作用。明确审计人员在实施审计项目过程中应负的质量责任,从而提高审计质量,强化审计责任,降低审计风险。梳理行政权力清单,规范权力流程,经法制部门及时向社会公示,强化社会对审计工作的监督,促进审计政务公开工作逐步深化。坚持年终考核制度,落实奖惩措施,激励和约束审计人员严格执法,文明执法,公正执法,廉洁执法,规范审计行政行为。（胡 琳）

人力资源和劳动社会保障

【就业工作】 加大对创业、就业的政策扶持力度和范围,通过持续深入开展"就业援助月""春风行动",实施"三支一扶"计划、鼓励企业吸纳高校毕业生、政府购买社会服务岗位、开发公益性岗位等专项活动,使垦区就业规模扩大,就业渠道拓宽,就业结构改善。帮助2771名就业困难人员实现就业,其中,残疾就业困难人员260人,帮助2732名就业困难人员享受政策,认定96户零就业家庭,帮助179名零就业家庭成员实现就业。组织59场专场招聘会,为24417人提供免费就业服务,企业吸纳农村劳动者5030人。跨地区有组织的劳务输出人数954人。参加创业培训172人,接受创业服务606人,组织3018人参加技能培训,为2093名劳动者提供维权服务和法律援助,推荐105个用工规范的诚信企业。垦区登记失业率2.4%,比省计划控制目标低2.1个百分点,比总局控制目标低1.1个百分点。（张 磊）

【社会保险工作】 贯彻落实失业保险金支持用人单位稳岗有关优惠政策,充分调动用人单位缴纳社会保险费的积极性,很多单位多方筹集资金,补缴往年欠缴的失业保险费,顺利地享受到2015年稳岗补助资金政策,减轻企业缴费负担。退休审批实施"一站式"服务,全年办理总局直属单位企业参保人员退休审批762人,进一步规范办事程序,减少办事环节,提升工作效率。建立社保扩面长效机制,为3256名未参保集体企业等退休人员办理参保退休手续,缴费率达61%,妥善解决垦区未参保集体企业等退休人员社会保障遗留问题。"金保工程"上线,对养老、医疗、工伤、生育、失业五大社会保险数据进行有机整合,许多社保业务改为网上操作,极大地方便了用人单位和参保人员办理社会保险业务。（张 磊）

【人才引进工作】 按照总局党委"百千万"人才工作精神,深入实施"人才强垦"战略,强力推进"百千万"人才工程,促进用人单位与各类人才有效对接,营造垦区人才引进工作的良好氛围,让更多人才了解垦区、认知垦区、走进垦区,为垦区现代化大农业建设提供强有力的人才保障。在八一农垦大学、东北农业大学分别举办了"黑龙江垦区2015年人才招聘会",垦区共有99家用人单位参会,发布需求岗位376个,现场签订意向性协议283份。在此基础上,开展高校毕业生就业见习工作,各高校毕业生就业见习基地共吸纳见习毕业生312人。（张 磊）

【职业技能培训】 开展职业培训7232人,其中,就业技能培训3648人,岗位技能提升培训3584人,就业技能培训后实现就业人数3334人。进行高技能人才培训3400人,取得职业资格证书3299人,其中,技师118人,高级技师84人。4月,启动"垦区有突出贡献的高技能人才和"垦区技术能手"评选表彰活动。评选"垦区有突出贡献高技能人才"10名、"垦区技术能手"30名。开展创业培训326人,经培训后现成功创业45人,创业带动就业119人。（张 磊）

【高层次人才队伍建设】 按照《关于做好2015年省级领军人才梯队建工作的通知》精神,围绕为垦区发展现代化大农业提供人才智力支撑的工作目标,全面部署垦区2015年领军人才梯队建设工作。省人社厅批复垦区"大麦遗传育种"梯队后备带头人资助资金5万元。垦区现有9支省级领军人才梯队,54支总局级领军人才梯队。完成完达山乳业集团省长特别奖项目的申报及考核工作,完成享受每月600元政府特殊津贴人员的核查工作,加强引进国外智力工作,引进垦区急需的高层队海外人才,在省外专局的大力支持下,黑龙江龙垦航空公司引进澳大利亚飞行员19人次,八一农垦大学向省申了2个"千人计划"项目,共有12名海外留学人才申请了省资助项目。（张 磊）

【劳动保障监察】 重点抓建筑企业拖欠农民工工资问题。组织力量对行政区域内已建、在建政府投资工程项目进行逐项排查，摸清拖欠工程款和拖欠农民工工资的底数，制订本地区清欠工作方案，落实责任主体，分类做好拖欠工程款和农民工工资，垦区政府投资工程项目拖欠农民工工资共17件，涉及拖欠农民工人数259人，涉及拖欠农民工工资386.59万元，通过垦区各级人社局、公安局、住建局等相关部门的协调配合，截至2015年2月13日，17件拖欠农民工资案件全部解决，让农民工兄弟安心回家过年。在垦区开展了清理各类涉企检查、评比、达标、培训等活动。深入开展劳动保障监察交叉执法检查活动，4个检查组分别深入9个管理局，实地检查36个农场40个建筑工地和30家规模型重点用人单位，行动涉及劳动者5450人，下达责令改正通知书15份。开展劳动保障诚信等级评价暨书面审查工作，将书面审查信息和结果全部录入“劳动保障监察管理信息系统”，垦区用人单位采集录入劳动用工信息893户，录入保障金管理户数82户。 （张　磊）

【公务员管理】 总局机关有49个单位进行年度考核。参加考核人员为594人，其中有90人被评为优秀公务员，占参加考核人数的15.1%；优秀工勤人员4人；连续3年评为优秀的16人。配合省人社厅完成垦区2015年公务员录用工作，垦区各级机关共计划招录214人，其中总局机关招录10人。会同总局党委组织部开展了机关调任人员摸底试点工作，完成机关86人的日常公务员登记。总局成立机关公务员申诉公正委员会，成员由总局机关有关处室领导组成，办公室设在总局人社局。总局机关公务员申诉公正委员会办事机构依法开展调查取证工作。按照总局监察局出具的监察建议，形成了总局机关部分工作人员的处分决定。 （张　磊）

【企业军转干部解困和军队干部家属安置】 垦区共有抗美援朝期间入伍的企业军转干部646人，其中，团职2人，营职以下的644人，共计拨付资金116.4万元，其中团职0.48万元、营职115.92万元。拨付困难企业军转干部生活补助资金304.6万元，其中取暖补贴21.40万元。完成企业军转干部基本情况统计上报，切实做好政策宣传解释工作，确保垦区社会和谐稳定。 （张　磊）

【工资福利】 完成国家调整机关事业单位工资标准工作。此次垦区机关事业单位共调整86717人次，月人均增资537元（其中在职61517人次，月人均增资600元；离休973人，月人均增资615元；退休24227人，月人均增资376元）。企业离休共调整1816人，人均增资569元。全年受理4起“吃空饷”举报案件，均已办结，按要求对相关责任人进行处理。 （张　磊）

【基层服务平台建设】 垦区已建立起由总局—管理局—农牧场—管理区四级管理模式的基层民生公共服务体系。其中包括109个劳动就业社会保障服务中心和493个劳动就业社会保障服务站，配备专职工作人员1197人。其中，工作人员中大专以上学历1105人，占人员总数的92.3%。获得劳动保障协理员职业资格证书881人，占人员总数的73.6%。建立《基层服务平台工作开展情况》报告制度，设计统一的《基层服务平台工作开展情况》台账，每月、季度末由基层服务平台将工作开展情况记录下来。 （张　磊）

【清理行政审批事项】 深入开展行政权力事项全面梳理和清理。农垦总局人社局行政事项43项，下放39项，保留4项。对下放行政事项开展情况进行专项调研，对承接单位进行业务指导和督促检查。对保留的权力事项明晰责任清单、流程图和一次性告知单，严格依法依规按程序操作，接受社会监督。 （张　磊）

【信访和仲裁】 垦区两级人社行政部门共收到各类群众信访信件120件，涉及193人，与上年同期比来信和来信人数略有减少。群众来访211人次，较上年减少10%。总局三级信访复核案件89件，与上年同期基本持平。垦区两级劳动人事争议调解仲裁机构共立案受理劳动仲裁案件143件，案件涉及劳动者151人，仲裁案件与上年同期相比增加92件。已结案105件，未结案38件，其中一裁终局3件，案件涉及金额6480367.93万元。信访和劳动人事争议集中表现为劳动关系、工资待遇、社会保险等方面。 （张　磊）

安全生产监督管理

【概况】 2015年，垦区以深入宣传贯彻《中华人民共和国安全生产法》（以下简称《安全生产法》）、《黑龙江省安全生产条例》等有关安全生产法律法规为主线，推进安全生产责任体系建设，强化安全生产属地监管、综合监管和行业监督管理，开展安全生产大检查、安全执法检查、隐患排查治理、打非治违和“安全生产月”等系列活动，狠抓各项工作任务和措施的落实，严格实施生产安全事故责任追究，有效预防和遏制重大及以上生产安全事故。全年共发生生产安全事故455起，死亡29人，伤457人，直接经济损失1214.8万元。其中，发生工矿商贸事故2起，死亡4人，直接经济损失383.5万元（其中发生较大事故1起，死亡3人，直接经济损失310万元）；发生道路交通事故368起，死亡25人，伤457人，直接经济损失219.9万元（其中发生生产经营性道路交通事故56起，死亡13人，伤57人，直接经济损失60.3万元）；发生火灾事故85起，无人员伤亡，直接经济损失611.4万元（无生产经营性火灾事故）。各类生产安全事故死亡人数未突破省政府下达的控制指标，垦区安全生产形势总体稳定。总局被省政府安委会评为年度安全生产良好单位。总局安监局被省安全监管局评为年度安全监管工作良好单位，被国务院安委办评为2015年全国“安全生产月”活动先进单位。

（祝　宏）

【安全生产工作领导】 总局党委、总局高度重视安全生产工作，始终把安全生产工作摆在更加突出的位置来抓。总局成立了由局长王有国任主任、7名副职领导任副主任、有关部门主要负责人为成员的总局安全生产委员会,加强了对安全生产工作的领导。总局党委总局组织召开4次党委会议、1次局长办公会议和5次安委会全体会议,研究解决垦区安全生产重大问题,及时对不同阶段垦区的安全生产重点工作作出部署和安排。总局制定下发《关于全面加强垦区公共安全工作的实施意见》和《关于加强垦区安全生产监管执法工作的实施意见》,分解落实2015年安全生产控制指标和重点工作任务,为各级、各有关部门进一步落实安全生产监督和管理责任,规范安全生产监管执法提供了依据。垦区各级、各单位和部门贯彻落实总局党委、总局的部署,研究制订本级本部门本单位贯彻落实的制度和措施,坚持标本兼治,进一步加强了属地、行业领域和企业安全生产管理,切实维护了人民群众的生命和财产安全,为垦区安全生产形势的持续稳定提供了有力保障。 (祝 宏)

【安全生产责任体系建设】 按照省政府、总局安委会的部署和要求,垦区各级、各有关部门贯彻落实总局党委总局《关于印发垦区安全生产"党政同责、一岗双责"暂行规定的通知》要求,严格落实各级党政机关、工作部门及其领导班子成员安全生产职责,建立健全党委(党组)安全生产专题会议制度、行政安全生产会议制度、安委会例会制度、安全生产重大事项督办制度、党政一把手亲自督办制度和安全生产报告制度。4月中旬,总局安委会出台《关于建立健全垦区"五级五覆盖"和"五落实五到位"安全生产责任体系的通知》和指导意见,采取集中学习培训、加大考核权重、实行"一票否决"和严格追责等措施,深入推进安全生产责任体系构建工作。至年底,垦区"五级五覆盖"和"五落实五到位"安全生产责任体系已基本形成。 (祝 宏)

【重点行业领域安全监管】 垦区切实加强道路交通、消防、危险化学品、非煤矿山、涉氨制冷、烟花爆竹、特种设备、建筑施工、劳动密集型企业消防安全、涉尘爆炸等危险度较高的行业企业以及燃煤发电及热力生产和供应行业企业职业病危害等专项整治。公安交警始终保持高压严打态势,查处各类交通违法行为44万余起,行政拘留1518人,暂扣、吊销驾驶证2514本。消防战线挂牌督办重大火灾隐患8个,依法依规临时查封635家违法场所,罚款334.32万元,责令停产停业438家,拘留13人。交通运输系统扎实开展"道路运输平安年"活动,对37个安保工程所在路线铁路平交道口和3169个与三级以上公路交叉的平交道口进行调查,改造危桥20座,组织开展了GPS监控操作人员培训,推进重型载货汽车、半挂式牵引车等车辆GPS安装工作,加强乡镇船舶和渡口管理。垦区质监系统共检查锅炉103台、压力容器205台(件)、压力管道107条、电梯117部、液化气充装站4家,发出监察指令书22份,消除安全隐患33处。安监部门组织开展危险化学品、非煤矿山、烟花爆竹、涉氨制冷、涉尘爆炸等专项检查,严把关闭程序、标准和验收关,依法关闭不具备安全生产条件的非煤矿山11家。垦区各级住房建设、农机等重点行业管理部门,也结合行业的安全生产工作特点加强了监管。

(祝 宏)

【安全生产大检查】 垦区以非煤矿山、危险化学品、烟花爆竹、道路和水路交通运输、建筑施工、消防、粉尘涉爆等行业领域为重点,组织开展了5次安全生产大检查活动。垦区共排查出隐患和问题6166项,全部落实整改销号,累计投入整改资金765.7万元,打击非法违法生产经营建设行为1303起。特别是在以易燃易爆危险品为重点的安全生产大检查、深化"打非治违"和专项整治工作中,垦区共组织检查组354个,检查企业2025家,排查出隐患和问题2197项,打击非法违法行为118起,实施停产整顿132家,暂扣吊销证照3个,关闭取缔2家,处罚款37.3万元。对牡丹江管理局八五〇农场、农垦科学院、哈尔滨局香坊农场两家木制品加工企业、七星综合市场等单位存在的重大隐患实行挂牌督办,跟踪问效,直至落实整改销号。总局安委办协调总局农业局牵头,召开联席会议,及时解决73个农场285处不符合爆炸物品管理规定场所存放的7.3万发人工增雨炮弹这一重大隐患。为吸取山东省日照市石大科技石化有限公司"7·16"液态烃球罐火灾爆炸、天津港瑞海公司"8·12"危险品仓库爆炸,特别是浩良河化肥分公司"6·18"中毒窒息较大事故教训,垦区各级、各有关部门以非煤矿山、危险化学品、烟花爆竹、道路交通、消防、粉尘涉爆等行业领域为重点,采取"四不两直"等方式,检查企业3605家,排查隐患和问题3765项,整治违规违章行为3104起,打击非法违法行为570起,实施停产整顿192家,暂扣吊销证照14个,罚款60.97万元。建三江、北安管理局安全返回供应商丙酮近15吨,垦区环保局转移废弃危险化学品300余公斤。组织对安全生产重点单位和存在隐患单位整改落实情况,特别是对已责令停产整顿、关闭取缔的企业逐一进行"回头看"检查。总局安监与总局公安消防、交警及治安等部门组成联合检查组,对9个管理局所属42个农场的139个单位(场所)进行了"回头看"检查,有效推动了356项隐患和问题的整改落实。并对大庆油田跨区的6个油、气工作站进行了检查,确保了大检查工作的全覆盖。 (祝 宏)

【落实安全责任追究】 北大荒农业股份有限公司浩良河化肥分公司"6·18"较大中毒窒息事故发生后,总局党政领导高度重视,总局党委书记王兆力、局长王有国分别作出批示,对事故调查和善后处理等工作提出明确要求。总局成立以副局长周昊旬为组长,由安监、公安、纪委监察和工会有关人员组成的事故调查组,历时2个多月,经现场勘查、技术鉴定、多方取证、专家评估、检验检测和分析论证,查明了事故发生经过和原因,核清了经济损失,认定了事故性质,分清了事故责任,对责任单位和有关责任人员进行了查处。经省局挂牌督办和具体指导，及时完成了浩化分公司“6·18”事故的查处和结案工作。总局对浩良河化肥分公司“6·18”较大中毒窒息事故调查报告进行了批复，同意事故调查组对有关责任人和责任单位的处理建议。决定对事故单位罚款90万元，暂扣安全生产许可证3个月，撤销了二级安全生产标准化等级资格，对7名责任人员分别给予留用察看、行政记大过、记过、警告及罚款等行政处罚。为深刻吸取浩化分公司“6·18”事故教训，总局安监局组织各管理局安监局长、危险化学品生产和经营企业以及医药生产企业负责人，在浩化分公司召开现场会，通报浩化分公司“6·18”较大中毒窒息事故情况，集中开展《安全生产法》《黑龙江省安全生产条例》、化学品生产单位特殊作业、应急救援等相关业务培训，使与会人员受到极大触动和深刻教育。针对国庆节期间全省安全生产检查发现垦区存在的有关问题，总局党委高度重视，召开总局党委会议研究对有关单位和责任人的追责处理，下发《关于垦区国庆节期间全省安全生产检查发现问题责任追究情况的通报》，对总局安监和宝泉岭、红兴隆管理局安监、交通、住建、农机等有关部门负责人和直接责任人员进行了责任追究，起到了强烈的警示教育作用。（祝　宏）

【安全文化建设】　广泛开展新《安全生产法》《黑龙江省安全生产条例》宣贯工作，垦区各级各有关部门和单位举办学习培训班近500余期，1万余人参加了学习培训。总局安监局探索创新落实新安法和条例的有效措施，制订生产经营单位建立安全生产责任制、安全生产规章制度操作规程、安全生产职业危害风险公告、用人单位职业卫生规章制度操作规程等9个指导意见，为提升垦区生产经营单位安全基础管理创造了有利条件。深入推进安全生产标准化建设，垦区112个建筑工地开展了建筑施工安全生产标准化考评；10家二级以上客运站、11家危险品运输企业、32家公交企业、30家汽修企业完成了安全生产标准化达标考评工作；75家非煤矿山企业、16个危险化学品生产和经营（有储存设施）企业、170个加油站、4个烟花爆竹批发企业达到三级标准，2户烟花爆竹批发企业达到二级标准。34户冶金等工贸行业规模以上企业达到三级标准，311户规模以下企业达标。推进垦区考试分中心和考试点建设，按期完成总局安全培训考试分中心以及红兴隆、九三等6个管理局考试点建设任务。垦区安监部门培训企业主要负责人、安管人员2600人、高危行业各类人员2563人，垦区其他行业部门培训、继续教育企业主要负责人和专（兼）职安全管理人员6000余人。开展安全社区和安全文化建设示范企业创建活动。格球山农场、农垦九三管理局局直第五社区、牡丹江农垦农大社区、七星农场七星新城社区、前进农场街道办5个社区被省政府安委会办公室命名为黑龙江省省级安全社区；七星农场、完达山乳业股份有限公司双城分公司等2户企业被省安监局命名为黑龙江省省级安全文化示范企业。总局安委会办公室配合全国安全社区工作委员会，完成了对七星农场七星新城社区、前进农场街道办申报“国家级安全社区”的现场评定。组织开展第14个“安全生产月”“119”“122”宣传日等系列宣教活动。垦区公安交警支队第一部交通安全微电影《迷途》和《垦区小学生公共安全教育读本》已走进垦区各中小学校，开展安全知识宣传教育。（祝　宏）

【安全生产日常监管】　垦区安全监管部门履行监管职责，有效加强直接监管行业企业安全监管。（1）梳理权力清单，明晰执法责任。按照全省地市级权力清单工作的总体部署，完成行政权力清单及责任清单的编制、录入及公示工作，完成行政权力告知单及流程图的编制并经法规局合法性审查通过。（2）组织开展安全生产监督执法检查。安监局坚持安全生产与职业健康一体化综合监管执法的原则，科学合理地编制年度安全生产监督检查计划，明确检查的单位、区域、内容、重点及方式，严格履行了执法计划的批准和备案程序。实行执法检查人员和检查单位随机抽取制度，开展随机抽查检查。对列入年度安全生产监督检查计划的47家生产经营单位进行监督检查，发现隐患和问题720项。（3）及时组织安全生产执法案卷评查。总局安监局组织对4个管理局安监局2014年7月以来已办结的36份行政处罚案卷的执法主体、证据收集、事实认定、适用法律、执法程序和案卷归档等六个主要方面进行了逐一评查，对所评查案卷中存在的法律运用不正确、执法程序不规范、违法事实认定不准确及文书制作填写不规范等问题进行通报，提出整改要求。（4）全面推进职业卫生监管工作。组织345家企业完成职业卫生基础建设工作，累计1121家涉及职业病危害用人单位进行网上申报备案；组织开展水泥制造、汽车修理等危害严重行业用人单位专项治理“回头看”，以及141家燃煤发电及热力生产和供应行业用人单位职业病危害专项治理工作。（5）强化非煤矿山安全监管。组织开展非煤矿山“三项监管”工作，对辖区内96家矿山企业实行分级监管，聘请专家59人次对垦区41家非煤矿山企业进行专家会诊，切实提高了非煤矿山企业的安全管理水平。（6）推进直接监管规模以上企业隐患排查治理网上自查自报工作。（祝　宏）

【安全生产应急管理】　垦区各级及其安全生产监督管理部门和负有安全监管职责的部门、各生产经营单位按照各自职责，不断修订完善应急预案，强化应急培训和宣传教育，加强应急救援队伍建设。总局、管理局有关部门现有综合应急预案58部、专项应急预案172部；各生产经营单位现有综合应急预案2635部、专项应急预案890部、现场处置方案1193部，垦区安全生产应急预案体系进一步完善。组织开展应急培训221次，培训相关人员1.1万多名。组织各类应急演练345次，参加演练人员5.1万多名，投入车辆及装备器材2106台（套），投入演练资金152.5万元。11月16日，总局和宝泉岭管理局在中油农垦石油有限公司宝泉岭油库联合举办了危险化学品火灾事故政企联动应急演练，有效检验了区域指挥决策、部门协调配合、应急救援队伍实战能力。11 月 18 日,总局安监局结合安全生产应急管理专项检查,采取"四不两直"方式,对黑龙江完达山阳光乳业有限公司模拟制冷机组高压管道发生氨泄露情景进行了应急响应检查,收到预期效果。（祝 宏）

【安全生产责任制考核】 按照《垦区年度安全生产责任制考核暂行办法》和《关于调整垦区年度安全生产责任制考核暂行办法部分考核评分标准的通知》要求,总局安委会办公室组织开展半年检查和年度安全生产责任制落实情况考核。经总局研究决定,给予建三江管理局等 22 个年度安全生产优秀单位、齐齐哈尔管理局等 48 个合格单位、江滨农场等 22 个安全生产先进单位,以及丁元军等 79 名安全生产先进个人通报表彰;给予年度考核不合格的宝泉岭、红兴隆管理局和黑龙江北大荒农业股份有限公司通报批评。（祝 宏）

国土资源管理

【规划管理】 2015 年,省政府下达垦区新增建设用地指标 304 公顷,农用地 243 公顷,其中,耕地 215 公顷,未利用地 61 公顷。全年使用新增建设用地指标 104 公顷,充分保障了垦区的基础设施、民生工程、工业园区等项目建设用地需求。保障垦区重点项目建设,圆满完成哈佳铁路(农垦部分)、青龙山灌区和北富高速等重大项目的预审工作。共完成预审建设项目 90 个,已全部完成网上报备工作。完成九三管理局总体规划定期评估调整以及 52 个农场的土地利用总体规划调整工作,调整方案全部备案完毕。对各管理局存在的超规模指标问题,协调研究,制定出台《关于垦区部分农场城乡建设用地规模突破规划确定规模指标的指导意见》,有效解决部分农场超规模指标无法用地的问题。做好垦区国土资源"十三五"规划编制工作。承接 2011 年增减挂项目的验收工作,以哈尔滨管理局为试点,以点带面开展工作,确保垦区 2011 年增减挂项目能够全面通过验收。（杨 仙）

【耕地保护】 协调总局农业、审计、法规等部门,制定《垦区耕地保护责任目标考核办法》,填补垦区耕地和基本农田保护工作的制度空白。强化耕保责任制,以管理局、农场、管理区三级为单位逐级签订 1500 余份耕地保护目标责任状。加强补充耕地管理,全面完成耕地占补平衡目标,垦区耕地储备库达 35 个,可用于耕地占补平衡面积 15670 公顷,保证非农业建设占补平衡落到实处,全年"先补后占"提取耕地储备库指标 1485 公顷。加强设施农用地管理,印发《关于规范设施农用地使用和完善备案管理制度的通知》,全年备案设施用地 403 宗。征地区片价测算调整已圆满完成,并于 3 月 1 日起实施。永久基本农田划定已完成八大城市开展的城市周边划定的配合工作。43 个土地整治项目立项实施,总投资 16.08 亿元,建设规模 12.53 万公顷。申报单独选址建设项目 26 个,总面积 500 余公顷,已获得审批 23 个,其余 3 个已报国土资源部;完成村镇建设用地审查 28 批次,面积 111.71 公顷。（杨 仙）

【土地利用】 完成供地方案审批 254 宗,面积 340 公顷;完成供地 328 宗,面积 541 公顷,收缴土地出让金 3.72 亿元。编报 2015 年国有建设用地供应计划、住房用地供应计划,及时录入土地市场动态监测监管网站向社会分布。土地利用动态巡查工作稳步开展。基准地价更新测算工作顺利完成,于 2015 年 10 月 1 日正式实施。开展耕地质量等别调查评价与监测专项工作。全面开展垦区批而未用土地和闲置土地清理处置专项工作,共清查出批而未供土地面积 385 公顷,闲置土地 6 宗。黑龙江省土地管理领域专项整治行动在垦区全面开展。推进沈阳督察局督办的 18 宗、共 51.56 公顷的闲置土地处置工作,已处置 16 宗,其余 2 宗已下达了法律文书,垦区处置闲置土地相关材料,被沈阳局推荐为参考样本。（杨 仙）

【地籍管理】 农垦总局建立不动产统一登记工作联席会议制度和领导小组,提出不动产统一登记职责和机构整合方案,并向省编委呈报垦区不动产登记职责和机构设置的请示,获得省编委批准。垦区 113 个农场和 8 个独立单位的 567.61 平方公里全部完成地籍调查工作,这项工作走在全省前列,在省土地登记办对全省村庄地籍调查成果进行抽查中,红兴隆分局作为垦区唯一被抽查单位,获得"地籍调查成果合格,满足地籍调查需求"良好评价,标志着垦区地籍调查成果全面通过验收。加大土地确权登记发证力度,全年完成各类土地登记 23675 宗,继上年登记量达前 5 年登记总量的基础上,再攀新高,切实保护了土地使用者合法权益。耕地后备资源调查评价工作成果已整改上报,垦区耕地后备资源 35.02 万公顷,不稳定耕地 15.85 万公顷,新增耕地 23.56 万公顷,三项合计 74.43 万公顷。一体化地籍管理信息系统软件开发整体框架已基本搭建成型,土地登记发证系统、"一张图"系统基本功能经试用基本满足工作要求,牡丹江分局试运行进展顺利,已通过土地登记系统完成 201 宗网上审批、缮证、统计工作。（杨 仙）

【土地整治】 2015 年,省厅分 3 个批次共批复垦区 43 个土地整治项目立项实施,总投资 16.08 亿元,建设规模 12.53 万公顷。对 2013 年度 17 个高标准基本农田建设项目进行变更调整评审工作。对 2013 年 13 个第一批高标准基本农田项目进行验收,已全部下达竣工验收文件。（杨 仙）

【执法监察】 开展巡查 4591 次,巡查发现各种违法违规问题 39 个。全年立案查处土地违法案件 122 件,全部结案,罚款 431 万元,依纪问责 3 名领导干部。接到"12336"电话举报案件 9 件,均已办结并录入系统。受理来信来访案件 54 批次,均按信访流程予以办结。高标准开展案卷评查工作,卷宗被省执法局评定为优秀。执法监察工作在全省执法监察目标责任制考核中排名第一。土地卫片执法检查工作连续6年“零问责”。抓住“4·22”世界地球日、“6·25”全国土地日和“12·4”国家宪法日有利契机,开展形式多样的宣传活动,向垦区群众广泛宣传国土资源法律法规,进一步提高群众守法用地的意识,使垦区各级的用地行为更加依法规范。(杨　仙)

质量技术监督

【概况】 2015年,垦区质理技术监督局有派出机构9个,除哈尔滨分局外,分别成立质量技术监督检验检测中心。系统总编制数320名,其中,行政编制126名,事业编制183名,工勤编制11名。为负责垦区质量、计量、标准化、认证认可、特种设备安全工作的省局直属机构,肩负垦区综合管理和行政执法两大职能。加强垦区质量诚信体系建设,建立健全企业质量档案,完善产品质量信用记录,已完成504家企业基础数据的采集工作。加大品牌培育力度,垦区有18家生产企业获得黑龙江省名牌产品称号。垦区九三管理局大豆和建三江管理局大米通过国家地理保护标志产品认证。九三集团获得“全国质量和服务诚信优秀企业”称号。严格产品质量监督。组织开展产品质量监督抽查和定期监督检查工作;对垦区650个批次产品质量监督抽查,产品抽样合格率为91.5%;完成了对96户企业105个批次产品全垦区共抽查轻工五金、石油化工等8大类145家企业生产的165种201个批次产品,产品质量合格率95.1%。(温丽薇)

【特种设备安全监察】 开展了电梯维保单位和自动扶梯等专项整治,共抽查维修保养单位140家。其中,对垦区永泰商业综合体66部电梯、8部大型游乐设施进行有效监管。责令其未进行注册登记及检验就使用的5台压力容器,尽快办理注册登记及检验。加强气瓶充装站和检验站日常安全监督检查,检查气瓶充装站和检验站38家,发现问题48处,下达监察指令书15份,对11家充装单位 实施行政处罚。加大对特种设备作业人员的培训与考核工作力度,培训人员2786人次,基本消除了无证上岗操作和管理的现象。全面提升人员专业素质和技能,夯实“保民生促发展”的软件基础,实现理论考试机考化和实践考试模拟化。检查特种设备使用单位319家,特种设备746台(件),下发特种设备安全监察指令书132份。未发生一起特种设备安全事故。(温丽薇)

【食品安全监管】 按照“地方政府负总责、监管部门各负其责、企业作为第一责任人”的原则,制定《垦区质监系统食品安全24小时值班制度和领导带班制度》和《垦区食品生产加工环节风险监测管理办法》等规章制度,探索食品安全监管工作长效机制。开展白酒、肉制品、乳制品、食品用塑料包装、调味品、食用植物油等产品的专项整治。针对监管对象、监管工作自身和监管队伍开展风险隐患排查,重点排查履职不到位、落实不到位、制度执行不到位、能力不适应等问题。严格食品生产许可管理,进一步明确审批环节的办理时限、注销信息的通报时限、许可证书制发时限等,形成许可周审批制度。为63家食品生产企业办理生产许可,为125家企业办理延续换证手续,帮助90家企业变更生产许可信息。(温丽薇)

【标准化工作】 将培育和扶持农业标准化示范区、典型示范户作为重点,加快垦区农业现代化的进程。全年累计培育农业标准化示范户15210个,国家级示范区14个,县级示范区54个。修订农业技术标准规范79个。帮助涉农企业制定企业标准17个。对第八批标准化示范区“绥化和平牧场国家奶牛养殖综合标准化示范区”基地建设进行技术指导,配合国家认监委对该示范区进行项目绩效考核。加强农业标准制定和备案、青贮玉米生产技术规程,红小豆“大垄密”生产技术规程。矮高粱“大垄密”生产技术规程等3项标准,被列入黑龙江省制修订地方标准项目计划。对当壁镇兴凯湖旅游度假区和省级服务业标准化示范区、黑龙江肇东物流产业园区进行指导。开展组织机构代码证办理工作,开通10个办证点,免费为企业、事业单位、社会团体等办理组织机构代码证共6111张证书,其中,新办证3296家,变更155家,换证44家,迁入2579家,注销37家,小微企业4240家。(温丽薇)

【计量】 加强技术机构能力建设,共受理计量标准复审申请44项,新建计量标准3项;对垦区内20533台件强制检定计量器具按期实施检定,受检率达95%以上。以计量服务保障民生。对垦区在用汽车衡进行了专项执法检查,共抽查33个农场148台在用汽车衡,查处作弊汽车衡案件16起,作弊未遂1起,非法改装汽车衡1起,没收作弊装置20个,保护了垦区农户、粮食加工企业及粮食收储企业的切身利益。对辖区内146个加油站开展加油机专项执法检查,垦区所有在用加油机全部启动自锁功能够实现税控,一旦加油机异常加油量达到6次或者擅自更换计量主要部件,加油机即自行锁定。(温丽薇)

【认证】 配合省局对垦区的5家实验室进行资质认定的复评审工作。现场评审过程中对实验室的设备、人员、质量手册、程序文件和作业指导书都做了详尽的审查,审查中发现的问题已经完成整改。组织开展检验检测认证机构统计调查,对垦区检验检测机构的基本情况,机构编制情况,承担的职责任务、业务开展和资质情况等及时上报系统。对垦区51家获得资质认定实验室开展了自查、互查工作。全年跟踪监督审核质量管理体系认证企业24家,环境管理体系认证企业17家,食品安全管理体系认证企业21家。(温丽薇)

【科技创新与技术机构能力建设】 完成垦区检验检测机构的能力建设验收。检验检测机构的检验检测能力、科技创新能力和可持续发展能力得显著提高。增加血液透析机、除颤器、输液泵、婴儿培养箱4项检测项目,在医疗类计量仪器检定方面工作量同比增加7.2%。完成2015年农业部“生鲜乳质量安全评价技术及生产堆积研究与示范”研究项目,建立“HPLC - ICP - MS同时测定生鲜乳中磺胺类、喹诺酮类等7大类45种兽药残留”检测方法;根据此方法建立的“中成药中抗生素残留的检测 - UPLC - MS - MS法”已用于三季度的生鲜乳风险评估项目。

(温丽薇)

【简政放权】 对325项权力清单进行梳理,保留40项,精简比例达87.7%。印发《关于减轻企业负担服务垦区经济的通知》,进一步明确要求全系统坚决将减轻企业负担工作落到实处,执法人员尽量减少对企业的现场检查,确需执法检查的,应当以说明教育和促其整改为主,减少罚款处罚,对于违反规定的系统人员,一经发现,严肃处理。向民政部门申请取消特种设备安全监察协会、计量协会、质量协会,停止一切向企业收费行为。(温丽薇)

工商物价

【改革】 采取强化窗口建设、做好设备保障、突出职责到位、加强媒体宣传等方法,保证各项改革措施落实到位。实行“先照后证”改革,制定下发《主体登记信息告知暂行办法》,发放后置许可一次性告知单8932份,利用农垦总局和各管理局网站,公示推送需要后置审批的登记信息,实现“双告知”监管。落实“四证合一、一照一码”登记制度改革,成功破解垦区税务行政区划、社保数据衔接等难题,共发放“一照四码”营业执照253份,办理“四证合一、一照一码”登记1132户。推进登记注册制度便利化,建立工商登记服务QQ群、微信公众平台,有效宣传工商改革内容和业务办理流程。核准企业无行政区划名称4个、省行政区划名称171个,登记注册资本认缴制企业2472户,办理“一址多照”“一照多址”、住宅改商用登记366户。垦区市场主体总量达64277户,农民专业合作社发展至4319户、个体户突破5万户。垦区局获得国家工商总局外商投资企业的登记授权。完成大豆目标价格改革试点工作。确定大豆目标价格监测点,优化调查样本,提高大豆目标价格的监测质量。组织召开由大豆种植户、加工企业及收储企业参加的大豆目标价格座谈会,及时向省调研督导组进行反馈。推进供水工商同价,对垦区120家城市供水企业的供水分类及价格情况进行摸底调研,制订垦区工商用水同价方案。启动煤热价格联动机制,在重点监审燃煤成本的同时,综合考虑人工、水电、固定资产折旧等成本变化,供热价格成本监审完成50%,听证工作陆续开展。提高农本调查工作质量,对种植品种和规模与农场生产情况不相符的种植户进行更换,提高调查户记账的准确性和科学性。开展种植业合作社调查试点工作,为合作社纳入成本调查点奠定了基础。

(王　赫)

【维护市场经济秩序】 办理行政处罚案件414件,罚没款总额126万元。(1)加强事中事后监管。个体工商户、企业、农民专业合作社综合年报率达91.52%,年报率排在全省第一位。在即时信息、企业出资信息、行政处罚信息和企业年报信息公示专项抽查工作中,抽查企业449户,抽查案件169件,发放《责令限期公示通知书》71份,《责令改正通知书》52份,列入经营异常名录14户。开展了辖区内“呆死户”清理工作,办理注销登记9577户,吊销登记23户。(2)开展“红盾护农”执法行动。系统各级层层签订农资市场监管责任状、农资商品质量责任书。推广“红盾护农微信群”,推广“农药助手APP”,专项行动期间检查农资经销户2627户次,抽检农资商品368个批次,查办农资案件126起。(3)严厉查处不正当竞争行为。开展打击商业欺诈专项执法行动,赴牡丹江、红兴隆管理局及5个农场进行反欺诈专项检查,检查市场主体6097户次,查处农资虚假宣传、理疗、保健产品欺诈消费等案件50起。联合公安等部门,对传销活动进行集中排查,从根本上铲除了传销生长的土壤。配合省工商局完成16家企业是否有传销和违规直销情况的协查工作。(4)加大商标广告案件查处力度。重点打击侵犯注册商标专用权行为,共办理12件商标案件。开展假冒伪劣专项整治行动,行政指导155次,下达责令整改通知书2份。运用新型广告监播系统,加强对农垦电视台的广告监测,共监测广告2000余条,责令停播违法广告13条。(5)强化网络合同监管。建立网络监测室,制订网络监管和网络商品交易监管服务工作制度。以大农网等交易平台、网站为主要监管对象,采取线上与线下检查,动态与静态监管相结合等方式,删除违法商品信息10条。(6)开展流通领域商品质量专项整治。开展“质量先行”专项行动,纠正各类不规范行为70余次。扎实推进流通环节食品安全监管,开展各品种食品专项整治20次,对60处大集和集贸市场进行深入检查,检查食品经营户近7000户次,收缴不合格食品75公斤,办理食品案件13起。在全省“食安龙江百日行动”知识竞赛中,垦区派出的生产经营者和监管人员两支队伍分别获得分组第二名和第三名的好成绩,垦区工商局荣获竞赛组织奖。(7)规范市场价格行为。在教育、医疗、涉农、旅游相关服务等专项检查中,查处价格案件58起,经济制裁总额141.9万元。继续规范土地承包收费及相关价格行为,直查22个农场,执行价格监督检查约见谈话制度,对个别农场变相提高收费标准等行为进行了提醒告诫。在节假日及重大活动期间,组织开展市场价格和明码标价专项检查,查处价格违法案件9件。

(王　赫)

【维护消费者合法权益】 加大维权工作力度,切实维护消费者和经营者合法权益。(1)宣传落实新《中华人民共和国消费者保护法》(以下简称《消费者保护法》)。举办各类宣传活动百余场,制作电视专题节目47期。参加省电台《龙广之声》栏目,现场为消费者解答各类问题和投诉咨询20余件。整合工商、消协资源后的“消费维权服务站”覆盖了景区、商超、学校等重点区域,总数达586个,消费投诉处理效率和群众满意度得到了进一步提升,2个服务站入选“全省优秀消费维权服务站”。先后两次代表省工商局迎接全国、省人大代表开展的新《消费者保护法》执行一周年执法检查。(2)加强涉企收费清理。对国土、建设、环保等部门及中介服务组织进行专项检查。联合工信、民政等部门,开展涉企经营服务性收费和行业协会、商会收费专项清理规范工作。梳理垦区涉企收费目录,向省物价局提出了减轻企业负担的相关建议。(3)受理投诉举报。完善"12315、12358"工作制度和流程,使投诉、举报受理工作更加制度化、规范化和科学化。全系统实行领导带班、专人值守,全年受理各类消费者投诉、举报、咨询3791件,价格举报、咨询45件,成功调解消费纠纷277件,为消费者挽回经济损失46.79万元。

(王　赫)

【服务经济发展】(1)实施品牌战略。确立"商标强企、品牌兴垦"的发展方向,"长乐""双盛""雁窝岛"三件商标被国家工商总局认定为驰名商标,省工商局认定13件著名商标、延续认定32件著名商标。垦区共有驰名商标11件,地理标志商标1件,著名商标105件,知名商标233件。(2)扶持订单农业。开展合同帮农,规范订单合同文本,引导、帮扶农民专业合作社签订种植、收购、销售合同,辖区主要农产品购销基本实现订单模式,指导完成水稻、大豆、玉米等订单1.3万份,累计金额28亿元。(3)发挥价格服务功能。赴13个市、县17家企业,就影响生鲜乳和马铃薯市场价格的因素进行调研,为垦区乳业和薯业发展提供了科学参考。对青龙山灌区农业用水价格进行预测,帮助供水企业筹措水利工程建设资金。启动了红兴隆局直、九三局直污水处理厂收费标准重新调整工作。对管理局机关公车改革车辆进行现场勘察和认定。为红盾护农专项行动及高速公路路基土石方价格出具了客观公正的认定报告。全年共完成价格鉴证案件755件,标的额3000余万元,成功调解价格纠纷20余件。(4)促进非公经济发展。各级非公党工委深入企业指导党建,帮助创业解决难题,共确定大强米业、宝泉岭酱业等18个非公党建示范点,开展非公企业党建主题征文,非公企业的生机和活力得到进一步激发。

(王　赫)

【协会工作】围绕"携手共治 畅享消费"年主题,开展纪念"3·15"现场会等系列活动,举办消费知识讲座22次,发布消费警示信息近200条,全年受理消费者投诉1276件,咨询966件,为消费者挽回经济损失76万元。巩固发展消费教育进校园、进田间、进社区工作,培养消费教育进企业、进市场。指导各分局消协对银行、供暖、供电等公用服务行业进行调查评议14次。推进投诉、咨询信息录入工作,荣获全省投诉信息系统应用一等奖。个私协与龙江银行、邮政储蓄银行等金融机构合作,为近百家会员单位融资0.5亿元。主动与省私协及珠海商会沟通,为27家会员企业争取到与北谷微商绿色产品营销平台合作的机会。结合"六五"普法宣传,发放传单8000余份、举办法律法规培训班4次。为300余户贫困和病残个体会员送去慰问金和慰问品10余万元。

(王　赫)

【荣誉】2015年,垦区工商局被国家工商总局授予全国工商系统2014—2015年度诚信市场创建工作突出单位称号。垦区物价局物价科连续5年获得国家级和省级农本调查先进集体称号。垦区价格认定中心连续3年被评为全省价格认证工作先进单"。垦区消协荣获2014—2015年度中消协消费维权先进集体称号。

(王　赫)

住房公积金

【概况】2015年,总局住房公积金管理中心以"便民、利民、惠民"为目标,强化规范管理,优化服务效能,严密防范风险,开展"三严三实"专题教育,加强党风廉政建设,推动中心各项事业全面发展。为解决特困人群的住房问题,提取廉租住房建设补充资金4996.46万元,累计提取9486.72万元。

(刘青帝)

【归集】将归集计划完成率、住房公积金缴交率等指标纳入工作考核,监督指导各管理部深入有关单位依法做好公积金催建催缴工作,不断扩大公积金制度覆盖面。2015年新增缴存单位65个,新增缴存人数6439人,累计缴存总人数102249人。归集额10.25亿元,完成年计划137%。归集总额65.44亿元,归集余额32.13亿元。研究国家、省有关住房公积金政策规定,及时推出利民政策。在提取政策上补充完善"购买自住住房、支付房租、支付物业管理费用、患重大疾病、因突发事件造成家庭生活严重困难的可提取住房公积金"的利民政策,为缴存职工改善居住条件,缓解资金压力提供了巨大支持。2015年,办理36074笔提取业务,共提取16.41亿元,占当年缴存额的比率160.12%,比上年同期增加119.8个百分点。截至2015年底,提取总额33.31亿元,同比增长97.14%。

(刘青帝)

【贷款】支持缴存职工改善居住条件,落实上级行业主管部门文件要求,结合农垦实际,调整贷款政策,经总局住房公积金管委会2015年第二次会议审议通过并报省监管处备案后实施。由于政策宣传落实到位,资金使用率达65%,比上年同期提高17个百分点。2015年发放贷款682笔,金额1.95亿元,完成年计划122%,比上年增长60%。累计发放贷款22.2亿元,贷款余额8.72亿元。回收贷款本息2.19亿元。个贷率27.14%,比上年提高3.7个百分点。

(刘青帝)

【财务管理】把风险防控工作当做重中之重,加强中心内控管理,补充完善《黑龙江农垦住房公积金财务管理办法》及《黑龙江农垦住房公积金内部审计制度》,设立审计、稽核岗位,对审计科工作人员进行充实调整,努力实现审计范围全覆盖、业务稽核无盲点。完善《农垦总局住房公积金廉政风险防控工作风险点汇总》,以"零风险"运作为目标,严格规范管理,确保资金安全。科学编制公积金归集使用计划,增强资金的统一管理、集中运作能力,切实发挥资金规模效益;合理规划结余资金存款结构,努力提高资金存款收益,推动收益水平再创新高。2015

年,实现增值收益7741.94万元,比上年同期增加4078万元;提取风险准备金872.13万元,累计提取6662.98万元;提取管理费1873.35万元;2014年实现增值收益3664万元,累计1.86亿元。（刘青帝）

工程咨询评审中心

【工程咨询】 编制《黑龙江垦区"十三五"扶贫开发规划》。学习和领会国家扶贫工作会议精神和国家、省和总局各级领导讲话精神,在总局扶贫开发办公室指导下,按时完成规划编制工作,并上报农业部。评审《2015年总局扶贫项目初步设计》。对每一个项目均提出修改意见,为项目达效把好关。评审《2016年总局扶贫项目可行性研究报告》。对《八五三农场雁窝岛湿地博物馆项目可研报告》进行复评审。（佟莉莉）

【管理咨询】 代表黑龙江垦区为农业部审定"国有资本经营预算项目可行性研究报告编制格式与要求"。提出合理化建议,充实和细化编制格式和要求,反馈给农业部。（佟莉莉）

党政群团

总局党委办公室 总局行政办公室

【督查工作】 充分用好总局党委、总局赋予的问责主体权力，注重督查这一抓落实的成果运用，坚持明查与暗访相结合、单独督查与联合督查相结合、集中督查与跟踪督查相结合，全力将总局党委（扩大）会议精神贯彻落实好。严格执行通报制度，对各责任单位的工作落实情况及时向领导报告，为领导和有关部门掌握重点工作进展情况提供依据。进一步健全和完善重大决策和重要工作的“分解立项”“跟踪督查”和“通报反馈”等制度，提升垦区督查工作水平。创新思维，由被动型向主动型转变，充分发挥督查人员的主观能动性，围绕大局找规律，注重细节求创新，不断自我加压，以创新精神思考和谋划督查工作，由“事务型”向“参谋型”转变，围绕领导关注点，做超前思维和分析研究工作，为领导决策献计出力。围绕中央、省委和总局党委重大决策部署，遵照领导重要批示指示精神，督办事项196件次、领导批示34项，及时上报落实情况材料107份，编辑《督办与反馈》21期，办结率达100%。 （蔡文利）

【信息工作】 开展调研，拓宽信息来源渠道。深入基层调查研究，在掌握第一手材料的基础上，撰写《建三江、牡丹江、九三、绥化管理局经济社会发展情况调研报告》，为总局领导决策、推进工作提供及时准确的信息服务。加强领导，完善信息报送机制。各管理局、农（牧）场、企业、机关各处室做到经常安排、督促、检查，确保重要信息不迟报、不漏报，极大地促进了信息报送工作走上制度化、规范化的轨道。把握文字，提高信息采集质量。对政务信息范围、内容、形式、文字等作出了进一步的明确，提升了信息的文字质量，信息被上级信息部门采用的篇幅增加。运用载体，创新信息公开形式。保留《专报信息》《农垦信息》《专送信息》，其他信息简报类内部刊物已经停办。各单位、各部门反映工作成效、交流工作经验，总局办公室信息载体刊发或上报。2015年8月、9月分别陪同国家发改委东北司领导、省委办公厅信息处领导到宝泉岭、建三江管理局调研。11月、12月赴建三江、牡丹江、九三、绥化4个管理局开展调研工作。全年完成《专报信息》105期，《专送信息》57期，《农垦信息》30期，切实发挥了上情下达、联系沟通的作用，完成了省委、省政府的各项约稿任务，完成了总局党委会、局长办公会等一系列会议材料代拟工作。 （黄新亮）

【综合工作】 加强理论学习，政治觉悟不断提高。学习领会党的十八大及十八届三中、四中全会精神和省委全会精神，结合实际，撰写学习笔记，夯实理论基础，提高理论素养。始终保持虚心好学的态度，根据工作特点，加强对业务知识的学习，对经济、农业、工业、商业营销、城镇建设、美丽乡村、扶贫开发等内容进行学习，增强工作的针对性和实效性。践行“五个坚持”，政治素养不断提升。坚持用习近平总书记“5·8”重要讲话精神武装头脑、指导实践，赵凯参加省委组织“增优转提”主题活动，荣获个人三等奖，作品收入省委深入践行“五个坚持”做党性坚强的党办人丛书作品集。履职尽责，严格落实“三严三实”要求。努力完成文字综合工作，全年结合垦情，起草或参与起草各种文件、领导讲话、工作汇报和其他重要文字材料共120余份，累计约50余万字。全年共编纂《黑龙江农垦》40余期。 （黄新亮）

【文秘工作】 制定工作职责，规范工作流程。自2015年7月开始，修订完善和重新制定工作职责25个、工作规范24个、工作流程18个，使每个科办公室科（馆、中心、办）、每个岗位、每项工作都有规可依、有章可循、有据可考。《总局办公室工作职责规范流程汇编》初稿已编辑完成。办文情况。规范公文审核流程，提高公文审核质量和效率。以总局党委、总局或总局党委办公室、总局办公室名义发文及不相隶属机关拟与总局党委、总局或总局党委办公室、总局办公室发文工作，根据中共中央办公厅、国务院办公厅《党政机关公文处理工作条例》《党政机关公文格式》和《黑龙江省〈党政机关公文处理工作条例〉实施细则》，结合工作实际，制定了《公文代拟稿审核规范》，对起草单位代拟稿受理条件、审核程序、工作要求3个大项、38个小项进行了全面规范，使其更具可操作性。针对机关各部门公文代拟稿中存在的“越级行文、文种混用、会签不全、文理不通”等问题，加大退稿力度，引起了部门领导的重视，各单位代拟稿质量、公文运行速度明显提高。对总局党委、总局和总局党委办公室、总局办公室无文号公文，按照便于检索、方便利用的原则进行编号处理。采用三审复核制，降低公文差错率。坚持对网上公文从起草到排版印刷整个过程进行全程监督，发现问题及时纠正，为把好公文最后一道关口，对领导签发后的公文，按照正式公文格式先打印出样稿，由秘书科专人负责对公文的份号、密级和保密期限、紧急程度、发文机关标志、发文字号、签发人、标题、主送机关、正文、附件说明、发文机关名称、成文日期、印章、附注、附件等18个公文要素进行逐一审核，经核对签字后，送文印室主任再次核对无误后方可印刷。坚持“急件急办，特事特办”的原则，在确保公立质量的前提下，针对领导外出不能及时签发的实际情况，采取短信请示、电话请示、先请领导在纸质文件上签发，再走网上补签的方式，加快公文运行速度，提高工作效率。2015年，共核发正式公文1079个，形成党委会议纪要19次、局长办公会议5次、总局专题会议纪要33次。办事情况。坚持登记制度。领导交办的每项工作，都做好交办事项、时间、交办人、落实者、完成情况等记录，确保无误。坚持迅速落实制度。坚持领导交办工作是第一要务，必须在第一时间落实的意识。凡是领导交办的事，都能迅速按领导指示要求将领导的指示传达到各有关部门和单位，确保其时效性。坚持反馈制度。对领导交办的每一项工作，其落实情况及落实过程中都能及时向领导进行反馈汇报。2015年，平均每人加班35次，共完成领导交办事项1600多件，转办部门事项700多件。办会情况。做好会前筹备。按照办公室统一部署，重新制定了《总局党委、总局重要会议会务工作规范》《总局党委会议工作规范》《总局党委书记办公会议会务工作规范》《总局局长办公会议工作规范》《总局专题会议会务工作规范》《总局协调会议工作规范》《总局电视电话会议会务工作规范》《总局办公室党总支会议会务工作规范》《总局办公室主任办公会议会务工作规范》。完善办会流程。制定《总局重要会议（活动）流程》《总局一般性会议流程》《总局党委会议流程》《总局党委书记办公会议流程》《总局局长办公会议流程》《总专题会议流程》《总局办公室公文审核流程》。上述流程从会议通知的起草、会场准备、会议保障、会议验收、会议签到、会中服务、会后清理、会后总结8个大项，43个小项进行全面细化。坚持会议通知制度，大会印发纸质通知，小会口头通知，明确时间、地点、参加人员、会议内容。同时，做好通知记录。坚持会议签到制度，为严肃会议纪律，保证与会人员按时到会，实行会议签到制度，做到参会人员有签到，缺席有记录。坚持会场摆放桌牌制度。坚持会议请假制度。对因故不能到会人员，须书面报告。2015年，共承办各类会议401次。协管工作。2015年，机关文印室共完成文件材料1068件；印刷数量43万印，打字排版6120块，印刷制版13307块，达到和省政府确定的公文印刷质量标准。收发室工作量明显多于往年，全年共收发各种报刊33840份、信函36000万件，邮送机要9000件。（蔡文利）

【自动化工作】 完成总局办公OA软件的开发、测试、维护、运行及管理工作。完成了垦区各单位OA系统的安装，测试、运行、培训、维护及管理工作。配置工作流程、配置角色、定制岗位200余次，调整人员180余次，安装系统150余次，调试网络230余次。完成OA系统服务器的数据备份，数据恢复、系统光盘制作及异常情况处理工作。完成办公OA系统的需求开发工作，系统运行稳定，实现了总局发文、收文、督办、信息、黑龙江农垦、电子邮件、个人办公等模块全程电子化、网络化流转与审批，提高了工作效率、节约了办公成本。完成垦区电子公文无纸传输系统培训、安装、运行、管理及维护工作。相继对垦区各单位进行电子公文无纸传输系统培训、安装、运行、测试、管理及维护工作，经过全面大量工作，确保垦区电子公文无纸传输系统全面安全稳定运行，保障了电子公文网络设备的稳定运行及电子公文数据的存储及备份工作，完成各单位工作的操作及培训工作，完成电子公章的制作及下发工作，实现总局与垦区各单位及垦区各单位之间的公文电子化、无纸化传输，加快了公文的传输速度，节约了大量的人力、物力、财力及办公成本，文件传输更加安全、可靠、快捷，提高了提高了办事效率及工作质量。完成了省政府公文无纸传输系统、会议通知传输系统、政务信息系统、人大督查督办系统建设、运行、管理及维护工作。按省政府办公厅和办公室领导的要求，对系统进行安装、运行、测试和维护工作，实现总局与省政府办公厅、省人大间电子公文、会议通知、政务信息、督办的网络化、无纸化、电子化传输，提高了工作效率和质量。完成总局领导和办公室各科室计算机设备及系统软件、办公软件、应用软件的安装、运行、培训、管理与维护工作。完成总局及总局机关各部门各大小会议室多媒体投影系统的安装、调试、运行、维护及管理工作，完成群众路线教育实践活动办及国家审计工作网络设备、办公系统软硬件的运行、安装、维护及管理工作。（黄新亮）

【政务公开】 推进重点领域信息公开。梳理权力事项2524项，确定总局本级保留行政权力484项，精简比例达80.8%。印发《垦区工程建设项目和招投标领域突出问题专项治理工作实施方案》，公布举报电话、举报信箱和举报信函地址。推进公共服务信息公开，使职工群众的知情权、参与权、表达权和监督权有效落实，享受到更加方便快捷的公共服务。为企业搭建“项目建设专用绿色通道”，落实“四证合一”登记制度，办理“四证合一”登记633户，推进“先照后证”改革。一般政府信息公开情况。打造政务公开电子平台，2015年，垦区累计主动公开各类政府信息30330条，通过各级政务网站公布信息25014条，微博、微信公开信息8358条，其他方式公开信息16656条。开通社会保险、公积金查询等便民服务板块。2015年底，启动了门户网站建设工作，重点增加了行政权力清单公开、政务公开、网上办事、政务微信等功能。预计下月中旬上线试运行。完善政务公开实体平台，继续推进各管理局及农牧场的“一站式”便民服务大厅，将用电、社保、有线电视、供水、供暖、供气等缴费、办事职能进行合理整合，将服务窗口前移，同时设置电子屏幕，对各项业务的内容、程序和办结时限全面公示，方便外来办事人员。据初步统计，垦区共建立综合性行政便民服务中心97个，总局和管理局的社保、公积金、交管、医院等关键职能部门共设立单项便民办事大厅64个。抓好政务公开制度试点，进一步完善农牧场职工代表大会制度和进一步完善厂务公开制度进行试点，发挥典型引领示范作用。五九七农场在场务公开中，对党务、政务、财务25项内容进行了规范，同时，还分别制定了12项重点工作流程，使运行实施更为直观化、规范化，制度化、法制化。体现了四定，即定权限、定流程、定人员、定责任，将权力关进制度的笼子里。双鸭山农场场务公开形式不断创新，“职工代表点题巡视”工作得到双鸭山农场职工的充分肯定。抓好网站普查，安排专人负责普查工作，做到了全覆盖，无死角，并开通政务公开QQ群，实时沟通指导，确保了普查工作顺利进行。截至年末，总局2015年向省政府网上公开管理系统报送信息562条，处理依申请公开20件，都已按要求给予申请人答复。（蔡文利）

【机要工作】 2015年，收农业部、国家各部委文件261件，收省政府，省直各厅局文件954件，处理会议通知160件，各单位报备138件。共收中共中央及省委文件365件。处理密码电报17

份。流转文件1982件次。编发本级文件35个文种(总局党委、总局党委办公室、总局、总局办公室等文件)1064个文号,发放本级文件份,发放上级文件(中共中央、中共中央办公厅、国务院、省委、省委办公厅、省政府、省政府办公厅等文件)共计29781件,使用各类印章1951件次(总局各类文件及总局领导、办公室领导审批用印),邮寄给各管理局,各农牧场、总局各直属单位的挂号文件183袋;机要文件820袋,通过机要交换站呈报给省委、省政府及有关厅局文件303袋,按时完成总局机关各部门及驻哈尔滨有关单位2015年党内文件清理收缴共计72个单位和2016年《中办通讯》《秘书工作》等、订阅工作。整理立卷归档文件共3682件,其中永久文件172件;30年文件778件;10年文件852件;顺号文件2983件。送省委、省政府、省直各厅局机要交换文件1402件,取省委办公厅文件3993件,利用总局办公自动化网络传输给各管理局、各农牧场、总局各直属单位文件2908件。

(蔡文利)

【车队】 坚持每周召开例会制度,通报上一周车队的工作情况,总结不足,树立"爱岗、敬业"的思想,强化服务意识,增强工作责任心。加强车队内务建设,粉刷休息室,更新储物柜,安装无线宽带。制定严格的规章制度,重新制定一整套规章制度如《车辆和驾驶员管理暂行办法》《车辆和驾驶员管理实施细则》《车队长岗位职责》《驾驶员岗位职责》《年度驾驶员安全责任状》,把安全责任落实到人,队里经常组织驾驶员学习这些规章制度。充分调动广大驾驶员的安全驾驶积极性,设立考勤制度,多劳多得,消极受罚,设立"安全奖、节油奖"等措施。成立机关车队交通安全委员会,定期检查车辆的安全性、组织安全培训、审核维修的车辆、监督检查车库的消防安全工作、督促驾驶员车、证的年检年审工作。每月组织一次全员的安全培训,要求无出车任务的驾驶员都要参加,2015年,机关车队共组织全员安全培训12次。

(黄新亮)

【接待工作】 严格把握接待原则。坚持服务垦区发展,服务机关工作、热情周到,优质服务、坚持实事求是,因地制宜和方便务实,勤俭节约的原则,严格执行中央、省及垦区有关规定,不提高规格和标准,不突破规定和要求,实施公务接待的精细化管理。服务意识进一步增强。坚持以人为本,突出精细化、人性化、规范化服务,全面提升迎送、膳食、住宿、安全等"四大服务"水平,增强礼仪知识、接待细节服务意识。接待程序进一步规范。严格实行审批制度,严格执行接待标准,严格落实保障措施,进一步规范了公务接待工作。接待特色进一步突出。在繁重的接待工作中,贯彻落实中央八项规定和省市区有关国内公务接待的规定,坚持突出北大荒的地方特色,掌握客人的特需,力求方便宾客。接待质量进一步提高。高度重视接待工作质量,以"接待无小事"的观念作支撑,确保接待工作"零差错"。处理好与宾客、部门、接待点的关系,达到三方"和谐共振"。强化落实中央关于公务接待的管理规定。学习中央公布的关于党政机关公务管理规定、党政机关厉行节约反对浪费条例,以及省委省政府公布的相关管理细则,领会文件精神,进一步指导做好办公室的接待工作。根据已印发的《总局机关公务接待用餐管理意见》,严格接待制度,规范接待流程,做到每次接待有审批单。2015年,接待国内外国家领导人及国务院部委领导4批,35人次;接待大型会议2个;接待省级派驻工作组2个,分别历时两个月左右;接待省内外各级领导、兄弟垦区、国内外客商209批,2190人次,购买机票、车票209张。接待费用与上年同期相比,约下降20%。

(黄新亮)

【节能工作】 提高认识,加强宣传。总局机关组织宣传周活动,以"节能有道、节能有德"为题和全国低碳日"低碳城市、宜居可持"为题,开展了"四要"活动,即要为公共区域停开空调一天、要公共区域照明灯停关一天、要6层以下办公楼及其他办公建筑停开电梯、要停止使用一次性消耗品,推进无纸化办公、双面使用纸张,严格控制会议费用支出。以低碳的模式和出行方式本验能源紧缺,支持节能降碳,切实做好表率。同时利用广播、电视、横幅、宣专画等形式进行宣传。强化落实,节能措施到位。节约用电,办公室、会议室等场所尽量采用自然光,尽可能少开灯或不开灯,做到人走灯关,楼梯、走廊、卫生间等公共区域的照明要用节能型灯具。节能用水,加强用水设备维护管理,及时解决供水故障,杜绝跑、冒、漏、滴和长流水现象,控制冲厕用水流量,切实减少耗水量。节约用气(煤)采取看天气供暖和制冷的运行方法,科学管理。加强机关公务车管理,严格控制油耗,采取定点加油、定点维修的管理办法,从而达到节能降耗的管理目标。

(黄新亮)

【应急管理】 抓好应急平台建设。加强应急管理网络化、信息化、规范化建设。农垦总局应急救援指挥中心指挥大厅、会商室、大屏幕显示墙已建成,主要设备安装到位,项目投资1110余万元,购置安装相关设备和系统应用软件,按期完成险患排查治理和安全生产视频,实现与省安监局的互联互通。加强应急演练,制定年度演练计划。下发《关于进一步加强应急管理工作的通知》,要求各管理局及总局直属企事业单位完善本地区、本行业的各类预案,健全物资储备,规范建设应急避难场所,做到每一个单位都有应急机构,有预案有应急队伍。督办各单位抓好应急宣教培训工作,提高应急自救互救能力。垦区现有安全应急救援队伍116支,人数3815名,各类救援设备总数6495台(套),其中危险化学品应急救援队伍一支。规范信息报送及时、准确,提高了综合研判水平。2015年6月18日浩化公司3名员工掉进造气车间添加剂地下室造成死亡事故,接报第一时间,在规定时限内,及时准确向省委、省政府应急办上报突发事件的准确信息。加强值守,明确信息报告责任,严格规范工作程序、报送三体、报告范围、报告时间、续保方式和值班要求。开展应急救援演练工作。总局、管理局两级共同组织开展

应急预案演练18次,提高了总局、管理局及有关部门和单位应对突发事件的研判决策、指挥协调、区域联动能力。(蔡文利)

总局直属机关党委

【党建工作】 贯彻落实《中国共产党党和国家机关基层组织工作条例》,严格组织生活制度,为各党支部统一配发三会一课记录本和学习记录本,制定下发《关于进一步落实党支部组织生活会制度的通知》,依照《总局领导班子成员参加组织生活制度》规范领导干部参加双重组织生活,保障"三会一课"制度坚持经常。坚持每周星期五学习日集体学习,领导干部带头学、带头讲党课,带头谈体会、带头开展批评和自我批评;配合宣传部开办每季一次的"北大荒讲坛",购买《中共中央关于制定国民经济和社会发展第十三个五年规划的建议》辅导读本,发至各支部,助推五中全会的学习。编辑《机关建设》27期,及时反映总局机关贯彻省委省政府重大战略决策的经验做法。稳步开展职能目标考评工作。按照总局党委(扩大)会议确定的2015年工作总体要求,拟订农垦总局2015年度主要职能目标,把目标、任务层层分解到各职能部门,平时加强对各部门综合考评,严格督促机关各部门明确责任、完善细化落实措施,确保总局党委部署的各项重点工作落到实处。加强党建常规性工作。做好党员发展对象培养、考核和党费收缴等经常性工作,做好党员统计报表工作,完成党员信息库日常维护。(曲 琳)

【"三严三实"专题教育】 制定《关于在总局机关领导干部中开展"三严三实"专题教育的实施方案》,机关党委按照节点要求对基层支部进行指导和检查,购买《习近平谈治国理政》《干在实处 走在前列》《做焦裕禄式的县委书记》和《优秀领导干部先进事迹选编》《领导干部违纪违法典型案例警示录》等"三严三实"专题教育用书2000余册,发至机关每名副处级以上干部手中。组织党员干部到东北烈士纪念馆参观《忠诚的足迹》等主题教育活动,取得较好效果。(曲 琳)

【党风廉政建设】 学习传达学习中央、省委和总局党委党风廉政建设和反腐败工作的精神要求,把机关廉政建设工作作为机关党建工作的重要组成部分进行部署。强化责任落实,把党风廉政建设工作纳入机关部门星级党组织创建、目标责任考核体系。明确职责,基层党组织主要负责人就是党风廉政建设的第一责任人,以知责促履责,严格实施问责,层层传导责任压力,推进责任落实。加强党风廉政教育,组织党员干部重新学习《党章》,精读原文、深悟原理。及时购买新修订的《中国共产党廉洁自律准则》《中国共产党纪律处分条例》2000余册,保证所有党员人手一册,通过学习明纪律、守规矩、知敬畏。狠抓正风肃纪,严格按照中央八项规定要求,以持续整顿"四风"问题为切入点,强化对党员干部的教育、监督和管理,结合全省开展的优化发展环境专项整治行动,总局机关实际,针对违反工作纪律、插手工程招投标、违规土地承包、损害群众利益以及不作为、乱作为、破坏发展环境等问题进行专项整治,使正风肃纪更具针对性和实效性。机关纪委履行监督的责任,始终把纪律和规矩挺在前面,用纪律和规矩管住机关党员大多数。总局机关纪委协助总局纪委查办案件3起,机关纪委立案3起,结案1起。(曲 琳)

【文明单位创建】 组织机关干部参加省直机关工委举办的省直机关乒乓球、羽毛球和象棋比赛、徒步大赛、重走抗联路等职工文化活动,取得优异成绩;组织机关干部开展"迎新春"游艺活动、乒乓球、羽毛球比赛和徒步大赛等活动;开展庆祝"三八"纪念活动和纪念抗战胜利70周年活动;加强群团组织建设,建立总局直属机关群团组织基本情况信息库;加强群众协会的建设,以协会带活动,相继组建总局机关合唱团、总局机关太极拳运动协会、北大荒户外健身俱乐部,成立了总局机关青年篮球协会、足球协会、羽毛球协会和排球协会,为机关干部参与各类文体活动搭建平台,总局机关现有群众文体协会10个,会员1500余人,各协会自发有序开展活动,为机关开展各类文体活动发挥了良好的带动作用。做好关爱职工和扶贫帮困工作,继续开展"一帮一"共富行动,落实帮扶任务,制定帮扶计划。开展"送温暖"活动,筹措资金15.3万元,对机关164名因病或其他原因导致生活困难的干部职工和军烈属进行补助、慰问。组织实施总局直属机关1255名干部职工每年一次的身体健康检查。

组 织

【"三严三实"专题教育】 垦区各级党委把开展好"三严三实"专题教育作为重大政治任务,强化组织领导、精心安排部署,示范带动专题教育扎实开展。突出抓好讲党课、集中学习研讨、召开民主生活会等"规定动作",347名场处级以上党委(党组)书记走上讲台讲专题党课,集中学习研讨1147次,累计参加党课和专题研讨人数超过5万人次。创新开展北大荒讲坛、参观教育基地等"自选动作",聘请省内外专家作了多场次形势报告。组织领导干部观看专题片,强化正反面教育,引导党员干部增强政治意识、看齐意识、纪律意识。突出问题导向,坚持边学边查边改,着力解决职工群众关心、关注的切身利益问题,集中整治了基层干部为官不为、失职渎职、损害群众利益等行为,持续推进"四风"问题整改,有效地推动了领导干部从严从实、干事创业,让职工群众切实感受到了作风建设带来的新变化。(王中华)

【领导班子和干部队伍建设】 以新时期好干部为标准,加强领导班子和领导干部的调整选配工作,特别是注重选拔有实践经验、敢担当有作为、能干成事、廉洁自律的优秀干部进入领导班子。对贯彻执行上级决策部署不力、工作成效不明显的干部,进行转岗、降职、免职等处理。全年调整处级干部5批39人,其中,提职8人,平级调整11人,免职20人。推进干部交流轮岗,从地市、管理局、农场中交流部分干部到总局机关及直属单位任职。开展副厅级单位领导班子副职后备干部调研工作,掌握一批比较成熟的优秀干部,为领导班子建设提供了干部储备。通过领导班子和领导干部年度考核工作,深入了解掌握了各单位班子运行、班子结构、班子活力和领导干部政治思想、工作业绩、工作状态、廉洁从政等情况,为总局党委选准配强干部提供了重要参考。制定下发《中共黑龙江省农垦总局委员会任免干部工作程序》等5个干部工作规范性文件,进一步提高了干部工作的规范化、科学化水平。 (王中华)

【干部教育培训和人才工作】 突出领导干部理想信念教育,深入学习习近平总书记系列重要讲话精神,在所有主体班次开设"党性教育"专题,进一步提高垦区领导干部政治理论素养和围绕中心、服务大局的能力。结合推进农垦改革,先后组织108名垦区各级领导干部分别赴农业部党校、上海和广州农垦培训中心参加农垦改革与发展培训班,进一步提高垦区领导干部改革创新意识和政策研究本领。联合举办"首期垦区青年领导干部互联网+农业场域经济发展研修班",组织50余名副场级干部赴杭州淘宝大学学习考察,与当地企业家举办创新创业论坛,进一步提高了垦区领导干部掌握"互联网+农业"商业模式的意识和能力。2015年,垦区共举办各类培训班270余个,培训各级各类干部近3万人次,各级干部综合素质进一步提升。 (王中华)

【基层党组织和党员队伍建设】 垦区各级党委落实党建工作责任制,通过组织开展基层党建工作责任制检查、基层党组织书记专题述职评议,进一步增强了基层党组织书记抓好党建工作的责任意识。扎实推进基层服务型党组织建设,开展软弱涣散基层党组织整顿转化。完善了服务群众工作机制,推进服务平台建设,管理局、农牧场、管理区、社区建立便民服务站(中心)664个。不断优化基层党组织设置,探索在农工专业合作社、专业协会等组织上建立党支部,推进党的组织和工作全覆盖。不断激活基层组织活力,创新开展的"党员中心联带户""三联三带"、党员"细胞工程"等活动做法,在人民网、《黑龙江日报》、黑龙江电视台等媒体报道。切实加强党员队伍建设,重点在高知识群体、生产一线、35岁以下青年和妇女中发展党员,党员队伍结构不断优化。 (王中华)

【干部监督】 严格执行《关于进一步从严管理监督干部的意见(试行)》。配合省委组织部完成对总局党委及宝泉岭、红兴隆、建三江和北安四个管理局选人用人专项检查。开展"带病提拔"专项检查和"三超两乱"专项治理以及干部人事档案专项审核工作。以干部年龄、工龄、党龄、学历、经历和身份信息为重点,对垦区所有在职干部档案进行全面清查和审核认定,开展档案审核单位206家,初审干部人事档案55853卷。开展领导干部报备登记和因私出入境证件集中清理整治活动,对备案人员的因私出入国(境)证件全部进行了收缴,并对违规出入境的领导干部进行核查处理。完成垦区1923名处级以上领导干部个人事项的填报和系统信息录入工作,重点对拟提拔副处级以上考察对象、转任重要岗位和拟确定副厅级后备干部人选进行核实。全年核实拟提拔领导干部个人事项信息10批次48人,其中,取消提拔资格1人、暂缓提拔1人。按照10%的比例随机抽查202名领导干部填报的个人有关事项报告,并对抽查核实结果进行了认定和处理,其中,诫勉3人、函询28人、批评教育24人、补报47人。开展党政领导干部在企业、社团兼职清理规范工作,对履行兼职程序做出了明确具体的规定。 (王中华)

【组织系统自身能力建设】 垦区各级组织部门和组工干部主动适应新常态,带头践行"三严三实"要求。深入开展以"忠诚、尽责、担当、守纪"为主题的教育活动,注重实际、求真务实,加强日常管理和内部监督,自身建设水平明显提升。坚持问题导向,针对工作中的薄弱环节,科学分析,有计划地制定整改提高措施。公道正派,始终对党忠诚,敢于反映真实情况,组工干部的党性观念、履职能力和守纪意识进一步增强。严格落实干部考察工作责任制,做到谁考察、谁负责。强化干部监督工作,信访举报事项查核办结率达100%。 (王中华)

纪检监察

【"两个责任"落实】 总局党委高度重视党风廉政建设和反腐败工作,带头履行主体责任,对领导干部坚持从严教育、从严监督、从严管理,旗帜鲜明、坚定不移反对腐败,坚决支持纪检监察机关严肃执纪,着力营造不敢腐、不能腐、不想腐的政治氛围。层层传导压力,推动责任落实,总局纪委班子成员带队,深入部分机关部门、直属单位和管理局围绕"两个责任"落实开展专题调研督导工作;分别带队深入各管理局开展"两个责任"落实专题宣讲活动,2000余名各级领导干部受到教育。健全完善保障责任落实制度,垦区各级各单位普遍制定出台《"两个责任"实施办法》,层层开展签状明责、检查考核工作。签订党风廉政建设责任书1.8万余份,开展"两责"落实情况专项检查考核389次,5871名各级领导干部进行了述廉述责,7名党员领导干部因"两责"落实不力受到责任追究。 (蒋光锋)

【廉政教育】 深入开展领导讲廉、提职考廉、任前谈廉"三廉"教育活动,举办领导讲廉362场次、对1728名党员干部进行提职考廉、1881名党员干部接受任前谈廉。针对垦区点多、线长、面广的特点,各级通过举办流动廉政党课、廉政视频讲座、组织参观廉政基地、观看警示教育片、在重要时段重申纪律要求、开展富有特色的廉政文化创建活动等多种形式,对重点人员、重要节点实行全覆盖式廉政教育,营造浓厚的廉政氛围。总局纪委还邀请中央纪委专家举办廉政警示教育专题讲座,垦区3500余名各级领导干部受到教育;组织总局机关各部门副职以上领导干部和直属单位领导班子成员及其配偶家属参观省廉政警示教育基地;新修订的准则和条例颁布后,及时下发通知对学习贯彻两项法规进行安排部署,各级通过召开党委理论中心组专题学习、举办专题辅导讲座、组织知识答题等多种方式深入开展两项法规学习教育活动,在垦区形成了学用两项法规的浓厚氛围,促进了垦区广大党员干部把纪律和规矩内化于心、外化于行。(蒋光锋)

【制度建设】 对垦区近年来发生的腐败案件进行系统调研剖析,形成《垦区党员领导干部违纪违法案件分析报告》,进一步明确了工作的重点和着力点。按照省纪委部署要求,深入开展腐败问题多发剖析整改工作,制定整改方案,成立组织机构,分解整改任务,落实工作责任,对整改任务实行台账式、销号制、月报告方法推进,总局各相关部门协调配合,65 项整改措施全面推进落实。在整改过程中,注重点面结合、以点带面,选取重点单位进行重点剖析、重点整改,举一反三、查缺补漏。总局纪委组成专题调研组,深入重点发案单位进行了专题调研,帮助剖析发案原因、梳理业务流程、查找风险部位,有针对性地制定防范措施。针对垦区腐败问题易发多发的重点领域和关键环节,各级建立完善相关制度275 项,其中,总局建立完善相关制度20 项,为强化权力监督和制约提供了制度保障。(蒋光锋)

【纪律审查】 坚持把纪律挺在前面,围绕重点领域和重点人群,加大纪律审查力度,保持了震慑作用。总局纪委克服人员少、力量弱的困难,打破内设机构界限,优化整合队伍,集中力量,突出重点,严查严办,快查快结。与公安、检察机关建立协查机制,对涉嫌严重违纪违法问题线索,协调公安、检察机关提前介入,对涉及违法线索及时移交司法处理;与审计部门建立审计发现问题责任追究联动机制,对检查发现和审计移交问题线索及时介入处理,大大缩短了纪律审查周期、提高了纪律审查效率。按期完成中央巡视组移交问题线索处置任务,做到事事有着落、件件有结果;高度重视省委巡视组移交问题线索处置工作,健全交办反馈机制,加大督办催办力度,已处置问题线索 181 件。2015 年,垦区各级纪检监察机关受理信访举报 968 件次,同比增长 13.3%,谈话函询 110 件,初核问题线索 544 件、同比增长 14.5%,立案 306 件、同比增长 34.8%,党政纪处分 340 人、同比增长 14.5%,其中,处级干部 84 人、同比增长 33%,移送司法机关 26 人。总局纪委初核问题线索 43 件、同比增长 290%,立案 29 件、处分 29 人,同比增长 163%,采取“两规”措施 7 人,移送司法机关 19 人,名列全省省直机关查办案件数量第一,在垦区形成了前所未有的惩治腐败高压态势。特别是近期查办了米业集团系列腐败案件,为国家挽回了巨额经济损失,收到了良好的警示震慑效果。切实加大对不作为、慢作为、乱作为等问题的执纪问责力度。总局纪委对粮食补贴虚报漏报、个别单位挪用专项资金、水利重点项目进展缓慢、安全生产部署落实不到位等问题以及私设“小金库”和“账外账”的相关责任人进行了严肃追责,并将典型问题在全垦区进行公开通报,党员干部的纪律意识、责任意识、规矩意识和效率意识进一步提高。加强总局纪委办案中心规范化建设,各管理局纪委基本建成了符合标准的谈话室,依纪依法安全文明办案能力进一步提高。

(蒋光锋)

【纪检监察队伍建设】 在总局、管理局两级党委的高度重视支持下,各级纪检监察机关班子建设得到加强,干部队伍得到优化。按照中、省纪委关于纪检监察机关“三转”要求和纪检监察干部“忠诚、干净、担当”标准,着力抓好垦区纪检监察队伍自身建设。总局纪委多次召开调研座谈会、工作推进会,部署推进“三转”工作,初步形成了改革方案。加强纪律审查队伍建设,把人员向纪律审查一线倾斜,垦区纪检监察机关纪律审查、案件突破能力大幅提高。一些单位选调年轻优秀干部加入到纪检监察队伍中,队伍的年龄和学历结构进一步优化。加大纪检监察干部教育培训力度。先后选派40 多名同志参加了中纪委举办的业务培训,各级举办业务培训班 30 余期,培训纪检监察干部 610 人次。总局纪委举办了 350 多名纪检监察干部参加的垦区首期纪律审查业务培训班,实现了垦区纪律审查人员业务培训的全覆盖。各管理局纪委还结合自身实际,通过开展以案代训、集中学习、专题辅导等各种形式的业务培训活动,提高了队伍的整体素质。加强纪检监察干部监督管理,各级纪委建立完善内部监督制度 136 项,垦区纪检监察干部队伍的纪律建设进一步加强。(蒋光锋)

宣传工作

【理论武装工作】 深化中国特色社会主义理论的学习、宣讲、研究,通过组织党委中心组学习、北大荒讲坛、党委书记讲党课、理论座谈研讨会,加强领导班子、党员干部、职工群众的学习教育,用马克思主义中国化的理论成果武装全党、教育人民。(1)以党委中心组和领导干部为重点,推动习近平总书记系列重要讲话精神的学习贯彻向纵深发展。把习近平总书记系列重要讲话精神的学习贯彻,作为理论武装工作的首要任务和重要内容。印发《总局党委理论中心组学习安排的意见》,全年组织集中学习 4 次。落实中心组学习情况专报和通报制度,向省委宣传部报送《学习情况报告》4 篇,下发《学习情况通报》1 篇。2015 年,垦区场处级以上党委中心组集体学习1500 余场次,受众范围达 3 万余人次。进一步探索“互联网 + 理论学习”模式,推动“学习小组”“学习大国”“学习微平台”等学习习近平总书记重要讲话精神微信公众号的关注和学习。红兴隆管理局党委中心组“敞开门”学习,将学习材料、学习图片、学习视频、学习成果挂到“理论超市网”上晾晒,实现学习成果可检查、可评比、可考核、可推广。建三江管理局以“三严三实”为主题开展微信征文比赛,扩大学习贯彻习近平总书记重要讲话精神的覆盖面和影响力。按照省委宣传部的要求，征订《习近平总书记在文艺工作座谈会上的重要讲话学习读本》400册，征订《法治热点面对面》理论学习读物6000余册。组织垦区1万余名党员干部参加全省网上理论知识答题活动，平均成绩在90分以上。(2)以"北大荒讲坛"和"党委书记讲党课"为依托，强化党员领导干部形势政策教育。围绕解读、阐释党的大政方针，抓好形势政策的学习教育活动。印发《"北大荒讲坛"学习安排的意见》，全年举办"北大荒讲坛"4期，垦区党员干部近8000人次参与学习。组织开展党委书记讲党课活动，全面解读党中央四中全会、省委五次全会和总局党委(扩大)会议精神，系统阐释"中国梦""三严三实""四个全面""三个自信"的重大内涵和重要意义。2015年，垦区各级组织开展"党委书记讲党课"活动360余场次，接受教育的党员干部达4万余人次。红兴隆管理局举办"理论下基层"活动，由场处级党委书记录制理论专题讲座视频，挂在网上向基层干部群众推广。北兴农场开办了"理论大观园"，组织党员群众3000余人参与学习。经过推荐审核，农垦管理干部学院和总局党委讲师团成员范希华，分获全省理论宣讲"先进集体"和"先进个人"荣誉。(3)以解决问题和推动工作为目标，推出理论成果。围绕"新常态下创新宣传思想工作"组织理论调研活动，印发《调研活动实施方案》，收集三级宣传干部调研理论文章50余篇，编印《适应新常态 开拓新渠道 开创新局面——黑龙江垦区宣传思想工作理论调研成果汇编》论文集，供总局党委决策参考和宣传系统内部交流学习。在八五八农场举办理论调研成果交流会，推动理论成果向实践转化。宝山农场党委书记王金厚撰写《新媒体时代城镇管理创新》论文，实践为"微社区"城镇管理模式，职工群众通过手机即可办理日常业务。按照省委宣传部的要求，承办全省《宣传工作年鉴》编撰工作座谈会，省委宣传部副部长赵德信及全省宣传年鉴编撰工作人员60余人参会，总局党委宣传部作为先进典型在会上介绍经验。研究谋划工作，编制报送"宣传工作十三五规划"，列出重点任务、重要指标和主要措施，为做好未来5年的工作奠定基础。（于　佳）

【思想道德建设】 持续践行社会主义核心价值观，弘扬北大荒精神，通过典型培育、活化形式、搭建载体、营造氛围等方式，不断凝魂聚气、强基固本，推动形成崇德的氛围、向善的力量。(1)推进典型培育工程，推出北大荒人先优楷模。参照上海市普陀区先进典型资源库模式建立电子资源库，收录650名典型人物电子信息档案，为典型人物的培育、选树奠定了基础。印发《加强和改进先进典型学习宣传培育工作方案》，在垦区范围内推出先优人物典型。前进农场第十六管理区主任刘庆国当选第十届"全省十佳公仆"。兴凯湖农场职工孔德春入选全省十大"感动龙江"人物。赵光农场退休职工王静贤、佳木斯学校教师陈喜华等5人入选第五届"全省道德模范"，其中，王静贤获全省"十佳道德模范"，入选"中国好人榜"。完达山乳业董事长、总经理王景海荣获第五届"全国道德模范提名奖"。海林农场副场长程志军入选"节俭养德全民节约行动"全国百名先进个人。成功推荐4名青少年当选"全省美德少年"，他们的优秀事迹在黑龙江文明网展播宣传。在垦区范围内，组织开展第八届"十佳公仆"评选活动，经过基层党委推荐、总局党委审定、网络报纸投票3个环节，授予原竹明、韩继武等10位基层干部第八届"垦区十佳公仆"荣誉。组织开展总局级道德模范评选活动，历时8个多月，从基层党委推荐的50余名候选人中反复甄选，梧桐河农场退休职工初路等20人获此荣誉。(2)活化践行核心价值观、弘扬北大荒精神的形式，推动落细落小落实。开展北大荒杯"我的农垦·我的梦"主题征文活动，收集上报讴歌北大荒、赞美北大荒的征文556篇，整理上报在黑龙江垦区工作过的省部级领导和各界名人67位。以"文明·始于心·践于行"为主题，围绕"24字核心价值观"征集评选出优秀作品20部，通过农垦广播电视台及优酷、新浪、腾讯等网站进行展播。编印第三届"感动北大荒"人物先进事迹汇编《身边的感动》一书下发到基层，作为弘扬社会主义核心价值观的教材。指导《北大荒日报》刊发"图说我们的价值观"公益广告30多个块，农垦广播电视台制作播出核心价值观主题人物包装10个，月播出"图说我们的价值观"公益广告140条次，营造浓厚的培育弘扬核心价值观氛围。哈尔滨管理局组织开展"培育和践行社会主义核心价值观典型事迹报告会"，根据人物事迹编印《哈局典型人物事迹汇编》，在网站、微信等新媒体大力宣传；北兴农场通过省委宣传部的验收，成为我省社会主义核心价值观建设第一阶段示范县(场)；共青农场发挥楼院党支部的作用，定期开展"亲情守望""开门认亲""邻里互助""百家宴"等活动，增进邻居之间的感情；梧桐河农场开展"弯腰行动""日行一善"活动，培育友善、友爱的良好风尚；八五一一农场将北大荒精神展示馆和社区服务大厅相融合，职工群众办事之余就能接受北大荒精神教育；兴凯湖农场以孔德春为旗帜，感召汇聚"湖畔好人"，打造"孔德春爱心志愿服务团队"15个，吸纳志愿者2000余人；查哈阳农场小学生以米粒作画，制作出反应《弟子规》和《社会主义核心价值观》内容的作品，在农场内进行宣传展示。(3)把握纪念抗日战争胜利70周年重要时间节点，深化爱国主义教育。举办"纪念抗日战争胜利70周年书法美术摄影作品展"，展览结束后，将展出的作品进行整理，编印《光荣与梦想》作品集2000册下发到基层单位，进一步扩大爱国主义教育的覆盖面。垦区各级党组织走访慰问抗战老兵220余人，颁发抗战纪念勋章340余枚，发放慰问金100余万元，赠送抗战纪念光碟200册。北安管理局以"铭记历史、缅怀先烈、珍爱和平、开创未来"为主题，开展"六个一"系列活动；九三管理局组织开展抗战历史图片展览和《百团大战》影片展播，组织党员干部、师生群众3000余人接受教育；齐齐哈尔管理局举办爱国主义教育文艺汇演20场次，1万余名职工群众观看演出；哈尔滨管理局组织机关干部200余人参观东北烈士纪念馆,回顾东北抗联的艰辛岁月;八一农垦大学组织全校师生上好《开学第一课》,通过开学典礼、新生入学教育等渠道,组织开展校史校情、爱校爱国教育。在清明节期间组织开展"网上清明祭英烈"活动70多场,参加人数3万余人。在国庆期间组织开展"童心向党歌咏""向国旗敬礼"活动,推荐4首爱国歌曲参加全省网上展播。(4)广泛搭建群众性精神文明创建活动载体,树立良好精神风貌。广泛开展文明城市、文明村镇、文明行业、文明单位创建活动。八五〇农场获得全国文明单位荣誉;八五〇农场第十二管理区、八五四农场富荣管理区、赵光农场第九管理区获得全国文明村荣誉;红兴隆管理局局直等66个集体(个人)获评省级文明单位;梧桐河农场等196个单位(家庭)获评总局级文明单位。引导推动学雷锋志愿服务活动常态化,新增宝泉岭、宝山等志愿者协会4家,建立志愿服务工作示范点14个。授予普阳农场社区"惠馨志愿者服务队"等5个单位为垦区学雷锋活动示范点;授予陈继勇等5人为垦区岗位学雷锋标兵;成功推荐红兴隆中心医院"青年志愿者服务队"为全省学雷锋活动示范点;成功推荐北大荒日报社记者陈子婴和江川农场出租司机崔晓宇成为全省岗位学雷锋标兵。向省里推荐优秀志愿者11名,优秀志愿服务组织12个,优秀志愿服务活动品牌3个,组织93名志愿者参加全省志愿服务培训。向省委文明办报送工作简报30期。组织申报2015年中央、省级专项彩票公益金支持乡村学校少年宫项目6个。在全省志愿服务工作"五个一百"评选活动中,垦区有5人获优秀志愿者、12个基层单位获优秀志愿服务组织、3个活动品牌获优秀志愿服务活动品牌荣誉。 (于 佳)

【新闻舆论】 围绕总局党委中心工作和重点任务策划组织新闻报道,建立新闻发布制度,把握正确舆论导向,加大典型宣传和成果宣传力度,唱响主旋律、提振精气神、激发正能量,为经济社会发展营造良好舆论氛围。(1)加大典型宣传力度,为转方式调结构提供可借鉴的经验。按照总局党委的要求,下发《关于推荐宣传"转方式调结构促发展"先进典型的通知》,集中力量挖掘宣传在转方式调结构方面的先进典型。组织国家、省和垦区主流媒体记者深入采访,在省报头版头条刊发《互联网+农户——大农网70天卖粮7.47亿》《"2+1"试点释放政策红利——垦区现代农业综合改革试验区管委会运行纪实》《未雨绸缪自从容》等重磅稿件,重点宣传报道"大农网"平台建设、管委会管理运营、有机大豆产加销所取得的成果。组织北大荒日报社、农垦广播电视台记者集中采访报道,在《北大荒日报》头版头条、《北大荒新闻》重要时段开辟"典型引路促发展"专题,持续刊播有分量的新闻通讯和评论30篇。将宣传报道先进典型的新闻整理编印,推出《百草园里溢芬芳——垦区"转方式调结构促发展"典型集锦》。指导农垦广播电视台制作典型经验专题片50余个,供垦区各单位借鉴学习。与《光明日报》《黑龙江日报》《黑龙江经济报》合作,通过刊发头条、开设专栏,深度报道、新媒体融入等形式,广泛宣传垦区转方式调结构的先进典型,全年刊发稿件120余篇。(2)加大成果宣传力度,为经济健康发展鼓劲加油。突出成果宣传、成就报道,2015年,垦区在省级以上媒体上刊发新闻稿件1000余篇,其中,中央电视台《经济半小时》栏目刊发三期节目《聚焦垦区秋粮收获》、《中国农垦》刊发的《"三减"拓展北大荒现代农业路》、《黑龙江日报》刊发的《用"减法"拓展绿色发展路》《垦区水稻插秧报捷》《对俄境外农业合作再升级》《亿只白羽鸡 撬动产业化》《垦区秋粮收获全面完成》,《黑龙江经济报》刊发的《抗春寒 、战低温、书写新画卷》《莫桑比克长出"中国水稻"》《北大荒2230亩水稻全部插在高产期》《垦区秋粮收获全面完成》等重点报道均产生较大影响。宝泉岭管理局配合中央电视台《大国宏图》栏目记者的采访,展现了垦区现代农业的风采。红兴隆管理局反应新常态下取得新成果的《产业带动美丽新农区》稿件,分别在《人民日报》《农民日报》《中国农垦杂志》《黑龙江日报》上刊登。抓住重大活动契机组织宣传报道战役,在全国"两会"、中俄博览会、绿色食品展、全国钓鱼比赛、全国龙舟赛等大型活动中,积极组织中央和省主流媒体进行报道,对活动宣传造势、树立垦区形象产生了良好的效果。(3)加大新闻管理力度,为新闻舆论正确把握导向。通过总局办公室文件下发《关于建立完善新闻发言人制度做好新闻发布工作的通知》,建立新闻发布工作机制,设定首席新闻发言人和新闻发言人。进一步加强对垦区新闻舆论工作的指导和管理,贯彻落实中宣部和省委宣传部有关新闻宣传工作的纪律要求,全年组织召开媒体新闻通气会、协调会6次,分别编发《新闻阅评》和《新闻报道提示》12期。对新闻稿件内容的政治性、导向性加强把关,指导北大荒日报社、农垦广播电视台建立重大报道采编流程,建立新闻三审制度,并对《北大荒日报》和农垦广播电视台刊播的重要稿件全部审阅和把关,全年共审阅重要稿件100多篇。 (于 佳)

【网络管理】 加强网上网下宣传工作的统筹,搭建移动互联宣传新平台,拓宽网络正面宣传新渠道,加强网络舆论监管,降噪音、消杂音,清朗网络舆论空间,构建网络空间信息传播健康合理秩序。(1)开通运营"微观北大荒"微信公众账号,搭建正面宣传新平台。顺应新形势、新要求,主动融入"互联网+"浪潮,把宣传工作重心从线下逐渐向线上转移。开通运营总局党委宣传部官方微信公众账号——"微观北大荒",已"吸粉儿"1700余人。利用微信公众账号及时权威发布涉及垦区的重大消息,其中,《国新办举行新时期农垦改革与发展情况发布会》的消息发布当天,阅读量就达7000多次。以"雪中北大荒"为题征集微信摄影作品,积极宣传展示北大荒冬季的人文风情和秀美风光,现已收到参赛作品500余幅。开展"寻找北大荒网络达人"活动,对树正风、扬正气的10名网络达人进行表彰。指导各管理局、农(牧)场及总局直属各单位开通微信公众账号，打造垦区微信宣传矩阵。建三江发布、魅力红兴隆、牡丹江文化之都、八五一一农场新市民幸福工程、八五八农场千岛林风景区等微信公众账号经过运营，均取得了良好的宣传效果。建三江管理局利用新媒体，先后组织了"爱垦区、爱三江、爱农场"主题微信大赛和"文明户晒家风"微博大赛，活动开展不到两个月，作品转发量就超过4.7万次，点赞462个。九三粮油工业集团注重开发"指尖上的宣传"，对4000名员工的微信平台进行规范管理，打造成企业宣传、品牌树立、网络营销的"自媒体终端"。(2)成立工作机构，组建北大荒"网军"，打造网络舆情监管新格局。按照省委的有关要求，总局党委下发《关于成立总局网络安全和信息化领导小组的通知》，成立以总局党委书记任组长的总局网络安全与信息化领导小组，明确了责任分工和工作规则。下发《垦区网络信息(评论)员管理办法》，组建500余人的北大荒"网军"，面对噪音、杂音组织集体发声回应，以正视听。进一步完善垦区突发网络舆情的收集报送制度和应急处置机制，先后制定下发《总局网络舆情应急预案》《总局网信办工作细则》《舆情管理员岗位责任制》《舆情管理24小时值班制度》等一系列规章制度，对各级网信办开展工作起到了指导和规范作用。年编发《垦区网络舆情信息通报》26期，对"挠力河湿地发包""垦丰种业假种坑农""北大荒薯业污水违规排放"等89件涉垦网络舆情进行研判报送，并提出应对处理意见，其中4次得到总局主要领导的批示。对基层单位处理网络舆情给予指导帮助，及时将舆情危机化解在苗头状态，避免舆情次生灾害的发生。组织开展"网络安全大检查"活动，协同公安、通信、办公室等部门，对各重点单位的网络运行安全情况进行检查，针对发现的网络漏洞、数据备份、网络安全监测等问题提出整改意见，并形成情况报告。组织开展"网络空间清朗行动""护苗2015"等活动，积极营造垦区网络的和谐安全。 (于 佳)

【队伍建设】 在新形势、新任务、新机遇、新挑战面前，以让宣传干部强起来为目标加强宣传队伍建设，将2015年确定为"能力建设年"，为宣传干部持续"补钙""充电"，切实提高工作驾驭能力。(1)锤炼党性修养，补足精神之钙。在党员干部中广泛开展理想信念教育和形势政策教育，组织学习《习近平谈治国理政》《优秀领导干部先进事迹选编》等书籍，对照焦裕禄、杨善洲、沈浩、于海河、裴林枝等先进典型事迹，研讨如何见贤思齐，坚定马克思主义信仰和中国特色社会主义信念，不断增强理论自信、制度自信和道路自信。利用党支部学习日和党课教育日，组织学习《中国共产党廉洁自律准则》《中国共产党纪律处分条例》《习近平关于党风廉政建设和反腐败斗争论述摘编》《领导干部违纪违法典型案例警示录》，进一步增强宗旨意识和纪律规矩意识。组织参加全省宣传骨干井冈山精神培训班，重温党的历史，体会艰苦岁月，锤炼党性修养，磨砺精神意志。(2)坚持重心下移，练就严实之风。巩固党的群众路线教育实践活动成果，结合践行"三严三实"教育，开展"走转改"活动。加强宣传工作调研，成立调研组分赴9个管理局和部分农场进行调研，倾听群众心声、了解基层需求、发现工作短板，有针对性地提出解决建议，有目的性地推动实际工作。组织填写《基层宣传思想文化工作现状普查问卷》，对垦区基层宣传思想文化战线的人员、机构、经费及工作开展情况进行调查，对存在问题进行分析，形成定性定量分析报告。确保新闻报道队伍上连"天线"，下接"地气"，先后组织开展"聚焦北大荒""唱响春夏秋冬四季歌"等"走基层"采访报道活动，在各媒体刊发稿件近100篇，起到了锻炼队伍、扩大宣传的良好效果。(3)加强业务培训，提升能力素质。明确全年工作思路和重点，召开垦区宣传思想工作会议，为全年工作指明了方向。组织各管理局宣传部长参加学习党的十八届五中全会和省委十一届六次全会精神培训班，准确把握《十三五规划建议》的精髓，深刻领会创新、协调、绿色、开放、共享五大发展理念。以补短板、提能力为目的，与清华大学继续教育学院院长高策理等人进行座谈，讨论加强垦区领导干部业务能力的培训方向和计划。组织垦区三级新闻发言人和网络信息员进行业务培训。

(于 佳)

统战工作

【概况】 2015年，垦区有台胞101人(其中赴台定居28人)，约占全省三分之一，台属6450人；归侨侨眷3890人；原国民党起义投诚人员519人；黄埔军校同学会成员24人；有各级政协委员207人，其中，省政协委员12人；党外知识分子31329人，其中正高级职称87人，副高级职称545。党外副处级以上干部32人。非公有制经济代表人物218人，重点人士37人。垦区居住人口中有39个少数民族成分，少数民族人口33135人，占垦区总人口的2%，其中，人数较多的少数民族有满族18072人，蒙古族4975人，朝鲜族4706人，回族1852人，其他少数民族3527人(第六次人口普查数)。少数民族副处级以上干部76人。少数民族人口较多的农场有4个，分别是富裕牧场(以柯尔克孜族为主)、和平牧场(以蒙古族为主)、红色边疆农场(以满族、达斡尔族为主)和海伦农场(以回族为主)。有少数民族作业区、管理站12个(其中朝鲜族5个、满族和达斡尔族4个、蒙古族2个、柯尔克孜族1个)。垦区有基督教、天主教、伊斯兰教和佛教四个教派，基督教正式活动场所27个，信教群众26100余人，其中基督教21663余人，占信教群众总数的83%，有基督教义工35人；非公有制经济代表人物120人，重点人士15人，其中4人被评为全省中国特色社会主义事业建设者；垦区现有6个民主党派，共计190人，其中，民革8人，民盟21人，民建18人，民进14人，农工党15人，九三学社114人。 (杜 克)

【宗教工作】 依法加强宗教管理工作，开展宗教工作的组织领导和宗教活动场所规范化建设，垦区建立了总局、管理局和农牧场三级宗教工作组织领导网络，层层签订了"抵御渗透，维护稳定”责任状。(1)加强宗教调研。总局统战部先后对垦区6个管理局18个农牧场的宗教固定活动场所、宝泉岭局直教堂的安全管理、制度建设和活动情况进行检查指导,召开信教群众座谈会17次,协调解决个别农场场所搬迁、私设聚会点等问题,联系组织省“两会”牧师到江滨农场等教会牧羊。(2)加强人员培训。举办首次垦区传道人员培训班,省宗教局领导和省“两会”牧师进行专题法律法规讲座和解读《圣经》,垦区符合按立条件的传道人员、神职院校毕业生共计59人参加培训。培训结束后,培训人员参加基督教“两会”组织的考试,考试合格人员颁发传道员证。(3)加强安全管理。各活动场所建立安全管理制度,指定专人负责,定期对宗教活动场所进行全面安全检查。尤其是各活动场所举办大型活动,宗教管理部门要亲临现场,确保活动安全。(4)开展专项治理。集中开展排查和治理乱建寺观、滥塑露天宗教造像和私设宗教聚会点工作。红兴隆、牡丹江、北安、绥化等管理局没收非法宗教宣传品2万余份,总局及时阻止4批5人企图出境参加邪教组织培训和其他非法宗教活动,防范控制境内外邪教组织、邪教人员相互勾连,维护了垦区社会和谐稳定。 (杜　克)

【港澳台和海外工作】 密切与港澳台和海外华人及社团的联系,邀请有关企业、社团到垦区参访。组织“第20届台胞青年冬令营”80余人到垦区八一农大等地进行文化交流活动,接待台湾新同盟会台南分会会长黄俊山率领的台南基层农会干部43人参访团、台湾大学农学院院长徐源泰一行10人农业参访团。注重发挥农垦海峡两岸农业综合开发试验区平台作用,推进庆阳农业科技示范基地建设。接待香港东北人联谊会访问团考察完达山乳业,协助省侨办接待来自19个国家和地区的海外华文媒体代表团一行40人参加第二届中俄博览会。开展《黑龙江省华侨回国定居管理办法》等侨务政策宣传和信访工作,总局侨联被省侨联评为“2011—2015年度侨联系统维权工作先进单位”。推荐垦区5名优秀教师参加省侨联举办的龙外教育基金黑龙江省高中英语教师培训班。组织参加中国侨联第十六届世界华人学生作文大赛、省侨联第九届黑龙江省世界华人学生作文大赛,共有82篇作品参赛,42篇分别获得一、二、三等奖,总局侨联被中国侨联和省侨联分别授予最佳组织奖。组织归侨侨眷参加“彩格杯”第六届黑龙江省侨界乒乓球联谊赛,女子单打获得全省第一名,总局侨联获最佳组织奖。八五四农场场直社区举办了归侨侨眷趣味运动会。发放台胞台属困难补助1.86万元,归侨侨眷困难补助3万元,为林长山等3户台胞申请全国台联特困补助,为120户贫困归侨侨眷发放了澳大利亚华侨捐赠的棉衣。协助香港企业家、老知青张载村完成对垦区捐资助学活动,落实2015年助学资金60万元,累计完成助学资金546万元。

(杜　克)

【政协与党派工作】 支持和协助民主党派、政协委员、无党派人士参与垦区重大改革及重点工作,协调政协委员到检法两院参与监督,组织垦区各级政协委员开展调研、撰写提案。协调有关部门完成了省政协《关于加强黑土地保护的建议》等提案的答复工作。初景国被省政协授予优秀提案奖和2015年度省政协履职优秀委员称号。采取多种方式培训统战系统干部和代表人士,提高政治素质和业务能力。先后推送相关参加全国台联在漳州举办的2015年中青年优秀台胞培训班,东北三省台联系统优秀台胞和台联干部复旦大学培训班,东北三省一区专职台联干部工作交流会,北京台湾大学生千人夏令营志愿者服务活动。推荐5位党外代表人士参加了省高级知识分子联谊会,王立涛当选为联谊会理事。推荐1人参加了省委统战部在黑龙江省社会主义学院和复旦大学举办的全省党外干部培训班学习。10月,推荐1人参加了“第六期黑龙江省无党派代表人士理论研讨班”。垦区穆娟微、夏伟二人当选全国九三学社先进个人。推荐黑龙江农垦谷润植保科技发展有限公司董事长董长升参加黑龙江省第五期非公有制经济组织优秀企业家暨优秀中国特色社会主义事业建设者培训班。 (杜　克)

外事及对中国港澳台交流

【概况】 2015年,垦区外事及对中国港澳台交流合作活跃。严格控制因公出国(境)团组,减少一般性出国考察,做好垦区因公出国(境)团组的商务洽谈和对外招商引资工作。共办理出国团组32个,出国人员72人次,其中副厅级以上领导出国团组8个、19人次;随黑龙江省代表团出访团组5个、17人次,随国家部委双跨团组出访5个、7人次。通过对一般性考察的控制,节省了“三公”经费的支出,切实提高了出国团组的质量和对外合作的效率。组织配合各部门接待来访美国、泰国、日本等各类外国及中国香港、澳门团组13个、164人次,主要接待了美国驻华大使代表团、美国威斯康辛州政府代表团、泰国驻华大使代表团、日本丸红株式会社代表团、中国香港霍氏集团代表团、中国香港高级公务员代表团和中国香港商会代表团等。邀请俄罗斯、美国和澳大利亚等国的专家和企业代表到总局及管理局进行技术指导及可行性论证。在第二届中俄博览会期间,陪同接待了老挝农林部和甘蒙省代表团,该团组由老挝农林部副部长和甘蒙省副省长带队,访问期间参观了垦区下属主要龙头企业的生产和加工车间,对黑龙江省及黑龙江垦区农业的发展状况进一步加深了解,促进了黑龙江省与东盟国家的友好交往和经贸合作。同时,通过技术、文化交流及贸易洽谈,增进了垦区与世界各国人民的友谊,提高了垦区的知名度。与美国驻沈阳总领事馆续签《美国驻沈阳总领事馆与中国东北地区公司关于申请集团签证相关条例备忘录》。总局与美国驻沈阳总领事馆于2012年11月签订《关于申请集团签证相关条例备忘录》,有效期为一年。北大荒集团成为黑龙江省第一家加入集团签证项目的企业。美国驻沈阳总领事馆决定在2015年继续与总局合作,

续签备忘录。　　　　　　　　（权　力）

【外事往来】　2015年1月6日，总局局长王有国会见美国驻华大使马克斯·博卡斯一行，双方就进一步加强两国间农业合作等事宜进行洽谈，省外办副主任徐广明、总局副巡视员李殿君一同会见。4月22日，总局副局长徐学阳在北大荒国际饭店宴请美国威斯康辛州农业厅厅长柏杰明一行，双方就开展农业、畜牧业等领域的合作事宜进行洽谈。6月11日，总局副巡视员李殿君会见英国驻华大使馆代表团一行，双方就在农业领域开展合作等事宜进行洽谈。6月12日，总局副巡视员李殿君会见泰国驻华大使醍乐堃·倪勇一行，双方就在马铃薯、大米、粮食贸易等领域深入开展合作等事宜进行洽谈。6月16日，总局局长王有国在北京会见美国嘉吉公司中国区负责人安博泰一行，双方就在农业领域开展合作等事宜进行洽谈。8月3日，总局副巡视员李殿君会见以色列农业发展公司代表团一行，双方就开展农业合作等事宜进行深入友好的交流。8月26日上午，总局局长、北大荒集团董事长王有国会见中国香港霍氏实业集团董事长霍文芳一行，双方就涉农产业项目开发、合作进军资本市场等事宜进行深入交流，签署战略合作协议，总局副巡视员李殿君出席签约仪式。9月22日上午，总局局长王有国会见嘉吉投资（中国）有限公司副主席康保罗率领的“嘉吉学习之旅”代表团，双方就在多领域开展合作进行友好而深入的交流，就非转基因农产品以及非农产业与农业产业如何结合等问题进行深入探讨。　　　　（权　力）

政　研

【完善土地承包制度】　先后起草《关于规模田市场化竞包收费管理的意见》（《关于加强国有农牧场林地草原水面等资源性资产承包收费管理的通知》，强化土地承包收费管理。继续坚持以家庭承包经营为基础，强化家庭农场的主体地位，提高其管理水平，真正实现自主经营，自负盈亏；充分考虑土地经营规模变化的边际效益，以及各农场劳均占有资源状况，兼顾公平与效率，推进土地适度规模经营。到2015年底，垦区共有家庭农场27.6万户，其中，经营水田的家庭农场12.0万户，经营旱田的15.6万户。经营水田的家庭农场中，经营面积在5公顷以下的2.9万户，占24.2%；经营面积在5～20公顷之间的7.6万户，占63.3%；经营面积在20公顷以上的1.5万户，占12.5%。经营旱田的家庭农场中，经营面积在5公顷以下的8.4万户，占53.8%；经营面积在5～60公顷之间的7.1万户，占45.6%；经营面积在60公顷以上的0.1万户，占0.6%。

（阿海峰）

【农工（民）专业合作社发展】　继续指导各管理局、农场促进农工（民）专业合作社发展，明确促进专业合作社发展的目标、任务和基本原则。下发《关于组织开展2014年度农工（民）专业合作社示范社评选工作的通知》，组织各管理局、农场开展专业合作社示范社评选工作，在垦区评选出80个总局级示范社，充分发挥示范社的典型带动作用。多层次、多形式地培训以合作社理事长为主的经营管理人才，以合作社会计为主的理财能手，以专业技术人员、种养大户为主的种养能手。到2015年末，垦区专业合作社总数达4444个，合作社成员62824个，出资总额达228.9亿元。　　　　（阿海峰）

【一事一议建设公益事业】　根据2011年以来垦区一事一议筹资筹劳工作实际，起草《黑龙江省农垦总局国有农场基层公益事业建设一事一议财政奖补工作细则》，进一步规范一事一议财政奖补工作程序、强化了项目和资金管理、落实项目后期管护措施，出台一事一议财政奖补工作绩效考评办法。2015年，各农场筹资筹劳总额3981万元（含以劳折资），争取国家财政奖补资金3亿元，建设基层单位公益事业项目437个，其中，小型农田水利设施41个、道路130个、公共环卫设施86个、公共绿化63个、人畜饮水34个、公共文体设施19个、基层单位新社区和公共服务中心21个、居民迫切需要直接受益的其他项目43个。　　　　（阿海峰）

【探索土地资源资本化】　参与土地资本化问题的研究工作，学习借鉴外地成功经验，提出垦区土地资源资产化、资产资本化的实现形式，争取将建设用地、林地、耕地等土地资源评估作价注入北大荒集团。成果被运用到2016年总局党委改革任务分解方案中，适时启动土地资源资产化和资本化改革，依法依规将林地资源、一定年限的土地使用权通过评估作价，以国有股形式注入农垦企业。其中，耕地资本化在九三管理局试点，林地资源资本化在全垦区铺开。　　　　（阿海峰）

【建立权力清单】　按照省政府部署建立权力清单优化发展环境。根据国家、省有关调整行政审批事项、建立行政权力清单制度的决定，落实省政府法制办《贯彻落实〈中共黑龙江省委黑龙江省人民政府关于进一步优化全省发展环境的意见〉的实施意见》，省农垦总局在上年行政审批项目清理基础上，着力建立行政权力清单制度，按照“多取消、审一次、真备案”原则进一步简政放权。总局先后四次召开党委会议和局长办公会议专题研究部署权力清单制度建设工作，完成权力清单、责任清单、权力运行流程图“两单一图”基础性工作。农垦总局成立由政策法规局牵头的权力清单工作组，专项推进行政权力“两单一图”梳理工作。经过多轮合法性与合理性审查，累计梳理权力事项3202项，确定总局本级保留行政权力582项，精简比例达81.8%；按照“法定职责必须为”的原则，编制责任事项3781条，平均每项职权6.5条，共涉及法律法规335部，共明确总局级责任边界217条，总局级与管理局级责任边界728条，部门间责任边界17条；按照“百姓办事真方便”的原则，共编制《一次性告知单》582张，绘制《流程图》591张，做到了“告知单详细具体，流程图简洁清晰”。

（阿海峰）

【落实《黑龙江省垦区条例》】　配合省

人大深入垦区基层检查调研《垦区条例》贯彻落实情况及运行过程中存在的问题和难点。配合省政府法制办和省国土资源厅到宝泉岭、红兴隆管理局就地下矿产资源执法权进行调研，为下一步对接垦区矿产资源执法奠定基础。理顺审计执法职能，协助总局审计部门将“审计处”调整为“审计局”，使其具备与《垦区条例》相适应，且符合垦区实际的全面审计执法权。为总局卫生局对接食品药品监督管理职能提供法制支持。组织开展贯彻落实《垦区条例》暨依法行政监督检查，指导、督促各管理局及农场学习领会《垦区条例》，依法行政、依法维权。

（阿海峰）

【审核报备规范性文件】 对以总局及总局办公室名义制发的规范性文件进行合法性审核，截至 2015 年 12 月底，总局规范性文件报备按时率、规范率均达 100%。对各管理局提交的规范性文件进行备案审查。开展地方性法规和政府规章清理工作，对《黑龙江省垦区条例》《黑龙江省挠力河自然保护区条例》《黑龙江垦区森工林区小城镇规划建设管理办法》3 部地方性法规和政府规章，与各有关业务主管部门了解贯彻落实情况，开展清理工作。

（阿海峰）

机构编制工作

【设立公办幼儿教育机构】 根据《黑龙江省人民政府办公厅关于转发省编办黑龙江省幼儿园机构编制管理实施办法的通知》精神，依据教职工与幼儿园幼儿数 1∶10 标准，总局编委核定垦区公办幼儿教育机构人员编制 2349 名，设立 109 所垦区公办幼儿教育机构，各管理局局直幼儿教育机构，隶属各管理局；各农牧场幼儿教育机构，隶属各农牧场。垦区幼儿教育机构规格为科级。（何易雯）

【设立建三江 九三管委会财政局所属财政所】 总局编委会议研究，设立建三江、九三管委会财政局所属财政所，机构名称为黑龙江省农垦某管理委员会财政局某财政所（以下简称财政所），财政所与所在农场财务机构合署办公。黑龙江省农垦建三江管理委员会财政局某财政所共计 15 个，分别为八五九、胜利、七星、勤得利、青龙山、大兴、前进、创业、红卫、前锋、前哨、洪河、鸭绿河、二道河、浓江财政所。黑龙江省农垦九三管理委员会财政局某财政所共计 10 个，分别为鹤山、大西江、尖山、七星泡、嫩江、嫩北、山河、建边、荣军、红五月财政所。（何易雯）

【国防动员办事机构专职人员编制单列】 为贯彻落实《黑龙江省机构编制委员会办公室关于国防动员办事机构专职人员编制实行单列管理的通知》精神，总局、各管理局在总局编委文件批准使用的机关人员编制数额内，明确用于国防动员办事机构专职人员编制数。国防动员办事机构专职人员编制情况为：总局办公室 1 名机关编制用于负责国防动员委员会综合办公室工作，总局发改委 1 名机关编制用于负责国民经济动员办公室工作，总局交通运输局 1 名机关编制用于负责交通战备办公室工作；各管理局办公室 1 名机关编制用于负责国防动员委员会综合办公室工作。（何易雯）

【垦区机构职能变化】 经总局编委会议研究，将现由总局住房和城乡建设局实际履行的“权限内政府出资项目初步设计审批”职责，调整为由总局发展和改革委员会负责；同意由总局、管理局住房和城乡建设局负责燃气管理工作，同时废止总局住房和城乡建设局所属事业单位总局建设安全管理站（总局工程质量监督站）原启用的垦区燃气监督管理站公章；同意各管理局扶贫开发管理工作职责由各管理局计财部门承担，业务工作接受总局扶贫开发办公室的指导与监督。（何易雯）

【深化司法体制改革】 落实省委、省政府深化司法体制改革和社会体制改革的实施意见，配合有关部门理顺农垦系统法院、检察院管理体制，两院移交协议已经正式签署。（何易雯）

【规范垦区公安局内设机构名称】 经总局编委会议研究，同意垦区公安局将现有内设机构中 5 个科室的名称进行规范，即将原科技信通科变更为科技信通支队；将原出入境管理科变更为出入境管理支队；将原信访科变更为信访支队；将原计划装备科变更为警备保障部；将原经济保卫科变更为人民警察训练支队。上述科室更名后，机构规格不变。（何易雯）

【总局总医院加挂牌子】 根据省编委批复，同意黑龙江省农垦总局总医院加挂齐齐哈尔医学院附属第十一医院牌子，与齐齐哈尔医学院建立非直属附属医院关系，承担齐齐哈尔医学院学生临床理论教学、临床实习、临床见习与毕业实习等工作。加挂牌子后，黑龙江省农垦总局总医院机构规格、隶属关系、编制数、经费形式均不变。

（何易雯）

【事业单位法人网上登记和年检工作】 按照“黑龙江省机构编制委员会办公室关于转发中央机构编制委员会办公室《关于批转〈事业单位登记管理暂行条例实施细则〉〈事业单位法人年度报告公示办法（试行）〉的通知》的通知”精神，改革完善年度报告制度，取消年检改为年度报告公示，全面推进登记管理制度转型发展。2015 年是事业单位法人证书年检制改为年报制的第一年，取消了中介机构收费的验资报告，改为主管部门确认的“资产负债表”，证书的有效期由一年改为 5 年，经总局和管理局两级编办共为垦区 764 个单位办理年度检验，公示率达 100%，新版法人证书更换率达 100%。规范登记管理工作，截至 2015 年 11 月，共设立登记 2 个单位，变更登记 252 个单位，补领 5 个单位。（何易雯）

【机构编制监督检查】 根据省编办通知要求，配合总局组织部和人社局对“吃空饷”人员的编制进行核查，责令涉事单位对相关人员履行相关手续，对处理情况进行了督查。2015 年，将上报的 86 名“吃空饷”人员情况已全部处理完毕。在全局开展了越权审批

机构清理,进一步严肃机构编制纪律。配合总局组织部对管理局和事业单位的领导职数进行核查。 (何易雯)

【机构编制实名制管理】 总局编委办加强源头管理,做好编制、领导职数使用核准工作。截至2015年11月底,办理2752余人次信息变动和23家次部门单位32名用编使用手续,审核166家单位提出用编申请1084名,核准882名,占单位提出申请数的81.3%。 (何易雯)

老干部工作

【概况】 2015年12月底,垦区共有离休干部2661人,其中,抗日战争时期189人,解放战争时期2472人。享受副省级医疗待遇3人。

【离退休干部政治 生活待遇落实】 垦区加强离退休干部"两项建设",落实好老干部各项待遇,做好老干部服务管理工作,扎实推进学习活动阵地建设,积极发挥老同志的重要作用。(1)习贯彻全国和全省老干部局长会议精神,加强离退休干部"两项建设"。3月11日,总局召开垦区离退休干部工作电视电话会议,传达了全省老干部局长会议精神。(2)退休干部开展为党的事业增添正能量、"关爱龙江、赞美龙江""我的农垦我的梦"等主题活动。按照省委老干部局的统一部署,以中组部开展的"展示阳光心态、体验美好生活、畅谈发展变化"主题活动为契机,结合在全省老干部系统开展的"关爱龙江、赞美龙江"主题活动,总局离退休干部工作处要求垦区各级离退休干部工作部门要认真组织、引导广大离退休干部把为党的事业增添正能量活动本土化、具体化,引导广大老同志讲北大荒故事、弘扬北大荒精神、传播北大荒好声音,为党和事业、为垦区发展增添正能量。上半年,离退休干部工作处配合省社科院、总局史志办开展军垦口述史大型采访活动,宣传老同志的崇高精神和感人事迹,更多、更好地向全社会传播老同志们的正能量,唱响同心共筑中国梦的时代主旋律。配合总局党委宣传部开展北大荒杯"我的农垦我的梦"主题征文活动。(3)多种形式纪念抗战胜利70周年。组织引导老干部多形式开展抗战胜利70周年纪念活动,离退休干部工作处与《红叶》杂志开展纪念抗战胜利70周年征文活动。征文内容包括新四军老战士的征战故事,新四军老战士后代的缅怀文章,社会各界人士和青少年学习铁军精神的心得体会,揭露日本右翼势力否认侵华历史的荒谬绝伦等等。老同志撰写征文已在2015年《红叶》第3期、第4期陆续登载。为纪念抗日战争胜利70周年,省委老干部局在全省老干部系统开展全省离退休干部"双先"表彰暨纪念抗日战争胜利70周年文艺调演。垦区于7月17日按省局要求选送3个节目参加了文艺调演,受到观众好评。(4)加强阵地建设,提高退休干部的服务管理水平,让更多的老同志从家中走出来、玩起来、乐起来。以离退休干部党支部建设为主要依托,切实加强退休干部的思想政治建设,落实好他们的政治待遇。各级党委把加强离退休干部党支部建设工作,作为加强退休干部服务管理的重要依托,有效地发挥离退休干部党支部的战斗堡垒作用和党员的先锋模范作用。各单位还针对离退休干部的特点,创新离退休干部党支部的组织设置和活动方式,及时明确离退休干部党员特别是退休干部党员的党组织隶属关系,使他们组织有归属,活动有人管,就地就近发挥作用。以老年大学和老干部活动中心为主阵地,使退休干部老有所学、老有所教、老有所乐。5月19—20日,在牡丹江管理局举办垦区离退休干部门球赛。9个管理局及部分局直单位的150余名离退休干部参加比赛。垦区各级老年学校通过坚持正确的办学方向和发展目标,突出老年大学办学特色,结合离退休老同志的实际,不断丰富教学内容,搞活教学形式,提高教学质量,增强办学的吸引力和凝聚力。坚持组织和引导,有效地发挥退休干部的作用。在继续提倡身体较好,又有一定经验和能力的老同志在经济建设领域发挥服务和推动作用的同时,注重在政治领域、科教文化领域发挥好他们的作用,动员组织老同志在建设学习型政党、学习型社会中发挥参与和促进作用,在经济建设和科技进步中发挥服务和推动作用,在弘扬党的光荣传统、培养教育下一代上发挥示范和教育作用,在建设社会主义和谐社会中发挥党和政府的参谋和助手作用。 (王建华)

工　会

【工会组织建设】 (1)开展"职工模范之家"创建和"双争活动"。垦区各基层工会组织按照全总的部署,以双争活动为各项工作的统领,开展各项有利于增强工会组织吸引力和凝聚力的活动,激发了基层工会组织的活力,涌现出一大批典型。完达山乳业集团工会等4家工会被授予全国模范职工之家称号,八五二农场第二管理区工会等2家工会被授予全国模范职工小家荣誉称号,刘德坤、郑晓密、安宏杰3人被授予全国优秀工会工作者称号。(2)开展农民工集中入会行动。5月,农垦工会转发全总农民工集中入会行动的通知,对五大领域农民工入会工作进行布置,各管理局通过调查摸底,建立五大领域企业名录、农民工会员花名册,对流动的农民工通过劳务大集等方式积极引导他们加入到工会组织中来。到2015年末,垦区共有工会组织2764个,其中,独立基层工会2526个,联合基层工会95个,基层以上工会143个,从业者81.7万人。各级工会共有专兼职工会干部9312人,其中专职工会干部1324人。 (王　莹)

【基层民主管理】 推进厂务公开民主管理工作。落实职代会审议建议权、审议通过权、审议决定权、评议监督权和民主选举权。起草《关于加强农场场务公开的意见》《关于将农业生产资料采购有关问题纳入职代会审议和监督的意见》《关于加强农牧场职工代表大会制度建设有关问题的意见》。进一步规范和完善各级职代会的审议事项和场务公开内容,将农场土地承包、生产经营管理、重大决策、农业生产资料集中采购以及涉及职工切身利益有关事项和农场党政班子成员的薪酬、奖金、职务消费等纳入职代会审议、评议内容和场务公开范围。进一步规范场务公开的形式和内容，要求各级凡是按规定应向职工代表大会报告的重大事项，都要及时向职代会报告，向职工代表公开，听取职工代表的意见和建议，把职工群众的知情权、参与权、表达权和监督权落到实处。（王　莹）

【争先创优活动】（1）深入开展劳动竞赛。2015年，垦区开展劳动竞赛的企事业单位共2189家，参与劳动竞赛的职工31.98万人，实施合理化建议3240个，推广先进操作法项目141项，选树“首席员工”“金牌工人”等技能带头人1622人，技能人才结对1402对，聘用节能减排义务监督员2760人，劳模创新工作室达到285个。参加黑龙江省第十届职工技能大赛第一赛区比赛，垦区范围内经过选拔推荐4名选手参加了焊接、计算机比赛，推荐3名优秀的一线班组长和一线管理人员参加了省总工会的深造培训。（2）完成劳动模范和先进工作者推荐工作。2015年，二九〇农场北望海管理区工人李召荣等6人荣获全国劳动模范和先进工作者称号，并于4月24日出席2015年庆祝“五一”国际劳动节暨表彰全国劳动模范和先进工作者大会。推荐黑龙江省五一奖章4人，黑龙江省工人先锋号7个，黑龙江省五一劳动奖状1个。落实全国劳模“三金”30.55万元，体检费2.9万元，省劳模困难补助金5万元，省劳模创新工作室资金2.5万元。组织11名劳模参加全总和省总的疗休养。（3）围绕“携手节能低碳，共建碧水蓝天”这一主题，在垦区开展节能宣传周和低碳日活动。据不完全统计，各单位悬挂节能标语近万条，发放宣传资料2.6万余份，节能知识咨询2550多条，播放宣传片8场，节能手工作品480余件，受教育群众达10余万人。（4）参与安全生产检查工作。各级工会参与劳动安全生产检查1090次，提出事故隐患和职业危害整改建议387件，参与处理工伤事故8起。安全生产月期间，垦区各级工会开展安全知识讲座100余次，悬挂安全生产条幅1.2万余条，横幅标语3000余幅，安全挂图1100套，散发宣传单和宣传资料5万余份。与总局安监局、总局团委、北大荒日报社联合举办了垦区“安全在我心中、安康杯”主题征文竞赛活动。共收到征文560篇，从中选出优秀作品54篇，在《北大荒日报》开辟专栏进行为期一个月的报道。最终评选出一等奖10人，二等奖20人，三等奖24人，优秀组织单位10个。（王　莹）

【扶贫帮困工作】（1）继续开展“一帮一”职工共同富裕行动。年初有2595户困难和低收入职工家庭纳入总局“一帮一”扶贫解困工程，各级扩大帮扶面5760户，总局落实“一帮一”共富行动周转金3600万元，各级按1∶1比例配套，全年累计落实“一帮一”共富行动周转金1.83亿元，共有1.2万多名党员干部和社会各界人士与困难和低收入职工家庭结成“一帮一”对子，年底困难和低收入职工实现脱困、脱低率达95%以上。筹集送温暖资金1522万元，“两节”走访慰问困难职工2.64万户，筹措金秋助学资金647.27万元，资助困难职工和困难农民工子女3870人。（2）大规模开展职工技能培训。紧密围绕垦区两大平原现代农业综合配套改革试验区建设的需要，认真落实《2014—2016年垦区工会职工技能培训规划》和《黑龙江垦区2014—2020年“两大平原”现代农业综合配套改革试验职工（从业劳动者）技能培训规划》。2015年垦区各级工会累计投入职工技能培训费310多万元；全年培训农业合作组织、专业大户、家庭农（牧）场2万多个，举办各类职工技能培训班814个，培训职工、从业劳动者及从土地分离出来的剩余劳动力15.1万人次。（3）深入开展就业援助活动和阳光就业行动。各级工会组织大型就业创业推介活动9场，组织专场招聘会95次，推介长期和临时岗位3万多个，培训下岗失业人员27622人次，家政服务培训2861人次。培训后就业人数21130人，成功介绍10043人实现就业。（王　莹）

【职工素质工程建设】（1）开展社会主义核心价值观宣传教育，选树先进典型，引导职工和从业劳动者将个人的理想抱负与北大荒发展及国家的前途命运紧密结合起来。（2）按照第五届省“职工读书学习节”活动方案要求，组织开展“影响我人生的一本书”主题征文和“十大职工读书学习之星”“书香职工家庭”等评选活动，其中有2项读书学习活动获全省读书学习示范项目，16篇文章在全省“影响我人生的一本书”主题征文活动中获奖，有4人分获全省十佳职工书香家庭、全省职工书香家庭、全省十佳职工读书之星、全省职工读书之星称号，2场讲座获评全省优秀科普知识讲座。落实《全国职工书屋建设五年规划（2014—2018）》，继续扩大职工书屋覆盖面，组织基层工会申报职工书屋的扩建与新建项目，并做好筛选工作，申报全国优秀职工书屋示范点2个、自建全国职工书屋20个。（3）开展丰富多彩的主题活动。继续推进“学习铁人精神，争做铁人式职工”活动，深入开展“四美”“四好”“四德”教育。2015年，江滨农场工会获评省职工志愿服务优秀组织单位，七星泡农场场直社区等3支职工志愿服务队获评省优秀职工志愿服务队，赵光农场社区第三居委会等3个职工志愿服务站获评省优秀职工志愿服务站，农垦宝泉岭管理局梧桐河善行储蓄银行服务活动等4个职工志愿服务组织的活动获评省优秀职工志愿服务活动品牌，王洋等10名职工获评省优秀职工志愿者。在“中国梦·劳动美”全省职工法律知识竞赛决赛中，垦区代表队获得铜奖，农垦工会获优秀组织奖。4月14日，组织三支代表队参加全省第十三届职工羽毛球赛，获优秀组织奖。（王　莹）

【职工自营经济】 垦区各级农牧场举办各类农技培训班百余期，培训职工近5万人次，发展特色种植和养殖，农牧场建设自营经济示范园区达285个，组建自营经济技术协会449个、会员达6.32万余人，自营经济经纪人606人。

（王　莹）

【女职工工作】 (1)6月5日,农垦工会女职工委员会进行了换届选举,产生了女职工委员会委员29人,朱晓坤当选为女职工委员会主任,4个单位在会上作典型经验发言。朱晓坤对第四届女职工委员会工作进行了总结并对未来5年作出工作安排。于春明主席出席会议并做重要讲话。(2)深入实施"建功立业""素质提升"活动,动员女工立足岗位,进行技术创新、产品创新、管理创新和服务创新,激发女职工创新能力和创造活力,建三江女职工创新工作室工作纪实《这里有我们的梦想》在黑龙江工人报头条刊发。(3)以女职工学校为载体,举办讲座、座谈会500多场次,培训女职工6万余人次,收集征文1560篇,举行文化娱乐活动400余场,向劳模、三八红旗手、建功标兵等优秀女性赠书3000余套。(4)以"三八"维权周活动为契机,对基层女工主任进行保障妇女权益法律法规培训,开展群众法制宣传教育活动,参加企业263家,参加女职工46676人,集中宣传299次,法律咨询250次,专题讲座170次,知识竞赛41次。(5)继续开展关爱行动、"六一"扶困助学等活动和困难女职工体检和"两癌"筛查工作。通过资金、技术、信息等帮扶措施共帮扶女职工4726人,提供帮扶关爱资金492.6万元。(6)垦区获省级以上先进集体5个,个人4人。表彰总局级三八红旗手71名、三八红旗集体34个、五好文明家庭94户。(王 莹)

共青团

【概况】 垦区共有团委252个,团总支173个,团支部3423个,团干部7092名(含学生团干部),其中,专职团干部172名,团员75290名。总局团委核定5个编制,现有在编人员5名(书记1名,科级干部4名)。总局团委与团省委11个部门对接,办公室、组织部、宣传部、研究室、城市青年工作部、农村青年工作部、学校部、少年部、统战部、权益部、志愿者工作部。主抓垦区青少年思想道德建设,维护青少年合法权益,培养宣传表彰各类青年典型,扶持青年创业就业,指导和组织青少年的文化思想、理论教育以及青少年活动阵地建设,围绕总局党政中心工作,发挥团组织的生力军和突击队作用。

(于 淼)

【青少年思想政治工作】 (1)在垦区青少年中开展纪念反法西斯胜利70周年主题宣传活动。总局团委以"勿忘国耻 圆梦中华"为主题,在垦区广大青少年中广泛开展宣传教育和纪念活动,引导广大青少年铭记历史、缅怀先烈、珍爱和平、开创未来。围绕讲好抗战故事,动员广大基层共青团、少先队组织,普遍开展"五个一"活动。抓住五四、六一、一·二九和烈士纪念日、国家公祭日等重要时间节点,围绕主题开展升旗、入团入队、重温入团入队誓词、成人宣誓等仪式教育活动,开展学习报告、座谈交流、征文演讲等活动,深化青少年爱国主义教育和革命传统教育,增强在党的领导下实现中国梦的信心决心。(2)垦区各级团组织在青少年中积极开展践行社会主义核心价值观活动。开展优秀传统文化宣讲活动、"体味国学·走进经典"诵读活动、"我们的节日"教育实践活动、传统文化"达人"活动、原创文学作品创作征集活动。引导青少年积极做中华民族传统美德的传承者、践行者、弘扬者。红旗农场小学代表垦区参加全省最强国学少年大赛,取得全省第八名的好成绩;总局团委联合总局教育局、狮子会组织垦区少年儿童参加了少儿世界和平海报绘画大赛,从参赛的1500多幅作品中评选出金奖10名,银奖30名,铜奖50名,优秀奖300名。(3)深化中国梦学习宣传教育活动。围绕学习中国近现代以来的历史开展富有特色的团队主题活动,引导青少年读历史故事、知历史人物、晓历史脉络、明历史走向,发动广大基层团组织开展"四个一"活动,帮助青少年加深对中国梦历史源起,增进对党的领导的认同。6月,宝泉岭局直小学学生李宛恬,尖山农场场长,"中国青年五四奖章"获得者冯占山代表垦区参加第七次全国少代会,总局团委号召垦区全体青少年向他们学习,树立远大理想,以"中国梦"为指引,为推动垦区经济社会持续健康发展贡献青春力量。

(于 淼)

【服务大局与服务青年】 (1)开展"北大荒青年爱心圆梦"基金扶危济困活动。总局团委与北大荒青联成立的"北大荒青年爱心圆梦"基金分别帮助红兴隆管局身患白血病的翟某某,四方山农场惨遭火灾烧伤的青年金某,刚刚出生就失去母亲的婴儿韩某某,成绩优异、家庭困难的应届高考毕业生等10余人,总计援助金额2.8万元;北大荒青联与八一农垦大学经管学院成立"北大荒菁英助学金",每年从基金中播出2万元帮助贫困学子。(2)加强新媒体网络建设,清朗网络空间,弘扬主旋律,传播正能量。总局团委加强官方微信订阅号管理,构建微矩阵,专人负责,每天定时发布时事新闻、共青团品牌活动、青年典型风采、招商信息、不定期发起网络投票,充分利用网络对青年的吸引力,与青年分享正面思想,弘扬主旋律、传播正能量。总局团委官方微信平台"黑龙江省农垦总局团委"已登载信息1000余条,关注人数2万余人,北大荒青农协官方微信平台"北大荒青农宝"关注人数近3万人,累计推送图文消息近800条。总局团委高度重视"青年之声"网络平台建设,已组建113人的专家团队,针对平台上青年提出的各类问题进行解答,回答率高达100%。以青年之声为突破口,落实"凝聚青年,服务大局,当好桥梁,团要管团"四维工作格局。(3)开展创业助航行动,扶持青年创业就业。总局团委一直把青年创业工作作为重点工作来抓,通过北大荒青年联合会、农垦青年致富带头人协会体系建设,凝聚优秀青年群体,服务身边青年,引领青年建功立业。总局团委联合人社局分别在绥化、哈尔滨2个管局开办SYB青年创业培训班,为创业青年提供了一个开拓视野、学习新知的"特别课堂",为青年开拓了经营及服务思路,激发了创业热情;6—12月,总局团委以组织青年参加"北大荒杯"黑龙江省青年绿色食品电商大赛为契机,大力扶持垦区青年电子商务创业。通过与黑龙江省绿色食品交易中心联合举办了3场校园推介会,2场校园PK赛,垦区共有6605名青年,3899个团队报名参加本次大赛。大赛期间,组织青年电子商务培训93次,累计培训4650人;撰写《垦区青年电子商务发展调研报告》1份;发掘电商创业典型18人。总局团委还组织垦区青年参加"创青春"全国青年创业大赛,黑龙江省大学生"PVGO校园营销家摇篮计划"系列活动,并将垦区特色产品植入大赛销售平台,提高产品销量。总局团委选树多名优秀青年创业典型,授予北大荒五四奖章、垦区新长征突击手等荣誉,引导广大青年积极投身创业,利用移动互联网络、报纸、广播、电视等渠道,大力宣传优秀青年创业事迹。(4)组织、承办丰富多彩的青年活动。6月,省食安办、省食品药品监督管理局、团省委联合举办"食品药品安全龙江行"知识竞赛,完达山集团代表垦区派出3名青年参加此次竞赛,获得全省第三名的好成绩,总局团委获得"最佳组织奖";7月,第二届中俄博览会期间,总局团委代表总局接待内蒙古自治区副主席一行92人的代表团;10月,总局团委与农垦科技职业学院承办全省青年职工岗位技能大赛维修电工比赛,九三集团选派优秀青年作为黑龙江省3名选手之一参加全国青年职工岗位技能大赛维修电工比赛;垦区各级团组织充分利用"植树节""青年节""世界环境日"等节日,开展"从小事做起,保护母亲河行动月宣传月"活动,广大青少年植树面积近113公顷,护树102万株,2500多名青少年观看了保护母亲河生态教育影片播映。(5)提高团干部自身修养,切实为垦区青年服务。总局团委下发在垦区开展"团干部如何健康成长大讨论"活动的通知。要求管局级以上团干部深入学习贯彻习近平总书记对作风建设提出的"三严三实"的重要要求和对团干部提出的"坚定理想信念、心系广大青年、提高工作能力、锤炼优良作风"的指示精神,全面落实《中共中央关于加强和改进党的群团工作的意见》精神,参加团省委举办的学习群团工作会议精神读书班,聚焦团干部成长中存在的突出问题。以总局、管局的机关干部和各领域团干部为重点坚持正面教育,强化问题导向。垦区在9个管理局建立20个青少年综合服务平台。共青农场青少年综合服务平台已获团中央10万元经费支持,农场配套资金25万元。8月,团中央第一书记秦宜智在共青农场对青少年综合服务平台工作给予高度肯定。总局团委将青少年综合服务平台建设与青农协服务站、青年创业平台结合起来,有效利用资源,拓宽服务领域,延长共青团服务青年的手臂。八五一〇农场、八五六农场、友谊农场的与青农协服务站结合的青少年综合服务平台已正式建成,投入使用,这里为青年提供电商创业的硬件设备,为志愿者活动提供召集场地,为少年儿童提供帮助。垦区申报了3个省级示范性青少年综合服务平台,1个国家级示范性青少年综合服务平台。 (于　森)

【社会团体组织建设】 (1)创新开展农垦青年志愿者协会工作。继续深化"学雷锋"志愿服务活动。总局团委在"两节"期间开展"青春暖流行动",垦区136个场处级单位团委动员各方面社会资源,对弱势青少年及孤寡老人进行走访慰问,建立帮扶对子,切实为他们解决学习和生活方面的实际困难。总局团委到香坊农场走访慰问5名贫困青少年,为他们送去慰问金。在"3·5"期间开展"雷锋在身边"主题教育实践活动,万名青年志愿者参加了清除白色垃圾、慰问孤寡老人、关爱留守儿童等志愿活动;按照团中央要求,总局团委动员广大团员青年及团干部进行志愿者网络注册,垦区40%的团员已在网络上注册成为志愿者;5月,农垦总医院的王利达荣获第七届"黑龙江省十大杰出青年志愿者称号,军川义工志愿服务队、前锋农场志愿服务队、农垦总医院青年志愿服务队获得第七届"黑龙江省十大杰出青年志愿者集体"称号。8月,总局团委接收8名西部计划大学生到垦区进行为期1—3年的基层青年服务工作,这是垦区首次接收西部计划大学生。9月,宝泉岭管局团委"爱心陪伴成长"关爱留守儿童项目荣获"2015年黑龙江省青年志愿服务项目大赛银奖。(2)加强北大荒青年联合会组织体系建设。4月,北大荒青年联合会召开一届二次常委(扩大)会议,会议增选了北大荒青年联合会副主席、常委、委员,改选了秘书长。5月,北大荒青联与黑龙江省电视台在举办"在线相亲会",来自总局机关、直属单位的青年踊跃参加;继续举办"北大荒青年大讲堂",增加了期货、国学等课程,受到广大青年干部的欢迎。第二届中俄博览会期间,总局团委选派青年代表参加由全国青联、俄罗斯青年联盟主办,黑龙江省青联、中国国际青年交流中心承办的中俄青年企业家创业合作圆桌会议,展示了垦区青年风采。(3)成立北大荒青农协。北大荒青农协作为共青团又一支可以抓在手上的队伍,在垦区青年工作、构建新型农业经营体系、加快现代化大农业发展、示范带动更多青年创业致富中发挥巨大作用。4月27日,北大荒青农协成立大会暨一届一次会员代表大会在总局机关二楼大会堂召开,同时通过电视电话会议的形式,垦区9个管理局、108个农场级协会会员6825代表收看了会议内容。北大荒青农协实行三级管理制度,分为9个管理局、108个农场级协会,共有7318名会员。已经建成了8个服务站,其中投入使用的为5个。服务站定期举办农机农技、电商创业等培训,创业沙龙、读书会等活动,切实发挥好培养凝聚青年人才、带动青年致富的作用;帮助会员节约信用成本、采购成本、营销成本等,提高行业竞争力;对会员经营承诺进行监督,帮助会员解决产业链条中遇到的各类困难。

(于　森)

总局驻外办事处

【驻北京联络处】 总局驻北京联络处为垦区的经济项目牵线搭桥,积极争取国家对垦区科技资源、项目、资金的支持。报送《专报信息》106期,多次赴农业部、财政部等部门报送《关于调整项目支出用于经费缺口的指示》《垦区认真贯彻落实东北四省区农业结构调整》等材料。严格按照中央"八项规定”和总局一系列公务接待要求开展各项工作，坚持“有利公务”“简化礼仪”“务实节俭”“杜绝浪费”四项原则，顺应新的形势，树立新的理念，努力在工作中实现提质增效。2015 年 5 月、11 月举办“北大荒绿色食品特价回馈知青活动”，每次活动期限 1 个月。两次特价回馈活动销售额共 30 多万元，实现利润近 2 万元。宾馆实现总收入 390 万元，较 2014 年 375 万元增加收入 15 万元，增长率 4%。平均月收入 32.5 万元。全年客房平均出租率 67.71%，与上年同期 65% 相比，提高 2.71%。全年总支出 388 万元，较 2014 年 369 万元多支出 19 万元。北大荒旅行社为知青办实事。接待 4 个知青回访团，人数 135 人。首次为北大荒知青推出牡丹江管局养老中心度假旅游产品。组织 230 名知青和亲属前去度假。安排了 4 个知青聚会团到农垦太湖疗养院度假旅游，人数 110 人。夏令营接待 35 个团队 1714 人。（夏玉玲）

【驻佳木斯办事处】（1）做好离退休干部和老年人服务工作。走访慰问老干部、复转军人、困难党员，送慰问金 1.95 万元。理顺老年大学管理，完善学习制度，优化学校领导班子组织结构，与农垦哈尔滨老年大学进行交流，举办建党 94 周年暨纪念抗日战争胜利 70 周年书画、摄影、征文等作品展，切实丰富老干部文化生活。开展学雷锋活动，组织青年志愿者到老年公寓慰问“三无”老人。开展“中华美德颂”读书演讲活动，选送 3 名选手参加总局关工委比赛，获三等奖。荣获省读书活动先进组织奖和垦区关心下一代理论研讨征文一等奖。开展爱心助学活动，共帮扶贫困学生 29 人次，发放助学金 0.76 万元。（2）着重解决职工群众反映的热点难点问题，推进各项“民生工程”。完成农垦社区南北两院住宅楼节能墙体改造工作及道路、屋面防水和门窗粉刷，排水等维修改造工作，对 13 栋职工住宅楼进行彩钢防水屋檐加长维修，完成部分房屋后续维修改造；完成老年公寓新建工程及供热工作竣工后的各项验收备案及结算，对老年公寓换热站水处理间、照明、雨搭、外墙粉刷等后期完善性的改造维修。完成老年公寓并大网工程的结算工作，院区消防等设施改造维修。完成位于老年公寓的曙光检察室技术办案用房 262 平方米的特殊性的装修和技术改造。统计审核佳办及所属企事业在职和退休干部职工热化费手续 331 户。重大节日慰问困难职工 53 人，发放慰问金 3.3 万元；为 181 名中央帮扶系统内的困难户发放生活补助 8 万元。落实农垦驻佳单位肢体残疾人燃油补贴、居家托养的残疾人阳光托养等项惠民政策。落实低保家庭取暖费、电价补贴、医疗救助金等政策。为 19 名肢体残疾人发放燃油补贴 1.5 万元，为 20 名居家托养的残疾人发放资金 0.84 万元，为 58 名重度残疾人发放护理补贴和低保家庭残疾人生活补贴金 13.8 万元，保障 1200 多名低保人员每月社会化发放。为 30 多名高龄老人发放高龄津贴 3.4 万元。（3）完成接待任务。先后接待农业部、省和总局领导、国际友人以及各方来宾 500 余人次，树立垦区良好形象。为驻佳各单位收发机要文件、传真、各种学习材料 573 件，组织协调电视电话会议 21 场。（李萍　张颖）

法　治

法 制

【行政执法监督】 2015年底，各管理局、总局各行政执法部门开展行政执法目标责任制检查考评，利用两个月左右时间，采取明察暗访、座谈和组织各管理局进行互检互查的方式，对存在问题的执法行为，进行纠正和指导，提出整改意见。抽查各级各类行政执法案卷百余本。督促总局机关各执法部门和各管理局在全垦区范围内公布行政执法投诉、举报电话，落实行政执法监督案件受理办理和转办督查制度，开展个案监督工作。主动深入执法部门调查了解各行政执法部门的执法状况，随时纠正侵害行政相对人权益、损害经济发展环境的行政违法行为。按照省政府法制办的要求，全面梳理了垦区各类道路检查站，经过重新梳理、评估，确定交通和林业道路检查站31个，取得相应的道路检查站资格证书。 （阿海峰）

【行政复议与行政应诉】 截至2015年底，共受理和处理行政复议及行政诉讼案件40余件。其中对农业部受理的行政复议案件提供行政复议答辩状及提供相关证据。对北京中尚律师事务所代理的系列案件到北京市第三中级法院参加庭审诉讼，针对北京市第三中级法院的判决成立专门的调查组，对涉案的6个农场土地承包收费问题重新进行调查，形成专门的调查报告，逐一邮寄至原告手中。 （阿海峰）

【行政执法人员培训】 配合垦区水务系统举办两期行政执法人员培训工作，共有330人参加培训和测试，使水务系统执法人员综合业务水平进一步提高。整理上报办理行政执法监督证件人员152人，其中包括总局、管理局两级政策法规、国土、工商、环保、住建、交通、种子、水务、统计、畜牧、预算外、林业、商务、审计、安监等16个执法部门。 （阿海峰）

政 法

【三大体系建设】 （1）推动法治化治理体系建设。依法严厉打击经济领域新型犯罪，加大对电信诈骗、信用卡诈骗、金融诈骗等打击力度，集中开展打击整治逃废银行债务行为，维护垦区经济安全。各级综治部门坚持运用法治思维和法治方式破解难题，推动社会治安综合治理法治化进程。垦区各级政法部门坚持严格规范公正文明执法，有序推进司法体制改革，坚持宽严相济的刑事政策，最大限度地减少社会对抗，努力化消极因素为积极因素。开展法律宣传活动，倡导职工群众运用法律武器维护权益，推动形成办事依法、遇事找法、解决问题用法、化解矛盾靠法的良好法治环境。通过组织开展各类平安活动，千方百计地激发社会各方面力量参与平安垦区建设的积极性、主动性、创造性。（2）推动立体化社会治安防控体系建设。围绕全域覆盖、全网共享、全时可用、全程可控的目标，推进公共安全视频监控系统建设、升级改造和联网应用，在覆盖面和完好率上下工夫，使垦区的技防建设工作覆盖面进一步扩。开展对黑拐枪、盗抢骗、黄赌毒、涉农领域犯罪等突出问题的专项打击整治活动，以偏远农场、垦地接合部、中小旅馆、娱乐场所等为重点，坚持滚动排查和常态整治，消除治安盲点，使群众的安全感有了进一步的提升。公安机关科学划分巡逻区域，优化力量布控，完善勤务工作机制，提高了社会面动态控制能力。加大人防、物防、技防投入力度，推进“满天星”工程，将5676路监控和114路卡口接入公安指挥中心监控平台，初步建成垦区技防网络体系。（3）推动社区网格化管理责任体系建设。按照“明确主体，落实责任，强化服务，保障民生”的原则，以网格化管理、社会化服务为方向，以农牧场、社区为重点，将辖区分成若干网格，将人、事、地、物、组织装入网格中，落实工作责任，及时协调和解决人民群众各方面各层次利益诉求，提高综合服务管理水平，从而实现居民的以自我管理、自我教育、自我服务为主要目的的治理实践，为深化“平安垦区”建设奠定了坚实的基础。 （李 威）

【平安垦区建设】 2015年，垦区继续保持全省平安系统荣誉称号。扩大和巩固省级平安农场的创建范围和力度，夯实基层基础，不断拓展和延伸平安创建领域，提升创建质量。有8个农（牧）场被省委、省政府命名为平安农场，使垦区的省级“平安农场”达60个。按照“属地管理”和“谁主管谁负责”原则，完善主要领导负总责、分管领导具体负责、其他领导“一岗双责”的平安建设领导体制，总局与各管理局、管理局与各农牧场等逐级签订综治工作责任状，将综治和平安建设工作作为评价各级党政领导班子和领导干部工作绩效的重要依据。深入开展平安医院、平安学校、平安家庭、平安市场、平安边界（境）、平安交通、平安楼栋、平安单元等系列平安创建活动，使平安建设工作横向到边，纵向到底，实现全覆盖无盲区。加大宣传力度，营造强大的舆论氛围。认真组织垦区政法综治系统参与全省政法综治好新闻评选工作，报送报纸类、电视类、网络类等13篇稿件，《网络上的“虎门销烟”》《深入开展群众路线教育实践活动全面提高政法干警服务群众工作能力水平》《打人者造谣袭警普通纠纷性质变》《三轮越野下面相撞两败俱伤全报废》《利剑出鞘铸警魂》等5篇稿件获奖，其中二等奖2篇，三等奖3篇，获奖数量和质量都是历史之最。

（李 威）

【创新社会治理体制】 健全矛盾纠纷多元化解机制，按照“整合资源、一个班子、一支队伍”的原则，依托各级综治中心，对矛盾纠纷做到统一受理、集中梳理、归口管理、依法办理、限期处理。建立纵向覆盖总局、管局、农场、管理区四级、横向渗透各区域、各行业以及社会各个方面参与的调解组织网络。加强交通安全管理，整治突出交通违法行为，防止重特大交通事故发生。落实安全责任，开展经常性的消防安全检查，防止发生火灾事故。开展危爆物品、寄递物流业专项整治活动，做到了有效监管。加强流动人口和特殊人群服务管理。按照“以证管人、以房管人、以业管人”的工作要求，推进实有人口、实有房屋“全覆盖”管理。加强对重性精神病人服务管理，采取有效措施，对精神病人进行全面翔实地登记造册，及时更新重性精神病人信息，实施分级管控，严防失控漏管。加强对有不良行为青少年的教育矫治，解决闲散青少年失学问题，加强对服刑在教人员未成年子女的困难救助和心理抚慰，开展关爱留守儿童活动。加强刑释人员安置帮教工作，落实刑满释放人员“必接必送”制度，垦区共衔接刑释人员249人，未出现脱管漏管现象。完善基层群众自治机制，北安管局通过抓干部党员联系重点户、抓普通党员联系普通户、抓骨干群众联系关联户，实现了“信息有人报、治安有人防、矛盾有人调、服务有人办”，做到了民事民议、民事民办、民事民管，形成上下联通、左右贯通，运转高效的综治维稳工作机制。按照总局统一部署，综治办对权力清单进行了认真的梳理，经过反复筛选，最后确定综治办11项权力，制订了责任事项清单和工作流程图。（李　威）

【矛盾纠纷排查调处】　按照“属地管理、分级负责”和“谁主管、谁负责”原则，深入排查化解社会矛盾纠纷，集中力量、优化方法，重点排查掌握拆迁、劳动社保、企业改制、诈骗和非法集资等易引发群体性矛盾纠纷的情况，逐一分析原因，研究化解措施，明确解决时限，落实化解稳控责任，坚决防止各种矛盾扩大升级、交叉感染、变异转向。以矛盾纠纷排查工作为抓手，严格执行日常矛盾纠纷排查工作机制，按照属地管理原则，坚持经常性和集中性排查调处工作相结合，在特定时期和重大节假日，组织集中开展矛盾纠纷排查调处工作，确保矛盾不出管理区（社区），涉及稳定问题不出农场。健全信息情报分析机制，密切掌握影响稳定的纠纷动态和苗头，通过实施领导干部包案制度，强化责任落实，对群众反映强烈、调处难度比较大、较长时间未化解、可能引发群体性事件和上级部门转办及主要领导批示交办的矛盾纠纷案件，进行挂牌督办，实施重点推进。2015年，排查发现矛盾纠纷3291起，化解3031起，化解率92.1%。（李　威）

【重大决策社会稳定风险评估】　总局先后下发《黑龙江省农垦总局重大决策社会稳定风险评估实施意见》《黑龙江省农垦总局重大决策社会稳定风险评估实施细则》《黑龙江省农垦总局重大决策社会稳定风险评估制度》等文件，明确评估范围、责任主体、基本程序、评估要求。总局、管理局、农场都成立相应的组织机构，分别由党政主要领导为组长，切实负责担任起社会稳定风险评估工作的主要的职责。按照上级要求，垦区严格风险评估程序，将可能引发的各类矛盾收集在前、研判在前、防范在前、化解在前，真正从源头上、根本上、基础上解决了问题，维护垦区经济政治社会的稳定。2015年，垦区开展社会稳定风险评估92件，准予实施90件，暂缓实施2件，作出重大决策88件。（李　威）

【应急处置】　落实《黑龙江省垦区处置重大群体性事件应急预案》和《黑龙江省垦区处置大规模暴力犯罪事件应急预案》，加强处置力量和装备建设，健全应急指挥机制、联动处置机制和舆论引导机制，健全社会稳定的监测预测、预报预警制度。整合维稳力量，发挥维稳成员单位作用，建立信访、维稳和相关职能部门等方面的快速沟通和联动机制，按照“贴近实战、符合实际，简约明了、便于操作”的要求，不断完善各级各类应急处置预案。进一步强化处置行动综合实战演练，做好应对处置充分准备。2015年，垦区未发生大规模群体性事件、未发生造成群死群伤的突发事件、未发生有较大影响的其他案事件。（李　威）

【执法检查工作】　(1)做好涉法涉诉信访接待、承办和化解工作。2015年，总局、管理局两级党委政法委共登记涉法涉诉来信来访151件，其中总局党委政法委52件：来信12件、来电6件、来访34件。妥善处置和化解48件，4件正在加紧处理过程中，案件息诉率达92%。各管理局党委政法委登记99件，其中来信44件、来访55件。总局党委政法委在真做好接待的基础上，努力化解矛盾纠纷，加强教育疏导，落实稳控责任，防止发生越级上访、非正常上访和极端事件。2015年5月12日，接到省委政法委《关于对中央第八巡视组移交的涉法涉诉信访事项开展专项督查的通知》后，总局党委政法委严格按照化解矛盾，维护稳定的出发点对中央第八巡视组交办的涉法涉诉信访事项进行再次督察，对中央巡视组先后向垦区交办的118件涉法涉诉类案件全面排查，截至2015年底，已经办结117件，占案件总数的99.2%；化解115件，占案件总数97.4%，另有3件正在加紧化解过程中。对于垦区内难以化解的矛盾纠纷，加强教育疏导，落实稳控责任，防止发生越级上访、非正常上访和极端个人事件。(2)专项执法检查工作。2015年4月，省委政法委转发了中政委关于严格规范减刑、假释、暂予监外执行专项活动有关文件。总局党委政法委按照文件精神，要求垦区政法各机关严格贯彻落实，不断完善减刑、假释、暂予监外执行的程序规定，进一步强化减刑、假释、暂予监外执行各个环节的责任。农垦法院两级审判监督部门就切实防止冤假错案制定了具体的实施细则。按照中政委下发《关于切实防止冤假错案的规定》，总局党委政法委于4月在垦区开展文件落实检查，通过检查，垦区政法机关虽未发现冤假错案，但在落实文件方面还存在问题，如案件办理过程中还有瑕疵，看守所讯问室和办案区的使用管理中，存在着硬件投入不到位、管理不规范等问题，总局党委政法委对这些问题已提出限期整改。(3)案件评查工作。2015年5月中旬，省委政法委统一部署组织开展全省范围内快速办理轻微刑事案件机制工作。随即，总局党委政法委在全垦区政法机关开展此次活动，为确保活动扎实开展并取得实效，总局党委政法委和管理局政法各部门分别成立了评查小组，制定了活动实施方案，对评查活动进行了周密的部署安排。活动结束后，将评查总体情况和评查中发现的主要问题，及时在全垦区进行了通报。其中农垦两级法院2015年1—5月快速办理刑事案件共104件，已结案88件，6—12月快速办理刑事案件共93件，已结案82件，快速办理轻微刑事案件机制推进较好。总局党委政法委对在适用轻微刑事案件快速办理机制的案件出现的各种问题，剖析原因，探索解决办法，建立健全长效机制，有力促进了垦区政法机关的办案质量和办案速度的提高，使执法、司法行为得到进一步规范，评查活动取得良好成效。(4)司法救助工作。总局党委政法委对生活上确有困难的涉法涉诉信访人员，积极协调有关部门，妥善解决信访群众的低保、就业、医疗等实际困难。转发了《省委政法委关于建立完善黑龙江省国家司法救助制度的实施意见的通知》，全面规范司法救助资金的使用，明确救助者资格。严格按文件规定确定救助对象，确保救助资金使用效果，贯彻基层单位申请、职能科室审核、集体讨论等环节的工作原则，对信访案件逐案审查，对每笔司法救助资金的发放逐一审核批准。农垦中院及9个管理局共上报42起司法救助案件，总计救助金额189.13万元。经总局党委政法委审核，最后批准司法救助案件22起，批准救助金额98.85万元。截至2015年底，无救助再访案件发生，所有受救助人员全部息诉罢访。 (李 威)

【司法体制改革工作】 根据省委社会体制改革专项小组的工作部署，从2015年1月起，总局全面启动理顺农垦法院、检察院管理体制工作，4月底前全面完成人财物摸底调查工作，将摸底调查情况向农业部、农业部农垦局及省委社会体制改革专项小组作了汇报。2015年12月25日，省委省政府召开农垦、森林工业系统法院、检察院管理体制移交协议签署仪式会议，省法院、省检察院与农垦总局就理顺农垦法院、检察院管理体制正式签署移交协议。农垦总局将按照省委社会体制改革专项小组工作安排，及时跟进人、财、物具体移交的各环节工作，推进移交工作的规范运行和有效落实。

(李 威)

公 安

【概况】 2015年，垦区公安局机关深入开展"7·22"专项会战，成功处置"10·28"事件，消除了暴恐袭击和邪教破坏的现实威胁，有力维护了垦区社会政治稳定；打赢"3·22"特大跨国网络赌博案、"8·30"经侦专案，侦破多起省部级目标毒品案件，有力净化了垦区社会治安环境；不断强化社会公共安全管理，全年未发生伤人、亡人火灾事故，交通事故各项指数明显下降，为经济社会发展创造了良好环境；推进科技信息化建设，建成网安综合应用平台、一级电子物证检验鉴定中心，完善可视化指挥机制，夯实公安工作发展根基；推进"三队一办"警务改革，推广宝泉岭警务运行新模式"半小时工作圈"，实行"交叉执法，异地办案"，重新配置各农垦公安局刑侦力量，公安改革成效显著；实施人才战略，出台《关于加强学习的决定》，按照"人品好、能力强、团结同志、乐于助人、争创业绩、廉洁自律"六条标准选拔人才，采取"上挂、下派、横调"的方式培养人才，举办10期高端培训班和13期警种培训班，8名民警通过国家司法考试，队伍建设制度化、规范化、科学化水平全面提升。垦区公安局受黑龙江省农垦总局和省公安厅双重领导，行使市(地)公安机关职权，办公地址在哈尔滨市长江路1067号。垦区公安局内设政治部(队伍建设、人事训练、公安宣传)、纪检委、指挥中心(情报信息中心、办公室)、警务保障支队、出入境管理支队(国际合作)、科技信息化支队、警务督察支队、国内安全保卫支队(反邪教、反恐)、经济犯罪侦查支队、治安管理支队(警卫工作、边防管理、户籍管理)、刑事侦查支队、禁毒支队、信访支队、网络安全保卫支队、刑事技术支队、技术侦查支队、有组织犯罪侦查支队、监所管理支队、交通警察支队、消防支队、法制支队、特警支队、人民警察训练支队等23个直属机构；农垦管理局设公安局，共有宝泉岭、红兴隆、建三江、牡丹江、北安、九三、齐齐哈尔、绥化、哈尔滨等9个农垦公安局，行使县(市、区)公安机关职权，办公地址在各农垦管理局所在地；各农(牧)场设公安分局(派出所)，共有122个公安分局(派出所)，行使派出所职权，办公地址在农(牧)场场部所在地。垦区公安机关编制数为3572人，实有民警3061人、辅警4175人。

(张大连 刘轩池)

【打击刑事犯罪】 组织开展侦破系列多发性侵财比武竞赛、缉捕历年网上在逃人员、2015秋风行动等多个专项战役，共破获刑事案件2588起。其中侦破历史积案354起，侦破电信网络诈骗案件146起，破获多发性侵财案件1226起，带破系列案件102起，惩治犯罪团伙20个，移送审查起诉犯罪嫌疑人1449名，抓获网上在逃人员256人。北安农垦公安局成功破获系列盗窃机关单位办公室财物案，连带破获同类案件46起，追缴赃物10万余元。

(张大连 刘轩池)

【侦破现行命案】 年内现行命案20起全部侦破，其中侦破建三江"6·27"特大入室抢劫杀人案等一批大案要案，跨地区抓获多名犯罪嫌疑人，有力维护社会治安持续稳定，及时消除不良社会影响。抓获2名潜逃18年之久的故意杀人在逃人员，破获2起命案积案，命案综合破案率达100%。

(张大连 刘轩池)

【铲除黑恶势力】 持续发起凌厉攻势，惩治一批欺压残害垦区百姓的黑恶团伙，起诉涉黑犯罪团伙2个，惩治恶势力团伙5个，抓获团伙成员96人，破获涉黑案件63起，其中惩治群众反映强烈的郭某某涉嫌黑社会性质组织、李某某涉嫌黑社会性质组织等黑恶势力，净化了垦区的社会治安环境。

(张大连 刘轩池)

【遏制毒品犯罪】 开展百城禁毒会战、网络扫毒、通道—巡逻、扫毒害·保平安、国庆节"10·6"禁毒战线集中夜查"等统一行动，先后成功侦破公安部"2015－186"毒品目标案件，省"2015－49"号目标案件，共破获涉毒案件382起，其中毒品刑事案件40起，抓获毒品犯罪嫌疑人44人；查获毒品行政案件342起，查处违法人员377人，缴获各类毒品5361.4克。查获吸毒人员385人，其中责令社区戒毒116人、强制隔离戒毒45人。连续7年实现禁种铲毒“零产量”的工作目标。总局禁毒办获得黑龙江省第三届“珍爱生命·远离毒品”主题征联活动优秀组织奖。（张大连　刘轩池）

【打击经济犯罪】 开展了打击整治金融领域经济犯罪、“猎狐2015”等专项行动，共受理经济犯罪案件319起，同比增长16.85%，立案273起（其中公安部督办案件2起），同比增长37.19%，破案190起，同比增长31.03%，挽回经济损失9100余万元，同比增长31.88%，移送审查起诉150人，同比增长57.89%，抓获犯罪嫌疑人264名，同比增长55.29%。在打击整治金融领域经济犯罪行动中，综合情况排名全省第三。特大“8·30”专案取得全胜，冻结涉案资金8000余万元，扣押、查封涉案车辆10台，为国家挽回经济损失7.6亿元。

（张大连　刘轩池）

【净化网络环境】 破获涉网案件627起，其中刑事案件517起，通过网侦手段抓获违法、犯罪嫌疑人748名。计抓获“CCIC”网上逃犯100人。宝泉岭农垦公安局成功破获黑龙江省首例“微信红包赌博案”。历时一年半，抽调160余名警力，投入办案经费500余万元，成功侦破“3·22”特大跨国网络赌博案，冻结银行卡4627张，冻结、扣押涉案金额2.58亿元，收缴资金8000余万元，抓获违法犯罪嫌疑人163名，从国外劝返犯罪嫌疑人7名，在菲律宾抓获主要犯罪嫌疑人王某、冯某某、陈某某，并将其平稳押解回国。

（张大连　刘轩池）

【刑事技术侦查】 勘查现场并录入《黑龙江省公安机关现场勘验信息系统》案件信息3982起，其中刑事案件现场信息3954起、非刑事案件现场信息28起。在侦办“2015·1·23”农垦牡丹江管理局八五四农场宋某某被杀案、“2015·1·15”农垦牡丹江管理局八五六农场安某某死亡案、“2015·4·15”农垦红兴隆管理局双鸭山农场高某某死亡案、“2015·4·16”农垦九三管理局七星泡农场无名尸案、“2015·5·1”农垦红兴隆管理局北兴农场李某某、陈某某被杀案等一系列影响较大的重特大命案中，刑事技术的应用对案件的成功侦破起到至关重要的作用。共受理各类鉴定821起，出具鉴定意见文书821份，其中受理尸体解剖244具，活体检验577起。DNA室共受理并检验案件189起，其中命案18起。宝泉岭农垦公安局投资200余万元，建成符合公安部Ⅲ级规范要求的刑事技术全国示范实验室。

（张大连　刘轩池）

【治安管理】 受理治安案件5997起，同比下降19.25%，查处5560起，同比下降20.72%，治安处罚7228人，同比下降37.76%，行政拘留2505人，同比下降39.15%。开展扫黄扫赌“无声风暴”专项行动，侦破涉黄涉赌刑事案件31起，采取刑事强制措施81人。查处涉黄涉赌治安案件634起，行政拘留780人，罚款2356人次，处罚涉黄赌场所109家，摧毁赌博网站1个。查处“黄赌”案件总量全省领先。全年共收缴各类枪支58支、子弹5055发、炸药15344.79公斤、黑火药烟火剂4公斤、烟花爆竹221箱、雷管25010枚、索类爆炸物品63米、战争遗留物28枚、仿真枪252支、管制刀具151把、剧毒化学品2公斤。检查涉枪涉爆从业单位628家，整改安全隐患45处，排查登记涉枪涉爆重点人员31人，抓获公安部网上督捕涉枪在逃人员2名。2015年4月21日，“3·17”非法买卖、持有枪支弹药案专案组被公安部授予2014年全国缉枪治爆专项行动成绩突出集体。

（张大连　刘轩池）

【安保警卫】 出动警力26416人次，圆满完成“两节”、“两会”、清明节、端午节、中秋节、抗战胜利70周年纪念活动、党的十八届五中全会、省委第十一届六次会议等重要节点期间安保任务103次。扎实推进公安警卫基层基础建设，出色的完成级别警卫勤务9次，垦区公安局被公安部评为公安警卫基层基础建设先进单位。

（张大连　刘轩池）

【边境管理】 在无边防部队驻扎的情况下，将中俄边境16个农场的22个治安卡点全部建设为常设卡点，配齐警力，形成内陆与边境，水上与沿岸，专门力量加群众力量并行的“点线面齐抓”和“军警民联防”的立体化防控模式。在禁捕期内实行船机分离、上锁管理和“两部门双锁制”，收缴无证船只22艘，成功处置“7·22”案件，抓获非法偷越国境新疆籍维吾尔族人员4人、协助偷越人员1人，成功查获勤得利农场渔民何某某、初某某在2184公里处运送外籍人员偷越国境案件。

（张大连　刘轩池）

【户政管理】 深入推进户口登记管理专项清理整顿工作，共计清理重复户口799个，累计清理应销未销户口144个，其中死亡未注销户口136个，服现役未注销户口6个，出国（境）定居或入籍未注销户口2个，累计清理纠正户口登记项目差错182个，其他项目175个。清理16周岁以上无照片人员4069人，提前完成省公安厅下达的无照片人员清理任务。

（张大连　刘轩池）

【特种行业管理】 加大对公共复杂场所、特种行业规范管理工作力度，共检查公共场所、特种行业19577家次，破获刑事案件77起，查处治安案件612起。同时，针对反恐严峻形势，进一步加强了对旅馆业住宿实名登记和系统使用率的监管工作。垦区上传住宿信息327512条，系统使用率达98.44%，名列全省前列。在2015年1月底全省公安基础数据登记录入情况临时布控测试及暗访工作中，垦区旅店业测试名列全省第一。（张大连　刘轩池）

【消防管理】 相继开展今冬明春火灾防控“猎患”、春季“清剿火患”、夏季消防检查等各类专项行动27次，共检查各类单位场所19359家次，发现火灾隐患28613处，整改26866处，办理行政案件1421起，挂牌督办重大火灾隐患21个，拘留27人，查封违法场所652家，罚款362.15万元，责令停产停业890家，用狠抓严管的精神，确保垦区火灾形势保持持续稳定，未发一起有影响的火灾事故。省农垦总局被评为全省消防工作优秀单位，在全省“今冬明春火灾防控”工作中，消防部门被省消防总队授予先进单位称号。

（张大连　刘轩池）

【交通管理】 开展了道路交通安全大检”、酒驾毒驾大整治、打非治违等专项行动66次，共查处各类交通违法行为379279起，查处率100%，查处酒驾总量与人均查处酒驾数量、报废机动车注销登记率和监督销毁率、机动车和驾驶证数据质量及上传率、重点驾驶人联系方式准确率和全部驾驶人联系方式准确率、大中型客货车检验率均排名全省第一。垦区交通事故总数和交通事故亡人数均呈下降趋势，全年共发生道路交通事故1080起，同比下降25.36%，死亡16人，同比下降30.4%。交警部门创新管理方式，道路交通安全教育从娃娃抓起，根据未成年人的特点，编写了《垦区小学生道路交通安全教材》，向垦区全体小学生免费发放，已纳入垦区九年义务教育教材体系。在此基础上，按照垦区公安局党委关于“将《教材》打造成囊括交通、消防、治安、禁毒等多条战线、各类知识和‘垦区大公共安全教育指南’”的要求，在《教材》中加入了适当的消防安全、自救常识和法律常识等知识内容，经反复推敲、修改，形成全新的教材，更名为《垦区小学生公共安全教育读本》，对未成年人各种安全观念养成起到了不可替代的作用。

（张大连　刘轩池）

【出入境管理】 办理各类证照55958本，其中护照27516本，同比增加40.04%，港澳通行证27153本，同比增加30.5%，大陆通行证1256本，同比增加70.93%，外国人居留及许可等项业务25人次。新增报备人员9690人，删除1382人，修改3668人，没有发现弄虚作假、伪造、变造或违规为登记备案的国家工作人员出具证明、办理证照的情况。　（张大连　刘轩池）

【监所管理】 出台《黑龙江省垦区公安局关于切实加强公安监管工作领导意见》，要求各农垦公安局党委（组）成员每周轮流到监所当一天监管民警，党委班子每月到看守所召开一次党委会议，推动了公安监管工作的健康发展。垦区8个看守所羁押各类犯罪嫌疑人1834名，8个拘留所拘留违法人员2688名，实现了安全、无事故的工作目标。　（张大连　刘轩池）

【信访工作】 信访接待窗口登记信访事项284件，办结率100%。其中化解一起公安部挂牌督办涉警信访案件，涉法涉诉信访案件165件；省公安厅交办5起信访事项均导入法律程序办理；协助农垦总局处置群体访事件54起，其中极端上访事件6起，维护了总局机关办公秩序；妥善处置引龙河农场拖欠工资案，为农民工讨薪270万元；抽调100余名警力，成功化解哈拉海农场群体性事件。垦区公安信访工作呈现出到省进京上访量下降，历史积案逐渐减少的良好局面。

（张大连　刘轩池）

【优化发展环境】 2015年，不断加强“警企”联动，对2287名在岗保安员开展摸底工作，举办垦区首批保安员资格考试，提高垦区企业的内部安全系数；制定《黑龙江省垦区公安局进一步优化垦区发展环境实施方案》，为优化垦区发展环境提供指南；开展食药打假“利剑行动”，共侦办假冒伪劣农资刑事案件3起，抓获违法犯罪嫌疑人2人，涉案金额54万元；侦破涉油刑事案件10起，移送审查起诉8人，收缴非法倒卖油品车辆5台、油品57.44吨。落实公安行政审批制度改革和农垦总局行政权力清单录入事宜，修改垦区公安局行政权力事项92项，制作对应责任清单92项，绘制垦区公安机关（地市级）行政权力一次性告知单、流程图92套。同时，对行政审批（行政许可）中涉及中介服务的事项进行清理，共20项。清理和规范了前置要件行政权力事项25项，前置要件79个。

（张大连　刘轩池）

【基层基础建设】 垦区公安机关探索建立了以社区为平台、以居委会为枢纽，以社会组织为支撑的“三社联动”工作机制，社区警务工作模式进一步成熟高效；鼓励各地根据本地实际对基层警务工作进行创新探索，力求将基层社区警务工作触角延伸最大化。在此基础上，一批旅游景点警务、校园警务、医院警务、界江警务、流动警务、重点要害部位警务等特色警务据点应运而生，社会效果显著；各农垦公安局基层分局（派出所）对辖区新建、改扩建小区街路名称进行规范，配合电业部门规范路灯杆编号，将其接入报警系统平台，着力完善垦区小城镇建设配套设施和城镇名片；“839”系统录入等数据采集工作稳步推进，提前完成了公安部组织的清理重证号工作，实现了垦区居民身份证号码在全国范围内的准确性和唯一性。

（张大连　刘轩池）

【科技信息化建设】 建成网安综合应用平台、一级电子物证检验鉴定中心及相关网安技术专用设备，网安基础设施建设跃居全省先进水平；完成运管平台、安管平台、安审平台的招标建设工作；公安网三级网升级改造全面完成，省公安厅到垦区公安局二级公安网线路为万兆，垦区公安局与各农垦公安局三级公安网线路为千兆，为各部门开展业务应用提供了有力保障。

（张大连　刘轩池）

【执法规范化建设】 持续深入开展执法检查“回头看”活动，对办案区“四个一律”问题开展专项整治，共改造执法办案场所121个，实现执法办案场所全部达标；深化网上执法办案监督信息系统应用，开展网上案件评查工作3次；印发《关于规范垦区公安机关刑事案件“统一审核、统一出口”工作的意见》将宝泉岭农垦公安局作为刑事案件统一审核、统一出口试点单位，运行

至今诉讼程序化、规范化、高效化效果显著。（张大连　刘轩池）

【立体化治安防控体系建设】 2坚持“预防为主、防控结合”的原则，大力推进区域警务协作机制，承办哈尔滨区域警务协作会议，构建起以哈尔滨市、民航、铁路、航运、海关、林业、垦区公安局及哈尔滨农垦公安局加省公安边防总队力量的哈尔滨区域警务协作新格局；持续推进“满天星”覆盖工程，将84个管理局局直、农场街面上的5676路监控和114路卡口接入垦区公安局指挥中心监控平台，初步建成技防网络体系。（张大连　刘轩池）

【教育训练】 按照“三年发展规划”的设计，垦区公安局争取农垦总局党委支持，先后在北京、上海、沈阳等地高等学府举办高端培训班10期（清华大学举办1期、中国人民公安大学举办3期、中国刑警学院举办3期、华东政法大学举办3期）。刑事技术、消防、交警、法制、治安、刑侦、经侦、反恐、督察等警种业务培训班成为高频度、广覆盖的常规课题。所有培训累计受益民警2200余人次。印发《关于加强学习的决定》，明确奖励标准，鼓励全体民警参加国家司法考试、高级执法资格考试、注册会计师考试。有8名民警以优异的成绩通过了2015年国家司法考试。继续践行“上挂、下派、横调”用人选才方式，鼓励机关民警到基层锻炼，选调基层民警到垦区公安局、省公安厅、公安部挂职，通过“压担子、引路子、搭梯子”等方式，放手使用优秀青年人才，调动广大民警的工作积极性，相继选派47人参加上级公安机关调训；73名基层民警到垦区公安局机关挂职锻炼，9名机关干部到基层挂职锻炼。（张大连　刘轩池）

【辅警管理】 不断规范警务辅助人员管理，面向全国高等院校应往届毕业生大规模招录优秀文职，严格履行报名、筛选、笔试、面试、心理测试、岗前训练等招考程序，制定《垦区公安局文职管理规定》，严格管理文职人员，从中择优筛选一批综合素质高的专业型人才，充实到垦区公安队伍，2015年，垦区公安局机关共招录了两批辅警文职80人，其中19名文职通过努力考入公务员队伍，8名文职考入垦区公安队伍。（张大连　刘轩池）

【从严治警】 “三严三实”专题教育活动和“秉公执法，人民公安为人民”主题教育活动贯穿于公安工作各条战线之中，全体干警特别是领导干部严格落实党委主体责任和党委书记的第一责任制度，严格执行领导干部“一岗双责”制度，严格遵守农垦总局党委《关于落实党风廉政建设党委主体责任和纪委监督责任实施细则（试行）》。切实发挥纪检督察部门的监督作用，加强网上督察系统平台应用，通过网络视频巡查各分局（派出所）民警到岗、着装、内务秩序、履行职责和服务群众情况，切实强化了广大民警的纪律、工作作风。垦区公安局党委秉承“严管是爱，纵容是害”“宁听骂声，不停哭声”的干部管理理念，在广大领导干部及干警中“查苗、掐尖、拔刺”，以壮士断腕的决心受理核查群众检举控告、上级领导交办案（事）件39件，停止执行职务6人，执行禁闭4人，诫勉谈话28人，通报批评64人，书面检查62人，力求早介入、早干预、早挽救。（张大连　刘轩池）

【荣誉】 2015年，宝泉岭农垦公安局被省委、省政府荣记公务员集体一等功。宝泉岭农垦看守所被公安部监所管理局评为国家一级看守所。红兴隆农垦公安局双柳河公安分局被公安厅授予全省优秀基层单位称号。北安农垦公安局逊克公安分局被公安厅授予“十佳”派出所称号。宝泉岭农垦公安局绥滨拘留所被公安部评定为二级拘留所，荣记集体二等功。建三江农垦公安局七星拘留所被省公安厅荣记集体二等功。范子军被公安部追授全国公安系统二级英雄模范誉称号，被省政府授予革命烈士称号。李小东被省公安厅授予个人一等功。李立群被评为垦区第八届“十佳公仆”。李存、汪垒、冷冰冰、孙彦斌、道洲、杨德龙、姜利财、李洪江、李立群被省公安厅批准的个人二等功。（张大连　刘轩池）

检　察

【审查逮捕与提起公诉】 2015年，农垦区检察机关侦查监督部门共受理审查逮捕案件454件568人，批准逮捕338件403人，不批准逮捕111件152人。职务犯罪侦查监督部门共受理提请审查逮捕案件31件32人，决定逮捕30件31人，不予逮捕1人。决定延长侦查羁押期限5件；报请省检察院延长侦查羁押期限4件。公诉部门受理移送审查起诉案件1349件1770人，提起公诉1218件1533人，法院已判决1143件1388人，无撤回起诉和无罪判决案件。经审查，决定不起诉37件51人。（刘景山　王　伟）

【查办职务犯罪】 查处职务犯罪案件73件81人，其中立案侦查各类贪污贿赂案件58件60人，提起公诉30件31人，法院做出有罪判决6件7人。立案侦查各类渎职侵权案件15件21人，提起公诉14件18人，法院做出有罪判决11件15人。查办涉农惠民领域15件21人，查办群众专项领域15件21人。（刘景山　王　伟）

【控告申诉检察】 接待群众来信来访1068件，检察长接待群众来访224件，受理举报线索385件，初核举报线索6件，初核后移送立案2件，实名举报答复6件，奖励举报有功人员1件1人，办理不服检察机关原处理决定申诉案件5件，办理不服法院生效刑事裁判案件9件，办理检察机关作为赔偿义务机关的国家赔偿案件2件，办理司法救助案件1件1人，办理上级院交办申诉案件2件。（刘景山　王　伟）

【民事行政检察】 接待和解答民行申诉90余件次，其中分院办理民行申诉案件22件，民事案件18件，行政案件4件，提请省检查院抗诉1件，作出不支持监督申请决定21件。基层院办理建议再审案件4件，办理执行监督案件5件，办理违法监督案件5件，这些建议均被法院采纳。（刘景山　王　伟）

【监所检察】 垦区8个监管场所累计羁押犯罪嫌疑人和被告人1797人，执行的监外执行（社区矫正）罪犯共643人。向监管场所提出纠正检察意见12件，提出书面检察意见书16份，对司法局的特赦检察意见书14件，对法院的特赦检察意见书14件。配合看守所进行安全防范检查12次，自查8次，参加看守所联席会议4次，与管局法院、公安局、司法局召开联席会议1次。共办案4件4人，其中大要案1件1人。执行死刑临场监督5次。

（刘景山　王　伟）

【职务犯罪预防】 在民生、生态、涉农惠民等领域开展专项预防工作，撰写预防调查报告18篇；撰写职务犯罪分析报告17份；制发检察建议19份；被上级党委和预防职务犯罪领导小组转发的预防调查报告、职务犯罪分析报告3份（篇）；开展预防宣传活动126次，直接受教育人达5万余人次，其中开展大型预防宣传活动三次；接待警示教育77场，受教育人达5000余人次；预防介入案件18起，接受和主动开展预防咨询521次；开展行贿犯罪档案查询2490次；开展重点工程预防1个，系统专项预防11个。

（刘景山　王　伟）

【法律政策研究】 开展涉农涉林检察工作调研、司法解释与案例指导工作调研、以案释法工作情况调研、“六五”普法调研、规范司法行为措施研究等调研活动，选送49调研文章，在省检察院论文评选上获奖41篇，其中优秀31篇，良好10篇。突出检察理论课题研究，《新时期检察工作发展的思路》一文入选第十六届全国检察理论年会。落实检委会例会制度。共例会140次，议案135件，议事9项，学习15次。加强检委会审议质量。分院检委办对基层院报送的119件检察委员会备案案件在业务系统中全部进行了审查，提出具体的审查意见。开展指导性案例选送工作，其中一个案例得到省院研究室认可，向最高人民检察院推荐。

（刘景山　王　伟）

【案件管理】 通过统一业务应用系统受理案件2886件，发起流程监控59件。建设诉讼财物保管室，监管诉讼款项429万元、财物5113件。接待当事人、辩护律师297人次，安排辩护人阅卷187次，接收其他申请17次。搭建阳关检务平台，发布重要案件信息116条、案件程序信息2225条、法律文书782份，辩护与代理网上预约97件。深入开展规范司法行为专项整治活动，对全年受理并审结的案件进行质量评查，对发现的问题进行整改。开展统一业务应用系统和案件信息公开系统应用情况专项检查和情况分析，在全区进行通报。提出统计分析报告13份，提供院领导参考9份，提供业务部门参考4份。组织统计人员和电子卷宗制作人员培训2次。

（刘景山　王　伟）

【检察业务保障】 坚持以电子检务工程建设为主线，着力推进信息化技术与检察技术、检察技术与检察业务的深度融合，着力加强检察技术队伍人才建设，着力发挥检察技术信息化的引领作用，为检察工作科学发展提供强有力的技术支撑。完成检验鉴定案件63件，同步录音录像案件59件。

（刘景山　王　伟）

法　院

【概况】 2015年，农垦两级法院共受理案件15295件，结案13595件，同比分别上升30.8%和37.8%，结案标的28.6亿元，综合结案率89%，同比上升4.49%。司法改革取得实质性进展。2015年12月25日，黑龙江省理顺省农垦、森工系统法院检察院管理体制移交协议签署仪式在哈尔滨举行。中院机关率先启动的审判权运行机制改革，取得可喜的成效。围绕审判权运行机制改革，红兴隆、建三江法院也相继启动。立案登记制改革全面实施。两级法院采取有效措施促进立案审查制向立案登记制的平稳过渡，实现了有案必立、有诉必理。全年一审行政案件、刑事自诉案件、民商事案件分别上升162.5%、80%和23.4%，执行案件上升97.88%，再创历史新高。涉诉信访工作进一步改进。两级法院抓源头稳控化解，驻京、驻沈办全力劝返。驻京、驻沈办共排查出涉访人员154人，登记7人次，进京到沈案访比为789:1，远远超过省法院要求450:1的标准，省法院甄别后综合统计为超过1000:1，综合排名14。全年共复查申诉案件65件，完成59件信访案件终结报备工作，化解信访案件9件，发放司法救助金58万元。信息化建设迈上新台阶。两级法院共筹措资金1480万元率先完成执行指挥中心、信息集控中心等建设任务。两级法院、包括所辖的84个法庭（办案组）全部完成四级联网，数字法院业务应用系统、法院智能辅助办案系统、诉讼无忧网已全面使用，网络查控系统和远程视频监控系统与省法院实现了全面对接。中院为两级法院107辆警车安装了GPS定位系统，实现对警用车辆全程、实时监控和调度指挥。农垦法院信息化建设走在了全省法院前列。诉讼服务中心建设有新亮点。两级法院将立案信访大厅改建为诉讼服务中心，部分法院实现立案、信访、调解三区分开，形成了“三区分设、五位一体”的诉讼服务新格局。两级法院诉讼服务中心共接待来访人员2万余人次，牡丹江、红兴隆法院被省法院评定为首批诉讼服务中心建设示范单位；宝泉岭院宝泉岭法庭，齐齐哈尔查哈阳法庭，绥化青年法庭、和平法庭，北安红色边疆法庭，建三江前锋、前进法庭被省法院评定为人民法庭诉讼服务示范单位。信息化应用实现新突破。建成科技审判法庭24个，实现庭审全程录音录像和远程提审、远程开庭听证等功能。法院实现网上开展政务、财务、人事、后勤等管理工作。为检验信息化应用水平，省法院组织了法院公文竞赛，在竞赛中，农垦法院系统获得先进单位，红兴隆法院报送的公文获第一名。司法公开取得新进展。充分利用三大平台，推动司法公开的进程，全年在互联网公开裁判文书2169份，公开审判执行流程信息1678条。两级法院全部开通政务网站和官方微博、微信，中院网站由年初70万点击人次增加到121万人次。红兴隆法院作为省法院公开庭审直播录播试点单位率先完成60个庭审直播录播任务，中院与省高院、九三法院联合推出“带着微博说法庭”走进九三中心法庭，建三江法院开展的“带着微博看执行”等系列微博直播活动，受到省法院好评。认真落实新闻发布例会制度，中院先后召开服务备耕生产等成果新闻发布会6次，公布和推荐典型案例65件，在社会上引起广泛影响。两级法院在人民法院报、黑龙江法制报、主流网站发表稿件1200篇。在创先争优竞赛活动中，建三江前进人民法庭被最高人民法院评为先进集体，王彦妮被评为全国法院优秀司法警察；荣获省法院先进集体5个、先进个人15人，建三江、九三、齐齐哈尔院被评为省级文明单位；荣获中院系统先进集体24个、先进个人50人，记集体三等功1个、记个人三等功4人。在全省星级警队创建中，农垦两级法院警队高标准创建，警队建设得到全面提升，其中中院法警支队被省法院评定为四星级警队（中院级最高星），宝泉岭、红兴隆院评定为五星级警队。

（秦景秋）

【刑事审判】 两级法院共审结一审刑事案件1264件，判处罪犯1597人。依法严惩严重刑事犯罪，审结危害公共安全、黑社会性质组织等犯罪案件632件，判处651人；审结毒品犯罪案件64件，判处78人，审结非法集资等犯罪案件46件，判处62人；审结贪污贿赂等案件31件，判处37人。被告人常某危害国家安全案、被告人康某贩卖毒品案等一批在垦区乃至全省有重大影响的案件成功审理，有力地震慑了犯罪。

（秦景秋）

【民商事审判】 平等保护各类诉讼主体利益，促进经济持续健康发展。共审结一审民商事案件8872件，同比上升30.18％，调撤率70.41%，标的额20.6亿元。为方便当事人诉讼，8个基层法院共开展巡回办案、诉前调解案件2000余件。为维护企业的合法权益，两级法院加大审判执行工作力度，为企业挽回经济损失5.1亿元。宝泉岭法院针对辖区新华农场因城镇建设拆迁引发的集体上访系列案件，采取有效措施，及时化解纠纷。齐齐哈尔法院妥善处置了辖区种畜场建筑工程引发的群体性纠纷，保障了重点产业项目的顺利进行。（秦景秋）

【审判监督】 充分发挥最后一道防线的职能作用，确保案件质量。两级法院共审理再审案件53件，妥善解决了一批时间跨度长，检察机关抗诉、缠诉多年的疑难复杂案件，切实维护了当事人的合法权益。按照中央关于特赦部分服刑罪犯的要求，在规定的时间内，特赦了在社区矫正、符合条件的罪犯14人，不错放一人，没漏赦一人，圆满完成了任务。（秦景秋）

【行政审判】 贯彻实施新修改的行政诉讼法，依法保障行政相对人的合法权益。审结一审行政案件136件，同比上升130.51％。2015年7月15日，省法院在红兴隆法院召开了行政审判专题调研座谈会，省法院领导对垦区行政审判工作，给予了充分肯定。牡丹江、红兴隆、建三江、宝泉岭等院先后与当地行政机关召开座谈会，加强沟通与联系，及时提出建议，有力地促进了行政机关依法行政。（秦景秋）

【执行工作】 切实加大力度，维护生效裁判权威。两级法院共执结案件2618件，结案率83.75%，标的到位率63.98%，执结标的额8.2亿元。加强涉案财产快速查控机制建设，两级法院全部开通“总对总”“点对点”财产查控网络，共查询案件3000余件，冻结账户1000余个，冻结金额1亿元。集中开展打击拒执犯罪专项活动，移送拒执犯罪线索16个，追究刑事责任2人，司法拘留42人。加大信用惩戒力度，共发布失信被执行人名单2000人次，限制高消费870人次。（秦景秋）

司法行政

【普法和依法治垦工作】 开展法治宣传教育，形式多样。围绕垦区改革发展大局，联合相关部门开展“3·8”妇女维权周、“3·15”消费者维权日，“3·22”依法治水周，“3·31”中小学生安全教育日、“4·25”知识产权日、“12·4”宪法宣传日等各项法治宣传教育活动；结合垦区重大工作任务节点，通过“法律广场”“法律大集”、知识竞赛、知识讲座、法律咨询、宣挂横幅、宣传车、手机短信等多种方式，开展“助农春耕”“爱我家园、保护草原”“法治给绿，美丽三江”“强化红线意识、促进安全发展”、法治宣传助拆迁等专项法治宣传活动。围绕提高领导干部学法用法能力，编印《领导班子和领导干部学法用法遵法守法典型案例汇编》。开展青少年法治教育基地建设，11所中小学被评为第二批省级青少年法治宣传教育基地。拓展法治宣传教育方式，形象生动。坚持加强法治文化建设，创新法治文化宣传形式，联合宣传部、文化委、广播电视台开展法治微电影大赛，从7月起，每周在黑龙江省农业频道《法制经纬》进行展播，经过遴选和相关部门联审，红兴隆管理局选送的《北大荒爱情故事》等9部法治微电影脱颖而出，一批优秀创编人员获奖。牡丹江管理局开展的第二届“法治生活有你展现”法治微电影创作大赛受到了广大居民的一致好评。五九七农场、宁安农场、普阳农场、胜利农场景苑小区、七星泡农场、引龙河农场被评为第二批“全省法治文化建设示范点”。开展“六五”普法总结验收，全面系统。联合宣传部下发《垦区“六五”普法依法治垦总结验收工作方案》，制作完成垦区“六五”普法专题片。由宣传部、政法委、检察院、司法局组成的检查组对垦区各单位“六五”普法工作开展情况进行检查验收。宝泉岭、红兴隆、建三江管理局代表垦区迎接省厅“六五”普法验收，得到验收组充分肯定。宝泉岭、红兴隆管理局被评为全国法治县（市区）创建工作先进集体。总局司法局在司法部、全国普法办主办的“我的调解故事”主题征集展播活动中获优秀组织奖，是黑龙江省唯一一家获此殊荣的地（市）级单位，红兴隆局2篇文章获优秀奖。总局党委依法治垦办被评中宣部、司法部和全国普法办评为全国“六五”普法先

进普法办,1 个单位被评为全国"六五"普法先进集体,2 人被评为全国"六五"普法先进个人。 （王婷婷）

【人民调解工作】 围绕社会矛盾化解,完善人民调解、行政调解、司法调解等多位一体的"大调解"工作体系。继续深入开展大调处活动,健全大调解体系。在"两节""两会"和春耕期间,针对政治敏感期和春季生产群体性事件多发时期,集中开展矛盾纠纷"大下访、大排查、大调处"活动,落实矛盾纠纷调处责任制度,强化调处责任落实。调解 5896 件,成功率 97.6%。管理局、农场、管理区(社区)三级调访工作网络全部建立,依托农场信访办和农场司法分局建立的调访办公室和依托管理区调委会建立的调访室均达 100%,管理区每 20 户居民设立了 1 名调访信息员。通过抓协调、抓试点、抓检查、抓培训,人民调解委员会全部实行规范化建设。行业性、专业性人民调解组织建设扎实推进,"春雨便民流动调解室""手拉手""郝二哥"调解室、"小杜便民服务工作室"等各具特色的调解室带动了人民调解工作的深入发展。八五六司法分局副局长李志刚荣获全省"十佳人民调解员"称号。 （王婷婷）

【公证法律服务】 (1)开展"公证敬老月"活动,给老年人发放公证法律宣传资料,为老年人讲解《民法》《继承法》《公证法》等有关法律法规,提供和涉老有关的公证法律咨询服务,针对遗嘱、赠与、继承权、赡养纠纷等老年人普遍关心的法律问题进行现场咨询和解答并开辟老年人公证"绿色通道",对老年人办理公证实行优先接待、优先受理、优先出证等,更好地满足老年人的公证服务需求。(2)开展公证质量检查。公证处全部建立、完善公证质量管理制度,依法依规办理涉及公民权利义务、涉及社会和谐稳定及港澳台公证事项,做到规范和细化办证标准,健全受理、审查核实、出证审批、立档归卷等环节工作标准和要求。(3)稳步开展涉外公证业务。加大涉外公证宣传力度,在辖区内走访企业发放宣传材料,增强涉外公证在辖区的影响力。进一步明确内部分工,落实各项制度,水印纸专人管理,发放和作废回收都有责任人登记,确保了无错证假证情况发生。共受理涉外公证业务 785 件。 （王婷婷）

【律师法律服务】 (1)进一步落实垦区法律顾问管理制度。联合政策法规局出台《农垦总局法律顾问工作实施意见》和《黑龙江省农垦总局法律顾问工作规则》,组建由法学教授、资深律师、行政部门有关人员组成的总局法律顾问团。法律顾问团先后为总局工信委、政策法规局、信访办、卫生局、办公室及北大荒集团等单位提供法律服务,收到较好效果。按照分级负责、突出重点原则,各管理局、农牧场和总局直属企事业单位 155 家,聘用执业律师和学者担当法律顾问的有 121 家,占 78.1%。(2)规范律师职业道德和执业纪律,促进律师依法诚信执业。为进一步规范律师执业行为,强化服务和自律意识,坚持每年对垦区律师进行一次评查,建立律师个人评查档案和信用档案,并将档案公布在总局司法局网站上,接受社会监督,提高垦区律师的诚信度。(3)做好律师参与信访工作,维护垦区社会和谐稳定。为进一步贯彻落实省信访工作领导小组《关于进一步加强律师参与接待来访群众工作的通知》精神,组织和引导律师参与信访工作,垦区 25 个律师事务所结合工作实际,均制定《律师参与信访工作具体实施办法》和律师值班表,保证参与信访工作的律师落实到位。充分发挥律师的专业优势,协助各级党委和有关部门处理信访问题和群体性上访事件,参与疑难复杂矛盾纠纷的调解。组织律师参与领导接访和非诉讼法律事务,引导当事人依法合理表达诉求。垦区律师共参与 372 次信访接待日,接待信访群众 500 余人次,疏导化解各类涉法矛盾纠纷 152 起,引导走诉讼程序解决纠纷 56 起。 （王婷婷）

【基层法律服务】 垦区各管理局司法局和各农场司法分局围绕各级党委重点工作,开展"送法上门"和电话解答等灵活多样的形式开展法律服务活,深入农场、管理区、社区,开展了服务企业发展、为企业进行法律体检、企业法律需求调查等活动,提供相关法律服务,就如何做好土地承包、房屋拆迁、安置补偿以及招商引资谈判签约等方面问题,从法律角度探讨可行性办法,及时对企业进行回访,有针对性地解决法律方面的问题。走访企业 70 余次,为企业草拟和审查、修改各类合同 23 份,代理诉讼和非诉讼案件 4100 件,提出司法建议 122 条,全部被采纳。 （王婷婷）

【刑释解教安置帮教】 做好调查摸底工作。各级安置帮教工作办公室(工作站)主动与公安、民政、社区等部门沟通,对垦区上年以来的刑释解教人员的衔接、安置、帮教、管理情况进行核实。在调查摸底工作中,走访排查、甄别,重点查找下落不明、见档不见人及"三假"人员,通过排查、异地协助等方式,配合公安部门加强对流动人口中的刑释解教人员的管理。做好垦区刑释解教人员排查情况登记表的接续填报工作,做到回归人员当年查清。加强安置帮教组织机构建设、队伍建设和制度建设,突出衔接、帮扶重点,最大限度地减少"三假"(假姓名、假地址、假身份证)人员流入社会,保证衔接率 90% 以上。垦区无"三无"人员、"三假"人员。全面落实帮教责任、帮教措施。开展定期不定期地上门走访重点帮教对象活动,了解情况,切实为他们解决一些生产、生活中的实际困难,时时处处体现出党和政府的关心。将安置帮教工作与青少年保护、妇女合法权益保护、创建文明家庭、法律进社区、基层安全创建等工作有机结合起来,动员广大团员、青年、妇女、离退休干部职工以"一助一""多助一"等形式参与对刑释解教人员的帮教工作。 （王婷婷）

【社区矫正试点】 通过对社区矫正人员"定位",充分利用 GPS 定位措施,做到人头明确、监改类别清晰、矫正时间清楚,谈心家访联系迅速。垦区着力打造全天候、全方位、全过程的社区矫正监管安全工作的“天罗地网”,确定和限制社区服刑人员的活动范围。在全国“两会”、反法西胜利纪念活动和国庆等重要时期、重大节日、重点时段的维稳工作要求,组织各单位对矫正人员进行排查,切实了解掌握社区服刑人员的工作生活情况及近期的行踪去向、活动轨迹。严格外出请销假制度,对于节假日期间请假探亲的人员,落实随同人员进行监护,真正做到横向到边、纵向到底、不漏一人、不留死角。对社区矫正人员落实到人,切实实行“定人包案”制度,对重点矫正人员落实专人帮教。在排查走访中发现和掌握的有违法犯罪倾向或有可能参与群体性上访事件的重点人员、重点问题、重点隐患,制定“一人一案、一事一策”的管控措施,确保辖区内重点人员的个案化矫正实施率达100%。在册社区服刑人员882人。（王婷婷）

【司法鉴定】 按省厅要求,全面做好司法鉴定机构和执业司法鉴定人年度公告工作,协助省厅依法依规开展准入、延续、变更、注销等行政许可事项。加强垦区司法鉴定机构和司法鉴定人队伍自身建设,规范执业活动。开展资质认证认可工作,有2家鉴定机构与国家认监委研究所签订指导协议书。为进一步提高垦区司法鉴定人的整体素质,保证鉴定质量,为司法公正服务,组织垦区司法鉴定人参加精神科司法鉴定培训。完善投诉处理工作机制,依法处理投诉案件3起。

（王婷婷）

【法律援助】 加大法律援助宣传力度,营造良好的法制氛围。各级法律援助机构发挥普法宣传月、宣传日等宣传媒介设立法律援助咨询台,发放法律援助宣传材料、悬挂法律援助宣传横幅,全方位、多层次地宣传《法律援助条例》、中央专项彩票公益金法律援助项目的内容和相关的法律知识,在电视台开设“法律援助、与您同行”栏目,宣传法律知识和案例解析,全年开展法律援助宣传活动12次,电视台宣传法律援助内容48次,宣传条幅123条,电子屏幕宣传《法律援助条例》52家,发放宣传资料6200余份。扩大覆盖面,免除农民工经济困难审批。为使农民工的诉求能够及时得到解决,为农民工申请法律援助开辟“绿色通道”,并降低了农民工申请法律援助的门槛,不再审查其经济困难情况,只要提供身份证明和相关证明就优先接待、优先受理、优先指派,并做到简化程序、即时受理、快速办理、及时办结。组织好“中央专项彩票公益金法律援助项目”的实施,加强法律援助案件的质量管理。办理法律援助案件235件,受援人数318人,挽回经济损失873.5万元。（王婷婷）

【国家司法考试】 承担1693名考生的国家司法考试考务工作,考点设立在哈尔滨市六十九中学哈西校区。按照司法部“依法治考、从严治考,热情服务”的总原则和确保国家司法考试安全、平稳、顺利、有效实施的总体工作要求,总局司法局。严格规范司法考试各项考务工作,高标准设置考场。农垦考区作为全省三个裸考试点考区之一,在沿用手持终端系统,对考生准考证进行扫描、拍照,扫描试卷答题卡条形码等科技手段的基础上,配备了金属探测仪、考试文具、考生用品袋、钟表,更大程度上提高防作弊能力,维护广大考生权益。增强服务意识,满腔热情地做好服务考生工作,在司法考试微信平台发布倡议书,倡议考生诚信参考。把考生须知、考点周围交通、食宿等情况提供给考生,把服务考生工作做细做实,为他们安心考试提供良好环境和便利条件,受到了广大考生的欢迎。共有104名考生通过国家司法考试,取得法官、检察官、公证员及律师职业的“准入证”。（王婷婷）

武　　装

党管武装·后勤保障

【党管武装】 1月22日，军事部党委五届三次全委（扩大）会议召开，会议传达了上级全委（扩大）会议精神，总结军事部2014年工作，部署2015年任务。9月1日，军事部党委五届四次全委（扩大）会议召开，会议全面分析军事部军事训练形势，总结回顾军事部2015年上半年工作，对下半年工作进行部署和要求。12月17日，军事部党委五届五次全委（扩大）会议召开。会议主要围绕拥护改革、支持改革、参与改革统一思想。（赵迎春）

【后勤保障】 修订非战争军事行动和后方保障计划，以及后勤战备行动方案；充分研究论证符合内地分区的后方编组的实际要求，修订了后方指挥所编组方案。开展了炊事车操作手集训暨比武竞赛活动。完成军队工程建设和房地产资源管理专项整治工作。完成机关办公楼维修改造部分项目建设工作。完成民兵装备仓库综合楼外墙维修工作，开展了财务检查评比暨集训活动。对2013—2014年度经费收支44262笔支出凭证进行自查，共发现问题凭证2349笔。加强运输油料管理正规化管理。

（赵文贺　汪海江　李春阳）

军事训练

【概况】 1月下旬，农垦总局军事根据首长机关冬季训练安排，组织为期3天的冬季野营拉练。主要针对7个课目20个训练内容展开训练。4月10—14日，军事部依托哈尔滨管理局某农场对垦区49名扑火专业教练进行了为期5天的集训。集训紧盯垦区民兵应急能力提升，围绕“平时服务、急时应急、战时应战”要求，适应遂行多样化军事任务需要，以强化扑火专业训练为重点，采取先基础后技能，先理论后应用，先模拟后实践的方式，培养和储备一批专业技术能手和教练员，打造一支思想过硬、本领过硬的应急队伍。7月7—9日，军事部开展为期3天时间的抗洪抢险骨干集训，61名参训人员对抗洪专业的单兵训练、分队训练2个方面、11个训练课目。（吴　晗）

【首长机关训练】 以“岗位练兵”和“质量排序”为抓手，进行了40天的训练。整个训练分三个阶段组织实施：理论学习阶段，主要采取集中授课，个人练习的方法进行上机操作训练，并贯穿于训练的全过程。军事训练技能训练阶段，6月，围绕新“六会要求”，组织进行了训练。强化训练阶段，8月，根据军官素质认证要求，对三个科目进行强化训练。在训练中，采取以考促学、以考促训、以考促比的训练形式，效果明显。10月，军事部营以上干部以优异的成绩通过素质认证考核，取得总评良好的好成绩。（吴　晗）

军　务

【条令法规学习考核活动】 根据省军区通知精神，全年持续开展“条令法规学习考核”活动，司令部制定学习教育计划，组织官兵重点学习10部条令法规，指导6名机关干部轮流宣讲授课，营造良好的学习氛围。坚持半月小测、每月大考并张榜排名，军事部参加省军区条令法规考核，取得优异成绩。注重理论联系实际，不断加强日常工作中的学以致用，举办安全法规知识专题宣讲，组织两级集中点验，狠抓节日战备与管理落实，组织保密、兵员、车辆大清查等系列活动，严密防范社会事故，进一步规范治理单身干部管理、机关车辆派遣、私家车纳入管理视线等6大类问题隐患。通过活动牵引，查摆纠治整改治理不彻底、责任追究不严格等6方面倾向性问题。

（郭新东）

【规范两级保密建设】 5次例会专题学习上级保密工作指示精神，开展形势分析，组织全员保密专题警示教育和保密百日专项整治活动，对重要场所配备4G移动电话信号屏蔽仪，为战士换发军线手机，组织官兵上网、用网设备清理整治，两级机关保密秩序得到进一步规范。制作并悬挂4类488块保密宣传标语，使保密宣传教育纳入平时、进入生活、嵌入边角、深入人心。8月17日组织了军事部保密工作网上培训，对保密专项整治活动进行再动员、再部署，进一步提升了军事部官兵保密意识和保密能力，打牢了专项整治活动的思想基础和理论基础。

（郭新东）

【部队安全管理】 在年度各项安全活动中，依靠“双三一”制度的有效落实，确保了部队安全稳定。以“学法规、用法规、促正规”统一全员思想，坚持大抓常抓、抓细抓实，群策群力、群管群防；年初组织师团两级军政主官签订《安全管理责任书》，强化抓安全管理的事业心、责任感；军事部常委逐人包点，每季度面对面检查指导。评选表彰安全管理先进单位和个人，激发官兵参与和抓好安全管理工作的主动性、积极性。及时调整安全委员会成员，安全委员会4次召开会议研究部署具体工作，每季度召开两级安全稳定工作总结部署会议，有序开展各项安全管理活动。针对特殊安全形势，及时修订营区突发情况应急预案，坚持每周集中训练，节假日和战备期前综合演练；预判可能发生的应急防暴情况，每月设定特情组织针对性训练演练，有效提升了军事部官兵依令快速行动和处置突发事件能力。（郭新东）

军事文化

【红色史馆图文集】 总局军事部政治部将垦区有重要价值和意义的黑龙江省省委政府旧址、赵尚志将军纪念馆、侵华日军虎头要塞博物馆、中国青年志愿垦荒纪念馆、荣军农场室外场史园、珍宝岛烈士陵园、西满革命烈士陵园、和平广场等35个红色史馆汇聚起来，历时2个月时间，编印了近10万字和配有近百张历史、文物图片的《黑龙江垦区红色史馆图文集》，供军事部两级机关和广大民兵学习教育使用，成为生动鲜活的革命传统教育教材。

（康术臣）

【《北大荒精神颂》专题教育片】 利用

近半年的时间,在先期撰写万余字脚本的基础上,对散居全国的"五老",即老红军、老八路、老战士、老领导、老知青进行深度采访,集聚宝贵历史资料,对以14万复转官兵为中坚的北大荒英雄拓荒群体的丰功伟绩进行全面的回顾,对北大荒精神的源起发端、完善丰富、最终形成和巨大作用进行严谨客观的整合和梳理,形成近30分钟时长专题片《北大荒精神颂》,被列为红色资源系列专题教育片之首。(康术臣)

【主题教育活动】 军事部党委对上级部署的"学习践行强军目标,做新一代革命军人"主题教育活动高度重视,在教育活动初始时期,专门展开调研,例会研究,落实好主体责任和每季度的分析会制度,及时发现和解决矛盾问题,结合实际制定具体实施方案和"40个评估要点",以每个月制定详细推进表的形式,促进教育稳步推进,累积成果。做到坚持科学统筹,处理好主题教育活动和"三严三实"专题教育整顿的关系,既把专题教育整顿要求贯穿纳入其中,又在专题教育整顿中把学习践行强军目标、做新一代革命军人内容纳入其中,主题教育活动与专题教育整顿的集中学习教育,时间上错开安排。严格依法组教施教,落实新修订的思想政治教育大纲,在两级机关广泛开展"学大纲、知大纲、用大纲"活动,严格政治教育归口管理,充分调动起机关各部门综合办的积极性和主动性,统筹抓好主题教育、基础教育和经常性思想教育,确保教育正规有序,通过落实《加强和改进经常性思想教育的措施办法》规定要求,采取平时检查与集中考评、定性分析与定量认证相结合的方式,全面推行教育检查评估,确保评出质量、评出效益。在教育阶段性推进过程中,注重固本开新,弘扬政治工作优良传统,坚持教育者先受教育,领导干部首长把自己摆进去,带头参加教育,把真理力量和人格力量统一起来,以自身模范行动和良好形象影响带动部队。通过2—4月份,相对集中6天时间、区分4个专题抓好集中教育。在实际工作推进过程中,紧密联系实际查摆反思问题,通过贯彻整风精神,坚持问题导向,对照新一代革命军人标准要求,区分团以上领导机关和基层官兵两个层次,查找解决差距不足,校正思想和行为偏差。两级党委领导机关主要围绕正风肃纪反腐倡廉学习整改活动,结合"三严三实"专题教育整顿,对照习近平主席在全军政治工作会议上指出的10个方面问题和在十八届中纪委五次全会上指出的5个方面问题,重点查纠在信仰信念、指挥打仗、精神状态、品行操守等方面存在的突出问题。基层民兵,充分利用普遍开展的第二梯次的"民兵之家"教育试点,在5—6月份,以民兵党员干部为重点,查纠了4个方面问题。各单位开展调查摸底工作,紧密结合本单位实际研究确定需要重点查摆和解决的问题。基层民兵党员采取专题组织生活会的形式,搞好对照剖析,人人查摆自身问题,人人作出整改承诺。先后组织"点赞军垦传人"活动和"军垦兵·能人座谈",集中组织两级机关进行主题教育查摆反思体会交流。在教育深化转化过程中,坚持立足本职岗位开展实践活动,推动践行新一代革命军人标准要求具体化岗位化经常化。在深入开展"中国梦·强军梦·我的梦"群众性大讨论方面,紧紧围绕青年官兵"立什么志、走什么路、做什么事"这一根本问题,广泛开展经常性的群众谈梦、网上晒梦、圆梦行动,评选表彰践行强军目标标兵,引导官兵把个人理想抱负融入强军梦;在深入开展"传承红色基因、当好军垦传人"活动方面,组织学习和观看《军区传统革命精神读本》《垦区红色史馆图文集》《北大荒精神颂》等书籍、资料和专题教育片,用好军史馆、荣誉室、网上数字纪念馆和爱国主义教育基地等红色资源,固化提炼"抗联精神""军垦精神""北大荒精神"等宝贵精神财富,积聚强军兴军文化底蕴,抓好国史党史军史教育,引导官兵传承听党话、跟党走的政治品格,确保部队绝对忠诚、绝对纯洁、绝对可靠;在深入开展"军垦魂军垦兵、能打仗打胜仗"实践活动方面已,深化战斗力标准大讨论,依托实战化训练和重大演训任务狠抓战斗精神培育,破除"娇兵"思想,坚持苦中练兵、难中练兵、险中练兵,引导官兵以饱满的热情投身军事斗争准备实践,结合垦区部队实际,配合开展"双三兵",即"军垦精兵、处突尖兵、双赢标兵"和"当好兵、练好兵、送好兵"主题实践评比活动,年终搞好奖励激励,激发官兵精武强能积极性。

(康术臣)

【打造军垦强军文化】 开展第七届"融情北大荒"系列文化活动和"三个一百"文化骨干群体建设,传统共续、思想共促、人才共育、文化共享。突出强军主题,清理营区过时板报橱窗,加强有利于战斗力生成的政治文化环境建设,第一季度结合"三帮"调研对各单位进行了检查验收。按照"强军先锋"典型宣传要求加强新闻工作,以入选总局劳模的武装工作先进群体为重点,集中宣传了一批"精武模范"和"专武精兵"。政治部干事康术臣妻子张春丽,以放弃工作和理想追求支持丈夫倾心国防的感人事迹,先后被黑龙江省妇联和省军区评为"北疆最美军嫂",康术臣本人夺得黑龙江垦区声乐大赛一等奖,全国(全军)"强军风采"征文大赛三等奖。军事部两级机关和垦区民兵队伍先后组织主题征文、座谈、瞻仰、演讲、书画展、文艺演出等达300多场次。(康术臣)

国防动员

【兵员管理】 深入开展"暖人心、稳军心"活动,在教育、训练、管理、服务等方面抓落实,让班长骨干参与机关工作,搭建学习平台;定期开展学习教育和谈心交心活动,持续抓好"三心三清"落实,摸清思想底数,打造和谐军营;针对重点时期和重点地段,设立流动岗哨,切实加强机关安全警戒和部队管理;坚持连队式管理,配备并每季轮换3名管理干部,严格落实分队官兵管理制度,坚持每周学习教育和行政例会、每月检查评比和应急演练、每季度换届小结和民主测评;严格实施奖励,推荐省军区优秀士兵标兵1人、评选军事部优秀士兵6人,做到过程公开、结果公示、群众信服;邀请纪委、保卫、财务人员全程介入、全程监督，认真抓好士官选晋和老兵复转工作，确保了标准严格、全程透明，走得顺心、留得安心；严肃处理各类违规违纪问题，坚持纪律面前人人平等，较好地维护了纪律的尊严。通过制度规定的“刚性”落实，士兵队伍纪律养成得到进一步规范。（郭新东）

【国防动员潜力调查统计】 两级国动委领导机构及成员单位严格抓好贯彻落实，业务部门通过进工厂、进矿区、进作业站、进机关直附属单位，掌握全面材料，经农场、管局、总局层层把关审核，确保潜力数据全面细致、真实有效。通过两次全面调查，摸清了垦区潜力底数。（郭新东）

【民兵组织整顿】 着眼推进民兵队伍建设转型和应急建设需要，坚持抓组织，抓配载，抓演练相结合，确保民兵整组工作有效落实。加强组织建设。印发《农垦总局民兵整组工作指示》，统一部属要求。围绕构建“五级力量体系”和“一队多用、一专多能”组建原则，在原有应急力量编组基础上，狠抓以“抗洪、维稳、扑火”三支队伍为重点的96支应急力量规范化调整，科学规范编组地域，严控出入队比例，强化队伍专业化构成，实现重点分队人员在位率、退伍军人比例平均达到85%、60%的要求，专业对口率得到大幅提升。加强战备物资标准化配载建设。依据《全省民兵应急分队建设标准》，坚持编组工作与配载建设同步筹划，同步推进，并向基层农场拓展延伸，全面实现农场应急队伍专设配载库的建设目标，确保了重要方向、重点部署，重点地域、重点管控，重点分队、重点建设。加强应急演练。着力应急能力建设实际需求，军事部抢在农闲和汛期前，统一部署展开“三支队伍”“三种能力”（抗洪、维稳、扑火）实兵、实装拉动演练任务。为检验成果，军事部主要首长带队，划片分区检查点验拉动情况。经统计，各类应急队伍总体在位率和出动率分别达95%、85%，装备配套率和经训率达100%，有效检验与提高了应急队伍遂行任务能力。

（马志强）

【征兵】 围绕“确保完成征兵任务，努力提高兵员质量”目标要求，科学筹划，稳步推进，合力破难，圆满完成新兵征集任务。总局10余名女青年通过公开征集顺利走进军营。北安管理局、绥化管理局人武部被省政府、省军区评为全省征兵工作先进单位，北安管理局党委副书记徐树清、哈尔滨管理局人武部部长王洪军被评为全省征兵工作先进个人。（马志强）

科技·教育·卫生

科　技

【概况】 2015年,垦区有专业科研机构19个,技术推广中心(站)113个,省级科技成果推广示范基地11个,国家级农业科技园区1个,省级农业科技园区3个,国家级工程技术中心1个,省级工程技术中心5个,生产力促进中心2家,国家级农业产业技术体系功能研究室2个,综合试验站7个。拥有以八一农大、农垦科学院、农垦勘测设计研究院和农垦科研育种中心为核心的科技创新与推广体系,拥有覆盖垦区、辐射全省、总长2000公里的东、中、西3条现代农业科技示范带。科协、老科协、各类学会等科技服务组织61个,全国青少年农业科普示范基地16个。拥有农业部科技入户直通车总计123辆。2015年,垦区科技总投入8.66亿元,农业科技贡献率达68.75%。鉴定科技成果41项。总局科技进步奖共评审奖励43项科技成果,其中一等奖16项,二等奖15项,三等奖12项;获省科技进步奖8项,其中二等奖3项,三等奖5项。 (赵英杰)

【科技创新】 《2015年度科技计划项目实施方案》重点设计了良种培育、新型肥药等12个技术领域的自主创新内容。整合科技资源,发挥人才优势,各项目在执行实施期间联合科研院所、企事业单位、科技项目农场等多部门、多学科、多层次的科技人员组成课题组。调动多方面、多层次、多学科进行协同攻关,开展示范推广工作。2015年,发表学术论文30余篇,其中,SCI 5篇、EI 2篇,出版专著2部,申报发明、实用新型专利15项,授权专利5项。创新建立中韩和对台农业科技合作示范基地。由宝泉岭农场与韩国农业技术实用化财团(FACT)合作,引进先进技术,打造中韩农业科技合作试验示范基地。通过邀请韩方企业代表与技术人员多次到农场实地考察与农场负责人回访韩国企业进行调研等方式,先后2次与韩方签订试验示范推广合作协议,通过使用韩国缓释性肥料、杀虫剂、杀菌剂、功能性营养剂、途保康试剂,与当地常规用肥用药做对比,达到农业面源污染防控的“一控两减三基本”的总体要求。在庆阳农场建立海峡两岸科技示范基地,构建项目进行对台科技合作,采用负离子能量复合技术能够提高植物的抗氧化能力,中和带有正电荷的细菌、病毒、有害物质、有害气体,抑制和消除各类有害污染的活性,阻止污染源入侵农作物,达到农作物增产的目的。 (赵英杰)

【科技推广】 继续组织实施全国农技推广补助项目。其中,重点开展“水稻双增一百”和“玉米双增二百”两个科技行动,建立示范田123.22万公顷,实现节本增效34.3亿元。其中,实施“水稻双增一百”项目面积78.05万公顷,实现节本增效19.2亿元;实施“玉米双增二百”项目面积45.17万公顷,实现总节本增效15.1亿元,取得经济效益和社会效益双丰收。建立垦区农技推广管理系统工作平台,从根本上解决三级管理系统信息偏差、科技信息重复申报、工作任务及质量考核记录、农技推广基本信息储存、专家在线答疑、数据传输速度缓慢等问题,极大提高工作效率,降低工作强度。科技成果转化服务体系进一步完善。建立了稳定的农业科技管理队伍,主要是农业科、科技科、农机科、绿色食品办公室、种子管理站等科室人员,负责农业综合管理和技术推广指导服务工作。建立了稳定的农业研发队伍,各农场均建立农业科技园区、研发中心、科研小区(站)、土壤化验室、气象站、植保站、信息站等,负责农业试验研发、实验室分析、新技术推广、良种繁育、气象专业等专业性工作。建立了稳定的农技推广队伍,各农场各管理区配齐配强专业技术员的同时,每个作业站配备1名技术推广员,负责新技术示范推广和标准作业。 (赵英杰)

【信息化建设】 (1)农业现代化与信息化得到进一步融合。参与国家“863”信息化项目通过国家验收。协调组织宝泉岭管理局多个农场实施完成了国家重大专项“广域覆盖低成本宽带接入组网技术与应用示范网络课题”的建设,实现“农作物生长及病虫害高清无线多媒体监测、农机安全生产作业上无线多媒体监控、田间生产无线多媒体指挥调度”等多个场景的应用。示范网络运行良好,业务演示达到预期的效果,在国内发挥了引领示范作用,已通过国家验收,后期将为垦区转入相关设备及设施形成的1200多万元固定资产。(2)互联网+农业生产与管理得到充分应用。在水稻浸种催芽全过程智能化监测与控制管理方面,水稻种植农场建立了专业智能化芽种生产系统,满足了全场水稻芽种智能化、工厂化的生产需求,生产芽种150吨/日能力,可实现全场100%统一供应芽种,同时确保浸种催芽质量,提高水和能源利用水平,芽种生产用工节约90%以上;在水稻田间现代化管理、水肥一体化、循环水综合利用方面形成特色鲜明、具有引领意义的水稻田间现代化管理体系,将灌溉与施肥融为一体,通过管道和滴头形成滴灌均匀、定时、定量直接提供给作物根系,回流、储存、再循环利用,比常规施肥节省肥料50%~70%,大大降低了因过量施肥而造成的水体和土壤污染,社会效益、经济效益和生态效益显著;在大马力农机作业自动导航驾驶方面,多数农场建设了精准农业试验示范基地、精准农业示范区GPS差分站,基于GPS定位的大马力拖拉机,通过卫星导航实现自动驾驶,在作业时可实现误差小于两厘米的高精度导航作业,极大降低了驾驶员劳动强度,作业效率从过去每天43.33公顷提高到66.67公顷。(3)重点实施农机深松作业信息化监管技术示范、推广。现已完成第一批设备的安装培训,软件系统测试完成同步上线,安装信息监管设备40台(套),根据农场和设备实际情况主要安装了全悬挂式的浅翻深松犁和深松机,边安装边使用,完成监管深松整地数据涉及面积4145.87公顷,取得了较好效果,帮助农场农机科做到了有据可查、有据可依,大大减少了人工核查工作量。 (赵英杰)

【科技培训】 组织实施新型职业农工

培育工作。全年共培育新型职业农工8420人,其中生产经营型2770人,专业技能型1965人,社会服务型3285人,现代青年农场主400人。在谋划并积极组织实施培育现代青年农场主计划的同时,结合垦区实际,开展网店经营业主的培育工作。重点培育网店经营业主560人,实现培育对象人人上网开店,为垦区发展电子商务提供必要的人才保障。在实施新型职业农工培育中,注重不断发现、总结、宣传、推介应用先进技术引领职工致富的科技典型人物,推荐红兴隆管理局北兴农场刘术波和北安管理局龙镇农场姜秀军两人为"全国风鹏行动——新型职业农民候选人"。组织农技人员开展科技培训、技术指导、技术咨询等活动。2015年,垦区共派出29人参加8期"农业部万名农技推广骨干人才培训班",组织农业科技人员知识更新远程培训20期,培训人员达万余人。垦区内共举办各种农技推广培训班627期,培训7.9万人次,印发科技宣传资料20.7万册。（赵英杰）

【知识产权】 加强知识产权培训工作,全面提升垦区知识产权创造、运用和管理能力。强化重点项目和政策的引导和驱动作用,提高垦区新兴产业的发明专利申请量,2015年,新申请专利109个。开展多领域打击侵权和假冒伪劣商品专项整治行动,有力打击各类侵犯知识产权和制售假冒伪劣商品的违法行为。做好知识产权宣传,组织开展专利周活动,提高干部职工对知识产权工作的认知度和维权意识。（赵英杰）

【科技交流】 6月,总局科技局召开农业部国拨资金项目座谈会,贯彻落实农业部"基层农技推广"和"新型职业农工培训计划项目"文件精神,为基层解答资金使用方面的疑问,进一步提升垦区科技工作者的思想认识和管理水平。7月,总局科技局做客北大荒之声《民生在线》栏目,现场接听听众电话,为垦区百姓解答新产品开发、新技术推广和科技成果奖励等方面的疑问。用于科技对外交流、培训和宣传的科学技术3D系列宣传片的前期准备工作完成。（赵英杰）

·农垦科学院·

【概况】 农垦科学院下辖哈尔滨、佳木斯两个院区,12个研究单位和1个实验农场。有职工1500多人、在职科研人员330多人,占地总面积4075.9公顷,其中耕地2904.4公顷、林地90公顷、水面252公顷。20万元以上科研仪器100多台(套),固定资产总值2亿多元。建院以来,累计承担各级各类科研课题项目1025项,培育水稻、大豆、玉米、小麦等农作物新品种200多个,鉴定科技成果635项,共获得国家、省部、农垦总局等各级科技奖励286项,新建国家杂交水稻工程技术研究中心北大荒分中心等科技创新、示范、推广、转化平台和人才培养共享平台12个。2015年,产果蔬40万公斤;北大荒绿色庄园景区接待观光游客6万多人次,营收200万元。（陈　旭）

【科技创新】 在农作物新品种选育、高产栽培技术,新型农机装备研发、畜牧业"两牛一猪"、农业信息化等方面取得一批创新成果。农作物新品种选育获得新突破:水稻品种选育方面,与中国杂交水稻工程研究中心合作,在寒地杂交粳稻育种上取得突破性进展,经过实际测产,比常规稻增产达8%以上。与沈阳农业大学陈温福院士合作的寒地超级稻达到690千克预期指标。由科学院水稻研究所自主培育的"垦香稻",在全国稻米食味型品评中,获得特等奖;大豆品种选育方面,审定大豆新品种5个,大豆、玉米有100多个品系参加国家、省、总局的区、生试。畜牧业创新取得新进展:奶牛DHI项目参测牧场达19个,参测奶牛11200头,获得实用新型专利4项,承接万头黑猪养殖场规划设计,为垦区疫病防治和饲料应用进行检测化验,获取有效数据3万余个。新型装备研制进入新阶段:水稻钵苗摆栽机完成减重优化、取苗机构完成新型结构设计。铧液压翻转犁完成研制设计,生产5台样机,有望进入区域中试。农业信息化应用取得新成果:完成"黑龙江垦区农机监理信息系统研究"项目的验收工作;完成国家"863"项目子课题"农机精准作业物联技术应用示范"的验收工作;完成总局科技攻关项目"垦区综合业务信息整合平台研制与应用示范"的立项、研发与验收工作;推进国家项目"大田种植物联网示范项目"多源数据融合的农业遥感监测平台研究任务,完成平台总体架构与功能模块的设计和技术路线的形成,进行建模数据的实验和数据采集工作。农业测试及农机鉴定服务:农业测试化验方面完成农业部抽检样品2455批次,覆盖黑龙江省、辽宁省、吉林省以及北京、上海、杭州、厦门、南昌等省市区的近200个基地;承担完成黑龙江省黑河、伊春、鹤岗、绥化、七台河等30个市县抽检样品2594批次;完成垦区9个分局90余个农场及企业和46个测土配方施肥等样品2840批次。大豆质检中心等顺利通过农业部和省管理部门的认证、验收。农机鉴定方面共完成省级农机产品鉴定282项;省级推广鉴定163项;部级推广鉴定30项;监督检验17项;中储粮干燥机械设备专项验收15项;委托检验10项。（陈　旭）

【科技成果推广】 通过项目对接、高产创建、派出技术专家等方式,加强与垦区各管理局各农场的合作共建,为生产基层解决技术难题,取得了实际成效。水稻叶龄诊断技术,在垦区应用面积达200万公顷;大豆品种推广面积33万公顷、玉米品种推广40万公顷;水稻恶苗病防治新技术在全省推广33万公顷。（陈　旭）

【对外合作】 与中国杂交水稻工程研究中心袁隆平院士合作、辽宁农业大学陈温福院士合作,开展了寒地杂交粳稻和超级稻研究;与中国农业科学院合作,研究水稻抗病基因聚合;与上海农业科学院合作,开展了水稻节水抗旱耐寒种植技术合作,与辽宁农业科学院合作,进行玉米大豆育种栽培研究;与内蒙古农牧科学院、云南省农业科学院合作,进行油菜育种栽培;与新疆农业科学院合作引进了哈密瓜、香梨,进行本地化栽培研究。

（陈　旭）

·勘测设计研究院·

【概况】 黑龙江农垦勘测设计研究院,位于哈尔滨市香坊区赣水路270号,为总局直属事业单位。具有工程勘察(岩土工程、水文地质、工程测量)、农林行业、水利、测绘、工程咨询、建设项目水资源论证,水文、水资源调查评价、建设项目环境影响评价等甲级资质证书;水利(水库枢纽)、市政公用(道路、桥隧)、电力(送电、变电)、建筑工程、工程咨询、编制开发建设项目水土保持方案、防火设计等乙级资质证书;城市规划、公路(公路工程设计)丙级资质证书。2002年通过ISO 9001质量管理体系认证。现有职工415名,专业技术人员365名,其中,教授级高工34名,高级工程师82名,工程师90名,有70人次取得相关专业的全国注册资格证书。全院设有勘测设计及辅助生产部门19个,主要从事农林、水利、电力、建筑、道路桥梁、建设项目环境影响评价、编制开发建设项目水土保持方案、水资源论证、水文、水资源调查评价、土地整理、城市规划等工程咨询及设计,岩土工程勘察、质检化验、水文地质、工程测量、房产测绘、工程监理、图文处理等。现有固定资产6262万元,近8年平均年产值1亿元,更新设备投资900多万元,是一个专业齐全、设备精良、技术力量雄厚的综合性甲级勘测设计及科研单位。建院以来共完成各类勘测设计及科研项目7700余项,其中,大型项目510余项,成果合格率100%,优良品率达98%以上,荣获总局级以上科技进步奖和优秀勘测设计奖的项目达323多个,其中省级部以上获奖项目达100余项。一些项目达到了国内领先水平。

（段正奇）

【勘察设计】 2015年,承担勘察设计项目637项。其中,完成大型水利工程咨询设计和农林项目70项,完成工程勘察项目67项,建筑设计39项,农电网改造项目12项,道路桥梁设计47项,环境影响评价、水土保持与生态建设项目236项。

（段正奇）

·农垦经济研究所·

【概况】 黑龙江省农垦经济研究所成立于1979年,是在垦区经济社会全面发展过程中成长起来的专业经济研究和智囊机构。经济研究所结合全国农垦和黑龙江垦区探索实践,完成大量调研报告、论文和专著。2015年底,在岗23人,具有学士以上学位20人,其中博士2人,硕士12人。经济研究所按照“知行真实”理念和“植根农牧场、服务大农垦”定位,立足总局级生态经济学科平台,利用农场经济与管理学科优势,加强对外学术交流、合作与协作,持续提升研究团队整体研究能力和水平,推进经济研究工作。(1)推进总局重点课题研究。根据总局主要领导指示,协调总局、管理局、农场三级600余人,开展“农场办社会成本支出”课题调研,在完成各管理局调研报告基础上,形成黑龙江垦区农场办社会综合研究报告,呈报总局主要领导。2015年,申报并基本完成总局科技局科研项目5项,均为垦区当前发展需要重点研究的体制机制问题,包括黑龙江垦区资源资产化、资产资本化路径研究;黑龙江垦区培育国际大型农业企业集团路线图研究;黑龙江垦区农场办社会成本研究;黑龙江垦区粮食“十二连增”支撑要素研究;黑龙江垦区“两田制”改革研究。(2)参与省级科研课题和书稿编著。完成2014年度黑龙江省经济社会发展重点研究课题结题申报鉴定工作,组织申报2015年度黑龙江省经济社会发展重点研究课题。参与完成由省会议展览旅游联合总会牵头,联合省商务厅、省农委、省质监局、省贸促会共同组织编撰的《黑龙江绿(特)色食品博览汇》丛书的《农产品分册》初稿编撰及修订校正工作。(3)与总局相关部门协作开展研究工作。受总局发改委委托,编制总局《“十三五”经济社会发展规划》;参与由财务处牵头的北大荒药业集团股份制改革成效调研;参与完成由财务处牵头的《黑龙江垦区关于推广运用政府和社会资本合作模式(PPP)的工作方案》的调研和编制工作;参与完成关于黑龙江垦区设立管委会试点情况的调查报告;参与由总局商务局牵头,与中节能公司合作的“黑龙江垦区生物质燃气项目”前期调研和研讨。(4)开展垦区内外咨询服务工作。参与新疆生产建设兵团184团“十三五”经济社会发展规划前期调研和规划编制工作;参与“农业部对外经济合作中心信息采集项目”培训、项目点联络和信息采集工作。(5)加强对外合作与协作。与东北农业大学经管学院、东北农业大学资环学院和辽宁工业大学化学与环境工程学院合作和协作,落实4项相关课题合作。

（林晓芳　安蒙龙）

【农场管理学会】 2015年,黑龙江省农场管理学会围绕农场系统经济社会发展中心工作,按照学会年度计划,注重社团组织建设,组织开展学术研讨、专题调研、学习培训等活动,提升学会影响力。学会充分发挥引进智库作用,协调外部智力开展专题调研。5月和7月,学会根据工作需要先后共聘请垦区内外153名特聘研究员,为学会开展各项学术研究提供智力支持。8月,学会与黑龙江省社会科学界联合会联合,组织省内知名社科专家对绥化管理局经济社会发展进行专题调研,为管理局招商引资、农场小城镇规划布局、发展生态型产业等方面提供决策咨询。学会充分发挥桥梁纽带作用,围绕经济研究所重点研究课题,多次组织学术研讨和专题调研,5月组织“黑龙江垦区培育国际大粮商研究”和“黑龙江垦区农场办社会成本支出研究”课题的专题学术研讨,11月举办“农场办社会收支研讨会”,邀请相关专家对研究报告进行修改完善。学会充分发挥学术平台作用,开展论文征集和评审工作,激发学会会员学术研究积极性。对2014年底征集的300余篇学术论文进行评审,共评选出58篇优秀论文,于2015年5月召开的学会年会上予以表彰。学会在开展学术活动的同时,注重自身组织建设,7月,召开2015年学会理事会,进行秘书长和副秘书长人员增补。

（王洪波）

【刊物】《农场经济管理》以进一步推进垦区改革发展为主线,以“知行真实、服务垦区”为导向,为总局党委提供决策参考,为关心垦区经济事业发展的理论工作者服务。杂志围绕垦区的重点工作,在提升理论性、创新性、学术性方面努力探索,有力地配合了垦区各项工作的开展。2015年杂志保持战略研究、经济研究、兵团理论前沿、审计论坛、社会治理论坛等固定栏目,新增社会文化、画说北大荒等新栏目,共出版杂志12期。(高 扬)

教 育

【概况】 2015年末,垦区有各级各类学校163所,在校生173709人,教职工22004人,校舍建筑面积2906179平方米。其中普通高等学校3所,在校生30135人,教职工2484人,专任教师1623人;普通中等专业学校2所,在校生6026人,教职工379人,专任教师241人;有成人高校1所,在校生1262人,教职工154人,专任教师81人;有成人中等职业学校1所,在校生5947人,教职工376人,专任教师228人;有普通中小学150所,在校生129628人,教职工18427人,专任教师13983人;有幼儿园118所,在园幼儿20737人,教职工3167人,专任教师1553人。另有职业技术培训机构74个,培训139595人。(1)改善百姓子女就学条件。依照教育部和发改委的相关政策文件要求,继续落实总局初中校舍改造工程二期建设项目825万元、总局边远艰苦地区学校教师周转宿舍建设工程500万元以及总局学前教育推进工程575万元项目建设,并将工程落实情况及时上报教育部和国家发改委;落实中小学危房改造补助项目部门预算9100万元;落实职业教育专项(省级示范校、优质涉农奖补资金、教师素质教育资金、省部共建试验区等)2300万元。学校硬件条件、教育现代化水平明显提高。(2)贫困生的救助工作。继续组织全垦区第十届宏志班学生考试,录取了50名优秀学生,组成垦区第十届宏志班在宝泉岭高级中学就读。垦区各级领导特别重视扶贫助学工作,采取企业筹集、社会各界捐助,建立扶贫助学资金,扶助贫困生1万人左右,扶助资金达200多万元,多数农场社区和学校建立起“爱心超市”,通过开展献爱心、一帮一、减免学杂费等活动,广泛开展了扶贫助学活动,保障了经济困难家庭学生就学。(3)落实国家资助政策,做好垦区学生助学工作。2015年,国家拨付垦区助学金共计1496.85万元,其中中等职业学校540万元、高等职业院校956.85万元,资助家庭生活贫困学生4317人(中职1128人、高职3189人);下拨免学费资金940万元,为2628名中职学生免除了学费。垦区2所高职学校有21名学生获得国家奖学金、381名学生获得国家励志奖学金。按国家政策要求对普通高中家庭贫困学生进行资助。2015年共1.3万人次的普通高中学生享受了各级各类资助,累计资助资金1225万元,获得资助的学生达到在校生的21.11%。垦区爱国华侨张载村先生、陈慧中女士继续扩大资助面,对垦区6所普通高中资助50万元。(4)平安和谐校园建设。落实安全管理责任,着力打造平安校园。以落实安全管理责任制为核心,建立了较为完善的学校安全体系建设。成立学校安全工作领导小组,建立和完善学校安全责任体制,逐步形成了条块结合,横向到边、纵向到底,交叉的立体覆盖的管理体系,确保了学校安全工作网络的完善和信息渠道的畅通。强化安全“两基”工作,抓好规范化管理。安全工作的重点在基层,关键是基础。2015年,重点抓学校安全管理基础性工作,一抓管理局教育行政部门和局直中小学校安全管理体制健全和落实,二抓学校安全管理制度的健全完善执行,三抓学校安全管理“软件”资料的规范完善,四抓平安学校创建活动。以安全工作专项整治为重点,强化学校安全工作。先后开展了安全生产月,火灾隐患集中整治专项行动、水上交通安全进校园、“六打六治”打非治违等专项活动,重点对学校消防安全、房屋安全以及学生生命安全等学校安全工作情况进行严格的专项督促和检查。(5)教师队伍建设。组织垦区教师参加国家和省组织的教师培训,全面完成“十二五”期间教师和教育行政干部的全员轮训工作。积极参加省级各类培训,有远程校长、教师工作坊主持人培训、国培补修、研修团队和紧缺领域骨干教师培训、乐高创新人才培训、人教版初中英语教材培训、“一师一优课”教研员培训等7个类别培训,共计742人次。垦区暑期初中教师岗位培训有物理、化学、生物、思品、体育、历史6个学科,6个班次共计培训567人次。“一师一优”评审优课活动中垦区上传879节课,共评选出44节优课上报省里,省教育学院评选垦区18节课参加国家级评选。在第31个教师节期间,表彰了总局优秀教职工196人,认定总局级中小学骨干校长(园长)84人。同时落实师德建设制度,完善长效机制,师德、师风明显好转。(6)深化教育教学改革,扎实推进素质教育。全面推进素质教育,实现教育质量整体提升。深入落实《国务院关于深化教育改革全面推进素质教育的决定》有关精神,抓好抓实学校体育、卫生、艺术工作,学生综合素质全面提高。深入挖掘垦区德育资源,积极构建富有垦区特色的德育课程体系。落实立德树人的根本任务,以北大荒精神为主线,开展德育教育活动。加强对青少年校外活动场所的管理,积极发挥校外活动中心的育人功能。(7)垦区职工岗位培训工作扎实推进。垦区各级各类职业院校、培训中心、基层各行业和部门,坚持以农业进步、企业发展、职工增收、知识更新为目的,利用秋季农闲和“科技之冬”开展了以岗位培训、专业培训、实用技术培训、理论知识培训和以公德教育、法制教育为内容多管齐下的职工培训活动。2015年,垦区共计接受“劳动力阳光转移”培训、实用技术推广等各类培训139595人,其中,第一产业培训86049人、第二产业培训10123人、第三产业培训43423人。培训一周至一个月的138255人,一个月至半年的349人,一年以上991人。农业技术培训占培训总数的61%。完成了全国职工教育培训统计工作。通过对垦区职工学历、职称、技术等级、各类培训及培训经费等情况的统计,基本掌握了垦区职工受教育现状。截至2015年初，垦区职工受教育程度为：9个管理局477596名职工，高中以上文化程度416220人，其中博士研究生6人、硕士研究生518人、本科生37456人、专科生（高职）62791人、中职生91738人、普通高中生223711人，高中文化以上程度的职工占职工总数的87.14%，初中及以下61376人，占职工总数的12.86%。（董良福）

【**基础教育**】 截至2015年末，垦区有中小学校150所，其中，十二年一贯制学校2所、高级中学17所、初级中学19所、九年一贯制学校86、小学26所；在校生129628人，其中小学59046人，初中39974人，高中30608人；中小学校教职工18427人，专任教师13983人；中小学校校舍建筑面积200万平方米。幼儿园118所，在园幼儿20737人，教职工3167人，专任教师1553人、校舍建筑面积30万平方米。（1）学前教育质量稳步提升。垦区在全省率先实现学前教育基本普及的基础上，2015年总局教育局进一步理顺办园体制、管理体制，稳步提升教师队伍素质，全面提高办园质量，学前教育健康持续发展。落实学前教育机构及编制，完成垦区公办幼儿园机构编制核定，审批公办幼儿园机构109个，核定幼儿园编制2349个。进一步理顺学前教育管理体制，教育经费得到保障。进一步深化学前教育内涵建设，组织开展学前教育宣传月活动，深入落实《3～6岁儿童学习与发展指南》，促进垦区学前教育规范发展。开展晋级达标活动，60%以上公办园达到省级办园标准，认定省级一类幼儿园4所，优质资源比例进一步扩大。完成全国学前教育管理信息系统二期信息采集和上报工作，将在园幼儿纳入学籍管理，促进学前教育管理更规范。推进学前教育信息化建设，申报省级学前教育信息化推进项目试点单位6所，努力提升垦区幼儿园管理信息化水平。（2）扎实推进义务教育均衡发展。加大力度改造薄弱学校、整改薄弱环节，贯彻落实《义务教育学校管理标准》，促进学校管理规范、品质提升，学校管理水平显著提高。组织开展义务教育均衡发展推进情况调研，准确掌握义务教育均衡发展现状和存在问题。召开相关会议专题部署加快推进义务教育均衡发展工作，总局下发《关于加快推进垦区义务教育均衡发展的意见》，明确推进工作总体思路、目标、任务及时间安排，加强培训指导，组织开展专项培训，有序推进义务教育均衡发展。（3）继续加强普通高中建设，提升普通高中多样化办学水平。高中阶段教育毛入学率稳定在90%以上，优质教育比例达到65%以上。聚焦课堂教学改革，教学质量稳步提高。加强普通高中探索高考综合改革实践项目管理，指导普通高中选择适合本校实际的实践路径和改革模式，加强指导评估，提高普通高中办学水平，已落实3所实验学校。推动普通高中多样化、特色发展，完善普通高中艺体特长班学业水平考试资格审查制度。圆满完成垦区第十届“宏志班”招生工作，招收50名品学兼优、家庭贫困的学生进入宝泉岭高级中学就读。全面规范办学行为，大力推动高中学校依法治教、依法办学水平。严格执行国家规定的课程计划和严格对教育教学秩序进行管理；严格执行国家“三线”政策与严格遵守省下发的普通高中作息表。按国家政策要求对普通高中家庭贫困学生进行资助，2015年共有1.3万人次的普通高中学生享受了各级各类资助，累计资助资金1225万元，获得资助的学生达在校生的21.11%。垦区爱国华侨张载村先生、陈慧中继续扩大资助面，对垦区6所普通高中的资助50万元。按时完成省考评办布置的关于普通高中学业水平考试的各项工作任务，监督检查考试管理及考风考纪情况；组织垦区参加2015年学业水平考试正考笔试学生共计105743人次，参加实验考查学生共计57678人次，其他各科补考人次达到4500人次。（4）垦区高考再创佳绩。高分人数、本科一批、二排进段率实现历史上的新突破。2015年垦区共有10100名考生报考，4月份高职学院单独招生已录取675人，参加6月份高考实考人数为9425人。进入黑龙江省本科一批和二批院校录取控制分数线考生人数继续增加，进段率全部高于全省平均数。垦区考生进入全省本科一批院校录取控制分数线人数为1726人，比上年又增加246人；本科二批院校录取控制分数线上人数为4333人，比上年增加77人。理科考生本科一批进段率27.99%，高于全省1.91个百分点，本科二批进段率60.5%，高于全省6.01个百分点；垦区理科平均总分明显提高，高出本科二批录取控制分数线36分。文科考生本科一批进段率13.63%，高于全省4.99个百分点，本科二批进段率40.79%，高于全省13.9个百分点。垦区共有9名考生高考总分进入全省文理前100名，取得了历史上前所未有的好成绩。其中文科进入全省前100名的考生有7人，垦区文科前4名考生成绩在全省排名分别为第3、5、9、14名；理科前2名考生成绩在全省排名为第60名和第81名。（5）推进教育信息化建设，促进垦区教育现代化。垦区各中小学校加强教育信息化“三通”工程建设，着力促进信息技术与教育教学深度融合。教育局印发了《关于开展百所数字校园创建活动的指导意见》，启动了垦区百所数字校园创建活动，第一批遴选出数字校园示范校15所，引领垦区教育信息化发展。截至2015年底，垦区已有147所中小学接入互联网，宽带网络接入率达98%，其中92所学校班均出口带宽大于1兆，占学校总数的61%。90所中小学建成联通教学、办公场所的校园网络环境，占垦区总教室的60%。现有网络多媒体教室总数2343间，教学设备普及率达63%。现有数字资源总量达1000万兆，其中电子图书600万兆。实施信息技术应用能力提升工程，开展校长、专兼职教研员和骨干教师信息技术应用能力培训，2015年参训总人数达1800人，信息技术应用能力显著提高。结合教育部“一师一优课，一课一名师”活动，鼓励教师运用数字资源开展教学活动，参加此活动的教师已达3972人。并建立教研员工作室20间，定期组织教师网上研讨，有效促进信息技术与教育教学融合。（6）构建垦区德育教育体系，深入挖掘垦区德育资源，构建富有垦区特色的德育课程体系。为贯彻落实党的十八届三中全会关于完善中华优秀传统美德教育,落实立德树人的根本任务,进一步加强新形势下优秀传统文化教育。按照总局党委提出的“让节约粮食在垦区蔚然成风”活动要求,在垦区教育系统开展了“身居北大仓,节粮爱粮,从我做起”主题活动。以传统文化和北大荒精神为主题,培养学生养成良好的行为习惯和勤俭节约的品德。开展烈士纪念日活动,引导垦区学生缅怀烈士功绩、弘扬烈士精神,培养学生的爱国主义、集体主义精神和社会主义道德风尚,树立正确的价值观、人生观,成为新一代有理想、有信念的北大荒人。发挥少先队德育主阵地作用,转发《黑龙江省少先队辅导员工作行为准则》,全面推动少先队辅导员队伍专业化职业化建设,更好地开展少先队活动。(7)学校体育艺术特色化发展。按照省教育厅“打造特色学校、注重一校一品”的工作思路,积极推动学校体育、艺术特色化发展,垦区共有体育、艺术省级基点校、特色学校13所。2015年,有5所中小学被评为国家级青少年校园足球特色学校。宝泉岭局直小学等12所学校被评为全国体育工作示范校。艺术教育取得丰硕成果。在各项国家级、省级艺术比赛、展评、展演等活动中成绩优异。举办了垦区美术教师版画培训班,进一步推进垦区少儿版画教育的普及和提高。全面实施《国家学生体质健康标准》,落实《学生体质健康监测评价办法》,圆满完成2015年国家学生体质健康标准测试和数据上报工作,上报率达100%。精心组织2015年百万青少年上冰雪活动,促进垦区青少年身心健康。(8)加强教育督导工作。教育督导工作认真贯彻执行国家及省、农垦总局有关督导工作的方针政策,强化了垦区教育督导评估工作。健全了中小学校教育督导制度,规范学校办学行为,切实推进垦区中小学校责任督学挂牌督导制度建设,确保责任督学挂牌督导制度覆盖垦区所有中小学校。加强教育督导机构和队伍建设。成立了总局、管理局两级教育督导委员会。建立了三级教育督导工作网络。建立总局、管理局和农垦三级教育督导网络。优化督学队伍。逐步实行督学认定制度。严格按照《教育督导条例》规定的督学任职条件选配督导人员,实行督学资格审查和准入制度。加大督导检查力度,推进教育均衡发展。为扎实推进垦区“义务教育均衡发展”,加快实现初步均衡步伐,开展了以普及水平、办学条件、师资队伍、教育教学质量和办学行为、教育信息化、校园安全七个方面的专项督导检查,为垦区的义务教育均衡发展奠定了坚实的基础。2015年高标准通过省职业教育专项督导检查。抓好义务教育学校标准化建设评估工作,确保标准化建设质量。按照《黑龙江省中小学体育督导评估方案》要求,对垦区高中、初中、小学进行体育卫生工作专项督导评估。通过专项督导评估,促进了学校体育卫生工作以及学校标准化建设工作的深入开展。　（董良福）

【中等职业教育】 中等职业学校总计招生4599人,其中,全日制982人,非全日制学生3617人。在校(籍)生14759人,其中,全日制2912人、非全日制11847人。中职示范校建设稳步推进。两所普通中专通过开展国家级示范学校建设,人才培养模式和课程体系改革成效显著,办学特色更加突出、服务能力进一步提升。农垦机械化学校顺利通过国家中职示范学校验收,特色办学更加凸显;农垦工业学校建设期已满,在学校自查基础上,总局组织专家组于2015年6月对农垦工业学校进行了初检,2015年11月27日学校接受了国家验收。学生技能大赛成果丰硕。举办垦区第二届职业院校技能大赛。2015年3月15—23日,垦区第二届职业院校技能大赛分别在农垦工业学校、农垦科技职业学院、农垦机械化学校赛区举办。大赛共分17个项目,有74名选手参赛。大赛共评出一等奖29人、二等奖28人、三等奖17人,39名教师获优秀指导教师奖。参加黑龙江省技能大赛取得佳绩。2015年4月,共有15个项目、41名选手代表垦区参加全省职业院校技能大赛。大赛获得个人一等奖1人、二等奖1人、三等奖12人。落实国家资助政策,积极做好职业院校学生助学工作。2015年,国家拨付垦区助学金共计1496.85万元,其中,中职540万元,资助家庭生活贫困学生1128人;下拨免学费资金940万元,为2628名中职学生免除了学费。完成国家对农垦职业教育督导检查工作。2015年4月,国家开展了职业教育专项督导检查,农垦宝泉岭管理局职业教育受检并得到检查组好评。为此,印发《黑龙江垦区加快发展现代职业教育实施方案》《关于加强垦区职业院校学生实习管理工作的通知》《关于做好垦区中等职业学校招生工作的通知》。　（董良福）

【高等教育】 普通高等院校、高等职业院校招生人数稳中有升。2015年,垦区高校全日制招生9045人,其中八一农垦大学研究生261人(硕士244人、博士17人)、本科生3692人;3所高职学院(含管理干部学院)招生5092人。垦区高校在校生总计31374人。成人高校招生:八一农垦大学专科467人、本科452人,农垦电视大学376人。高等教育办学质量不断提升。垦区各高校抢抓改革和发展机遇,大力实施育人质量工程、学科建设工程和科研创新工程,不断提升教育教学质量。全年获批厅局级以上科研项目146项,结题、鉴定107项,获奖42项,获批发明专利3项。其中八一农垦大学获批国家科技支撑计划项目1项、国家自然科学基金项目12项、农业部农业行业标准制定和修订项目1项、省科技厅重大项目2项,引进、定向培养博士科研启动基金项目40项。推进省、部共建农村现代职业教育改革试验区工作。建三江管理局垦区职业院校学生实习基地建设初具规模,农垦职业学院、农垦科技职业学院及两所普通中专正积极筹划并加快现代农业综合示范基地建设。落实国家资助政策,积极做好高等职业院校学生助学工作。2015年,国家拨付垦区助学金共计1496.85万元,其中高职956.85万元,资助家庭生活贫困学生3189人;垦区2所高职学校有21名学生获得国家奖学金、381

名学生获得国家励志奖学金。

（董良福）

【招生考试】 垦区普通高校报名10101人，共设10个考区，12个考点。高考录取8900人（本科6192，专科2708）；高职单招录取675人。成人高考报名742人，录取613人。自学考试上半年1218科次，毕业81人；下半年1322科次，毕业90人。 （董良福）

·八一农垦大学·

【概况】 黑龙江八一农垦大学是黑龙江省属全日制普通高校，由王震于1958年主持创建并亲任校长。原址位于黑龙江省密山市裴德镇，2003年10月整体迁至大庆市国家高新技术产业开发区。学校拥有一支实力较强、结构合理的师资队伍。现有教职工1407人，其中，专任教师859人，教授165人、副教授276人，具有博士学位教师287人、具有硕士学位教师515人。学校自主培养了龙江学者特聘教授和青年龙江学者特聘教授，现有3个省级教学团队、4个省级领军人才梯队、21个总局级领军人才梯队和4个省高校科技创新团队，先后有34名教师和科研人员享受国务院和省政府特殊津贴。聘请了多名长江学者、龙江学者等知名学者担任“王震讲座教授”。学校具备培养学士、硕士、博士的完整教育体系。设有11个本科学院及研究生学院、继续教育学院；现有47个本科专业、8个硕士学位授权一级学科、5个硕士学位类型、48个硕士学位授权点，2个博士学位授权一级学科、6个博士学位授权点，4个博士后流动站和科研工作站；拥有“黑龙江优质米生产全程产业化技术”省重点学科群，作物学、农业工程、兽医学、食品科学与工程等省重点一级学科；农学、动物医学、农业机械化及其自动化3个国家级特色专业，以及农学国家级专业综合改革试点专业；2个国家级卓越农林人才教育培养计划改革试点项目；9个省级重点专业、5个省级卓越人才教育培养计划实施专业以及培养通用和民用航空飞行学员的亮点专业——飞行技术专业。学校面向全国26个省区招生，全日制在校本科生14600余人，各类在校硕士与博士研究生1800余人。学校拥有较为雄厚的基础条件，教学科研成果丰硕。总占地120万平方米，校舍建筑面积46.85万平方米，教学科研仪器设备资产值22207万余元；图书馆采取“一站式”开放管理模式，藏阅结合，每周开放98小时。学校注重培养学生的实际动手能力，拥有1个国家级大学生实践教育基地、2个国家级实验教学示范中心和6个省级实验教学示范中心、3个省级大学生校外实践教育基地；形成了以国家级和省级“卓越农业人才”“垦区基层管理人员培训班”“禾丰班”“百胜班”等为代表的校企合作人才培养模式；毕业生就业率始终保持省属高校前列，为2015年度“全国就业50强高校”。学校开展科学研究，拥有国家杂粮工程技术研究中心、国家级新农村发展研究院和农业部农产加工品质量监督检验测试中心；3个省部级工程研究中心、4个省高校重点实验室、3个省高校校企共建工程中心。建校以来共取得科研成果1200余项，其中省部级以上奖励126项，先后2次获得黑龙江省省长特别奖和重大科技效益奖。学校坚持开放办学，广泛开展国际交流与合作。先后与美国、英国、加拿大、俄罗斯、韩国、日本等国家和地区的20余所院校开展了交流与合作，正在实施与俄罗斯符拉迪沃斯托克国立经济服务大学的联合办学项目，与韩国国立江陵原州大学、日本山形大学、波兰波兹南生命科学大学的硕士生项目以及“中加（加拿大）合作—黑龙江省农产品加工工程技术研究中心项目”等教学科研项目。学校坚持扎根垦区、依托大庆、立足龙江、服务全国、面向世界。50余年来，累计为社会培养输送各类人才6万余人，通过校局（县）合作共建、承担科技项目、帮扶新农村建设等方式，累计培训各类人员50余万人次，40%以上科技成果得到转化应用，服务区域从黑龙江省延伸到吉林、内蒙古、新疆等地，形成了农科教相结合、教科推一体化的农业科技服务模式，创造了巨大的社会经济效益。 （刘汉杰）

【本科教学工作】 对照标准加强专业综合改革试点等现有国家级项目建设，发挥引领作用；开展“十二五”期间立项的8个大类28个国家和省级项目书面总结；经过准备和论证，寒地作物栽培技术实验教学中心成为黑龙江省5个推荐国家级实验教学示范中心之一，已通过专家评审。在全面总结基础上召开3场建设项目现场考察与经验交流会，遴选6个大类的3个国家级项目、3个省级项目做典型交流，10个省级项目、1个校级项目进行简要汇报；遴选7个大类26个项目制作建设成果展板在全校展出。优化专业结构，完成水利水电工程、审计学、食品营养与检验教育、应用化学4个新专业建设；完成飞行器制造工程和航空服务与管理、动物营养与饲料工程3个专业论证和申报。依托3个专业最新开设了合作社经济、水利水电工程、牛生产学和动物营养与饲料科学方向，目前共有12个专业分设24个专业方向，适应行业发展对人才需求，对促进学生就业发挥重要作用。开展教学质量评价工作，实行了领导干部听课评价、督导员听课评价、同行听课及教师自我评价和学生听课评价工作。完善大类招生工作，新增10个工学类大类招生专业。创建“黑龙江八一农垦大学在线开放课程平台”，建设完成“生活中的动物性食品”校级精品视频公开课1门、“兽医寄生虫学”等校级精品资源共享课4门，微课13门。自主开发的“精准数字农业技术应用”MOOC课程已在学校使用。引入尔雅、智慧树网络通识课33门次，选课学生达1.3万多人次。加强教学队伍建设，积极开展教学竞赛活动。评出校级教学名师3名；开展青年教师教学技能竞赛，评出一等奖5人、二等奖7人；推荐3位教师参加省赛，分获一、二、三等奖，一等奖将获省五一劳动奖章（朱文霞）。开展青年教师多媒体课件制作大赛，评出一等奖5项、二等奖10项、优秀奖9项，推荐5位教师参加省赛，获得一等奖1项、二等奖1项、三等奖2项。有针对性开展教师培训活动。完成教师教学发展中心建设并正式启用；组织开展2次在线专题培训，70余位教师参与;邀请同济大学知名教授到校做教学方法改革、MOOC课程建设及应用讲座;选派20余人次教师到校外参加微课、教学法、创新教育等培训。重视实验室及实习基地建设,现代化大农业虚拟仿真实验教学中心、虚拟商业社会环境(VBSE)跨专业综合实训基地正式投入使用,达到省内第一、国内一流的水平,得到广泛赞誉。推进校企合作,充分利用社会资源,遴选建设了18个校级实践教学基地;与大庆光明产业园区达成建设学校综合实习基地合作意向。(刘汉杰)

【学科建设与研究生工作】 加强学科与研究生培养工作,推进二级管理改革,提高管理效能。召开学位与研究生教育工作推进会,部署培养学院的学位点评估、培养创新实践基地建设、学位申请资格审查、招生宣传等重点工作。调整学科发展定位,完善学科建设管理办法,修订《黑龙江八一农垦大学重点学科建设管理办法》,进一步明晰学科带头人的责任、权利、义务,加大考核和奖惩力度,为调动学科带头人积极性奠定制度基础。总结学科建设成效,开展重点学科终期考核,启动4个省级重点学科和12个校级重点学科的终期考核工作,梳理出学科建设过程中存在的共性问题,为科学谋划"十三五"学科建设布局奠定基础。完善学位点内涵建设,推进学位点评估工作。制定《黑龙江八一农垦大学学位授权点自我评估实施方案》,召开学位授权点评估工作启动会,完成兽医学博士学位授权点和工程硕士、会计硕士的专项评估材料报送工作。邀请国务院学位办欧百钢处长来校作题为《做好评估、改进培养、提高质量》专题报告,推动学位点建设和评估工作。统筹凝聚多方合力,提升招生数量与生源质量。2015年,共招收全日制博士17人,硕士252人;在职硕士202人。启动2016年研究生招生宣传工作,下发《关于进一步加强研究生招生宣传工作的通知》,拓宽招生宣传工作渠道,制作黑龙江八一农垦大学研究生招生网手机网站,利用论坛、QQ、微博、微信、朋友圈等即时通讯平台和工具,广泛发布学校研究生招考资讯和奖助政策。审核确定2016年具备博士招生资格导师21人。加强学术交流资助工作,拓展研究生学术视野,资助20余名研究生参加国内学术会议,拓展研究生学术视野,提升科研创新能力;审批立项研究生创新科研项目64项,结题验收52项,数量均创历年新高。

(刘汉杰)

【师资队伍建设】 引聘并举重点突出,完成人才引进工作。依据公开、公平、公正的原则,引进各级各类人员20余人,其中,学科带头人1人,选聘"王震讲座教授"4人,实习辅导员5人。建立健全能进能出的用人机制,为13人办理了代理手续,做到了人才的有序流动和动态优化。深入实施"骨干教师培养计划",加大海外研修建设力度,先后13人赴海外访学,其中,8人获各级项目全额资助,5人获批学校资助。教师国际化率达11.9%,有效拓宽了教师的国际化视野。调整博士培养政策,继续支持教师学历深造,全年考取博士11人,毕业20人,博士化率达到32.3%。国际化率和博士化率较上年分别增长1.5%和3%,在全省高校中处于前列。同时完成了新教师的岗前培训及青年教师导师制工作。22名教师参加了2015年社会实践。先后选派30余名教师参加国内高校、学术团体、科研机构等举办的各种短期培训班、学术报告会、研讨班等。博士后评估顺利通过,资助取得新突破。

(刘汉杰)

【科研工作】 年内各级各类科研经费达5070.53万元。组织获批各级课题205项。获批国家科技支撑计划项目1项、国家自然科学基金项目12项、国家星火计划重点项目2项、农业部农业行业标准制定和修订项目1项、省科技厅重大项目2项、省科学基金项目24项、省哲学社会科学研究规划项目7项、省经济社会发展重点研究课题2项、省财经办(改革办)重点研究课题1项、省艺术科学规划课题1项、省优秀艺术科学研究课题1项、省普通本科高校青年创新人才培养计划项目5项、省农垦总局科技计划项目19项、大庆科技计划指导项目44项、大庆市哲学社会科学规划研究项目43项、校引进及定向培养博士科研启动基金项目40项。科研课题结题、鉴定125项。其中,国家自然基金10项、教育部课题4项、省农转资金项目2项、省科技厅课题14项、省哲学社会科学规划办课题5项、大庆市课题11项、省农垦总局课题28项、省教育厅课题16项、大庆高新区课题2项、大庆市哲学社会科学课题25项、校内课题8项。获批10类奖励共66项,获奖率72.73%。其中,省科学技术奖6项;第十六届省社会科学优秀科研成果奖5项;黑龙江省自然科学技术成果奖获奖7项;省农垦总局科技进步奖15项;大庆市科技进步奖18项;大庆市第二十五届自然科学技术学术成果奖8项;省高校人文社科奖4项。授权专利52项。其中,发明专利31项、实用新型6项、软件著作权12项、外观设计3项。获批8个大庆科技创新服务团队;论证建设了19个校级研究院(所),制定了《黑龙江八一农垦大学校级研究院(所)管理办法》。加强国内外学术交流合作,与中国农科院作物科学研究所签订合作协议,强化了与国内一流院所的合作。召开"中加(加拿大)肉制品加工技术与质量控制"学术论坛,"中印(印度)有机农业种植"学术交流会并成立中印有机杂粮研究所。

(刘汉杰)

【社会服务工作】 年内顺利通过国家新农村发展研究院中期检查工作。本着扎根垦区,实现校局共赢。通过参加垦区备春耕座谈会、垦区农技人员培训、成果转化、合作项目、高产创建、标准化提升等方面开展全面服务。注重全面开展与大庆市的市校深度融合工作。与大同区、杜蒙县签订合作共建协议,选派科技人员到杜蒙县挂职科技副县长,聘请校外专家召开大庆农业自然和生物灾害分析预测及防御对策研讨会,开展各类培训、项目对接、政策咨询等活动。在克山农场、尖山农场、赵光农场、建设农场、建三江科研所、八五九农场、五大连池农场共建综合服务示范基地、特色产业基地七处。与富德康集团签署战略合作协议;参加国内及省举办的各种成果转化与推介合作展销会,累计展出校优质科研成果87个,其中8个项目被省列为重点推介项目。开通"八一农大社会服务微信平台"及"农业实用技术及成果转化供需平台"。发布各类农业相关政策、学校社会服务工作情况、专家、成果等信息共570余条。荣获中国技术市场协会第二届"三农科技服务金桥奖"先进集体,农学院李德泽研究员获得"三农科技服务金桥奖"先进个人称号。全年开展各级各类社会服务700余次,参与人员790多人次,服务地点256处,培训人员1.8万余人次。 (刘汉杰)

【招生与就业】 2015年本科招生3802人,生源质量继续稳步提升。本科二批A理工、文史类的录取最低分数分别高于省控线48分和49分,二批B分别高26分和19分,在21个外省中除有照顾政策外,均高于省控线2~65分之间。2015届本科毕业生共3743人,初次就业率81.78%。年内实现新增就业基地34个,解决毕业生就业岗位113个;建立校企合作定向培养班11个;举办大型招聘会2场,中小型招聘会11场,专场招聘会200余场;总计提供岗位18954个,生均5.1个;毕业生对就业服务的满意率为90.68%。2015年6月,学校被教育部授予2015年度50所"全国毕业生就业典型经验高校"称号,即业界通称的"全国毕业生就业工作50强"。 (刘汉杰)

【学风建设与学生工作】 学风建设工作逐步深化。出台《黑龙江八一农垦大学关于进一步加强大学生学风建设的实施意见》,制定《黑龙江八一农垦大学学风建设考核办法(试行)》。发挥优秀学子的典型引领作用,评选校级奖励9106人次,集体178个,省级奖励160人,1人入围中国大学生年度人物200强,2人荣获黑龙江省大学生年度人物提名奖和道德模范人物奖,3人荣获第三届"北大荒青年五四奖章"及2015年"垦区新长征突击手"荣誉称号,共举办32场奖学金颁奖仪式及优秀事迹报告会。学工队伍职业化、专业化、专家化建设取得成效。选派3人参加第四届全国辅导员职业能力大赛,1人荣获黑龙江省优秀奖,1人荣获区域赛三等奖,1人在荣获省赛一等奖、区域赛一等奖的基础上,最终荣获全国总决赛二等奖,是省参赛及获奖选手最多的高校。1人荣获2014年度黑龙江省辅导员年度人物提名奖称号。作为2015年世界斯诺克国际锦标赛的协办单位,147名志愿者服务工作受到赛会组委会和大庆市的高度认可,获得世界职业台球协会授予的"赛会突出贡献奖",大庆市授予的"优秀志愿服务集体"称号。有1个集体荣获全国高校践行社会主义核心价值观"示范团支部"称号,2个集体、8名个人在农垦志愿服务工作中受到表彰。组织参加团中央"绿色长征"公益健走活动,组建团队12支,4支团队稳居全国学校榜前4名,总成绩在全省高校排名第一。校园文化活动受到中国大学生在线、黑龙江广播电视台、《黑龙江日报》、《大庆电视台》、《大庆日报》、《大庆晚报》等主流媒体报道9次。科技创新及社会实践工作扎实推进。2015年,学生共参加国家级、省级科技创新竞赛活动26项,获奖约274人次。在第十四届"挑战杯"课外学术科技作品竞赛中,9项作品入围省决赛,1项作品入围全国总决赛。组建八一农大学工新媒体联盟。充分发挥"黑龙江八一农垦大学共青团微博"以及"黑龙江八一农垦大学本科学生工作微信平台"的舆论引领作用,取得了较好成效。据团中央公布数据显示,学校共青团腾讯微博8—10月连续3个月获全国百强第一;八一农大公众主页关注量2.5万余人,全国校务排名稳步前十;微电影《最好的自己》吸引了广大师生的眼球,传递着满满的正能量。获得首届CUBA中国大学生篮球联赛(阳光组)总决赛冠军,并取得2016年第二届CUBA中国大学生篮球联赛(阳光组)总决赛承办权。全国大学生荷球锦标赛获得甲组第四名,黑龙江省大学生田径锦标赛上获得团体总分第三名,校网球队在省第十三届高校网球赛上获得学生男子双打冠军、女子单打第三名、第四名,健美操队在黑龙江省第二届全民健身运动会健美操、啦啦操比赛暨2015全省第七届大中学生健康活力大赛中获得了大众健美操六级第一名、大众健美操四级第二名、啦啦操自选第三名,黑龙江省第五届"力龙"杯大学生羽毛球比赛中获得女双亚军和第五名,男双第五名。

(刘汉杰)

【对外交流合作】 落实中外合作办学协议,办理会计学和计算机科学与技术专业中外合作办学延期手续,与俄罗斯符拉迪沃斯托克国立经济与服务大学签署新的合作办学协议。引进合作办学项目俄方教师到校授课;派出两个校级代表团出国访问交流,与波兰波兹南生命科学大学签署合作协议,看望在波兰留学生;出访俄罗斯远东国立农业大学,参加其建校65周年校庆活动,与远东国立农业大学会商合作办学事宜。年内共计接待7个国外团体的来访;完成年度10名学生赴波兰波兹南生命科学大学攻读硕士学位申请及手续办理工作、2名赴韩国国立江陵原州大学留学学生的校内选拔及入学申请、2名赴日本山形大学留学学生的出国派遣工作。获批国家留学基金委公派出国项目及地方合作出国项目申报工作,共有8人获批。

(刘汉杰)

·农垦管理干部学院·

【概况】 农垦管理干部学院(以下称学院)是1981年经省政府批准,国家教育部备案的全日制成人高等院校。学院与黑龙江农垦总局党校、黑龙江农垦教师进修学院、黑龙江省农垦广播电视大学、黑龙江垦区农业广播电视学校"五校"合署办学(以下称"五校")。"五校"地处省城,位居哈尔滨市高新技术产业开发区内,北临黄河路(184号),所处区位环境优美,文化气息浓郁,办学优势明显。

"五校"实行一个党委班子、统一领导、统分结合、资源共享、优势互补的一体运行管理体制。现有教职工118人,专兼职教师69人,副高级以上专业技术人员64人,客座专家教授43余人。校园占地11400平方米,教学行政楼、学生宿舍楼和培训楼总建筑面积11800平方米。拥有完善的校内计算机局域网络、先进的远程卫星接收系统,以及多媒体计算机实验室、多媒体语音室、多功能电教室、教师电子备课室、会计实验室和多功能厅等先进的办学设施。图书馆藏书13万余册,年订阅各类报刊达300余份。

"五校"秉承"重德励学,育才兴垦"之校训,坚持"以党校为主体,发挥多种教育职能办学优势,统筹兼顾,协调发展,为垦区现代化大农业建设提供人才保证和智力支持"的办学思路,依托垦区,面向社会,开展多层次、多渠道、多形式办学。

(张泽滨　周　虹)

【招生办学】 (1)党校教育。承办培训26个班次,培训2497人。与建三江等4个管理局签订延伸办学协议,为基层干部提供订单式培训。(2)高职办学。完成成人108人的招生任务。与哈尔滨工业大学继续教育学院和哈尔滨广播电视大学签订联合办学协议,实现合作办学招生509人。组织61名学生参加专升本考试,26名学生被哈尔滨商业大学、哈尔滨师范大学等8所院校录取,录取率较上年提高42.6%,高于全省平均水平。完成高职会计和金融管理与实务专业,成人经济管理、市场营销与预测、会计电算化、金融实务、计算机管理5个专业86课科次,4800多课时的教学任务。组织全国英语应用能力考试A、B级与四、六级的报名、准考证和成绩单的印发等工作。组织2012级高职会计、金融两个专业、成人2013级成人学生的毕业实习、毕业论文指导和论文答辩工作,组织完成2013级学生的毕业实习工作。组织开展"汉字输入大赛"、专业课讲座、参观等实践教学活动。(3)师训教研。利用暑期举办初中物理、化学、生物、思品、历史、体育6个学科的垦区初中教师岗位培训班,培训初中教师620人。省级各类培训有远程校长、教师工作坊主持人培训、国培补修、研修团队和紧缺领域骨干教师培训、乐高创新人才培训、人教版初中英语教材培训、"一师一优课"教研员培训等7个类别,742人次的培训。组织垦区教师参加省内外教研活动近10余次,"一师一优"评审优课活动中上传879节课,其中44节优课上报省里,18节参加国家级评选。教研员深入联系点学校进行调研、指导教学,观评课100余课时。(4)远程教育。电大农广校组织开展2014—2015年度冬春农业科技大培训,召开职工职业培训工作座谈会、创业培训教师座谈会。举办新型职业农工培育培训班。垦区9个管理局农广校校长、部分农场农广校校长共计57人参加培训。承办总局科技局生产经营型网店业主培训班,培训业主160人;帮助九三管理局开展网店业主培训100人;开展职工职业培训928人,职工创业培训110人。在黑龙江广播电视大学体系建设工作会议上荣获招生工作先进集体、办学体系建设贡献奖,作为第一批国家开放大学地方学院、学习中心试点单位被授牌。承办农业部农垦局在垦区农广校召开的黑龙江农垦远程教育培训平台建设座谈会。拓展服务领域,通过承办外省市人员培训扩大垦区的对外影响力,对外宣传垦区。(张泽滨　周　虹)

【教管科研】 组织开展教师培训,制定教师培训计划,选派三位教师参加省内、省外教学教法等专业培训。3人参加在职研究生学习,2人研究生毕业。教学督导委员会成员于12月初开会研讨教学工作并督导教学。向省委党校、省规划办、总局科技局等部门上报相关材料和报表近10次。3项课题结题。1项课题申请立项。起草《学院2015年师资培训计划》《学院第三十一个教师节活动方案》《学院教师队伍十三五发展规划》《学院科学研究十三五发展规划》等制度。

(张泽滨　周　虹)

【校园文化】 利用板报、班会、演讲、第二课堂活动等形式加强学生爱党爱国主义教育,丰富校园文化。组织了"铭记历史重温红色经典,创新未来共书爱国情怀"朗诵比赛。组织贫困生进行"国家资助、助我成长"征文比赛。组织三校联合开展适合学生特点的校园文化活动。3月组织开展手抄报比赛和书法大赛;4月开展"活力青春"舞台表演大赛;6月组织校园篮球、撕名牌比赛;9月举办秋季篮球赛;10月举办防火安全知识讲座、跳绳比赛;11月开展"温馨家园"寝室内务大赛;12月举办"铭记历史重温红色经典,创新未来共书爱国情怀"朗诵比赛和摄影大赛。(张泽滨　周　虹)

·农垦职业学院·

【教学改革】 与省内和垦区经济发展情况相对接,优化专业结构,招生专业由原来的36个调整为33个。启动专业评估,深化以人才培养模式改革和教学模式改革为重点,以课程体系改革和课程标准构建为核心的专业教学改革,各分院先后召开专业建设指导委员会会议,系统完善各专业人才培养方案。康复治疗技术、药学专业分别成为国家和省健康服务类专业示范点。新建智能温室、油脂车间、果蔬车间、饮料调制和农机、制药、计算机等一批专业实训室,改善实践教学条件。组织教师参加各类校外培训191人次,其中派出省内访问学者5人。组织教师进行校本培训及岗前培训和教育教学能力培训与测试。积极参加省内外各种竞赛,获得省级以上奖项的10名,沈莉、牛红云分别获黑龙江省第八届普通高校教学名师奖和第四届全国农业职业教育教学名师奖。学生参加省和国家专业技能大赛共获得国家级一等奖3个、二等奖6个、三等奖11个;获得省级一等奖7个、二等奖14个、三等奖7个。国际交流合作不断深入,有16名学生赴韩国姊妹校留学。女子排球队获得省大学生排球赛高职高专女排亚军,女子篮球队摘得省大学生篮球联赛高职高专组女篮冠军。

(张　文　宋　欢)

【管理体制改革】 持续推进集团化、信息化、标准化建设,通过校企合作共建实习就业基地、联合举办技能大赛、开展订单培养和共建专业教学团队、联合开发课程教学资源、共建实训基地，以及开展中高职衔接贯通培养试点等方式，不断深化职教集团成员单位之间的互利合作，持续推进职教集团建设。学院加入了中国现代农业职教集团，成为副理事长单位；全院修订完善一大批专业教学标准和常规管理标准，进一步调整优化目标管理绩效考核指标，向标准化管理迈出坚实步伐；学院教学楼无线网络和视频监控实现全覆盖，网络办公系统、人才培养状态数据平台和教务管理系统应用逐步深化和拓展，学生管理系统、科研督导系统和在线学习平台应用全面启动，一卡通和门禁管理等信息化建设逐步推进，校园信息化建设整体规划不断完善。（张　文　宋　欢）

【创新创业教育】，制定《学院深化创新创业教育改革实施方案》，引进阿里巴巴旗下第三方公司共建校内大学生菜鸟创业孵化与实训基地，创业教育中心与食品工程分院协同建设"创客空间"，校企合作在华南城建设校外电商培训平台并入驻。加强创新创业教育与就业指导专兼职师资队伍建设。各分院均将创新创业教育融入专业人才培养之中，形成创业中心统筹协调，各部门齐抓共管，全员参与的创新创业教育新格局。修订完善了《大学生创业与就业》教材，开展创客大集、绿色食品营销大赛、PVG 大赛、创业沙龙、创业演讲等活动，提高了学生创新创业能力。组织全省大学生职业生涯规划大赛校级比赛，并在决赛中获全省三等奖，沙盘社团还荣获全国创业技能竞赛三等奖。学院在全省高职创业教育经验交流会上做主旨发言。（张　文　宋　欢）

【学生教育与管理】 学院以迎接省高校学风建设专项督导为契机，健全完善学院分院两级联动、教学学工紧密配合的学业危机预警与援助干预机制，拟定《三全育人实施方案》。开展优秀大学生先进事迹宣讲专题报告、"感恩、诚信"主题演讲、小品大赛、大学生心理健康教育活动月和"大学生无偿献血"，践行"三严三实"文艺晚会等各类文化体育活动和大学生党建、团建及社团活动，学生综合参与率达95%以上。2574 名学生获国家和学院奖助学金 636.3 万元，学费减免、勤工俭学、助学贷款力度不断加大。四级心理危机干预预防体系不断完善。各分院积极创新学生教育管理模式，护理分院推行"一线工作法"、经管分院有效实施教室"6S"管理模式、食品工程分院持续建设"助困基金"等等，育人环境持续优化。（张　文　宋　欢）

【招生就业与社会服务】 统筹推进高考招生、自主考试招生、中高职衔接招生。2015 年共招生 3204 人，招生录取率、报到率、计划完成率居全省同类院校前列。学院毕业生初次就业率达到95.9%，年底就业率 98.9%。专业对口率达 86.2%，毕业生的平均月薪额达到 2450 元，用人单位对毕业生的满意度达到 100%。依托垦区和省设在学院的各类培训基地，发挥培训中心和专业教学团队作用，积极开展社会培训服务，全年共组织和承办各级各类培训 23 期，累计培训 7000 余人。协办、承办教育部第三期涉农职业院校干部培训班和第五届 CCBA 中国高等职业院校篮球锦标赛并取得圆满成功，受到好评。在省部共建农村现代职业教育试验区建设中指导齐齐哈尔市、讷河市、富裕县、五大连池市、安达市、绥棱县等试点市县建设。

（张　文　宋　欢）

·农垦科技职业学院·

【概况】 黑龙江农垦科技职业学院是经黑龙江省政府批准、国家教育部备案的一所公办全日制普通高等职业学院，黑龙江省骨干高职院校建设单位，北大荒现代农业职业教育集团牵头单位，黑龙江省级文明单位标兵。学院始建于 1965 年，坐落于哈尔滨宾西国家级经济技术开发区。校园占地 53 万平方米，建筑面积 17.23 万平方米，固定资产 4.1 亿元。学院现设有机电工程系、农林系、动物科学系、建筑工程系、经济贸易系和基础部 6 个教学单位。开设机械制造与自动化、食品加工技术、绿色食品生产与检测、水利水电建筑工程、园林技术、市场营销等 66 个专业，面向全国 12 个省市区招生，现有全日制高职在校生 6122 人；教职工 586 人，专任教师 417 人（其中教授 41 人，副教授 106 人，博士 3 人，硕士 98 人）。从企业聘请专业技术人员及能工巧匠等兼职专业教师 99 人，"双师素质"教师 276 人，占专业老师总数的66%。有中央财政支持的职业教育实训基地 4 个，国家级重点专业 4 个，省级重点专业 8 个，省级专业带头人 15 名，省级教学团队 1 个，省级精品课程 5 门。设有黑龙江农垦林业科研所等科研机构，是黑龙江省高等技能人才培养基地，黑龙江省重要的现代农业技术人才培养基地。加强与国外高校的交流与合作，已与韩国几所知名高校签订交流合作办学协议，首批学生已赴韩国深造本科学业。

（刘春文　樊雪飞）

【招生与就业】 学院坚持"公平竞争、全面考核、择优录取"的招生工作原则，严格执行国家招生政策，创新宣传方式，拓宽招生途径，采取网络、电视、新媒体相配合，电话咨询、接待咨询、现场咨询相结合，招生总人数创历史新高。学院持续加大就业工作力度，派出 5 只就业市场调查队，赴 9 省市的知名企业就校企合作、就业基地建设等方面进行了洽谈。4 月份，召开"2015 年毕业生春季双选会"，来自京、津、沪、及广东、辽宁、吉林、四川、山东、安徽和黑龙江省内的企业共计 202 家参会，与用人单位达成就业性协议。学院 2015 年毕业生就业率初报96.71%，在本省就业人数占总就业人数的 57.53%。（樊雪飞）

【教学与人才培养】 学院以服务垦区及区域发展为己任，构建以农机使用与维修、食品加工技术、种子生产与经营、水利水电建筑工程、园林技术、市场营销专业为主体的 6 个重点专业群。制定、完善各种教学规章制度和工作方案。成立创新创业教育教研室，整合职业规划、就业指导及创新创业教育课程，组织编写教学大纲。组织校内外教师培训,累计培训教师720余人次。举行教师理实一体化大赛、青年教师课堂大赛和教师微课大赛。新建15个实验实训室,2公顷校内外农林实训基地,改造扩建了7000平方米作物实训基地,投入360万元购置了农机及绿色食品专业实训设备。学生在第五届全国大学生计算机应用能力与信息素养大赛中获得一等奖,在全国机器人锦标赛暨国际仿人奥林匹克大赛中获得五项全国一等奖,在黑龙江省第二届鑫联华杯计算机技能大赛计算机网络专业获得网络组一等奖。

(樊雪飞)

【教学督导与科研】 不断健全教学质量监控指标体系,将质量监控贯穿到全部教学过程。学院教学督导委员会制定院、系、教研室三级督导听课制度,组织开展提高教师教学能力系列专题活动,促进教师教育教学能力的逐步提高。完善科研管理制度,修订《黑龙江农垦科技职业学院科研管理办法》《黑龙江农垦科技职业学院科研经费管理办法》《黑龙江农垦科技职业学院科研奖励办法》等。学院推荐黑龙江经济社会发展重点研究课题2项,省教育科学"十二五"规划2015年度重点课题立项1项,规划课题3项,本年度课题结题17项。国家级、省级科研成果获奖累计40项 。实用新型发明专利2项。

(樊雪飞)

【校企合作】 加强校企合作体制机制改革,新增40余个校企合作单位,5个顶岗实习单位。在"院校共建"上下工夫,召开北大荒现代农业职业教育集团年度理事代表工作会议,来自哈尔滨、齐齐哈尔、牡丹江、佳木斯、绥化、庆安、方正、宾县、九三管理局等24家中等职业学校参会。通过集团各成员单位的努力,形成集团内中高职一体化发展框架,探索出集团内部成员优势资源共建共享新模式,完成农机、水利、建筑三个专业和全省21所中职学校的贯通对接工作,对学院集团化办学的发展起到了积极的促进作用。

(樊雪飞)

【社会服务】 发挥省级骨干高职院校的引领和带动作用,坚持以服务社会为宗旨,不断提高社会服务能力,开展科技下乡,技术咨询服务。2015年,学院开展援疆水产养殖专业的培训,对哈尔滨管理局5个农场开展新型职业农民培训,开展垦区残疾人职业技能培训及大赛,为农垦统计局培训统计从业资格人员。学院被农垦统计局确定为统计从业资格人员考点。学院发挥种植技术与养殖技术优势,与明水县林业局建立了长期合作关系,对明水县林场职工进行种植、养殖技术培训。

(樊雪飞)

卫 生

【概况】 2015年,总院、农垦神经精神病防治院、各管理局中心医院门诊量达144万人次,同比增长5.9%;住院患者16万人次,同比增长8.4%;业务收入17亿元,同比增长10.7%。农场级医院门诊量达136万人次,同比增长-12.9%;住院患者7万人次,同比增长-4.6%;业务收入4.3亿元,同比增长-9.3%。完成基础实施建设投资15173万元,新(改、扩)建医疗业务用房3.03万平方米;配置万元以上设备394台(套),共投入资金5590万元;购置检验、诊断、康复设备27台(套),共投入资金929.7万元;建设标准化健康小屋24个,共投入资金1285万元。垦区各级医疗机构以"二级以上公立医院巡查"为契机,将行风建设、落实"九不准"、院内感染监测、抗菌药物管理、核心制度建设、毒麻药品管理、依法执业、优化诊疗流程等作为巡查重点,广泛开展"医疗质量万里行""三好一满意""平安医院创建""优质护理服务示范工程"等活动。

(杜 鑫)

【区域医疗联合体】 借助区域医疗联合体,提升服务能力水平,有效缓解基层群众"看病难、看病贵"问题。各管理局中心医院与北大医学部、阜外心血管病医院、301医院、哈医大、省医院等省内外知名医院建立合作关系,实现优质医疗资源共享;宝泉岭管理局中心医院与北京常春藤医学人才高端联盟签订合作协议,开通远程会诊、举办大型义诊活动。让垦区的居民在家门口就能享受到省内外知名专家的医疗服务。在区域内开展对口支援工作。各管理局以中心医院为技术支撑,开展对口支援工作。中心医院和农场医院结成帮扶对子,开展义诊活动,有效落实"分级诊疗、双向转诊"制度。

(杜 鑫)

【社区卫生服务】 加强领导,推动项目工作可持续开展。调整了垦区基本公共卫生服务项目领导组织机构,明确各专业机构职责分工,建立垦区基本公共卫生服务项目专家库,为垦区基本公共卫生服务项目工作提供全方位技术支撑。强化导向,提升基本公共卫生服务内涵。加强专项培训,注重基层存在的突出问题和共性问题,针对慢病管理、中医药健康管理等薄弱环节,共培训各级各类人员380余名,解决了基层开展国家基本公共卫生服务项目存在的技术问题和困难;充分发挥宝泉岭、赵光农场全科医师培训基地作用,共计培训100余人,提高基层社区卫生服务人员实践技能水平,确保基本公共卫生服务质量。巩固成果,发挥引领作用,示范社区卫生服务中心创建活动取得成效。垦区共有示范社区卫生服务中心33所。龙门、尾山、克山、大兴、共青、二九〇、二九一、八五八、八五一〇、绥棱10所社区卫生服务中心被评为总局级示范社区卫生服务中心。宝泉岭、赵光、七星、绥滨、八五〇、庆丰、八五二7所社区卫生服务中心被评为省级示范社区卫生服务中心。基本公共卫生服务"百日会战"活动再掀新高潮。建立居民健康档案1364965份,建档率89.1%;录入电子档案1325325份,建档率86.5%;共管理0~6岁儿童40559人,管理率93.8%;孕产妇总数4390人,产后访视4152人,产后访视率94.5%;65岁以上老年人142284人,健康管理104608人,健康管理率73.5%;共有高血压患者94626人,规范管理高血压患者67468人,规范管理率71.3 %;共有Ⅱ型糖尿病患者26914人,规范管理Ⅱ型糖尿病患者

15933人，规范管理率59.2%。为65岁以上老年人提供中医药服务65768人，为0～36月儿童提供中医药服务10699人。共有标准化健康小屋57个，其中2015年建设标准化健康小屋24个。（杜 鑫）

【卫生监督】 开展卫生监督技能竞赛活动。总局卫生局和黑龙江省农垦工会7月份联合举办垦区卫生计生监督技能竞赛活动，9个管理局36名选手参加此次竞赛，北安管理局获得第一名。选出4名选手参加全省卫生计生监督技能竞赛，取得团体三等奖和优秀组织奖。简化许可流程，提高审批效率。垦区各级卫生监督机构以“权力下放”为契机，完善卫生行政许可的相关制度，简化办事程序，共受理卫生行政许可2505件。加大监督执法检查工作力度。6月15日至7月5日，组织垦区卫生监督业务骨干分9组开展了垦区卫生监督执法大检查活动。

（杜 鑫）

【疾病预防控制】 落实《黑龙江省垦区落实健康龙江行动（2014—2020年）实施方案》，围绕五大专项行动开展形式多样的活动，进行健康讲座、培训、电视宣传、悬挂宣传条幅、制作宣传板、发放宣传单，开发微信、QQ等公共平台的相关功能，宣传健康知识。疾病预防控制工作稳步发展。法定传染病发病呈下降趋势，未发生重大传染病大规模流行，免疫规划疫苗接种率达98%，结核病、流行性出血热、艾滋病等重点传染病防控不断加强，精神卫生工作体系不断完善。（杜 鑫）

【妇幼保健】 进一步完善垦区妇幼健康服务相关制度建设，组织开展了妇幼卫生工作督导检查及妇幼卫生信息质控核查。宝泉岭、红兴隆、建三江、齐齐哈尔管理局中心院共4家单位顺利通过国家卫生计生委妇幼司确认，获得国家“爱婴医院”称号。（杜 鑫）

【简政放权】 总局卫生局对照行政审批等事项，对现有行政权力进行全面梳理，逐条逐项分类登记，以清单方式公布列举。通过清理，现总局级卫生行政部门保留权力事项26项，下放129项，下放比例为83.23%。规范权力下放后承接相关工作的程序。

（杜 鑫）

【食品安全】 落实省政府、省食安办及总局交办的各项食品安全工作，共协调食品安全监管部门调查处置6起食品安全风险监测问题事件，确保垦区无食品安全事件发生，有效保护了北大荒品牌效益。（杜 鑫）

·农垦总局总医院·

【概况】 总局总医院暨黑龙江省第二肿瘤医院始建于1969年，是在原沈阳军区黑龙江生产建设兵团总医院的基础上发展壮大起来的。因其鲜明的肿瘤治疗特色，1988年9月被省编制委员会批准成为黑龙江省第二肿瘤医院。2015年11月被省编制委员会批准为齐齐哈尔医学院第11教学医院。2015年9月25日成功通过黑龙江省卫计委组织的省级住院医师规范化培训基地审核，成为省级住培基地。总医院物理诊断科获黑龙江省五一巾帼建功先进集体称号。

已发展成为一所集医疗、教学、科研、预防、康复、保健和急救于一体的大型省级综合性三级甲等医院。是黑龙江省、哈尔滨市、省农垦系统、省铁路系统职工基本医疗保险、省级新型农村合作医疗定点医院、哈市城镇居民医保定点医院、哈市恶性肿瘤转诊医院、省工伤康复协作医院，在省内享有盛誉。2014年，被全国总工会授予“全国五一劳动奖状”。

医院占地面积13.7万平方米，建筑面积达10.5万平方米，建有一个综合门诊楼和五个住院楼，拥有开放床位1320张，现有在岗员工1074人，其中，卫生技术人员944人，高级专业技术职称人员223人。医院拥有两所分院，即一分院（原香坊门诊部）、二分院（原哈一机职工医院）及2个社区卫生服务站（闽江社区卫生服务站、香电社区卫生服务站）。医院专业技术结构合理，设有临床、医技科室54个。

医院的肿瘤治疗、康复治疗、布病治疗、腔镜微创技术及心血管病治疗等疾病治疗已发展成为省内领先的特色专科，某些领域达到了国内先进水平。为适应社会和医院发展的需要，进一步提升医院在肿瘤治疗方面的科技含量和综合实力，医院投巨资引进大孔径3.0T核磁、16排螺旋CT机、256排极速CT机、大型数字血管机（DSA）、DR、高能医用直线加速器、铜中子后装治疗机、头部伽玛刀、相控阵靶向热疗机等先进的诊断、治疗设备。有早期发现肿瘤病灶和判断转移的世界高端肿瘤诊断设备PET－CT两台，成为省内唯一拥有多台此设备的医疗机构。医院形成了集肿瘤明确诊断、精确放疗、化疗、热疗、手术、介入治疗、生物免疫治疗等于一体，完整的肿瘤综合治疗体系。

2015年，实现“六增二降”，即总资产8.88亿元，比上年同期增长了29.58%，总收入6.71亿元，比上年同期增长了46.99%；业务收入4.44亿元，同比增长16.52%，完成计划的105.59%；全院出院病人34060人次，同比增长15.86%；门诊诊疗243236人次，同比增长6.64%（总院门诊患者161316，同比增长10.19%）；手术4997例次，同比下降3.29%；床位使用率达93.24%，同比增长5.07%；职均收入11.20万元（含五险一金），同比增长20.30%；平均住院13.38天，同比下降1.44天。全院药品收入占业务收入比重为42.40%，同比下降了0.1%；患者人均住院费用上升2.66%。

（张春鹏 王彦华）

【建立微信公众平台】 建立微信服务平台，利用现代自媒体加大对医院形象、医疗技术等方面的宣传力度。从6月20日注册成功至年底，微信服务号浏览量达357375人次。关注人数一度达3万余人。建立医院新版官网站、手机网站，百度直达号。2015年12月29日新版电脑网站和手机网站正式上线运行，网站后台空间扩容由原200兆达1吉。与《生活报》、东北网等多家媒体进行合作，刊发各类报纸、网络专版共计18块，撰写弘扬医院院训、医院核心

价值观事迹报道5篇。 (焦永梅)

【服务年活动】 继续以“三好一满意”活动为主线,深入开展“服务创优年”活动,评选出服务流动红旗岗4个。临床科室创建了便民服务小品牌35个,促进全院文明优质服务水平进一步提升。收到锦旗110面,感谢信121封,拒收红包60万元;胸外科、骨二科挂牌成为“承诺拒收红包科室”。住院患者服务满意度达98.8%。 (焦永梅)

【职业病诊断资质续展增项】 根据黑卫监督函(2015)374号文件精神,批准黑龙江省农垦总局总医院职业病诊断续展职业性布鲁氏菌病,增加矽肺、煤工尘肺、石墨尘肺、碳墨尘肺、石棉肺、滑石尘肺、水泥尘肺、云母尘肺、陶工尘肺、铝尘肺、电焊工尘肺、铸工尘肺、根据《尘肺病诊断标准》和《尘肺病理诊断标准》可以诊断的其他尘肺病13个新项目。 (张 宇)

【教学工作】 副院长张俊成为哈尔滨医科大学康复治疗专业硕士生导师。医院通过黑龙江省卫计委组织的省级住院医师规范化培训基地审核,成为省级住培基地。被省编制委员会批准为齐齐哈尔医学院非隶属附属第11教学医院。年培训齐齐哈尔医学院学生264人,其中,临床医学专业193人,康复专业71人,应届毕业生72人,哈医大大庆校区77人,应届毕业生34人,考取研究生14人,分别被上海同济医科大学、郑州大学、云南大理大学、重庆医科大学、中国医科大学、广州医科大学、大连医科大学、新疆医科大学、哈尔滨医科大学、佳木斯医科大学录取。 (陈 敏 王利达)

【科研工作】 与首都医科大学附属北京天坛医院建立合作科研分中心,加入“十二五”国家科技支撑计划金桥工程,成为了首批中国卒中中心联盟单位(全哈尔滨市仅2家)。荣获科技进步奖3项,其中总局科技进步奖一等奖1项,二等奖1项,省卫计委科技进步三等奖1项,且在研课题达31项,其中省卫生厅12项、总局科技局19项。荣获省级卫生新技术应用奖13项,其中二等奖7项、三等奖6项。合作发表SCI论文1篇,中华系列核心期刊10篇,论文发表质量数量显著提升。

(王利达)

【技术创新】 申报58项技术创新项目,其中,计划当年结题项目33项、持续型项目25项,涵盖33个科室,有效实施率达到76%。不计算持续型项目收益,2015年当年结题的项目实现1312.37万元经济效益,同比上年度增长31.6%,收支比例平均达55.5%,同比上年度增长5.5%。经过院学术委员会专家组的评选产生二等奖一项,三等奖一项,鼓励奖三项。青年技术创新能手两名,其中,二等奖一名、三等奖一名。 (王利达)

【学术活动】 成立黑龙江省农垦医药卫生学会麻醉专业委员会,召开神外、影像、临床输血、乳腺癌、病理、检验、内分泌、护理、骨科专业委员会2015年会暨学术交流培训会,合计培训人员400余人,邀请国内外知名专家12名,授课108学时以上。 (王利达)

【医疗设备更新改造】 投入使用百万以上新设备3台:PET-CT、256CT、飞利浦便携彩超。进行机房建设3个:PET-CT机房建设、回旋加速器机房建设、256机房建设。进行了回旋加速器同位素药物合成室设备安装。

(杨 明)

【医学教育工作】 10月29日,医院被省卫计委批准为省级住培基地,陆续培训师资31人,推进垦区卫生专业技术人员业务素质提升培训,3—5月完成垦区执业医师岗前培训工作113人的培训工作。派出21人到省内为知名医院进修学习,分别派往北京协和医院、南京中南大学附属医院、天津肿瘤医院,北大人民医院、天津血液病研究所、上海胸科医院、江苏省人民医院、哈医大一院、哈医大二院、哈医大三院等。严格进行三基三严培训和考核工作,全院卫生专业技术人员三基考试参考率100%。合格率100%,圆满完成全院927人的继续医学教育学分的学习,达标率100%。 (陈 敏)

【后勤保障】 3月20日前完成PET-CT机房扩建项目,新建485平方米机房。总投资457万元。医院影像科、物理诊断科扩建候诊大厅约230平方米,影像科加层扩建工程约297平方米。完成地坪绿化5200平方米。改造供暖管线2440延长米、供水管线2440米、污水管线500米,新建100吨化粪池2座。总投资766万元,其中,国家投资613万元,自有资金153万元。新建全科医生临床培养基地用房建筑面积6400平方米。项目总投资2560万元,其中申请中央预算内投资1600万元,自筹资金960万元。

(刘广吉 张晓波)

·农垦第二医院·

【概况】 黑龙江农垦神经精神病防治院暨黑龙江农垦第二医院,是农垦总局直属专科医院,也是黑龙江垦区唯一一所治疗精神疾病的三级专科医院,医院承担着垦区精神疾病的预防、治疗、收容、收养及康复等“五位一体”功能。是农垦总局职工基本医疗保险定点医疗机构、黑龙江省新农合定点医院、佳木斯市城镇职工基本医疗保险定点医疗机构、黑龙江省司法厅精神疾病司法鉴定指定机构、佳木斯大学临床医疗合作集团理事单位、佳木斯大学教学医院。医院位于佳木斯市前进区安庆街262号,占地面积50643平方米,建筑面积47300平方米,分为精神疾病和综合疾病两大院区,设内科、外科、妇科、儿科、五官科、口腔科、中医科、疼痛科、神经内科、精神科、精神康复科等41个科室。实际开放床位1187张。医院拥有全身CT(2台)、彩色B超(3台)、电视影像X光机(2台)、MECT、全自动生化分析仪等先进医疗设备100余台(套)。总资产2.33亿元。从医疗设备种类、台件、功能良好率及诊断能力等方面比较,医院在黑龙江省东部地区具有较强的竞争实力。

2015年底,医院实有职工650人,

其中,专业技术人员494人,行政管理人员12人,工勤人员94人,专业技术人员中有副高职以上专业技术人员67人,中级专业技术人员176人。医院引进本科以上专业技术人才39人,形成人才梯队建设。医院总收入15770万元,其中财政补助收入3414万元,业务收入9556万元,其他收入2800万元。2015年总支出14538万元,较上年度增加业务收入593万元。全年门诊总人次15830人次,入院人数3040人次,手术443例,精神院区床位使用率224.8%,综合院区床位使用率95.6%。

（兰 博）

【基础建设】 垦区精神病防治康复中心楼项目基本竣工,该项目由中央财政预算投资1500万元,地方配套资金999.6万元,建筑面积12496平方米,框架结构为九层,康复床位460张。可对全院住院900余名精神病患者进行康复评估,根据评估结果,对适合康复训练的患者由康复师进行康复培训指导。每天约有70至90人次住院精神病患者到康复中心进行体操、健身器械、卡拉OK、乒乓球、台球、棋类、图书阅览、书法绘画、电脑等项目康复。

（兰 博）

【北大荒知青安养中心】 北大荒知青安养中心运行良好,作为全国唯一一所知青精残人治疗托养机构,北大荒知青安养中心承担着患病知青的治疗、养老、托管、康复及劳动生活技能培训等多项功能。收治患病知青及子女、支边青年及子女112人,入住患者治疗效果突出,社会功能得到明显恢复。年底,安养中心共接待各级领导和各地回访知青800余人次。

（兰 博）

·农垦太湖疗养院·

【概况】 农垦太湖疗养院通过市场调研,找准方向,不断提高服务质量、强化服务意识,科学管理努力降低运营成本,以价格优势及有效的营销政策提高营销人员的营销热情,吸引客户,拓展客源,圆满完成各项工作任务及年初制定的各项经营指标。接待旅游、度假、会议、培训、体检团队110个,计9500多人次,接待黑龙江垦区疗养员31500多人次,比上年增加4500多人次,创历史新高。实现年度总收入2724.9万元,与上年相比增加收入163万元。

（李冬春）

【基础设施建设改造】 按照《建筑室内装修设计防火规范》要求,完成客房走道吊顶、墙面和体检中心室内墙体、吊顶的装修改造工程;体检中心新增X射线机一台。完成客房门锁更换、电视机更新换代,院区道路、台阶防滑处理等。根据客户需求,从节约成本的角度出发,将现有的会场桌椅进行维修改造,提高会议中心的利用率。

（李冬春）

·总局卫生监督所 总局疾病预防控制中心·

【基础设施建设】 完成年度设备采购投入资金600万元,新购和更新设备40台(件),其中,全自动微生物鉴定药敏分析仪、全自动药敏试验菌液接种判读仪、全自动真菌毒素浓缩器、多重食源性致病菌核酸检测系统、上转发光微生物免疫分析仪、流动注射分析仪、全自动凯氏定氮仪等大型仪器设备填补了检验工作的空白。投资17.9万元,以置换方式更新了放射检测设备,新设备全面适应国家新标准并且更加先进和操作便携。投资8万元购置卫生监督执法手持机和监督执法记录仪等执法移动工具。投资17万元购置分析仪器配套高值耗材。同时对2014新购设备电离耦合等离子体质谱、气—质联用仪、液—质联用仪等3台大型检测仪器的安装、调试工作,所有项目设备全部进入使用状态。

（孙鸿君 谷宇佳）

【专业服务能力建设】 完成检验检测机构自查,完成2015年度检验检测机构资质认定专项监督检查。完成42台实验室及快速检测设备的计量检定工作,确保实验室的检测数据准确、可靠。首次申请公共场所专业技术服务资质认证,顺利通过。申请内容共计38项,包括室内环境卫生检验、检测与结果评价项目18项,公共用品用具卫生检验、检测与结果评价项目4项,游泳场馆和沐浴场所水质卫生检验、检测与结果评价项目5项,集中空调通风系统卫生检验、检测与结果评价项目9项,公共场所预防性卫生学评价1项,空调系统卫生学评价1项。完成实验室资质认定标准变更。根据公共场所和放射卫生等新颁布的检测方法,重新向黑龙江省质量技术监督局提供《实验室资质认定标准变更申请审批表》,接受实验室认证专家对变更事项进行审查,此次变更涉及国家标准34项,其中,公共场所检测标准32项、放射卫生检测标准2项,顺利通过变更审查。重新申请并完成放射卫生资质认证,再次获得黑龙江省职业卫生技术服务机构资质。通过放射防护评价(乙B级),普通X射线机、CR、DR、CT、DSA等项目的放射卫生检测(放射卫生防护检测和放射诊疗设备性能检测工作)认证。服务范围增加CR、DR、DSA等放射诊疗设备的防护检测和性能检测。

（孙鸿君 谷宇佳）

【卫生监督】 (1)医疗机构卫生监督。对总局总医院、农垦二院、浩化医院、佳南农场医院及各管理局中心医院和部分农场医院进行监督检查。被检查的各家医疗机构均持有医疗机构执业许可证,绝大多数医院能够按照证照核准的诊疗范围及地点执业。开展打击非法行医活动初见成效。加大医疗废物监督检查力度。对母婴保健技术服务机构进行监督检查。预防性健康体检机构进行了抽查。(2)预防接种单位工作情况。检查中发现,制度的建立和工作流程的管理方面,各预防接种单位均建立的比较完备,但仍存在少数预防接种单位的医疗机构执业许可证上诊疗科目中无预防保健科,未悬挂"预防接种指定单位"的标志等情况。(3)放射卫生监督。组织了医疗机构放射卫生监督检查,范围涵盖局直医院、管理局医院、农场医院等。分别对医疗机构放射工作持证情况、执业条件、放射工作场所及人员情况、防护用品等情况进行了检查,针对检查中发现的未进行预评价或竣工验收、未办理放射诊疗许可证、仪器存放房间面积达不到标准要求等问题,当场下达了现场监督检查笔录和监督意见书。(4)学校传染病卫生监督工作。督导检查过程中发现多数卫生监督机构均不能对学校传染病预防控制工作进行监督,且在被检查的学校中,保健室相关工作人员均不了解或不知国家规范和要求。(5)生活饮用水卫生监督。共检查供水单位20家,检查内容包括卫生管理,水源选择,卫生防护,制水卫生要求,涉水产品卫生要求,水质检验,从业人员卫生要求等方面。被检查的水厂中,从业人员健康证持证率达到100%,且均能够委托有资质的单位按季度进行水质检验。(6)公共场所卫生监督。检查公共场所20家,检查项目主要是以卫生管理方面、功能间卫生要求、公共用品卫生等。(7)卫生监督稽查。对各级卫生监督机构及管理相对单位进行综合监督执法检查,严格按照"检查表"内容逐项检查,通过执法检查全面了解和掌握基层卫生监督重点工作落实情况、行政执法责任制落实、卫生计生行政执法队伍管理和省级下放许可事项职责落实等方面情况。开展全垦区卫生计生监督执法案例征集评查活动,征集卫生行政处罚案例16份,评选垦区共选出3份优秀执法案卷送省卫生监督局参评。其中两份分别获得省级优秀案卷二等奖和三等奖。

(孙鸿君　谷宇佳)

【食品安全监督】 3月初检查卫生监督机构20个。餐饮服务单位33家(含局直地区及抽检农场),其中,学校、托幼机构食堂30家、社会餐饮单位3家。开展交叉执法大检查。对哈尔滨管理局岔林河农场、香坊农场,总局直属单位佳南农场、浩良河化肥厂4个农场的学校(托幼机构)、单位食堂7家,社会餐饮单位7家进行执法监督。7月底,对牡丹江管理局当壁镇旅游景区及哈尔滨管理局香坊农场生态农业园区的餐饮服务单位食品安全工作进行督导检查。9月份,联合哈尔滨管理局对农垦总院职工食堂、营养餐厅进行了食品安全风险评估工作。

(孙鸿君　谷宇佳)

【国际禁毒日宣传活动】 组织垦区9个管理局共同参与,配合有关单位开展"6·26"国际禁毒日宣传活动。共出动监督人员218人次,车辆18台次,发放各类宣传材料2万余份,悬挂宣传横幅69余条,电视报道12次,其他宣传品200余件,接受前来咨询群众近千人,间接受教育人数达万余人,通过此次活动,使广大人民群众知晓了毒品的危害,提高了对毒品的防范方式和自我保护意识。　(孙鸿君　谷宇佳)

【疾病预防控制】 (1)2015年法定传染病报告统计与分析。垦区9个管理局及总局直属单位2015年11月21日24时通过疾病信息网络系统报告国家法定乙类、丙类传染病17种,报告发病人数1610例。报告发病率113.71/10万,报告发病率与2014年同期相比下降了11.29%。报告死亡3例(肺结核2例,梅毒1例),报告死亡率0.21/10万。与2014年同期相比,2015年发病人数下降了205例,发病率下降了11.29%。乙类传染病下降幅度最大的是细菌性痢疾,下降57.14%,其次是淋病,下降51.52%;发病率上升的是猩红热,上升15.15%。丙类传染病下降幅度最大的是流行性腮腺炎,下降52.38%;上升幅度最大的是感染性腹泻病,上升850%(由2例上升为19例)。(2)加强传染病网络报告监测,及时进行政策与技术指导。坚持每日监视浏览传染病网络报告,及时发现传染病报告问题,并处理部分管理局农场传染病报告中出现的错误,保证疫情报告的准确性。同时加强对疫情报告的技指导,截至11月,根据网络监测并结合基层报告,及时发现和处置各类疫情11起。(3)做好重点传染病控制。重点做好结核病防制、病毒性肝炎防制工作、流行性出血热防制工作、艾滋病防制工作。(4)地方病防制工作。在重点加强对现患病人管理的同时,积极作好地方病病区预防的宣传工作,通过印发宣传画、工作手册、宣传单、展牌等形式提高病区人口的防病意识,未发现病区人口患病情况发生异常波动。网络报告大骨节病病人689人,甲状腺肿375人,氟斑牙57人,氟骨症1人,克山病没有病人报告。(4)继续做好垦区人口死亡信息监测。报告居民病伤死亡人数7138人,死亡率5.04‰。2015年垦区居民病伤死亡的前10位死因顺位及死亡率依次为:心脏病,142.88/10万;恶性肿瘤,131.08/10万;脑血管病,113.50/10万;呼吸系统疾病,26.27/10万;意外伤害和中毒,22.11/10万;消化系统疾病,12.22/10万;内分泌营养和代谢及免疫疾病,9.75/10万;泌尿生殖系统疾病,5.30/10万;神经系统疾病,2.26/10万;血液和造血器官疾病,1.83/10万。前10位死因死亡人数占全死因死亡总数的92.67%,其中前3位死因的死亡人数占死亡总数的76.86%。(5)做好免疫规划督导检查。通过部分农场抽查结果看,计划免疫接种率达98%,常驻人口0~6岁儿童建卡、建证率分别达99%以上,卡、证符合率已接近98%。(6)卫生应急工作。对公共卫生应急装备进行整理更新。对25个管理局和农场疾控中心的卫生应急建设管理情况进行督导检查和工作调研。(7)完成疾控预防控制相关实验室检测任务。哈尔滨管理局卫生监督所对其所属农场的生活饮用水常规指标检验检测46份,其中,出厂水19份,检验项目37项;末梢水27份,检验项目31项。共计检验1540项次。总局卫生监督所对农垦总局总医院及2个分院、农垦总局第二医院开展院内感染监测工作。主要针对医院的手术室、分娩室、ICU、腔镜、供应室等重点科室进行了检查,共采集样品42份。检测样品超标率达11%,还有2个重要部门的空气样品的菌落数处于临界状态。本年度的院感监测除了进行常规样品采集及检测外,首次开展了农垦总局总医院的库存消毒剂和使用中消毒剂有效含量检测,通过对医院消毒剂的质量状况监测,做到了院内感染监督工作的关口前移,用数据为医院消毒剂的管理和使用提供了质量保证。受佳南农场卫生监督科的委托,完成佳南农场的2家公共场所28项检验项目的检测工作,为公共场所卫生许可证的办理提供技术支持。受红兴隆管理局卫生局的委托,对其新建的综合实验室洁净室和一般实验室进行工程验收监测。共完成温度、湿度、风速、噪声、照度、静压差、换气次数、尘粒数、紫外灯辐射照度值等内容9项指标87个数据的检测任务,为综合实验室的竣工验收提供科学、准确的技术支持。 (孙鸿君 谷宇佳)

文化·艺术

文化建设

【群众文体活动】 垦区建立健全各级作家协会、美术家协会、书法家协会、音乐舞蹈家协会、戏剧曲艺家协会、摄影家协会、电视艺术家协会等文学艺术协会和太极拳协会、篮球协会、排球协会、乒乓球协会、羽毛球协会、轮滑协会、自行车协会、棋牌协会等体育协会。按照"党委引导、行政支持、协会牵头、群众参与"的新模式广泛开展群众喜闻乐见的文体活动,丰富群众业余文体生活,不断提高垦区文体活动的群众参与度。广泛开展群众性广场演出和全民健身活动。各管理局、农牧场围绕总局党委中心工作、围绕纪念中国人民抗日战争暨世界反法西斯战争胜利70周年,依托各文学艺术协会和体育协会,以博物馆、图书馆、文体馆、文化广场为阵地,广泛开展群众性展演活动和全民健身活动。垦区举办各种文艺演出1000余场,各类比赛活动500余场,展出各类艺术作品2000余幅,群众参与度不断提升,强健垦区人民的体魄,丰富垦区人民的精神文化生活。成功举办垦区全民健身运动会。运动会共涉及26个夏季项目,总局、管理局、农(牧)场、管理局四级联动,共举办各种比赛705场,共计126146人次参与。于8月26—28日在黑龙江农垦职业学院举办垦区青年歌手大赛。来自9个管理局以及总局机关、八一农大、商贸集团、农垦职院、农垦佳木斯学校等14个单位的80名歌手参赛,参赛曲目156首,其中,原创歌曲占全部曲目的50%以上。通过比赛发掘了一批实力不俗的80后、90后年轻歌手。总局文化委与总局党委宣传部、农垦经济研究所共同主办了垦区纪念中国人民抗日战争胜利暨世界反法西斯战争胜利70周年"光荣与梦想"主题书法绘画摄影大赛作品展。收到各类作品400余件,经过优中选优,展出170余件精品。参与的作者中,年龄最大的92岁,最小的12岁。8月,2015年中国龙舟公开赛(北大荒站)和全国钓鱼锦标赛(北大荒站),先后在八五二农场蛤蟆通水库举行。央视媒体、龙视媒体以及垦区主流媒体、国家各大网站对这两项赛事进行了全方位的报道,向全国人民充分宣传展示了现代北大荒、绿色北大荒、幸福北大荒,提升了北大荒文化的影响力。8月1日上午,"舞动龙江"——黑龙江省第三届快乐舞步争霸赛农垦赛区暨黑龙江垦区第二届全民健身运动会在红兴隆管理局文化广场举行。红兴隆赛区共有12个农场、11个局直党委和1个局直健身操协会24支比赛队伍参加,现场有5000多人参加表演和比赛。(詹思远)

【公共文化服务体系建设】 (1)文化信息共享工程。争取中央财政2120万元,其中,950万元作为基层各管理区文化活动经费,1170万元用于为宝泉岭、红兴隆、建三江、牡丹江、九三5个有局直地区的管理局以及农垦职业学院和18个农场购置广场灯光音响。(2)全民健身工程。争取国家扶持资金622万元、省扶持资金600万元、自投资金3700万元,命名全民健身中心2个、为基层建设雪炭工程2个、健身苑8个、社区多功能运动场10个、体质测试站2个、援建体育场馆29个、为50个农场建设室内综合活动室50个、为70个农场铺设室外健身路径440条。(詹思远)

【文化产业发展】 成功举办北大荒文化产品展示交流会。6月11—15日,总局文化委与哈尔滨市文化和新闻出版局等单位在哈尔滨国际会展中心联合主办2015中俄(哈尔滨)文化博览会暨北大荒文化产品展示交流会。展会设非物质文化遗产、瓷器、茶文化、珠宝、书画展区和独立的北大荒文化产业展区,参展商家共计400多个,包括来自俄罗斯等10多国家的参展商。展会以"彰显地域特色,促进文化交流"为主题,以扩大艺术产品交易,推动艺术市场发展为目的。展会期间,各管理局共销售各类文化产品价值近30万元,签订意向性合作协议56份、总价值约300万元。新华农场还与参展客商签订了1000吨富硒大米采购合同,价值1000万元。参加深圳文博会,推介北大荒文化产业项目。5月,总局文化委组织垦区相关人员参加第十一届中国(深圳)国际文化产业博览交易会于,展示北大荒文化产品,推介北大荒文化产业项目,学习各省市发展文化产业的先进经验。总局文化委、北大荒版画院、北大荒文化创意产业集团有限公司精心挑选10余幅优秀的北大荒版画作品在这次展会上进行展示。其中,张泽新作品《太平沟记事之二》被大会评为"中国工艺美术文化创意奖"银奖,杨渝光作品《天地同春·鹤舞丰泽》被评为"中国工艺美术文化创意奖"铜奖。延军农场葫芦烫画、汤原农场玉米皮粘贴画、二九〇农场宣纸烙画也在这次展会上进行了展示。展会期间,北大荒文化创意产业集团与深圳观澜版画村签订合作协议。北大荒版画赴中国澳门参展。由中国澳门贸易投资促进局主办的第二十届澳门国际投资贸易展览会于10月22—25日在澳门威尼斯人度假村会展中心举办。在黑龙江省商务厅和总局商务局的组织协调下,北大荒版画参加了这次以"促进合作 共创商机"为主题的展览会。这是北大荒版画首次在澳门展出。共展出北大荒版画家近二年创作的优秀作品31件。(詹思远)

【总局数字图书馆建设】 馆内拥有电子图书镜像资源达310万册,学术期刊全文数据库7660余种,博士学位论文全文数据库384家,优秀硕士学位论文全文数据库547家,重要报纸全文数据库543种,精品文艺期刊文献库322种,精品文化期刊文献库419种,精品科普期刊文献库149种,国家年鉴全文数据车995种,工具书出版总库4967册,国家科技成果数据库61万余条,百科讲坛资源13000集,期刊、报纸和论文库已经完成所有数据库的月更新。总局图书馆在数字图书馆基础上,利用数字图书馆的海量资源开发的移动平台已完成系统建设工作,在满足管局、农场、管理区电子阅览室的基础上,于1月完成垦区固定IP的加载,开始面向垦区百姓个人用户开放。垦区广大职工群众已经可以通过各种移动设备来查询、浏览、获取相关信息。
（詹思远）

【数字电影放映工程】 北大荒数字电影院线公司通过队伍建设、目标考核、场次补贴等一系列措施扎实推进公益电影放映工作，满足垦区广大职工群众观影需求。总局文化委争取中央县级数字影院"先建后补"专项资金120万元，对垦区2家县级影院给予建设补贴。（詹思远）

【文化市场综合执法】 严格依法行政，做好日常监管工作。垦区各级"扫黄打非"成员单位严格按照省"扫黄打非"工作部署，以打击政治性非法出版物为重点，积极组织开展"净网""清源""秋风"等集中行动，适时组织开展了治理校园周边环境、整治印刷市场、打击互联网淫秽色情信息等专项行动，截至目前，垦区共出动各级"扫黄打非"工作执法人员1600余人次，对垦区内的印刷企业就行510余家次检查；对出版物经营场所、车站、旅游景点、校园周边等人员流动量较大的公共场所进行460余次检查。有效地净化了出版物市场环境，维护了社会政治稳定。垦区各级依法加强文化市场管理。全年以治理网吧、娱乐场所违法接纳未成年人为主要任务，坚持开展集中治理与日常监管相结合，全年共出动执法人员12169人次，检查文化市场经营单位5900家次。指派执法人员深入基层明察暗访。为了进一步提升各管理局文化行政部门依法行政能力，确保各管理局承接好总局文化委下放的相关权力，及时发现并查处文化市场存在的违法、违规经营行为，排查文化市场经营单位的安全隐患，促进垦区文化市场平安稳定，总局文化委于10月9—13日，28—30日指派文化市场综合执法人员深入基层，会同基层文化市场综合执法人员依法对宝泉岭管理局、红兴隆管理局、建三江管理局、九三管理局局直地区及部分农场的网吧、歌舞娱乐场所、出版物经营单位、印刷企业等文化市场经营单位进行检查。在检查过程中，执法人员在向文化市场经营单位宣讲文化市场相关法律法规的同时，还对经营业主进行了安全生产宣传教育。对于涉嫌存在消防安全隐患的经营单位及时告知公安消防部门。检查结束后，总局文化委执法人员为基层执法人员详细讲解了《中华人民共和国行政处罚法》《互联网上网服务营业场所管理条例》等与文化市场综合执法相关的法律法规，并结合基层执法人员在执法过程出现的瑕疵，讲解了文化市场综合执法实务。（詹思远）

【北大荒文联】 总局党委重视文联工作，多次组织召开文联工作会议，听取北大荒文联所属各协会工作汇报，对北大荒文联工作做出具体部署，提出具体要求，及时跟踪问效。北大荒作家协会、北大荒美术家协会、北大荒书法家协会、北大荒音乐舞蹈家协会、北大荒戏剧曲艺家协会、北大荒摄影家协会、北大荒电视艺术家协会先后召开理事会，传达总局领导指示精神，传达上级协会会议和北大荒文联主席团会议精神，部署全年工作，增补理事，发展会员，健全组织机构。（詹思远）

【北大荒博物馆】 2015年，北大荒博物馆接待观众1.4万余人次，提供讲解服务300余场。开展博物馆志愿者工作，与东北农业大学水利与建筑学院首批25位志愿者签约，为东北农业大学学生提供志愿讲解服务12场。做好"5·18"国际博物馆日和开馆10周年的宣传工作。征集展品40件(套)、新增入库书籍1800本。在馆内显要位置张贴纪念世界反法西斯战争暨中国人民抗日战争胜利70周年宣传展板，举办"记忆与守望——北大荒博物馆开馆十年回顾"临时展览。做好研究资料的撰写和业务报表等材料的呈报工作，撰写《北大荒博物馆图典》一书的书讯。编撰《记忆与守望——北大荒博物馆开馆十年回顾》，于8月由黑龙江人民出版社正式出版。撰写新闻稿《北大荒博物馆迎来十岁生日》，分别刊登于《北大荒日报》、东北网、《黑龙江日报》《北大荒史志》。收集整理黑龙江垦区24家博物馆、纪念馆和场史馆讲解词。向省党史研究室呈报馆内讲解词和出版的书籍，作为红色旅游景点的资料。按照市文化局要求完成博物馆2014年度统计年报的网络上传工作和北大荒博物馆2014年年检资料的上报。向省文化厅整理上报垦区7家博物馆年检材料。开展学习交流工作，先后到哈尔滨啤酒博物馆、哈尔滨城市规划馆、双城第四野战军纪念馆和哈尔滨世纪汽车历史博物馆参观学习。选拔4名讲解员参加省2015年讲解员岗位讲解大赛。完成垦区及本馆文物普查工作，完成所有珍贵文物的定级工作，共确定二级文物18件(套)，三级文物866件(套)，完成垦区866件(套)三级文物的鉴定手续，将相关手续报省文化厅备案。指导文物收藏单位进行文物信息录入工作，完成馆内340件(套)珍贵文物信息平台上报。拍摄一般文物402件，共1652张照片，基本完成馆内402件一般文物的离线录入。做好安全保卫及设备管理工作，定期进行馆内安全防火检查，对库房及监控室气体灭火器年检加压及维护，展厅及办公室156只干粉灭火器年检。（崔　柳）

【北大荒文工团】 北大荒文工团是黑龙江垦区唯一的专业文艺团体，成立于1959年，1963年更名为东北农垦总局话剧团，1978年由黑龙江省编委正式批准为北大荒文工团(正处级)。现编制34人。有国家一级演员等正高职称7人，副高以上11人，中级5人。北大荒文工团的主要工作任务是按照总局党委的部署和要求，完成总局各类文艺演出工作任务，做好为总局各部门和垦区基层各单位文化艺术活动的服务工作，承担"三下乡"送文化到基层慰问演出任务，负责垦区群众文化活动的组织、培训、辅导和服务工作，履行垦区职工群众艺术馆职能。以文艺的形式弘扬北大荒精神、繁荣垦区文化事业、宣传北大荒企业文化、丰富垦区职工群众文化生活。2015年6—月，结合党的"三严三实"教育，以"送欢乐到基层"为主题，北大荒文工团分别赴绥化、北安、宝泉岭、建三江4个管理局、50多个农场及社区，开展文化下乡慰问演出，观众人数达10万人次。9

月,受双鸭山农场的邀请,为优秀教师表彰大会进行教师节专场慰问演出。12月,北大荒文工团与机关合唱团联合举办“送欢乐到基层”专题晚会赴总局总医院进行慰问演出。(刘国红)

【北大荒版画院】 北大荒版画院主要开展版画创作、收藏、展览、研究、培训版画创作队伍等工作。2015年,举办垦区版画创作班,培训学员30余人,聘请省内专业版画家进行讲座辅导,创作了一批质量较高的版画作品;推荐8位骨干作者参加省水印版画创作班。推荐10余幅优秀北大荒版画作品参加第十一届中国(深圳)国际文化产业博览交易会,其中张泽新作品《太平沟记事之二》被大会评为中国工艺美术文化创意奖银奖,杨渝光作品《天地同春·鹤舞丰泽》被评为中国工艺美术文化创意奖铜奖。杨渝光的国画作品获日本国际水墨画比赛大奖,版画作品入选第十届全国美术作品展。周振友的版画作品入选第二十一届全国版画展。组织7位北大荒版画家为省抗联博物馆创作抗联版画7幅,展示了垦区版画的风采。组织版画作品参加省第十四届“群星奖”比赛,29幅美术作品获奖。张泽新的版画《太平沟系列之二》荣获金奖,黄淑田的版画《梦绕家园》、吴双伟的国画《青莲》荣获银奖,崔艳的《秋之絮语》、狄志军的《中》、张俊萍的《巴那吉额姆秋天》、陶莉莉的《秋的乐章》4幅作品和齐永利的《龙腾盛世》、黄志刚的《富贵花开》两幅国画作品荣获铜奖,另有20人的作品获优秀奖。举办“光荣与梦想——垦区纪念中国抗日战争胜利70周年美术作品展览”,评出获奖作品78幅,展出作品51幅。组织31件优秀版画作品,参加第二十届澳门国际贸易投资展览会,作品受到澳门观众好评和美术协会主席称赞。在全国第三届“书香三八”读书活动中,高娜的版画《生》获一等奖。在2015年陆家嘴“梅园杯”上海国际藏书票邀请展上,张俊萍4枚书票荣获金奖。在第二届全国教师版画展上,崔艳、狄志军获最佳作品奖,张俊萍、郭伟利获优秀奖。北大荒版画院与黑龙江省美术馆联合举办《放飞心灵——北大荒少儿版画精品展》,选出在历届国内外少儿美术大赛中获奖作品200余幅,先后在河南、省美术馆展出,这项展览被文化部列为2015年展览项目。参加第十七届全国少儿版画作品展暨“我们爱和平”全国少儿木刻作品展,送展作品115幅,是参赛作品最多的团队,其中获奖作品80余幅,展出作品53幅。(张泽新)

文学创作

【北大荒作家协会】 垦区有中国作协会员10人,有省作协会员90人,北大荒作协会员319人。当年吸收北大荒作协会员48名。垦区作者创作出版作品22部。北大荒作家协会荣获省作家协会颁发的2014年度全省文学组织工作奖,连续14年获得此殊荣。编辑出版《北大荒作家》两期,每期印刷500册。(赵国春)

【文学作品创作】 2015年,垦区作者创作出版作品22部,比上年增加4部。其中,农垦职业学院陈彦斌在浙江少年儿童出版社出版儿童长篇小说4部,即《黑鱼泡子》《猞猁谷》《冰湖》《最后的狼族》。铁力农场学校金薇的《我的爱情睡醒》由译文出版社出版,她的《天下无敌的六五班》由河北少儿出版社于11月再版。其根据自己的长篇小说《前妻来袭》改编的40集电视连续剧《头号前妻》由阿里影业与中汇影视拍摄。刘海生在中国文史出版社出版《高人》《最好不相见》两部长篇小说和散文集《爱情是什么东西》。廖少云的《云雀谷》由大连出版社出版。彭丽的传记文学《一代英才邓嗣禹》,赵春雷的长篇小说《大荒谣》,高跃辉的散文集《寻梦北大荒》,王菲的散文集《故乡是条寂寞的河》,王菲与高绪波合作的诗歌集《手牵手,在阳光下行走》,高绪波主编的《建三江散文111篇》,黄黎、高明山的《黄振荣传》,马美玲的长篇小说《漫步的云》于当年出版。2015年,垦区广大作者在报刊上也发表了大量的文学作品。总局党委副书记邹积慧,先后在《人民日报》《诗刊》《中华诗词》《黑龙江日报》《诗潮》等报刊发表格律诗58首。九三管理局廖少云的获奖长篇童话《云雀谷》,由大连出版社1月出版后,于6月再版。散文和童话在《儿童文学》《读者》《小星星》发表。赵国春在《中国文化报》《散文百家》《中国散文报》《中国农垦》《特别文摘》发表散文11篇,入选的《记忆与守望》等文集16篇。赵宝海在《诗潮》《诗林》《生活报》等报刊发表新诗和格律诗78首,入选《东北三省诗歌年鉴》《中华诗词20年选萃》等书16首。宝泉岭管理局的王淑梅先后在《中华诗词》《诗词周刊》《诗潮》《中华辞赋》以及网络上发表作品近百篇。红兴隆管理局友谊农场13岁的中学生李楠在《中学生报》《少年月刊》《学生天地》等9家报刊发表童话故事12篇,在纺织出版社出版校园小说《专心才会赢》。牡丹江管理局作协主席张剑霜2015年在《诗林》《诗潮》《扬子江诗刊》发表诗歌9首。牡丹江管理局孙文彬在《陕西文学》《章回小说》《阳光》等报刊发表小说散文11篇。八五七农场朱磊在《中国农垦》《杂文月刊》等省级以上报刊发表散文、随笔5篇。北安管理局作协常务副主席刘文在《微型小说月报》《西安晚报》等40余家报刊发表165篇,其中,省级以上79篇,作品入选《闪小说年度精选2015》《微篇小说佳作2015》。哈尔滨管理局作协主席张广玲多篇小说、散文在《北方文学》《生活报》《岁月》等报刊上发表。(赵国春)

【作品获奖】 2015年2月1日,在北京召开的纪念中国散文学会成立30周年大会上,主席赵国春因在散文创作中不断推出新作,为中国散文事业的繁荣和发展做出了突出的贡献,被中国散文学会特授予“突出贡献奖”称号。副主席刘海生的长篇小说《北河往事》,荣获第九届黑龙江省文艺奖二等奖。北大荒作家协会名誉副主席吴继善的系列散文《神奇土地的文化记忆》入选中国作协2015年度少数民族文学重点作品扶持篇目。九三管理局荣军农场宣传部部长廖少云的《米米亚辔噜猫》获2015“大白鲸世界杯”原创幻想儿童文学优秀作品金鲸奖。在省委宣传部和省作协举办的纪念世界反法西斯战争暨抗日战争胜利70周年征文活动中,勤得利农场曲洪智的小说《“莫日根”传奇》荣获二等奖。

(赵国春)

【铁凝到北大荒】 9月16—17日,中国作家协会主席铁凝到建三江管理局,与当地的20多名业余作者座谈。总局党委副书记邹积慧、建三江管理局党委书记陶喜军、纪委书记牟秀玲参加座谈。邹积慧代表总局党委,对铁凝的到来表示热烈的欢迎。北大荒作协主席赵国春汇报了北大荒作协工作开展情况。建三江管理局作家协会主席李一泰汇报了建三江管理局作协工作,北大荒文学馆史凤彬介绍了北大荒文学馆的筹建情况,建三江作者宋海峰、周妮娜、李晓光、庞威畅谈了创作体会。在听取大家发言后,铁凝肯定了近年来北大荒作协工作取得的成绩,对建三江作家协会扎根北大荒、弘扬时代精神表示由衷的敬意。铁凝希望垦区的文学工作者能够深刻领会习近平总书记在文艺工作座谈会上的讲话精神,坚持以人民为中心的创作导向,弘扬社会主义核心价值观,创作出大批思想性和艺术性相统一的优秀作品。(赵国春)

【“追寻抗联精神”采风】 7月15日,在宝泉岭管理局组织“北大荒作家追寻抗联精神”采风活动。20余位作家先后到共青农场、赵尚志牺牲地、梧桐河农场抗联纪念馆等地参观,每人写一篇作品。有部分作品被《北大荒文化》发表,12篇发表在宝泉岭管理局的《岭上风》《重走抗联路专栏》。

(赵国春)

【参加第二届丁玲青年论坛】 8月20日,赵国春应邀到宝泉岭管理局参加中国丁玲研究会和清华大学中文系主办的第二届丁玲青年论坛,来自中国、日本、韩国的40多名学者参加本次论坛。会上,赵国春作了题为《试论丁玲对北大荒文学的影响和贡献》的发言,宝泉岭农场党委书记郭敏、农场党委宣传部部长梁源撰写了《杜晚香与北大荒精神》在论坛上交流,北大荒作家协会为50名与会代表赠送《风雪人间北大荒——丁玲在北大荒》一书。

(赵国春)

【网络文学】 在网络上开辟“北大荒作家网刊”,建立北大荒作家QQ群,会员达200人。《宝泉岭信息港》深受全国各地知青的喜爱,每天上网浏览人数超过10余万次。在原有的《原创文学》《知青文化》《小城故事》《军垦岁月》等专栏外,增加《思乡游子》《知青足迹》《东北风情》等专栏,拓宽作品发表平面,成为原创作品的刊发阵地。建三江管理局在中国作家网、中国散文网、中华散文网、中国诗歌网等知名网站发表文学作品400余篇,《建三江信息港》年发稿300余篇。九三网站开设专栏,刊登作协会员简介、名家风采、文学天地等,链接个人博客,利用此平台开展文化交流,共刊登小说、散文、诗歌588篇(首)。(赵国春)

【北大荒作家协会四届五次主席团(扩大)会议】 7月14日,北大荒作家协会四届五次主席团(扩大)会议在宝泉岭管理局召开。会议学习习近平总书记在文艺工作座谈会上的讲话精神和总局党委副书记邹积慧在北大荒文联工作会议上的精神。审议了《北大荒作家协会2014年工作总结(审议稿)》和《北大作家协会2015年工作要点(审议稿)》。参照中国作家协会的做法,会议审议通过了部分团体委员变更事项。根据工作需要同意张剑霜、刘文、蒋玉增补为北大荒作家协会第四届委员会委员。同意张剑霜、王征雁、张广玲,分别接替刘金玉、卢伟力、张蕊为北大荒作家协会第四届委员会主席团委员。(赵国春)

【会员发展】 总局党委副书记邹积慧被中国作协吸收为会员,当选为中华诗词协会常务理事。省作协批准垦区推荐的赵文彩、郭海燕、宋海峰、彭丽、麻建军、马美玲、王菲、黄黎8名省作协会员。发展北大荒作协会员40名。

【文学活动】 9月3日,哈尔滨市呼兰河读书会组织召开20人参加的“赵国春散文作品朗诵会”,总局党委委员、总局党委宣传部长高跃辉参加并讲话,著名诗人、翻译家马永波博士参加会议并发言,赵国春向20多名参会者赠送了近年来出版的书。9月,宝泉岭管理局作协与鹤岗市诗词楹联协会开展第二届“北国三角洲、美丽宝泉岭”之履,到新华农场风光旖旎景区二库进行诗朗诵及采风活动,与农场文学爱好者进行互动。红兴隆作协和双鸭山市作协继续组织“两地作家采风行”活动。组织15名作家到五九七农场、红旗岭农场、八五二农场和双鸭山农场采风,创作诗歌、散文、小说文学作品95篇(首),陆续在《诗词百家》《北大荒日报》《北大荒文化》《双鸭山日报》等报刊上发表。建三江管理局在勤得利农场举办文学创作培训班和采风活动,《清明》杂志社主编周扬帆等参加,在前哨农场举办“白天鹅诗会”,北大荒作协主席赵国春、著名词作家胡小石、《沂河》杂志主编刘京科等全国各地的作家诗人50余名参加诗会,赵国春、胡小石、孙且、刘京科等作家学者进行了授课;举办了《大荒谣》首发式和赵春雷作品研讨会,省内作家及大庆、富锦等地的30余名作家参加了座谈;组织部分作家到吉林珲春参加笔会,与《参花》文学杂志进行联谊。九三管理局作协组织会员参与建党九十四周年“红色热土”征文,开展以“九三梦”为主题的文艺创作活动,推出《一个真实的故乡》等一批获奖作品。

(赵国春)

广播·电视·电影

【概况】 垦区各级广播电视部门紧紧围绕总局党委中心工作,坚持以正面宣传为主的方针,把握正确舆论导向,不断加大宣传力度和舆论引导力,农垦广播电视台自办栏目制作播出共1420期,其中《北大荒新闻》365期,《民生》307期,《黑土地》280期。制作各类专题片20余部。对上播发稿件197余条。调频广播《龙广北大荒之声》播发《北大荒新闻》358期,《农科天地》260期,《北大荒文化》52期。在参加全省广电系统评奖中,垦区电视作品《乐在冰城》在国家旅游片评比中荣获三等奖,在全省地市级广电节目评比中获奖8件(省政府新闻奖2个二等奖,2个三等奖,省电视协会4件作品分获一、二、三等奖)在全省县级广电节目评比中获奖38件,其中电视33件,广播5件(获得一等奖16件,二等奖11件,三等奖11件);在全省广播电视节目录制技术质量奖评比活动中,有2件作品分获一、二等奖;在全省广电技术论文评比活动中,有16篇论文获奖 。(丁凯伟)

【广播影视事业建设】 完成中央、省广播影视事业专项建设、覆盖等资金任务,共争取资金1855.5万元。完成对农垦37个无线转播台的576.3万元运维费和数字无线覆盖运维费436.8万元的及时足额按期拨付到位,保证中央广播电视节目正常安全转播。争取中央财政高山无线发射台基础设施改造项目资金300万元和省配套资金276.4万元,对垦区3个无线发射台的基础设施改造。争取省无线发射台建设改造投资146余万元,完成2个无线发射台的基础设施改造。争取中央县级数字影院"先建后补"专项资金120万元,对垦区2家县级影院建设补贴。(丁凯伟)

【行业管理】 垦区各级广播电视部门认真落实一把手负责制和一级抓一级责任制度,层层签订责任状,健全完善播出管理制度,制定明确具体的防范应急预案,及时传达贯彻上级有关安全播出的各项要求。在"两会""纪念抗战胜利七十周年"期间,各级领导坚守岗位,责任和措施落实到位,圆满完成安全播出任务。坚持依法行政,履行管理职责,垦区各级广电部门与工商、公安部门联合开展整治非法卫星地面接收设施专项行动350余次,出动人力2100余人次,对市场流通、施工安装、使用等环节进行集中整治,动员群众主动拆除和收缴非法安装、使用卫星地面接收设施1100余台(套),有效的堵塞非法销售渠道和制止安装使用违法行为,确保垦区广播电视节目传输和播出安全。(丁凯伟)

【广电网络重组】 按照全省广播电视网络重组工作的统一部署,总局成立由农垦总局宣传部、文化委、国资委、农垦广播电视台等部门联合组成的农垦广播电视网络重组工作领导小组,设专人负责对接协调工作,共下发关于人员、资产审计、评估等项文件20余份,通过各方面的全力配合、上通下达,有效促进了重组工作的顺利开展。黑龙江农垦广播电视网络有限公司于9月底完成工商注册、税务登记、银行开户等工作。7家分公司及所属106个运维管理站于10月底开始注册,11月底完成税务登记、银行开户等项工作。3月26日,总局工信委、文化委联合举办垦区广电网络重组资产审计剥离培训班,来自垦区各管理局、农牧场负责资产管理的业务人员及广电技术负责人等共计160余人在参加培训。8月24日,瑞华会计师事务所、中联资产评估有限公司进驻垦区,按照《拟剥离企业填制明细表及提供资料清单及清查方案》的要求,依据《企业会计准则》《企业会计制度》等法规条款对农垦广播电视网络资产进行清查、审计、评估。截至11月底,农垦广播电视网络资产剥离工作结束。按照省《重组方案》和《广电网络重组人员接收安置问答》的要求,垦区共上报待审核人员577人,经省广播电视网络重组工作筹备组人员审核小组审核,符合接收条件的人员566人,于10月底全部公示完毕。(丁凯伟)

【数字电影放映工程】 北大荒数字电影院线公司通过队伍建设、目标考核、场次补贴等一系列措施扎实推进公益电影放映工作,满足垦区广大职工群众观影需求。总局文化委争取中央县级数字影院"先建后补"专项资金120万元,对垦区2家县级影院给予建设补贴。(詹思远)

北大荒日报

【概况】 2015年,北大荒日报社主办《北大荒日报》《北大荒文化》、北大荒网,其中《北大荒日报》出版341期(9860至10201期),刊发各类稿件3万余篇;《北大荒文化》出版12期(271至282期),刊发各类文字近260万字;《北大荒网》播发稿件10万多篇。《北大荒日报》发行量53000余份、《北大荒文化》发行量近10000份。作为垦区主流党报,《北大荒日报》圆满完成总局党委(扩大)会议、全国两会等重要会议报道任务;打胜"典型引路促发展""灌区建设进行时"等报道战役;聚焦"三严三实"专题教育、现代农业建设、经济结构调整、国资国企改革等重点工作,为垦区经济社会持续健康发展营造了良好的舆论氛围。报社被省委、省政府命名为省级文明单位标兵,《北大荒日报》被中国企业报协会评为中国20强企业报,被黑龙江省企业报协会评为全省十佳企业报之一。共有20余名员工获总局机关党委以上表彰奖励,有60余篇作品在中国企业报协会、省新闻工作者协会、省企业报协会、农垦新闻工作者协会组织的新闻评奖活动中获奖。徐广耀被中国企业报协会授予全国十佳企业报总编辑称号。(韩志营)

【重要版面与主要栏目】 重要版面包括要闻版、新闻版、社会新闻版、黑土地文学副刊版、时评版、文摘版、体娱版、悦读版、美食版等;主要栏目有:学习贯彻党的十八届四中全会(省委十一届五次全会)精神、学习贯彻十八届五中全会精神、站在新起点 开启新征程——贯彻落实总局党委(扩大)会议精神、典型引路促发展、灌区建设进行时、践行"三严三实" 转作风提素质、转型升级看龙头、人勤春来早、加速推进农业现代化·专家支招、抢农时 保春播、强夏管 保丰收、多措并举夺丰收、劳动美丽 劳模光荣——全国劳模和先进工作者事迹巡礼、讲警示 倡清廉、大荒美景迎客来、建设平安垦区、安全生产 重于泰山、走进西部垦区等。(韩志营)

【新闻】 在《北大荒日报》一版,推出"学习贯彻党的十八届四中全会(省委十一届五次全会)精神"和"学习贯彻十八届五中全会精神”专栏,以动态消息的形式,全面反映垦区各地结合实际,贯彻落实中央、省委最新精神的情况。把3月份确定为“宣传总局党委(扩大)会议精神月”,准确把握会前、会中、会后3个节点,圆满地完成总局党委(扩大)会议报道任务。会前,以宣传垦区重点龙头企业转型升级情况为重点,为大会的胜利召开进行预热。会议期间,除了报道好每一条重要新闻,连续3天把当天的《北大荒日报》送入会议代表房间。会后,推出关于大会的图片专版;刊发总局党委书记王兆力在大会上所作报告的全文;组织精兵强将,推出一组10篇评论员文章,系统解读总局党委(扩大)会议精神;在《北大荒日报》一版和北大荒网首页,开辟了“站在新起点,开启新征程——贯彻落实总局党委(扩大)会议精神”专栏,以工作通讯的形式,全面宣传各管理局、农(牧)场和总局直属企事业单位贯彻会议精神的做法和经验,在全垦区迅速形成学习、宣传、贯彻、落实总局党委(扩大)会议精神的热潮。按照总局党委书记王兆力提出的“要学会用典型引路,用典型推进工作”的要求和总局党委宣传部的部署,启动“典型引路促发展”大型报道战役。派出12名骨干记者,奔赴9个管理局,对25个典型单位的做法和经验进行了深入挖掘,然后以工作通讯加本报评论员文章的形式在一版头条位置推出。按照总局局长王有国的要求,启动“灌区建设进行时”大型报道战役。由记者、特约通讯员和有关农场通讯员共同合作,对青龙山灌区、江萝灌区、二九〇灌区、饶河灌区、兴凯湖灌区、绥滨灌区、勤得利灌区、八五九灌区和查哈阳灌区的建设情况进行跟踪报道。为宣传好垦区各级党组织的“三严三实”专题教育,在《北大荒日报》一版和《北大荒网》首页开辟“践行‘三严三实’转作风提素质”专栏,跟踪报道各单位开展“三严三实”专题教育,查找解决“不严不实”问题的情况。对总局直属企业进行集约化、规模化、超常规宣传。为全面系统地宣传总局直属企业的改革发展情况,《北大荒日报》、《北大荒文化》和北大荒网同步启动“转型升级看龙头”大型宣传战役,一方面在报纸一版头条位置开辟了专栏,以“工作通讯+评论员文章”的形式,对各家总局直属企业的战略创新、产品研发、市场营销、体制改革等工作进行深入报道;另一方面无偿地为这些企业的产品进行广告宣传,到10月末推出120多条彩色报眼广告、30多块彩色广告版。在《北大荒日报》一版、二版和北大荒网首页,先后推出“人勤春来早”“加速推进农业现代化·专家支招”“抢农时 保春播”“强夏管 保丰收”“多措并举夺丰收”等专栏,高密度地宣传了垦区的现代农业建设情况。围绕中华传统节日、中华传统文化、中华传统美德和社会主义核心价值观等主题,在《北大荒日报》上推出公益广告专版近50块,在《北大荒文化》杂志上刊发公益广告彩页10个。聚焦“转方式、调结构”的典型八五一一农场、“创新产业发展”的典型宝泉岭管理局、“体制改革”的典型九三管委会等,为垦区各地的改革与创新提供了鲜活的参照样本。在《北大荒日报》头版头条位置和《北大荒网》首页开辟了“劳动美丽 劳模光荣——全国劳模和先进工作者事迹巡礼”专栏,生动地再现垦区2015年获得全国劳动模范称号的胡国静、周炳森、刁肇东、李召荣、许敏和获得全国先进工作者称号的林秀华等人的典型事迹。对垦区企业参加第二届中俄博览会、第十三届中国国际农产品交易会、第十六届中国绿色食品博览会、中国奶业博览会、中俄哈尔滨文化博览会暨北大荒文化产品展示交流会的情况进行全面报道。与总局纪委、监察局联合开展“讲警示、倡清廉”征文活动,并在一版推出了相应专栏;与农垦工会、总局安监局、总局团委联合开展了“安全在我心中·安康杯”征文活动。继续做好联络老作者、培养新作者工作,精心办好《北大荒文化》杂志,首发于2015年第2期《北大荒文化》的散文《沉醉于欧洲之魅》被《作家文摘》转载。继续整合全社资源,办好北大荒网,使网站的访问量和浏览量均保持了稳步提升,出资5万元,将北大荒网、《北大荒日报》和《北大荒文化》均链接在东北网首页重要位置。　　(韩志营)

【重要报道】　1月1日在《北大荒日报》刊发《总局获“全国粮食生产先进单位”称号》;1月9日刊发《垦区首批两家省级湿地公园正式建立》;1月31日刊发《宝泉岭局白羽鸡项目全产业链正式封闭运行》。2月10日刊发《王有国会见福田雷沃董事长王桂民》;2月18日刊发《共青退休干部杜俊起做客中国青年网》。3月3日,刊发《中共黑龙江省农垦总局委员会(扩大)会议召开》;3月16日刊发《王有国到九三和齐齐哈尔管理局调研》;3月26日刊发《“垦丰种业”成功登陆“新三板”市场》。4月1日刊发《北大荒股份公司成功实现扭亏为盈》;4月2日刊发《省委常委、政法委书记杨东奇来垦区调研》《水利部副部长矫勇来垦区调研》;4月3日刊发《北大荒股份一举实现“摘星脱帽”》;4月9日刊发《王兆力到北大荒米业集团调研》;4月10日刊发《王兆力到北大荒薯业集团调研》《北大荒版画基地项目被文化部评为重点项目》;4月11日刊发《王有国到建三江红兴隆调研》;4月16日刊发《王兆力到完达山乳业集团调研》;4月17日刊发《王兆力到九三集团调研》;4月18日刊发《王兆力到北大荒药业集团调研》;4月22日刊发《王有国会见中国农业银行客人》;4月23日,刊发《王兆力到农垦通信公司调研》;4月28日刊发《垦区5名劳模赴京参加表彰大会》。5月5日刊发《冯占山获“中国青年五四奖章”》;5月7日刊发《北大荒亮相第十六届中国国际食品和饮料展览会》;5月9日刊发《王有国率农垦代表团参加龙港经贸交流活动》;5月10日刊发,《王兆力到牡丹江管理局调研》《王兆力赴俄罗斯滨海边疆区推介“北大荒”》;5月12日刊发《省委书记王宪魁到建三江调研》;5月13日刊发《王兆力到建三江调研》;5月23日刊发《省委副书记陈润儿到建三江调研》《中国农业银行董事长刘士余到建三江调研》;5月27日刊发《陈润儿主持召开青龙山灌区工程建设协调会》《垦区全面启动“三严三实”专题教育》;5月28日刊发《王兆力到哈尔滨局调研》;5月30日刊发《北大荒与黑龙江大学掀开合作新篇章》《王有国会见交通银行客人》。6月3日刊发《国土资源部部长姜大明率国务院督查组来垦区》;6月10日刊发《王有国会见台湾财团法人二十一世纪基金会客人》;6月16日刊发《陈润儿到垦区龙头企业调研》;6月19日刊发《“北大荒”荣登2015中国500最具价值品牌榜》;6月26日刊发《范子军被追授“全国公安系统二级英雄模范”称号》;6月27日刊发《陆昊在垦区调研》;6月30日刊发《王兆力会见中国机械工业集团总经理徐建》。7月1日刊发《垦区规模奶牛场高产攻关活动启动》;7月2日刊发《“九三集团号”高铁列车盛装开行》;7月6日刊发《王兆力到宝泉岭局调研》;7月10日刊发《上海市长杨雄到八五〇农场考察》;7月12日刊发《吕维峰到青龙山灌区调研》;7月14日刊发《北大荒养老中心迎来首批“候鸟老人”》;7月18日刊发《王兆力到北安管理局调研》;7月19日刊发《王兆力到九三管理局调研》;7月20日刊发《全国政协副主席王正伟到北大荒通航调研》;7月21日刊发《国务院参事杜鹰到红兴隆调研大豆和玉米价格改革问题》;7月28日刊发《王宪魁到红兴隆和牡丹江管理局调研》;7月30日刊发《王有国会见欧洲化学集团和米高集团客人》。8月5日刊发《全国妇联副主席宋秀岩到垦区调研》;8月6日刊发《“北大荒”与“黑土地”签署战略合作协议》;8月7日刊发《杨汭到建三江调研》;8月11日刊发《建三江民用机场建设获国家发改委批复》;8月21日刊发《王兆力到齐齐哈尔管理局调研》;8月27日刊发《北大荒与香港霍氏集团签署战略合作协议》;8月31日刊发《纪念中国青年志愿垦荒60周年大会暨共青农场发展恳谈会召开》。9月6日刊发《第五届中国贫困地区可持续发展战略论坛在建三江举行》;9月9日刊发《王宪魁在九三和绥化管理局调研》;9月17日刊发《垦区司法体制改革全面启动》;9月19日刊发《中国作家协会主席铁凝到垦区采风》《垦区打响大型灌区建设攻坚战》;9月23日刊发《王有国会见“嘉吉学习之旅”代表团》。10月14日刊发《王兆力会见中非发展基金董事长迟建新》;10月24日刊发《国家信访局信访工作调研座谈会在垦区召开》。11月8日刊发《北大荒两百余种精品亮相第十三届国际农交会》;11月23日刊发《总局与省广播电视台达成战略合作共识》。12月3日刊发《省委巡视组巡视省农垦总局工作动员会召开》;12月17日刊发《王兆力会见福田雷沃国际重工客人》;12月23日刊发《总局与清华同方签订“互联网+”智慧农业合作协议》;12月25日刊发《总局与光大集团签署战略合作协议》;12月31日刊发《孔德春获“感动龙江人物”称号》。（韩志营）

文化市场

【文化市场综合执法】 严格依法行政,做好日常监管工作。垦区各级“扫黄打非”成员单位严格按照省“扫黄打非”工作部署,以打击政治性非法出版物为重点,组织开展“净网”“清源”“秋风”等集中行动,适时组织开展治理校园周边环境、整治印刷市场、打击互联网淫秽色情信息等专项行动,垦区出动各级“扫黄打非”工作执法人员1600余人次,对垦区内的印刷企业就行510余家次检查;对出版物经营场所、车站、旅游景点、校园周边等人员流动量较大的公共场所进行460余次检查。有效地净化了出版物市场环境,维护了社会政治稳定。垦区各级依法加强文化市场管理。以治理网吧、娱乐场所违法接纳未成年人为主要任务,坚持开展集中治理与日常监管相结合,出动执法人员12169人次,检查文化市场经营单位5900家次。指派执法人员深入基层明察暗访。总局文化委于10月9—13日,28—30日指派文化市场综合执法人员深入基层,会同基层文化市场综合执法人员依法对宝泉岭管理局、红兴隆管理局、建三江管理局、九三管理局局直地区及部分农场的网吧、歌舞娱乐场所、出版物经营单位、印刷企业等文化市场经营单位进行检查。在检查过程中,执法人员在向文化市场经营单位宣讲文化市场相关法律法规的同时,还对经营业主进行了安全生产宣传教育。对于涉嫌存在消防安全隐患的经营单位及时告知公安消防部门。检查结束后,总局文化委执法人员为基层执法人员详细讲解《行政处罚法》《互联网上网服务营业场所管理条例》等与文化市场综合执法相关的法律法规,结合基层执法人员在执法过程出现的瑕疵,讲解了文化市场综合执法实务。（詹思远）

【文化市场技术监管和服务平台】 按照省文化厅关于开展全国文化市场技术监管与服务平台应用工作的部署,总局文化委员会于1月7—9日在哈尔滨举办垦区全国文化市场技术监管与服务平台业务应用系统培训班,来自垦区各管理局、基层农牧场的143名执法人员参加培训。通过理论培训和上机操作,规范提升了垦区各级文化行政执法人员依法行政能力,确保垦区文化市场技术监管与服务平台平稳上线应用。历时19天提前完成439家经营单位平台激活工作,激活率达100%,为垦区平台的推广应用提供数据保障。垦区所有文化市场审批新增业务工作,各级综合执法机构的日常检查、案件办理等业务都通过平台办理,平台的应用为垦区综合文化市场规范行政审批,提高执法能力,转变监管理念,创新监管方式,提供了重要技术支撑和保障。（石 磊）

档案·史志

【档案工作】 夯实基础建设,抓好规范管理。年度归档立卷工作高质量完成。接收总局机要室及总局机关各部门2014年归档文件8723件,其中,永久保管期限215件,30年5958件,10年2550件,全部按照《归档文件整理规则》要求完成接收、检查、鉴定、分类、整理、卡归档章、装盒上架、排序、编目、统计等归档整理工作,接收会计档案550卷,包括会计凭证382卷、会计账本117册、会计报表51册;接收2013—2014年审计卷宗560卷,接收统计档案102卷;全部按照要求整理立卷归档编目上架排序。档案管理现代化水平进一步提升。集中录入2010—2014年归档文件目录2.6万余条。馆存机读目录9.86万条,馆存1993年之后总局文书档案及2010年之后总局及总局机关各部门文书档案目录全部录入计算机,实现软件检索。加强档案利用服务工作,及时准确高效提供档案利用,努力提高查全率和查准率。全年为总局及总局机关各部门工作查考、编史修志、经济建设提供档案查阅共计3686卷(件),423人次,复制档案6994页。清理废止、保留、修改文件291件,逐份注明废止。坚持抓好岗位培训,提高档案管理的业务水平。抓好岗位培训。全年组织114名档案工作者参加省档案局举办的档案岗位培训班,使专业人员持证上岗。以总局及各分局档案科根据档案工作新要求组织业务交流、论文评选、理论交流,2015年组织参加省档案学会论文评选28篇、一等奖3篇、二等奖8篇、三等奖10篇、优秀7篇。推荐全省基层档案工作先进典型经验交流材料1篇。做好职称评审工作。圆满完成2015年垦区档案中级职称的评审和高级职称的审核申报工作,做好相关职称评审要件知识更新、改职培训、外语、计算机考试、档案专业考试的通知、解答、发放工作,中级申报40人,通过36人。高级申报14人,通过12人。完善机关档案制度建设。在完成机关档案规范化、标准化、现代化管理的同时,不断完善机关档案制度化建设,重新完善《总局档案科(馆)工作职责》《总局档案管理和利用规范》《总局档案归档流程》《档案借阅流程》《文书档案归档整理规范》,进一步提升了总局档案工作规范化程度。　(蔡文利)

【史志工作】 (1)《黑龙江省志·农垦志》(1985—2005)出版发行。《黑龙江省志·农垦志》发动于1999年初。2011年以来,总局史志办克服人员少(在岗3人)、工作量大(80余万字)、资料不全、部分内容缺失等不利因素,全力以赴编纂修改。2013年7月29日在北安管理局召开《黑龙江省志·农垦志》评议会。2014年5月,在哈尔滨召开《黑龙江省志·农垦志》终审会,《黑龙江省志·农垦志》通过终审。2015年10月,《黑龙江省志·农垦志》由黑龙江人民出版社出版,字数87.36万字。分9篇、29章、139节。有文前图片41幅,文中照片102幅,文中表格77个。全面、客观、系统地记述1985—2005年黑龙江垦区的发展变化。(2)年鉴编纂出版工作。一年一鉴已成为农垦史志工作的常态,《黑龙江农垦年鉴》130余万字,200余幅照片。由黑龙江人民出版社出版。(3)《北大荒史志》编纂工作。进一步加强杂志的理论性、可读性、资料性,增加理论性文章,结合中国人民抗日战争暨世界反法西斯战争胜利70周年开辟专栏,受到广泛关注。杂志全年四期40余万字。(4)三级修志工作。严格执行三审制度,并要求已出版志书的单位,马上开始着手资料的整理,为下轮修志做准备。2015年审定出版农场志书5部,计400余万字。(5)大事记工作。做好大事记收集整理工作,要求做到每件事都核实到人,保证资料的准确完整。垦区2015年大事记已收集整理完毕,并上报总局领导和农业部。(6)网络化方志馆建设工作。进一步丰富黑龙江农垦系统网络化方志馆的数据资料,也为宣传垦区、扩大垦区影响提供了条件。(7)加强上下沟通,抓好史志队伍建设。加强与上级主管部门及管理局和农场史志办的沟通与指导,对垦区史志队伍和志书出版情况摸底,推动史志工作有序发展。(8)完成总局、省委党史研究室、省志办交办的工作。完成省委党史研究室《中共黑龙江省委执政纪要》(2014)、《黑龙江改革开放实录》约稿任务。(9)贯彻落实《国务院办公厅关于印发全国地方志事业发展规划纲要(2015—2020年)的通知》精神。2015年9月3日,《国务院办公厅关于印发全国地方志事业发展规划纲要(2015-2020年)的通知》正式下发。9月6日,总局史志办组织全体工作人员学习《纲要》精神,要求每人撰写体会文章。下发通知,要求各管理局、农牧场、局直企事业史志部门,迅速组织学习《纲要》。(10)垦区第七次史志工作会议召开。10月15日,组织召开垦区第七次史志工作会议,这是自2003年第六次史志工作会议以来,垦区史志工作又一次重要的会议。省委党史研究室、省地方志办公室领导、总局党委副书记邹积慧出席会议并做讲话。会议对志书编纂及年鉴启动工作做明确要求,对垦区史志工作先进集体和个人进行了表彰。(11)黑龙江农垦史编写委员会工作。继续承担由农垦史志办牵头的黑龙江农垦史编写工作委员会涉及的有关工作。(12)黑龙江屯垦史编写工作。启动于2014年7月,由中国社会科学院和黑龙江省委共同立项,黑龙江江省社会科学院承担的黑龙江屯垦史编写工作,一直由史志办按着总局党委的要求牵头参与,参与各卷的评审。(13)获得荣誉。2015年,总局史志办公室荣获人力资源和社会保障部及中国地方志指导小组联合授予的全国地方志系统先进集体称号,是黑龙江省唯一获此殊荣的单位。2015年全省第八次地方志工作会议上,北安管理局荣获黑龙江省人力资源和社会保障厅、黑龙江省地方志办公室联合授予的全省地方志系统先进集体称号,另有红兴隆管理局史志办等4个单位荣获全省方志系统先进集体称号,郭思宝等7人荣获全省方志系统先进工作者称号。2015年全省党史部门党史优秀科研成果评选,总局史志办报送的作品《北大荒记忆——第一犁》荣获三等奖。　(郭思宝)

社会生活

人口与民族

【人口】 2015年,垦区人口保持低速增长。垦区人口出生率3.73‰,比上年下降0.88个千分点,人口自然增长率-1.39‰,比上年上升0.63个千分点。年末,垦区常住人口167.2万人,比年初减少2.5万人。其中,农场人口146.4万人,占总人口的87.6%。

(杨雪松)

【计划生育工作】 落实单独二孩政策,2015年,垦区共审批单独699例。全面兑现计划生育奖扶政策,与民政残联等部门联合制发《关于进一步做好计划生育家庭特别扶助工作的实施方案》,对2778名计划生育持扶对象发放奖扶金,组织开展多种形式的关心关爱帮扶活动。红兴隆管理局荣获省级优质服务示范单位,宝泉岭管理局荣获省流动人口基本公共卫生计生服务均等化试点单位。 (杜 鑫)

【民族工作】 垦区居住人口中有39个少数民族成分,少数民族人口33135人,占垦区总人口的2%,其中人数较多的少数民族有满族18072人,蒙古族4975人,朝鲜族4706人,回族1852人,其他少数民族3527人(第六次人口普查数)。少数民族副处级以上干部76人。少数民族人口较多的农场有4个,分别是富裕牧场(以柯尔克孜族为主)、和平牧场(以蒙古族为主)、红色边疆农场(以满族、达斡尔族为主)和海伦农场(以回族为主)。有少数民族作业区、管理站12个(其中朝鲜族5个、满族和达斡尔族4个、蒙古族2个、柯尔克孜族1个)。围绕推进民族团结进步,突出垦区特色,全面加强垦区民族各项工作。落实少数民族发展资金200万元,扶持富裕牧场、红色边疆农场、江滨农场、海林农场和四方山5个农场的水稻新品种试验基地、农田水利、食用菌生产基地、农机库房和羊舍基地项目。落实少数民族政策,为少数民族办理民族成分更改证明26人,办理少数民族子女高考升学证明263人。开展少数民族帮扶工作,发挥垦区少数民族联谊会的桥梁纽带作用,与少数民族鳏寡孤独等结成帮扶对子,关注和解决少数民族生产生活遇到的困难,开展少数民族扶贫,千方百计为少数民族群众做好事、办实事。2015年,垦区"突出少数民族特色,加快民族新村建设"材料入选省委民族工作会议典型经验汇编。总局党委统战部被省政府授予全省民族团结进步模范集体,红色边疆农场宋景兰被授予全省民族团结进步先进个人称号。

(杜 克)

居民生活

【收入状况】 垦区居民生活水平快速提高。2015年,年垦区居民人均可支配收入达23855元,同比增长7.2%。其中,工资性收入、经营性净收入、财产性净收入和转移性净收入同比分别增长10.8%、3.9%、15.3%和7.5%。

(杨雪松)

【消费状况】 垦区居民人均生活消费支出12179元,比上年增长8.4%,其中,恩格尔系数26.2%。耐用消费品数量与上年同期基本持平,年末平均每百户居民拥有彩色电视机100.3台、洗衣机93.3台、电冰箱88.5台、空调1.4台、摩托车35.2辆、热水器60.3台、微波炉21.8台、照相机25.6台、家用计算机51.8台、移动电话202.9部、生活用汽车15辆。 (杨雪松)

美丽乡村建设

【机构】 按照5月13日总局党委会议关于在垦区开展美丽乡村建设的决定,起草《中共黑龙江省农垦总局委员会办公室关于成立美丽乡村建设领导小组的通知》,成立以王兆力、王有国为组长,徐学阳为副组长,总局机关及直属32个相关部门为成员单位的总局美丽乡村建设领导小组,明确领导小组办公室的工作职责。 (张 蕾)

【制度方案】 按照《黑龙江省美丽乡村建设三年行动计划(2015—2017)》,结合垦区实际,起草《黑龙江垦区美丽乡村建设实施方案(2015—2017)》,以总局党委文件下发垦区实施。该实施方案明确了垦区在2015—2017年中以19个农场(小城镇)和42个管理区为示范单位,形成美丽乡村示范带,以点带面,推动垦区全面建设美丽乡村的工作目标。11月6日,召开垦区美丽乡村建设推进会议。会议总结了美丽乡村建设工作的经验和不足,要求垦区各局场提高认识,明确目标,增强美丽乡村建设的责任感。 (张 蕾)

民 政

【低保工作】 2015年,争取国家及省级支持资金2.0755亿元,局场两级配套5310万元,有效保障62412名贫困人口的基本生活,低保标准达每人每月500元,低保人均月补差额达335元。

(吕振龙)

【社会救助】 争取到上级社会救助资金7564.8万元,其中大病救助1094.8万元,供暖补助资金2997万元,用电补贴127万元,低保对象一次性生活补贴资金2357万元,困难群众补贴资金505万元,临时救助资金484万元,全部发放到垦区低保家庭。北大荒宏志班在校生150人,每人每年补助8000元,全年补助资金达120万元。垦区已建民政爱心超市100个,多数局场实现全覆盖。民政爱心超市全年共救助8000多人次,救助物资折合人民币超过1000万元,搭建起常年救助平台,发挥了社会救助作用,受到贫困群众的欢迎。垦区各单位组织开展"慈善一日捐"活动,发展垦区的慈善事业。

(吕振龙)

【社区建设】 垦区现有社区综合服务中心268个、社区居委会627个。社区建设不断完善,多数社区居委会都有较好的办公场所和社区综合服务中心。有条件的建立了社区综合服务中心、社区图书室、社区活动室,社区建设逐步得到重视和加强,80%社区达规范化标准,40%社区达省级标准。社区服务体系逐步完善,社区的服务功能更加完善,内容更加丰富,基本做到民生进社区、文体进社区、法律服务进社区、救助救济进社区、防灾减灾进社区,满足了社区居民需要。社区队伍不断加强,各单位注重培养社区居委会干部,年龄结构,文化结构不断优化,素质不断提高,着眼于社区服务需要,建设社区志愿者队伍、家政服务队伍、居家养老服务队伍,社区服务开展有声有色。2015年大兴农场场直、八五七农场场社区获国家级防灾减灾示范社区,梧桐河农场、前进农场、二龙山农场获省级防灾减灾示范社区称号。

（吕振龙）

【民间组织】 根据省民政厅《关于迅速清理"名存实亡"的社会组织的通知》精神,总局民政局组织本级社会组织业务主管单位及管理局民政局开展对社会组织清理活动。经各业务主管单位书面报告,对垦区内无办公场所、无负责人、无工作人员、找不到联系人、长期不开展的12家"实存实亡"社会组织予以注销,保持和促进了垦区社会组织健康发展。被注销的社会组织名单:黑龙江垦区环保产业协会、黑龙江垦区计量协会、黑龙江垦区质量协会、黑龙江垦区特种设备安全技术行业协会、黑龙江垦区国际人才交流协会、黑龙江农垦工业经济协会、黑龙江农垦植保协会、黑龙江农垦教育督导学会、北大荒旅游协会、黑龙江农垦教育心理学会、黑龙江垦区司法鉴定协会、黑龙江省农垦林学会。根据社会组织登记管理条例和相关业务主管单位同意,经总局民政局注册登记6家社会团体:北大荒艺术与设计协会、黑龙江农垦志愿者协会、黑龙江农垦北大荒养老协会、黑龙江垦区肢残人协会、黑龙江农垦植保学会、北大荒户外运动协会。 （吕振龙）

【婚姻登记】 2015年婚姻登记工作,推进婚姻登记机关规范化和信息化建设,重点抓婚姻登记机关历史档案数据的录入婚姻登记系统工作。垦区41个婚姻登记机关,全年办理内地居民结婚登记11913对、离婚登记6549对、补领结婚证12106本、出具婚姻登记记录证明5142份、出具无婚姻登记记录证明15147份,历史档案数据补录12978件,无投诉情况发生,实现婚姻登记零差错,婚姻登记合格率100%。

（吕振龙）

【殡葬管理】 深入贯彻和宣传《殡葬管理条例》,宣传殡葬改革,加强殡葬管理,不断提高管理水平和服务水平,重点抓垦区公益性公墓规范化建设工作。2015年垦区有殡仪馆2个,经营性公墓3个,公益性公墓17个,殡葬服务中心48个,骨灰寄存处34个。

（吕振龙）

【优抚安置】 牡丹江管理局云山农场云山水库管理站退休职工关龙有于2012年7月18日,因抢救两名落水少年而壮烈牺牲。九三管理局七星泡农场公安分局警区警长范子军于2014年11月16日为保护战友、制止犯罪,与持刀犯罪嫌疑人展开殊死搏斗中,突遭刀刺身负重伤,经抢救无效而壮烈牺牲。经烈士家属申请,各级逐级申查分别于2015年12月4日和2015年12月23日被黑龙江省人民政府评定为烈士。根据黑龙江省民政厅《关于同意评定关龙有同志为烈士的复函》《关于同意评定范子军同志为烈士的复函》文件精神,依据《烈士褒扬条例》第十一条规定,对关龙有烈士家属、范子军烈士家属所在农场分别发放烈士褒扬金褒扬和一次性工亡补助金。关龙有烈士褒扬金654300元、一次性工亡补助金436200元和丧葬费10242元。范子军烈士褒扬金808650元。一次性工亡补助金612420元和丧葬费4000元。会同总局教育、财务、军事等部门在黑龙江农垦机械化学校举办第三期垦区退役士兵职业教育和技能培训班。 （吕振龙）

【推荐双拥人物】 迟程程是北安管理局红色边疆农场一名普通女性,2008年嫁给解放军某部队士官王新民后,几年如一日,精心照顾常年患病的公公、婆婆,抚养教育儿子,用真情和汗水温暖和支持着远方服役的爱人。她多次被社区评为"好儿媳"。2015年9月,经基层推荐,中共黑龙江省委宣传部、黑龙江省双拥工作领导小组办公室批准,迟程程荣获"龙江最美人物(军嫂)"称号。 （吕振龙）

【社会福利】 垦区有敬老院和老年公寓79所,床位数6297张,入住老年人数3762人,其中,"三无"老年人数420人,工作人员717人。有294名孤儿和贫困家庭儿童纳入全国儿童信息管理系统管理,每人每月享受600元孤儿基本生活保障补助资金。垦区符合条件的80至89周岁低保、贫困家庭高龄老人和90周岁以上高龄老人享受每人每月100元高龄津贴,百岁以上高龄老人享受每人每月200元高龄津贴。有3名垦区孤儿和贫困家庭儿童免费送进黑龙江省孤儿学校学习,为3名贫困家庭脑瘫儿童提供免费康复治疗。有7人参加了省养老机构院长培训班。为3名贫困家庭先心病儿童提供免费手术治疗,为184名残疾人免费装配康复器具。 （吕振龙）

【福利彩票发行】 2015年,总局福利彩票发行中心发行福利彩票1.69亿多万元,筹集公益金1590多万元。

（吕振龙）

来信来访

【概况】 2015年,垦区各级信访部门共受理群众来信795件,同比下降52.9%;接听群众信访电话2013件次;出具复核意见书282件;接待群众来访3567件次、13570人次,同比下降31.2%和17.6%,其中集体访667批次、8880人次,同比下降1%和10.6%;到省上访327件次,同比下降30.9%;垦区各级单位通过全省网上信访信息系统录入信访事项2711件,其中,国家局网上投诉中心转交办507件,省长电子信箱转交办976件,垦区各级单位登记来访、来信、领导干部接访1228件。

（韩延鑫）

【信访工作制度改革】 10月23日,国家信访局常务副局长张恩玺到垦区就信访工作改革情况进行调研。在调研过程中,张恩玺考察了垦区网上信访信息系统的应用和办理信访事项流程，详细询问了群众反映的热点、难点问题，充分肯定了垦区在信访制度改革方面所做的工作和取得的成绩，勉励信访工作人员要更加认真负责地做好信访工作。按照张恩玺的指示精神，垦区信访部门深入推进依法逐级走访，严格初信初访首办责任，信访上行趋势明显缓解。全面推进访诉分离，信访部门对涉法涉诉事项不予受理，引导信访人依照规定程序向有关政法机关提出，或及时转同级政法机关依法办理，主动与政法机关对接，保障信访问题引导、分流工作衔接到位，实现入口顺畅，大量涉法涉诉问题从信访渠道剥离。推进通过法定途径分类处理信访投诉请求工作，进一步厘清信访与仲裁、行政复议、行政裁决等法定途径的受理范围。按照“分级负责、谁主管、谁负责”的原则，对照职能部门权力清单将信访事项进行分类转交有权处理机关依法办理，落实信访事项的责任主体，保证群众合理合法诉求，只要依法按程序反映，就能够得到合理合法的结果。明确信访工作定位，使信访工作回归本位，以《信访条例》修订实施10周年宣传活动为契机，按照“法定职责必须为、法无授权不可为”的要求，依法履行法定职责，严格规范信访工作程序，推进信访工作规范化、法治化。建立健全长效机制，将总局信访突出问题及群体性事件联席会议更名为黑龙江省农垦总局信访工作联席会议，各管理局也按要求做出相应调整。 （韩延鑫）

【群众信访渠道快捷高效】 垦区各级有权处理信访事项的单位和部门，大部分已实现网上信访信息系统安装和业务办理，开通224个端口，纵向延伸至各管理局、北大荒农业股份公司、各农牧场、分公司，横向延伸至各层级有权处理信访事项的责任部门，基本实现网上信访信息系统无条件安装进行业务办理，实现信访业务全口径网上流转。对初次登记受理的来信、来访和网上投诉事项，凡是反映属于本级应该受理范围内的信访事项，及时受理、录入全省信访信息系统，为群众网上信访提供网上受理、归口办理、网上监督等“一站式”便利服务，大大提升信访事项处理的效率和透明度，真正让数据多跑路、群众少跑腿。

（韩延鑫）

【化解历史疑难积案】 在化解历史遗留积案的基础上，继续寻找突破口，稳定一批影响较大、涉及民生问题的疑难信访事项。如牡丹江管理局八五四、八五六农场、北大营社区，哈尔滨管理局香坊农场、红旗农场、闫家岗农场，农垦建工集团和农垦科学院佳南农场农民工讨薪问题，齐齐哈尔管理局原局直关停破产企业人员医疗保险待遇问题等。对省委、省政府主要领导批转的涉及垦区64件信访积案加大化解力度，要求每个信访事项必须由管理局主要领导包案，实行周办理情况报告。截至年底，除重复交办3件信访事项外，实际办理的61件信访案件已全部办结，已化解15件，占24.6%；有理和部分有理信访案件全部化解，化解率100%；未化解37件，占60.6%。 （韩延鑫）

【完成中央第八巡视组交办案件“回头看”工作】 省督导组对中央巡视组交办垦区信访事项进行督导，重新将中央巡视组交办案件再次进行复查。中央第八巡视组交办垦区5批次，886件信访事项。经梳理、甄别，其中有理信访事项83件，部分有理信访事项65件，无理信访事项612件，其他信访事项126件（包括涉法涉诉、三跨三分离和无法核实）。全部信访事项都已办结，办结率达100%；已化解381件，占总量43%（有理和部分有理的化解130件，化解率88%）；未化解505件，占57%。未化解的信访事项中，无政策依据的112件，占22.2%，无理缠访闹访上访老户借机施压的129件，占25.5%，涉法涉诉、三跨三分离和无法核实类126件，占25.0%，其他138件，占27.3%。 （韩延鑫）

残疾人事业

【“基础管理提升年”活动】 强化制度的执行和落实，残联理事会建立工作制度、重要决策、重要项目和大额资金使用均需理事会集体研究决定，2015年度对康复托养站补贴、聘用临时工作人员等七件大事进行了、理事会集体研究。制定了、黑龙江垦区残疾人联合会财务管理规定（试行）、报表统计工作制度。保障金的使用严格执行保障金事业费预算制度和行政领导审批制度。抓好资产登记、使用监管、保值增值等工作，购置的设备按照规定办理资产登记手续，设专人专簿进行登记管理，做到账实、账卡、账账相符。强化项目监督与审计，建立内部审计制度 每年对直属单位进行一次合规审计。 （孙　静）

【残疾人基本服务状况和需求专项调查】 完成垦区残疾人专项调查和数据上报。按照中国残联的统一部署，自2015年1月1日起，垦区共有2000多名残疾人工作者、社区工作人员、志愿者等调查员走进残疾人家庭开展入户调查，垦区残联组织工作人员深入基层督导入户调查和数据录入，经过3个月的入户调查、数据录入复核，完成专项调查和数据上报。 （孙　静）

【调研】 深入宝泉岭、红兴隆、牡丹江、北安、九三、齐齐哈尔、哈尔滨等7个管理局13个农场、2个局直社区进行调研，发放调查问卷300余份，召开座谈会15场。结合调研提出的残疾人康复、特殊教育、就业、养老、无障碍环境等方面意见和建议，起草《垦区残疾人事业“十三五”发展规划》《垦区加快推进残疾人小康进程实施意见》。根据中国残联要求，开展了“十二五”发展规划的检查。 （孙　静）

【综合服务中心建设】 垦区有40多个农牧场建成康复托养和辅具适配站，在此基础上植入文化、就业、维权等服务功能，将康复托养辅具适配站发展成残疾人综合服务中心，与卫生、民政部门实现资源共享、互惠互利，符合垦情。有康复协调员450人，为残疾人提供1348人次的康复服务。举办残疾人康复协调员培训班、社区康复指导员和辅具适配人员培训班,共90余名工作人员参加培训。免费为2800多名贫困精神病人送药,为200名贫困精神病患者提供免费住院治疗,有效地减轻了贫困精神病人的家庭负担。为管理局配发各类康复器材共4000多件。免费发放各类辅具2000台件,残疾人矫形器装配20件。 (孙 静)

【残疾人就业】 以总局办公室文件下达残保金征收任务指标,总局、管理局保障金收缴工作基本完成。结合垦区情况制定残疾人就业培训计划,多措并举开展残疾人技能培训,举办就业技能、岗位技能提升、培训电子商务等各类培训班11期,培训残疾人2545人次。530名残疾人通过按比例安排安置、集中就业、居家就业、灵活就业实现就业增收。举办垦区残疾人职业技能选拔赛,共有63名选手参加了计算机、摄影、盲人按摩、中式面点等项目的竞赛。7月21日,黑龙江垦区代表团参加第五届全国残疾人职业技能竞赛,名选手参加计算机、摄影、盲人按摩等3大类11个项目的竞赛,3名选手获得拼搏奖,垦区残联获得道德风尚奖。 (孙 静)

【残疾人组织队伍建设】 与总局精神文明办、团委等职能部门共同开展志愿助残评选活动。红兴隆管理局"丁乙志愿助残阳光团队"被中央精神文明办、中国残联、团中央命名为全国志愿助残阳光基地。加强残疾人工作者队伍建设,加大对专职委员及协会主席、副主席培训力度,申请专项资金对109名专职委员及部分协会主席进行业务培训。对2014学年的26名学员学习情况进行督导,学员自测完成情况达100%。推荐57名管理局及部分农牧场各专门协会主席、副主席参加2015学年中国残联和清华大学组织开展的远程培训。按照法人治理要求加强专门协会建设,提升协会规范运作能力。垦区残联本级肢残人协会于2015年9月完成注册,配备1名专职工作人员,拨付工作经费,购置办公设备,初步实现人员、经费、办公场所三落实。肢残协会承接残联为精神病免费送药、辅助器具配发等康复业务。

(孙 静)

【残疾人维权】 全面加强残疾人权益保障工作,维护残疾人合法权益,协调解决和办理残疾人信访提出的问题,对残疾人提出的诉求做到事事有答复,件件有落实,较好地维护了残疾人的合法权益。对贫困残疾人家庭无障碍改造工作进行跟踪督导,完成3绩效工作,对未完成数据库录入的单位进行了督导。全面启动2016年机动车燃油补贴的申报工作,有1681人申报。与住建部门积极配合,对垦区无障碍市、县创建及检查验收工作进行部署,对计划创建的管理局和农牧场提出明确要求,并按照要求责成相关单位组织材料按时上报住建部。 (孙 静)

社会保险

【企业职工基本养老保险】 截至2015年末,垦区参加城镇企业职工基本养老保险466625人,比2014年减少15307人,离退休人员423805人,比2014年增加21345人。全年征缴收入350590万元,发放养老金973592万元。(1)增加企业退休人员养老保险待遇。2014年12月31日前按规定已办理退休、退职手续按月领取基本养老金的企业退休、退职人员、"五七工""家属工"等人员,从2015年1月1日起增加基本养老金。退休人员每月增加142元,退职及"五七工""家属工"等人员每月增加112元,缴费年限(含视同缴费年限,不含特殊工种)每满1年再每月增加2.5元,"五七工""家属工"等人员缴费年限按15年计算。在普遍调整的基础上对符合劳人险〔1983〕3号文件规定,1945年9月2日前参加革命工作的每月再增加30元;1945年9月3日至1949年9月30日前参加革命工作的每月再增加20元;1953年12月31日前参加革命工作的(不含建国前老工人),每月再增加15元;年满70~79周岁的每人每月再增加30元,年满80周岁以上的,每人每月增加40元;艰苦边远地区津贴一类地区每人再增加5元,二类地区增加10元,三类地区增加15元;军队转业干部按普遍调整和特殊调整后,基本养老金低于全省企业退休人员人均基本养老金水平的,调整到全省企业退休人员人均基本养老金水平。2015年对40.32万名企业退休人员调整待遇,企业退休人员基本养老金每月平均上调227元,每月人均养老金达1960元。(2)调整企业单位离休人员离休费。2014年9月30日前已办理离休手续的企业退休人员,从2014年10月1日起每月按以下标准增加离休费,省部级正职1400元,省部级副职1140元,厅局级正职900元,厅局级副职730,县处级正职570元,县处级副职480元,乡科级及以下400元;专业技术人员,教授及相当职务820元,副教授及相当职务540元,讲师(含相当职务)及以下职务400元。1934年9月30日前出生的离休人员每人每月再增加100元,1934年10月1日至1939年9月30日期间出生的离休人员每人每月再增加60元。 (李 礼)

【城镇居民社会养老保险】 2015年,参加城镇社会养老保险7657人,其中享受待遇人数6117人。 (李 礼)

【机关事业养老保险】 2015年,参加机关事业单位养老保险55807人,其中在职参保31858人,离退休人员23229人,收缴养老保险费105213万元,拨付养老保险金100652万元。 (李 礼)

【基本医疗保险】 2015年末,垦区职工基本医疗保险参保人数达到748622人,比2014年末略有增长,其中机关、企事业单位参保人员689311人,灵活就业参保人员等59311人。全年收缴职工基本医疗保险费155985万元,享受待遇人数158374人次,基金支付167229万元。参加职工大额医疗费用补助748622人,参加公务员医疗补助人员为3877人。参加城镇居民基本医疗保险590749人,参保居民缴费8163.42万元,财政补助资金22096万元,普通门急诊、门诊大病及住院统筹金支付24415万元。享受待遇人数96559人。(1)组织实施垦区居民大病保险。参加垦区居民基本医疗保险人员患大病发生高额医疗费用时，经居民基本医保按规定支付后，仍需个人负担的合规医疗费用，当年累计超过1万元以上的部分，从居民大病统筹基金中支付，支付比例为51%。垦区居民大病保险报销额上不封顶，但对于药品费、体内置入材料及一次性医用材料超过限价部分的费用属于自费费用，不列入居民大病统筹金支付范围。居民大病保险与其他社会医疗保障制度相衔接，不重复享受待遇，享受待遇顺序依次为：居民基本医疗保险、居民大病保险、民政医疗救助、其他。居民医疗保险定点医院即为大病保险定点医院。居民大病保险结算实行“一站式”即时结算，与居民基本医疗保险待遇一同支付。大病保险所需资金从居民基本医疗保险统筹基金中划拨，参保居民个人不需另行缴纳。2015年垦区居民大病保险筹资标准为每人每年20元。(2)调整垦区居民基本医疗保险个人缴费标准。垦区居民医疗保险个人缴费每人每年增加30元，调整后具体缴费标准为：成年居民170元，低保、重残、低收入家庭的60周岁以上老人90元，未成年人及高校学生居民80元，其中低保、重残的困难人员65元。(3)2015年末，黑龙江省农垦总局办公室印发《黑龙江省垦区职工医疗保险暂行办法》，垦区职工医疗保险从2016年1月1日起实行总局级统筹。

(李　礼)

【失业保险】　2015年末，垦区参加失业保险人数为350327人，领取失业金人员1281人，失业金标准为每人每月800元。全年征缴失业保险费33179万元，全年发放失业金1203万元。(1)降低失业保险缴费比例。为减轻企业负担，促进就业稳定，自2015年1月1日起，失业保险单位缴费费率由本单位工资总额的2%调整为1.5%，个人缴费费率由本人工资的1%调整为0.5%。(2)使用失业保险基金支持用人单位稳定岗位。对符合依法参加失业保险并并足额缴纳失业保险费，在2014年末裁员或裁员率低于垦区登记失业率，2015年承诺采取有效措施不裁员或少裁员，生产经营范围活动符合国家及所在区域环保政策，财务制度健全、管理运行规范等条件的企业，可以申请失业保险基金给予稳定岗位补贴，用于企业缴纳基本养老保险费。申请补贴资标准不超过2014年度本企业及其职工实际缴纳失业保险费总额的50%，期限最长不超过12个月。2015年垦区346家企业获得1.48亿元失业保险基金稳岗补贴，用于企业缴纳基本养老保险费。(李　礼)

【工伤保险】　2015年末，参加垦区工伤保险单位2195户、参保职工382576人，其中，企业参保人员350056人，事业单位参保人员32512人，有雇工的个体工商户8人。征缴工伤保险费7244万元，支出6331万元。享受工伤保险待遇2238人，其中1～4级伤残1058人，享受工亡待遇人数332人，552人领取生活护理费，123人安装辅助器具。(1)调整工伤保险待遇。按照全省统一标准从2015年1月1日起增加工伤保险待遇。调整范围为2014年12月31日前由劳动能力鉴定机构鉴定为1～6级伤残并领取伤残或生活护理费的因工负伤人员，以及符合供养条件已经享受工亡职工供养亲属抚恤金的人员。提高伤残人员津贴：一级伤残人员每月增加258元，二级增加248元，三级增加238元，四级增加228元，五级增加218元，六级增加208元；1996年10月1日以前发生的工伤人员再增加20元；伤残津贴调整后，伤残津贴未达到标准的按级别支付，一级2000元，二级1900元，三级1800元，四级1700元，五级1600元，六级1500元。调整工伤职工生活护理费。生活完全不能自理的生活护理费调整为每人每月1264元，生活大部分不能自理的调整为1011元，生活部分不能自理的调整为758元。增加工亡职工供养亲属抚恤金标准：工亡职工供养亲属抚恤金每人每月增加120元。抚恤金调整后，仍低于垦区最低生活保障标准的(2015年为500元)，由工伤保险基金或用人单位补足至垦区最低生活保障标准。调整1429人次伤残津贴、供养亲属抚恤金、护理费待遇，补发各项待遇155万元。(2)颁布实施《黑龙江垦区工伤保险费率浮动管理办法》。工伤费率实行行业差别费率和浮动费率。行业差别费率是按不同行业风险类别执行不同的行业基准缴费费率，一至八类基准费率分别为本行业用人单位职工工资总额的0.2%～1.9%，不同行业分为三至五个档次。费率浮动是在用人单位按行业基准费率缴纳工伤保险费的基础上，按照用人单位上年度工伤保险支缴率、工伤发生率、因工死亡人数、职业病危害程度等因素，确定调整用人单位本期的缴费费率。《黑龙江垦区工伤保险费率浮动管理办法》规定垦区用人单位工伤保险最低缴费费率为一类行业执行基准费率0.2%，最高为八类行业可上浮2档达到2.85%。(李　礼)

【生育保险】　2015年，参加垦区生育保险368326人，征缴生育保险费4865万元，生育保险待遇支出3590万元，享受生育保险待遇9502人次。

(李　礼)

【社会保险稽核】　采取书面稽核与实地稽核相结合的方式，对参保单位和参保职工申报的缴费工资基数依法进行核定，对社会保险待遇享人员进行全面核查，防止基金流失。全年书面稽核企业养老保险参保单位1417户、参保人员466255人，实地稽核311户、参保人员102576人，实地稽核率30%；通过指纹比对、联合检查、入户调查等方式，对享受离退休待遇人员生存状况进行检查，共稽核254222人，稽核率60%。书面稽核机关事业养老保险参保单位928户、参保人员31278人，实地稽核204户、6881人；稽核享受待遇人数13937人，稽核率60%。实地稽核医疗保险参保单位483户、参保人员187156人，稽核享受待遇人数31675人。实地稽核工伤保险参保单位483户、参保人员97252人，稽核享受待遇人数448人。实地稽核生育保险参保单位467户、参保人员92107人，稽核享受待遇人数1900人。

(李　礼)

人　物

先进人物

【全国五一劳动奖章获得者李召荣】
李召荣,女,1965年6月出生,山东人,初中学历,中共党员。1986年9月参加工作,现为黑龙江省农垦宝泉岭管理局二九〇农场北望海管理区一名职工。2008年,获黑龙江省农垦总局劳动模范。2014年,获黑龙江省农垦总局抗洪抢险劳动模范。2015年,获全国五一劳动奖章。

1986年,李召荣当选二九〇农场35作业站的女工主任,从上任那天起,她就给自己立下了这样一个誓言:“我一定要带领姐妹们干出个样来!”带着这样的誓言,她在女工的岗位上一干就是29年。在工作上,她努力让自己做一个热心人。她带领女职工“志愿者服务队”,利用闲暇时间,尽己所能,美化环境。几年下来,累计清运垃圾300余立方米,挖沟900余延长米,修路1200余延长米,铺沙150立方米,植树近2000棵,栽花近3000株,作业站的环境面貌焕然一新。在生活中,她努力让自己当一名暖心人。邻居延春是个75岁退休的老人,家里就老俩口,她主动承担起他家冬季清雪的任务;患脑血栓的刘殿生老人,家里20平方米的仓房坍塌了,她动员丈夫起早贪黑,筹集垫木料和瓦,仅3天时间就翻盖起来,把仓房周围的垃圾收拾利索,仓房里铺上了红砖地,保证老人不易滑倒。扶贫济困,她努力让自己做贫困户心中的主心人。她成立的“女子打工队”,从插秧到秋收,平均每个姐妹打工的年收入都在6000到8000元之间。几个贫困家庭的打工收入更是达到1.5万元左右,“女子打工队”的姐妹创收达380余万元,成为农场经济建设中的生力军。“女子打工队”也从最初的9人发展到现在的60余人。在农场开展的创先争优活动中,她一直都与生产队的贫困职工手拉手,帮助贫困户垫付生产资金,购买生产资料,三年来为贫困户垫资,担保60余万元,20户家庭走上了致富的道路。

2013年,农场遭遇了百年一遇的特大洪水。她带领几名女工委员,挨家挨户做思想工作组织撤离,成功组织撤离156户,转移人员213人,老弱病残的33人,孩子31个,所有的财产也都安全转移。她和管理区里的10余名女同志组成的巾帼炊事班,每天早上两点钟就开始准备管理区抗洪一线人员一天的饭菜。为了改善一线同志的伙食,巾帼炊事班的女同志都自发地从家里拿来菜,盐鸭蛋、鸡蛋、肉,米油盐酱醋为抗洪的战士们做出香甜可口的饭菜。在大坝上,趁大家吃饭的当空,她还组织女同志们灌沙袋、码子堤、巡堤,就像上了发条的钟表,一刻也不停止,毫不逊色于男同志,充分体现了一名共产党员的先锋模范带头作用。 (张 欣)

【全国劳动模范胡国静】 胡国静,1969年2月6日出生,1984年参加工作。是五九七农场第六管理区的一名果农,自1995年从事果都种植以来,他依靠科学技术种植果园致富。并引领着身边的同行们共同致力于“寒疆果都”这项甜蜜的事业。他的果园被称作百姓心中的百果园、科技创收的先锋园、场县共建的示范园。2013年,胡国静被评为五九七农场第二届十大标兵之科技示范标兵。2014年5月,被授予黑龙江省农垦总局第十三届特等劳模称号。2015年,荣获全国劳动模范称号。

1995年农场体制改革,提出大力发展果树的号召。他开发荒山建起1.49公顷的果园,走上了从事果树生产的道路。他果树栽培知识的获得,一靠书本,二靠实践。几年来,胡国静的果园发展到5公顷,有金红苹果、K9苹果、李子、梨,共计20多个品种。由于科学管理,技术先进,果园在没有自然灾害的情况下年年丰产稳产,他引进、筛选的品种无偿推荐给其他果农,让大家共同受益。果农们的许多栽培品种都是从胡国静这里推广的。如长李15号、吉红李、牡红甜李、吉晚桃李、晚红李等李子品种,还有晚香梨、秋香梨、龙谊1号梨等梨品种。胡国静的果园成为“寒疆果都”的样板园,领导心目中的科技示范园。他也成为果农们心目中的技术员,经常无偿地为果农们传授技术。近几年,每年他都在宝清镇、红兴隆授课,听课人数每次达100多人。2013年垦地共建为他选定的帮扶对象是宝清县18乡兴隆村的张怀福,张家的果园的每个技术环节他都亲自去指导。通过连年的努力他家的果园管理水平得到大幅度提高,获得了丰厚的效益。农场每年都为果农们举办学习班上,胡国静总是把掌握的最新管理技术,包括在多年从事果树生产实践中总结和积累的一些宝贵的成熟经验毫无保留地传授给果农们。

(吴永江)

【全国劳动模范林秀华】 林秀华,女,1962年6月29日出生,中共党员,本科学历,研究员级高级农艺师。现任建三江管理局农业科研所水稻室主任。2012年,荣获全国五一劳动奖章。2015年,荣获全国劳动模范称号。

林秀华多年从事寒地常规粳稻育种研究工作。寒地水稻育种最棘手的问题就是低温冷害,为打破这个“瓶颈”,她从1997年开始踏上培育良种的“万里长征”。为到吉林省农科院水稻所考察品种,她从建三江站十几个小时乘火车去吉林。4年多的时间,她先后考察省内外十几个水稻所,行程2万多公里,收集父本、母本材料500余份,为培育寒地水稻高产新品种掌握了弥足珍贵的亲本。水稻花期不长,要在有限的时间里完成500多个配制杂交组合,必须乘中午水稻扬花高峰时,顶着高温烈日作业。每天上午10点到下午1点是水稻扬花授粉的关键时刻,为了获得实验数据,她天天蹲在田里细心观察,常常汗流浃背。端着保温壶站在稻田里做杂交时,她至少要保持五六分钟,稻穗弯成了90度,手一点也不敢动,生怕把稻穗弄折,就是有蚊子、瞎蠓叮咬也不能动一下。一个月下来,她身上被蚊虫叮咬的整片整片地感染化脓。由于常期泡在水田里,她得了严重的风湿病和痔疮。风湿病发作时,她疼的满头是汗,有时疼得蹲在地上,直不起腰、走不了路。15年来,她跑了2万6千公里,在泥泞的稻田徒步行走1万多公里。她共记录了25本观察笔记、487张卡片、21本摘录资料手册,发表科技论文30余篇,总计200多万字。2002年秋,一场20年一遇的早霜降临建三江,给水稻带来了致命的打击,老天仿佛在有意考验她,多数农场水稻平均公顷产不足2250公斤,而她的参试品系"北垦优92-9"平均公顷产却高达6975公斤。2003年1月,由于她的参试品系在低温冷害时的出色表现,被黑龙江省品种评审委员会正式命名为"三江一号"。"三江一号"具有抗低温冷害、抗稻瘟病、优质、高产、早熟等特点,这个当家品种的诞生,为黑龙江省粮食增产起到了里程碑作用。8年来,"三江一号"在黑龙江、内蒙古以及俄罗斯远东地区得到大面积推广,累计种植面积65万公顷,增产53.7亿公斤,创造经济效益75.58亿元,为农户增收7亿多元。这期间,"三江一号"先后通过国家"东北寒地早熟超级稻百亩示范方"超级稻测产验收;创造了多点示范种植公顷产12319.5公斤的新纪录,超过10片叶品种高产10500公斤的超级稻产量指标,填补黑龙江省早熟超级稻品种的空白;被列入《黑龙江省高产优质品种区域规划》第四积温带主栽品种;被农业部列为"水稻科技入户工程"主栽水稻品种之一。林秀华培育的品种累计推广面积30余万公顷,增加粮食产量250万吨,创造社会经济效益40亿元,农民增收4亿多元。"三江一号"荣获省科技进步三等奖;农业部丰收二等奖、农垦总局科技进步一等奖。

(宋志强　姜艳芹)

【全国劳动模范周炳森】　周炳森,1963年7月出生,中共党员。1982年在云山农场参加工作,从普通的一名工人成长为一名技术娴熟过硬的畜牧兽医,以优质周到的服务赢得广大职工群众的赞扬,多次被评为农场劳动模范,分局劳动模范,三次荣获农垦总局劳动模范,2007年荣获省级劳动模范。2009年被全国中华总工会授予全国五一劳动奖章。2015年荣获全国劳动模范称号。

为推广奶牛舍饲,他于1997年秋从场外一次购进三头奶牛回来为职工进行舍饲示范,当年打青贮20吨,气味酸甜,牛非常爱吃。1998年他饲养的三头奶牛一天都没有放牧,年总产奶量达18吨,平均单产6吨,创造了当时第三生产队养奶牛史上平均单产的最高纪录。在他的带动下,传统观念得到了彻底转变,全队实现了舍饲。2003年,周炳森联合八家在第七管理区三作业区投资60万元,建起1600平方米的标准化牛舍,饲养奶牛102头,示范区建成,他的体重减了近30斤,26万元的贷款当年全部还清,为周边管理局及整个农场起到了示范作用。在他的带动下,作业区奶牛存栏、鲜奶量,经济效益位居农场第一。奶牛受孕率达100%,治疗确诊率100%,传染病的防病率100%,奶牛平均单产鲜奶量由原来的4吨提高到如今的5吨,全年奶牛业纯收入超过60万元。　(王金伟)

【全国劳动模范刁肇东】　刁肇东,1971年5月26日出生,中共党员,本科学历,农机技师。1991年参加工作,现任黑龙江省九三管理局尖山农场农业管理区"约翰迪尔S-660"收获车车长。2011年荣获总局劳动模范称号,2012年荣获黑龙江省劳动模范称号,2014年荣获全国五一劳动奖章,2015年荣获全国劳动模范称号。

1993年,刁肇东高考落榜后当起了学徒工。他踏实肯干、谦虚好学,师傅们都愿意将技艺传授给他,使他很快就练就了过硬的驾驶技术。1997年,农场决定将机车转让给个人,并将土地随之固定,刁肇东贷款30万元购买了一台"1075"收获车和60公顷耕地,兴办起家庭农场。2006年底,他自筹加贷款209万元购买一台美国生产的"凯斯2388",决定靠经营现代化农机具形成致富产业,在为农场种植户提供更加优质服务的同时,为自己带来更多的收入。为了提高机车工作效能,他自主研发改进拾禾台,使原来的拾禾器械效率成倍增加,此成果在农场推广,使农场节约燃油100余吨。他还研发进口大马力二级滤芯过滤装置,使机车寿命延长两倍以上,此技术在九三管理局全面推广。工作中,工人们对刁肇东有三服:一服责任心强,二服标准高,三服人品好。播种时,他任组长,严把质量关,宁可慢一点,活也不肯毛糙,确保一次播种保全苗。中耕时,他严卡中耕深度,差一厘米都不行。收获时,他更是要求作到颗粒归仓。在春播过程中,他担任组长,探查地号,带领全组青年严把播种质量关,对播种的深浅度、播种的数量、表土的覆盖等都严格控制在准确的计算范围之内,实现标准化作业。作业量突破大豆日点播80公顷、小麦直播100垧公顷记录。他的收获车能日割小麦30~40公顷,能日收大豆60~70公顷。7年间,累计帮助有机户实现跨区作业增收500余万元。刁肇东始终以共产党员的先锋模范作用来严格要求自己,热心助人,无私奉献。与肖某某、刘某某等结成帮扶对子,先后拿出5万元帮助肖某某购买"大马力"机车。他积极参与"场县共建",鼓励和引导古樟村村民黄某某等一大批青年从事农机作业,实现共同致富。

(田　心　王建圣)

【全国劳动模范许敏】　许敏,女,1966年2月出生,黑龙江人,本科学历,中共党员。1990年参加工作,现任黑龙江农垦宝泉岭管理局中心医院物理诊断科主任。2012年,获省劳动模范,鹤岗第十一届党代会代表。2015年,荣获全国劳动模范称号。

从医之初,她勤学善思、兢兢业业,用自己辛勤的汗水和爱心为病人燃起生命的希望。曾经有一名教师,患流行性出血热,三期重叠,无尿7天,血小板仅剩2万,生命危在旦夕,她作为主治医师寸步不离地守候在病人身边,为他精心用药,悉心照料,帮助他树立战胜疾病的信心,经过她耐心细致地观察治疗,将病人从死亡线上挽救过来。1994年,她被选拔到彩超室工作,由于她刻苦钻研业务,诊断水平日趋提高,成为本地区的专家、名医。但面对患者的赞誉她从不满足,依然经常下科室与临床医生研究患者病情,深入病房查看病人情况,反复观看手术及病理标本,印证诊断结果,经常与同行因为诊断问题讨论的面红耳赤。她放弃无数个节假日、公休假,常年坚持值夜班。利用一切时间钻研业务。因她的执著，她在中心医院被戏称为是“最爱钻牛角尖的人”。2002年，由于业绩突出，她被推选为物理诊断科主任。上任后，她首先抓提质增效，注重对分配制度进行改革，努力营造出干工作的氛围，充分调动了科室医护人员的积极性和创造性。同时，提倡人文化服务，开展了医疗告知服务、跟踪问效服务、临床追踪服务等，使服务态度和服务质量明显好转，诊断符合率逐年提高。全科人心思进，努力工作，甘于奉献的风气蔚然成风，业务收入逐年增收，科室由医院的弱小科室发展成全院最大的科室，创收为医院各科室之首。2013年实现医疗零投诉，连年被患者评为最佳满意服务科室，医院被评为精神文明标兵单位。她抓学习，积极开展新技术新项目，满足临床和患者的需求。新开展的心脏、外周血管、乳腺、经阴腔内超声、胃肠超声、介入超声、肌骨关节疾病等填补了本地区超声技术领域空白，拓宽了超声诊断范围，更加全面地，高技术、高水平地为广大垦区患者服务，技术水平在总局、部分在省理处于领先地位。其中《介入超声在宫腔疾病中的作用》等8项新技术获农垦总局新技术推广应用一、二、三等奖；《超声引导下颈静脉穿刺》获黑龙江省新技术推广应用二等奖，《肺栓塞的超声诊断价值》获鹤岗市科技进步一等奖，另有三项分别获管局科学技术进步一、二等奖；多篇论文在《健康报》上发表。她所在的物理诊断科，先后被省总工会授予“巾帼文明示范岗”；总局“三八红旗集体”、管局“劳动模范集体”。

（于永江）

先进个人名录

全国劳动模范和先进工作者

李召荣　二九〇农场北望海管理区

胡国静　五九七农场第六管理区园艺场作业站

林秀华　建三江农业科学研究所课题组

周炳森　云山农场五牧奶牛小区

刁肇东　尖山农场农业管理区

许　敏　宝泉岭管理局中心医院物理诊断科

黑龙江省“五一”劳动奖章

黄　丽　农垦宝泉岭管理局中心医院麻醉科

高建栋　黑龙江省山市种奶牛场养殖大户

杨宏业　农垦齐齐哈尔管理局巨浪牧场养鸡专业户

张自军　黑龙江农垦建工集团后勤部

省五一巾帼标兵：

暴　勇　农垦建三江管理局创业农场农业科科长

李　辉　黑龙江省农垦牡丹江管理局八五四农场学校

李　梅　黑龙江农垦九三中心医院神经内一科医生

沈海燕　黑龙江省查哈阳农场机关科技科科长

龙江最美人物（职工）

王　丹　前进农场现代农业发展中心主任

全省第五届职工“读书学习节”先进单位（个人）

1. 全省十佳职工书香家庭

亓传民　大西江农场小学

2. 全省职工书香家庭

毛丽娜　八五〇农场学校

3. 全省十佳职工读书之星

廖少云　荣军农场宣传部

4. 全省职工读书之星

游　空　海林农场沼气站

全省优秀职工志愿者

王　洋　格球山农场社区园林队

张玉龙　江滨农场团委

尹璐威　名山农场工会

郭雨佳　七星泡农场社区

田宝春　宁安农场

吕　硕　新华农场场直社区

李长河　宁安农场街道办

王　洋　格球山农场

韩　旭　汤原农场工业科

吕　强　八五五农场阳光保险公司

（王　莹）

红旗岭农场田园风光（刘立明 摄）

2015年，宝泉岭管理局实现地区生产总值163.2亿元，粮豆总产300.1万吨，人均可支配收入22528元。图为2015年4月22日，京东网·萝北宝泉岭馆开馆仪式在北京举行

宝泉岭管理局现代农业发展中心

1月30日，宝泉岭管理局白羽鸡屠宰加工项目试车

8月20日，宝泉岭管理局纪念反法西斯战争胜利70年大合唱比赛

中国青年志愿垦荒纪念馆

2015年，红兴隆管理局实现地区生产总值202.86亿元，同比增长5.2%。居民人均可支配收入24218元，同比增长6.7%。图为红旗岭农场五星湖大米种植基地(张伟 摄)

国家AAAA级旅游景区红旗岭农场千鸟湖旅游度假区(张伟 摄)

全国钓鱼锦标赛(北大荒站)手竿钓对象鱼、混合鱼钓区运动员比赛中(张伟 摄)

红兴隆管理局第二届“感动红兴隆”人物颁奖晚会演出现场(张伟 摄)

友谊农场第五管理区已包衣的稻种装箱待催芽(张伟 摄)

2015 年，建三江管理局实现地区生产总值 219.30 亿元，粮食总产 657.83 万吨，居民可支配收入 24610 元。图为勤得利农场航化作业

胜利农场水稻科技园区

八五九农场世纪公园

前进农场水上公园

大兴农场举行广场文化活动

鸭绿河农场庆祝建党大合唱

2015年，牡丹江管理局地区生产总值175.32亿元，粮食总产376万吨，居民可支配收入23157元。图为八五六农场现代化农机管理服务中心(周艳艳 摄)

海林农场甜叶菊大垄三行种植

八五一〇农场牧丰奶牛养殖合作社

八五八农场千里荷堤(刘时勋 摄)

老年服务中心

2015年8月6日，黑龙江省第二届全民健身运动会垦区赛区农垦牡丹江管理局有氧健身操比赛现场(张晓强 摄)

2015年，北安管理局实现地区生产总值86.59亿元，粮食总产209万吨，居民人均可支配收入20721元。图为红星现代农业发展中心

逊克农场别墅小区

赵光农场主题公园

引龙河农场生态园林城镇一角

二龙山农场小城镇

2015 年，九三管理局实现地区生产总值 89 亿元，粮食总产 172 万吨，人均可支配收入 20173 元。图为大豆标准化作业

九三管理局——中国绿色大豆之都

九三管理投资 5.3 亿元新增仓容 76 万吨，仓储能力达 204.7 万吨

奶牛生产基地

九三管理局省级经济开发区

九三管理局为黑龙江省十佳宜居农垦城

2015 年，齐齐哈尔管理局实现地区生产总值 63 亿元，粮食总产 119 万吨，居民可支配收入 22042 元。图为水稻丰收

月饼泡公园

夕阳下的太平湖

城镇建设

历史古迹金界壕

中老年秧歌队

2015年，绥化管理局实现地区生产总值48亿元，粮食总产64万吨，居民可支配收入21154元。图为绥棱农场高地隙喷药机对玉米进行喷药作业

和平牧场草原

嘉荫农场玉米田间管理

安达畜牧场棚室西红柿装箱远销上海

柳河农场小城镇建设

绥棱农场现代化学校

2015 年，哈尔滨管理局实现地区生产总值 23.76 亿元，居民可支配收入 28530 元。图为四方山农场机械播种紫花苜蓿草

沙河农场在俄罗斯进行秋整地

庆阳农场养殖稻田鸭促农增收

阿城农场种植反季蔬菜促增收

阿城农场北大荒有机生态园区油桃树开花

闫家岗农场荷花湖

青山湖景区

红旗岭南湖(刘立明 摄)

饶河农场农机具场

八五三农场第四管理区水稻高科技园区（张伟 摄）

尖山农场田间作业

山河农场100万袋木耳种植基地一角

宁安农场秸秆生物质发电厂

王震将军雕像落成仪式

知青回访青龙山农场

舞动龙江广场有氧健身操表演(张伟 摄)

挠力河国家湿地自然保护区

管理局农(牧)场

宝泉岭管理局

党委书记:刘炳东,1960年12月出生,山东广饶人,中共党员,研究生学历,工业经济师。1977年9月参加工作,2009年6月任现职。

局长、党委副书记:刘相增,1962年10月出生,辽宁建平人,中共党员,本科学历,高级农艺师。1981年8月参加工作,2012年12月任现职。

党委副书记:李振海,1964年7月出生,黑龙江省讷河人,中共党员,研究生学历,高级政工师、林业高级工程师。1986年7月参加工作,2012年6月任现职。

副局长、党委委员:梁月升,1960年11月出生,辽宁省复县人,中共党员,研究生学历,高级农机工程师。1982年8月参加工作,2006年5月任现职。

副局长、党委委员:顾毅,1964年5月出生,福建省福州人,中共党员,研究生学历,教授级高级政工师、高级经济师。1986年7月参加工作,2008年7月任现职。

副局长、党委委员:蒋长春,1963年1月出生,江苏省盖圩人,中共党员,研究生学历,农机高级工程师。1982年8月参加工作,2010年1月任现职。

副局长、党委委员:侯新华,1967年12月出生,安徽涡阳人,中共党员,研究生学历,高级农艺师。1992年7月参加工作,2012年6月任现职。

党委委员、工会主席:刘德坤,1959年2月出生,山东省单县人,中共党员,本科学历,教授级高级政工师。1977年9月参加工作,2008年7月任现职。

党委委员、纪委书记:商丽梅,女,1961年10月出生,辽宁省西丰人,中共党员,研究生学历,教授级高级政工师。1977年9月参加工作,2008年12月至2015年8月任现职。

党委委员、纪委书记:魏少民,1960年6月生,黑龙江省友谊人,中共党员,研究生学历,高级政工师。1983年8月参加工作,2015年7月任现职。

党委委员、宣传部部长:包日明,1959年10月出生,广西合蒲人,中共党员,本科学历,高级政工师。1976年10月参加工作,2009年2月任现职。

党委委员、人武部政委:杨海亭,1968年3月出生,河南人,中共党员,本科学历。1986年11月参军,2011年6月任现职。

党委委员、组织部部长:杨宪君,1964年9月出生,山东东平人,研究生学历,中共党员,教授级高级政工师。1981年12月参加工作,2012年7月任现职。

纪委:

副书记、监察局局长:董义胜,1968年3月出生,山东济阳人,中共党员,本科学历,高级会计师。1988年7月参加工作,2013年3月任现职。

副书记:于秀红(女)(2010.1—)

副调研员:田和(2013.3—)

组织部:

副调研员:任佳宝(2011.12—)

关工委办公室:

主任:周剑波,1961年11月出生,山东恒台人,中共党员,本科学历,高级政工师。1978年9月参加工作,2013年4月任现职。

宣传部:

副调研员:吴晓琴(女)(2008.8—)

政法委:

党务副书记:孙秀江,1963年4月出生,辽宁省庄河人,中共党员,本科学历,高级政工师。1986年7月参加工作,2013年3月任现职。

办公室:

主任:李延平,1962年6月出生,辽宁新民人,中共党员,本科学历,教授级高级政工师。1981年10月参加工作,2013年3月任现职。

副调研员:龙占辉(2011.12—2015.3)

副调研员:吴锡斌(2013.3—)

计财处:

处长:薛秀荣,女,1962年12月出生,山东省沂南人,中共党员,本科学历,高级会计师。1978年9月参加工作,2009年2月任现职。

审计处:

处长:付建强,1968年7月出生,山东曹县人,中共党员,本科学历,学士学位,高级会计师。1992年7月参加工作,2013年3月任现职。

人力资源和社会社会保障局:

局长:陈少华,1964年4月出生,山东省烟台人,中共党员,本科学历,高级政工师。1982年12月参加工作,2013年3月任现职。

农业局:

局长:黄家安,1970年7月出生,山东沂水人,中共党员,本科学历,高级农艺师。1994年7月参加工作,2013年3月任现职。

副调研员:路庆文(2010.1—)

高春生(2011.12—)

林业局:

局长:仉玉祥,1963年8月出生,黑龙江省海伦人,中共党员,本科学历,高级政工师。1983年7月参加工作,2008 年 3 月任现职。

副调研员:李殿明(2013. 3—)

水务局:

局长:邓夫勤,1960 年 8 月出生,山东省梁山人,中共党员,本科学历,经济师、政工师。1978 年 10 月参加工作,2013 年 3 月任现职。

副调研员:石宝序(2013. 3—)

水利工程管理分站站长:葛文军(2014. 11—)

畜牧兽医局:

局长:韩立君,1962 年 10 月出生,黑龙江肇东人,中共党员,本科学历,学士学位,高级兽医师。1983 年 8 月参加工作,2013 年 3 月任现职。

工业和信息化委员会:

主任:罗强,1970 年 9 月出生,山东省梁山人,中共党员,本科学历,学士学位,高级会计师。1994 年 7 月参加工作,2015 年 8 月任现职。

副调研员、安监局局长:张万山,1958 年 2 月出生,辽宁省康平人,中共党员,本科学历,高级政工师。1975 年 10 月参加工作,2008 年 3 月至 2015 年 10 月任现职。

安监局局长:沙录,1979 年 5 月出生,吉林永吉人,中共党员,研究生学历,农艺师。2006 年 7 月参加工作,2015 年 10 月任现职。

商务局:

局长:张庆军,1961 年 12 月出生,江苏省铜山人,中共党员,本科学历,食品工程师。1983 年 7 月参加工作,2006 年 3 月至 2015 年 3 月任现职。

局长:孙玉成,1979 年 3 月出生,重庆云阳人,中共党员,研究生学历,兽医师。2006 年 7 月参加工作,2015 年 8 月任现职。

住房和城乡建设局:

局长:孟庆国,1961 年 7 月出生,黑龙江桦川人,中共党员,本科学历,高级政工师。1978 年 9 月参加工作,2012 年 7 月任现职。

卫生局:

局长:于治臣,1959 年 4 月出生,吉林扶余人,中共党员,本科学历,高级政工师。1984 年 12 月参加工作,2011 年 5 月任现职。

交通运输局:

局长:王明月,1970 年 8 月出生,山东省梁山人,中共党员,本科学历,高级工程师。1991 年 8 月参加工作,2010 年 1 月任现职。

党总支书记:叶舒华,1962 年 7 月出生,江苏宿迁人,中共党员,本科学历,农艺师。1978 年 9 月参加工作,2014 年 3 月任现职。

党总支副书记:孟宪琴(女)(2006. 12—)

教育局:

局长:李紫中,1964 年 6 月出生,山东维县人,中共党员,本科学历,高级政工师。1983 年 12 月参加工作,2015 年 8 月任现职。

宝泉岭工会委员会:

副主席、自营经济办主任:谢荣,女,1963 年 1 月出生,山东蒙阴人,中共党员,本科学历,教授级高级政工师。1983 年 10 月参加工作,2014 年 3 月任现职。

团委书记:李刚,1981 年 9 月出生,山东省文登人,中共党员,研究生学历,2007 年 7 月参加工作,2010 年 1 月任现职。

宝泉岭农垦公安局:

副局长、党委副书记:汪大勇,1982 年 10 月出生,黑龙江宾县人,中共党员,本科学历,2008 年 10 月参加工作,2013 年 10 月任现职。

政委:宋广杰,1971 年 10 月出生,河北河间人,中共党员,本科学历,1989 年 12 月参加工作,2014 年 3 月任现职。

纪检书记:周庆涛(2013. 3—)

宝泉岭农垦区人民检察院:

检察长、党组书记:王学林,1964 年 4 月出生,山东巨野人,中共党员,本科学历,讲师。1985 年 7 月参加工作,2012 年 7 月任现职。

副检察长:孙永平(2001. 5—)

党组副书记:李玉亮(2013. 3—)

宝泉岭农垦法院:

党组书记、副院长:宋德双,1965 年 10 月出生,山东黄县人,中共党员,本科学历,1986 年 7 月参加工作,2012 年 7 月任现职。

副院长:侯若海(2013. 3—)

司法局:

局长:董佳友,1958 年 8 月出生,辽宁省建昌县人,中共党员,本科学历,高级政工师。1975 年 10 月参加工作,2010 年 1 月任现职。

人武部:

部长:刘丹,1973 年 11 月出生,黑龙江伊春人,中共党员,上校军衔,专科学历,1989 年 3 月参军,2013 年 3 月任现职。

宝泉岭管理局中心医院:

院长:王学生,1956 年 2 月出生,吉林省大安县人,中共党员,本科学历,副主任医师。1976 年 12 月参加工作,2000 年 11 月任现职。

党委书记:叶善民,1959 年 7 月出生,河南正阳人,中共党员,本科学历,教授级高级政工师。1976 年 10 月参加工作,2013 年 3 月任现职。

党委副书记:张砚群(女)(2011. 1—)

副院长:李秋军(2013. 4—)

副院长:裴长虹(女)(2013. 4—)

黑龙江农垦工业学校:

校长、党委副书记、职教中心校常务副校长、党校常务副校长、教师进修校、宝泉岭管理局第二高级中学和宝泉岭管理局第三高级中学校长:冯明勤,1961 年 12 月出生,山东省梁山人,中共党员,研究生学历,中学高级教师。1978 年 9 月参加工作,2009 年 1 月任现职,2011 年 7 月兼任宝泉岭管理局第三高中校长。

党委书记:刘英,女,1962 年 5 月出生,吉林桃安人,中共党员,本科学历,教授级高级政工师。1982年12月参加工作,2011年5月任现职。

副校长:凌峰(2000.2—)

孟军(2006.1—)

纪委书记、工会主席:于秀敏(女)(2011.1—)

卫生监督所(疾控中心):

所长、主任:王晓伟,女,1963年11月出生,辽宁岫岩人,中共党员,研究生学历,高级政工师。1980年10月参加工作,2010年6月任所长,2011年12月任主任。

疾控中心副主任、卫生监督所副所长:李军(2006.11—、2012.12—)

高级中学:

校长、党委副书记:李小平,1960年5月出生,山东省寿光人,中共党员,本科学历,中学高级教师。1977年9月参加工作,2009年1月任现职。

党委书记:韩兆琪,1958年2月出生,山东五莲人,中共党员,本科学历,高级政工师。1975年10月参加工作,2014年3月任现职。

广播电视局:

局长:高士勇,1961年2月出生,山东省高密人,中共党员,本科学历,高级政工师。1977年9月参加工作,2006年1月—2015年10月任现职。

局长:李凤山,1962年6月出生,河北滦南人,中共党员,本科学历,教授级高级政工师。1979年11月参加工作,2015年10月任现职。

经济开发区管理委员会:

主任:付学军,1962年2月出生,四川成都人,中共党员,本科学历,农艺师。1978年10月参加工作,2013年3月任现职。

党总支书记:马继河,1963年2月出生,山东章丘人,中共党员,本科学历,教授级高级政工师。1979年11月参加工作,2014年3月任现职。

建筑安装工程总公司:

经理:钱东方,1965年10月出生,河南密县人,中共党员,本科学历,高级工程师。1987年12月参加工作,2005年8月任现职。

党委书记:陈勇,1960年6月出生,四川人,中共党员,本科学历,政工师。1976年1月参加工作,2013年3月至2015年7月任现职。

党委书记:顾海龙,1966年4月出生,上海人,中共党员,本科学历,高级工程师。1984年12月参加工作,2015年8月任现职。

党委副书记:孟宪军(2015.8—)

远东农场(农业开发公司):

场长、经理、党支部副书记:吴红军,1979年11月出生,满族,吉林人,中共党员,研究生学历,兽医师。2006年7月参加工作,2013年3月任现职。

副场长:周洪山(2008.7—)

城市建设管理局:

局长、党委书记:邵旭琨,1962年4月出生,辽宁西丰人,中共党员,本科学历,高级政工师。1979年9月参加工作,2011年1月任现职,2015年7月免去党委书记职务。

党委书记:陈勇,1960年6月出生,四川人,中共党员,本科学历,政工师。1976年1月参加工作,2015年7月任现职。

党委副书记:屈军(2013.4—)

联合企业经销处:

党总支书记:孟宪军,1966年3月出生,山东平阳人,中共党员,本科学历,高级政工师。1987年7月参加工作,2011年1月至2015年8月任现职。

宝泉岭宾馆:

经理:高毅,1958年7月出生,黑龙江省青冈县人,中共党员,本科学历,高级政工师。1975年9月参加工作,1996年2月任现职。

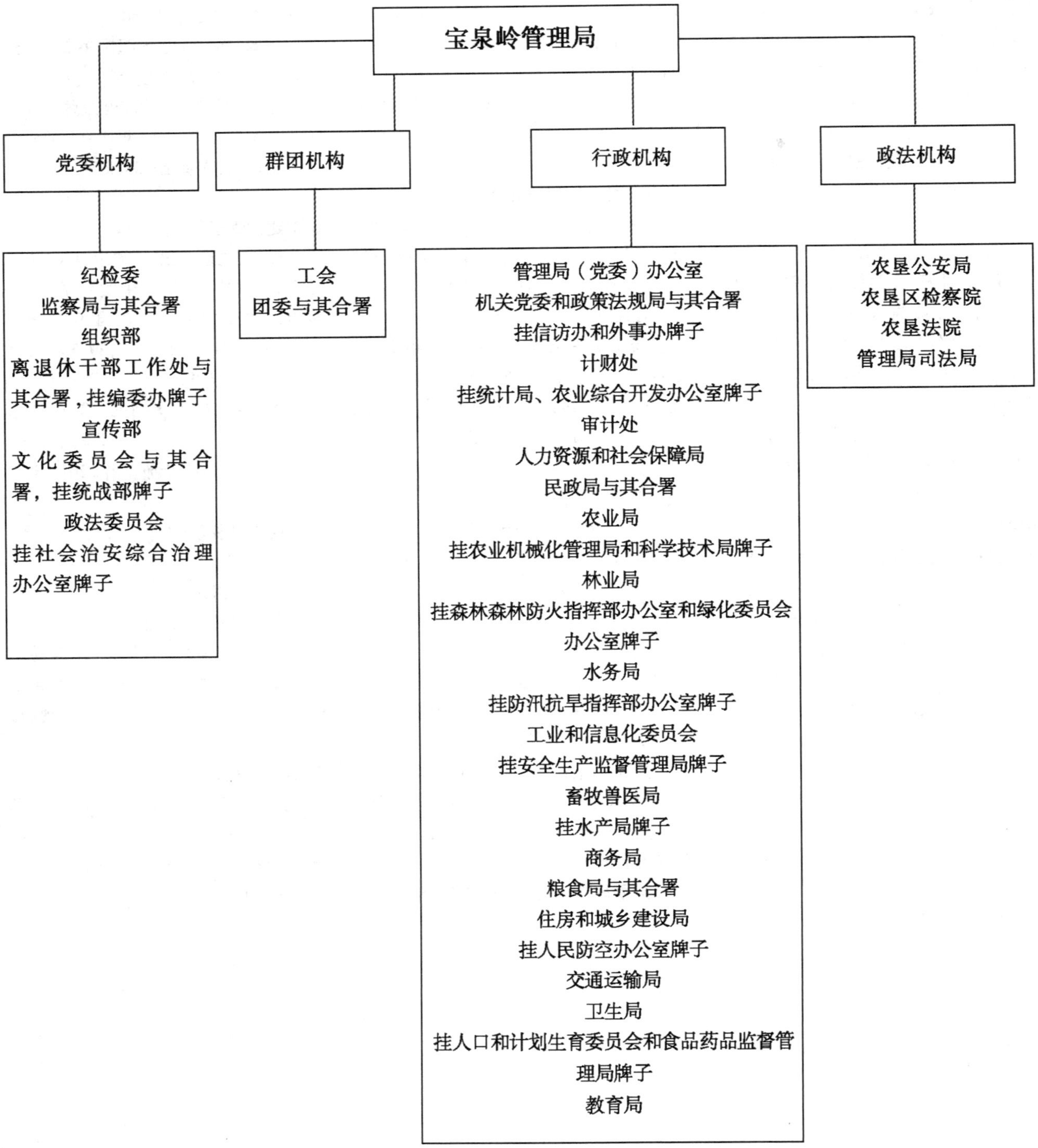

图4　宝泉岭管理局机构图(2015年)

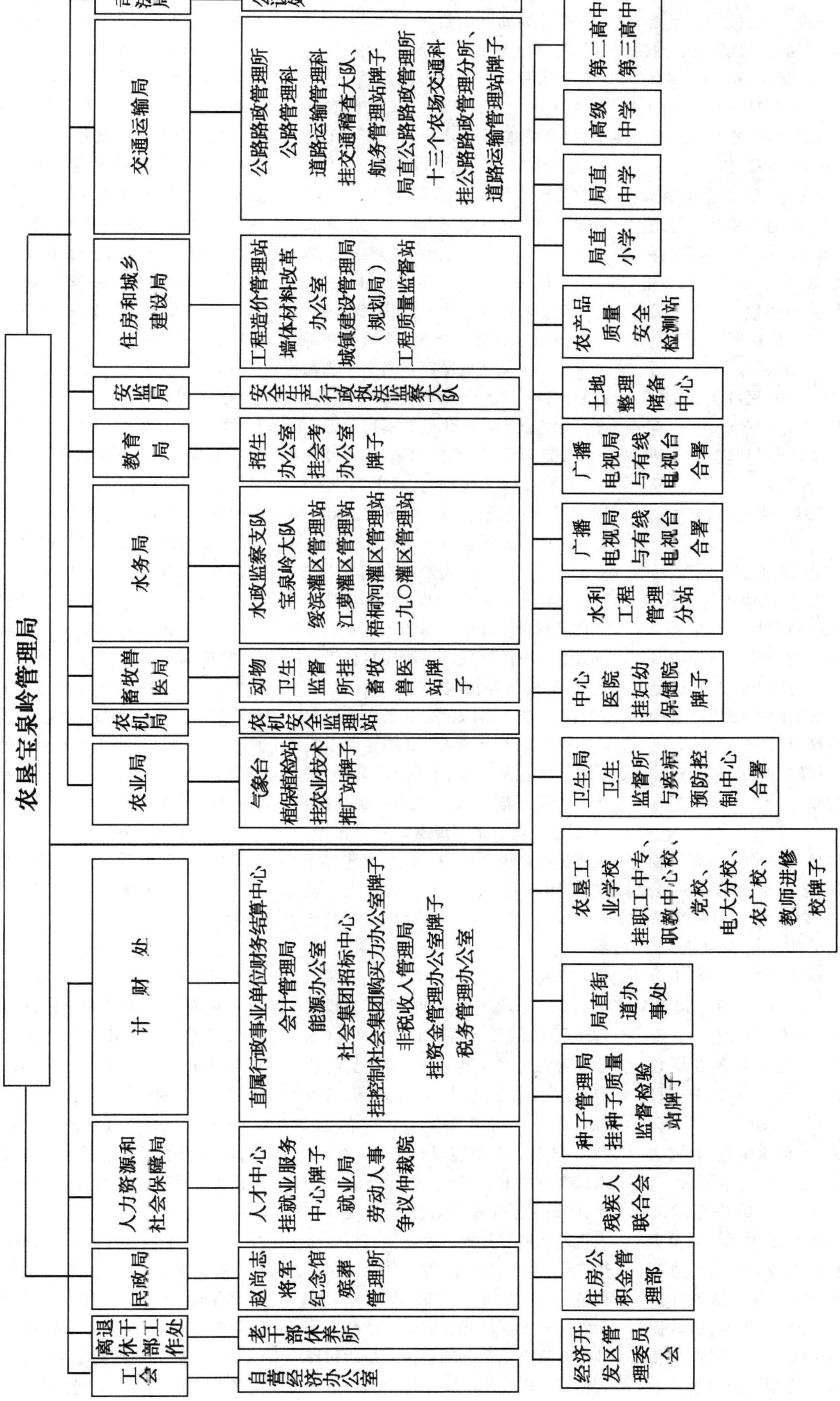

图5　宝泉岭管理局直附属事业单位图(2015年)

概况　宝泉岭管理局地处黑龙江与松花江汇合处的三角洲地带，以黑龙江与俄罗斯隔江相望，边境线长160公里。地理坐标在北纬46°23′~47°54′，东经129°25′~132°31′之间。下辖二九〇、绥滨、江滨、名山、军川、延军、共青、宝泉岭、新华、普阳、梧桐河、汤原、依兰共13个农场，106个管理区，另有在俄罗斯成立的远东农场。地跨三市(哈尔滨、佳木斯、鹤岗)四县(绥滨、萝北、汤原、依兰)。总控制面积5757平方公里，其中耕地33.53万公顷，林地8.47万公顷，草原1.2万公顷，水域4.13万公顷。总人口19万人。有各类学校31所，医院14所，图书馆(室)82个，文化广场53个，体育场馆23个，电视差转台14座。农业机械总动力155.2万千瓦，高等级公路2010公里，农用飞机场8个，粮食处理中心19个。

2015年，管理局全面深化改革，创新产业发展，圆满完成“争创先进局”及“十二五”规划各项目标，为率先全面建成小康社会宏伟目标打下坚实基础。实现地区生产总值163.2亿元，是2009年的2.4倍；实现人均生产总值83269元，是2009年的2.6倍；万元GDP综合能耗下降2.47%，人均可支配收入达22528元，人均储蓄42246元。

种植业　2015年农作物总播种面积339594公顷，比上年增加4438公顷，增长1.32%；粮食作物种植面积338599公顷，比上年增加4064公顷，增长1.21%；实现粮豆总产300.1万吨，比上年减少3.43万吨，减少1.13%，平均单产8863公斤/公顷，比上年减少2.31%。高效特色和绿色(有机)种植面积扩大，分别达总播种面积的3.5%和17.6%；水稻育秧大棚二次利用达36%。狠抓作业标准，水田全部采用电动播种机精量播种，实现100%集中浸种催芽，100%毯式钵育，整地、插秧质量全面达标。旱田全部采用大马力机车配备GPS导航进行精量点播，保证出苗质量。依据叶龄进行中耕管理，科学调控肥水，有效提升粮食品质。采取水稻割晒、直收相结合，玉米下棒、直收相结合的收获方式，降低综合损失率，提高归仓粮食质量。在总局高产创建评比中，27个万亩片全部达标。玉米高产创建，新华农场万亩片亩产达993.93公斤，垦区排名第一。玉米模式攻关优秀农场中，宝泉岭农场平均亩产1083.42公斤，位列第一名。延军农场以玉米模式攻关亩产920.97公斤，位列三积温带以下第一名。新华农场大豆模式攻关亩产达256.243公斤，排名垦区第一。水稻高产创建优秀农场中，二九〇和新华农场分别排万亩和核心区第五名，绥滨农场以亩产857.2公斤夺得垦区核心区创建成绩第一名。绿色食品新认证产品5个，累计达15个产品。全国绿色食品标准化原料基地认证面积达105万公顷，其中水稻4.71万公顷、玉米4.13万公顷、大豆1.33万公顷。梧桐河大米和二九〇界江红红小豆取得农业部颁发的农产品地理标志登记证书。梧桐河大米和二九〇界江红红小豆入选2015年度全国名优特新农产品目录。普阳农场和依兰农场被列入农垦农产品质量追溯项目建设单位，汇英粮食种植农民专业合作社被列入农垦农产品(杂粮)责任可追究单位，管理局13个农场及3家企业承担农垦农产品质量追溯系统建设项目，大米追溯规模2.53万公顷，稻谷1.4万公顷、红小豆追溯规模0.53万公顷，大豆追溯规模0.06万公顷，大酱追溯规模7500吨，木耳、猴头菇追溯规模45万袋，杂粮0.08万公顷，可追溯产品16个。

农业机械　投资1.4亿元，更新农机具3210台套，淘汰680台套。投入4728万元，建设、完善71个农具场(为了缓解农场资金压力，组织动员有机户在统一规划、设计的前提下，出资1951万元，自建机车库)。推广农机新技术13项。全年实现农机安全生产。办理车落户1029台、办发驾驶证1100个；组织农场在春播前、秋收前对所有农机驾驶员进行安全教育并签订安全生产责任状；开展管理局农机安全生产情况大检查4次；组织农场为2500台农机具安装反光标志。帮助跨区作业的有机户免费办理省内外免收过路费的跨区作业证件59个。完成跨区作业面积11.67万公顷。辐射周边地方及内蒙古、安徽、北京、山东等地。举办旱田高性能精量播种机驾驶员、联合收获机驾驶员、农机科全体人员等5个培训班，培训388人；培训农机人员5万人次。在农业部开展的第三批“全国农垦农机标准化示范农场”创建活动中，共青农场、军川农场被评为AAA级全国农垦农机标准化示范农场。

畜牧业　年末，生猪出栏78.5万头，肉牛出栏6084头，禽出栏1741.7万只，咖啡貂饲养量20万只，奶牛存栏8246头，生产鲜奶2.14万吨，畜牧业产值24.89亿元。2月，争取总局生猪生产周转金4000万元，及时缓解养猪企业流动资金紧张问题。生猪市场走出低谷，78家规模猪场进入新的盈利阶段。5月15日，北三峡食品有限公司的剪彩开业，标志着历经两年多谋划、建设的白羽肉鸡产业项目全面投产运营，增加就业岗位1000多个。通过实行良种繁育、孵化、饲料加工、商品鸡养殖、屠宰加工各环节全封闭运行，实现对畜产品安全的精准追溯。出栏、加工肉鸡2000万只。完达山牧业修缮军川农场39队闲置的牛场，10月底从完达山牧业江北牧场引进大育成奶牛500头。以二九〇农场宏泰畜禽养殖合作社为代表，规模养殖、舍饲饲养为主的肉羊养殖在二九〇、共青、宝泉岭、梧桐河等农场发展较快。养貂产业全年表现低迷，仅年初稍有好转。

渔业　有可养水面1193公顷，实际放养水面1060公顷，放养率89%，与上年持平。管理局鱼产量2622.5余吨，渔业总产值达1.03亿元，较上年分别增长6.5%、3.7%。有休闲渔业场点15家，游钓面积197公顷，餐饮面积2920平方米，每年接待游人7000余人次，创造产值近百万元。共青农场的南山水库运营较好，年接待3000人次，年增加收入近10万元。管理局共投放怀头鲶22吨、乌鳢150公斤、鳜鱼8万尾。绥滨农场部国财投资370余万元，建设占地面积4.7公顷的三鑫水产泥鳅养殖基地，年生产泥鳅鱼100吨，是鹤岗境内最大的泥鳅养殖基地，与国内最大的丹东淡水养殖基地签约，产品由丹东养殖基地出口日本、韩国。年投放鲶鱼20吨、泥鳅200吨,年效益约200万元以上。绥滨农场第4作业区侯庆成,利用黑龙江江渠优势,引用黑龙江水进行网箱养鱼,投资10余万元,网箱面积300平方米,饲养鲤鱼2750公斤,鳜鱼250公斤,前景看好。二九〇农场、普阳农场、新华农场申报的渔政快艇项目获得批准,农业部配套资金136万元,新购执法艇3艘,管理局渔政执法艇达7艘。

水利　管理局建有堤防570.49公里,水库6座,排灌站40处,机电井25503眼,各类建筑物1.81万座,建成万亩以上灌区4处,治理主要涝区25处,拥有喷灌机3675台。水库总库容1892万立方米,堤防保护耕地12.12万公顷,达成除涝面积23.92万公顷,有效灌溉面积29.3万公顷,其中喷灌面积8.14万公顷,水土流失治理面积1.91万公顷。已初步建成了防洪、除涝、灌溉和水土保持四大工程体系。2015年,完成各类水利建设投资3.47亿元,完成工程量908.71万立方米,新建沟渠404.36公里,桥、涵、闸等各类建筑物1110座。水利工程供水总量达11.77亿立方米(其中地表水2.16亿立方米,地下水9.61亿立方米),其中一产(农业水田)用水为11.61亿立方米,占总用水量的98.6%,居民生活、二三产业等用水0.16亿立方米,仅占总用水量的1.4%。从当前水资源利用情况看,管理局地下水资源已经超量开采。村饮水安全达标人口达18.57万人,已建饮水工程年实际供水能力9920万立方米。管理局农村饮水安全工程"十二五"所规划的目标全部完成。

林业　落实造林绿化任务533.3公顷,实际完成533.6公顷,其中新造林231.1公顷,验收合格面积231.1公顷,补植补造302.5公顷,投入绿化资金1588万元,栽植各类苗木500余万株。重点完成"三护"绿化工程任务66.7公顷,完成义务植树374.3万株。"三护"绿化工程栽植树木品种以紫穗槐为主。完成护路147.7公里,面积35.8公顷;护渠19.5公里,面积28.2公顷;护坝4.5公里,面积2.7公顷。完成巩固退耕还林成果后续产业建设项目20个。落实国投资金1690.8万元,分布在10个单位。相关农场已落实项目实施人,做好初步设计,严格履行项目招投标程序,大部分项目已基本竣工。完成东部半山区5个农场森防国投资金124.2万元。共青、宝泉岭、新华等农场各建瞭望塔一座;新华农场购防火车一辆;名山、延军、共青、宝泉岭农场各购防火运兵车一辆,灭火机、二号灭火工具和防火服若干台件。各项设施设备已基本到位。管理局没有发生重、特大森林火灾。实现连续28年无重大火灾事故。2015年3月,管理局林业局被省人民政府森林草原防火指挥部授予全省森林防火先进单位称号。

科技　管理局有12个农场实施全国基层农技推广体系改革与建设补助项目,中央财政安排经费411万元。其中,玉米"双增二百"项目5个农场共计7.8万公顷,平均亩产616公斤,较"十一五"亩增产64公斤,亩节本增效215元;水稻"双增一百"项目7个农场共计17.73万公顷,平均亩产586公斤,较"十一五"亩增产22公斤,亩节本增效108元。12月,12个项目农场的422名农技指导员由科技局负责组织在管理局培训基地参加项目业务培训。管理局下发《关于做好2015年度新型职业农民培育工作的通知》,使用中央财政资金164万元。培训急需新型职业农工1038人,其中生产经营型农工368人,专业技能型农工350人,社会服务型农工320人。二九〇农场、绥滨农场获得2台由农业部配发的新型职业农民培训流动课堂(车)。2014年冬至2015年春管理局及农场组织各类培训班132期,培训人员30844人次,科技下基层培训110期,举办广播电视讲座154期,发放科技资料42150余份,科技咨询5934人次,举办科技大集20次。涉及农业、农机、种子、畜牧等行业的种植户、养殖户、科技示范户、防疫员等,通过培训使其掌握了先进适用技术。推广管理局级新技术19项,其中种植业8项、农机5项、林业6项。

工业和信息化　管理局实现工业销售收入103.52亿元,同比增长0.9%;实现工业增加值32.5亿元,同比增长6.9%;实现利润总额4.24亿元。新建工业项目15个,其中亿元以上项目2个、千万元以上4个。续建、改扩建项目27项,其中亿元以上3个、千万元以上11个。完成固定资产投资3.3亿元。双汇北大荒肉业合资公司屠宰主猪125万头,生产冷鲜制品13万吨,熟食制品7.47万吨,企业达产率46.6%;黑龙江北三峡食品有限公司屠宰肉鸡1582万只,生产鸡肉制品2.8万吨,企业达产率26%。重点引建和培育中节能有机废弃物综合利用项目、水解羽毛粉项目、齐耀生物质直燃发电等新能源产业项目,发展循环经济产业。基础设施建设完成投资1534.2万元。其中经济开发区投资192万元用于园区内道路、停车场建设。二九〇农场投资200万元用于项目土地平整;延军农场投资200万元用于园区内外水泥路两侧绿化、养护以及石墨企业供电力线路架设等;共青农场投资385万元,用于铺设沥青混凝土建设;汤原农场投资337.2万元用于平房拆迁、土地平整、修整排水沟等;军川农场投资220万元,用于修建水泥路1.5公里,绿化5000平方米等。白羽鸡产业化项目完成13亿元一期固定资产投资。争取省政府财政补贴资金2100万元。其中为农牧发展公司争取省政府的省重点工业产业项目2014年固定资产投资补贴2000万元,宝泉酱业、瑞丰源米业获2015年度全省绿色食品品牌奖励资金100万元。黑龙江省宝泉岭农垦宝泉酱业有限公司获省级2015年"黑龙江老字号"品牌奖励50万元;黑龙江瑞丰源米业有限公司获2014年省"著名商标"品牌奖励50万元。黑龙江省宝泉岭农垦山林粮食加工有限责任公司被黑龙江省企业联合会授予2015年度黑龙江省诚信经营示范企业称号。

商贸　招商引资项目48个(其中续建项目12个),到位资金79288.6万元,重点项目白羽肉鸡一体化建设项目养殖场完成固定投资额10000万元;齐耀新能源有限公司生物质直燃发电项目引资额6000万元;中节能绿碳环保有限公司有机废弃物(共青)项目到位资金5585万元,中储粮军川、绥滨分库二期工程项目到位资金7500万元。4月22号,京东·中国特色·萝北宝泉岭馆上线,入馆企业18家,经销酱、木耳、银耳、蘑菇、红豆、松子、粗粮、大米等农副产品共计13大类282个。开展电商培训5430余人,利用淘宝、京东两大互联网主营商开设网店71家,管理局有电商近500家,电子商务成为本地产品销售的新渠道。实现外贸进出口金额累计3247.825万美元,完成全年目标的134.2%。其中进口1200万美元,出口2047.852万美元。宝泉岭双汇北大荒食品有限公司冻猪大排肌肉、后腿肌肉等肉品实现出口2292吨,金额783.665万美元;瑞利达牙签厂牙签实现出口2020吨,金额400万美元;特玛特食品厂食用菌出口45.1万袋,金额72.76万美元;出口番茄酱1800吨,出口金额229万美元。

旅游 接待游客25万人次,旅游产品20余种,宝泉岭森林博物园、北方共青城被批准为国家AAA级旅游景区,每个景区获得省财政奖励30万元。引导成立哈尔滨星辰国际旅游公司宝泉岭分公司、招商国旅二九〇分公司。宝泉岭森林博物园以游乐园、花草园、月亮湖、湖心岛四大主体为主游乐区,栽种花卉品种34种,拓展了局场直地区的文化娱乐活动空间,年吸引外地游客万余人次。绥滨农场现代农业观光景区开展“二月二开耕节”和“龙门福地提水节”活动吸引佳木斯、鹤岗、双鸭山、富锦等地上万人参加;“文化大集”和“消夏旅游文化节”活动中的烙画、剪纸、葫芦刻画、羽毛、秸秆粘贴画、果蔬采摘、乒乓球、羽毛球等展示了旅游产品及游乐项目的多样性。北方共青城景区接待各类培训15期,培训学员2000余人次,实现培训收入300余万元,特产店销售收入15万元,带动餐饮、娱乐等相关产业收入1000余万元。

交通运输 完成农村公路建设投资4690万元,交工通车通畅公路建设项目5个计28.7公里,完成改造危桥8座计116延长米,完成通达公路建设项目4个计52.3公里,完成水毁抢修工程5个计84.2公里。年末,管理局硬化公路总里程1600公里,硬化率达76.9%。完成道路旅客运输基础设施投资318万元,局直地区新建公交候车亭13个,宝泉岭公路客运站增设无障碍通道、室内残疾人用卫生间等设施,10个农场完成客运安检辅助用房建设。管理局农村公路列养里程2079公里,年完成养护投资2018万元(其中上级投资939万元,农场自筹1079万元),乡级公路、村级公路优良路率分别达71.8%、56.9%,名山、新华、宝泉岭、梧桐河4个农场荣获全省农村公路养护管理先进单位称号;投资635万元建成江中、福绥、汤九等5条、71.2公里标准化大通道,在公路两侧新栽紫穗槐147.3公里,240万株;投资147万元,实施公路安保工程。完成部分农村公路入网升级,由乡道晋升国道1条,6.4公里,晋升省道4条,219.5公里。“互联网+交通”行动全面实施,中心客运站在垦区率先实现长途客车网上预售票、手机终端预订功能,局直地区出租车利用“滴滴打车”平台实现手机终端叫车、约车。管理局完成7条农村客运公交化改造,新华农场成立公交公司1家,新增6辆公交车投入运营;更新高档客运运力5辆,增加座位49座。年末,管理局营运车辆保有量总计1314辆,其中客运班车88辆,公交车37辆,出租车621辆,普通货运车辆533,危险品运输车35辆;载客座位6681个,载货吨位4280.2吨;管理局完成客运量128万人,旅客周转量10081万人公里,完成公交旅客运输量116万人;完成货运量140万吨,货运周转量9649万吨公里次。

住房和城乡建设 完成住宅建设13.8万平方米;公共建筑4.37万平方米;完成两直拆迁610户,整体搬迁9个居民点。完成军川街、新华街等16条街路共15.33公里的道路改造;污水处理厂和垃圾处理厂开工建设2个;新建排水外网全长13.88公里,完成迎宾大道、宝泉大街、依兰路、海棠路两侧绿化及城区绿化;植树98.7万株,新增绿地19.1公顷,管理局绿化覆盖率达45.4%,城镇化率已达87.8%。引进中节能绿碳环保有限责任公司共青农场秸秆造气项目,项目总投资1.59亿元,占地7.5公顷、供气能力452万立方米,已完成主体建设。中船重工生物子发电项目局直生物子发电项目,项目总投资3.59亿元,占地13.5公顷,年发电量1×30兆瓦度,完成基础。审批建设项目206项,完成项目招投标88个;编制修建性详细规划和建设规划22个;加大造价审核力度,节约投资1800多万元,合同备案率100%;监督在建项目144项,总建筑面积99.7万平方米;办理产权登记19141件,商品房预售、销售许可证16件;下发整改指令72份,实施行政处罚16项,共处罚金130.6万元;妥善处理农民工集体信访。

人力资源和劳动社会保障 新增就业5900人,登记失业率3.5%以内。开发公益性岗位630个。争取省就业补助资金1920万元,7230人获得政策性补贴。开展专项就业援助活动,帮助就业困难人员和零就业家庭实现就业1648人,组织劳务输出2156人,吸纳农村劳动180人。开展职业介绍7002人次,5868人实现再就业。以工业学校、各农场职业技能培训中心为基地,组织开展农艺、农机、电工、电焊、数控机床、汽车维修等行业就业技能培训4631人;岗位技能提升培训2426人;开展创业培训30人。全年引进各类人才279人,其中毕业生267人(研究生2名、本科166名、专科99名)、短缺人才培养12人。招录公务员9人。全面执行事业单位公开招聘制度,通过考试考核择优录用事业单位工作人员48人。完成事业单位薪级工资晋升,共计4761人,人均月增资33.40元。机关在职调资636人,离退休人员473人。事业单位在职调资3440人,离退休调资2948人。管理局作为金保工程网上退休审批试点单位,于12月进入实际审批操作阶段。开展“劳动保障监察执法年”活动,对467户用人单位开展日常巡查、专项执法检查,督促123户用人单位补签劳动合同11000份,责令76户用人单位规范劳动用工行为。收缴农民工工资保障金1900万元,收缴率100%。受理结案群众投诉举报案件73件,结案率100%。

为450名农民工追讨工资537万元。年认定工伤57件。对管理局2014年12月31日以前由劳动能力鉴定机构鉴定为1至6级的19名因工负伤人员和符合供养条件的59名工亡职工供养亲属调整伤残津贴和抚恤金。全年答复群众来访、来信382件次,受理复查信访案件13起,提供政策咨询548人次。劳动人事争议调解仲裁委员会立案受理劳动仲裁案件7件,涉及劳动者7人,全部结案,涉案金额合计76万元。

党建工作　围绕学习习近平总书记重要讲话精神和省委、总局党委战略部署和各个专题学习内容,组织党委中心组集体学习6次,为开展好"三严三实"专题教育打下坚实的理论基础。全面开展党委书记、党委成员讲党课活动,各级党委书记和党委成员共讲党课115次。认真组织学习各项规定内容,紧密结合正反典型开展警示教育,通过学习使广大党员干部充分掌握"三严三实"的核心要义和精神实质,做到入脑入心,全面提升管理局党员干部的政治素质。强化对基层党委特别是党委书记履行抓党建主体责任的监督,逐级签订党建工作责任状,建立健全党组织书记抓基层党建工作专项述职制度。强化对党建工作的保障力度,按照每名党员不少于200元的标准配备党建工作专项经费。要求各级党组织和党员干部通过"民情接待日"、"民情日记"和"民情分析会"联系职工群众。管理局场处级以上领导班子共召开民情接待日25场次,召开民情分析会250多次,基层党员干部记民情日记3万多篇,解决问题2700多个。从严规范"三会一课"(支部党员大会、支部委员会、党小组会,党课)、民主评议党员和党员领导干部双重组织生活等制度,专门印发"三会一课"记录本,对落实"三会一课"形成制度约束。下发《整顿软弱涣散党组织方案》,加大对软弱涣散党组织整治力度,采取倒排的方式对管理局软弱涣散党组织进行整顿,利用三年时间对后进党组织进行转化升级,对连续三年整顿转化率达不到80%的党组织书记进行组织调整。进一步强化对党员的管理,认真贯彻最新印发的《细则》精神,规范党员发展程序,对《入党志愿书》实行编号管理。组织拍摄14部党员电教片,其中《最美乡村医生》获得鹤岗市一等奖。贯彻《细则》精神,坚持把政治标准放在首位,严把党员发展质量,严格执行发展计划,不断加强党员日常管理,疏通党员队伍出口。全年发展党员274名。举办各类培训班47期,培训8500人次。根据创新产业发展工作的需要,结合企业家队伍建设,选派12名干部到北京、上海、河北等省市的企业挂职,拓宽干部的视野和思路,提高驾驭市场经济、开拓开发市场、发展产业项目的能力。严格执行《干部选拔任用条例》,强化《条例》的落实,加大对干部选任工作的监督检查,严肃查处3起干部选任中的问题,对存在的错误进行纠正,对相关责任人进行处理。

纪检监察　制定下发管理局党委《落实党风廉政建设党委主体责任和纪委监督责任实施细则》,制发《宝泉岭管理局2015年党风廉政建设责任目标分解》,将反腐倡廉责任分解到局机关15个牵头部门和26个协助部门。党政主要领导与25个场处级单位签订党风廉政建设责任书,督导层级签订责任书1306份。深入新华、名山、军川、二九〇、绥滨、宝泉岭、共青、延军等农场调研"三重一大"制度执行情况,征求意见207条,明确"三重一大"决策主体为职工代表大会和党委会。进一步补充和完善现行"三重一大"制度上的疏漏和不足,细化"三重一大"制度的具体程序和操作流程,对集体讨论的范围、方式、步骤、额度等进行细化、量化。既保证决策权力受到制约,又保护和调动决策者的工作积极性,同时兼顾民主和效率。继续在管理局范围开展"抓作风、强纪律、优环境、促发展,为创新产业发展做贡献"主题活动。在两级机关部门深入开展"比服务质量、比办事效率、比引资贡献、比建设成果、比商企群众满意"的"五比"活动,在基层单位深入开展"满意医院,满意学校,满意基层站所"创建活动。结合活动的开展两级纪委进行了120余次暗访。对群众反映强烈的突出问题,热点难点问题集中开展6次专项整治,包括学子宴、生日宴、乔迁宴,婚丧事宜大操大办,公款吃喝,公车私用,有工资性收入人员承包土地等。加大了明察暗访力度,纠正突出问题3件。通过信访主渠道、监督检查、专项检查主动挖案源,加强与行政执法机关、司法机关联系,主动出击找案源。在宝泉岭信息港公布举报电话及邮箱,做到线索统管,上查一级。管理局重视"三转",加大查办案件力度,共受理信访举报102件,组织初核68件,立案42件,处分党员48人,其中处级7人,科级19人,一般干部16人。制发《管理局党风廉政宣传教育三年规划》,把廉政宣教工作纳入规范化、制度化,常态化的轨道。继续开展"六廉"活动,实施以诺廉、践廉、讲廉、述廉、评廉、考廉为一体的全方位促廉倡廉举措,对新任领导干部进行廉政测试和廉政谈话87次,受教育305人,领导干部讲廉政党课52次,受教育3200人,学习《两项法规》,组织测试。围绕"清风飘香宝泉岭",以"六进""六上""六有"为要求,开展知识竞赛,演讲比赛等寓教于乐的廉政文化活动18次。

宣传　下发《管理局党委理论中心组2015年度学习安排》,组织党委理论中心组(扩大)学习6次。深入开展"践行社会主义核心价值观,争做优秀北大荒人"活动,突出抓好新形势下职工群众的思想教育,在争做"品行高尚、尊崇科学、善于创新、勇于争先"的优秀北大荒人基础之上,突出"三观"教育。巩固"礼仪宝泉"建设成果,共青、普阳、梧桐河、二九〇农场等单位开展文明楼院、文化楼道创建活动;军川农场在社区开展以"爱"为核心的"义工行动"社会公德教育活动;交通局开展局场两级"文明之星"出租车司机评选活动;公安局开展"法治文明窗口建设"评选活动;普阳、绥滨农场等开展以"孝"为核心的家庭美德教育活动等。深入实施公民道德工程,开展"做一个有道德的人"主题实践活动,从社会公德、职业道德、家庭美德和个人品德层面开展道德模范评选,组织8部作品参加"文明·始于心·践于行"垦区微电影主题大赛。召开典型选树和文化产业现场推进会,绥滨、新华、江滨、普阳等农场在会上作经验交流。积极做好“感动宝泉”人物、道德模范、“十佳公仆”等评选。申报梧桐河农场初路、二九〇农场王金海等10名省级道德模范。推荐江滨农场老干部科科长原竹明、名山农场木业园区主任陈忠普、绥滨农场25作业区主任张树华为垦区第八届“十佳公仆”。开展“优秀北大荒人事迹报告会”巡讲活动,推选出15名“优秀北大荒人”典型代表,分3组深入到各农场、机关党委、农垦工业学校、中心医院、城管局共17个单位进行巡讲。开展“最美人物”等评选活动。在管理局广泛开展“十佳道德模范”“最美宝泉岭人”“美德少年”等评选表彰活动,建立身边好人和道德模范帮扶激励机制。10月,按照总局要求,建立管理局典型资源库,经过认真梳理和筛选,推荐北大荒开发建设英模人物22人、改革开放模范人物24人、“十二五”以来先进典型、最美人物和身边好人124人,共计170名先进人物(群体)。在各级报刊、网站发表稿件5600余条,宝泉岭信息港编发稿件2.6万余篇。组织参加2014年度农垦新闻奖评选活动,管理局获“农垦新闻奖”作品9件,其中一等奖2件、二等奖4件、三等奖3件;“农垦新闻奖专项奖”获奖作品31件,其中一等奖7件、二等奖11件、三等奖13件。建立新闻发言人制度,管理局、各农场及局直企事业单位都相应设立新闻发言人。组织两批19人次参加在北京清华大学和上海复旦大学举办的新闻发言人培训班。加强新媒体的应用,建立管理局“美丽宝泉岭”微信公众平台。建立健全管理局各级互联网信息管理机构,规范《宝泉岭信息港》和《宝泉岭论坛》管理。

政法　制定《2015年善治宝泉岭工作考核方案》,明确善治7项工作目标,5项考核原则、20项主要工作和考评细则等4个层面工作。管理局形成14个社区服务管理站、148个居民委、433个居民组、537个网格综治管理格局。开展法治型机关创建专项活动,纳入各级党委班子“综治平安建设”责任制考核推进。形成《关于推进局场层级改革的若干意见》,对进一步实施改革提出的五大方面工作提出工作设计,拟订《关于加强宝泉岭两直地区社会治安综合治理和管理的意见》,对管理局综治工作涉及的三大方面共计10项具体工作进行部署。管理局党委政法委率先创新社会维稳和反恐工作推进落实,针对管理局地处边陲,暴恐份子偷渡越境带来的现实危害,协调人武部、办公室(外事办)、宣传部等27个成员单位召开管理局反恐工作领导小组会议,建立管理局反恐防暴领导责任制,进一步明确各部门职责任务,明晰工作重点。结合当前维稳形势,构建“军垦地协作”机制,抓准公安与边防的地域交叉特点和主体职能优势,在社会治安立体化防控工作中实现情报共享、风险共担、力量互援。管理局、各农场和局直有关单位认真落实重大事项风险评估和社会稳定形势分析研判工作制度。对涉及征地拆迁、公益事业、企业改制等7项工作共计15个项目进行风险评估,其中政策调整2个、重大活动6个、重大活动2个、重大决策4个、征地拆迁1个,直接通过评估准予实施13起,通过率86.7%,风险排除后实施2起,通过率13.3%,没有否决票数产生,评估比率100%。年排查社会治安重点地区39个,调处矛盾纠纷37起,公共安全隐患12处,整治整改率达100%。政法委统一协调安监局、公安局、交通局等10个部门,对13个农场、15个局直重点单位和区域集中开展危爆物品寄递物流清理整顿和矛盾纠纷排查化解专项行动。排查涉稳单位78个,发现安全隐患105处,矛盾纠纷432处,下达整改通知书263份,提供案件线索5条,向有关业务部门反馈重要信息15条,移送公安机关违法犯罪嫌疑人35人。

教育　2015年,管理局有各类学校33所,在校学生23938人。中等职业学校1所,在校学生935人;普通高中3所,在校学生5253人;普通初中13所,在校学生6571人;普通小学14所,在校学生6770人;幼儿园14所,在校学生2906人。管理局有各类学校教职工人数2672人。投入资金8840多万元,办学条件进一步改善。二九〇农场学校、军川农场学校、新华农场学校投入均在300万元以上。军川农场青少年活动中心、局直中学学生宿舍楼、工业学校教学楼已开工建设;高级中学综合实验楼工程主体工程已完工;局直小学塑胶跑道、依兰农场学校教学楼维修改造项目投入使用。管理局积极推进均衡发展工作。教育局成立检查组,对管理局义务阶段学校进行全面检查。2015年,管理局高考600分以上考生97人,本科一表以上考生594人,本科二表以上考生1154人;总局理科状元出自管理局。总局文理科前10名考生排行榜中,管理局占14名,文科、理科各7名。600分以上人数、一表、二表进段人数在全总局都名列第一,进段率远远高于垦区及全省平均水平,较2014年有大幅度增长。管理局中考优秀率57.8%,及格率92.93%,优秀率50%以上的学校有7所。所有学校及格率均达85%以上,及格率90%以上的学校有8所。局直中学的高级中学入段率75.47%,绥滨农场学校的高级中学入段率69.3%,普阳农场学校的高级中学入段率65.06%。

医疗卫生　管理局有各类医疗卫生机构187所,其中综合医院14所,社区卫生服务中心13个,社区卫生服务站21所,基层卫生所120所,个体诊所19所。卫生技术人员1653人,其中医疗专业802人,护理专业616人,其他卫生技术人员235人。拥有医疗设备1052台(套),增加26台(套),其中大型医疗设备38台(套);拥有住院床位和观察床位1407张。基层卫生医疗覆盖率达100%。全年门诊诊疗351433人次;管理局入院患者28057人。社区卫生工作成绩显著:2015年宝泉岭、绥滨农场被授予省级示范社区卫生服务中心,二九〇、共青农场被授予垦区示范社区卫生服务中心,管理局省级示范占垦区的29%,总局级示范占垦区的21%,管理局示范社区卫生服务中心创建达54%,社区卫生服务能力明显提升。3月31日,管理局召开卫生、计生工作会议。管理局中心医院与各农场医院以及周边市县区在省内率先成立医疗联合体,年内中心医院派出

专家进行为期半年的基层多点执业，深入到10家农场医院定期进行对口支援，与13所农场医院实现双向转诊，有效利用区域内医疗资源，成为省卫生行业落实国家医改政策的先行者。基层医院在门诊诊疗人次、出院病人数、床位使用率、业务总收入等主要运营指标上均有较大提高。管理局完成国家为居民购买健康服务的工作项目。各农场医务人员及群众测评对医院满意程度均有较大提高。项目考核验收在全总局排名第一。全年为群众建立居民健康档案14.03万人、开展健康教育讲座2.7万人次、0～6岁儿童健康管理0.58万人、孕产妇规范管理300人、老年人健康体检1.44万人、高血压患者规范管理1.15万人、Ⅱ型糖尿病患者管理0.43万人、重性精神疾病患者管理0.18人。出血热、手足口病、水痘、猩红热、布病、麻疹、腮腺炎等传染病，在管理局均有不同程度发生，但未形成规模疫情。

民政　2015年1月份起，管理局低保资金人均补差由300元提高到335元。发放低保资金3437.6万元，低保家庭取暖补贴275.3万元；发放低保对象一次性救助278万元、低收入对象一次性救助62.8万元、低保家庭阶梯电价补贴15.8万元。为69名低保家庭大中专学生发放低保家庭大学生教育救助金69万元，为48名孤儿发放生活补助资金196560元。对515名低保困难家庭实施医疗救助，救助金额154万元。加强低保人员动态管理，2015新增831人、停发人数844人。做好审批工作，对新申请的低保人员仔细核查家庭收入及低保发放金额。9月、10月开展对低保户审核、审计工作，会同审计部门对2014年所发放的低保资金、低保家庭取暖补助资金、临时救助、医疗救助等资金进行了全面审计。管理局慈善捐款159万元。各农场及局直地区社区居委会开展了社区独居老年人调查，建立独居老人档案200余份，建立服务联系卡和志愿者帮扶对子，为独居老人开展上门医疗、家政服务，通过自愿的形式，开展居家养老服务。积极探索“候鸟式”养老新模式。7月24日，总局民政局、商务局在北大荒养老中心召开“垦区候鸟养老工作会议”，成立“北大荒养老协会”。管理局局直老年公寓、绥滨老年公寓、普阳新建老年公寓，共青福寿居老年公寓及部分农场民政局为会员单位。引进外地资本建设养老机构，促成宝泉岭农场与牡丹江裕麓集团合作兴办老年公寓(3000平方米追加5700平方米)，审批手续基本完成。对2015年已经办理养老机构设立许可、规范经营的2家民办的养老机构，帮助争取上级政策支持。省财政厅对新华、共青农场两家民办老年公寓进行建设、运营二项补贴验收。12月省财政厅、总局民政局给予新华农场新华养老中心下拨二项资金22.16万元，共青农场福寿居敬老院下拨二项资金8.19万元。2015年，新增养老床位数292张。对管理局38名“三无”(无劳动能、无生活来源、无赡养人和扶养人)老人实施集中供养(管理局“三无”老人50名，供养率76%)，提高社会救助标准最高额到每月900元。对管理局民办老年公寓进行4次联合检查，查处隐患30余项，相关部门下达整改通知。

工会　完善帮扶救助体系，管理局发放“一帮一”专款730万元。“两节”期间，管理局213个慰问小组、3800余名党员走访1653户，慰问一线职工3475人。提供就业岗位143个，提供生活救助3687人次、法律援助344人次，为966户困难职工提供取暖补贴74.162万元。为特色种植、养殖等366户发放扶低扶困资金1098万元，创建“致富创业经济合作体”98个。180户困难户、327户低收入户全部脱贫脱低，人均收入分别达1.3万元、1.7万元。宝泉岭、梧桐河、普阳、二九〇农场，局直城管局等单位抓好帮扶中心规范化建设，开展“七助”活动。江滨、宝泉岭等农场试行“会员普惠制”，把“善行储蓄银行”和会员普惠制有机结合，让会员得到实惠、困难群体感受温暖。围绕“学、善、助、诚、孝、强”六个方面，以“好家风”为基础，倡导“乐学向上、淳朴向善、助人为乐、诚实守信、孝老爱亲、自强敬业”六种行为。播出13个“好民风”专题片，305条好民风新闻，1500余篇好民风稿件在报刊、网站发表。开展优良民风进企业、进居民组、进学校、进社区宣传教育158次。工业学校、军川农场为规范青少年道德行为编写校本教材《弟子规》释意、《三字歌》，投入教学后效果显著。二九〇、新华农场制定居民道德行为《三字经》《五字歌》。管理局选出“好民风”先进单位10个、标兵10人、先进个人88名。举办唱响“好民风”暨“好民风”十大标兵颁奖晚会，在管理局营造崇德向善的浓厚氛围。1.58余万名职工参与以“中国梦、劳动美、做贡献”为主题的春播、秋收和“重点产业项目建设”劳动竞赛。召开劳模座谈会，宣传各级劳模典型36个。中心医院许敏、二九〇农场李兆荣被评为全国劳动模范，中心医院黄丽获得省五一劳动奖章。

环境保护　管理局党委(扩大)会议报告列专章部署生态垦区建设和环保工作，管理局在重点工作推进会议上布置2015年环境保护工作，与各农场签订年度生态垦区及减排目标责任状，部署烘干塔治理、垃圾场建设相关事宜，批复生态局建设专项经费21万元。年内召开两次环保科长会，全面落实本年度重点工作任务。被命名为省级生态局后，在垦区率先开展国家级生态局建设工作，二九〇、绥滨、普阳农场被命名为国家级生态乡镇，促进生态乡镇创建工作提档升级。2015年，完成3个农场生活污水处理工程建设。宝丰牧业等6家规模化畜禽养殖场被列为管理局重点减排项目，均按照干湿分离、雨污分离工艺，建设规范的堆肥场和储尿池等污染防治设施，全面完成“十二五”期间畜禽污染减排任务。贯彻落实《整治违法排污企业保障群众健康专项行动方案》，出动100余人次对辖区内石墨、生猪屠宰、乳品等重点行业进行现场检查，加强监管，严厉查处、打击违法排污企业。制订出台环境监管网格化管理工作实施方案和环保大检查方案，开展“利剑斩污”行动和日常环境监管随机抽查等专项工作，行政处罚5家环境违法企业。完成管理局级三个环境应急预案的报批实施工作，完善重点企业的环境应急预案备案工作。全面开展小城镇环境综合整治、春季环境综合整治行动和城镇区域养殖业清理专项行动。环保分局牵头,联合多部门开展了管理局局直二期和农场场部地区粮食烘干企业与洗浴行业大气污染专项整治工作。开展高考期间局直地区噪声综合检查,共检查歌厅等娱乐场所300余次,检查建筑施工单位50余次。农作物秸秆禁烧工作通过购置还田机械和出台补贴政策,基本做到秸秆全部还田及综合利用。认真处理群众环境来信来访工作20余起,涉及烟尘、粉尘、油烟、异味、噪声等各方面。继续加大对新、改、扩建项目环境影响评价和"三同时"(同时设计、同时施工、同时投产)制度的执法力度。环境影响评价执行率100%。通过省技术监督局组织的监测站资质复审。协助上级监测站完成本年度国控污染源废气、废水采样和监测工作;联合垦区环境监测佳木斯站对辖区内燃煤锅炉进行例行监测,建立污染源监测档案;独立完成国控源季度对比实验。

质量技术监督　对种子化肥经销企业开展定量包装商品净含量检验工作,范围涉及辖区下辖13个农场近12个品种40个批次;移动检测车先后到江滨、普阳等农场开展现场免费便民检测服务,免费为种植户检测化肥32批次,经初步检验,均为合格产品;免费检定小型衡器200余台,血压计40个,共减免费用2万元。对管理局范围内的建材加工企业进行专项整治。共检查建筑用砖生产企业10家,涵管生产企业2家,保温板生产企业5家,水泥生产企业2家;抽取建筑用砖6批次,保温板4批次,水泥2批次,通过检验机构的检验,全部合格。办理特种设备使用登记证175张。开展"大检查大整顿"专项整治活动,对大中型企业、商场、燃气加油站等使用的锅炉、压力容器、压力管道、起重机械、电梯进行重点检查。出动执法车辆46台次,执法人员135人次,共检查特种设备使用单位89家,特种设备164台(件)。开展农业标准化工作,充分利用农业标准化宣传播放站,开展农业标准专题讲座、典型示范、发放宣传资料和普及农业种植规程等活动,送标准入农户、到田间,深入宣传、推广和普及农业标准化知识。对辖区内涉农产品标准执行情况全面检查,检查肥料产品生产企业10家,农机产品生产企业3家,经检查产品标准现已在全局完成办理注册登记。加强食品农产品认证企业监管工作,管理局食品农产品认证企业共40家,获得各种认证证书152张。其中,有机产品认证企业8家、证书8张;绿色食品认证企业4家、认证证书13张;无公害农产品认证企业26家、认证证书129张;良好农业规范(GAP)认证企业1家、认证证书1张;GMP认证企业1家、认证证书1张。开展自愿性认证现场跟踪监督检查工作,对辖区内27家管理体系认证企业进行认证活动跟踪检查,并及时在国家局网站上填报监管信息。加强资质认定实验室的监管工作,对辖区内5家资质认定获证实验室开展自查工作和实验室资质认定监督评审监督检查工作,并对2家发现问题的资质认定获证实验室进行行政处罚和限期整改。对辖区内3家获得强制性产品认证的低压电器生产企业和76家经销企业,共276个产品进行监督检查,出动执法人员192人次。

工商物价　落实"先照后证""四证合一、一照一码"等登记制度改革措施,促进市场主体发展,管理局企业发展到1137户,农民专业合作社561户,个体工商户7045户,同比分别增长24%、36%和30%。同时,延伸服务职能,大力推进商标战略,2家企业获省著名商标,3家企业获垦区知名商标。开展"红盾护农"、食品安全、虚假宣传等专项执法行动,共查处各经济违法案件10件。农资市场多年整治效果明显,农资抽检合格率达100%。开展消费宣传教育,并应省电台《民生在线》栏目邀请,就购买农机维权问题进行在线解答。受理投诉80余起,挽回损失12.5万元。对辖区金融机构合同格式条款存在的"霸王条款"问题,召开行政约谈会,限期整改。清理行政收费项目50余项,取消7项,并对25个行政收费单位的收费项目、标准、政策依据在宝泉岭信息港进行公示。严格规范价格决策行为,先后召开管道天然气销售价格、出运车运营价格、垃圾处理收费标准和局直地区供热价格调整4个调定价听证会,确保调定价公平合理。4月,垦区工商局宝泉岭分局被省委、省政府授予第十七届省级文明单位标兵称号。

人民武装　持续抓好战略物资标准化配载建设,重点配备配齐指挥、抗洪、扑火、维稳、宿营、给养、个人携行7大类69种器材,物资配载率达80%。配齐配强民兵应急分队16支,民兵参训率、复转军人比例和党团员比例分别达100%、50%、85%。严格组训施训,民兵参训率、合格率均达80%。下发《民兵组织整顿工作指示》,增强工作的针对性和实效性。结合民兵编组,人武部机关先后3次深入13个农场进行调研,确立"编全、编实,专业对口,职责明确,便于施训,利于指挥"的原则要求,提高编组质量。新华农场武装部作为"建立健全民兵档案"试点单位,对民兵档案的数量、种类、填写要求等要素进行规范统一,并在管理局范围内推广试行。通过拉动点验,各基层单位到点率均达合格标准。二九〇、绥滨、江滨、延军、名山等沿边农场民兵维稳处突分队能够与驻军和公安机关一同执行场区与边境线的维稳巡逻任务,在"平安管局"建设中发挥了重要作用。带动农户脱贫致富,发动和组织民兵和复转军人在种养殖、林业、餐饮、物流等方面谋求新发展,涌现出绥滨农场谢大勇、付丙刚、汤原农场王明先、刘江等致富典型40多人。开展"爱民送医到万家"活动。成立13个爱民医疗队,诊治群众162人次,免费发放8000余元药品和180余本医疗小册子,深受群众欢迎。开展捐助活动,局场两级武装部和民兵连队与5个贫困户和失学儿童结成帮扶对子,帮助解决实际困难。参加帮扶活动,名山、共青农场组织"老兵服务队",义务支农20余次,为困难群众做好事400件以上,节约人力资金万余元。

(施宏伟　张　欣)

宝泉岭管理局基本情况及国民经济主要指标完成情况统计表

（2015 年）

项目	计量单位	管理局	二九〇农场	绥滨农场	江滨农场	军川农场	名山农场	延军农场	共青农场	宝泉岭农场	新华农场	普阳农场	汤原农场	依兰农场	梧桐河农场	管理局小局直
一、管理区	个	106	13	12	8	12	6	5	10	10	8	8	4	3	7	
二、总户数	户	81945	9922	7783	7409	8197	4207	3021	8081	7899	7513	4229	2523	1418	3726	6017
三、总人口	人	194247	21203	17903	14787	18586	9623	8623	17787	21438	18644	10607	5998	2992	9295	16761
男性人口	人	95614	10130	8630	7355	9173	4667	4362	8993	11087	9535	5032	2726	1577	4587	7760
女性人口	人	98633	11073	9273	7432	9413	4956	4261	8794	10351	9109	5575	3272	1415	4708	9001
少数民族人口	人	3069	198	65	187	8	235	87	556	610	499	62	47	36	359	120
四、地区生产总值	万元	1632411	142928	166044	98245	162639	84202	62735	127841	222992	114573	124692	43626	17754	70816	193325
五、人均生产总值	元	83269	67413	92697	65578	87112	83401	68410	71544	103419	61308	117230	72366	58925	75905	114519
六、工农业总产值	万元	2324416	186782	200002	132444	177396	107370	100839	196084	205024	161323	175865	54360	22572	124397	479960
七、粮食总产量	吨	3001063	375068	332962	192622	340011	161842	116442	273126	381166	254982	280954	86690	28925	167212	9061
八、固定资产投资总额	万元	231169	24007	18170	9387	17384	8928	12180	9387	24609	16314	11524	5160	2909	11230	59980
九、在岗职工工资总额	万元	120209	14526	8794	6106	8735	6013	3977	8073	6971	6001	8866	3330	2087	4565	32163
十、在岗职工平均工资	元/人	27548	24758	24307	20962	23084	23199	23452	20259	24760	23152	25274	21981	21921	24478	54202
十一、垦区居民人均可支配收入	元/人	22528	25059	25050	19022	25096	23014	17035	23008	25005	19006	25073	17052	17011	19073	22915

二九〇农场
二九〇分公司

分公司总经理、农场党委副书记: 张承厚,1961年7月出生,辽宁省义县人,中共党员,本科学历,高级农艺师。1977年8月参加工作,2010年1月任现职。

农场党委书记、场长、社区主任: 李凤山,河北滦南县人,1962年6月出生,中共党员,本科学历,高级政工师。1979年12月参加工作,2008年8月至2015年11月任现职。

农场党委副书记、纪委书记、工会主席: 霍宝银(工会主席2013.4—)(党委副书记、纪委书记2014.3—)

农场党委委员、分公司副总经理: 何正元(2008.8—)(兼武装部部长2009.9—)

农场副场长: 姜华(2013.4—)

分公司副总经理:

邴胜(2013.5—)

刘永军(2013.5—)

分公司财务总监:

苗宇(2013.5—)

农场副场长: 邱士军(2014.3—)

分公司副总经理:

朱春霖(2014.5—)

【概况】 二九〇农场位于黑、松两江交汇的三角洲地带。北临黑龙江,以黑龙江主航道为国界线,东、南临松花江,与同江市隔江相望,西、南与绥滨县为邻。1955年,农场由中国人民解放军济南军区九十七师二九〇团开发建设。辖区总面积825平方公里。农场位于中纬度地带,地理坐标在北纬47°28′30″~47°45′26″,东经131°50′25″~132°26′15″之间,属大陆性寒温带气候。2015年活动积温2576.7℃,年降水534.7毫米,年日照2111.1小时,无霜期143天。境内地势平坦、土质肥沃、植被茂盛。2015年,实现国内生产总值142928.3万元,职工人均收入2.8万元。

种植业　完成农作物播种面积4.5万公顷,其中水稻种3.2万公顷、玉米1万公顷、大豆0.1万公顷、红小豆0.2万公顷,高产高效作物种植率达98.9%。实现粮豆总产42万吨。建有现代化种子加工厂、粮食处理中心、农用飞机场、测土配方肥生产基地各一处。水稻集中智能化浸种催芽基地4处,新建超级大棚200栋,实现水稻集中大棚育秧100%,集中浸种催芽100%,水稻育秧电动精密播种达100%。旱田全部采用精密播种。完成品种、肥料、植保、栽培等方面的试验26项。示范、展示新品种(系)40个,展示经济作物品种22个,试验品系50个。推广叶龄诊断、毯式育秧机插、测土配方施肥技术、节水灌溉技术、玉米分级催芽播种、大垄密植等新技术10余项。水稻叶龄诊断技术应用面积达100%,测土配方施肥应用面积100%。进行防雹作业9次,防控面积达2万公顷以上,把自然灾害对农作物的损害减少到最低限度。

林业　完成造林面积40公顷,其中护路林24公顷,义务植树3公顷,义务植树尽责率达95.3%。投资380万元,共用苗33.56万株,完成防护林14公顷。北绿园林苗圃经营15.6公顷,品种300余个,产苗240万株。

畜牧业　年末,农场奶牛存栏304头;生猪存栏24240头;出栏27401头;肉牛存栏231头,出栏68头;羊存栏1883只,出栏974只;家禽存栏11.16万只,出栏19.99万只;肉类总产量2499吨;生产鲜奶138吨,水产品总产量147吨。开泰肉羊养殖合作社(金阳农牧发展有限公司)新建标准化羊舍1800平方米,青贮窖300立方米,外购优质种羊1500只。大雁饲养量达1万只。在黑龙江水域投放养殖网箱5个,提高优质淡水鱼养殖产量。投资160万元购置52吨级渔政船1艘,加强渔业资源管理。科学防控重大动物疫病,设立动物产地检疫申报点,配备检疫人员和仪器设备,动物产地检疫实现信息联网、电子出证。全年实现内疫不发生,外疫不传入,畜牧业生产安全发展。东方牧业公司参加农业部农垦局组织的生猪高产攻关活动,实现年出栏生猪10142头。

工业与商务　实现工业销售收入5.08亿元,工业增加值2.2亿元,利润2296万元。开展招商引资活动,外出考察项目及参加各类招商会7次,吸引外来客商洽谈项目6次,完成招商引资1.34亿元,资金到位5059万元。新建项目1个,5万吨粮食仓储加工项目;续建项目2个,30万吨粮食仓储项目和黑三角芦笛野生动植物主题公园项目;技改项目1个,永香酱油厂技改升级项目。加强商标管理,将黑龙江北大荒股份二九〇分公司持有的“界江”商标授权黑龙江宝泉岭农垦二九零米业有限公司使用。申请注册“水韵坊”牌烙画、“荒娃”牌版画、“蜿蜒河”牌水产品、干食用菌等品牌商标。

产业创新　投资1280万元,发展特色种养殖、订单种植和电商项目,实现销售收入1058万元,利润350万元。育秧大棚二次利用达30%以上。黑三角芦笛野生动植物主题公园投资30万元建设大雁驯养用房1栋。二九〇旅游公司发往俄罗斯等地20个团,收入34万元。“水韵坊”烙画销售2000余幅,在北京举办“二九〇有机绿色产品洽谈暨版画、烙画和摄影艺术作品展”,签订烙画销售、有机大米深加工等协议、合同5个,签约金额达2000万元。以“互联网+农业”为抓手,鼓励职工在“淘宝”及“全国农产品商务信息公共平台”注册网店100家以上,成立3家涉农电子商务企业,实现销售收入1500万元。

城镇化建设　投资2694.32万元。亮化楼体13栋;硬化小区地面1.19万平方米;改造主街道1.02公里,改造北江街451米;硬化俱乐部至广场道路1200平方米;医院内硬化1.04万平方米;改造场区给水管道4594米;铺装供暖管线616延长米;建设医院污水处理厂279.24平方米;建设文化中心活动广场8000平方米;改造室内农贸市场一座;学校新建消防水池430.5平方米,管道507米;完成中小学生旧楼改造。投资250万元购进街道洗扫车1台、大型装载机1台、小型挖掘机1台、压缩垃圾车1台、垃圾清运车7台,环卫装备水平大幅提升。投资110万元绿化场区,栽植花草树木7万余株。军犁管理区被评为总局级“美丽乡村”示范管理区和省级新农村建设"四星级"管理区。

农产品质量安全　农场有机食品种植基地认证4500公顷;无公害农产品认证13个,无公害农产品产地认证14个;全国绿色食品原料标准化生产基地2.4万公顷;红小豆质量追溯项目1个,"界江红"牌红小豆,2012年通过国家农产品地理标志认定,确定为"黑垦二九〇红小豆"。2015年,红小豆质量追溯项目已通过农业部专家组的总结验收。获得全国名特优新农产品证书。

精神文明　加强精神文明建设,弘扬北大荒精神,培育和践行社会主义核心价值观,深入开展"践行核心价值观,争做优秀二九〇人"活动。建立优秀二九〇人典型数据库,发挥劳模创新工作室的传帮带作用,共评选出最美知青叶红英、劳动致富典型陈福胜、爱岗敬业典型付维清等先优人物11人。农场北望海管理区女工主任李兆荣被评为全国劳动模范。完善《公民文明道德股份制》,发挥巾帼志愿者服务队和社区文明劝导队的引领作用,广泛开展文明创建和志愿服务活动。继续开展了楼院文明"五送"活动,实现楼院文明"五送"的全覆盖,活动中,机关全体党员干部共为社区居民捐赠白金纸、灯泡等物品价值1万余元。2015年,农场被授予省级文明单位标兵、省级文明城镇标兵等多项荣誉称号。

共同富裕　实施"644"共同富裕工程,52名科级以上领导干部与26户贫困、低收入家庭结成帮扶对子,年底全部脱贫。发放无息贷款280万元,45个特色种养殖户受益。开展两节"送温暖"活动,慰问困难、弱势群体、特殊群体共计800余人,发放慰问金30余万元。完善家政服务业,服务员队伍不断壮大,现已有30余人,分别在社区建立服务站点,安装了电话、电脑,图版两个,为服务员定做服装50余套,组织参加各类培训,100%持证上岗,无安全事故。

教育　农场为学生提供免费饮用奶、乘车补助费用60万元;资助贫困学生5万元;更新教学仪器50万元;投资20万元完善幼儿教育设施,使幼儿园达省级标准。二九〇农广校被国家评为AAAAA级农广校,中央农广校奖励价值20万元的科技直通车1辆。

（于成波）

绥滨农场

场长:李思军,1961年10月出生,山东莒南人,中共党员,研究生学历,高级农艺师。1979年12月参加工作,2011年5月任现职。

党委书记、社区主任:俞新利,1960年5月出生,浙江省慈溪人,中共党员,本科学历,高级政工师。1977年9月参加工作,2011年5月至2015年11月任现职。

党委副书记、纪委书记:刘曙华(女)(2013.3—)

副场长:张勋(2013.3—)
张明(2013.4—)
刘春青(2013.4—)
赵永林(2013.4—)

工会主席:王广星(2013.4—)

党委委员、武装部部长、司法分局局长:崔铁民(2004.7—)

党委委员、公安局局长:祝祺(2012.1—)

概况　绥滨农场始建于1948年。位于三江平原北部边境黑龙江省绥滨县境内。地处绥滨县境内的北端,地理坐标在北纬47°5′~47°42′30″,东经130°22′30″~131°50′27″之间,平均海拔68.6米。南北长45公里,东西宽26公里,辖区面积534.4平方公里。南临松花江、北靠黑龙江与俄罗斯隔江相望,东、南部与绥滨县忠仁、北山、富强乡接壤,西部与江滨、军川、普阳农场相邻,农场境内与绥滨县福兴、北岗、北山、富强等20多个乡村土地相交叉。2015年,实现地区生产总值16.6亿元,居民人均可支配收入25050元;粮食总产33.296万吨,工业销售收入5.71亿元,工业增加值2.22亿元。

种植业　农作物总播种面积35800公顷,其中水稻32836公顷,占92%,大豆232公顷,玉米2641公顷,高产高效作物比例达100%,优质品种覆盖率100%。种植业结构更加优化,实现粮豆总产33.296万吨,平均公顷产量9.3吨,平均亩效益572元。

农业基础建设　继续应用好2000平方米种子包衣暖库,2处千吨级、1处300吨级智能水稻芽种生产基地,确保全场水稻种子包衣率、合格率达100%。更新改造大棚800栋。进一步夯实农业基础,加快土地整理和地号规范工作,总结以前好的经验做法,向里面地块延伸。对龙旺、龙岗管理区不成型的沟渠、废弃壕坡子、大地头进行合理规划、统一整理,彻底改变杂草丛生、浪费耕地的现象,达田块到头到边、沟渠成型、变废为宝的目的。新修水泥晒场5万平方米,保证了粮食的晾晒与仓储。

科技园区　现代农林科技园区新引进菊花1000余株,新种植草莓甜查理2万余株。智能温室已经成为生态、唯美、文化、乐活为一体的生态园基地。接待外来游客20万人次。科研组承担国家级新品种展示与示范、总局第三积温带品种(品系)区域试验、植保试验、垦丰品种(品系)测试、省农科院水稻品种展示等30多个科研试验项目。展示与示范的品种90个,其中异地鉴定品种为51个。土壤化验室布置并完成水稻"3414"田间肥效试验10个,水稻田间校正试验10个,肥料利用率试验3个,田间示范试验37个。气象站完成旧自动站设备升级改造,保证自动站能双轨运行,保证气象数据不丢失和稳定上传。土壤测墒数据及时上传国家节水农业网,已上传至第15期。苗圃繁育草本花20万株,产出效益12万元。采取"互联网+"模式展开苗木销售工作,销售苗木10万株,收益30万元。继续承担农技推广补助项目,被农垦总局确定为9个综合类公益性农技推广服务中心改革试点单位之一。举办各类农业科技培训班10课时,培训人员780人次;进行农作物现场技术培训11次,培训人员达900余人。

农机现代化　农场对购买机车及农具进行补贴105.28万元,上级政策性补贴898.07万元,职工自筹资金3090.827万余元,购大中型轮式拖拉机 138 台，高性能插秧机 18 台，收割机 108 台。苗床电动播种机及覆土器 123 台，苗床电动摆盘机 136 台，运苗车 15 台，抛撒器 279 台，旱田农具 1 套。现有农业机械总动力 10.8 万千瓦，拥有拖拉机 1721 台，高性能插秧机 556 台，收割机 464 台，自走割晒机 5 台，割晒架，拾禾台 10 套，大型配套农具 2956 台件，犁 1307 台，旋耕机 31 台，粉碎还田机 407 台，小型配套农具 453 台，插秧机 2531 台，搅浆平地机 1521 台。水稻收获机械化程度达 100%，全程机械化率达 97.5% 以上。

畜牧业　以"推动生猪产业发展、重点突出特色养殖"为畜牧业统筹发展方针，年末奶牛存栏 330 头，生猪饲养量 9.8 万头，肉牛饲养量 545 头，羊饲养量 2531 只，禽饲养量 11.6 万只。全部完成管局指标。特色养殖主要有大鹅、梅花鹿、野生泥鳅等。全场畜禽生产发展势态良好；重大动物疫病防控强制免疫率达 100%，无重大动物疫病发生；无畜产品质量安全事故发生。

林业　完成造林绿化 28 公顷，完成造林 28 公顷。绿化场直街道 5 条，完成龙门管理区通渠首道两侧绿化补植。由管理区义务植树完成大坝支渠补植造林 23 公顷，栽植紫穗槐苗 39 万株，由机关及场直单位义务植树栽植白桦、糖槭、白榆、云杉等各类苗木 1 万余株，累计参加义务植树 1.5 万人次，栽植苗木 40 余万株，全民尽责率 95% 以上。对全场 37 个作业区进行 5 次林政大检查，查处林政案件 4 起，结案率 100%。

水利　加大灌区配套工程建设力度，增加灌溉面积，提高农业基础设施水平，有四个水利建设项目，总投资 3101.96 万元。（1）利用国家新增千亿斤粮食生产能力项目，对龙旺管理区第三十五、三十七作业区田间进行配套和完善农用基础设施建设，主要建设内容为圆涵 33 座，泵站 1 座，沟道 49.08 公里，机耕路 16.22 公里，投资 748.34 万元。（2）小型农田水利工程建设项目，投资 280 万元。对第八、二十五居民组涝区治理，主要建设内容为圆涵 5 座，闸 1 座，泵站 1 座，沟道清淤 3.31 公里，（3）龙门管理区国家农业综合开发高标准农田建设项目，对第十居民组田间进行配套和完善农用基础设施建设，投资 1086.43 万元，主要建设内容：圆涵 21 座，沟道清淤 39.75 公里，渠道衬砌 9.38 公里，田间路 14.62 公里。（4）老龙坑三区国家农业综合开发高标准农田建设项目，对第一、五、六居民组田间进行配套和完善农用基础设施建设，投资 987.19 万元，主要建设内容为：圆涵 22 座，沟道清淤 30.43 公里，渠道衬砌 5.63 公里，田间路 18.14 公里。

工业　龙门福地酒业 5000 吨白酒（三期）改造项目，新建贮酒窖 2000 平方米，原料仓储库 1200 平方米；新建白酒灌装线 2 条，再装白钢酒窖 60 个，再建 120 吨储酒罐 4 个。绥滨农场民丰机械厂改扩建项目，改造维修厂房 700 平方米、设备更新 8 套，使企业由只能承揽一般性小型维修工程向定型、批量、高端产品生产转换。计划生产秸秆抛撒器 300 台，水田运苗车 20 台。三江机械厂全年生产销售轴流滚筒 750 台套，其中给四平东风配套 200 台套，新疆波曼配套 80 台套，自行改装 600 台套，实现产值 1800 万元，利润 290 万元。金鸿床土调制剂厂，2015 年产能 2000 吨，实现年产 1800 吨，产值 780 万元，利润 400 万元。2015 年实现工业产值 5.7 亿元、工业增加值 2.2 亿元，利润 2045 万元。

城镇建设　完成建设项目 54 个，完成建设投资 3695.23 万元。年底，农场有住宅面积 51.73 万平方米，楼房 44.76 万平方米，楼房化率 86.5%。

自营经济　大力发展特色型、生态型、品牌型和围城型自营经济，推动职工自营经济产业化快速发展。龙兴管理区三鑫水产养殖基地由邵国才出资建设，占地面积 4.7 公顷，年收储泥鳅 200 吨，投入收储泥鳅资金 120 万元，新建冷库 300 平方米，养殖怀头鱼 40 吨，实现年销售额 350 万元，利润 100 万元；火犁管理区退伍青年军人谢大勇创办甄喜小凤凰家禽养殖专业合作社，建设鸡舍 800 平方米大鹅育雏舍 800 平方米大鹅育肥舍 1000 平方米，出栏林下鸡 5000 只、大鹅 1.5 万只，销售额 160 万元，利润 40 万元；江水河蟹养殖项目由农场个体业主周庆旺投资建设，年初购进 1500 公斤蟹苗，销售额达 21 万元，纯利润达 11 万元。

卫生　社区卫生服务中心成功创建为黑龙江省示范社区卫生服务中心。获得黑龙江省爱卫会授予的全省健康教育和健康促进工作先进集体称号。（张怀建　杨春楠）

江滨农场
江滨分公司

总经理：王向平，1963 年 9 月出生，籍贯四川，中共党员，研究生学历，高级农艺师。1985 年 7 月参加工作，2010 年 1 月任现职。

党委书记：刘建敏，女，1966 年 12 月出生，山东省莱阳人，中共党员，本科学历，高级农艺师。1990 年 7 月参加工作，2014 年 3 月任现职。

党委副书记、纪委书记：应天翔（2014.3—）

副总经理：

黄亚林（2013.5—）

高山（2013.5—）

孙海疆（2013.5—）

高翔（女）（2011.3—）

尹龙（2009.1—）

工会主席：周卫国（2014.3—）

财务总监：李秀华（女）（2014.4—）

概况　江滨农场始建于 1958 年，地处黑龙江省萝北县境内美丽的黑龙江畔，北与俄罗斯隔江相望，地理坐标为北纬 47°32′～47°41′，东经131°12′～131°13′。辖区总面积 354 平方公里，总人口 1.61 万人，耕地 2.3 万公顷，主要种植水稻、玉米等高产高效作物，粮食高产作物比例达九成以上，拥有先进农机具 5708 台（套），农机总动力 12 万千瓦，农业综合机械化率达 99% 以上。农场陆路、水路交通便利，省道哈萝公路贯穿全境，西邻国家一级名山口岸；农垦城建设迅猛发展，城镇功能日益完善，硬化、绿化、美化、净化、亮化工程均扎实推进；社区服务体系日益健全，广电、通信服务水平显著提升；一级甲等医院、垦区示范幼儿园、总局标准化小学、总局示范初中等完全满足农场职工的文教卫生需求;森林公园、世纪广场、场史馆、图书馆、文化活动中心等场所以人文氛围覆盖全场。2015年,实现粮豆总产2.02亿公斤,工业销售收入5.06亿元,实现地区生产总值9.82亿元,完成固定资产投资0.94亿元,实现人均纯收入19022元。

现代化农业　完成总播面积4.44万公顷,粮豆总产2.02亿公斤,实现12连增。农场按照市场规律,主动整合资源,不断优化种植结构,加快科技创新驱动,取得良好的经济效益和社会效益。调整结构,推广种植水稻、玉米两大高产高效作物。应用科技,通过大面积应用测土配方施肥、三膜覆盖、毯式育秧、飞机航化等实用新技术,使粮食产量增加5%~7%。不断完善农田基础设施建设。争取各类项目资金3726万元进行晒场、机耕路、沟渠等设施建设,发放农机补贴344.91万元,引进各类机械190余台套,新建农机库房7处。完成采伐迹地更新造林26.7公顷,完成往年造林补植补造17.8公顷。出栏生猪5.93万头,大鹅出栏12.66万只,实现畜牧增加值0.79亿元。

工业　完成工业销售收入5.06亿元,工业增加值1.84亿元,利润1520万元。实现生产加工大米1695.3万公斤,生产加工大豆油30.8万公斤。通过招商引资,签订投资协议项目1个,续建项目1个,项目建设总投资660万元。投资410万元(获得中央财政补助资金200万元,自筹210万元)建成500万袋食用菌生产加工项目,利用农林废弃物生产食用菌,有效利用资源和保护环境,从而促进资源再次利用。汇英粮食合作社投资1350万元打造的1250万公斤小杂粮加工项目,已竣工投产。与农场种植户达成协议,计划2016年建成4000公顷的杂粮种植基地。

城镇建设　实现从城镇建设向功能完善、生态宜居、彰显特色、强化管理方面转变。场区绿化、林木造型等极大促进场区美化进程,安装健身器材58套,栽种鲜花15万株,播种草坪1.4万平方米,安装中国结彩灯136盏,更换密闭环保式垃圾箱200个,新增景观式垃圾箱13个。加大公共设施维修力度,更换井盖130余处、修理路道板100余米,破损草坪铺板700平方米,新建场区道路硬化5000平方米。开展城镇交通、给排水、供热、污水垃圾处理、绿地、电力通信、数字电视、医疗卫生等关系民生的基础设施更加完备,城镇居民的宜居环境和生活质量进一步改善。

共同富裕　筹集共富资金396.1万元,通过党员干部"一帮一、多帮一"等帮扶载体,使45户贫困低收入户脱贫脱低。"644"帮扶救助体系进一步深化,帮扶中心延伸到社区居民委。发展各类专业合作社25个,成功加盟宝泉岭购销信息网平台。发展自营经济,成立自营经济协会,拓宽职工致富渠道。推广种植红小豆、花生、高粱等经济作物520公顷,增收240万元。大鹅、白羽鸡、大雁、泥鳅鱼等特色养殖项目辐射全场,养殖溜达鸡3万只、大鹅12万只、泥鳅鱼30万公斤。

文化事业　群众性文化活动丰富多彩。开展庆"七一"广场舞大赛、经典歌曲大家唱、红色电影周、社区邻居节、"旱河"湿地摄影大赛、纪念抗战胜利70周年大合唱、迎国庆文艺会演等大型活动10余场次。实施全民素质提升工程,全场学习型家庭达3700户,占全场总户数的70%。通过道德大讲堂、送文化下乡等形式,广泛开展社会主义核心价值体系"六进"宣教活动,青蓝天地文化产业有限公司挂牌成立,"旱河"湿地摄影、垂钓、生态旅游等文化产业逐渐兴起。　(朱文涛)

军川农场

场长、党委副书记:杨荣军,1974年3月出生,云南马关县人,中共党员,本科学历,高级农艺师。1991年9月参加工作,2013年9月任现职。

党委书记:楚卫国,1963年5月出生,山东巨野人,中共党员,本科学历,高级政工师。1981年6月参加工作,2014年3月任现职。

党委副书记、纪委书记:刘国萍(女)(2014.3—)

党委委员、副场长:

陈锟(2011.5—)

陈丙山(2013.5—)

张勇(2014.3—)

刘国忠(2014.3—)

党委委员、工会主席:骆强(2014.3—)

概况　军川农场始建于1958年,位于黑龙江省萝北县城东南45公里处,黑龙江与松花江之间。地理坐标在北纬47°20′~47°40′、东经131°02′~131°30′之间,属黑龙江、松花江冲积平原,地势平坦,土质肥沃。农场人口18575人。总占地约600平方公里,其中耕地4.1万公顷、草原0.1万公顷、林地0.89万公顷,下辖12个管理区。农场紧临国家级对俄开放口岸名山镇,陆路、水路交通便利。农场常年积温2450℃~2500℃,年降雨量在500毫米左右,无霜期130~135天。土壤以暗棕色森林土、草甸土、沼泽土为主,土壤有机质含量高,抗旱抗涝,适宜各种作物生长。2015年,农场扭转经济形势,累计偿还各类银行借款2.08亿元,完成清欠82万元,资产负债率下降至79.8%,实现地区生产总值16.3亿元,人均可支配收入2.9万元,纯利润9097万元。

现代农业　作为国家重要的商品粮基地,农场的农业标准化水平一直居于垦区前列。农场在2007年被农业部命名为全国农垦现代农业示范区。2015年投资4997万元完成国家农业综合开发高标准农田、新增千亿斤粮食产能、小型农田水利、节水增粮等项目,建设高标准农田3.5万公顷,新建水泥晒场3.4万平方米、农机停放场1.6万平方米,新修机耕路46.29公里。投入5650万元更新农机具1060台(套),农机总动力达19.87万千瓦,顺利通过全国农垦农机标准化示范场验收。完成3.9万公顷无公害农产品种植和6.7万公顷绿色食品原料(玉米)标准化基地建设,承担总局级以上试验项目8个。

畜牧业　围绕龙头企业抓好基地建设,调整产业结构,结合农场实际,以加快"奶牛、生猪、肉羊"为重点,完善养殖小区建设及服务功能,实现人畜分离,强化动物疫病防治,畜禽标准化饲养。启动绿原管理区西侧奶牛养殖小区配套工程,新增奶牛500头,实现奶牛存栏2836头,肉牛出栏2260头,猪出栏3.7万头,肉羊出栏818只,畜牧产值1.08亿元。

工业　突出优势产业、优势项目的招商,为工业发展提供有力保障。投资500万元完成军粮酒业有限公司扩建项目,增加库存能力2000吨。引资6100万元,完成国家储备粮鹤岗直属库军川分库7.2万吨粮食仓储二期工程和嘉友粮食贸易有限公司15.4万吨粮食仓储项目。目前军川农场粮食收储能力已达90万吨,为种植户的粮食及时变现提供保障。实现工业增加值1.77亿元,销售收入4.18亿元。

小城镇建设　以需求为导向,推进城镇化建设,不断完善城镇文化、居住、服务等功能。投资3468万元完成青少年校外活动中心综合楼建设项目框架主体工程。引资3000万元完成华府1~4号住宅综合楼建设。投资150万元更换军川大街路灯55盏,使科普街等4条街道实现了亮化。投资240万元完成川南管理区绿化面积6.2万平方米。社区管理和服务水平进一步提高,物业管理日趋规范,市容干净整齐有序。农场被授予省级"文明乡镇标兵"。

经营管理　通过"走出去、请进来"进一步解放思想,转变观念,引导带动全民创业,促进职工增收。通过水稻大棚二次利用,试种金花葵、红辣椒、黑木耳等2483栋;创办川南牧场鲜奶吧,以生产经营巴氏奶为主,开发酸奶、冰激凌品系,产品畅销周边农场和管理局。以"互联网+"为平台,依托实体店"思源农产品专营店",整合53家网商散户成立电商协会,实现销售收入100余万元;创意剪纸、书画和传统手工作品亮相省内外文博会,成功举办"宝泉岭管理局文化产品展销暨军川第二届文化大集"。落实各类产业项目74个,其中引资500万元以上项目4个,涉及种植、养殖、仓储、加工等多个行业领域,增加职工就业246人。2015年,自营经济实现产值3.6亿元,从业人员人均收入3.3万元。

（王毅翼）

名山农场

党委副书记、农场场长:赵英春,1969年3月出生,山东招远市人,中共党员,本科学历,高级畜牧师。1993年8月参加工作,2013年9月任现职。

党委书记:李建筑,1965年7月,山东文登县人,中共党员,本科学历、高级工程师。1983年12月参加工作,2014年3月任现职。

党委副书记、工会主席、社区副主任:

徐立祥(2011.5—)

纪委书记:周卫国(2016.1—)

副场长:张怀伟(2008.4—)

王振锋(2013.4—)

褚国忠(2011.1—)

李泽刚(2011.5—)

党委委员、党委组织部部长:王召阁(2013.8—)

党委委员、党委宣传部部长:罗永占(2010.5—)

概况　名山农场地处萝北县境内东北部,位于北纬47°29′13″~47°42′30″,东经130°51′50″~130°14′40″,东西宽21.75公里,南北长23公里。总面积291.25平方公里,东邻江滨农场,东北部与萝北肇兴乡近邻,西与共青农场接壤,西北部与延军农场以鸭蛋河为界,南和军川农场毗邻,西南与萝北团结乡相连,北靠黑龙江与俄罗斯隔江相望。全场共有土地面积29018公顷,其中,耕地17071公顷,约占总面积的59%;林地2870公顷,占总面积10%;可垦荒地3458公顷,占总面积的12%;其他土地5619公顷,占总面积的19.4%。2015年,农场实现粮豆总产16.18万吨,比上年增加0.04万吨,增长0.3%;生产总值95371.2万元,比上年减少11169万元,下降13.3%;工农业增加值46379万元,比上年减少19384万元,下降41.8%;年末储蓄总额31220万元;比上年增加3222万元,增长10.3%;人均储蓄3.24万元,比上年增加0.45万元,增长13.9%;实现企业经营利润131.67万元。

农场现有私营、个体企业大小共计36个,粮油加工业、食品加工业、建筑材料业、农机修理业、木材加工及木制品制造业、屠宰业等。实现工业总产值41502万元,实现工业利润784万元,比上年同期下降42%。

中草药种植繁育基地是名山农场创新产业发展的一项重点产业。该产业与佳木斯市鑫源药材专业合作社联合,已成为佳木斯以东地区最大的中草药种植、繁育基地之一,被东北林业大学防风课题研究组列为课题研究基地。"山丫剪纸"产业是该场的一项文化品牌,利用旅游名镇这个地缘优势,开辟剪纸销售窗口,使其成为名山农场的旅游纪念产品。

种植业　粮食产量再创佳绩,农业总产值53267万元,增加值29878万元,比上年下降6.9%,增加值率56.1%。农场实现粮豆总产16.18万吨,比上年增加0.04万吨,增长0.3%;家庭农场经营总收入13356万元,比上年增加590万元,增长4.6%;实现家庭农场净利润7886万元,比上年减少1597万元,下降16.8%。农场耕地总面积17071公顷,其中,水田7713公顷,比上年减少7266公顷;旱田9358公顷,比上年增加7021公顷。农作物总播种面积17071公顷,公顷产量9480公斤,比上年增加349公斤,增长3.7%。总产16.18万吨,比上年增加0.04万吨,增长0.3%。引进水田打茬机,首次实现水稻秸秆还田。全场育秧大棚2120栋,大棚二次利用种植经济作物660栋,占大棚总数31%。农场与北大荒通用航空公司合作,完成6840公顷农作物的航化作业。

农机　投资2536.3万元,其中,购置农机补贴资金848.95万元,购置农机补贴机具369台,其中动力机械120台、收获机械174台、耕作机械类48台、种植机械类4台、其他机械23台,受益农机户数275户。农场农用机械总动力达78261千瓦,其中柴油发动机动力61106千瓦,汽油发动机动力4811千瓦,电动发动机动力12344千瓦。有大中型拖拉机868台、大中型拖拉机配套农具1047台、精密播种机

139台、联合收割机189台、种子清洗机14台、牧草打捆机2台等机械。推广应用秸秆还田机92台套,玉米精密播种机4台、卫星自动导航系统8台套,大棚电动播种机84台套,提高农场农机化生产水平。组织从事农业生产人员培训2次,培训人数180人次。农场与农机驾驶员签订安全生产责任状和农机安全"十不准"保证书,发放机车安全警示标语860余份,安装反光标志60余条,受教育人数470人次。检查机车及农具580台次,纠正违章现象60余次,消除了事故隐患,全年无农机事故发生。

水利　实现水利增加值375万元,比上年增长2.7%。农场已使用的地下水,主要用途为农业用水、工业用水和居民生活用水。其中农业用水量占总用水量的99%以上。建立健全各基层作业区防汛救灾领导小组,农场武装部组织成立100人的基干民兵抢险突击队,负责防汛抢险救灾。积极贮备防汛物资,全场共贮备编织袋44440条、彩条布9200平方米、铅丝2吨、救生衣138件、无纺布2800平方米。农场涝区续建配套工程建设内容为治理耕地面积1366.7公顷;排水沟长28.27公里,新建涵洞23座,新建排水站1座。工程治理后保证1160公顷耕地高产增效。节水增粮项目,节水灌溉面积270.6公顷,中心支轴式喷灌机9台套,机电井14眼,监测井1眼,水量量控设备14台套,柴油发电机2台套,新建配电线路7500米。建成后新增节水灌溉面积270.6公顷。千亿斤粮食产能工程,设计沟道清淤515米,新建沟628米,直径0.5米圆涵17座,机耕路17.02公里。保证633.3公顷耕地高产增效。高标准农田改造工程,一标:排水沟清淤57.28千米,育秧基地水利基础设施建设2处,土地平整9公顷,基地砂石路8.36千米,进棚涵洞160座,路边沟衬砌3.28千米,水源井32眼;二标:机耕路8.36公里,圆涵5座;三标:机耕路9.71公里,圆涵5座。保证653.3公顷耕地高产增效。

林业　实现林业总产值128.8万元,比上年减少0.8万元,下降0.6%;林业增加值77.3万元,比上年减少0.5万元,下降0.6%,增加值率60%。全年对201省道入场口至军川交界处全长18公里自养道路进行管护。投资27万元,栽植紫穗槐115万株,完成26.67公顷紫穗槐造林任务。实施三护工程栽植护渠林27公顷,护路林22公里。种植树莓项目1公顷,种植平菇6万袋。农场境内水莲湿地保护区控制面积3205公顷。其中核心区、缓冲区2480公顷,实验区725公顷。农场森林总面积2846公顷,比上年增长0.9%,其中,林地面积2843公顷,比上年增长0.9%。活立木总蓄积量122595立方米,与上年持平;新育苗面积27公顷,与上年持平;幼林抚育面积70公顷。

畜牧业　实现畜牧业总产值9729.6万元,同比上年下降198.7%,增加值5205.2万元,同比上年下降192.4%,增加值率53.5%。2015年,大牲畜存栏687头,同比上年下降7%。其中奶牛存栏591头,同比上年下降10%,鲜奶产量1136吨,同比上年下降96.6%;肉牛存栏96头,同比上年增长11.5%;生猪存栏19918头,同比上年下降58.8%;生猪出栏48522头,同比上年下降1.2%;羊存栏411只,同比上年增长24.3%;羊出栏502只,同比上年下降13.7%;禽存栏2693只,同比上年下降97.8%;禽出栏10182只,同比上年下降45%;肉类总产量3722.7吨,同比上年下降5.5吨。动物疫病防治工作取得明显成效,完善防疫责任制度落实,层层签订动物防疫责任状,配齐、配强基层动物防疫员。建立产地检疫申报点2个,能够满足畜禽产地检疫需求。农场动物屠宰检疫、产地检疫已全部实现了电子出证。病死猪无害化处理比例达100%,全年两病检疫密度100%,无重大动物疫情发生,未检出患"两病"牲畜。全年累计监测生猪猪瘟、口蹄疫、蓝耳病各50份;禽类新城疫、禽流感各69份;奶牛A型30份,牛羊O型、亚洲Ⅰ型11份,全部达管局要求的监测比例。通过法律手段,促使摇篮乳业与农场达成还款协议,共计向养殖户兑现拖欠奶款77.5万元,100%结清拖欠养殖户奶款。争取上级扶持,为规模猪场申报补贴146万元。在船舶下水之前,农场渔政管理人员对全场13艘渔船进行了严格的船检和船舶登记工作。

工业　实现工业总产值41502万元,同比上年下降10.6%,工业增加值16501万元,同比上年下降0.2%,增加值率39.8%。实现工业销售收入41502万元,实现工业利润784万元。农场有私营、个体企业共计36个,主要有粮油加工业、食品加工业、建筑材料业、农机修理业、木材加工及木制品制造业、屠宰业等。主要产品:糕点170吨,同比上年增长25.9%;豆油924吨,同比上年增长12.8%;白酒400吨,同比上年增长1.5%;普通饲料17500吨,同比上年下降11.8%;大米12512吨,同比上年增长75.7%;砖1600万块,同比上年下降30.4%;锯材22000立方米,同比上年下降26.8%;肥料4004吨;热力196392百万千焦;自来水量29万吨。2015年,华丰粮油有限公司扩建向西延伸65米,南北宽101米,总扩建占地6565平方米。投资451万元建设3840平方米钢架结构平房仓1栋,以及配套的附属设施,扩建后新增仓容2.5万吨,公司仓容总量达8万吨。界江美肥业科技有限公司5万吨有机肥续建项目,占地面积14560平方米,总建筑面积14648平方米,建有二条生产线(BB肥生产线和有机肥生产线)。投入资金456万元完成整个项目建设。2015年9月16日界江美公司举办产品推介会和肥料订货会,共签订2016年肥料订单1万余吨。

建筑业与小城镇建设　实现建筑业总产值7887万元,同比上年下降17.6%,增加值3382万元,同比上年下降31.1%,增加值率42.9%;资产总额896万元,同比上年下降1.6%;利润总额2751万元,同比上年下降3.8%;税金433.9万元,同比上年下降18.1%;年内房屋建设竣工面积8452平方米,同比上年增长23.3%。农场建设项目26项,招投标项目6项,总投资1937万元。小额资金议标项目20项,总投资56万元。农场加大投资力度,加强民生工程和基础设施配套工程建设,提升城镇建设品位。投资805万元完成2014年保障性安居工程基础设施配套小区硬化及供水工程。通过一事一议上级资金奖补建设名山大街东扩工程,建筑规模东扩道路194米,面积1552平方米,总投资220.5万元。投资90万元实施农场砂石路及公共设施维护工程建设项目,维修路排水沟500米、维修场部营区砂石道路11000延长米,清化粪池310个,换井盖200个,增下排水10处。投资1140万元实施国家新增千亿斤粮食生产能力规划建设项目;投资1500万元实施2015年农业综合开发高标准农田建设项目,开挖疏浚渠道57.28公里;建涵洞10座、育秧大棚基地2处。扩建水泥晒场11448平方米,建设0.31千米晒场排水系统及其他附属物配套工程;改造年出栏3000头以上规模养殖场1处,建设内容为粪污处理、猪舍标准化改造以及水、电、路、防疫等配套设施建设。

人民生活　实现地区生产总值84201.8万元,比上年减少11169万元,下降13.3%;年末储蓄总额31220万元;比上年增加3222万元,增长10.3%;人均储蓄3.24万元,比上年增加0.45万元,增长13.9%;实现企业经营利润131.67万元。在岗职工工资总额6013.3万元,比上年增加2492.4万元,增长41.4%;人均可支配收入23014元,比上年减少4021元,下降17.5%;在岗职工平均工资23199元,比上年增加2390元,增长10.3%;光纤网入户率59.4%,低保覆盖率100%,从业人员五项保险参保率100%,居民住宅燃气率100%,自来水入户率100%,居民住宅集中供暖20.8万平方米。人均住房面积26.4平方米,住宅砖瓦率100%。　(孙金宝)

延军农场

场长:侯庆波,1967年4月出生,山东省东平县人,中共党员,研究生学历,会计师。1983年9月参加工作,2010年6月任现职。

党委书记:崔向发,1968年5月出生,山东省梁山县人,中共党员,本科学历,统计师。1989年7月参加工作,2014年3月任现职。

党委副书记:司玉政(2008.8—)

副场长:段永明(2010.3—)
王永军(2010.3—)
夏万山(2011.1—)
牟秀兰(女)(2013.5—)

党委委员、组织部长:王爱清(女)(2013.5—)

概况　延军农场始建于1958年。地处黑龙江省东北部小兴安岭东麓,海拔高度100~400米之间,地理坐标为北纬47°37′~47°54′,东经139°39′~130°56′,属丘陵半山区。东临黑龙江与俄罗斯隔江相望,国境线长27.5公里,南接共青农场,西与萝北县环山乡接壤,北与萝北县太平沟乡兴东村毗邻,距萝北县城15公里。辖区总面积44080公顷,其中,耕地15182公顷,林地4520公顷,水面1639.7公顷,其他面积22738.3公顷。农场下辖5个管理区,11个场直企事业单位,总户数3021户,总人口9600人,其中,男性人口4857人,女性人口4743人;少数民族人口87人。现有在册职工1696人。2015年,农场实现地区生产总值62734万元(其中第一、二、三产业增加值分别为27247万元、24206万元和11281万元),粮豆总产11.64万吨,居民人均可支配收入17035元。

种植业　完成农作物播种面积15182公顷,实现粮豆总产11.64万吨,其中亩效益千元以上经济作物面积563.7公顷,占3.8%,绿色有机作物面积450.5公顷,占3%。综合利用水稻大棚175栋种植芸豆和摆栽木耳,利用率达30%。农场加大种植业结构调整力度,发展高效特色种植和绿色有机种植,实施玉米田养大鹅、稻田养鸭、"食用豆综合高产配套技术推广"等项目11个。加大科技推广力度,落实总局高产创建项目2项,完成玉米"双增二百"的科技项目10666.7公顷,培育科技示范户100户。农机装备水平大幅提升,投资1750余万元,更新农机具160台套,农机总动力达5.97万千瓦。

畜牧业　按照"增猪、稳牛、上鸡、抓特色"的发展方针,扎实推进畜牧产业化发展。投资300万元新建貂舍8000平方米,投入270万元对第五、十五居民组奶牛小区进行改造。成立大鹅养殖合作社,出栏商品鹅9500余只。实现奶牛存栏1106头,鲜奶产量1774吨,种貂存栏5500只,生猪出栏14003头,禽出栏48470只,肉牛出栏366头,羊出栏1239只。实现畜牧业总产值9112.5万元。

林业　实现林业总产值536万元。投资54万元,完成造林面积16公顷,其中造林绿化面积3公顷,"三护"绿化面积6.67公顷,义务植树6.33公顷。强化林政管理,及时与基层单位签订森林草原防火责任状,加大对退耕还林地块清理排查力度。在巩固发展山野菜、蘑菇采摘等林业经济的基础上,继续做大食用菌产业,投资18万元为菌包厂引进液体接菌设备1套,锯末粉碎机1台,降低了菌包生产成本;投资45万元建设黑木耳精选包装厂1处,引进精选包装设备1套。加工生产并摆栽黑木耳菌包105万袋,安置闲置劳动力105人。开辟木耳、山野菜等山产品的销售渠道,冠名"延兴之岛"品牌,通过京东商城、阿里巴巴等商务平台进行网上销售。

水利　农场水利工程总投资8460万元,实施高标准基本农田建设、补充耕地、农业综合开发及水土保持等工程项目,完成沟道清淤230公里,新建机耕路125公里、水工建筑物450座、晒场6.3万平方米、阀门井10座、给水管4597米,维修井房1座,堤防除险加固700米等。

工业　工业经济稳步增长,完成工业项目投资8030万元,其中黑龙江省宝泉岭农垦溢祥新能源材料有限公司投资1040万元,用于续建年产900吨锂电池负极材料生产线及附属设施;黑龙江省宝泉岭农垦溢祥石墨有限公司投资60万元用于新建煤气发生(炉)站;黑龙江省宝泉岭农垦帝源矿业有限公司投资3500万元对上年新建成的6万吨石墨浮选生产线进行安装,进行电力及其他附属设施建设;黑龙江省宝泉岭农垦鸿源白灰制造有限公司投资1580万元新建年产10吨工业石灰的白灰厂一座;玉山白灰厂投资

1850万元,用于新建碳酸钙粉、饲料钙粉二条生产线。年生产鳞片石墨9.6万吨,球型石墨4016吨,石墨板材30余万平方米,水泥3780吨,白灰2.4万吨,红砖150万块。全年实现工业销售收入5.6亿元,工业增加值2.29亿元,工业利润0.31亿元。

小城镇建设　继续推进"美丽乡村"工程,完成场直老区拆迁平房34户,面积2590平方米。投资140万元完成社区卫生服务中心基础设施配套建设。投资50万元,完成高标准公厕建设项目,并购置公共环卫设备252台套。投资20万元,完成场直地区绿化面积2912平方米。投资1100万元,新建5000平方米的2.5万吨粮食仓储建设项目已投入使用。投资110万元的农场社区服务中心改造项目,已完成工程进度70%。投资1050万元,完成场部通往第十一、十三作业站道路硬化12公里。

党建工作　深入开展"一优三好"活动,推进党的建设。狠抓党建工作责任制落实,严格履行"两个责任",明确班子成员"一岗双责"。开展"三严三实"专题教育,班子和个人共查摆"不严不实"问题54条,立行立改。以"三联三带"为载体,推进"服务型党组织"建设,百名党员开展志愿服务、"心系群众、服务助农"等活动,为职工群众解决难题300个。加强党风廉政建设,开展"六廉"活动,34个单位制定《优质服务公约》。开展"争做优秀北大荒人"和打造"好民风"活动,女职工曲凤香被评为管理局"好民风建设十大标兵"和"感动宝泉十大人物"。

社会事业　新建设的高标准社区卫生服务中心和殡仪馆投入使用,改善职工群众医疗和殡葬条件。建立居民健康档案5797份,免费为690名65岁以上老人健康体检、为627名妇女进行了"两癌筛查",妇女病普查693人。为弱势群体发放低保金208.6万元,低收入资金30万元。为15名贫困学生发放助学款7500元。为35名困难职工发放大病救助金19.4万元。努力打造生态旅游业、大荒锣鼓、葫芦烙画等特色文化旅游产业,带动第三产业的快速发展,成功举办首届省内部分县市乒乓球团体邀请赛和第二届山地自行车赛。　（刘建文　马子月）

共青农场

场长:苏彦山,1974年3月出生,黑龙江省海伦县人,中共党员,政工师。1995年7月参加工作,2010年8月任现职。

党委书记:施宏伟,1970年9月出生,江苏启东人,中共党员,本科学历,高级政工师。1988年12月参加工作,2012年8月任现职。

副书记:孙玉萍(2011.1—)
戴凤霞(2013.4—)

副场长:马景林(2012.2—)
苏景林(2012.2—)

组织部部长:张会臣(2010.4—)

种植业　农场实现农作物播种面积3.14万公顷,其中玉米2.16万公顷、水稻1万公顷,粮豆总产达27.3万吨,农业生产各项工作达预期目标,实现标准化供种100%、集中浸种催芽100%、大棚育秧100%、测土配方施肥100%、旱田精密播种100%、航化健身防病100%六项工作全作物覆盖。水稻大棚二次利用比例居管理局首位,甜葫芦、甜叶菊实现预期效益。绿色有机产业实现认证到种植的跨越,种植的2公顷有机水稻已全部收获。实现水旱田100%黑色越冬,旱田实现100%秋起大垄,旱田全部采用GPS导航设备起垄,垄体饱满笔直,全部达待播状态。农场高标准完成大垄覆膜、膜下滴灌、大垄密植、水稻宽窄行、钵育摆栽等示范项目,在生产中均发挥显著示范作用。积极推广农垦科学院提出玉米"叶龄"诊断模式化栽培,提高玉米的品质,使广大职工准确把握玉米生产的各个环节,实现科学模式化栽培。多次聘请资深专家为种植户现场授课培训,举办各类田间培训10余次,培训人数达1000余人,发放各类书籍材料1000余册(页),通过现场提问,解答种植户在生产中遇到的各类问题。

畜牧业　年末实现奶牛存栏302头,成母牛160头,鲜奶产量1120吨;肉牛饲养量500头;羊饲养量5501只;生猪存栏52170头,能繁母猪存栏4823头,生猪饲养量16.80万头;肉鸡饲养量1541.8万只;特色养殖:咖啡貂饲养量10732只,大雁饲养量2000只,大鹅出栏8320只,实现畜牧业总产值4.2亿元,增加值2.07亿元。农场组织实施和完善3个万头猪场标准化示范创建工作,改善现有养殖环境,有3个猪场引进自动给料生产线及智能饲喂站,进一步提高规模养殖设施化生产水平。4个规模猪场新引进种猪共计550头,提高养殖效益。白羽肉鸡孵化厂已孵化鸡雏2200万只,孵化率达91%。农场辖区内已有11个白羽鸡养殖场开始生产,出栏肉鸡1114.38万只。在开展畜禽防疫中,应免尽免,猪瘟、高致病性猪蓝耳病、口蹄疫、禽流感、鸡新城疫等免疫率达100%。着力抓好水产品质量安全,并与养殖户签订安全承诺书10份,与水面承包者签订了渔业安全生产责任状7份。渔政执法人员对辖区内养殖渔船按期进行备案登记和检验。年实现渔业总产值352万元。

林业　完成更新造林8公顷,场内住宅小区绿化1公顷,农机园区绿化0.13公顷,"三护"绿化工程3.87公顷。其中住宅小区与农机园区绿化投资7.7万余元,栽植各类树木8200余株;"三护"绿化投资11.5万余元,栽植紫穗槐37万株。春季点烧防火隔离带25公里,截至10月底共出火警42次,全年未发生重大森林火灾。处理林政案件1起,制止非法取沙取土事件3起,警告非法野外用火11人次。

水务　小型农田水利设施建设专项补助资金项目位于共青农场第15.16作业站,总投资400.72万元,全部为国投。主要建设内容为新打机电井6眼,水泵6台(套),管道9590米,平移式喷灌机6台(套),水位监测及水量量控设施6台(套),柴油发电机组6台(套)。做到当年工程当年竣工。嘟噜河堤防除险加固工程,该项目总投资150万元,全部为国投资金。项目区位于第25作业站,建设为堤防加高培厚2228米,主要工程量为挖方8156立方米,土方填筑74727立方米,石方填筑3403立方米,土工布5501立方米,该工程已申请延期。嘟噜河管理区国家农业综合开发高标准农田建设项目总投资1540万元,其中中央财政投资1184万元;企业自筹资金356万元,水利投资671.65万元。主要建设内容为:开挖疏浚沟道9.21公里;新建圆涵13座;新建2米×1.5米泄水闸4座;新建2米×2米方涵2座;冲刷沟治理2.65公里,采用预制混凝板衬砌;新建机耕路15.1公里。对重点水利工程编制应急预案,落实防汛责任、机构、抢险方案、抢险队伍、通信报警手段,储备必需的抢险救灾物资,加快水毁水利工程修复、病险水库除险加固,抓好在建和已成水利工程特别是水库的安全渡汛工作。　(金洪洋)

宝泉岭农场
宝泉岭分公司

分公司总经理、农场党委副书记:吴向东,1969年2月出生,山东武城人,中共党员,本科学历,高级会计师。1991年7月参加工作,2012年7月任现职。

农场党委书记、场长、社区主任:郭敏,1960年3月出生,山东省掖县人,中共党员,本科学历,高级政工师、农艺师。1978年9月参加工作,2010年10月任现职。

农场党委副书记、纪委书记:王立新(女)(2014.3—)

农场副场长:吴万弘(2010.4—)

农场工会主席:李军(2013.5—)

农场副场长:信怀滨(2013.6—)

分公司副总经理:

曲凯(2013.5—)

李安贵(2010.3—)

刘显清(2011.1—)

分公司财务总监:

刘学勇(2013.5-)

概况　宝泉岭农场位于黑龙江省萝北县境内,场部坐落在哈萝公路482公里的里程碑处,西南距鹤岗市22公里,地处黑龙江省农垦宝泉岭管理局所在地。东以嘟噜河为界,与共青农场相邻;西与鹤岗市的青山林场、东方红乡、团结乡相接;南与梧桐河农场、新华农场相连;北与萝北县林业局及鹤北林业局的山林相接。南北长55公里,东西宽12.6公里。下设10个管理区,场直企事业单位37个,总户数7899户,总人口21438人,其中小城人口18869人,农业人口4571人。平均从业人员8431人,其中在岗职工2816人。农场地处宝泉岭管理局局直,具有优越的经济社会发展环境,区域内拥有九三油脂、双汇北大荒肉业、宝泉酱业等龙头企业;拥有省级重点高中、农垦工业学校、农场学校、幼儿园等一条龙的先进教育网络;拥有中心医院、农场公共卫生服务中心为主体的健全的社区医疗服务体系。已成为集农业、工业、畜渔、商贸、林业、教育、卫生医疗等门类齐全的综合型国营农业企业。

农场拥有大中型拖拉机1149台,联合收割机267台,大中型拖拉机配套农机具1366台套,农业机械总动力122459千瓦。全场土地总面积67100公顷,黄牛存栏347头,肉牛出栏30头;奶牛存栏448头,牛奶产量687吨,猪存栏136341头,肉猪出栏233718头;羊存栏1546只,肉羊出栏1355只;家禽存栏2561729只;家禽出栏4079187只。肉类总产量27755.46吨。全场实现生产总值222992万元(非公有经济149799.3万元),人均可支配收入25005元,人均住宅面积40.2平方米,人均绿地面积237平方米,人均储蓄额17598元,人均生产总值104017元。

种植业　农场农作物播种面积38307公顷,其中,粮食播种面积38307公顷,粮豆总产量381166吨,平均单产10134公斤/公顷,其中,水稻播种面积8656公顷,总产79977吨,单产9239公斤/公顷;玉米播种面积29532公顷,总产量300886吨,单产10188公斤/公顷。大豆播种面积119公顷,总产量303吨,单产2546公斤/公顷。农场承担总局3S精准农业关键技术研究与示范和农业科技园区共性区域关键技术研究与示范两项重大科研项目,成功报批2016—2018总局农业技术试验示范推广项目。全面推广玉米"四精两管"、水稻"三化两管"栽培技术,旱田生产作业全部采用精播机GPS卫星导航系统,"四苗"率达100%;水稻实现了标准化统供芽种、集中旱育壮秧、大棚综合再利用三个100%。开展了稻田养殖、"三减"节本增效、育秧大棚综合再利用、中韩环保农资应用、中欧复合肥应用等多项创新技术。举办专题培训班12个,培训人员3200人次,发放各种培训资料6000余份。高产创建在2015年的农业部粮食绿色增产模式攻关和高产创建示范活动中,攻关核心区平均产量1083.42公斤/亩,万亩示范片平均产量930.47公斤/亩,取得了总局玉米模式攻关第一名及高产创建第六名。高标准推进了"五防"及"五边"治理,做到农艺农机有机结合,良种良法良田配套,努力做到水田与旱田、路边与里面、生产田与示范田、管理区与管理区之间管理标准"四个一样",保证了增产增效。农业基础和水利项目投资超过1亿元,新建晒场3.8万平方米、库房4400平方米,维修机耕路115公里,清淤172公里,新增灌溉面积4667公顷,改良涝区0.08万公顷;新安装大型中心支轴式喷灌机141台(套),卷盘式喷灌机2台(套);累计投资3342万元,更新先进农机具222台(套),购进进口200~300马力拖拉机12台,70~100马力拖拉机15台,进口大马力收获机5台,水田专用收获机30台,进口玉米精量播种机10台,进口大犁15台,液压耙10台,GPS导航20台,高性能插秧机5台,水田秸秆还田机100台。农场连续两年被评为总局农业标准化提升活动标兵单位,获得全国农垦AAAA级农机标准化示范场称号。

畜牧业　在生猪生产形势举步维艰的情况下,农场为玉兰、宝兴、盛洋3家规模猪场发放生猪生产周转金3100万元,帮助企业应对市场变化。投资84万元建设病死动物无害化处理厂。落实标准化奶牛小区青贮玉米补贴、"两病"检疫补贴配种液氮费补贴等扶持政策。投资330万元新修白羽鸡养殖场道路4公里,9个建成的白羽鸡养殖场按期投入使用。引导职工群众发展咖啡貂、小笨鸡、大鹅、大雁、等特色养殖。各项疫病的应免实免率、牛、羊“两病”检疫率、耳标挂戴率和免疫档案填写率均达100%。

林业　完成造林绿化面积40多公顷,超额完成管理局下达指标。共栽植各种绿化树木50.9万株,其中云杉、柳树、杨树、樟子松等乔木3.9万株,紫穗槐、沙棘、连翘、紫丁香、榆叶梅、红叶李、金叶榆等花灌木47万株。完成双峰山管理区食果蔬采摘园大棚建设。建设日光大棚66栋,温室2栋。日光大棚种植葡萄55栋,各类蔬菜11栋。40栋大棚葡萄进入结果期,每栋大棚产葡萄500公斤;蔬菜大棚种植黄瓜、西瓜、豆角、茄子、辣椒等各类蔬菜10余种,年产蔬菜20余吨。与各单位层层签订防火责任状,防火期出动人员115人,车辆16台次,对31个居民点进行了安全防火宣传工作,共发放宣传单7000余份,抓住有利时机,对山边、沟边、林边的杂草进行全部烧除,消除火灾隐患,共打烧防火通道100公里,严防跑荒现象发生。组织护林员定期进行林政联查,对发现的乱砍滥伐、乱挖沙、采石等乱占林地、破坏林地现象进行清理整顿。对违法行为进行严厉查处,保护了森林草原资源。

工业　完成工业项目投资2500万元,其中捷成玉米粉加工项目、富泽饲料加工厂新建存储库项目完成建设任务。开展招商推介活动6次,对接洽谈20余次。协助鑫利丰经贸有限公司、鑫益粮食种植农民专业合作社、隆泰糖贸有限公司立项申报三个玉米粉加工项目,建设地点位于原25作业站、12作业站和原种子站,总投资2724万元,设计仓储、加工能力8万吨。宝凤白酒厂投资120万元完成改造升级,金宇机械制造有限公司2015年在国家工商总局注册商标,销售300台,实现利润144万元。投资150万元研制水田多用车新型号800型和1000型。为汇英粮食种植专业合作社1.5万吨粮食仓储设施新建项目、瑞丰源农作物种植农民专业合作社高标准农田建设项目、山林粮食加工有限责任公司3万吨粮食仓储设施建设项目、农垦宝泉岭酱业有限公司2万吨酱菜加工建设项目争取政策资金1000万元,推进企业的快速发展。利用现代农业发展中心智能温室优越条件,年繁育绿化花苗65万株,引进百合、郁金香、玫瑰、剑兰等鲜切花7万余株,引进和自育盆花、盆景3万余盆,经济效益和旅游效应良好。以特色品种展示、示范、采摘、旅游观光、科普培训为主要功能,在科普路东西两侧共种植谷子、糜子、高粱、金花葵、向日葵、旱烟、籽粒苋等、茄子、辣椒、番茄等特色作物100余种,吸引很多游客前来采摘、购买,国庆长假,接待观光采摘人员达万人以上。利用建成的蔬菜大棚,生产食用菌、特种木耳、香瓜等高效果蔬,推行一年两茬种植,每栋棚的经济效益达6000元以上。

社会事业　投资4000余万元实施民生项目建设,其中医疗康复中心投资1261万元,新华街改造投资912万元,东湖小区基础设施投资650万元,原10队—34队4.7公里通乡公路投资620万元,畜牧博物馆投资260万元,远征军纪念室投资42万元,其他项目投资200余万元,全部投入使用。建立“三位一体”帮扶机制,发放扶贫贷款49万元,可扶持困难、低收入职工家庭当年脱困脱低。全年向低保对象发放低保金160.8万元,高龄补贴3.5万元,城乡医疗大病救助21人,发放救助资金4.8万元,临时救助45人,发放救助金8万元,为伤残军人等发放优抚金22.4万元,为18人办理并发放残疾人机动车燃油补贴4420元。缴纳企业社会保险金6180万元。认真落实义务教育均衡发展工作,新建9550平方米塑胶操场、5785平方米硬化冰场,更新400套学生座椅、食堂锅炉,添置消防设备并对一些基础设施进行维修,中考升入高级中学108人,升学率54%,政治学科管理局第一名。完成幼儿园搬迁和更名工作,被总局授予学前教育先进集体称号,农场被评为尊师重教先进场。新建的医疗康复中心大楼已投入使用,改建妇幼保健中心,承办总局级中长期培训2期,健全基本公共卫生服务功能,促使医院业务收入突破1800万元大关,被省工会授予工人先锋号称号。　（张立国）

新华农场
新华分公司

分公司总经理、农场党委副书记:徐耀辉,1965年9月出生,辽宁省抚顺市人,中共党员,研究生学历,农机工程师、高级工业工程师。1984年12月参加工作,2013年10月至2015年12月任现职。

农场党委书记、场长、社区主任:张海刚,1966年9月出生,安徽省濉溪人,中共党员,本科学历,高级农艺师。1990年10月参加工作,2008年11月任现职。

党委副书记、纪委书记、工会主席(代):雷明坤(2013.5—)

副场长:陈世海(2013.5—)
初宏伟(2013.6—)
刘江滨(2014.3—)

副总经理:黄虎(2008.11—)
沈英(2013.5—)
翟继强(2014.3—)

财务总监:袁朝武(2014.4—)

党委委员、组织部部长:周金铭(2001.8—)

场长助理:
高桂兰(女)(2013.5—)

概况　新华农场、新华分公司坐落在美丽的三江平原腹地,小兴安岭南麓,松花江北岸。与佳木斯、鹤岗两市毗邻,地理坐标为北纬45°05′~47°15′,东经130°05′~130°45′。农场东西走向约50公里,南北走向约28公里,总面积约647平方公里。境内有“一江五河”:松花江、鹤立河、阿凌达河、伏尔基河、石头河和乌龙河,哈萝公路、鹤大高速公路从场区穿过。在气候区域划分上属于寒温带季风气候。冬季受西伯利亚寒流影响,盛行西风和西北风,气候寒冷干燥,寒冬漫长。夏季受海洋暖湿气流影响,多东北风,气候湿润而温暖。春秋天气变化频繁,昼夜温差较大,降水分配不均,常有大风。新华农场始建于1949年11月。现拥有土地面积5.59万公顷,其中耕地2.93万公顷,林地0.86万公顷,牧草地0.08万公顷,森林覆盖率16%,拥有8个农业管理区,7家场直单位,一所职工医院,一所学校,户籍总人口2.2万人。2015年,实现国内生产总值11.45亿元,其中,第一产业6.55亿元,第二产业2.61亿元,第三产业2.29亿元;人均纯收入21300元;粮豆总产25.49万吨。

种植　农作物种植面积29307公顷,其中种植水稻15401公顷,大豆1210公顷,玉米12696公顷。水田面积占总播种面积的52.55%,玉米面积占总播种面积的43.32%,大豆面积占总播种面积的6.84%。其中水稻总产132001吨,公顷产量8571公斤;玉米总产118992吨,公顷产量9372公斤;大豆总产3989吨,公顷产量3297公斤。完成水稻、玉米、大豆高产创建项目2160公顷,实现水稻万亩示范田公顷产量达10843.5公斤,玉米万亩示范田公顷产量达14908.95公斤,大豆万亩示范田公顷产量达3520.59公斤。大豆高产创建模式攻关区荣获总局第二名、万亩片单产荣获总局第四名,玉米高产创建万亩片单产荣获总局第一名,水稻高产创建名列总局十五个优秀单位之一。

林业　完成造林6.66公顷;三护绿化1.33公顷,宝新公路栽植紫穗槐20万株。完成10作业站中海油路两侧绿化,栽植云杉2600余株;义务植树10万株,发展林业经济栽植大果榛子3公顷,红松果林3.33公顷,养殖鸿雁达2500只。培育食用菌15万袋。完成育苗33.33公顷,产苗量达200万株。全场实现无林政案件、无森林草原火灾的目标。

水利　完成小型农田水利工程项目,其中完成排水沟清淤158.59公里,土方量36.1万立方米;新建砂石路1350延长米,石方量2811立方米;新建方涵2座,混凝土量278立方米。完成节水增粮工程,其中新建水源井5眼及配套井台、井盖,新建输水管道3016米、排水井3座和检查井1座,购置中心支轴式喷灌机4套、绞盘式喷灌机4台套、柴油发电机9台、潜水泵6台,灌溉面积150公顷。实施完成水土流失治理工程,其中完成秸秆还田795.8公顷,水土保持防护林2.54公顷,新建涵洞3座,沟头防护6处,建谷坊24座,建作业路7.09公里。

畜牧业渔业　实现畜牧业增加值1.34亿元。生猪存栏25207头,出栏50070头。奶牛存栏718头,鲜奶产量2167吨;肉牛存栏408头,出栏766头;羊存栏3052只,出栏1870只;禽存栏283520只,出栏1448576只。貂出栏98582只。畜禽检疫率达应检的100%。农场有水面面积3468公顷、水库5座,水产养殖户17户。可利用的淡水养殖面积252公顷(其中水库面积247公顷、池塘面积5公顷)。实际淡水养殖产量284吨,多以养殖鲫鱼、鲤鱼、鲢鱼、草鱼、青鱼为主。年水产品总产量784吨,其中淡水捕捞产量500吨。全场签订畜产品质量安全承诺书382份,签订防检疫责任状356份。设立GSP兽药管理试点4家、GUP养殖企业1家。

农业机械　农场农机总保有量达7023台,农机总动力达13.5万千瓦。农机田间生产综合机械化率99.5%。农机更新总投资4544.96万元,新购进各类农机具427台套,其中,50～180马力拖拉机119台、180马力以上拖拉机13台、联合收割机7台、履带式水稻收获机111台、插秧机28台、GPS导航19台、旱田精量播种机15台、水稻大棚育秧电动播种机62台及大犁、耙、起垄机、旋耕机等农具53台。农场、分公司重点推广应用保护性耕作技术、精量播种机械化技术、水稻生产全程机械化关键环节技术、农业航化技术、水稻钵育机插技术、GPS卫星自动导航等农机技术及大垄密起垄整型机、玉米、大豆、水稻秸秆还田机、水稻高性能插秧机、水田搅浆整地机、水稻集中育秧浸种、催芽设备等农机新技术、新机型。

非公有经济　农场引进喜鹤货运物流复混肥项目,总投资1847万元,其中固定资产投资1247万元,该项目当年建设。完成鹤兴屠宰厂技术改造,投资80万元,建设污水处理厂,进一步解决了污染问题。农场帮助群益冷冻厂与大连客商签订订单,打开企业产品的销路;帮助北珠米业与农户签订订单,解决了企业原粮收购难的问题。农场年实现工业企业销售收入4.9亿元,增加值1.9亿元,利润400万元。

商贸　完成招商引资6155万元,引资5398万元,建设完成货运物流中心项目,包含公路和铁路两种运输途径,年货物吞吐量110万吨。引资757万元,建设完成蛋鸡养殖场项目,年可饲养蛋鸡6万只。农场共有商业网点522户,从业人数791人,营业收入42172万元,营业利润3438万元。

城镇建设　投资712万元,完成场直向阳街以南、新建路以东供水管线改造958米,新建检查井65个,场直景阳街以北改造供水管线2863米;完成水源井防护用房2座、机井1眼;新建公园厕所2座;完成学校教学楼外墙保温1863平方米,外墙粉刷2556平方米,内墙粉刷6923平方米,铺设散水坡60平方米,更换供热管线342米,更换暖气片123片,增加铁艺围栏125米及更换彩钢屋顶等工程内容;完成场直供热管线改造2550米,首站程控系统升级及泵站安装程控系统,管线破开路面、人行路等恢复工程;完成新建路东侧、西侧人行路铺装面包砖2200平方米;完成幼儿园室外儿童玩具区域1140平方米人造草坪,立面改造1500平方米,门卫兼警卫室30平方米;完成场史馆室内装修240平方米、展台38平方米、微缩景观5平方米;室外知青园景观13个、甬道铺装600平方米;文化广场安装电力变压器1台套,电力电缆落地铺设995米,配电箱3台(套),高压成套配电柜、低压开关柜及组合型成套箱式变电系统等;文化宫安装电动对开拉幕系统(含对开轨道)1套,电动单边移动拉幕系统(含侧开轨道)1套,对开幕控制箱1台,固定边幕布吊杆8道,固定横幕布吊杆3道,舞台幕布1542平方米等。按照农场“三分建七分管”城镇综合服务理念,全面改变场直环境卫生清扫运营模式,实行社区、居委会、小区三级统一管理,场区环境得到极大改观,农场首次被评为宝泉岭管理局城区环境优秀单位。

(刘文忠)

普阳农场

场长:刘海林,1962 年 9 月出生,黑龙江省海伦市人,中共党员,本科学历,农机高级工程师。1983 年 7 月参加工作,2011 年 9 月任现职。

党委书记、社区主任:仇忠石,1965 年 10 月出生,山东省平原县人,中共党员,本科学历,高级政工师。1983 年 7 月参加工作,2014 年 3 月任现职。

党委副书记、纪委书记、工会主席:柴春阳 (2013.5—)

副场长:王海舟 (2013.4—)

吴为中 (2011.1—)

赵井丰 (2011.1—)

许建国 (2013.5—)

党委委员、宣传部部长:孙东 (2010.4—)

党委委员、组织部部长:李国忠 (2011.1—)

党委委员、办公室主任:朱希春 (2014.5—)

概况　普阳农场始建于 1971 年,位于松花江下游北岸,绥滨县与萝北县交界处,是一个以农业为主的大型机械化国有农场。地理坐标北纬 47°10′~47°23′,东经 130°58′~131°33′。土地总面积 516 平方公里,耕地 30533 公顷,林地 4353 公顷,水面 2408 公顷,全场有 8 个管理区(共 21 个作业区),林业单位 1 个,牧业单位 1 个,工业企业 6 个,建筑企业 1 个 ,医院 1 个,学校 1 个(中、小学),幼儿园 1 所,电视台 1 个。2015 年,农场总户数 4229 户,总人口数 10607 人,其中,男性人口 5032 人,女性人口 5575 人,少数民族人口 62 人。职工 3499 人,当年出生人数 49 人,死亡人数 85 人,人口自然增长率 -3.39%。2015 年,农场实现国内生产总值 12.4 亿元,比 2010 年增长 1.5 倍;实现人均生产总值 11.3 万元,比 2010 年增长 1.66 倍;完成固定资产投资 1.2 亿元,比 2010 年增长 0.8 倍;全场个人可支配收入达 2.51 万元,比 2010 年增长 1.2 倍。粮食总产 28 万吨,农业总产值 10.6 亿元,农业纯效益 2.7 亿元。

种植业　农作物播种总面积 3.05 万公顷,其中水稻种植面积 3.05 万公顷,占总面积的 100%,粮食总产达 28 万吨,水稻平均公顷产量 9240 公斤,农业总产值 10.6 亿元,农业总效益 2.7 亿元。农业基础设施更加完善,投国投资金和农场自筹资金 9342 万元,完成了 3 个管理区新增千亿斤粮产能项目和高标准良田建设项目。新建砂石路 230 公里,桥涵 264 座,晒场 4.3 万平方米,新增各类农机具 450 台(套)。重点推广应用水稻“三化两管”,集中浸种催芽、种衣剂应用、毯式育秧、苗床电动精密播种机、三膜覆盖、钵育摆栽、节水灌溉、病虫害综合防治、绿色有机水稻生产等实用新技术和新机型综合集成应用技术。以三条通道为重点,设立科技示范带 2000 公顷,打造“三田”(高产创建田、标准化展示田、有机稻示范田)示范区 19 处,培养科技示范户 200 名,展示带动效果显著。全面优化水稻品种结构,全面进行绿色水稻种植,其中专品种种植 330 公顷,富硒水稻 2000 公顷。建立完善的培训制度,采取室内授课、园区示范、经验交流、外出观摩等多种方式相结合,广泛开展内容丰富的培训,全年累计培训 5 次,培训人员 2000 人次,发放技术手册 2215 册,培训面达 100%。

畜牧业　坚持“两稳一促”的畜牧发展思路。对养殖户在防检疫、抗体监测、消毒等方面全部实行免费。在奶牛科技示范园区建设 1680 立方米的永久性青贮窖,落实奶牛青贮饲料地 90 公顷,减免土地利费共计 18 万多元;蒲鸭河大鹅养殖基地出栏大鹅 3.11 万只,野鸭、大雁存栏 2000 只;狐貉饲养量达 4800 只以上。实现生猪出栏 59530 头,奶牛存栏 428 头,肉牛出栏 635 头,羊出栏 4215 只,肉禽饲养量 49700 只,禽蛋产量 140 吨,鲜奶产量 855 吨。在 3 个万头猪场的标准化建设上,重点抓猪场的各项管理制度、内业档案、环境卫生、防疫灭病、产地检疫、消毒程序等工作。凯弘猪场、天然猪场建设标准化猪粪池顺利通过验收。

林业　农场绿化面积达 6.7 万平方米,栽植各类绿化苗木 32 万株,草本花卉 20 余万株,草坪面积 2.4 万平方米;重点打造蒲鸭河文体广场绿化,年初购进高档榆树盆景造型树作为绿化主景,彩色花灌木以树阵形式栽植,白三叶作为地被植物,打造具有普阳特色的文化广场。蒲鸭河文化广场共栽植金叶榆、红叶李、榆树造型树、青扦等 9 个品种的花灌木近 3 万株,草花 3 万株,铺植草坪卷 1600 平方米。成立葡萄林果种植农民专业合作社,占地 11 公顷,繁育各种彩色苗木近 20 万株。已建成暖棚 1 栋,钢架大棚 12 栋,已种植 6 个品种的葡萄 9 栋,种植金叶榆、红叶李、海棠、糖槭等绿化彩叶苗木 2 万株,占地 3 公顷。已种植果树及红松果林 0.3 公顷。用树木编织制作花瓶、花篮、花柱、蘑菇等造型近 30 件,造型树 50 多株。种植树木及花卉苗木 200 万株,制作植物编织造型 100 余件,种植大果榛子、红松、桑葚等高效林果 2 公顷。年末,场部绿地率达 71% 以上。

工业　实现工业销售收入 5.4 亿元,完成年指标的 101.7%;实现工业增加值 1.9 亿元,完成年指标的 101.1%。新上项目三个:(1)利用原水利施工大队场地,引进个人投资 200 万元建设沙洲水泥预制构件制造厂,已投入生产。实现当年开工、当年投产,共生产水泥涵管 2000 多节,销售 1600 多节,实现利润 20 多万元。(2)引进黑龙江横头金山菌业有限公司投资 1980 万元,建立食用菌棒加工厂项目,现已完成菌棒生产车间、6 栋立体养菌温室的基础建设,并利用原精米厂储粮棚生产香菇菌棒 20 多万棒。(3)利用富硒技术,实现专品种种植,注册“蒲鸭河牌”优质富硒米商标,进行了 QS 认证,设计富有农场特色的产品包装,依托普阳农场制米厂建立“蒲鸭河”牌富硒米种植、加工、销售体系,目前已形成 6 类富硒米产品进入市场销售。

水利　农场筹集资金 2637 万元,建设机耕路 46.27 公里,沟渠清淤 184 公里,方涵 40 座、圆涵 224 座,育秧大棚基地 3 处,节水灌溉面积推广 2 万公顷,自来水管道 3000 米,净水设备一套,新铺设隐蔽工程管道为 PE 型管材。加大对普阳灌区、松干堤防达标等国投项目的申报工作,其中松干堤防达标工程已于8月25日开工建设。

小城镇建设　城镇建设步伐加快,不断完善公共设施。以惠及民生为落脚点,推进六项重点工程项目建设。(1)实施全民健身活动中心二期工程建设项目,建筑面积9100平方米,已进入内装修阶段。(2)实施老年公寓工程建设项目,建筑面积2000平方米,其中中央投资180万元,自有资金120万元,该工程于2015年1月26日开工,2015年10月31日竣工。已通过验收。(3)实施教师周转宿舍工程建设项目,建筑面积1232平方米,该工程于6月10日开工,10月30日竣工,已通过验收。(4)实施供热配套工程建设项目,建设规模30吨锅炉1台,配套设备、供热管网3200米,总投资1200万元,该工程于7月20日开工,9月20日竣工,已启用。(5)实施公共交通停车场工程建设项目,新停车场地2349平方米,建车辆检测中心、车库1500平方米,过路桥1座,围栏240米,大门1座,总投资157万元,该工程于7月22日开工,9月22日竣工,已交付使用。(6)实施安全饮用水工程建设项目,安装了水处理设备一套,经省专业部门鉴定,饮用水达优质水标准。　(朱希春　陈　燕)

梧桐河农场

场长、党委副书记:梁道满,1978年8月出生,山东省阳谷县人,中共党员,本科学历、农业推广硕士学位,高级农艺师。1997年8月参加工作,2012年7月任现职。

党委书记、社区管理委员会主任:张学锋,1963年8月出生,黑龙江省林口县人,中共党员,本科学历,助理讲师、统计师、高级经济师、教授级高级政工师。1984年8月参加工作,2011年4月任现职。

党委副书记、社区副主任、纪委书记、工会主席:陆海军(2011.5—)

党委委员、副场长:

王景伟(2011.1—)

房玉军(2011.5—)

王纯(2014.3—)

党委委员、党委组织部部长:罗鸿雁(2007.3—)

概况　梧桐河农场始建于1950年8月。位于黑龙江省汤原县最东端。地理坐标为北纬47°12′~47°19′5″,东经130°36′~130°59′。场区东与普阳农场接壤,南至松花江与桦川县境内江川农场隔江相望。西、北分别与新华农场、宝泉岭农场毗邻。场区东西全长32公里,南北最大宽度12公里,全场总面积31268公顷,其中,耕地18534公顷,其余为林地、草原、水面和湿地。场区内地质肥沃,宜耕宜牧,全年无霜期约111~142天,年活动积温2520℃~2800℃,年降水量约520毫米左右。2015年,农场设7个管理区,9个场直单位。农场总人口9295人,其中女性人口4708人,少数民族人口359人。农场农作物总播种面积18534公顷,粮食总产量167212吨。实现生产总值达70816万元,人均生产总值7.62万元。实现工农业生产总值111350.8万元,固定资产投资总额11229.8万元,职工工资总额4565万元,职工家庭人均收入19073元。农场实现利润2731万元。

种植业　农场推进农业产业化建设,以市场需求为导向,加快转变农业发展方式,逐步实现由生产型向生产经营型农业的转变。完成种植面积18534公顷,其中,水稻15715公顷,玉米2819公顷;粮食总产167212吨。夯实农业基础,提高综合生产能力。投资4346万元实施节水增粮项目、灌区续建配套与节水改造项目、大型泵站更新改造工程。投资1846万元实施高标准农田建设、中低产田改造、巩固退耕还林成果建设项目;投资4900万元实施土地整理项目。新建大棚64栋,新建农机库房2400平方米,新建水泥晒场4.2万平方米,修缮机耕路40.63公里。投资1391万元更新农机具156台套。发展有机农业,实施"三减"措施,在种植环节把住绿色标准,完善质量追溯体系建设。以"互联网+农业"推广稻田订单,完成订单20份,开展大棚二次利用1308栋,落实优质稻、花生、西瓜等特色种植572公顷。职工投资370万元在俄罗斯发展域外经济,种植土地1300多公顷。培育新型农业经营主体,农民合作社发展到23家。

畜牧业　以春天养殖专业合作社为带动,建设西门塔尔种牛繁育基地,促进畜牧业稳步发展。巩固绿梧桐养殖合作社小尾寒羊养殖项目。依托水资源优势发展大鹅、大雁等禽类规模化养殖。全年实现奶牛存栏259头,肉牛饲养量107头,生猪饲养量7.8万头,禽饲养量5万只,咖啡貂饲养量4000只。

工业　坚持抓招商、上项目,增强经济发展后劲。山泉精米厂投资750万元,扩建水稻加工项目。五福农作物种植农民专业合作社投资550万元建设粮食加工项目。延伸稻米、种子产业发展链条,与厦门古龙食品合资成立古龙梧桐河米业有限公司,全年销售大米2600吨。投资6700万元的种子加工中心项目已竣工,可年加工成品种子2万吨,项目带动种子种植面积0.28万公顷。2015年新增种养殖业、加工业等创新产业发展项目105个。全场微商、电商从业销售额达80余万元。

城镇建设　加强基础建设,改善公共设施。投资358万元实施场区道路改善工程,铺设通江路、迎春路人行道,安装路灯176盏;投资300万元实施场内人畜饮水工程改造项目;投资1000万元新建变电所;投资103万元建设派出所业务用房。加强环境治理,打造宜居环境。新建日处理污水1000吨的污水处理厂投入使用。按照"定人员、定街道、定标准、定奖罚"的要求,强化环境治理,努力实现城镇环境"全天候"保洁和"无缝隙"管理。

社会事业　落实各项惠农政策,发放各类补贴2465万元。完善城乡最低生活保障和社会救助制度,及时发放低保金、大病救助等各类补助金、慰问金;配租廉租楼房32套。推进"644"共同富裕行动,43户贫困户全部实现脱贫脱低。创建7个"致富创业经济合作体"、1个"自营经济产业化协会"。办好职工满意教育,投资改造校舍、建设幼儿园运动场、购置大型玩具、建设多媒体教室等,教学水平进一步提升,中考成绩名列管理局第三名。提升健康服务水平,建立居民健康档案7546份。2015年5月,梧桐河抗联纪念馆荣获第十二届(2014年度)全国博物馆十大陈列展览精品推介优胜奖。

(迟尚格)

汤原农场

场长、党委副书记:董利民,1963年12月出生,天津市宁河人,中共党员,本科学历,高级畜牧师。1983年7月参加工作,2011年3月任现职。

党委书记:潘光明,1960年5月出生,四川省绵阳市人,中共党员,本科学历,教授级高级政工师。1977年8月参加工作,2008年4月任现职。

党委副书记、纪委书记、工会主席:李振龙(2013.4—)

党委委员、副场长:

徐锡春(2011.1—)

周庆江(2013.5—)

党委委员、组织部部长:娄利滨(2013.6—)

概况　汤原农场位于黑龙江省东部,三江平原西部边缘,松花江下游北岸,系小兴安岭余脉的丘陵地区,在汤原县境内,哈佳铁路、哈肇公路纵贯场境,交通快捷便利。地理坐标北纬46°45′~46°59′,东经129°45′~130°07′。海拔最低高度86米,海拔最高高度200米。属寒温带大陆性季风气候。全场土地面积1.33万公顷,耕地面积0.96万公顷。农场下辖4个管理区(11个作业区),1所职工医院,1所学校。全场总户数2523户,总人口数6006人,少数民族人口148人。2015年,农场实现地区生产总值4.36亿元,比2010年增长79.8%;在结构调整大幅增加经济作物种植面积的基础上,粮食总产8.66万吨,比2010年增长5.6%;工业增加值9029万元,比2010年增长91%;农场居民人均可支配收入1.7万元,比2010年增长61%。基本完成“十二五”规划主要目标任务。

种植业　继续加快推进种植结构调整和农业标准化进程,高产高效作物占到全场种植面积的90.9%,推广应用15项农业新技术,玉米万亩高产创建示范项目通过农业部考核验收。农作物总种植面积9690公顷,其中种植玉米8502公顷,占总种植面积的87.7%;番茄800公顷,占总种植面积的8.3%;水稻311公顷,占总种植面积的3.2%;烤烟30公顷,占总种植面积的0.3%,红小豆47公顷占总种植面积的0.48%。水稻单产9180公斤/公顷,玉米单产9390公斤/公顷,在结构调整大幅增加经济作物种植面积的基础上,实现粮食总产8.66万吨,比2010年增长5.6%。水稻亩产、玉米亩产、粮豆总产均超额完成年初既定目标的0.4%、0.6%、0.8%。农场依据资源禀赋引进的番茄深加工项目和大棚二次利用种植食用菌项目,开辟出了走特色种植的农业产业化之路。2015年,扩大番茄种植基地,种植面积800公顷,为番茄厂提供加工原料番茄6万吨,创收达1020万元;大棚二次利用33栋,其中种植蔬菜类19栋,种植食用香菇14栋,销售香菇120余吨,获得经济效益500万元,为农场务工者带来近240万元的收入。

农机　投资购买农机具资金1220万元:利用国家补贴资金204.93万元,农场出台计划购置农机具补贴资金123万元。购置农机具98台(套),其中购进6台大马力拖拉机凯斯210、191威美德拖拉机1台、1台东方红2204、福田雷沃554B轮式拖拉机15台、约翰迪尔484轮式拖拉机46台、卫星导航5台、插秧机2台、起垄机4台、耙1台、翻转犁10台、播种机1台、旋耕机4台、收割机2台。年底,农场拥有各类拖拉机680台,收割机120台,配套农机具1100台(套)。实现农业生产全作物、全面积、全过程的机械化和标准化管理。农机管理实行标准化,全场大马力拖拉机、先进玉米收获机械、进口播种机全部集中按标准停放在祥和管理区一作业站农具场、库棚内,全年两次经管理局检查验收均达上级规定标准。农场申报食用菌质量追溯系统建设项目通过农业部农垦局专家组中期考核验收;完成汤原农场创建全国绿色食品原料标准化生产基地复查换证工作。

水利　完成各管理区急需和临时需要处理的渠、路、涵、沟等工程;完成副业区、大楼区自来水管道改造工程;国家现代化农业示范区旱涝保收标准农田示范项目中的土建工程已完成90%;完成第一、六、十一队土地整治项目申报工作。

畜牧业　农场在畜牧业发展上坚持“因地制宜、科学谋划,市场主导、政策扶持,严格管理、完善服务”的思想,通过招商引资引项目,盘活闲置养殖场,发展养殖合作社等项措施,逐步推进畜牧业规模化、专业化,突出抓好奶牛发展、肉牛和特色养殖业。年底,农场奶牛存栏124头,其中成母109头,累计产奶470吨;黄牛存栏260头,其中,成母79头;生猪存栏8332头,成母1030头,累计出栏7686头;羊存栏962只;禽存栏36619只,其中,肉鸡10000只、蛋鸡23875只、鸭675只、鹅2069只,累计出栏65900只,其中肉鸡50000只、鹅5700只。加强对重大动物疫病防控相关法律法规的宣传力度,认真落实动物防疫目标管理责任制,全年无重特大动物疫情发生。

工业　完成工业销售收入23049万元,工业增加值9029万元,工业利润1112万元。其中,规模以上工业企业3家,实现总产值11900万元,占年计划的51.62%;工业增加值4618万元,占年计划的51.1%;实现利润760万元,占计划的59.1%。全场工业销售收入超1000万元企业6家,比2013年增加2家;销售收入超300万元企业5家,比2013年增加1家。场县共建工业园区自2008年至今完成基础设施建设投资2743.9万元。2015年投资337.2万元,园区道路、电力、供水、污水处理、绿化等基础配套设施基本完善。农场初步形成以农产品加工业、木材深加工、水泥制品、机械配件铸造业、大理石板材加工为主的“一园五业”工业发新展格局。

林业　造林总面积6.2公顷,共栽植紫穗槐20万株、杨树4400株。育苗1000万株(丛)。对全场林木病虫害检疫面积600多公顷,轻微虫害得到有效控制,未发现严重虫害。森林防火工作严谨细致,连续28年无重特大森林火灾。

商务　加大招商引资力度,引进项目4个,到位资金5250万元,完成全年国内招商引资指标的175%。

高效经济作物园区　园区共培育番茄苗5.5万株,花卉15万株,其他果蔬苗20万株,年实现生产新鲜果蔬1000吨。园区18栋葡萄产值34万元,直接效益25万元,59栋大棚头茬果蔬产值200万余元。整个园区棚均效益3.2万元,较上年增长16%,实现人均产值4.8万元,比上年增加13%。园区基础性硬件设施和辅助性硬件设施逐步完善中,种植品种、技术措施、技术要求逐步的向绿色有机精品化产业化创新体系的高新技术看齐,园区全年承接各项检查、参观、技术交流30余次。

新农村建设　加强基本建设完善城镇基础设施共投资1513万元。完成保障性房基础设施排水工程、场直副业区和二院区自来水管道改造工程、老年人及残疾人康复就业服务中心项目建设;对场直副业区部分平房进行搬迁;对场部街道、住宅小区美化、绿化,巷道两侧种花3万多延长米,增设健身器材50台(套)。加快发展家政、养老服务产业,现有家政服务站2家,老年公寓6家。发展新型业态,举办电子商务专题培训5次,发展电商9家。打造以丁玲文化为核心的文化旅游产业。丁玲公园、高效经济作物园区已融入佳木斯、汤原县区域旅游框架内,全年接待观光、游玩者5000多人次,拉动消费50万元。扶持发展玉米皮粘贴画、油画等特色旅游纪念品,成立叶时尚工艺品厂,精心培养创作人才,积极组织参加各种展会,年销售收入5万元。

精神文明建设　突出典型挖掘和"三观"教育,培育和弘扬社会主义核心价值观,开展争做"品行高尚、尊崇科学、善于创新、勇于争先"的优秀北大荒人活动,弘扬主旋律,传播正能量;突出领导干部"一大一小"两个课堂,推进学习型农场、学习型党组织创建工作;突出礼节礼仪教育,着力开展群众性精神文明创建工作和"礼仪汤原"创建。深入开展争做"优秀北大荒人"和第二届"风采汤原人"道德模范宣传年活动,表彰第二届"风采汤原人"道德模范,编辑第二届风采汤原人道德模范资料汇编。配合管理局优秀北大荒人标兵事迹在农场的宣讲活动,进一步加大先进典型的培育、选树、宣传力度,在全场营造人人学习典型、人人关注典型、人人争当典型的浓厚氛围。打造丁玲文化,开展丰富多彩的文体活动。筹备举办首届丁玲文化节活动,成立丁玲文联、文艺协会。在中小学生中深入开展中华传统励志故事、革命烈士诗抄诵读和"寻找丁玲"等活动。等活动。在青年中开展了"百位共产党人百篇小传"朗诵活动,拍摄《情有毒终》微电影一部,参加总局"文明始于心、践于行"全民微电影大赛。全年纸质报刊上稿200篇,光明网、新华网黑龙江频道、黑龙江手机党报、东北网、北大荒网、宝泉岭信息网等网站上稿900余篇。　(刘向东)

依兰农场

场长:丁健,1971年9月出生,汉族,辽宁省铁岭市人,中共党员,本科学历,农艺师。1989年3月参加工作,2013年10月任现职。

党委书记:谢学强,1963年4月出生,汉族,黑龙江省萝北县人,中共党员,本科学历,政工师。1981年10月参加工作,2012年7月任现职。

党委副书记、纪委书记、工会主席、社区副主任、武装部部长:庞连生(2013.4—)

副场长:陈斌斌(2014.11—)

党委委员、组织部部长:韩长松(2013.8—)

党委委员、林业科科长:张传志(2014.5—)

概况　依兰农场位于黑龙江省依兰县境内、松花江北岸,地理坐标为北纬46°2′~46°35′,东经129°31′~129°38′。北靠小兴安岭南麓,南邻松花江,东与香兰农场接壤,西邻巴兰河,与红石砬子山峰相连,境内有松花江、黑贝河、图拉木河、无风浪河、涯丹河共一江四河。场内哈肇公路横贯东西,距香兰铁路40公里,交通便利。2015年,最低气温－29.2℃,年降水量589.7毫米,日最大降水71.8毫米,最长连续降水日数7天,降水量27.3毫米,最长连续无降水日数25天,无霜期170天,稳定通过10度积温2869.5摄氏度。农场下辖3个管理区。农场总人口数3348人。其中,女性人口1711人。农场总户数1417户,人口自然增长率－7.6‰。

2015年,农场控制面积5629公顷,拥有耕地3632公顷,水田面积791公顷,旱田面积2841公顷,牧地草原面积269.9公顷。农场实现粮食总产28925吨,实现地区生产总值17754万元,比上年增长－2.21%,其中,第一、第二、第三产业增加值同比增长－13.9%、－3.3%和10.87%。固定资产投资2909万元。

种植业　农场农作物总播种面积3598公顷。其中,水稻791公顷、占21.98%;玉米2805公顷、占77.96%。实现粮豆总产28925吨,其中水稻6190吨,水稻平均公顷单产7826公斤;玉米总产22730吨,玉米平均公顷产8103公斤;大豆总产5吨,大豆平均公顷产2500公斤,实现农业总产值8552万元。加大农机更新步伐,购买大马力2204拖拉机一台,配置尖峰大犁,8.5米轻型耙,新购120马力拖拉机3台,进口播种机3台,GPS自动驾驶系统3套,大垄机2台,中型拖拉机5台,旱田秸秆还田机8台,水田秸秆还田机9台,水稻收获机抛洒器16台,农场累计发放各类补贴贷款180万元,更新后农场整地大马力机车达8台,120马力拖拉机达8台,GPS大垄机6台套,进口播种机9台,各种配套整地农机具32台(套)。

畜牧业　能繁母猪存栏428头,生猪出栏5349头;奶牛存栏110头;其中,成牛47头,育成牛57头,犊牛6头,鲜奶产量265吨;肉牛存栏109头,肉牛出栏65头;羊存栏173只,羊出栏1317只;家禽存栏12450羽;家禽出栏22410羽,银狐存栏25只;畜牧增加值1515万元,比上年增长－31.45%。开展免疫、检疫会战,完成各类疫苗的注射工作,及补免工作。

林业　农场林地总面积512公顷，其中，林地471.83公顷，防护林138.4公顷义务植树15.3万株，林木绿化率8.7%，森林覆盖率8.4%。

工业　强化产业创新，产业结构进一步优化。加强对农场安阳木业、亿农肥业、万汇达米业三家企业的管理，加大扶持力度，促进工业达产增收，实现全场销售收入9000万元，工业增加值3700万元，利润530万元。引进“润生”食用菌有限公司，投资1020万元，占地总面积5万平方米，主要以生产木耳菌包和基地栽培为主。生产春耳100万袋、秋耳60万袋，菌袋外卖90万袋，基地春耳摆放50万袋、秋耳20万袋，实现销售总额634万元，利润总额144万元（销售额3.7/袋，成本2.4元/袋，利润1.3元/袋，不含菌袋销售利润），为社会提供120个就业岗位。建设“依农醇”蜂产品加工项目，投资200万元，新增设备及改建厂房304平方米，可加工蜂产品70吨，达产后收入可达600万元，利润可达110万元，提供就业岗位60人，其中蜂农20人、加工厂工人40人。

小城镇建设　农场场直现有住宅楼13栋，有楼房住户473户，总建筑面积42991.7平方米，场区现有平房住户537户，平房面积25616.02平方米，楼房化率62.67%。场区道路硬化100%，硬化面积55804平方米。阳光供热站一座，集中供热面积达57758.48平方米，现有供热管线3.1公里。现有公园绿地4.2公顷，滨江植物园2.7公顷，丁香园0.5公顷，幸福公园1公顷，绿化覆盖率为41.2%。滨江植物园、幸福公园、丁香花园、学校、医院、幼儿园、老年活动中心、老年公寓等设施。

职工生活　农场实现人均可支配收入17011元，人均储额11059元，比上年增加14%；在岗职工平均工资21921元，比上年增加9%；人均住房面积29平方米，低保覆盖面100%，从业人员五项参保率100%，年末储蓄总额达3707万元；取暖补助72483元，住房补贴152880元。（刘　畅）

红兴隆管理局

党委副书记、局长:王贵,1963年11月出生,黑龙江省绥棱县人,中共党员,研究生学历,高级工程师。1982年8月参加工作,2010年7月任现职。

党委副书记:陆书富,1958年10月出生,山东省梁山县人,中共党员,本科学历,教授级高级政工师。1975年7月参加工作,2005年7月任现职。

副局长、党委委员:刘广润,1964年6月出生,山东省黄县人,中共党员,本科学历,高级经济师。1986年8月参加工作,2008年7月任现职。

副局长、党委委员:史坚,1956年11月出生,江苏省溧阳市人,中共党员,本科学历,高级农艺师。1974年10月参加工作,2005年7月任现职。2015年4月,经总局党委批准提前退休。

副局长、党委委员:曹祚东,1963年9月出生,江苏省苏州市人,中共党员,本科学历,高级经济师。1983年8月参加工作,2009年8月任现职。

副局长、党委委员:李宁,1964年2月出生,湖南省宁远县人,中共党员,研究生学历,高级经济师。1984年8月参加工作,2009年8月任现职。

党委委员、工会主席:李长毅,1955年4月出生,黑龙江省巴彦县人,中共党员,研究生学历,教授级高级政工师。1973年3月参加工作,2002年7月任现职,2014年2月离岗待退,2015年4月27日退休。

党委委员、纪委书记:毕可学,1963年6月出生,黑龙江省萝北县人,中共党员,本科学历,高级政工师。1979年12月参加工作,2009年8月任现职。

党委委员、武装部部长:刘正发,1967年12月出生,黑龙江省鹤岗市人,中共党员,本科学历,上校军衔,1987年11月入伍,2010年4月任管理局武装部部长,2012年6月任管理局党委委员。

党委委员、宣传部部长:翟永胜,1969年11月出生,吉林省长春市人,中共党员,研究生学历,教授级高级政工师。1990年7月参加工作,2008年12月任宣传部部长,2010年11月任管理局党委委员。

党委委员、组织部部长:李书贞,女,1964年3月出生,吉林省榆树市人,中共党员,研究生学历,教授级高级政工师。1983年12月参加工作,2011年4月任现职。

办公室主任:万保国,1962年2月出生,安徽省青阳县人,中共党员,研究生学历,教授级高级政工师。1979年11月参加工作,2012年1月任现职。

管理局副调研员:郭同仁,1961年10月出生,山东省东营市人,本科学历,劳动经济师。1979年10月参加工作,2013年4月任现职。

办公室副主任:

尹彦东(2010.6—)

赵生宝(2013.4—)

原彬(2014.1—)

组织部副部长:张翌(2012.1—)

王强(2014.1—)

宣传部副部长:

张真僮(2013.4—)

宋鹏(2014.1—)

纪委副书记:刘贵明,1963年3月出生,山东省莱西市人,中共党员,本科学历,高级政工师。1983年7月参加工作,2008年12月任现职。

纪委副书记:曲永波,1968年3月出生,黑龙江省集贤人,本科学历,高级会计师。1991年7月参加工作,2014年1月任现职。

管理局副调研员:王冰,1969年12月出生,山东省烟台市牟平区人,本科学历,高级政工师。1985年12月参加工作,2014年1月任现职。

政法委书记:陆书富(2009.9—)

政法委副书记:李德彬,1962年4月出生,四川省泸县人,中共党员,研究生学历,一级警督。1979年5月参加工作,2010年12月任现职。

综治办主任:李德彬(2010.12—)

管理局副调研员:刘卫国,1966年8月出生,湖南省隆回县人,中共党员,本科学历,教授级高级政工师。1987年7月参加工作,2012年1月任现职,主持机关党委工作。

管理局副调研员:田丰岩,1963年8月出生,河北省徐水县人,中共党员,本科学历,高级政工师。1981年12月参加工作,2011年5月任现职,2012年1月主持离退休干部工作处工作。

管理局副调研员:张斌,1958年8月出生,河南省通许县人,中共党员,本科学历,高级审计师。1976年7月参加工作,2011年1月任现职,2013年4月主持政策法规局工作。

工会副主席:张茂春(2014.1—)

刘廷友(2014.1—)

管理局副调研员:刘晓燕,女,1962年11月出生,黑龙江省集贤县,本科学历,中共党员,教授级高级政工师。1982年7月参加工作,2010年12月任现职。

人力资源和社会保障局局长:张国庆,1968年10月出生,山东省莱西市人,中共党员,研究生学历,高级会计师。1991年9月参加工作,2011年1月任现职。

管理局副调研员:刘秀山,1960年6月出生,山东临沂人,中共党员,本科学历,政工师。1977年7月参加工作,2011年1月任现职。

人力资源和社会保障局副局长:

张彬(2007.1—)

赵泽森(2011.1—)

吴国全(2011.1—)

监察局局长:刘贵明(2014.1—)

农业局局长:刘中滨,1958年9月出生,辽宁省辽阳市人,中共党员,本科学历,高级农艺师。1981年7月参加工作,2006年1月任现职。

农业局副局长:

李淑琴(女)(2010.4—)

周绍斌(2012.1—)

刘海刚(2014.1—)

管理局副调研员:陈月堂,1964年11月出生,山东省东平县人,中共党员,专科学历,高级工程师。1983年7月参加工作,2011年1月任现职,主持农机局工作。

畜牧兽医局局长:宫海燕,女,1963年5月生,山东省陵县人,中共党员,本科学历,高级畜牧师。1983年8月参加工作,2013年4月任现职。

林业局局长:王德辉,1963年10月出生,辽宁省法库县人,中共党员,本科学历,高级工程师。1983年12月参加工作,2013年4月任现职。

管理局副调研员:

任作恒(2013.4—)

林业局副局长:

孔祥武(2014.1—)

水务局局长:何军,1967年11月出生,山东省茌平县人,中共党员,本科学历,高级工程师。1989年4月参加工作,2011年1月任现职。

水务局副局长:

祝成功(2011.5—)

张秀圣(2014.1—)

工业信息化委员会主任:吴怀喜,1959年4月出生,山东省嘉祥县人,中共党员,本科学历,高级工程师。1976年11月参加工作,2008年12月任现职。

工业信息化委员会副主任:陈立军(2014.1—)

计划财务处处长:石戍献,1959年10月出生,河南省范县人,中共党员,本科学历,高级会计师。1976年8月参加工作,2008年9月任现职,2015年1月提前退休。

管理局副调研员:尹湘卫,1962年12月出生,湖南省道县人,中共党员,本科学历,助理会计师。1981年7月参加工作,2013年4月任现职,2015年1月开始主持计财处工作。

计划财务处副处长:

刘霞(女)(2011.1—)

杜培龙(2011.1—)

审计处处长:张道静,1963年12月出生,江苏省东海县人,中共党员,本科学历,高级会计师。1986年7月参加工作,2005年7月任现职。

审计处副处长:

冀文(女)(2013.4—)

管理局副调研员:汪作奇,1968年6月出生,黑龙江省双城市人,中共党员,本科学历,会计师。1992年7月参加工作,2013年4月任现职。

安全生产监督管理局局长:王文涌,1965年5月出生,河南省虞城县人,中共党员,专科学历,工程师。1983年3月参加工作,2013年4月任现职,2015年1月提前退休。

管理局副调研员:何云明,1965年5月出生,吉林永吉县人,中共党员,本科学历,工程师。1987年7月参加工作,2012年1任现职,2015年1月主持安全生产监督管理局工作。

安全生产监督管理局副局长:蒋敬波(2014.1—)

民政局局长:李光耀,1961年6月出生,辽宁省盖州市人,中共党员,本科学历,教授级高级政工师。1978年7月参加工作,2008年12月任现职。

住房和城乡建设局局长:侯鹏,1968年1月出生,辽宁省沈阳市人,中共党员,本科学历,高级工程师。1990年10月参加工作,2011年1月任现职。

管理局副调研员:

宋绍军(2014.1—)

住房和城乡建设局副局长:王义博(2011.5—2015.1)

商务局局长:刘永明,1963年6月出生,辽宁省沈阳市人,中共党员,本科学历,政工师。1981年2月参加工作,2005年7月任现职。

管理局副调研员:王岩,1963年6月出生,黑龙江省巴彦县人,中共党员,本科学历,商业管理经济师。1984年7月参加工作,2010年4月任现职。

商务局副局长:李强(2010.12—)

交通运输局局长:王建军,1967年1月出生,浙江省余姚市人,中共党员,研究生学历,教授级高级政工师。1985年7月参加工作,2012年7月任现职。

管理局副调研员:代明桥,1958年8月出生,贵州省塘县人,中共党员,本科学历,道桥工程师。1975年8月参加工作,2014年1月任现职。

教育局局长:刘刚,1967年3月出生,山东省新泰市人,中共党员,本科学历 中学高级教师。1989年8月参加工作,2012年1月任现职。

教育党委书记:孙乃友,1961年7月出生,山东东平人,中共党员,本科学历 中学高级教师。1978年1月参加工作,2014年1月任现职。

教育局副局长:

李国安(2012.1—)

卫生局局长:孙法文,1960年11月出生,江苏省铜山县人,中共党员,本科学历,教授级高级政工师。1979年10月参加工作,2011年1月任现职。

卫生局副局长:罗川(2014.1—)

卫生监督所所长:孙法文,1960年11月出生,江苏省铜山县人,中共党员,本科学历,教授级高级政工师。1979年10月参加工作,2011年1月任现职。

卫生监督所副所长:张长锋(2011.1—)

农垦红兴隆工商分局局长:赵香田,1961年3月出生,山东省沂水县人,中共党员,本科学历,经济师。1977年7月参加工作,2012年11月任现职。

农垦红兴隆工商行政管理分局副局长:

李绪(2011.10—)

张家彬(2011.10—)

农垦红兴隆工商分局副调研员:李明尧(2011.5—)

红兴隆个体私营协会办公室主任:徐万良(2011.10—)

红兴隆消费者协会办公室主任:刘仓(2000.4—)

垦区红兴隆质量技术监督分局局长:赵晓光,1960年2月出生,吉林省农安县人,中共党员,本科学历,高级工程师。1978年12月参加工作,2009年9月任现职。

垦区红兴隆质量技术监督分局副局长:

武仲海(2001.1—)

黄刚(2010.7—)

农垦红兴隆环境保护分局局长:贾明均,1964年9月出生,山东省蓬莱市人,中共党员,本科学历,高级工程师。1986年7月参加工作,2011年5月任现职。

农垦红兴隆国土资源分局局长:纪树军,1960年8月出生,黑龙江省宾县人,中共党员,本科学历,统计师。1978年8月参加工作,2009年9月任现职。

农垦红兴隆国土资源分局副局长:

刘宏斌(2010.7—)

刘庆涛(2010.7—)

武装部政委:孙运礼,1971年11月出生,山东省莒南县人,中共党员,本科学历,上校军衔,1990年12月入伍,2012年3月任现职。

武装部党委书记:

孙运礼(2012.3—)

武装部党委副书记:刘正发(2010.4—)

红兴隆农垦公安局局长:宫传福,1959年9月出生,山东省东阿县人,中共党员,本科学历,一级警督。1976年10月参加工作,2010年4月任现职。

红兴隆农垦公安局政委:鲍崇根,1967年5月出生,山东省莱州市人,中共党员,本科学历,一级警督。1991年9月参加工作,2010年6月任现职。

公安局党委书记:

宫传福(2010.6—)

公安局党委副书记:鲍崇根(2011.5—)

红兴隆农垦公安局副局长:

黄国安(2010.4—)

马会(2012.1—2015.07)

红兴隆农垦区人民检察院检察长:刘斌,1963年4月出生,江苏省淮安市人,中共党员,本科学历,高级政工师。1986年7月参加工作,2009年6月任现职。

红兴隆农垦区人民检察院副检察长:

潘明晶(2004.11—)

王则学(2010.4—)

杨友冬(2012.1—)

红兴隆农垦人民法院院长:王海军,1961年7月出生,吉林省农安县人,中共党员,本科学历,四级高级法官,1981年6月参加工作,2009年6月任现职。

红兴隆农垦人民法院副院长:

苏长权(2009.5—)

刘丹(女)(2009.5—)

郤万江(2012.1—)

司法局局长:董永亚,1957年8月出生,河南省项城市人,中共党员,本科学历,高级政工师。1974年11月参加工作,1994年7月任现职,2014年1月离岗待退。

司法局副局长:李健(2002.8—)

史志办副主任:

陆书鑫(2012.1—)

广播电视局局长:王霞,女,1970年1月出生,山东省五莲县人,中共党员,本科学历,政工师。1991年9月参加工作,2012年1月任现职。

广播电视局副局长:

秦喜峰(2010.4—)

尹怀建(2013.4—)

关工委办公室主任:王秋灿,1959年5月出生,河南省郏县人,中共党员,本科学历,教授级高级政工师。1976年7月参加工作,2009年5月任现职。

种子管理局局长:曹海英,女,1964年11月出生,山东省昌邑人,中共党员,本科学历,高级农艺师。1985年7月参加工作,2013年4月任现职。

水管站副站长:边疆(2012.1—)

社会保险事业管理局副局长:

李军(2005.10—)(2014年1月主持工作)

孙永林(2001.4—)

局直城镇建设管理局局长:张新柱,1962年8月出生,山东省郓城县人,中共党员,本科学历,教授级高级政工师。1981年8月参加工作,2011年5月任现职。

局直街道办事处党委书记:董永涛,1959年11月出生,河南省项城人,中共党员,本科学历,教授级高级政工师。1975年7月参加工作,2013年4月任现职。

局直街道办事处主任:张新柱(2011.8—)

局直街道办事处党委副书记、纪委书记、工会主席:陈合(2010.4—)

局直城镇建设管理局副局长:

李卫强(2012.1—)

于光华(2012.1—)

红兴隆科研所所长:王光申,1957年9月出生,山东省东阿县人,中共党员,本科学历,高级农艺师。1974年7月参加工作,2007年1月任现职。

红兴隆科研所党委书记:沈明学,1958年10月出生,辽宁省大连市人,中共党员,本科学历,高级农艺师。1975年9月参加工作,2007年1月任现职。

红兴隆科研所党委副书记:王光申(2007.1—)

红兴隆科研所副所长:李作安(2007.1—)

红兴隆科研所纪检委书记、工会主席:庄贵海(2010.12—)

红兴隆中心医院院长:王殿文,1972年5月出生,山东省金乡县人,中共党员,研究生学历,副主任医师。1991年7月参加工作,2010年12月任现职。

红兴隆中心医院党委书记:曹霞,女,1967年4月出生,辽宁省西丰县人,中共党员,研究生学历,高级政工师。1985年7月参加工作,2009年5月任现职。

红兴隆中心医院党委副书记:王殿文(2010.12—)

红兴隆中心医院党委副书记、纪检委书记:高玉芬(女)(2011.3—)

红兴隆中心医院副院长:

李正权(2009.5—)

陈太鸿(2010.4—)

宫殿军(2010.4—)

红兴隆中心医院工会主席:高玉芬,女(2012.4—)

卫生监督所所长:

孙法文(2011.1—)

卫生监督所副所长:张长峰(2011.1—)

红兴隆管理局党校校长:陆书富(2009.9—)

管理局党校副校长:

王生(2014.1—)(主持行政工作)

职教中心副主任:王生(2014.1—)

红兴隆管理局党校、职教中心党委书记:崔永和,1962年12月出生,辽宁省本溪市人,中共党员,本科学历,教授级高级政工师。1978年7月参加工作,2011年1月任现职。

红兴隆管理局党校、职教中心党委副书记、纪检委书记、工会主席:王伟(2014.1—)

红兴隆管理局红兴隆管理局党校、职教中心副校长(副主任):赵显峰(2003.4—)

管理局第一高中校长:肖凤翔,女,1963年5月出生,安徽省宣城县人,中共党员,本科学历,中学高级教师。1982年7月参加工作,2012年1月任现职。

管理局第一高中党委书记:肖凤翔(2014.1—)

管理局第一高中党委副书记、纪检委书记、工会主席:于冰坤,女(2013.4—)

管理局第一高中副校长:

马瑞雪(女)(2012.1—)

杨建军(2012.1—)

刘海军(2014.1—)

管理局第二高中校长:杨海,1965年5月出生,苗族,贵州兴仁县人,本科学历,教授级高级政工师职称,1983年12月参加工作,2014年1月任现职。

管理局第二高中党委书记:刘鑫,1959年2月出生,黑龙江省双鸭山市人,中共党员,本科学历,高级讲师。1982年2月参加工作,2013年4月任现职。

管理局第二高中副校长:

史红军(2007.7—)

卓战明(2007.7—)

金万荣(2012.1—)

红兴隆电业局局长:刘雪峰,1962年10月出生,河北省献县人,中共党员,本科学历,高级工程师。1981年8月参加工作,2011年12月任现职,2015年6月调转离任。

红兴隆电业局局长:苗强,1973年4月生,天津宝坻人,中共党员,研究生学历,高级工程师。1994年7月参加工作,2015年5月任现职。

红兴隆电业局党委书记:苏宝祥,1958年5月出生,辽宁省北宁市人,中共党员,本科学历,教授级高级政工师。1976年11月参加工作,2000年3月任现职。

红兴隆电业局党委副书记:刘雪峰(2011.12—)

红兴隆电业局副局长:

赵巍(2005.6—)

李边疆(2012.6—)

红兴隆电业局纪检委书记、工会主席:翟忠国(2012.7—)

北大荒南华糖业有限公司总经理:于宪生,1960年3月出生,黑龙江省友谊县人,中共党员,本科学历,高级会计师。1976年10月参加工作,2007年8月任现职。

北大荒南华糖业有限公司党委书记:于宪生(2007.8—)

北大荒南华糖业有限公司党委副书记、纪检委书记:

王志刚(2007.10—)

北大荒南华糖业有限公司副总经理:

贲立洋(2007.8—)

郭海峰(2012.8—)

北大荒南华糖业有限公司工会主席:王志刚(2006.9—)

宝利采金有限公司董事长:刘宽平,1964年3月出生,山东省东平县人,中共党员,大学专科学历,工程师。1987年9月参加工作,2004年9月任现职。

宝利采金有限公司总经理:梁学民,1970年3月出生,辽宁省葫芦岛市人,中共党员,本科学历,工程师。1997年7月参加工作,2008年3月任现职。

宝利采金有限公司副总经理:

刘成江(2004.9—)

高清江(2008.3—)

胡洪森(2009.1—)

迟占山(2011.4—)

宝利采金有限公司监事会主席:郭福杰,1963年4月出生,黑龙江省克山县人,中共党员,本科学历,教授级高级政工师。1980年11月参加工作,2004年9月任现职。

老柞山金矿党委书记:刘宽平(2008.9—)

老柞山金矿党委副书记、纪检委书记、工会主席:郭福杰(2002.5—)

红兴隆种业有限公司董事长:王光申(2012.1—)

红兴隆种业有限公司总经理:王光申(2007.1—)

红兴隆种业有限公司副总经理:李作安(2007.1—)

红兴隆种业有限公司党委书记、监事会主席:沈明学(2007.1—)

垦丰种业红兴隆分公司总经理:郑佰武,1960年2月出生,黑龙江兰西县人,中共党员,本科学历,高级农艺师。1983年8月参加工作,2011年10月任现职。

垦丰种业红兴隆分公司副总经理:

孙玉贵(2012.1—)

高林(2012.1—)

阳光保险双鸭山中心支公司总经理:杨洪武,1964年5月出生,河北省遵化市人,中共党员,研究生学历,工程师。1984年8月参加工作,2011年1月任现职。

阳光保险双鸭山中心支公司副总经理:李永江(2007.7—)

农垦红兴隆通信分公司总经理:朱少华,1962年2月出生,黑龙江省富裕县人,中共党员,大学专科学历,高级工程师。1976年10月参加工作,2011年1月任现职。

农垦红兴隆通信分公司副总经理:

崔丽宏(女)(2005.10—)

薛明(2010.10—)

农垦红兴隆生产资料分公司经理:高柏阳,1963年8月出生,山东省平度市人,中共党员,研究生学历,工程师。1985年8月参加工作,2003年10月任现职。

中油农垦红兴隆分公司经理:刘春江,1964年6月出生,河南省商丘市人,中共党员,本科学历,高级政工师。1982年10月参加工作,2011年3月任现职。

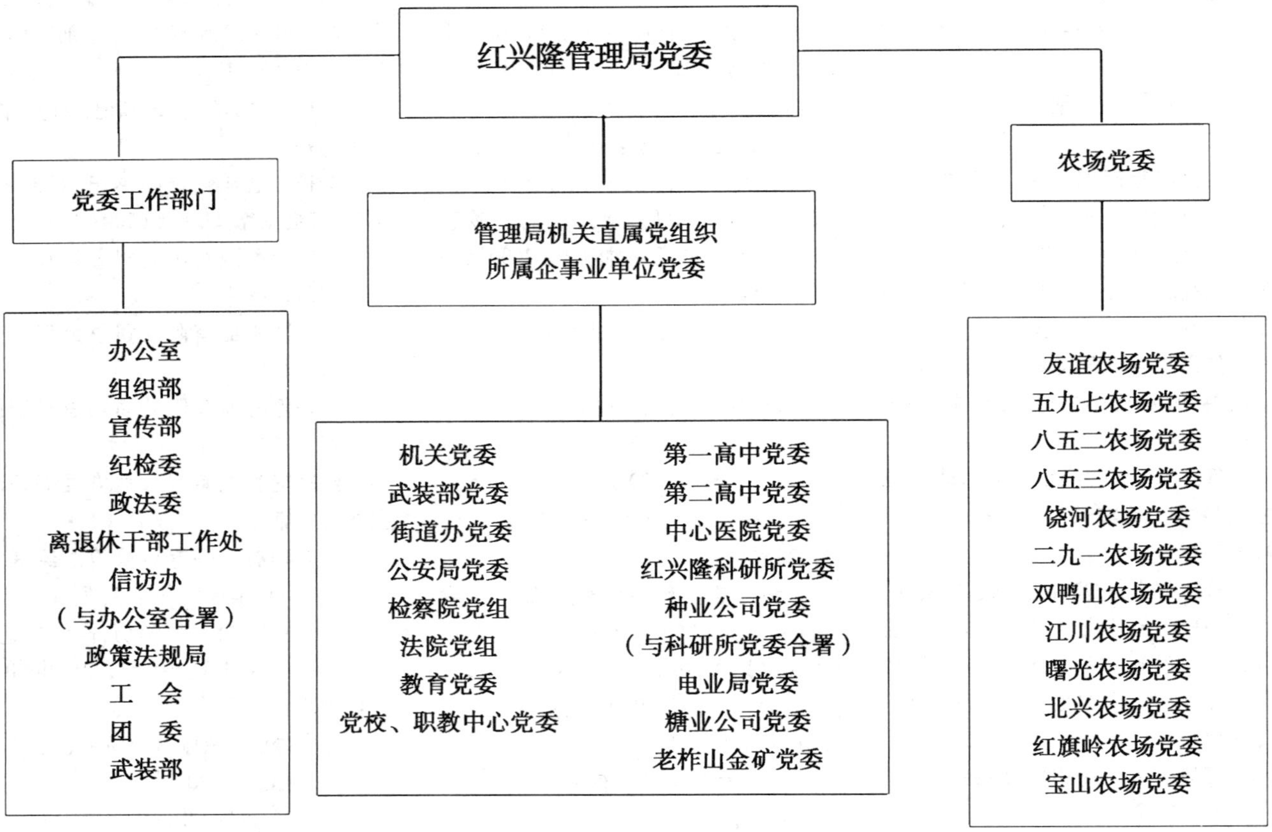

图6　红兴隆管理局党委机构示意图(2015年)

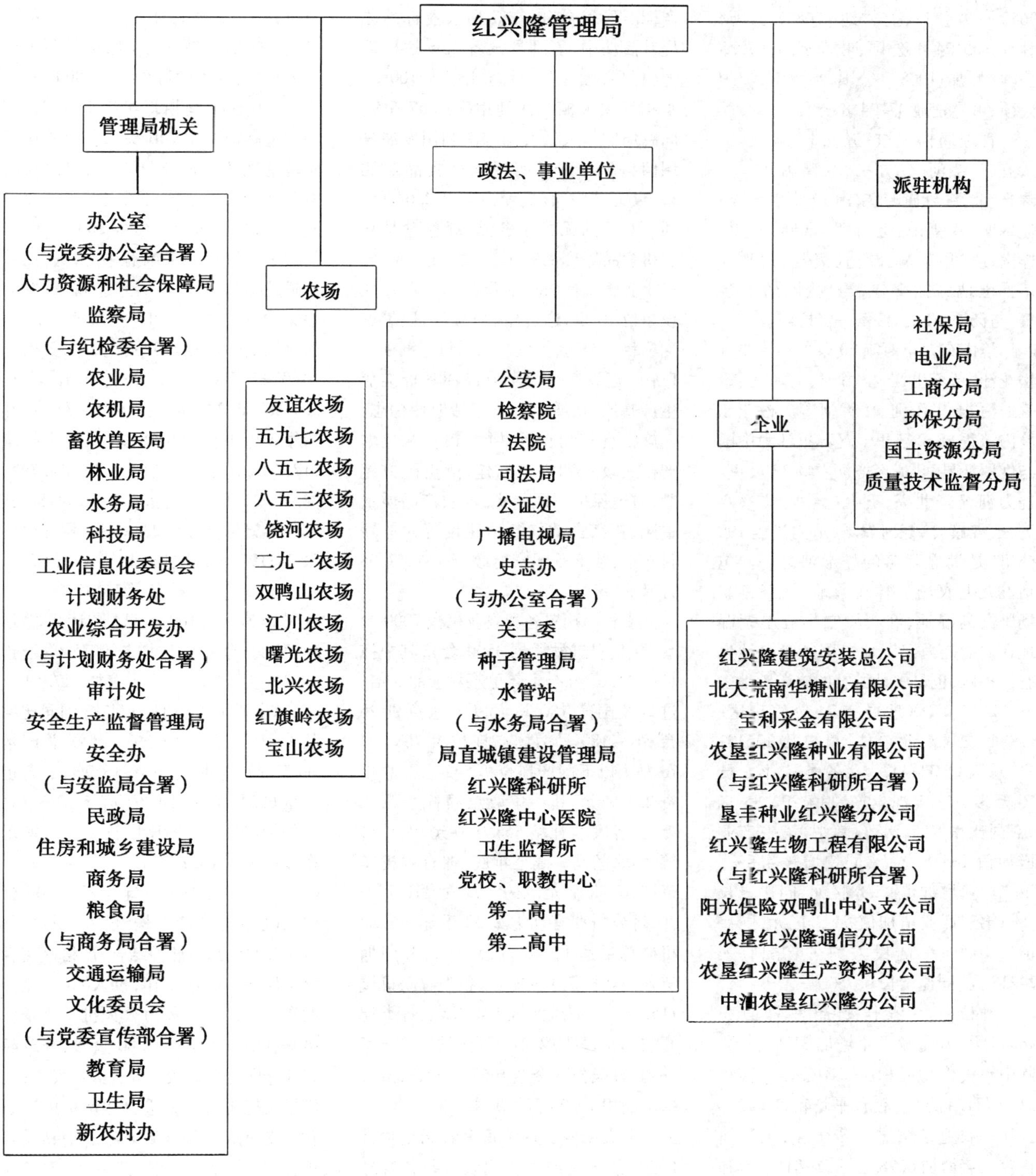

图7　红兴隆管理局行政机构示意图(2015年)

概况　红兴隆管理局辖区总面积9650平方公里,有耕地476877公顷、林地165124.4公顷、牧草地18079.5公顷、苇塘11968.9公顷、水面54163.9公顷、可垦荒地37704.8公顷。

管理局辖友谊、五九七、八五二、八五三、饶河、二九一、双鸭山、江川、曙光、北兴、红旗岭、宝山12个农场,与佳木斯、双鸭山、七台河、富锦、桦川、桦南、饶河、宝清、友谊、集贤、勃利等市县土地穿插交错,与虎林、依兰接壤,与汤原、萝北、绥滨一江之隔。

境内有大小河流30余条。主要有松花江、乌苏里江、挠力河、七星河、蛤蟆通河、七里沁河、倭肯河等。松花江境内流程48.2公里。乌苏里江为中国与俄罗斯界河,流经饶河农场37公里。挠力河流经北兴、五九七、八五二、八五三、红旗岭、饶河农场,境内流程190公里,是世界著名的蛇形河之一。包括五九七农场长林岛湿地、八五三农场雁窝岛湿地、红旗岭农场五星湖湿地在内的挠力河湿地是国家级自然生态保护区,也是中外游客的旅游胜地。

2015年,管理局有74个管理区、118个农牧渔业单位,总户数136131户,总人口334442人,各类从业人员16万多人。实现生产总值202.86亿元,同比增长5.2%。其中,第一产业增加值105.8亿元,同比增长4.8%;第二产业增加值42.8亿元,同比增长7%;第三产业增加值54.3亿元,同比增长10.9%。居民人均可支配收入24218元,同比增长6.7%。

种植业　农作物播种总面积48.05万公顷,较上年增加3179公顷,其中粮食作物面积47.73公顷。粮食总产431.4万吨,粮食平均亩产602.6公斤。农业结构进一步优化,玉米面积较上年增加6678公顷,水稻、豆类和经济作物面积分别较上年减少1353公顷、1295公顷和878公顷。农业质量效益明显提高,农作物种植总面积、粮豆面积、粮豆总产和粮豆单产分别较上年增长0.66%、0.86%、2.46%和1.59%;农作物平均亩效益达338.6元,仍保持较高水平;粮食总产较上年增加10.35万吨,粮食平均亩产较上年增加9.42公斤。创建农业部万亩示范片52个,项目达标率100%。农业生产标准显著提升,在总局农业标准化提升活动中,管理局及各农场达标以上(标兵、优秀和达标)比率为100%。水稻育秧大棚二次利用率达57.6%,向总局推荐水稻大棚二次利用发展食用菌典型3个。实现绿色食品监测35.34万公顷,有机食品监测2.6万公顷。有效的无公害食品、绿色食品和有机食品等产品认证数累计达93个。组织实施农垦农产品质量追溯项目建设单位10个,通过验收农产品质量追溯项目3个,新报农产品质量追溯项目1个。建设5个绿色食品原料标准化生产基地,新增1个农产品地理标志。实施粮食作物良种补贴、粮食绿色增产模式攻关和高产创建、测土配方施肥、耕地保护与质量提升、农产品质量追溯、新型自动气象站建设等农业项目6个,共争取国家财政资金7257.98万元。

农机　购置各类农业机械7000台套(包括引进抛撒器3500套),其中拖拉机1336台,是上年更新数量的3倍;进口及国产180马力以上拖拉机26台、70~180马力国产拖拉机768台、70马力以下国产拖拉机542台。总投资2.7亿元,其中争取总局补贴5942万元、各农场补贴566.9万元、农户自筹2.05亿元。截至年底,拥有农机净资产37.33亿元,农机总动力110万千瓦,每公顷拥有动力2.32千瓦。农业机械总量达15.78万台(件),其中拥有各类拖拉机13926台、各类收获机械7159台、水稻插秧机1.4万台、各类配套农具及附件12.27万台(件)。“三库一场”建设投入资金1663万元,改造及新增面积10.23万平方米。除二九一、五九七农场外实现了每个农场至少有1处功能齐全的现代化农机装备管理服务中心。曙光农场、江川农场、宝山农场被列为第三批全国农垦农机标准化示范农场创建单位。狠抓农机安全工作,农机安全全年无事故。完成“三代”(代耕、代种、代收)作业面积13.33万公顷,其中代耕作业5.33万公顷,代播1.33万公顷,代收6万公顷,其他作业0.66万公顷。

畜牧业渔业　八五二、二九一农场2个省现代示范奶牛牧场建设项目建设完工,实现管理局现代奶牛示范场建设零的突破。两个牧场各项工作步入正轨,共存栏高产奶牛1800头,其中智利引进的荷斯坦奶牛1560头、国内购买高产奶牛240头。乳肉兼用牛示范基地建设成效显著,双鸭山农场双新乳肉兼用牛养殖场完成牛场改扩建工作,外购西门塔尔牛200头、引进澳大利亚进口弗莱维赫牛41头,饲养规模达1000头。落实惠民政策,发放生猪大县奖励资金1581万元。年底,管理局奶牛存栏3257头,其中,繁殖母牛存栏2062头,分别同比增长55.3%、73.2%;肉牛存栏13077头,其中繁殖母牛存栏6105头、累计出栏量21718头,分别同比下降14.7%、23.9%、23.4%;生猪存栏171418头,其中能繁母猪存栏23185头、累计出栏量288197头,分别同比下降0.87%、13.7%、57.4%;羊存栏54435只,其中成母羊存栏310961只、累计出栏量54673只,分别同比增长0.75%、增长29.2%、下降25.1%;禽存栏117.19万只,总出栏量430.83万只,分别同比增长11.1%、下降19.1%。肉类总产量38057.67吨,同比下降46.9%;禽蛋产量6854.26吨,同比下降5.22%;总产奶量8702吨,同比增长28%。实现畜牧增加值16.2亿元。

林业　完成造林绿化任务506公顷,栽植苗木182万株,投入造林绿化资金2500万元;防控结合,严格落实森林草原防火各项工作,投入46万元新购置100台进口风力灭火机。召开各级森林防火专题会议80余次,查改隐患86处,全年无较大森林火灾发生;扎实推进挠力河国家级自然保护区生态转移支付资金和基础设施三期建设等项目,加大保护力度,销毁、收缴各类渔网100余张,悬挂人工鸟巢200余个;查处林业行政案件39起,结案率100%,行政处罚36人,移交公安部门15起;与地方县市森林病虫害防治检疫站合作,推进林业有害生物普查工作,森林病虫害监测覆盖率达90%以上;经济林面积达3628公顷,中草药、山野菜等特色种植面积达857公顷,生态养殖数量达31万头(只),苗圃面积

700公顷。实现林业总产值1.8亿元。

水利　完成水利建设投资20974万元(不含结转投资),完成各类建筑物1060座,完成土石方868.76万立方米,达成水利综合治理效益面积12万公顷。重点完成饶河灌区建设工作。饶河灌区是《黑龙江省三江平原灌区规划》中确定的14个灌区之一,投资3.36亿元,灌区控制面积2.37万公顷,设计灌溉面积1.46万公顷。推进民生水利工作,高标准完成2015年度农村饮水安全工程及水质检测中心建设任务,有效解决局直及友谊、八五二、红旗岭3个农场7个区(站)0.95万人的饮水安全问题。投资794万元完成局直给排水工程建设任务。科学防汛,最大限度地减轻了台风"灿鸿"等极端天气带来的灾害损失,修复各类防洪工程和防汛设施60余处,清淤沟渠34.2公里;减少农田受涝面积1.3万公顷,减少经济损失1.8亿元。加强水行政执法工作,办理采砂许可10份,查处水事案件3起,征收规费470万元。

工业　继续培育产业龙头,龙头企业对基地的带动作用日益增强。建成新曙光牧业、弘盛粮油、小清河米业、安信农业等10余家年销售收入超亿元的国家、省和垦区产业化龙头企业,初步构建了以稻米加工、畜禽加工、粮食收储物流、饮料酒、果品和蔬菜加工等为主的农业产业化发展格局。重点推进友谊农场稻米加工企业、江川农场稻米产业园区建设工作。友谊农场现有稻米加工企业12家,实现加工水稻能力50万吨,实现销售收入9亿元;江川农场稻米产业园区现有稻米加工企业9家,年加工水稻能力40万吨。搭建网络服务平台,信息化带动工业化。黑龙江农垦快易安食品电子公司与管理局10家中小企业对接,完成企业基本信息采集和绿色有机食品电子商务交易平台搭建工作,为实现网络商务销售奠定了基础。管理局实现工业增加值30.5亿元,比上年下降0.3%;实现工业利润4.8亿元,比上年下降7.8%;实现工业销售收入95.2亿元,比上年下降2.2%。

城镇建设　推进规划立项、审批、编制工作,完成出具立项选址意见3个;所辖农场全部完成《城镇总体规划》和《城镇控制性详细规划》的修编及审批工作;完成农场《管理区作业站建设规划》19个,完成农场《控制性详细规划》3个。完成招投标项目17项,11个项目进行合同备案工作。加大保障性住房建设力度,1267套危房改造任务全部开工建设。加快城镇基础设施建设力度,续建、在建、污水处理厂项目6个、生活垃圾处理场项目6个。推进燃气规划编制工作,与中国燃气控股有限公司合作,加快管理局气化工作速度。加强工程质量和安全监管工作,对没有办理施工许可但擅自开工的6个项目下达停工通知,对存在安全隐患的8个项目下达整改通知。开展城镇市容环境专项治理活动,"洁净美"成为红兴隆新名片。红兴隆局直中心城镇被黑龙江省委、省政府授予全省文明城市称号。

商务　管理局走"大项目—产业链—产业集群—产业基地"的招商之路,通过参加重大招商会展活动,全面提升招商引资质量和效益。签订国内经济技术合作项目21个,签约额9.8亿元,到位资金8.2亿元,其中,省内项目17个、省外项目4个。有针对性地组织企业参加10余次专业性展会、采购商对接会、产品推介会等,并通过电子商务等贸易平台,大力推介产品,促进高附加值、深加工产品实现出口创汇,外贸出口总额221.04万美元。加快"走出去"步伐,累计在境外种植土地3905公顷,输出劳务人员212人,其中从事种植的人员有136人、从事家政服务及森林采伐等人员76人。

旅游　推进"旅游名局"建设,做大、做强、做精旅游产业。规范旅游市场运营。与北大荒旅游集团合作成立北大荒旅游集团红兴隆分公司,共同做大做强北大荒旅游市场。加强垦地合作,组织相关农场及旅游企业与双鸭山市旅游企业对接。加强旅游工作整体部署,在全局形成合力兴旅、共促发展的良好氛围,推动旅游产业加快发展。组织开展红兴隆人游红兴隆、自驾游、中小学生暑期夏令营、知名旅行社走进红兴隆考察等夏季旅游系列活动。推进旅游产业与体育赛事有机融合,在八五二农场蛤蟆通水库成功举办第二届中国龙舟公开赛(北大荒站)和全国钓鱼锦标赛(北大荒站),来自中国、俄罗斯的12支龙舟代表队和国内10多个省、直辖市的370余名钓鱼选手参加了比赛。年接待游客36万人次,实现旅游总收入2.16亿元。

交通运输　完成农村公路通达建设项目、危桥改造项目、农村公路通畅项目等交通基础设施建设项目9项,总投资3069.25万元。认真开展公路管养工作。逐一签订公路冬季保通责任状,以雪为令,确保冬季出行畅通。管理养护农村公路,完成50公里标准化大通道创建工作。修剪路树668公里、刷白461公里;清理疏通公路边沟440公里;修整路肩边坡884公里;美化绿化656公里,栽种各种花卉155.5万株;按时清洗、刷新,更换里程碑、示警桩1378块,新安装轮廓标380块,划标线140公里,疏通桥涵81座;处治路面病害13356平方米,裂缝27208延长米;处理桥头跳车38处;开展超限车辆治理工作,公路超限率控制在0.67%以内。强化运输行业管理,圆满完成重要节假日旅客运输工作,全面完成营运客车年度审验和换证工作,二级维护率100%,营运车辆检测率100%。建立"打非治违"长效机制,处罚违法违规车辆75台次,维护了市场秩序。继续抓好安全稳定工作,重点检查易燃易爆危险品,累计检查运输企业和单位46家,检查营运车辆215台。查出安全隐患63处,全部完成整改。

人力资源和社会保障　扎实开展就业工作,新增就业11406人,其中,失业人员实现就业9439人、就业困难群体就业4231人,零就业困难家庭就业率达100%,登记失业率控制在4%以内。扎实开展人事工作,高标准完成档案清理工作、职称评审工作和规范社会化用人工作。强化人才队伍建设,组织参加省级招聘会2场,引进人才251人。扎实开展工资福利工作,清理因个人原因"吃空饷"13人、因政策原因"吃空饷"37人。完成机关事业单位调整工资标准及退休人员调待工作,规范了机关事业单位休病假手续及工资发放标准。扎实开展社会保险工作,办理公务员提前退休51人,为事业单位符合病退条件的14人办理了病退手续。审批正常退休6476人、特殊工种提前退休163人、职工因病非因工提前退休168人。全年认定工伤81起,为97人进行了劳动能力鉴定。扎实开展劳动监察工作,接受群众举报投诉44件,结案44件;主动执法监察检查单位376户,涉及劳动者4.7万人,为300名农民工等劳动者追发拖欠工资等753万元。扎实推进信访仲裁工作,受理劳动仲裁案件97起,结案率100%。全面完成“五险合一”各项社会保险费收缴工作,确保24亿元企业养老金按时发放,“五险”待遇支付率均为100%。及时完成社会保险待遇调整工作,补发新增养老金13140万元。调整后,全局企业退休人员月人均基本养老金水平达2035元。做好养老金领取资格认证工作,累计清理认证1505人,核实追缴417人,追缴冒领(多领)养老金金额363.5万元。加强定点医疗机构的稽核工作,抽查病历2732本,查实违规病历367本,违规金额151289元。做好养老保险档案归档工作,养老业务档案影像化著录工作顺利实施,累计整理入盒上架档案4968盒,圆满完成任务。开展金保工程上线业务培训,全局养老、失业、工伤和生育保险按时并入全省金保工程系统管理和运行。

教育　现有中小学校28所,其中小学10所、初级中学10所、九年一贯制学校4所、高级中学2所、职教中心学校及职业高中各1所,学生18594人,教职工2898人。全面优化教育发展方向。以社会主义核心价值观教育为“立德树人”的思想核心,全方位强化德育工作。将德育工作与学科教学有机结合,并且不断创新德育形式,开展了观看开学第一课、纪念中国人民抗日战争暨世界反法西斯战争胜利70周年阅兵式、举办大型“道德讲堂”、“践行美德师生行”主题活动等形式多样的德育活动,参与师生达45300余人次。学校建立教师微信群23个、家长微信群202个,成立“家长学校”26个、组织召开家长会114次,营造了共同育人主动育人的教育大环境。创教育教学方式方法,全力提升教学质量。通过推门课、研讨课、公开课等形式强化教学研究,改善教学方法。开展校际交流活动13次,不断创新教学模式。规范学前教育,加大管理力度,提升教育水平,有4所幼儿园晋升省示范幼儿园。均衡发展义务教育,查找教育现状、教育资源、师资配备比例、人才引进等方面的问题,并全力整改。狠抓高中教育,高考成绩取得新突破,参加高考人数1531人,一表线上人数244人、二表线上人数671人,二表以上录取人数915人。

卫生　年门急诊448985人次,总床日数570106,病床使用率80%。年业务总收入42621万元,其中药品收入占业务总收入的43.72%。大推进卫生计生工作,管理局荣获垦区唯一的省级计划生育优质服务示范单位。稳步提升医疗服务质量。举办全局护理技能大赛,确保提供优质护理服务。加强医疗质量安全体系建设,全年接待医疗纠纷60余人次,处理医疗纠纷16件,已处理9件、正在处理中7件。加强医疗机构和卫生技术人员准入管理,对局直7家符合条件的个体诊所进行设置审批和执业登记审批。圆满完成执业医师注册、护士延续注册、执业护士考试、执业医师考试等工作。加强社区卫生工作。全局建立纸质健康档案255935份,电子档案255673份。推进社区卫生服务示范创建工作,八五二农场社区卫生服务中心荣获省级示范社区卫生服务中心称号。认真做好疫情监测、传染病防控、健康宣教、常规免疫、突发公共卫生应急物资储备、实验室检验监测体系建设等工作,全面提升疾病预防控制水平。积极做好食品、卫生监管工作,对局直已经处罚过的非法行医单位负责人及个人进行约谈及告诫,将2起非法行医行为移送司法机关。继续加强生活饮用水监督检查、职业病防治及放射诊疗单位监督检查、餐饮服务食品安全监管、各学校及托幼机构卫生监督检查、公共场所和医疗机构卫生监督检查等工作,加大行政处罚力度。全年共行政处罚96家,结案79家,收缴罚没款11.38万元。提升妇幼健康服务能力,红兴隆中心医院通过省级爱婴医院复核。全年开展孕前、孕期保健宣传15次,受教1000余人次;7岁以下儿童体检6367人,系统管理率100%。全面提升计生工作水平,年签订计生责任状13份,办理独生子女光荣证986人(523户)、办理政策性二孩证182个(其中单独家庭二孩证124个)、办理奖扶证7个、办理特扶证143个。积极落实计划生育奖励优惠政策,计划生育各项奖励政策兑现率100%,无历史拖欠。打造优秀卫生人员队伍,引进卫生专业技术人才171人,组织管理局级业务培训和竞赛活动7次。

民政　结合管理局“争创垦区和谐民生第一局”工作,进一步巩固社会救助体系。低保标准提高到每人每月500元,10825人纳入低保,同时清理低保960户1596人,做到应保尽保,应退尽退。完善了医疗救助、教育救助、临时救助、供暖救助和孤儿救助,全年救助贫困患者374人次,发放医疗救助金187万元;对考入大中专院校的低保家庭子女每人给予一次不低于1万元的救助,解决了低保家庭无力支付入学费用的问题;发放临时救助资金198.6万元;为每户低保家庭发放供暖救助金不低于600元,共计发放供暖救助资金589.4万元;孤儿补贴标准为每人每月750元。加快慈善超市建设,慈善超市总数达14个,实现局直和农场全覆盖,通过慈善超市发放救助物品价值100余万元。拓展养老服务体系建设,推广“虚拟化养老院”建设工作,建立健全以社区居家养老为主导、以“虚拟养老院”养老为辅助、以机构养老为补充的养老服务体系。新落成老年公寓5所,其中公建养老机构4所,全局养老床位达2500张,每百名老人拥有养老床位达3.2张。加强慈善捐赠、救灾防灾、婚姻登记,双拥优抚,殡葬管理等工作,慈善捐赠236万元。加强服务型、文明型、平安型、生态型社区建设,全局重新设立13个社区服务中心、122个社区居民委、1140个居民小组,所有社区全部实现“扁平化组织、网格化管理、社会化服务”。

国土资源管理　管理局基本农田

面积33.45万公顷,耕地保有量43.06万公顷,基本农田保护区面积达78%以上。年上报12宗农转用项目,总面积33.12公顷。完成50宗设施农用地备案工作,备案面积132.24公顷。完成补充耕地项目10个,补充耕地面积787.07公顷。严把建设用地预审关,上报新增建设用地预审项目13宗,面积48.28公顷。编制曙光农场等7个农场土地利用总体规划调整方案。增减挂建新区59个、建新面积195.76公顷,完成建新面积178.65公顷、拆旧面积207.79公顷,完成复垦新增耕地面积183.13公顷,完成新增耕地任务。报批用地方案36宗69.84公顷,完成各类建设供地审批60宗127.34公顷。开展土地执法巡查21次,查处违法用地17宗总面积12.24公顷,其中,耕地面积5.18公顷,收缴罚没款68.66万元。发现违法用地行为17起,立案17起,全部结案。推进土地确权登记发证工作,审核通过土地登记4350宗,其中大宗地50宗。村庄地籍调查范围内共计54611宗地,已发证47165宗地,发证率达86%。严把项目质量关口,土地整理工作稳步开展。实施土地整治项目24个,其中,结转2013年收尾项目10个、新开工项目14个。深化行政审批制度改革,推行网上行政审批,缩短审批时限50%。

环境保护　主要污染物总量减排目标任务全面完成。有5家城镇生活污水处理工程建成并投入运行,完成3家规模化畜禽养殖场粪污治理工程,完成北大荒南华糖业有限公司和局直兴隆热力公司脱硝工程。推进污染防治工作,审批建设项目47个,环评率和三同时执行率均100%。加强基础能力建设,国控重点污染源在线监测设备安装率达100%,累计开展各类环境监测119次。推进生态建设。管理局已建成省级生态局,累计建成国家级生态乡镇2个、省级生态乡镇11个,所属农场全部建成省级生态场。12个农场和局直地区环境空气质量优良天数比例在90%~95%之间,管理局生态环境综合指数连续多年位居垦区乃至全省前列。“田园酷美,农耕首善”——红兴隆农垦新城暨各农场城镇群荣登“全国深呼吸百佳小城”第五位。

工商物价　围绕推进工商登记制度改革,落实“先照后证”改革,实施了“四证合一”模式,履行事中事后监管,推行了信息公示制度,开展了市场主体年报,推进社会诚信管理。市场主体年报信息公示率达96%,完成“前改后”市场主体登记信息许可项目推送530项,许可业户1768户,有52户市场主体列入经营异常状态。与法院、税务部门开展联合惩戒,对33户未办理税务登记企业进行了立案调查。“一照一码”改革顺利实施,办理“一照一码”工商执照820份。积极服务经济发展,帮助重点企业解决工商注册登记方面困难问题100余件;扶持非公经济发展,支持大学生创业和小微企业发展,为37户大学生创业办理工商执照;加大商标合同兴企工程实施,指导申报商标注册9件、申报省著名商标2件、垦区知名商标3件,雁窝岛商标被国家工商总局认定为驰名商标,实现了管理局商标发展史上中国驰名商标“零”的突破。履行价格服务职能,开展涉案物品价格鉴证案件48件,完成标的总额1169万元。对管理局13家供热企业进行了供热成本监审工作,科学调定供热收费价格。强化市场主体行为监管,加大消费者合法权益保护,开展市场专项整治,维护价格秩序,确定必检单位11家、评选2014—2015年度价格诚信单位12户。积极开展红盾护农执法行动,查处农资违法案件25起,罚没10.15万元。加大食品安全整治,检查食品经营业主体674户,提升了整治绩效。加强法治工商建设,规范上报行政权力清单30项,开展指导343次,办理行政处罚案件88件,罚没17.15万元。

质量技术监督　开展“春雷行动”质监护农和“3·15”行动,检查化肥生产企业和生资店36家、种子公司11家,分别抽检化肥定量包装产品45批次、种子65批次,对1家存在缺斤短两违法行为的种子公司进行了处罚。检查辖区内预包装产品,共检查大米厂、豆油厂、白酒厂等企业37家,抽查产品100余批次。检查食品加工企业41家,下达责令改正通知书3份;检查辖区内饮用水、糕点等易污染变质的夏季食品生产企业和小作坊18家;办理食品案件6起,罚款人民币18942元。狠抓特种设备监察工作,与辖区203家单位签订《特种设备使用单位安全主体责任承诺书》;排查特种设备使用单位147家,检查特种设备164台,共排查出隐患67条,并全部整改到位。检验锅炉124台、压力容器146台、压力管道2.91公里、安全阀校验523只。搞好计量服务,检定检测计量器具3136台(件)、抽查粮食收购点19个地中衡20台。做好标准化认证监管工作,更新农机生产企业执行标准8个。

党建工作　扎实开展“三严三实”专题教育,场处级领导班子扎实开展中心理论组学习、书记讲党课活动和专题学习研讨活动。管理局党委查摆“不严不实”问题15个,领导班子成员查摆出问题84个;场处级党委查摆班子问题257个,处级领导干部个人问题1540个,积极进行整改。着力提升民主决策水平,坚持“三重一大”集体决策制度,完善领导班子决策程序和机制。在五九七农场、二九一农场、双鸭山农场和红兴隆中心医院开展切实发挥党委集体领导核心作用试点工作。加强领导干部思想建设,对378名公务员进行全员培训。各级党委开展各类干部培训152期,培训干部11560人次。建立健全责任追究制,严肃干部选拔任用纪律,完成81人试用期考核工作,批准58名公务员提前退休,提拔管理局管理科级干部30人。对2010年以后提拔的处级、科级领导干部进行选拔任用过程集中自查。配合总局对17名处级干部个人事项申报进行抽查复核,对256名科级以上领导干部人事档案信息进行了审核认定。加强后备人才队伍建设,引进人才300名。重视人才培养,推荐10名基层优秀青年干部参加总局培训,培训大学生5704人次。加大大学生使用力度,50名大学生得到了提拔使用。加强党的基层组织建设,调整基层党组织书记156人,管理局培训基层书记代表203人,各场处级党委开展基层书记培训90次培训2884人次,762名党组织书记进行党建工作专项述职。落实基层党建工作经费457.7万,为127个作业站改善办公环境。强化党组织覆盖,新建两新组织2个。严肃党内组织纪律,对全局81个软弱涣散党组织进行严肃整顿,民主评议党员2万名,对66名不合格党员进行处置。严格规范党员发展程序,发展党员220名。加强服务型党组织工作,5215名在职党员进入社区认领岗位,为社区服务8079次。各级党组织筹措帮扶资金535万元,结成帮扶对子7652个,建立党员帮扶田1767个,辐射面积5.4万公顷,开展生产生活服务6488人次。

纪检监察　强化问责,推进"两个责任"落实。场处级党委和纪委明确岗位职责,层层传导压力,逐级签订《党风廉政建设岗位责任书》1547份。对12个农场党委落实"两个责任"情况进行专题调研,对存在的6项问题及时提出整改意见。严格执行"一问三责",对3名责任人进行责任追究,其中场处级干部1人。丰富载体,深化反腐倡廉教育。切实发挥廉政教育基地、舆论宣传媒体、网络微信平台和各项活动载体的功能作用,不断创新形式方法,增强了教育的针对性和有效性。局场两级电视台开办反腐倡廉专栏13个,举办辅导讲座37次,宣讲党纪法规21个,全局开展党委书记讲廉活动15次。对拟提拔的81名干部进行了任前考廉,对76名干部进行了任前廉政谈话。强化警示教育,剖析典型案例29个,播放警示教育片60余场次。组织廉政学习243次,受教育6000余人次。坚持创新,规范权力运行制约监督。进一步完善"三重一大"制度体系建设,制定出台管理局《关于"三重一大"权力运行制约监督制度体系的实施细则》。严格执行诫勉谈话和函询制度,对29名副科级以上干部进行了诫勉谈话。加大监督力度,组织落实中央巡视组反馈事项11项。专项检查场处级党委"三重一大"制度执行情况,对检查发现的11个方面问题提出整改意见和措施86项。严格执纪,严肃惩处违规违纪案件。受理各类信访件238件(次),初核问题线索213起,谈话函询25次;转立结案81起,同比增长35%;给予党政纪处分81人,其中涉及场处级干部7人、科级干部30人、一般干部及其他人员44人;涉案金额2517.5万元,挽回经济损失961.11万元。投资100余万元,完成管理局纪检监察办案中心建设任务,改善了办案条件和环境。

宣传　紧紧围绕"应常态、增信心、强定力、促发展"主题,确定"三个围绕"的工作思路,一批反应新常态取得新成果稿件在《人民日报》《农民日报》《中国农垦杂志》《黑龙江日报》《黑龙江经济报》《北大荒日报》发表。加强正面宣传,面对粮食市场下滑问题,与中央电视台《经济半小时》栏目联合录制两期关于北方寒疆果和玉米销售情况专题,在农民日报大篇幅刊发《今年收益喜忧参半、盼扶持政策早日出台》专稿。组织开展2015年红兴隆新闻宣传系统理论学习和新闻写作培训班、大学生报道员梯队培训班、骨干报道员培训班,培训269人次。在省级以上媒体发稿2994篇,其中,省以上报刊发稿906篇、省级以上网站发稿2088篇;在《北大荒日报》发稿3145篇,其中一版头题32篇、要闻版头题14篇、要闻1254篇;在《北大荒文化》发稿42篇。广播电视局在总局及以上媒体播发各类新闻发稿1123条,其中,北大荒新闻播发1091条,上年同期提高20%,其中局直电视局北大荒新闻发稿313条。建立突发事件新闻报道应急和快速反应机制,开通"魅力红兴隆"微信平台,实现与"红兴隆网"并行。提升舆情管控力,与公安局网安大队联合对局直所辖重点信息系统及网站单位进行联合大检查2次,形成网络监管常态化;建立舆情应急机制,发展舆情监督员246人,收集负面舆情43条,编发舆情信息5期,为有关部门及时研判和快速反应提供科学依据。

精神文明创建　培育和践行社会主义核心价值观,五九七农场等4个农场建设核心价值观宣传长廊,各农场在公交站、候车点、楼道等场所张印有核心价值观宣传阐述内容;局直城管局为局直19个住宅小区363个楼道安装3776块宣传牌。突出宣传的阵地化,利用党员学习阵地,把核心价值观纳入各级理论中心组、党员学习小组的学习活动;中小学和幼儿园普遍开展国学经典诵读、画中国梦、熟记核心价值观、参观场史馆等系列活动200多次;深化道德讲堂活动,有125个道德讲堂,开展活动500多次,受教育人数4万余人。局场两级电视台加强福娃系列公益广告和社会主义核心价值观之歌的宣传;管理局主题制作公益广告7个。举办讲座、演讲比赛、知识竞赛、道德歌曲演唱、主题文艺作品展等活动70余场次。举办纪念中国人民抗日战争胜利暨世界反法西斯战争胜利70周年收藏品巡回展,近2000名学生参观展览;开展讲座、慰问、文艺演出等纪念活动共60余场次。管开展第八届十佳公仆评选活动、"讲好故事,寻找身边最美红兴隆人"电视和网络大赛活动、"'文明·始于心·践于行'——培育和践行社会主义核心价值观主题微电影大赛"活动,开展身边好人、标兵、最美人物、十佳领导干部等典型评选活动,表彰各类典型500余人,举办模范人物事迹报告会100余场次,2万余人次接受教育。深化群众性精神文明创建活动。9个单位被评为省级文明单位(标兵),红兴隆局直中心城镇被黑龙江省委、省政府授予垦区唯一的全省文明城市称号,32个群众性精神文明创建集体及个人获得总局表彰。突出爱国、敬业、孝老、友善等教育内容,开展节日活动及邻居节110余场次。广泛开展"四创建三最美"活动,评选文明家庭、文明楼道、文明小区300余个。推进窗口部门的"树暖心服务、树满意品牌"活动,有40余个窗口单位开展活动,推出便民优质服务承诺200项。开展志愿服务活动,完成10支专项志愿服务队伍组建工作,新建专项志愿服务队伍120余支,注册志愿者发展到3600余人,实际参与活动人数达万人。开展岗位学雷锋活动和志愿服务活动,累计提供各项服务4万余次。推动志愿服务品牌化,涌现出八五二农场魅力白桦志愿服务队、八五三爱心联盟、宝山农场春露志愿服务社、五九七农场微心愿等品牌化运作的志愿服务组织。宝山农场春露志愿服务社率先在垦区完成登记注册。

文化　深化文化品牌建设。按照

已确立的文化品牌,各农场重新修订文化品牌建设方案,将文化理念、文化内涵、文化主张融入经济社会超越发展的整体规划。推进文体设施建设。投入资金4332万元,完善八五二蛤蟆通国际垂钓中心、曙光农场文化公园、宝山农场社区活动中心建设,为各农场及局直地区安装体育健身路径46套474件及室内健身器材。丰富文化体育生活,举办"舞动龙江"——黑龙江省第三届快乐舞步争霸赛农垦赛区暨黑龙江垦区第二届全民健身运动会开幕式。"天天系列"群众文化体育活动全面推进,开展全局性文体活动16次,开展农场级以上的大型文化体育活动970余场次。加强文化市场管理。与有关部门联合开展24次规模较大的检查活动,检查各类场所153家。开展网吧接纳未成年人专项治理活动,有力地打击网吧违法经营行为。组织开展公众聚集文化经营场所安全生产大检查大整顿工作,检查公众聚集文化经营场所100余处。不参加了2015中俄(哈尔滨)文化博览会暨北大荒文化产品展示交流会,现场推介富有文化内涵农产品37个,签订订单32个,9个产品达成合作意向。

统战　组织开展扶低解困工作。各级统战部为统战对象争取担保贷款35万余元,入户走访扶低户60余次,解决生产技术难题70余项。引导非公有经济人士感恩回报社会,各统战人士赞助开展各项文化活动等20余次。强化与统战人士的联系,召开统战人士座谈会、情感教育活动10余次。管理局局直政协委员上报提案9个,3个提案获优秀提案奖。全面提升宗教管理能力。对宗教活动场所进行重新排查,重新登记信教群众信息,建立教民民情档案,层层签订《抵御境外渗透,维护社会稳定"责任状"》,增强抵御境外势力渗透的防范能力。对宗教活动频繁的重点单位进行重点管理,对教会进行联合检查10次,取缔非法集会场所1处。

政法　围绕"法治、德治、自治、共治"社会治理四项工程,完善党委领导、行政主导、社会协同、公众参与和法治保障工作机制,同步推进法治红兴隆、平安红兴隆和过硬政法队伍三项建设。基层基础更加扎实,管理局荣获全国法治创建先进单位称号,连续11年保持省级平安建设先进单位称号,所辖农场全部进入由省委、省政府同时命名的"平安农场"行列;政法综治队伍管理更加规范,执法公信力提升;社会更加和谐稳定,人民群众安全感增强,对社会治安满意率达95%以上。公安局机关积极探索推进基层警务体制改革,实行综合用警、一警多能、一岗多责,最大限度地挖掘潜力,实现了警力无增长改善。深化"打防管控",刑侦部门立案771起,破获案件178起,抓获各类违法犯罪嫌疑人103人,移送起诉46人,缴获赃款赃物折合人民币400余万元。发生命案5起,全部告破。经侦部门共受理案件46起,立案38起,破案26起,涉案金额3852余万元,挽回经济损失1320万元。禁毒部门破获毒品刑事案件6起,吸毒行政案件79起,查获吸毒人员77人,强制隔离戒毒4人、社区戒毒27人,缴获毒品17.55克。治安部门受理治安案件1252起,治安拘留289人,治安管辖刑事案件立案33起,刑拘34人。交警部门查处醉酒驾驶50起、酒后驾驶199起,行政拘留126人,其他违法行为44965起。未发生一次死亡3人以上特大交通事故。消防部门检查场所7590家,发现火灾隐患4188处,临时查封108家、三停221家,拘留8人,发现并确立重大火灾隐患1家,罚款44.7万元。无重特大火事故发生。检察机关扎实开展规范司法行为专项整治工作、深入查办各类职务犯罪、加强诉讼监督工作和信访稳控工作。受理批捕案件66件77人,批准逮捕56件66人,不批准逮捕9件10人。受理审查起诉案件236件290人,提起公诉219件248人,不起诉7件8人,报送两大刑9件9人,出庭支出公诉195件223人,改变侦查机关定性5件5人,法院判决208件227人,定性准确率达100%。法院受理各类案件2190件,同比上升49.6%;审、执结各类案件1664件,同比上升31.1%;审、执结各类案件标的额1.46亿元,同比上升16.5%;综合结案率76%,法定审限内结案率100%。司法行政机关加强法治宣传,举办大型法律广场活动、讲座、培训班、法律大集等活动96场次,解答咨询9800余人次。法律服务所共担当法律顾问235家,代理诉讼和非诉讼案件820件,代写法律文书340份,提供法律咨询3000余人次,办理法律援助案件45件,为管理局避免和挽回经济损失1000余万元。推进人民调解工作,基层调委会共调处矛盾纠纷1100件,调解成功1078件。管理局司法局接收社区矫正人员112人,实现"无脱管、无漏管、无重新犯罪"的"三无"目标。

关心下一代工作　现有基层关工委组织546个,其中场处级基层关工委22个、管理区关工委68个、社区关工委40个、学校关工委28个、居委会关工委小组87个、作业站关工小组361个。基层驻会副主任(副组长)576人。全局有"五老"8031人、"十大员"2825人、活动阵地466个,有青少年51286人(在校学生25833人)。开展"三爱"主题教育活动,做到"三爱"主题教育活动与贯彻落实党的十八大精神相结合,与培育和践行社会主义核心价值观相结合,与深化"中国梦"宣传教育相结合。各级关工组织开展了共筑"中国梦"活动,全局46个"五老"报告团364名"五老"宣讲"中国梦"和北大荒精神148场次,2.3万名青少年受到教育;撰写征文或心得体会1.8万篇。2.3万名青少年参加"中华魂"主题教育读书活动,举办主题读书演讲赛105场次,写心得体会2.1万篇。组织开展多姿多彩的"假期工程",将"假期工程"作为"三位一体"教育格局的重要载体,做到制度化、常规化。切实关注未成年人健康成长,实现和保持学生假期零事故、未成年人零犯罪、学生上下学乘车零伤亡、未成年人零进网吧上网和中小学生义务教育零失学的"五个零"良好局面。

工会　各级工会组织充分激发职工创造活力,推动管理局经济社会发展。开展"工人先锋号"创建活动,以"建设现代化农业"为主题举办各类劳动竞赛活动1000余场次,企业和职工参赛率达95%以上,涌现出场处级"工人先锋号”237个，为企业和单位增加经济效益近1.2亿元。全面开展“安康杯”竞赛活动，向总局推荐优秀征文129篇，推进群众性经济技术活动。职工累计提合理化建议1100多条，进行大小技术革新改造220余项，创造价值上千万元。评选“金牌工人”25名、“首席技师”21名、“首席员工”32名、“技能带头人”117名。弘扬劳模精神，开展管理局第十四届劳模评选表彰工作，表彰劳模157人、劳模集体96个。五九七农场果农胡国静被评选为全国劳动模范。全面维护职工合法权益。依法落实职代会工作制度和职权，依法落实厂（场）务公开民主管理工作，按照总局要求开展了完善职代会和厂（场）务公开试点工作。对25个场处级单位的厂（场）务公开工作进行摸底检查，厂（场）务公开建制率和公开率均100%。依法开展集体协商等维权工作，各级工会举办集体协商指导员培训班240期。工会组织接待来信来访40人次，其中困难帮扶类31起，受理农民工和困难职工法律援助申请19件。成功调解19起劳动争议案件，追回欠款24万元。推进“共富升级”工程，为职工提供共富无息贷款1400万元，对516户困难和低收入职工家庭进行了帮扶，普遍实现了脱困脱低。热心关注困难职工，慰问困难职工家庭3772户（其中困难农民工37户）、慰问劳动模范26人，帮助困难职工解决突出困难和实际问题3000余件次。深化女职工“关爱行动”，女职工团体女性安康保险投保20844人。加强职工文化建设，借助“职工书屋”，开展“争当学习型职工”活动。举办各类职工技能培训班（职工学历教育）1200余期，培训职工5万余人。深入推进自营经济和第三产业发展。自营经济总产值和利润分别为55.29亿元和22.51亿元，分别比上年增长4.07%和19.2%；第三产业实现增加值54.1亿元，比上年增长10.4%，占全局GDP的26.8%。

人民武装 开展民兵冬训工作，52人参加训练，其中专武干部10人、现役干部2人，民兵骨干40人。组织开展民兵组织整顿工作，调整组建1个民兵应急连，编125人；各农场分别调整组建1个民兵应急排，编45人。通过整顿，民兵数质量分布情况、年龄结构、干部配备更加趋于合理，民兵整体素质明显提高，应对各种突发事件和遂行作战任务的能力有了基本保障。组织开展民兵集训工作，管理局人武部机关和11个农场武装部共协调民兵75人参加集训。抓好管理局学生军训工作。在学校开学前夕，对局直2所高中、2所初中2000余名新生进行军训。圆满完成年度征兵工作。

（黄炳科　万保国　雷玉宝）

红兴隆管理局基本情况及国民经济主要指标完成情况统计表

(2015 年)

项目	计量单位	管理局	友谊农场	八五二农场	八五三农场	五九七农场	北兴农场	饶河农场	二九一农场	红旗岭农场	江川农场	双鸭山农场	曙光农场	宝山农场	金矿	局直
管理区数	个	74	11	9	7	6	8	9	4	3	5	5	5	2		
总户数	户	136131	35820	22414	13540	12910	7664	5355	8588	3523	5509	7296	4231	1499	668	7114
总人口	人	334442	102320	47328	30229	29234	20012	12367	20313	9486	12482	15393	10624	3560	1468	19626
男性人口	人	172757	52811	24264	15081	16810	9959	6214	10028	4930	6359	6892	6059	2004	846	10520
女性人口	人	161685	49509	23064	15148	12424	10053	6153	10285	4556	6123	8501	4565	1556	642	9106
少数民族人口	人	7762	2851	1082	653	1378	509	97	497	106	234	82	42	130	21	80
地区生产总值	万元	2028562.4	368570.2	285646	250275.7	218642	107106.4	141285	127808	115573	110555.4	76602	81873	29590	1157.2	113878.5
人均地区生产总值	元	60655	36021	60354	82793	74790	53521	114243	62919	121835	88571	49764	77064	83118	7883	58024
工农业总产值	万元	2433389.6	574117.9	355961.2	352496.5	261543.2	131362.2	150517.1	143137.8	116459.5	118593	74340.4	71071.4	27616	3740	52433.4
粮食总产量	吨	4314290	1055535	608200	632719	365506	293593	310578	375481	161612	172263	150945	119171	64790		3897
固定资产投资总额	万元	157713.46	16428.76	18435	15602	9550	10182	17742.9	23452	8171	9570	12118	4316.8	3418		8727
在岗职工工资总额	万元	234589.48	51606.35	33421.27	18156.55	22674.85	13846.23	17527.98	14129.02	11414.81	8734.59	10593.24	4392.11	2621.17	1000.4	24470.91
在岗职工平均工资	元	31973	33337	32350	26310	29867	31031	46114	25769	37660	23311	27848	16867	23764	20375	53900
人均可支配收入	元	24218	24131	24850	24093	24210	23892	26739	23118	21116	24129	22655	19908	22768		29358

友谊农场
友谊分公司

分公司总经理、农场党委书记：来永见，1979 年 9 月出生，山东莒县人，中共党员，研究生学历，高级工程师。2002 年 7 月参加工作，2013 年 10 月任分公司总经理，2014 年 1 月任农场党委书记。

党委副书记、纪委书记：高波(2010. 6—)

副场长：孙永庆(2009. 3—)
王照泉(2013. 5—)

副总经理：
孙玉岐(2010. 7—)
刘永安(2009. 12—)
夏志敏(2011. 3—)
张秀国(2013. 5—2016. 3)
苏东海(2014. 4—)

财务总监：程立东(2013. 5—)

工会主席：杨宪卿(2010. 2—)

党委委员：孙玉岐(2006. 6—)
张宇(2008. 9—)
孙永庆(2010. 9—)
杨宪卿(2010. 9—)
邓正茂(2014. 4—)

概况　友谊农场、分公司位于黑龙江省友谊县境内，地处佳木斯市东南部、双鸭山市东北部，三江平原大片沼泽地边缘。地理坐标为北纬 46°28′15″～46°58′39″，东经 137°27′50″～132°15′38″，东与宝清县为邻，西与集贤县接壤，南依双鸭山市，北邻富锦市。农场、分公司东西长 56 公里，南北宽 44 公里，土地总面积 188812 公顷，是全国垦区土地面积最大的农场，也是北大荒农业股份有限公司土地规模最大的分公司，其中，耕地 109800 公顷(由于复垦，耕地比上年新增 3124 公顷)、林地 19184 公顷、园地 405 公顷、牧草地 7806 公顷、苇塘 7058 公顷、水面 6390 公顷、可垦荒地 7973 公顷、场址道路及其他建筑占地 22781 公顷，其他土地 7415 公顷。农场、分公司土壤肥沃，资源丰富，环境无污染，所在区域属黑龙江省第二积温带下限、第三积温带上限，适宜各种农作物生长，主要生产水稻、玉米、大豆、甜菜、花生等。2015 年，农场、分公司粮食总产达 105. 55 万吨，比上年增长 2%。水稻总产 58. 87 万吨，比上年增长 3%；玉米 46. 28 万吨，比上年增长 2%；大豆 0. 40 万吨，比上年减少 55%。农场、分公司三大产业协调发展。第一产业和第二产业分别实现增加值 21. 70 亿元和 7. 59 亿元，比上年增加 2%；第三产业实现增加值 7. 56 亿元，比上年增加 14. 72%。农场实现生产总值 36. 86 亿元，比上年增加 4. 69%。人均实现生产总值 36021 元，比上年增加 7. 66%。社会事业同步发展。农场甲级卫生机构覆盖率、低保覆盖率、中小学入学率、从业人员五项保险投保率均为 100%。农场、分公司职工家庭人均可支配收入 24131 元。

种植业　围绕农业“十大”栽培模式技术标准，在突出核心技术、创新关键措施、集成主栽模式、加快成果转化上下工夫。水稻实施优良品种、种子包衣、智能化浸种催芽、统一供芽种措施和飞机航化作业防病措施；推进水稻测土配方施肥技术、钵盘育苗技术、超级大棚育秧以及大棚的二次利用技术、电动播种器稀播匀播技术、水稻节水控制灌溉技术和分段收获技术。在各管理区探索水稻缩垄增行面积 333. 33 公顷，经测产验收，平均单产 10725 公斤/公顷，效果显著。玉米依托高产创建、绿色增产模式攻关，大面积推广以德美亚 3 号为核心的 1. 1 米垄上双行栽培模式，缩垄增密、导航匀播、化控防倒等一系列综合配套高产栽培模式获得了成功，该模式平均单产达到 12750 公斤/公顷以上。继续承担农业部绿色增产模式攻关活动，落实万亩示范片 16666. 66 公顷，其中水稻 10000 公顷、玉米 5333. 33 公顷、大豆 1333. 33 公顷 。经过总局绿色增产模式攻关专家小组测产验收，大豆绿色模式攻关单产达 3863 公斤/公顷，获得农垦总局第一名；水稻单产 12810 公斤/公顷，获得红兴隆管理局第一名。

农业基础设施建设　坚持基本农田高标准建设。总投资 4331. 48 万元，建设规模 3011 公顷，基本农田面积 2636 公顷。清淤排沟 14 千米；新建灌排渠系建筑物共 150 座，其中圆涵 37 座、方涵 86 座、过路钢管 26 座、桥 1 座等；建设田间砂石道路 67 公里；修缮育秧基地 4 处；新建水泥晒场 26830 平方米。抓好水利工程建设。总投资 1516 万元，其中水田投资 1000 万元，井灌斗渠衬砌 13. 36 公里、晒水池衬砌 11 座、进水闸 92 座、节制闸 48 座、退水闸 123 座、末级渠系定型建筑物 564 套；旱田节水工程投资 516 万元，新建水源井 10 眼、水泵 10 台(套)、输电线路 5. 5 公里、变压器 10 台(套)、滴灌设备 10 台(套)、管道 99. 23 公里，滴灌灌溉面积 333. 33 公顷。

农机　加大农机更新力度。使用国补资金 902 万元引进 210 马力以上拖拉机 12 台，70～130 马力拖拉机 77 台，秸秆粉碎还田机 54 台，导航自动驾驶操作系统 17 套，4 米以上起垄机 16 台，圆盘耙 20 台，中耕机 16 台，自走履带水稻收获机 93 台，自走轮式收获机 4 台。另外农场为农户筹集资金 175 万元，补贴购置水田整地平衡装置 20 套，联合收带秸秆粉碎器 820 台，拖拉机带秸秆粉碎机 50 台。农机装备的引进，实现了旱田大马力机车作业 100%，GPS 导航系统应用精播 100%，秸秆深埋还田 100%，水田高性能插秧机覆盖 100%，农机装备总动力达 40. 7 万千瓦，农业综合机械化率达 98. 7%。狠抓田间标准化作业管理。严格按田间标准化作业规程操作，严格检查和验收，严格按制度进行奖罚，抓好农机技术状态达标工作，田间作业标准合格率达 98% 以上。强化农机监理工作。继续清理“黑车、非驾”，彻底消除轮式拖拉机在运输和作业中存在的安全隐患，保持机车的技术状态和安全性能。田查路检 1800 多台次，查处安全隐患 150 多处；办理机车落户 700 余台，办理驾驶证 37 个。并按上级要求对大型农具、拖车、收割机等进行反光标志粘贴，粘反光膜 2700 多台件。

林业　造防护林 9 公顷，年末农田防护林达 9986 公顷。零星(四旁)植树 9200 株；新育苗 3 公顷，年末实有育苗面积 8 公顷。幼林抚育作业面积 10

公顷,成林抚育面积1058公顷,年末封山育林面积233公顷。林下经济总产值达2920万元,其中林下养殖业产值1074万元;林下采集业产值1846万元。采取多种有效形式,开展森林防火条例及法规的宣传教育活动。通过发放宣传单,专职护林员在其责任辖区内进村入户、面对面宣传法律法规,悬挂宣传横幅,插防火警示红旗等宣传方式,受教育面达95%以上,形成"森林防火、人人有责"的良好社会氛围。查处林政案8起,结案8起,结案率100%。

畜牧业　落实引进优良种猪项目和病死畜禽无害化处理设施建设项目,引进优质种公猪13头、二元母猪200余头和建设化尸池15个。推广养殖新技术,通过采取举办技术培训班和技术讲座、印发技术资料等多种形式,全面推广养殖先进实用技术的应用,推广生态环保养殖技术,乳肉兼用牛遗传物质改良繁育技术,黏玉米秸秆、优质牧草收贮技术,粪污无害化处理技术和生猪人工授精技术,提升畜牧养殖科技含量。年肉猪出栏47200头;肉牛出栏850头;肉羊出栏9104头;家禽出栏251073只,其中:出栏大鹅39414只、肉鸡2437只、笨鸡5825只、鸭8406只。水产品总产量1247吨,其中鱼类产量1212吨。

民营工业和自营经济　有民营工业企业22家,其中具有一定规模的6家,年实现工业总产值198083万元、工业增加值62526万元。发展职工自营经济有蔬果棚室1700余栋,棚室蔬菜产值达2000万元,从业人数1875人。涌现出许许多多的从业大户,其中超百万元大户25户,超10万元大户1102户。

小城镇建设和社会事业　抓好小城镇建设工作,为林场场部旅游小镇住宅新小区新建住宅88户,总建筑面积6695平方米;林场场部旅游小镇住宅小区新建廉租房24户,总建筑面积1238.4平方米,全部工程主体完工。按照《友谊农场"美丽乡村"创建工作实施方案(2015—2017年)》的要求,全面建设宜居、宜业、宜游的美丽乡村。投入资金122万元,购进吸粪车3台、垃圾箱795个;投入资金55万元,建渗水井170眼;投入资金15万元,建简易厕所99个;投入资金300万元,为第八、十管理区铺设沙石路;投入资金160万元,为第三、四管理区清运拆迁垃圾;投入资金100万元,重点打造第二管理区第二作业站、第三管理区第二作业站、第五管理区第一作业站、第一管理区第四作业站、第六管理区第八作业站等5个美丽乡村。社会事业发展取得新进展。扶低帮困力度不断加大。年初,通过调查摸底,确定可扶持的困难和低收入职工家庭104户。13名农场、分公司处级领导干部,190名普通干部参与帮扶行动,形成多帮一的态势。发放帮扶资金282万元。104户困难职工全部实现脱贫脱低。"筹集了20.9万元资金,帮助117名大中小学生解决了上学难的问题。全国专项帮扶款1.5万元,为全场33户困难女职工家庭送去了温暖。(袁福兴)

八五二农场
八五二分公司

分公司总经理、农场党委副书记:王君革,1966年9月出生,山东省莒县人,中共党员,本科学历,政工师职称。1982年9月参加工作,2011年5月任现职。

场长、党委书记、社区主任:吴转丰,1962年11月出生,安徽省枞阳县人,中共党员,本科学历,高级工程师职称。1983年8月参加工作,2010年1月任现职。

农场党委副书记、纪检委书记:赵德清(2012.1—)

农场副场长:

姜龙生(2000.1—)

尚联合(2012.1—)

副总经理:

陈树斌(2008.8—)

吴佳玲(女)(2009.12—2015.6)

李兴文(2010.9—)

任海年(2013.5—)

张毅(2013.5—)

工会主席:陶孝民(2011.3—)

党委委员:

陈树斌(2010.9—)

吴佳玲(女)(2010.9—2015 6)

任海年(2010.9—)

车国荣(2010.9—)

陶孝民(2011.3—)

栾居伟(2014.3—)

财务总监:韩立彬(2013.5—)

概况　八五二农场、八五二分公司位于黑龙江省东部,完达山北麓,挠力河中游,宝清县境内。地理坐标为北纬46°6′30″~46°37′30″,东经132°18′~132°54′。东部以蛤蟆通河为界与八五三农场接壤,南靠完达山林区与迎春林业局、八五四农场相邻,西至小森别河与宝清县朝阳、万金山、尖山子三个乡相接,北至挠力河与宝清县东兴乡隔河相望。农场地域南北长57公里,东西宽46公里,总面积1363.14平方公里。

八五二农场地处于三江内陆断陷区,平均海拔50~100米,地貌类型多样,分为山区、丘陵漫岗、平原、洼地4种类型,4种地貌在境内由南向北分布。

下设12个管理区(其中有场直管理区、红旗管理区、和平管理区、林业管理区和8个农业管理区)和蛤蟆通灌区管理处、供热供水管理站。事业单位包括公安分局、检察室、司法分局、南横林子人民法厅以及农场职工医院、农场初中、小学和幼儿园。农场辖区内有人口47328人,流动人口1689人,总户数22414户,有职工11174人。农场党委下设17个党委(总支),135个基层党支部。2015年,粮食生产实现单产7714.95公斤/公顷,总产60.82万吨。完成工业销售收入14.3亿元,增加值5.2亿元,利润1.5亿元。实现生产总值28.56亿元,实现营业收入3.52亿元,居民可支配收入24850元。

种植业　农业生产以稳定玉米、水稻两大高产作物面积为基础,高产作物面积达5.91万公顷,占总播面积的74%。重点应用了水稻智能化育秧、旱田水肥一体化滴灌技术、水田自动化控制节水灌溉技术、保护性耕作、GPS卫星定位自动导航、深松监控、"互联网+"等农业农机新技术。在农田水利建设上,国投及自筹资金4236.5万元,完成土方量43.08万立方米,新建、维修建筑物76座,新建砂石路13.3公里,新建喷、滴灌区3处,水源井54眼,输电设施2套,铺设输配水管道112.6公里。发展喷、滴灌面积0.24万公顷,改善旱田面积0.33万公顷。加大良种统供的标准化,严格按照生态区域选择抗逆性强、高产优质、熟期安全的品种作为主栽品种,玉米选用德美亚3号、38P05、德美亚1号品种;大豆选用垦农23、垦丰16、北豆38品种,水稻选用龙粳31、龙粳29品种,实现中早熟优质高产品种占90%以上。扩大高蛋白豆、双青豆、黑大豆、红小豆等高效特色作物种植,面积达0.67万公顷。重点打造高产创建万亩示范片20个,高产创建核心区33个,高产创建面积达1.34万公顷,总辐射面积突破6万公顷。水稻绿色增产模式攻关0.2万公顷。大豆万亩示范片名列黑龙江农垦总局第一名,玉米万亩示范片名列黑龙江农垦总局第二名,水稻高产创建核心区名列黑龙江农垦总局前十名。

农业机械　农机更新投入资金7000余万元,使用国家补贴资金1365.56万元,引进先进农业机械600余台(套)。其中拖拉机263台、收获机117台,其他机械200余台套。完善农机装备指挥中心北侧播种机库和第二管理区第一作业站农机装备区,在第一管理区三作业站农具场新建占地面积564平方米的机库一栋,改建占地面积360平方米机库一栋。所有在用农具场均达到"五化"标准,农机具入场入库率90%以上。

科技　承担省、部级以上科技项目5项(全国基层农技推广体系改革与建设补助项目、国家粮食丰产科技工程项目2项、新型职业农工培育工程、农业部品种试验项目)、公司级各类科技试验项目10项。其任务包括玉米"双增二百"科技行动、大豆大垄密植栽培技术集成与推广、科技入户工程以及科技人员培训任务、农机深松作业信息化监管服务技术应用与示范

畜牧业渔业　奶牛存栏1332头,肉牛存栏2753头。种植全株玉米青贮96.67公顷,收获制作青贮3684吨,制作微贮495吨。农场免费为养殖户提供"德宝"冻精优良的遗传物质,加速北大荒乳肉兼用牛良种繁育体系建设。改良繁育母牛1123头,占存栏繁育母牛的65%。引进优质肉用绵羊德系美利奴、萨福克、特克赛尔公羊,通过三元杂交,改良本地羊群,提高羔羊生长速度和产肉性能。改良繁育母猪1105头,占存栏繁育母猪75%。投入资金70万元,投放鱼苗410万尾,其中自繁150万尾。引进特优秋片鱼种5.2万尾,其中大白鱼秋片4万尾,狗鱼秋片1万尾,易捕鲤1万尾,兴凯湖白虾50万尾。捕捞销售鲜活商品鱼25万公斤,产值235万元。为北大荒国际垂钓中心提供钓鱼7.15万公斤,招商引资养殖河蟹66.67公顷,收获商品河蟹0.75万公斤,获利润160万元。

林业　完成造林绿化面积36.67公顷,栽植各种苗木30万株。达成经济林面积110公顷(其中大榛子面积58.80公顷)。特色种植100公顷,苗圃80公顷,产苗380万株,生态养殖鸡、鸭、鹅、猪等79550只(头)。对全场40个沙场、石场进行全面清查。发生林政案件14起,移交公安部门3起,结案率100%,连续35年无森林火灾。

工业　实现工业销售收入14.3亿元,增加值5.2亿元,实现利润1.5亿元。工业园区建设投资112.5万元,完成给水站和电力开闭所建设项目。招商引资4.2亿元,引进两个粮食烘干仓储项目,库容储存粮食能力达70万吨。(1)黑龙江红兴隆农垦中航卓信农业发展有限公司总投资3.5亿元,在第七管理区建设了年烘干、收储粮食40万吨项目。(2)黑龙江红兴隆农垦仓北粮食烘干有限公司投资2000万元,建设年仓储玉米10万吨项目。农场协调为企业融资贷款3000万元。为沃野农庄有机杂粮生产基地留出133.34公顷耕地,种植特色有机产品。为华龙速冻食品有限公司提供200公顷耕地种植黏玉米。为海天粮食加工有限公司落实0.8万公顷的小粒黄豆和高油豆种植面积对民营企业通过开展"小发明、小改造"活动,实现小发明30多项、新技术革新21项。索伦农业机械有限公司设计开发的11种新产品均通过省技术鉴定,玉米割晒机和高地隙自走式去顶喷药机两项获国家专利。

美丽乡村建设　以大力开展人居环境整治,抓好环境整洁、街道净化、环境美化工程为突破口,在开展美丽乡村建设示范区,开展培植特色产业、完善基础设施、整治人居环境、提升公共服务、创新社会管理和树立文明新风等6个方面20项重点工作。利用国家投资189万元和自筹资金75万元,对第一管理区第四作业站、红旗管理区、第七管理区第九作业站、和平社区水房和供水管道进行改造,受益人数4800人。2015年,加大对场部未完工住宅楼的治理,针对6栋未完工楼房,组织施工单位介入,确保111户回迁户陆续回迁。

旅游　对八五二农场蛤蟆通水库景区投资2000万元,新建将军峰、将军亭、陈列馆、北大荒国际垂钓中心等7处景点,年游客人数10万人次。蛤蟆通水库景区被评为国家AAA级旅游景区。2015年7月25—26日,农场成功举办第二届中国龙舟公开赛(北大荒站),来自全国各地的12支参赛队伍、俄罗斯符位迪克沃斯托克老虎队参加此项赛事。8月29—31日,八五二农场在北大荒国际垂钓中心成功举办第二届全国钓鱼锦标赛(北大荒站),来自全国24个省(直辖市)、122支参赛队的366名钓鱼选手参加比赛。八五二农场加大承揽商业赛事的力度,充分发挥体育赛事拉动经济的作用,实现"文化搭台、经贸唱戏、市场运作",不断培植新的经济增长点,举办"龙王恨中原鲤杯""客友海比邻杯"等商业性赛事,参赛选手近2000人。蛤蟆通水库景区13家农家乐饭店年纯收入300余万元,儿童游乐场纯收入80余万元,家庭旅馆及场部宾馆纯收入400万元。旅游业带动了全场餐饮、住宿、电商等相关行业的发展,从事第三产业人员达1万余人,年实现旅游总收入3000万元。　(韩春娥　石宝瑞)

八五三农场
八五三分公司

分公司总经理、农场党委副书记：任世军，1968年12月出生，四川省大英县人，中共党员，本科学历，高级农艺师。1992年8月参加工作，2010年1月任现职。

场长、党委书记：车国强，1966年5月出生，四川省犍为县人，中共党员，研究生学历，教授级高级政工师。1984年12月参加工作，2012年7月任现职。

党委副书记、纪检委书记：李雪(女)(2014.1—)

副总经理：樊建明(2008.9—)
刘建龙(2007.3—)
王绍锋(2013.5—)
张承新(2014.5—)

副场长：柳德一(2012.1—)

工会主席：魏贤斌(2014.1—)

党委委员：张业顺(2006.5—)
周洋(2006.5—)
周宏彬(2012.12—)

财务总监：孟令森(2010.7—)

概况　八五三农场、分公司位于黑龙江省三江平原东部，完达山北麓。地理位置坐标北纬46°21′～46°51′，东经132°21′～133°18′，辖区总面积1228.6平方公里，其中耕地68000公顷，林地24985公顷，水域17532公顷。东北以越岭河为界，与红旗岭农场相连；东、东南为完达山区，与东方红、迎春林业局相接；西、西南以蛤蟆通河、挠力河为界，与八五二农场、宝清县朝阳乡四合村为邻；北、西北靠挠力河与五九七农场和富锦相望。地形呈枫叶状，东南高，西北低，平均海拔80米，属寒温带季风气候。农场有12个基层党委，53个作业站，户籍人口30229人，家庭总户数13540户，人口自然增长率－6.8‰，农场已发展成为农业基础设施完善、科技力量雄厚、信息化程度较高的现代企业，拥有中小水库12座，现代化农机装备园区4个，农机总动力达24.2万千瓦，机械化率达到95%。拥有水稻集中育秧基地61个，标准化育秧大棚10560栋，智能化浸种催芽基地4个，实现了水稻生产的工厂化、集约化和智能化，成为我国规模较大、现代化水平较高的国有农场和商品粮生产基地。工业企业蓬勃发展，水稻、大豆、红小豆等农副产品获得国家绿色食品质量认证，芸豆、红小豆、大豆、小粒黄豆、大米五大类农产品获全国名特优新农产品称号。以雁窝岛品牌为主的版画、杂粮、彩绘雁蛋等100多个品种的旅游产品畅销国内外市场，“雁窝岛”白酒被认定为国家驰名商标。农场生态环境优良，区域内雁窝岛国家级湿地自然保护区1.9万公顷，有国家级保护鸟类189种，兽类25种，植物500余种。农场城镇功能日趋完善，实现了集中供热率85%，城镇化率89%，通村道路覆盖率98%，城镇绿化覆盖率45%，城镇道路硬化率、自来水到位率和城区市容保洁率均达100%。农场先后荣获全国粮食生产先进单位、国家级生态示范场、中国民间文化艺术之乡等称号，雁窝岛景区被评为国家AAAA级旅游度假区，入围黑龙江省推出的七条养老旅游线路，荣登中国避暑小镇百佳榜金榜。2015年，农场实现生产总值25亿元，粮豆总产63.27万吨，居民人均可支配收入2.4万元。

农业生产　农作物播种总面积68000公顷，其中水稻42000公顷，玉米18666公顷，豆类7333公顷，粮豆总产达63.27万吨，实现“十二连增”。实施土地整治工程、农业综合开发高标准农田建设示范工程等项目，建设高标准农田4267公顷，新建渠系建筑物292座，水泥晒场8.2万平方米，田间路70公里，改造输电线路20.5公里。争取各级农机补贴资金1303万元，购置拖拉机、收割机、高速插秧机、免耕播种机、GPS导航及抛洒器等各类农机具987台(套)，农田机械化率达95%。继续开展全国基层农业技术推广体系改革与建设项目，优选出53名农业技术指导员，包队联户服务，培育指导260个农业科技示范户，科技入户率及到位率达98%。进行新技术集成标准化推广应用，水田主推旱育壮秧技术、种子精选处理技术、种子包衣配套肥使用技术、统一浸种催芽技术、秧田规范化建设、钵体毯式育秧、钵育摆栽技术、高性能机械插摆技术、水稻叶龄诊断技术、测土配方施肥技术。旱田主推粮豆适期早播技术、粮豆作物精密保匀播种技术、种子分级播种应用技术、GPS卫星导航技术、化控应用技术、玉米配套技术、大豆“早、窄、匀、卡”技术、测土配方施肥技术，农业科技综合进步贡献率73.2%，科技成果转化率89%。承担国家农业综合开发科技推广项目(简称“农发项目”)，大豆及红小豆综合高产示范项目，核心区大豆产量达3876公斤/公顷，示范区红小豆产量达2748公斤/公顷。实施水稻、玉米、大豆“三大作物”高产创建，主推水稻“三化两管”、玉米“四精两管”、大豆“三垄栽培”技术模式，大豆高产创建万亩示范区公顷产3508.5公斤，名列农垦总局第五名，模式化栽培公顷产3803.7公斤，名列农垦总局第三名，玉米模式化栽培公顷产15009.45公斤，名列农垦总局第七名，万亩片公顷产13242.45公斤，名列农垦总局第九名，水稻万亩片公顷产11128.6公斤，达标通过验收，模式化栽培公顷产12299.5公斤，名列总局第十名。转变农业发展方式，落实“三减”措施，发展质优价高绿色有机农产品，实现3333.3公顷水稻、1.2万吨大米可追溯。扩大绿色有机食品监测面积，建立绿色食品原料基地33333.3公顷，绿色食品原料基地监测面积53333公顷，有机食品基地认证5866公顷，绿色食品水稻认证14666公顷。芸豆、红小豆、大豆、小粒黄豆、大米五大类农产品获全国名特优新农产品称号。将第四管理区水稻集中育秧场200栋大棚进行二次利用，打造成农业旅游观光采摘园，种植西、香瓜32栋，特色蔬菜4栋，红小豆164栋，增加收入11.76万元。全场10650栋育秧大棚98%实现二次利用，共种植红小豆、芸豆7797栋、大豆2110栋，种植瓜菜类530栋，增加收入430万元。

畜牧业渔业　建设年出栏生猪1万头畜禽养殖场1座，改扩建年出栏生猪3.5万头生猪养殖场1座，年出栏生猪1万头特色养殖场1座,对3个规模场实行标准化、无害化管理,农场获得2014—2015年国家生猪调出大县奖励435万元,利用生猪大县奖励资金推进规模化生猪养殖场畜舍改造。新增黑龙江红兴隆农垦传福肉牛养殖农民专业合作社和黑龙江红兴隆农垦初心大鹅养殖农民专业合作社。推广养殖新技术,良种覆盖率95%,种植青贮玉米和黏玉米127.3公顷,收获青贮饲料5700余吨,打包饲草22000余包。试种新作物品种籽粒23.3公顷,共收籽粒210万公斤。通过用籽粒饲喂东北民猪提高了猪的繁殖能力,每头猪节约饲料成本25%～35%。重大动物疫病强制应免密度达100%,全年无重大动物疫病出现。年末奶牛存栏171头,肉牛存栏1028头,出栏65头,生猪存栏22876头,出栏13360头,羊存栏2091只,出栏713只,禽存栏65900只,出栏4240只,禽蛋产量68.4吨,肉类总产量344吨,全场投放春季鱼种17万公斤,精养鱼池23.3公顷,水库放养面积997.3公顷,全年实现畜牧业增加值11218.3万元,比上年增长5.2%。

林业　农场林地面积24985公顷,林木绿化率18.2%,森林覆被率18.1%。完成造林绿化任务40.5公顷,义务植树5万株,通过省林业厅植树造林工作验收。加强森防工作,对3处瞭望塔进行全面维修,补充购置进口灭火机5台,卫星电话3部,扑火头盔80个。加强扑火队伍建设,保持10人的专业扑火队1支,40人的半专业扑火队4支,平均100人的义务扑火队8支,设置瞭望塔观测6人,地面巡护6人,昼夜监测和巡护,实现59年无森林火灾的目标。林政执法出动人员280余次,车辆120余次,处理林业案件5起。发展林下经济,打造"雁窝岛山珍"林产品品牌,发展食用菌50万袋,养蜂4000箱。实现林业增加值580.4万元,比上年增长1.2%。

水利　完成水利工程建设投资9432.99万元,实施"土地整理"工程项目、农业综合开发水利工程、水资源及水土防治项目、农业部节水增粮项目工程、水利部节水增粮项目工程及防汛应急抢险工程项目。2015年,农场防汛工作的特点是春涝严重,部分旱田播期滞后,主汛期没有发生大的洪涝灾害,全年12座中、小型水库共调控洪水9100多万立方米,安全泄洪8005万立方米。启动强排站6座,累计排水2070万立方米,有效减少了洪涝灾害造成的损失。

工业　对小清河米业及清河油脂有限公司进行大米品牌整合,争取了国家对工业企业的政策扶持。招商引资5800万元,完成清河油脂粮食收储加工续建项目,建设500吨烘干塔2座,钢板库5座及配套设施,可日处理潮粮1300吨,储原粮20万吨。农场生产的大米、白酒、酱醋、杂粮等农产品远销全国各地。雁窝岛白酒荣获第十一届中国国际农产品金奖,被国家工商总局认定为中国驰名商标,雁窝岛集团酿酒有限公司被黑龙江省认定为"龙江老字号"企业,在上海股权托管中心"Q板"挂牌上市。推行"公司+基地+农户"、"市场+生产+销售"、"服务+引导+推广"的经营管理模式,建立有机农产品种植基地、食用菌种植基地、养蜂基地等规模型种养殖基地8个,带动种植面积10万余亩。年实现工业增加值45332万元。

商贸　完成2015年度的化肥销售任务,共计销售化肥19117.7吨。其中尿素6614.95吨,磷酸二铵5957.1吨,钾肥3033.6吨,汉枫碳能水稻缓释掺混肥3512.05吨。雁窝岛白酒、杂粮、生态黑猪肉等5大类70余种绿色产品参加第二届中国·俄罗斯博览会,黑龙江国际绿博会、北京国际农业·农产品展览会等展会,通过电商平台销售大米、杂粮、白酒、森林秧歌猪等绿色有机农产品,实现销售收入3.43亿元,完成招商引资3905万元,进出口总额173.87万美元,对俄劳务输出36人。

旅游　在黑龙江省推出的湿地导游图中,雁窝岛旅游景区被列为全省第一批重点推介湿地旅游景区,农场以雁窝岛湿地保护区为中心,完善雁窝岛少年宫、将军山公园、雁窝岛展览馆等10大景点、6大功能区建设。把握船、塔、鸟、水、草等湿地旅游要素,发展湿地游船观光、登塔观鸟、野外垂钓、湿地科普游、休闲度假游等常设旅游项目。新增设电瓶式竹筏和环保船只,完成雁窝岛湿地博物馆、雁窝岛景区瞭望塔筹建工作。深度挖掘生态和文化资源,增设野生鸟类投食点、生态种养区、农家乐体验区、垂钓区、文化展示区等景点,开展龙舟赛、农家乐采摘节、湿地垂钓、湿地采风等特色旅游活动。陆续拓展高空热气球、近距离鸟类观赏、环保自驾游等旅游项目,打造旅游经济新动能。推进旅游市场化运作,实行游览观光门票制,发展"互联网+旅游",将景区的旅游产品、酒店、娱乐项目、交通图、导游图等信息在媒体和网络平台上发布,提供公众查询。开发培育雁鹅特色养殖、蛋雕、有机绿色蛋、雁窝岛生态米、挠力河红肚鲫鱼等10大类100多个特色旅游产品,运用电商销售平台推介,提高旅游产业综合收入,年吸引游客6万人次,实现旅游收入3000万元,吸纳就业400人。

小城镇建设　实施雁窝岛景区维修,供暖管网系统改造等民生工程,垃圾处理厂、污水处理厂建成并投入使用。解决整体搬迁安置、房产证、土地证办理难问题,协调宝清县地税局,分批为危房改造户办理免税办证手续。开展春季爱国卫生运动和环境卫生专项整治行动,城镇环境提档升级,完成2个垦区级美丽乡村示范点创建,农场新城镇荣登2015年中国避暑小镇百佳榜金榜。　　(秦　智)

五九七农场

场长、党委副书记:王振海,1960年6月出生,辽宁本溪人,中共党员,本科学历,高级政工师。1977年11月参加工作,2010年6月任现职。

党委书记:董向葵,女,1962年1月出生,山东枣庄人,中共党员,本科学历,教授级高级政工师。1977年8月参加工作,2009年8月任现职。

党委副书记、纪检委书记:赵德军(2013.5—)

副场长:张琦(2013.5—)
张春(1997.3—)
许长军(2012.1—)

于秉祥(2013.12—)
刘振山(2013.5—)

工会主席:陈姜(女)(2014—)

党委委员、组织部部长:刘俊华(2012.2—)

党委委员、宣传部部长:徐晓峰(2014.3—)

概况　五九七农场位于三江平原东部,宝清县境内。地理坐标为北纬46°23′~46°49′,东经131°47′~132°45′。东北隔挠力河和七星河与宝清县东升乡、八五三农场雁窝岛和富锦市相望,西与宝清县七星河国家级自然保护区和七星泡乡为邻,南与宝清县十八里乡和青原乡接壤,西北与宝清县梨树林场、胜利林场相毗连。全场土地面积960平方公里,其中耕地42800公顷、林地8996.4公顷、草原6552.3公顷、苇塘4408公顷、水面5278.1公顷、居民点及工矿与交通用地2677.5公顷。

农场下设6个农业管理区、42个农业作业站,全总人口29234人。2015年,农场实现生产总值218642万元,比2010年增长135%,实现垦区居民人均收入24210元,比2010年增长93%。

现代农业　在"调结构、夯基础、上标准、抓创新、强支撑"上下工夫,提高土地产出率、资源利用率、劳动生产率,加快实现集约发展、可持续发展,综合提高农业发展质量、效益和竞争力。总播面积4.26万公顷,其中粮豆面积4.26万公顷,占总播面积的100%。其中水稻1.64万公顷、玉米2.55万公顷、豆类0.06万公顷。实现粮豆平均公顷产量8587.05公斤,同比增0.9%;总产36.55万吨,同比增长0.6%。粮豆作物总产值8.79亿元,总效益2.67亿元。粮食产量实现"十二连增"。农场被农垦总局授予农业标准化提升活动优秀单位称号。实现绿色食品监测面积3万余公顷,"长林岛龙垦杏"地理标志认证1个,农业部农产品(金红苹果)质量追溯面积1000公顷。实现畜牧业增加值1.5亿元。

基础设施建设　投资30.7万元,完成三环泡灌站水泵及机电设备更新改造;投资3084万元,完成高标准农田建设项目2个,新增优质高产稳产良田0.21万公顷;引进红香菇种植技术,创建水稻育秧大棚二次利用食用菌栽培生产试验示范基地;农业综合机械化率提高到99%。

科技推广应用　重点推广应用12项农业新技术,即水稻"三化两管"栽培技术100%;水稻节水控灌技术;水稻新式育秧盘育秧技术100%;水稻分段收获面积40%以上;玉米"四精两管"栽培技术100%;玉米1.1米大垄栽培技术;玉米早熟、脱水快品种比例达70%以上;旱田GPS导航作业技术100%;配方肥应用;飞机航化;健身防病、综合防虫技术100%;水旱田秸秆综合利用技术100%。

林业　完成绿化造林20公顷,营造绿色廊道面积0.67公顷,1200延长米。一管理区至三管理区、场部至四管理区绿色通道的补植和提档升级。

工业　形成稻米加工、果品加工、新兴物流、机械制造、环保制砖等共58家新工业集群格局。完成全口径工业销售收入11.3亿元,工业增加值3.21亿元,工业利润0.36亿元。

城镇建设　完成场内工程造价17份,对工业园区内的各个企业进行备案登记;完成五九七农场生活垃圾处理工程规划申报工作、项目报建、规划评审、项目公示、消防审批、施工许可证申报等相关工作;开展《五九七农场工业园区总体规划》及《五九七农场总体规划》修改编制工作;完成《五九七农场第四管理区控制性详细规划》修编工作;完成五九七农场红林小区及鸿翔家园三期工程规划变更工作;完成各类房产登记482件。

旅游　按照"绿色寒疆果都"综合布局,突出"一业带四业、一品兴一城、一果创唯一"的地域经济特色,打造"绿色果都观光游、红色教育基地游、生态湿地自然游"等多元素相融合的"绿色寒疆果都"文化品牌。寒疆果都旅游度假区进一步完善了停车场、公共厕所、引导标志、餐饮等设施建设,年接待游客6.2万人次,实现旅游综合收入4960万元。荣登"2015中国避暑小镇百佳榜"。

社会事业　重点实施保障性住房、供热供水、污水处理、居民区沙石化、阳光收费大厅、康复托养中心等民生工程。残疾人康复托养辅具服务站,成为垦区首家集精神康复和肢体康复为一体的专业康复机构。康复中心护理部被中华全国总工会授予"全国五一巾帼标兵岗"称号。农场三级社区卫生服务机构"六位一体"的服务功能逐步完善,公共卫生服务项目综合率95%以上。控制登记失业率在4%以内。新建6个作业站自来水工程,解决1200人饮用水问题。建设日处理2500吨的污水处理厂1座,使城镇污水达到排放标准。改造项目总投资716万元,完成四个供热区1500户住户安装锁闭阀工作,改造二、四管理区二级管网建设工程,供热中心出渣设备改造工程,六号换热站改造工程,改造出渣设备,拆除旧锅炉一座,维修管网1000余米,比价采购原煤2万吨。清理污水管井167个,维修污水管井37个,管线500米,新建人畜饮水水处理设备两套,改造供水水箱两个,污水处理管网700米。完成农场回收资产验收盘点工作,接收国有资产达1.3亿元。

精神文明建设　开展"四创建三最美"活动(创建文明家庭、文明楼道、文明小区、文明城镇,争做最美农业公园、最美农垦城镇、最美红兴隆人)。在全场范围内开展"讲好故事,做最美果都人"活动,开展"第三届十大标兵"学习活动。完成"六个十佳"单位及省级文明单位的验收工作。全场开展"邻居节"活动12次。建立先进典型资料库,将3类共54个先进典型纳入典型库。以十大标兵树楷模、百堂党课明宗旨、千人争当志愿者为主题。开展"一堂","六个一"活动。全场12个党委(总支)都建立道德讲堂。开办"道德讲堂"45期。"一队",农场"果都先锋"三支志愿服务队开展志愿服务1400余次,受益群众2600余人,提供法律援助67件次。"一评"开展"最美果都人"评选活动。"一榜"建好道德榜。评选出"道德榜"上榜人56人,凝聚了崇德向善的正能量。"一牌",全场在街面、广场等人员活动密集场所设置核心价值观教育牌55块。"一传播”,制作弘扬社会主义核心价值观微电影一部,公益广告6条,在电视台和利用LED大屏循环播放。2015年,五九七农场被命名为省级文明单位。第二管理区被命名为省级文明村。农场小学、第一管理区被评为总局文明单位。第六管理区果农胡国静被评为全国劳动模范。 (吴永江 杨金良)

北兴农场

场长:付业春,1961年3月出生,山东省邹县人,中共党员,研究生学历,教授级高级政工师。1977年8月工作,2011年1月任现职。

党委书记:黄炳科,1960年9月出生,山东省海阳县人,中共党员,本科学历,教授级高级政工师。1977年10月参加工作,2008年8月任现职。

党委副书记:凌长江(2013.12—)

副场长:刘文江(2006.8—)

陈宝成(2013.6—)

工会主席:郭云芝(2010.2—)

概况　北兴农场位于黑龙江省东部,七台河市及勃利县东北部。红兴隆垦区南部,地处完达山脉脊背西麓,松花江支流倭肯河、乌苏里江支流挠力河的发源地,场区中脊线为两河分水岭。场域总面积77651公顷。与牡丹江管理局八五五农场、七台河市宏伟乡、桦南林业局的密林诸林场、勃利种畜场、七台河市中心河乡为邻。现有耕地3.33万公顷。2015年,实现国内生产总值10.7亿元,城镇居民人均可支配收入2.2万元。经营利润2325万元。年末农场资产总额80053万元,负债总额74760万元,资产负债率93.38%较上年下降4.4%。荣获总局级标准化提升活动达标农场、六大作物高产创建活动先进单位等称号。承担了国家“三大作物”高产创建等科技项目,农业科技贡献率达72.8%。工会女工委被黑龙江省总工会授予“工会女职工组织规范化建设示范点”。荣获黑龙江省文明单位标兵、总局级文明城镇、黑龙江省社会主义核心价值观(首批)示范县(场)等称号。

农业生产　克服春涝等自然灾害的不利影响,强化管理措施,狠抓标准和技术到位率,粮食总产29.38万吨。农作物总播种面积3.33万公顷。其中玉米2.67万公顷、公顷产量9780公斤、总产26.14万吨。水稻0.22万公顷、公顷产量9225公斤、总产2.03万吨。大豆0.379万公顷、公顷产量2850公斤、总产1.11万吨。继续调优作物结构,水稻、玉米高产高效作物总面积达2.89万公顷,占总播面积的86.8%。调优品种结构,水稻、玉米继续向早熟、密植、均质化方向发展。玉米早熟品种的比例达到50%以上,北线积温低的作业站玉米早熟品种调到70%、南线各作业站早熟玉米品种调到30%。农业标准化提升活动把争创优秀单位作为奋斗目标,围绕夯基础、建体系、扩绿色、增科技、上标准等内容夯实基础建设,公路沿线各单位“四化、四度”标准化水平显著提高。参加农业部级水稻、大豆、玉米三项高产创建项目,辐射面积达2万公顷,占粮食播种面积的60%。建立万亩示范片4个、百亩核心区14个。制作高产创建宣传牌12个,在3个单位进行玉米覆膜推广,在十三作业站进行膜下水肥一体化示范。总局高产创建专家组测产验收,大豆万亩片平均单产3435公斤;水稻万亩片平均单产10878公斤;玉米万亩片平均单产12525公斤,超过总局确定的攻关指标。以308省道主干公路两侧为核心,以通往管理区硬化路面两侧纵深一公里视野范围内地号为建设重点,全力打造了3条科技示范带,全长100公里,涵盖5个科技园区。

农业机械更新　投入800多万元,更新农机具99台(套)。主要包括迪尔1354两台、迪尔1204六台、GPS自动驾驶设备13套、联合收割机4台、履带式水稻收获机11台、40～90马力段轮式拖拉机62台。成立由农机、财务、纪委等部门组成的农机补贴工作领导小组,对农机补贴享受情况进行监督管理,农场对补贴机械采取预申报制度,对享受补贴人员按要求进行公示。享受国补资金278.09万元,农场补贴44.1万元。

林业生产　造林199公顷,其中山地造林100公顷,大榛子造林93公顷。林下管护区达0.6万公顷,种植林下参301.8公顷843户、穿地龙115.3公顷147户、五味子17.9公顷19户、驯化山蕨菜16.1公顷38户、养殖林下鸡6.2万只15户、林下中草药160.8公顷27户、平欧大榛子366.7公顷168户,苗圃6个60公顷。6个林场适合种人参的林地确定为林药生态复合种植区,把林区沟塘确定为以林蛙养殖为主的林蛙生态复合区,确立林果、林禽等复合区,年末共建立了43个经营管护小区、8个示范区,形成了以林参、林药、林鸡、林鹿、林蛙、林果为主的6个林下经济发展途径。农场中心苗圃占地34.6公顷。筹措资金2700万元,满足绿化工作的需要。借助森林资源优势,发展生态旅游业,重点开发东岭森林氧吧、博园、兴龙潭公园、恒辉庄园、赵家寨等生态旅游景点,总占地面积达333.3公顷,总投资3000万元,其中主要以社会资金为主。

畜牧业生产　存栏北大荒乳肉兼用牛2928头、猪9135头、羊4826只、禽4.5万羽。种植全株玉米青贮106公顷,制作微贮1.5万吨。建立健全各种免疫档案,对各种畜禽免疫注射猪8865头、牛2826头,禽4万羽进行免疫,应免率达100%。

工业生产　24家工业企业实现工业增加值13847万元,销售收入39717万元,工业利润2699万元。北兴新型建材生产彩釉马路砖项目上马投产,该项目现投资500万元进行了焙烧窑改造,进行少量产品的生产与销售。黑龙江农垦金兴酒业有限公司始建于2013年,总投资2000万元,占地面积1万平方米,年生产能力达300余吨。金兴酒业主要生产纯高粱、大曲清香型系列白酒,发酵期为28天;生产原料采用优质本地高粱,年可消耗高粱1000吨左右,可带动本地高粱种植面积200公顷,同时提供就业岗位30多个。厂址从万丰牧业迁至农场工业区后继续为农场养牛业提供酒糟并少量生产了白酒。推进落实2.5万吨仓储项目,计划投资1300万元,占地2万平方米。该项目已投资500万元,库房基础已基本建设完毕。

文化工作　围绕深入打造“大美北兴体育之乡”文化品牌，加大硬件建设，突出文化旅游节、体育之乡两个主题，开展有影响力的大型文体活动。两节间开展15项系列活动，其中农场12项、基层6项活动，累计参与活动人数1800余人次，观看人数上万人次。9月6—16日，成功举办“全民共筑大美北兴精彩、全民共享体育之乡欢乐”第二届全民健身运动会，历时11天，设置田径、篮球、排球、乒乓球、羽毛球5个类别、18个比赛项目，开幕式参与人员1800余人、文体操参演人员366人、运动员和裁判员300余人，观众上万余人次。8个管理区分别开展了全民健身趣味运动会。6月18日，在农场职工文体中心举办了由七市飓风俱乐部、煤炭调运办、七市宏伟冶超站、鹿山北兴洗煤公司、鹿山集团、300余人参加的“场矿共建”“警企共建”篮排羽球赛。全年开展场县共建体育赛事19场次，参与人数1365人次，带动农场5000余人次参与全民健身活动。参加上级举办的各类大型文化体育活动5项。筹划设计场史馆、体育荣誉展览室的陈展，征集各图片5000余张、物品216件。完善“两馆、两场、一园”和基层“一室两场”基础建设，设计更换场区重要路段、重点场所宣传牌36块。整合文化资源，筹划了“六区域、六主题”特色鲜明休闲运动广场，将体育元素融入文化品牌创建中。办广场演出16场次，体育赛事37场次。北兴知青二代卞立斌回场创建北大荒知青爱心家园和影视拍摄基地，北京知青爱心家园文化产业发展中心和北京双合艺佰文化传媒有限公司投资600余万元拍摄《那年我对你的承诺》。全场文化信息资源共享服务站(点)4个，均配有专人管理，每周对外开放均在40小时以上。开展“印象·北兴——携手北兴新市民、畅游文化大观园”第二届国庆游园系列活动，共设置5个区域、9个驿站、5个行业群体，上万人次参与游园活动，共展出各类文化展板、书画、剪纸、手工等作品1500余件、推介理论成果1000余项；非公有制企业与待业居民签订就业协议102个，实现上岗就业56人，建立就业档案556份，义务起草租卖房、商务合同、民间借贷诉状32份；吸纳各协会会员3500余名，各职能部门发放科技资料5000余份；义诊并建立健康档案310人，义务理发130余人，捐赠爱心包20个、礼包38个，参与职工群众3000余人，有1000余人参加了践行核心价值观争做文明北兴人知识有奖猜谜。结合北大荒三项教育、“一旗四杯八户”文明创建活动，挖掘出王启仁、杜培贤等先锋人物、“一旗四杯八户”领军人物和“521”英模人物事迹56个。举办巡回宣讲活动30场次。选树新典型14个，身边好人专题片14个。以学习型党组织建设带动全民学习活动的深入开展，在新市民“星级人物”评选机制的基础上，创新推出“三佳人物”评选，挖掘“德、信、心”三方面俱佳典型新市民人物33个，完善典型信息库，设立电网专栏4个，全方位展播农场助力圆梦的“四大”战略纪实片16期，累计受教育近2万人次。重点打造了基层新市民培训教育示范点5个，第四管理区开展了第三届“星级新市民”评选活动，为星级示范户7户挂牌。开展了以书香“三八——健康女性 书伴我行 幸福中国”为主题的读书活动，郭云芝于被授予“黑龙江省十大女职工读书学习之星”称号。　　（闫超　任波）

饶河农场

场长、党委副书记：朱宝华，1971年5月出生，山东省巨野县人，中共党员，本科学历，中级农艺师。1989年9参加工作，2011年1月19日任现职。

党委书记：王成武，1964年11月出生，吉林省舒兰县人，中共党员，本科学历。1983年12月参加工作，2009年3月10日任现职。

党委副书记：吴斗南(2014.1—)

副场长：崔纯玉(2011.3—)

鄢文礼(2013.5—)

李勇(2013.5—)

工会主席：臧涛2014.1—

党委委员：崔纯玉(2011.3—)

鄢文礼(2014.4—)

李勇(2010.9—)

臧涛(2014.4—)

李锋(2014.2—)

总会计师：马占海(2010.9—)

概况　饶河农场始建于1964年。地理坐标：北纬47°03′～47°15′东经133°47′18″～134°13′02。位于黑龙江省东北部三江平原，饶河县境内，南依完达山脉，北靠挠力河，东临乌苏里江与俄罗斯隔江相望，边境线长37千米，农场土地总面积696平方千米，土壤以黑土、草甸土、沼泽土为主，有机质含量为7%左右，土壤结构及基础肥力较好，气候湿热，雨量充沛，日照充足，适宜多种农作物生长。主产水稻、玉米、小麦、大豆等粮食作物和红小豆、甜菜、白瓜、西瓜、蔬菜等经济作物。

现拥有耕地3.4万公顷，水面4000公顷，林地20431公顷，森林覆盖率29%。人均占有林地1.47公顷，城镇绿化率达40%以上。农作物以种植水稻、玉米为主，农田水利设施完善，低、洼、易涝地区土地状况改造已基本完成。

2015年，农场实现生产总值14.12亿元，同比增长3.5%；实现人均纯收入33775元，同比分别增长5%。

种植业　农作物总播面积34667公顷，粮豆总产310578吨。其中水稻20463公顷，单产9555公斤/公顷，总产195674吨，同比增长5%；玉米10026公顷，单产10260公斤/公顷，总产102903吨，同比增长－14%；大豆4060公顷，单产197公斤，总产11990吨，同比增长74%；其他作物118公顷。水稻公顷纯效益7800元，玉米公顷纯效益2100元，大豆公顷纯效益1800元。

农机具更新　国家给予补贴资金375.8万元，使用国家补贴资金375.58万元，结余0.22万元。年内更新轮式拖拉机77台，六行高速插秧机18台，GPS导航2台，全履带式收获机30台，其他农机具10多台(套)。农场给予购买进口播种机的农户按照5000元/行进行补贴，对购买水田相关秸秆还田机械的职工，按照购机户购置还田机械价格的30%给予补贴，年内通过此项优补贴政策共更新收获机配套秸秆抛洒器约200台，牵引式抛洒器13

台,共计投入补贴资金18万元。

工业　新增库容3万吨,申报中央储备粮租赁库点一个,库容3万吨。工业园区引资8000多万元新建粮储项目,新增粮食仓储库房3个,至年末,农场日处理粮食总能力达2000余吨。场内粮食仓储总库容达32万吨。增加职工新就业岗位200余个。

畜牧业 渔业　通过国投和自筹资金在欣城管理区建设200平方米20头以下标准化生猪定点屠宰场场所;建设生猪人工授精站一个,建设面积120平方米;投资128万元(其中国家投64万元,农场自筹64万元)建成4000平方米狐、貉养殖小区。屠宰动物检疫率达100%,无害化处理率100%。有机动捕捞办证渔船15艘,年内无一起涉外渔业事件发生。开展界江捕鱼安全教育培训4次,培训渔民30人次、出动车次20余次、发放界江捕鱼法律法规、安全宣传材料125份。与公安、边防部队联合执法检查3次。

林业　完成新增造林24公顷,绿化及补植63公顷,合计完成87公顷,占计划任务的100%。栽植各类苗木30万株。场直各单位、机关各部门、各管理区、工商业主等1130人完成春季义务植树任务6.2万株。农场绿化类苗木多由中心苗圃提供,中心苗圃共出圃苗木320万株。完成了15333公顷国家重点公益林数据核实工作,农场界内国家重点公益林档案数据全面准确录入国家林业局档案管理系统。协助省林业监测规划院完成全场2万公顷林地的一类调查任务。

自营经济　自营经济从业户4640人,实现自营经济总产值2.1亿元,实现利润9000万元。一棵树管理区利用地缘优势和特色种养的优势,发展围城经济;黄岗、欣城管理区新建东北"银黑狐"特色养殖基地。年末,农场已成立女工银黑狐专业养殖、和谐狐貂养殖、美提葡萄专业合作社3个,一棵树蔬菜、金桥杂粮、东北黑蜂、唐氏牛奶草莓专业协会4个,合作社、协会会员达350余人。从事银黑狐专业户由原来的60户发展到110户,存栏仔狐12400只,年产值1160万元。一棵树管理区女职工高淑敏等6名下岗女职工组成的"银黑狐"养殖合作社,由养殖初期年销售狐皮300百余张,发展到每年销售粗加工毛皮1500张,实现产值144万元,经营利润96万元。

城镇建设　饶河农场一事一议美丽乡村社区、管理区基础设施配套工程建设项目,主要工程内容为硬化18332.83平方米、绿化29770.53平方米、砂石路12061.05平方米、改造自来水管线5052.3米等,工程总投资618.60万元。黑龙江挠力河国家自然保护区红兴隆分局生态功能区转移支付资金项目(修巡护路工程),主要工程内容为修巡护路9公里(路基宽7米,路面宽6米,高度0.6米),工程总投资119.58万元。饶河农场新农村公共服务设施建设项目,主要工程内容为南通河管理区围栏3500米及基础等,围栏主材料采用彩钢板,铁艺结构立柱,混凝土基础,工程总投资49.61万元。巩固退耕还林成果新建狐狸舍工程建设项目,主要工程内容为新建狐狸舍4000平方米,工程总投资126.90万元。饶河农场畜牧用房项目,建筑面积213平方米,投资69.3万元。黑龙江垦区边境农场建设饶河农场场部水泥道路维修工程建设项目。维修面积7000平方米,工程总投资238.47万元。饶河农场污水处理工程建设项目,主要工程内容为钢混结构房屋2046.18平方米,工程总投资597.97万元(土建部分)。一棵树管理区第一作业站农机具停放场建设项目,主要工程内容为新建农机具停放场2万平方米,彩钢库房400平方米,铁艺围栏及大门等,工程总投资116.12万元;饶河农场危房改造整体搬迁致远住宅楼建设项目,主要工程内容为砖混结构综合住宅楼4998.43平方米,工程总投资700.14万元;饶河农场危房改造明珠家园1号、2号楼建设项目,主要工程内容为砖混结构综合住宅楼5727.37平方米,工程总投资798.85万元;饶河农场廉租房建设项目,主要工程内容为砖混结构房屋4406.35平方米,工程总投资792.1万元。

水务工作　完成小型农田水利工程《2015年饶河农场第七作业站排干清淤工程初步设计报告》,总投资226万元。工程建设内容为干沟清淤2条,总长19.59公里,土方27.87万立方米。工程于2015年5月份开工,现已完成挖方工程量100%。完成《2014年中央水利建设基金(应急度汛)项目,饶河农场挠力河堤防除险加固工程》。2015年度共完成土方28551立方米;长度500米堤基换基土方施工,其中料场清基1360立方米,料场植被恢复986立方米,旧堤防弃土11646立方米,客土土方回填14559立方米。总投资50万元。2014年度人畜饮水(一棵树管理区、黄岗管理区)工程项目,2015年度完成3队饮水井1眼,井房1栋,管道898米,水处理设备2台(套);完成8队饮水井1眼,管道1886米,水处理设备2台(套);6队井房1栋。总投资100万元。完成通江管理区1666.7公顷高标准基本农田建设项目;西通管理区(第十三、十四作业站)2666.7公顷;斗文管理区(第25作业站)667公顷;望岗管理区(第20作业站)1000公顷。新建葛南管理区第18作业站25000平方米水泥晒场。整理管理区田间路43.2公里。

民生工程　立足民生稳步推进城镇建设,完成城镇建设总投资1600余万元,建设完成大小项目60余个。重点实施了居民供水、供热管线改造,小区基础设施配套,路面硬化、改造等城镇基础设施建设,完成了八栋房、大西沟120余户危险房屋改造工程。垃圾处理厂全面投入使用,日处理能力30吨,全面满足场部地区生活垃圾处理需求。投资2000万元,建设日处理能力2000吨的污水处理厂。污水处理厂建成后场部的生活污水处理率可达到90%。投资80余万元打造南通河管理区美丽乡村示范单位。投资20多万元,解决了南通河居民饮用水问题。

(霍　刚)

二九一农场
二九一分公司

分公司总经理、党委副书记:石川宝,1960年3月出生,四川德阳人,中共党员,研究生学历,高级农艺师。1977年8月参加工作,2008年7月任现职。

场长、党委书记:刘化莲,女,1969年3月出生,山东阳谷人,中共党员,本科学历,高级政工师。1987年6月参加工作,2013年9月任现职。

党委副书记、纪检委书记:温立忠(2013.12月—)

副场长:王冬梅(女)(2004.9—)

副总经理:

张卫海(2005.3—)

支庚银(2013.5—)

陈绍东(2013.5—)

马荣华(2014.5—)

工会主席:赵康(2010.3—)

武装部部长:徐杰(2010.6—)

财务总监:徐金鑫(2013.5—)

党委委员:

王冬梅(女)2006.6—)

张卫海(2006.6—)

周景文(2011.9—)

赵康(2012.5—)

于春生(2014.2—)

支庚银(2014.4—)

概况　二九一农场、二九一分公司位于三江平原腹地,是世界仅有的三大黑土带之一,与佳木斯、双鸭山、富锦三市毗邻。介于北纬46°51′、东经130°20′之间,地势平坦,海拔高度63~69米,属温带大陆性季风气候,无霜期120天,雨量充沛,阳光充足,常年有效积温2500℃左右,适宜优质水稻、甜菜、大麦、玉米、大豆作物生产。拥有耕地3.54万公顷,其中水稻2.01万公顷,玉米1.53万公顷。有效灌溉面积2.62万公顷。拥有大中型拖拉机631台,联合收获机325台,农业机械化程度达99%以上,是垦区现代农机装备示范区之一,国家重要商品粮生产基地。

农业生产　完成粮食播种面积3.54万公顷,平均单产659.8公斤,总产35.04万吨。高产创建水稻万亩片平均亩产达到720公斤以上,玉米万亩片平均亩产达800公斤以上。据专家组测产,分公司玉米模式公关亩产996.31公斤,在垦区名列第九,万亩片亩产达874.8公斤,名列第十一;水稻万亩片745.8公斤,红兴隆管理局排名第一,在总局进入前十名。水稻主栽品种以龙粳31为主,龙粳29、43和垦粳5为辅;玉米德美亚3占53%。

农业机械更新　购置先进农业机械1110台,投入资金3490万元。其中进口机械以及国内先进的水旱田生产机械。重点机械更新主要有进口道依茨拖拉机1台,GPS卫星导航系统6套,实现秋整地100%精准作业;JD-S660收获机1台,提高了玉米收获的现代化水平,加快秋收进度。法国贝松5铧翻转犁1台,贝松深松机1台,测深施肥插秧机10台,收到茎秆粉碎机570台,玉米秸秆还田机13台,实现100%玉米秸秆还田。

林业生产　投入造林绿化资金200万元,完成造林绿化任务40公顷。栽植绿化苗木15万株,完成义务植树5万株。

畜牧业生产　两牛存栏2274头,生猪存栏6158头,羊存栏7556只,家禽存栏35077只。加大标准化小区和牧场的建设力度。在希望奶牛小区投资195万元,建设粪污处理工程。在第三管理区15作业站,将双鸭山市畜牧局投资建设的牧场收回,重新规划,投资5800万元,建设成占地77541.32平方米,养殖1200头的现代化牧场。从智利购进的594头纯种奶牛全部到场,新增的泌乳牛舍建设完毕。利用原青贮窖两栋建干草棚已建设完毕,干草贮存到位,牧场机械设备全部进场,青贮饲料储备3000吨,充分满足饲养需要。（魏世媛）

红旗岭农场

场长:张晶华,1962年4月出生,黑龙江省双城人,中共党员,本科学历,工程师,1983年7月参加工作,2011年1月任现职。

党委书记:孙中胜,1967年12月出生,黑龙江省肇东县人,中共党员,本科学历,高级农艺师,1992年8月参加工作,2012年6月任现职。

党委副书记、纪委书记:姜国利(2015.5—)

副场长:李中秋(2012.1—)

崔吉臣(2015.2—)

鄢建宾(2010.2—)

工会主席:宋烨(2012.1—)

党委委员:李中秋(2010.2—)

鄢建宾(2010.2—)

刘立明(2011.4—)

崔吉臣(2015.2—)

宋烨(2015.2—)

陈国庆(2015.2—)

概况　红旗岭农场位于黑龙江省东部,完达山西北麓之三江平原腹地,处于饶河、宝清两县行政区划内,与富锦、虎林两市相邻。地理坐标为北纬46°42′55″~47°01′15″,东经132°57′12″~133°25′21″,场部设在饶河县境内,距饶河县城70公里,距宝清县城145公里。农场南北长38公里,东西宽33公里,总面积422.5平方公里,其中饶河县辖区178.7平方公里,宝清县辖区243.8平方公里。

农场拥有土地37388公顷,其中耕地19867公顷、林地8222公顷、湿地4000公顷、草原68公顷、水域2766公顷。农场有常住人口9439人,职工3236人,其中女职工1332人。是一个以经营农业、加工业、畜牧业为主的综合性大型国有农场。2015年实现国内生产总值11.5亿元,粮豆总产16.2万吨,人均收入3.9万元。

农业生产　完成农作物种植总面积19866.67公顷,粮食总产达16.7万吨。通过争取农业综合开发、土地整理、千亿斤粮食产能、节水增粮等项目资金,完成农业基础设施投入9234.52万元,新建水泥晒场1.16万平方米,集中育秧基地1处,大棚50栋。完成水利建设投资1460万元。农机更新投入280万元,新增各类机械131台(套)。推进农业现代化与信息化融合,深入推进"互联网+农业"发展模式,建立万亩有机可追溯水稻生产基地和红旗岭农场万众电商平台。绿色(有机)作物监测面积达1333公顷,农作物秸秆还田扎实推进,玉米下棒及秋起垄面积1333公顷,为农作物分段收获及抢抓农时打下了坚实的基础。

林业　完成第九作业站至五星湖

汽车露营地绿色通道1.3公顷,更新造林工程4.3公顷、补植补造工程0.87公顷,砂石料场植被恢复工程16公顷,第六作业站高架桥三角地节点绿化工程0.8公顷。协助农场节水增粮工程树木移栽2.67公顷和绿色城堡一处12公顷。充分挖掘和利用闲置的道路两侧、线路下空地、废弃地、沟渠大坝、林缘小开荒地因地制宜,适地适树。成栽植面积38公顷,栽植各类苗木、花草8万余株,投入专项资金42.4万元。

小城镇建设 持续对城镇基础设施和公共公益设施建设进行改造升级。改造供热管网950延长米,对4个作业站和东风岭地区老化供水管网实施改造,新安装路灯37盏,完成房屋产权发证600余户。利用国家"一事一议"项目资金300万元,完成对2个作业站环境基础设施的改造升级。"美丽乡村"建设深入推进,城镇管理与服务水平不断提升。

旅游 五星湖湿地旅游度假区按照国家AAAA级标准,进一步完善旅游基础设施建设。完成五星湖湿地宣教馆、游客服务中心及配套设施主体工程以及7200平方米的生态停车场建设,景区实现无线网络区域覆盖,五星湖汽车露营地正式实现开放营业。旅游宣传不断加大,五星湖知名度显著提升。景区经营管理体制转变加快推进,基本实现了景区市场化运营模式。年接待游客9.1万人次。

文化建设 投资120万元购置室内外健身器材及文化馆所建设,举办大型文体活动23场次,中央电视台科教频道专程以五星湖湿地为主要内容拍摄两集专题片,在《地理中国》栏目播出。2015年11月黑龙江人民出版社出版反映红旗岭农场开发建设和发展为主要内容的文学作品的书籍,全书共95万字,是建场以来第一部文学作品集。 (焦新秋)

江川农场

场长、党委副书记: 李国锋,1970年1月出生,黑龙江省桦川县人,中共党员,研究生学历,高级会计师。1992年9月参加工作,2010年6月任现职。

党委书记: 陈太平,1959年12月出生,江苏省泗洪市人,中共党员,本科学历,高级政工师。1976年7月参加工作,2009年3月任现职。

党委副书记、纪委书记、政法委书记: 张向阳(2013.12—)

工会主席: 于君(女)(2014.1—)

副场长:

张汝荣(2001.7—)

李春怀(2013.6—)

贾存来(2014.1—)(桦川县挂职)(2014.7—2015.7)

张民(场长助理)(农场挂职)(2014.7—2015.7)

党委委员:

张汝荣(1998.12—)

贾存来(2006.9—)

张向阳(2010.8—)

方东(2014.2—)

李春怀(2014.4—)

于君(女)(2014.4—)

概况 江川农场位于黑龙江省东部,三江平原腹地,松花江下游南岸冲积平原上,地处佳木斯市桦川县境内。东西长23.7公里,南北宽21.2公里,辖区总面积310.7平方公里。拥有耕地1.85万公顷,林地2467公顷,草原1545公顷,水域696公顷,森林覆盖率8.4%,城镇绿化覆盖率37%,机械总动力8.1万千瓦。

农场三面临丘,一面临江。西南偏高,东北偏低,整体地势为转向松花江的缓坡形,坡降在1∶6000~1∶8000之间,海拔68~73米,整个地貌呈簸箕形。

农场属寒温带大陆性季风气候区,受西伯利亚寒流影响,冬季漫长而寒冷干燥,盛行偏西风;夏季受海洋暖气流影响而温热湿润,多西南风;春季短暂,多大风,易干旱;秋季气温变化急剧而多雨。年平均气温3.8℃,≥10℃的积温平均为2628.5℃,年日照时数为2605小时,年降水量为480~500毫米,无霜期为127~163天。全年最冷的月份是1月份,最热的月份是7月份。

2015年,农场下辖5个管理区,18个作业站,总人口12482人,总户数5509户,在岗职工人数3728人,实现粮食总产17.2万吨,实现国内生产总值110555.4万元,职工家庭人均收入2.4万元。

种植业 依托现有3333公顷有机水稻基地,与农垦科学院水稻研究所、省水稻研究所全面合作。依靠生产技术优势,筛选确定适合农场种植、区域性较强的品种,全面调整品种结构,突出稻米区域特点,兼顾高、中、低档品种的搭配比例,做到品种与生产模式配套,香与不香搭配,高档与低档并存,全力打造江川品牌。开发绿色有机优质稻米生产,统一技术规程,广泛培训有机水稻栽培技术,严格控制化肥、农药剂型及使用量,完善农产品质量追溯体系,发展绿色有机种植,走高端米销售、品牌销售之路。夯实农业基础设施。秋收工作保质保量完成,确保粮食颗粒归仓。几年来,农场共投资3.8亿元,新增水泥晒场10万平方米,增加粮食仓储能力3万吨,改善田间机耕路18万延长米,灌、排体系全面完善,改造低产田4000公顷,老稻田改造全面完成。2015年,落实高产创建万亩示范片二处:14站、15站、19站为农业部万亩片,面积720公顷,参加户数81户;4站、5站、10站为农场级万亩片,面积840.4公顷,参加户数91户;绿色无公害水稻生产2000公顷,具体落实到10站、13站、17站、18站。落实科技示范户200户,其中农业部级160户,管局级40户。落实水稻良种繁殖田253.3公顷,繁殖明年所用品种4个,预繁种量1830吨。落实农场级水稻示范园区一处:第三管理区水稻集中智能育秧基地和农场试验示范培训基地。站级示范园区六处(2站、4站、10站、14站、15站、19站)。落实试验、示范项目五大类:(1)旱育滴灌试验2公顷。(2)控水灌溉面积5333.3公顷。(3)测土配方施肥1.3万公顷。(4)品种展示田6处,面积66.7公顷,共17个品种。(5)基质育秧1333.3公顷。以节地、节水和节能为主要内容,积极推广农业节本增效技术,全面实施测土配方施肥技术,科学降低化肥、农药用量,作物秸秆综合利用100%。

农业机械 农场被评为创建全国

农垦农机标准化示范场单位。提升农机基础，出台农机具管理标准。保障农业机械在作业时技术状态完好，提高田间作业标准。坚持标准化作业是提高粮食产量和产品质量的重要保证。要求各作业站在春整地、插秧、收获、秋整地环节都要召开本作业站的定标会，并成立质量验收领导小组，建立健全质量验收制度，强化管理手段，制定严格的质量标准，为种植户提供优质服务。机械更新及新技术推广。通过国家补贴政策购进大马力拖拉机及收割机共80余台，总投资达1000余万元，其中享受国家补贴256.97万元。按照环保部、省环保厅及管理局的文件要求，全面禁止焚烧农作物秸秆，100%全面积完成还田工作。加大对安装抛洒器的技术引导及政策扶持，出台《2015年水稻秸秆还田实施方案》，对安装抛洒器的有机户给予补贴，安装抛洒器200余台，农场给予优惠政策补贴20万元。完成跨区作业面积8000公顷，为农场增收80万元，农民增效120万元，实现区域经济共同发展。

畜牧业渔业 存栏生猪1.3万头；二十四站标准化肉牛养殖场投入使用，已存栏繁殖母牛80头，肉羊存栏1200只。对江川种猪场进一步改造升级，完成圈舍外墙7850平方米保温工作，硬化路面278延长米。向阳养殖小区路面改造350延长米、红艳养殖场路面改造315延长米、中兴养殖场猪舍高标准产房100平方米、嘉阳养殖场房屋改造1559平方米。渔政执法。农场争取50吨级的渔政执法船一艘，已开工建设。

水利 投资600万元新建北二分干渠1.875公里，护砌0.997公里；扩建北干渠7.675公里；新建建筑物3座，其中方涵1座、闸2座；排水泵房1座；伐树500棵。农场自筹水利工程。对各作业站低洼易涝地号沟渠、灌水渠道及田间道进行现场勘查后进行清淤、整形。完成投资83.1万元，土方量23万立方米。加强水利规划工作。配合设计部门完成江川农场2015年小型农田水利建设项目、松干50年标准设计、三江联通工程设计等工作。松花江干流治理工程江川农场段建设内容：江川农场堤防段总长40.9公里，其中：丰收沟11公里，堤防29.9公里。计划新建堤防加高培厚29.4公里，护坡5处26.4公里，盖重5处7.1公里，垂直防渗2处4.1公里，堤顶混凝土道路28.7公里，防汛专用路一条，防浪林29.9公里。填筑土方量88.1万立方米，总投资2.19亿元。

（王文达 杨明）

双鸭山农场

场长、党委副书记：彭荣君，1965年4月出生，河北景县人，中共党员，本科学历，高级政工师。1984年12月参加工作，2010年1月任现职。

党委书记：杨传林，1963年5月出生，山东省梁山县人，中共党员，本科学历，教授级高级政工师。1984年7月参加工作，2014年1月任现职。

党委副书记、纪检委书记：刘金友(2013.5—)

副场长：叶多(2013.5—)
杨春会(2010.2—)
郭志民(2006.4—)
翟永宝(2013.12—)

工会主席：
曹立杰(女)(2010.2—)

党委委员：叶多(2010.7—)
孙永刚(2014.2—)
杨春会(2010.7—)
郭志民(2010.7—)
曹立杰(2010.7—)
翟永宝(2014.1—)

概况 双鸭山农场位于黑龙江省东北部美丽富饶的三江平原，地理坐标为北纬46°21′～46°36′，东经130°15′～131°42′，东与宝清县七星泡镇及友谊农场八分场相接，西与双鸭山市长胜乡毗连，南至锅盔山北麓，北邻双鸭山矿及四方台矿区，场部处在扁石河中游北岸，距双鸭山市中心33公里。境内群山起伏，沟谷纵横，坡度较大，为浅山区丘陵慢岗地貌。境内有大小山峰12座，以瓮泉而闻名。农场总面积33565.3公顷，拥有6个管理区、18个作业站，1.7万人口，耕地14800公顷，林地13371.4公顷，牧地草原296公顷，水面705公顷。是国家百亿斤商品粮基地之一，垦区重要的粮食、蔬菜、林产品产区，被誉为“中国寒地蔬菜生产之乡”。

农场依托“围城、围路、围矿”的区域优势，发展高效农业、设施农业，推行标准化生产和规范化管理，粮、菜、瓜、果、林、牧等特色、绿色农业生产规模不断壮大，已成为双鸭山地区最大的“绿色菜园”。培植建设绿色蔬果生产基地、生态牛生产基地、生态猪生产基地、林下产品生产基地、粮食生产基地五大基地。建设粮食物流市场和绿色农产品批发市场，加快发展现代物流业，努力打造垦区流通特色场。2015年，实现生产总值76602万元，比上年增长3.5%。其中第一、第二、第三产业增加值分别达33078万元、24380万元、19144万元，分别比上年增长-7.7%、16.8%、10.7%。人均可支配收入22555元。

现代化农业 完成农作物播种面积14666.67公顷，其中粮豆面积14586.67公顷。有7个作业站参与玉米高产创建，万亩片亩产达870.6公斤，较目标产量增加70.6公斤。推广育秧大棚二次利用，实现产值20.3万元。加大农机更新力度，投入1500万元，引进先进农机60余台(套)。“三秋”工作实现历史突破，秋起垄面积超过90%。实施土地整治、农发扶贫、“一事一议”等农业项目，完成旱改水193公顷，土地产能进一步提升。实现粮豆总产15.09万吨，比上年增长8.9%。农场尝试探索“互联网+蔬菜+旅游”发展模式，整合果蔬基地、旅游景点、特色餐饮资源，着力打造果蔬旅游采摘。根据市场需求，翠博园引进果蔬新品种11个，打造智能温室采摘园和300米观光长廊，建设3000平方米休闲广场。翠博园年接待采摘游客3800余人，采摘果蔬2.6万公斤，采摘销售额达30万元。农场投资209万元新建生猪标准化养殖小区，推进生猪产业规模化发展。乳肉兼用牛产业优势突显，双新养殖场通过增资扩股，社员增至200人，出资总额789万元。引进肉牛200头，乳肉兼用牛存栏达499头,成为垦区最大的乳肉兼用牛种群繁育基地。通过改良,已有21头成功产奶。投资1800万元新建标准化牛舍2栋、青贮窖1.7万立方米,满足牛群扩繁的需要。年末,农场存栏繁殖母牛777头、繁殖母猪1490头,生猪出栏2.2万头,年产出禽蛋、羊毛、牛奶、蜂蜜等畜禽产品909吨。农场新栽植山葡萄13公顷,养殖林下鸡3000只、林下猪300头,池养鹅2000只,种植榆黄蘑、猴头2000袋,销售平欧榛子4000公斤、山葡萄鲜果5万公斤,酿造葡萄酒2吨,采集山产品5000公斤,林下经济实现多种经营。

网店　2015年4月,农场开设淘宝店和微店各一家。扁石河绿色食品体验店主要销售纯天然、无污染、无公害的龙江醇原浆高粱酒、蜂蜜、木耳、刺五加茶、虫子鸡蛋、榛子、松子、粉条、野猪肉、山葡萄原汁、笨鸡等产品。农场大学毕业生在"淘宝网""众筹网""微店"等网购门户网站设立大东北特色店,依托中通、圆通、顺丰等7家快递公司和两座气调保鲜库的仓储物流优势,开展线上、线下相结合的产、加、销一体化经营,打破地域限制,让更多的消费者知晓双鸭山农场绿色农产品。农场已有经营林产品、白酒、服装等商品的"微商"30余家,平均年销售额达1万余元。

工业　农场加快工业产业步伐,工业园区入驻工业企业14家。农场成立工业园区管理办公室,对园区实施通水、通电、通路、通铁路、土地平整的"四通一平"建设,将园区分为煤炭物流区、粮食物流区、饲料加工区、机修维修区、配货物流区5个功能区,企业以粮食烘干仓储、酒类酿造和煤炭经营为主,利用铁路专线站台进行产品发运。各粮食仓储企业不断扩大仓容,粮食物流市场仓储总能力扩大24.5万吨,年收储粮食达17万吨。年工业销售收入达33762万元,工业增加值12635万元,工业利润3310万元。

城镇化建设　投资23万元新建七站、九站卫生服务站,投入132万元修建公路6.5公里,投资396万元实施保障性安居基础设施配套供排水工程,投资72万元对5号楼进行楼房防水改造,实施造林绿化工程,造林15公顷,场区绿化面积增加1.74万平方米。

(张晴雪)

曙光农场

场长、党委副书记:田旭江,1963年10月出生,山东兖州人,中共党员,本科学历,高级农艺师,1983年7月参加工作,2012年6月任现职。

党委书记:李建辉,1972年出生,山东营南县人,中共党员,研究生学历,高级农艺师,1992年参加工作,2012年6月任现职。

党委副书记、纪检委书记:

凌长江(2010.3—2014.1)

徐启荣(2014.1—)

工会主席:牟庆阳(2011.5—)

副场长:王崇珊(2010.5—)

王延宾(2011.5—)

党委委员、宣传部部长:付兴龙(2004.10—)

党委委员、组织部部长:范宗辉(2010.5—)

概况　曙光农场位于佳木斯市南60公里桦南县境内,地理坐标北纬46°13′~46°23′,东经130°17′~130°39′。境内交通方便,有国家铁路牡(牡丹江)佳(佳木斯)线,依饶公路、鹤虎公路、鹤(鹤岗)大(大连)高速公路通过场直地区,场部到各作业站队之间都有通村路相连,场直地区至佳木斯市、七台河市分别为60公里。

场区海拔108~240米,总面积17215公顷,其中耕地13659公顷,林地2382公顷。农场下辖5个管理区、15个作业站、1个林场,农机总动力37658千瓦,综合机械化率达98.5%以上。2015年,实现生产总值8.18亿元,工农业总产值3.8亿元,畜牧业总产值2.89亿元,第三产业产值1.2亿元,垦区居民可支配性纯收入2.03万元。

种植业　通过调整种植业结构,农作物总播种面积1.37万公顷,其中玉米0.63万公顷;水稻0.4万公顷,大豆0.17万公顷,其他经济作物0.17万公顷。粮豆总产达119171吨,比上年增加1.5%;粮豆单产609.2公斤/亩,其中玉米平均亩产690公斤,较上年增产17公斤/亩,增产2.5%;水稻平均亩产640公斤,大豆平均亩产200公斤,与上年持平。农场重视科技投入,增加示范带科技含量,重点打造一个环线,即第四、五、六、七、十一、十二、十三作业站科技示范带,旱田应用GPS导航秋起大垄、秋施肥、精密播种机播种、玉米应用1.1米大垄栽培、行间覆膜、化控防倒等技术;水稻应用智能化浸种催芽、三膜覆盖、25厘米窄行栽培、侧深施肥等技术。农场应用玉米早熟品种比例达到50%以上,配方肥应用面积1.37万公顷,秸秆还田面积玉米、玉米均达100%,水稻"三化两管"、玉米"四精两管"的面积达100%,水稻分段收获面积0.15万亩,玉米下棒比例达90%以上。重点打造3个科技园区,水田三个分别是第八作业站,应用人工宽窄行插秧;第九作业站,应用行距机械插秧;第十一作业站,应用钵育秧盘人工摆栽宽窄行;旱田三个分别是第五作业站、第六作业站的秋施肥玉米1.1米小垄栽培各1处,第七作业站1号地玉米行间覆膜,通过科技园区的示范、带动、推广,提高了农业整体的标准化水平。有大棚126栋,其中冷棚120栋,暖棚6栋。果蔬园区于1月14日陆续开始育苗,温室采用铺设地热线,冷棚采用三层覆盖、嫁接等技术措施使各类果蔬提早上市,黄瓜、白菜于4月20日上市;西红柿、大头菜于5月10日上市;香瓜、豆角、辣椒于6月3日上市。头茬果菜结束后,可种植二茬蔬菜,与俄罗斯客商签订订单合同,每栋大棚纯效益在4万元左右。农场与客商接洽,发展订单农业,种植高效经特作物0.17万公顷,其中在第五管理区建设有机富硒水稻种植示范基地,与医筋堂(北京)股份有限公司合作,种植富硒水稻规模333公顷,采取"公司+基地+农户"的模式,基地内水稻生产各个环节严格执行"有机稻"生产技术规程,产出的大米已被农业部指定检测中心检测为合格产品。黏玉米、红小豆等平均亩效益均在400元以上,可为职工创收经济效益2500余万元。农场通过加大对合作社、联

合体的引导和扶持,涌现出一批以第一、第七作业站为代表的联合经营组织,经营面积占作业站总面积的30%以上,将分散的土地集中起来,充分发挥大机械的优势,真正实现了统播、统管、统收。农场有7户在俄罗斯发展种植业的职工,每户年均收入达30万元,务工人员20人,人均收入4万元。35人赴安哥拉务工,人均年收入20余万元。此项目为农场职工实现增收近千万元。

农机　农场农机总动力37658千瓦,综合机械化率达98.5%以上,拥有大型配套农机具1120台(套),实现农业生产全程机械化。成立农机合作社两个,机车统一调配,保障全年生产工作的顺利推进。狠抓技术到位率,玉米、水稻100%应用精密播种机、插秧机,保证播种、插秧的密度与匀度。玉米采用化控技术,促早防倒;推广了膜下滴灌栽培模式和"四精两管"。水稻应用"两膜一布"技术,新型盆式育秧盘技术,推广"三化两管"栽培模式,示范25厘米窄行密植与侧深施肥栽培模式。智能供芽种100%。

水利　境内主要支流治理工程共完成投资600万元,其中国投资金300万元,自筹资金300万元。完成倭肯河堤防3.84公里的加高培厚(含1.64公里回水堤),完成土方13.77万立方米。将原有堤防防洪标准由10年一遇提高到20年一遇,保护第五管理区0.12万人口和1.6万亩耕地,该工程为社会公益性质的水利工程,虽然工程没有财务收入,但保护着0.12万人的生命安全和生存环境免受洪水破坏,其社会效益和环境效益显著。完成节水增粮工程,建成节水增粮工程的8座机电井房安装和电路架设等工作.

工业　实现工业销售收入41500万元,工业增加值16061万元,利润2850万元。由于受市场、生产规模等因素影响,一些企业已停产,其中辖区内兴隆水泥有限公司工业产值占全场工业总产值比重较大,被北方水泥集团收购后一直处于停产状态,导致工业总产值较上年同期指标有所回落。农场继续开展园区基础设施建设工作,道路硬化500延长米、修建桥涵三座、新打水井两眼,共投入资金230万元。新建项目两个:(1)引进桦南县天龙曙光畜牧有限公司,投资2500万元,建设肉驴绿色养殖项目,年出栏商品驴3000头,年销售收入1800万元,利润500万元,可提供60个就业岗位。已完成项目建设的全部内容,到位资金2500万元。(2)引进佳粮集团投资1000万元,扩建大元米业加工厂项目。

畜牧业　形成以"肉鸡为龙头,生猪为基础,肉驴为特色,肉牛为辅助"的发展格局。肉牛存栏234头、出栏240头;羊存栏499只;出栏商品猪5.98万头、存栏2.02万头、存栏母猪0.35万头;肉鸡存栏242万羽、出栏170万羽;肉种驴存栏800头。

民生　对场区供排水外网及6栋旧住宅楼楼内供排水管道改造,投资200多万元。由供热公司负责对场区内供热外网维修、改造,投资90多万元,确保冬季供热运行稳定。光公安分局新建办案区业务用房项目,建筑面积220.5平方米,投资125万元。水泥厂两栋住宅楼9000多平方米,投资130万元进行外保温立面改造及屋面防水。投资400万元对曙光农场社区活动中心进行装修、完善相应配套设施,建设7000平方米室外休闲活动广场一个。投资300万元,建设3公里外环路,保证主街环境质量及交通安全。对场区主要路段中心路和学府路两侧楼宇进行亮化建设,对场部清华广场进行改造。小学教学楼前小广场硬化、冰场2500平方米、篮球场2100平方米、400米砂石跑道等,共投资160多万元。新购进500毫安X光机,彩超,大生化等大型医疗设备。投入320多万元,对中小学和幼儿园的电教设备进行班班通35个、重建中学2个篮球场、1个排球场、1个羽毛球场,对滑冰场进行重新修建。基本实现"环境园林化、设施现代化、教室专用化、信息数字化"的格局。

文化建设　争取资金180余万元,建设一处占地面积1.5万平方米的文化公园。狠抓场史馆建设,实用面积300多平方米,设计有10个主题展区,馆藏农场各个时期历史照片150余张,各时期的珍贵文物50余件。场史馆集光、电、声和实物一体。已向农场职工群众开放。(李　红)

宝山农场

场长、党委副书记:万新军,1963年2月出生,山东齐河人,中共党员,本科学历,农艺师。1983年3月参加工作,2011年1月任现职。

党委书记:王金厚,1966年7月出生,黑龙江友谊人,中共党员,本科学历,农艺师。1985年12月参加工作,2014年1月任现职。

党委副书记、纪委书记、工会主席:段敏(2010.2—)

副场长:武玉刚(2012.1—)
高杰(2013.10—)

党委委员:
马明龙(2009.12—)
李国良(2010.7—)
武玉刚(2012.1—)
高杰(2013.10—)

概况　宝山农场始建于1970年3月15日,位于黑龙江省三江平原西区中部、桦川县境内,地理坐标为北纬46°55′-47°01′,东经130°47′-130°57′。农场地处原宝丰滞洪区,地势低平,呈不规则洼地形状。地势西高东低,南高北低,由西南向东北逐渐倾斜。全场基本属于平原地形,坡降在1/2000~1/4000,海拔高程在72米~80.3米之间,起伏变化较小。从第二作业站西部到第三作业站有一条南北走向狭长的沙丘,全长3.25公里,宽0.2~0.5公里,海拔高度74.06米~80.3米。场部地区海拔高度76米。场内无山,无河流。农场总面积109平方公里,总人口3560人,在册职工1083人。有耕地7430公顷,其中水稻面积7200公顷,是垦区重要商品粮基地之一。2015年,实现国内生产总值2.95亿元。

种植业　农作物种植面积7400公顷,其中水稻7200公顷。实现粮食总产6.5万吨。农场加大良种统供力度,真正实现良种统供率100%,良种到户率100%。扎实推进测土配方施肥工作及"3414"试验项目。由农业科主要负责工作落实,试验站配合,分别完成野外调查、采样测试、田间试验、配方设计、配肥加工、示范推广、宣传培训、数据库建设等工作,全场测土配方施肥技术覆盖7200公顷,实现水稻全面积测土配方施肥应用100%。

农机　投入资金1000余万元,更新农机具400余台(件),其中55~110马力整地机车50台、大中型联合收获机21台,驱动耙33台、旋耕机27台、水田灭茬搅浆机15台、水田犁13台、高性能乘坐式插秧机10台、各类履带式收割机11台、自动覆土器和播土器50余台、各类秸秆还田设备160余台。

工业园区建设　实现工业总产值5507万元,工业增加值1900万元,利润950万元。工业园区在建企业有5家,农场对于继续建设的3家企业提供各方面的帮助,解决建设中遇到的各种困难。对于两家无力继续建设的大米加工企业,工业科和园区管委会积极和北大荒粮食集团联系,促成这两家企业被北大荒粮食集团整体收购,实行重组。

小城镇建设　建设项目有保障性安居工程基础设施配套排水建设项目、232万袋食用菌项目、学校食堂及宿舍楼改建项目、宝山农场危房改造配套给水工程。农场保障性安居工程基础设施配套排水建设项目,项目投资786万元,铺设直径30毫米双壁波纹管2200米、直径600毫米双壁波纹947米、直径800毫米双壁波纹管3273.78米及新建排水沟、新建雨水井160座、拆除路面453.7平方米、新修道路4410平方米拆除人行道2065.5平方米、排水沟混凝土盖板500米。232万袋食用菌建设项目投资347万元,新建厂房525平方米。学校食堂及宿舍楼改建项目总投资110万元。农场危房改造配套给水工程总投资80万元。公共建筑共计11736.05平方米,其中社区服务中心4177.97平方米、锅炉房1500平方米、公路养护工区2219.4平方米、社区医疗服务中心3838.68平方米。

畜牧业　生猪存栏2210头,鸡、鸭、鹅等家禽饲养量达7425羽,完成畜牧增加同比增长11%。长青养猪场存栏杜洛克、长白、大白等种猪合计500头以上,出栏商品猪1200头以上。狐貉小区现存栏狐貉2700只以上。协助第六作业站长青养殖场完成猪舍扩建新建标准化猪舍2400平方米,围墙300延长米,排污沉井12个,排污管道500延长米。　　　(孙立民)

建三江管理局

党委书记:陶喜军,1961年3月出生,黑龙江省泰来县人,中共党员,研究生学历,高级工程师。1981年9月参加工作,2011年7月任现职。

局长、党委副书记:王利仁,1964年9月出生,山东省莒县人,中共党员,本科学历,高级农艺师。1987年7月参加工作,2011年7月至2015年11月任现职。

副局长、党委委员:李荣华,1960年3月出生,吉林省榆树县人,中共党员,本科学历,教授级高级政工师。1977年10月参加工作,2010年8月任现职。

副局长、党委委员:王旭光,1966年1月出生,辽宁省岫岩县人,中共党员,本科学历,高级农艺师。1988年7月参加工作,2010年8月任现职。

副局长、党委委员:张宝林,1963年9月出生,山东省汶上县人。中共党员,研究生学历,高级工程师。1983年7月参加工作,2013年11月任现职。

党委委员、工会主席:苍云,满族,1968年10月出生,黑龙江省望奎县人,中共党员,研究生学历,教授级高级政工师。1986年12月参加工作,2011年4月任现职。

党委委员、纪检委书记:牟秀玲,女,1962年5月出生,山东日省日照市人,中共党员,本科学历,高级政工师。1983年12月参加工作,2015年7月任现职。

党委委员、组织部部长:牟秀玲,女,1962年5月出生,山东省日照市人,中共党员,本科学历,高级政工师。1983年12月参加工作,2011年9月任现职。

调研员:孙道东,1963年2月出生,山东省单县人,中共党员,本科学历,高级会计师。1982年8月参加工作,2011年4月任现职。

党委委员、宣传部部长:刘亚军,1961年8月出生,河北省定州市人,中共党员,本科学历,教授级高级政工师。1977年11月参加工作,2010年10月任现职。

党委委员、人武部政委:郭威,1968年8月出生,辽宁省凌源县人,中共党员,本科学历,上校。1986年10月参加工作,2011年3月任现职。

纪检委常务副书记、监察局局长:王满友,1967年2月出生,辽宁省康平县人,中共党员,本科学历,政工师。1990年7月参加工作,2013年11月任现职。

纪检委副书记:

韩玉发(2010.3—)

纪检委副书记:

江卫国(2013.11—)

政法委常务副书记:陈天明,1969年6月出生,陕西省黄陵县人,中共党员,研究生学历,高级政工师。1991年7月参加工作,2013年11月任现职。

党委办公室主任、办公室主任:任爱军,1970年10月出生,江苏省丰县人,中共党员,本科学历,政工师。1989年12月参加工作,2012年8月任现职。

办公室副调研员、绿色食品办公室主任、农产品质量安全处处长:崔伟,1961年5月出生,辽宁省北镇县人,中共党员,研究生学历,高级农艺师。1983年7月参加工作,2011年12月任现职。

办公室副调研员:

吴传江(2015.6—)

计财处处长:孟宪典,1964年4月出生,山东省东阿县人,中共党员,本科学历,高级会计师。1984年8月参加工作,2011年3月任现职。

审计处处长:李彩丽,女,1966年7月出生,山东省蓬莱县人,中共党员,研究生学历,高级会计师。1987年7月参加工作,2013年12月任现职。

人力资源和社会保障局局长:陈兆明,1961年5月出生,山东省东平县人,中共党员,专科学历,劳动经济师。1977年9月参加工作,2005年10月任现职。

人力资源和社会保障局副调研员、副局长(负责民政工作):袁海龙,1963年10月出生,黑龙江省肇东县人,中共党员,本科学历,高级农机工程师。1983年8月参加工作,2009年10月任现职。

农业局局长:李国俊,1963年5月出生,江苏省扬州市人,1984年7月参加工作,中共党员,本科学历,农业推广研究员。2013年12月任现职。

农业局副调研员、副局长(负责科技工作):郎福军,1962年12月出生,黑龙江省克东县人,1979年12月参加工作,中共党员,研究生学历,中学高级教师。2011年12月任现职。

畜牧兽医局局长:孙本海,1960年4月出生,黑龙江省双城县人,中共党员,本科学历,高级畜牧师。1983年7月参加工作,2005年3月至2015年5月任现职。

林业局局长:田路成,1963年4月出生,山东省茌平县人,中共党员,研究生学历,高级林业工程师。1983年8月参加工作,2005年10月任现职。

水务局局长:于军,1962年2月出生,河北省黄骅县人,中共党员,本科学历,水利高级工程师。1982年7月参加工作,2005年1月至2015年8月任现职。

水务局水管站站长(主持水务局工作):赵青,女,1968年1月出生,江苏省江都县人,中共党员,本科学历,享受研究员待遇级水利高级工程师。1988年12月参加工作,2015年8月任现职。

交通运输局党委书记:吴喜春,1960年1月出生,河北省故城县人,中共党员,本科学历,高级会计师。1976年10月参加工作,2013年11月任现职。

交通运输局局长:袁庆亮,1963年10月出生,山东省日照县人,中共党员,研究生学历,经济师。1983年1月参加工作,2006年9月任现职。

住房和城乡建设局局长:王守江,1966年6月出生,江苏省泗阳县人,中共党员,本科学历,高级工程师。1986年12月参加工作,2013年11月任现职。

街道办事处党委书记:徐宝林,满族,1962年5月出生,辽宁省东沟县人,中共党员,研究生学历,高级政工师。1981年3月参加工作,2012年8月任现职。

安全生产监督管理局局长:张瑞强,1968年7月出生,山东省成武县人,中共党员,本科学历,政工师。1989年7月参加工作,2013年11月任现职。

安全生产监督管理局副调研员(负责工业和信息化委员会工作):孙长友,1963年7月出生,黑龙江省方正县人,中共党员,本科学历,高级会计师。1983年1月参加工作,2010年10月任现职。

安全生产监督管理局副调研员:方明(2011.12—)

商务局局长、农业综合开发项目办公室主任:公国维,1963年1月出生,黑龙江省肇源县人,中共党员,本科学历,高级会计师。1983年1月参加工作,2013年12月任现职。

教育局局长:张景春,1963年10月出生,辽宁省朝阳县人,中共党员,本科学历,中学高级教师。1985年7月参加工作,2010年3月任现职。

卫生局局长:徐红研,1960年5月出生,黑龙江省阿城县人,中共党员,本科学历,主任医师。1976年9月参加工作,2005年10月至2015年5月任现职。

卫生局局长:闫东,1969年3月出生,黑龙江省肇东县人,中共党员,本科学历,主管技师、政工师。1987年12月参加工作,2015年5月任现职。

团委书记:王纯娜,女,1979年4月出生,黑龙江省建三江人,中共党员,本科学历,政工师。2000年7月参加工作,2013年11月任现职。

建三江农垦法院副院长(主持工作)、党组书记:付文,1964年12月出生,湖北省孝感县人,中共党员,本科学历。1982年12月参加工作,2012年8月任现职。

建三江农垦区人民检察院检察长、党组书记:白柏林,1958年3月出生,辽宁省台安县人,中共党员,本科学历。1975年11月参加工作,2012年6月任现职。

建三江农垦公安局局长、党委书记:刘国锋,1962年9月出生,吉林省扶余县人,中共党员,本科学历,高级工程师,三级警监。1982年12月参加工作,2010年4月任现职。

建三江农垦公安局政委、党委副书记:刘继宏,1963年2月出生,辽宁省黑山县人,中共党员,本科学历,政工师,一级警督。1980年12月参加工作,2013年12月任现职。

司法局局长:姜国华,1964年7月出生,辽宁省庄河县人,中共党员,本科学历,高级政工师。1984年10月参加工作,2012年8月任现职。

武装部部长:聂振璞,满族,1970年1月出生,河北省平泉县人,中共党员,大学专科学历,上校军衔。1989年3月参加中国人民解放军,2013年3月任现职。

公证处主任:王秀英,女,1965年7月出生,山东省日照市人,中共党员,本科学历,二级公证员。1984年12月参加工作,2010年3月任现职。

建三江国家税务局党组书记、局长:孙盛锦,1965年10月出生,黑龙江省富锦县人,中共党员,本科学历。1983年10月参加工作,2013年12月任现职。

建三江管理委员会地方税务局党组书记、局长:李光远,1971年10月出生,黑龙江省宝清县人,中共党员,本科学历,会计师。1992年8月参加工作,2015年1月任现职。

商业局局长、党委书记:王君川,1962年12月出生,山东省莒南县人,中共党员,大学专科学历,会计师。1982年8月参加工作,2000年12月至2015年1月任现职。

管理局水利重点建设领导小组专职副组长:杨洪仁,1964年5月出生,山东省泗水县人,中共党员,本科学历,教授级高级政工师、会计师。1982年12月参加工作,2015年9月任现职。

广播电视局局长:朱长富,1960年6月出生,黑龙江省肇东县人,中共党员,本科学历,高级政工师。1978年9月参加工作,2013年11月任现职。

建三江第一高级中学党委书记:孙宝平,1960年6月出生,山东省胶南县人,中共党员,本科学历,教授级高级政工师。1977年9月参加工作,2013年11月任现职。

建三江第一高级中学校长:崔锡印,1962年2月出生,山东省茌平县人,中共党员,本科学历,中学高级教师。1978年9月参加工作,2008年4月任现职。

党校党委书记:林春荣,1961年6月出生,山东省胶南县人,中共党员,本科学历,农学学士学位,高级政工师、高级兽医师。1983年7月参加工作,2012年8月任现职。

党校党委副书记、建三江第二高级中学校长:李方田,1962年8月出生,黑龙江省富锦县人,中共党员,本科学历,中学高级教师。1983年8月参加工作,2010年10月任现职。

党校第一副校长:夏其龙,1963年7月出生,山东省乐陵县人,中共党员,本科学历,中学高级教师。1983年7月参加工作,2012年4月任现职。

建三江人民医院党委书记:刘国春,1959年12月出生,黑龙江省绥化县人,中共党员,研究生学历,教授级高级工程师。1981年7月参加工作,2013年11月任现职。

建三江人民医院院长:白利军,1966年3月出生,山东省曲阜县人,中共党员,本科学历,主任医师。1987年8月参加工作,2013年12月任现职。

建三江人民医院党委副书记、纪

委书记、工会主席:谢元玲(女)(2009.8—)

建三江人民医院副院长:姜洪仁(2011.4—)

建三江人民医院副院长:王义新(2015.6—)

建三江人民医院副院长:张树江(2015.6—)

建三江人民医院副院长:朱晓忠(2015.6—)

洪河国家级自然保护区管理局局长:董树斌,1965年3月出生,江苏省赣榆县人,中共党员,专科学历,高级工程师。1984年8月参加工作,2001年3月任现职。

洪河国家级自然保护区管理局党组书记:周培强,1957年8月出生,河北省泊头县人,中共党员,专科学历,高级政工师。1976年12月参加工作,2010年3月任现职。

经济开发区管理委员会党工委副书记:王毅,1963年3月出生,山东掖县人,中共党员,研究生学历,高级政工师。1984年12月参加工作,2012年4月至2015年3月任现职。

经济开发区管理委员会主任:王升新,1968年10月出生,辽宁省庄河县人,中共党员,研究生学历,会计师、政工师。1991年8月参加工作,2015年5月任现职。

土地整理储备中心主任:党爱河,1964年9月出生,河南省唐河县人,中共党员,研究生学历,高级工程师。1983年11月参加工作,2013年11月任现职。

黑瞎子岛现代生态园副主任:汝锋,1981年11月出生,安徽省利新县人,中共党员,本科学历。2002年7月参加工作,2011年3月任现职。

黑瞎子岛现代生态园副主任:周新斌,1969年7月出生,重庆市,中共党员,研究生学历,高级政工师。1990年7月参加工作,2012年4月任现职。

卫生监督所所长、疾病预防控制中心主任:于边疆,1962年6月出生,山东省肥城县人,中共党员,本科学历,主任医师。1977年7月参加工作,2005年10月任现职。

通信有限责任公司董事长、总经理:聂亚平,1962年6月出生,河南省上蔡县人,中共党员,本科学历,高级工程师。1979年6月参加工作,2007年3月任现职。

三江热电有限责任公司党委书记:吕军,1961年12月出生,云南省南华县人,研究生学历,高级政工师、电力工程师。1979年12月参加工作,2012年8月任现职。

三江热电有限责任公司总经理:俞高江,1969年1月出生,江苏省海门县人,大学专科学历,农机工程师。1988年7月参加工作,2012年3月任现职。

三江热电有限责任公司党委副书记、纪委书记、工会主席:张慧发(2010.6—)

三江热电有限责任公司副经理:王军(2008.12—)

三江热电有限责任公司副经理:沈铁军(2013.11—)

物资处党委书记:王玉宝,1960年2月出生,辽宁省本溪县人,本科学历,政工师、助理经济师。1976年11月参加工作,2008年1月任现职。

物资处处长:马春野,1962年9月出生,黑龙江省阿城县人,本科学历,高级政工师。1978年10月参加工作,2010年1月任现职。

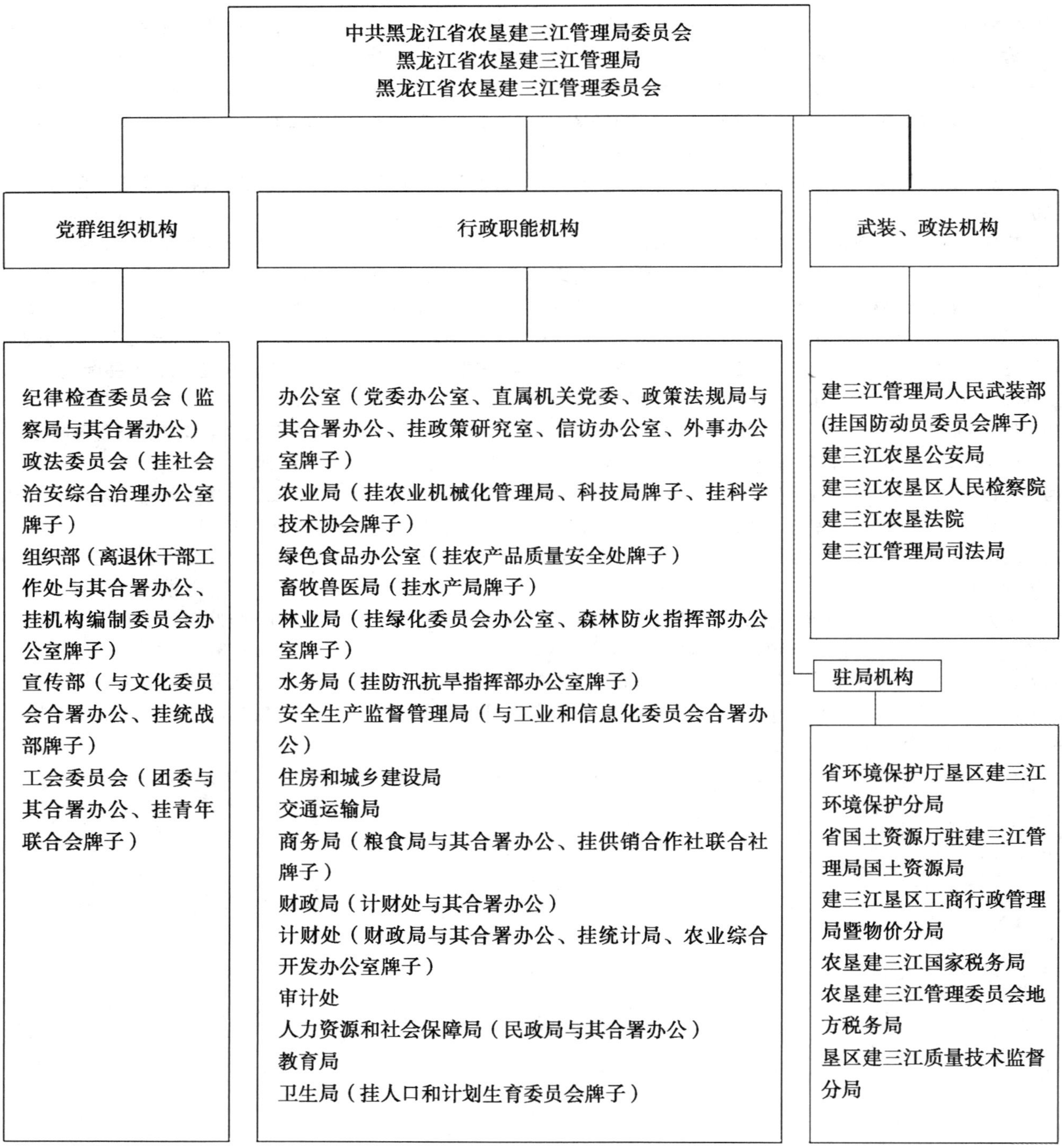

图8　建三江管理局机构示意图(2015年)

中共黑龙江省农垦建三江管理局委员会
黑龙江省农垦建三江管理局
黑龙江省农垦建三江管理委员会

农场

八五九农场
胜利农场
七星农场
勤得利农场
大兴农场
青龙山农场
前进农场
创业农场
红卫农场
前哨农场
前锋农场
洪河农场
二道河农场
鸭绿河农场
浓江农场

直附属事业单位

建三江农业科学研究所
建三江第一中学
建三江第二高级中学
党校（挂教师进修学校、农业广播学校、电视大学、职工中专牌子）
局直子弟学校
各农场学校
广播电视局（与有线电视台合署办公）
建三江中心医院（挂妇幼保健医院牌子）
疾病预防控制中心（与卫生监督所合署办公）
植保植检站（挂农业技术推广站牌子）
农产品质量安全检测站
气象站
种子管理局（挂种子质量监督检验站牌子）
农机安全监理站
动物卫生监督所（挂畜牧兽医站牌子）
水利工程管理分站
垦区水政监察支队建三江大队
八五九灌区管理站
勤得利灌区管理站
青龙山灌区管理站
城镇建设规划局（挂城管环卫监察大队、公园管理中心牌子）
街道办事处
墙体材料改革办公室
工程造价管理站
工程质量监督站
公路科（挂公路路政管理所牌子）
各农场交通科（挂交通征费稽查所、公路路政管理所、道路运输管理站牌子）
局直交通科（挂局直交通征费稽查所牌子）
道路运输管理科（挂道路运输稽查大队、航务管理站牌子）
交通征费稽查科
非税收入管理局
税务管理办公室
社会集团采购招标中心（挂控购办公室牌子）
住房公积金管理部
房产管理中心
能源办公室
财务结算中心
会计管理中心
土地整理储备中心
史志办公室（挂党史研究室牌子）
人才中心（挂人事考试中心牌子）
机关离退休干部活动中心
就业局
就业服务中心
建三江农垦区公证处
招生办公室（挂会考办公室牌子）
殡葬管理所
残疾人联合会
挠力河国家级自然保护区管理局建三江分局（内设七星、大兴、创业、红卫、胜利、八五九等管理站6个）
建三江经济开发区管理委员会
黑瞎子岛北大荒生态园区管理办公室

驻局机构：
垦区建三江社会保险事业管理局
洪河国家级自然保护区管理局

企业

建三江农垦通信有限责任公司
建三江热电有限责任公司
宏升建筑工程有限责任公司
乌苏里江外贸有限责任公司
商业局
建三江源丰农资有限责任公司
三江贸易有限责任公司
新华书店有限责任公司

驻局企业：
建三江邮政局
建三江移动通信分公司
建三江联通公司
建三江电信分公司
建三江电业局
中国农业银行建三江支行
中国建设银行建三江支行
中国工商银行建三江支行
中国银行建三江支行
中国邮政储蓄银行建三江支行
中国农业发展银行建三江支行
哈尔滨银行建三江支行
龙江银行建三江支行
建三江农村信用社联合社
阳光农业相互保险公司
中国人民保险有限公司建三江支公司
中国人寿保险有限公司建三江支公司
阳光农业互助保险公司建三江中心支公司

图9　建三江管理局直附属企事业单位示意图(2015年)

概况　建三江管理局地处位居世界三大黑土地带的三江平原腹地，扼黑龙江、松花江和乌苏里江汇流的要冲，地域范围介于北纬46°49′47″～48°12′58″，东经132°31′38″～134°33′06″之间。辖区总面积12347平方公里，其中耕地754520公顷、林地176188公顷、牧草地23459公顷。境内农场毗邻，耕地连片，拥有15个大中型国有农场，123个管理区。辖区地广人稀，每平方公里人口密度仅有16人，是区域完整，生产经营和社会生活体系比较完善，适宜发展机械化、现代农业和农工商贸综合经营的新型垦区。建三江垦区瑰丽富庶，土壤肥沃，水草丰茂，三江环绕，七河贯通，交通便利，具有发展农、林、牧、副、渔、工贸、加工业及边境旅游业的优越条件。地势西南高，东北低，除少数山丘外，大部分是平原沼泽地带。北部和东南部拥有部分山地，呈东北至西南走向，海拔在100～626米。地形坡降较为平缓，一般在1/5000～1/12000。地形变化复杂，碟形、线形洼地星罗棋布，泡沼水线遍布。尚有可垦宜农荒地31.73万公顷，约占整个三江平原可开垦荒地的1/3左右。河流均属黑龙江水系，多为平原沼泽性河流。主要河流有挠力河、别拉洪河、外七星河、浓江河、鸭绿河、青龙河、莲花河等，流域总面积11330平方公里。水质无污染，地下水也极为丰富，总储量达6000多亿立方米。水位较高，宜发展灌溉、养殖和工贸加工业。国境界江长度达230公里，隔黑龙江、乌苏里江与俄罗斯相望，拥有黑龙江勤得利、乌苏里江东安两座码头；毗邻富锦、同江、抚远、饶河等4个大型口岸，具备明显的地缘区位优势。境内山地属完达山余脉，树高林密，自然资源比较丰富。主要树种有杨树、柞树、桦树，间或有少量榆树、椴树等硬杂木树种，多分布在山顶部和北坡，南坡栽有少量的松树。山林中拥有黑熊、野猪、野狸、野兔和狍子等野生动物，生长有蘑菇、猴头和木耳等菌类植物，还有桔梗、黄芪、刺五加和五味子等中草药，其开发利用前景广阔。建三江地区拥有多种矿产资源，主要是铜、锰、铬、煤、花岗岩、石英砂、高岭土、草炭等。草炭储量大1.1亿吨，居全省首位，国内第二位，是改善土壤和轻工原料的良好资源。该区属寒温带湿润季风气候区，夏季短促，温热湿润；冬季漫长，寒冷干燥；春季多风而少雨，夏秋多暴雨或连阴雨，春秋气温变化剧烈。极端最高气温38℃，极端最低气温－41.6℃，年有效积温为2200℃～2400℃，历年平均日照时间为2260小时至2429小时，历年平均气温在1℃～2℃左右。年均降水量550毫米至600毫米，多集中在7月至9月，约占全年降水量的50%～70%。常年无霜期为110天至135天，全年结冰期在180天左右。

黑龙江省农垦建三江管理局的前身，即始建于1969年7月的沈阳军区黑龙江生产建设兵团第六师。1976年2月兵团第六师撤销以后，1976年3月改制为建三江国营农场管理局。1996年9月改制为黑龙江省农垦总局建三江分局。2011年1月1日，根据中共黑龙江省农垦总局委员会机构编制委员会《关于省农垦总局所属各分局更名为管理局并重新确定职责的通知》，按照2010年10月15日省第十一届人大常委会第二十次会议通过的《黑龙江省垦区条例》有关规定，将农垦总局所属各分局更名为管理局，其名称由黑龙江省农垦总局建三江分局，更名为黑龙江省农垦建三江管理局。作为省农垦总局所辖的行政管理机构，行使县级人民政府行政执法权，负责本辖区的行政管理工作。2012年12月20日，黑龙江省农垦建三江管理委员会正式挂牌成立。2013年1月1日，管委会正式运行，财政局同步设立。黑龙江生产建设兵团六师、建三江国营农场管理局、黑龙江省农垦总局建三江分局、黑龙江省农垦建三江管理局四个时期，其党政军机关驻地均为建三江，即七星农场暨北大荒股份七星分公司所在地。管理局驻地设有县级邮政局、移动通信公司、联通公司、电信公司，各农场均设有支局与支公司；设有农业银行支行、农业发展银行支行、建设银行支行、工商银行支行、中国银行支行、黑龙江省农村信用社支社、哈尔滨银行支行、龙江银行支行、人民保险公司支公司、人寿保险股份公司支公司和阳光农业互助保险公司。各农场均设有分理处、办事处乃至子公司等等。境内拥有洪河国家级自然保护区、挠力河国家级自然保护区、勤得利省级鲟鳇鱼自然保护区、乌苏里江省级自然保护区等4个低湿地保护区，保护区域总面积达23.42万公顷，是建三江垦区总面积的18.76%，远远高于全国10.80%的平均水平。20万公顷绿草如茵的低湿地，尽享“地球之肾”的美誉。尤其是这里原产于黑龙江的特有物种——史氏鲟，素有“活化石”之称。

截至2015年末，管理局家庭户数量达9.07万户，同比增长2.22%。继续维持低生育水平，人口自然增长率维持在0.5%以下。常住人口数量24.81万人，同比增长0.84%，其中农场常住人口数量22.75万人，同比增长0.5%。从业人员达12.05万人，同比减少8.4%，其中在岗职工5.06万人，同比减少12.09%。2015年，管理局实现国内生产总值219.30亿元，同比增加11.94亿元，其中农业总产值230.71亿元，同比增长1.73%；工业总产值69.35亿元，同比增长4.6%。建筑业总产值29.76亿元，同比增长36.96%。交通运输业总产值19.19亿元，同比增长29.07%。商业饮食服务业总产值27.27亿元，同比增长1.46%。经济、政治、社会、文化、生态文明建设和党的建设均取得长足发展。

种植业　实现农作物总播面积7.51万公顷，其中水稻种植面积64.78万公顷、玉米种植面积5.98万公顷、大豆及其他作物种植4.26万公顷。粮食平均公顷产量8782公斤，粮食总产量657.83万吨。高标准农田面积达23.73万公顷，共有水稻集中育秧大棚基地0.13万处，水稻集中育秧大棚10.38万栋，占总数的65%。建三江管理局发挥区域自然生态环境优势，以市场为导向，优化农作物种植结构，增加高效作物种植面积，稳定水稻种植面积，减少玉米种植面积。在种植品种选择上，围绕着增加效益、改善品质、适应市场选择品种。管理局实施了“水稻适口性示范项目”工程，在创业、红卫、大兴、胜利、七星、八五九、青龙山、勤得利共8个单位32个管理区,总面积133.30公顷。年计划总投资50137万元,建设高标准农田,农业抗灾能力增强。在垦区率先实施"一控三减"(探水灌溉,减少化肥、农药、除草剂的使用量),15个农场"一控"示范推广面积14.93万公顷,其中实施水稻节水控制灌溉面积14.93万公顷,占全局水田面积的23%。实现玉米节水每公顷600立方米,水田1200立方米/公顷。"三减"示范总面积0.73万公顷,其中水田0.67万公顷、旱田0.07万公顷。共引进减肥机械(侧深施肥高速高性能插秧机)229台,落实侧深施肥面积0.36万公顷。秸秆还田面积72.1万公顷,占总播种面积的95.9%。在农业标准化、良种繁育、芽种统供、智能化育秧控制、模式化栽培、测土配方施肥、节水灌溉、水肥一体化、航化作业、秸秆还田等新技术应用方面居国内领先水平。管理局共有2户通过超级种粮大户项目补贴资金审核验收。其中大兴农场戴淑华,补贴金额91.34万元;前锋农场滕兆华,补贴金额67.2万元,补贴资金总额158.54万元。农作物总受灾面积14.24万公顷,成灾面积7.33万公顷。主要灾害为风灾和涝灾。

科技　科技投入48456万元。开展室内外科技培训活动474期,16.51万人次。开展311次科技普及活动。科技推广301项,科技示范104项。科技实验330项。开展与北京师范大学、中国农大、华中农业大学、东北农业大学、八一农大、省农科院和农垦科学院进行科技合作。科技贡献率76%,科技成果转化率94%。组织申报国家星火计划项目1项。与农垦科学院信息情报所、七星农场及有关专家组织项目实施,正式启动"水稻生产物联网技术应用与示范"项目。组织实施"全国基层农技推广补助项目"。开展"新型职业农民工培育工程"。开展了以水稻测土配方施肥、机械侧深施肥、"控氮、调磷、稳钾"等施肥技术研究,实现水稻插秧施肥同步、减肥不减产、节本增效的攻关目标。应用物联网技术,实现水稻生长全程自动化监测,将立体旋转育秧、3G物联网、空间电场等前沿科学技术与水稻栽培技术有机结合。开展"科技到农户"活动。落实"千人百场"科技服务活动。发放《科技示范户手册》和《水稻技术手册》1.89万册。培育科技示范户0.39万户,培训11万人次。完善科学施肥服务体系。开展土壤养分分析、肥料质量检测、植物营养诊断和谷物品质分析工作。推广应用精准农业、智能装备、3S(RS遥感技术、GPS全球卫星导航技术、GIS地理信息技术)、4G(新一代物联网技术)、信息化集成技术、精准变量水肥一体化技术、病虫草害预警告知防控技术、生物技术、水稻品种改良技术、寒地水稻信息化管理技术、技术人员管控技术、江水灌溉技术和气象为农业防灾减灾等重点新技术。胜利农场作为农业部玉米高产创建示范点,连续3年参与玉米高产攻关项目。农业部专家经过两次实测,平均公顷产量18705公斤,胜利农场获得农业部"玉米王"的称号。

农业机械　年末,管理局农机总动力182万千瓦,同比增长5.2%。拥有农业机械28.2万台(件),同比增长1.8%。共计更新机具1.4万台(套)。共有集中浸种催芽基地68座,浸种催芽设备共计0.16万套。综合机械化率达98.5%以上,同比增长0.5%。重点推广使用水稻侧深施肥插秧机、原有高性能插秧机加装侧深施肥装置、联合收割机及拖拉机配备秸秆还田设备。投资2747万元,改造及新增"三库一场"面积114万平方米,当年全部投入使用。开展落实《总局农业标准化提升活动》和《全国农垦农机标准化示范农场创建活动》活动。11月17日,勤得利、前进和红卫农场代表建三江管理局,通过农垦总局农业标准化提升活动专家组的检查验收。12月11日,二道河、红卫和勤得利农场荣获"全国农垦农机标准化"AAAA"级示范农场"。鸭绿河和浓江农场荣获"AAA"级示范农场。2015年末,全局在工商局登记备案农机合作社55个,入社成员0.21万人,农机总资产57577万元,农机总量0.52万台(套)。合作社资产总额62485万元。全年作业服务面积15.19万公顷,田间作业收入达12582.3万元。

畜牧业渔业　实现畜牧增加值5.7亿元,同比减少30.08%。奶牛存栏0.12万头,同比增加9.7%。肉牛存栏0.26万头,同比减少10.72%。猪存栏6万头,同比减少31.27%。羊存栏2.95万头,同比增加27.20%。禽存栏31万只,同比减少24%。出栏62.04万只,同比减少66%。禽蛋产量0.22万吨,同比减少54.82%。水产养殖面积0.17万公顷,水产品0.17万吨,同比增加5.5%。八五九、勤得利农场网箱养殖102箱,养殖面积0.25公顷。八五九农场水产公司投资0.6万元,2015年7月3日放流17万尾鲤鱼。

林业　完成造林绿化面积0.07万公顷,其中新增造林0.01万公顷,补植补造0.06万公顷,同比减少25%。城镇绿化覆盖率达40.7%。全局森林覆盖率达10.5%,人工造林面积达5.22万公顷。林地实有面积达12.66万公顷。管理局及各农场全年召开森林草原防火会议30次,发放宣传单0.5万份,出动宣传车60台次。春秋两季,组织人员深入重点火险区及区段开展防火检查32次,发现隐患13处,下发整改通知13份,及时清除隐灾隐患,全年没有发生重大森林草原火灾。查处林政案件52起,行政罚款16万元,对涉嫌构成犯罪的12起林业案件,已移交公安机关立案侦查。完成青龙山灌区第一期工程项目占用林地呈报工作,项目占用林地得到国家林业局批准。七星第二幼儿园工程项目、建三江职教中心宿舍楼项目和创业加油站项目。三个项目使用林地手续已获林业厅批准。2015年3月,管理局林业局对15个伐区进行验收,全部达合格,未有超量、异地采伐现象发生。年初,挠力河保护区建三江分局组织专人利用卫片对保护区内种植的计划耕地和非计划耕地进行详查,绘制详查图,做到地块、面积与种植户相符合。春季,相关农场制定退耕还湿方案。红卫农场完成退耕还湿0.12万公顷。申报落实退耕还林后续产业项目4项,争取国投资金933万元。旱改水浇地0.20万公顷。新建蔬菜大棚基地2处,创业农场3.33公顷、二道河农场8公顷,实现年度林业经济稳定增长目标。

水利　水利建设投入27.16亿元(包括往年结转资金),较好地完成全年工作任务。水务局从15个农场抽调精兵强将23人,到青龙山灌区参加建设。青龙山灌区工程建设共投入41支施工队,工程建设者0.2万人,各类施工机械0.1万台(套)。管理局水务局开展严格水务系统安全生产检查,对八五九、勤得利、青龙山灌区等在建重点工程进行了重点检查。累计完成土石方2993.81万立方米,混凝土26.06万立方米,永久性建筑物0.4万座。各农场主要以五大涝区为建设重点,进行排水沟渠清於扩建,涵闸的配套工程建设。小水和自筹工程全年共完成投资7013万元,完成土石方1089.88万立方米,改善治涝效益面积9.13万公顷。完成全局45个防汛抗旱等各类预案的编制、审批和上报工作。落实了防汛工作领导责任制、防汛抢险队伍和防汛物资的储备。签订各项工程管护合同2.97万份。

灌区工程　在黑龙江省三江平原灌区规划14个灌区中,建三江管理局占有4个灌区,分别是八五九灌区、勤得利灌区、青龙山灌区和乌苏镇灌区(前哨部分)。4个灌区的设计灌溉面积是47.53万公顷,占全省14个灌区设计灌溉面积的53.5%。青龙山灌区设计灌溉水田面积35.52万公顷。按照省委省政府要求,四年计划一年完成,2015年12月底,完成投资212076万元。完成总工程量2859万立方米。勤得利灌区设计灌溉水田面积7.07万公顷,近期水田设计灌溉面积2.99万公顷。其中勤得利农场灌溉面积2.5万公顷,鸭绿河农场灌溉面积0.49万公顷,灌区规模为大型。八五九灌区灌溉水田面积4.17万公顷。近期设计灌溉水田面积2.07万公顷,灌区规模为大型。乌苏镇灌区(前哨部分)设计灌溉水田面积6.9万公顷,近期工程设计水田灌溉面积2.06万公顷,远期工程设计水田灌溉面积4.84万公顷。大兴灌区。三江联通工程大兴灌区正在规划阶段,规划设计灌溉面积3.33万公顷。

固定资产投资　截至年末,度完成固定资产投资总额502779.56万元,同比增长42.60%。按投资结构划分,生产性建设投资413451万元,同比增长88.90%。非生产性建设投资89328.56万元,同比下降33.30%。按投资用途划分农林牧渔业投资161204.68万元,同比增长21%。建筑业投资100万元,同比下降43%。交通运输、仓储业投资15511.90万元,同比下降67%。信息传输、计算机服务投资227万元,同比下降83%。批发和零售业投资229万元,同比下降53%。房地产业投资17192万元,同比下降99%。科学、技术服务投资1489万元,同比下降49%。农田水利、环境和公共设施投资226145.58万元,同比增长741%。居民和其他服务投资14823万元,同比增长14%。教育投资3563.6万元,同比下降63%。医疗卫生、社会保障和福利也投资6207万元,同比增长143%;公共管理和社会组织投资5964.8万元,同比下降20%。新增固定资产投资220964.56万元,同比增长6.8%,其中公有控股经济投资39.8亿元,同比增长111.7%。非共有控股经济投资10.5亿元,同比下降36%,全年固定资产投资资金来源总额476446.56万元,同比下降86%。其中国家预算内资金171973.45万元,其中基金拨款50755.27万元,农业开发基金44344.08万元,扶贫以工代赈365万元,水利专项基金65024万元,小水基金2899.1万元,同比增长161%。自有资金162522.51万元,同比下降10%。其他资金126283.6,同比增长48%。

工业　现有工业企业470家,其中稻米加工企业125家,国有控股企业7家,年加工水稻720万吨,区域内仓储能力1300万吨以上。全局重点工业园区7个,物流园区1个。完成全口径工业销售收入695000万元,同比增长3.9%。实现全口径利润32000万元,同比增长2.2%。工业增加值169000万元,同比增长7.6%。加工水稻200万吨,水稻加工业达产率为28%。重点建设工业园区建设项目有前进园区南环路及桥涵建设投资100万元。二道河、胜利农场工业园区道路、桥涵及绿化建设投资150万元。洪河、前锋园区铁路专用线基础设施建设,完成投资3470万元。其中洪河铁路专用线投资2600万元,前锋铁路专用线投资870万元。2015年开工的工业项目9个,完成总投资42000万元。其中前进海纳米业扩建12000万元,创业中粮米业扩建4000万元,创业双盛(宝丰)米业扩建6300万元,大兴龙兴米业扩建0.20亿元,七星益华(银河)米业扩建6000万元,前进雪那红米业扩建2000万元,红卫农场30万吨水稻加工及生物饲料项目投资1亿元。洽谈项目有前进农场60万吨水稻加工10万吨米糠蛋白项目。前锋农场30万吨水稻加工及物流项目和胜利农场生物质热电项目,总投资1亿元以上。

建三江管理委员会　管理委员会会财政局完成预算、国库、信息中心与省厅相应处室对接。执行预算法、财政总预算会计制度,建立预算编制制度、控制支出制度、与人民银行对账制度、信息及时上报制度等,保证财政工作顺利进行。管委会财政局工作情况。实现全口径税收95337万元,其中实现县级税收46868万元。完成财政国库与人民银行及两个税务局对账工作。每月末将当月管委会工作推进情况形成文字材料上报省财政厅、农垦总局发改委、管理局办公室及有关领导。建三江管委会采取了有效措施,进行财税改革,促进税收。营造良好纳税环境。重点是落实"四证合一"。利用工商、地税、国税、社保和质检部门网络信息共享平台,使纳税人实现"登一家门办四家事"。推动国地税合作。做到涉税信息共享,形成大户稽查、税源分析、纳税评估同步进行,推进涉税信息共享,杜绝"一张表报两家"现象发生。科学合理规划税源。重点是对社会影响面大,涉及群众利益的税源先行入库。对税收流失风险较高的外埠施工企业建筑业,委托农场代征,从源头上控住税源。对信用等级高的企业,为企业发展留出资金,使其形成可持续发展税源。

城镇建设　有建筑企业达64家,

同比增加25%。其中公有控股经济企业19家、非公有经济控股企业45家、私营个体企业16家。全局实现建筑业总产值220514万元,同比增加35%。其中公有控股经济企业145004.2万元、非公有经济控股企业152610.08万元、私营个体企业80501.7万元。建筑业从业人员3597人,同比增加9.67%。单位工程施工数量1122个,同比增加17.86%。单位工程竣工数量893个,同比增加5.94%。年房屋建筑施工面积34.95万平方米,同比减少53%。房屋建筑竣工面积27.16万平方米,同比减少30.44%。全局建筑业从业人员数量0.4万人,同比增加9.67%。实现建筑业利润总额20759.8万元,同比增加20.08%。全局房屋实有面积1160.76万平方米,同比增加1.31%。城镇化程度稳步提高。完成管理局博物馆、图书馆排水管线外移。完成黑色路面铺设1.3万平方米。完成白色路面铺设0.36万平方米。沥青灌缝维修8.68万延长米。东环路至建虎连接线道路工程为2014年计划内项目的跨年工程,现工程基层已完工。2015年,局直城区春季栽植及补植绿化树木、乔木、亚乔木1.63万株,灌木23.69万株。城区迎宾路、胜利大街和东环等补播三叶草0.58万平方米。中央大街、站前路新播白三叶草坪0.65万平方米,新播白三叶草坪2万多平方米,完成了春季草花的培育工作,广场及城区栽植草花1万余株。续建植物园绿化工程,已完成全部投资,栽植树木0.6万株,养护工作正不间断进行。

建三江湿地机场　建三江湿地机场为国内小型支线民用机场。工程总投资6.13亿元,其中国家发展和改革委员会安排中央预算内投资1.17亿元。民航局安排民航发展基金1.88亿元。黑龙江省政府安排财政资金1.85亿元,黑龙江省农垦总局安排自有资金1.23亿元。总用地面积137公顷,其中机场工程用地136公顷,场外配套工程用地1公顷。主要用于改善农垦建三江管理局、富锦、同江和绥滨等周边市县125万人出行条件,完善当地交通运输体系和黑龙江省东部机场布局,促进建三江地区经济与社会快速发展。建三江湿地机场飞行区指标4C,主要满足A320、B737、ERJ、新舟系列机型和国产ARJ21机型飞机起降。建三江湿地机场建设目前已进入建设实施阶段。建三江湿地机场位置建设在七星农场第七十八作业站。截至2015年年底,建三江湿地机场场外配套通信工程施工图设计和主线路通信光纤敷设工作完成。场外配套供电工程完成招投标工作,施工单位完成现场踏勘工作。场外配套进场路路基工程已完成。场外排水工程(含田间路和供电线路)招投标工作已完成,等待施工单位进场。

环境保护　结合垦区环境保护局对建三江下达的减排指标,制定年度减排计划,各类减排项目保质保期完成。为浓江农场建设污水处理厂争取农垦总局专项资金300万元。建成两处生活污水处理厂,其中胜利农场污水处理厂日处理量0.2万吨,总投资2080万元。前进农场污水处理厂日处理量0.24万吨。总投资1770万元。争取农垦总局专项资金135万元,完成畜禽粪污治理项目4个,其中八五九农场阳光奶牛养殖小区。七星农场规模化肉鸡养殖场。创业农场生猪标准化养殖小区和前锋农场奶牛养殖小区分别完成粪污治理标准化工程建设。完成脱硫脱硝项目1个。争取农垦专项资金200万元,帮助指导建三江热电公司完成脱硫脱硝项目建设任务,项目总投资1500万元。完成15个农场和局直地区饮用水源地保护区区划和建设工作任务。15个农场全部建设成为“国家级生态农场”。通过国家减排考核。

交通运输　辖区高等级公路里程达2495公里,同比增加7.68%。交通运输仓储业单位56个,同比增加5.66%。交通运输业资产总额达92180万元,同比增加24.18%。交通运输业固定资产原值74170万元,同比增加14.71%。年末交通运输业拥有主要运输工具0.43万台,同比下降0.3%。年旅客运输量529.7万人,同比增长10.98%。全年货物运输量1200.8万吨,同比增长5.2%。全年交通运输业营业总收益110024.3万元,同比增加17.71%。交通运输业利润总额达13413.5万元,同比下降23.8%。交通运输局完成了公路平交道口安全改造工程363处,总投资1710万元。完成饶抚公路胜利段2个水毁工程,总投资99万元。完成通畅项目1个9.9公里,总投资1673.08万元。完成通达项目6个项目90.27公里,总投资1466.24万元。完成危桥项目4座112.56延长米,总投资370.61万元。公路养护管理全面完成普通干线公路养护生产任务。完成了饶抚公路胜利段28.4公里科学标准路创建工作。在全省普通干线公路养护管理升级竞赛评比中,胜利农场公路站获得“全省干线公路养护管理工作标兵单位”称号。农村公路养护全面完成日常养护及除雪保通工作。创建浓江至鸭绿河公路标准化大通道建设56.75公里,通过总局的验收。公路养护资金总投入4422.56万元。公路养护生产指标全部超额完成,全部完成农业部财务司公路维护养护补助资金绩效考核工作,获得良好的评价。创业农场、红卫农场被省交通运输厅评为“农村公路管理养护优秀农场”,胜利农场被省交通运输厅评为“农村公路管理养护良好农场”,大兴农场、浓江农场被省交通运输厅评为“农村公路管理养护合格农场”。

通信　加快信息化建设,推进经济发展和社会进步,实现通讯网络全面覆盖,优化网络结构性能,提高网络使用效率。截至2015年末,本地网通信线路市话电缆总长度478.9皮长公里,同比减少1%。光缆线路2599.41皮长公里,同比增加17%。程控交换机总容量95972线,同比增加56%。光接入设备ONU5604套,RSU45套,DLE14套,行业办公网10个。管理局电视电话会议网点16个,年接转农垦总局电视电话会议71场,年接转管理局召开会议35场。公司决算收入2845.1万元,与上年持平。新装宽带用户0.4万部,宽带用户在网总量达2.47万户,宽带装机率为16%,同比下降6%,宽带入户率27%。新增GPON用户0.45万户,总量达0.81万户,占宽带总量的33%。新装电话0.24万部，电话用户在网总量2.34万户。与电信公司协调，开通2个千兆互联网电路。公司总带宽出口为7G。完成建三江飞机场路由勘探设计工作，为保障飞机场通信业务安全运行。公司已中标建三江局直地区公安安监系统传输建设项目，相关的各项工程施工工作有序进行。

商务旅游 批发零售业营业户数量0.59万家，同比增加1.75%，从业人员数量1.09万人，同比降低4.42%。全年从业人员劳动报酬3.27万/人，同比增加13.3%。年末固定资产原值129624万元，同比增长26.04%。年末营业用房面积44.46万平方米，同比增长15.41%。销售总额或营业收入500594万元，同比增长7.2%。全局居民和其他服务业营业户数量0.19万家，同比增长14.27%。年末固定资产原值84624万元，同比增长19.28%。年末营业用房面积15.23万平方米，同比增长17.00%，销售总额或营业收入143954万元，同比增长10.59%。2015年7月起，全局开展为期两个月“招商引资攻坚月”活动。招商引资落地项目22个，招商总额6.47亿元。正在洽谈的意向项目有20个。供货出口1472万美元，出口产品主要是大米、红小豆、芸豆。自营出口40万美元，主要是胜利挂面出口俄罗斯。胜利东北黑蜂企业与天猫超市合作，开通阿里巴巴等渠道推广业务。销售额达2000万元，电商销售额1300万元。七星益华米业进入北京物美、华联超市年销售1.1万吨，销售额达7000万元。酒类专卖实行备案制，备案登记988户。管理局开通了珍宝岛屿、千鸟湖、鱼展馆、现代化大农业、喀尔喀湿地游等特色旅游线路。全局6家AA级以上旅游景区，在建三江电视台制作播放《建三江旅游宣传》。在《佳木斯旅游天地》开辟建三江旅游专栏，与东北地区旅行社联合会及周边县市合作共同开发打造“东极之旅”精品旅游线路。

组织人事 开展“三严三实”教育实践活动。全局处级以上单位查摆出的问题数179个，处级以上干部查摆出问题472个。管理局党委班子及所属39个党委（党组）班子成员全部上完专题党课，听课人员1.43万人次。党委班子及所属处级以上党委第一专题学习研讨全部完成，累计参加人数0.13万人次。重点解决基层干部不作为、乱作为现象、乱作为问题0.01万件。认真调查和征求意见，出台《党委领导下的场长负责制试行办法》，确定七星、前进两个农场为试点单位。深化“党建细胞”工程。建立完善楼宇党小组0.14万个、田间党小组0.11万个，开展便民服务活动1.5万次，为职工群众解难事113件次。组织全局党员学习1.2万人次，实现了党员教育全覆盖。成立党员流动站12个，解决流动党员实际问题320件。按照党员发展标准，全年高质量新发展党员180名。党政领导班子建设。完成对24个场处级党委班子年度考核。按量化指标分类排名，为党委分析、研判、调整班子提供了依据。任免领导干部3批次61人次。加大了干部的竞争性选任工作力度。推开1个处级单位、2名副职干部的竞争性选拔。基层公推直选党支部书记2人。民主选举管理区主任2人。其他管理岗位11人。高质量完成了公务员的年度考核工作。开展“五型”班子创建活动。管理局与农垦总局党校干部管理学院签订了总额为75万元的培训合同。对基层干部进行20个专题、不少于110学时的培训，0.5万名基层干部参训。2名省管干部已通过龙江先锋网参加省委组织部的龙江发展论坛学习7次。108名公务员参加网上学习0.03万人次。抓好公检法司公务员轮训工作，组织第二批16名学员参训。加强领导班子和干部队伍建设，强化干部管理监督工作，严格规范干部动议、民主推荐和干部考察等工作。征求纪委对拟任干部意见、任前公示和干部考察责任制等。推荐考察场处级干部18人，科级15人，均未发现存在违法违纪和不廉洁行为。对15各农场机关实行“三定一审”工作，共清理出超编制人员168人，超职数配备128人。

理论宣传和精神文明建设 管理局党委理论中心组开展“第二批党的群众路线教育实践活动”和“三严三实”专题教育活动。组织领导班子成员领学、专家教授讲学等方式。全年共组织管理局党委理论中心组集体（扩大）学习15次，组织专题讲座、电视直播学习6次，每位成员记读书笔记超过2万字。以开展“百名书记讲百堂党课”、“党课大讲堂”活动为载体，各农场党委理论中心组学习平均达8至10次。组织万名党员领导干部到基层开展调查研究，撰写发表了大量理论文章、调研报告。在《北大荒日报》、《农场经济管理》等报刊和理论研讨会撰写、发表理论研讨文章39篇。2015年，全局在《北大荒日报》发稿总得分1.2万分、发表一版头条23个，名列第三。在《黑龙江日报》《黑龙江经济报》黑龙江广播电视台等省级以上媒体发表稿件0.18万篇。举办微信大赛，发布微信作品0.03万条，发布微博博文0.01万条。《建三江信息港》开设11个专标、45个专栏，刊发稿件1.9万条。全年在《人民网》、《新华网》和《东北网》等省级以上主流网络媒体发稿0.28万条。全局15个农场全部建立微信公众平台，局直单位、民营企业建立微信公众账号65个，已有5个农场开通官方微博。2015年，超额完成了宣传和树立管理局级以上各类先优模典型1至2个的任务。宣传部门共同建立储备了114人的各类先进人物典型库，向农垦总局典型库推荐典型38个。建三江管理局推荐了刘庆国、李立群和赵红为候选人。其中前进农场第十六管理区主任刘庆国被评为全省第十届“十佳公仆”。前锋农场公安分局教导员李立群同志被评垦区第八届“十佳公仆”。4月底，前进农场科技园区主任王丹在由省委宣传部、省总工会开展的“龙江最美职工”评选活动中，被评为“龙江最美职工”，是垦区唯一入选的职工。拟申报2016年度省级文明单位（标兵）11个。农垦总局级文明单位（标兵）25个。管理局级文明单位（标兵）44个。在电视新闻《建三江新闻》栏目全年播出228组0.4万条。在《三江视窗》栏目播出各类专题334期。在农垦总局电视台《北大荒新闻》栏目全年共播发头题128条。在《北大

荒新闻》栏目播发稿件总分2.4万分，名列垦区第一。管理局电视台向省电视台、央视提供新闻素材，超额完成宣传任务。在建三江人民广场举行“放歌三江，情满大荒”广场文化演出，庆祝“建党”94周年、纪念世界反法西斯战争暨抗日战争胜利70周年、“三严三实”专题教育等9场广场演出。管理局宣传部、勤得利、八五九、青龙山和创业个农场参加“2015中俄(哈尔滨)文化产业博览会”。展出了勤得利、青龙山农场的版画、鱼文化，创业农场的话剧剧照，八五九农场的书法作品等。管理局文化局、纪委联合举办了“廉政建设美术、书法、摄影展览”；建三江摄影家协会与创业农场联合举办了第三届“绿色米都杯”摄影艺术展，共有137人参加，展出作品0.2万件。建三江文联为作家协会、书法家美术家协会在文化馆解决了办公活动场所。文化市场执法检查达12次，停业整顿网吧2家、取缔无照经营书刊音像一家、收缴非法出版物书刊音像制品0.03万册(盘)烧毁处理。

人力资源和社会保障 采取自主引进、公开招聘与职工子女安置三者协调结合方式，招聘医务医技人员、护理人员、老年公寓工作人员、第一高级中学教师、第二高级中学教师、局直子弟学校教师、疾控中心工作人员、计财处住房公积金中心、文化馆工作人员、建三江热电公司运行员和彩虹工程就业援助人员等共20次。全局共引进和接收高校毕业生0.17万人，完成0.07万名专业技术人才的职称申报推荐工作。开展建筑、种养殖业等行业再就业培训125人。开展创业培训60人。完成建三江人民医院、创业农场、七星农场农业技术推广中心等三家就业见习基地信息汇报工作。新增就业人员0.44万人。

群团 管理局工会召开第五届第十七、十八次全委(扩大)会议。调整了农垦建三江工会五届委员会委员。在“三栏、两区、一站式”公开模式的基础上，拓展了公开方式，公开领导干部年薪奖金报告率达100%。推进完善职工代表大会与场(厂)务公开工作，两项制度试点工作全面推进。七星农场、前进农场被确定为农垦总局试点单位。大兴农场、前锋农场被确定为管理局试点单位。场处级职代会签约率达100%，科队级民主大会集体合同责任书签订率达98%以上，选树工资集体协商示范点25个。全局继续以地扶低、以业扶低和以岗扶低。2015年，建三江农垦双盛米业有限责任公司工会委员会被中华全国总工会授予全国模范职工之家称号(非公企业)。前进农场王丹被黑龙江省委授予“最美职工”荣誉称号。省体育局表彰2014年度百万青少年上冰雪活动先进集体7个，先进个人3个。省总工会支持建设建三江职工书屋1个。有4人参加省级“最强国学少年”海选进入决赛。评选“雏鹰争章好少年”1000人。团委与教育局联合评选表彰第四、第五届“青少年思想教育先进工作者”、“支持少先队工作好领导”和“十佳少先队辅导员”300名。全局评选管理局优秀少先大(中)队32个。推报6名少先队员为农垦总局“雏鹰争章好少年”。推荐2名少先队员为“省级雏鹰争章好少年”。管局团委组织开展“践行核心价值观，携手共中国梦”主题教育实践活动和“我为核心价值观代言”等系列活动92场，0.3万名团员青年参加。推报2个单位为“农垦总局级青年文明号单位”。选树4名“农垦总局新长征突击手”和2名“北大荒青年五四奖章”获得者。推报1个单位为“省级青年文明号单位”、“全国百强绿色农产品”1项和“全国百强绿色农产品经纪人”1人。评选表彰建三江管理局“青年五四奖章”和“新长征突击手”40人。

武装政法 年初，组织局直民兵应急分队冬季训练。投入8万元为民兵购买了冬季作训服、冬棉帽、作训棉鞋。组织民兵进行了军事理论、军事技能、战术动作、防暴科目等内容的10天集训。2015年，建三江管理局党委书记陶喜军被原沈阳军区评为党管武装好书记。人武部被农垦总局军事部评为军事训练先进单位。人武部被农垦总局军事部评为文化工作先进单位。人武部被农垦总局军事部评为安全管理先进单位。排查各类矛盾纠纷0.21万件，化解0.2万件，化解率为95.2%。政法委共接待涉法涉诉访75人次，化解息访26人次，办结省群教办交办初访案件1起，管理局党委交办4起。打击各类邪教组织和敌对势力的破坏活动，全年社会治安形势平稳，未发生有较大影响的治安和刑事案件。年内检察机关办理各类案件316起，提起公诉180件。立案侦查职务犯罪案件13件16人，挽回经济损失600万元。审判机关审执质效创建院以来新高，共受案0.27万件，审结0.25万件，综合结案率为93.7%。结案标的额4.36亿元。公安机关组织专项行动20次，侦破刑事案件363起，抓获嫌疑人0.01万人。命案4起全破。司法局推进“六五”宣传，开展“法律广场”“法律大集”活动，建立基层调委会181个，专业调委会4个，化解各类矛盾0.14万件，成功率98%。全年共采集各类人口信息58万条，推进社区“网格化管理”。投入资金6120万元用于视频监控系统建设，推进社会治安防范科技化进程。

教育 有基础教育学校19所，占地面积149.9万平方米，其中小学占地面积8.01万平方米。一贯制学校占地面积118.69万平方米。高中占地面积23.2万平方米。共有学生2.83万人，其中省示范高中1所。农垦总局示范高中1所，在校生0.5万人，拥有计算机0.06万台。九年一贯制学校15所，在校生2.32万人，拥有计算机0.27万台。各级各类学校教职工0.31万人，其中国家级模范教师1人，省模范教师1人，省级优秀教师10人。教师进修学校1所，职业技术教育中心学校1所，在籍(校)生0.08万人。全局登记在册幼儿园19所，其中公办园15所，民办幼儿园4所，全局在园幼儿0.56万人。投资1.2亿元，新建校舍、园舍9.03万平方米。管理局、八五九、胜利、七星幼儿园晋升为省级示范幼儿园。大兴、青龙山、洪河农场幼儿园晋升为农垦总局级示范园。98人次参加国家级、省级说课、讲课、评课大赛，有6人次获国家级一等奖，9人次获国家级二等奖，36人次获省级一等奖，41人次获省级二等奖。共有11名教师、4个集体分别受到国家、省、农垦总局表

彰。2015年,建三江第一中学高考创建校以来最好成绩,名列农垦总局和黑龙江省前列。3名学生进入黑龙江省前10名,其中文科包揽农垦总局三甲。张涵露以657分名列黑龙江省文科第3名,夺得农垦总局文科状元。张德峰以654分名列黑龙江省文科第5名、农垦总局文科第2名。潘星宇以650分名列黑龙江省文科第9名、农垦总局文科第3名。张家瑞以696分的考生总分名列农垦总局理科第2名,管理局承办了垦区第十三届学生田径运动会,取得了金牌总数、奖牌总数、团体总分均"第一",创历史最好成绩。前锋农场教师卢永梅被评为"国家级模范教师"。5名中小学生被农垦总局冰上速滑基地正式录取为冰上速滑运动员。

医疗卫生　有医疗卫生服务机构116个,其中三级甲等医院1个,一级医院15个,局直社区卫生服务中心1个,社区卫生服务站14个,基层管理区卫生所63个,校医室20个,个体诊所2个。管理局卫生监督所16个,疾病预防控制中心16个。开放床位0.14万张。全局各医疗机构现有卫生技术人员0.2万人。投资1458万元,全年购入设备0.12万套(件)。红卫农场投资1400万元用于新建社区卫生服务中心大楼。创业社区卫生服务站和康复大厅已经投入使用。2015年,建三江管理局各社区卫生服务中心居民纸制健康档案累计建档数为18.3万份,建档率为72%。居民电子健康档案累计建档数为18.65万份,建档率为81%。重点人群累计建立居民健康档案3.91万份。全管理局各社区卫生服务中心合计发放健康教育资料7.55万份,开展健康咨询、讲座0.04万次。现有省级示范社区1个(七星)、垦区级示范社区2个(前锋、大兴)。医院年合计收治门急诊患者56.98万人次,住院患者3.11万人次,住院患者综合满意率达98%。实现业务收28246.21万元。

民生工程　总投资8370.64万元,用于"三供两治"项目建设,已建成污水处理厂5个,即洪河、浓江、前进、胜利农场污水处理厂和局直污水处理厂。投资3500万元,在前进、胜利农场共建垃圾场2个,现已全部完工。年末,全局保障性住房建设项目结转套数套0.12万套,总面积8.55万平方米。管理局投资8148万元,建设七星农场中心敬老院、建三江管理局残疾人托养中心、建三江管理局职教中心宿舍楼工程、建三江人民医院综合服务楼改扩建工程、建三江生活垃圾处理厂工程及建三江第一中学教学楼外立面改造工程等公益性建设项目5个。投资2.1亿元,续建建三江人民医院外科大楼工程、建三江第一中学资源楼工程、建三江博物馆图书馆工程、公安局"三台合一"指挥中心工程和建三江社会保障中心附属工程等公益性建设项目5个。管理局投资615.51万元,建设局直主街道路缘石、人行道、花坛和人民广场等维修工程。完成人民广场检查井维修工程。完成城区排水检查井清掏及维修工程。完成局直西大桥排水管线改造。局直地区加大分户改造力度,共改造楼房0.09万户,面积6万平方米。帮扶贫困户总户数0.08万户,投入帮扶资金2547.7万元。

居民生活状况　居民收益状况继续保持稳步增加势头,八大类消费支出呈现不同程度的增长。年末,居民储蓄总额达1194577万元,比上年增加108611万元,同比增长10%。居民人均储蓄额达4.82万元,比上年增加0.4万元,同比增长9.08%。全局人均可支配收入达2.46万元,比上年增加0.18万元,同比增长7.30%。2015年,全局在岗职工平均工资达3.76万元,比上年增加0.21万元,同比增长6%。　(宋志强 姜艳芹)

建三江管理局基本情况及国民经济主要指标完成情况统计表

（2015 年）

指标名称	计量单位	建三江管理局	八五九农场	胜利农场	七星农场	勤得利农场	大兴农场	青龙山农场	前进农场	创业农场	红卫农场	前哨农场	前锋农场	洪河农场	二道河农场	鸭绿河农场	浓江农场
一、管理区数	个	123	9	7	6	7	12	10	12	10	8	9	8	8	5	7	5
二、总户数	户	90671	8981	5423	11893	8884	5499	5528	7490	5803	4158	4656	4963	3068	2112	2816	2754
三、总人口	人	248079	22032	14586	35464	21669	17951	13293	20826	15310	10822	12040	15756	8655	5142	6543	7448
男性人口	人	128369	11530	7429	18142	10996	10466	7091	19712	7884	5647	6167	7731	4700	2600	3513	4499
女性人口	人	119710	10502	7157	17322	10673	7485	6202	11144	7426	5175	5873	8025	3955	2542	3030	2949
少数民族人口数量	人	3151	103	353	203	443	45	307	86	86	696	184	102	128	113	113	59
四、地区生产总值	万元	2193031	193493.1	125772.3	249566.7	137602.8	123051.6	90881	186305.3	141949.9	125923.1	86980.4	158593.8	93657.4	87421.6	70076.7	102687.1
五、人均生产总值	元	88400	87823.66558	86228.09543	70371.84187	63502.14592	68548.60453	68367.56187	89458.03323	92717.113	116358.4365	72242.85714	100656.131	108211.9006	170014.7802	107101.7882	137872.0462
六、工农业总产值	万元	3000592.2	277875.9	167076.1	338061.3	201079.7	172901.2	119854	262158.9	230932.5	140479.5	117668.1	227833.1	131906.4	95898.1	124163.6	139036
七、粮食总产量	吨	6578289	724014	399265	764859	532584	439943	336037	471386	351159	363197	312293	608648	352395	253674	311314	345244
八、固定资产投资总额	万元	502779.6	33193	20982	19054	30911	20427	14677.6	37385	25970	14820	14712	32104	9790.6	6144	9532.2	6888
九、职工工资总额	万元	1848050.8	128580.5	150546	276773.4	52224	111243.1	140727.2	144592	122387	47921	26216.2	126869.1	57027.4	39067.9	50157.4	52435.1
十、职工平均工资	元	35446	29788	34091	38547	31475	32996	30928	36566	36081	21916	33645	39298	32217	28621.3	20312	33426
十一、居民人均可支配收入	元	24610	25136	23906	25112	24734	25136	24970	25776	25170	25111	24741	25098	24142	24139	25042	24600

八五九农场
八五九分公司

分公司总经理、农场党委副书记：丁兆禄，山东省日照市人，1970年12月17日出生于黑龙江省五常县，中共党员，研究生学历，高级农艺师。1992年8月参加工作，2012年6月任现职。

农场党委书记、场长、社区主任：李建军，江苏省邳县人，1965年2月出生于黑龙江省富锦县七星农场，中共党员，大学文化程度，教授级高级政工师。1983年11月参加工作，2008年8月至2015年9月任职。

农场党委书记、场长、社区主任：孙鹏，山东省掖县人，1962年3月13日出生于黑龙江省虎林县，中共党员，研究生学历，教授级高级政工师。1979年11月参加工作，2015年9月任现职。

党委副书记、工会主席：刘志友(党委副书记 2012.3—，兼任工会主席 2015.7—)

党委委员、分公司副总经理：

李军(2013.5—)

邱勇健(2010.9—)

党委委员、副场长：王庭柱(2011.3—)

党委委员、纪委书记：王勤玉(2015.7—)

分公司副总经理：

韩东来(2013.5—)

李海森(2013.5—)

分公司财务总监：

张宝贵(2011.6—)

党委委员、武装部部长：许艳平(2013.6—)

党委委员、组织部部长：滕艳莉(女)(2012.4—)

概况　八五九农场位于三江平原东北部，地跨饶河、抚远两县，行政区划属饶河县，隶属于黑龙江省农垦建三江管理局。地理坐标为北纬47°18′～47°50′，东经133°50′～134°33′。东濒乌苏里江，西以老雌山为界与胜利农场相邻，南与饶河农场毗连，北与前锋、前哨、二道河农场相接，场部距前锋火车站28公里。总控制面积13.56万公顷，其中耕地8.72万公顷。1956年9月，铁道兵8509部队受命赴虎头开荒建场，成立了虎头大队，后更名为8509农场，后迁至饶河县开荒建场，1957年1月在饶河正式成立八五九农场。农场下辖9个管理区，31个作业站，设有30个场直、企事业单位，29个驻场单位及民营企业。北大荒农业股份有限公司八五九分公司与农场在机构、业务、资产、财务、人员上五分开。2015年，实现生产总值(GDP)19.34亿元，社会消费品零售总额1.9亿元，地方公共财政预算收入0.56亿元。总户数0.89万户，人口2.2万人，人均可支配收入2.51万元。

种植业　完成播种面积8.61万公顷。其中水稻5.96万公顷，玉米1.69万公顷，大豆0.97万公顷。平均公顷单产8400公斤，粮食总产72.4万吨。水稻订单种植0.2万公顷，建立农业部高产万亩示范片0.14万公顷。完成3.33万公顷水稻"双增一百"项目，水稻公顷实现节本增效0.15万元。完成水稻旱起垄夹肥、农业标准检测尺两项专利。土地治理项目总投资3510万元，建设高标准农田0.09万公顷，改善灌溉面积0.09万公顷。完成农垦总局和公司科技试验项目16个，承担国家试验项目3项。在农垦总局和公司试验项目中，对30多个新品种进行了示范展示和鉴定筛选工作。农场承担国家级项目有两项。863计划水稻生长环境监测控制系统和国家自然科学基金委项目——国家三江平原农业活动胁迫下的区域生态环境过程与安全调控研究。

农业机械　投资1503.3万元，引进更新各类农机具465台(套)，机械总动力23.68万千瓦。利用国补资金1300万元和自筹资金203.3万元，引进100马力以下拖拉机163台，100马力以上拖拉机52台，履带式收割机145台，6行四轮乘坐式测深施肥插秧机36台，购置水田搅浆机6台，购置免耕播种机11台，进口贝松犁6台，自动导航设备6台(套)，运苗机35台，拖拉机履带5台。

畜牧渔业　完成产肉0.04万吨，蛋0.01万吨，奶0.2万吨，畜牧产值1630万元。牛存栏0.09万头，猪存栏0.3万头，鸡存栏2.9万只，鸭存栏0.5万只，鹅存栏0.7万只。共检疫出结核病、布病阳性8头，病牛全部进行捕杀，国家补偿0.24万元/头，农场补偿0.5万元/头。实现水产品总产量0.04万吨，产值500万元。自然捕捞产量0.03万吨。

林业　植树造林面积46.7公顷，补植补造20公顷，栽植樟子松2.5万株。在挠力河保护区植树26.7公顷，栽植柳树4.4万株。年底林业用地面积为1.29万公顷，活立木总蓄积量255.11万立方米，森林覆盖率达9.2%。加强挠力河国家级自然保护区的巡护、管理工作和森林草原防火管理工作，全年无森林草原防火事故发生。配合省林业监测规划院完成农场国家重点公益林监测调查工作和国家森林资源一类调查工作。

农田水利　水利建设投资13792万元。排水干沟清淤8.11万立方米，斗沟清淤157.9万立方米。新建排水支沟8条，土方262.64万立方米。灌渠新建干渠1条，土方30.25万立方米。新建支渠6条，土方160.61万立方米。新建斗渠417条，土方157.1万立方米。其他各类建筑物807座。

工业　投资192万元，完成仓储罩棚改造2万平方米。协调支持工业园区内2家稻米加工企业与种植户签订水稻订单种植合同面积0.21万公顷，企业高于市场价100元/吨回收水稻1.5万吨。全年完成水稻加工9万吨，实现工业总产值4.3亿元，增加值1.15亿元，完成招商引资3500万元。国创热电厂与国电实现并网发电，为场区居民提供供热面积70万平方米。完成产值4300万元，利润960万元。

小城镇建设　农场小城镇建设围绕改善居住条件完善基础设施为中心，主要实施危房改造、道路硬化、场区绿化、公共基础设施维修等项目。投资1260万元，完成危房改造面积0.57万平方米，占地面积0.32万平方米。场直住宅小区地面硬化0.48万平方米，道路改造工程0.37万平方米，新建水泥路0.35万平方米，修建步行街0.16万平方米。农场各小区有物业公司进行管理，社区管理服务站对物业公司进行监管。城区环境卫生和市容市貌管理及垃圾清运和无害化处理工作，实行保洁人员包段、社区各居民委包片，社区领导包区的办法加强管理。加强市容市貌管理，城管队和各居民委齐抓共管，清理营区乱停乱放、店外经营、占道经营等行为。加大对场区新增绿化的管理，成立专门绿化队，对场区新增绿化17万平方米，绿篱5000延长米进行养护。

旅游业　农场场内旅游景点有鳌花岛原生态旅游度假村、乌苏里江灌区、斯摩勒山瞭望观光塔和世纪公园4处。鳌花岛原生态旅游度假村——被国家旅游局评为全国乡村旅游模范户，是国家AA级旅游景区。度假村的“一园”橡树园占地面积27公顷，是依托乌苏里江畔鳌花岛自然景观建设的自然生态景观。乌苏里江灌区位于乌苏里江下游左岸，灌区渠首距乌苏里江主航道2.4公里。斯摩勒山瞭望观光塔位于八五九农场场部南三公里，斯摩勒山主峰上，为七层级铁骨架砖混观光瞭望塔，塔高36米。世纪公园位于场部南侧，占地面积30万平方米。园内有健身区、景观区、游乐区、垂钓区。

绿色有机认证　完成绿色食品原料标准化生产基地5.33万公顷，无公害农产品产地8.4万公顷，有机认证基地0.31万公顷，质量环境双体系外部审核顺利通过。完成质量追溯4.6万吨大米加工信息录入，实现“绿色”大米质量安全可追溯。对可追溯大米农产品商品条码证续展，并在原有追溯标签上增加了二维码。

民生工程　投资699.8万元用于民生工程建设。商城外墙面改造投资13.5万元，商城换门96平方米投资10万元，体育馆换门64平方米投资12.8万元，投资10万元修补明珠家园小区保温板0.1万平方米，医院楼维修40万元，投资168.5万元改造商城消防设施设备1套，投资67万元对幼儿园消防设施改造，明珠家园小区修建0.2万平方米停车场，投资68万元在学校安装监控探头和校园网建设，投资65万元购置12吨消防车1台。

文化　农场在各级新闻媒体对外上稿4800条，农场网站发表新闻0.11万条。与饶河县联合开展区域文化交流专场文艺演出活动。征集文物0.06万件，大板山城址被批准为第六批省级文物保护单位。　　　　（金　琦）

胜利农场

场长、党委副书记：童良军，山东省日照市人，出生于1966年3月，中共党员，本科学历，高级农艺师。1988年8月参加工作，2014年2月任现职。

党委书记、社区主任：刘博，吉林省伊通县人，出生于1965年8月，中共党员，本科学历，高级政工师。1983年10月参加工作，2013年11月任现职。

党委副书记：王春红（女）（2013.12—）

工会主席：
刘登顺（2012.4—2015.7）
王春红（女）（2015.7—）

党委委员、副场长：
韩向忠（2011.3—）
姜云涛（2008.12—）
卢百谦（2011.03—）

党委委员、纪委书记：
刘登顺（2015.07—）

副场长：张华信（2013.5—）
曲洪义（2013.12—）

党委委员、武装部部长：王树军（2010.03—）

党委委员、组织部部长：赵广成（2012.05—）

概况　胜利农场位于黑龙江省东北部，饶河县境内。地理坐标为北纬47°13′～47°32′，东经133°34′～134°9′。东以老迟山、喀尔喀山主峰与八五九农场毗邻，南以挠力河与小佳河镇、饶河农场隔河相望，西以洪十九排干、挠一干与红卫农场相连，北以别拉洪河与洪河农场、前锋农场接壤。方圆922平方公里，其中耕地面积4.62万公顷，草原面积0.47万公顷，林地面积2.2万公顷。

农场人口1.46万人。基层行政单位28个，其中农业管理区7个，工副业单位21个。2015年，农场实现年国内生产总值12.58亿元，企业利润3416万元，人均可支配收入2.39万元。

种植业　以提高粮食产能、稳定粮食产量、提升粮食品质、增加种粮效益为核心，由重产量向重产能、由重数量向重质量转变。扩大水稻、玉米优质品种、小品种和绿色有机产品种植面积，种植水稻3.2万公顷，玉米0.93万公顷，大豆及经济作物0.4万公顷。其中水稻公顷产量8700公斤，效益达7500元以上。水稻种植品种主要以龙粳31、39、43为主。玉米公顷产量10500公斤，效益达0.45万元。大豆公顷产量2625公斤，玉米高产核心攻关区公顷产量16500公斤。根据春季遭遇低温冷害的实际困难，全场树立抗灾抢播意识，农场领导和管理区负责人、包区科室强化责任，分工落实，坚持抢农时、增科技、上标准、严管理，有效克服了前期升温慢、秧苗返青迟缓、局部药害、阶段性低温等不利因素，确保了水田插秧和大田播种全部都在高产期完成。全年实现粮豆总产40万吨，农业增加值7.9亿元。

农业技术推广　全面积推广应用浸种催芽技术、玉米催芽后机械精播技术、玉米秸秆还田技术、测土配方施肥、集中棚区秧田智能化管理技术、玉米全程机械化栽培技术等水田18项新技术和旱田生产10项新技术，实现水稻统供芽种100%，精密播种100%，同时继续做好水稻测深施肥、适口性试验示范等科技推广工作，促进农业均衡增产增效。全场共组织生产培训23次，培训人数达0.2万人。全年分春播、夏管、秋收三个阶段开展农业生产劳动竞赛，设立“垦丰种业”科技奖励基金10万元，对每个生产阶段表现突出、示范带动作用强的农户进行表彰奖励，极大地鼓舞了广大种植户的种田积极性，对农业新技术应用及生产标准带动落实方面起到示范引领作用。

水稻育秧大棚二次利用　农场探索水稻育秧大棚二次利用新方式，充分利用集中棚区土地资源，综合利用育秧大棚共0.07万栋，其中食用菌黑木耳种植2栋、1.6万袋，销售平均价格

70元/公斤，大豆种植94栋，芸豆种植553栋，经核算豆类平均公顷效益0.24万元，取得了良好经济效益。

农业机械　购置农机具总投资4393.95万元，购进各类机具1276台件，其中大中型拖拉机173台，水田收割机88台，18行播种机3台，水田搅浆整地机106台，电动播种覆土机271台，水田犁110台，水田撒肥机13台，高性能插秧机21台，普通乘坐式插秧机124台，搅浆机34台，运苗机30台，抛撒器320台，激光平地器2台，导航固定基站14套。共使用国补资金1052.42万元，农场配套补贴资金120.26万元。

畜牧业　以发展“两牛一猪一禽”为重点，转变增长方式，加快畜牧小区建设管理，发展质量效益型畜牧业。生猪存栏0.2万头，出栏0.52万头；肉牛存栏0.04万头，出栏0.01万头；羊存栏0.26万只，出栏0.08万只；禽存栏0.7万只，出栏1.6万只；肉产量455吨，禽蛋产量48.5吨。重大动物疫病强制免疫密度达100%，常规免疫达95%，现有养殖小区两个，12站生猪养殖小区，20站肉牛养殖小区。河蟹养殖池塘6.67公顷，投放蟹苗0.06万公斤。养殖林下生态猪0.04万头，跑山鸡1.13万只，养殖溜达鹅3万只，创收24万元。

林业　完成造林总面积33.33公顷，其中新造护路林11.33公顷，补植22公顷，完成分局计划100%。协助省林业监察设计院完成1.87万公顷国家级森林资源一类调查任务，农场成立退耕还湿工作领导小组，制定并下发了《胜利农场退耕还湿工作方案》和《保护区退耕还湿实施意见》，对保护区内的现有耕地，明确面积和边界，登记造册，建立档案，顺利启动实施了挠力河自然保护区退耕还湿工作。投资20万元，建设33站湿地看护房0.01万平方米及场地，建设完工并通过验收。

农田水利　农场基本建设全口径投资9521.5万元，其中国投8363.99万元，农场自筹1157.51万元，工程施工费8336.09万元，总土方278.2万立方米，涵洞建筑物838座，桥梁2座，喷灌面积0.01万公顷，砂石路142.3公里。完成国家农发水土保持项目2个，国家农业综合开发项目2个，节水增粮项目2个，国家投资人畜饮水工程1项。投资500万元，完成北大湾涝区配套治理工程。投资362.5万元，完成国家投资(水利部分)千亿斤项目。投资1240.4万元建设洪阳小区高标准农田项目，投资1625.9万元建设第五管理区高标准农田项目，投资312.1万元完成农业综合开发水土保持项目，投资481.1万元建设小型农田水利项目。

工业　实现工业总产值3.2亿元，工业增加值9030万元。有各类工业企业23家，大型谷物烘干设备23座，年收储加工能力35万吨。建立和完善“龙头+合作社+农户”的产业化发展模式，以长乐、茂泰、龙旺、好山河等6家农业专业合作社为主体，与农户联合建立原材料采购供应基地，开展订单、特色种植。胜利粮油食品公司“长乐牌”挂面被评为中国驰名商标。北大荒牌东北黑蜂系列产品通过国家食品药品监管总局保健食品注册，在京东、淘宝等各大电子商城签约销售，电子商务产品销售额达1200万元。

小城镇建设　8月初，农场投资4800万元的艺体馆工程开工建设，至11月初完成基础部分。美丽乡村建设中，投资109万元建设三个广场。投资39万元，完成垦区边境农场建设项目。投资1613万元，建设垃圾处理工程。投资48万元，建设公安分局院内白色路面。投资120万元，铺设供热管道管网至49号楼225米、平房区管道0.88万米。栽植乔木0.76万株，小果树0.6万株，花灌木30万株，多年生花卉12.7万株，一年生花卉16万株，新种植草坪20万平方米，补种三叶草0.2万平方米。

旅游　投资80万元，完成翠屏湖水上公园休闲长廊修缮工作；通过招商引资，完成喀尔喀度假村的对外承包经营，喀尔喀山旅游风景区配套建设景区简介牌1块、景区座椅20个、垃圾箱20个及景区标志牌等。在《佳木斯旅游天地》杂志上利用专版内容，刊登农场主要景点基本情况及图片，宣传农场特色旅游资源和景区景点。先后与吉林市国旅、哈国旅就喀尔喀旅游区旅游线路进行协商对接。

(李乐勤)

七星农场
七星分公司

分公司总经理、党委副书记：迟立军，1962年2月出生，辽宁省本溪市，中共党员，本科学历，农业技术推广研究员。1983年10月参加工作，2012年7月任现职。

党委书记、场长、社区主任：孙鹏，山东省掖县，1962年3月13日出生于黑龙江省虎林，中共党员，研究生学历，教授级高级政工师。1979年11月参加工作，2009年8月至2015年9月任现职。

党委书记、场长、社区主任：王伟，1964年9月出生，黑龙江省绥化市，中共党员，研究生学历，教授级高级政工师。1982年12月参加工作，2015年9月任现职。

党委副书记、纪委书记：安宏艳(女)(2013.11—2015.7)

党委副书记、工会主席：安宏艳(女)(2015.7—)

党委委员、副总经理：

宋德利(2008.8—)

谭景光(2009.12—)

副总经理：于小利(2009.12—)

党委委员、副总经理：于小利(2015.11—)

副总经理：孟昭生(2010.9—)

财务总监：唐吉龙(2011.6—)

副场长：刘成(2010.1—)

党委委员、工会主席：季龙江(2012.3—2015.7)

党委委员、纪委书记：季龙江(2015.7—)

党委委员、武装部部长：刘丛江(2010.10—)

党委委员、组织部部长：刁顺坡(2015.11—)

概况　七星农场、北大荒股份七星分公司位于三江平原腹地，地处北纬47°04′~47°30′和东经132°30′~

133°04′之间,与富锦市、同江市毗邻,西北部与富锦市向阳川镇和二龙山镇相连,北抵莲花河和青龙河,东与别拉洪河二排干及创业农场接壤,南以七星河与大兴农场为界。地处农垦建三江管理局所在地,省道306公路、建虎高速公路、建抚高速、福前铁路从七星贯穿,场区距离富锦和同江国家一类口岸56公里。

农场总人口3.55万人,其中小城镇人口3.43万人,城镇化率96.5%,从业人员1.77万人,土地总面积12.09万公顷。有耕地8.22万公顷,林地面积1.43万公顷,水域面积3.11万公顷。2015年,实现国内生产总值24.96亿元,人均收入2.512万元,非公有经济增加值6.385亿元,社会消费品零售总额41408万元。

种植业　农场总播面积8.22万公顷,粮食总产量76.47万吨,粮食品质显著提高,其中水稻平均产量同比提高10.6%,大豆平均产量同比提高2.6%,玉米平均产量同比提高10%,水稻一、二等(国标)品率达80%以上。水稻种植面积6.71万公顷,玉米种植面积1.2万公顷、大豆种植面积2.67万公顷。通过开展标准化提档升级活动,粮食生产能力得到全面提升,粮豆总产、单产不断提高,实现了全年粮食总产76.49万吨。在农业生产中,农场、分公司调整高产高效水稻和玉米种植面积,优化品种布局,优质品种覆盖率达100%,无越区、越期种植现象。农场被评为全国农业标准化生产标兵场、全国测土配方施肥先进单位、全国粮食生产先进县(农场)标兵和农业标准化提升活动标兵单位等称号。

农业综合开发　投资1500万元,新增千亿斤粮食生产能力规划田间工程项目。建设水泥晒场工程3万平方米,晒场配套工程四项,种子库房工程0.05万平方米,渠道清淤工程59.20公里,圆涵工程20座,方涵工程5座,大棚基地配套2处,机耕路工程20公里,输电线路15公里。高标准基本农田建设项目投资1410万元,建设高压输电线路13公里,开挖疏浚沟道60条,渠道衬砌0.50公里,新建建筑物26座,水田土地平整0.01万公顷,建水泥晒场2万平方米及晒场配套,机耕路9.96公里,建设水泥路2.07公里。

农业科技园区　现代农业试验示范中心共引进种植各类作物品种128个,其中水稻83个,玉米2个,大豆13个,高粱1个,谷子4个,特色瓜类、蔬菜品种25个;2015年园区高标准落实农业科研试验示范项目50项,其中国家级项目5项,总局项目5项,总公司科研项目7项,管局项目7项,分公司项目26项。现代农业分析测试中心化验室面积500平方米,分析仪器80多台件,主要以土壤化验、肥料质量检测和植物营养诊断为服务项目,承担着全场土壤、植株、肥料以及其他相关的检测工作。全年共化验土壤样品0.11万个,植株样品400个和稻米样品140个,检测指标多达32项,检测项次共计9400项次。园区全年接待771次,共计0.97万人。出售门票0.22万张。

农业机械　有农机专业服务组织31个,其中农机管理人员49人,各类农机驾驶操作人员0.38万人,农机从业人员0.37万人。农机总动力25.54万千瓦,农机具总量38399台件,农机新度系数0.8,农业生产综合机械化率达99.4%,劳动生产率居国内领先水平。全年农机具更新投入资金达3300万元,新增农机具0.11万台件,新增农机动力1.58万千瓦。其中农垦总局补贴952.6万元,个人筹资2347.4万元。90~160马力收割机22台。40~140马力水田轮式拖拉机190台。2015年,农场农机基础建设总投资108万元,其中装修北大荒精准农机中心路面硬化0.63公顷。农具场内绿化0.2公顷;粉刷围栏0.1万延长米;粉刷库房0.2千公顷;农具喷漆0.22万台(件)。

畜牧业渔业　农场生猪存栏2.53万头、肉牛0.06万头、羊0.68万只、禽14.2万只。出栏肉牛0.04万头、生猪4.1万头、羊0.26万只、禽3.5万只、羊绒0.13万公斤、禽蛋0.06万吨,年创产值10989万元。水产以鲢鱼、鲫鱼、鲤鱼养殖为主,在七星渔场垂钓、餐饮、休闲观光高效益引领下,已开发多家垂钓商户。

林业　农场森林总面积0.99万公顷,立木总蓄积98.3万立方米。其中天然林面积0.26万公顷,立木蓄积为25.9万立方米。人工林面积0.53万公顷,立木蓄积为69.81万立方米。一般生态林面积0.34万公顷,蓄积34.67万立方米。商品林面积0.65万公顷,蓄积63.62万立方米,苗圃育苗面积10.67公顷。

农田水利　完成干沟29条246.55公里,支沟222条519.19公里,斗农沟2293条2500.46公里,桥35座296延长米,完成涵洞890座,强排站5座,机电井2131眼。小水工程总投资为653.0万元,完成涵洞20座,钢制涵闸30座,完成土方76.34万立方米。节水增粮项目总投资1000万元,完成干沟一条,晒水池硬化8座,圆涵28座,渠道硬化20.69公里。

工业　实现工业总产值7.12亿元,同比增长0.03%。工业增加值1.28亿元,同比增长0.35%,实现利润3118万元,同比增长0.16%,企业平均达产率60.76%。完成固定资产投资额3100万元。两大园区共引进企业9家,其中投资超过1000万元的企业有7家。根据企业生产经营需要,多家米业公司自愿形成资产产权组合共同成立黑龙江省建三江农垦益华粮油集团有限公司,集团年生产加工能力43.9万吨。全年对日本、韩国共出口大米0.7万吨,创汇490万美元。

小城镇建设　城镇建设总投资14229万元。七星农场第二幼儿园计划投资2980万元,前期工作规划、土地、项目报建,招投标施工许可等手续已经办理完毕。第二中小学危房改造维修工程计划投资350万元,11月20日开工。整体搬迁(危房改造)五营二期建设项目计划土建投资8750万元,前期规划手续办理完毕。综合市场服务中心消防改造建设项目,计划投资432万元,8月1日开工建设。七星农场中心敬老院及建三江管理局残疾人托养中心项目,计划投资1717万元,8月10日开工,12月30日竣工。

旅游业　有多家旅行社相继组团至七星旅游名镇参观、考察。接待来自上海、北京、南京等13个省市的480名北大荒知青专列。农业技术推广中心、农机中心、寒地水稻3个景区共计接待1万多人次,对游客售票0.32万张,相比上年同期增长了93%;经济收入7.03万元,同比增长了73%。

民生工程　七星第一中学新校舍工程,3年时间完成一期基础建设,2015年10月,启动二期塑胶跑道工程建设,对一中供暖设施投资进行改造。成立"助奖学基金会",资助贫困学生61名,奖励学生166名,奖助学金额共计4.05万元,受到生活补助的学生531名。建立居民健康档案1.44万份,0~6岁儿童免疫规划预防接种数达0.23万人次,60周岁以上老人办理敬老优待证0.04万人,"慈善爱心一日捐活动"向社会捐款27.43万元。

文化　农场开设"魅力七星"微信平台,发新闻稿件0.15万篇,在农垦总局级以上新闻媒体发表要闻46篇。向农垦总局典型库提供典型10人,向管理局典型库提供典型15人,七星第二中学教师庞弓立被农垦总局评为首届"垦区道德模范"。申报省级"十星级文明户"1户。管理局级"十星级文明户"2户。申报农垦总局级"文明单位"2个。管理局级"文明单位"2个。广播电视节目有18件作品在管理局、农垦总局和省级节目评比中获奖。农场举办了首届羽毛球赛,首届"七星文艺人"广场才艺展示大赛,"纪念抗战胜利70周年"首届环城赛等。农场组织参加管理局、北大荒股份公司举办秧歌表演、职工乒乓球赛、钓鱼比赛和足球赛等文体活动。　(李　强)

勤得利农场
勤得利分公司

总经理、党委副书记:邢卫国,山东省平度县人,1970年5月出生,中共党员,研究生学历,政工师。1991年10月参加工作,2013年12月任现职。

党委书记、场长、社区主任:徐子君,山东省日照县人,1967年10月出生,中共党员,研究生学历,高级审计师、高级政工师。1987年7月参加工作,2013年11月任现职。

党委副书记、纪委书记、工会主席:郭军(2012.8—2015.7)

党委副书记、工会主席:郭军(2015.7—)

党委副书记、纪委书记:王树波(2015.7—)

副场长:

郑建平(2011.3—)

王树波(2013.6—2015.7)

李明(2013.6—)

副总经理:周保(2005.10—)

王本良(2013.5—)

孙成尧(2013.5—)

熊亚文(2014.5—)

党委委员、武装部部长:

崔洪滨(2010.3.8—)

财务总监:高海英(2011.7—)

党委委员、组织部部长:王丹(2012.3.27—)

概况　勤得利农场、勤得利农业分公司位于同江市境内,地理坐标介于北纬47°47′~48°13′,东经132°53′~133°55′之间。东与同江市临江乡、鸭绿河农场接壤,南和浓江农场为邻,西与青龙山农场、同江市街津口乡交界,北靠黑龙江与俄罗斯隔江相望。东西长64公里,南北宽40公里。场部南距前进火车站52公里,东距抚远县90公里,西距同江市65公里。农场属于三江冲积平原,东北部地形开阔平坦。从整个地势看,西北山岗地高,东南部低缓平坦,平原多由西北趋向东南。境内黑龙江南岸一侧由西至东依次有额图山,海拔626.6米,是本地区最高的山脉。五星山海拔480米,勤得利山海拔188.6米。境内江河泡泽密布,纵横交错,较大河流有6条,黑龙江伴境而过,境内全长82公里。农场地处中高纬度,属寒湿带大陆性气候。因受西伯利亚寒流影响,冬长严寒,夏短炎热多雨,日照充足。春季风大雨少,气候干燥,天气多变。秋季凉爽,昼夜温差大,秋霜较早。年日照时数平均为2381.8小时。年平均气温在2.1℃,无霜期136.5天,降水量631.5毫米。农场交通便利,西过同江市与"同三"公路相通,东连抚远县城,南通前进火车站并与"二抚"公路相连,背靠黑龙江江海联运黄金水道。水运航线沿黑龙江水域上至黑河,下至俄罗斯的哈巴罗斯克。沿松花江水域经佳木斯至哈尔滨,可上至吉林省。

农场土地总面积12.47万公顷,总人口2.17万人,下辖7个管理区、13个工副业单位、6个居民委,以种植水稻和玉米为主。2015年,实现地区生产总值13.7亿元,居民人均可支配收入2.47万元。

种植业　完成农作物播种面积3.6万公顷,实现粮食总产53.2万吨,平均公顷产量8493公斤。农业基础设施持续增强,农场综合投资1.6亿元,实施土地整理、农业综合开发、千亿斤粮食产能、水利清淤扩建等工程。沟道清淤700公里,修缮田间路173公里,新建方涵490座。高标准改造育秧基地大棚0.27万栋,新引进育秧大棚微喷供水设备315套。标准化大棚基地砂石化建设11处,飞机场场地硬化0.38万平方米,新建水泥晒场13万平方米。改建农机具停放场4.3万平方米,新建农机及农资库房0.5万平方米,农机场水泥停放条0.5万平方米。全作物航化及地面作业3遍以上,水田翻后旋达100%,黑色越冬实现100%。旱田秋起垄0.19万公顷,秋施肥0.05万公顷。落实有机水稻面积0.27万公顷,水稻农产品质量可追溯面积0.4万公顷。建立农产品进出口安全示范区0.13万公顷,无公害、绿色农产品基地认证100%。"互联网+有机水稻"模式种植有机水稻13.33公顷,成功经验在农垦总局推广。

农技推广　落实全国基层农技推广体系改革与建设示范县建设项目,建立科技示范户0.04万户,其中水稻0.03万户,玉米30户,辐射种植户0.18万户。推广应用水稻标准化芽种0.28万吨,出芽率与壮苗率分别在93%以上,推广玉米良种德美亚1号0.01万吨,统供高质量肥料1.7万吨,测土配方玉米专用肥0.19万吨,落实农业部高产创建项目3处。落实水稻侧深施肥、水田节水灌溉、水稻旱直播、水稻适口性等试验示范项目37项,旱田"四精两管"、GPS导航、测土配方施肥等技术应用100%。

农机装备投入资金369.6万元,更

新农机具0.18万台(套),新增动力1.6万千瓦,机械总动力达22万千瓦。有大中型拖拉机0.22万台,配套农具0.3万台(套)。其中联合收获机0.09万台,机动割晒机38台,水田弥雾机0.15万台,农用水泵0.2万台,电机井0.07万眼,柴油机井0.13万座,大田播种机26台。各类插秧机0.22万台,其中高速插秧机0.04万台。投入资金393.45万元,建设水泥停放区1.96万平方米。在第六管理区新建农机管理服务中心1处。

科技园区　园区共承担试验示范课题35项,其中国家课题2项,农垦总局试验课题2项,管理局、北大荒农业股份公司及农场自立课题31项。园区承担试验示范新品种品系0.01万个,其中水稻品种品系71个,玉米品种品系36个,总局大豆区域生产试验品种品系11个。与江苏省常州市溪水原生态食品有限公司合作开展"互联网+有机水稻"种植13.33公顷,创效益118万元。

畜牧业渔业　农场实现畜牧业总产值2.6亿元,同比增长1.02%。全年禽蛋产量0.03万吨,肉类总产0.13万吨。生猪规模养殖户77户,生猪出栏2.15万头,存栏1.2万头。有能繁母猪0.09万头。羊饲养量0.2万只,其中绵羊0.13万只,绒山羊0.07万只。肉牛饲养量0.01万头,家禽存栏1.72万只。年鲜鱼捕捞总产0.03万吨,实现渔业产值3582万元,效益450万元。宝鲟渔业的鲟鱼网箱养殖后备亲鱼191尾,3069公斤。农场在勤得利湾和额图湾自然水面无公害养鱼面积0.1万公顷。

林业　投入649万元用于绿化造林。完成同抚公路两侧绿化带树木补植任务,栽植云杉、水曲柳、银中杨、山桃、紫丁香、榆叶梅、红瑞木和樟子松1.04万株,成活率90%以上。林业部门人员对全场适宜造林地块进行多次踏查,共规划造林地块7块面积18.67公顷。

工业　实现工业生产总值3.2亿元,增加值0.8亿元。代储水稻3.04万吨。销售玉米0.5万吨。销售水稻1.4万吨。发挥龙头企业带动作用,龙宇、东峰、东海等收储企业扩容5.7万平方米。在秋粮销售市场低迷的情况下,农场协调众成工贸、东峰、龙昌等收储企业,以微利大量收储本场玉米、水稻16万吨,解决种植户卖粮难问题。

小城镇建设　按照净化、硬化、绿化和美化"四化"建设目标,农场投入19.89万元购置自卸式垃圾车3辆,提高环卫工作效率。农场投入427万元,为润泓小区实施排水、给水、采暖管线、硬化道路工程。农场投入274万元,建设农村饮水安全工程。环境建设共投入人力1.53万人次,车辆0.42万台次,清理垃圾0.89万吨,挖沟清沟1.25万延长米,清理林带内杂物165处。危房改造(润泓小区)工程新建8栋住宅楼,建筑面积1.2万平方米。对8栋住宅楼进行供热分户改造,为场部和第二管理区安装路灯272盏。场区人行道路铺砖6300平方米,对三八水库坝坡工程进行修复,新建润泽小区广场和排球场。

旅游　依托大界江、大湿地、大生态、大农业和毗邻黑瞎子岛旅游线路地理位置的优势,打造勤得利特色旅游品牌。北大荒鱼展馆是黑龙江省最大鱼展馆,农场投入6000万元,建设展厅面积0.11万平方米。馆内共有剥制标本80件,31种鱼类。浸制标本88件,39种鱼类,共168件标本。鱼展馆展厅内共分为四个专题陈列展示区,赫哲文化鱼皮衣鱼皮画展示区,活体(纯种史氏鲟)展示区,兀惹文化(辽代古城遗址文物)展示区,鱼标本展示区涵盖了史氏鲟、达氏鳇及"三花五罗十八子"在内所有黑龙江流域的珍稀鱼类。北大荒鱼展馆充分展示了黑龙江流域浓郁的鱼文化,吸引了全国各地的游客纷至沓来观赏。借助额图风景区水泥路建成的便利条件,每年吸引钓鱼爱好者和摄影爱好者0.2万人前往休闲娱乐旅游观光。农场参加"第十届中国东北部旅游交易大会",与四家旅行社达成合作协议。年接待省内外游客1万人。　(刘　江)

大兴农场

场长、党委副书记:高明涛,山东省乳山市人,出生于1964年2月,中共党员,本科学历,高级政工师。1982年11月参加工作,2012年6月任现职。

党委书记、社区主任:袁昌盛,山东省平度县人,出生于1970年3月,中共党员,研究生学历,高级政工师。1990年7月参加工作,2013年11月任现职。

党委副书记、纪委书记、工会主席:刘斌(2012.5—2015.6)

党委委员、副场长:

郑旭斌(2011.4—2015.6)

张才民(2010.3—)

党委副书记、工会主席:刘斌(2015.7—)

党委副书记、纪委书记:郑旭斌(2015.7—)

副场长:

郝建东(2013.6—)

魏玉光(2009.1—)

党委委员、宣传部部长:司晓敏(女)(2011.11—)

概况　大兴农场位于黑龙江省富锦市境内东南98公里处,建三江管理局南45公里处,地理位置为北纬46°49′~47°13′,东经132°45′~133°18′。东南以挠力河为界,与饶河县的西丰镇、红旗岭农场为邻,西与富锦市宏胜镇接壤,北与七星河为界,与七星农场相望。农场东西、南北各长30公里,区域地势地平,海拔高度52~59米,坡度在1/2000~1/1000,中部地区岗洼相间,平均海拔为56.5米,黑土层厚度为18~25厘米,土壤通透性较好,适应种植各种农作物。土壤有机含量高,土地肥沃,水资源丰富。农场属于寒温带季风大陆气候,四季明显,夏昼长夜短,冬夜长昼短,冬夏温差大,年平均气温4.3℃,年最高气温32.9℃,年无霜期143天,有效积温2720.9℃,年降水量469.3毫米。

农场控制面积8万公顷,耕地5.06万公顷。总户数0.55万户,人口1.8万人。下设12个农业管理区,14

个企事业单位。2015年,实现国民生产总值123051.6万元,社会消费品零售总额7413万元,第一、二、三产业增加值分别为98921.1万元、6087万元、18043.5万元,固定资产投资20427万元,职工人均收入25136元。

种植业　农场水稻种植面积3.93万公顷,玉米0.63万公顷,大豆0.38万公顷。水稻平均公顷产量9300公斤,玉米平均公顷产量10215公斤,大豆平均公顷产量2550公斤,粮食总产43.9 9万吨。水稻玉米种植面积同比上年增加6.3%和7%,大豆同比减少63%。粮食公顷产量水稻、大豆同比增产7.6%,玉米增产2.9%,大豆公顷产量同比减产8.4%。在品种布局上,选择抗逆性、抗病性、抗倒伏性能强和粮食品质优、熟期安全的品种作为主推品种,水稻空育131、龙粳26、龙粳31、龙粳36、龙粳39、垦鉴稻6、垦稻23等为主栽品种。玉米主栽品种以德美亚1号为主,大豆以垦丰16为主栽品种。生产种植不同规模,面积20公顷以下种植2个品种,面积20公顷以上种植2~3个品种。在种子管理上,对农户所购的种子按照"问来源,看发票,查品种,验质量"的检查程序逐一登记造册,仔细查看农户所购买的品种和购货凭证,检查种子标签内容是否真实、合法,品种是否审定,是否适合区域种植,价格是否合理等。在创新科技上,购进15台水稻测深施肥插秧机,每个管理区配备1台,示范推广面积394公顷,技术部门全程技术现场指导,管理区技术人员全程跟踪服务。在改善水稻适口性试验推广示范中,进行小区栽培措施配套试验与大区生产对比试验。小区试验落实在农场科技园区。大区试验在四个管理区设立4个示范点,分别为农场二区、四区、七区、九区,选用垦稻26、三江6号、龙庆稻3号、垦稻12、垦香稻08~169、保育1号、空育163七个品种,示范面积20公顷。试验过程中,由农业科与科技园区全程技术指导,跟踪服务,对承担水稻适口性示范户进行培训。

农业机械　有机械3.3万台(套),农机总动力18.8万千瓦,综合机械化程度达98.5%。利用国家及农场补贴资金950万元,个人自筹资金3400万元,全年更新80~130马力轮式拖拉机172台,水稻收割机81台,秸秆还田机115台,高效能插秧机29台(其中侧深施肥带平地装置插秧机2台),搅浆平地机86台。

畜牧业　牛存栏0.01万头,羊存栏0.32万只,猪存栏0.58万头,禽存栏2.15万只,肉产量0.14万吨,蛋产量0.01万吨,畜牧业总产值3997万元。成立四个免疫小组,对畜禽进行统一免疫。畜牧公司派出40多次,秋季深入养殖户家中帮助储备饲草饲料。全年对20个养殖户进行专业技术培训,提高饲养水平和防病能力,联合开展三次兽药和残留整治自查工作,与养殖户签订畜牧产品质量安全保证承诺书18份。两名专职人员,负责全场生猪屠宰检疫,保证肉食品安全。

林业　绿化总投入资金99.1万元,完成造林面积11.8公顷,植树25万株,造林成活率达93%。绿色通道补植柳树2公顷,株数0.48万株。农田防护林植柳树6.7公顷,株数0.16万株。绿色城堡植金叶榆、丁香、核桃楸等10种品种,株数24.46万株,面积3.1公顷。清除林带杂物26处,平整林地土堆30处,清理林带机具60台套,拆除林带建筑物16处。各单位参加义务植树1230人,植树15万株。由9人组成的机械锄草队,负责进行树木除草作业。全年对100公里沿线树带杂物全面清理2次,与40名挖掘机签订护林协议,处罚林地取土事件10起。

农田水利　有农田水利干渠47条,支渠438条,斗渠2842条,长度分别为211.21公里、1007.85公里、2780.3公里。桥29座,涵洞1885个,闸202个,机电井1670个。排灌渠站3个,分别为兴岛湖排水站、南涝区排水站和北涝区排水站。新增水利设施涵洞46座,涵闸2座。投入维护资金19.5万元,确保设备正常运行。其中投资13万元,新购4台(套)泵车,投资2.1万元对北站两台临时泵进行维修,投入4.4万元对北站两台水泵叶轮进行更新。

工业　实现工业总产值14100万元,实现增加值3110万元,利润564万元。稻米加工业产值8275万元,实现增加值1665万元。修理业产值3015万元,增加值735万元。供暖供热产值2810万元,增加值702万元。投资800万元,建平板仓2个,增加仓储能力4.5万吨。投资300万元完成地坪建设,投资450万元新项目加工能力260吨稻米加工生产线一套。有工业企业户9户,比上年增加5户。引进稻米加工企业2家,农场职工自办工业企业3家。

小城镇建设　投资658万元,完成场部至第四管理区2926米道路改造。投资211万元,对励兴街南环路改造。投资1654万元,完成自来水厂建设及6.5公里的给水管道建设。在场部老区铺设砂石路1.67万平方米,清理沟渠12.8公里,架设桥涵119个。清除场区积雪2.48万立方米,清理店外营业137家。投资197万元的职工室外运动场已开工建设,金地小区职工活动场地投资125万元,已竣工并交付使用。　(张德金)

青龙山农场
青龙山分公司

分公司总经理、党委副书记:何安全,四川省蓬溪县人,出生于1963年10月,中共党员,本科学历,高级农艺师。1979年12月参加工作,2014年4月任现职。

党委书记、场长、社区主任:魏文华,河北省正定县人,出生于1963年2月,中共党员,研究生学历,高级农艺师。1979年7月参加工作,2009年10月任现职。

党委副书记:张碧岩(2010.3—)

工会主席:张碧岩(2015.7—)

党委委员、副场长:葛如刚(2009.11—)

副场长:梁洪军(2011.3—)

分公司副总经理:

李泓林(2012.3—)

党委委员、分公司副总经理:崔维山(2010.1—)

分公司副总经理:

李承明(2013.—)

财务总监:张军华(2011.7—)

党委委员、纪委书记:孟凡合(2015.7—)

武装部长:李军昌(2013.7—)

党委委员、组织部长:李宏岩(女)(2015.7—)

概况　青龙山农场、青龙山农业分公司位于三江平原腹地,建三江管理局东北部,街津山(又名大青龙山)南麓,北邻勤得利农场,东与浓江农场接壤,南与前进农场、七星农场为邻、北靠黑龙江与俄罗斯隔江相望。区域面积6.01万公顷,南北距离60公里,东西距离20公里,地理位置介于北纬47°25′~47°59′,东经132°46′~133°22′之间。区域地形低平,地势南高北低,东高西低,地面坡降为1/7000~1/1000,海拔高度58米。为省内第三积温带地区,年气温大于10℃以上有效积温为2350.3℃,全年无霜期为133天,日照时数为2600小时。

青龙山农场(分公司)南距福前铁路26公里,西与国家公路交通大动脉“同三公路”和同江口岸码头相距45公里。通往同江市、建三江分局的公路全部修上“通村”水泥公路。农场有通往佳木斯、富锦、同江、建三江、前进镇的客车,农场通往各管理区的公路全部为水泥路或沙石公路,交通十分便利。

全场总户数0.5万户,人口1.33万人,下设9个管理区,21个场直单位,17个驻场单位。2015年,实现国内生产总值9.09亿元,人均纯收入2.497万元。

种植业　有耕地面积3.83万公顷,其中水田3.5万公顷,旱田0.33万公顷。2015年,水稻平均公顷产量9400公斤,示范片平均公顷产10500公斤,核心攻关区平均公顷产12000公斤,粮食总产实现33.6万吨。新建水稻百栋育秧基地2处,实现水稻统供芽种、三膜覆盖、钵育毯式育秧“三个100%”。聘请水稻专家开展面对面培训32次,累计培训达0.35万人次。全年开展试验项目28个,水田试验23项,玉米试验5项,其中针对农场农业生产中的问题自设7项,对管理区进行土壤样品采集和化验,采集土样0.05万份,植株样品0.01万个,完成分析化验0.28万项次,制作指导性小配方0.06万个。开展绿色食品、有机食品认证,获得中国绿色食品发展中心下发的3.33万公顷绿色食品原料(水稻)基地证书,认定无公害农产品稻谷产地2.46万公顷、认证水稻26.15万吨;农产品追溯面积0.4万公顷,追溯大米产量1.8万吨,追溯精度到作业站,追溯深度到初级分销商。

农业机械　投入资金3057万元,更新农机具815台套,推广高性能插秧机16台,推广大马力水田拖拉机106台,履带式收割机29台,激光平地机3台,伊诺罗斯6行气吸式播种机1台、自走式高地隙喷药机1台、折叠镇压器1台、GPS导航自动驾驶系统2套,中耕起垄施肥一体机1台等。全场农机总动力16.38万千瓦,农机具保有量达1.38万台(件)。进一步加强农机管护工作,全年检验机车1430台,并全部发放检验合格贴,办理驾驶证66人,机车落户319台,治理“黑车”29台,“非驾”15人,进行农机安全检查15次,对农机驾驶员进行安全教育培训10次。

林业　有森林面积0.53万公顷,立木总蓄积70.6万立方米。其中天然林面积0.3万公顷,立木蓄积为37.3万立方米。人工林面积0.21万公顷,立木蓄积为33.3万立方米。苗圃26公顷。完成造林绿化面积80公顷,其中完成造林任务40公顷,栽植4作业站小黑14号杨树2万株,面积6.67公顷。补植补造樟子松33.33公顷(分布在青龙山渠首路两侧绿化带),完成绿化地段绿化改造,栽植白桦、核桃、五角枫等各类绿化树木7万余株。全年无森林火灾发生。

畜牧业　农场通过实施品种改良、规范饲养和疫病防控等工作,全年实现畜牧业产值877.6万元,畜牧业增加值431.6万元。生猪存栏0.31万头,出栏0.33万头。羊存栏0.07万只,出栏0.05万只。家禽存栏0.3万只,出栏0.89万只。肉产量312吨,禽蛋产量38.6吨。重大动物疫病强免的免疫率均达100%,其他常规免疫工作的免疫率达97%以上。生猪、牛、羊全部实行二维码标志100%配戴,动物标志溯源系统信息填写、录入全部完成。

工业商贸　实现工业总产值15411万元,同比增长17.09%、工业增加值3760万元、同比增长4.3%、利润总额655万元。农场整合5家水稻加工企业品牌,均使用三利米业、“绿青源”商标,形成生产经营联合体,形成10万吨的年加工能力。农场招商引资落地项目1个,为丰牧园畜禽养殖基地,项目占地0.06万公顷,总投资2000万元;投资1500万元,建设2.5万吨粮食仓储设施,粮食仓储能力达5.5万吨。运丰米业通过中粮集团出口供货大米9440吨,共计创汇674万美元。

民生工程　投资2927万元,建设保障性安居工程基础设施配套供热工程。农场配套自筹项目集中供热(设施)站建设项目。农场投资457万元,建设彩钢房换热站3座,建筑面积0.04万平方米。农场投资25.53万元,购置投影仪、多媒体操控台、电脑、电子白板等设备,进一步优化教育教学环境;大力实施低保救助、爱心救助等救助措施,将低保标准由人均月补差额300元提高到335元,全年共发放低保金192万元;申请“1955”稳岗补贴103万元。组织“慈善一日捐”活动,筹集慈善捐款7.72万元。

(崔超伟)

前进农场

场长、党委副书记:祝和安,1964年2月出生,湖南省永兴县人,中共党员,本科学历,高级畜牧师。1983年3月参加工作,2010年10月任现职。

党委书记、社区主任:王伟,1963年11月出生,黑龙江省绥化市人,中共党员,本科学历,政工师。1982年12月参加工作,2008年8月至2015年9月任现职。

党委书记、社区主任:李建军,1965年2月出生,江苏邳县人,中共党员,本科学历,高级政工师。1983年11月参加工作,2015年9月任现职。

党委副书记、社区副主任:王全义(2009.9—)

工会主席、纪委书记、党委委员:

韦善忠（工会主席 2013.6 —2015.7，纪委书记 2015.7—）

副场长、党委委员：任春桥(2011.3—)

副场长：嵇洪军(2012.3—)

副场长、党委委员：郑宪辉(2012.3—)

副场长：李金波(2013.12—)

李健(2013.7—)

党委委员、武装部部长：于平(2007.7—)

党委委员、宣传部部长：孙荣臣(2007.7—)

党委委员、组织部部长：唐海军(2015.11—)

概况　前进农场位于三江平原东南部，是一个以农林牧副渔为主兼营工、商、运、建、服等行业的现代化大型国有农场。场区公路、铁路交会，是富锦、同江、饶河、抚远4个市县8个农场的交通枢纽，也是佳木斯以东最大的物资、粮食、商品集散地。农场地处北纬47°23′~47°43′，东经132°53′~133°26′，地势西高东低，平均海拔57.3米。总控制面积7.67万公顷，有效积温2350℃~2450℃，年平均温度为13℃，平均降雨量550毫米，无霜期128~130天。

农场下设12个农业管理区，直属企事业单位17个。驻场单位和机构26个。全场总户数0.75万户，人口2.08万人，职工0.34万人。辖区内有非公有制企业129家，个体工商户930户，个体工商从业人员1850人。有12个民族，其中苗族、锡伯族、柯尔克孜族、土家族等少数民族327人，有台属、侨眷7人。农场坐落着亚洲最大的国家粮食储备仓库群，是国家的重要商品粮和后备粮基地。2015年，实现国内生产总值18.6亿元，固定资产投资总额37385万元，粮食总产47.1万吨，居民人均可支配收入2.58万元。

种植业　农场农作物总播种面积5.31万公顷，其中水稻播种5.13万公顷，旱田0.05万公顷。建立现代化大农业示范展示点4处。全场示范推广侧深施肥技术及育秧棚综合利用技术。完成水稻侧深施肥技术应用0.02万公顷，完成大棚综合二次利用0.17万栋，利用育秧棚种植红芸豆、粘玉米、红小豆、白瓜子等经济作物，完成大棚高台育秧1.24万栋，完成旧大棚升级改造0.23万栋，推行秸秆还田100%。农业生产实行“农时标准”，采取“倒计时”管理，推广应用水稻叶龄诊断、高光效栽培模式、智能化浸种催芽、测土配方等21项先进实用技术，测土配方应用面积达100%，粮食平均公顷产量9120公斤，品质达国标三等以上。完成农业部高产创建工作，核心区示范面积39公顷，通过农垦总局专家验收，取得农垦总局前十名成绩。绿色食品原料基地面积5.2万公顷，连续十年通过ISO 9001国际质量管理体系认证与ISO 14001国际环境管理体系认证。

农业机械　投资1251.71万元，其中国家补贴资金1212.61万元。农场补贴资金39.1万元。农机具保有量达3.1万台(件)，农机总动力18.81万千瓦。引进农机具1085台(件)。其中引进推广使用大中型拖拉机169台，搅浆机109台，高性能侧深施肥插秧机4台，高性能插秧机2台，改装侧深施肥设备5套，普通插秧机86台，水田撒肥机93台，秸秆粉碎还田机78台，激光平地机1台，收割机196台，其他配套农机具300台件。

畜牧业　肉牛存栏0.02万头，出栏0.06万头。生猪存栏0.65万头，出栏0.73万头。羊存栏0.3万只，出栏0.19万只。禽存栏0.99万只，出栏4.44万只。投资10万元，对养殖小区沟渠进行排涝改造，挖沟0.4万延长米，架桥20座。投入防疫补贴资金20万元，畜禽免疫率均达100%，检疫率达100%。全年屠宰生猪0.4万头，无一列病害肉流入市场。

林业　完成造林绿化总面积40公顷，其中人工造林面积17.78公顷，补植补造面积33.33公顷。投入资金199.7万元，栽植造林绿化树木及花灌木共计14.6万株，其中秋季补栽绿化大树、花灌木0.29万株，场区栽植云杉、偃伏莱木、等各类树绿化树木1.9万株，水上公园补栽云杉、稠李等0.19万株。对二抚路沿线、外环路两侧林带杂草进行4遍管护，完成秋季对农场园林路、枫桦街、水上公园进行秋季绿化大树补植，栽植绿化大树及花灌木0.29万株。

工业　实现工业总产值实现96715万元，增加值实现22705万元，利润实现4168万元，同比增长8%、10.8%、11.8%。农场工业园区道路配套二期工程建设项目，投入资金100万元，建设24米长桥涵一座投入使用。园区引进总投资13.5亿元，占地120万平方米的60万吨大米加工项目，已完成选址工作。园区内3个重点项目，皆为扩建工程。其中雪那红米业投资600万元建设办公楼、地面硬化和粮食罩棚等配套设施，程远米业和海纳米业扩建项目审批手续和土地批复已经办理完毕。运用“互联网+”开通前进农场网上旗舰店，开通前进农场工业企业之家微信公众平台，方便企业与企业间信息共享。雪那红米业和金三江米业晋级省级重点龙头企业。

小城镇建设　投资4539.36万元，新建工程8项。新建6个换热站及附属设施的保障性安居工程基础设施配套供热工程，铺设供热管网1.1万延长米。建成面积4万平方米，日处理垃圾60吨垃圾处理厂一座。完成社区服务楼改造工程及原幼儿园综合楼改造维修工程。对12栋老楼的地沟供热管道及排水外网进行改造，维修场区主干路混凝土地面0.49万平方米，维修主干道路人行路0.06万平方米及新建金三角小广场0.04万平方米，和泰家园公厕及附属工程配套完成投入使用。

（赵家敏）

创业农场

场长、党委副书记：杨晓飞，山东省兖州县人，1965年6月出生于黑龙江省八五二农场，中共党员，本科学历，高级会计师。1983年参加工作，2010年8月至2015年9月任现职。

场长、党委副书记：薛成，山东省沂南县人，1967年5月出生。中共党员，本科学历，农艺师职称。1983年12月参加工作，2015年9月任现职。

党委书记、社区主任：周辉，黑龙

江省延寿县人,1960 年 9 月出生,中共党员,专科学历,高级政工师。1977 年 7 月参加工作,2013 年 11 月任现职。

党委副书记、工会主席:王茂生(2012.3—)

副场长:孟庆华(2012.3—)

党委委员、副场长:

张建民(2010.11—)

王银锁(2011.3—)

党委委员、武装部部长:李云汉(2010.4—)

纪委副书记:刘艳明(2013.6—)

党委委员、组织部部长:李永学(2001.5—)

概况　创业农场地处黑龙江省富锦市境内,与饶河县、抚远县交界,始建于 1968 年 12 月。地理位置介于北纬 47°10′~47°52′、东经 132°50′~133°20′之间,南临七星河、挠力河,北依别拉洪河,东西长 26 公里,南北宽 25 公里,辖区总面积 530 平方公里。东与红卫农场相接,南与大兴农场隔河相望,西与七星农场搭界,北起别拉洪河与前进农场接壤。农场交通十分便利,北有“佳抚路”、南有“胜七路”,“福前铁路”纵贯场区东西,是建三江管理局东部地区交通枢纽。常住人口 0.58 万户,人口 1.53 万人。有耕地面积 3.73 万公顷,下辖 8 个管理区、14 个场直单位及 21 个驻场单位。2015 年,实现国内生产总值 14.3 亿元,粮食总产 35 万吨,人均纯收入 3.7 万元。

种植业　农场完成水稻种植面积 3.69 万公顷,平均公顷产量 9450 公斤,总产 35 万吨,公顷效益 0.65 万元。水稻品种空育 131 种植面积占 7.78%,龙粳 31 占 27.12%,龙粳 39 占 26.58%,龙粳 26 占 9.59%,龙粳 43 点 28.93%。用种全部采用三级良繁体系繁育,农户订单选购,水稻智能化育秧基地统一供应。实施了省和农垦总局布置水稻适口性试验示范。农场在第一管理区设立了水稻侧深施肥示范田 13.33 公顷,种植品种为龙粳 26。根据土壤肥力和前期养分需求,应用中化化肥供应侧深施肥专用复合肥(N:P:K=21:15:16)。向上级业务部门送检 66 份水稻稻样,水样 25 份,土样 56 份。全场 8 个管理区展示 31 项科技示范项目,完成质量体系认证(ISO 9001)、环境体系认证(ISO 14001)、职业健康安全管理体系(OHSAS 18001)审核材料准备、受检工作,追加申报 1 万亩有机水稻生产基地的认证。投资 2978.7 万元,重点完成农业综合开发项目、产粮大县工程、节水增粮工程、补充耕地项目。农场荣获总局农业标准化提升活动标兵单位。

农业机械　投资 2706.57 万元,其中国补资金 779.17 万元,购买补贴机具 0.02 万台,购置拖拉机 0.01 万台,搅浆机 2 台,高速插秧机 14 台,手扶步进式水稻插秧机 2 台,自走履带式收割机 70 台,常发佳联收割机 4LZ-9(CF809)10 台。农场补贴资金 68.5 万元,购置大棚摆盘机 0.03 万台,二次秸秆粉碎还田机 60 台,收割机带秸秆粉碎还田机 0.01 万台。投入农机基础建设资金 60 万元。

工业　组织申报完成双盛米业农业产业化国家级龙头企业和宝丰米业农业产业化省级龙头企业认定。农场组织完成对北大荒米业归属农场固定资产审查,对工业园区的规划设计进行完善,达集加工、仓储、物流于一体的产业链。各企业水稻加工 33 万吨,工业总产值 11.31 亿元,实现利润 6520 万元。

畜牧业　生猪存栏 0.25 万头,牛存栏 0.02 万头,羊存栏 0.08 万只,禽存栏 2.65 万只,鲜蛋产量 0.03 万吨,肉类总产量 0.04 万吨,羊绒产量 0.31 吨,鱼产量 56 吨,畜牧业渔业产值 1863 万元,收获种植苜蓿草 0.02 万吨,制作青贮饲料 0.04 万吨。对养猪小区 10 栋墙体有倾斜的房舍进行加固维修,修水泥路面 0.05 万延长米,利用粪污处理场对猪粪进行有机发酵 0.03 万吨。

林业　完成造林绿化面积 33.33 公顷,林木育苗面积 66.67 公顷。其中造林 6.67 公顷,补植补造 26.67 公顷,共栽植各类乔木 8.5 万株、花灌木 32 万株,

小城镇建设　新建商贸楼一座,住宅楼 8 栋。农场对第三作业站停车场铺设石毛面积 0.94 万平方米,完成第十作业站水泥晒场 1.5 万平方米、晒水池 1 万平方米、两个库房 0.05 万平方米的施工任务。完成中心广场南侧体育运动场、水上公园后续工程、人畜饮水工程、气象站外网及供热改造工程的施工、学生公寓改造工程,新增幼儿园至新建商贸城供热管线 0.08 万米,修整道路 11.9 公里,修剪场区绿篱 8 万延长米。完成对挠力河湿地自然保护区工程 95%(刻字和电缆铺设未完),开展了场区环境综合整治行动,农场荣获总局级“文明城镇标兵”称号。

(郭亚楠)

红卫农场

场长、党委副书记:王凤龙,吉林省永吉县人,1965 年 9 月出生,中共党员,研究生学历,高级政工师。1987 年 12 月参加工作,2013 年 11 月任现职。

党委书记、社区主任:薛成,山东省沂南县人,1967 年 5 月出生,中共党员,本科学历,农艺师职称。1983 年 12 月参加工作,2012 年 7 月至 2015 年 9 月任现职。

党委副书记、纪委书记、工会主席:郭成(2011.3—)

党委委员、副场长:毕书江(2010.3—)

副场长:张国宝(2013.7—)

由洪江(2011.12—)

隋喜友(2015.5—)

党委委员、纪委书记:马学民(2015.9—)

党委委员、武装部部长:徐凤友(2012.4—)

党委委员、组织部部长:杨武(2010.6—2015.10)

党委委员、组织部部长:杨勇(2015.10—)

概况　红卫农场地处三江平原东北部饶河县境内。西以洪十四排水干渠和创业农场相邻,东以挠八干、洪十九干与胜利农场接壤,南以挠力河同饶河县小佳河镇、山里乡为界,北抵别拉洪河老河道与洪河农场毗邻。地理位置介于北纬 47°13′~47°29′,东经 133°5′~133°36′之间。日平均气温在

3.6℃左右，年积温达2531.7℃。全年降水量在557.5毫米左右，无霜期平均在143天。

辖区总面积756平方公里，其中耕地3.87万公顷，草原0.26万公顷，林地0.56万公顷。有8个管理区和4个居民委，总人口1.06万人，包括汉、满、蒙古、回、瑶、苗、锡伯、朝鲜、土家、黎等民族。实现国内生产总值12.59亿元，粮食总产量36.32万吨，居民人均可支配收入2.51万元。

种植业　农作物种植面积3.99万公顷，粮豆总产36.32万吨。其中水稻种植面积3.6万公顷，平均公顷产量9465公斤，总产34.07万吨；大豆播种面积0.2万公顷，平均公顷产量2763公斤，总产0.56万吨；玉米种植面积0.18万公顷，平均公顷产量9271.5公斤，总产1.66万吨。粮食总产较上年增幅8.7%，被总局评为农业标准化提升活动标兵单位和水稻高产创建先进单位。水稻以空育131、龙粳31号等为主栽品种，统供种子1791.23吨，留储备荒种子996吨。100%实现种子包衣、统供芽种、三膜覆盖，航化面积累积5万公顷，水稻生产全程机械化。落实农业部水稻高产创建万亩示范片5个，总面积3367公顷，水稻万亩带及水稻整建制推进示范区产量达预期目标。侧深施肥机械40台插秧面积达0.11万公顷，水稻适口性面积近13.33公顷。大棚综合利用示范棚，种植超级大棚食用菌(木耳)13万棒，种植蔬菜及杂粮作物0.01万公顷。有3万公顷水稻基地获批为全国绿色食品原料标准化生产基地。农场完善3.87万公顷无公害农产品产地与37.69万吨无公害农产品的基地建设工作。国家农垦农产品质量追溯项目通过验收，环境管理与质量管理双体系完成再认证。

农业机械　投资3130万元更新农机具，其中国家补贴资金866.68万元，农场补贴资金135万元，农机总动力达16.1万千瓦，更新机具0.13万台(套)。农场被农业部评为全国农垦农机标准化示范农场。

林业　植树造林66.67公顷，其中成林造林地补植60公顷，新增造林面积6.67公顷。推进建设生态农场，补植农垦一号杨、云杉和落叶松，总计达15万株。建设绿色城堡1处，面积3公顷，建设绿色通道4条，占地面积4.67公顷。移植了高大乔木0.03万株，大云杉0.01万株。场区客运站东补植银中杨、云杉、樟子松0.9万株。

农田水利　水利项目总投资176.64万元，其中国家投资87万元，农场自筹89.64万元。重点解决骨干工程清淤、洪涝灾害严重区域配套桥涵建筑物建设及拦蓄地表水工程建设。工程改善治涝面积0.52万公顷。其中清淤沟渠123条，土方42.06万立方米。新建涵洞89座，方涵1座，24站桥东北大湾南侧平整车辙与修路，15站强排站西堤防湿地平整堤坝，2站3号地平整废弃大棚高台与平整水田，21站养鸡场拆鸡舍等零散工程。香堤绿洲一区、二区农村饮水安全工程，平房居民区建设给水管道总长0.4万延长米。

工业　实现工业总产值1.21亿元，工业增加值2627万元，实现利润1023万元。

公路建设　投入道路养护投资200万元。清理路肩、路面、边沟内积雪，疏通座桥20座，修复标志牌18个。对153.563公里水泥路上的标志进行粉刷，桥涵排水畅通，标志清洁完整。疏通涵洞36道，处理路面裂缝、跳车公用冷沥青补料70吨，整修路肩边坡32公里，疏通边沟45公里。

民生工程　投资302万元建设农场绿色城堡二期工程，投资227万元建设农场休闲公园绿化工程，投资140万元建设农场新型住宅休闲广场绿化工程，投资92万元建设农场绿色城堡休闲广场景观小品工程，投资200万元建设占地0.62万平方米体育休闲广场。完成了老区0.24万延长米米供水主管道更换工作。　(张国民)

前锋农场

场长、党委副书记：宋宝玉，1961年7月出生，山东省莱阳县人，中共党员，本科学历，教授级高级政工师。1977年10月参加工作，2008年8月任现职。

党委书记、社区主任：陆锋，1963年12月出生，安徽宿县人，中共党员，高级政工师。1978年9月参加工作，2012年7月任现职。

党委副书记：苏东华(2011.3—)

副场长：彭涌(2013.6—)

林安泰(2012.3—)

王启增(2012.3—)

刘祥军(2013.6—)

工会主席：苏东华(2015.6—)

纪委书记：杨明(2015.6—)

党委委员、武装部部长：纪春武(2005.11—)

党委委员、组织部部长：杨学文(2005.12—)

党委委员、宣传部部长：于君(女)(2011.12—，2014年2月援疆。2015年4月免去宣传部部长职务)

概况　前锋农场地处黑龙江省三江平原中部，隶属省农垦总局建三江管理局，地理位置介于北纬47°31′~47°58′，东经133°38′~134°58′之间。东以二道河为界，与二道河农场为邻，南隔别拉洪河与八五九、胜利农场相望，西以别拉洪河二十四排干为界，与洪河农场及国家级洪河自然保护区接壤，北以浓江河为界与鸭绿河农场和抚远县相接。场区南北长62.5公里，东西宽25公里，总面积1104平方公里。区域地势平坦，土质肥沃，黑土层厚0.18~0.25米，海拔高程平均58米，年有效积温2300℃~2600℃，年平均降雨量600毫米，常年无霜期在118~130天左右。

农场所辖8个管理区，16个直属企事业单位，7个居民区，驻场单位和机构19个。总户数0.5万户，人口1.58万人，职工人0.23万人。2015年，实现生产总值15.8亿元，人均收入2.6万元，城镇化率达98%，粮豆总产60.8万吨。

种植业　农场耕地面积7.12万公顷。在全国农垦百强场排名第六位，在黑龙江垦区第五，建三江管理局第三位。农场水稻种植面积6.16万公顷，绿色食品(水稻)原料标准化基地面积4.67万公顷。坚持职工增产、增收、增效的原则，优化种植结构，完成播种地面积7.12万公顷。其中水稻6.16万公顷,大豆0.76万公顷,玉米0.20万公顷,水稻平均公顷产量9286.5公斤,粮食总产60.86万吨。承担国家级高产创建万亩示范片3处,示范面积0.20万公顷。农产品质量追溯项目总面积0.27万公顷。全面通过国际质量体系与环境体系双体系认证。

农业机械　累计投资4052万元更新农机具。其中农场补贴资金3万元、国家补贴资金1080.45万元、农户自筹2971.55万元,更新农业机械0.23万台(件),新增动力2.1万千瓦。农机总动力达27.13万千瓦,农机保有量3.35万台(件),农机新度系数达0.82,田间综合机械化率达99%以上。投入农机基础建设资金108万元,对第一管理区2个作业站农具场改建扩建。以农机专业合作社为依托,为富锦市长安镇和抚远县顺鹏专业种植合作社及周边村镇跨区作业4.1万公顷,出各类机械643台次。

水利　水利投资3939.07万元,完成土方量1111.9万立方米。"建黑"高速公路(前锋段)补充耕地项目,投资502.89万元,建设内容主要为土地废弃沟、荒草地、客土回填等项目工程。工业园区小区饮水安全工程,完成铺设自来水管道0.27万延长米,新建阀门井5座,完成工程资金72.7万元。投资1040万元,巩固退耕还林成果建设项目。新建大棚基地3处0.01万栋,新建超级大棚基地1处16栋,完成水利土方851.7万立方米。在土地整理工作中,农场建设高标准基本农田建设项目区规模达0.24万公顷,项目总投资3577.5万元,新增耕地2.59公顷。

林业　农场有自然林0.05万公顷,人工林0.49万公顷。其中商品林0.04万公顷、生态林0.55万公顷,退耕还林0.1万公顷,荒山荒地造林0.25万公顷,重点防护林0.08万公顷。投资220万元,进行植树造林。完成造林面积53.4公顷,其中人工造林16公顷,农田防护林1.4公顷,补植补造36公顷。完成场部北外环栽植树木18.68万株,两侧绿化全长0.64延长米,共栽植18个树种。对农田防护林栽植云杉0.38万株,补植补造落叶松2.35万株。场区法检楼与医院东绿化工作,栽植树木共0.63万株。植树造林成活率达85%以上。

畜牧业　奶牛存栏0.03万头,绒山羊0.22万只,生猪0.03万头,家禽存栏0.3万只。全年生产鲜奶0.04万吨,羊绒0.5吨,生产鲜蛋6吨。肉类总产量0.01万吨,其中羊肉26吨、猪肉95吨、禽肉4吨。投资147万元,对畜牧小区及附属设施进行更新改造。应用荷斯坦、西门塔尔、夏洛莱等优良奶牛冻精进行繁育改良改良,奶牛冻配率达100%。

小城镇建设　场区住宅总面积54万平方米,楼房面积41.17万平方米,人均住宅面积28平方米。城镇绿化率率达38%。投资2051.8万元,包括风化石工程、装修工程、地面工程、农场零工、库房工程、电缆工程、外网管道、大棚工程共八项工程。美丽乡村建设中,推进0.67万公顷水田和互联网+农业服务等项目促进职工增收。以平房区为重点,对排水管网和供暖管线进行全面升级改造,加强生活全环境治理建设。　（孙抒远）

前哨农场

场长、党委副书记:刘海鹰,1963年8月出生,吉林省舒兰县人,中共党员,专科学历,高级农艺师职称。1988年12月参加工作,2009年10月任现职。

党委书记、社区主任:焦安营,1966年11月出生,山东省日照市人,中共党员,研究生学历,农艺师、高级政工师职称。1985年12月参加工作,2013年11月任现职。

党委副书记、纪委书记:王乾华(2012.4—)

党委副书记、工会主席(代):王乾华(2015.7—)

党委委员、副场长:袁玉龙(2011.3—)

副场长:

马玉玲(女)(2011.3—)

韩信(2013.7—)

党委委员、工会主席:司志军(2012.3—)

党委委员、纪委书记:司志军(2015.7—)

党委委员、武装部部长:王凤凯(2001.2—)

党委委员、组织部部长:夏峰(2015.4—)

概况　前哨农场位于祖国东北边陲抚远三角洲上,坐落在抚远县境内。场部坐落在老二抚路181～1984公里处,南北两侧与寒葱沟镇为邻,辖区中部与抚远县别拉洪乡相交错,北是鸭南乡,偏西与鸭绿河农场相望,东与海青乡、抓吉乡接壤,与抚远县的4个乡镇坐交错,是垦区农场与农村混杂最严重的农场之一。南面与八五九、二道河农场相邻,西与前锋农场接壤。农场东西宽28公里,南北长50公里,控制面积664.05平方公里,耕地面积3.83万公顷,林地面积0.71万公顷,沼泽水泡占地0.44万公顷。属于高纬度寒温带大陆季风气候区,无霜期144天,年有效积温为2483.9℃,全年降雨量为550.5毫米,年均风速为2.4米/秒,年平均温度1.4℃。

全场总户数0.47万户,人口1.2万人。下辖9个管理区15个作业站,街道办管理4个居民委。2015年,实现国内生产总值8.7亿元,固定资产投资14712万元,居民人均可支配收入2.47万元。

种植业　农场农作物播种面积3.83万公顷,其中水稻播种面积3.67万公顷,平均公顷产量8400公斤。大豆、玉米播种面积0.16万公顷。大豆平均公顷产量1799公斤,玉米平均公顷产量8634公斤。

科技园区　农场科技园区位于第一管理区,建于2005年,共有试验田4公顷。园区共有科技人员8人,其中中级农艺师一人,初级农艺师3人。承担国家、省、农垦总局、建三江管理局及农场各类示范试验项目0.03万项。实施实验项目21个。建立了以科技园区为中心,辐射9个管理区的稻瘟病诱发圃形成病害预测预报体系。发放测土配方施肥建议卡0.05万份,完成水田测土配方施肥面积1.48万公顷,占水稻种植面积40.6%。测土配方施肥工作秋季取土0.15万点次,制成封存土样0.05万份。

农业机械　投入4388万元农机更新,新增各类机具0.19万台(套)。农场发放国家农机具补贴792万元,农场农机具补贴40万元。拥有农机总动力14.1万千瓦,新度系数98%,农机田间作业综合机械化程度98%。农场农机拥有量达1.65万台(套),其中有轮式拖拉机0.13万台,自走割晒机32台,旱田机械40台(套),水田机械1.36万台套,收割机0.06万台,收割机附属设备0.09万台(套)。跨区作业面积8.23万公顷。

畜牧业　生猪存栏0.12万头,家禽存栏0.5万只,肉类总产量0.02万吨,禽蛋产量29吨。对肉类市场、定点屠宰厂、超市、活禽市场进行监督检查,监督检测率达95%以上,外进畜禽肉类产品抽样合格率达98%以上。

林业　有造林绿化面积53.33公顷,投入资金17万元,栽植大小绿化苗木花卉17万株。完成绿色城堡3个,面积0.33公顷。农田防护林面积6.33公顷,补植补造46.67公顷。完成造林秋整地面积6.67公顷,回填黑土0.11万立方米,秋季挖栽树坑0.72万个。做好防火宣传工作,发放宣传单0.2万份,悬挂宣传条幅20幅,设立宣传牌10个,农场森林防火指挥部同各单位签订了防火责任状17份。对辖区范围内所有林地打好防火通道70公里,清除"四边"杂草。

工业　实现工业总产值达17800万元,同比增长3%。工业增加值3718万元,同比减少5%。利润723万元、同比减少7%。工业园区有工业企业26户,新增常丽米业一户。产品对外销售以是常丽米业生产的大米为主,销售到江浙一带1000吨。除稻米加工为主的民营工业外,农场还与黑龙江舜和新能源投资管理有限公司签订了1.6亿元生物质热电联产项目投资合作协议。

城镇建设　推行物业市场化管理模式,引进路巳物业公司,服务面积达26万平方米。农场投资23万元,购进新型垃圾运输车和垃圾箱。对辖区24栋楼房0.14万延长米地沟进行了彻底清理。清理占道机车0.02万台次,清理柴草垛10处,清理占道经营、店外经营行为0.02万起。进行户外广告整治,清理沿街小广告0.2万张。规范沿街广告牌匾,新办理牌匾72个,拆除牌匾55个。通过招商引资,引进金福茗苑小区建筑项目一个,招商指标3900万元,当年完成6栋楼房,总面积3.07万平方米。续建了农场幼儿园附属工程和雅居小区景观绿化工程。

(杨　恽)

洪河农场

场长、党委副书记:俄立生,1962年3月出生于七星农场,山东省东阿县人,中共党员,本科学历,高级农艺师。1978年10月参加工作,2014年2月任现职。

党委书记、社区主任:宋英堂,1963年7月出生于曙光农场,山东省莱州人,中共党员,本科学历,高级政工师。1981年9月参加工作,2013年12月任现职。

党委副书记、工会主席:冷喜(2011.3—)

副场长:韩殿柱(2013.12—)
由洪江(2015.5—)
龚学健(2012.3—)

纪委书记:杜海波(2013.7—)

党委委员、武装部部长:孟凡辉(2011.3—)

党委委员:组织部部长:刘利润(2011.1—)

概况　洪河农场位于黑龙江省东北部,东至抚远县、南至饶河县、北至同江市、西至富锦市,两市两县交汇处,隶属同江市行政区境内。地理坐标东经133°19′~133°40′,北纬47°27′~47°46′。东与前锋农场为邻,南与红卫农场相连,西与前进农场接壤,北与浓江农场相望。农场处在黑龙江、松花江、乌苏里江下游汇合的三江平原腹地,地势低洼平坦,平均坡降为1/10000米,坡向不定,总体自西南向东北偏势,海拔高程平均53米,系平原沼泽性流域湿地。

农场距同江和抚远两个开放口岸各距150公里,过境有"建黑"高速和"前抚"铁路。场部至红卫农场、鸭绿河农场、胜利农场实现白色路面全部通车,交通条件便利,

农场区域面积6.53万公顷,有8个管理区,户数0.3万户,人口0.87万人,职工0.17万人。2015年,国内生产总值9.36亿元,人均可支配收入2.41万元。

种植业　农场耕地面积4.2万公顷,其中水稻3.83万公顷,旱田0.4万公顷。粮食总产34.7万吨,粮食平均公顷产量8250公斤。有科技示范带达90公里,高标准观光展示点120个。在三区完成农业部高产创建万亩示范片2处,培养发展高产创建农户62户。完善技术培训体系,建立完善的培训制度,采用课堂培训、园区示范、经验交流、典型引导、信息咨询、跟踪服务多种方式相结合的方法,广泛开展形式灵活、内容丰富的培训。开展各类技术培训班20期,培训生产管理人员、技术人员、示范户3500人次。推广100%实施测土配方施肥技术,配方施肥和施肥技术指导入户率达100%。农场在第一管理区7-1地号示范良种应用、丰产栽培、农业节水、疫病防控、防灾减灾等领域的科技创新。在科技示范带沿线和主干路沿线视野开阔的地方,示范高光效或宽窄行栽培技术。示范推广水田侧深施肥技术,每个管理区是示范面积6.66公顷。在全场示范应用床土工厂化生产、水稻大钵育苗、机井无线网络遥控、深翻水田犁改良土壤、秸秆粉碎还田机应用以及GPS筑埂导航等技术。

农业机械　有各类农业机械达2.37万台(套),总动力16.74万千瓦,综合机械化率98%。利用国家补贴资金840.22万元,购置农业机械0.03万台(套),其中括拖拉机0.01万台,联合收割机0.01万台,水稻插秧机26台,水田搅浆平地机30台,秸秆还田机18台,GPS导航仪2套。完善标准化管理制度,实行目标管理考核制,全年分四次,即备耕检查、半年工作、秋收准备、封存入库检查评比。有大中型拖拉机0.1万台,各类联合收割机

0.07万台,水稻插秧机0.19万台。跨区作业机车56台,完成跨区作业面积0.71万公顷。

林业　林业用地面积0.24万公顷,林木蓄积量22.8万立方米,森林覆盖率3.6%。造林6.67公顷,补植补造面积65.33公顷,完成第四管理区——胜利、第四管理区——红卫、第八管理区——鸭绿河3条绿色通道的补植补造工作,成活率达90%以上。对界内“350”工程进行喷药除虫工作,有效防治松枯梢病与天幕毛虫对林木的危害。全场育苗13.33公顷,提供造林苗木20万株。

畜牧业　实现畜牧渔业总产值1251万元,实现增加值562.9万元。肉牛存栏0.07万头,出栏0.02万头。羊存栏0.19万只,出栏0.07万只。生猪存栏0.13万头,出栏0.14万头。禽存栏1.96万只,出栏1.57万只。羊绒产量1.2吨,禽蛋0.01万吨,水产品60吨,肉类总产量0.02万吨。

小城镇建设　投资3397万元,建设洪河农场铁路专用线工程一条,全长0.34万米,当年完成总工程的60%。投资2007.66万元,建设整体搬迁危房改造住宅楼3栋,建筑面积1.19万平方米。投资18.64万元,建设了气象观测场。投资216万元,完成10千伏回钢管杆线路工程,解决春季用电高峰时电力不足的问题。投资22万元,建设小车班水泥地面1800平方米。投资46.5万元完成整体搬迁3栋楼的给水、排水、采暖、电力、通信、闭路外网工程,新建排水管道211米、给水管道306米、采暖管道274米。投资45.18万元,完成长850米、宽10米的天文台西侧石毛路建设。

工业　有工业企业29家,其中稻米加工企业3家。水暖站1家。屠宰场1家。商砼站1家。修理企业23家。全年实现工业总产值14750万元,利润为484万元。粮食物流园区规划建设102.7万平方米,完成在建面积54.54万平方米。稻米初级加工企业3家,总占地面积6.6万平方米。粮食仓储企业4家,总占地面积32.64万平方米,包括洪河农场粮食处理中心、中储粮创业直属库洪河分库、建三江农垦东方佳粮粮食收储有限公司、建三江农垦飞越粮食贸易有限责任公司。

文化　利用互联网平台,注册开通农场幸福洪河微信,洪河政务微博。推送图文消息121条,12篇微信作品点击量超过0.1万次以上。参加管理局宣传部与东北网联合开展“北大荒人生岁月”影像故事征文活动,李冬生撰写的征文《北大荒第三代追梦者》荣获大赛一等奖。开展“垦荒老兵”事迹评选活动,授予8名建场老同志为“垦荒老兵”称号。5名建场老同志荣获提名奖。街道办党总支书记赵红被评为垦区首届“道德模范”,进入垦区第八届“十佳公仆”候选人行列。农场推选6名优秀典型人物被选入管理局和农垦总局典型库,宣传了赵红、吴玉国、陈宏伟等一批具有时代特点的典型模范。　　(李冬生)

鸭绿河农场

场长、党委副书记:杨洪仁,1964年5月出生,山东省泗水县人,中共党员,本科学历,会计师、高级政工师。1982年9月参加工作,2011年9月—2015年9月任现职。

场长、党委副书记:刘志波,1961年11月出生,黑龙江省肇州人,中共党员,本科学历,高级会计师。1978年7月参加工作,2015年9月任现职。

党委书记、社区主任:陈宏涛,1971年5月出生,山东省莒县人,中共党员,本科学历,农艺师。1990年10月参加工作,2013年12月任现职。

党委副书记、工会主席:隋玉滨(2010.3—)

副场长:任策(2013.6—)

党委委员、副场长:

李学军(2004.7—)

任艳军(2009.11—)

纪委书记:徐子迎(2015.9—)

党委委员、武装部部长:杨永利(2010.10—)

党委委员、组织部部长:李学红(女)(2011.11—)

概况　鸭绿河农场位于同江市与抚远县交界处,是1984年利用世界银行贷款和国内配套投资建设的现代化国有农垦企业。地理位置介于北纬47°45′~48°02′10″,东经133°27′30″~133°55′之间。地势平坦,土壤肥沃,水资源丰富。海拔高度45~55米,年积温2400℃~2600℃,年平均气温1.6℃,年平均总降雨量599毫米,无霜期138天。东与抚远县鸭南乡接壤,西以浓鸭截洪总干为场界与勤得利农场和浓江农场相邻,南至浓江河与前锋农场、洪河保护区隔河相望,北至鸭绿河与同江市金川乡相邻。

农场区域面积5.13万公顷,其中耕地面积2.91万公顷,草原0.09万公顷,林地0.97万公顷,自然水面0.01万公顷,其他面积1.15万公顷。设有5个管理区2个作业站,13个公益事业单位,是一个农、林、牧、渔、工商运建服一体化的农业企业。

农场总户数0.28万户,人口0.65万人。2015年,实现国内生产总值7.01亿元,工业增加值1896万元,农场经营利润3298万元,人均可支配收入2.41万元。

种植业　农作物播种面积2.9万公顷,其中种植水稻面积2.85万公顷,大豆播种0.06万公顷,玉米种植0.006万公顷,实现粮食总产25.37万吨。落实高产创建水稻万亩片数量2个,涉及91个农户,共计面积0.14万公顷,示范片平均公顷产量10600公斤,核心区平均公顷产量13624.5公斤。水稻平均公顷产量8850公斤,大豆平均公顷产量2565公斤,玉米平均公顷产量7440公斤。开展农业生产高产攻关竞赛活动。各单位选60户为参赛种植户,年底对获奖户表彰奖励,个别品种公顷最高单产达11197.5公斤。农场推广水稻育秧大棚二次利用,第五管理区种植水果玉米20栋,第一管理区示范种植两栋黑木耳1.3万棒,生产干木耳320公斤。农场对392公顷种子田监督检查,田检不合格面积0.02万公顷。对2.8万公顷水稻进行生物预测预警和化学药剂防治,无公害生产基地保证认证2.9万公顷,绿色水稻生产基地保持认证2.86公顷。建立农产品质量追溯制度,农产品质量追溯面积0.2万公顷。全年推广农业科学技术 18 项,成果转化率达 84%。

农业机械　利用国家补贴资金 720 万元,购进各类农机具 0.09 万台件。全场农机总动力 11.93 万千瓦。组织农机技术人员,对有机户进行业务学习培训。全年培训人数 0.15 万次。农业生产期间,农机部门开通便民热线,24 小时为农户提供技术服务。秋收期间,对 0.6 万台秸秆粉碎器进行改装,水田秸秆粉碎还田率实现 100%。在第一管理投资 15 万元,完善农具场配套设施建设。在创建"全国农机标准化示范农场"活动中,农场通过农业部组织专家组现场检查验收和综合评定,确定全国 49 家单位为第三批"全国农垦农机标准化示范农场",鸭绿河农场获得 AAA 级"全国农垦农机标准化示范农场"称号。

林业　投资 44.99 万元,绿化造林面积 46.67 公顷,栽植各类绿化苗木总株数 4 万株,养护绿篱 1.22 万延长米,养护草坪 5.03 万平方米。农场利用电视广播等媒体,进行 6 期的安全防火宣传讲座,火险区教育面 100%。

农田水利　新建涵洞 156 座,铺砂石路 42 公里,架设线路 11.27 公里,清淤沟道 25.596 公里。农场投资 230 万元,完成浓江河左堤及浓鸭河堵口坝除险加固工程。投资 238 万元完成输电线路改造。投资 204 万元完成 9.5 公里机耕路建设。投资 59 万元完成收储中心罩棚改造工程。维修堤防 36.46 公里,荒草地平整 0.01 万公顷,育秧棚区沙石路平整 9.6 公里,检修排水闸门 15 座,渠道维护 8 公里。

城镇建设　投资 145 万元,建设改造老年活动中心。投资 120 万元,改造派出所办公楼。投资 136 万元,安装路灯和庭院灯 184 盏。投资 27 万元,铺设 3 米宽水泥路面 11 条,总长度 430 米。投资 210 万元,新建学校塑胶跑道工程,硬化水泥地面 0.95 万平方米。投资 39 万元,对社区管理服务站楼和医院旧楼暖气进行改造。　(姜佐卿)

二道河农场

场长、党委副书记:杜德旺,1963 年 11 月出生,山东省茌平县人,中共党员,本科学历,农业机械化专业,高级工程师职称。1979 年 11 月参加工作,2014 年 2 月任现职。

党委书记、社区主任:范光林,1966 年 6 月出生,黑龙江省安达市人,中共党员,本科学历,水利高级工程师职称。1985 年 12 月参加工作,2013 年 12 月任现职。

党委副书记、工会主席:马学礼(2015.9—)

纪委书记:杨武(2015.9—)

党委委员、副场长:刘剑洋(2011.3—)

副场长:苏勋利(2013.7—)
逄金玉(2013.11—)

党委委员、武装部部长:王发全(2001.3—)

党委委员、组织部部长:姜建平(2012.1—)

党委委员、宣传部部长:宋庆国(2012.1—)

概况　二道河农场位于三江平原抚运县境内别拉洪河下游西岸,地理位置介于北纬 47°35′~47°50′,东经 134°00′~134°25′之间。东以别拉洪河、南以二道河与八五九农场为界;西与前锋农场接壤;北与前哨农场毗邻。辖区总面积 536.6 平方公里,其中耕地面积 3.62 万公顷、草原 0.1 万公顷、林地 0.67 万公顷。常年积温在 2822.4℃左右,年平均温度 2.8℃,日照时数 1946.5 小时,年平均降雨量在 526.4 毫米左右,无霜期在 140 天左右。农场所属 7 个管理区、15 个场直单位,总人口 0.51 万人。2015 年,实现地区生产总值 87421.6 万元,工农业总产值 123840.2 万元,人均生产总值 17 万元,居民人均可支配收入 2.5 万元。固定资产投资总额 9532.2 万元,粮食总产量 31.13 万吨。

种植业　农作物播种面积 3.63 万公顷,其中水稻种植面积 3.41 万公顷,大豆种植面积 2.06 万公顷,粮豆总产 31.13 万吨。投资 4620 万元,完成农发和千亿斤粮项目 3 个,建设高标准农田 0.23 万公顷。累计完成新建晒场 3.3 万平方米,水泥路 2.3 公里,各类渠系水工建筑物 191 座,沟道清淤 110 公里,机耕路 45 公里,输电线路 3 公里,运苗路 6.67 公里,水稻育秧大棚附属设施配套 90 栋,改造晒水池及上水线 39 处,新建集中浸种催芽车间 2 栋,购置智能浸种催芽设备 6 套。投资 537 万元用于防汛应急工程、沟渠清淤、高速公路沿线规划治理、大棚集中改造、道路修复、修建简易涵洞等工程建设。投入资金 20 万元,完成造林 33.33 公顷。投资 1390 万元,更新大中型农机具 0.02 万台(件)。完成测土施肥面积 3.63 万公顷,飞机航化健身防病面积 2.39 万公顷,参加阳光农业保险面积 2.8 万公顷,侧深施肥示范面积 80 公顷,农场气象预警及预报 110 次。召开大型培训会 7 次,下发各类技术手册 1 万份,培训技术人员 12 次,培训种植户 0.55 万人次。推广先进适用技术 20 项,建立科技示范带 50 公里、各类高产攻关田 20 处,示范田 0.67 万公顷,示范户 0.03 万户。种子生产实现包衣,机械加工、统供芽种、良种覆盖率 100%,年生产加工种子 0.16 万吨,全面积机械插秧 95%,机械收获 97%,"黑色越冬"达 100%,田间综合机械化率达 98% 以上。

自营经济　实现自营经济总产值 1.78 亿元,利润 4452 万元,从业人均收入达 2 万元,从业户均收入 5 万元。建设"三江第一鹅"示范基地。全场种植温室大棚 14 栋,日光大棚 35 栋,露地蔬菜 9.87 公顷,果树 1.73 公顷。水稻育秧大棚二次利用,种植黑小豆、红小豆等经济作物和各类蔬菜作物。

工业　实现工业总产值 1.26 亿元,工业增加值 3143 万元,利润总额 722 万元。研发推广"鹳乡"品牌大米。借助"互联网+"补齐网络销售短板,与大农网合作销售"鹳乡牌"绿色大米、"三江第一鹅"系列特色产品。

城镇建设　重新规划设计城镇功能区、景区,打造旅游城镇。在万亩地号国家 2A 级升 3A 级景区工程中,建设数字二道河基础地理信息中心。投入资金 3000 万元,完成艺体馆内装修及外立面建设,新建理石广场 1 万平方米。投入资金 970 万元,实施整体搬迁工程,新建楼房 60 户、0.5 万平方米。投入 180 万元,完成幼儿园维修及室内装饰0.15万平方米。投入资金189.8万元,新建水泥路面0.74万平方米,配套建设桥涵两座。全年改造供热管网0.09万延长米,维护、保养草坪17万平方米,栽植绿化花卉7万株。

(安晓峰)

浓江农场

场长、党委副书记: 刘志波,1961年11月出生,黑龙江省肇州县人,中共党员,本科学历,高级会计师。1978年7月参加工作,2009年8月—2015年9月任现职。

场长、党委副书记: 杨晓飞,出生于1965年6月,山东省兖州县人,中共党员,本科学历,高级会计师。1983年10月参加工作,2015年9月任现职。

党委书记、社区主任: 刘进有,1976年9月出生,黑龙江省海伦县人,中共党员,研究生学历,高级政工师。1998年7月参加工作,2015年9月任现职。

党委副书记、纪委书记、工会主席: 王长国(2004.12—)

党委委员、副场长:

刘宝(2012.3—)

副场长: 张加礼(2013.6—)

王海东(2012.3—)

纪委书记: 马德良(2015.10—)

武装部长: 梁秀利(2012.3—)

党委委员、宣传部部长: 勾连颖(2009.12—)

党委委员、组织部部长: 马学礼(2011.12—2015.10)

概况　浓江农场地处三江平原东北部同江市境内,始建于1988年6月,是垦区利用国家三江平原综合开发项目和日本政府贷款项目投资兴建的现代化农场。南距"前抚铁路"前进镇站19公里,北与俄罗斯隔江相望。寒温带湿润季风气候区,年平均气温为1~1.5℃,年降雨量560~610毫米,有效积温2600℃,无霜期125~130天,黑土层厚度均在25~30厘米左右。以种植水稻为主,兼营畜牧和工、商、运、建、服各业。辖区总面积540平方公里,其中耕地面积3.91万公顷,林地面积0.56万公顷,草地面积0.03万公顷。全场9个管理区,1个街道办事处,4个居民委。总户数0.28万户,总人口0.74万人,职工0.14万人。2015年,实现地区生产总值10.3亿元,其中第一、二、三产业增加值分别为8.3亿元、0.4亿元、1.6亿元,居民人均可支配收入2.46万元。

种植业　种植作物面积3.9万公顷,同比增长2.95%。其中水稻种植面积3.89万公顷,平均公顷产量8850公斤。大豆种植面积33.3公顷,平均公顷产量2250公斤。玉米种植面积100公顷,平均公顷产量7785公斤。粮食总产34.5万吨。投资3773万元建设农业基础设施,其中国家投资金2796万元。全场田间工程配套率达95%。农场节水控制灌溉技术应用面积1.33万公顷。抢抓农时,落实技术措施,促早熟与科学施肥等,高标准完成各阶段生产任务。3月9日,全场0.85万栋育秧大棚全部清雪,扣完大棚。4月16日,水稻育秧大棚播种结束。5月21日,农场3.89万公顷水稻插秧结束。秋收期间,农场发挥本场收获机械作用,从外地引进收割机0.03万台,7天时间,全面完成收秋生产任务。农场绿色水稻原料基地面积3.6万公顷,获得农业部绿色食品管理办公室及中国绿色食品发展中心颁发的"全国绿色食品原料标准化生产基地"证书,有效期5年。

农业机械　现有拖拉机0.13万台,收割机0.09万台,插秧机0.19万台,各类配套农具2.24万台(套),农业机械总动力达16.36万千瓦,新度系数达0.8,农业机械化率达99%。投入3000万元,更新各类农机具0.05万台。推广高科技农机,购买激光平地机1台,侧深施肥插秧机6台,秸秆还田机械194台。农机车辆实现统一停放,统一保管。

科技园区　园区占地面积33.3公顷,按功能整体划为四个区。水稻核心试验区,面积13.3公顷。原种繁育区,面积20公顷。大棚综合利用区,面积0.13万平方米。绿色观光长廊和精品葡萄苑,面积0.1万平方米。园区示范应用5项高新技术,转化3项科研成果,转化推广面积0.13万公顷,新技术成果应用公顷增收0.15万元。承担农业部、八一农垦大学、黑龙江农垦总局和农垦科学院等18项研究课题,完成水稻品种、栽培、植保、土肥实验总计31项。

林业　完成造林面积33.3公顷,林地总面积达0.38万公顷。全场有6名专职林业管护人员,春节林业部门组织人员对"350"工程樟子松枯梢病进行全面喷药防治,共出动车辆30余台,出动人员60人次,防治面积41.8公顷。10月份开始,组织人力对场区林带(病腐木枯枝)进行清理,历时15天,出动人力109人次,出动车辆42台次,改善树木生长环境。

畜牧业　年肉产量0.01万吨,蛋40吨,羊绒500公斤,畜牧业产值达541.8万元。肉牛存栏0.01万头,出栏13头。猪存栏0.06万头,出栏0.16万头。羊存栏0.21万只,出栏0.06万只。禽存栏0.42万只,出栏0.68万只。开展动物疫病防控防疫4.21万头(羽)次,常规免疫密度达98%以上。以"非莱维赫"为主,改良肉牛26头,冻配率达86.6%。

工业　实现工业增加值2692万元,利润440万元。现有三家稻米生产加工企业,其中黑龙江省建三江农垦丰元工贸有限责任公司被农场设立为质量追溯合作企业,承担收购0.4万公顷水田水稻和生产加工1.8万吨大米的任务。隆润机械制造有限公司生产的筑埂机、打浆机、液压刮板等产品,外销到佳木斯、虎林、鸡西等地区。

小城镇建设　投资85.2万元,对南环路老供热管道进行改造,建设采暖外网工程0.13万延长米。投资92.7万元,安装场区监控设备。投资865.5万元建设新幼儿园,投资85万元,建设清风二区饮水安全工程,投资100万元建设全民健身基础设施,投资11.5万元建设广场,投资19.4万元建设锅炉房围墙,投资1264万元保障居民供水供暖。投资113万元,对场区进行规划及绿化,栽植草本花卉3.5万株,补种草坪面积2.6万平方米,栽植绿篱0.03万延长米,栽植垂柳150株。

(洪道锋)

牡丹江管理局

党委书记:赵广民,1955年3月出生,河北省平原县人,中共党员,本科学历,高级经济师。1973年1月参加工作,2009年6月任现职,2015年4月退休。

党委书记:王利仁,1964年9月出生,山东省莒县人,中共党员,本科学历,高级农艺师。1987年7月参加工作,2015年11月任现职。

党委副书记、纪委书记:何万荣,1958年9月出生,山东省平原县人,中共党员,本科学历,高级政工师,1975年10月参加工作。2000年10月任纪委书记,2004年6月任现职。

党委副书记:任淑兰,女,1971年8月出生,辽宁省康平县人,中共党员,本科学历,教授级高级政工师。1997年7月参加工作,2012年6月任现职。

副局长、党委委员:孙乃生,1958年3月出生,山东省东平县人,中共党员,本科学历,高级水利工程师。1975年9月参加工作,2011年1月任现职。

副局长、党委委员:张运权,1962年10月出生,河南省南阳市人,中共党员,本科学历,高级农艺师。1978年11月参加工作,2008年7月任现职。

副局长、党委委员:张晓军,1964年10月出生,黑龙江省林甸县人,中共党员,研究生学历,高级农艺师。1988年8月参加工作,2010年4月任现职。

副局长、党委委员:周茂方,1965年2月出生,山东省胶县人,中共党员,本科学历,高级政工师。1982年12月参加工作,2013年10月任现职。

调研员:王炳江,1963年2月出生,河北省交河县人,中共党员,本科学历,高级政工师。1983年8月参加工作,2012年7月任现职。

纪委(监察局):

纪委副书记、监察局局长:黄立新,1967年5月出生,山东省即墨市人,中共党员,本科学历,研究员级高级会计师。1988年9月参加工作,2014年2月任现职。

副书记:李全明,1968年7月出生,安徽省霍邱县人,中共党员,本科学历,统计师,会计师。1989年8月参加工作,2012年12月任现职。

监察局副局长:徐卫(2012.12—)

组织部:

部长:任淑兰,女,1971年8月出生,辽宁康平人,中共党员,本科学历,教授级高级政工师。1997年7月参加工作,2009年8月任党委委员、组织部部长,2012年6月任党委副书记兼组织部长。

副调研员(主持离退休干部工作):王玉红,女,1970年12月出生,河北邢台人,中共党员,本科学历,高级政工师。1993年8月参加工作,2013年5月任现职。

副部长:

尹燕春(2010.6—)

杨洪涛(2012.12—)

宣传部:

部长:郭俊梅,女,1965年12月出生,山东省莱州市人,中共党员,本科学历,教授级高级政工师,1989年7月参加工作,2012年12月任现职。

副部长:

王晓玲(女)(2010.3—)

李铁忠(2012.7—)

关显昌(2013.5—)

关工委:

主任:任淑兰,女,1971年8月出生,辽宁省康平县人,中共党员,本科学历,教授级高级政工师。1997年7月参加工作,2012年7月任现职。

副主任:刘福生(2008.10—)

孔庆国(2008.10—)

政法委:

常务副书记:高福东,1957年3月出生,陕西省勉县人,中共党员,本科学历,高级政工师。1974年11月参加工作,2001年3月任现职。

副书记:舒迎春(女)(2010.4—)

工会:

副调研员:杨树先,1962年7月出生,贵州省毕节市人,中共党员,本科学历,政工师。1980年11月参加工作,2013年1月任现职。

副主席:赵波(2012.12—)

吴玉实(2013.12—)

团委:

副书记(主持工作):于玲玲,女,1985年1月出生,吉林省蛟河市人,中共党员,研究生学历,政工师。2010年7月参加工作,2012年12月任现职。

办公室:

办公室主任、机关党委书记:张明宇,1960年5月出生,山东省沂南县人,中共党员,本科学历,高级政工师。1977年9月参加工作,2007年8月任现职。

副调研员(主持政策法规工作):肖强,1963年11月出生,四川射洪县人,中共党员,专科学历,中级经济师。1986年7月参加工作,2012年3月任现职。

副调研员(主持信访工作):孔军,1967年5月出生,吉林长春市人,中共党员,本科学历,高级教师。1987年8月参加工作,2012年3月任现职。

副主任:

王湘湘(女)(2013.5—)

王勇(2013.9—)
程世国(2014.5—)
王宏(2012.12—)(从事信访工作)

计财处:

处长:郑克斌,1972年11月出生,黑龙江省肇源县人,中共党员,本科学历,中级会计师。,1997年7月参加工作,2014年2月任现职。

副处长:

王军(2010.4—)
尹建荣(女)(2013.5—)
张占友(2013.12—)

审计处:

处长:曹伟,1974年10月出生,河南省伊川市人,中共党员,研究生学历,助理会计师。1997年8月参加工作,2012年3月任现职。

副处长:于海超(2013.12—)

人力资源和社会保障局:

局长:刘国平,1957年12月出生,吉林省舒兰市人,中共党员,研究生学历,高级审计师。1974年10月参加工作,2008年8月任现职。

副调研员(主持民政工作):王海平,1959年3月出生,江苏盐城市人,中共党员,本科学历,高级农艺师。1976年10月参加工作,2012年3月任现职。

副局长:

张红雷(2009.1—)
赵大林(2010.4—)
王涛(2012.12—)(从事民政工作)

农业局:

局长:孙伟海,1969年12月出生,黑龙江省林口县人,中共党员,本科学历,高级农艺师。1992年8月参加工作,2010年11月任现职。

副调研员(主持新农村办工作):田军,1958年3月出生,山东省诸城市人,中共党员,本科学历,高级林业工程师。1975年9月参加工作,2011年2月任现职。

副调研员(主持农机工作):蔡景军,1963年11月出生,江苏省丰县人,中共党员,本科学历,高级农机工程师。1985年8月参加工作,2012年3月任现职。

副调研员(主持科技工作):宫本友,1962年4月出生,辽宁省东港市人,中共党员,本科学历,高级农艺师。1978年6月参加工作,2012年7月任现职。

副局长:

付东波(2011.3—)
王鉴明(2012.7—)
王瑛(女)(2013.5—)

林业局:

局长:黄绪忠,1963年7月出生,山东省崂山县人,中共党员,本科学历,高级林业工程师。1983年8月参加工作,2012年7月任现职。

副局长:耿华林(2013.5—)

水务局:

局长:高保杰,1962年10月出生,辽宁省彰武县人,中共党员,本科学历,水利高级工程师。1983年1月参加工作,2008年1月任现职。

副局长:李冠华(2010.6—)

兴凯湖灌区管理站站长:任典章(2001.5—)

水利工程管理站站长:孙成龙(2010.3—)

畜牧兽医局:

局长:江云俊,1961年3月出生,湖南省平江县人,中共党员,研究生学历,教授级高级政工师。1982年6月参加工作,2004年6月任现职。

副局长:孙书清(女)(2010.4—)

安全生产监督管理局:

局长:刘伟,1964年5月出生,辽宁省北镇县人,中共党员,本科学历,工程师。1981年11月参加工作,2013年9月任现职。

副局长、执法大队大队长:李成林(2011.5—)

工业和信息化委员会:

主任:宁敏,1958年7月出生,辽宁海城市人,中共党员,本科学历,高级工程师,1975年10月参加工作,2008年8月任现职。

副主任:周洪林(2013.9—)

商务局:

局长:张宝国,1966年1月出生,河北省深县人,中共党员,本科学历,高级经济师。1986年8月参加工作,2013年5月任现职。

副调研员(主持粮食工作):宋守军,1967年12月出生,吉林省怀德县人,中共党员,本科学历,副研究馆员。1991年7月参加工作,2014年3月任现职。

副局长:

佟立(满族)(2010.4—)
周玉玲(女)(2013.5—)
韩孝勇(2013.9—)(从事粮食工作)

住房和城乡建设局:

局长:吴晓伟,1966年2月出生,黑龙江省青冈县人,中共党员,本科学历,高级工程师。1984年12月参加工作,2014年1月任现职。

副局长:

赫荣君(满族)(2014.1—)

交通运输局:

局长:辛超英,1959年2月出生,河北省景县人,中共党员,本科学历,高级道桥工程师。1975年9月参加工作,1999年3月任现职。

副局长:

罗春兰(女)(2008.7—)
吴振军(2008.7—)

教育局:

局长:陈森,1963年1月出生,吉林白城市人,中共党员,本科学历,中学高级教师。1983年8月参加工作,2008年8月任现职。

副局长:彭能文(2013.5—)

招生办主任:刘波(1997.11—)

卫生局:

局长:殷柯,1957年11月出生,湖南常宁市人,中共党员,本科学历,副主任医师。1975年10月参加工作,

2003 年 12 月任现职。

副局长:王延义(2010. 8—)

卫生监督所副所长、疾控中心主任:申晓光,1960 年 1 月出生,山东省海阳市人,中共党员,专科学历,副主任医师。1977 年 9 月参加工作,2013 年 9 月任现职。

国土资源局:

局长:陈冬利,女,1962 年 12 月出生,黑龙江省延寿县人,中共党员,本科学历。1978 年 9 月参加工作,2009 年 12 月至 2015 年 6 月任现职。

局长:付朝勇,1967 年 5 月出生,黑龙江省宾县人,中共党员,本科学历。1984 年 10 月参加工作,2015 年 7 月任现职。

副局长:

于成勇(2009. 12—)

俞向东(2005. 11—2015. 02)

工商物价局:

局长:张立新,1960 年 2 月出生,辽宁省锦州市人,中共党员,本科学历,经济师。1978 年 10 月参加工作,2012 年 11 月任现职。

非公经济组织党工委书记、副局长:曹金平(2000. 12—)

副局长:

闫达(2011. 6—)

黄万云(2011. 10—)

何永胜(满族)(2015. 9—)

副调研员:刘朝晖(2015. 7—)

消协办公室主任:

栾振民(2015. 9—)

孟文彬(2015. 9—)

环保局:

局长:张佳程,1969 年 1 月出生,河北省迁西县人,中共党员,本科学历,环保工程师。1991 年 9 月参加工作,2015 年 8 月任现职。

副局长:王春明(2001. 5—)

技术监督局:

局长:张朝华,1962 年 5 月出生,上海市人,中共党员,本科学历,高级质量工程师。1983 年 8 月参加工作,2012 年 7 月任现职。

副局长:郭三宝(女)(2015. 6—)

社会保险事业管理局:

局长:林沛霖,1958 年 8 月出生,山东省乳山市人,中共党员,本科学历,高级农业经济师。1977 年 9 月参加工作,2012 年 8 月任现职。

副局长:王斌(2005. 6—)

侯明(2013. 6—)

通信公司:

总经理:乔贵生,1961 年 1 月出生,河北省保定市人,中共党员,本科学历,高级政工师。1977 年 10 月参加工作,2005 年 5 月任现职。

副总经理:刘方泉(2005. 12—)

王静波(2012. 5—)

阳光农业相互保险公司:

总经理:朱建海,1964 年 8 月出生,湖南宁乡县人,中共党员,本科学历,高级会计师。1983 年 10 月参加工作,2005 年 6 月任现职。

副总经理:

谭建东(2009. 2—)

王保平(2009. 2—)

公安局:

局长、党委书记:石贵秋,1962 年 10 月出生,吉林省德惠市人,中共党员,本科学历,高级政工师。1979 年 12 月参加工作,2011 年 9 月任现职。

政委:何新德,1962 年 12 月出生,山东省莱西市人,中共党员,本科学历,高级政工师。1979 年 12 月参加工作,2008 年 1 月任现职。

副局长:雷显明(2008. 1—)

刘利斌(2012. 3—)

交警大队长:张学政(2008. 6—)

检察院:

检察长:唐健,1961 年 11 月出生,辽宁省沈阳市人,中共党员,本科学历,刑事照相工程师。1978 年 9 月参加工作,2009 年 6 月任现职。

副检察长:

黄邦艳(女)(2005. 5—)

曲兴武(2010. 3—)

黄启彪(2010. 3—)

政治处主任:王立实(2010. 6—)

法院:

党组书记、院长:何庆安,1963 年 11 月出生,山东省平阴县人,中共党员,研究生学历,四级高级法官。1981 年 10 月参加工作, 2014 年 7 月任现职。

副院长:张民(2001. 5—)

刘树田(2008. 11—)

王振武(2010. 3—)

政工处主任:

栾春玲(女)(2010. 8—)

司法局:

局长:秦红军,1960 年 8 月出生,山东省昌乐县人,中共党员,本科学历,高级政工师。1977 年 9 月参加工作,2014 年 1 月任现职。

副局长:杨桂琴(女)(2009. 11—)

公证处主任:武玉文(女)(2010. 6—)

人武部:

部长:徐恒军,1968 年 8 月出生,山东省临沂市人,中共党员,本科学历,上校军衔。1986 年 11 月入伍,2013 年 4 月任现职。

政委:马高亮,1976 年 12 月出生,河北唐县人,中共党员,本科学历。1994 年 9 月入伍,2015 年 6 月任现职。

副部长:马俊杞(2014. 02—)

广播电视局:

局长:姚微,1965 年 12 月出生,山东省蒙阴县人,中共党员,专科学历,中级政工师。1983 年 12 月参加工作,2012 年 12 月任现职。

副局长:

张冬生(2008. 10—)

王悦荣(女)(2013. 9—)

种子管理局:

局长:孙文宏,1967 年 3 月出生,黑龙江省虎林市人,中共党员,本科学历,高级农艺师。1991 年 7 月参加工作,2011 年 2 月任现职。

副局长:纪伟波(2013. 9—)

绿色食品办公室:

主任:王诺,女,1963年3月出生,黑龙江省双城市人,中共党员,专科学历,高级农艺师。1983年8月参加工作,2013年12月任现职。

残疾人联合会:

理事长:王志,1965年8月出生,辽宁省开原市人,中共党员,本科学历,中级讲师。1992年参加工作,2007年5月任现职。

党校(职工大学):

党委书记、纪委书记、工会主席:李建荒,1960年9月出生,河北省滦县人,中共党员,本科学历,高级经济师。1977年9月参加工作,2013年5月任现职。

常务副校长、职工大学校长:彭征江,1959年9月出生,山东省平邑人,中共党员,本科学历,教授级高级政工师。1976年10月参加工作,2013年5月任现职。

副校长:

高丽娟(女)(2013.9—)

牛西德(2014.11—)

教务处主任:陈兴凯(2005.10—)

北大营社区:

党委书记:艾亚南,1964年2月出生,黑龙江省密山市人,中共党员,本科学历,高级政工师。1988年7月参加工作,2012年3月任现职。

主任:欧坤祥,1959年4月出生,四川省潼南县人,中共党员,研究生学历,教授级高级政工师。1976年10月参加工作,2013年9月至2015年11月任现职。

党委副书记、纪委书记、工会主席:刘文升(2011.4—)

副主任:刘江(2011.3—)

农大社区(城管局):

主任、城管局局长:姜忠军,1970年3月出生,黑龙江省兰西县人,中共党员,研究生学历,政工师。1989年12月参加工作,2010年11月任现职。

党委书记:左秋岚,女,1966年9月出生,山东省巨野县人,中共党员,本科学历,高级政工师。1985年10月参加工作,2013年9月任现职。

副主任:郑培智(2011.6—)

武明彦(2011.6—)

党委副书记、纪委书记、工会主席:李卫忠(2014.5—)

党委委员、党群工作部部长:华如伟(2010.11—)

连珠山社区:

主任:董海军,1958年4月出生,辽宁省丹东市人,中共党员,本科学历,安全工程师。1975年9月参加工作,2010年3月任现职。

党委书记、纪委书记、工会主席:许晓舜,1965年5月出生,山东省东平县人,中共党员,本科学历,教授级高级政工师。1982年6月参加工作,2012年12月任现职。

中心医院:

院长:吴卫民,1963年12月出生,湖北省大悟县人,中共党员,本科学历,主任医师。1986年8月参加工作,2014年1月任现职。

党委书记、纪委书记:李力,1959年12月出生,辽宁省普兰店市人,中共党员,本科学历,高级政工师。1977年9月参加工作,2004年2月任现职。

副院长:

辛田花(女)(2013.9—)

朱福有(2004.4—)

高级中学:

校长:付贵林,满族,1962年2月出生,黑龙江省宁安县人,中共党员,本科学历,中学高级教师。1977年9月参加工作,2008年11月任现职。

党委书记:刘德芬,女,1963年7月出生,山东省商河县人,中共党员,本科学历,中学高级教师。1982年6月参加工作,2013年9月任现职。

纪委书记、副校长:吕世杰(2005.10—)

副校长:

郭永占(2005.7—)

林治霞(女)(2014.3—)

兴凯湖电业局:

局长:李斌,1966年12月出生,中共党员,吉林省农安县人,本科学历,高级电力工程师。1987年7月参加工作,2012年6月任现职。

党委书记:苗强,1973年4月出生,河北省宝坻市人,中共党员,研究生学历,高级电力工程师。1994年参加工作,2012年10月—2015年5月任职。

党委书记:杜万山,1964年10月出生,黑龙江省哈尔滨市人,中共党员,专科学历,电力工程师,1987年参加工作,2015年7月任职。

副局长:柳树森(2005.6—)

朱启振(2011.12—)

冯胜利(2014.3—)

纪委书记、工会主席:唐文德(2014.3—)

北方水泥有限公司:

党委书记、总经理:郭长春,1967年2月出生,河北省盐山市人,中共党员,专科学历,工程师。1987年12月参加工作,2003年1月任现职。

副经理:

覃琼珍(女)(2002.12—)

毕庶刚(2013.12—)

张学军(2013.12—)

李文涛(2014.12—)

农垦牡丹江农业科学研究所:

所长、科研种业党委书记:胡远富,1962年12月出生,辽宁省东沟市人,中共党员,本科学历,高级农艺师。1979年12月参加工作,2014年2月任现职。

勘测设计院:

院长:张胜利,1959年8月出生,山东省临清市人,中共党员,本科学历,高级建筑电气设计工程师。1976年11月参加工作,2008年4月任现职。

副院长:肖焱鑫(2009.1—)

农业培训中心:

总经理:韦红英,女,1966年11月出生,安徽省临泉县人,中共党员,本科学历,副高级政工师。1983年12月参加工作,2011年5月任现职。

北大荒经济开发区管理委员会：

主任：袭锋，1970年8月出生，山东省淄博市人，中共党员，本科学历，高级农艺师。1993年8月参加工作，2013年11月任现职。

党委书记：李红星，1964年6月出生，河北省迁西县人，中共党员，本科学历，教授级高级政工师。1981年11月参加工作，2013年11月任现职。

文体中心：

副主任：吴双伟，1966年9月出生，河南省驻马店市人，中共党员，本科学历，高级政工师。1985年11月参加工作，2013年12月任现职。

老年服务中心：

主任：朱国民，1959年11月出生，辽宁省铁岭市人，中共党员，本科学历，高级政工师。1976年10月参加工作，2013年9月任现职。

副主任：牛桂英(女)(2013.5—)

机关医院：

院长：刘云生，1959年9月出生，山东省东营市人，中共党员，研究生学历，主任医师。1976年11月参加工作，2013年09月任现职。

副院长：吴龙刚(2013.1—)

鑫能热电有限公司：

总经理：蔡绍齐，1966年11月出生，安徽省蚌埠市怀远县人，中共党员，本科学历，高级工程师。1988年参加工作，2006年任现职。

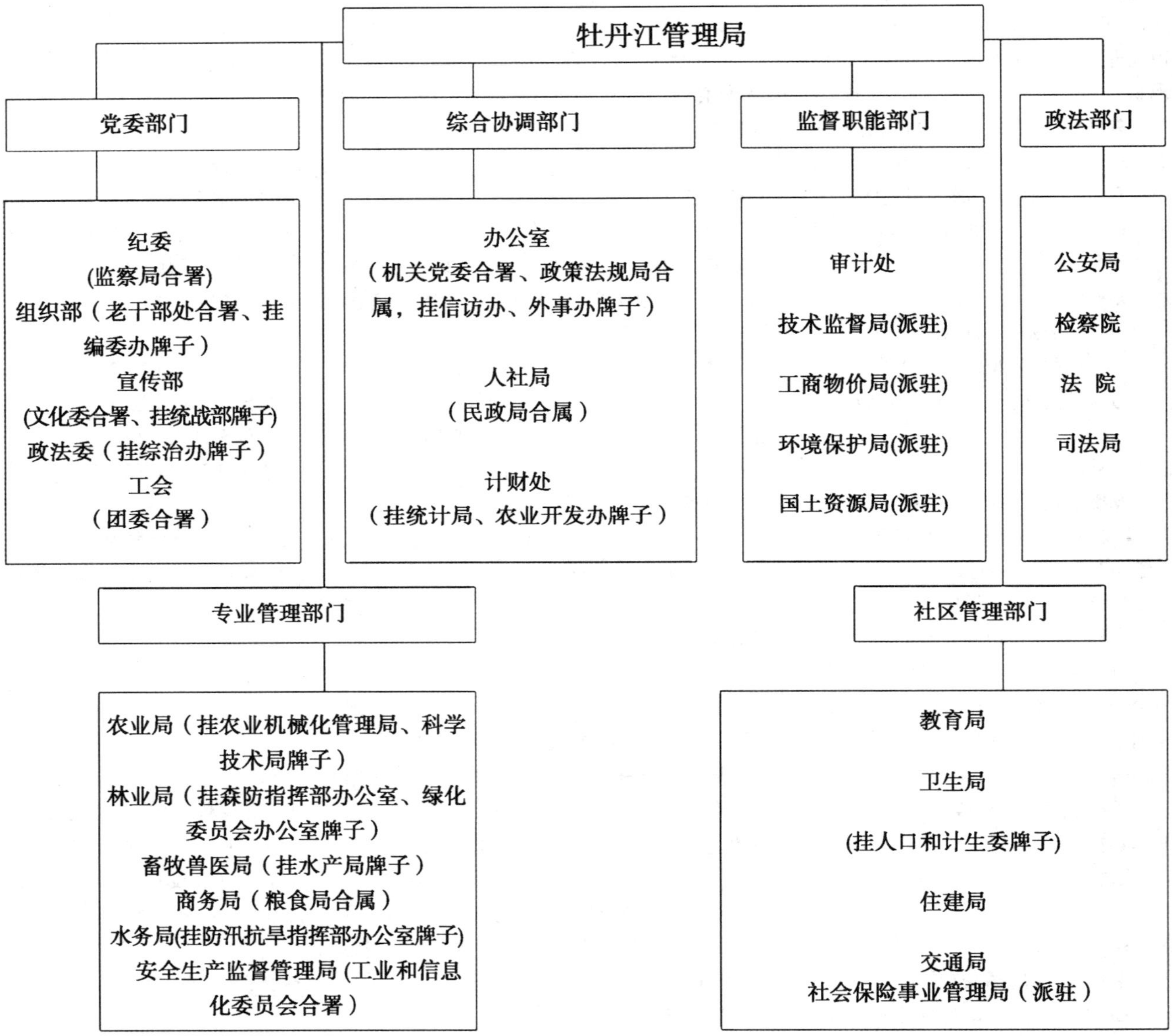

图10　牡丹江管理局机构示意图(2015年)

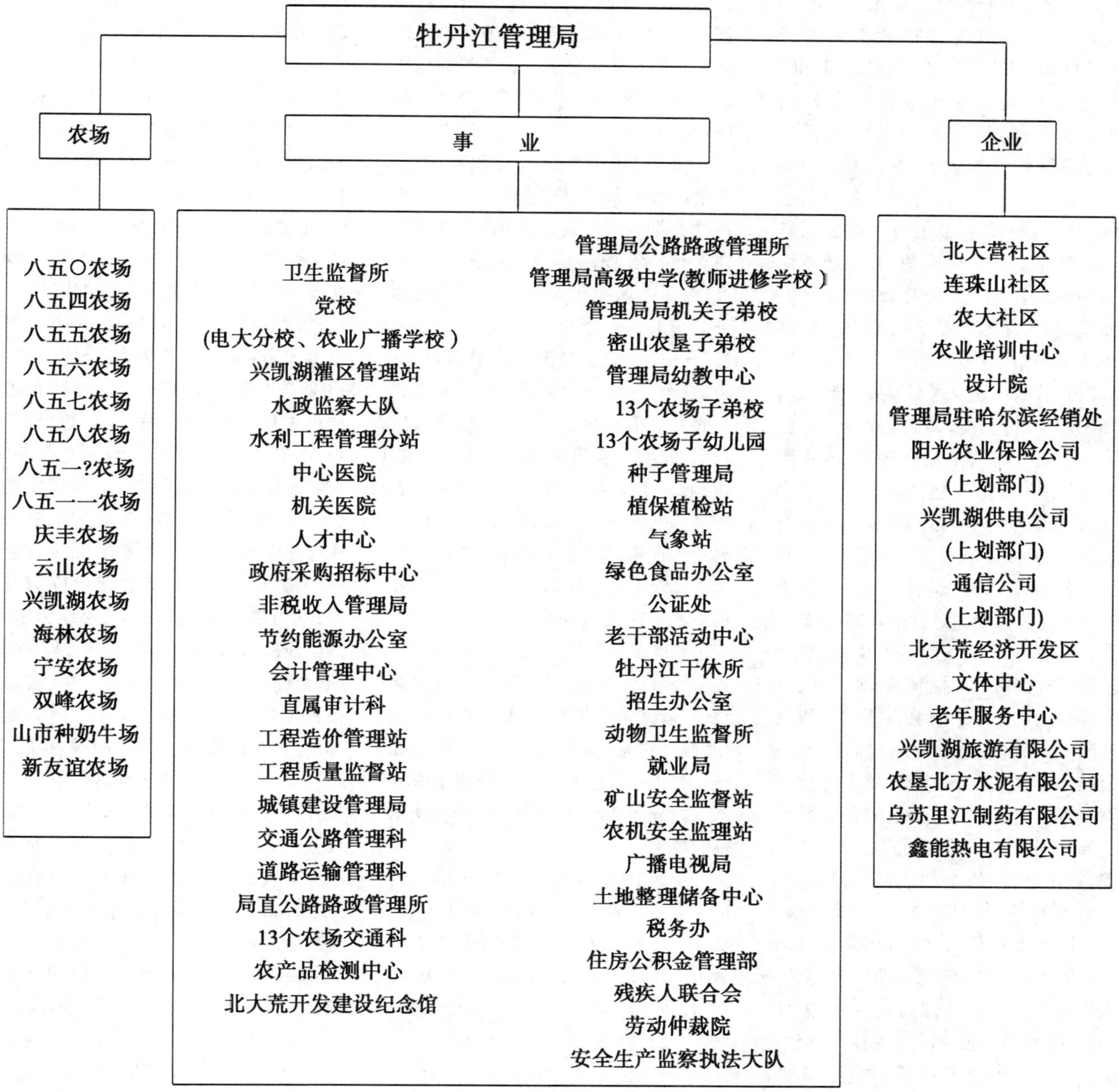

图11　牡丹江管理局下属企业事业单位示意图(2015年)

概况　牡丹江管理局始建于1956年6月。地处黑龙江省东南部,东经131°13′至133°37′,北纬40°57′至46°13′之间,北倚完达山,东临乌苏里江、松阿察河,南以兴凯湖、白棱河以及长白山系的太平岭与俄罗斯为界。边境线全长402公里,占全省边境线总长的1/8,占垦区边境线总长的一半以上,其中陆路边境线为88公里,水路边境线为314公里。辖区面积8519.97平方公里,其中耕地47.3万公顷,林地16.7万公顷,草地(包括人工和天然)4.2万公顷,水域及水利设施(滩涂、沟渠等)11.3万公顷,其他土地5.5万公顷。区域内河流湖泊众多,境内主要河流和湖泊有乌苏里江、穆棱河、七虎林河、松阿察河、阿布沁河和挠力河及大、小兴凯湖。境内流域面积大于50平方公里以上的河流有41条,多属于季节性河流,河流总长4441.85公里。

管理局下辖15个国有农场,横跨黑龙江省密山、虎林、宝清、鸡东、七台河、海林、宁安7个市县。管理局所在地距密山市13公里,距兴凯湖机场85公里。哈尔滨至东方红铁路和方虎公路横贯全境,建鸡高速从辖区内穿过,交通十分便利。管理局自然环境优美,青山环绕、绿水相依,全局拥有大小水库41座,其中省内大型水库5座,是我国北方最佳人居城镇,是大自然赋予的天然氧吧,现已被批准为国家级生态示范区。管理局大界江、大界湖、大湿地等生态旅游资源独具特色,生态园林城镇别具一格,共有AAAA旅游级景区2个,AAA级旅游景区3个,AA级旅游景区4个。八五六农场的山水园林城镇,八五〇农场和八五七农场的精品住宅小区,八五四农场的“山城”,八五八农场的“滨水城镇”,海林农场的北欧度假城和宁安农场的花园度假村等特色鲜明的城镇风格已初步形成,八五八草原湿地千岛林、乌苏里荷花海、完达山草原等自然景观引人入胜。坐落在八五一〇农场境内的兴凯湖当壁镇旅游度假区是国家AAAA级旅游景区,年接待游客80余万人次。海林农场和兴凯湖养殖场被列为黑龙江省重点旅游名镇,兴凯湖当壁镇旅游度假区、青山湖旅游度假区、乌苏里江湿地千岛林风景区分别被授予“中国最佳养生休闲旅游目的地”“中国最佳绿色生态旅游目的地”、“中国最美湿地生态旅游目的地”等称号。

管理局具有浓厚的文化底蕴,第一个国垦农场——宁安农场,第一个军垦农场——八五〇农场;王震将军在八五〇农场亲自点燃的第一把荒火;王震将军在北大营发出了向荒原进军的第一声号令;垦区的第一所大学——八一农垦大学在裴德镇建成;印发垦区的第一张报纸《农垦报》;成立北大荒第一个文工团;打造垦区以稻治涝第一水稻大场——八五六农场;第一个重点旅游名镇——海林农场。已成为牡丹江管理局城市文化新名片。管理局境内有吉祥、当壁镇两个国家级一类陆路口岸。所属宁安农场距离省对俄贸易龙头口岸绥芬河、东宁口岸180公里,实施跨境作业,打造域外垦区具有独特优势。在俄罗斯组建“新友谊农场”和“友邻农场”,在朝鲜建设“北大荒罗先友好农场”。在澳大利亚和津巴布韦分别组建了南洋八五〇分场和八五六分场两个境外示范农场。

辖属192个农牧渔业单位,有工商运建服企业272家,总人口20.1万人,从业人员8.7万人,各类专业技术人员近1.2万人。是一个以粮食生产为主,农、林、牧、渔全面发展,工、商、运、建、服综合经营,政、社、企一体,社会形态比较完整的经济社会区域。

管理局现有场处级党委28个,党总支69个,基层党支部656个,党员16420人。现有工会会员84710人,共青团员5500人。2015年,全局实现粮食总产37.65亿公斤,实现生产总值175.3亿元;实现工业总产值250.3亿元。经济结构和产业结构进一步优化,第一产业增加值101.2亿元,同比增长3.1%;第二产业增加值27.9亿元,同比增长-13.9%;第三产业增加值46.1亿元,同比增长7.1%;人均纯收入23157元,同比增长6.3%。农机装备总投入3.4亿元;农业机械总动力达了160万千瓦;田间作业综合机械化率达96.5%,农业机械化作业领域由粮食作物向经特作物、设施农业发展,由产中向产前、产后延伸。

种植业　立足常年抗灾思想,克服大田播种期间连续降雨,整地、播种作业异常等困难,春播期间各作物播种面积完成率100%。总播种面积达44.7万公顷,其中粮豆面积43.6万公顷,粮食总产达37.65亿公斤,平均公顷单产38.4公斤,连续13年粮食综合产能稳步提升。总播种面积44.7万公顷,粮豆面积43.6万公顷,其中水稻27.6万公顷,大豆1.94万公顷,玉米13.2万公顷,稳定特色经济作物种植面积达1.1万公顷。完成伏秋整地面积44.7万公顷,100%实现黑色越冬,作物面积全部达播种状态。旱田实现少耕节能耕作面积17.12万公顷,其中浅翻深松13.3万公顷、耙茬0.55万公顷、平翻3.1万公顷、留原茬0.17万公顷;水田耕作以浅翻为主、松旋为辅,其中浅翻27.8万公顷、旋耕14万公顷;秸秆还田面积44.43万公顷,占总播种面积的99.4%。坚持开展农业部、总局农作物高产创建和绿色增产模式攻关等活动,高标准落实农业部级万亩高产创建示范片33个,整建制任务1个。经专家组实测,三大作物都取得了较好的产量,其中八五五农场玉米万亩示范片公顷产量达14152.4公斤总局排名第五名、八五〇农场大豆万亩示范片公顷产量达3567公斤总局排名第三名。绿色增产模式攻关八五四农场玉米小面积攻关应用最高公顷产量达15780公斤、八五五农场绿色增产小面积攻关最高公顷产量达14987.7公斤。落实农作物良种补贴4956.17万元,切实提高了农户的生产积极性;落实测土配方施肥385万元、耕地保护与质量提升项目240万元,加大了测土配方施肥推广力度,提高了测土配方施肥的准确度,为保护耕地提供翔实的试验数据;落实高产创建和绿色增产模式攻关资金528万元,圆满完成创建任务,进一步促进了高产技术集成与推广。有农技管理人员152人,农业研发人员164人,管理区农技推广人员1403人。全局建有农业科技示范园区15个,面积560公顷,管理区新技术示范区68个面积56公顷,科技示范带长度250公里面积达4.4万公顷,科技示范户2000户。其中总局级农业科技园区3个,省级农业科技示范园区1个,省级科技成果推广示范基地2个,全国青少年农业科普示范基地3个。八五〇农场农业科技园区、八五一一农场畜牧科技园区和宁安农场的高效经济作物科技园区是总局级科技园区,八五〇农场现代农业科技示范园区和八五一一农场完达山良种奶牛场是省级农业科技成果推广示范基地,八五〇农场现代农业科技示范园区是省级农业科技示范园区,八五〇农场、八五四农场和八五六农场农业科技园区是全国青少年农业科普示范基地。全年水稻病害发生0.73万公顷,防治91.52万公顷,其中:稻瘟病发生0.03万公顷,防治74.87万公顷;纹枯病发生0.09万公顷,防治3.79万公顷。玉米病害发生0.003万公顷,防治4.88万公顷;玉米虫害发生0.26万公顷,防治4.35万公顷。

畜牧渔业　奶牛业转型升级,基本实现奶牛专业化养殖,结束了奶牛“小、散、低、差”的传统养殖时代,为加快发展现代奶牛业发展奠定了坚实基础。实现奶牛存栏4.2万头,鲜奶产量8.5万吨;肉牛存栏5330头,饲养量1万头;生猪存栏5.9万头,饲养量1.6万头;羊存栏1万只,饲养量2.2万只;禽存栏37万只,饲养量98.1万只,进一步优化了奶牛养殖布局。根据资源禀赋、奶牛生产现状、发展潜力和发展趋势,实施“两牛并重,突出优势”的发展思路,调整优化了全局奶牛业专业化养殖布局,确定了奶牛养殖核心区,建立33916头高产高效奶牛核心群。总结推广了乳肉兼用牛养殖模式,全面完成了现代示范奶牛场场建设并通过了省级验收。新建现代示范奶牛场建设总投资59958万元,完成土建工程总面积35.2万平方米,装配了国际一流设施设备,从澳大利亚、新西兰引进奶牛1万头。加快推进奶牛养殖小区牧场化改造,通过政策引导、以完善基础设施、改善生产条件为标准,以合作社为载体,通过规模化、集约化、标准化和专业化养殖,提高现有奶牛养殖小区的基础设施、奶牛单产、生鲜乳质量和养殖效益,降低劳动强度和养殖风险,引导发展规模养殖,推动奶牛养殖小区向牧场化转变。奶牛单产九吨高产攻关活动成效处于垦区同行领先地位。加快发展混合所有制奶牛场,推广“你的牛,我来养”的奶牛专业化养殖模式,全局参与奶牛股份制养殖的人员达1万余人。盘活各类养殖资源发展特色养殖业。按照“奶牛养殖专业化、特色养殖资源化”的产业发展思路,推进特色养殖以专业场、专业户为组织形态,形成了一区一品的养殖格局,既有成规模饲养的生态鹅、山地鸡、狐貉、獭兔等特色品种,也饲养着名贵的兴凯湖梅花鹿、黑熊、鸵鸟等珍禽异兽、兴凯湖大白鱼、青山湖河蟹等特色水产品。强化渔业安全监管,完成渔业船舶登记、检验206艘,其中,捕捞渔船108艘、养殖渔船98艘。加强渔业执法检查,强化边境水域的渔政管理。完成机动渔业船舶燃油补贴的审核、统计、发放及总结上报工作。落实渔民相互保险的投保工作,渔民互助保险人数391人,收缴保费78200万元。完成八五四农场、云山农场、山市农场的渔政船购置工作。在兴凯湖鱼苗增殖放流283万尾,其中,翘嘴鲌33万尾(8至16厘米)、鲢鱼100万尾(5至8厘米)、鳙鱼150万尾(5至8厘米)。

农业机械　农机更新总投资3.5亿元,主要更新机具有拖拉机1345台,大中型联合收割机880台,配套农具1194台,插秧机598台,电动播种机619台,撒肥机176台,钢骨架大棚430栋,移动式烘干机4台,自动导航设备33台等,七个农场达了农机管理标准化示范场创建标准,近50%的单位农机管理达国家标准。按照《2015年牡丹江管理局农机工作意见》的要求,各农场根据耕地面积及机具保有量配齐、配全了农机管理人员和监理人员,并针对工作内容开展了农机购机补贴管理人员培训30人次,农机管理标准化示范场创建培训20人次,农机监理员培训67人次,农机驾驶证考试员、事故处理员培训40人次,农机安全生产培训150人次,为顺利开展农机工作打下了良好的基础。

林业　完成造林绿化面积567公顷。各农场共栽植乔木5.19万株、灌木25.16万丛、花卉7.18万平方米、修建绿篱7900米。投入义务植树资金306.93万元,参加运输车辆900余台次。各级召开造林部署会议31次,录制电视新闻74条,广播宣传47次,网络宣传32次;各农场开展绿化知识宣传服务活动57次。建立义务植树基地23块。总经营面积857017.4公顷,林业用地面积169372.6公顷,活立木总蓄积17530532立方米。其中有林地面积154839.1公顷,蓄积17511351立方米,较2014年分别增长534.2公顷和519843立方米;疏林地面积1138.6公顷,蓄积19181立方米;灌木林地面积2449.7公顷;未成林造林地面积3229.2公顷;苗圃用地111.7公顷;无林地820.8公顷;宜林地6740.7公顷;林辅用地42.8公顷。森林覆盖率18.1%;林木绿化率18.4%,较2014年分别增长了0.1个百分点。2015年总局下达计划采伐量总额是5.13万立方米,出材量3.98万立方米,2015年实际完成采伐作业量8695.15立方米,出材量5063.81立方米,分类和分项作业量均未超计划作业。争取到兴凯湖湿地生态效益补偿资金860万元,建设候鸟采食基地167公顷。全局无林业有害生物灾害发生,有害生物监测覆盖率达100%,苗木产地检疫率达100%,种苗抽查合格率平均在96%以上。全面落实2015年退耕还林后续产业项目总投资730.8万元。八五六农场、八五一一农场及海林农场加快完成退耕还林后续产业项目的扩初设计及建设工作。生产食用菌347万袋,产量576吨,产值1303万元,食用菌生产龙头企业7家。

水利　有中型水库4座,小(1)型水库23座,小(2)型水库16座,蓄滞洪区2座,水库设计总库容2.02亿立方米,兴利库容1.13亿立方米。管理局现有江河堤防48条,总长636.96公里,保护耕地17万公顷,保护村屯171个,保护人口16.13万人。重点堤防主要有穆棱河南堤、穆兴东堤、穆兴西堤、兴凯湖导流堤、七虎林河南、北堤、阿布沁河南堤、荒岗闸两侧堤、红军堤、幸福堤。主要泄洪闸有兴凯湖第一泄洪闸、兴凯湖第二泄洪闸、湖北闸、荒岗闸、芦苇放水闸、百米闸等。有各类机电井13619眼,其中水田井13282眼,机电井灌溉面积13.8万公顷。完成全口径水利建设投资34.94亿元,累计完成土方6.34亿立方米。石方264万立方米,砼方98.35万立方米。累计完成干渠685条,长3157.03公里,支渠9464条,长16752.75公里;干沟406条,长1982.49公里,支沟6815条,长10943.61公里。累计完成桥963座,涵19071座,闸3230座,跌水171座,其他建筑物4424座。

工业 有全口径工业企业340个,其中国有企业8个,非国有企业332个。规模以上工业企业45个(国有及销售收入2000万元以上工业企业)。国有及国有控股工业企业分别为兴凯湖电业局、牡丹江农垦鑫谷粮油加工有限公司,八五四、八五七、云山、八五一〇供暖、供水站6个。股份合作企业13个,个体私营企业306个,主要涉及粮食加工、食品制造等16个行业,经济比重较大的行业主要分布在碾米业101个,磨粉业1个,植物油加工业8个,医药业3个,机械制造业97个,水泥制造业5个,煤炭开采3个,电力生产及供应业7个,非国有经济比重占94%。目前各农场工业企业分布为八五〇农场14个,八五四农场18个,八五五农场29个,八五六农场62个,八五七农场46个,八五八农场21个,八五一〇农场15个,八五一一农场46个,庆丰农场9个,云山农场23个,兴凯湖农场10个,海林农场17个,宁安农场21个,双峰农场2个,山市农场2个,局直企业5个。有产业化龙头企业15户。垦区级产业化龙头企业3户,管理局级产业化龙头企业6户。全局工业企业现有资产总额49亿元,其中,国有资产6.5亿元,非国有资产42.5亿元。2015年实现工业增加值24.1亿元,同比下降26%,实现主营业务收入78.8亿元,同比下降21%,实现利润2.9亿元,同比减少1.5亿元。其中:碾米业预计实现增加值10.5亿元,占工业比重的44%。

建筑 各项建设投资累计1.96亿元,完成各类建筑总建筑面积4.16万平方米,人口城镇化率达75.95%,人均住宅面积达31.3平方米,城镇道路达319.54公里,排水管道312.17公里,人均绿化面积52.16平方米。新建污水处理厂3个,新建城镇硬化道路2.5公里,新增城镇绿化面积26.8万平方米,绿化种植各种树木近9.3万棵;全局绿化覆盖率达37.32%。新增给水管网2.62公里,新增排水管网0.69公里。

商务 实现外贸进出口总额9933.1万美元,其中,供货出口8419.06万美元,自营出口1514.04万美元,边贸出口2001.9万美元。代理出口额超百万美元的企业10余家,主要销往美国、德国、俄罗斯、韩国、日本、丹麦、新西兰等国家和地区,出口商品主要为大米、玉米、大豆、小豆、米粉、豆饼粉、糖甙等粮食和经济作物。海林农场糖甙深加工产品占自营出口总额的81%。新增宁安农场聚源食品加工有限责任公司野生山葱、蕨菜干出口韩国,占自营出口总额的15%。有10家企业拥有外贸进出口权。签订经济技术合作项目33项,签约额5.74亿元,实际到位资金4.03亿元。在建和签约的招商引资项目中,投资规模上亿元的项目1个,超千万元的项目15个。管理局先后组织参加了第117届中国进出口商品交易会(广交会)、2015北京国际农业农产品展览会、2015黑龙江国际绿色有机食品产业博览会暨哈尔滨世界农业博览会、第二届中俄博览会暨第二十六届哈洽会、第十三届中国国际农产品交易会和中国上海国际食品博览会、2015中国黑龙江餐饮博览会等大型展会,通过经贸平台推广和展示了管理局无公害、绿色、有机特色产品,共达成合作意向40余项。共组织各农场电子商务工作人员及企业负责人参加省、总局举办的电子商务知识和技能培训班3次,参加培训人员170人次,截至年末,全局共有13个农场利用淘宝、微信、大农网等7类第三方平台建立网店23家,其中八五〇、八五五、八五一〇、八五一一农场网店累计成交量1452次,总销售额485815元。

境外农业开发 新友谊农场完成播种面积2.4万公顷。总产7.52万吨。友邻农场种植大豆、玉米、牧草0.46万公顷,粮食总产1.8万吨;中朝北大荒罗先友好农业会社种植水稻110公顷,粮食总产800吨。加快与上海正大桑田农业有限公司、一拖集团以及北京康港集团的合作步伐,实施品牌战略,建立现代企业制度。6月末,组织北大荒种业集团有限公司、广东米高化工有限公司、中节能绿碳生物科技公司以及俄方合作伙伴欧化集团考察团赴新友谊农场进行实地考察,推进北大荒集团、种业与米高、欧化以及中节能集团的合作进程,增强了合作信心。协助新友谊农场办理了《关于增加企业境外投资总额的请示》和对外劳务合作经营资格证书,累计为农场出境管理和作业人员办理商务签证、旅游签证200余个,共组织350余人次旅游团队赴境外农业考察,为境外农业考察团队800余人提供出境服务。

旅游 落实构建"环兴凯湖旅游经济发展圈"的战略部署,充分发挥资源和区位优势,大力发展北大荒生态产业特色的兴凯湖旅游产业,把旅游资源优势转化为经济发展优势,提高旅游业整体实力和竞争力。拥有国家AAAA级旅游景区2个,AAA级旅游景区3个,AA级旅游景区4个,国内旅行社4家。兴凯湖当壁镇旅游度假区被授予"中国最佳养生休闲旅游目的地";青山湖旅游度假区被授予"中国最佳绿色生态旅游目的地";乌苏里湿地千岛林风景区被授予"中国最美湿地生态旅游目的地"称号。2015年,旅游接待人数100万人次,总收入1.5亿元。开辟三条"候鸟养老"线路,使"养老"和"旅游"有机结合。接待"候鸟养老"1780人次,发展势头良好。为八五八农场旅行社办理边境游经营许可证,为垦区唯一一家。为确保境外游的顺利开展,农场旅行社自行购买了2辆旅游专用车,开辟3条对俄旅游线路,可分别到达列索扎沃茨克、海参崴、贝加尔湖等。与北京北大荒旅行社有限公司合作开展知青专列活动,知青回访率攀升。全年北大荒回访团达上千人。与无锡滨湖福利中心——康寿老年服务中心异地老年基地合作,为垦区中老年人提供旅游路线及旅游服务,2015年共接待游客300人。当壁镇旅游度假区投资700万元建设温泉一期工程,已钻探2200多米,水温达38度;投资800多万元,新建沙滩休闲游乐接待中心休闲凉棚2座。宁安农场完成改建水上乐园项目,建设8000平方米水上乐园,包括人工造浪区、儿童戏水区、人工漂流区、中型水寨、SPA温泉等。兴凯湖完成新建裕鹿实业观光园项目,建设及观光、采摘、庄园、风情园、野战营、展厅、放牧于一体现代化旅游接待中心。

交通　农村公路建设完成总投资3840.4万元,交工验收农村公路建设项目四个,建设里程37.888公里,申请补贴资金3052.5万元,农场自筹787.9万元。其中,八五六农场26队至松阿察河至27队建设里程13.043公里,宁安农场6队至9队、6队至7队、迎门山水库至4队建设里程24.845公里。完成公路养护工作2432公里。农村公路养护完成总投资3052.08万元,其中财政转移支付资金1034万元,省财政47万元,农场配套1875万元,其他资金96.08万元。全局共整修路基410公里,处治路面病害5000平方米,更新公路标志120块,维修涵洞12道。八五七、八五一〇、云山、八五六、八五八农场获总局农村公路养护示范农场。更新营运客车4台,124个座位;更新出租车70台,350个座位;新增营运货车12台,127个吨位;新增三类汽修企业3家。共维护车辆2329台次,检测车辆2263台次;完成驾驶员诚信考核2995人;完成从业人员培训6期,对考试合格的517人发放了从业资格证。完成2014年度104台农村客运车辆、19台公交车辆、782台出租汽车,计1229万元的燃油补贴申报、预拨和清算工作。春运期间共计投入道路客运班车4676台次,发送8822个班次,安全运送旅客130825人次。全局路政治超共出动路政执法车885台次、路政执法人员2649人次,检查车辆5276辆,查处违法超限超载车辆60台,卸载60台、卸载货物总量450吨,劝返10台。超限率控制在1.5%以内。运政稽查工作共出动稽查人数4290人次,稽查343天、出动稽查车辆数2649台次、稽查客车2484台、货车7806台、出租车6159台、公交车65台,检查机动车维修经营者126户。

教育　15所幼儿园全部达省一类园校准,其中省示范性幼儿园6所;15所义务教育学校全部达黑龙江省标准化学校标准,其中先进学校10所;全局小学辍学率为0,初中辍学率为0.01%,小学阶段学生优良率达80%以上,初中学生优良率达60%以上,高中学生优良率达41%。幼儿园建筑面积56487平方米,学位数达4500人,幼儿园教职工503人,其中专任教师267人,保育员116人,在园幼儿3151人。学前三年毛入园率95%,学前一年入园率98%。高水平建设义务教育学校15所,辖区内随迁子女全部接受义务教育,三类残疾儿童接受义务教育入学率达85%。资助义务教育贫困生住宿生2120人,资助金额214万元。初中生学业水平测试优秀率达48%。高中招收新生1300人,高考本科上线人数较2014年增加4个百分点,艺体部高考舞蹈专业通过率100%,播音专业及文化通过率均为96.8%,音乐专业通过率96.43,文化课通过率92.9%;美术双通过达90.7%,体育专业通过达84.62%。资助贫困学生1876人,资助金额161万元。农广校实际招生215人,在校生4716人,2006年至2015年农广校及职工高中已结业16324人,共培训在职人员1.3万余人次。

卫生　管理局卫生监督和疾控机构合署办公共15家;医疗机构198家,其中三级医院1家、二级医院1家,一级医院13家,社区卫生服务站29家,基层卫生所146家,个体诊所8家。住院床位1416张。在岗工作人员共2095人。其中,卫生监督、疾控、计生人员共126人;全局共有卫生技术人员1817人。加强医疗纠纷调处能力建设,全年共调处医疗纠纷、投诉15起,已全部解决。加强人才引进力度,年内卫生系统招录25人。全局参加医学继续教育1653人;医师定期考核857人;医师岗前培训44人。举办各类培训4次,培训人员共计237余人。建立居民健康纸质和电子档18.29万份;0~6岁儿童健康管理6147人,系统管理率95.5%;老年人健康管理2.22万人,体检率80.4%;开展了8月龄至6岁儿童麻疹疫苗查漏补种和重点人群麻疹疫苗调查摸底活动。全局严重精神障碍免费体检率达60%以上。全年共检测居民户盐300份、检测餐具37份、检测末梢水261份、水源水140份、公共场所环境卫生学监测样本152份、医院环境卫生学监测样本480份。人口出生率4.21‰,死亡率5.04‰,人口自然增长率-0.83‰,生育符合政策率99.88%。及时兑现计划生育奖励优惠政策,发放独生子女父母奖励费146.23万元,独生子女父母退休一次性补助916.2万元,奖励政策兑现达100%。节假日期间共慰问计生特殊家庭947户,送慰问金11.67万元,慰问品0.78万元。二胎审批办证人数为163人,其中单独二胎审批办证人数为91人。严肃查处违法生育行为,依法依规征收社会抚养费共计6.4万元。

社会保障　2015年共征缴社会保险费92983万元,其中养老保险费64076万元(包括企业养老保险费49353万元、事业养老保险费14718万元、城镇居民养老保险费5万元)、失业保险费3887万元、工伤保险费884万元、生育保险费581万元、基本医疗保险费21299万元、大额医疗救助保险费598万元、垦区居民基本医疗保险费998万元、公务员基本医疗补助660万元。共为64794名离退休人员发放养老金170779万元,其中为61514名企业离、退休人员(包括个体人员)发放养老金156463万元,为3280名事业单位离、退休人员发放养老金14286万元,发放城镇居民养老金30万元,养老金发放率为100%。支付丧葬抚恤金2947万元,支付率为100%。及时调整企业退休人员待遇,人均月增资200元左右。共支付各项社会保险待遇29601万元,其中支付失业待遇1984万元(失业金153万元,医疗补助金40万元,稳岗就业补贴1791万元),支付基本医疗保险待遇21987万元,支付工伤保险待遇895万元,支付生育保险待遇409万元，支付大额医疗保险待遇1166万元，支付垦区居民基本医疗保险待遇2778万元，支付公务员医疗补助金382万元。各项社会保险待遇支付率均为100%。全局养老保险参保人数为63004人，其中个体参保人员22761人；基本医疗保险和大额救助保险参保人员101707人，其中个体参保人员9961人；失业保险、工伤保险和生育保险参保人数均为40234人；垦区居民基本医疗保险参保人数为71093人。机关、企、事业单位各项社会保险参保率为100%。提高基本医疗保险统筹基金的最高支付限额和报销比例，提高大额医疗费补助保险基金的最高支付限额和报销比例，提高指定严重慢性病人员的医疗待遇。对大额医疗费补助保险费缴费标准进行调整。进一步完善意外伤害无第三方责任赔偿的医疗费认定及支付手续和参保人员因病需要转往管理局以外定点医院治疗转诊转院审批手续。加强对医疗保险定点医院统筹基金支出结算管理。改造、扩建管理局医疗保险结算窗口，进一步提高医疗保险服务质量。截止2015年9月底，共采集信息14万人。集中整理、仔细核查参保信息，共核对参保信息124000余人次，数据10余万条。开展养老保险业务档案信息化管理整理入档工作。共整理档案3912盒，形成电子档案75万份。

美丽乡村建设　2015年通过综合分析各农场发展建设情况，总局确定了八五〇、八五七、八五八、海林4个农场和八五〇农场第十二管理区、八五四农场富荣管理区、八五六农场第十管理区、八五七农场第五管理区、八五一〇农场当壁镇管理区、云山农场第三管理区、庆丰农场第一管理区、兴凯湖农场南岗第二管理区等8个管理区为美丽乡村建设示范农场和管理区，同时各场结合实际情况确定发展目标，选择1～2个管理区为美丽乡村建设示范点，全面引领推动美丽乡村建设的开展。四个示范农场和八个示范管理区启动建设水泥晒场，农机库房、输电线路改造、硬化场区道路、供暖改造、中小学危防改造、建设垃圾处理厂、维修自来水管道、楼房维修、广场地面铺砖、场区栽种鲜花、草坪、绿化、硬化、美化等合计建设36项工程。计投资14988.84万元，年底完成计划投资14410.84万元。除四个示范农场和八个示范管理区外，管理局其他各场和管理区也积极推进和加快美丽乡村建设进程。2015年合计投资46345.58万元，完成了灌区水利农业基础设施、场区道路硬化、客车站点、整修田间路、清理淤沟、文化广场，各球类活动场、老年公寓、场区老旧房、管理区自来水改造、购置垃圾箱、建垃圾处理厂、种植草坪和各种花卉、绿色蔬菜大棚、利用秸秆牧场粪污建生物质能源等33项目建设工程。15个农场总计投入美丽乡村建设70435万元，完成计划投资60756.64万元，其中有9个农场100%地完成了年度投资计划和建设任务。

党建工作　管理局党委围绕“三严三实”要求，不断加强领导班子思想政治建设和作风建设，切实贯彻落实民主集中制，强化领导班子整体功能，领导班子领导科学发展的能力不断提高。扎实推进发挥农（牧）场党委领导集体核心作用试点工作，进一步规范农场党委班子议事规则和决策程序，为提高科学决策、民主决策、依法决策水平提供保障。在全局656个基层党组织中全面开展了服务型党组织创建活动，建立完善了党员干部调查研究等12项直接联系服务群众制度，加强整顿基层软弱涣散党组织，推动基层党组织晋位升级，全局实现了无D类党组织的工作目标。强化志愿者服务队伍建设，坚持一场一特色，建立了“七彩爱心服务队”“‘1+1’民声服务信息员服务队”、“孔德春爱心团队”等党员志愿服务队伍，目前全局志愿服务队伍人数总计已达1850余人。综合运用门户网站、QQ群、微信平台、网上信箱等新媒体平台开展服务党员、服务群众工作。着力推动“在职党员进社区”活动，全局8700余名在职党员全部走进社区认领服务岗位，作出服务承诺，与贫困户结帮扶对子3400个，建立党员服务区1190个、党员先锋岗2600多个、党员志愿者服务队154个，为群众办好事实事8200余件。全年共发展党员188人，召开支部会议10次，开展集中学习7次。全年组织函询8人次，系统录入全局处级以上干部个人有关事项报告180人，抽查核实领导干部个人有关事项报告21人共登记备案机关及企事业单位2363人，集中管理各类因私出国（境）证件1412本。对全局在职干部档案进行全面改版，并对干部“三龄二历一身份”信息进行集中专项审核，共审核认定干部档案9000余册，补充材料12000余份，处理解决问题3000余件。

宣传　以学习宣传贯彻习近平总书记系列讲话精神、“三严三实”内容为重点，全年局、场（处）级党委中心组学习平均达16.2次，撰写理论文章482篇。农场党委书记带头讲党课、大荒讲堂等送理论下基层学习视频在电视台、网站常年滚动播出。对“感动龙江人物”孔德春、垦区“首届道德模范”吴进堂、杨树林，垦区“十佳公仆”姜国君等多名典型进行了全方位的宣传。出版《时代的风向标》一书，共收录身边好人典型80余人。全局在媒体发稿6780余篇，其中《人民日报》刊登2篇，省以上稿件突破了650篇；在《北大荒日报》上稿总量排名第二。率先在垦区创建牡丹江管理局微信公众账号，推出主题宣传10个，发布微信作品91个，全局15个农场均已创建官方微信公众账号；王瑞利、关显昌获得2015年度“北大荒网络达人”称号。开展“文明始于心，践于行”微电影大赛和电视诗歌散文大赛，召开了社会主义核心价值观行动推进会，承担了垦区“宣传思想工作‘能力建设年’研讨会”和“新媒体应用经验交流会”的组织筹备工作。全局共悬挂和制作传递正能量的宣传标牌2600余个，开展主题教育520余次，征集公益广告22个，在电视台播放达360多次，免费为基层发放学习资料180余套。

精神文明建设　管理局创建全国文明单位2个，全国文明村镇3个，省级各类文明先进8个，总局级20个，管理局级35个，省以上文明单位创建总数位居垦区第一。全局以“讲文明、树新风”为主题，开展了“文明邻里”“文明楼道”“文明言行”等主题活动38

次;以“我们的节日”为重点,开展的“端午聊历史”“仲秋话团圆”等传统节日活动65次;倡导“文明你我他,志愿我先行”,在兴凯湖农场举行了志愿者服务启动大会,为全局18支志愿服务队授旗,对12名优秀志愿者予以表彰。全局志愿者网上注册人数已超过万人,发布活动300多次,孔德春爱心团队、七彩服务队、夕阳红爱心团队等志愿品牌已成为垦区志愿服务工作的排头兵;在全局选树了云山农场、兴凯湖农场、八五一一农场为志愿服务活动示范单位。八五一一农场社区被评为黑龙江省未成年人思想道德建设先进集体;八五一一农场宣传部部长王瑞利被评为黑龙江省未成年人思想道德建设先进工作者。

文化　参加首届中俄(哈尔滨)文化博览会暨北大荒文化产品展示交流会,参展的158部作品及文化产品受到广泛关注,签订了30余万元的意向性协议,销售文化产品3万余元;八五六农场林凤全油画《大荒夏韵》获得唯一金奖;八五六农场黄永兴的摄影作品获得银奖,八五一〇农场李洪涛的钢笔画获铜奖。加大了全民健身和文化信息共享工程落地力度,为15个农场管理区落实文化活动经费106万元;落实健身路径、室内活动室等健身器材36套;落实边疆万里数字文化长廊工程、灯光音响设备14套。编制管理局文化体育事业“十三五”发展规划;发挥协会作用,开展了全局性的“民族魂·中国梦”主题演讲比赛、书画摄影展;以全民健身的“我参与我运动我快乐”为主题,开展的羽毛球赛、有氧健身操等大型活动共达320多场次,参与人数达5万多人,彰显了文化之都的生机与活力。在垦区青年歌手大赛中,八五七农场姜丽娟获创作一等奖;八五五农场李春雷、云山农场丁智捷获通俗一等奖;八五四农场王丙龙获民族一等奖;农大社区李洋洋获美声一等奖;八五七农场姜丽娟获通俗二等奖;八五六农场张雪茹、八五七农场刘艺获民族二等奖;八五〇农场康世绅获美声二等奖。　(王金伟　潘　越)

牡丹江管理局基本情况及国民经济核实主要指标完成情况统计表

(2015 年)

单位名称	单位	牡丹江管理局	八五〇农场	八五四农场	八五五农场	八五六农场	八五七农场	八五八农场	八五一〇农场	八五一一农场	庆丰农场	云山农场	兴凯湖农场	海林农场	宁安农场	山市种奶牛场	双峰农场	局直
一、管理区个数	各	103	13	12	6	7	10	9	4	7	9	10	6	3	3	4	—	—
二、总户数	户	86611	6466	7479	5914	8387	6533	5154	6701	6590	5420	4654	4521	2793	3119	2685	642	9553
三、总人口	人	201298	14388	20805	13822	20497	17113	12707	13815	14321	13483	11043	9702	7154	6816	6494	1829	17309
其中:男性	人	105598	7156	10402	6932	11160	8804	7140	7773	6949	6864	5719	5080	3517	3451	4022	989	9640
女性	人	95700	7232	10403	6890	9337	8309	5567	6042	7372	6619	5324	4622	3637	3365	2472	840	7669
少数民族人口	人	3519	259	811	227	352	96	67	246	38	219	95	252	454	241	120	7	35
四、生产总值	万元	1753172	128333	223976	75941	227827	147774	145724	79721	106946	121828	118456	148902	69141	51621	8304	7735	90943
五、人均生产总值	元	8.7893	8.8966	10.7552	5.9627	11.7014	8.6309	11.5356	5.7523	7.3591	9.1196	10.7204	15.3262	9.6384	7.6920	1.3392	4.2280	5.1017
六、工农业总产出	万元	2503408.9	202590.1	374679.4	97434	303413.3	215798.8	251891.2	112283.8	162140.8	205109.6	158430.9	118181.1	111268.6	96993	13808	13741	65645
七、粮食产量	吨	3764903	269909	582229	245788	682154	317299	303075	170095	145856	335363	247689	334533	41082	50500	16703	22628	—
八、固定资产投资	万元	139848.71	13243	14700.8	11656.02	16070.8	5763.5	11040	2576	14551.02	6844	6362	7141	4680	455	1925.07	280	22560.5
九、从业人员劳动报酬	万元	205358	10772	19600	9957	16738	13356	37831	10392	9246	7241	13012	9577	12743	5889	2997	1691	24316
十、从业人员平均劳动报酬	元	23488	20301	22180	17695	18315	18803	41600	19523	16762	17919	29688	17004	30884	22273	10361	18639	35446
十一、垦区人均可支配收入	元	23157	23518	23738	22903	24595	23402	23193	21579	21872	23773	22945	24924	22687	23678	12452	21772	25538

八五〇农场

农场场长:刘佳明,1968年5月出生,山东莒南人,中共党员,本科学历,高级兽医师。1991年7月参加工作,2010年8月任现职。

党委书记:张卫华,1963年10月出生,四川巴中人,中共党员,本科学历,高级政工师。1984年8月参加工作,2010年8月任现职。

党委副书记、纪委书记:张昭宏(2011.5—)

工会主席:张天会(2011.4—)

副场长:粟华(2009.12—)

贾春水(2011.10—)

纪军(2012.7—)

党委委员、武装部部长:齐长春(2011.4—)

党委委员、办公室主任:王万昌(2013.10—)

概况　八五〇农场位于黑龙江省虎林市西部,坐落在完达山脉南麓,穆棱河北岸,七虎林河贯穿农场。地理坐标北纬45°40′54″,东经132°15′51″。北与云山农场及八五四农场接壤,南邻穆棱河与八五六农场相望,东面是虎林市宝东乡、新乐乡,西部与石头河及虎林市杨岗乡相邻。农场居于牡丹江管理局农场群中心,哈东铁路、方虎公路贯穿场境,境内建鸡高速公路设有出口,区位优势、交通优势和资源优势明显。农场境内地形西北部以山区为主,中部为山前漫岗,东部为平原。农场土地总面积5.21万公顷,其中耕地3.34万公顷,林地0.9万公顷,总人口1.44万人,下设13个管理区;28个工商运建服企业;场部地区分为四个居民区。

2015年,农场坚持和推进依法治场、管理强场、文化兴场,充分发挥区位、资源、文化优势,深度挖掘和拓展境内外农业发展、农产品产业链延伸及交通铁路线发展及军垦第一场文化品牌发展三种潜力和空间,实现农场经济和社会稳步健康发展。实现生产总值12.8亿元,其中,第一产业7.1亿元,第二产业2.6亿元,第三产业3.1亿元;粮食产量27万吨;居民人均可支配收入23518元;实现利润2757万元。

种植业　落实农作物播种面积3.34万公顷,其中水稻2.43万公顷、玉米0.66万公顷、大豆0.032万公顷、杂豆0.172万公顷、经济作物0.05万公顷。在稳定水稻种植面积的基础上,扩大了玉米种植规模,发展绿芯黑大豆、红小豆、高粱、谷子、药材等高效经济作物。通过优良作物品种的选择,优化作物品种结构,确保主栽作物的稳产、高产。经总局专家组测产,三大作物高产创建万亩示范片实测产量及玉米和水稻绿色增产模式公关实测产量全部超过目标产量。实施标准化管理,农场2.33万公顷水稻经农业部和中国绿色食品发展中心批准,获全国绿色食品原料标准化生产基地称号。1万公顷水稻实现全程可追溯,追溯产品在1688电商平台开办店铺,实行网络销售与实体销售相结合,提高追溯产品的市场知名度,扩大市场销售份额;农场与垦通公司合作开展“互联网+农业”模式,实现追溯精度到户,追溯面积达246.67余公顷。

农业基础设施建设　利用国投资金和农场自筹资金新建、扩充晒场6.7万平方米,农机具停放库房3720平方米,对3个作业站实施油改电工程等项目,改造维修生资公司库房及办公室660平方米。水利专项金额投资3293万元,重点实施“节水增粮、农业综合开发2个、新增千亿斤粮食生产能力、小型农田水利、兴农桥、防洪除涝、应急度汛、工程维修”等项目,其中沟渠清淤65公里;渠道整形20条、长度34.74公里;渠道衬砌28.6公里;田间砂石路9.29公里;建筑物232座;长33.74米兴农桥1座;更新大棚320栋;量水设施8套;生态绿化带2300米;应急工程35项。农机更新总投入2715.76万元,引进更新农业机械825台(套),抵御自然风险能力增强。

境外农业　在稳定澳大利亚境外农场发展的同时,继续扩大在俄罗斯的种植规模,现已在俄共租赁水田面积3085.33公顷,合作伙伴达3家,分别为拓源公司、柴琳娜公司、利科斯公司,种植基地3个,种植农户17户,分别位于彼德洛维奇、西瓦霍夫卡和诺瓦提维擦。

畜牧业　奶牛存栏3217头,鲜奶总产8255吨。重点推进卫星奶牛小区改造工程和第十二管理区奶牛小区集中榨乳厅建设,进一步整合集中饲养规模。

林业　完成造林16.67公顷,栽植各类树木13万株。林木种苗繁育46.67公顷,生产食用菌20万袋,大棚果蔬、红树莓等林业经济实现了长足发展。

工业　以调结构、拓市场、出新品为主线,重新进行市场定位,以中高端产品研发为重点,寻求市场新的消费群体,引导稻谷加工行业走出低谷。园区基础设施日趋完善。投资154万元完成10个千吨仓的保温改造项目;投资37万元,对粮库的房式仓和站台罩棚进行了设施改造,新增储藏能力5000吨。华彬公司自筹500万元完成综合办公楼和站台硬化3500平方米等基础设施建设。实施名牌战略,培育稻谷加工名牌企业,优化产品结构和企业组织结构,完成了“圣丹”品牌整合,组建水稻加工企业生产经营联合体,促进了企业做强做大。推进产业化经营,打造“市场+企业+农户”的经营模式,借助“互联网+”的先进平台,与农户结成利益共同体,以解决市场需求与粮食生产脱节问题,进一步稳定企业原料来源,共同抵御市场价格风险,实现产前提供金融服务,产后延伸产品销售,企业农户双赢的局面。农场大米系列产品成功进入了“央视网商城”电子商务销售平台,实现网上销售和线下销售同步进行。农场域外兴凯湖湖米被央视网评为全国首批“中国好物产”优秀供应商。成功完成长三角销售网络布局,委托销售商成功入住昆山高新两岸青年创业园。拓展集装箱物流体系,向全方位、大物流、综合运输模式发展,全年货物吞吐量达20万吨,其中集装箱铁海联运发运量达2万余吨。邀请外地客商来场实地考察、加强合作,扩大内贸渠道,促进产品销售。已同苏州、惠州、深圳等地客商建立了业务联系。甘肃一家玉米精深加工企业已确定来场投资建厂。粮食安全储备能力不断提高。国储粮代储实现第一批开库,按国家最低保护价收储水稻4.5万吨,比2014年增加125%。

民生工程　以"满足急需、突出民生、促进生产、量力而行"为原则,压缩基建项目规模和投资额度,重点推进和落实群众迫切需求的民生工程,确解民生难题。安排职工疗养38人,比上年增加21人,实现了倍增目标;农场落实水管站住区120户居民自来水改造工程,新建露天市场一处;对场部9区、10区449户及经济区老平房居民的室内电力线路实施了除险改造;对畜牧队住区房屋实施统一改造,改善了280余户居民的居住条件;通过实施市政和公共设施维修工程,保证了场部及重点管理区上下水、供热、排水、小区道路及公共建筑的正常运行和使用;新建3600平方米塑胶篮球场,为居民提供了良好的健身娱乐条件;货车停放场投入使用,规范了大货车停放秩序;分户供热工程的推广,提高了供热效果。华彬粮油公司自筹建设消防设施一处、防尘网500余延长米,改善了周边环境质量。　(张仁群)

八五四农场
八五四分公司

分公司总经理、农场党委副书记:殷松,1968年3月出生,山东省胶南市人,中共党员,研究生学历,粮食高级工程师。1986年12月参加工作,2008年7月任现职。

农场党委书记、场长:刘延年,1962年4月出生,黑龙江省虎林市人,中共党员,专科学历,高级政工师。1978年10月参加工作,2012年6月任现职。

农场党委副书记、纪委书记:冉光明(2012.7—)

分公司副总经理:郄思维(2008.9—)

农场工会主席:王忠军(女)(2010.4—)

分公司副总经理:

张国军(2013.5—)

朱乐林(2010.10—)

农场社区副主任:王广胜(2002.8—)

分公司副总经理、财务总监:王立(2008.9—2015.6)

分公司副总经理:钟泉伟(2015.6—)

分公司财务总监:韩振南(2010.7—2015.6)

农场党委委员、党委组织部部长:夏振芳(女)(2008.12—)

概况　八五四农场位于黑龙江省三江平原东部、完达山南麓,地处虎林市和宝清县境内。境内哈东铁路、建鸡高速、虎宝公路贯通。地理坐标为北纬45°50′~46°13′,东经132°36′~133°35′。农场始建于1956年7月17日,农场辖区总面积123908.76公顷,农场总人口20805人,总户数7479户。拥有耕地面积67927公顷,林地面积18202.3公顷。农业机械总动力200371千瓦。农场下设4个中心管理区、34个作业站,场部直属单位18个,驻场单位4个。

2015年,八五四农场、分公司实现生产总值22.39亿元,分公司主营业务收入2亿元,人均可支配收入2.37万元。

种植业　实现粮食总产58.2万吨,同比增长5.86%,粮食平均公顷产10450.5公斤。推进完善高产攻关创建工作,建设水稻高产万亩示范片3个、玉米高产万亩示范片1个、大豆高产万亩示范片1个,顺利通过农垦总局、牡丹江管理局验收。坚持"一控、两减、三基本"标准,积极推广农业生产新技术,落实总局级农业科研课题10项,与黑龙江农科院佳木斯分院共同承担国家级科研课题"白浆土农田土壤改良"项目,有效建立白浆土改良技术体系。进一步加强农产品质量追溯系统建设,实现15万亩水稻追溯规模,被农业部绿色食品办公室及中国绿色食品发展中心批准为全国绿色食品原料(水稻)标准化生产基地。加大种子繁育加工监管力度,发放水稻良种补贴1035万元。投资5280万元更新农机具989台(套)。投资624万元改造农机具停放场面8.8万平方米。新增农机库房达6070平方米,基本实现农机具入场库停放。

工业　实现工业总产值9.7亿元,工业增加值2.7亿元,招商引资2500万元,外贸出口创汇5287.7万元。累计投资6802万元,进一步完善工业园区"六通一平"建设。完成谷黄金农业集团粮食烘干设施建设项目一期工程,建设1200吨周转仓1座,建设房式仓及综合用房等设施总占地1.2万平方米,有效提升粮食烘干、仓储能力。积极贯彻落实管理局红小豆产业战略部署,制定发展规划,组织技术培训,创建38栋育秧棚复种的红小豆种植示范基地,扶持培育红小豆加工龙头企业。野宝药业生产基地建设再上台阶,生产指标创历史新高。目前园区已拥有省级龙头企业4家,总局级龙头企业1家。

畜牧业　坚持发展以奶牛为主的特色畜牧业,同时以生产健康绿色环保的畜禽产品为目标,畜牧业继续保持强劲增长态势,全年投资451万元建设奶牛小区。实现奶牛存栏1600头,生猪牛羊饲养量12200头,肉蛋奶总产量4872吨。

经贸流通　通过及时对市场行情进行分析预测,准确判断粮食价格走势,合理把握粮食经营商机,并通过各种途径和方式,搭建销售平台,拓宽销售渠道。2015年,销售农产品总量97556吨,其中水稻94750吨、大豆339吨、玉米2467吨。销售有机产品290吨,其中有机豆粕90吨,出口有机混合饲料200吨。为了保证各品种肥料质量,降低种植成本,实行统一采购肥料,为农户降低成本达400余万元,2015年肥料共计贮备13114.45吨。参加了北京爱科赛尔认证中心有限公司(ECOCERT)和南京国环有机认证中心的有机认证培训并通过有机生产基地及有机产品加工认证审核工作。仓储物流能力进一步提升,全年输送销售农产品7.7万吨,储备农资1.3万吨。

水利建设　加大对于水利建设项目的投入力度。小型农田水利工程申请国家全额财政资金投资200.1万元,完成西大岗滞洪区背水坡3.25公里加固工程。高标准农田建设项目投资767.2万元,开挖疏浚渠道18.33公里;建设渠系建筑物18座;修缮砂石路29.957公里。分公司维修工程投资1915万元,完成机耕路修建、清淤沟渠、灌区建筑物、土地平整和维修抗旱工程。西大岗泄洪闸除险加固工程争取国家投资422万元,总投资528万元,总工程量2.67万立方米。

社会事业　完成101、102号住宅楼危房改造竣工验收工作。进一步推进城镇绿化工程建设,完善维护绿色大通道、北山生态公园及绿色城堡生态质量,补栽维护花卉树木10.6万株,绿化面积已增至8.4万平方米。实施精准帮扶模式,继续开展了"百优帮百户"职工共富活动,全年发放配套扶低支富资金40万元,累计发放春节慰问、金秋助学、日常救助资金等共计60万元。巩固离退休人员养老金社会化发放成果,及时准确支付各项社会保险待遇2.14亿元。高度重视学校食堂安全工作,投资168万元完成学生食堂改建,新建幼儿园塑胶活动场地一处,学校荣获"全国中小学百佳教育研究单位"称号。群策群力,完成并出版农场第四部志书。人力资源和社会保障工作成绩突出,经管理局劳动保障鉴定机关和诚信评价工作组的评定,荣获劳动保障诚信A级单位荣誉称号。政法部门全面推进依法治场进程,法律宣传微电影作品《无言的骗局》在管理局微电影节中荣获"最佳影片奖"等众多奖项。信访维稳成效显著,安全生产保障得力,社会治安持续稳定,"平安农场"建设稳步推进。

精神文明　精神文明创建成果丰硕,富荣管理区荣获"全国文明村镇",阿南管理区荣获"总局级文明单位",三个单位荣获管理局文明单位,一人当选垦区"首届道德模范",志愿服务迈入常态化,社区侨务工作稳步开展,进一步提升了农场文明程度。在青少年中率先开展社会主义核心价值观教育,团委印制《社会主义核心价值观童谣集》600本,让核心价值观教育融入到实践中。

(周春华　朴晓明　杜省斌)

八五六农场
八五六分公司

分公司总经理:金哲,朝鲜族,1962年5月出生,黑龙江省海林市人,中共党员,本科学历,高级经济师。1983年8月参加工作,2013年10月任现职。

农场党委书记、场长:郑玉忠,1964年11月出生,山东省褚城市人,中共党员,本科学历,高级政工师。1983年10月参加工作,2011年1月任现职。

党委副书记、纪委书记:车明英(女)(2014.11—)

副场长:李晓兵(2013.4—)
芦丽华(2014.3—)
沈敏(2014.1—)

工会主席:赵　霖(2014.11—)

分公司副总经理:
陈贵友(2013.5—2015.11)
陈德权(2013.5—)
张东华(2014.4—)
魏玉田(2014.5—)
张凤虎(2015.11—)

分公司财务总监:柳新民(2014.11—)

概况　八五六农场于1955年3月建场。地理坐标北纬45°22′24″~45°44′50″,东经132°28′~133°11′38″。地处大穆棱河下游南岸,横跨虎林、密山两市,面积1259平方公里。东与八五八农场、庆丰农场、虎林市虎林镇接壤,北沿大穆棱河与虎林市虎林镇、宝东镇、八五〇农场搭界,西靠穆兴分洪道与八五七农场相邻,南与兴凯湖农场毗连,东南隔松阿察河与俄罗斯相望。东距国家一类陆路吉祥口岸59.7公里,南离兴凯湖畔60公里。设7个管理区,29个作业站。户籍人口1.7万人,农场主要企事业单位有中学、小学、医院、场直社区综合管理服务中心、宝东居委会、虎林生产资料公司、西岗齿轮总厂社区、虎林电厂社区。驻场机构有农业银行、建设银行、邮政储蓄银行、农村合作银行、哈尔滨银行五家银行及邮局、税务、保险、电力、通信、工商、土地、加油站等部门和单位。

2015年,实现生产总值22.78亿元,比2010年增长64%,其中:第一产业增加值15.78亿元,第二产业增加值2.3亿元,第三产业增加值4.7亿元,分别比2010年增长了51%、41%、168%;实现垦区居民可支配收入2.5万元。

农业生产　以"农业提质增效,职工群众增收"为目标,总产达68.2万吨,实现了"水稻双增一百"、"玉米双增二百"奋斗目标。完成投资6440万元,实施农业综合开发、筹资筹劳等建设项目,完善了农业基础设施。完成投资4435万元,实施高标准基本农田建设项目,整理土地4462公顷。投资2400万元用于粮食仓储设施建设,粮食仓储能力增至10万吨公斤。全面应用水稻"三化两管"、测土配方施肥等十大栽培模式,农业技术水平整体提高。组织开展航化作业5万余公顷次,辖区无大面积病虫害发生。继续承担农业部农垦局水稻高产创建任务,在第三、五、六、七管理区落实万亩示范片3个,面积2000公顷,经总局高产创建专家组测产,平均亩产超过750公斤。同时,以管理区为单位,建设高产示范田970公顷,打造"以种植户带动种植户"的技术推广模式,水稻科技示范户49名与29名农业技术人员共同组成"技术人员+种植户"服务队,在农忙季节深入田间,指导种植户提升农艺措施到位率,累计提供服务900余人次。建设了67公顷有机认证水稻生产基地、667公顷以生物土壤修复为主的生物农业示范区,辖区全面积通过绿色食品基地认证,水稻可追溯面积达13400公顷。以水稻育秧大棚二次综合利用为新的经济增长点,加快发展绿色果蔬生产水稻育秧大棚14041栋,全部进行了二次综合利用。农业技术推广中心共承担各级各类研究、试验、示范项目50项。其中国家级课题项目1项5个子课题,部级1项,总局级10项,总公司研究项目4项,示范项目1项,各级科研院所6项,管局级8项,分公司15项。国家级课题"国家水稻产业技术体系——水稻纹枯病药剂筛选试验研究",部级项目"水稻

‘3414’肥料田间效应试验”。引进水稻、玉米、大豆三大作物品种569个，其中水稻150个，大豆252个，玉米67个，自育水稻品系200个，大豆品系67个。大豆品系“青06－11”被总局农作物品种审定，命名为“北豆—49”，大豆品系“青08－30”进入总局品种生产试验。通过冬训、科技下乡、现场会、微信平台、QQ群等多种培训方式，提升基层农业技术人员和种植户的技术水平，累计开展培训班4次、研讨及推进会10次、现场定标会7次，科技下乡29次，电视讲座1次，培训技术人员700余人次、种植户1万余人次。微信平台和QQ群发布作业标准和指导意见28条，短信平台发布农业信息54条。

农业机械　落实农机更新补贴资金1384.18万元。总投资5211万元，其中更新乘坐式插秧机53台，48马力以上拖拉机99台，气密式精量播种机14台(1台18行，13台6行)，水稻苗床电动播种机227台(含覆土机)，运苗车48台，谷物收割机111台，田间农业机械化率达99.6%。分公司现有苗床电动播种机968台，电动播种机省时省力的同时解决了人工播种播量不均匀的问题。有进口四轮乘坐式插秧机1551台，保证了水稻插秧工作的顺利进行。现有卫星导航设备15台(套)，玉米进口精量播种机搭载卫星导航设备(GPS)应用于旱田作业，使旱田农机作业水平、作业效率大幅度提高。同时农场制定了旱田统一耕作实施方案并组织实施，做好大马力机车统一作业工作。举办农机各类专业技术学习班，外聘“八一”农大、约翰迪尔、上海纽荷兰、洋马、久保田等厂家专业技术人员来场讲课。开展机械化育、插秧技术示范推广工作，举行了“水稻插秧大比武活动”。配齐各作业站农机管理人员，各作业站的农机具统一停放率达91%。提升农机“三率”(农机注册率，农机检验率，农机持证率)和农机安全监督管理，建立健全农机基础信息台账。为确保新型农业机械的引进和推广，抓好新机具新产品的试验工作，对新产品先试验，后推广，以提高新产品的适应性，试验组织农户参与，提出改进措施，试验成功后农户与厂家议价购进，对自动摆盘覆土机、拖拉机悬挂水平装置、国产高地隙喷药机进行了试验，从试验结果来看，有的机械还需要改进并适应农场当前的种植模式方可再次试验推广。对第二管理区一站、第三管理区一站、第四管理区一站的农具场进行建设，共砂硬化73896平方米，新建大门3处，围栏3处740米，洗车平台3处240平方米，综合更房3栋120平方米，投资379.21万元。

工业　实现工业总产值5亿元，增加值1.5亿元，利润0.17亿元。项目建设情况，一是方盛制米有限公司二期扩建项目，投资1100万元，工程项目占地14000平方米，其中包括库房、晒场等；二是康久葡萄酒有限公司酒厂建设项目，厂房改造完成，部分设备就位，已完成投资500万元。

畜牧水产　奶牛存栏360头，生猪存栏990头，生猪出栏3000头；肉牛存栏75头，出栏96头；羊存栏900只，出栏1000只；禽存栏2.5万只，出栏6万只。建立了农场、管理区和作业站三级防疫体系。农场被农业部评为水产养殖健康示范区，“青山湖”商标被黑龙江省评为著名商标，2015年投放蟹苗1万公斤，产量3万公斤，产值240万元。青山水库鱼种场成功发包，土地规划手续已经办理完毕。

林业　扩大鲜食葡萄、蓝莓、酿酒葡萄、美国大榛子等特色经济作物基地面积，建立大棚鲜食葡萄300亩、寒地酿酒葡萄132亩，年产新鲜浆果150吨公斤。投资300万元，建设1500立方米冷库，延长了果实销售时间。完成造林面积27公顷，其中新增造林面积2公顷，更新造林7公顷，补植补造15公顷。植树株数18750株。新建2公顷义务植树基地。场部青禾小区地区栽植稠李、青扦、水曲柳榆树篱等乔灌木6万余株，城镇及中心管理区林木覆盖率达39%。重新签订苗圃承包合同，规范苗圃建设，育苗面积保持13公顷，现有苗木50万株。按设计对管理区和场部进行高标准绿化，完成第六管理区三站省级五星级管理区达标的绿化工程的监督管理工作。

商务旅游　招商引资黑龙江省康久葡萄酒有限公司续建项目1000万元，西岗齿轮厂与美国约翰迪尔公司签署了长期合作协议，投资300万美元，重点用于齿轮加工项目。星宇木业公司的火柴杆对日本及马来西亚出口257.4吨。鑫盛公司委托中粮公司出口韩国白米4813吨、出口日本的红小豆1304吨。天马酿酒厂委托广西南宁大成美帝凯进出口贸易有限公司出口韩国的白酒8321吨。完成“青山湖”牌活动物及粘玉米等商标的注册，完成“八五六农场”商标的向国家商标局的注册申报，正在等待审核批复。继上年完成“黑龙江青山湖·中国”的域名注册后，对“黑龙江青山湖河蟹·中国”和“黑龙江八五六农场.cn”域名进行了注册。9月份，参加省绿色产品展销会，推出了天马牌酒系列产品、“月琴八五六”有机大米和莙琳牌寒食葡萄三大类共7种产品。10月份，参加了第二届中国—俄罗斯博览会暨第二十六届哈洽会，推出酒、有机大米、蜂蜜、花粉等农场特色产品。冬季在稻香湖上开设冰上乐园，建设了两处滑冰场和一处活动冰场，实行自主经营。夏季推出青山湖旅游度假区内植物观光长廊，主要是以蔬菜的种植，动手采摘品尝瓜果吸引游客。翠林荷谷旅游有限责任公司向北京发团2个，向虎林鑫人和滑雪场发团1000人次。向月亮岛水上乐园发团300人次。年接待游客11.2万人次，旅游总收入1100万元。

民生保障　投资3500万元，完成场部地区27栋楼房立面改造，老城区供热、供水、排水等部分管道的维修改造等工程，安装路灯200余盏。争取国家一事一议筹资筹劳项目资金500余万元，对稻香湖公园基础设施进行了扩建。完成青禾一期停车场建设、青禾二期绿化收尾、高层室外配套等工程。将场直社区综合管理服务中心物业管理服务经营范围内的事项对外发包。发包给牡丹江农垦洁泰物业管理有限公司。以创办人民满意教育为目标，加强学校标准化建设。改变科校合一、分部管理的模式，建立了以中学、小学、幼儿园为实体的管理运行体制。实行了社区卫生服务"六统一"一体化管理。加强全科医师服务队伍建设,继续巩固总局示范社区卫生服务中心成果。全年安置困难人员就业323人。发放低保金、临时救助款、残疾人贫困补贴及护理补贴170余万元。完成社会保险基金7610万元,完成计划的100%。全面落实养老、医疗保险政策,全年支付离退休人员待遇1.3亿元,支付医疗、工伤、生育待遇1800余万元。继续开展"职工共同富裕行动",与12户困难、低收入职工家庭建立帮扶救助长效机制,脱困脱低率达100%。下拨100万元扶贫款,为75户种养殖困难家庭解决了资金难题。调解各类矛盾纠纷153件次363人次,调解成功率达98%。全年接待来访群众132件次533人次,办结率98%。农场被评为"省级平安农场"。 (韩传忠)

八五八农场

场长、党委副书记:贾忠军,1965年5月出生,辽宁省东沟人,中共党员,本科学历,农艺师。1986年12月参加工作,2013年11月任现职。

党委书记:姜德福,1959年8月出生,辽宁省丹东市人,中共党员,本科学历,高级政工师。1976年10月参加工作,2005年8月任现职。

党委副书记、纪委书记:张艳斌(2011.4—)

党委委员、工会主席:张李华(2013.5—)

党委委员、副场长:

范玉宝(2009.11—)

李军(2009.11—)

王玉萍(女)(2009.11 —)

党委委员、组织人事部部长:张福娟(女)(2012.2—)

人武部部长:吴伟宗(2014.01—)

概况　八五八农场位于虎林市东南部乌苏里江畔,与俄罗斯列索扎沃茨克市隔江相望,边境线总长97.5公里,地理坐标为北纬45°30′~45°55′,东经133°02′~133°30′。国家一类陆路口岸——虎林口岸坐落在农场境内。辖区南北长约39公里,东西宽约21公里,全场总面积742.8平方公里,现拥有耕地4万余公顷,林地1.13万公顷,自然水面1万公顷,牧地草原6000公顷。农场下设9个农业管理区、1个渔业管理区和20多家工商运建服企业及文教卫生事业单位,总人口1.7万人。农场始建于1956年4月。现已成为一个集农、工、商、贸、旅游于一体的大型绿色水稻专业场,国家级生态示范区,国家AAA级旅游景区。

2015年,实现生产总值14.63亿元,其中第一产业9.69亿元,第二产业2.42亿元,第三产业2.52亿元。人均生产总值11.52万元。农林牧渔总产值154758.2万元,固定资产投资11040万元,社会消费品零售总额22038万元,地方财政收入4565万元,垦区居民人均可支配收入23193元。

农业生产　农作物播种面积36780公顷,实现总产30.3万吨,水稻单产9115.5公斤/公顷。农业生产条件进一步良化,投资3088万元,实施高标准农田、千亿斤产能项目和水泥晒场、农机具停放场等建设项目;农机更新投入3903.7万元,新增各类农机具410台(套);继续推进农工素质培育和科技示范带动工程,培训各类人员5000余人次,建示范田140处;扎实推进农业标准化,水稻"三化两管"生产管理模式到位率进一步提高,为水稻良好收成奠定了坚实基础。积极开展农产品质量安全农场创建活动,建设全国绿色食品原料(水稻)标准化生产基地13333.33公顷,农产品质量追溯规模达10000公顷。畜牧业以发展"两牛一猪一禽"为重点,通过项目资金和自筹方式,投资1133万元,加强基础设施建设,养殖环境得到明显改善,实现奶牛存栏1506头,鲜奶产量5013吨。林业继续推进造林绿化工程建设、森林资源培育和保护工作,全年完成新造林9.9公顷、补植补造8.4公顷。林业经济呈现良好势头,实现产值达420万元。

工业　由于外受"稻强米弱"环境影响,内受企业规模小、流动资金短缺、融资难困扰,农场不断拓宽企业发展渠道,积极探索推动企业发展的办法。整合资源,盘活存量资产,将场内现有的5家大米加工企业进行集团化整合,组建"中临米业股份有限公司",拥有6条大米生产线,形成年处理30万吨水稻的产能;统一品牌,建立起"互联网+"线上线下相结合的营销模式,促进农业全产业链发展。年加工大米21万吨,实现工业总产值9.7亿元,工业增加值2.3亿元,利润总额3000万元。

旅游业　强力发展旅游事业,使八五八"千岛林"生态旅游景区知名度美誉度进一步提升。完成"千岛林"商标注册,成立旅游公司,率先成为省内具备对俄边境旅游行业资质的单位之一。规划设计了水上游乐场、俄罗斯风情园、北大荒文化长廊,完善4个生态旅游储备项目,新增俄货和旅游工艺品展示区3处;开通微信公众平台做线上宣传,塑造整体形象,通过成功举办首届千岛林文化啤酒节扩大宣传影响;加强合作,推进旅游事业蓬勃发展。全年游客接待量较上年同比增长100%,接待游客近20万人次。

民生工程　投资753万元,用于城镇人行道路、住宅小区路面及自行车棚、住宅防水、钢质结构农贸市场、便民集市、社区服务站等基础设施和公共设施配套建设。进一步加大监管力度,环境保护"三同时"执行率达100%,全力为职工群众创造健康优质的生产生活环境。与中储粮收购企业联系,解决农户卖粮难问题。严格质量监督,切实维护农户利益。筹集120万元帮扶资助贫困职工及家庭。筹集48万元救助重大疾病患者、住院治疗低保人员等89名。组织全场领导干部与90余户困难职工家庭结对,确保"共富行动"取得新成效。实行基础教育"四免一补"和药品零差价销售的惠民政策,社区卫生医疗服务为百姓提供直接便利。为1331名灵活就业人员申办社会保险补贴506万元,为就业困难人员申办岗位补贴84万元。高质量完成各种社会保险费用收缴和养老保险金发放任务。 (陈翠平)

庆丰农场
庆丰分公司

场长、分公司总经理:吴金龙,1962年1月出生,黑龙江省集贤县人,中共党员,研究生学历,高级政工师。1979年7月参加工作,2011年1月任现职。

党委书记:赵洪升,1962年10月出生,山东省胶南县人,中共党员,专科学历,高级政工师。1982年8月参加工作,2010年6月任现职。

党委副书记、纪委书记:肖毅(2012.12—)

党委委员、副场长:冯汇(2011.5—)

党委委员、工会主席:岳华军(2013.5—)

党委委员、分公司副总经理:

刘龙聚(2014.5—)

王乐宝(2013.5—)

党委委员、人武部部长:张勇(2014.1—)

党委委员、组织部部长:张春杰(2011.11—)

分公司副总经理:

陈续坤(2013.5—)

王德仁(2013.5—)

分公司财务总监:孙运珍(2014.5—)

友邻农场副场长兼第一管理区主任:王虎(2013.9—)

概况　庆丰农场、分公司位于黑龙江省虎林市境内,地处三江平原穆棱河下游、乌苏里江中游流域,农场呈西南东北走向,南北宽57公里,东西长15公里,地处北纬45°36′至46°和东经133°02′至133°28′之间,年积温在2500~2700℃之间,平均降雨量550毫米、无霜期145天。场部位于方虎公路和庆同公路交会处,距建虎高速公路虎林入口14公里。西距虎林市区7公里、东离虎头国家旅游保护区50公里,隔乌苏里江与俄罗斯相邻、南至国家一类陆路吉祥口岸40公里,交通便利。

庆丰农场始建于1963年,拥有丰富的自然资源,地域总控面积62347公顷,其中耕地面积44400公顷,林地面积5751公顷,草原面积5352公顷,水面3703公顷,总人口13235人。实现地区生产总值(GDP)12.18亿元。其中:第一产业完成7.91亿元;第二产业完成2.68亿元;第三产业完成1.59亿元,人均可支配收入23773元,经济社会取得平稳发展。

种植业　完成农作物播种面积39654公顷,投资2915.8万元实施了农业综合开发、小型农田水利、田间路维修、水资源及水土防治项目,新建输电线路133.9公里;投资3100余万元,引进各类补贴机具489台(套),水旱综合机械化率达98.7%,农机总动力达17.15万千瓦;吸引外资2480万元,实现粮豆总产3.36亿公斤。

新技术示范推广　农场以推进垦区水稻"三化两管"、玉米"四精两管"技术为载体,组装配套推广技术30项,建立管理区新技术推广示范区10处,培育科技示范户120名,结成"一对一"技术帮扶对子150对。农场承担各级试验示范项目共计47项,各项目顺利结题,农场三年农业信息化示范工程完工,经过努力,正式成为垦区大农网旗舰店成员。

安全食品生产基地建设　开展农产品质量安全场创建活动,按照"安全、高效、广谱、低毒、环保"的原则,重点推进农业投入品安全无害化,农场40万亩"国家绿色食品原料(水稻)标准化生产基地"一年创建期顺利通过农业部专家组验收,正式列入国家级基地的序列,5万亩有机产品(水稻)基地稳步进入第二年度转换期认证,实现农产品质量追溯项目12万亩水稻的全程可追溯,将安全食品生产基地建设纳入农场"十三五"规划的重点项目。

境外农业　实现境外粮豆播种面积3847公顷,粮豆总产超过1.3万吨,回运大豆2200吨。11月,庆丰农场进口牧草项目通过了国家质检总局及省检验检疫局的境内外预检,获得进口牧草许可证。

畜牧业　农场4800头规模现代示范奶牛场项目顺利竣工,并通过总局检查验收。已到位补贴资金6640万元,国外进口的2500头奶牛已全部参配,并开始陆续产犊、产奶,年底泌乳牛达1100头,日产鲜奶24.1吨。种植青贮613公顷,实现奶牛存栏3600头,生猪饲养量3500头,鲜奶总产量2000吨。自2014年进场2500头奶牛到2015年10月隆盛牧业奶牛存栏3076头,其中泌乳牛673头,犊牛605头,后备牛1798头;日产鲜奶16919公斤,奶牛日平均单产25.14公斤。上交生鲜乳微生物都在10万/毫升以内(国标200万/毫升),体细胞小于20万/毫升,乳脂肪3.98%,乳蛋白3.22%(国标2.8%)。2015年6月隆盛牧业被选为黑龙江省农垦总局高产攻关活动项目示范场。

招商引资　引进了嘉世瑞粮食加工有限公司大米深加工项目,项目投资1200万元,预计2016年投产;牡丹江农垦德粮粮食经销有限公司与虎林又一村粮油贸易公司合作,投资1280万元新建的粮食仓储及水泥晒场项目已于2015年11月竣工;远达生物质发电、大荒龙豆粉等民营企业取得了稳步发展。

城镇建设　投资2380万完成场部一区的危房改造项目,建设住宅160户;场部住宅楼外网工程,对住宅楼小区的电、通信、有线电视的外网进行改造升级,投资111万元;住宅楼市政基础设施配套工程,对住宅楼小区供热、排水、给水管网进行改造升级,投资275万元;对场部南山住宅小区的主街道路硬化、新建路边沟及道路两侧安装路灯。全年共育绿化苗木15万株,完成造林任务33.3公顷。严格控制水资源的利用,精确用水计量,实行24小时值班制度,切实保障居民供水。实施"精细化网格"管理,人机结合清理路肩120公里,整修路肩及边坡54公里,雇用机械整修路肩及边坡4公里,在路边草长式旺盛时期,利用机械化打草每五天一遍,保证路边草整齐不超过10厘米,种植路树200棵,路树剪枝75公里,路树刷白20000余棵,公路两侧美化种植花草110公里,并对路边红白警示桩、里程碑进行了粉刷,呈现干净、整洁、有序的城镇面貌。

文化建设　加强文化体育基础设

施建设,配备健身路径10套106件,篮球板2幅。开展美术、书画、摄影活动,40多幅自创作品进行了网展;结合文明楼道创建,完成20个楼道文化建设。以文化活动中心、文化宫、文化广场以及学校运动场为平台,制定大型文体活动安全预案,组织开展全民健身运动,协同工会及文体协会全年共开展践行社会主义核心价值观以及"纪念抗战胜利70周年"等大型广场文化活动7场次,排球、篮球、羽毛球等各类球赛4场次,趣味运动会1次。加强文化执法,会同公安、安全、工商、消防等部门对网吧等文化娱乐场所进行定期及不定期检查20余次。　　(冷　伟)

云山农场

党委书记:石万峰,1963年5月出生,黑龙江省集贤县人,中共党员,本科学历,教授级高级政工师。1980年8月参加工作,2009年10月任现职

党委委员、党委副书记、纪委书记:苑庆伟(2012.7—)

党委委员、副场长:

董永彬(2010.8—)

刘春辉(2011.4—)

党委委员、工会主席:王延波(2012.12—)

党委委员、副场长:徐立军(2014.1—)

党委委员、武装部部长:张印明(2013.0—)

党委委员、组织部部长:高志伟(2008.2—)

概况　云山农场地理坐标北纬45°47′40″~46°01′32″,东经132°23′22″~132°52′28″。地处完达山南麓,七虎林河两岸。海拔处于73.2~367米之间。境内有大小云山、小孤山、七虎山等山体地貌。由西北向东南倾斜碟型地势,北靠山、南平原,坡度1/50~1/500之间。北部和西北部是山地,坡度在1/50以上该地区植被茂盛,中部是山向平原地区过渡地带,为丘陵漫岗地区坡度在1/50~1/250之间,南部是七虎林河冲积平原,地势低洼。属于寒温带大陆性季风气候,其特点是四季分明,冬季严寒少雪,夏季热多雨,温、湿同季,春秋气温、雨量升降迅速,变化大。年平均降水量617.9毫米。总面积49200公顷,其中,耕地31482公顷,水田15960公顷,旱田15792公顷。农场下辖10个管理区,20个作业站,一个水库管理站,三个居民委员会,七个驻场机构,五个私营企业,场部地区有中学、小学、医院、农业发展中心、公路站、客运站、通信中心、供电局、供暖站。总户数4654户,人口11043人。2015年实现生产总值11.84亿元,同比增长2.3%,其中:第一产业7.39亿元,比上年增长-0.4%;第二产业1.5亿元,比上年增长-6.7%;第三产业3.5亿元,比上年增长13.6%。农场职工家庭人均纯收入28346元,同比增长6%。实现利润5890万元。

种植业　农作物总播种面积3.148万公顷,水田1.596万公顷,旱田1.579万公顷;其中大豆0.28万公顷,玉米1.107万公顷,其他作物0.187万公顷。粮豆平均单产524.4公斤,总产24.77万吨。其中水稻平均公顷产8701公斤,总产13.89万吨。大豆平均公顷产2253公斤,总产0.63万吨。玉米平均公顷产8402公斤,总产9.33万吨。杂粮平均公顷产2370公斤,总产0.92万吨。2015年承担农业部水稻、玉米、大豆高产创建任务。水稻高产创建任务由第九管理区承担,示范面积1.1万亩;玉米和大豆高产创建任务由第一、第二、第三管理区承担,示范片面积735公顷。首先制定了高产创建技术规程,并与专家交流对接,完善了农业生产各环节技术落实措。通过灵活应用各项技术措施,坚持标准化管理,三大作物高产创建均达了攻关目标。其中玉米模式攻关达14715公斤/公顷。

新技术推广　新技术推广实现"十个100%":水稻"三化一管"栽培技术模式、玉米"小垄密"栽培技术模式、水稻毯式钵育苗机插技术、水稻叶龄诊断技术、水稻钵盘旱育壮秧模式、水田电动播种机应用、水稻集中统供芽种技术、水稻育秧微喷使用技术、水稻育秧大棚卷帘器应用、水稻种衣剂包衣技术。2015年由科技科、农业科、农机科等相关部门联合组织承办了农业科技培训班,分别举办了种子技术培训班、大豆高产综合配套栽培技术培训班、玉米高产综合配套栽培技术培训班、水稻高产综合配套栽培技术培训班、水稻插秧机技术及内业管理培训班、基层干部培训班等,授课教师有外聘的管理局专家讲师,也有来自农场各相关部门的业务骨干,共计培训人数800余人次。全年进行农业科普知识讲座6次,召开田间课堂10次,发放技术明白卡、农时卡5104余份。

农业机械　夯实农机基础设施建设,利用国家综合开发项目投资550.8万元建设农机具停放场,其中:第九作业站建设水泥场面10800平方米,库房975平方米,围栏300米,投资292万元;第十二作业站建设水泥场面8625平方米,投资144.4万元;第十八作业站建设库房1040平方米,投资114.4万元。另外农场投资约21万元,为第十八作业站农具场建设警卫室84平方米及场外围栏301.6米。农机更新步伐不断加快,大中型机械逐渐占领主导地位。农场农机更新总投入1787.8万元,更新农机具130台(套)。其中:80~115马力拖拉机52台,120~175马力拖拉机2台,180马力以上拖拉机2台,喷药机3台,自动驾驶导航仪12台,水田搅浆整地机15台,6行高性能插秧机10台,水稻电动播种机25台,方向盘式自走联合收割机2台,履带收割机94台,各类配套农具58台(套)。提升旱田深松补贴力度,争取国家农机补贴资金860万元,旱田深松补贴资金125万元,受益农户数186户,购置机械总量237台(套)。总补贴726万元,三要购置品目种植机械、耕整地机械、收获机械、卫星导航等。

工业　完成工业现价总产值38561万元,工业增加值10800万元,主营业务收入38561万元,利润总额1927万元。工业园区规划50万平方米,园区距农场场部8公里,距建鸡高速18公里,距卫星火车站19公里,交通便利物流资源丰富。2015年农场自筹资金完善工业园区基础设施建设其中:供电工程:6000米电路改造;供、排水工程:修建管线3.5千米。产业化发

展情况,云山农场通过有机农产品种植带动农产品精深加工,依托有机食品基地品牌,扩大知名度和影响力。农场现有三家水稻加工企业,由于近年来大米加工成本的增加,企业利润受到一定程度的缩减,企业达产率不足40%,仍完成生产优质大米3万吨。农场依托资源禀赋,下一步集中力量培育了一批特色农畜产品加工企业,拉动农场经济增长,带动农场职工就业。

畜牧业　奶牛存栏3777头,完成计划的99.4%;鲜奶产量8559吨,完成计划的85.6%,肉牛饲养量576头,完成计划的115.2%;生猪饲养量8637头,完成计划的101.6%;禽饲养量6.03万羽,完成计划的100.5%;收获青贮480公顷,同时畜禽养殖也取得了长足发展。进一步完善了奶牛养殖小区建设,做好奶牛养殖小区升级改造的规划。2015年继续外购奶牛,实现了牧场奶牛存栏,储备精粗饲料,使用了TMR全混日粮饲喂奶牛,完善了各种奶牛档案。进一步完善四牧、五牧、九牧、十一牧奶牛小区的集中榨乳厅实用建设,农场积极与完达山乳业协调购买设备。为了进一步做好奶牛养殖小区的升级改造,农场利用国家政策,对四牧、十一牧奶牛小区道路硬化。完善养殖小区粪污处理设施建设,改善奶牛养殖小区环境,农场计划建设十一牧奶牛小区粪污处理设施。农场继续执行饲料地优惠政策480公顷,成母牛0.4公顷/头(青贮地0.2公顷/头,饲料地0.2公顷/头);育成牛0.26公顷/头(青贮地0.13公顷/头,饲料地0.13/头);犊牛0.13公顷/头的饲料地。青贮地承包费减免50%左右,饲料地承包费减免10%(成母牛达15头以上的承包费减免15%)。

林业　完成造林任务20公顷,其中新增造林完成4.5公顷,绿色大通道补植完成15.5公顷,造林成活率达85%以上。森林覆盖率已经达16.4%,城镇绿化率达39.3%。

水利　完成建设投资3867.79万元。完成沟渠清淤162.86千米,开挖土方145.4万立方米,田间路修整82.34千米,机耕路57.36千米,建筑物185座,支渠衬砌4.74千米,农渠衬砌9.33千米,新建强排站1座,维修泵站1座。节水增粮项目:农场2015年“节水增粮行动”项目(水田),在10作业站,渠道整形26条,总长度25.38千米。支渠衬砌4.74千米,农渠全衬砌8.144千米。配套渠系建筑物33座,渠道进水闸2座,涵洞5座,过路涵14座,农渠水泵涵管12座。田间路2.34公里。工程投资1000万元。农场自筹工程:2015年完成沟渠清淤76.6万立方,田间路修整80公里,维修泵站1处,临时涵管500节,修建涵洞一座,投资240万元。高标准农发项目:农业综合开发高标准建设位于第9作业站,完成机耕路砂石化24.28千米,开挖疏浚沟渠52.41公里,渠道衬砌9.33千米,圆涵56座,方涵9座,涵闸2座,总投资1054.57万元。国家新增千亿斤粮食产能项目位于第18作业站,完成方涵4座,机耕路砂石化16.32千米,圆涵33座,改造斗渠31.4千米。总投资706万元。在四管理区农业综合开发高标准农田建设项目:新建强排站1座;开挖疏浚沟渠53.67公里,总土方量为25.11万立方米;新建渠系建筑物49座,其中圆涵41座,1.5米×1.5米方涵5座,开敞式水闸3座;机耕路沙石化16.76千米。项目总投资867.22万元。

民生工作　民生保障体系愈加完善。在资金短缺的情况下高度重视民生投入,投资510余万元实施虹云、碧云、瑞云等住宅小区绿化项目,场直居民区道路修整工程,修缮“四一八”烈士陵园,翻新殡仪馆、骨灰存放处,新建室外高标准塑胶篮球场,为双老门球场安装围栏,更新文化馆和双老中心健身器材,新建3个室外小型健身广场。进一步拓宽居民就业渠道,全年安置就业600人次,城镇登记失业率控制在1.5%以内。完善社会保障体系,农场上缴社会保险费4005万元,养老金及各项保险足额发放。加大“一帮一”扶贫救助力度,全年发放助学金、低保金、慰问金、残疾人补贴等款项98.13万元,帮助539名困难群众解决实际问题。坚持立德树人、德育为先,特色教育水平进一步提升,学前教育全面普及。推进医疗卫生改革,社区卫生服务质量不断提高,卫生监督和计划免疫覆盖面达100%。社会治理环境持续优化。综治、信访、安全及政法各部门依法行政,扎实推进依法治场,有序化解社会矛盾,强化源头防范,维护了良好的社会秩序。

(杜朝东)

八五五农场

场长:黄邦涛,1964年9月出生,山东省沂南县人,中共党员,本科学历,高级农艺师。1982年8月参加工作,2009年10月任现职。

党委书记:陈艳波,1966年6月出生,山东省惠民县人,中共党员,研究生学历,高级政工师。1987年8月参加工作,2009年10月任现职。

党委副书记、纪委书记:韩彬(2011.5—)

副场长:李国(2013.5—)
韩加洪(2012.7—)

工会主席:姜媛媛(女)(2011.3—)

人武部部长:陈海波(2014.1—)

概况　八五五农场位于兴凯湖畔的密山市境内。七(台河)密(山)高等级公路穿越场区。农场辖区总占地面积54242.9公顷,其中,耕地面积30014公顷,林地面积21705.4公顷。地理坐标北纬45°38′~46°00′,东经131°18′~131°50′。与七台河、密山、宝清等市(县)接壤。四周环山,地势起伏,岗谷交错。地势西北较高,东南较低,耕地坡度较为平缓,80%为岗坡白浆土。气候属寒带大陆性季风气候,带有山区气候特点。

农场始建于1955年。2015年常住人口13891人,5935户。农场拥有固定资产投资总额11656.02万元,下辖6个管理区,24个作业站。中心城镇公益事业发展较快,职工医院、中小学校、幼儿教育中心、供热站、自来水处理中心、客运中心、职工健身中心、离退休干部、职工活动中心、商贸服务中心、金沙公园等公益性设施不断完善;农业银行、邮局、邮政储蓄、电力供应、工商、税务、土地、石油等驻场机构为农场发展提供服务;交通运输、粮油处理加工、综合饲料加工、种子加工等服务业较为繁荣。场部城镇集中供热网达36万平方米,街区硬化率91%以上,绿化达39%以上;自来水入户、室内污水排放、数字电视普及率都达100%,电话入户率达100%,人均住房面积达30.2平方米。场内公路硬化里程100公里以上,占辖区公路网的85%。2015年农场实现现价生产总值7.6亿元,实现职工家庭人均纯收入24000元。

种植业　完成农作物播种面积27867公顷,其中玉米2.2万公顷,大豆2200公顷,水稻1867公顷,经济作物及青贮1866公顷。生产全程通过“点、线、面”示范带动,推进统一大机械作业,统一地号设计、作物、品种,统一供种、统一供肥、地号内统一栽培模式和作业标准,统一作业费价格等“六统一”,不断完善地号档案、科技手册、作业质量验收单等管理。推广应用优良品种100%;落实玉米控氮稳磷增钾、推广应用缓释肥料、有机生物肥料,测土配方平衡施肥应用技术100%;配肥站工厂化配方肥使用面积1667公顷;玉米种子育肥技术、进口机械播种面积达90%;推广大豆大垄垄上4行密植栽培技术播种面积1333公顷;水稻集中统一浸种催芽100%,电动精量播种、钵型毯育应用100%,水稻“三化两管”栽培模式应用面积1800公顷。通过强化管理,提高标准化作业水平和农业措施到位率,抵御了早春低温和阶段性涝灾等多种自然灾害。实现玉米平均每公顷产10725公斤,大豆2475公斤,水稻9450公斤,全场粮豆总产22.2万吨,农业总产值达38261.8万元。

农业机械　落实补贴轮式拖拉机131台,总投资924万元,总补贴额263万元;插秧机9台,总投资28.5万元,总补贴额9万元;收割机33台,总投资1080.9万元,总补贴额187.7万元;秸秆粉碎机2台,总补贴5000元,总投资1.9万元。投资132万元,更新农机具35台(套),全场农机总动力达4.798万千瓦,旱田田间生产综合机械化程度为100%。

水利建设　完成投资4563.5万元,建设项目包括新增千亿斤粮食生产能力规划田间工程建设、国家农业综合开发高标准农田建设、八五五农场挠力河小流域生态综合治理工程建设、小型农田水利建设、节水增粮项目等。

畜牧业　畜牧业坚持以奶牛业为主、其他养殖业均衡发展的经营思路,实施“标准化建设、规范化管理”,按照集约化、现代化养殖的目标,努力实现质量效益型畜牧业的发展转变,加速扩大畜牧业经济总量。全年推广奶肉牛优质冻精配种、奶牛全混合日粮TMR饲养、奶肉牛性控及胚胎移植应用、奶牛生产性能测定DHI及应用、高能量全株玉米生产应用及玉米湿贮、苜蓿草生产应用、肉牛品种改良和快速育肥、生猪三元杂交与快速育肥、粪污无害化处理、动物疫病综合防治等新技术。年末奶牛存栏4000头,鲜奶总产6000吨;肉牛存栏100头,饲养量300头;生猪存栏2000头,饲养量5500头;羊存栏1400只,饲养量3000只;禽存栏8万只,饲养量15万只。2015年共为2926头奶牛,166头能繁母猪办理阳光农业保险参保。

林业　培育落叶松上山苗53万株,完成山地造林任务67.8公顷。组织护林人员和林场职工通过义务劳动方式,开展七(台河)密(山)公路农场路段、北秀公路路段、场部至北兴农场公路路段两侧的绿化大通道造林补植工作,以及场部至16作业站公路、北秀线15作业站支线、17作业站支线公路两侧造林工作。

工业　保持稳步增长态势,实现工业总产值达9460万元,同比增长7.1%;完成工业增加值2780万元,同比增长7%;销售收入9450万元,同比增长7.1%;实现利润163万元,同比增长7%。通过出台优惠政策引进大连福华源贸易有限公司年产60万吨蒸汽压片玉米粕饲料、20万吨大米加工、80万吨粮食仓储项目。农场有关部门在工业园区配套完成一期用地拆迁及7.4万平方米用地平整工作,达土地部门相关要求,配合企业完成用地申报审批,顺利进行项目施工建设。

场县共建　农场发挥科技、机械优势,实施场县共建,带动周边农村共同发展。为密山市富源乡农户开展代耕、代种、代收面积共15240公顷,代秋整地作业8800公顷,其中,代耕3560公顷、代种2420公顷、代收9130公顷。推广高产作物栽培4590公顷,其中:玉米1800公顷、大豆2100公顷、水稻380公顷、白瓜子310公顷。推广农业农机新技术4项,包括玉米种子育肥、玉米化控、水稻毯式育秧、大型气力式免耕精量播种等共计2.8万公顷。科技示范培训900多人次。农业社会化服务方面,在周边地方设种子销售网点2个,销售种子830多吨,为地方推广良种6.7万余公顷。

城镇建设　各投资490万元新建三层老年公寓楼一栋,建筑面积2200平方米,已完成总工程量的45%。投资120万元完成人畜饮水工程建设项目,共铺装PE自来水管线6887延长米,机电井配套输电线路4680延长米。投资150万元实施金茂小区外网配套工程,铺设电缆1600延长米、九孔通信管1650延长米、通信光缆4000延长米、室外墙壁光配箱56台。农场实施城镇管理责任制,制定《生态垦区建设及环境保护目标责任状》,通过层层签订落实责任状,对场区已建设完成的住宅小区绿化进行科学维护管理,最大限度保护好绿化成果,为居民创造幽雅的生活环境。

民生工程　全场实现新增就业117人,其中安排初次、二次就业70人,安置“4858”人员47人。全年缴纳“五险一金”5258万元,其中农场支出4239万元。加强居民最低生活保障工作,全年发放低保金及困难群众一次性生活补贴94.3万元,较好地保障了全场困难人员和弱势群体的基本生活。落实“一帮一”、“多帮一”职工共同富裕行动,建立领导干部帮扶对子37对,走访慰问困难职工543户,慰问资金24万元。日常救助困难职工家庭165户,救助资金9.45万元。助学45人,救助资金3万元。下发无息贷款52万元。住宅楼建设中铺设自来水管道460延长米,排水管道520延长米。

新建三层老年公寓楼一栋,建筑面积2200平方米。全场深入培育和践行社会主义核心价值观,广泛开展志愿服务、“最美职工”及庆祝建场60周年等系列文化主题活动,引导职工崇德向善,弘扬正能量。（闵建东）

八五七农场

场长、党委副书记:张剑霜,1973年12月出生,黑龙江省望奎县人,中共党员,本科学历,高级政工师。1994年6月参加工作,2011年1月任现职。

党委书记:董佰军,1964年12月出生,黑龙江省延寿县人,中共党员,本科学历,高级政工师、高级农艺师。1985年8月参加工作,2011年1月任现职。

党委副书记、纪委书记:薛琳晖(2011.3—)

副场长:

邹立江(2010.7—2015.11)

吴忠华(2013.11—)

关成斌(2012.7—)

徐群英(2015.09—2015.12)(新疆兵团挂职)

工会主席:董伯民(2014.5—)

武装部部长:邓永军(2013.7—)

组织部部长:沙伟(2008.2—)

概况　八五七农场位于密山市东南部,地理坐标为北纬45°20′~45°42′,东经132°5′~132°40′。位于密山市境内东南部,农场南靠小兴凯湖,北濒穆棱河,东临穆兴水路、同八五六农场隔河相望,东南与兴凯湖农场毗邻,西与密山市杨木、柳毛、承紫河三个乡接壤。农场土地总面积为50833.1公顷,其中耕地36063公顷。农场下辖10个管理区,21个作业站,直属单位9个,驻场单位11个,人口17113人,总户数为6533户。农场两度荣获全国粮食生产先进场,相继获得全国文化工作先进集体、全国社会主义新农村建设示范点、全国文明单位等称号。2015年,农场国内生产总值达147774万元,其中第一产业84589.5万元,第二产业23357.3万元,第三产业39827.4万元,粮食总产317299吨,农场居民人均可支配收入23402元。

农业生产　农场持续调整优化种植业结构,全场播种面积3.6万公顷,其中水稻2.86万公顷。发放农机补贴资金900余万元,引进高速插秧机50台,拖拉机和履带收获机等机械210余台。培训农机技术员、种植户1200余人(次)。种子包衣、毯式育秧、航化健身等11项措施应用率100%。巩固和完善2.67万公顷省级无公害稻米、1.33万公顷国家级绿色水稻、1万公顷质量可追溯项目等基地建设成果,高产创建示范面积167公顷,辐射带动2万公顷农田。

农业基础建设　争取土地整理国投资金4410.74万元,项目经过整理后,新增耕地面积4.08公顷,回填平整荒草地4.08公顷,回填土方38647立方米。新建建筑物241座,修缮田间路44条;38条生产路。新建水泥路1条(总长2.428千米)。续建现有秧床地2处,新建晒场32000平方米。完成朝阳灌区配套小水工程,国投资金216万元,在第三、四、六管理区建设渠道清淤19.5千米,穿堤涵闸1座。完成“产粮大县”建设工程,国投资金152万元,在第三、四管理区为渠道清淤5.0千米,道路修缮3.4千米,新建涵闸2座,方涵1座。

林业　完成40公顷绿化造林任务;补植造林67公顷,苗木10余万株,农场苗圃花卉基地占地17公顷,育苗2.5万株,形成资产800余万元。建成葡萄采摘园11栋占地1.47公顷,进入丰产期。培育林下经济好项目,与农垦林校合作,持续4年承担农垦总局科研项目“库页红景天推广栽培试验”,培育景天苗0.18公顷。

畜牧业　以奶牛、家禽饲养为重点,实现奶牛存栏3201头,鲜奶产量9822吨,肉牛饲养量334头,存栏量114头,生猪饲养量4683头,羊饲养量为227只,家禽饲养量6.5万只,实现肉类总产量342吨,完成鲜蛋总产量23.3吨。开展春秋季防疫会战和综合指标联检评比等活动,检疫率和国家强制免疫项目免疫率100%。推进牧场标准化管理与集中撤并工作,由过去的7个奶牛养殖单位合并为4个,全部实现集中机械榨乳,奶牛饲养环境、科研实验条件和管理水平得到有效提升。2015年10月,朝卫奶牛养殖专业合作社通过国家标准化示范场复审验收。

工业　农场小湖白酒厂投资300余万元建设白酒灌装车间200平方米,引进全自动白酒灌装设备,建不锈钢酒罐2座,企业年生产高度白酒能力达千吨。富坤粮食加工有限公司米粉面条系列产品已初具规模,与美国、韩国等外企签订供货合同200吨。

城镇化建设　按照既定规划,进一步配套完善城镇道路、绿化美化、供热站、管理区自来水改造等基础设施,硬化住宅小区路面1.6万平方米,改造教育园区校舍1.45万平方米,铺装2100平方米,绿化1000平方米。积极参加农业部“美丽乡村”创建活动,在场部城镇和管理区大力推行精细化管理,居民住区保持“垃圾日清日洁”,场容场貌得到有效改善。

农产品质量安全　2围绕“保证产品质量、规范用标”工作任务,进一步完善各项监管制度,联合相关部门对绿色食品生产基地、农业投入品供应商、绿色食品企业等进行不定期的检查,共检查29次。配合佳木斯质检中心抽取了绿色食品大米样品4个。建立健全农产品质量安全监管机构,配专职无公害农产品内检员1名,在两个绿色食品生产经营企业专设3名绿色食品内检员强化制度,加强无公害、绿色、有机“三品”标准化生产。规范操作规程,制定了20余项标准化基地管理制度。对全场的农产品土地、灌溉水、稻谷、蔬菜进行了采样检测,共采样土样61个、水样11个,稻谷45个、玉米样2个、蔬菜2个。完成了质量追溯软件2015年字典汇总工作,富坤粮食加工有限公司和朝阳粮食加工有限公司的1688电商平台设计使用。开展农产品质量安全周集中宣传活动。利用农场大集,发放宣传资料620余份,解答现场咨询群众52人次,全年共开展技术服务68次。举办实地培训20次、培训班4次,发放技术资料860余份。

精神文明建设　2015年,农场围

绕“抗战胜利70周年”“完善人文艺术城镇”“全民践行核心价值观”等主题，多层次开展主题宣传。在《北大荒日报》刊发“打造人文艺术之城系列报道”专版3期；在各级报刊、网站上稿830余条，其中在《中国农垦》《农民日报》等省级以上媒体发稿360多篇。初步完成微信平台——人文艺术城镇八五七创建工作。坚持以弘扬社会主义核心价值观为主线，实施“四个全民”，即全民阅读、全民健身、全民争星、全民奉献行动，培育文明风尚。农场再次通过全国文明单位复检验收，第八管理区获得“省级文明村标兵”、第三管理区获得“省级文明村”、朝阳社区获得“总局级文明社区”荣誉称号。深化文明社区、文明管理区、文明户的创建和拓展工作。以传统节日为节点，开展群众喜闻乐见的“我们的节日”主题活动，共组织“老少迎中秋”、“教师礼赞”、“欢度重阳”等活动7场次。与电视局联合开辟专栏《我与文明同行》，拍摄制作倡导文明新风主题微电影3部；推进“争做环境小卫士”“最美家乡人、文明我先行”等主题活动，增强居民文明意识。发挥榜样力量，让一批最美践行者用行动为核心价值观“代言”，凝聚职工群众价值共识。通过电视、广场大屏幕、广告牌、宣传标语以及微信平台新媒体等实施核心价值观全覆盖工程。并选树了高晓峰、王丽娟、郝忠秀、陈向红等一批道德楷模，通过“三个讲堂”（职工学习教育大讲堂、“星期五大讲堂”、道德讲堂）广泛传播践行者事迹。全年累计组织“三个讲堂”30余场，参加学习人员近3000人次。弘扬志愿精神，推进志愿服务常态化建设，引领价值风尚。农场已形成以党员干部、青年大学毕业生、中小学生为骨干力量的志愿服务力量，志愿者们每年累计提供志愿服务百余次。在黑龙江志愿者服务平台注册登记志愿者130余名，发起“助农行动”“文艺下乡”“志愿植新绿”“爱心义诊”等20余次志愿活动，服务时间超过600小时。农场青扬志愿服务队获得全省优秀志愿服务队称号。

（宋丽英）

八五一一农场

场长、党委副书记：王福，1969年10月出生，黑龙江省五常市人，中共党员，研究生学历，高级工程师。1988年12月参加工作，2012年6月任现职。

党委书记：徐兴起，1971年3月出生，山东省长清县人，中共党员，研究生学历，教授级高级政工师。1990年8月参加工作，2013年11月任现职。

党委副书记、纪委书记：杜秀华（女）（2013.9—）

副场长：亓力（2012.7—）

王洪斌（2009.12—）

于占勇（2010.6—）

工会主席：张兴盛（2013.5—）

党委委员、武装部部长：陈建新（2011.4—）

党委委员、组织部部长：齐帮明（2012.11—）

概况　八五一一农场始建于1956年。位于北纬45°37′～46°12′，东经131°47′～132°20′之间，地处三江平原东南部，地跨密山、虎林、宝清两市一县，场部位于黑龙江省密山市境内，农场全境位于中温带大陆性季风气候区，年均气温3.7℃，降水589.6毫米，无霜期176天，日照1941.3小时，适宜饲养奶牛和种植大豆、玉米等农作物以及红小豆等经济作物。哈尔滨至东方红铁路和方虎公路横穿南部场区，密山市、虎林市和宝清县的公路网在场部交汇。农场土地总面积5.22万公顷，有林地2.11万公顷，耕地1.9万公顷。有常住居民6591户，人口14474人。2015年，粮豆总产14.46万吨，奶牛存栏8264头，年产奶2.2万吨。农场下辖7个管理区以及医院、学校等事业单位，下属工业企业黑龙江福康生物科技有限公司以及商品流通业八五一一农场农业生产资料供应站。

2015年，实现生产总值10.7亿元，同比增长6.7%。第一产业实现生产总值4.8亿元，同比增长2.4%，其中：畜牧业实现生产总值1.75亿元，同比下降3.1%；第二产业实现生产总值2.24亿元，同比增长5.9%，其中：工业实现生产总值2.07亿元，同比增长1.1%；第三产业实现生产总值3.09亿元，同比增长146.5%。年末资产总额6.41亿元，负债总额4.55亿元，资产负债率71%。全年人均纯收入实现2.34万元，同比增长8.1%。

种植业　完成农作物总播种面积1.9万公顷，实现粮豆总产14.46万吨。投入1700余万元高质量完农发项目8个，发展节水增粮面积3420公顷，投资503万元建设水泥晒场3.3万平方米，夯实了基础设施。投入2196万元，更新农机具226台（套），全场大中型农机及配套机具达5141台（套）。建设1.8万平方米的高标准农机管理服务中心1处，标准化农具场5处，提升了农机管理水平。举办农业农机专业集体培训3次，培训人员1600余人次，提高了从业人员专业能力。种植寒地节水（滴灌）水稻试验示范田35.67公顷，其中寒地节水（滴灌）水稻直播技术31公顷，平均单产7.86吨，公顷效益达25560元；寒地节水（滴灌）水稻栽培机插技术4.67公顷，平均单产10.87吨，公顷效益达36100元。利用其“两节四减少”（即节约水资源和耕地资源，减少肥料、农药、除草剂用量和污染排放量）和稻米品质高（经农业部稻米及制品质量监督检验测试中心检测，稻米中微量元素含量极为丰富，双链糖含量高，食味值高达84分，与五常大米持平）的优势，将新型种植业与公益事业相结合，打造“舌尖上的公益，会跳舞的大米”产业链，为农场培育新的经济增长点。同时，以北大荒豆珍故事食品加工厂为依托，2015年，农场种植特色大豆285公顷（其中：黑大豆73.7公顷，双青大豆211.3公顷），平均单产2435公斤（黑大豆2214公斤，双青大豆2656公斤），实现总产近700吨，实现效益486万元，平均公顷效益17234元。积极鼓励职工发展特色作物种植，2015年试验种植菊芋0.07公顷，单产1750公斤，为农业多元化、产业化发展拓宽了出路。鼓励职工进行多种作物种植，2015年职工种植小米5.34公顷，平均单产2247公斤，实现纯利润10万元。

畜牧业　申请国投资金1071万元

实施了500头标准化养殖场建设项目和奶牛原种场建设项目,农场规模化牧场达10个,其中1000头以下的牧场6个,1000头以上的牧场2个。成功将7个300头以上的规模化牧场申请成为总局奶牛养殖小区牧场化改造项目补贴对象,获得补贴资金1680万元,自筹资金682.48万元,新建、改造牛舍4762.5平方米,更新各类机械设备22台(套)。引进投资7000万元完成了将军奶牛养殖专业合作社沼气项目一期工程,为实现畜牧业可持续发展打好了基础。全面免疫畜禽4.53万只,动物口蹄疫防疫密度均达100%,高致病性禽流感、猪瘟、猪蓝耳病防疫密度均达95%以上。全场青贮贮量6.2万立方米,确保为奶牛提供充足的优质饲料。采用DHI生产性能测定和性控冻精技术相结合的方法,实现奶牛繁育可控性达98%。畜牧业人才队伍结构合理,共有专业人才86人,其中40人在35岁以下;专业程度方面,研究生学历3人,本科学历16人,大中专学历61人,每年培养10名畜牧人员到八一农垦大学学习进修,为农场畜牧业持续健康发展提供了人才保障。

林业　造林582.2公顷,其中经济林273.4公顷,果树占308.8公顷,产果10万公斤,实现产值30多万元。通过招商引资引入资金1500余万元,建设4万平方米食用菌种植加工园区,年产袋菌500万~800万袋。组建了“牡丹江农垦顺通食用菌种植专业合作社”,以第一管理区的30个水稻育秧大棚作为试点,摆栽木耳菌袋30万袋,年产木耳500余公斤。栽植五味子6.6,年产值达25万元;栽植平贝0.8公顷,年产值达8万元;养殖梅花鹿70只,产值10万元;通过引进养殖户,投资8.5万元利用林地资源养殖溜达鸡、大鹅4100只,年产值41万元,创利32.5万元。社会效益方面:继续实施“一棵树”工程,种植核桃楸452公顷,栽植苗木110万株,全场核桃楸2267公顷。农场鼓励困难职工及特殊情况职工栽植核桃楸苗木,以每株1元的价格回收,从中受益的贫困户达30余户,平均每户收益万余元;化解上访人员35人,实现人均年收益5000元。

工业　投资258.6万元完成了工业园区厂房改造。总投资2000万元成立了新友谊食品加工有限公司(豆珍故事食品加工厂),改建生产厂房2740平方米,购置安装设备25台(套),目前累计处理原料大豆123吨,产出成品豆油12吨,生产豆珍面80吨,销售额36万元。结合特色农业和林业产业,将菊芋、桑葚、核桃和木耳等作为功能型原料添加到豆珍系列产品中,成功研发出8种特色豆珍面产品,进一步丰富了产品种类。通过发展加盟代理商,已在南宁、大连、哈尔滨等城市设立豆珍故事面馆10家,集体验和销售于一体的模式进一步扩大了豆珍产品的知名度。积极与广州健丽源进出口有限公司进行合作,争取开拓更广阔的市场。授权垦荒人集团在全国建立实体专营店100余家,福康公司实现销售额3500万元。

小城镇建设　投资140万元实施移民小区建设项目。维修场部地区路灯65盏,通过采用LED照明设备,在节约耗材的同时每年可节约电费3万余元。种植各类花卉8.8万余株,绿化树木8338株,新增草坪400余平方米,进一步增加了城镇绿化面积。北秀线公路沿线栽植花卉苗木6万株,美化里程达45公里;其他公路两侧种植绿化树5500株,形成优美的公路风景线。投入280余万元实施了福康公司供热锅炉和管网改造,改善了供暖供水条件。对场部社区环境进行了全面整治,彻底清理了乱贴乱画、乱停乱放等现象,维护疏通排水管道700余延长米。招聘二次就业保洁人员50余人,在保证了场部20个住宅小区环境卫生的同时,增加了就业机会,提高了人均收入。

民生工程　投资316万元完成中小学危房改造项目,进一步改善了教学环境;以提高教育教学质量为中心,2015年中考成绩再次夺冠。投资20万元客运站安检间建设项目;投入砂石8000立方米,修复场部至管理区砂石路20多公里,为职工群众生产生活提供了便利。医院购置大生化、离心机等医疗设备3台,进一步提高了医疗水平。继续实施了关爱父亲母亲“一杯奶”工程,共补贴100余万元对全场近3800名60岁以上老年人进行购饮牛奶。全年发放老年人高龄津贴、低保金及灵活就业等各类救助补贴1250人、640余万元;社保总支出1.36亿元,切实为职工提供了生活保障。通过产业创新发展,新增就业308人。完善共同富裕行动帮扶体系,帮助16户困难和低收入职工家庭实现了脱困脱低目标。深入推进平安农场建设,全年调解各类纠纷24件,化解信访积案9件,破获刑事案件10起。以教育帮扶为出发点,扎实开展刑释解教、社区矫正等工作。进一步加强了治安管理力度,查处治安案件62起。在公众节假日、疾病高发时期对公共场所及餐饮行业进行安全、卫生监督检查20多次,保障了居民的出行、饮食安全。

(李伟俊)

兴凯湖农场
兴凯湖分公司

分公司总经理、农场党委副书记: 张凤虎,1963年10月出生,河南淮阳人,中共党员,本科学历,高级农机工程师,1981年11月参加工作,2012年7月至2015年11月任现职。

场长、党委书记: 亓常宏,1969年3月出生,山东昌邑人,中共党员,本科学历,高级政工师。1988年12月参加工作,2011年4月任现职。

分公司副总经理: 黎东光,1968年4月出生,辽宁北镇人,中共党员,本科学历,高级农机工程师。1990年10月参加工作,2013年5月任现职,2015年11月主持分公司全面工作。

党委副书记、纪委书记: 顾凯勇(2011.3—)

分公司副总经理:

陈贵友(2015.11—)

刘新军(2013.5—)

王文强(2014.5—)

副场长: 李远波(2013.5—)

分公司财务总监: 高树义(2010.7—)

工会主席: 尹显洪(2012.12—)

党委委员、武装部部长: 孟宪金

(2013.5—)

党委委员、组织部部长:隋喜顺(2013.6—)

概况　兴凯湖农场、兴凯湖分公司位于黑龙江省密山市境内,地处大、小兴凯湖畔,地理坐标北纬45°02′~45°23′,东经132°35′~133°08′。东南隔松阿察河和大兴凯湖与俄罗斯相望,西面靠大、小兴凯湖,北面与八五七、八五六农场毗邻。农场地势西高东低,西部海拔高度68~69米,东部66~67米,地表坡降1/8000~1/10000,全场土地总面积113933.5公顷,其中耕地39090公顷。农场始建于1955年,为北京公安五处创建。2015年,农场总户数4521户,总人口9702人,农场下设5个管理区,22个作业站以及林场。场部地区有学校、幼儿园、医院、公路管理站、生活服务站、种子分公司、气象站、兽医站、客运站、居民委员会。驻场机构和企业有农业银行、邮局、加油站、通讯公司、供电局、工商局、地税局、国税局、国土资源所等。2015年,农场、分公司实现生产总值148901万元。工农业总产值104882万元。职工家庭人均收入24924元。粮食总产量334533吨。

种植业　农场、农业分公司坚持“抢前抓早”思想不动摇、坚持农业标准化管理,取得农业丰产丰收。在插秧期和分蘖期遭遇持续性低温的不利条件下,农场、分公司通过插后及时覆水、追施返青肥等积极有效措施,确保水稻有效分蘖。由于大小兴凯湖水位暴涨,导致沿河多处堤防决口塌陷,公路冲毁,3000多公顷稻田遭受洪涝灾害,农业生产受到严重影响。面对严峻的灾害形势,由于预判准确,措施得力,将损失降到了最低。粮豆种植面积37520公顷,总产334533吨,公顷产8910公斤,其中水稻35815公顷,总产324382吨,公顷产9060公斤,玉米777公顷,总产7577吨,公顷产9750公斤,大豆928公顷,总产2574吨,公顷产2775公斤。

农业机械　投入3520万元,其中享受国家惠农政策补贴594.87万元,分公司补贴19.05万元;种植户自筹1554.41万元,更新农机1024台件,实现总动力10.73万千瓦,2015年参加“全国农垦农机标准化创建示范活动”获得“AAAA”级农机标准化示范农场称号。

农业基础设施建设　投资2514.84万元建成综合库房1740平方米、晒场1.5万平方米、机耕路45.2公里,渠系建筑物164座、沟渠清淤107公里;分公司自筹防汛应急支出1077万元修筑围堤26.5公里,对62.5公里排水不畅的沟渠进行加宽加深,汛期加高加宽加固围堤长度10.7公里,21作业站湖口护堤140米、六排干围堤加高1.33公里,动用土方量23.5万立方米。

小城镇建设　结合“湖畔旅游名城”建设的总体目标,农场新型城镇化发展水平不断提升。重点抓公建项目及配套项目管理、楼房维修、房屋产权办理、部分居民整体搬迁等工作,其中公建项目及配套项目管理方面,自来水厂建设项目,总投资1455万元,12月投入使用;医院综合楼项目,于10月投入使用;农场边境农场道路工程,总投资45.5万元,12月已完成总工程量40%;农场新苑小区道路工程,总投资132万元,12月完成总工程量60%;农场危房改造工程(造纸厂住宅楼改造),总投资204万元,12月已完成项目招投标手续。2015年共维修场区住宅防水45户;维修新型住宅区屋面20栋;维修住宅小区门45扇;住宅小区刮大白26户;维修住宅小区烟道9处;维修主路道口3处;改造客运站电表4块;供热管道维修改造管线2200米;维修南岗管理二区塑窗42户及给水管线1处。房产各项登记业务办理209份,新建、更新档案209份,其中初始登记35份,转移登记114份,更正登记1份,抵押登记59份,销售农场危改楼房109套。场部地区搬迁87户,全部安置在场部新建楼房,解决历史遗留问题的6户。

二三产业　第二产业实现生产总值1.2亿元,较往年有所下降。第三产业实现生产总值5.1亿元,较上年同比增长2%。农场积极引导本地企业进行产业升级,提高行业竞争力,现已初见成效。以延伸稻米产业链为方向,扩大了仓容、仓储,为企业生产加工提供保障,提高农产品加工业的综合效益和市场竞争力,带动了职工群众致富增收。加强兴凯湖品牌建设,“兴凯湖大米”“兴凯湖旅游”商标已经在国家商标局注册。白酒企业以高、中、低档发展为主线,依托兴凯湖优质淡水资源,提升产品知名度、美誉度,产品打入省内外超市,全年实现产值170余万元。裕鹿集团新建的3万平方米圈舍全部投入使用,年内梅花鹿及马鹿饲养量达1500只。养殖规模的不断壮大,为附属鹿产品加工业提供了充足的原料,鹿茸酒生产线及风味鹿肉生产线已建成投产。充分利用资源优势,推动旅游产业快速发展,裕鹿集团的鹿文化博物馆建成并投入运营,葡萄采摘园首次开园接待游客,农业耕作体验园、鹿趣苑、鹿茵活动广场等旅游设施已基本建成。基础设施建设大大提高了农场的旅游接待能力,湖岗自然景观游、沙滩娱乐游、文化广场游等景点彰显了湖畔旅游名城的独特魅力,越来越多的旅游团、自驾游将兴凯湖作为旅游目的地。旅游产业的兴起助推了农场宾馆、餐饮等行业快速发展,使一批居民走上致富之路。全年接待游客30余万人,实现旅游收入3200万元。

林业　实施绿色通道建设以及补植、完善场部中心大街、住宅小区绿化、种苗基地及湿地保护工程。森林面积达4867公顷,完成造林面积3.3公顷,建设中俄边境防火隔离带20公里,建设候鸟采食基地1块67公顷,育苗10公顷,义务植树4万株。林业部门加强森林(草原)防火、林政资源管理和国家重点公益林管护、森林病虫害防治、植物检疫工作,保护森林资源的安全,加大对自然保护区的管理力度,保护野生动植物资源,维护生态平衡。

畜牧水产　肉牛存栏100头、生猪1100头、羊300只、禽3.6万只、兴凯湖梅花鹿800只。渔政执法共出动执法船12趟次、执法车50次,劝离非法捕捞人员30人,割除、拆毁各种私设网具300余处,批评教育30人,放流200余公斤渔获物。对20公顷鱼塘进行标准化改造,投放鱼苗近1万公斤,河蟹养殖13公顷,全年水产品总产量558吨。引进了工厂化泥鳅养殖繁育厂项目,主体6000平方米的养殖池已经建成,其中的3000平方米已投入使用。

(徐海舟)

八五一〇农场

场长:郭显文,1978年10月出生,辽宁省建平人,中共党员,研究生学历,政工师。2001年7月参加工作,2013年11月任现职。

党委书记:李景波,1963年4月出生,黑龙江省木兰人,中共党员,本科学历,高级政工师。1981年10月参加工作,2013年11月任现职。

党委副书记:孟宪伟(2009.12—)

副场长:赵福成(2006.12—)

楚卫军(2009.12—)

范承志(2011.5—)

工会主席:邹怀芳(女)(2012.12—)

武装部部长:赵运堂(2014.3—)

概况　八五一〇农场位于黑龙江省东南部,地处鸡西、密山、鸡东两市县境内,南与俄罗斯交界。地理位置在北纬44°57′42″~45°29′45″之间,东经131°14′31″~132°4′5″,场部设在鸡东县东海镇。总面积50957.5公顷,耕地面积21629公顷,林地面积18672.8公顷。场辖4个管理区,4个林管站和2个社区。各管理区之间互不相连,各成一片,并与鸡西、密山、鸡东两市县的乡镇插花,点多线长,相当分散。总人口13815人。

2015年,农场以"企业增效、职工增收"为目标,全面实施"2341"战略,实现生产总值7.97亿元。其中,第一产业增加值3.73亿元;第二产业增加值1.47亿元;第三产业增加值2.77亿元,实现居民可支配收入21579元。

种植业　2015年农场农业生产克服了低温、洪涝等自然灾害,落实总播种面积1245.2公顷,平均单产607公斤,总产17.01万吨。落实高产创建核心区4块90公顷,落实万亩示范片728公顷,万亩示范片平均公顷产量12655.5公斤。创建全国绿色食品原料(玉米)标准化生产基地1.33万公顷,在基地建设过程中度建设,通过建立组织管理体系,完善生产管理体系和农业投入品管理体系,加强基础设施建设,强化科技支撑和监督管理体系建设,实现基地生产与绿标企业、产业化经营单位的有效对接,严格执行绿色食品标准。

农业机械　完成农机购置补贴资金480.87万元,投入更新农机具资金1568万元,补贴农机具165台(套),受益农户达143户。全场农机总动力达4.5万千瓦,同比增长6%。投入40余万元对50余户购买和改装新式大犁的种植户进行补贴。完善农机装备服务区,集管理与服务、维修与停放、指挥与协调多功能一体化。在抓好农机装备区的同时,鼓励个人投资建设农机库,用以解决农场职工集中居住楼房,没有存放生产工具和生产资料的问题。

境外农业　自筹资金1500万元在俄罗斯新建自主经营农场。按照管理局"环兴凯湖经济圈"的建设要求,东海分场改合作经营为自主经营模式,完成种植面积1363.5公顷,其种熟地1053.5公顷,开垦荒地977公顷。种植大豆面积933.2公顷,玉米430.3公顷。永润农机合作社在俄耕地面积912.7公顷,种植大豆面积475.7公顷,起垄播种273.3公顷,平播202.3公顷。年农场永润农机合作社从国内购入一台大垄起垄机,在新友谊农场率先完成起垄266.7公顷。改装马克播种机在1.1米垄上卡种三行大豆,由平作改为垄作。充分发挥大垄密植、抗旱、抗涝、保肥的特点提高产量。

畜牧业渔业　农场牧丰奶牛养殖专业合作社标准化规模养殖场建设项目完成,通过验收。农场以发展"两牛一鱼"为重点,坚持规模化养殖、产业化经营,努力提高现代畜牧业在经济中的比重。牧场全面实施标准化管理,采用性控冻精技术进行繁育,努力提高犊牛成活率。方圆合作社和畜旺公司大力发展乳肉兼用牛,"北大荒乳肉牛培育工程"项目初见成效,争取国家和总局资金补贴,投资440多万元分别对方圆和畜旺进行小区改造,新建综合办公楼一处500平方米、青贮窖3座、干草棚125平方米、消毒池40平方米、道路硬化5000平方米、挤奶厅改造570平方米、牛舍改造7070平方米、饲料间改造370平方米、消毒池1处、购买18平方米立式自走式投料车一辆、12平方米卧式牵引式投料车1辆,增强了标准化管理,对各岗位进行严格考核,目前主要繁育有西门塔尔和安格斯两个品种,为农场畜牧业发展开辟新途径。到2015年底,全场奶牛存栏3865头,年产鲜奶2050吨;肉牛存栏1060头,生猪存栏9500头,羊存栏1450只,禽存栏3.25万只。畜牧防疫扎实到位,无重大疫情发生,畜牧业实现了健康稳步增长。农场对合同到期的36公顷水面和7块捕捞网地进行重新发包,为农场增加收入共计37万元;对大白鱼种渔场进行重新的规划,大白鱼有限责任公司正在筹建中。2015年6月,在禁渔期期间由黑龙江省水产局、鸡西市水产局、农垦牡丹江管理局和八五一〇农场联合在当壁镇兴凯湖旅游度假区进行大白鱼苗放流活动,共计在兴凯湖自然水域增殖放流大白鱼、鲢鱼、鳙鱼等共计300多万尾鱼苗。

工业　通过政策支持、完善服务、加大基础设施投入等措施扶持工业项目,完成工业总产值4.5亿元,现价工业增加值1.4亿元,工业利润0.3亿元。奥宇石墨深加工有限公司,原2013年万吨球形项目完工,石墨生产步入良性轨道产量稳中有增,构建完整加工产业链,加快推进企业发展进程,投资6000万元建年产6000吨可膨胀石墨建设项目已经完工。原2013年投资300万元湄拓湖天然水生产线项目,投产后销售良好,企业步入良性轨道。

旅游业　发展红色文化旅游、绿色生态旅游、现代农业旅游等产业,促进旅游业与住宿、餐饮等现代服务业融合发展。年接待游客20万人次,实现旅游业总收入8000万元。景区新增油菜花观赏景观项目,吸引观光游客2万余人,为观光农业与旅游业融合发展提供现实路径。农场与龙电蓝筹股份公司合作共同开发当壁镇旅游资源,已完成景区地热资源利用及旅游综合开发总体规划,投资1000万元的第一口温泉水质优良,开发潜力巨大。通过网络、电视、报纸等媒体加大旅游营销力度,与黑龙江省电视台合作拍摄"一路向北"、"世界多美丽"等节目,景区知名度不断扩大。投入60多万元对兴凯湖养殖场接待服务中心和当壁镇接待中心进行了电路改造、基础设施维护、自来水场检修、室内装修维护、喷泉景观注水和亮化、园区绿化、美化等项工作。维修更换20多处点,其中步行街,葡萄长廊,大理石更换,水上公园环道大理石等,重新更换4399平方米,接待中心停车场大理石更换2000平方米;对贵宾区地板,大理石更换及油画的补色;贵宾区林中小道仿实木和水上公园仿实木亭子及龙门口仿实木进行喷刷;增加大白鱼雕塑和昌盛鼎的大理石简介2处。为加快景区的现代化、信息化建设,在10平方公里的核心区域内,投资32万元,重新布置安装高清监控设备;设立7个WIFI信号发射器,增设了4G信号塔。

自营经济　农场自营经济工作在注重结构调整、优化产业、推进科技含量的基础上,努力使自营经济工作不断向规模化、产业化方向转变,逐步成为农场新的经济增长点,职工致富的增长源。2015年,农场成立黑龙江牡丹江农垦众兴食用菌种植合作社。已投资90多万元对原废弃学校,进行改造维修,作为菌种生产基地,总面积1万平方米进行食用菌生产,每栋出菇室舍都配有取暖设施,可供全年生产,每年可生产六个周期,现在已经投产菌种15000袋,品种包括双孢菇、平菇、榆黄蘑。注重水稻大棚二次利用,利用总面积10.83公顷,大棚总数301栋,平均种植成本1106.5元,平均产量2026公斤,公顷经济效益14990元,总收益15.7万元。农场在自营经济发展过程中,涌现出一大批经营规模大、经济效益好、示范作用明显的自营经济大户。如黑背山管理区孙玉红饲养生猪13000头,陈立峰饲养生猪500头;黑背山管理区周立影养鸡12000只。这些大户的示范为农场职工群众创业,脱低致富起到了带动作用。

民生工程　民生工程建设总投资2590万元,完成污水处理、垃圾填埋、视频监控、人畜饮水工程等项目。重视文教卫生事业,投资150万元购置医疗设备和改造学校教学楼项目,群众就医和学生就学环境进一步改善。为基层发放24.5万元"全民健身工程"设施99件,在文化中心安装价值150万元的室内电子屏设施一套,进一步改善了职工群众文化生活。深入开展"扶贫帮困"工作,各级干部与困难家庭结帮扶对子62个,全年走访慰问困难职工、非职工435户,解决实际困难近400件,发放慰问金17余万元,实现27户低收入户和6户贫困家庭脱低、脱贫。社会保障制度不断完善,发放灵活就业补贴金155.37万元,低保金242万元,供暖补贴29.9万元,高龄津贴10.22万元,生活及医疗救助46.7万元,使400余户贫困家庭得到救助。鼓励职工大力发展自营经济,投资90多万元改造废弃校舍进行食用菌科研与生产,全年投产菌种15000袋,培训人员200余人次。　(张　洪)

海林农场

场长:李树本,1964年1月出生,辽宁锦州人,中共党员,本科学历,经济师。1981年11月参加工作,2011年5月任职。

党委书记:孔令波,1963年出生,河南开封人,中共党员,本科学历,高级水利工程师。1982年参加工作,2012年6月任职。

党委委员、党委副书记、纪委书记、工会主席、武装部部长:邓建民(2011.4—)

党委委员、副场长:

程志军(2007.11—)

宁云刚(2012.7—)

副场长:张学勇(2014.4—)

党委委员、组织部部长:秦尚生(2013.11—)

党委委员、宣传部部长:李洪波(2013.11—)

概况　海林农场位于黑龙江省南部,海林市西南,宁安市西北。地理为北纬44°15′~44°25′,东经128°47′30″~129°27′30″。地处长白山脉,张广才岭东麓,向北、向西是浩瀚的林海,得天独厚的地理环境,天然"氧吧"。海林农场场区内有一座蓄水量为1163万立方米的高山水库,上游为无污染的山林,水质优良,5~6米深清澈透底,人们誉为天然矿泉水。

海林农场始建于1954年6月。占地面积175平方公里,其中耕地8933公顷,草原1200公顷,林地3533公顷,水面200公顷。农场下辖3个农业管理区、13个作业站,场部有农场子弟校、职工医院、公路管理站和7家股份制和1个奶牛养殖核心小区—圣澳合作牛场。驻场机构和企业有农业银行海林农场分理处、邮局、通讯、油库、电力、工商、土地、社保、海林市国税局农场分局、完达山沃康食品海林农场分公司。农场为产加销一条龙,贸工农一体化兼有社会管理职能的现代化国有农场。2015年,农场加快产业结构调整步伐,实现生产总值6.9亿元,比上年同期7.3亿元减少5.4%,实现利润-3266万元。人均纯收入2万元。

种植业　加快种植业结构调整,发展白瓜子、黄瓜子、红小豆、灯笼果等高、精、特经济作物,改变以往单靠大田作物为主的传统种植结构,多元化增加职工经济收入。全场总播种面积为0.92万公顷,其中甜叶菊面积高达0.2万公顷,其他经济作物面积0.24万公顷,全场经济作物比例占总播种面积的48%。建立安全食品生产体系,新增全国绿色食品原料(玉米)标准化生产基地3000余公顷。加强种子管理,开展市场检查,确保了种子安全。通过科技下乡进万家、科普大集、"科技120"等活动进一步提高了职工的科技意识。

农业机械　利用国家补贴资金298.95万元,农户投入703万元购入各类农机具111台(套),新建农机库房1.7万平方米,农机管理中心投入使用。应用卫星定位、自动驾驶等新机械、新技术,提升标准作业水平。

水利　(1)"节水增粮"项目。项目投资来源分为两部分。一部分是由农业部投资的2014年小型农田水利设施建设补助专项资金项目（节水增粮）；项目区总面积1956公顷，涵盖第一管理区第一、三、五作业站及第三管理区第十、十一、十二等作业站。项目总投资3006万元，其中国投2055万元。建设内容为购置滚移式喷灌机60套（含农业部的21套），新建泵站5座（含农业部的2座），铺设输水管道83.82公里（含农业部的23.52公里）。另一部分由水利部来投资的2014年“节水增粮”行动项目，其中2014年小型农田水利设施建设补助专项资金项目（节水增粮）作为2014年“节水增粮”行动项目的配套项目实施。项目区耕地面积622.8公顷，总投资934.2万元，其中国投747万元。建设地点在第三管理区10、11、12作业站。建设内容为购置滚移式喷灌机21套，新建小型泵站2座，铺设输水管道23.52公里。截至2015年11月末，农业部投资和水利部投资及建设任务已全部完成，其中铺设供水管道83.82公里，购进滚移式大型喷灌机60套，完成新建泵站5座，包括双峰水库浮船式泵站1座、红卫桥塘坝固定式泵站2座、十良子水库固定式泵站2座2座，总装机功率1965千瓦。（2）2013年小型农田水利建设项目结余资金用于2014年节水增粮项目，为2014年“节水增粮”行动项目供电部分的配套工程。项目总投资188万元，全部为国投，主要建设内容包括，架设1万伏高压线路3445米，铺设1万伏高压电缆176米，安装变电设备5台（套），总装机2600千瓦。（3）人畜饮水工程建设。2014年人畜饮水工程总投资90万元，全部为国投。2015年，农场利用国投资金64.7万元，完成了第三管理区第二作业站、第二管理区第九作业站2座供水站的新建任务，其中新建水房2座，建筑面积191平方米，新建30吨封闭式玻璃钢水箱2座，同时完善自动供水等配套设施。（4）农场460吨有机果蔬设施种植基地新建项目。项目投资600万元，其中国投300万元。在第二管理区第六作业站完成了80栋大棚的建设。

林业　完成园林绿化工作，优化绿化结构，合理搭配景观型、生态型、抗病虫型、经济型的花草苗木，在提高绿化品位的同时，农场城镇人均绿化面积提高两个百分点。完成造林17公顷，完成15公里的环湖公路滨湖花果园绿化补植果树，成活率均在90%以上。完成场部街道和镜海路的管护和补植工作，城镇绿化覆盖率达44.2%以上，实现33年无森林火灾。

畜牧业　农场畜牧生产推广应用良种奶牛繁育技术，完成由单纯数量型向质量效益型的转变，从集约化管理走向全程科学饲养。加大内部管理，完善购销贮运体系，存栏奶牛2300头，成母牛1090头，上交鲜奶11000吨，生猪存栏5800头，繁母猪1026头，出栏21000头，存栏黄牛377头，羊460只，禽5000羽。放养鱼池2750亩，出鱼28吨。年实现畜牧总产值33680万元。

新型工业　发挥专业化示范场优势，支持黑龙江农垦卉菊甜菊糖公司做强做大。着力建设“龙头带基地，基地联农户”的产业化格局，通过龙头企业带动，形成农户、公司、农场紧密相连的利益共同体，实现种、加、销一体化。全场有2000多人从事甜菊种植，种植面积超过了历史，亩效益是旱田大宗作物的3.5～4倍，带动农场及周边增加收入1.4亿元。同时在新疆、甘肃等地开辟了收购市场。甜菊糖公司进行了厂房扩建和工业废水处理厂建设，年生产能力可以达700吨，成为东北地区最大甜菊糖生产企业。实现出口创汇890万美元，订单已排至2016年底。发展白瓜子、黄瓜籽、红小豆和黑木耳等经济产业，成立了黄瓜籽种植、白瓜子种植、黑木耳种植等5个专业合作社，通过市场订单、专业合作、多元发展，带动了种植结构调整，增加了职工收入。全年实现工业总产值6亿元，同比增长39%；工业增加值1.85亿元，同比增长39%；主营业务收入6.2亿元，同比增长28%；利润0.44亿元，同比增长22%。全年实现国内招商引资1400万元，国外引资540万美元。全年销售糖甙200吨，实现销售收入5200万元，产品销往韩、日、美、德、印尼等国家，外贸出口1014万美元。

生态农场建设　围绕“生态农场建设”，推进城镇现代化、生态化。农场创新城镇管理模式，实施城镇建设提档、工业发展提速、生态文明提质等惠民工程，构建与城镇化相匹配的小微企业、新型产业体系，推动新型城镇化与农业现代化的相辅相成，推进“生态农场”建设迈上新台阶。开工建设3000吨日处理污水厂一座；扩建住院部1829平方米；完成了向阳B区、C区道路及管道工程建设。完成农垦卉菊海林甜菊糖有限责任公司综合楼建设5项项目。为85户居民维护房屋。

（于遵海）

山市种奶牛场

场长、党委副书记：杜文东，1967年10月出生，河北省邯郸人，中共党员，研究生学历，水利高级工程师。1989年1月参加工作，2013年9月任现职。

党委书记：王波，1968年11月出生，广东省潮安人，中共党员，研究生学历，高级政工师。1990年12月参加工作，2013年11月任现职。

党委委员、党委副书记、纪委书记、工会主席：郭景阳（2012.12—）

党委委员、副场长：王本峰（2011.6—）

党委委员、组织部部长、老干部科科长：张喜庆（1999.12—）

概况　山市种奶牛场始建于1950年2月26日，先后隶属于东北人民政府农林部和省国营农场管理厅，后为省畜牧局直属种奶牛场。原以繁育“卡巴金”种马为主，1978年根据省畜牧局指示精神，下马上牛，改为繁育“黑白花奶牛”为主的种奶牛场。1984年前为全亏全补的纯事业性单位，1984年后，改为事业单位企业管理，实行定额补贴，超亏不补的经营模式。经多年的改革和调整，现已形成以畜牧业为主，农林牧副工全面发展的种奶牛场。2007年3月22日经省长办公会研究决定，划归黑龙江省农垦总局牡丹江管理局管理，现已成为以农业为主，畜牧、林业为辅的综合性农场。

山市种奶牛场位于黑龙江省海林市境内，地处张广财岭南麓。地理坐标北纬44°35′53″、东经128°50′45″,海拔高度为380米至766米。辖区总面积18119公顷,其中耕地4490公顷,草原2624公顷,林地10381公顷,水面22公顷,其他602公顷。场区四周环山,地处丘陵沼泽交错小盆地。无霜期100至120天,年积温1900至2100℃,年降雨量600至650毫米。自然植被覆盖良好,草林相间,水源充足,密江河贯流其间。与滨绥铁路、301国道毗邻,交通方便,宜农、宜牧、宜于多种经营。

山市种奶牛场下辖4个管理区、7个作业站、4个场直企事业单位、4个场直居民区。驻场单位和机构6个。全场总人口6497人,2658户。职工人数1495人,离退休职工1355人。2015年实现生产总值8304万元。其中,第一产业增加值6008万元,第二产业增加值312万元,第三产业增加值1984万元。职工家庭人均可支配收入12452元。

种植业　农场加大抗灾及生产管理力度,保种促管夺丰收。加快结构调整步伐,粮经饲三元结构基本形成,播种面积3926.67公顷,其中大豆1153.34公顷,玉米1606.67公顷。经济作物1166.67公顷。其中畜牧饲料田1080公顷,占播种总面积的27.5%;经济作物占播种面积的29.71%,同比增加13.44%。合作社管理逐步规范,已成立各类专业合作社8个。农机装备继续提升,投资57万元,更新各类农用机具20台(套)。科技支撑作用明显增强,建设1公里100公顷的科技示范带,建立品种试验田2处,展示玉米、大豆品种各10个,开展科普活动3次,利用大集发放宣传材料600份,全年各类农业技术培训达1500人次。

农业基础设施　投资1881万元,实施高标准农田建设、节水增粮、水土保持等项目,新建泵站10座,购置喷灌管道5.4万米,可增加喷灌面积744公顷,新建桥涵16座、谷坊81座、农田道路7.1公里,改造中低产田300公顷。其中第二管理区八队农田道路的修建,彻底改变了春耕进不去地,秋收拉不出粮的状况,泵站建设填补了灌溉设施的空白。农场为保证农场农户秋季粮食晾晒安全,在各管理区6个晒场建设围栏2307米。为农作物通风透光,减少病虫害栖息地、杂草种子传播,促进粮食的增产、增收,各管理区开展清理五边草活动,共清理五边草4.3万延长米。

畜牧业　全年无重大动物疫情。继续完善家庭牧场模式,推广尚兴、鸿运家庭牧场奶牛养殖模式。农场已实现集中饲养600头。利用丰富的林地资源优势,林下养殖东北民猪(黑猪)200头,第四管理区肉羊舍饲400只,特色养殖狐貉512只,鹿72头,蜂520箱。奶牛存栏1700头,鲜奶产量2600吨;肉牛存栏2100头;生猪存栏4300头;羊存栏4300只;禽类存栏2.2万只。

林业　实施林业复兴工程,通过退耕还林后续产业项目,扶持黑木耳栽植户10户,栽植菌包86万袋,自产菌包79万袋,同比增加19万袋。探索发展林下经济。种植长白参7公顷,试种蓝靛果2公顷。全年绿化造林10公顷,采伐迹地更新造林8.5公顷,加强森林草原防火工作,全年无火灾发生,林木资源得到有效保护。

招商引资　加大对招商引资企业扶持,富东制药厂完成GMP认证,并将与哈药六厂联营,实现生产总值1200万元。鑫源粮食经销有限公司与中储粮合作,收储玉米3万吨,有效缓解了国储政策调整对种植户的冲击。山产品深加工项目冷库厂房已经完工,2016年可投入生产。驻场企业安置就业110人。

旅游业　筹资5万元,着力建设场部主干道绿化、美化、亮化工程,栽植各种绿化树5000株;绿篱1000延长米,2万余株,栽植花卉1万余株;笔架山景区移植映山红5000株。为游客提供了优美环境,吸引了八方游客。年接待旅游团体23个,接待全国各地游客已超过2万人次,"五一"节当天笔架山游客日高峰突破5000人。

(冷曙臣)

宁安农场

场长、党委副书记:王连河,1964年6月出生,山东省利津县人,中共党员,本科学历,高级农艺师。1982年11月参加工作,2011年9月任现职。

党委书记:孙长波,1969年10月出生,黑龙江省佳木斯市人,中共党员,本科学历,高级政工师。1989年7月参加工作,2013年11月任现职。

党委副书记、纪委书记、工会主席:朱玉双(2009.11—)

副场长:李文鹏(2011.4—)
李龙(2012.12—)
赵前辉(2012.12—)

友好农场副场长:孙书杰(2013.11—)

概况　宁安农场位于黑龙江省宁安市境内,地处牡丹江上游,与长白山张广才岭衔接,冬无严寒,夏无酷暑,气候宜人,海拔高度359~326米之间,地理坐标北纬43°56′~44°14′,东经129°18′。农场北距牡丹江市50公里,南距镜泊湖55公里,201国道、牡图铁路纵贯场区,距牡丹飞机场40公里,距口岸城市绥芬河、珲春各230公里,可与俄罗斯、朝鲜国家便利通商。农场始建于1947年6月13日,是黑龙江垦区第一个开发建设的国有农场,占地总面积11703平方公里,其中耕地4000公顷,(不含1996年新建的兴河分场3200公顷),林地5651公顷。农场是一个以农林牧为基础,多种经济并存的综合性国有农垦企业,是国家AAA级旅游景区、中国最具特色生态旅游目的地和黑龙江省农业旅游示范点、黑龙江100个最值得去的地方。

2015年,农场总户数3119户,总人口6816人,其中女性人口3365人。实现生产总值(GDP)51621万元,同比增长-1%。其中,第一产业增加值完成21149万元,第二产业增加值完成18665万元,第三产业增加值完成11807万元,分别同比增长-8.1%、3.1%、7.3%。人均地区生产总值75735元,农林牧渔总产值38233万元,社会消费品零售总额4952万元,实现现价人均居民可支配收入23678元，同比增长6.6%。

农业生产　全场(含兴河分场)耕种土地7610公顷，其中水稻面积2979公顷，玉米(含制种)2773公顷，大豆195公顷，小麦20公顷，马铃薯525公顷，圆葱350公顷，西(甜)瓜356公顷，亚麻182公顷，白瓜子115公顷，其他115公顷。种植高效作物面积比例由上年的27.3%提升至43%，种植结构进一步优化。粮食作物总产5.15万吨。鲜食玉米质量追溯项目实现常态化管理。完成12个农产品无公害认证工作。申报成功2000公顷全国绿色食品原料标准化生产基地，取得绿色标志使用权。探索发展"互联网+农业"模式，在阿里巴巴网站开通网店服务，开展绿色无公害农产品网络销售。"龙头+基地"经营模式初步形成，以垦丰种业、镜泊湖亚麻公司、海林农场甜菊糖甙厂、新友谊豆蛋白食品公司为龙头，打造玉米制种、亚麻、甜叶菊、黑大豆种植基地，实现订单化经营；以经济人带动为核心，围绕圆葱、鲜食玉米等经济作物基地建设和聚源食品有限公司的山产品出口优势，组建经济作物种植专业合作社，提高经济作物效益，农业产业化进一步发展。推广玉米大垄密等新技术和科研项目23项，获管理局科技进步奖3项。加快农机更新步伐，争取农机补贴140万元，购入农机具65台(套)。林业经营方式由传统护林、造林向营林、发展林下经济转变，完成造林面积33公顷，栽植苗木10万余株温室栽培食用菌2.35万平方米，生产各类食用菌71万袋，种植天麻300平方米，灵芝6万段，引进种植榛子、核桃2.5公顷，完成樟子松嫁接红松果5公顷。农场耗资90万元建设粪污处理厂，改善养殖小区环境，对全场畜禽实行计划免疫和强制免疫，实现重大动物疫病免疫率100%。全年生猪存栏5077头，肉牛存栏量101头，羊存栏1003头，鹿存栏754头。

工业　完成转制企业利润收缴工作，实现扭亏增盈90万元。瑞兴建材厂生产标砖54万块，地面砖8万平方米，实现产值290万元。聚源食品有限公司生产粘玉米167万穗，山葱500吨，速冻蔬菜68吨，实现产值1719万元，出口创汇178万美元。长青生物质电厂发电1.6亿度，实现产值1.2亿元。完成天然山泉水项目的前期调研工作。荣泰粮油加工厂、龙兴麦芽厂、东部福阿母(韩农)公司等企业发展良好。

城建建设　利用上级及自筹资金7000余万元，建设完成25公里农村公路项目，3万平方米住宅楼外立面改造项目，40吨锅炉供热项目，库容21万立方米、日处理生活垃圾30吨的垃圾处理厂建设项目和中学楼危房改造项目，购置安装LED路灯148盏。城镇管理水平进一步提升。对场部136栋3588套住宅楼住户和118户平房住户进行数据采集，实行街道办管理为主，楼长管理为辅的网格化管理模式，网格化管理逐步形成。全年发放《居民公约》宣传单2000余份，为居民解答居民自治、邻里团结、物业等生活中的热点、难点问题100余次，《居民公约》已经成为农场居民行为准则。开展乱堆乱放私搭乱建清理工作，治理违章行为10起，与商户签到门前三包合同160份；开展客运市场清理和交通安全专项整治工作，检查运输车辆114次，查处运输违章1起；开展"打非治违"和隐患排查专项整治行动，排查治理各类事故隐患51起，安全管理实现常态化；开展打击黄赌毒战役，查处赌博案件1起；开展红盾护农专项治理和市场假冒伪劣专项整治行动，查处私繁种子案件1起。全年栽种花卉1.3万株，种植绿化树木700余棵、草坪200平方米，清运生产生活垃圾1万立方米，维修排水井盖10处，铺设排水管道100米。

旅游业　农场经中国生态旅游发展协会、魅力中国旅游网等专家团综合评审，荣获"中国最具特色生态旅游目的地"称号。嘉禾生态农业有限公司总投资3320万元建设完成省内最大的室内水上乐园项目，于"五一"期间投入运营，最高峰日接待量5000余人。水上乐园项目为农场职工直接提供100余个就业岗位，全年共接待旅游团体487个10.8万人，有效带动农场商业、餐饮、住宿、采摘、食品加工等相关产业发展。农场加大旅游宣传力度，在高速公路及要道设立景区高炮广告牌3处，在宁安市区及交通要道设立景区引导标志牌4块。

境外开发　转变境外农业开发经营方式，新友谊宁安分场分场的经营形式由与华信集团合作经营转为农场自主经营，种植玉米及大豆面积1067公顷。加快哈桑新友好农场播种步伐，哈桑新友好农场种植大豆153公顷，境外农作物总产3700吨。朝鲜北大荒罗先友好农场由自主经营转为与吉林省管委会合作经营，为友好农场110公顷水稻种植提供技术指导和服务。　(马树森)

双峰农场

场长：隋文成，1967年7月出生，辽宁省庄河市人，中共党员，本科学历，农艺师。1985年12月参加工作，2014年1月任现职。

党委书记：杨宏彬，1965年10月出生，山东省阳谷县人，中共党员，本科学历，高级政工师、高级农艺师。1984年12月参加工作，2013年12月任现职。

党委委员、党委副书记、纪委书记、工会主席：赵海燕(女)(2011.4—)

党委委员、副场长：

孙连军(2012.7—)

王志刚(2014.3—)

概况　双峰农场位于黑龙江省密山市境内，地理坐标北纬45°39′，东经131°53′。东与八五一一农场、红岭村接壤，南与和平乡以裴德里河为界，西与裴德镇、青年水库相邻，北部与富源乡、兴凯镇相连，为完达山脉环绕，距中俄口岸当壁镇近60公里。方虎公路改线段、哈—东铁路横贯中部，地理位置优越，交通通信便利。农场成立于2006年9月，前身为黑龙江省八一农垦大学实验场，2013年纳入农垦总局编制管理序列。由"黑龙江省牡丹江农垦双峰农场"更名为"黑龙江省双峰农场"。农场下设5个作业站，一个下属企业，土地面积4112公顷，其中耕地2372公顷、占土地总面积的57.68%。

全场总人口1829人,其中男性989人,女性840人,少数民族人口7人。设有基层党支部4个,党员148人。国家农业部标准化奶牛养殖示范场—双峰牧业有限责任公司于2013年通过改制成立黑龙江省牡丹江农垦双峰奶牛养殖合作社。先后被授予“国家奶业体系学生奶奶源基地”“国内一流的奶牛养殖示范基地”“黑龙江省东部重要的大型奶牛饲养和繁育基地”等荣誉称号。2015年,农场实现生产总值7735万元,比上年上升14.15%,其中,第一产业增加值3679万元,第二产业增加值1237万元,第三产业增加值2819万元。

种植业　实现粮食作物总播种面积2401公顷,实现粮豆总产22628吨,平均公顷产628.3公斤。在农业生产过程中,注重调整种植结构。新增红小豆、白瓜子、中草药等经济作物570亩;注重农业新品种推广应用。新建农作物品种展示田2处,展示水稻新品种14个,玉米新品种23个;农田基础设施不断完善。投资100万元新修干、支渠15条11千米,新建涵、闸12座,完成田间治理600公顷。完成93公顷低洼易涝地旱改水工作。投资60万元,为种植户修建临时住房及农机具仓库各20个,新建临时停放场1500平方米。投资85万元,修建晒场4100平方米。建设标准化育秧大棚28栋;农田标准化作业率不断提升。共召开农业现场会及技术培训22次,受益农户600人次,农技普及率达90%,农田标准化作业率达90%以上;农业机械化水平不断提高。新购机车4台,农具6台,农业机械化率达96.3%。农场大力发展园区特色种植业,现有棚室42栋,年出产蔬菜、水果3万公斤。

畜牧业　大牲畜存栏2800头,其中奶牛存栏2500头,肉牛存栏300头;生猪存栏4000头;羊存栏260只;禽存栏2000只。奶牛规模化饲养水平得到新提升。黑龙江省牡丹江农垦奶牛养殖专业合作社继续发挥引领示范作用,全年奶牛存栏量2500头,鲜奶产量8000吨;合作社在鲜奶市场疲软,奶价下跌的情况下,采取积极应对措施:调优奶牛种群结构,控制鲜奶产出,提高鲜奶质量,合理调整饲料配比,以秸秆、青贮、燕麦替代干草和苜蓿,优化投入产出比例。实现了畜牧业的可持续发展;全场牲畜口蹄疫、高致病性禽流感、猪瘟等疫病免疫密度达100%,生鲜乳收购站检查率达100%,生鲜乳中三聚氰胺检测合格率达100%。

小城镇建设　提升小区管理服务能力。组派专业维修队,对住宅小区公共设施及基础配套设施进行全面排查,更换小区车库采暖管道200延长米;设立服务热线电话一部,建立专业技术服务人员电子档案,累计帮助群众解决生活难题近100个。(赵俊明)

新友谊农场

场长:田立明,1958年2月出生,山东文登人,中共党员,本科学历,高级政工师。1986年9月参加工作,2011年10月至2015年11月24日任现职。

党委书记:董长顺,1963年2月出生,黑龙江省宾县人,中共党员,本科学历,高级审计师。1983年12月参加工作,2012年6月任现职。

副场长(主持行政工作):邹立江,1970年9月出生,四川省渠县人,中共党员,本科学历,经济师。1995年6月参加工作,2015年12月任新友谊农场副场长,主持新友谊农场行政工作。

党委副书记、副场长:王洪庆(2013.12—)

副场长:殷曦睿(2012.12—)
卢生文(2012.12—)
裴景龙(2014.2—)
陈庆江(2014.7—)

概况　2011年年初,农垦牡丹江管理局与华信集团签订合作协议,组织大马力机车赴俄罗斯滨海边疆区为华信集团代耕。2012年2月17日,管理局成立专门对俄进行农业开发的新友谊农场。按照“先代耕再开发、先做强再做大、先种植再加工、先市场再流通”的发展顺序,新友谊农场规模发展2013年列入《黑龙江和内蒙古东北部地区沿边开发开放规划》农、林产业重要对俄投资合作项目,得到国家部委、省委省政府及农垦总局的大力支持。

新友谊农场位于俄罗斯的东南部滨海边疆区,沿远东大铁路和M60公路分布在列索、哈罗里、葛城、哈桑等9个区内,地理位置在北纬42°~48°之间,东经130°~139°,年积温2300℃~2500℃,年日照达310天,无霜期150~200天,适合农作物生长;全年降雨量600~900毫米。良好的气候条件和土地资源,适宜农业、畜牧业的发展。新友谊农场采取大农场套小农场、统分结合的经营模式,目前以种植业为主,主栽大豆、玉米、小麦和水稻。2015年耕种土地2.4万公顷,下设18个分场,其中原合作分场7个:宁安分场、海林分场、兴凯分场、云山分场、东海分场、金沙分场、朝阳分场;自主经营分场11个,分别是八五四分场、八五五分场、八五六分场、八五七分场、八五八分场、八五一〇分场、八五一一分场、云山分场、八五〇分场、宁安分场、兴凯湖分场。拥有机械1300余台(套),境外作业人员300余人,聘用俄罗斯人员200余人,累计生产粮食50万吨。

种植业　抓好种植面积落实。2015年,由于春涝多雨和与阿尔玛达签订土地租赁合同时间较晚,给春播生产带来了极大的困难,但新友谊农场精心组织,合理安排,克服部分生产资料现筹备等难题,战胜春季低温多雨等不利因素,发挥机械力量强的优势,抓住有利时机抢整地、抢播种,共完成播种面积2.4万公顷。粮豆总产8.3万吨。合作经营转变为自主经营。由于华信集团欠付作业费,2015年经管理局党委研究决定,采取租赁华信土地的模式,独立自主经营,合作经营与自主经营融为一体。加快种植结构调整步伐。按照农业生产“高质、高产、高效、生态、安全”和粮、经、饲三元种植结构的要求,试种黑大豆、紫花苜蓿、红小豆。4进行绿色食品基地认证。新友谊农场同中国节能集团(央企)合作,对在俄罗斯种植的大豆、玉米进行绿色有机认证2.67万公顷。

经营活动　新友谊有限责任公司原与维多利亚、金鹰公司在同一地点办公。2015年,公司办公地点搬迁至列索市区,独立自主运行并且建立了双向管理队伍。公司聘请9名俄罗斯管理人员,加强各分场雇佣的俄籍人员管理,强化与当地政府沟通。2015年,公司为各分场购置农药84462公斤,价值1317万元;购置化肥7760吨,价值2345万;办理大卡人数238人。同时,公司聘请俄罗斯审计团队对公司几年来的运营账目进行审计,按照俄罗斯的法律法规规范公司的运营。

境外项目建设 新友谊农场项目实施共3个:2013年项目购置708台(套)机械已实施完毕。2014年农业综合开发项目和国有资本金项目正在实施之中。2015年实际完成投资17138.8万元,其中完成基础设施投资6893.8万元(建设晒场64238平方米,建设烘干塔基础3座,购置安装烘干塔设备2座,铺设围栏15000延长米;建设库房16000平方米,农具场1449平方米)完成间接费用投资151万元;投资2563万元,购置设备143台(套)机械设备;租购土地1.72万公顷。

混合经济发展 新友谊农场与正大桑田(上海)农业有限公司合作,完成公司注册,境内公司以贸易为主。按照总局的安排部署,推进与俄罗斯欧化集团、中国米高集团合作。

(王洪庆)

北安管理局

局长、党委副书记:刘新华,1958年11月出生,山东省莱芜县人,中共党员,大学本科学历,教授级高级政工师。1976年10月参加工作,2011年7月任现职。

党委副书记:徐树清,1959年6月出生,黑龙江省拜泉县人,中共党员,研究生学历,高级经济师。1976年12月参加工作,2008年7月任现职。

副局长、党委委员:柳毅,1962年11月出生,吉林省扶余县人,中共党员,研究生学历,高级统计师。1978年10月参加工作,2006年5月任现职。

党委委员、纪委书记:魏少民,1960年6月出生,黑龙江省友谊农场人,中共党员,研究生学历,高级政工师。1983年7月参加工作,2007年9月至2015年7月任现职。

副局长、党委委员:祝殿凯,1959年9月出生,黑龙江省兰西县人,中共党员,研究生学历,高级农艺师。1982年2月参加工作,2008年7月任现职。

副局长、党委委员:西亮,1962年2月出生,黑龙江富锦市人,中共党员,研究生学历,高级工程师。1982年8月参加工作,2012年6月任现职。

党委委员、纪委书记:祖国杰,1964年1月出生,吉林省永吉县人,中共党员,本科学历,工程师。1985年1月参加工作,2015年7月任现职。

党委委员、宣传部部长:郝正学,1962年6月出生,辽宁省盘锦市人,中共党员,研究生学历,教授级高级政工师。1978年9月参加工作, 2013年12月任现职。

党委委员、人民武装部政委:李峰,1968年10月出生,河南省范县人,中共党员,大学专科学历。1986年11月入伍,2011年4月任人民武装部政委,2014年3月任现职。

党委组织部:

部长:张雅梅,女,1965年9月出生,黑龙江省明水县人,中共党员,研究生学历,高级经济师。1983年6月参加工作,2014年2月任现职。

副部长、办公室副主任(负责机关党委工作):李成祥,1972年8月出生,黑龙江北安市人,中共党员,党校研究生学历,高级畜牧师。1992年7月参加工作,2015年9月任现职。

副部长(负责离退休干部工作):屈年喜,1974年4月出生,辽宁省凤城县人,中共党员,大学本科学历,硕士学位。1998年7月参加工作,2013年4月任现职。

纪委监察局:

副书记、监察局局长:白成刚,满族,1959年11月出生,黑龙江省肇东县人,中共党员,研究生学历,农机工程师。1981年8月参加工作,2012年7月任现职。

副书记:宫殿民,1963年4月出生,黑龙江省青冈县人,中共党员,研究生学历,高级统计师。1986年7月参加工作,2012年7月任现职。

监察局副局长:李志刚(2012.7—)

党委宣传部:

副部长:卢伟力(2009.9—)
王秀波(2012.12—)

办公室:

主任:陈晓玲,女,1961年4月出生,山东省临沂县人,中共党员,研究生学历,高级政工师。1977年9月参加工作,2010年5月至2015年4月任现职。

副主任:焦伟,1980年2月出生,中共党员,山东省临邑人,研究生学历,政工师。1999年7月参加工作,2012年8月任现职。

副主任:于娟,女,黑龙江省北安市人,中共党员,研究生学历,高级政工师、高级会计师。1985年12月参加工作,2012年5月任现职。

副主任:刘世斌,1970年5月出生,山东省昌乐县人,中共党员,研究生学历,经济师。1987年12月参加工作,2015年9月任现职。

副主任:张志泉(2012.12—)

副调研员:金东昌(2012.7—2015.4)

政法委:

常务副书记:李鸣,女,1962年4月出生,江苏省睢宁市人,中共党员,研究生学历,中教一级。1983年4月参加工作,2012年12月任现职。

副书记:孙迎军(2013.4—)

武装部:

部长:李永涛,1976年4月出生,黑龙江拜泉县人,中共党员,本科学历。1998年7月入伍,2016年1月晋升上校军衔,2014年1月任现职。

副部长:杨银满(2016.2—)

机关党委:

副书记:曹伟,1962年12月出生,黑龙江省海伦县人,中共党员,研究生学历,高级政工师。1979年12月参加工作,2002年9月至2015年4月任现职。

关工委:

常务副主任:李志秀,1948年12月出生,山东省肥城县人,大学本科学历,高级政工师。1964年7月参加工作,2007年9月任现职。

副主任:赵联方,1948年10月出生,山东省莱西县人,大学本科学历,高级工程师。1968年10月参加工作,2010年10月任现职。

副主任:吕玉臣,1957年12月出生,黑龙江省克东县人,大学专科学历,新闻编辑。1976年12月参加工作,2014年1月任现职。

广播电视局:

局长:赵长勇,1962年3月出生,山东省临清县人,中共党员,研究生学历,教授级政工师。1979年4月参加工作,2008年10月任现职。

副局长:蔡生库(2011.3—)

工会:

副主席:王伟光,1960年3月出生,黑龙江海伦市人,中共党员,大学专科学历,中教一级(政工师)。1978年3月参加工作,2012年5月任现职。

副主席:李春芝(女)(2012.7—2015.11)

团委:

副书记:付正娟,女,1978年4月出生,山东省青岛市人,中共党员,研究生学历。1999年7月参加工作,2012年5月任现职。

史志办公室:

主任:付维秋,满族,1962年3月出生,吉林省镇赉县人,中共党员,研究生学历,主任编辑。1979年4月参加工作,2012年7月任现职。

计财处:

处长:刘明,1960年9月出生,黑龙江省鸡西市人,中共党员,本科学历,高级会计师。1976年10月参加工作,2006年8月至2015年3月任现职。

副处长:

张祥秋(2009.3—)
王鹏(2010.5—)
刘世斌(2010.10—2015.9)

审计处;

处长:朱国民,1964年9月出生,黑龙江省肇源县人,中共党员,大学本科学历,高级审计师。1986年7月参加工作,2008年12月任现职。

副处长:邓庆丰(2010.10—)

政策法规局:

局长:吕殿富,1962年12月出生,黑龙江省望奎县人,中共党员,大学本科学历,高级农艺师。1981年8月参加工作,2010年10月至2015年9月任现职。

司法局:

局长:耿文华,女,1968年4月出生,山东省莱西县人,中共党员,研究生学历,高级政工师。1989年7月参加工作,2010年10月任现职。

副局长:杨志强(2013.7—)

北安农垦公安局:

局长:吴旭东,1961年4月出生,吉林省长春市人,中共党员,大学本科学历,刑事技术工程师。1978年10月参加工作,2011年9月任现职。

政委:于洪军,1965年8月出生,山东省荣成市人,中共党员,大学本科学历,刑事照相工程师。1981年12月参加工作,2013年1月任现职。

副局长:王克强,1965年9月12日出生,辽宁省绥中市人,中共党员,本科学历。1982年10月参加工作,2010年10月任现职。

副局长:杨文革,1966年7月9日出生,江苏省徐州市人,中共党员,本科学历。1984年12月参加工作,2013年1月任现职。

副调研员:安伟民,1963年10月9日出生,河北省宛平县人,中共党员,本科学历,高级建筑工程师。1983年12月参加工作,2010年10月任现职。

政工监督室主任:王长生,1969年4月12日出生,山东省临沂市人,中共党员,本科学历。1990年7月参加工作,2007年8月任现职。

北安农垦区人民检察院:

检察长:孙登志,1958年7月出生,安徽省利辛县人,中共党员,大学本科学历。1975年9月参加工作,2009年6月任现职。

副检察长:

梁凤玲(女)(2010.5—)
刘晓威(2010.5—)
李桂莲(女)(2012.5—)

纪检组长:胡成革(2012.6—)

北安农垦法院:

院长:刘会普,1963年10月出生,黑龙江省庆安县人,中共党员,大学本科学历,经济师。1986年8月参加工作,2009年6月任现职。

副院长:刘宇(2008.12—)
刘文彬(2010.10—)
王海龙(2013.4—)

人力资源和社会保障局:

副调研员(主持人力资源和社会保障局工作):吕殿富,1962年12月出生,黑龙江省望奎县人,中共党员,本科学历,高级农艺师。1981年8月参加工作,2015年9月任现职。

副局长(负责民政局工作):姚龙江,1964年2月出生,江苏省江宁县人,中共党员,研究生学历,助理记者。1981年11月参加工作,2012年8月任现职。

副局长:宋文新(2010.5—)
张凯(2013.6—)

残联:

理事长:杨文志,1959年11月出生,黑龙江省望奎县人,中共党员,大学专科学历,高级政工师。1981年10月参加工作,2011年5月任现职。

农业局:

局长:林清河,1966年3月出生,黑龙江省青冈县人,中共党员,大学本科学历,高级农艺师。1987年7月参加工作,2012年7月任现职。

副局长:李艳梅(女)(2012.5—)
任传军(2012.7—2015.9)
迟宏伟(2015.11—)

林业局:

局长:荆培强,1962年12月出生,山东省蓬莱市人,中共党员,研究生学历,林业高级工程师。1983年7月参加工作,2012年5月任现职。

副局长:何洪海(2012.7—)

农机局:

局长:任宏斌,1962 年 2 月出生,黑龙江省肇州县人,中共党员,大学本科学历,高级工程师。1979 年 12 月参加工作,2001 年 2 月任现职。

副局长:韩春雨(2013.4—2015.9)

水务局:

设计院副院长(负责水务局工作):董涛,1966 年 9 月,辽宁省岫岩县人,中共党员,大学本科学历,水利高级工程师。1989 年 6 月参加工作,2014 年 6 月任现职。

水政监察大队大队长:陈国(2012.5—)

科技局:

副调研员(主持科技局工作):孙彦波,1963 年 9 月出生,黑龙江省甘南县人,中共党员,研究生学历,高级工程师。1983 年 8 月参加工作,2012 年 5 月至 2015 年 4 月任现职。

种子管理局:

局长:宫玲,女,1964 年 3 月出生,黑龙江省望奎县人,中共党员,研究生学历,高级农艺师。1986 年 7 月参加工作,2012 年 5 月任现职。

畜牧兽医局:

局长:李长志,1965 年 7 月出生,山东省章丘县人,中共党员,研究生学历,高级畜牧师。1986 年 8 月参加工作,2005 年 4 月任现职。

副局长:郭彦民(2012.8—)

工业和信息化委员会:

主任(主持安全生产监督管理局工作):姚军,1964 年 4 月出生,吉林省松原市人,中共党员,大学专科学历,工程师。1986 年 7 月参加工作,2005 年 4 月任现职。

副调研员:王立民(2004.5—)

副主任:王寒星(2012.5—)

商务局:

局长:王君权,1962 年 3 月出生,山东省临沂县人,中共党员,研究生学历,工程师。1981 年 9 月参加工作,2006 年 6 月至 2015 年 4 月任现职。

副局长(主持商务局工作):韩春雨,1974 年 6 月出生,黑龙江省泰来人,中共党员,大学专科学历,高级工程师。1995 年 8 月参加工作,2015 年 9 月任现职。

副局长:李力(2008.12—)

住房和城乡建设局:

局长:吴德斌,1964 年 2 月出生,山东省嘉祥县人,中共党员,大学本科学历,高级统计师。1987 年 8 月参加工作,2008 年 12 月至 2015 年 1 月任现职。

住房和城乡建设局工程质量监督站站长(负责住房和城乡建设局工作):汤树义,1964 年 11 月出生,山东省无棣县人,中共党员,大学本科学历,高级工程师。1983 年 12 月参加工作,2014 年 3 月至 2015 年 8 月任现职。

副局长(主持住房和城乡建设局工作):任传军,1973 年 3 月出生,山东省肥城市人,中共党员,研究生学历,高级农艺师。1998 年 8 月参加工作,2015 年 9 月任现职。

交通运输局:

局长:王林,1963 年 3 月出生,山东省掖县人,中共党员,研究生学历,高级政工师。1983 年 4 月参加工作,2010 年 5 月任现职。

党组书记:廖有方,1963 年 9 月出生,黑龙江省绥化市人,中共党员,大学本科学历,高级经济师。1981 年 8 月参加工作,2010 年 5 月任现职。

副局长:岳振龙(2010.10—)

党组成员:吴中旭(2010.5—)

卫生局:

卫生局副局长(主持工作):牟凤英,女,1964 年 3 月出生,山东日照市人,中共党员,本科学历,副主任护师。1983 年 8 月参加工作,2009 年 3 月任现职。

教育局:

局长:刘保国,1972 年 2 月出生,黑龙江省呼兰县人,中共党员,研究生学历,高级讲师。1991 年 8 月参加工作,2012 年 5 月任现职。

副调研员:刘晓军(2011.3—2015.11)

安全生产监督管理局:

局长:刘德海,1959 年 11 月出生,黑龙江省安达县人,中共党员,大学本科学历,高级农艺师。1983 年 8 月参加工作,2008 年 10 月至 2015 年 4 月任现职。

土地整理储备中心:

主任:张春生,1964 年 3 月出生,黑龙江省青冈县人,中共党员,大学本科学历,高级工程师。1983 年 12 月参加工作,2010 年 10 月任现职。

垦区质量技术监督局北安分局:

局长:文东风,1962 年 9 月出生,山东省陵县人,中共党员,研究生学历,高级农艺师。1978 年 10 月参加工作,2009 年 9 月任现职。

副局长:辛风江(2001.12—)

副局长:岳振江(2010.7—)

农垦总局国土资源局北安分局:

局长:孙杰,1959 年 1 月出生,黑龙江省望奎县人,中共党员,大学本科学历,助理兽医师。1977 年 8 月参加工作,2008 年 12 月任现职。

副局长:廖锦光(2005.11—)

副局长:王凤文(2014.6—)

垦区北安环境保护分局:

局长:辛力学,1967 年 2 月出生,黑龙江省拜泉县人,中共党员,大学本科学历,环保工程师。1984 年 12 月参加工作,2011 年 5 月任现职。

副局长:王岚(女)(2012.4—2015.7)

局长助理:鲍要文(2012.5—)

垦区工商物价局北安分局:

局长:李正,1964 年 3 月出生,山东省广饶县人,中共党员,大学本科学历,1983 年 12 月参加工作,2013 年 11 月任现职。

副局长:陈百军(2014.3—)

姜万军(2013.6—)

李金义(2011.10—)

非公有制经济党组书记:王晓民(2012.12—)

副调研员:孙凯(2012.11—)

社会保险事业管理局:

局长:吴善利,1963年10月出生,黑龙江省黑河瑷珲县人,中共党员,大学本科学历,高级统计师。1982年7月参加工作,2011年6月任现职。

副局长:田雪海(2011.11—)

管理局第一高中:

校长:张天红,1962年10月出生,黑龙江省海伦县人,中共党员,大学本科学历,中教高级。1981年9月参加工作,2012年5月任现职。

党委书记:时跃,1960年2月出生,辽宁省沈阳市人,中共党员,大学本科学历,中教高级。1977年9月参加工作,2006年6月任现职。

副校长:张建敏(2002.3—)

李海宝(2006.8—)

江铁城(2012.7—)

管理局第二高中:

校长:丛国旭,1972年11月出生,黑龙江省海伦市人,中共党员,研究生学历,中教高级。1995年8月参加工作,2012年5月任现职。

党委书记:陈景忠,1968年1月出生,吉林省梨树县人,中共党员,研究生学历,高级讲师。1989年7月参加工作,2013年6月任现职。

党委副书记、副校长:崔国春(2001.10—)

副校长:徐浩(2006.8—)

李斌(2012.7—)

管理局党校、机校、第三高中:

党校、机校副校长(第三高中校长):王传峰,1968年4月生人,河南省商丘市人,中共党员,大学本科学历,中教高级。1989年7月参加工作,2012年5月任现职。

党委副书记(第三高中书记):刘斌,1971年2月出生,河北省沧县人,中共党员,硕士研究生,研究员级高级经济师。1995年7月参加工作,2013年4月任现职。

管理局教师进修校:

校长:刘权,1959年3月出生,黑龙江省兰西县人,中共党员,研究生学历,中教高级。1977年12月参加工作,2012年5月任现职。

管理局中心医院:

院长:徐爱国,1961年5月出生,山东省诸城市人,中共党员,大学本科学历,主任医师。1977年9月参加工作,2005年7月任现职。

党委书记:顾伟,1967年7月出生,黑龙江省双成市人,中共党员,大学本科学历,主任技师。1984年12月参加工作,2009年3月任现职。

副院长:宋宏志(2007.2—)

李栋国(2009.5—)

王西建(2010.12—)

马传贵(2012.7—)

北安农垦医药药材采购批发总站:

总经理:韩萍,女,1963年1月出生,黑龙江省拜泉县人,中共党员,大学专科学历,会计师。1980年8月参加工作,2009年12月任现职。

党委书记:李文刚,1965年3月出生,黑龙江省宁安市人,中共党员,本科学历,农机工程师。1983年12月参加工作,2012年6月任现职。

建筑安装总公司:

总经理:丁永峰,1973年4月出生,黑龙江省克山县人,中共党员,大学本科学历,高级工程师。1995年3月参加工作,2012年12月至2015年9月任现职。

党委书记:王军,1962年10月出生,山东省滨县人,中共党员,大学本科学历,高级政工师。1978年10月参加工作,2005年5月任现职。

副总经理:刘承海,1977年12月出生,辽宁省沈阳市人,中共党员,大学本科学历,建筑高级工程师。1995年12月参加工作,2015年9月任现职。

党委副书记:闫红彬(2011.3—)

副总经理:

郭婧媛(女)(2011.3—)

孙海军(2012.8—)

设计院:

院长:李秀河,1965年7月出生,山东省郓城县人,大学本科学历,高级工程师。1983年5月参加工作,2012年7月任现职。

党委书记:付超杰,满族,1960年1月出生,黑龙江省海林人,中共党员,本科本科学历,教授级高级政工师。1977年9月参加工作,2012年6月任现职。

粮贸总公司:

总经理:贾铁本,1960年4月出生,辽宁省庄河县人,中共党员,大学本科学历,高级会计师。1977年9月参加工作,2003年3月任现职。

物资总公司:

总经理:胡劭南,1962年4月出生,上海人,中共党员,大学本科学历,助理经济师。1981年12月参加工作,2011年3月任现职。

党委书记:张万秋,1967年7月出生,黑龙江省拜泉县人,中共党员,研究生学历,工程师。1984年8月参加工作,2008年12月任现职。

生资总公司:

党委书记:张春华,1965年1月出生,山东招远市人,中共党员,研究生学历,高级政工师。1982年12月参加工作,2010年1月任现职。

商业公司:

经理:张华平,1961年9月出生,四川重庆市潼南县人,中共党员,大学本科学历,政工师。1977年12月参加工作,1996年11月任现职。

农垦通信北安分公司:

经理:宋连杰,1961年12月出生,辽宁省喀佐县人,中共党员,大学本科学历,高级工程师。1979年11月参加工作,2011年1月任现职。

副经理:王建举(2005.12—)

杜军(2011.10—)

黄海峰(2015. 1—)

阳光农业相互保险公司:

总经理:张道芝,1962 年 9 月出生,山东省青州县人,中共党员,大学本科学历,高级农艺师。1987 年 7 月参加工作,2007 年 10 月任现职。

副总经理:向红宇(2012. 2—)

总经理助理:金伟明(2012. 5—)

北大荒种业集团有限公司北垦分公司(农垦北安农业科学研究所):

总经理、所长:单利民,1968 年 2 月出生,籍贯河北玉田,中共党员,本科学历,高级农艺师。1988 年 7 月参加工作,2014 年 7 月任现职。

党委书记:李广辉,1963 年 2 月出生,籍贯黑龙江望奎,中共党员,本科学历,高级农艺师。1984 年 7 月参加工作,2014 年 7 月任现职。

工会主席:何来新(2014. 6—)。

农垦北安宾馆:

总经理:邹雪峰,1968 年 5 月出生,黑龙江省肇东市人,中共党员,大学专科学历,农机工程师。1984 年 12 月参加工作,2013 年 12 月任现职。

管理局驻哈尔滨办事处:

副主任:孙剑红,1967 年 8 月出生,山东省黄县人,中共党员,大学专科学历,经济师。1986 年 12 月参加工作,2010 年 5 月任现职。

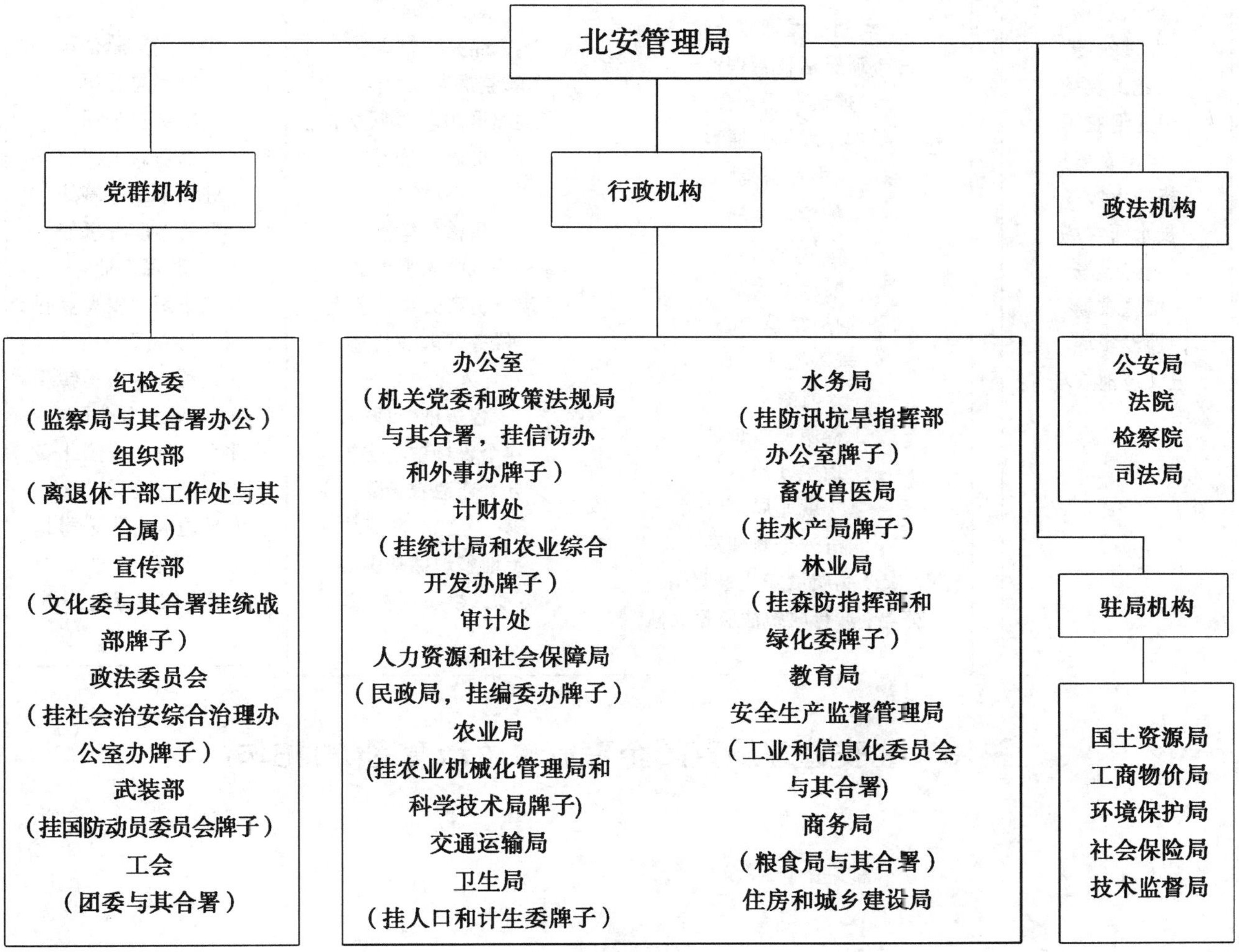

图12　北安管理局机构示意图(2015年)

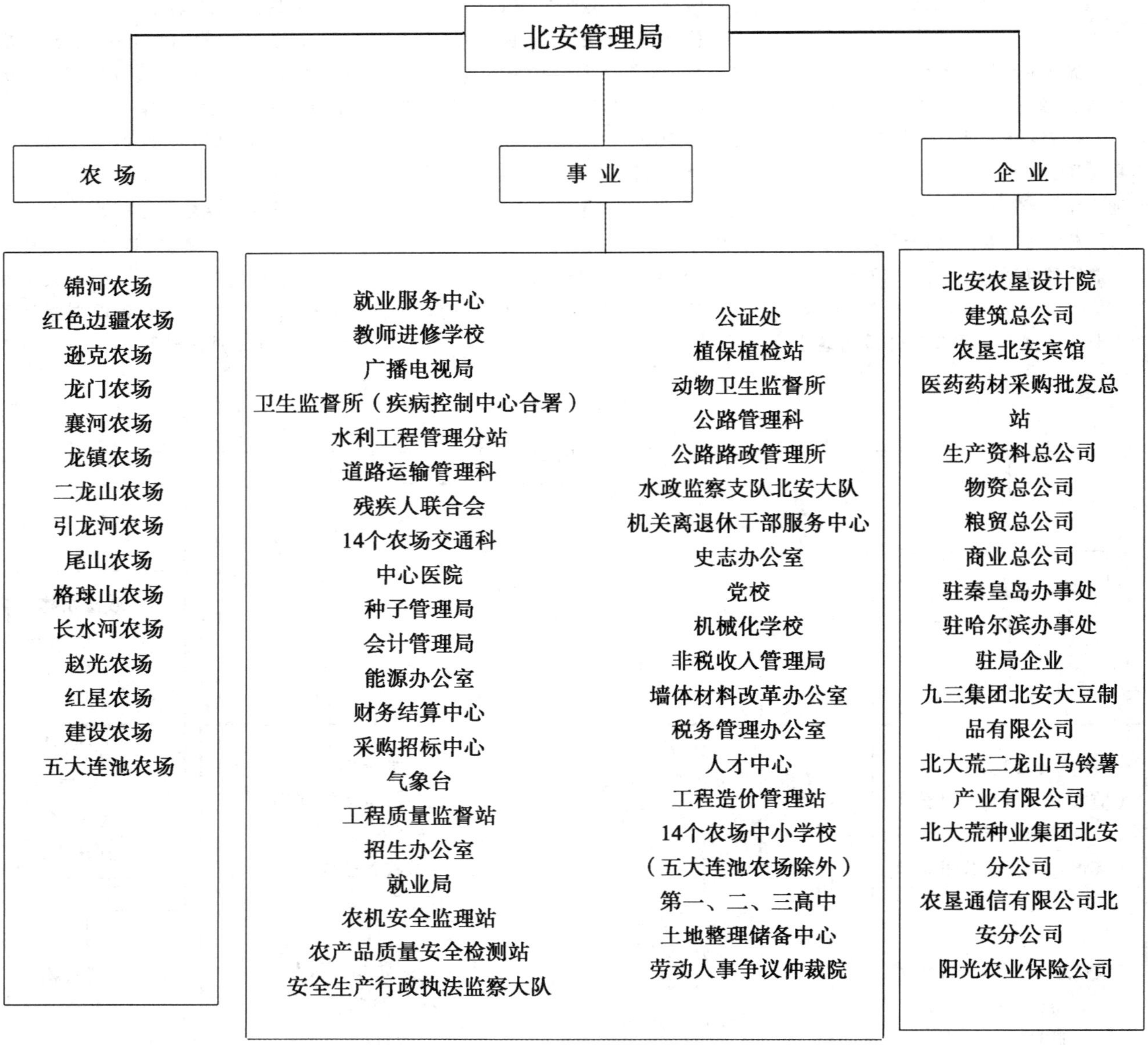

图13　北安管理局直属企事业单位示意图(2015年)

概况 北安管理局位于中国综合自然区划的兴安岭—长白山区,小兴安岭主脉由北向南纵贯垦区东部。所属15个农场分别位于小兴安岭西南麓、西北麓和中段北麓。地理坐标为北纬47°48′~50°21′,东经125°54′57″~129°03。行政区划位置属黑河地区,东邻嘉荫县,西到嫩江县,南起海伦市,北到黑河市。东西宽234公里,南北长281公里。15个国有农场分成南、北、中3片,跨越黑河、孙吴、逊克、北安、嫩江、五大连池、伊春7个市县。区域内交通畅达,哈黑铁路(哈尔滨至黑河)、齐齐哈尔至北安铁路、黑大公路(黑河至大连202国道)和绥北高速(绥化至北安、北安至黑河)、碾北、鹤嫩四条公路贯穿垦区西南北部。管理局机关设在北安市,距省城哈尔滨市333公里,距黑河市296公里。是哈尔滨、齐齐哈尔、黑河间的交通要冲,战略地位十分重要。黑龙江畔的逊克、红色边疆农场,隔江与苏联的阿穆尔州相望,边境线长约39公里。北部的锦河农场距开放口岸城市黑河15公里。

北安管理局辖区总面积8986.16平方公里,占全省垦区总面积的1/5,其中耕地32.42万公顷、林地13.05万公顷、草原8.16万公顷、水面1.3万公顷。总人口20.78万人。

北安管理局属松嫩平原黑土带的边缘,是世界三大黑土带之一,黑土层厚,土地肥沃,土壤主要有棕壤、黑土、白浆土、草甸土、沼泽土、火山灰土等,土壤有机质含量为2%~9%。境内有大小河流46条,分别为黑龙江和嫩江两大水系。河谷及支流两岸的腐殖土有80厘米深,植被属温带、寒温带针阔叶混交林的边缘和由山前森林向松嫩草甸草原的过渡地区。草原植被共分布在15个农场,处在长白山植物分布区的北部,大兴安岭植物分布区的南部,西邻蒙古植物分布区,幅员广大,自然植物种类繁多。

北安管理局有4个农场处在世界地质公园、全国旅游胜地"自然火山博物馆"、著名的中国五大连池风景区区域,其中五大连池农场就在五大连池风景核心区的连池边上。尾山、格球山农场就是以火山的名称命名的。垦区最北部的锦河农场不仅毗邻开放口岸城市黑河市,成为黑河市的后花园,而且辖区内的锦河大峡谷风景区和以闯关东、知青影视基地为代表的旅游业,每年都吸引众多的国内外游客纷至沓来。

北安管理局属寒温带大陆性季风气候区,冬季、春初、秋末受西伯利亚冷高压控制,偏北风多、降雨量少、空气干燥、气候寒冷。春末、夏季、秋初多受南来暖空气、蒙古低压影响,多偏南风、气温高、降水多而集中、空气湿润,称为水热同季。全局年平均气温为0.0~2.0℃,≥10℃活动积温的历年平均值为2305.9℃~2541.3℃,年降水量为410.3~554.3毫米。全年降水日数为100~110天左右。无霜期103~125天,年日照时数为1903.2~2737.4小时,年蒸发量1075.2~1346.9毫米。

2015年,北安管理局调动经济增长因素、挖掘经济增长空间;不断加强经济和社会管理,全力化解各种矛盾,经济保持平稳增长。实现生产总值(可比价)86.6亿元,同比增长5.7%。三次产业增加值分别为41.1亿元、9.2亿元、36.3亿元,分别同比增长3.6%、-1.3%、11.6%。三次产业比重为47.5:10.6:41.9。实现居民人均可支配收入20721元,同比增长7.7%;实现企业利润1301万元。

现代化农业 全年完成播种面积32.46万公顷,其中玉米13.28万公顷、大豆17.77万公顷、马铃薯0.67万公顷、其他作物0.73万公顷,玉米、大豆平均单产再次突破历史,分别达11220公斤/公顷和3030公斤/公顷,粮食总产20.97亿公斤。投资1.78亿元,更新农机具421台(套),农机总动力达43.59万千瓦,田间综合机械化率达98%;重点推广农机新技术12项,实现节本增效5053万元。5个现代示范奶牛场建设全部完工,进场智利优质荷斯坦奶牛4670头;争取资金1000万元,完成两个奶牛小区的改造升级;奶牛、肉牛存栏2.4万头和1.1万头。完成跨区作业800万亩,职工增收7200万元。

工业 实现工业销售收入22.5亿元、增加值7.8亿元,分别同比增长4.9%、4.7%,利润1.28亿元,同比降低1.1%。赵光和二龙山生物质发电项目,5月开工建设;锦河正亿煤矸石烧结砖项目,完成投资4000多万元,建成投产;北大荒柳编工艺品有限公司,实现总产值3000万元、外贸出口额200万美元;北大荒仙骊莱业集团已完成注销,注销后亲民公司将着手与其他企业洽谈股权转让等工作,北绿公司完成资产整合,龙绿公司实现大幅减亏。对接落实招商引资项目31个,引资到位1.7亿元。实现外贸出口4000万美元。实现自营经济总产值45.5亿元、利润24.4亿元。

城镇管理 投资1.8亿元的保障性安居工程,基础设施配套建设项目如期完成;房屋产权登记工作逐步开展;物业工作不断完善,成立物业管理委员会(或公司)4个、业主委员会11个;建立城镇长效管理机制,成立专职城管机构15个,充实了环卫队伍,城镇管理水平显著提升。

企业管理 农业"三个体系"创新。组建的专业合作社正在逐步走向正轨。构建了以"农场、管理区、新型农业经营主体"为架构的"两级管理、一级核算"管理体系。以"农场、科技园区、管理区、经营主体"为架构的科技成果转化体系基本成型。科技园区围绕"1355"模式深入探索的同时,推进技术组装,高产模式初具雏形,试验成果在大田成功转化。财务管理规范。全面加强预算审核,按照《北安管理局预算管理办法》要求,确保五项重点资金合理支出。强化对预算执行情况的监督控制,企业"六费"、管理局机关"三公"经费已连续三年平均下降18.9%、42.7%,全年减少企业自筹基建项目审批1.06亿元。强化资金管理、监督检查和责任追究,财政专项资金的使用更加规范;高息贷款得到全面置换,减轻了企业财务费用居高不下的负担。服务职能和社会管理不断强化。相比2014年,各农场机关机构数减少8个,管理人员减少42人;管理区管理人员减少39人。全局供热企业转制15家;6个农场供水实现水表化计量。进一步完善"党政同责、一岗双责、失职追责"的安全生产责任体系,实现全年安全生产无事故。强化源头治理、综合治理,落实"两级三责"维稳联动工作机制,持续12年保持了省委省政府命名的"平安局"称号。

民生事业　投入622万元实施"五助一富"社会救助工程,扶贫211户、救贫316户,医疗救助356人次、教育救助1808人次、司法援助150人次。低保标准提高到每人每月500元,月人均补差标准提高到335元,医疗救助标准提高到90%。投资4616万元,完成交通基础设施建设13项。投资2314.5万元,完善基础医疗设施。创建省级1所、垦区级2所"示范社区卫生服务中心"。投入资金1775万元,实施三项绿化工程,完成造林绿化面积800公顷。投资3.2亿元,实施水利项目14个,解决1119人饮水安全问题。新建锅炉房和净水厂各2个,新增供热管网3000米、供水管线2.2万米、排水管线3.3万米、小区道路9.3万平方米。

党建工作　将党建工作"三抓三联"、思想政治工作"六个结合"和依法治局"四个实现"等三项工作,作为党委工作主线,为经济社会发展提供了坚强保障。"三严三实"专题教育成效显著,党员领导干部言行举止进一步规范,实现了转作风提素质、促改革求发展。开展了"做一个有道德的人"的社会主义核心价值观主题活动,弘扬北大荒精神,树立了文明向上的社会风貌。推动党风廉政建设"两个责任"的层层落实,强化了对权力运行的监督制约,始终保持惩治腐败的高压态势,领导干部作风建设进一步夯实。

(付维秋)

北安管理局基本情况及国民经济主要指标完成情况统计表

（2015 年）

项目	计量单位	北安分局	锦河农场	红色边疆农场	逊克农场	龙门农场	襄河农场	龙镇农场	二龙山农场	引龙河农场	尾山农场	格球山农场	长水河农场	赵光农场	红星农场	建设农场	五大连池原种场	局直
一、管理区	个	90	4	4	10	5	6	6	8	7	4	5	6	9	5	7	4	0
二、总户数	户	71596	3073	2848	8158	3129	2878	4442	4674	5118	3282	3708	3735	12700	4200	4247	2848	2556
三、总人口	人	193541	7350	7960	23104	7134	8052	10670	17351	12111	10306	8443	10239	30100	11047	14416	7040	8218
男性人口	人	101887	3935	3977	12052	3576	4327	3821	9488	6105	5128	4599	5218	15151	5823	7252	3868	7567
女性人口	人	91654	3415	3983	11052	3558	3725	6849	7863	6006	5178	3844	5021	14949	5224	7164	3172	651
少数民族人口	人	8148	538	2647	967	65	115	116	327	940	379	66	208	948	337	389	98	8
四、地区生产总值	万元	865951.4	40942.9	37122	62283.9	40427.4	61417.3	60176.5	85671	73728	41375.3	34600	62100	113970	54892.4	51243.6	23810.3	22190.8
五、人均生产总值	元	44743	55705	46636	26958	56669	76276	56398	49375	60877	40147	40981	60650	37864	49690	35546	33821	27003
六、工农业总产值	万元	946860	49660	45970	86326	43715	54315	64078	109466	78537	55426	53927	64420	90152	68482	52717	28263	1409
七、粮食总产量	吨	2097145	90326	120524	270149	62624	101690	157382	187178	162332	90303	93027	139277	267082	150806	144400	53868	6177
八、固定资产投资总额	万元	114361.2	6861	9739.5	10011	3520	7624	12166	10834	11155	6058	7914.5	7330	13643.5	4354.5	2082	1068.2	
九、职工工资总额	万元	62808.8	3205.1	3265.2	5852.4	2199.5	2770.7	4724.9	4720.8	3348.9	2409.3	2647.4	3496.6	6163.7	3580.3	4229.7	3309.2	6885.0
十、职工平均工资	元	20721	21535	16227	20116	19244	23621	20181	18316	22452	21220	23066	18064	26901	18948	17002	12557	33606
十一、居民人均可支配收入	元	22686	21034	19588	20352	24000	23980	22500	22782	23660	20688	23004	24535	26000	22027	22687	18561	

锦河农场

场长、党委副书记：王毅，1960年12月出生，黑龙江省望奎县人，中共党员，本科学历，高级工程师。1978年3月参加工作，2006年6月任锦河农场场长、党委书记，2008年8月任现职。

党委书记、社区管理委员会主任：秦玉国，1972年3月出生，山东省昌乐县人，中共党员，本科学历，政工师。1994年7月参加工作，2008年8月任现职。

党委副书记、纪委书记、政法委书记、工会主席、社区管理委员会副主任：卢忠波(2012.12—)

副场长：单建军(2012.7—)

刘守林(2009.1—)

姚永成(2010.5—)

黄红星(2010.5—)

党委委员、武装部部长：王云英(2012.12—)

党委委员、组织部部长：常河(2013.07—)

场长助理：王淑军(2013.07—)

概况　锦河农场始建于1959年。位于黑河市境内，地理坐标为北纬49°45′~50°21′，东经126°25′~127°27′。场部位于黑河市西南15公里处，全场面积159000公顷，其中耕地10787公顷，占总面积的6.8%，人工林20000公顷，草地9200公顷，水面347公顷。农场户籍人口8215人，总户数3679户。场内拥有4个农业单位，2个事业单位，5个地方企业。

2015年，农场实现国内生产总值40943万元，同比增长15.4%，其中第一产业17603万元，同比增长18.8%，第二产业7473万元，同比增长60.8%，第三产业15867万元，同比增长-1%，人均生产总值49839元，粮食总产量9.0万吨，比上年增加2.9万吨，完成固定资产投资总额6861万元，职工工资总额3243万元，职工平均工资15331元，家庭人均纯收入21535元，同比增长3.2%。

农业生产　坚持以“调玉药、强经特、上品质、突特色、增效益”的原则，抓改革、调结构、夯基础，稳定土地承包关系，推进了农业持续稳定发展。农作物播种面积1.1万公顷，其中玉米0.76万公顷，大豆0.27万公顷。粮食总产9万吨，发放惠农资金1767万元，实现农业增加值1.7亿元，拉动经济增长6.7个百分点。投入2300余万元，改造农田路32.3公里，完成3个年度(2013—2015)节水增粮工程0.78万亩，扶持职工购置农机具25台(套)。完善中药材种子繁育基地的功能，新建种苗繁育基地10公顷，建成种植示范基地、科技综合展示基地，示范、指导、引领种植中药材200公顷。

工业　完成工业销售收入17312万元，增加值7054万元，利润615万元，完成工业固定资产投资2860万元，全部完成指标。指导帮助天运山产品公司等企业在淘宝网、大农网、京东商城等多家网络平台注册店铺，拓宽销售渠道。

畜牧业　投资425万元完成1.35万平方米圈舍建设，组建11个畜牧专业合作社，在圈舍使用、饲料地、机械补贴等方面出台了优惠政策，有力推进了畜牧业健康发展。肉牛、肉羊、生猪出栏量分别达0.2万头、3万只、0.2万头，同比增长8.6%、7.2%、7.5%；野猪、鹿、狐貉、林蛙等特色养殖也得到发展。

林业　推进科技示范带沿线景观通道高标准绿化和绿色城堡建设，造林绿化220公顷，总用苗量105万株。抚育采伐人工林140公顷，采伐蓄积2250立方米，出材1790立方米。强化森林防火工作责任落实，签订责任状46份；加强火源管控，对秸稈焚烧、野外用火作业、进山作业机动车、重点吸烟人群加大监管力度，保证森林防火期无火灾事故发生。

旅游　深入挖掘自然景观及文化历史资源，丰富景区内涵，新增关东民俗婚庆、小小知青体验、CS野外拓展训练基地及农业观光采摘等项目，拓展了景区的功能。拍摄了《人在锦途》、《一路向北》和《飞跃龙江》等微电影和纪录片，参加国内外推介活动7次，成功举办第五届2015中国黑河·锦河大峡谷杜鹃文化节，协办首届黑河中俄边境骑游大会，进一步提升景区的知名度。开展与中国国际能源控股有限公司合作对接，推进以旅游、养生、保健、理疗、养老为主要内容的大健康产业。

民生　投入3200余万元突出抓好各项民生事业，提高人民幸福指数。整体搬迁供热中心，完善供热设施，提高供热效能；实施绿化工程，绿化植树220公顷，蓝湖公园植树16公顷，绿色通道补植7万株，镇区及锦山公园绿化13万株。完善社会保障和救助体系，发放低保金271万元，临时救助49万元，筹资228万元对4月30日境外山火受灾的37户居民和1个单位进行补贴、安置。扩大住房公积金缴纳范围，新增352人。落实“职工共同富裕行动”专项资金60万元帮扶14户。

城镇建设　投资3500余万元，新建占地1.5万平方米供热中心1处，供热管道4520米；铺装路面5300平方米，改造教学楼4000平方米，新建排水管750米，改造排水管道200米。播种草坪2万平方米，移栽各种花卉3万余株，镇区及锦山公园移栽各类乔木、灌木等13万余株。

社会保障　完善社会保障和救助体系，发放低保金271万元，临时救助49万元，筹资228万元对4月30日境外山火受灾的37户居民和1个单位进行补贴、安置。扩大住房公积金缴纳范围，新增352人。落实“职工共同富裕行动”专项资金60万元帮扶14户。

文化　举办中国传统文化大型系列讲座，开展社会公德、职业道德、家庭美德、个人品德“四德工程”活动，加强诚信道德建设；举行“关爱家乡 赞美锦河”周末大舞台系列活动，陶冶人们身心，丰富人民群众文化生活。全年拍摄微电影6部，公益广告20部，利用微平台广泛传播，展示农场发展变化。开展第二届身边好人评选活动，评选出20名身边好人进行表彰奖励。

(张宝财)

红色边疆农场

场长、党委副书记：沈福林，1961年6月18日出生，辽宁省辽阳县人，中共党员,本科学历,工程师。1977 年 8 月参加工作,2010 年 1 月 22 日任现职。

党委书记、社区管理委员会主任:刘建胜,1976 年 6 月 13 日出生,山东莱阳县人,中共党员,研究生学历,学士学位,高级经济师。1989 年 12 月参加工作,2010 年 5 月任现职。

党委副书记、纪委书记、政法委书记、社区副主任:王征雁 (2010.5—)

副场长:房树彬(2009.1—)

谢国华(2009.1—)

郝学仕(2001.12—)

工会主席:宋伟(2013.4—)

场长助理:富万友(2007.9—)

党委委员、武装部部长:何纯亮(2012.12—)

党委委员、组织部部长:张亚民(2013.7—)

概况　红色边疆农场始建于 1949 年 3 月,位于黑龙江中上游黑河市南部坤河乡和孙吴县沿江乡一带,地理坐标为北纬 49°28′~49°51′、东经 127°15′~127°48′。农场南北长 65 公里,东西宽 40 公里,北与黑河市市西岗子镇和坤河乡接壤,东与孙吴县沿江乡“插花”,南与孙吴县腰屯乡和孙吴镇接壤,西与孙吴县卧牛河乡接壤,场部地区在黑龙江西岸,距黑龙江岸 1 公里处,隔江与俄罗斯相望,边防线长 25 公里。农场地处中高纬度,属于寒温带大陆性季温气候,夏季短而炎热,冬季长而寒冷,春季风大少雨,温度变幅较大,秋季降温快,早霜猝不及防,年平均气温在 0.2℃左右,年大于 10℃以上的积温 2300℃,可满足大豆、玉米、马铃薯、南瓜等作物生长的要求,无霜期在 90—140 天,历年平均 120 天左右,初霜期在 9 月 15 日前后,终霜期在 5 月 20—30 日前后,场内无霜期情况沿江平原一带在 120~140 天,半山区在 110~120 天,山区 90~110 天,年平均降雨量在 400~550 毫米左右,历年平均日照在 2567 小时左右。

农场交通运输便利,距黑河 55 公里,距孙吴县 65 公里,距逊克县 130 公里,农场辐射周边 6 个乡镇。哈黑铁路、黑大公路(202 国道)、黑逊公路贯穿农场南北,农场在潮水火车站建立了大型储备粮货场,可以储备 2000 吨货物,场区形成了出行十分便利的交通运输网。农场地域辽阔,境内江河纵横,林草茂密,自然条件优越,自然资源丰富,品种繁多。农场户籍人口 10425 人,企事业单位职工 2228 人,其中企业职工 2023 人,土地总面积 78853 公顷,其中耕地 15621 公顷、林地 8005 公顷、草原 4889 公顷、水面 1894 公顷。境内有大阳河、水天河、潮水河、二道河和卧牛河流经农场。

2015 年,农场实现生产总值 37122 万元,其中一产增加值 16068 万元、二产增加值 3747 万元、三产增加值 17303 万元;实现人均可支配收入 16227 元。

农业生产　作围绕“优结构、细措施、夯基础、快发展”这一原则,大灾之年玉米公顷产量 10649 公斤,大豆公顷产量 3221 公斤,水稻公顷产量 7589 公斤,粮豆总产实现 120524 吨绩,全面实现年初制定的农业奋斗目标。农作物总播种面积 15600 公顷,其中玉米 9466.67 公顷,占 60.7%;大豆 4933.33 公顷,占 31.6%;芸豆 533.33 公顷,占 3.4%;白瓜子 400 公顷,占 2.6%;水稻 266.67 公顷,占 1.7%。2015 年农场投资 1826 万元更新农机具 41 台(套)。其中凯斯 210 拖拉机 2 台,迪尔 7830 拖拉机 1 台,纽荷兰 8050 拖拉机 1 台,凯斯 3230 自走式喷药机 2 台,迪尔 S660 联合收割机 3 台,水稻插秧机 2 台,半喂入水稻收获机 1 台,玉米拔棒机 7 台,自动驾驶卫星导航设备 16 套,进口播种机 7 台,秸秆还田机 25 台,其他农机具 37 台(套)。针对农场自然灾害频发的局面,农场投资建立包括气象雷达、气象卫星接收系统综合立体预测预报网络,配备 5 门防雹高炮、两部火箭发射架,发射降雨火箭 19 枚,防雹弹 356 发,防御灾害性天气 9 次,保证作物生育期内无大的自然灾害发生。在建立气象防护网络的同时,扩大阳光保险覆盖面,全场农险投保率、非农险投保率均完成计划 100%,农场与阳光保险公司多方协调,将白瓜子列入保险范围。

农业综合开发　农业综合开发土地治理项目两个,分别为 2015 年黑龙江省红色边疆农场胜山小区国家农业综合开发高标准农田建设项目和 2015 年黑龙江省红色边疆农场卧牛河小区国家农业综合开发高标准农田建设项目。项目完成总投资 834.57 万元,其中中央财政资金 643 万元,企业自筹 191.57 万元。

农机　年末,农场有农机科和农机监理所 2 个农机管理机构,农机管理人员 10 人,农机从业人员 152 人;农机维修网点 4 处,从业人员 6 人;农场农机原值 7600 万元,净值 5000 万元。农机总动力 1.86 万千瓦,拥有各类型拖拉机 323 台,其中,大中型拖拉机 54 台,大中型拖拉机配套农具 318 台(件),大型联合收获机 24 台,配套割台 72 台(套),水泥晒场 289 万平方米,自走式喷药机 4 台,农用水泵 36 台,节水灌溉机械 1 台,农用飞机场 1 处。田间作业综合机械化率 98%,其中旱田水田均达 98%,完成农业航化作业面积 1.6 万公顷,完成跨区作业面积 5.67 万公顷。

工业　私营工业发展迅速,豆油、面粉、小食品加工;汽车美容、农机修理等项目的全面上马,农场已经形成小作坊、大群体的工业发展格局,个体工业发展已成为农场工业发展的基础,虽然农场建设项目很少,红砖、塑材、锯材等销售与上年同期相比有较大幅度下降,但其他小作坊发展良好,个体实现销售收入 7831 万元,占农场工业指标的 66% 左右。绿色食品产业在强化管理、降低成本、拓展市场上做文章。参加哈洽会和省、农业部组织的绿博会等大型展会。农场实现工业销售收入 11477 万元,增加值 3503 万元,利润 788.2 万元。

商务　完成各类招商引资 2022 万元,涵盖工业、流通业、建筑业等方面;出口创汇 427 万美元;劳务输出 82 人,人均收入 6000 美元;境外农业开发效益好于历年。招商引资 2022 万元,其中引资 522 万元在第四管理区新建一日处理粮食 500 吨粮食烘干、仓储、流通项目,引资 1500 万元新建总面积 9178.99 平方米的住宅楼。

境外开发　农场大豆协会与黑河

市大豆协会合作，在俄罗斯阿穆尔州布拉戈维申斯克市成立大众公司和犹太州的比罗比丹成立新联盟公司，该公司同俄罗斯犹太州租种耕地14000公顷，租期为49年，种植耕地12000公顷，其中大豆9200公顷、玉米2600公顷、蔬菜200公顷，过境机械135余台(套)，办理劳务护照人员82人。农场生产白瓜子与天津塘沽港客商联系销售，全部出口到欧盟，实现贸易出口创汇427万美元。

畜牧业　奶牛、肉牛、生猪、羊、禽分别存栏218头、913头、728头、1932只、0.06万羽，分别比上年度增长42.48%、49.18%、-9.68%、35.58%、-14.29%。肉牛、生猪、羊、禽分别出栏267头、1297头、1954只、0.67万羽。分别比上年度增长10.79%、14.68%、7.3%、31.37%。

林业　围绕“造林标准化、管护科学化、执法规范化、发展多元化”的原则，植树造林35.3公顷，建立林业科、管理区、居民组为主体的“打、控、防”三级执法管护体系，苗圃总育苗面积达56.6公顷；林业经济增加值实现1000万元。造林绿化35.3公顷，植树12.8万株。林业经济，农场苗木基地占地74公顷，实现育苗面积56.6公顷，年产苗木80万株。基地以培育优良速生乡土树种为主，适当培育花灌木、花卉。苗木的市场竞争力不断增强，苗木产品沿着专业化、规模化、标准化不断发展，花木的科技含量不断提高。农场周边天然林资源丰富，年采集产品455吨。农场果蔬园区进行培育葡萄12.1公顷，年产葡萄55吨，吊袋木耳2500平方米(5个大棚)，吊袋15万袋(3万袋/棚)，总产干耳8250公斤，总产值49.5万元，总效益15.6万元。

交通　修建砂石路2队至3队11.4公里，总投资114万元；2015年申报客运站，建筑面积1500平方米，总投资450万元。

城镇建设　8月末，孙吴县昌源房地产开发有限公司，在农场场部开发建设福苑小区一期1-3号楼工程，建筑面积9178.99平方米，工程建成后，将提供住宅112套，车库24套，预计该工程于2016年8月完工。农场在场部规划区内建设红色边疆农场安居工程基础设施配套供排水工程，投资1333万元，建供水管线17638.5米、机电井1眼，安装IC卡智能水表2574块，阀门井4座。雨水管线6529.4延长米，雨水井208座，，排水出口1座混凝土管线5325.3米，塑料管1020.9米，污水检查井:143座，维修老旧检查井42座，八字出水口2座，化粪池11座，明渠护坡6416平方米。

非公有经济　建有果蔬大棚320栋，大棚效益达381万元。职工董小红探索挂袋木耳种植成功，两名职工共承包大棚种植挂袋木耳10万袋，可创产值近40万元。农场出台涉及饲料地承包、资金支持等多条优惠政策，举办种养殖等各类培训班3期，参加培训1500人次。开展山产品采摘竞赛，共采摘各类山产品3000吨，采摘实现产值3750万元，农场非公经济实现产值56410万元，利润16530万元，增加值28330万元；户均收入7万元；人均收入4.5万元，同比增长18.6%。

(刘启斌)

逊克农场

场长、党委副书记：寇晓明，1963年9月出生，黑龙江省望奎县人。中共党员，研究生学历，高级政工师。1981年10月参加工作，2010年1月任现职。

党委书记、社区管理委员会主任：于万方，1962年12月出生，山东省海阳市人，中共党员，本科学历，中教一级。1981年7月参加工作，2008年10月任现职。

党委副书记：崔宏志(2009.1—)

副场长：高永明(2001.12—)
林玉坤(2010.10—)
牛广军(2009.12—)
蒋咏昌(2011.4—)
李中元(2012.7—)
朱坤芝(2012.7—)

党委委员、工会主席：张青龙(2012.7—)

党委委员、武装部部长：叶晓春(2013.4—)

概况　逊克农场位于黑龙江省逊克县境内。地处小兴安岭北麓、黑龙江畔，与俄罗斯隔江相望。地理坐标：北纬48°58′~49°35′，东经127°34′~129°03′。海拔高度为200~400米，处于高中纬度。建有10个管理区。其中一、二、五、六管区和38作业区位于农场腹部，三管区位于农场西边与孙吴县的奋斗乡为邻，四管区位于农场东北部的黑龙江沿岸与俄罗斯隔江相望，七管区位于农场南边与沾河林业局接壤，56作业区和八管区位于农场东南的逊克县西克林乡大平台库尔滨河边。全场东西全长125公里，南北全长45公里，场边界线全长200多公里，方圆1793平方公里。

全场总户数8158户，总人口23104人，其中职工3561人。农场占地面积17.93万公顷，其中耕地4.3823万公顷，人均占有耕地1.81公顷。房屋道路占地0.16万公顷，其他10.27万公顷。适宜种植小麦、大豆、玉米、芸豆、亚麻及其他作物。

农场自然资源丰富。有林地2.46万公顷，以柞树、桦树、杨树、针叶树混交林为主，其中人工造林0.98万公顷；草原1万公顷，以“小叶樟”、莎草、“沼柳”群落为主，植被面积达70%，在岗上和森林边缘为天然牧场，每公顷地可产草2250公斤；农场境内河流众多，水系发达，水面0.13万公顷，逊别拉河、“沾河”、库尔滨河、“乌底”河、茅兰河、九清河等主要河流流经全场；农场境内草深林密，山重水复，野生动植物资源丰富。

2015年，农场实现生产总值62283.9万元。第一产业增加值40256万元，其中种植业36338.7万元；粮食种植面积4.38万公顷，粮食总产27.01万吨；林业增加值1405.7万元，畜牧业增加值2402.5万元。第二产业增加值2287万元，其中工业增加值1651万元。第三产业增加值19740.9万元。人均可支配收入20116元。社会消费品零售总额15671.3万元。实现全口径利润18524万元，其中实现农场利润674万元，家庭农场利润17850万元。2015年应上缴利润4151万元，实际上缴利润4151万元，完成应上缴的100%。

种植业　农作物总播种面积4.38万公顷。其中玉米1.79万公顷,占总面积的40.8%;大豆2.55万公顷,占总面积的58.1%;小麦274公顷,占总面积的0.6%;水稻180公顷,占总面积的0.4%。大豆每公顷平均单产实现4350公斤,公顷效益1930.5元;玉米每公顷单产实现10500公斤,公顷效益2388元;小麦每公顷单产实现3450公斤,公顷效益为-1560元;水稻每公顷单产实现8250公斤,公顷效益8869.5元;芸豆公顷产量2250公斤,公顷效益为7984.5元。粮豆总产27.01万吨,平均公顷效益2137.5元。2015年种植业生产成本有所上升,农产品价格下降,种植效益不佳。农场做好科技示范带建设与高产创建工作。以科技园区为农业科技辐射中心,继续做好36-51、21-24、15-18居民组三条科技示范带工作,通过科学合理轮作、增加种植业科技含量、全面提升农业生产标准化作业水平、推广农业新技术、示范高效作物种植等重点工作,在第六管理区开展高产创建活动,在科技园区和示范带上22居民组、34居民组建设滴灌示范点三处,全力打造农业技术示范带作用,带动农业标准化全面发展。进行1800公顷有机食品认证和2万公顷绿色食品续展认证工作。农业科技园区与垦丰种业进行试验示范项目共建,对大豆、玉米作物各品种进行试验展示共29个,组织实施玉米试验19个,大豆试验6个、油菜1个、小麦1个,其中局级以上试验4个,垦丰种业7个,农场级试验18个,试验涵盖种子、植保、肥料及栽培等各方面内容。建立新型经营主体科学施肥示范12个,示范面积0.24万公顷。推进科学施肥整建制工作,全场应用配方肥面积4万公顷,按方施肥面积3.9万公顷;施配方肥6980吨。覆盖10个管理区,33个居民组,免费为2000户农户提供测土配方施肥指导服务。成立汛期气象服务和增雨防雹领导小组,完善气象服务方案及应急预案,与电视台通力合作,春播、夏管、秋收阶段在场内新闻每天滚动发布天气预报和灾害性天气预警信息,做好农业生产气象服务工作。进行人工增雨防雹作业57次,消耗炮弹833发,火箭弹14枚,其中增雨作业21次消耗炮弹128发,火箭弹10枚。

农业机械　农机更新总投入2183万元,享受国家补贴507万元,引进各种机械112台(套)。重点推广应用十一大农机化新技术和新机具。开展农业机械改装工作。调出93台大马力机车进行作业,完成跨区代耕、代种、代收作业面积2.33万公顷,职工总收入700万元。

畜牧业　肉牛存栏1137头、出栏1000头,生猪存栏5000头、出栏7000头,羊存栏15000只、出栏7000只,家禽存栏0.5万只、出栏4.75万只。2015年畜牧公司专业技术人员协助农场养殖户外购买肉牛80头,种羊4只,种牛4头,繁殖母羊500只,肉鹅4万余只。开展渔业水面发包工作,对6处渔业水面共2.57公顷进行现场勘测工作,为渔业水面承包提供第一手材料。

林业　投入资金160多万元,出动人力1748余人次,各类车辆77余车次,完成造林绿化面积158.4公顷,完成指标的119%,用苗总数58.7万株。全场新增绿地4公顷,城镇绿化率提升为46.3%。完成个人承包经济林蓝莓20公顷地块的苗木定植和覆膜工作,全部采用密植,用苗量27万株。实现林业经济增加值1402万元。其中3处苗圃出圃各类绿化苗木115万株。种植黑木耳60万袋,产值达190万元。山产品采集440吨,创产值1552多万元。场部特色蔬菜种植30栋大棚,葡萄种植4栋大棚;四区41居民组葡萄种植10栋大棚,特色蔬菜种植10栋大棚。林下养殖生态鸡1.2万只,生态鸭0.2万只,生态鹅5万只。蓝莓育苗2处,面积22.13公顷,共有温室大棚10栋、冷棚140栋,栽植达成面积163.33公顷,产量41.4吨,创产值达828万元。

工业　实现工业总产值4510万元,工业增加值1651万元,工业利润485万元,分别完成全年指标的103%、104%、106%。现有库尔滨酒庄、北江麻业、飞龙修造厂、东风山泉水、玉龙山泉水厂等工业企业。原新兴砖厂红砖生产大幅减少、步道板砖减量生产。2015年工业项目建设:库尔滨蓝莓酒庄二期工程建设计划投资300万元。众源玉米面粉加工厂新增加小麦、精包装杂粮两套加工生产线,达投产状态。新建的掺混肥料拌站春季已投产。众鑫粮食仓储物流加工厂在原有的烘干仓储能力基础上,将原22、15、53居民组日处理300吨的烘干塔扩建为日处理1000吨的规模,在16居民组新建仓储5万吨,新增投资3000万元。个人或合作社分别在17、23、27、34、37、33、46等居民组、北大沟新建日处理500吨烘干塔8座,使全场的日烘干玉米能力达1.1万吨。绿之缘山野菜加工厂生产设备安装完毕。2015年7月,以蓝莓果干、果酱、饮料为主打产品的黑龙江省源源农林食品开发有限公司入驻农场工业园区,总投资400万元,12月投产,生产产品2万箱,销往哈尔滨、安徽滁州等地。拉动当地就业员工40余人。

商务　引资新建的玉龙山泉水加工厂、绿之缘山野菜加工厂、源源农林食品开发有限公司项目均开工生产或达投产状态;北安农垦众鑫粮食仓储物流加工厂扩建项目、众源玉米面粉精粮加工厂扩建项目已完工。在原农场人员赴俄罗斯承包土地1000公顷的基础上,农场一位种植大户与俄方阿穆尔州一公司签订3000公顷承包种植合同,另有犹太州3000公顷承包种植项目洽谈中。商务科将农场主产的大宗商品及场内工业企业生产的商品分类上传“大农网”,充分利用“互联网+”销售农场的产品。外贸出口稳步增长,实现外贸出口490万美元。其中,高蛋白大豆供货5700吨,金额384万美元;食用芽豆1560吨,金额106万美元。石景山旅游度假山庄实现旅游收入300万元,净利润142万元。该企业成功在“天津股权交易所”上市,是黑龙江省第一家在该交易所上市的旅游企业。

城镇建设　农场城镇建设速度有所放缓,基础配套设施逐步加强。由黑河市仁和房地产开发公司建设的龙凤小区二期6、7、8、9号楼,五层砖混结构,共计4栋住宅楼,总建筑面积1.1

万平方米,其中住宅96户,商服9户,车库57户,全部完工。兴安嘉园小区亮化由孙吴县第一建筑工程公司完成,安装路灯34个;绿化由农场林业公司负责,树木草坪完工。总投资远小于计划投资,计15万元。完善世纪佳缘小区基础设施建设,计划对小区地面硬化13984平方米,绿化14936平方米,预计投资360万元,已完成硬化工程的75%。因施工范围内楼房未完工等原因未能按时完工,计划于2016年8月末全部施工完毕。总投资130万元,完善和兴小区硬化及附属设施建设(通电、通信、广播电视线路)工程。小区楼房及基础设施维修:投资400万元,针对农场楼房住户提出及现场检查出的楼房及基础设施质量问题,进行了派专人有针对性维修。公共建筑建设投资2400万元,(其中国投1440万元,自筹960万元)续建农场污水处理厂工程,主体完成100%,经过调试和试运转后正常使用。剩余外网管道于2016年10月末全部完工。投资525万元,建设锅炉房一座,已完成全部施工内容。投资194万元,实施扶贫项目——水泥晒场建设项目,施工地点为36居民组、38居民组,建设面积分别为7000平方米、6500平方米,因施工开始时间过晚,仅完成施工工程量的40%,剩余工程于2016年8月末完工,并交付使用。

交通运输　完成公路建设工程项目两个。光明村—41队的公路工程建设项目(水泥公路),总投资2111.86万元,建设里程13.3公里。建设工期两年(2014—2015年),该项工程已完工验收。兴亚村—56队的通达公路建设项目(砂石公路),总投资280.5万元,建设里程18.7公里。建设工期当年完工,2015年末已验收并交付公路管理站接管养护。

民生工作　农场供热中心安装1台40蒸吨循环流化床热水锅炉,投资20多万元更新脱硫除尘设备,减少烟尘和二氧化硫的排放。新建4栋住宅楼,建筑面积1.1万平方米,新建一座污水处理厂,建筑面积1367平方米。逊克农场为总局级美丽乡村示范农场,农场第三管理区为总局级美丽乡村建设示范管理区。投资50万元为第三管理区新建10米长桥涵一处。筹资99万元为第三管理区新建水泥大晒场一处,总面积7000平方米。(何忠志)

龙门农场

场长、党委副书记:韩锋利,1969年12月出生,黑龙江省海伦县人,中共党员,本科学历,高级农艺师。1986年12月参加工作,2009年9月15日任现职。

党委书记、社区管理委员会主任:韩林喜,1961年4月出生,山东青岛人,中共党员,本科学历,高级政工师。1979年12月参加工作,2008年10月28日任现职。

党委副书记、纪委书记、政法委书记、社区管理委员会副主任:吕洪涛(2009.12—)

副场长:黄明燕(2010.5—)
于占祥(1998.1—)
肖立贵:(2013.4—)

工会主席:孙喜华(2009.12—)

概况　龙门农场位于黑龙江垦区西北部、小兴安岭南麓,五大连池市境内。地理坐标为北纬48°50′45″~49°02′16″,东经126°40′07″~127°02′03″。场部距北安市、五大连池市、孙吴县各90公里,距边陲重镇黑河市170公里,辐射周边6个乡镇。龙门农场交通极为便利,哈黑铁路、吉黑高速(202国道)贯穿农场东西30公里,直线距离150米;龙门河火车站是铁道部注册的客货接收站,是通往黑龙江省北"五县一市"的必经之路。农场辖区总面积4万公顷,耕地面积1.6万公顷。森林、水利资源丰富,森林总面积0.6万公顷,蓄积量32万立方米,森林覆盖率17.1%。其中阔叶林0.1万公顷,以柞树、白桦、山杨、黑桦等树种为主;针叶林0.5万公顷,以落叶松、樟子松、云杉等树种为主。盛产榛蘑、榛子、猴头、黑木耳等野生林产品,有狍子、野猪、飞龙、野鸡等野生动物。境内有三条河流经过,南部为引龙河,流经农场22公里,流域面积180平方公里,年径流量0.6亿立方米;中部为龙门河,流经农场24公里,流域面积150平方公里,年径流量0.5亿立方米;北部为卧牛河,流经全场16公里,流域面积130平方公里,年径流量0.4亿立方米。境内有大小塘坝20个,蓄水量12万立方米,地下水资源主要以裂隙水为主,水质较好,适宜饮用。

农场下辖管理区5个、工商运建服企业10个,总户数3129户,总人口7314人。2015年,实现生产总值4.04亿元,同比增长6.7%。第一、二、三产业增加值分别为1.51亿元、0.43亿元、1.71亿元,分别同比增长2.7%、7.5%、10.3%。职工家庭人均纯收入19244元。

农业　全面落实国家各项惠农政策,发放各种惠农资金2476万元。种植业结构不断优化,生产水平全面提高,全场播种面积1.61万公顷,粮豆总产实现6.26万吨。其中籽实玉米种植面积2000公顷,公顷产量12250公斤,;三区一组原垄卡大豆公顷产量3450公斤,产量创历史新高,全场大豆平均公顷产量2400公斤以上,创造了寒地大豆产量的新纪录。绿色农产品基地建设扎实推进,大豆绿色食品原料基地认证6667公顷,小麦3333公顷,有机认证333公顷。农业部小麦高产创建项目种植面积685公顷。飞机航化玉米1000公顷,有效防治各种玉米病虫害。科技园区承担省级、总局级试验课题20余项。累计增雨防雹23次,发射炮弹210发。农场气象站向国家气象局数据传输准确率总局排名第一,被授予气象行业标准化达标台站称号。有水泥晒场16.2万平方米,标准化农机具停放场10个,机车库98个,田间路400公里,桥涵702座,日处理粮食300吨的粮食处理中心1座。龙门气象站按地理位置划分被水利部命名为一级站,是水利部松辽水利委员会下设的雨量点。有全自动化气象站1个,通过水文卫星接收龙门地区雨量,全面监测尼尔基水电站的雨量和流量。2015年农业综合工作在全局排名第五。

农机　投资350万元更新各类农机具8台(件)。在北安局首届农机技能大赛上获团体二等奖,全国农垦农机标准化示范农场创建活动通过专家小组验收,获得AAAA级示范农场称号。完成跨区作业7万公顷,创收500余万元。有大小农机具1000台(套),有100马力以上轮式拖拉机32台,200马力以上联合收割机22台,农机具改装9项。投资900万元,建成现代化农机展示中心,拥有各类农机库房90间,可停放动力机械80余台、农机具100台(套)。

畜牧业　有草原面积2400公顷,主要以优质五花草、小叶樟、三棱草为主,适合发展畜牧业。奶牛存栏680头,鲜奶产量1330吨,肉牛存栏173头,生猪存栏290头,家禽存栏4200只,羊存栏1300只。投资135万元在三区一组新建榨奶厅300平方米,修砂石路7条,建铁艺围栏1100延长米,购置榨奶设备一台(套)。为奶牛养殖户投入鲜奶补贴23.6万元,冻精、疫苗及防检疫补贴7.5万元。中心奶牛小区牧场化改造顺利推进,成立畜牧养殖合作社,奶牛小区达标准化养殖场标准。稳步推进草原承包工作,完成草原承包面积100公顷。

工业　落实招商引资项目三项,其中北安农垦中海粮油有限公司投资700万元新建仓储库2栋,总面积9000平方米;由职工个人投资200万元建成双朋麻业有限公司;新建150万元粮食烘干设施一套。实现工业销售收入3289万元;工业增加值976万元;利润197万元。

造林绿化　无森林、草原火灾发生。造林绿化投资66.4万元,投入人力429人次,各种机械135台次,共植树8.44万株。实际完成34公顷,超额完成绿化任务,森林覆盖率达22.7%。农场组织管理人员,对光明路、龙盛小区义务栽植黑加仑3.8万株。苗圃育苗面积6.5公顷,投资8.7万元强化管护工作,其中用2.3万元购进糖槭苗3万株。投资5.3万元对蓝莓基地进行管理。投资2万元改建森林防火储备库42平方米。

非公有经济　有个体工商业户212户,从业人员615人,创产值1120万元。其中运输业58户、餐饮业89户、修理业12户、其他行业53户。农场大力扶持非公有制经济的发展,出台多项优惠政策,发展特色种植业和特色养殖业。以獭兔为主的特色养殖业新增5户,以中草药白芍为主的特色种植业新增20户,围城经济发展迅速,新增个体工商户30户;蔬菜大棚10栋。"职工共富"工程取得良好成效,走访贫困家庭180户,救助贫困学生42名,发放资金5.84万元。筹集帮扶资金62万元,其中棚菜种植1户,养殖业4户,种植业17户,22户贫困户年底全部达脱贫标准。

城镇建设　以建设"美丽乡村"为目标,城镇基础设施配套建设有序推进。投资49.4万元完成3号住宅楼立面节能保温改造工程。投资119.4万元进行小学教学楼节能保温改造维修及学校新建厕所工程。投资1090万元建设2725平方米保障性安居工程,基础设施配套供水工程净水厂及配套设施。投资1400万元建设供排水工程的输电线路、供水设备及阀门井、清水池。投资160万元完成龙盛、龙祥、龙兴住宅小区部分道路硬化工程。投资28.6万元完成派出所办案区及部分用房改造工程。完成各类项目环评审批,落实省级生态乡镇续建工程。

(杨海良)

襄河农场

场长、党委副书记: 葛如强,1964年2月出生,山东省济陵县人,中共党员,本科学历,高级农艺师。1983年4月参加工作,2012年6月任现职。

党委书记、社区管理委员会主任: 张本伟,1967年3月生,北安管理局二龙山农场人,中共党员,研究生学历,高级政工师。1983年9月参加工作,2011年6月任现职。

党委副书记、纪委书记、工会主席: 王伟东(2010.5—)

副场长: 吕忠坤(2009.1—)
任洪文(2012.7—)

副场长、武装部部长: 吴永军(2012.7—)

副场长: 李永(2010.5—)

概况　襄河农场始建于1955年。以境为河流"襄河"而命名。农场地处小兴安岭南麓,五大连池市境内,东、南、西、北分别与兴安乡、龙镇农场、引龙河农场、龙门农场接壤,地理坐标为北纬48°41′~48°56′、东经126°36′~127°15′,年有效积温2050℃,年日照时数为2424小时,年均降水量563.4毫米,无霜期105天,土壤有机质含量7%－10%之间。农场现有6个管理区、7个场直单位,总人口8052人,职工1819人。总面积59733公顷,其中耕地18686公顷、林地6520公顷、草原12500公顷、水面733公顷。是一个农林牧渔全面发展,工商运建服综合经营的小型国有农场。地理位置优越,哈黑公路202国道距离场部7公里,哈黑铁路横贯场区,且设有铁路专运线。

2015年,农场紧紧围绕"抗灾害、保增长,抓改革、促发展,筹资金、惠民生,保稳定、谱和谐,强党建、增服务"的工作目标,抓好"七个坚持、七个着力",不断创新体制机制,深化改革,负重前行,持续推动农场经济社会协调发展。实现生产总值6.14亿元,同比增长9.8%;其中一、二、三产业分别实现增加值2.65亿元、0.68亿元和2.81亿元,同比增长分别为－2.5%、4.6%和25.6%。实现人均可支配收入2.36万元,职工生活质量不断提高。

"十二五"建设情况　"十二五"期间,农场实现生产总值24.28亿元,年均增长19.12%;完成固定资产投资总额3.56亿元,平均每年5948万元;职工家庭人均纯收入年均增长16.36%。农业累计投资11725万元,生产粮食10.82亿斤,比"十一五"期间增产4.65亿斤,增长75.36%。农机具更新累计投资8023.3万元,购进各类机械设备227台(件),农机总动力达10116.8千瓦。小城镇建设累计投资1.69亿元,新建住宅面积13万平方米,是"十一五"时期住宅建设总量的3倍。全场人均居住面积达23.7平方米,比"十一五"期末人均增加了5.2平方米。新建改造供热、供水、排水管网23.5公里。城镇绿化累计投资1913万元,新增绿化覆盖面积68.2万平方米,城镇绿化覆盖率达55%。争取国家项目投资1.19亿元,建设农发扶贫项目14个,完成中低产田改造4.5万亩,建设高标准农田1.9万亩、晒场55580.12平方米、机耕路102.69公里、农机停放场29000平方米、农机库房1250平方米。累计支付各类应付款10230万元,其中偿还个人集资款1566万元、个人名义借款2507万元、应付工程款3532万元、其他应付款项2625万元。银行借款减少8629万元,其中通过农行核呆豁免债务3464万元。资产负债率从“十一五”期末的151%下降到113%,下降38个百分点。累计盘活企业应收欠款643万元。经济发展环境明显优化,经济运行质量明显提高。

种植业　春播经历了罕见的春涝灾害,由于2014年秋季降雨多、土壤底墒大、春季回暖慢、阶段性低温明显,加上春季降雨偏多导致土壤墒情过湿部分低洼地块达饱和状态,在这样特殊的气象条件下,农场于4月29日开始大田播种,5月26日结束,历时28天完成全场农作物播种任务。农作物实际播种面积18686公顷,其中大豆12605公顷、玉米5517公顷、马铃薯467公顷、芸豆49公顷亩、青贮48公顷。坚持“向标准要产出、向管理要效益”的原则,狠抓农时、播种、夏管、秋收、粮食处理等关键环节标准,实现农业生产历史性丰收。实现粮食总产0.93亿公斤,其中玉米公顷产量11400公斤、大豆公顷产量3195公斤。实现种植业总产值2.1亿元,公顷收益1800元。农机总动力达1.01万千瓦,田间综合机械化率达98%。绿色有机食品种植基地总面积6667公顷。持续夯实农业发展基础,投资1365万元在第五管理区建设国家农业综合开发高标准农田建设项目,建设排水沟1.2公里,圆涵46座,方涵2座,机耕路15公里,铺垫农具场砂石5000平方米,晒场5000平方米;完成“节水增粮行动”项目建设987公顷;续建2013年小流域综合治理工程,治理面积333公顷。持续提高农业装备水平,投入940.8万元购买拖拉机、收获机、玉米灭茬机等农机具16台(件);投资2582万元建设5万吨粮食仓储项目,有效仓储能力达22.4万吨;外调行化飞机1架,完成行化作业面积2240公顷。

畜牧业　奶牛存栏405头,年产鲜奶974吨;肉牛存栏492头,肉牛出栏239头;生猪存栏315头,生猪出栏429头;羊存栏1932只,羊出栏3128只,肉类总产量183.2吨,禽蛋总产量10吨,实现畜牧业增加值5612万元,占农业总产值比重达21.2%。注册500万元组建北安农垦襄旺畜牧养殖专业合作社,对奶牛小区进行了牧场化改造,启动集中榨乳,推进了规模化、集约化、标准化畜禽养殖。全年牛口蹄疫免疫1520头,羊口蹄疫免疫3120只,猪口蹄疫免疫597头,免疫率达100%。

林业　开展以小城镇绿化提档升级为主的绿化工程建设,绿色通道、景观路、环城林、小城镇靓化等建设基本成型,造林质量得到提升。实现林业增加值1200万元。完成造林面积33公顷,完成率100%;共栽植各类乔木5个品种,共51234株。其中三北防护林补植补造24公顷,栽植2.5万株;更新造林4.8公顷,栽植1.2万株;其他造林4.2公顷,栽植13986株;共出动人员205人次,车辆230台次,造林费用24.8万元。实现义务植树1.2万株。

工业生产　良化现有工业企业发展环境,搞好工业企业的提档升级和提高达产率,扶持企业做强做大,最大限度地发挥现有工业企业的生产积极性,并通过指导、服务等手段加强工业企业的市场信息沟通,促进企业产品的市场销售,提高现有工业企业的经济效益。实现工业销售收入14400万元,实现工业增加值(现价)6300万元,实现营业利润1300万元。

非公有经济　农场利用场内广袤的草原优势鼓励职工发展牛、山羊养殖,出台多项优惠政策。全场养殖家禽1.5万只;梅花鹿养殖场2个,梅花鹿存栏150头,产值50万元。依托元青山林场优势组织职工进行蕨菜、猫耳菜、老山芹等山野菜的采摘,采摘各类山产品500吨,实现收入300万元,带动就业300余人。向俄罗斯输出劳务15人,实现输出劳务收入100万元。年烘干玉米5万吨,实现产值1亿元。

城镇管理　有效调动多方力量参与城镇管理,强化城镇服务职能。重点加强了场区农机具违规停车、集贸市场占道经营、室外乱堆乱放的管理。完善城镇功能建设,投资780万元建设保障性排水工程项目,铺设排水管线11463延长米;投资24.8万元栽植树木5.12万株,提升农场生态城镇绿化水平。投资11万元完成3处平交道口安全改造,维修出场道路水毁路面150平方米,铺设涵管10座。物业公司、供暖中心服务水平不断提高,上门服务1000余次,维修物件金额约3万元。

(隋　蕾)

龙镇农场

场长、党委副书记:谢国华,1968年4月出生,内蒙古赤峰人,中共党员,研究生学历,农机工程师。1984年12月参加工作,2015年1月任现职。

党委书记、社区管理委员会主任:王子龙,1964年11月出生,山东莒南人,中共党员,本科学历,高级工程师。1983年12月参加工作,2014年2月任现职。

党委副书记、纪委书记、社区管理委员会副主任:马玉友(2003.1—)

副场长:刘胜(2001.12—)

刘树彬(2009.1—)

韩贵增(2010.10—)

牛宝超(2009.9—)

工会主席:李绍东(2009.1—)

党委委员、武装部部长:赵国瑛(2005.12—)

概况　龙镇农场始建于1955年。地处黑龙江省北部,小兴安岭南麓五大连池市境内。地理坐标为北纬48°32′,东经126°31′。属寒温带大陆性季风气候。农场下设6个管理区20个居民组和社区管理委员会办公室、职工医院、学校、公路管理站等场直企事业单位。全场居民4442户,总人口10670人。农场资源丰富,区位优越。南有讷谟尔河,北有引龙河,二道河横贯场区。土地总面积47203公顷,其中耕地面积23066公顷,林地面积3167公顷,草原面积5760公顷,水域面积457公顷。山清水秀,环境优美,土地肥沃,是国家级生态示范区。农场南距北安市60公里,西距五大连池风景区45公里,北距黑河口岸200公里。与五大连池市龙镇、沾河林业局、引龙河农场、襄河农场毗邻。哈黑高速公路、哈黑铁路通过场区,交通发达,人口密集,城镇功能健全,工业、商贸经济发展迅速,是辐射周边的商品、物资集散地。

2015年,农场实现生产总值60177万元,其中,其中:第一产增加值27059万元;第二产增加值6238万元;第三产增加值26880万元。实现人均可支配收入20181元。

农业生产　战胜了春涝、夏旱、秋涝的严重自然灾害,实现粮豆总产15800万公斤。玉米平均每公顷产12600公斤,大豆平均每公顷产2775公斤,水稻平均每公顷产9000公斤。实现综合公顷效益4500元,总效益1.1亿元。农业生产工作在北安管理局评比排名第二。以市场为导向调优种植结构,播种总面积23067公顷,其中玉米9333公顷,大豆12667公顷,水稻400公顷,马铃薯667公顷;种植绿色食品面积13733公顷,有机食品面积1267公顷;玉米主栽德美亚2号、垦沃2号两个早熟品种。大豆主栽黑河43、垦鉴豆27号、垦鉴豆28号三个品种。水稻主栽垦稻27、龙粳47两个早熟10叶品种。以夯实农机装备增强抗灾能力。投资511万元,引进农机具29台(套);以科技创新提高粮食产能。精心打造了"两园、两带"示范基地,即水田科技园区、旱田科技园区和管理局科技示范带、农场科技示范带。使之成为农业新技术、新方法的转化实践平台,在农业生产中发挥科技示范引领作用。全面积落实进口气吸式播种机精量点播、大垄高台合理密植、测土配方施肥、安全高效除草剂使用、飞机航化等8项综合高产技术措施;以龙头牵动提升种植效益。在象屿农业物产有限公司烘干仓储的带动下,加快了收获及整地进度,10月23日农场全面积完成了秋整地秋起垄任务;由于玉米收获后第一时间收购,提升玉米销售价格,为种植户增收370余万元。

工业　实现工业全口径产值12200万元,实现工业增加值5500万元,利润总额1150万元。主要工业产品产量为:屠宰生猪1000吨,加工锯材19500立方米,生产免烧砖800万块,生产黏玉米310万穗。龙绿公司加大扭亏力度,种植原料133公顷,自种原料比上年采购原料降低了生产成本,加强内部管理减少劳务支出和降低了产品损耗,对外出租冷冻库增收,比2014年减亏111万元。

非公有经济　实现增加值55000万元,实现从业户均收入8万元,从业人均收入5万元。以打造区域性商贸重镇为牵动,发展粮食仓储商贸经济,通过续建象屿集团合作加快玉米烘干仓储设施建设。商贸服务户发展到548户,纯收入3200万元。以强化服务保障为重点,提高奶牛养殖小区管理水平。实现奶牛存栏1100头,鲜奶总产3000吨。

改革　实施管理区体制改革。理顺管理区、居民组两者关系,管理区和居民组是隶属上下级的关系,真正形成"两级管理、一级核算"体系。全面实行刚性预算管理。压缩费用支出,全年办公费比年初预算减少支出23万元。强化项目管理。农场成立"一委三办"。对项目申报、立项、工程招投标、施工、验收各个环节都有责任领导和责任科室全程负责,确保了工程质量和建设成本的降低。2015年及以前年度未完工的农发及节水增粮等项目全部完工。通过加强管理,企业资产负债率为91%,同比下降23个百分点。

社会事业　投资850万元完成供水中心建设,实现了24小时供水;投资715万完成安居工程花园、龙泽、中心三个小区的配套设施建设;投资120万元完善市政及大市场排水工程;投资85万元购置刮道机及清雪设备;投资29.6万元,在农场交通路口安装监控摄像头50个,在重点区域安装高清摄像头18个;投资40余万元改造1230平方米的社区活动中心,和251平方米的一站式服务大厅;投资23万元,维修了农垦龙镇公安分局办公场所;投资45万元完善小学楼地面砖及塑窗更换工程;规范设置了城镇街道指示牌;开展义务植树,全场共出动人力1535人次,车辆330台次,共栽植云杉、红瑞木、紫丁香等树木17万株,多年生花卉11万株;全场共发放低保金157万元,发放义务兵优待金21.84万元,募集慈善捐款13.7万元;职工共富行动为8户低收入职工发放无息贷款22.8万元;整改安全隐患60处。学校中学部2015年考取一高正式生52人,位列管局前茅。社区卫生服务站与北安局中心医院联合举行大型义诊活动。全年共发放独生子女父母奖励费11万元。实施"六大工程"全面推进生态农场建设,解决辖区内噪声污染12起,依法解决14队水库个人碳厂制造雾霾环境污染问题。　(张新平　陈　浩)

二龙山农场

党委书记、社区管理委员会主任:刘晓东,1964年1月出生,吉林省梨树县人,中共党员,研究生学历,高级政工师。1983年10月参加工作,2011年4月现职。

副场长、党委副书记(主持农场行政工作):殷文科,1966年6月出生,山东省胶南县人,中共党员,本科学历,轻工工程师职称。1982年8月参加工作,2014年2月任现职。

党委副书记、纪委书记、政法委书记:陈洁(女)(2011.3—)

副场长:王维新(2010.5—)
王光平(2013.6—)
于彦军(2009.1—)
张文忠(2010.10—)
刘宝库(2013.4—)

党委委员、工会主席:张本辉(2013.6—)

党委委员、武装部部长:郭志华(2001.6—)

党委委员、组织部部长:张新梅(女)(2013.8—)

概况　二龙山农场地理位置优越,处于哈尔滨市与黑河市的交通要冲之处,跨北安市与五大连池市两境,距北安市34公里,距五大连池市32公里。交通便利,哈黑铁路和202国道贯穿农场。农场地表水资源丰富,境内有讷谟尔河、温察尔河、长水河三条河流,过境流量5.2亿立方米。

2015年,二龙山农场实现国内生

产总值8.57亿元,比上年上升4.5%。总收入25152万元,企业利润2670万元,家庭农场利润19188万元,人均可支配收入18316元,年末资产总额77564万元、负债总额64732万元,年末资产负债率83%,清理回收各项欠款190万元。

农业生产　农场总播种面积2.73万公顷,其中种植玉米1.19万公顷,种植大豆1.29万公顷,种植马铃薯0.1万公顷,经饲0.15万公顷。粮食总产18.7万吨,玉米平均公顷产量10800公斤,大豆平均公顷产量2625公斤,马铃薯平均公顷产量20250公斤。推广应用玉米"四精两管"(精细耕作、精密播种、精准施肥、精确防控、叶龄管理、标准化管理)栽培模式、大豆大垄密植栽培模式、马铃薯"四优一管"("四优"即优耕作、优种薯、优栽培、优防控,"一管"即按照马铃薯的不同生育时期进行科学管理)栽培模式等10余项农业新技术,落实农业部小麦、马铃薯等高产创建项目,经过总局高产专家组实测,产量验收全部达标,在总局排名第三。跨区作业面积50万公顷,实现职工增收405万元,为农民增效102万元。

农业机械　更新进口大型收获机1台,国产220马力以上动力机械5台,进口自走喷药机5台,200马力以下拖拉机3台,牵引式喷药机1台,导航及农具5台(套)。重点推出10项新技术:大豆大垄垄上三行进口机械精量点播,大豆大垄垄上两行进口机械精量点播,秸秆放铺打包,大垄限高,玉米深施肥,自走喷药机进行玉米防病、化控,马铃薯90厘米和110厘米种管收全程机械化,拖拉机自动导航驾驶技术推广应用(整地、播种、起垄),玉米打茬聚垄机的引进与应用,玉米秸秆处理等技术。

畜牧业　把发展垦区畜牧大场、奶牛强场作为工作目标,在以奶牛为主导的畜牧产业基础上,创新养殖模式,探索新的畜牧经济增长点。北安农垦龙嘉牧场建设项目完工,6月引进智利奶牛934头。奶牛存栏5713头,生产交售完达山鲜奶8464吨。肉牛饲养量1211头,生猪饲养量1825头,羊饲养量2800只,禽饲养量9000羽。种植青贮玉米1094公顷,青贮量7万吨。奶牛平均单产6.3吨,舍饲化率达90%。

林业　投入造林绿化资金180多万元,完成农场一事一议绿化工程,造林33公顷,栽植绿化苗木8.9万余株,森林覆盖率16%。

水利　投资2744万元,新增节水灌溉碗面0.15万公顷,治涝面积600余公顷;节水增粮行动项目投资2519万元,新增节水灌溉面积1527公顷,新建小型泵站2座,阀门井180座,新购水泵94台,输水管线53.91千米,变频控制设备5套,发电机组4台,卷盘喷灌机89台(套)。投资225万元完成二龙山农场一区一组农田治涝项目,项目区新增治涝面积1万亩,新建砂石路6.95公里,园涵12座,冲刷沟治理1.2公里。

工业　完成工业指标4.42亿元,实现工业增加值1.25亿元,利润1330万元。引进超千万元以上的重点项目3个,其中,元和粮贸有限公司压榨大豆油项目,总投资2260万元;引资3500万元新建完成7座玉米烘干塔,增加总日处理能力5300吨,农场烘干塔总数达18个,总日处理能力达1万吨。与北京智能祥赢节能环保科技股份有限公司签订生物质发电合作协议书,计划投资3亿元,建设规模为30兆瓦。

非公有经济　实现自营经济总产值15.3亿元,实现利润1.58亿元,实现增加值5.72亿元,全场实现从业户均收入8.1万元、从业人均收入4.05万元。种植特色经济作物384公顷,养殖大鹅2.5万只,养殖狐貉1750只,芦花鸡5000只,黑鸡3000只,红毛鸡8000只,香猪10头,泥鳅鱼苗500公斤,河蟹苗1500公斤。年创产值80余万元,实现纯收入17万元,为农场解决下岗再就业40余人。组建特色种植、农副产品深加工、个体经济、蔬菜种植、大鹅养殖、狐貉养殖、林下养殖7个协会。

城镇化建设　投资1210万元保障性安居工程基础设施配套供热工程,在场部区建设3座换热站,铺设3518米供热管线,8栋楼房进户及地沟采暖管道更换。完成总投资1270万元日处理30吨的垃圾处理厂建设任务。投资715万元进行保障性安居工程基础设施配套排水工程建设,投资300万元完成中小学改造及配套设施建设工程,投资210余万元完成场管工程建设(一站式服务大厅、畜牧小区奶站维修等)。农场城镇化率85%,场部楼房化率81%,城镇绿化覆盖率41.8%,人均绿地面积22.42平方米。

民生工程　投资1210万元完成保障性安居工程基础设施配套供热工程,新建换热站3座,铺设管线3518延长米。投资715万元完成保障性安居工程基础设施配套排水工程。投资846万元完成垃圾处理厂工程后期建设。投资300万元完成学校土建及配套设施建设。投资210余万元对一站式服务大厅、畜牧小区奶站进行维修。投资34万元资金对58栋牛舍老化线路进行更新改造;投资170余万元对龙华路两侧道路、文化广场进行升级改造。投资近300万元对场区进行绿化和亮化;投资2945万元的污水处理厂,10月开始调试运行;投资82.1万元,修复4条场管破损路段;投资13.1万元,对客运站进行装修,准备启用运营;投资40万元安装高清监控视频头70处,卡口9处,红绿灯4处。

(孟令军　王春宇)

引龙河农场

场长、党委副书记:时厥祥,1971年5月出生,江苏连云港人,中共党员,研究生学历,高级经济师。1990年12月参加工作,2014年2月任现职。

党委书记、社区管理委员会主任:刘继学,1965年11月出生,辽宁省锦州市人,中共党员,本科学历,高级农艺师。1988年7月参加工作,2011年1月任现职。

党委副书记、纪委书记、政法委书记、社区副主任:吉忠伟(2010.10—)

副场长:吕显龙(2006.1—)
方广新(2009.1—)
唐道元(2011.3—)
杨宏峰(2011.4—)

工会主席:韩志和(2000.12—)
武装部部长:吴晓宁(2013.7—)

概况　引龙河农场始建于1955年9月。地理坐标为北纬48°45′,东经126°34′,位于世界地质公园五大连池市境内。地处中高纬度区域,属寒温带大陆性季风气候。年降雨量865.9毫米,年平均气温-0.1℃,全年正常有效积温2455.1℃,年日照时数2060小时,年平均风速2.2米/秒,以西北风和西北西风为年最多风向,无霜期131天。引龙河农场得名于水,因穿流而过的场内最大常年流水河流引龙河而久负盛名,它三面抵山、四面环河,西有莫拉固山、栖凤山、大小固西河,北部有卧牛河,东部有大固东河,南部有引龙河。地貌类型复杂多样,地段特征复杂,漫岗纵横,河沟交错,整个场区坐落在低山、绿海环抱之中。交通便利、通达、快捷,南与北安市相距70公里,北与边贸城市黑河相距200公里,西距世界三大著名冷泉之一的五大连池30公里。有南接202国道、北接鹤嫩公路的场区通乡公路30公里,场区硬化公路72.5公里,前嫩公路从场部通过。总面积42151公顷,其中耕地23532公顷,辖农业生产单位7个,现有总人口1.2万人,居民5118户,职工2506人。

2015年,农场实现地区生产总值(GDP)73728万元,其中第一产业增加值34634万元、第二产业增加值10348万元、第三产业增加值28746万元,农场人均地区生产总值6.1万元。农林牧渔总产值61213.7万元,固定资产投资11155万元,社会消费品零售总额10306.2万元,居民可支配收入22452元。

种植业　农作物播种面积25122公顷,其中玉米8541公顷,大豆15799公顷,水稻182公顷,马铃薯600公顷,分别占总播种面积的34.0%、62.9%、0.7%、2.4%。作物单产创新高,农场玉米、大豆公顷产量分别为12450公斤、3225公斤,与上年同比分别增长9.9%、2.4%。全面积进行测土配方施肥,对玉米和大豆进行航化健身防病虫作业,玉米应用“四精两管”栽培模式,推广大豆高台大垄垄上三行技术5333.3公顷,示范马铃薯110厘米高台大垄垄上两行栽培模式66.7公顷。有机绿色认证种植面积15104.7公顷,认证比例达60.1%。科技园区获得2015年度北安管理局先进科技园区称号。

农田水利　投入资金5497万元,其中水利部节水增粮项目工程投资4917万元,农业部节水增粮项目工程投资260万元,小型农田水利工程投资220万元,良种水库应急工程投资100万元;农场防汛抗旱工作投入36.2万元,其中31万元对水毁工程进行维修,5.2万元对农场抗旱设备进行维修维护;完成水资源收费7.3万元。

农机　投资300余万元,引进进口马斯奇奥18行播种机6台。年末拥有农业机械总动力3.1万千瓦。其中大中型拖拉机86台,大中型拖拉机配套农具403台(件),水田机械55台(套),大型自走式联合收割机30台及其他各类收获机10余台,水泥晒场2.4万平方米,自走式喷药机6台,农用飞机1架,农用飞机场1处。田间作业综合机械化率98%,其中旱田水田均达98%。完成农业航化作业面积36.41万公顷,完成跨区作业面积90万公顷。农机技术推广机构1个,农机管理人员22人,农机从业人员508人,农机作业专业合作社2个,从业人员26人,农机资产原值1.47亿元,净值1.06亿元。农机总收入4605万元,创利润总额2103万元。

林业　完成造林绿化34公顷,投入各类苗木33.92万株。参加造林绿化总人次2448人次,出动各类车辆860车次,投入资金121.24万元。参加义务植树人数8671人,人均植树3株,尽责率97.5%。森林草原防火工作实现无火警、火灾发生,无人身伤亡、事故发生的“三无”优异成绩,连续12年无森林火灾。

畜牧业　奶牛存栏1003头,鲜奶产量3600吨。肉牛存栏344头,生猪存栏1060头,羊存栏1010只,禽存栏21999只。农场有龙河奶牛小区、一区一组奶牛小区、六区奶牛小区三处奶牛小区,其中龙河奶牛小区和一区一组奶牛小区属于集中散养小区。总局投资150万元对六区奶牛小区进行了卧床改造;一区一组奶牛小区新建牛舍2栋,面积800平方米;加强新技术推广力度。在朝阳牧场应用乳肉兼用牛冻精(弗莱维赫)配种98头,应用同期发情、早期妊娠诊断技术,进行糖蜜饲喂试验,提高奶牛产奶量。

工业　重点工业企业运行平稳,完达山百利粮油有限公司实现豆饼销售0.6万吨,豆油0.12万吨;盛唐机械制造有限责任公司累计销售各类农机具50台(套);豫龙塑料编织厂生产出塑料颗粒28吨;昌盛涵管厂生产各种型号涵管1200个;农场新项目圣达粮食贸易有限公司和玉丰玉米专业合作社的粮食加工项目建成投产,烘干存储玉米1.5万吨。丰顺玉米专业合作社的玉米烘干改造项目完成,烘干玉米2万吨,第四管理区博纳粮食贸易有限公司的玉米烘干塔改造建成,烘干玉米2.3万吨。全年实现工业增加值9508万元,较上年提高13%,利润980万元。

城镇建设　投入1404.38万元,其中新建晒场投资768万元,建设晒场50145平方米,晒场综合用房200平方米,农机库房630.15平方米,围栏1014延长米;一区一组奶牛小区投资88.34万元,新建牛舍2栋800平方米,青贮窖地面1600平方米;场部供热改造投资108.79万元,对3个换热站进出网及小学地沟管线进行了改造;四区委投资98.4万元维修排水沟5200延长米,翻建机务库1111.11平方米;场部地区老旧住宅小区维修工程投资307.85万元,教育投资33万元,对教学楼进行维修。

非公有制经济　实现非公有制经济总产值87180万元,纯收入26040万元,增加值42660万元,从业户均收入5万元,从业人均收入2.2万元。新增个体商服120户,家政劳务服务收入2000万元。

民生建设　投入1100余万元,完成10公里龙尾公路和水库桥建设项目;举行供热费听证会,取暖综合成本下降2.5元/平方米;对龙兴、龙祥、龙宁、龙康四个小区的供热管道进行改

造；对龙康泵房7.5万千瓦电机进行更换；通过办公室置换，设立文体活动室1处。 （王东光 姚志仁）

尾山农场

场长、党委副书记：于省元，1967年出生，山东省泰安人，中共党员，研究生学历，注册安全工程师。1989年参加工作，2010年8月至2015年11月任现职。

场长、党委副书记：吴宝忠，1977年9月出生，黑龙江省安达市人，中共党员，研究生学历，政工师。1997年7月参加工作，2015年11月任现职。

党委书记、社区管理委员会主任：钟斌，1965年4月出生，赵光农场人，中共党员，本科学历，农机高级工程师。1987年参加工作，2007年10月任现职。

党委副书记、纪委书记、政法委书记、武装部部长：李德胜（2009.1—）

副场长：杨永东（2009.9—）

宋贵奇（2010.1—）

王建平（2012.7—）

工会主席：房久精（2012.7—）

概况　尾山农场地理坐标为北纬48°46′21″～49°01′20″，东经126°06′30″～126°24′21″之间。位于黑龙江省西北部，地处小兴安岭与松嫩平原的过渡地带，五大连池风景区北部，因五大连池火山群中的尾山而得名。是以粮食生产为主，农林牧渔、工商运建服综合经营的现代化中型国有农场。下辖管理区4个，农业中心站1个，居民组4个、场直单位11个，驻场单位10个，农场机关设党务、行政、公安法司等职能科室27个，在编人员224人，从业人员3365人，其中职工1609人，总户数3282户，总人口10306人，少数民族人口379人。农场占地30.073公顷，其中耕地15.23公顷、林地7.45公顷、草原面积6.17公顷、水面409公顷、其他面积813公顷，森林覆盖率为8%。

2015年，农场实现国内生产总值41375万元，同比增长7%，其中第一产业增加值18755万元，同比增长2%；第二产业增加值7120万元（其中工业增加值5470万元），同比增长6%；第三产业增加值15500万元，同比增长14.8%，，人均地区生产总值40146.8元、农林牧渔总产值42405万元、固定资产投资6058万元、社会消费品零售总额44680万元、利用外资、地方公共财政预算收入922万元、职工1609人、职工平均工资17600元，实现全口径利润9805万元，全场实现人均可支配收入21220元。

农业生产　农作物总播种面积1.52万公顷，其中玉米0.54万公顷，占35.5%；大豆0.95万公顷，占62.3%；马铃薯0.34万公顷，占2.2%。实现粮食总产9.03万吨，粮食平均单产5.9吨/公顷，公顷效益4016元。投入农机更新资金1700余万元，更新农机设备62台（套）。跨区作业3.3万公顷，增收500余万元。完成对俄代播作业0.55万公顷、代耕4万公顷，收获0.85万公顷，租种土地0.3万公顷，创收922万元。为职工发放粮食补贴、良种补贴和大豆目标价格补贴2059万元；支付种植户农业保险金830万元。投资962万元完成第一管理区、第二管理区节水增粮项目；投资1107万元完成中心站农业综合开发项目；投资143万元完成三七水库及十队水库围堰等水利建设。

林业经济　通过有效实施植树造绿、见缝插绿、立体绿化等项工程，完成造林34公顷，植树7万株，栽花卉20万株，种草坪5万平方米。重点完善人和三期绿化和新建牧场绿化任务，城镇绿化覆盖率44.5%，人均公共绿地面积26平方米。森林覆盖率38%。

畜牧业　奶牛存栏3461头，年产奶7686吨。投资4150万元新建现代化牧场一处，建设牛舍、库房0.5万平方米。从智利购进荷斯坦奶牛934头。12月完成金澳牧场合作社的重组工作。全场253人出资932万元，吸收省农垦科学院畜牧研究所个人出资156万元，总出资1088万元。

工业　受经济大环境和政策影响，个别企业停产转产。销售亚麻3820吨，实现利润507万元。农场实现工业销售收入6700万元，利润900万元。

循环经济　围绕秸秆利用，突出绿色环保，农场与湖南海尚集团达成秸秆综合开发项目合作意向，已完成公司注册。

非公有经济　坚持以特增效，“四区二园”建设取得阶段性成果，特色养殖、山货采摘、狐貉养殖及林下特色种植，起到良好的带动作用。实现非公有制产值7.2亿元，增加值3.6亿元。

城镇建设　投资104万元完成工业街道路排水工程；投资202万元完成商业广场硬化；投资14万元新建厕所3座；投资2516万元完成二区一组至二林场、龙尾公路尾山段建设；投资304万元完成供水中心改扩建和人畜饮水工程；投资51万元完成中小学道路硬化；投资118万元完成教育及机关供热改造。城镇环境实现了管理制度化、过程规范化、效果精细化的“三化”目标。

民生保障　投资40万元为医院购进全自动生化仪一台；支付职工住宅取暖补贴313万元；报销高中学生学费31万元；支付遗属生活费74万元；抚恤金及丧葬补贴6万元；支付老干部及工伤药费74万元；兑现计划生育政策资金36万元；支付困难补助6万元；支付妇女、儿童、小学生、慢病病人及65岁以上老人体检费13万元；支付最低生活保障及各项民生补贴269万元；支付女性安康保险3万元；缴纳职工五项保险金1957万元。 （姜书汉）

格球山农场

场长、党委副书记：薛洪起，1963年10月出生，山东省胶南县人，中共党员，研究生学历，高级农机工程师。1979年12月参加工作，2010年8月任现职。

党委书记、社区管理委员会主任：袁云福，1962年4月出生，山东省阳谷县人，中共党员，本科学历，高级政工师。1981年8月参加工作，2010年5月任现职。

党委副书记、纪委书记、政法委书记、社区管理委员会副主任：冯靖涛

(女)(2009.1—)

副场长:隋清林(1998.12—)

李耀武(2009.1—)

王洋(2009.1—)

张基旺(2009.1—2015.4)

工会主席、武装部部长:李健(2013.7—)

党委委员、组织部部长:张宝成(2013.7—)

概况　格球山农场1955年建场。地处五大连池世界地质公园北侧,地跨五大连池市、讷河市和嫩江县,前嫩高速公路穿场而过。地理坐标为北纬48°45′45″、东经125°54′57″。由东北向西南为科洛河支流、石头河、岔巴气河三条水系分割构成四个丘陵漫岗,全场地势按走向由西南向东北方向倾斜,东部海拔310米,南、北部海拔300米,西南为390米,呈不规则矩形外貌。全场总人口8443人,占地总面积26000公顷(其中耕地面积14400公顷),下设5个农业管理区、11个场直企事业单位。为社会主义新农村建设省级示范单位。

2015年,农场实现生产总值34600万元,同比增长8.8%。其中第一产业增加值23798万元、第二产业增加值3492万元、第三产业增加值7310万元,分别同比增长7.7%、11.6%、11.3%。人均生产总值4.1万元,工农业总产值20273万元。完成固定资产投资7915万元,实现企业考核利润409万元、全口径利润8205万元、居民人均可支配收入23066元。

种植业　加大投入,夯实农业发展基础。投资1073万元完成第三管理区国家农业综合开发项目。完成节水增粮项目投资445万元、第四管理区第二居民组涝区治理工程投资300万元,投资876万元更新大型农机具19台(套)。新增粮食仓储能力7万吨,日烘干能力由上年的1300吨提高到3300吨。认证绿色食品面积1.25万公顷,完成跨区作业4.41万公顷。加快体制创新,鼓励培育新型农业经营主体,农工专业合作社总数达62个(其中农业种植合作社47个,农机合作社7个,养殖合作社8个)、成员505户。种植结构进一步调优,农业标准化建设和社会化服务水平进一步提升,实现粮食生产"十二连增",全场粮豆总产9.3万吨,实现农业增加值17273万元。

林业　投资54万元绿化住宅小区4.33公顷,补植补造三北防护林29公顷,完成管局造林绿化任务33公顷,栽植苗木15万株。林政执法和护林防火工作进一步加强,全年无较大林政案件和火警、火灾发生。林下养殖业进一步发展,实现林业增加值200万元。

畜牧业　高标准完成北安农垦晟达牧场工程建设,从智利引购934头高产优质奶牛,于4月入舍后正式运营。投资260万元完成创业奶牛小区和现代奶牛养殖示范中心提档升级项目,全场实现标准化奶牛小区舍饲和集中榨乳,建立动物检疫电子出证系统,规模化、集约化、标准化畜禽养殖进一步推进,为质量效益型现代畜牧业发展奠定基础。奶牛平均单产增长到6.5吨,尤其是现代奶牛养殖示范中心奶牛平均单产达10吨。奶牛存栏2613头,交售完达山乳业奶量5442吨;肉牛出栏4541头,羊6140只,生猪1万头,禽12.2万只,肉类总产3580吨,实现畜牧业增加值7393万元。发展水面养殖273公顷,实现渔业增加值270万元。

工业　切实推进黑龙江北大荒北绿食品有限公司转制招商工作,完成法人、注册资本、投资总额变更以及股权变更,先后与10余家有合作意向的客商进行洽谈。招商引资1288万元新建日处理500吨玉米烘干项目,完成工业小区智信仓储库二期建设,全场仓储能力达15万吨。供电、乳品等其他工业企业稳步发展。2015年全场实现工业增加值3000万元,同比增加6%。

小城镇建设　投入845万元,完成退耕还林成果建设项目以及各类零星公共维修工程,公交首末站建成并投入使用,供水、供气、供热和物业等公共服务水平不断提高,社区网格化服务网络覆盖全场,"365阳光品牌服务"更加方便,社会秩序更加优良,居民生产生活和创业环境更加优美。

非公有经济　发展大鹅、乌苏里貉等特色养殖12.4万只,新组建养殖专业合作社3个,非公有制经济呈现出良好发展势头,职工群众创业积极性进一步提高。第三管理区职工黄文彬坚持自主创业,发展大鹅生态养殖,在管理区和相关部门的支持下,扩大养殖规模、提高经营质量、探索延伸农家乐和产品加工链条,不仅增加了自身收益,而且起到了显著的示范作用。快递、物流、家庭旅馆、特色餐饮等服务业竞相发展,全场个体工商户发展到196户,拉动就业820人。实现非公有制经济增加值12000万元、利润9700万元。

社会事业　坚持民间协会主办,广场文化体育活动蓬勃开展。严格低保动态管理,做好助老和助残工作。新建康复中心并投入使用,免费为全场所有慢性病和精神病患者进行体检。补贴居民供热费448万元。切实加大困难救助,农场配套低保金22万元。申请就业补贴132万元,实现城镇新增就业人数458人。　(李恒进)

五大连池农场

场长、党委副书记:姜世家,1961年10月出生,黑龙江省依安县人,中共党员,本科学历,高级农艺师。1981年8月参加工作,2009年9月任现职。

党委书记、社区管理委员会主任:高云龙,1962年5月出生,黑龙江省巴彦县人,中共党员,研究生学历,高级农艺师。2009年9月至2015年2月任现职。

副场长:

徐新成(2004.8—)

周恒忠(2012.8—)(兼武装部长2010.5—)

倪德(2010.5—)

纪委书记:周作庆(2004.8—)

工会主席:曲强(2009.3—)

党委委员、组织部部长:苏建红(2013.7—)

概况　五大连池农场始建于1948年3月。地处五大连池风景名胜自然保护区境内。地理坐标为北纬48°34′~48°48′,东经126°00′~126°

26′。海拔平均高度280～580米。土地总面积18837.12公顷,其中耕地8380.24公顷、林地2305.79公顷、草原湿地1710.97公顷。全场总户数3016户,总人口7156人。

2015年,农场实现生产总值23810.3万元,同比增长21.5%。其中,第一产业13605.3万元,同比增长32.7%;第二产业1355万元;第三产业8850万元,同比增长20.5%;居民人均可支配收入12557元。

农业生产　农作物总播种面积9800公顷,其中玉米2533公顷,占26%;大豆6667公顷,占73%;高效作物400公顷,占1%。粮食总产5.34万吨,其中大豆公顷产3300公斤,总产2.35万吨;玉米公顷产11700公斤,总产2.99万吨。10队4号地68.7公顷,平均公顷产达3795公斤,在管理局2015年大豆综合技术组装评比中,排名第一,实际公顷成本80565元/公顷,公顷效益达5985元。投资130万元购进一台210马力进口拖拉机,配备一台18行进口播种机及1套卫星导航系统。完成"三代"面积13333公顷,增收356万元,纯收入168万元。农场职工在场外承包土地800公顷,收入320万元;投资230.6万元新建晒场13750平方米;投资700万元新建玉米烘干塔一座;利用搬迁闲置厂房规划26万平方米畜牧养殖区,年饲养生猪5000头,羊2000只,肉牛3500头。

工业　实现工业销售收入2650万元、增加值850万元、利润200万元,固定资产投资1520万元。生产、销售石板12万平方米,石雕200座,豆油6万公斤,白酒8万公斤,免烧砖400万块,实现电力销售收入125万元。

城镇建设　投入资金35715万元,其中投资39.65万元,对3栋商服楼排水管线进行了改造;投资80.53万元,新建面积6337.95平方米的健身广场、停车场,安装健身器材100余套;投资171.07万元新建一条电力环网;投资65.9万元硬化地面3,490平方米,其中水泥路面2750平方米、停车位400平方米、人行道340平方米。投入资金135万元,栽植金叶榆等乔木5万株,小叶丁香等花灌木9万株,宿根花卉3万株,绿化草坪4万余平方米。

非公有经济　实现工业销售收入2650万元、增加值850万元、利润200万元,固定资产投资1520万元。第三产业全年实现总产值8850万元,同比增长20.5%。商服区全面发挥餐饮、食宿、购物、服务等商业功能,科技园区各类观光作物品种增加到200余种,全年接待游客8000人次,实现旅游综合收入400万元,旅游产业的快速发展拉动了城镇服务业发展,农场职工在场内和风景区从事餐饮及商服的店铺达122家,从业人员1000余人。

改革创新　创新农业经营体制。以家庭农场生产经营为基础创建了2个农机合作社,3个种植合作社,21个家庭农场,确定了严格的管理制度和工作流程。创新农业经营管理体系。实行"农场和管理区两级管理,一级核算"的新型农业经营体系。创新科技园区管理方式。增招科技人员,提高薪酬待遇,对棚菜种植管理实行承包经营,实行任务考核与绩效工资挂钩的工作机制。　(陆文祥)

长水河农场

场长、党委副书记:季光照,1963年6月出生,山东省日照人,中共党员,研究生学历,工程师。1981年10月参加工作,2010年8月任现职。

党委书记、社区管理委员会主任:王乐友,1968年8月生,山东省临沭县人,中共党员,本科学历,高级统计师。1984年12月参加工作,2010年8月任现职。

党委副书记、工会主席、武装部部长、社区管理委员会副主任:郭永君(2011.3—)

副场长:刘忠福(1996.12—)
王延生(2009.1—)
王武(2010.5—)
宋宗武(2012.8—)
王文富(2015.1—)
杨骏(2013.7—)

党委委员、组织部长:周海君(2006.2—)

概况　长水河农场地处小兴安岭西南麓,地理位置介于北纬48°14′30″～48°40′00″,东经126°46′30″～127°16′00″之间,属寒温带大陆性季风气候。土壤类型以黑土为主,黑土层一般在25～45厘米。土壤中的有机质含量在6%～8%之间,pH值为5.8～10。年平均气温－0.7℃,无霜期105～115天,年降水量500～600毫米,全年日照时数为2661小时。农场占地面积5.34万公顷,人口13114人,职工2823人。现有农业管理区6个,耕地2.41万公顷。

2015年,农场实现地区生产总值62421万元,粮食总产13.7万吨,人均收入2.58万元。以玉米为主的种植业结构进一步优化,以奶牛为主的畜牧业稳步发展,以生态林和经济林建设为主的现代林业快速发展,打造集生产、示范、旅游为一体的北方寒地苗木生产基地,被评为垦区唯一的林业经济示范场。临沭北大荒柳编工艺品有限公司与130余个国家和地区进行贸易往来,实现外贸出口额700万美元,在国际市场上声名鹊起。场区道路、客运、物流、文化广场、森林公园等基础设施完善,行政区、工业区、商业区、住宅区、休闲娱乐区、教育园区分布合理,北大荒长水河生态农业避暑养生旅游度假区通过国家AA级旅游景区评定。

农业生产　优化种植结构。种植籽实玉米0.95万公顷,平均公顷产量10500公斤;大豆种植1.36万公顷,平均公顷产量2775公斤;马铃薯种植600公顷,平均公顷产量21000公斤。农业生产以标准化管理为核心,以农艺流程规范为手段,全面提升标准化作业水平。落实农业部玉米高产创建示范片面积709公顷,万亩片平均公顷产量13010.55公斤。全场农业机械总动力达4.3万千瓦,比上年4.12万千瓦增长4.3%。投入1611.6万元,更新农机具69台(套)。推广14项新技术改装应用。外出跨区收割机及轮式整地车251台次,作业面积4.67万公顷。机车纯收入增加840万元。加大农机基础设施的投入力度,在农场一区场区东侧,投资900万元,新建2.4万平方米的高标准现代化农机管理中心。

重点打造长鑫、牧旺、欣荣三大奶牛合作社,934头智利奶牛入住长鑫牧场。投资867万元圆满完成牧旺合作社奶牛小区改造工程,全面提升奶牛饲养标准。加快奶牛阶段饲养、TMR饲喂、青贮玉米饲喂等新技术应用推广,实现奶牛存栏3987头,鲜奶产量5071吨,畜牧增加值1.3亿元,产业发展势头强劲。

工业生产　通过优化工业布局,壮大产业基地,调优产品结构,延伸产业链条,实现工业销售收入8000万元。工业产业体系日趋完善,北大荒柳编设立10家销售经营店,搭建电子商务平台,实现外贸出口额700万美元,国内销售收入120万元。园区集聚效应更加明显,已有13家企业入驻工业园区。

城镇建设　按照"宜居、宜商、宜游"的"经营城镇"管理理念,开展"两供两治"工程,投资1129万元完成商业区及小区硬化、下排水、沥青路等民生工程;争取上级资金383万元实施美丽乡村建设,改善职工的生活环境,提高职工群众的幸福指数。重点实施"四绿工程",完成春季造林绿化面积35公顷,栽植绿化树木17.4万株,打造场部至工业园区绿化通道2条,新建聚福大坝两侧绿化景点;完成了秋季造林整地2.67公顷。

非国有经济　坚持以开发引进、培育新项目为突破口,拓宽职工增收渠道,开辟产业结构调整新途径,共养殖生态鹅10.2万只,生产香菇等食用菌15万公斤,采摘各类山产品3016吨,接待旅游人数1.8万人,实现非公产值12.27亿元,利润3.59亿元,超额完成管局指标30%。

民生事业　开展"五助一富"行动,发放低保金170.7万元、高龄老人津贴2.16万元。发放医疗救助资金和临时救助金16.34万元,救助55人次。完善"四所一院"建设,逐步提升幸福院服务水平和能力。教育教学成果喜人,中考公费进入北安局高中50人,综合排名管局第一;幼儿园晋升为省级一类幼儿园。举办职工篮球赛及大型庆祝活动,丰富职工文化生活。

改革创新　坚持深化改革,强化企业管理,加快转变经济增长方式,提高经济运行质量。逐步构建以"农场、管理区、新型农业经营主体"为架构的"两级管理、一级核算"管理体系,管理层次得到简化,组织能力得以提升。对管理区实施分块管理,即行政管理、社会管理、农业生产管理与服务,职责清晰、制度明确、考核专一,增强个人能力建设。创新家庭农场规模管理,采取大规模套小规模的发展方式,以小规模为生产经营主体,明确职责,增强责任感。组建规模家庭农场43个、农业专业合作社22个,覆盖总耕地面积71%。完善合作社运营机制,成立农机合作社与种植合作社对接,转变管理格局,逐步形成以家庭农场生产经营为基础、合作社为经营主体、国有农场提供指导和服务的统分结合双层经营体系。以科技园区、科技示范带以及管理区田间实验对比等为主体的科技成果转化平台,在农业工作人员的参与下进行生产试验与验证、示范与推广应用,转化应用农技成果。以"互联网+农业"为主体的网络销售平台,拓宽销售渠道,完善质量追溯体系建设,提高绿色农业管理水平,促进产业发展。　　(王广明)

红星农场

场长、党委副书记:姜耀辉,1974年4月出生,辽宁省建昌县人,中共党员,研究生学历,农艺师。1997年10月参加工作,2015年1月任现职。

党委书记、社区管理委员会主任:李清润,1962年7月出生,河南省夏邑县人,中共党员,本科学历,高级政工师。1984年12月参加工作,2008年10月任现职。

党委副书记、纪委书记、社区管理委员会副主任:关淑玲(女)锡伯族(2010.1—)

副场长:王佳祥(2009.1—)
刘建生(2009.1—)
代志军(2010.11—)

工会主席:赵吉星(2009.1—)

党委委员、武装部部长:姚启斌(2001.6—)

概况　红星农场位于北安市境内东南部,小兴安岭与松嫩平原的过渡地带。地理坐标北纬48°02′~48°17′,东经126°47′~127°15′。东与通北林业局冰趟子林场为邻,南与北安市三〇三林场、建设农场相连,西到轱辘滚河与赵光农场隔河相望,北到乌裕尔河与北安市种畜场毗邻。农场土地总面积39200公顷,其中耕地27333公顷、林地2933公顷、草原5000公顷、水面600公顷。现有户籍总人口13352人,总户数5507户。场内下设5个农业单位,10个直属企事业单位。

2015年,农场实现国内生产总值5.49亿元,其中第一产业增加值2.99亿元;第二产业增加值4972万元;第三产业增加值2.01亿元。实现全口径利润3.88亿元,家庭农场净利润2.64亿元,企业利润2057万元。资产负债率为79.3%,比上年下降近19个百分点。人均可支配收入1.89万元。

现代农业　以建设标准农业、科技农业、高效农业为目标,牢固树立质量效益理念,加大种植业结构调整力度,加强农业基础设施建设,全面推进现代化大农业。投资684万元,实施"节水增粮行动"项目,新增灌溉面积422.5公顷。新建2座日处理500吨玉米烘干塔,日处理烘干玉米达2000吨;投资249.7万元完成"一事一议"田间基础设施建设;自筹83万元进行管理区田间路维护;进一步强化农业科技示范作用,不断提升农业科技水平。克服春涝、夏低温、干旱、秋涝等各种自然灾害的严重影响,实现农业总产值2.2亿元,粮豆总产1.51亿公斤,农业总效益8421.78万元,平均综合公顷效益8481.15元。投资2793.54万元更新农机具20台(套),推广农机应用农机新技术10项,完成跨区作业面积3.2万公顷,为职工增收300万元,为农民增效210万元。

有机产业　有机生产基地面积2676.9公顷,其中有机大豆501.9公顷、有机小麦1681.5公顷、有机玉米280.2公顷、有机白菜143.3公顷、其他有机杂粮和蔬菜70公顷。有机生产基地、有机酸菜、有机挂面、有机面粉分别通过中绿华夏有机食品认证中心国内标准的认证、ECOCERTT 国际生态认证中心欧盟 EC、美国 NOP、日本 JAS 三个标准的有机认证;有机白酒通过了 ECOCERT 国际生态认证中心国内标准的认证。2015 年 2 月 26 日环境保护部第 12 号文件公布了黑龙江省红星农场成为第五批通过国家有机食品生产基地考核单位,是黑龙江农垦总局第一家,也是唯一的一家。

畜牧业　以“着力打造优质奶源、安全畜产品基地”为核心,加强疫病防治体系建设,禽畜防检疫密度达 100%。投资 47 万元进行畜牧小区牧场化改造,新建粪污处理设施一套;争取上级投资 260 万元,农场自筹 10 万元,加大养殖小区建设力度,新建榨乳中心两处,实现畜牧业增加值 8109 万元。

工业　在全国经济下行压力较大、企业达产率普遍偏低的情况下,农场以有机种植为基础,坚持发展有机特色产业。以亲民公司为龙头的工业经济保持了平稳、较快的发展势头。亲民公司充分利用“互联网 +”模式,借助各类网络销售平台增加销售渠道,不断增强龙头企业活力,网上销售额达 475 万元。亲民公司投资 76 万元对酸菜挑选车间安装净化通风系统,项目建成后车间洁净度达 D 级,产品品质大幅提升;投资 92 万元新建 3 座 400 吨小麦存储仓,对小麦进行按需分类存储,储存能力达 2200 吨;投资 40 万元完成后续配粉包装工艺升级;有机面粉、挂面加工项目于 2015 年 1 月 9 日正式生产加工,年生产有机面粉 2500 吨;有机挂面 1300 吨,生产品种增加 23 个;投资 84 万元建立有机黄豆酱阳光温室大棚,可一次性发酵 150 吨黄豆酱。亲民公司销售总额 6878 万元,拉动就业 300 余人,增加职工收入 1530 万元,公司社会价值达 4000 万元。

非公有制经济　实现非公有制经济总产值 8.84 万元,纯利润 2.57 万元,从业户均收入 4.2 万元,从业人均收入 2 万元。坚持“团结、服务、引导、教育”的方针,一手抓鼓励支持,一手抓教育引导,保护非公有制经济产权和合法利益,加快社会信用体系建设,引导非公有制经济人士遵守市场规则,自觉维护市场秩序。实行统一的市场准入制度和市场监管,保证各类市场主体公开、公平、公正参与市场竞争。引导职工群众从事养殖、采摘等行业。

城镇建设　投资 310 余万元,完成近 20 项基础设施建设;栽植各类乔灌木及花卉 9.56 万株,播种草坪 3.5 万平方米,新建绿化面积 30 亩,森林覆盖率达 5.3%,城镇绿化覆盖率达 39% 以上。重点围绕功能配套、提档升级,投资 1000 万元完成保障性安居供水工程,进一步提升城镇化水平。

困难救助　发放低保金 188.9 万元,低保家庭取暖补贴 23.65 万元,生活补贴 16.26 万元;为 367 名低保、残疾、高龄人员办理居民医疗保险,免费投保额 6 万元,使低保人员参保率达 100%;发放大病救助资金 15.74 元,救助患重大疾病 28 人;发放临时救助资金 6 元,救助 38 人;借助慈善超市为 744 人提供无偿帮助,折合人民币 10.8 万元;举办了“慈善一日捐”活动,共收到捐款 13.33 万元。社区功能、服务水平进一步提升,健全社区“一站式管理服务”体系,提高了社区管理和服务水平。“三位一体”大调解体系不断完善,社会管理和信访维稳工作成效明显,安全生产形势持续好转。

(王淑红)

赵光农场

场长、党委副书记:王宏忠,1968 年 7 月出生,黑龙江省讷河人,中共党员,研究生学历,高级农艺师。1987 年参加工作,2009 年 9 月任现职。

党委书记、社区管理委员会主任:刘增元,1962 年 12 月 19 日出生,黑龙江省北安市人,中共党员,研究生学历,会计师。1983 年 5 月参加工作,2008 年 8 月任现职。

党委副书记、纪委书记、政法委书记、社区管理委员会副主任:王璐(女)(2012.8—)

工会主席:马书良(2003.1—)

副场长:苏兴俊(2008.1—)
全世红(2009.9—)
李成(2009.12—)
崔万军(2009.12—)
何忠新(2010.5—)

党委委员、武装部部长:胡晓元(2005.12—)

场长助理:李加旺(2006.7—)

概况　赵光农场位于我国东北部的黑龙江省,地理坐标北纬 47°48′~48°17′,东经 126°26′~127°30′。横跨黑河、嫩江两地,绵延北安、克东两市县。北起嫩江水系的乌裕尔河,南到小兴安岭余脉的天然次生林区的缸窑和自治林场,西起克东县界,东到轱辘滚河之滨,与北安市、克东县村镇及林场土地森林交错,同建设农场、红星农场阡陌相通。农场东西长 50 多公里,南北宽 34 公里。绥(绥化)北(北安)铁路、高速公路两条交通命脉穿场而过,可以联络全国各地。

赵光农场始建于 1947 年,是中国第一个机械化农场。现已形成农、工、林、牧副五业兴旺,水、电、路、广播电视、网六通,文教、卫生商服等社会各业蓬勃发展的态势。农场被列入国家高油大豆生产示范农场、国家生态保护示范区、国家环境保护生态乡”、垦区平安农机管理示范农场、全国农垦农机标准化示范场。

2015 年,农场土地面积 45657 公顷,其中耕地 33200 公顷、林地 3366 公顷、牧草地及荒地 6596 公顷、水资源面积 721.2 公顷。全场总户数 12700 户,总人口 30100 人。农场下设直属、教育和四个居民委 6 个党总支,27 个党支部,其中农业党支部 11 个。全场共有党员 1506 名,干部 350 人。各业专业技术人员 632 人,其中高级 106 人,中级 300 人,初级 226 人。

2015 年,农场以改革创新为动力,以稳中求进为基调,深入实施“稳农壮牧增三产,富民强场促和谐”发展战略,转方式、调结构、解难题、保增长,实现地区生产总值 11.4 亿元,同比增长 3.2%,其中第一、第二、第三产业增加值分别为 4.88 亿元、1.06 亿元、5.46 亿元,同比增长 -5.4%、-30%、25.5%,三产比例得到优化。企业利润 1865 万元,同比增长 47.5%。职工人均可支配收入 2.72 万元,同比增长4.6%。

“十二五”完成情况　2015年,农场实现生产总值11.4亿元,比2010年增长137.5%,年均增长18.9%;企业利润1865万元,比2010年增长16%,年均增长3.2%;职工人均可支配收入27200元,比2010年增长216%,年均增长25.9%;粮豆总产5.34亿斤,比2010年增长55.8%;同时,“十二五”期间,固定资产投资额6.96亿元,比“十一五”期间增长78%;农田水利建设投入1.09亿元,比“十一五”期间增长258%;开发楼房42栋、19.4万平方米,比“十一五”期间减少16%;民生领域投入资金5.5亿元,比“十一五”期间增长72%,实现城镇化率85.7%,比2010年提高15.2个百分点;投入7946万元加强教育系统建设,比“十一五”期间增长186%;投入2204万元加强医疗卫生系统建设,比“十一五”期间增长364%;投入1391万元加强公安政法系统建设,比“十一五”期间增长19%;累计引进大学生132名(含专业技术人员53名),24名优秀年轻干部任用到重要岗位,其中9人就职于正职岗位。大力弘扬北大荒精神,《老兵新传》文化软实力切实增强;深入开展党的群众路线和“三严三实”专题教育活动,丰富“党员中心联带户”活动载体功能,促进了全场党风、政风、行风进一步转变,企业经营管理水平进一步提高。

农业生产　农作物播种面积3.38万公顷,其中玉米1.91万公顷、大豆1.35万公顷、马铃薯0.08万公顷、水稻0.03万公顷,分别占56.6%、39.8%、2.6%、1%。投资1588.36万元更新农机具51台(件),改装机械310余台(套),总动力4.37万千瓦;在管理区建设配肥站8个,做到统一配肥,统一供应;烘干塔达34座,日烘干能力超过1.2万吨,与合作社实现了合作共赢;5个农发、节水增粮、小型农田水利项目交付使用;战胜“春季低温多雨、夏季长期干旱、收获期降雨频多”自然灾害,实现粮豆总产2.65亿公斤,平均公顷效益3000元。推广“农场+管理区+新型经营主体”经营管理方式,合作社参与种植计划制定、生产资料采购和农产品销售等主要生产环节,全场规模以上合作社45个,覆盖耕地60%,已逐步成为农业生产经营的主体。管理区、科技园区、气象站、农机中心、农业协会、阳光保险、种子公司等农业生产经营和服务单位,发挥了科技示范、技术指导、政策惠农作用,提高了农业科技水平,降低了农业种植风险,13项科技成果普及到大田生产,应用率达95%,亩单产提高1~2个百分点,为职工增收2000余万元。鑫旺牧场引进奶牛1000头。犇鑫奶牛场加强管理,通过降低公斤奶成本等措施,实现利润200万元。奶牛养殖小区完成牧场化改造,应用TMR饲料,日单产提高2~3公斤,实现畜牧业增加值7030万元,奶牛存栏3000头,鲜奶产量8400吨。苗木种植、山产品采摘、生态养殖等林业经济获得较大发展,实现林业增加值1200万元。

工业　实现工业销售收入4.23亿元,工业增加值8000万元,利润1500万元,招商引资额3.45亿元,工业固定资产投资3700万元。引资900万元建设年加工1万吨玉米深加工项目;引入奥天奇30兆瓦生物质发电项目,即将获得省发改委立项审批;引资3000万元建设玉米烘干塔9个。以天河商贸城为经济汇流中心,大力发展第三产业,新增商户50余家,解决就业300余人。发展狐貉、白鹅等特色养殖业,鼓励职工发展围城经济,利用果蔬大棚和自然采摘拓展职工增收渠道。实现非公有制经济产值12.2亿元,利润3.6亿元,增加值6.1亿元。

小城镇建设　争取“一事一议”财政奖补资金665.5万元,完成面粉厂、机械厂、天河小区道路维修改造,廉租房自来水管线改造,场区亮化绿化净化工程改造;投资270万元完成小区硬化及邻街地面维修工程;投资400万元完成供热中心改造工程;投资140万元完成养老中心消防改造工程;投资320万元完成其他80项民生工程;完成绿化面积530亩,植树16万株、播种草坪9万平方米、栽植花卉52万株,城镇化基础得到夯实,城镇整体形象得到提升,城镇承载能力显著增强。第九区荣获全国文明村镇称号。

社会事业　公共服务水平明显提升。农场教育系统深入开展“蔡林森”教学模式,开展艺体第二课堂活动,115人考入管局第一高中,升学率名列管局榜首。社区卫生服务和计划生育工作,落实“健康龙江行动”,实行网格化管理,“4321”管理模式结合“22134”绩效考核,医院被授予省级示范社区卫生服务中心称。农场党委制定下发《提高居民素质加强城镇管理实施方案》,增强小城镇管理能力,提高居民文明素质和社会文明程度。农场物业公司、供水中心、供暖中心,相互间协调配合、措施得当,大物业系统逐步完善,铺设供水管线10公里完成场区饮水工程,换热站新增流量监控系统,场区基本实现管理规范、安全供水、热能均衡,进行各类维修2000余件次,上门服务500余次,收费率分别为51%、95%、92%,补贴额分别同比减少18%、1%、17%。　(曾　明)

建设农场

场长、党委副书记:万太文,1963年4月12日出生,黑龙江省林口县人,中共党员,研究生学历,高级农机工程师。1979年12月参加工作,2010年5月任现职。

党委书记、社区管理委员会主任:曾祥成,1974年12月28日出生,河南省邓州人,中共党员,研究生学历,高级经济师。1998年7月参加工作,2011年5月任现职。

党委副书记、纪委书记、政法委书记、社区管理委员会副主任:苗兴民(2010.5—)

副场长:李友民(2009.12—)
王忠孝(2009.1—)
吴宝忠(2009.1—)
殷培池(2010.5—)

党委委员、工会主席:白文军(2009.12—)

党委委员、武装部部长:王传江(2002.9—)

概况　建设农场位于北安市境内,地处小兴安岭南麓,属于小兴安岭走向平原的过渡地带。地理坐标为北纬47°48′~48°03′，东经127°06′~127°30′。总控制面积3.91万公顷，其中耕地2.01万公顷、草原0.51万公顷、林地0.71万公顷、水面0.05万公顷。气候属寒温带大陆性气候，历年平均大于或等于10℃活动积温2200℃~2400℃，无霜期在120天左右，年平均降水量可达500~600毫米，适于麦类、大豆、水稻、甜菜、亚麻、玉米、芸豆及其他经济作物的栽培种植。境内水资源丰富，有通肯河、轱辘滚河、十道河、十一道河等7条大小河流流经农场，流经长度193.1公里，水资源总量1亿多立方米，两座中型水库(建设、青石岭水库)位于农场东、中部，蓄水量达1454万立方米，无任何工业污染，年产各类淡水鱼4万公斤。

2015年，农场总户数4853户，总人口14778人。下辖6个管理区、2个居民委。场直工商运建服企业10个，1级甲等医院1家，卫生所13家，拥有初中、小学各一所；建有亚麻、大麻粗加工厂3家，生产线4条，年加工能力5万吨；建有粮食处理中心1座、玉米烘干塔5座、种子机械化加工率100%；服装加工厂1个，年加工15万件。粮食仓储能力7万吨，水泥晒场30万平方米，农用飞机场1座。农场实现国内生产总值5.64亿元，人均纯收入2.97万元。

农业生产　农作物播种面积3.91万公顷，粮食总产20.05万吨。面对严重的春涝、倒春寒和夏旱等不利自然条件与市场粮食价格下降的双重严峻局面，农场旱作农业仍在垦区系统内保持了农业生产的领先地位。连续6年荣获总局农业标准化提升活动标兵单位称号，连续5年被农垦总局评为高产创建先进单位。将通肯河流域2000公顷低洼易涝地改成了高产高效的稻田。2015年，高产创建实测亩产650.6公斤，创历史新高。拉动周边经济发展，每年带动劳动力就业、机车作业等增收600余万元。

畜牧业和林业　畜牧业投资600余万元，用于完善奶牛小区基础设施建设、服务体系建设和其他政策性补贴，完成小区牧场化改造，达完达山B级牧场标准，实现畜牧业总产值6.46亿元。林业投资1280余万元，完成造林绿342公顷，铺种草坪10万余平方米。苗圃面积53公顷，存苗量150万株，为农场提供苗木100余万株，节省资金80余万元。

社会事业建设　加大文教、卫生、公安、政法软、硬件设施投入力度，有效保障了社会事业发展。投资1100余万元，改建幼教中心2713平方米，维修教学楼、宿舍楼并购买新桌椅1100套，对学校广场、操场进行了硬化，安装铁栅栏800延长米，安装电子白板37台实现教育信息化、技术现代化，农场办学条件进一步得到改善。教育教学水平不断提高，2015年有43人升入重点高中。投资60余万元，为医院购进医疗设备，完善道路等基础设施建设，为职工群众创造良好的就医环境。开展宣传及慰问活动340余次，发放慰问品及慰问金8万元以上。医院晋升为总局级文明单位。筹资1100万元，建设政法楼2420平方米，实施公安天网工程，对学校的治安卡口、视频监控进行维修、升级和更换。对管理区晒场电线线路全部进行了改造，购买监控探头等安全器材。购入大吨位消防车一辆及消防器材，增强安全技防能力和自防自救能力。

民主管理　坚持加强民主政治建设。不断制定和完善职工代表大会、民主管理委员会、民主议事会和民主协商会和场务公开等“四会一公开”制度，强化民主政治载体建设，疏通民主管理渠道，着重解决改革和发展的“难点”、职工群众关心的影响稳定的“热点”、党风廉政建设的“疑点”问题，依法落实职工民主参与、民主管理、民主监督权利。全场成立民主管理和协商会各10个，议事会23个，设立场务公开栏11个，召开各级各类民主会议66场次。

史志编纂　2015年6月至11月，在原有《赵光农场志(2001—2010)》的基础上完成《赵光农场志(2011—2015)》编纂工作。　　(王庆文)

九三管理局

党委书记:洪铁军,1957年11月出生,黑龙江北安人,中共党员,本科学历,高级政工师。1974年7月参加工作,2010年7月至2015年11月任现职。

局长、党委副书记:王晓春,1962年5月出生,辽宁省沈阳市人,中共党员,本科学历,教授级高级政工师。1979年12月参加工作,2014年1月任管理局局长,2014年2月任党委副书记。

副局长、党委委员:裴志刚,1957年3月出生,辽宁省沈阳人,中共党员,本科学历,高级农艺师。1974年2月参加工作,2005年7月—2015年11月任现职。。

副局长、党委委员:张宏雷,1966年4月出生,辽宁省昌图人,中共党员,研究生学历,教授级高级政工师。高级农艺师。1990年8月参加工作,2010年4月任现职。

副局长、党委委员:邸洪军,1960年10月出生,吉林榆树人,中共党员,研究生学历,教授级高级政工师。1977年12月参加工作,2010年8月任现职。

副局长、党委委员:范学斌,1962年12月出生,辽宁省昌图人,中共党员,本科学历,高级政工师。1983年8月参加工作,2012年6月任现职。

党委委员、工会主席:耿昧,女,1967年11月生,山东沂水人,中共党员,本科学历,教授级高级政工师。1986年12月参加工作,2010年1月任现职。

党委委员、纪委书记:刘学,1965年4月出生,黑龙江省绥化人,中共党员,研究生学历,高级工程师。1988年7月参加工作,2012年7月至2015年7月任现职。

党委委员、宣传部部长:王正非,1963年4月出生,山东省日照人,中共党员,本科学历,高级政工师。1979年10月参加工作,2009年2月任宣传部长,2010年1月任党委委员。

党委委员、鹤山农场场长:李国军,1963年4月出生,辽宁省康平人,中共党员,本科学历,高级农机工程师。高级政工师。1979年12月参加工作,2011年3月任现职。2014年2月免去鹤山农场场长职务。

党委委员、组织部部长:厉宝昌,1967年3月出生,黑龙江省巴彦人,中共党员,本科学历,教授级高级政工师。1987年7月参加工作,2011年4月任现职。

党委委员、政治委员:王秀泉,1972年10月出生,黑龙江省肇东人,中共党员,本科学历,上校军衔,1989年3月入伍,2012年3月任政治委员,2014年3月任党委委员。

组织部:

部长:厉宝昌,1967年3月出生,黑龙江省铁力人,中共党员,本科学历,教授级高级政工师。1987年7月参加工作,2011年4月任现职。

副部长:

孔繁杰(2008.06—2015.3)

徐艳玲(女)(2010.4—)

苏月英(女)(2012.10—)

宣传部:

部长:王正非,1963年4月出生,山东省日照人,中共党员,本科学历,高级政工师。1979年10月参加工作,2009年2月任现职。

纪检委(监察局)

书记:刘学,1965年4月出生,黑龙江省绥化人,中共党员,研究生学历,高级工程师。1988年7月参加工作,2012年7月任现职,2015年7月免去现职。

纪委副书记:宋庆才(2010.2—)

监察局局长(兼):宋庆才,1961年1月出生,中共党员,本科学历,教授级高级政工师。1978年10月参加工作,2013年3月任现职。

副书记:李旭辉(2013.3—)

副调研员:王庆杰(2008.7—)

监察局副局长:纪红梅(2013.3—)

工会:

工会主席:耿昧,女,1967年11月生,山东沂水人,中共党员,本科学历,教授级高级政工师。1986年9月参加工作,2010年1月任现职。

副调研员:

刘爱华(女)(2008.7—)

岳静华(女)(2011.4—2015.3)

白惠梅(女)(2015.3—)

副主席:杜宪(女)(2009.12—)

政策法规局:

副主任:高洁(2008.10—)

办公室:

主任:林辉,1957年8月出生,陕西省西安人,中共党员,本科学历,教授级高级政工师。1975年10月参加工作,2009年2月任现职,2015年1月免去现职。

主任:付平静,1971年5月出生,山东省泰安市,中共党员,研究生学历,高级政工师。1996年7月参加工作,2015年9月任现职。

副主任:

王宗洁(女)(2009.2—)

付平静(2011.1—2015.9)

费秀杰(女)(2012.10—)

信访办:

主任:于伟东,1969 年 10 月出生,黑龙江省齐齐哈尔人,中共党员,本科学历,高级政工师。1988 年 8 月参加工作,2012 年 7 月任现职。

副主任:艾浩(女)(2012. 7—)

民政局:

局长:郭珍,女,达斡尔族,1960 年 9 月出生,黑龙江省齐齐哈尔人,中共党员,本科学历,教授级高级政工师。1981 年 8 月参加工作,2006 年 11 月任现职。

机关党委:

书记:周方凌,1959 年 3 月出生,辽宁省建平人,中共党员,研究生学历,教授级高级政工师。1976 年月参加工作,2009 年 2 月任现职。

计划财务处:

处长:韩烨,1968 年 2 月出生,吉林省怀德人,中共党员,本科学历,高级会计师。1992 年 7 月参加工作,2009 年 2 月任现职,2015 年 3 月免去现职。

处长、管委会财政局局长:孙宏亮,1973 年 2 月出生,山东省滨州人,中共党员,本科学历,会计师。1998 年 9 月参加工作,2015 年 3 月任现职。

副处长:

刘玉峰(2010. 4—2015. 3)
叶树山(2012. 10—2015. 9)
司树强(2013. 3—)

国资办:

主任:王捍东,1962 年 12 月出生,黑龙江省讷河市人,中共党员,本科学历,助理会计师。1993 年 12 月参加工作,2006 年 12 月任现职,2015 年 1 月免去现职。

审计处:

副处长(主持工作):李艳红,女,1980 年 3 月出生,黑龙江省讷河人,中共党员,研究生学历,会计师。2001 年 3 月参加工作, 2013 年 3 月任现职,2015 年 3 月免去现职。

处长:韩烨,1968 年 2 月出生,吉林省怀德人,中共党员,本科学历,高级会计师。1992 年 7 月参加工作,2015 年 3 月任现职。

副处长:董长平(2008. 9—)

团委:

书记:李海峰,1973 年 6 月出生,黑龙江省讷河市人,中共党员,研究生学历,高级政工师。1994 年 8 月参加工作,2012 年 2 月任现职。

文化委:

副主任:张树平(2010. 7—2015. 3)

人力资源和社会保障局:

局长:白慧梅,女,1964 年 11 月出生,辽宁省锦县人,中共党员,本科学历,高级农艺师。1988 年 7 月参加工作,2011 年 4 月任现职,2015 年 3 月免去现职。

局长:李艳红,女,1980 年 3 月出生,黑龙江省讷河人,中共党员,研究生学历,会计师。2001 年 3 月参加工作,2015 年 9 月任现职。

副局长:修建国(1992. 07—)
马宏伟(2013. 03—)

离退休干部工作处:

处长:赵强,1959 年 6 月出生,黑龙江省克山人,中共党员,本科学历,教授级高级政工师。1976 年 10 月参加工作,2009 年 2 月任现职。

农业局:

局长:李友,1962 年 1 月出生,黑龙江省明水人,中共党员,专科学历,高级农艺师。1983 年 8 月参加工作,2001 年 3 月任现职,2015 年 1 月免去现职。

局长:张海森,1968 年 7 月出生,辽宁省宁城人,中共党员,本科学历,高级农艺师。1993 年 7 月参加工作,2015 年 9 月任现职。

副局长:

张海森(2009. 02—2015. 3)
蒋明明(挂职)(2015. 3—)

副调研员:张铁成,1963 年 10 月出生,黑龙江省嫩江县人,中共党员,本科学历,农机高级工程师。1983 年 8 月参加工作,2011 年 10 月任现职,2015 年 1 月免去现职。

畜牧兽医局:

局长:靳明武,1963 年 8 月出生,黑龙江拜泉人,中共党员,本科学历,高级畜牧师。1983 年 8 月参加工作,2010 年 3 月任现职。

副局长:尹相明(2009. 11—)
张树奎(2011. 4—)

水务局:

局长:赵振,1969 年 3 月出生,黑龙江省肇东人,中共党员,研究生学历,享受研究员级待遇高级工程师。1993 年 7 月参加工作,2005 年 10 月任现职。

科技局:

局长:邹长士,1965 年 1 月出生,黑龙江省齐齐哈尔市人,中共党员,本科学历,高级农艺师。1984 年 8 月参加工作,2001 年 3 月任现职。

安全生产监督管理局:

局长:刘玉峰,1976 年 9 月出生,辽宁省铁岭人,中共党员,本科学历,会计师、经济师。2003 年 8 月参加工作,2015 年 9 月任现职。

副局长:史景军(2013. 3—)

工信委:

主任:孙宏亮,1974 年 12 月出生,山东省滨州人,中共党员,本科学历,会计师。1998 年 9 月参加工作,2011 年 2 月任现职,2015 年 3 月免去现职。

副主任:梁卫东(2011. 4—)

商务局:

局长:魏新华(女),1965 年 2 月出生,黑龙江省嫩江人,中共党员,本科学历,会计师。1988 年 8 月参加工作,2011 年 1 月任现职,2015 年 3 月免去现职。

局长:李军,1966 年 8 月出生,山东省莱州人,中共党员,研究生学历,经济师。1988 年 7 月参加工作,2015 年 3 月任现职。

副局长:姚艳丽(女)(2009. 02—)

卫生局：

局长：孙圣博，1962年4月出生，黑龙江省嫩江人，中共党员，本科学历，主治医师。1978年10月参加工作，2012年10月任现职。

住房和城乡建设局：

局长：孙伟国，1962年11月出生，山东省宁津人，中共党员，专科学历，建筑工程师。1978年8月参加工作，2001年3月任现职，2015年3月免去现职。

局长：董海龙，1978年12月出生，黑龙江泰来人，中共党员，研究生学历，建筑工程师。2000年2月参加工作，2015年9月任现职。

副局长：

董海龙(2009.10—2015.3)

黄桂洲(2009.10—)

交通运输局：

局长：历伟军，1969年7月出生，浙江省萧山人，中共党员，本科学历，助理工程师。1986年12月参加工作，2013年3月任现职。

副调研员：尚晓民(2008.7—2015.4)

副局长：隋文波(女)(2010.6—)

政法委(综治办)：

政法委副书记、综治办主任：潘雨江，1962年11月出生，黑龙江省嫩江县人，中共党员，本科学历，高级政工师。1982年8月参加工作，2009年7月任现职。

610办主任：孔繁启(2009.7—2015.0)

林业局：

局长：赵映红，满族，1964年2月出生，辽宁省辽阳人，中共党员，专科学历，林业工程师。1983年12月参加工作，2009年2月任现职。

森林防火办公室主任：赵清海(2010.07—)

公安局：

局长：周伟，1963年10月出生，四川长寿人，中共党员，本科学历，政工师。1983年9月参加工作，2012年6月任现职。

政委：郎波，1961年2月出生，黑龙江省讷河人，中共党员，本科学历，助理政工师。1979年12月参加工作，2009年2月任现职。

副局长：张福生(2009.11—)

刘国库(2011.7—)

副处级侦查员：许庆德(2004.4—)

局直派出所所长：侯建国(2008.7—)

检察院：

检察长：杨建华，1964年9月出生，江苏省泰兴人，中共党员，本科学历，1982年7月参加工作，2011年4月任现职。

副检察长：刘贺佳(2004.4—)

骆红伟(2011.10—)

纪检组长：孔祥红(女)(2006.2—)

法院：

院长：王爱军，1962年7月出生，辽宁省黑山县人，中共党员，本科学历，1983年7月参加工作，2012年6月任现职。

副院长：白伟江(2008.3—)

李东(2011.12—)

政工处主任：孙连泰(1998.4—)

司法局：

局长：程秀波，1964年10月出生，吉林省德惠人，中共党员，本科学历，政工师职称，1984年7月参加工作，2011年10月任现职。

种子管理局：

局长：华泽宗，1960年4月出生，辽宁省建平人，中共党员，本科学历，高级劳动经济师。1981年8月参加工作，2011年12月任现职。

副局长：朱长波(2011.12—)

城管局：

局长：吴公海，1966年3月出生，山东省日照市人，中共党员，本科学历，政工师。1984年10月参加工作，2010年2月任现职。

副书记、纪委书记、工会主席：岳拥军(2010.3—)

副局长：王春雨(2010.3—)

郭玉斌(2010.3—)

蒋丽英(女)(2013.3—)

中心医院：

院长：肖伟，1962年8月出生，河北行唐人，中共党员，本科学历，主任医师。1985年8月参加工作，2014年4月任现职。

党委书记：王端玲，女，1966年11月出生，山东梁山人，中共党员，本科学历，教授级高级政工师。1984年8月参加工作，2012年7月任现职。

副院长：潘伟新(2004.4—)

王清(2013.3—)

成教中心(党校)：

党委书记、第一副校长：孙宝江，1964年2月出生，黑龙江省兰西县人，中共党员，本科学历，高级政工师。1982年11月参加工作，2013年3月任现职。

副书记：宋会林(2009.2—)

副校长：赵天文(2010.2—)

教育局：

局长：秦绪刚，1971年8月出生，山东省日照市人，中共党员，研究生学历，教授级高级政工师。1994年7月参加工作，2013年3月任现职。

副局长：滕玉辉(2009.2—)

督学：林进宽(2010.2—)

招生办：

主任：黄久丽，女，满族，1965年2月出生，辽宁省开原市人，中共党员，本科学历，中学高级教师。1985年7月参加工作，2011年8月任现职。

九三一中：

校长：刘洪江，1970年10月出生，中共党员，本科学历，中学高级教师。1990年7月参加工作，2013年7月任现职。

党支部书记：吕臣，1968年12月出生，黑龙江省拜泉人，中共党员，本科学历,高级讲师。1991 年 7 月参加工作,2008 年 7 月任现职。

副书记、副校长:石福田(2011. 8—)

副校长:马利军(2011. 8—)
刘宝玉(2004. 7—)

第二高级中学:

宿德光,1966 年 7 月出生,辽宁省岫岩人,中共党员,本科学历,中学高级教师。1989 年 7 月参加工作,2010 年 3 月任现职。

党支部书记:张春生,1961 年 1 月出生,山东省日照市人,中共党员,本科学历,高级政工师。1977 年 8 月参加工作,2010 年 2 月任现职,2015 年 3 月免去现职。

副校长:程世民(2010. 3—)
韩守江(2012. 10—)

局直中学:

校长:李居海,1964 年 2 月出生,山东省牟平人,中共党员,本科学历,中学高级教师。1986 年 7 月参加工作,2010 年 2 月任现职。

书记:叶永康,1969 年 1 月出生,浙江省乐清人,中共党员,研究生学历,中学高级教师。1990 年 7 月参加工作,2012 年 10 月任现职。

副校长:张继斌(2004. 7—)
林晓东(2012. 11—)

公证处:

副主任:杨硕(2001. 3—)

史志办公室:

主任:王大力,女,1963 年 4 月出生,吉林省大安人,中共党员,本科学历,中学高级教师。1984 年 7 月参加工作,2010 年 2 月任现职。

副主任:朱峰(2011. 5—)

卫生监督所:

副所长(主持工作):匡印,1964 年 11 月出生,黑龙江省拜泉县人,中共党员,本科学历,副主任医师。1981 年 7 月参加工作,2012 年 10 月任现职。

副所长:于立军(2012. 10—)

水管站:

站长:赵延风,1971 年 7 月出生,黑龙江讷河人,中共党员,本科学历,高级工程师。1994 年 7 月参加工作,2010 年 6 月任现职。

九三经济开发区委员会:

主任:富 勇,1963 年 6 月出生,黑龙江省嫩江县人,中共党员,本科学历,高级政工师。1979 年 8 月参加工作,2013 年 3 月任现职。

书记:高杰,1962 年 2 月出生,黑龙江省穆棱县人,本科学历,政工师。1977 年 7 月参加工作,2012 年 2 月任现职。

广播电视局:

局长:王宗玲,女,1964 年 12 月出生,山东省胶南人,中共党员,本科学历,教授级高级政工师。1980 年 12 月参加工作,2010 年 7 月任现职,2015 年 9 月免去现职。

副局长(主持工作):李洪庆,1970 年 3 月出生,山东省寿光县人,中共党员,研究生学历,教授级高级政工师。1992 年 1 月参加工作,2015 年 9 月任现职。

副局长:周耀宇(2009. 2—)

非国有办公室:

主任:魏新华,女,1965 年 2 月出生,山东省成武人,中共党员,本科学历,会计师。1983 年 10 月参加工作,2011 年 1 月任现职。

副主任:董立忠(2012. 10—)

嫩江农业机械有限公司:

经理、党委书记:辛志敏,1958 年 1 月出生,江西省万载人,中共党员,本科学历,高级农机工程师。1975 年 8 月参加工作,2001 年 6 月任现职。

副经理:袁彦学(1998. 12—)

物资、商业公司:

经理:吴杰,1959 年 11 月出生,河北省博野人,中共党员,本科学历,助理会计师。1976 年 7 月参加工作,2009 年 2 月任物资公司经理。

党委书记:任洪鹏,1961 年 6 月出生,黑龙江省拜泉人,中共党员,本科学历,教授级高级政工师。1977 年 8 月参加工作,2013 年 3 月任物资公司党委书记。

粮贸公司:

副经理:李辉(1999. 3—)
王世忠(2004. 2—)

驻秦皇岛办事处:

主任:吕斌,1958 年 3 月出生,山东省平原人,中共党员,本科学历,高级劳动经济师。1974 年 12 月参加工作,2009 年 2 月任现职。

九三物流有限公司:

经理:张明亮,1962 年 4 月出生,黑龙江省望奎县人,中共党员,专科学历,统计员,1983 年 10 月参加工作,2015 年 3 月任现职。

书记:李占胜,1972 年 8 月出生,辽宁省建平县人,中共党员,专科学历,农艺师。1996 年 7 月参加工作,2012 年 7 月任现职,2015 年 3 月免去现职。

副经理:李勇(2015. 3—)
张广瑞(2015. 3—)

九三热力有限公司

经理:陈广涛, 1963 年 7 月出生,黑龙江拜泉县人,中共党员,本科学历,高级政工师。1983 年 9 月参加工作,2010 年 11 月任现职。

书记:徐德臣,1967 年 3 月出生,黑龙江省克山县人,中共党员,本科学历,高级政工师。1984 年 12 月参加工作 ,2010 年 9 月任现职。

副经理:李建华(女)(2010. 9—)
王松阳(2015. 3—)

九三自来水管理处:

经理:李占胜,1972 年 8 月出生,辽宁省建平县人,中共党员,专科学历,农艺师。1996 年 7 月参加工作,2015 年 3 月任现职。

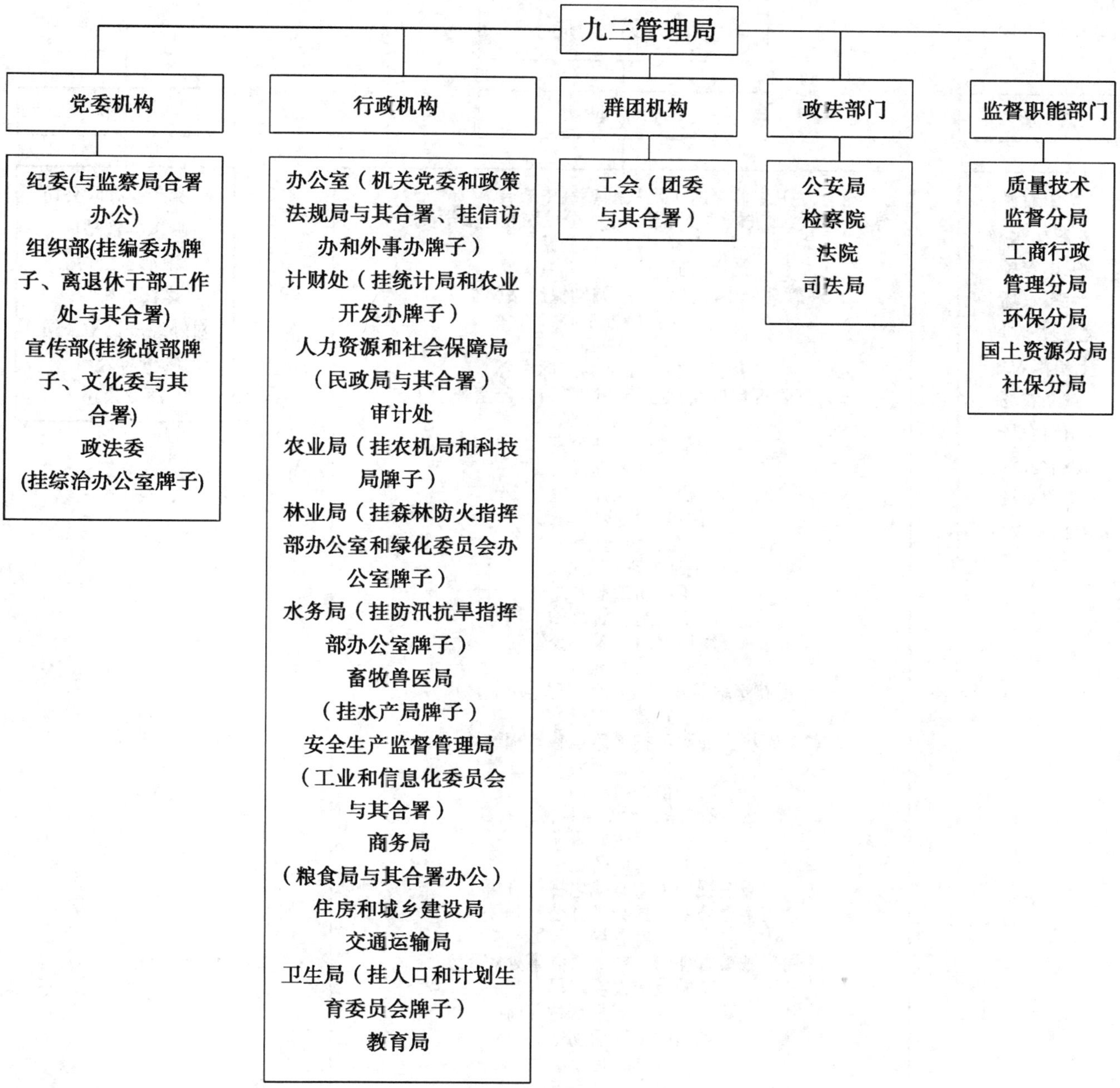

图14　九三管理局行政机构示意图(2015年)

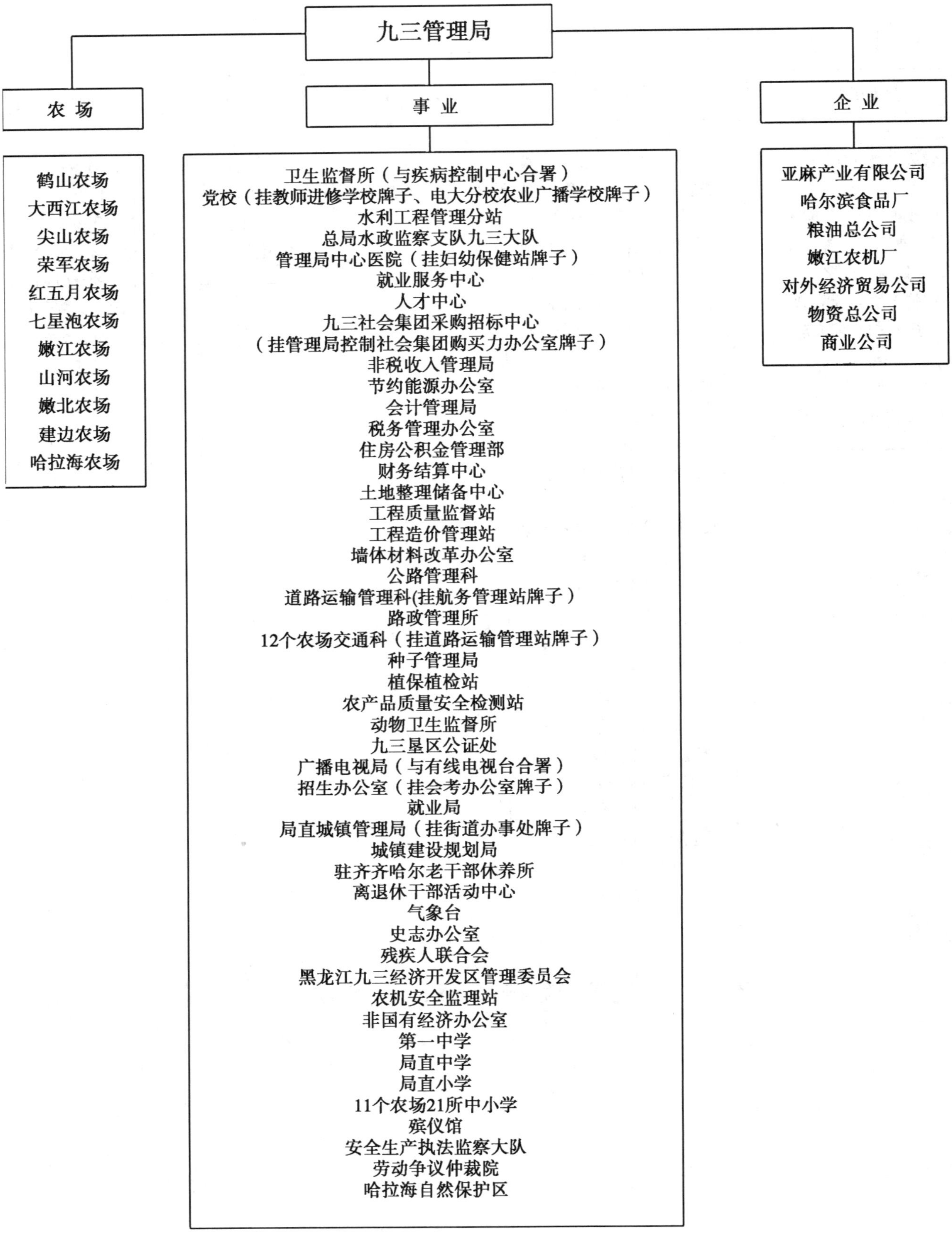

图15　九三管理局下属企事业单位示意图(2015年)

概况　以“豆都”闻名的九三管理局始建于1949年9月。位于黑龙江省西北部，地处小兴安岭南麓向松嫩平原过渡的丘陵漫岗地带。行政区域在嫩江县、讷河市和五大连池市境内(其中哈拉海农场在齐齐哈尔市境内)。地理坐标为北纬48°37′~50°04′，东经124°25′~126°23′。全局总控制面积5645平方公里，其中耕地26.8万公顷、草原9.53万公顷、林地8.8万公顷、水面1万公顷。总人口17万人，下辖11个国有农场，82个农业管理区。

九三管理局地处世界三大黑土地带之一的松嫩平原，土地肥沃，土壤类型分为黑土、暗棕壤、草甸土和沼泽土。其中，黑土占耕地面积的70%以上，黑土层土体深厚，有机质含量丰富。年平均气温-0.2℃，无霜期90~115天。天蓝、水清、地洁的生态条件为生产绿色无公害食品提供了保障。全局绿色食品认证面积20.13万公顷，有机食品认证面积4.4万公顷。管理局为国家级生态示范区。

九三管理局是典型的旱作农业区。种植作物以大豆、玉米、小麦、马铃薯和杂粮、苜蓿、中草药等高效经济作物为主。尤以种植、加工非转基因大豆而闻名，大豆年种植面积10.67万公顷，年产大豆32万吨。2010年9月被中国绿色食品协会授予中国绿色大豆之都称号。是中国原生大豆种植标准化示范区，非转基因大豆核心保护区、国家高油高蛋白大豆种植标准化示范区，黑龙江省非转基因大豆及制品检测与研究中心。“九三大豆”已经成为国家地理标志保护产品。

九三管理局现代农机配备水平领先。全局农机总动力50万千瓦，大型农机具9967台(套)，其中进口大型拖拉机653台，大型联合收获机452台，马铃薯播种机78台，马铃薯收获机98台，GPS卫星定位系统533套，进口精密播种机406台，联合整地机340台，农用飞机场地8处，飞机航化作业面积达13万公顷。拥有晒场面积273.4平方米，仓储库容204.7万吨，烘干塔136座，烘干能力5.9万吨。

九三管理局地处世界闻名的黄金奶牛养殖带，现代畜牧产业蓬勃兴起。是黑龙江省重要的奶牛生产基地，完达山优质奶源生产基地。拥有标准化奶牛小区70个，现代化牧场10个，总面积超过80万平方米，奶牛全舍饲养和集中榨乳比重达90%。2015年末，奶牛存栏达5万头，上交鲜奶9万吨。

九三管理局拥有省级经济开发区。作为黑龙江省农业产业化示范基地，九三经济开发区是全省22个省级重点园区之一，是省级新型工业化食品工业示范园区、省级绿色农副产品产业园。园区规划面积10.16平方公里，距111国道1.5公里。开发区内基础设施完善，建有区域内最大的占地50万平方米的九三物流中心，并建有铁路专用线，发展农副产品加工业潜力巨大，前景广阔。九三油脂、完达山乳业、北大荒马铃薯精制淀粉厂和九三农垦大粮仓酒业等大中型企业入驻于此。

九三管理局大力发展以大豆加工为主的大豆产业。拥有大豆加工企业14家，年可加工大豆23万吨。管理局为国非转基因大豆加工产业知名品牌示范区。

九三管理局是黑龙江省“十佳宜居农垦城”。城镇化率达86%，楼房化率达85%。城市基础设施不断完善，图书馆、体育馆、博物馆、青少年宫等一大批文化体育设施相继建成。九三管理局第一中学为黑龙江省首批示范性高中，中心医院已晋升三级乙等医院。新建、改建12所公办幼儿园全部投入使用，中小学全部提前通过省级标准化建设验收，自办公助老年公寓实现局场全面覆盖。

九三管理局具有良好的旅游资源。已拥有山河、嫩江两家国家AAA级旅游景区，鹤山、嫩北、大西江、七星泡4家AA级旅游景区。以“尖山、鹤山”等农场为主的现代农业游，以“九三局直、大西江、鹤山”等为主的农垦城镇游，以“哈拉海湿地、嫩江漂流、山河科洛火山、七星泡水库、建边五花山”等为主的自然景观游，以“九三博物馆、荣军室外场史园”为主的知青怀旧游等旅游线路已经形成。

2015年，九三管理局实现国内生产总值89亿元，比2010年增长105.1；人均可支配收入20173元，比2010年增长43.6%。三次产业比例由“十一五”末的56.6∶12.7∶30.7发展到38.8∶11.8∶49.4。5年累计粮食总产和商品粮总量迈上70亿公斤台阶。

现代化农业　实现粮食总产172万吨，同比增长1.1%。投资3.26亿元完成重点水利工程建设“节水增粮行动”，灌溉总面积达1.95万公顷。投资5.3亿元新增仓容76万吨、晒面48万平方米、新建烘干塔31座，仓储能力达204.7万吨。有6家企业被批准为国家政策性临储粮委托库点，争取收储指标45万吨。投入资金1.77亿元更新各类农机具640台(套)，完成跨区作业面积52.24万公顷。累计投入2200万元造林绿化533公顷，完成100公顷国家三北防护林工程任务。管理局荣获总局级生态垦区建设暨环境保护目标责任制先进单位称号。矮高粱、谷子、中草药等高效经济作物总面积达0.81万公顷。落实大豆专品种种植5.21万公顷。推进“十园两带”为重点的现代农业示范建设，试验示范新品种新技术240项。落实“三减”措施，共减用化肥10090吨，减用农药80400升，节约成本3142万元。有机食品认证面积4.4万公顷，绿色食品认证面积20.13万公顷。推进农业节本增效，推广玉米茬原垄卡种面积2.8万公顷，节约成本3000余万元。

畜牧业　实施奶牛高标准、高水平养殖和“9吨奶”工程。年底，奶牛存栏5万头，同比增长13%；上交鲜奶9.3万吨，同比增长24%；禽存栏12万只，同比增长37%；肉牛存栏0.3万头，同比增长26%；大鹅、野猪、鹿等特色养殖规模不断扩大。现代化牧场基础设施进一步完善，新建10个牧场顺利通过省验收，投资500余万元为现代化牧场加装采光板和通风设备，完善粪污处理设施，改善牧场环境。推进奶牛小区牧场化转型工作，完成总局项目资金投资的7个小区改造，部分小区按照完达山小区变牧场要求，达B级牧场运营标准。

产业升级　实现工业增加值5.6亿元，同比增长7.1%；实现利润0.64亿元，同比增长5%。投资1258万元继续完善开发区基础设施建设。大豆产业不断壮大,与禹王集团、谷神集团、永和豆浆等大企业达成合作协议,在金豆、金露豆制品企业发展的同时,鹤山、大西江农场引资建设大豆深加工项目。加快推进大豆孵化产业园、中节能生物质能源等项目进程。推动“大粮仓”酒业、“金山河”蓝莓浆果等企业不断壮大。嫩北鸿兴鹅业已与银建集团正式签订合同,完成养殖加工规模1100万只大鹅的长远规划。非公有制经济势头向好,通过推进“大众创业、万众创新”,全局工商注册个体户数由2014年的4473户增加到4841户,注册资金由4.1亿元增加到4.8亿万元;私营企业263户,比2014年增加60户,注册资金9.2亿元,比2014年增加了3.2亿元。现代农业旅游方兴未艾,年接待游客达13.6万人次。国土资源局与上级部门协调沟通,使开发区建设用地面积由2.1平方公里扩大到5.3平方公里;工商、环保部门超前运作,保证项目及时落地;质监局加强“食品安全”监督管理和品牌培育力度;金融机构为小微企业提供贷款5000多万元;电业部门争取省公司支持,投资3513.3万元推进电网增容改造;通信部门为企业发展提供便利的通信网络条件。

管委会建设　通过壮大骨干财源和培育新兴财源,为经济发展和社会进步注入新的动力。管委会成立后累计开工项目35个,投资总额12.55亿元。2015年推进和洽谈21个产业化项目,总投资9.27亿元,为历年最高;中节能七星泡项目、华康30万吨物流仓储两个超亿元项目相继落地,实现社会引资亿元项目“零”的突破。税收返还创历史新高,实现全口径税收2.45亿元,比上年增收5873万元,同比增长31.55%。县级税收1.22亿元,增收2268万元,同比增长22.84%,完成基数的164.14%,实现基数外返还4766万元,比上年增加2269万元,同比增长190.87%。国税和地税不断提升征管质效,重点开征城镇土地使用税、房产税、城市维护建设税“三税”,拓宽了税源渠道。嫩江县信用联社在农场的7个分支机构就地纳税事宜已落实,省里已批复除哈拉海外10个农场成立财政所。

改革　突出抓好改革创新,破解发展难题。加强土地承包管理,落实“两田”制,稳定农业双层经营体制。土地发包面积27.84万公顷,承包费总额8.19亿元,同比增长0.49%,公顷均3296.55元,同比增长0.49%。完成哈拉海农场土地竞价发包试点工作的审批和运作,通过市场化公开透明竞包,农场土地收入比上年增加330万元。按照“完善、规范、提高”原则,规范合作社依法健康有序发展。注册专业合作社210个,入社社员34586人,实际从业10500人,出资总额63817.83万元。合作社种植耕地面积15.35万公顷,占总面积60.8%。推进发展混合所有制企业达7家,推进混合所有制改革的企业3家。以嫩北粮食仓储物流及深加工项目、山河金露豆制品有限公司为代表的新型混合所有制发展企业已建成投产。以尖山食品厂、鹤山科菲特饲料公司为代表的混合所有制改革企业已进入良性发展轨道。九三物流有限公司“混改”正在推进中。“三供两治”市场化进程不断加快,70%的农场城镇供暖实现市场化经营。

企业管理　出台、完善、规范管理文件、制度11个,规范管理,强化监督,堵塞漏洞。牢固树立过紧日子思想,强化预算管理,集中力量办大事,实现增收节支。强化专项、项目、贷款资金管理,做到专款专用。加强融资工作,积极与北大荒集团沟通,争取到低息专项贷款1.67亿元,降低财务费用1000万元。依法依规下放货币资金管理权,下放3个局直企业货币资金1.5亿元,下放农场货币资金16亿元。强化贷款管理,严控农场贷款规模,严格审批程序。强化财政支出监管,压缩“三公”经费2367万元,比2010年下降58%。全局负债总额35.6亿元,扣除因国家重大项目企业自筹部分贷款2.36亿元,同比下降3.23%;资产负债率由2014年的73%下降到61.7%,下降11.3%。完成农行贷款6544万元核销工作,化解管理局本级以前年度债务7620万元。完成清欠4534万元,完成指标的121.49%。

民生　把保障和改善民生作为首要任务,实施“十大民生工程”。投资5920万元推进住房建设,完成总面积5.65万平方米。投资9000万元完成局直老旧路面维修、部分主干路铺设黑色路面、居民小区排水设施修缮、老住宅楼节能改造等近50项维修和新建项目。投资340万元新建4个基本公共卫生服务“健康小屋”,对九三老年公寓、七星泡农场老年公寓进行改扩建。管理局荣获垦区建设系统城镇管理先进单”称号。推进“职工共富行动”,投入836万元帮扶资金,实施帮扶项目9个,406户家庭实现脱贫脱低。为全局4056户低保户、6113人发放低保金2746万元。新增就业人员3517人,完成指标的121%,就业困难人员实现就业1983人,城镇登记失业率3.29%。开展“信访法治年”活动,抓好矛盾纠纷排查和源头治理,维护信访程序。开设“法治九三”大讲堂,提高法治意识,推动依法治局。开展“平安九三”创建活动,着力解决影响社会和谐稳定的突出问题,营造稳定的社会环境,提升了群众公共安全感。建立健全“一岗双责”机制,全局安全生产形势持续稳定。

党的建设　严格履行“第一责任人”职责,全面实行“一岗双责”制度。把工程承包、人财物管理、资产处置等具体管理权向班子副职分解。坚持民主集中制原则,进一步完善议事规则和决策程序。确定以荣军农场为试点,整体推进农场党委发挥集体领导核心作用;以七星泡农场、嫩北农场为试点,进一步完善农场职工代表大会制度和农场场务公开制度。落实党政领导干部选拔任用工作条例,完善和严格执行农场党政主要领导任职条件、交流轮岗、经济责任审计及结果运用等管理制度。深入实施人才强局战略,切实加强人才资源开发和人才队伍建设。落实整改任务巩固群众路线教育成果,按照“三严三实”要求改进作风。对全局121个单位(含所属单位)的行政权力进行了梳理审查,明确行政权力1755项,清除不符合规定的74项。　(费秀杰　朱　峰)

九三管理局基本情况及国民经济主要指标统计表

(2015 年)

指标名称	计量单位	合计	鹤山	大西江	尖山	荣军	红五月	七星泡	嫩江	山河	嫩北	建边	哈拉海	局直
管理区数	个	76	12	4	7	5	5	10	9	8	9	6	1	
二、总户数	户	60975	8192	5066	5691	4069	4547	5932	4345	4163	4202	3880	1994	8894
三、总人口	人	167143	20364	12039	13453	9225	9688	14681	10657	11509	11678	9347	4322	40180
总人口中:男性人口	人	86272	10691	6931	7490	4773	4749	7669	5224	6202	5520	4762	2235	20026
女性人口	人	80871	9673	5108	5963	4452	4939	7012	5433	5307	6158	4585	2087	20154
少数民族人口数	人	2108	108	10	106	198	31	132	115	265	263	143	221	516
四、地区生产总值	万元	890025.1	73310.8	59567.3	61298.9	48905.2	35571	71712.6	46518.5	53365.7	61100	53600	25630.7	299444.4
五、人均生产总值	元	53249.3	36000	49479	45565	53014	36717	48850	43651	46369	52321	57345	59302	74526
六、工农业总产值	万元	839963.9	121967.6	80144.7	85600.8	56884.3	50057.8	88682.6	76405.3	77475.9	86635	52639	41723.7	21747.2
七、粮食总产量	吨	1720177	237228	139283	187533	106505	109718	224118	213874	170311	191520	76809	53148	10130
八、固定资产投资总额	万元	140799.68	9266	13484	16251.81	9410	7547	9232	9326.87	9197	15237	5800	1659	34389
九、职工工资总额	万元	115099.12	14517.2	8398.11	10478.36	7020.64	5083.87	12808.37	8710.91	8140.31	10428.07	5526.8	3507.3	20479.18
十、职工平均工资	元	30742	29591	29571	29434	27728	21904	28751	24988	29145.4	32772	29414	30106	47394.5
十一、居民人均可支配收入	元	20173	20833	20636	20579	20519	20390	21011	20588	20586	20725	20528	19668	18707

注:生产总值、工农业总产值、可支配收入为现价。

鹤山农场

场长、党委副书记：董永忠，1967年4月出生，山东沂水人，中共党员，研究生学历，高级工程师，1986年3月参加工作，2014年2月任现职。

党委书记、社区主任：徐志刚，1963年11月出生，黑龙江省嫩江县人，中共党员，本科学历，高级政工师，1978年8月参加工作，2008年3月任现职。

党委副书记、纪委书记：孟龙洲(2011.7—)

党委委员、副场长：

杨明东(2008.4—2015.3)
刘建生(2010.1—)
刘仁广(2011.7—)
李玉君(2013.3—)
肖彬(2013.10—)

党委委员、工会主席：王洪刚(2010.1—)

党委委员、组织部部长：张静(女)(2004.5—)

党委委员、公安局局长：辛禹华(2012.10—)

党委委员、党办主任：张忠伟(2013.8—)

概况　先后与原兵团五十二团(旭光农场)和跃进农场(含原高峰马场)合并的鹤山农场始建于1949年3月，是省农垦总局最西部农场之一。位于大、小兴安岭余脉的接合部及松嫩平原北端的三角地带。北距嫩江县城30公里，南距九三管理局驻地15公里。地理坐标在北纬48°46′~49°10′，东经124°53′~125°40′之间。全场总控制面积570平方公里，其中耕地35578公顷、，林地10692公顷、草原6553公顷、水面303公顷。全场下辖2个社区，13个农业生产单位，16个场直企事业单位。总人口2.1万人，总户数8200户，各类从业人员6000人。农场土地肥沃，环境优美，空气清新，社会各业协调发展，社会保障体系健全，是一个农、林、牧、副、渔综合经营，工、商、运、建、服全面协调发展的大型现代化国有农场。

2015年，实现国内生产总值73310.8万元，同比增长8.48%，其中第一产业实现增加值49431.5万元，同比增长1.06%，第二产业实现增加值7616.2万元，同比增长4.1%，第三产业增加值16233.1万元，同比增长43.37%。全场粮豆总产量23.7万吨，人均生产总值3.6万元，居民人均可支配收入20833元。

种植业　农作物播种面积33970公顷，其中小麦674公顷、大豆14044公顷、玉米16626公顷、杂粮202公顷、马铃薯1335公顷，其他作物种植面积1089公顷。玉米和大豆的种植面积分别占总播种面积的48.9%和41.4%。实现粮食总产23.7万吨。投资2196.6万元，新建日处理500吨规模烘干塔10座。投资756.7万元建设完成水泥晒场面积4.8万平方米及地衡等配套设施。投资300.8万元新建粮食库房2100平方米。投资250万元维护田间路10公里。投资1111.7万元购置200马力以上轮式拖拉机7台，18行精量播种机2台，贝松大犁5台和GPS卫星定位自动驾驶导航系统5套，全面提升农机田间标准化作业水平。种植业实现生产总值38158.2万元。

科技　科技示范带、示范田面积达4733公顷，重点示范新品种和新技术11项。投资3581.6万元，完成节水增粮项目7项，增加节水灌溉面积1933公顷。投资312.4万元，完成造林绿化188公顷，种植面积75公顷，林业实现生产总值355万元。

畜牧业　投资770万元，在鹤滋源牧场新建6660平方米综合牛舍1栋。投资20.6万元为鹤滋源牧场5栋牛舍安装了采光板。投资240万元在鹤滋源和鹤澳牧场产奶牛舍分别安装了通风除湿控温系统。投资84万元新建鹤澳牧场8250平方米氧化塘两个。投资135万元购置先进的液体肥料撒播机。投资100余万元，分别在第四、第六和第九管理区改造了集中榨奶间。投资68.7万元在第三、第十和场直奶牛小区建设完成污粪处理系统。全年为畜牧业发展投资787万元，其中为养殖户每公斤鲜奶补贴0.3元，投入资金200万元；为养殖户支付购牛补贴126万元；为养殖户种植青贮饲料减收土地承包费70万元；为养殖户承担个人养老金9万元；为养殖户奶牛保险补贴27万元；为养殖户奶牛防检疫补贴64万元；为奶牛小区支付环境费用212万元；上交管理局畜牧发展基金79万元。年末，农场实际奶牛存栏6667头，上交鲜奶21550吨，分别完成上级下达的指标的100.1%和143.7%。畜牧业实现生产总值10794.6万元。

招商引资　引进资金1118万元，完成招商引资项目2个，其中投资543万元的黑龙江省九三农垦金泽豆制品加工有限公司豆腐、豆干、休闲食品等大豆深加工项目已进入试生产阶段。投资575万元的黑龙江省九三农垦鹤鑫油脂有限公司大豆加工项目设备安装基本完成，计划于2016年5月投产。农场投资35万元铺设排污管线1900延长米。投资56万元改造园区供电线路900延长米，安装2台变压器与配套设施。投资33万元安装了供水管网2800延长米。年实现工业生产总值6638万元。

民生工程　投资46.5万元维修改造交通综合办公楼，改建了社区一站式服务大厅，为群众创造了方便快捷的服务条件。投资157.8万元完成跃进社区职工住宅楼、公安局办公楼外墙、子弟校、跃进社区水泥路维修工程。投资5.4万元，清理90年代旧楼化粪池8座，检查井1座。投资375万元为供水厂安装净水设备。投资304万元改造鹤山社区卫生中心1520平方米。投资89万元为40吨锅炉配套安全脱硫设备。投资437.9万元拓宽了外环路1.7万平方米，总长5765延长米，新建场直排污沟渠2500延长米，铺设仙鹤湖广场大理石地面3300平方米。在鹤湖小区安装路灯32盏，跃进社区安装路灯53盏，场直安装25米高杆灯3个。投资53.6万元对农场7号住宅楼，跃进社区供水站、鹤祥小区、工业园区等供暖设施进行了统一改造。通过国家、企业和民政支付临时救助资金72.8万元，救助重病家庭、低保患病家庭、贫困家庭子女升学和“三无”人员等171人次。全面贯彻落实国家低保和临时救助政策，加强社会救助和保障工作，为520户、760人发放

低保金 300 万元。妥善处理群众诉求和各类信访矛盾 78 件次。（高 昶）

大西江农场

场长、党委副书记：马伟林，1970 年 7 月出生，河北东光人，中共党员，本科学历，农机工程师。1987 年 12 月参加工作，2012 年 7 月任现职。

党委书记、社会行政管理委员会主任：付余仁，1970 年 6 月出生，吉林松源人，中共党员，本科学历，高级政工师。1989 年 12 月参加工作，2012 年 7 月任现职。

党委副书记：邱国庆（2012. 8—）

副场长：陈庸（2009. 2—）

佟北生（2012. 11—）

苗立强（2012. 2—）

赵庆来（2011. 9—）

张福才（2012. 2—）

工会主席：张景泉（2010. 1—）

党委委员、组织部部长：门秀林（2011. 1—）

概况　大西江农场始建于 1956 年 2 月。地处黑龙江省西部边境中段，小兴安岭南麓嫩江县境内，西靠嫩江，与内蒙古呼伦贝尔大草原隔江相望，南邻讷河市，交通便利、通信发达。地理坐标为北纬 48°52′36″～49°4′20″，东经 124°45′49″～125°8′42″，南北长 22 公里，东西宽 29 公里，总面积 379 平方公里，其中耕地 2 万公顷、林地 0. 95 万公顷、草原 0. 55 万公顷、水面 0. 07 万公顷。总户数 5066 户，总人口 12039 人。

农场下辖 6 个管理区，场直有中学、小学、职工医院等 11 家企事业单位，12 个驻场单位。场内金融、邮政、工商、通信、文教卫生、公安政法、交通物流各业协调发展，是集农、林、牧、副、渔、工、商、运、建、服为一体的中小型现代化国有农垦企业。2015 年，全场实现生产总值 5. 95 亿元，实现粮豆总产 13. 9 万吨，居民人均可支配收入 20636 元。

种植业　遭遇了建场 50 多年来最严重的干旱。面对严重旱情，农场组织人机齐上，进行抗旱自救，实施机关干部随分管场领导包片，在春播及夏管期间深入到管理区的田间地头组织抗旱。投入抗旱资金 70 多万元，日出动抗旱人员 200 余人，累计发射高炮 218 枚，火箭炮 12 枚进行人工增雨，并以 2 座水库、2 处水泡、6 口机井为水源地，就近铺设滴灌管 100 余万米、投入喷灌机 13 台，实现滴灌 102 公顷，喷灌 353 公顷，使部分地块旱情得到缓解。在旱灾面前农场严格控制生产成本，严格执行成本逆控，原计划飞机航化的因干旱未封垄的部分大豆地块已改用机车作业，亩减少作业成本 5. 2 元。在农机装备上，投入资金 481. 5 万元，新购雷肯大犁 21 台（套），确保了玉米茬整地作业。完成农机跨区作业 4. 73 万公顷。投资 4200 多万元建设 7. 4 万平方米的粮食处理中心，晒场 6 万平方米，2 个储粮仓 1 万平方米和日烘干能力 500 吨的 2 座烘干塔，成功申请列为中储粮嫩江直属库的临储库点，可代储政策性粮食 5 万吨。

畜牧业　奶牛存栏 4007 头，上交鲜奶 6458 吨，分别完成管理局指标的 100. 9% 和 129. 2%。完善基础设施建设，对澳牛牧场 2 个泌乳牛舍安装 89 片采光板，增强牛舍采光度，安装 94 台通风设备，保持舍内空气良好，为两个奶牛小区新建了污粪晾晒场。加强畜牧兽医人员和小区的管理，年初对全场畜牧兽医人员进行了调整，并完善了考核办法，促进畜牧兽医人员提高技术和服务水平。在小区管理上，与奶牛小区主任签订责任状，严格量化考核，发现问题及时督促整改。加强疫病防治工作，对奶牛小区坚持封闭饲养，实施人畜分离，杜绝在小区内饲养其他动物，保持环境整洁，粪污达标堆放。全年各类畜禽防疫密度 100%，检疫密度 100%，阳性畜扑杀及无害化处理 100%。

工业和招商引资　通过多方协调、洽谈，成功引进河北客商来场工业园区投资大豆深加工项目。该项目投资 1700 万元，进行大豆深加工，年可加工大豆 2 万吨。实现招商引资工作上的新突破（指招商项目落户到农场）。场内采石厂、水泥管厂、修造厂等十几家小型工业企业运行平稳，带动就业近 300 余人。

林业　围绕万亩苗木基地建设，重点推进造林绿化、苗圃管护、示范区及林下经济建设。新建占地面积 4 公顷的百树园，对适宜东北寒地树种进行集中培育、栽种，共栽植各类苗木近百种 7. 2 万多株，集中打造一个集休闲、观光、科普于一体的特色微型林园。对苗圃核心区建设加强管护，完成场直拆迁区全部绿化。年完成造林绿化任务 50 余公顷，直接拉动就业 350 人以上。

经营管理　健全企业内部管理制度，提升经营管理水平。规范基层单位设置，报请管理局同意，全场重新规划设置了 6 个管理区，并配齐配强人员。完善土地发包费用收缴工作，强化管理区责任主体。加强合同管理，尤其是对贷款加强管理，严格控制贷款人员和贷款金额，控制债务总量。加大清欠力度，努力盘活存量资产，通过对闲置厂房进行简单维修，成功实现引资。加强财务管理，严格控制管理费用支出，努力压缩三公经费支出，全年“三公”经费下降 7%。

城镇建设　投资 175 万元的排水工程，其中修建东环排水沟 584 米，西环排水沟 868 米，江城小区排水沟 932 米；投资 40 万元的饮水改造工程，改造自来水管线 3328 延长米；投资 35 万元为机关老住宅楼和电力楼及 2 号综合楼更换了塑钢窗；投资 50 万元对场区部分老旧楼的供热管网进行了集中清洗，清洗管道 6280 延长米，清洗房屋面积 4. 1 万平方米；投资 205 万元，改建中学门卫房，维修中学校门路段 278 延长米，更换校门路灯 7 座；加大城镇管理和服务力度，完善小城镇管理办法，提升城镇管理和服务水平。（李继祥）

尖山农场

场长：冯占山，1977 年 7 月出生，内蒙古扎旗人，中共党员，研究生学历，中级农艺师。1998 年 1 月参加工作，2010 年 3 月任现职。

党委书记：李文生，1965 年 12 月出生，辽宁省黑山县人，中共党员，本科学历，高级农艺师。1990 年 7 月参加工作，2011 年 4 月任现职。

副书记:韩春山(2012.7—)
纪委书记:韩春山(2012.7—)
副场长:王志宏 (2007.3—)
冯晓辉(2013.3—)
刘正民(2009.3—)
刘保华(2011.7—)
吕彦学(2012.8—)
武装部长:冯晓辉(2011.8—)
工会主席:白发堂(2012.3—)
党委委员、组织部部长:陈庆海(2012.8—)
党委委员、宣传部部长:田 彪(2012.8—)

概况 尖山农场位于黑龙江省中西部地区,小兴安岭南麓向松嫩平原延伸过渡的全国仅有的黑土地带,地处北纬48°46′55″~49°1′18″,东经125°19′53″~125°47′15″之间。农场沿东部最高点尖山(吐莫葛山)为轴心向西伸展开来,碧绿的老莱河水环绕其间。俯瞰全场地形表面呈东西向哑铃状不规则分布。东西横距最长为33公里,南北纵距最宽处为27.5公里。地势东北高,西南低,类属丘陵漫岗地带。地貌整体走向为由东向西波浪般游动,起伏较大。岗中有洼,洼中有高地,海拔高程一般在290~380米。

农场辖区总面积40523公顷,其中耕地20666公顷、林地6751公顷、水面133公顷、基础建设用地1138公顷。

2015年,农场实现国内生产总值6.13亿元,其中第一产业增加值4.3亿元,第二产业增加值0.77亿元,第三产业增加值1.06亿元。

现代化大农业 围绕"调优种植结构和提质增产增效"工作目标,通过科学组装各项农艺措施,实现粮豆总产1.88亿公斤,玉米高产创建亩产885.65公斤、大豆模式攻关亩产256.15公斤、马铃薯模式攻关亩产4260公斤,三项均排垦区第一名。转方式调结构成为总局典型,其工作经验在总局党委(扩大)会议上被学习推广;玉米、大豆平均亩产分别达749公斤、188公斤,在粮食价格整体下滑的形势下,亩效益平均380元左右,实现产量不减效益不降的目标。解散注销合作社6个,成立56个合作组织,实施自主合作经营和自主经营,调动种植户的积极性。按照社会和谐稳定、土地面积均衡、位置集中连片、便于机车调动、经营管理就近、人员配备合理的原则,完成管理区行政区划改革,由6个管理区增加到7个管理区,管理体制逐渐完善。按照"压玉、稳豆、扩经饲"的原则,科学调整种植比例。新建水泥地坪4万平方米、日处理潮玉米1000吨烘干塔2座、有效仓容2.5万吨1个。争取国家项目投资9805万元修缮田间路25公里,治理冲刷沟2076延长米,建设桥涵19座,打机电井201眼,架电85公里,铺设输水管道161公里,喷灌设备227台套,治理水土流失面积900公顷。投资2751万元实施寒地玉米基础设施建设项目,提高农场粮食仓储能力,解决潮湿玉米的烘干问题。职工投入1360万元,自主更新农机具51台(套);改装农机具42台(套),其中马铃薯播种机改装获得国家专利,农机具配置结构更加合理,综合抗灾能力得到加强。

畜牧产业 坚持走规模质量效益型发展之路,坚持推进以奶牛规范化牧场、标准化小区建设为重点,逐步达规模养殖提质增效目的,年末,奶牛存栏3796头,上交鲜奶865万公斤。完善设施建设。投资305万元,分别在2个牧场1个小区新建粪污堆肥发酵场地3500平方米,污水氧化塘1.6万立方米,粪污处理车间450平方米,完善牧场与小区粪污处理设施建设。为职工群众发展猪、羊、鸡等其他畜禽规模养殖创造有利条件。

林业 城镇绿化工作继续保持垦区前列,通过省和总局检查验收。完成造林42公顷,栽植各类苗木9.6万余株,新建义务植树基地3个,营养袋培育樟子松和云杉60万株,完成新播新育面积6.8公顷,实现林业经济综合产值76万元。

商贸 工商注册个体户数达165户,从业人员679人。尖山食品有限公司生产12个品种,哈洽会签订订单1个,满负荷生产绿色的干豆腐、水豆腐。在科技馆成立网络平台。做好粮食贸易,引导种植户早卖粮,使得农场玉米在2015年12月中旬基本销售完毕,及时兑现粮款。

居民生活 维修改造供热中心锅炉房与管道并网项目;完成翠园小区住户下水、外网和楼房维修工作,其中房屋维修400余户2000余平方米;建翠园小区停车场400平方米;投入100多万元实施天眼工程,实现场部监控全覆盖;完善双老活动中心内外设施建设;养老金按时足额发放,最低生活保障标准提高到500元;完善教育、医疗卫生设施建设,年投入补贴700万元左右,医院营业额收入业绩九三第一,中学升学率九三前列;农场连续6年提前延后40天供暖,供暖补贴年合计740万元;将22户职工家庭纳入"职工共同富裕行动"帮扶体系,发放无息贷款52万元,在册困难和低收入家庭脱困脱低率达100%;职工群众文化活动经常化,农场投入30余万元组织开展了广场文化演出、球赛、运动会等。农场文化活动中心早晚增时开放,成为农场职工群众健身娱乐的最佳场所。

(王建胜)

荣军农场

场长、党委副书记:陈桂林,1967年11月出生,黑龙江省嫩江县人,中共党员,本科学历,农机工程师。1985年12月参加工作,2010年7月任现职。

党委书记、社区主任:李章坤,1965年3月出生,山东省莘县人,中共党员,本科学历,高级政工师。1981年12月参加工作,2012年6月任现职。

党委副书记、纪委书记、工会主席:孟祥武(2010.12—)
副场长:孙杰 (2010.3—)
严森 (2011.8—)
李国锋(2010.1—)
蒋维海(2011.9—)
副场长、工会主席:刘向忠(2013.3—)
武装部部长:王荣生(1998.2—)
组织部部长:申战力(2011.9—)

概况 荣军农场地处松嫩平原,小兴安岭南麓的讷河市与嫩江县交界处。地理坐标介于北纬48°39′~48°51′,东经125°21′~125°23′之间,行政区划为嫩江县。农场场区南北24.5公里,东西13.8公里,总面积200平方公里。其中耕地13600公顷,林地4700公顷,草原1000公顷,水面113公顷。有6个管理区、1个现代化澳牛牧场、3个奶牛牧场和5个场直企事业单位,总人口9238人,职工3667人。种植业是农场的主导产业。以种植玉米、大豆、有色豆、马铃薯等粮食和经济作物为主,年产粮豆10.6万吨。

2015年,农场实现国内生产总值48905万元,比2010年增长55.9%;居民人均可支配收入20519元,比2010年增长58.3%。粮食总产10.6万吨,比2010年增长65.1%。实现工业增加值3779万元,比2010年增长47.2%;第三产业增加值达1.98亿元,比2010年增长80%。

种植业 调整种植结构,玉豆经饲比例为42:38:20。低洼地改造10公顷,试种水稻取得成功。发展订单农业,订单面积2085公顷。实现粮食总产10.6万吨,大豆单产创历史,最高公顷产量达4110公斤。尽管受到玉米、大豆价格下降,粮食市场低迷的影响,但所有订单在收获后得以履行,实现粮食变现。农艺措施抓质量,遭遇了历史上罕见的低温,土壤化冻浅、多雨、土地内涝等不利因素,坚持质量标准,贯彻抢播不强播的基本原则,坚持措施不减,标准不降,为2015年种植业实现丰产高产奠定了坚实基础。继续夯实农机装备基础。投资597.7万元,更新农机具29台(套),投资273万元,引进一台迪尔7380自走式青贮收获机,配备捡拾器,牧草收获实现了机械化。全面完成三秋工作。抓标准化提升的同时,发展"互联网+农业"。成立荣盛农产品加工有限公司,生产以"郝大爷"为商标的小米、高粱酒、双青豆和黑大豆等产品。2015年2月在淘宝网注册成立荣军农场店铺,销售小米、双青豆和黑大豆等杂粮。9月农场与北京绿得金公司合作开办农特产品直销店,销售前端直达首都北京。进行绿色认证和2000公顷有机杂粮认证。利用1万吨牛畜粪便,引进年产有机肥3000吨的新正大生物科技有限公司进行有机肥生产。生产有机肥600余吨。在有机种植地块,安装视频采集、环境信息传感、自动化控制等设备,适时对田间空气湿度、温度、降雨及病虫害防治指标等进行观察,便于及时进行管理。把农事活动及作物生长情况放在网上,让消费者可以随时关注,做到绿色、有机产品质量安全可追溯,增强产品的可信度。

畜牧业 实现从粗放型传统畜牧业向质量效益型现代畜牧业转变。奶牛存栏、鲜奶指标均完成管理局下达的指标。荣康牧场日产鲜奶达12吨,安置就业人员50人。投入1341万元对荣康牧场进行扩建和续建,投入135万元对荣成牧场进行续建。对粪污进行无害化处理,通过招商引资的形式,在澳牛繁育中心建设一个2680平方米的生物有机肥生产厂。加强防检疫工作。鼓励支持有色养殖业发展,通过提供场地、提供部分资金等方式,帮助第一管理区建设以乌骨羊、波尔山羊、野猪为主的有色养殖基地。

产业发展 延长产业链,改变单一的经营模式。按照"一区一业"的发展要求,突出抓好产业发展,重点是可以为富余劳动力提供工作岗位的投资小,转型快、技术含量低、劳动密集型的产业。高标准打造经营效益型、观光旅游型西苗基地。打造北菜基地,引进盆栽苹果新项目,发展瓜果蔬菜种植。形成七彩荣军、生态乐园、红色文化、绿色采摘为主题的生态荣军旅游。通过招商引资,广西邦百利生物科技有限公司投资建设三牧生物秸秆饲料厂,设计年加工各类作物秸秆1.5万吨,解决了秸秆无害化处理问题。建设以"有机农畜产品种植加工为主的生态型农业"为目标。发展西苗基地以特色林苗生产为主的林苗业,北菜基地以休闲采摘体验餐饮为主的乡村旅游业,第一管理区以乌骨羊、波尔山羊、野猪为主的特色养殖业,第二管理区以农特产品加工酿酒为主的加工业,种子公司以大豆、杂豆、芸豆为主的精选加工业,形成了"一区一品"的发展格局。

民生工程 续投入资金进行民生工程建设。投资5558万元,实施节水增粮项目。建机电井102眼,喷灌机120台,地埋输水管道80公里,输电线路49.8公里。利用中央水利应急度汛建设基金60万元,重建第一管理区第七居民组水库输水洞,增强水库应急度汛能力。投资659万元,实施保障性安居工程基础设施配套排水工程建设,为场直中部排水沟护坡衬砌1100米,西部排水沟清淤2700米,中部排水沟清淤1100米,新建2×8小桥1座,维修加大钢管涵2座。投入77万元进行小城镇建设。完成荣福小区东侧混凝土路面1077.2平方米、主街排水沟457.98米、荣福小区东侧排水沟67米、马路牙子282.1米、步道砖4569平方米。通过寒地玉米项目,投入资金2160万元,在第一管理区建设了500吨烘干塔两座、仓储库一座及配套附属设施。利用巩固退耕还林项目投资144万元对533公顷沙棘林基地及种苗苗圃进行更新改造。投资368万元,建设场直外环路。 (李洪山)

红五月农场

场长、党委副书记:于刚,1963年10月出生,山东省文登市人,中共党员,本科学历,高级农机工程师。1982年7月参加工作,2008年8月任现职。

党委书记、社区主任:宋雪峰,1965年2月出生,黑龙江省肇东县人,中共党员,本科学历,高级政工师。1987年7月参加工作,2010年10月任现职。

党委副书记、纪委书记:寇文生(2012.2—)

党委委员、副场长:

温永生(2013.10—)

王文建(2011.8—)

刘久春(2010.1—)

党委委员、工会主席:姚富海(2014.2—)

党委委员、武装部部长:王文宝(2005.9—)

党委委员、办公室主任:高海龙(2010.11—)

党委委员、组织部部长:冯春雷(2010.11—)

概况 红五月农场地处黑龙江省讷河市境内东北部,与嫩江县交界。

地理坐标为北纬48°39′~48°50′,东经12°525′~125°43′。东与讷河市青色草原马场、茂山林场相连,西邻荣军农场,东北与七星泡农场接壤,南邻讷河市友好乡,北、西北分别与国庆林场、尖山农场接壤。农场辖区总面积28983公顷,其中耕地16487公顷、林地6503公顷、草原3308公顷、水面382公顷、其他2303公顷。场内有南阳河、火烧沟两条河流,这两条河流均发源于场区境内。除上述两条河流之外,在丘陵谷地之中还有多处泡泽。农场物产资源较为丰富。

2015年,农场实现生产总值35571万元,比上年增长8.63 %,其中第一、二、三产业增加值分别为21171.2万元、4082万元、10317.8万元,同比分别增长5.41%、12.2%、14.34%。粮豆薯总产109718吨。

农业生产　种植结构调整到位,玉米、大豆、马铃薯及其他作物等播种比例为49.1:45.5:5.4。主要农产品有大豆、玉米、马铃薯等,实现粮豆薯总产10.97万吨,商品率达90%以上。绿色食品认证面积1.12万公顷,无公害认证面积1.16万公顷。建有现代化农机管理服务中心1处,有大马力拖拉机58台、洒药机6台、收获机51台,农机总动力2.5万千瓦,配套农机具320台(套),机械化率达98%以上。拥有烘干塔9座,日处理玉米能力3100吨以上,建有晒场面积15.5万平方米,玉米仓储设施1处,可储粮5万吨,农业基础设施投入力度逐年加大,节水增粮、农发、扶贫项目全部落实到位。农业科技园区和科技示范带的建设为观光农业、科普农业、生态农业和低碳农业注入活力。

畜牧业　以奶牛为主的畜牧业健康持续发展,建有规范化奶牛小区5处,牛舍总面积6万余平方米。建有红澳现代化牧场1处,养殖澳牛1400余头。小区内道路、青贮窖、绿化、监控等配套基础设施建设齐全,形成6个规模化、标准化、规范化的舍饲饲养奶牛小区。

城镇建设　有标准化住宅小区3处,共有住宅楼房总面积9.1万平方米,办公用楼房面积2.6万平方米,居民住宅楼房化率40%,全场居民集中场直居住,城镇化率达98%。文化广场、水上公园、农机管理服务中心、社区服务中心、子弟校、医院等社会公共服务设施功能齐全,社会保障体系进一步完善,居民生活质量逐步提高。

民生事业　完善城镇基础设施建设,投资284万元对场直南环路和三马路排水沟进行了硬化;投资6.7万元对住宅小区内排水管道进行了维修;投资5万元对文化广场、一马路等区域公共设施进行了维修;投资11.8万元对场直厕所进行了维修;投资1.7万元对学校、医院进行了维修;投资50万元实施"天眼"工程,在场直主干路,重点路段和区域安装了监控设施。定期开展广场文艺演出活动。

经营管理　强化农场的各项管理,坚持和完善党委会议事规则等八项规章制度和民主管理、场务公开等制度,加大了以财务公开为重点的场务公开力度,发挥民主监督的作用,确保农场的各项事务在"阳光"下运行。加强了土地承包、合同管理、工程项目招投标、机关和基层单位经费管理等工作,规范了"一事一议"筹资筹劳管理办法。严格执行内部财务管理制度,坚持财务收支刚性预算、货币资金收支两条线制度,履行货币资金使用审批手续,实行货币资金集中管理。加强农场实物资产的管理和项目资金、专项资金的管理和使用,有效防止了国有资产流失。对管理人员严格按照责任状和目标管理细则进行考核,兑现奖惩,增强了各级领导干部工作的主动性和积极性。　(吴小军)

七星泡农场

场长、党委副书记:韩万双,1962年7月出生,黑龙江省友谊县人,中共党员,研究生学历,高级农艺师。1979年12月参加工作,2009年5月任现职。

党委书记、社区管理委员会主任:七星泡农场祝伟友,1971年4月出生,黑龙江省拜泉县人,中共党员,本科学历,教授级高级政工师职称。1995年8月参加工作,2010年2月任现职。

党委副书记、纪委书记、社区管理委员会副主任、政法委书记:曹伟(2009.3—)

党委委员、副场长:

王喜清(2007.3—)

王宝生(2009.3—)

田爱国(2010.12—)

党委委员、工会主席:胡全吉(2011.9—)

党委委员、副场长兼武装部部长:郭伟(2012.7—)

党委委员、副场长:范洪江(2012.8—)

党委委员、组织部部长:冯欣(2008.11—)

党委委员、宣传部部长:周世全(2012.12—)

概况　七星泡农场始建于1955年,地处小兴安岭西麓,位于五大连池、讷河、嫩江两市一县交汇处,南临世界四大冷泉之一的五大连池风景名胜区,北通黑河国际开放口岸,前嫩公路贯穿场境。地理坐标为北纬48°42′~49°01′,东经125°9′~126°13′。农场辖区总面积791.63平方公里,其中耕地面积3.33万公顷,林地1.34万公顷,草原8533公顷,水面1120公顷。农场总人口1.47万人,职工4436人。场内金融工商、邮政通信、文教卫生、公安政法、交通物流各业协调发展,是集农、林、牧、副、渔、工、商、运、建、服为一体的大型现代化国有农业企业。

2015年,农场实现生产总值7.2亿元,其中第一产业增加值3.9亿元,第二产业增加值0.6亿元,第三产业增加值2.7亿元。实现粮食总产22万吨,居民人均可支配收入2.1万元。完成固定资产投资0.9亿元。

农业生产　按照"一稳两提"目标,进一步提高现代农业发展水平,促进粮食综合产能的稳步提升。完成农作物播种面积3.23万公顷,粮食每公顷产量7101公斤,比上年增长133公斤。其中大豆每公顷产量2909公斤,比上年增长104公斤;玉米每公顷产量10973公斤,比上年增长915公斤,单产水平创历史新高。投资2834万元,实施“节水增粮行动”,购买移动泵车9台套,绞盘式喷灌机107台套,建输水管线47.8千米。投资241万元,实施了第一管理区小流域治理工程,新建农田路3条,长13.3公里,治理冲刷沟5条,长0.5公里。新建了粮食烘干设施4座,日处理能力2000吨。大力实施“绿满七星泡”工程,高标准完成造林绿化64公顷。

畜牧业　奶牛存栏7521头,上交鲜奶13435吨,全面完成管局下达的两项任务指标。壮大牧场养殖规模。星澳牧场现存栏成母牛994头,产犊母牛200头。推进“七吨奶”工程。种植青贮593公顷,全场共收储青贮3.78万吨,澳牛牧场种植苜蓿60公顷,全年收割两茬,产干草184.1吨。

新型工业　引进项目1个,投资200万元的生物有机肥项目,年配送有机肥料1万吨。农场工业园区已入住企业达18家,带动就业人数168人。工业销售产值达1.86亿元,工业增加值5166万元,利润1230万元。

城镇建设　新建公共交通车辆首末站、消防站综合楼1栋,建设规模1452平方米,主体框架已完工。投资210万元,加强第五管理区美丽乡村建设,新建水泥路595.8延长米,硬化公共活动场所6175.9平方米,更新自来水管道2250.4米。深入开展了“文明城镇、文明社区、文明楼道、文明户”等系列创建活动,不断提升城镇居民的文明素质。

经营管理　推行财务精细管理。严格刚性预算管理,大力压缩公务支出,严格落实好《党政机关厉行节约反对浪费条例》和公务接待管理规定等相关要求,全场“三公经费”不超支。加强财源管理,年上缴税收1051万元,超额完成管理局下达的任务指标。严格土地承包制度,进一步规范“两田”制度。100%完成耕地承包费、生产自理及其他费用的收缴工作。落实国家惠农政策,对各项补贴、惠农资金的发放,全年发放各项补贴、惠农资金6586余万元。坚持经济责任审计制度,测算并制定费用核定、资金回收、一事一议资金使用支出管理办法,实现了农场各项经济工作规范有序运行。

民生工程　铺设水泥路面1930米,方便职工群众出行。全面推广应用新技术、引进新机械,开展节水增粮行动,高效节水灌溉面积1733公顷。推进“医疗质量万里行”“平安医院”建设工作,经常开展12类45项基本公共卫生服务。加强社会救助体系建设,完善弱势群体长效帮扶机制,为27名身患疾病的低保家庭发放救助资金近9万元,帮助他们解决疾病带来的生活困难。继续实施“职工共富行动”,使贫困和低收入职工家庭实现脱贫脱低。帮扶贫困职工11户,提供帮扶资金48万元,帮扶项目6个。(廉鹏蛟)

嫩江农场

场长、党委副书记:陈殿俊,1963年9月出生,山东省齐河县人,中共党员,本科学历,高级农艺师。1978年8月参加工作,2010年7月任现职。

党委书记、社区管理委员会主任:关利杰,满族,1964年7月出生,黑龙江省龙江县人,中共党员,本科学历,教授级高级政工师。1987年7月参加工作,2012年7月任现职。

党委副书记、纪委书记、社区副主任、政法委书记:李艳杰(女)(2012.7—)

副场长、党委委员:

赵军(2009.3—)
孟晓光(1999.8—)
叶文杰(2010.3—)
张静(2010.11—)
王岩(2012.7—)
舒凤山(2013.3—)

党委委员、组织部部长:牟敦军(2010.3—)

党委委员、林业局局长:刘新海(2013.4—)

党委委员、公安局局长:乔志远(2013.12—)

概况　嫩江农场地处松嫩平原,小兴安岭西南麓,位于嫩江县东南38公里处。地理坐标介于北纬48°53′54″~49°12′3″、东经125°33′~125°58′36″之间。拥有耕地30038公顷,草原9569.9公顷,林地5972公顷,水面410公顷,总户数4345户,总人口10657人。

2015年,农场实现生产总值4.65亿元 同比增长9.4%。居民人均可支配收入20588元,增长11.2%。实现利润2614万元,资产负债率降至55.26%。

种植业　农作物总播种面积3万公顷,其中籽实玉米种植面积1.33万公顷,大豆种植面积1.41万公顷,马铃薯种植面积0.11万公顷,青贮玉米种植面积0.1万公顷,双青豆、苜蓿等作物种植面积0.06万公顷。实现粮豆总产21.39万吨。坚持优化种植结构,发展订单农业,实现高效作物全部订单种植。不断提升标准化水平,实现了“全作物、全面积、全过程、全方位”农业技术标准化。制定作物成本逆控方案,通过对发生的各项费用严格审核,全面杜绝不合理成本的发生。加强农机标准化管理,提升农机标准作业水平。通过完善农机管理“六统一”“七加强”的管理措施,将农机标准化作业贯穿到每个作业阶段,做到作业前有标准、作业中有检查、作业结束时有验收,使农机标准化水平得到了进一步提升。农场农机总动力达4.5万千瓦,各类农具636台(套),农业机械化率达98%。有10座烘干塔,日处理粮食能力达5000吨。

畜牧业　实现奶牛存栏7236头,同比增长22.8%,上交鲜奶10499吨,完成小区向规模化牧场转变5个;完成现代化牧场的组建工作,鑫澳牧场顺利通过总局现代化牧场建设项目验收;通过加大投入、出台政策、推进小区转牧场等方式,引导和鼓励养殖户扩大养殖规模、推进科学化饲养步伐,奶牛养殖户整体收益得到提升;防检疫工作做到监督到位、程序到位、保护措施到位,保证“动物安全”“人员安全”和“畜产品安全”。

林业　以全面推进林业生态建设为目标,实施造林绿化工程,不断加大森林资源保护力度,高标准、高质量地完成了管局下达的造林绿化任务指标76公顷,育苗总面积达120公顷,繁育各类苗木总量达1500万株。加大重点区域护林人员驻点看护及定期巡护等措施,减少了林政案件的发生,有效地保护了森林资源安全。

工业和招商引资　坚持以推进新型工业化为抓手,把做强做大加工业作为主要工作来抓。动员全场各层力量,广泛开展招商引资。中储粮建仓项目完成立项、环评等前期手续。龙圣置业公司旅游开发、汽车测试基地项目达成合作意向。农场实现工业生产总值4305万元,主营业收入1.9亿元,工业利润501万元。

民生工程　投资34万元对小学部教学楼供暖设施、中学教学楼暖气进行维修改造。投资455万元实施东风区、前进区自来水管线改造工程、希望区1－16号楼屋面维修工程、文体中心及公路养护中心供暖管道改造工程、滨湖路主路排水管线工程及东风区路面垫砂石工程。　(张海军)

山河农场

场长、党委副书记:王玉起,满族,1966年6月出生,河北省青龙县人,中共党员,研究生学历,教授级高级政工师。1987年7月参加工作,2010年7月任现职。

党委书记:王兴义,1964年6月出生,黑龙江省绥化市人,中共党员,专科学历,高级政工师。1984年7月参加工作,2011年9月任现职。

党委副书记、纪委书记、政法委书记:刘青松(2011.10—)

副场长、党委委员:

王有库(2007.3—)

李德(2010.1—)

翟杰(2012.2—)

周文华(2012.8—)

党委委员、工会主席:林本英(2012.8—)

党委委员、副场长、武装部部长:刘巍(2013.3—)

党委委员、组织部部长:耿鹏(2010.2—)

概况　山河农场位于大、小兴安岭余脉的结合部及松嫩平原北端的三角地带,美丽的嫩江之畔,距嫩江县城40公里,距九三管理局局直70公里,总面积754平方公里。地理坐标为北纬49°00′00″～49°29′11″,东经125°29′20″～126°21′00″。农场属黑龙江省第四积温带下限,第五积温带上限,2015年无霜期114天,稳定通过10℃以上的积温2399.8℃,境内降雨量为523.1毫米。现拥有耕地26767公顷,草原17561公顷,林地14058公顷,水面1387公顷,总户数4163户,总人口1.3万人。

2015年,农场实现生产总值5.34亿元,居民人均可支配收入20586元。

农业生产　通过重点抓"一园两带"建设和农作物模式化栽培,加快科技创新与成本转化,农业种植水平明显提升,全场实现大豆每亩最高单产249.5公斤、玉米每亩最高单产966公斤,创历史最好水平。实施了第一管理区粮食仓储、第三、第四管理区高标准农田、第七管理区千亿斤粮食产能、第四管理区和科研站2015年"节水增粮行动"、2013年结转资金节水增粮、第一、第四管理区2014年节水增粮项目。粮食日烘干能力达5300吨,保障粮食安全的能力进一步增强。争取玉米临储指标5万吨,使种植户玉米销售在市场低迷的情况下效益不减。新增农业机械62台(套),创建全国AAAA级农机标准化示范场,并顺利通过农业部验收。全面推广应用进口播种机精密播种、GPS卫星自动导航、测土配方施肥、均衡立体施肥、飞机航化、病虫害统防统治、化控除草促早熟等技术,发挥科技支撑作用,提高农业科技贡献率。规范合作社运营管理,合鑫、绿源、富民三个合作社采取能人领办的经营管理模式,管理区领导从合作社中依法退出,办理了法人变更,基本实现自主经营、自负盈亏。

工业　金露豆制品加工有限责任公司,实现订单生产,产品销往山东、北京、沈阳等地;二期工程建设休闲豆制品生产车间。金山河绿色食品有限公司,投资2000万元新建果干果酱车间、蓝莓酒发酵车间、原料成品库。公司可生产无化学添加的蓝莓、树莓、蔓越莓、紫莓四大系列果酒、干酒、冰酒、果汁、果酱、果干、精华液等19种产品,在国内中高端消费市场抢占一定份额。香源肉制品加工厂建立直营店,产品销售畅通。鑫源公司山特产品销往哈尔滨、沈阳、上海、广东等地,销售前景看好。在第一管理区建设的鱼和蔬菜立体种养殖大棚项目,利用牛粪发酵产生的沼气取暖加温,打造鱼菜共生循环系统,达节约能源,无污染、零排放,年可实现经济效益30万～50万元。农场建设的两个农业质量安全追溯服务平台基地已完成,互联网、二维码等信息技术在农业生产各环节得到推广应用,实现信息共享,扩大追溯体系覆盖面,确保农产品质量安全。推进互联网＋产业营销体系建设,金山河绿色食品公司已在京东、国美在线、一号店、淘宝等电商平台开设旗舰店,农场建成电子商务中心,于2015年底投入运营。

林业　投入161万元完成造林绿化67公顷、补植补造133公顷、封山育林200公顷,栽植各类苗木16.3万株,义务植树6公顷。完成东部半山区重点火险区综合治理二期工程建设。中央财政造林补贴项目和农防林更新造林顺利通过省和总局验收。农场被总局授予2015年度森林草原防火工作先进单位。

畜牧业　实现奶牛存栏5027头,上交鲜奶6706吨。加强股份制牧场管理,投入200万元用于牧场基础设施升级改造。牧场现有存栏奶牛1150头,运营管理良好。两批次进口奶牛将于2016年7月前产犊。推进奶牛小区转牧场,投入100万元用于奶牛小区环境治理,道路、运动场维护铺垫,榨乳厅维修等基础设施建设。投入79万元在第三、第四管理区小区新建粪污处理池和堆粪场。各小区全部按照B级牧场标准运营。开展动物防疫工作,强化重大动物疫病防控,完善小区配套服务体系建设,全年无重大疫情发生。

城镇建设　按照"重管护、建制度、提档次、上品位"的原则,加强城镇管理,强化物业服务,提升现代城镇承载能力,全力打造国家级"三优"文明城镇。实施了科洛河桥二期建设项目,8月1日正式竣工通车,为农场及周边居民出行提供有利保障。实施第三管理区"美丽乡村"建设工程,打造了基层管理区人居环境新靓点。实施一事一议筹资筹劳公益事业建设,共涉及道路、公共环卫、人畜饮水、公共绿化、小型农田水利设施等。实施19队至17队通畅公路建设项目,为边远地区居民出行提供了方便。

民生工程　投资450万元实施了场内人畜饮水工程建设项目,基本实现了场直地区24小时供水。投资108.3万元维修场直道路、下水等公共基础设施建设,投资109万元完成2栋旧楼立面改造工程。投资78万元实施了中学运动场配套工程、教学楼粉刷、小学食堂屋面改造,安装健身路径60台(套)。推进"职工共富行动",投入113万元帮扶资金,开展"一帮一、多帮一"结对帮扶活动,实施食用菌、平欧大榛子、蔬菜大棚、特色养殖等帮扶项目25个,90户家庭实现脱贫脱低。为全场低保户、大病家庭、特困及贫困家庭等发放困难救助资金42.97万元。

(吕鹏飞)

嫩北农场

场长、党委副书记:蔡建华,1971年6月出生,山东省莱州人,中共党员,本科学历。1988年12月参加工作,2014年2月任现职。

党委书记、社区主任:李江,1967年12月出生,河北固城人,中共党员,本科学历,高级农艺师。1983年12月参加工作,2010年7月任现职。

党委副书记、纪委书记、社区副主任:张宝林(2011.8—)

副场长:朱玺纯(2007.3—)
王俊海(2010.12—)
陈庆锋(2010.1—)
张志国(2011.8—)

副场长兼武装部长:刘文武(2011.9—)

工会主席:曲阜成(2010.1—)

概况　嫩北农场位于嫩江县东北50公里处,地理坐标为北纬49°24′~49°40′,东经125°15′~125°40′之间,场界东与嫩江县霍龙门乡、科洛镇为邻,西与联兴乡接壤,南濒科洛河、北抵门鲁河。东西宽35公里,南北长31公里。土地总面积42202公顷,拥有耕地27012公顷,草原4920公顷,林地7080公顷,水面1398公顷。常住人口11740人,总户数4202户。

2015年,农场实现国内生产总值61100万元,居民人均可支配收入20725元,经济社会实现了又好又快发展。

种植业　加大种植业结构调整力度,种植大豆9845公顷、玉米14646公顷、水稻56公顷、青贮506公顷、小麦及经济作物932公顷,种植结构更趋于合理。抓好玉米销售,保证职工增收。充分利用仓储设施优势,申报15万吨国家玉米政策性临储库点,于秋收前通过审批,出台收购指导价、降低烘干费等措施让利于民,加快玉米销售变现。更新引进各类机械67台(套),实现玉米收获应用轴流收获机100%;玉米播种应用进口播种机100%、播种起垄等作业应用卫星导航自动驾驶系统100%,达"三全"农机作业标准化水平,创新方式方法落实"三减"措施,施肥中采用测土施肥,做到速效肥与缓效肥相结合,在确保肥效不减的情况下,适当减少化肥用量,有效降低了用药量,节约了成本。实施斤粮成本逆控。通过明确目标、阶段考核、严格奖罚,有效控制了成本支出。加强农田基础设施建设。自筹资金6478万元推进高标准农田、节水增粮及田间路等项目。通过统筹兼顾、机动灵活的推进收获及"三秋"工作,在确保粮食颗粒归仓的基础上,实现耕地100%黑色越冬。

畜牧业　以奶牛为主、大鹅为辅的特色畜牧业快速发展,实现畜牧总投资1453万元,其中养殖户直接受益的各项补贴共计622万元,即鲜奶补贴232万元、防检疫补贴153万元、饲料地补贴155万元、大鹅补贴29万元、奶牛保险补贴38万元、犊牛补贴15万元。通过加大基础设施投入,实施补贴政策,加快推进奶牛小区向牧场化转变,充分调动了职工群众的养殖积极性,促进畜牧业健康发展,实现奶牛存栏5413头,年上交鲜奶8033吨。

林业　加快改善生态环境,加大造林绿化力度。新增林苗育苗面积4公顷,达84公顷,年产苗木50万株。通过科学制定规划,严把质量关,落实责任机制,提高造林绿化标准及成活率。全面实施了绿色城堡、绿色屏障、绿色通道、见缝插绿及荒山造林工程,累计植树造林面积68公顷,栽植各类苗木13.7万株。全场森林覆盖率达14.92%,营区绿化覆盖率达47%,农场生态环境得到进一步改善。

新农村建设　投资334万元,完成部分旧楼供水供暖管线改造133万元,更换楼房水表1314块72万元,修田间路21.1公里129万元。年末,场直楼房建筑总面积30万平方米,楼房化率84%,城镇绿化率45%,路灯及主街道亮化实现100%。农场小城镇功能不断完善,宜居指数全面提升,营造了住有所居、病有所医、学有所教、老有所乐的和谐发展环境。

招商引资　通过加大招商引资力度,引进北京银建集团与鸿兴鹅业合资组建新公司,对鸿兴鹅业孵化、屠宰、深加工车间实施扩建及设备更新。围绕大鹅产业项目,不断加强产业化基地建设,通过典型示范、政策扶持使更多的中低收入户从事大鹅养殖。

经营管理　建立健全工作目标考核体系,完善奖励约束机制、责任追究制度和企业内部财务管理等制度,使各项经营活动有章可循,有据可依;加强以资金管理为重点的财务管理,严格执行预算审核制和刚性预算管理制度,实现事前监督和规范化管理;开展欠款清理工作,回收欠款23万元,实现资金良性循环,企业高效运转。

(魏　强)

建边农场

场长、党委副书记:韩凤武,1959年5月出生,四川省成都市人,中共党员,本科学历,研究员级高级农业经济师。1976年7月参加工作,2008年8月任现职。

党委书记、社区主任:邵学杰,1968年4月出生,黑龙江省富裕县人,中共党员,本科学历,教授级高级政工师,高级经济师。1987年6月参加工作,2010年3月任现职。

党委副书记、纪委书记:何俊清(2011.8—)

副场长、党委委员、武装部部长:于国君(2000.11—,副场长2012.7—)

副场长、党委委员:

郭兆义(2008.5—)

蒋明明(2010.12—)

刘凡明(2011.12—)

张道清(2012.10—)

工会主席、党委委员:王光军(2012.7—)

党委委员、组织部部长:高鹏(2011.1—)

党委委员、宣传部部长:丁爱丽(女)(2012.12—)

党委委员、建边公安分局局长:初祥波(2013.12—)

概况　建边农场地处大兴安岭南部,小兴安岭西部,大小兴安岭交汇处南缘的低山丘陵地带,地理坐标在北纬49°43′~50°05′,东经125°10′~125°48′,即黑龙江垦区的西北部,位于嫩江县城北部117公里的高寒山区,处于黑龙江省农业区划第五积温带。农场占地面积826平方公里,耕地面积2万公顷,林地3万公顷,草原1.75万公顷,境内一江六河。总人口12994人,总户数4315户。

2015年,农场农场实现国内生产总值5.36亿元,粮豆总产7.68万吨,居民人均可支配收入20528元。

农业生产　在经历严重春涝的情况下,粮食总产达7.68万吨,与上年基本持平。农业基础设施进一步加强,实施节水增粮面积960公顷,新建输水管道43405延长米,安装滚移式喷灌机35台(套)。投资400余万元修建农田路16公里,建成水泥晒场总面积4.3万平方米,完善种子库建设5000多平方米。投资1475万元,更新农机具39台(件)。投资50万元,安装"互联网+"传输设备,提高农业信息化水平。现代农业示范区(带)建设示范作用进一步提高,落实科技项目13项2800公顷;科技园区总面积50公顷,开展试验课题36项。实施绿色食品检测面积达16067公顷,有机食品检测面积达333公顷,无公害认证面积达16333公顷。"绿满建边"工程推进扎实有效,完成造林51公顷,义务植树19.5万株,繁育草本花卉20万株。新育林增加面积7公顷,完成退耕还林后续产业100栋大棚的焊接工作,其中完成30栋大棚的老山芹的栽植工作;清理林地573公顷,收回林地8公顷。

畜牧业　奶牛存栏2320头,完成全年指标的100.8%;上交鲜奶2500吨,完成任务指标的113.6%;肉牛存栏1161头;生猪存栏606头;羊存栏7526只;禽存栏4400羽。加强规模化、集约化、标准化养殖小区建设。两个小区全部按照B级牧场标准进行改建,两个小区均实施"六统一"管理。加强澳牛牧场建设。新建犊牛舍1栋720平方米,榨乳通道377平方米,铺水泥路面1280平方米,修建排水沟600延长米;投资70余万元购买榨乳设备1套,澳牛场牛舍顶棚增加20块阳光板,增加采光面积,降低空气湿度,牧场健全各项管理制度,提升规范化管理水平。

工业　围绕粮、豆、菜、畜、蜂、酒、肥等优势资源招商引资,着力打造特色产业和主导产业。完成1000万元的建边芸豆加工项目,建设1000平方米厂房,购入色选机,重选机等进口芸豆加工设备10台(套);完成边疆酒业有限公司500万元仓储和硬化工程设施建设,已生产发酵期12天的清香型高粱酒50吨,发酵期42天的浓香型高粱酒10吨;新引进500万元有机肥加工项目,完成了厂房改建工作。鼓励职工发展物流等新兴产业,建立建边农场微商联盟,引导青年群体开办淘宝店、微店等,积极探索直销、配送、电子商务等新型农产品流通模式,提高农产品的销售效益。目前全场个体工商户已发展到233户,从业人员460人,注册资金3000余万元,比上年同期增长11%。

民生工程　扎实推进"职工共富行动",为46户中低收入户发放扶持资金64.6万元;投资400万元完成水源地储备工程溢流坝护坡建设;投资300万元完成水厂厂房建设及水处理设备的购买和安装;完成金水大桥双幅大桥工程建设;投资170余万元完善中小学校区设施建设;投资240万元实施了社区服务中心和文体中心改造;投资53万元为职工医院新购进健康小屋设备一套,进一步完善了农场医疗设施。

企业管理　完善土地承包制度。依法规范土地承包合同管理,实行土地承包实名制。对于政策性带地,组织相关部门进行全面核实,承包结果进行公示,把土地承包置于广大群众监督之下。在经济下行压力加大情况下,严格控制"三公"经费支出,较上年同期下降10%。加强了人才的引进和现有人才的培养及使用,为人才的成长和发展提供平台。制定基层单位百分考核目标,明确奖罚,强化领导干部责任意识,提升干部执行力和落实力。

(高　鹏　沈玉佳)

哈拉海农场

场长、党委副书记:蒿万清,1963年9月出生,山东省阳谷人,中共党员,本科学历,农艺师。1982年10月参加工作,2014年3月任现职。

党委书记、社区主任:宋文,1978年1月出生,山东省蓬莱人,中共党员,本科学历。2002年8月参加工作,2012年7月任现职。

党委副书记、纪委书记、工会主席:陶军(2005.11—)

副场长:

刘爱军(2004.3—)

赵柏宏(女)(2012.10—)

魏永海(2008.5—)

樊增春(2013.3—)

党委委员、组织部部长:张金平(2006.2—)

概况　哈拉海农场位于黑龙江省西北部、齐齐哈尔市市郊,南与梅里斯达斡尔族区相依,北与甘南县接壤,西与龙江县毗邻,距齐齐哈尔市区40公里。地理坐标为北纬47°26′~47°45′,东经123°20′~123°40′。

农场始建于1956年3月,曾隶属中国人民解放军沈阳军区联勤部军需部,原名为哈拉海军马场。建场初期以为军队饲养军马为主。于2001年9

月13日移交给黑龙江省农垦总局九三分局。

农场土地总面积29473.2公顷,其中耕地11174公顷,林地1466公顷,草原12313.5公顷,苇塘1480公顷,水面1860公顷,建设用地898公顷,其他土地281.7公顷。农场总人口数4322人,其中在职职工1138人。农场主产农作物以水稻种植为主,主要农产品有水稻、玉米和杂粮等。

农场下辖4个农业管理区和23个场直及驻场企事业单位,场内财政金融、工商税务、邮政通信、文教卫生、公安政法、交通物流等各业协调发展,301国道贯穿场区,交通极为方便。是集农、林、牧、副、渔、工、商、运、建、服为一体的小型现代化国有农业企业。2015年,农场实现生产总值25630.7万元,其中第一产业实现生产总值13486.5万元;第二产业实现生产总值4887万元;第三产业实现生产总值7257.2万元。

农业生产 水稻播种面积8347公顷、玉米2627公顷、青贮200公顷。因6月18日9小时内降雨218毫米,致使农场11174公顷耕地全面受灾、受损严重,经全场干部职工群众齐心协力抗洪抢险,粮食减产控制在3万吨以内。为1184户种植户争取保险费1396.6万元。投资161.4万元先后购置收获机4台、拖拉机11台、打捆机1台,获上级补贴款37.04万元。招商引资30余万元在科技园区新建有机水稻种植示范区1处。落实造林绿化面积26.67公顷,其中新造林12公顷,补植补造14.67公顷。新增投资82万元实施通往甘南县公路两侧绿化工程,栽植樟子松大苗5828株。

畜牧业 自筹资金182万元,新建标准化犊牛舍864平方米;自筹资金420万元完善畜牧小区基础配套建设工程(路、排水沟、干草棚、运动场、水泥地面等)。“鑫海牧场”引进先进的饲养技术、管理模式和高效畜牧繁育理念,创建科学、规范的澳牛繁育中心。奶牛平均单产达8.66吨/年,实现利润500万元。年底,农场奶牛存栏2105头,其中65%实现全舍饲、规范化饲养,澳牛存栏776头,肉牛存栏38头,生猪存栏2083头、家禽存栏0.62万只。出栏生猪5015头、出栏家禽13139只、销售鲜奶5283.9吨。

工业 实现工业增加值1581万元;完成销售收入15607万元;实现主营业收入5562万元;实现利润总额307万元。有工业企业4个,分别为年产能为10万吨的瑞丰米业、年产能为1万吨的玉喜米业和年产能为1500吨的德龙乳品厂(生产天龙牌奶粉和豆奶粉)、年产能为1万吨的兴龙垦秸秆厂。中储粮“哈拉海农场分库”的库存量达20万吨,加上其他企业建设的仓储库,农场粮食仓储能力达40万吨。

社会民生 自筹资金130万元完成水泥道路加宽2899平方米、铺设步道砖5368平方米;投资60万元安装住宅小区内路灯70盏;投资26万元实施场区内绿化工程,共栽植草坪2000平方米,栽植花灌木1800余丛、云杉501株、糖槭大树64株。投资12.6万元为幼儿园铺设橡胶运动场840平方米;投资12.5万元维修楼房下水管道断裂处52次,清理地沟21个;补发教师涨浮工资75.52万元、奖金25.7万元。

(孙彦玲)

齐齐哈尔管理局

党委书记:李恒伟,1960年4月出生,山东莱阳人,中共党员,本科学历。1976年10月参加工作,2014年12月任现职。

副局长、党委委员:唐立华,1964年10月出生,辽宁省宽甸人,中共党员,研究生学历,农艺师。1983年10月入伍并参加工作,2005年7月任现职。

副局长、党委委员:段景田,1958年8月出生,山东省城武人,中共党员,研究生学历,高级会计师。1982年1月参加工作,2005年7月任现职。

党委委员、纪检委书记:魏建文,1959年6月出生,山东省莱西人,中共党员,本科学历,高级农机工程师。1976年10月参加工作,2007年9月任现职。

党委委员、组织部部长:胡冀伟,1966年5月出生,黑龙江省宝清人,中共党员,研究生学历,高级政工师。1989年7月参加工作,2010年10月任现职。

党委委员、武装部部长:李传昌,1968年2月出生,吉林省榆树县人,中共党员,研究生学历,1986年8月入伍并参加工作,2010年4月任现职。

党委委员、宣传部部长:孙盛民,1967年10月出生,山东省济宁人,中共党员,本科学历,高级政工师。1985年12月参加工作,2013年12月任现职。

纪检委副书记、监察局局长:孙爱军,1971年7月出生,黑龙江省克山县人,中共党员,本科学历,高级政工师。1994年8月参加工作,2011年3月任现职。

组织部副部长(副调研员):王秀艳(女)(2011.3—)

广播电视局局长:郑国,1959年1月出生,黑龙江省的克山县人,中共党员,本科学历,工程师。1976年10月参加工作,2009年12月任现职。

武装部政委:翁承军,1969年5月出生,河北省滦平县人,中共党员,本科学历。1986年11月入伍并参加工作,2012年3月任现职。

政法委副书记:张福斌,1965年11月出生,山东省陵县人,中共党员,研究生学历,农艺师。1985年8月参加工作,2011年11月任现职。

司法局局长:阎郃,满族,1957年8月出生,辽宁省开源市人,中共党员,本科学历,高级政工师。1973年8月参加工作,2011年11月任现职。

司法局副局长:李春鹏(2011.8—)

公安局政委:史祥国,1962年7月出生,辽宁省开源县人,中共党员,本科学历。1980年11月入伍并参加工作,2006年2月任现职。

公安局局长:温长军,1958年2月出生,黑龙江省肇源县人,中共党员,本科学历。1975年7月参加工作,2012年任现职。

公安局副局长:于涛(2002.4—)

检察院党组书记、检察长:程远兴,1961年5月出生,山东省禹城人,中共党员,本科学历,统计师。1978年10月参加工作,2009年6月任现职。

检察院副检察长:刘革非(2010.6—)

法院党组书记、院长:林建华,1962年11月出生,山东省诸城人,中共党员,本科学历。1980年7月参加工作,2009年6月任现职时间。

法院副院长:周洪涛(2008.6—)

计财处处长:朱崇智,1961年2月出生,江苏省涟水县人,中共党员,研究生学历,高级统计师。1978年10月参加工作,2014年3月任现职。

计财处副处长:邵奎(2013.3—)

审计处副处长:孟德彬,1973年12月出生,黑龙江省拜泉县人,中共党员,大学本科学历,高级会计师。1997年7月参加工作,2013年4月任现职,主持工作。

人力资源和社会保障局局长:张胜国,1966年5月出生,黑龙江省克山县人,中共党员,本科学历,劳动经济师。1986年7月参加工作,2010年6月任现职。

办公室主任:许吉万,朝鲜族,1962年12月出生,黑龙江省尚志市人,中共党员,本科学历,农艺师。1983年8月参加工作,2011年11月任现职。

办公室副主任(副调研员):李魁,1958年2月出生,吉林省大来人,中共党员,本科学历,高级政工师、农业经济师。1975年11月参加工作,2005年8月任现职。

办公室副主任:

杨奎(副调研员)(2001.2—)

寇廷宝(2011.8—2015.12)

杨书斌(2014.3—)

农业局局长:张志,1961年10月出生,吉林省洮南人,中共党员,本科学历,农艺师。1981年8月参加工作,2005年8月任现职。

农业局(副调研员):姜成,1964年5月出生,辽宁省庄河人,中共党员,本科学历,高级兽医师。1988年8月参加工作,2005年8月任现,主持科技局工作。

农业局(副调研员):任健,1973年8月,黑龙江克山县人,中共党员,研究生学历,高级工程师。1996年6月参加工作,2014年9月任现职,主持农机局工作。

林业局局长:董元珍,1963年2月出生,黑龙江省虎林县人,中共党员,研究生学历,林业高级工程师。1983年8月参加工作,2005年8月任现职。

畜牧兽医局局长:司建成,1961年7月出生,河南省汝州人,中共党员,本科学历,高级畜牧师。1984年8月参加工作,2001年2月任现职。

畜牧兽医局副局长:赵小彦(2011.8—)

畜牧兽医局(副调研员):徐春阳(2009.12—2015.12)

水务局局长:蔡寒冰,1965年1月出生,河南省许昌人,中共党员,研究生学历,高级工程师。1985年10月参加工作,2011年3月任现职。

工信委主任:赵海文,1966年12月出生,黑龙江省兰西县人,中共党员,本科学历,高级会计师。1991年9月参加工作,2013年4月任现职。

工信委(副调研员):刘冠一,1959年3月出生,河北省雄县人,中共党员,本科学历,政工师。1975年11月参加工作,2008年2月任现职,主持安监局工作。

住房和城乡建设局局长:吴砚,1965年12月出生,河北抚宁县人,中共党员,本科学历,水利高级工程师。1984年7月参加工作,2014年3月任现职。

商务局局长:赵洪生,1972年9月出生,黑龙江省讷河市人,中共党员,本科学历,高级工程师。1991年7月参加工作,2013年4月任现职。

商务局副局长:夏元秋(2011.8—)

交通运输局局长:李柏成,1960年5月出生,黑龙江省双城市人,中共党员,本科学历,政工师。1978年10月参加工作,2011年3月任现职。

卫生局局长:徐忠尧,1958年5月出生,辽宁省鞍山人,中共党员,本科学历,副主任医师。1975年11月参加工作,2001年2月任现职。

教育局局长:张贵春,1962年2月出生,山东省掖县人,中共党员,本科学历,高级教师。1978年8月参加工作,2009年12月任现职。

教育局副局长:张力(2011.8—)

质量技术监督局局长:李长军,1962年10月出生,山东省章丘市人,中共党员,本科学历。1984年7月参加工作,2012年任现职。

环保局局长:艾东,1966年3月出生,黑龙江省密山市人,中共党员,本科学历,高级环保工程师。1989年9月参加工作,2011年5月任现职。

国土资源局局长:张立军,1961年10月出生,黑龙江省富裕县人,中共党员,本科学历。1983年8月参加工作,2013年12月任现职。

国土资源局副局长:王占河(2005.11—)

工商物价局局长:肖奎,1961年12月出生,黑龙江省望奎县人,中共党员,研究生学历,高级经济师。1978年1月参加工作,2002年12月任现职。

工商物价局副局长:

韩丽红(女)(2011.10—)

赵英杰(2011.10—)

社会保险事业管理局局长:杜建强,河北省深县人,1968年3月出生,中共党员,本科学历,电气工程师。1990年7月参加工作,2011年4月任现职。

社会保险事业管理局副局长:张玉和(2001.2—)

党校副校长:刘怀山,1958年12月出生,吉林省通榆县人,中共党员,本科学历,高级政工师。1975年10月参加工作,2013年4月任现职。

党校副校长:刘爱民,1957年3月出生,黑龙江省克山县人,中共党员,专科学历,农机工程师。1975年11月参加工作,2013年4月任现职。

中心医院党委书记:杨俊波,1963年1月出生,黑龙江省甘南县人,中共党员,本科学历,政工师。1980年12月参加工作,2004年3月任现职。

中心医院副书记、院长:顾漫红(女)1968年7月出生,黑龙江省依安县人,中共党员,本科学历,副主任医师。1985年参加工作,2014年7月任现职。

中心医院副院长:

张学军(2006.1—)

李振寰(2006.1—)

农垦大厦总经理:张立彬,1968年3月出生,黑龙江省泰来县人,中共党员,本科学历,政工师。1988年1月参加工作,2010年5月任现职。

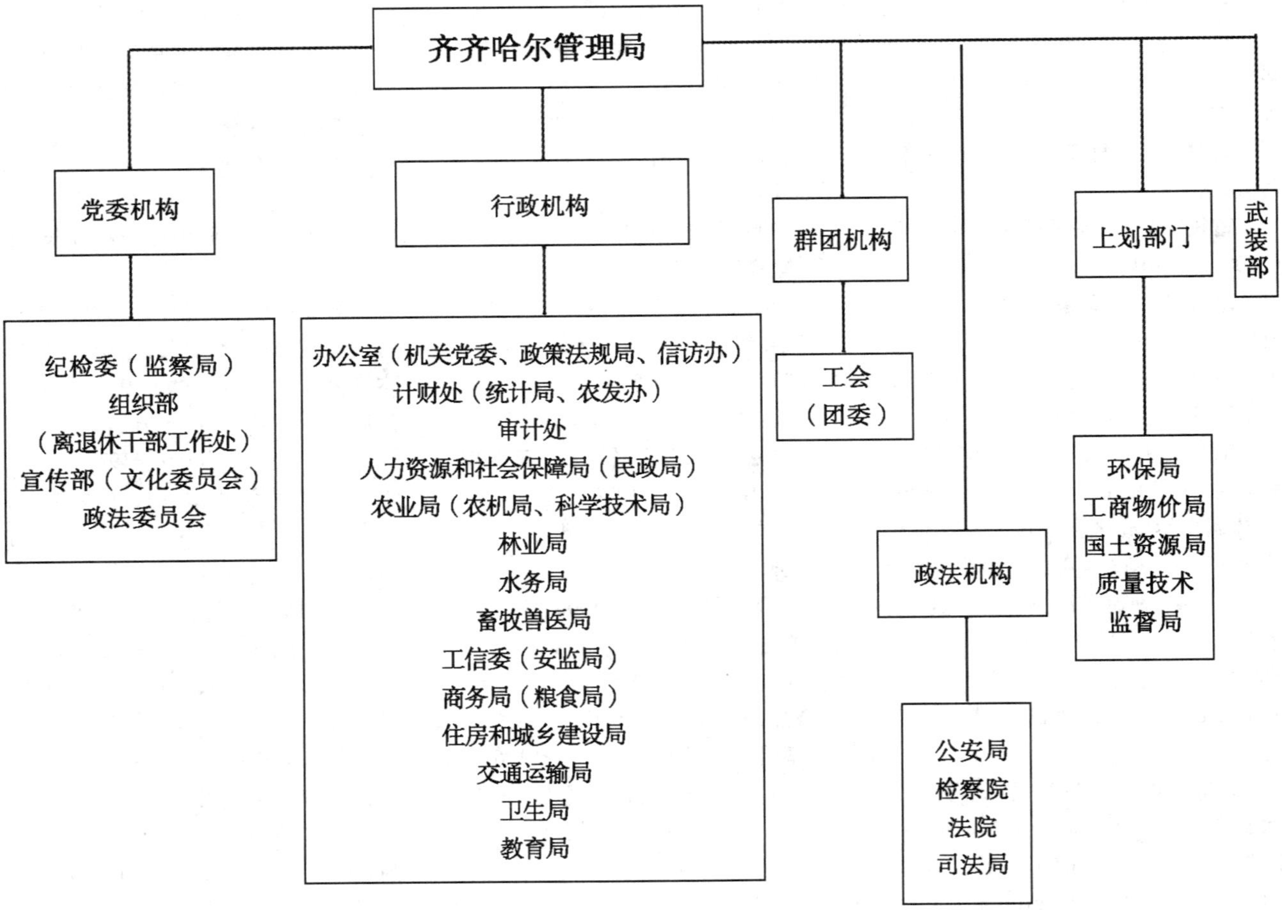

图16　齐齐哈尔管理局机构标意图(2015年)

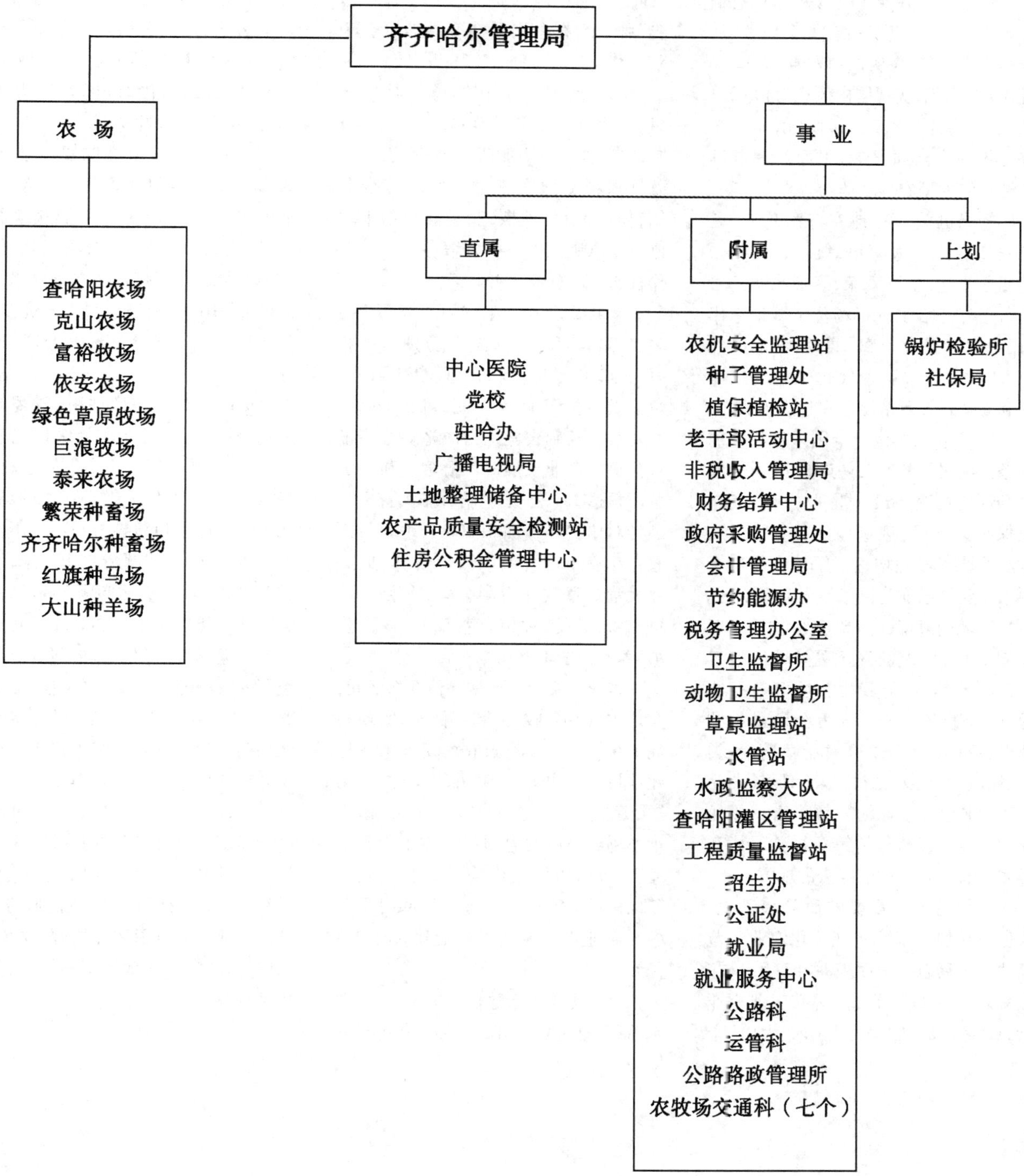

图17　齐齐哈尔管理局企事业单位示意图(2015年)

概况　齐齐哈尔管理局地域总面积2655平方公里,下辖11个农牧场,分布齐齐哈尔、大庆两市八县,人口16万人,2015年,实现国内生产总值63.1亿元,人均纯收入达22042元,是一个农林牧副渔全面发展,工商运建服综合经营的大型农垦企业。

管局机关所在地齐齐哈尔市,是黑龙江省第二大城市,航空、铁路、公路四通八达,市场繁荣,客商云集。管局所辖齐齐哈尔种畜场位于城市东出口"哈大齐工业走廊"腹地,美丽的北大荒鹤城鲜花港、现代化工业科技园区和农业科技示范园区在这里落成。

11个农牧场位于全国未被污染的两条江河之一的嫩江两岸,其中6个农牧场环绕在亚洲最大湿地——扎龙自然保护区周围,区域内的大气、土壤、水和草原等环境均达了绿色食品生产要求。管局已成为国家级生态示范区。

区域内过境江河6条,大中型水库12座,万亩以上灌区7处。辖区拥有丰富的地热、风能和生物质等新型能源。7个牧场拥有5.3万公顷最好的寒温带草原,生长230种中草药,种类多、储量大,成为北药开发和保健食品生产原料基地。旅游资源丰富,"黑龙江柯尔克孜民族风情第一村游",成为黑龙江省100个最值得去的地方。

管局是国家重要的商品粮基地、农畜产品加工基地和现代化农业示范基地。全局总播种面积14.43万公顷,粮食总产量119万吨。现有工业企业近200家。泰来"嫩鑫"大米、大山"十三叶"大米获得总局级著名品牌,"嫩鑫"牌大米在中国粮油产品展览会荣获金奖。

农业生产　农作物总播种面积14.43万公顷,实现粮食总产119万吨,实现种植业增加值16.7亿元。2.6万栋水稻育秧大棚全部实现综合利用,种植大豆、辣椒、茄子等作物平均棚效益400元以上。新增各类专业合作社43家,总数达431家。

畜牧业　奶牛存栏1.4万头,肉牛、生猪、羊和禽类饲养量分别达0.49万头、12.8万头、16.2万只、221万只。争取上级投资1534万元,对9个奶牛养殖小区基础设施进行改造。稳步推进苜蓿草产业发展。苜蓿草场高产示范面积达333公顷,苜蓿种子繁育田和品种对比实验田面积200公顷。与内蒙古赤峰市巴林右旗政府合作,成立北大荒绿草牧业有限公司,项目总投资2.43亿元,种植苜蓿面积3333公顷,养殖肉驴1万头。

工业　实现工业增加值6.6亿元,实现主营业务收入26.4亿元,实现利润1.6亿元。查哈阳农场龙泉米业扩建项目完成并投入使用,大山种羊场"雨芳米业"续建项目投入生产,繁荣种畜场生物质发电项目主体工程基本完工,查哈阳农场生物有机肥厂完成基础建设。管局协调金融等部门帮助中小企业申请流动资金贷款共计2.5亿元。

城镇建设　新建住宅1.47万平方米,更新改造城镇道路2.77公里,新增排水管道13.41公里。完成通畅公路2.36公里、通达公路7.6公里。新建污水处理厂1处、新增生活垃圾处理中心1处、营区绿化面积12.31万平方米、营区植树20.72万株。

民生工程　新增城镇就业3413人,失业人员实现再就业3323人,劳务输出2063人。改善职工群众就医环境,形成以中心医院、农场医院、作业区卫生所三级医疗预防保健网络。整体推进"美丽乡村"建设,投入资金1.3亿元用于公共服务、环境治理、道路建设。

党的建设　按照中央、省委和总局党委统一部署,在场处级以上领导干部中开展"三严三实"专题教育。局、场两级班子开展专题研讨39场,查找出领导班子和领导干部不严不实问题379条,列出问题清单109个,制定整改方案94个,整改问题264项,高质量召开专题民主生活会。加强对现有体制下党建和工建工作的研究。将绿色草原牧场确定为发挥农(牧)场党委集体领导核心作用试点单位,将泰来农场确定为完善农场职工代表大会制度和场务公开制度试点单位。坚持领导带头,引领各级组织建立党员志愿服务组织135个,开展主题实践活动131次,提供入户代办、帮扶解困、化解矛盾、治安维稳等各类便民服务819件。干部服务意识明显增强,文风、会风明显好转,工作效率明显提高,制度体系日益完善。　(王正申)

齐齐哈尔管理局基本情况及国民经济主要指标统计表

(2015 年)

指标名称	计量单位	合计	克山	依安	富裕	查哈阳	泰来	绿色	巨浪	齐畜	繁荣	大山羊种场	红旗种马场	局直
一、管理区数	个	30	4	2	4	8		3		3	4	2		
二、总户数	户	57461	10141	2108	4897	24061	876	2352	1190	4646	3782	1529	1043	836
三、总人口	人	147050	21875	4370	10997	67287	3093	5406	3229	11214	10018	3699	3153	2709
其中:男性人口	人	81780	11449	2283	5615	39782	1442	2828	2108	6067	5023	1902	1791	1490
女性人口	人	65270	10426	2087	5382	27505	1651	2578	1121	5147	4995	1797	1362	1219
少数民族人口	人	4371	226	30	1179	1918	74	252	8	350	169	142	23	
四、生产总值	万元	631232.7	84929.4	33556.5	60207	294609	25217	32815	12917.6	36989.7	17267.8	13147.9	5891.7	13684.1
五、人均生产总值	元	42926.4	38824.9	76788.3	54748.6	43783.9	81529.3	60701.1	40005.0	32985.3	17236.8	35544.5	18686.0	50513.5
六、工农业总产值	万元	233082.9	31133.7	16508.3	21240.8	99483.9	11877.7	10543	3999	18189.4	9776.1	7957.2	2373.8	
七、粮食总产量	吨	1190153	214981	52506	95999	539885	40562	57791	15256	32234	90642	40150	10147	
八、固定资产投资总额	万元	68317.37	17122.57	6232	5224.8	21330	2562.8	3144.8	1268.2	5224.2	3495	683.2	254	1775.8
九、职工工资总额	万元	101421.27	17155.83	2937.5	3493.52	54851.29	1294.72	2383.64	1362.21	5711.02	4061.16	1032.35	1154.03	5984
十、职工平均工资	元	33104	25990	30567	29783	36205	33542	31530	33886	37871	27002	12986	29820	59306
十一、居民人均可支配收入	元	22042	21495	23436	21605	23882	24553	24018	20779	22771	14562	13785	12453	

克山农场

场长、党委副书记：马曙光，1966年5月31日出生，黑龙江省宝清县人，中共党员，本科学历，农机工程师。1983年8月参加工作，2011年5月任现职。

党委书记：李贵福，1965年6月出生，黑龙江省五常县人，中共党员，本科学历，教授级高级政工师。1984年8月参加工作，2009年1月任现职。

党委副书记兼纪委书记：赵景才(2009.12—)

党委委员、副场长：王宪羽(2011.5—)

副场长：华树东(2011.5—)
李学峰(2013.4—)

党委委员、工会主席：王洪可(2011.5—)

党委委员、武装部部长：孙敬波(2010.5—)

党委委员、宣传部部长：迟玉梅(女)(2013.3—)

党委委员、组织部部长：刘怀志(2014.7—)

概况　克山农场位于黑龙江省西北部，齐齐哈尔市所辖克山县与讷河市之间。距克山县55公里，距讷河市56公里，距哈尔滨市360公里，距齐齐哈尔市180公里。地理坐标为北纬48°11′56″～48°23′40″，东经125°07′54″～125°36′37″，为小兴安岭伸向松嫩平原过渡地带，丘陵漫岗，海拔313.9米，地势东高西低。场界东西长44公里，南北宽18公里，总面积350平方公里。土质有淋溶黑钙土、草甸沼泽土、普通黑钙土和河谷水线冲击土。黑钙土占地面积98%，土质较轻，结构疏松，肥力较高。农场境内没有河流，地面水源于自然降水；有地下水，岩层厚质较大，水质良好，为优质淡水，适合饮用、灌溉，属于缺水区。农场属于温凉型气候区，特点是春季干旱，大风次数多；夏季高温、多雨；秋季降温迅速，霜冻早；冬季严寒、干燥。无霜期120天左右，年降水502.5毫米。年平均气温1.3℃。20世纪90年代以来，受全球气温升高影响，年平均气温高达2.1℃，极端最高气温36.5℃，极端最低气温－37.6℃，大于或等于10℃的活动积温为2339.8℃。

2015年，农场耕地面积2.72万公顷，下设4个管理区、28个作业区，场部2个居民委及工厂、学校、医院等17个工商运建服企事业单位。有人口2.2万人，其中职工1.2万人。是以粮食、马铃薯产品、农林牧副渔全面发展、工商运建服综合经营，政、社、企一体，社会形态完整，经济社会可持续发展的生态区域。是国家重要商品粮生产基地，马铃薯产品生产基地，绿色食品、有机食品、无公害食品生产基地。

现代化大农业　土地承包“两田制”改革取得实效，增加收入3275万元。农业基础设施得以改善，争取国家资金10754万元，完成千亿斤粮食、小型农田水利、节水增粮和农综开发等6个项目建设，新建水泥晒场42173平方米，机电井265眼，库房1020平方米，新修田间路7.89公里，架设输电线路52.02公里，购买变压器42台套，喷灌机259台(套)，治理低洼地1.28万立方米，粮食综合生产能力大幅攀升，创“十二五”期间最高水平，马铃薯示范片单产创建总局排名第一。农机装备水平进一步加强，投资2000余万元，购进、更新200马力轮式拖拉机13台，农机购置补贴受益农户51户；质量效益型畜牧业得到巩固。奶牛存栏1957头，生猪存栏8856头，羊存栏3872只，禽存栏26784只，畜牧业实现增加值1.5亿元；完成更新造林75公顷，营造农田防护林和水土保持林44条，农田网化率100%，森林覆盖率8.5%，城镇绿化覆盖率42.1%。

工业　农场工业园区按照总局级标准已达“六有”标准。全场工业企业16家，实现工业增加值5418万元，比上年增加307万元。品牌建设工作取得新进展，“荣山牌”机械已成为省著名商标。

民生工程　落实“七大”民生工程，实施“安居工程”，投资1504万元完成廉租房项目，投资564万元建设住宅小区混凝土道路24686平方米、铺设步道板3910平方米，投资6万元维修场直城镇破损严重的主干路面328平方米；实施“暖心工程”，投资57万元铺设采暖主管线840延长米，投资11万元机关办公楼、初中宿舍楼供热管线维护400延长米，投资200万元维修场直住宅小区排水30余处；投资422万元完成通村公路1.5公里，通达公路24.7公里建设任务；实施“再就业工程”，全场新增就业768人，零就业家庭实现就业20户，就业困难人员重新就业123人；实施“解困工程”，30户有劳动能力低收入家庭通过场、科、队三级干部“一帮一”结对扶低造血帮扶脱贫致富；实施“素质教育工程”，投入240万元完成高级中学教学楼和操场全面改造，新建标准篮球场两个，小学新建综合楼按计划10月投入使用，幼儿园全部粉刷；实施“保障工程”，全年全场发放低保金703.79万元，贫困家庭医疗救助37人次，临时救助58人次，救助金额32.29万元，资助低保户参加居民医疗保险544名；实施“健康工程”，职工医院为职工建立健康档案11415人，免费健康体检2035人，健康咨询1572人次，疫苗接种率100%，疾病监测率95%。

企业管理　开展“管理年”活动取得实效。全场年增收节支4966万元。其中实行“两田制”试点改革，规模田全部推向市场，土地承包费收入13735万元，平均亩收费327元，比2014年增收3275万元，平均亩增收78元；加强财务管理，综合管理费用在上年基础上整体下降10%以上，共计减少支出1691万元。严格控债化债取得显著成效。在资金紧张情况下，全年没有新增债务，保持了农场经济稳定运行。强化民主监督。坚持执行“三重一大”制度，提高领导干部决策的科学化、民主化、公开化。推行党务、政务、财务三公开。党内监督、舆论监督、群众监督相结合，推行“阳光工程”。深化“平安农场”建设。加强社会治安综合治理，依法严厉打击各类刑事犯罪。四是抓好信访稳定工作。坚持每月矛盾排查上报制度，对不稳定因素定期排查，做到了早发现、早报告、早稳控、早解决。信访、上访案件明显下降，全年无进京进省非法访。尤其上年“两田制”改革

期间,由于各单位、各部门积极配合,保证了农场“两田制”改革的社会稳定。(曹培杰)

依安农场

场长:李炳刚,1967年8月出生,山东省郓城县人,中共党员,本科学历,高级政工师。1986年11月参加工作,2004年3月任现职。

党委书记、社区主任:朱以贵,1966年10月出生,中共党员,本科学历,政工师。1984年11月参加工作,2009年12月任现职。

党委副书记、纪委书记:冯双孝(2012.12—)

副场长:

王晓飞(任职时间2011.5—)

靳明峰(任职时间2013.3—)

概况　依安农场位于黑龙江省西部,嫩江平原中部,依安县境内,分布于乌裕尔河中游南北两岸,地理坐标为北纬47°46′~47°56′,东经124°51′~125°35。西临鹤城齐齐哈尔,北接开放口岸黑河,碾北公路、齐北铁路从境内穿过,交通十分便利。

农场占地面积0.97万公顷,耕地面积0.57万公顷,水田占70%,旱田全部实现高效经济作物,农业机械化率98%。场县共建工业园区拥有长江以北储量最大高岭土矿资源和石英砂、五色土、黑泥等多种矿物质,是生产建筑陶瓷、卫生陶瓷和工艺陶瓷的主要原料,潜力巨大、商机无限,前景广阔。

依安农场总人口4370人,总户数2108户。城镇化率达80%、绿化率45%、人均绿地面积20平方米。农场先后获得国家级生态示范区、国家级教育系统先进集体、省级优美乡镇、总局级文明单位等称号。

2015年,农场实现生产总值33560万元,其中,一产17360万元、二产7920万元、三产8280万元,分别增长6.6%、4.7%、10.2%,人均可支配收入23436元,资产负债率47.68%,比上年下降15.2%。上缴养老金企业承担部分1237万元,完成计划的100%,上缴总局、管局利润437万元,处理农行不良贷款回购72万元,偿还管局借款730万元,清收欠款3.2万元。报销老干部医药费44万元,学校医院补发工资110万元;卡式发放低保金125万元、农业补贴605万元,阳光保险理赔172万元。

农业生产　水田公顷产量9525公斤,农业部水稻万亩高产创建示范片公顷产量10620公斤;玉米公顷产量8700公斤,粮食总产实现5.25万吨,比上年增加0.35万吨。争取上级政策支持2989万元用于农业基础设施建设。投入510万元新建乌裕尔河河北灌区交叉涵工程,保障13400公顷水田正常供水,解决主汛期乌裕尔河洪水倒灌淹没农田问题;投入320万元新建混凝土防浪墙220米,解决乌裕尔河防洪堤被冲毁险情问题;投入690万元对水田供水干渠进行高标准衬砌9.6公里,整体提升节水供水能力;投入1010万元发展喷灌面积467公顷,增强了抵御自然灾害能力;投入139万元更新农机具197台(件),有效提升农机装备水平;投入320万元新建第一管理区水稻育秧大棚60栋,为水稻育出壮苗和大棚二次利用增加职工收入奠定坚实基础。

畜牧业　重点发展肉羊、大鹅等特色养殖项目,全场肉羊出栏3.9万只,大鹅出栏5.1万只,大雁出栏500只,职工增收460万元。

工业　辽金源日用陶瓷项目向高端化市场转变,聘请宜兴紫砂工艺师带徒生产,紫砂产品初步形成,该项目已确定重点生产粗陶泥塑、紫砂、手工绘画艺术瓷、日用陶瓷四大系列产品。在今年中俄博览会上,作为东北三省唯一的陶瓷产品,深受中外消费者广泛好评。龙辉米业水稻种植合作社发展良好,生产的“依鹤”牌大米已向福建、四川、甘肃等地销售1.4万吨。

改善民生　民生投入2153万元,百姓生产生活条件得到进一步提高。总局交通局投资1510万元新建农场公路2.36公里;农场投资270万元拓宽师生路0.73公里,铺设暗排,安装路灯,改善城镇交通环境;投资200万元解决第二管理区饮用水安全问题,基层百姓喝上安全水、放心水;投资30万元解决第三作业区自来水房和砂石路;投资40万元完善书香公园状元亭和城镇绿化,生态环境得到提高;投资53万元新建社区卫生服务中心健康小屋1个,免费体检1480人次,真正实现一站式诊疗服务;投资50万元,新购校车1辆、更新教学设备、维修宿舍,新招聘教师6名,学校办学条件得到改善,教育教学能力明显提升。

企业管理　扎实推进“强化管理年”活动,规模田面向市场竞价发包增收200万元,比上年增收8.49%。压缩综合管理费用184万元,比上年下降10.12%;压缩六项费用2.97万元,比上年下降5.15%;全场管理人员每人下调工资5000元,比上年下降12.3%;办公费比上年减少3.7万元,比上年下降14.23%。机关干部和驻场单位义务植树980个工作日,节约人工费11.5万元。(冯明东)

红旗种马场

场长、党委书记:李伟华,1972年7月出生,黑龙江省依安县人,中共党员,研究生学历,农艺师。1993年参加工作,2012年6月任现职。

党委副书记、纪委书记、工会主席:王永军(2013.4—)

副场长:张备战(2011.5—)

耿玉波(2013.4—)

概况　红旗种马场于1965年4月建场,隶属于黑龙江省畜牧局,2007年3月划归黑龙江省农垦总局齐齐哈尔分局。坐落在松嫩平原中部,位于黑龙江省西部,地处依安、富裕、林甸三县交界处,北引工程从场东部穿过场区,依林运河从场区中部由东向西穿过,依林运河全长20余公里,北引36号闸以上8.5公里,以下12公里,承担着依安县五个乡镇470平方公里的排泄除洪任务。地理坐标为北纬47°25′~47°30′,东经125°20′~125°23′,海拔160~165米,气候条件实属温带半湿润半干旱过渡的气候类型区。现有土地4520公顷,其中耕地1620公顷(其中旱田620公顷、水田

1000公顷),天然草场2521公顷。场内地势平坦,土壤PH值在7.9左右。全年降水量435毫米,降水主要集中在夏季,有效积温2380℃。

种植业　农作物总播种面积1620公顷,粮食总产10147吨,总产值3100万元,总效益1637万元。其中水稻种植面积1000公顷,玉米150公顷,大豆470公顷。粮食公顷产值较上年同比增长4.65%。

畜牧业　年末,全场各种畜禽存栏量:奶牛70头,肉牛72头,羊6289只,生猪1188头。畜禽出栏量分别为:肉牛90头,羊4745只,肥猪2694头,家禽22500只。肉类总产量348.48吨。

财务管理　把以往的债务逐年列入预算,降低农场的欠债。多方位压缩费用,将有限资金用在刀刃上。压缩六项费用支出6.3万元,比上年下降10.9%;取消农场内部招待食堂,严格执行公务用餐标准,节约资金2万元与上年相比下降22%。加强应收款管理,积极回收陈欠1.58万元。节约从小处着手,从差旅费到办公费做起,一人外出要由办公室通知到各部门,能代办的工作一律集中代办,压缩办公费用2万元。

民生工程　投资7.1万元铺建红旗种马场至四分场公路大桥北1公里砂石路面;投资2万元新建新丰至红旗种马场公路平交道口建设工程;投资4.5万元保质保量地完成2015年造林绿化任务1.33公顷;新建的文化休闲广场和老年人活动室极大地丰富了职工群众的业余文化生活,提高了生活质量;逐步提高农场的医疗诊治能力,目前已达小病不出场且能够及时治疗;2015年农场530人纳入城镇居民医保,改善了就医条件,降低了部分居民因病致贫的状况;重点帮扶困难户10户,由场领导、机关科长与其结成"一帮一"扶贫解困对子,落实帮扶资金12万元。　(祁江恒)

富裕牧场

场长:王春明,1968年5月出生,黑龙江绥化人,中共党员,本科学历,助理农艺师。1990年1月参加工作,2012年7月任现职。

党委书记:彭崇瑞,1963年10月,江苏省邳州市人,中共党员,本科学历,高级政工师。1980年8月参加工作,2008年12月任现职。

党委副书记:杨永生(2009.12—,工会主席2004.3—)

副场长:陈宝库(1998.10—)
陈金利(2013.4—)

党委委员、武装部部长:张国华(2010.4—2015.9)

党委委员、组织部部长:王海涛(2015.9—)

党委委员、宣传部部长:刘忠(2015.9—)

概况　富裕牧场位于黑龙江省西部,齐齐哈尔市所辖的富裕县境内,地理坐标为北纬47°36′45″~47°57′40″、东经124°13′30″~124°46′57″之间。场部坐落在富裕镇东部15公里处的树林火车站南侧。地处嫩江平原乌裕尔河流域。西靠嫩江,南面乌裕尔河,北部引嫩人工运河,蜿蜒流经场内东部地区。地势北高南低,东高西低,地面坡降为1/200~1/5000。境内地形属冲积波状平原,海拔高度在156~182.5米。土壤有黑土、沼泽土、沼泽草甸土、碱化草甸土和风沙土,分别占总面积的7%、10%、15%、8%、60%。

牧场所辖4个管理区6个作业区"镶嵌式"分布在富裕县城的周围。场域总面积276平方公里。有耕地177985公顷,草原12000公顷,绿色植物约有4大类140余种。场区东部的丰收水库,是开发生态旅游的最佳景点;乌裕尔河沿岸,水草茂盛,大片湿地构成了广袤的天然牧场。

2015年,实现生产总值60207万元,年均增长17.1%;人均可支配收入21605元,年均增长16.1%。

种植业　农作物总播种面积11866.6公顷。水稻6666.6公顷、玉米3866.6公顷、青贮333.3公顷、高效作物1000公顷。2015年新增水稻面积196.6公顷,新增玉米面积327.5公顷。全场实现粮食总产9.59万吨,粮食作物平均公顷产8943公斤,其中水稻9075公斤,玉米9060公斤,粮食作物平均公顷效益8860.5元。推广五大栽培模式和十项新技术,重点推广玉米"大垄密"3866.6公顷,水稻叶龄诊断6666.6公顷,飞机航化作业健身防病3466.6公顷。2015年落实两项农业部高产创建活动。其中水稻766.6公顷,玉米753.3公顷,示范片测产结果玉米公顷12161.85公斤,水稻公顷10657.5公斤。推广玉米应用GPS进口播种机播种3866.6公顷,推广水稻机械精密播种6666.6公顷,钵形毯式苗、钵育摆栽666.6公顷,集中浸种催芽2666.6公顷,大棚育秧100%。新增加绿色食品(水稻)检测面积3333.3公顷。

造林绿化　春季造林绿化24.6公顷,共栽植小黑杨树、樟子松容器苗、银中杨、丁香、榆叶梅等树木10万株。栽植绿篱2500延长米,种植草坪3.2万平方米、栽植草花4万株,建立义务植树基地2个,完成义务植树2.4万株。同时,对2014年未达标的造林绿化地块进行了全面的补植。实现城镇绿化覆盖率42%。全场育苗150公顷,培育糖槭、银中杨、垦绥垂柳、金叶榆、丁香、稠李,大小叶锦鸡儿、连翘、红瑞木及多年生宿根花卉等各类高档造林绿化苗木15个品种,产苗100万株。除满足本场造林绿化外,还可以向外部提供商品苗木。林业达成面积3493.3公顷,其中有林地面积3133.3公顷,全部为人工林。农田防护林面积数量达成727条,网格数185个,面积2913.3公顷,农田林网化率达100%;未成林面积106.6公顷;苗圃4个,面积150公顷,总产苗量300万株,当年产苗量100万株;义务植树保存面积200公顷;家庭林场104个,面积2173.3公顷;场部控制面积400公顷,绿地面积168公顷,绿化率达42%;管理区区部4个,区部面积333.3公顷,绿地面积106.6公顷,绿化率达32%;公路绿化8条,绿化里程达15公里,绿化率达96%;2015年资金投入50万元,出动人员3000人次,车辆达100台次,森林覆盖率达12.7%。

农机更新　农机更新资金总额达567.51万元,其中争取国家补贴资金

180.27万元,新增农业机械动力6312千瓦其中插秧机96台、55马力以上拖拉机10台、收获机21台,全场农机总动力达3.18万千瓦。跨区作业50万亩。还投资43万元扩建停放场地面硬化面积3000平方米,技术状态合格率100%。

水利　有堤防43.4公里,其中嫩江堤防4公里,乌裕尔河堤防39.4公里,确保安全过汛。投入15万元,储备了编织袋2.2万条、塑料布2万平方米、彩条布2000平方米、防汛木材50立方米、铁线0.6吨、铁锹20把、救生衣10件等防汛物资。2015年度节水增粮行动项目位于该场第二管理区,新建绞盘式喷灌工程1处,面积200公顷。工程总概算330万元。加固培厚通南沟堤防14.945千米(其中右岸堤防7.469千米、左岸堤防7.476千米),修建穿堤建筑物5座(其中新建涵闸2座、强排站3座)。工程概算总投资为2903.36万元,其中工程部分投资2600.03万元;乌裕尔河通南沟堤防加高培厚工程,为新建乌裕尔河通南沟堤防4.48千米(其中包括,乌裕尔河通南沟右岸堤防3.53千米;乌裕尔河通南沟左岸修建回水堤1处,回水堤长0.95千米。)工程总投资400万元。通南沟防洪标准由之前的不足10年一遇达20年一遇,堤防工程等级由不足5级升为4级,流域范围内耕地草原排水标准达10年一遇。工程保护面积3600公顷,其中受保护耕地2666.6公顷,受保护人口5600人。

畜牧业　奶牛存栏1936头,其中成母牛948头;累计鲜奶总产量3308.86吨;青贮种植面积176.6公顷,平均每公顷产60吨,总贮量10600吨。投入289多万元,其中34万元对场直西奶牛小区的牛舍、TMR车间、草棚等附属设施进行牧场化改造,成立奶牛养殖合作社—齐齐哈尔农垦富成奶牛养殖专业合作社,应用TMR饲喂技术,实行牧场化管理,合作制经营的模式;投入255万元对第二管理区民族村散栏高标准奶牛小区内牛舍进行改造维修,新建围墙1114延长米、钢结构草棚600平方米和TMR库房及精料间400平方米,新购入铲车2台、TMR及牵引车1台(套)和修蹄车1台等相关设施设备进行完善。农场与北京中鼎国众牧业科技有限公司达于2015年11月3日正式签订第二管理区民族村散栏高标准奶牛小区厂房及设备承包合同,承包期10年,牛只入驻全部吸纳农场内奶牛实行托管,并与奶牛户签订托管合同,全部采用TMR饲喂技术,实行全封闭统一饲喂、防疫、管理,统一饲料、兽药,统一鲜乳销售的牧场化饲养经营管理模式。

新农村建设　投资2000万元建设仓储8万吨粮食的仓储库和先进的玉米烘干设备,占地4万平方米;投资8.7万元对1#楼南阳台进行维修;投资259.42万元。教育实验楼改造3882平方米,中学宿舍楼改造1625平方米,小学宿舍楼改造1197平方米,室外水洗厕所224.77平方米;投资26万元,对学校实验楼更换供暖管线10390米,更换暖气片910片,排水管线520米,等改造总面积5152平方米;投资86万元,完成新合小区道路硬化5620平方米。拆迁56户,拆迁面积共计5660平方米,其中第一作业区35户,拆迁面积4134户,第二作业区21户。投资311.69万元。十五作业区水稻种植示范基地修建排水沟18公里、田间路9公里、圆涵10座、泵站1座。完成投资256.85万元;润居家园、福顺家苑小区供暖改造管线2252延长米及附属设施,投资58.40万元;润居小区绿化种植三叶草面积19700平方米。完成投资42.73万元。投资148.51万元,建成自来水管线长度6224.6米、消防水鹤1套及配套工程。

自营经济　实现自营经济总产值3.4亿元,利润1.66亿元,从业户均纯收入59500元,人均纯收入24000元。以西瓜、苗木等项目为重点,种植1000公顷。其中西瓜266.6公顷,苗木533.3公顷,杂豆200公顷,西瓜、苗木公顷效益达1.8万元以上,其他高效经济作物亩效益达10500元以上。设施农业大棚总数145栋,有20户职工从事棚菜生产,全年种植两茬,亩效益实现了7500元。第六作业区王英利,年出栏肉鸡2万只,年产蛋35万公斤,实现利润40多万元。年出栏2万只以上大户5户。特色养殖重点支持职工从事兰狐、大雁等特色养殖,兰狐养殖户2户,养殖量800只,年取得经济效益20万元;大雁养殖户2户,养殖量800只。

民族村建设　投资212.81万元,对散栏式高标准奶牛小区改造,建成围栏1114米,牛舍维修6840平方米,草棚600平方米,钢结构TMR库房及精料间400平方米,2栋牛舍维修,小铲车1台,TMR1台,牵引车1台,办公室50平方米等。投资54.84万元,民族村水稻新品种试验基地建斗渠950延长米、农渠820延长米、排水沟1500延长米、硬化路面1800平方米、标准育秧大棚3栋。投资150万元,在民族村打饮水井1眼,购置水处理设备1套、变频1套、建井房1座、井窖1个、铺设主管道11200米。投资33万元,新建堆粪场600平方米,储存池100立方米,二作车间40立方米,冬季堆粪场500平方米;民族村新建标准房10户;投资8万元增设自来水化验室一处。对民族村风情园及荷花池进行加固维修。重铺步道砖247.6平方米,抹水泥缝131米,赤龙壁重新修建,粉刷景区动物4个,对仿古长廊立柱进行粉刷。

(蒋来福)

繁荣种畜场

党委书记:陈砚忠,1965年12月5日出生,山东省沂水县人,中共党员,大学文化。1986年9月参加工作,2009年1月任现职。

副书记、纪检书记、工会主席:吴东世(2009.12—)

副场长:王贵(2013.3—)

吴立东(2009.12—)

王志江(2009.12—)

武装部部长:孔令宇(2013.4—)

场长助理:孙正文(2011.11—)

概况　繁荣种畜场始建于1963年,原主管局为黑龙江省畜牧兽医局,2007年归属黑龙江省农垦总局齐齐哈尔分局。场址位于富裕县境内,距富裕县城南60公里,乌裕尔河东岸,北临碾北公路10公里,西邻齐齐哈尔市,南与大庆市接壤。农场地理坐标为北纬47°27′、东经124°33′,自然气候属于第二积温带下限,年均降水量为450～600毫米,年平均气温2.9℃,年有效积温2600℃,无霜期125天。总人口10668人,总户数3591户。在册职工1645人。占地总面积11131公顷。其中,耕地面积9710公顷,林地面积457公顷,水面25公顷,草原面积379公顷。农场拥有大型农机具595台(套),机械总动力50508千瓦。繁荣种畜场下设4个管理区和1个水田开发区。农场以农业生产为支柱,原来是重点发展畜牧业。场内地势平坦,幅员辽阔,土质肥沃,属堆积型草原,土壤主要是洪积物、冲积物和堆积物。场区内土壤分别为碳酸盐黑钙土、碳酸盐砂壤土、碳酸盐碱土和碳酸盐草甸土。植被主要是农田作物、人工林和草甸植被。

2015年,实现生产总值17267.8万元,人均纯收入14562元。

农业生产 围绕提高粮食产能,落实播种面积9713公顷。其中水田5000公顷,玉米4333公顷,经济作物380公顷。实现粮食总产9.06万吨,粮豆平均公顷产9000公斤。圆满完成农业部玉米“双增二百”项目的实施,实施面积3333公顷。玉米、水稻高产创建活动经专家组测产,公顷产分别达12600公斤和10665公斤。总局排名第15位,玉米模式公关总局排名第17位。完成有机食品认证6666公顷,其中水稻4000公顷,新增玉米认证2666公顷。对2000公顷水田实行飞机航化作业,进一步提升了农业标准化生产水平。利用水稻育秧大棚20栋生产鲜蘑、木耳等食用菌16万袋,存收入26万元,种植瓜菜31栋,职工增收6.2万元。对各管理区农田路进行机刮平整,改善了职工的生产条件。更新农机具103台(套),使农机装备总量持续增长,农业机械化总动力达2.9万千瓦。

畜牧业生产 畜牧总产出6500万元。全场肉牛出栏160头、生猪出栏11000头、羊出栏3900只、禽出栏17万只,牛奶总产量200吨、肉类总产量1756.3吨、禽蛋总产量170吨,畜牧增加值2390万元。梅花鹿发展到2600只,已成为黑龙江地区梅花鹿最大繁育基地。为加强草原生态保护,投资15.4万元在第二管理区草原修筑围栏3080延长米。

工业 实现销售收入13212万元,增加值2212万元。工业利润总额804万元。工业增加值增长率18.3%。投资2000万元的鹿产品深加工项目已竣工,建筑面积4480平方米,鹿产品车间、酿酒车间内部装修任务、生产线设备到位。投资5500万元的玉米秸秆沼气发电项目,完成了1500平方米生产车间,450平方米锅炉房、供电车间工程建设。黏玉米加工项目完成了部分续建任务。

城镇建设 投资260万元完成鑫鑫家园二期工程住宅小区道路硬化和小广场硬化,修建铁栅栏400延长米;完成第四管理区4户居民整体搬迁工作;完成场直小西屯自来水改造工程。经过与富裕县邮政局多次协商,引进邮政储蓄银行在场内安放自动提款机,结束职工到60公里外的富裕县取款的历史,尤其解决了退休人员取款难的问题。投资240万元的客运站项目已经完成招标工作,完成投资300万元养老中心立项批复和可研报告,投资470万元的食用菌基地建设项目已完成立项批复,正在进行可研和其他手续的办理工作。 (杜宏伟)

查哈阳农场

党委书记:郭 进,1960年3月出生,黑龙江省青冈县人,中共党员,本科学历,高级农机工程师。1977年11月参加工作,2006年2月任现职。

党委副书记纪委书记:吕忠元(2009.12—)

副场长:安红宇(2013.4—)

工会主席:陈刚 (2013.4—)

武装部部长:张龙轩(2013.4—)

党委委员、组织部部长:王立辉(2010.12—)

党委委员、宣传部部长:王庆海(2010.12—)

场长助理:刘立星(2014.3—)

场长助理:樊庆国(2015.5—)

概况 查哈阳农场1948年建场,位于齐齐哈尔市甘南县及讷河市境内,分布于北纬47°56′～48°31′,东经123°46′～126°26′。属于第三积温带,年平均气温2.1℃,降水量486.8毫米,大于或等于10℃的活动积温2900.2℃,无霜期141天,年平均日照时数2149小时。

2015年,农场实现国内生产总值29.46亿元,同比增长15.11%。其中第一产业8.7亿元,同比增长6.79%,第二产业3.4亿元,第三产业17.36亿元,同比增长21.16%。人均纯收入2.39万元。

农业生产 农作物总播种面积6.47万公顷,其中粮食作物6.14万公顷,经济作物0.33万公顷,粮食总产达53.99万吨。粮食产量、产值、效益均创历史最高水平。绿色安全食品基地建设进一步发展。全场有4.56万公顷水稻全部按照绿色食品标准进行种植,绿色食品认证3.4万公顷。国家级种子基地进入新阶段,农场与袁隆平院士合作的北方杂交粳稻育种项目实施已6年,已培育出F1－F6代品系,筛选出天稻26、天稻28两个品种,分别参加黑龙江省和农垦总局品种区域试验,生产天稻26水稻种子6吨。农业基础建设进一步加强。利用国家土地整理资金1.34亿元,对太平湖、花香、海洋三个管理区的低产田进行改造,整理土地总面积8000公顷,渠道清淤368公里,新修建筑物1430座,农田路230公里,晒场10.5万平方米。利用产粮大场奖补资金1,574万元,新修农田路16.8公里,新建晒场6处,面积7万平方米。农业机械大幅度更新,投资2,631.7万元,引进和更新40马力以上拖拉机110台,佳联CF809大型水稻收获机19台,4行以上步进式插秧机499台。

畜牧业 加快推进标准化养殖场建设,投资391万元,对金边第三作业区和太平湖第六作业区奶牛小区进行标准化改造,新建水泥路面1968平方米,青贮窖6000平方米,TMR厂房300平方米。落实青贮种植面积407公顷,收获青贮1.97万吨。全场奶牛存栏

2036头,猪存栏1.1万头,羊存栏0.83万只,家禽存栏91976只,肉牛出栏604头,猪出栏23789头,羊出栏19.3万只,鲜奶产量5138.7吨,肉类产量2.78万吨,禽蛋产量897吨。

工业 围绕"工业强场"主线,着力优化发展环境,在协调办理用地手续、融通资金、承揽业务及基础设施改善等方面给予中小企业支持和帮助,使场内中小企业得到进一步发展。完成工业销售收入12.8亿元,增加值3.3亿元,利润4446万元。农场23家米业共收购水稻40万吨,生产优质大米26.57万吨,花香机械制造厂和红星农用机械制造厂共生产农机具2290套,实现销售收入1222万元,利润190万元。

城镇建设 把完善城镇基础配套设施作为新型城镇建设的重点。投资1400万元,新建教学艺体楼3645.8平方米争取国家一事一议奖补资金1531万元,实施与职工群众生产生活密切相关的公益事业建设项目34项,新修水泥路7.18万平方米,安路灯511盏。投资350万元,完成新型小区供暖、排水工程,铺设供热管线3354米,投资200万元,新建供热能力10万平方米的英伦半岛供暖换热站,围墙420米;投资130万元,新建医生周转宿舍,建筑面积280平方米;农场的城镇建设也正在向由建到管的规律性转变。

(刘世禄)

泰来农场

场长:韩中立,1970年6月出生,山东省沂水人,中共党员,研究生学历,政工师。1995年8月参加工作,2012年7月任现职。

党委书记:魏志民,1960年11月出生,黑龙江省林甸县人,中共党员,大学本科学历,高级政工师。1978年9月参加工作,2009年1月任现职。

党委副书记、纪委书记、工会主席:贾昊(2013.4—)

副场长:刘存元(2013.3—)

郝群山(2013.4—)

党委委员、组织部部长:谢红岩(2015.9—)

党委委员、计财科科长:张弘(2015.9—)

【概况】 泰来农场位于黑龙江省西南部泰来县境内,东临嫩江与杜尔伯特蒙古族自治县相望,西南北三方面分别与泰来县胜利、宁姜、好新三年接壤。农场于1948年建场。地理坐标北纬46°23′46″,东经123°32′,海拔134~137米,属黑龙江省第一积温带,年均气温4.2度,平均活动积温2875℃,年均日照时数2917小时,无霜期145天。全场占地10200公顷,人口3093人,876户,下设3个管理区,耕地5333公顷,林地面积3133公顷,森林覆盖率30.7%。

2015年,农场实现国内生产总值38624万元,家庭农场职工人均收入29866元。

农业生产 克服极端性天气的频发,育秧期间持续低温,夏季多雨等一系列自然灾害,通过科学合理安排调控、打牢基础等措施,实现粮食产量4万公斤,公顷产量9600公斤,公顷效益9870元,粮食总产、单产、效益创历史新高。投入740万元实施节水增粮和小型农田水利等工程,打抗旱井58眼、发放抗旱井补贴7.88万元,铺设输电线路等,化解北水库内涝问题,对赵家店堤坝进行加高培厚;加大农机更新力度,发放农机补贴153万元,更新农机具88台(套)。利用浸种催芽中心,投入19万元免费为职工浸种200吨,从而实现全场水稻统一播种、统一苗期管理,保证了插秧及田间管理步调一致,为农业增产增收奠定坚实的基础。扎实开展三秋工作,达旱田、水田100%实现黑色越冬,旱田秋起垄100%,秋备苗床土100%,农场被总局评为农业标准化提升优秀单位。

畜牧业 投入资金135万元,建设青贮窖、干草棚,购置TMR饲料搅拌机、青贮取料机等设备,达蒙牛公司收购鲜奶质量要求,使每公斤鲜奶收购价格在原基础上提高0.2元,全年每头奶牛增收近1000元。

林业 完成造林面积108公顷,投资110万元新建"两棵林苗"基地,全场干部义务植树12万株,完成对泰祥居小区、柳月湖等场区6处绿化造林,农场森林覆盖率达18%。

城镇建设 投资300万元新建污水处理厂一处;投资280万元完成第二作业区和第一作业区水泥道路5.2公里建设工程;投资300万元完成1.4万平方米水泥晒场建设工程;投入56万元完成28处平交路段工程项目;投入50万元完善场区及柳月湖公园基础设施建设;利用一事一议奖补资金20万元,购置环卫车等环卫设施,全年清理垃圾3万吨。实现由重建设到建管并重的重大转变。

经营管理 牢固树立过紧日子的思想,立足场情从小处抓起,以小聚多,从严处抓起,强化管理,严把"三关",即把好资金使用关、预算关、财务运行关。坚持"省减统合"原则,做到该省的省、该减的减、该统的统、该合的合,压缩每项开支。农场预算整体费用比2014年下降11%,六项费用同比下降8%。

(刘海维)

绿色草原牧场

场长:张军旗,1971年12月出生,黑龙江省明水县,中共党员,研究生学历,高级农机师。1991年12月参加工作,2011年9月任现职。

党委书记:孙洪光,1962年12月出生,辽宁省开原人,中共党员,研究生学历,政工师。1982年8月参加工作,2004年3月任现职。

党委副书记、纪检委书记、工会主席:赤庆明(2009.12—)

副场长、党委委员:董立军(2013.4—)

党委委员、武装部部长:王一川(2011.5—)

党委委员、组织部部长:李忠立(2010.6—)

场长助理:孙守宇(2011.9—)

宋利国(2014.3—)

概况 牧场始建于1958年,地处松嫩平原西部,地理坐标为北纬46°15′35″,东经124°15′35″。年有效积温2900℃,年日照2865小时,年降雨量400毫米,无霜期150天。牧场是以种植业为基础,以奶牛业为支柱,以苜蓿产业和旅游产业为新经济增长点的农林牧副全面发展的农牧场。总人口5406人,从业人员3245人,在职职工786人,离退休职工1381人,下设3个管理区、12个作业区。控制面积38133公顷,其中耕地5667公顷,林地10000公顷,森林覆盖率27.8%,草原牧地16933公顷,占总面积的43%。2015年末,实现生产总值32815万元,人均生产总值60701元,2015年居民人均可支配收入24018元。

种植业　农作物总播种面积0.71万公顷,其中玉米播种面积0.62万公顷,其他经济作物0.09万公顷。实现粮食总产5.7万吨,平均公顷效益达5955元。新增节水灌溉面积600公顷。投资300万元,建成森林草原综合防火站一处,全年完成造林绿化面积1986公顷。

畜牧业　投资450多万元,完成奶牛中心及振兴奶牛园区牧场化改造项目。奶牛存栏3350头,交售鲜奶7480吨。稳步推进苜蓿草产业发展,建成高产苜蓿草场示范区面积333公顷,苜蓿种子繁育田和品种对比实验田面积20公顷。与内蒙古赤峰市巴林右旗政府合作,成立北大荒绿草牧业有限公司,一期项目投资2000万元,种植苜蓿667公顷。

工业　充分发挥牧场区位、资源等优势,积极完善招商引资奖励机制,发展粮食和农畜产品加工产业,实现销售收入3819万元,利润369万元,工业增加值1476万元。

民生　推进社区卫生服务标准化和全民防控体系建设,强化卫生监督执法和食品安全保障工作。加大教育投入,投资280多万元,完成中小学危房及宿舍、食堂改造。自营经济实现产值2.79亿元,利润1.01亿元,从业户人均收入23910元。年初制定帮扶方案,对全场的13户低收入户落实领导干部及各支部帮扶对接,低收入家庭年人均收入1.6万元,实现全部脱低。

"管理年"活动　立足场情,抓细抓严,强化管理,严把"三关",即把好资金使用关、预算关和财务运行关。全力压缩"六项费用"支出,在上年基础上整体降低5%;严格控制"三公"经费支出,各项费用全部面向社会公开;降低综合管理费用支出,在上年基础上整体下降10%。进一步健全依法治场管理制度,严格落实"三重一大"制度,推进党政依法决策、科学决策、民主决策,完善合同管理制度,有效预防合同纠纷。　(金忠)

大山种羊场

场长、党委书记:宋玉民,1959年12月出生,河北省抚宁人,中共党员,本科学历,教授级高级政工师、会计师。1 976年7月参加工作,2005年3月任现职。

党委副书记、工会主席:吕志鹏(2009.12—)

副场长:王玉良(2009.12—)

纪检委书记:马洪生(2015.7—)

概况　大山种羊场,地处大庆市杜尔伯特蒙古族自治县境内,嫩江左岸,西以嫩江主航道为界,与泰来县江桥镇隔江相望,南、东、北三面分别与杜尔伯特蒙古族自治县江湾乡、连环湖镇和泰来县大兴镇接壤。地理坐标为北纬46°45′04″~46°47′38″、东经123°46′15″~123°51′30″。属于北温带大陆性季风气候。多年平均气温3.8℃,有效积温在2800℃以上,无霜期135天左右,年降水量400毫米左右,降水80%集中在7—9月。场区地形复杂,地势东高西低,东部为丘陵,沙壤土草原,中部农区主要为黑钙土,西部沿江地带为滩涂(嫩江泄洪区)。海拔高度在136~174米之间。位于嫩江干流左岸平齐线铁路江桥站下游10公里处,嫩江引水是种羊场农业用水主要水源,水质良好适合农业灌溉。地下地表水资源充足,适宜农业利用。拥有土地面积14860公顷,其中耕地3230.4公顷、林地3423公顷、草原2679公顷、水面1467公顷。总户数1466户,总人口3699人,其中场直住户1014户,人口2938人。职工901人,离休人员3人,退休人员653人。机关编制40人,下设2个农业管理区,1个服务站,编制9人。

2015年,实现国内生产总值13148万元,同比增长8.8%,其中第一产业产值7078万元,同比增长15.3%;第二产业产值2962万元,同比增长2.7%;第三产业产值3106万元,同比增长1.4%。人均可支配纯收入13785元。

种植业　农作物播种面积4500公顷,其中水田3200公顷,占播种面积的71.1%;旱田1300公顷。粮豆总产4.02万吨以上,实现种植业增加值5236万元。

畜牧业　年末奶牛存栏955头,成母牛385头,牛奶产量1824吨;肉羊存栏10127只,出栏21754只,肉牛存栏407头、出栏1179头,生猪存栏1015头、出栏1043头;肉类总产量达694吨。实现畜牧业增加值1348.2万元。

加工业　以工业园区稻米加工企业为龙头,以"十三叶"大米品牌为依托,以农场水田及与农场接壤的同为嫩江水田灌溉的水田为"十三叶"稻米生产基地,打造"十三叶"大米品牌。同时,为打造和扩大"十三叶"大米知名度,达企业增收职工增效目的。加大对园区企业资金的扶持力度。根据农场米业运转和市场变化等情况,已完成了大山米业改组。年末,园区实现产值1.21亿元,实现工业增加值2721万元。

城镇建设　投资1270万元完成场直给排水管线改造和新建工程,改造给水管线4671米,新建排水管道6978米,改建泵房218.37平方米,新增水处理设备一套;招商引资380万元建设的加油站项目,已完成罩棚施工和主体站房基础施工;老年活动中心和污水处理站项目通过质量验收。(张玉超)

巨浪牧场

党委书记:刘忠德,1970年1月出生,黑龙江省甘南县人,中共党员,本科学历,政工师。1991年7月参加工作,2004年4月任现职。

党委副书记、纪委书记、工会主席:张忠亮(2009.12—)

副场长:于春(1996.4—)

党委委员、武装部副部长：韦士柱（2005.3—）

党委委员、宣传部部长：杨宏军（2010.4—）

概况　巨浪牧场地处松嫩平原西部，位于大庆市林甸县境内。总人口3229人。全场占地面积9667公顷，其中耕地2267公顷，林地867公顷，草原湿地面积6000公顷。是黑龙江垦区五大天然牧场之一。牧场与扎龙自然保护区毗邻，土地肥沃，水草肥美，非常适合发展生态、绿色、有机农业，绿豆远销欧洲，被中国绿色食品协会授予绿色农业绿色绿豆基地。牧场野生中草药资源十分丰富，有各种中草药80余种，其中防风、黄芩、龙胆草等地道药材驰名中外。

2015年，牧场实现生产总值12918万元，比上年增长6.2%，其中第一产业8023万元，第二产业1769万元，第三产业3126万元，实现经营总收入2223万元。资产总额10818万元，负债总额7375万元，资产负债率68.2%。人均可支配收入20779元。

畜牧业　发展质量效益型畜牧业，强化服务引导，TMR饲喂技术、优质冻精和性控技术得到推广和应用。畜禽春秋两季防检疫率100%，做到了不重不漏。加大畜牧基础设施建设，投入195万元对养殖小区道路、排水等进行了改造，使养牛小区环境得到了根本改变。年末，奶牛存栏2513头，年产鲜奶6320吨；肉牛存栏152头，出栏2597头（包括淘汰的奶牛）；家禽出栏85019只；生猪出栏511头；羊出栏461只；禽蛋产量16.5吨；肉类总产量可达429.7吨。畜牧业增加值5469.7万元。

农业生产　农作物播种面积为2266公顷，其中水田87公顷，旱田2180公顷。实现粮豆总产15256吨。实施集中统一整地，出台了每深松一亩地补贴20.00元的奖励政策。完成引嫩扩建骨干一期工程征地补偿工作。投资1137.2万元，完成农田水利建设三期工程，新打抗旱井21眼、新进灌机25台、新进喷灌管道13361米、架设输电线路16.54公里。完成植树绿化任务。做到国补资金和各项惠农资金足额及时发放，农业阳光保险工作做到了应保尽保，理赔工作及时到位。

工业　完成工业销售收入4271万元，完成工业增加值1491万元，实现利润453万元，分别完成增幅6.9%、6.1%、6.7%。

城镇建设　投资25万元，完成住宅小区三至五号楼防水维修建设；使用“一事一议”财政奖补资金48万元，完成养殖小区监控建设项目；投资50万元，完成自来水站场地硬化和围栏建设；规范物业公司管理，强化服务意识，城镇化管理水平有所加强。

民生保障　全民医保做到应保尽保、低保资金得到足额及时发放、重大病号得到了医疗救助，对65岁以上老年人健康检查、妇女两癌筛查达100%，对医疗设备进行更新改造，社区公共医疗服务水平得到提高、为健康小屋增添了设备设施，独生子女费及父母奖励金及时足额发放，对贫困户、老干部进行了走访，为职工安装了逆水阀，避免了地热水和饮用水掺混现象。

富民行动　实现自营经济产值9010万元，利润3390万元，从业户人均收入28434元。在发展奶牛业的同时，鼓励职工发展特色种植、养殖业，在特色养殖业上，重点鼓励和引导职工发展养鹅业。（何　丽）

齐齐哈尔种畜场

场长、党委副书记：史云鹏，1965年11月出生，北京市人，中共党员，研究生学历，高级政工师。1985年10月参加工作，2009年12月任现职。

党委书记、社区管理委员会主任：王清福，1962年3月出生，黑龙江省拜泉县人，中共党员，本科学历，高级畜牧师。1981年8月参加工作，2009年12月任现职。

党委副书记、纪委书记、工会主席：吕晓萍（女）（2011.5—）

党委委员、副场长：耿春（2011.5—）

党委委员、组织部部长：张士范（2010.3—）

党委委员、武装部部长：李景波（2014.9—）

场长助理：孔祥君（2014.9—）

概况　齐齐哈尔种畜场始建于1953年，曾先后隶属于省农业厅、农垦厅、齐齐哈尔市、省畜牧兽医局，2007年划归黑龙江省农垦总局齐齐哈尔分局。场区位于齐齐哈尔市铁锋区，北邻富裕县，东接林甸县，南连扎龙自然保护区，西靠齐齐哈尔市中心城区。

农场地处北纬47°18′25″，东经124°4′27″，海拔高程146～149米，属于温带大陆性气候，为我省第一积温带下限。年平均气温3.2℃，平均降雨量560毫米，无霜期130天左右，有效积温2500～2700℃。场区地势平坦，是典型的平原地貌。

辖区总面积20552公顷，其中耕地5000公顷、林地1410公顷、草原6508公顷、苇塘3860公顷、水面160公顷。常住人口11214人，在册职工1758人。农场下设3个管理区12个作业区，有13个居民自然屯。

2015年，实现国内生产总值36989.7万元，人均收入25162元。

种植业　农作物播种面积5000公顷，其中水稻3533公顷，玉米400公顷，高效经济作物1067公顷。实现粮豆总产3.22万吨，种植业总产值达15903万元。落实农业部水稻高产创建万亩示范田面积694公顷；水稻绿色食品认证面积达3533公顷，占总播种面积的71%；顺利完成水稻“双增一百”项目。加大农田设施投入，推进节水增粮行动项目建设，完成节水灌溉面积1800公顷；新建、改造沟渠374条212公里，完成旱改水面积187公顷。投资208万元完成部分农机更新工作，完成跨区作业面积6667公顷。新增造林面积13公顷，中心苗圃培植造林及绿化苗木30余种205万株。

畜牧业　奶牛存栏511头，成母牛存栏302头，牛奶总产量1649吨，肉牛出栏507头，生猪出栏25771头，羊出栏1690只，禽出栏114.66万只，其中大鹅14.6万只，肉类总产量4340吨，实现畜牧业增加值1972万元。养殖合作社发展情况良好。拥有养殖合作社

7个,其中大鹅养殖合作社3个,年出栏大鹅12.6万只。肉鸡养殖合作社2个,年出栏肉鸡40万只。奶牛养殖合作社1个,存栏奶牛245头,肉牛养殖合作社1个,年出栏种牛及肉牛110头。健康养殖示范区有4个合作社生产经营,农场加强监督,使其按规划生产经营,进行合理轮牧。齐齐哈尔农垦鹤乡鹅业有限公司运营良好,带动作用明显,全年孵化鹅雏57万只。畜禽屠宰管理进一步加强。对屠宰场屠宰管理制度、检疫申报程序、屠宰流程等事项进行规范。健全动物卫生监督执法的规章制度,增强动物卫生监督机构监管能。加强动物防疫、检疫工作。理顺养殖场外引动物监管相关程序,建立健全动物检疫工作长效机制,有效防控重大动物疫病,有力保障了全年无重大疫情发生。

工业　年末,完成工业总产值20556.3万元,工业销售收入20001万元,工业增加值4899万元,利润1631万元。全场现有工业企业11家,其中规模企业1家。加大了工业园区的基础设施和公共服务平台建设,较成型的工业企业运营持续平稳。重点加工业的辐射拉动能力、经济活力逐步增强。

民生工程　在经济十分困难的情况下,坚持先生存、再发展的原则,缩紧银根刚性投放资金去向,优先保社会保险、保职工生活、保居民就医等基本民生,达保和谐、促稳定的执政原则。筹办10件民生大事:(1)加强道路养护工作,做到有路必养,有损必修。向上争取养护资金28万元,处理道路病害面4.3公里,改造平安道口11处,出动铲车等机械清除积雪7万多立方米;(2)加大市政排水工程建设。完成2682延长米污水管线的建设任务,已竣工验收;(3)加强场直供水站建设,完成了主体工程修缮工作,新建围墙146延长米;(4)成立东盛供水公司,提高了居民生活用水质量,安全供水向好的状况得以改善;(5)网络整体划归龙江网络公司并完成审计、评估工作,数字电视整体平移工作完成1000余户。(6)社区卫生服务及疾病预防控制进一步加强,建立完善居民健康档案6652份,建档率82%。(7)在职职工养老保险接续工作得到落实,为1663名在职人员办理了养老保险;(8)对符合大病医疗救助条件的11名低保人员进行了救助,共发放大病医疗救助资金31102元,发放低保金993610元。(9)经省人力资源和社会保障厅的批复,重新测算全场2003—2007年退休人员的退休金,彻底解决退休人员待遇不平衡问题。(10)举办了职工篮球赛、文艺会演等10余场文化体育活动。

城镇建设　加大环境整治力度,继续推进小城镇净化、美化、亮化工程。铺垫道路1400延长米,拉运土方400立方米,排水沟清淤500延长米,清理垃圾255立方米。有序推进商品房建设未完成部分。吉祥家居小区7200平方米商服楼施工结束。规划上报项目的审批工作顺利完成,包括齐齐哈尔农垦顺达加油站、农业银行齐齐哈尔分行区域实物档案库及现金中心、名人雅居商业服务中心及住宅等3个建设项目;体育广场、健康路、昌盛路等7个建设项目的土地划拨手续;第五、八、十作业区的用地建设规划审批工作。

企业管理　以制度落实为保障,以精细化管理为重点,加大程序化、规范化、系统化建设力度。全年减少大型会议4次,减少发文6个,压缩“三公”经费36.4万元,体现了施政的科学性和有效性。为降低行政成本、提高工作效率,强化财务管理,加强各项支出的预算控制,降低费用支出,年底六项费用在上年基础上下降5%,综合弹性费用在上年基础上压缩10%;强化资源管理,积极挖掘内部潜力,对多处闲置资产进行全面盘查,将北大荒鹤城鲜花港智能温室及附属设施、露天花卉繁育区、广告牌等资产对外出租及处置,实现有效资产的盘活、利用和收益;强化人事管理,按照“精简、效能”原则,理顺农场机关和管理区人员编制,按照组织管理相关规定考核干部,提高了干部廉洁执政水平。

（贾林鸿　张叔瑀）

绥化管理局

党委书记:武经宏,1958年8月出生,辽宁省新宾人,中共党员,研究生学历,教授级政工师。1975年8月参加工作,2006年9月任现职。

局长、党委副书记:王本庭,1963年6月出生,山东省胶南市人,中共党员,研究生学历,高级农艺师。1986年7月参加工作,2011年7月任现职。

党委副书记:张纪平,1959年6月出生,辽宁省黑山人,中共党员,本科学历,教授级政工师。1976年7月参加工作,2003年10月任现职。

副局长:孙信成,1956年2月22日出生,黑龙江省海伦市人,中共党员,本科学历,高级政工师。1975年7月参加工作,2004年5月任现职。

副局长:范有毅,1969年4月出生,黑龙江省海伦市人,中共党员,研究生学历,高级会计师。1990年12月参加工作,2008年12月任现职。

副局长:刘艳明,1967年2月出生,黑龙江省明水市人,中共党员,研究生学历,高级政工师。1988年8参加工作,2011年9月任现职。

纪检委书记:温和玲,女,1965年7月出生,河北省邯郸人,中共党员,研究生学历,高级经济师。1982年3月参加工作,2011年3月任现职。

党委委员、组织部部长:李恩生,1963年3月出生,山东省武城县人,中共党员,本科学历,教授级高级政工师。1979年11月参加工作,2011年4月任现职。

党委委员、武装部部长:刘景才,1969年8月出生,辽宁建平人,中共党员,本科学历,正团职。1986年10月参加工作,2010年4月任武装部部长,2013年11月任管局党委委员。

部门主要领导简历(按姓氏笔画排列)

公安局局长:马勇,1963年10月出生,天津市人,中共党员,本科学历,刑照工程师。1979年11月参加工作,2015年7月任现职。

司法局局长:王福生,女,1963年3月出生,山东沾化人,中共党员,本科学历,教授级高级政工师。1979年12月参加工作,2011年3月任现职。

环保局局长:王明春,1963年5月出生,黑龙江省绥棱县人,中共党员,本科学历,环保工程师。1981年12月参加工作,2010年7月任现职。

住房和城乡建设局局长:王英伟,1964年3月出生,黑龙江省哈尔滨市人,中共党员,本科学历,高级工程师。1981年10月参加工作,2015年7月任现职。

教师进修校校长:文春涛,满族,1965年3月出生,辽宁省凤城市人,中共党员,研究生学历,教授级高级政工师。1983年8月参加工作,2009年3月任现职。

团委副书记:尹雪(女)(2011.12—)

人力资源和社会保障局局长:由光延,1968年2月出生,山东省龙口人,中共党员,研究生学历,高级政工师。1988年7月参加工作,2011年12月任现职。

政研室主任:任路生,1961年8月28日出生,吉林省长春市人,中共党员,本科学历,高级工业经济师。1977年8月参加工作,2003年2月任现职。

交通运输局副局长:任玉海,1973年12月出生,黑龙江省龙江县人,中共党员,本科学历,水利高级工程师。1995年9月参加工作,2015年6月任现职。

办公室副主任:朱玉宝,1974年10月出生,山东省淄博市人,中共党员,本科学历,高级政工师。1994年9月参加工作,2009年3月任现职。

水务局局长:刘立军,1965年7月出生,黑龙江省绥化市人,中共党员,研究生学历,高级工程师。1988年8月参加工作,2008年1月任现职。

工商局局长:孙舒广,1974年9月出生,黑龙江省青冈县人,中共党员,研究生学历,1996年8月参加工作,2011年4月任现职。

工会副主席:曲海宁(女)(2009.2—)

商务局局长:沈彦玲,女,1969年11月出生,黑龙江省明水县人,中共党员,研究生学历,高级政工师。1991年9月参加工作,2012年7月任现职。

农业局局长:李之国,1963年4月出生,山东省莒南县人,中共党员,研究生学历,农艺师。1982年7月参加工作,2012年7月任现职。

计财处处长:李庆武,1963年4月出生,黑龙江省海伦市人,中共党员,本科学历,高级会计师。1982年1月参加工作,2008年8月任现职。

检察院检察长(党组书记):李桂祥,1959年8月出生,黑龙江省友谊县人,中共党员,本科学历,高级政工师,1976年11月参加工作,2011年4月任现职。

社保局局长:张恩友,1963年10月出生,辽宁省盖县人,中共党员,本科学历,高级审计师。1984年7月参加工作,2015年7月任现职。

卫生局局长:吴培栋,1970年7月出生,河北省东光县人,中共党员,专科学历,外科主治医师。1987年9月参加工作,2015年7月任现职。

宣传部部长:杨再胜,1973年8月出生,河北省青县人,中共党员,研究生学历,高级经济师。1995年8月参加工作,2011年12月任现职。

法院院长:张立国,1960年10月出生,黑龙江省肇东市人,中共党员,本科学历,二级律师。1977 年 9 月参加工作,2009 年 6 月任现职。

纪委副书记、监察局副局长:张卫国(2013.1—)

质量技术监督局局长:张文宝,1971 年 9 月出生,黑龙江省延寿县人,中共党员,本科学历,高级工程师。1995 年 9 月参加工作,2012 年 8 月任现职。

林业局副局长:胡敬理,1972 年 6 月出生,山东省曲阜市人,中共党员,研究生学历,助理工程师。1989 年 12 月参加工作,2015 年 6 月任现职。

畜牧兽医局局长:赵玉贤,1963 年 1 月出生,黑龙江省巴彦县人,中共党员,本科学历,高级畜牧师。1986 年 8 月参加工作,2012 年 7 月任现职。

广播电视局局长:姜晶,女,1969 年 11 月出生,吉林省怀德县人,中共党员,本科学历,教授级高级政工师。1987 年 12 月参加工作,2009 年 3 月任现职。

国土资源局局长:项卫,1963 年 4 月出生,黑龙江省绥化市人,中共党员,研究生学历,工程师。1985 年 7 月参加工作,2009 年 9 月任现职。

教育局局长:高义,1960 年 10 月出生,黑龙江省海伦市人,中共党员,本科学历,高级政工师。1979 年 7 月参加工作,2012 年 7 月任现职。

政法委常务副书记:高孝安,1961 年 12 月出生,山东省莒南人,中共党员,本科学历,高级经济师。1978 年 7 月参加工作,2001 年 3 月任现职。

审计处副处长:董振江,1965 年 2 月出生,黑龙江省望奎县人,中共党员,本科学历,高级审计师。1988 年 8 月参加工作,2015 年 6 月任现职。

安监局局长:滕建军,1971 年 10 月出生,黑龙江省庆安县人,中共党员,本科学历,助理经济师。1995 年 8 月参加工作,2015 年 7 月任现职。

管理局局直企业

阳光农业相互保险公司绥化中心支公司总经理:王立春,1963 年 11 月出生,黑龙江省铁力市人,中共党员,本科学历,高级会计师。1981 年 6 月参加工作,2007 年 5 月任现职。

通信分公司总经理:李勇,1970 年出生,山东威武人,中共党员,研究生学历,通信工程师。1988 年 12 月参加工作,2011 年 9 月任现职。

黑龙江省绥化农垦晨环生物科技有限责任公司总经理:孙廷彦,1960 年 11 月出生,河北省肃宁县人,本科学历,经济师。1983 年 9 月参加工作,2015 年 5 月任现职。

晨环(大连)迈多尔生物科技有限公司总经理:张万山,1971 年 11 月出生,黑龙江省海伦市人,中共党员,本科学历,经济师。1990 年 12 月参加工作,2005 年 11 月任现职。

绥化农垦金斗湾经贸有限责任公司总经理:张化双,1962 年 2 月出生,山东省人,中共党员,专科学历,工程师。1983 年 7 月参加工作,2006 年 6 月任现职。

黑龙江省农垦龙王食品有限责任公司总经理:李忠珠,1957 年 8 月出生,黑龙江省人,中共党员,本科学历,经济师。1975 年 7 月参加工作,1998 年 7 月任现职。

黑龙江北大荒蓝牛食品有限公司总经理:张化文,1959 年 7 月出生,山东省人,中共党员,本科学历,农艺师。1976 年 7 月参加工作,2007 年 10 月任现职。

黑龙江北大荒冰雪食品有限公司总经理:李志强,1971 年 10 月出生,黑龙江省海伦市人,中共党员,专科学历,助理政工师,1990 年 12 月参加工作,2014 年 4 月至 2015 年 8 月任职。

黑龙江北大荒饲料有限责任公司总经理:褚建国,1968 年 5 月出生,江苏省连云港人,中共党员,本科学历,政工师。1989 年 3 月参加工作,2014 年 6 月任现职。

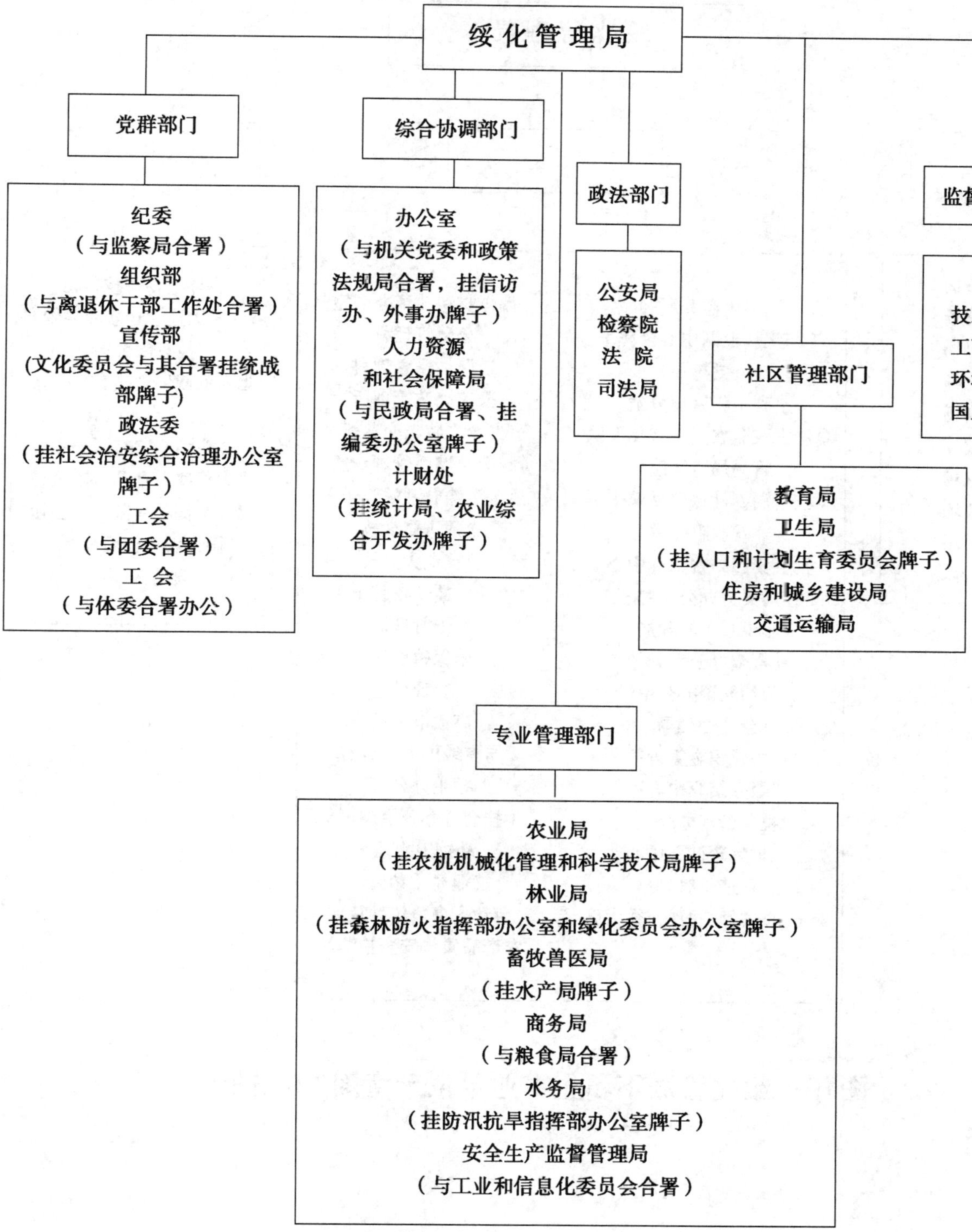

图18　绥化管局机构示意图(2015年)

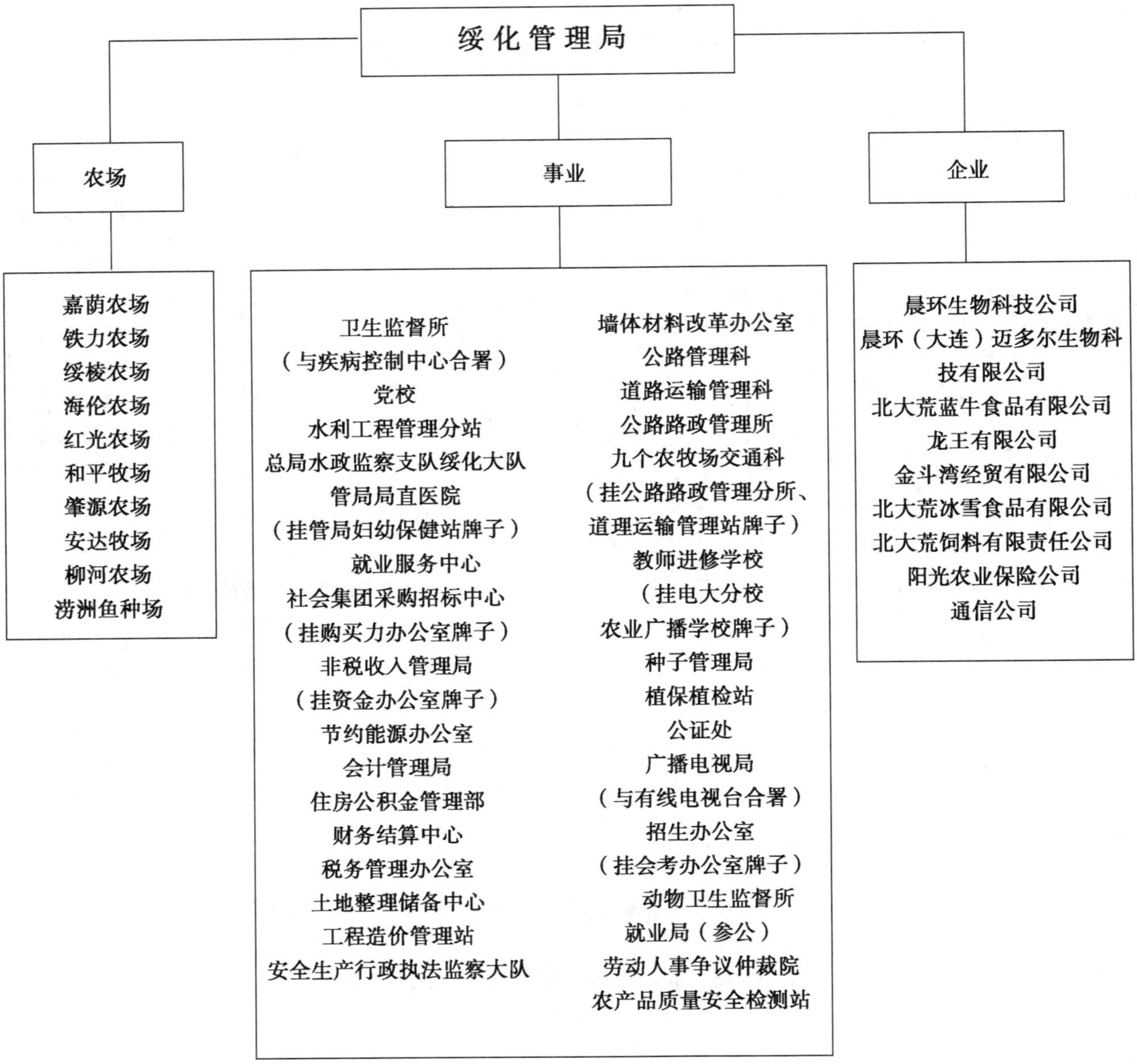

图19 绥化管局下属企事业单位示意图(2015年)

概况　农垦绥化管理局总控制面积20.2万公顷,其中耕地9.2万公顷、林地5.4万公顷、草原2.3万公顷、水面0.8万公顷。现有户数28577户,人口63777人。管理局机关位于绥化市区内。管理局所属11个农(牧、渔)场,坐落于小兴安岭南北麓和世界三大黑土带之一的松嫩平原,分布在绥化、大庆、伊春及俄罗斯境内。

2015年,绥化管理局主动适应经济政治建设新常态,坚持稳中求进,加快推进农业现代化,大胆改革创新,不断改善民生,全面提高从严治党和法治建设水平。在面临经济下行的压力下,各项主要任务目标如期完成,实现"十二五"圆满收官。实现生产总值48亿元,扣除物价因素,同比增长5.5%。实现居民人均可支配收入21154元,同比增长6.8%。

现代化农业　农业结构不断优化。克服春季较为不利气象条件,落实总播种面积89466.7公顷,其中水稻18066.7公顷,经特作物1933.3公顷,杂粮1000公顷,中药材1266.7公顷。结构调整一定程度上弥补了玉米、大豆效益下滑的不利影响。其中板蓝根公顷效益9855元,平贝公顷效益75000元。水稻大棚二次利用1380栋,面积67.2公顷,公顷增加效益7950元。果菜大棚平均公顷效益213万元。落实绿色食品基地13333.3公顷,认证绿色产品22个。无公害产地44个,产地面积74000公顷,无公害产品54个。克服洋奶粉冲击等系列不利因素影响。年末奶牛存栏0.62万头,生猪饲养量5.4万头,狐貉饲养量4.9万只,鱼苗孵化0.7亿尾。肇源鸭稻、红光鹅玉生态养殖模式效果良好。开发利用林业资源。栽培黑木耳等食用菌600万袋,育苗42公顷。农业基础设施不断完善。完成农业部、水利部节水增粮项目投资1.03亿元,新增节水灌溉面积6346.7公顷。推进小型农田水利建设,新增改善灌区面积1333.3公顷,涝区治理面积2666.7公顷。投资5148.51万元更新机具503台(件)。农业改革不断深化。累计登记注册专业合作社599家,其中2015年新增16家。

产业发展　重点产业项目有效推进。龙王公司投资1.5亿元的5万吨豆浆粉项目一期工程投产,年产豆粉2万吨、奶粉0.1万吨,可实现销售收入2.5亿元、利税2500万元。管局创建的农业资源交互平台大农网,截至2015年12月31日,累计交易额10.15亿元。大农网已成为农副产品卖出去、卖好价的重要渠道。在卖粮难的大背景下,大农网上线一个多月销售粮食近30万吨,不仅缓解了卖粮难问题,而且提高了农户平均收益。企业转制工作有效推进。依法完成北大荒蓝牛公司2088万元固定资产转让和晨环科技公司66.2%股权转让工作。

城镇建设　投资4896万元新建、续建项目16个,建筑面积24066平方米,铺设道路2.15公里,排水管线7000米,供热管线2000米。植树5万株,种花150万株,草坪1.2万平方米。城镇绿化覆盖率达40.8%。加强城镇管理,制定考核标准,在场容场貌、环境卫生、绿化亮化、供水排水、城区交通等方面实行精细化管理。落实《绥化管理局推动物业管理市场化指导意见》,已有9个农场依法成立居民业主委员会、物业公司,收取物业费196万元。肇源农场被确定为总局美丽乡村建设场部小城镇建设示范单位。

民生工程　完善促进职工增收长效机制,深入开展"小康之家创建"和"一帮一职工共富行动",以杂粮、中药材、食用菌、棚菜、狐貉、大鹅、烤烟、黏玉米"八大自营经济产业基地"为重点,帮助协调申请小额贷款1800万元,免费提供8万平方米养殖场地、100栋钢骨架大棚,200公顷平价饲料地。健全贫困职工保障机制。下发低保资金1532.86万元。全局享受最低生活保障人数3894人。累计支付各项社会保险38377万元。实现新增就业1328人,安置就业困难人员445人。投资389.2万元完成交通基础设施建设项目3个。投资45万元完成了安达畜牧场农村饮水安全项目建设,解决500人饮水不安全问题。完成公共文化基础设施投资186万元,组织开展广场文化活动38场次。

企业管理　充分发挥会计核算与监督的职能,依法依规严把财务核算关,杜绝"账外账""小金库"等违法违规行为。全面实行预算管理。全局六项公务经费支出3118万元,同比减少64万元,下降2.1%。加大清欠力度,清回各种应收款582万元。积极降低融资成本,协调银行和北大荒集团,融资倒贷7.84亿元,置换高息借款4.2亿元,年节约利息支出1500万元,保障全局社保缴费和社会稳定。协调各金融机构为农户提供低息贷款5.3亿元,为农户节约利息支出781万元。加强审计问题整改工作。针对一些单位在财政资金使用、基本建设项目管理、内控制度建设和会计核算方面存在的违纪违规问题和风险隐患,建立审计整改报告制度、审计整改工作联动机制、审计整改督查制度、审计整改问责制度和整改结果公开制度,较好地发挥了审计监督作用。

法制建设　初步建立行政权力清单制度。完成权力清理建立权力清单、责任清单工作和梳理权力流程建立一次性告知单、绘制权力流程图工作,管局40个行政部门(含内设行政部门),清理行政权力469项,保留1820项。推进依法管理制度。解答法律咨询478人次,代书153份,办理公证38件,受理法律援助案件146起,结案140起。深化平安局创建活动。排查发现矛盾纠纷230件,化解矛盾220件,化解率96%。落实信访工作责任制,信访总量同比下降了24件次。广泛深入开展安全专项整治,强化打非治违,督促农场建立健全安全生产责任体系。2015年全局安全生产形势良好。

党建工作　深入开展"三严三实"专题教育。17个党委(党组)组织专题学习90余次,局场两级党委书记全部讲授了专题党课。坚持问题导向,在"三严三实"专题教育中,针对查找出的29条不严不实问题,深入开展"治庸、治懒、治散、治软、治虚、治贪"六治活动,广大干部的精神面貌发生了明显变化。加强干部教育管理监督,不断完善干部教育培训、审计监督、述职述廉和干部考核等制度,对各场《干部选任条例》执行情况开展了专项巡查。

加大干部交流轮岗力度，调整机关部门领导和农场班子成员13名。推进了“发挥农牧场党委集体领导核心作用、完善农牧场职工代表大会制度和完善厂务公开制度”三项试点工作。深入开展“一培双带”、党员互助联合体、党员双重管理双岗服务、星火工程等一批特色鲜明的服务型党组织创建活动。培育和践行社会主义核心价值观，局场两级党委中心组都将社会主义核心价值观列为年度重点学习内容。建立微信群、微信公众账号，积极弘扬主旋律，凝聚正能量。扎实推进党风廉政建设两个责任的落实和责任追究。年初层层签订党风廉政建设责任状。专门召开了落实党风廉政建设“两个责任”推进会议，管局党委班子成员分别与分管的38个部门和单位负责人签订了廉政建设岗位责任书。与农牧场党委班子成员进行廉政谈话2轮以上，责成纪委普遍与农场纪委书记进行一次履职谈话。共组织领导讲廉75人次，开展任前考廉65人次、任前谈廉68人次。对10名履职不力的干部进行了追责，其中免职场长、书记、副场长各1人，诫勉谈话7人。强化作风建设，在重要节点开展作风建设监督检查50次，开展日常工作纪律监督检查58次，8名机关干部因违反工作纪律受到批评教育或点名通报。加大纪律审查力度，坚决惩处顶风违纪行为，局场两级纪检监察机关共审查违纪案件18件，有18名党员干部受到党政纪处分。　　（朱玉宝　施佳琪）

绥化管理局基本情况及国民经济主要指标完成情况统计表

(2015 年)

项目	计量单位	管理局	嘉荫农场	铁力农场	海伦农场	红光农场	绥棱农场	安达牧场	和平牧场	肇源农场	柳河农场	涝洲鱼种场	局直
一、管理区数	个	21	4	3	4	2	3		5				
二、总户数	户	28577	4654	3405	5643	3410	2413	939	3987	1876	1045	241	964
三、总人口数	人	63777	8355	8564	11268	8147	5669	1743	9191	4551	2788	642	2859
男性人口	人	32812	4252	4082	5990	4011	3422	873	4654	2332	1403	322	1471
女性人口	人	30965	4103	4482	5278	4136	2247	870	4537	2219	1385	320	1388
少数民族人口	人	1735	388	369	140	104	39		550	121	24		
四、生产总值	万元	479631	60968	104544	78157	44703	48863	16725	56814	36745	16655	639	14818
五、人均生产总值	元	74553	73279	122438	64783	54803	85552	108922	61946	80431	59717	9953	52240
六、工农业总产值	万元	471713	60845	95988	62686	37770	48724	10911	76664	41423	15086	1194	20422
七、粮食总产量	吨	644189	137736	103322	112434	54465	98351	6725	64676	37450	28997	33	
八、固定资产投资总额	万元	30321	9738	2152	2239	1680	1784	1452	6789	2286	1380	821	
九、职工工资总额	万元	29686	3979	4704	3228	3166	3188	233	2219	1208	1135	377	6249
十、职工平均工资	元	18990	12728	16000	17748	15981	16850	28024	18742	24267	19705	19354	46670
十一、居民人均可支配收入	元	21154	21379	28034	21765	14865	24106	15867	16005	26785	22027	13800	

嘉荫农场

场长:李明喜,1964年12月出生,吉林镇赉人,中共党员,本科学历,助理工程师。1985年3月参加工作,2014年2月任现职。

党委书记:吴国义,1970年1月出生,黑龙江望奎人,中共党员,本科学历,高级政工师职称。1988年12月参加工作,2011年1月至2015年11月任职。

党委书记:张洪涛,1972年7月出生,黑龙江海伦人,中共党员,本科学历,政工师。1991年7月参加工作,2015年11月任现职。

副场长:牛贵林(2014.11—)

郑海滨(2009.11—)

工会主席、纪委书记:于德勇(2014.11—)

党委委员、组织部部长:李洁(女)(2013.4—)

党委委员:徐彪(2015.11—)

概况　嘉荫农场位于小兴安岭北麓,黑龙江右岸嘉荫县境内。地处北纬48°44′~49°00′,东经129°51′~130°16′5″。东以太平河为界,南以嘉荫县青山乡奥里啊溪河发源地为界,西以嘎界靠河发源地与鄂里河发源地连接为界,西北以乌云河为界,北与东北以黑龙江主航道为界,与俄罗斯隔江相望。边境线长30公里。

1964年,国务院批复农垦部:"为了建设边疆,巩固国防,同意建立国营嘉荫农场。"当年3月,开始了农场创建工作。建场初期,农场隶属于黑龙江省农垦厅,1967年末归属黑河农建一师,业务应归黑龙江省农垦厅领导,农场曾创造了当年建场、当年上缴商品粮165万公斤的成绩,被省命名为"建场样板场"。1968年3月,经黑河农建一师批准,农场改为三级编制。1968年底,农场被命名为中国人民解放军沈阳军区黑龙江生产建设兵团独立一团。1976年5月,撤销兵团建制,恢复嘉荫农场名称实施农场、生产队两级管理、两级核算,归属绥化国营农场管理局,重建农场体制。

嘉荫农场属于寒温带大陆性季风气候,年平均温度0.7℃。10℃以上年积温2316.6℃,年日照2326.4小时,无霜期129天。年均降雨量521毫米,雨量集中在6—8月份,高达全年降雨量的62.5%。

2015年末,全场总面积50305公顷,其中耕地16388公顷,草原87公顷,水面427公顷。设有8个农业管理区,有粮食综合加工厂1家、砖厂1家,食用菌加工厂1家,所有工业企业全部实施股份制改造,拥有民营建筑公司1家。除农场党政机关外,有职工医院、学校各一所,以及农垦工商、交通、土地、公安、法庭、检察、司法等政府职能部门,农行、邮储银行、人民邮政、保险公司、地税、信合等单位在农场设有办事机构。

农场有丰富的林业资源,是垦区内为数不多的林业资源大场。林业号称农场的"半壁江山"。森林覆盖率达52.46%。林地树种繁多,有红松、落叶松、大青杨、白桦、椴树等,全场木材积蓄量2050604立方米。

黑龙江在场区流段30公里,江中有双河岛、结烈河岛、一撮毛岛等岛屿,有乌云河、结烈河等五条大小河流在场区流过。水资源丰富,常见的栖息鱼类有鲟鱼、鲤鱼等20多种。

农场东北部黑龙江沿岸有龙骨山,这里埋葬了亚热带植物群落和恐龙家族。1978—1981年,黑龙江省博物馆和省地质一队在龙骨山组织挖掘,获得化石1400余件,组装成两架平头鸭嘴龙化石骨架,陈列在省博物馆。省政府已将龙骨山定为省级文物保护区。

农场距汤旺河火车站66公里,在黑龙江江边建有可停泊1000吨级驳船的货运码头,水运便利。

2015年,农场实现国内生产总值60968万元,居民人均可支配收入21379元。

农业　农场坚持以市场为导向,在种植结构调整工作中,积极引导农户发展以红小豆、西瓜、中草药为主的杂粮杂豆和高效经作物种植,取得较好成绩。红小豆每公顷利润达1.5万元,西瓜每公顷效益可达3万元。"三秋"工作顺利推进,耕地全部实现黑色越冬,秋起垄面积1万公顷。

工贸　万邦集团投资3000万元,用于金属仓、烘干塔等粮食加工设备建设。全场烘干塔的总量达12座,日处理能力6200吨,总仓容量15万吨,从源头上彻底解决了湿粮入场问题。自2015年9月20日上线到年末,农场大农网旗舰店上架八大系列,42种商品。

牧业　以狐貉、梅花鹿、獭兔养殖为特色的牧业经济稳步发展。狐貉养殖基地现有养殖户7户,户均500只以上,户均年收入达10余万元,狐貉存栏量达万只。

林业　嘉荫农场是垦区内的林业大场,2015年,在食用菌市场不景气的前提下,食用菌栽培200万袋。

自营经济　根据农场自身特色,把协会+基地+农户模式引入到自营经济工作中,先后成立蜜蜂、狐貉、獭兔养殖业协会,西瓜、食用菌、中草药等经济作物种植协会。协会组织的落实,加快推进农场自营经济向规模化、产业化发展。带动从业人员3200人,实现产值2亿元。

民生工程　完成公共环卫设施建设,包括购置吸污车、吊臂车、清雪滚;完成老场部护城堤护坡的整形、混凝土护坡工程;在双龙新区、老场部新打水源备用井;新老场部分别安装电子监控设备;安阳管理区营区硬化工程。

(杨　明)

铁力农场

场长:李志维,1962年10月出生,黑龙江省肇源人,中共党员,本科学历,高级经济师。1982年1月参加工作,2012年6月任现职。

党委书记、社区主任:石文春,1966年9月出生,黑龙江省依安人,中共党员,研究生学历,政工师。1986年12月参加工作,2009年9月至2015年4月任职。

党委副书记:魏剑锋,1976年10月出生,河北省深县人,中共党员,本科学历,高级政工师。1992年10月参加工作,2015年4月任现职。

副场长:刘晓峰(2012.7—)
吴俊学(2010.11—2015.11)
吴装(2015.11—)
黄晶(2014.11—)

纪委书记、工会主席:陈亚明(2014.11—)

概况　铁力农场位于小兴安岭南麓,横跨铁力市、庆安县两市县,南北55公里,东西27公里,形成南北走向。地理坐标为北纬46°54′~47°20′,东经127°31′~128°51′。农场场部距离铁力市区2公里,距离铁力火车站3公里,哈伊高速公路222国道从场区通过,哈伊高速公路从农场铁中、铁南管理区穿过。农场地域横跨面积大,受河流、森林及铁力市、庆安县耕地的切割,分成三个自然区域。农场确定了“三区一镇”建设格局,即南片为铁南管理区(由6个作业站组成),中片为铁中管理区(由6个作业站组成,另外中草药种植基地,百万庄园也坐落在铁中管理区);北片为铁北管理区(由6个作业站组成),场部地区为一镇,有农场子弟校、管局重点高中、公安局、法庭、城管局、街道办、物业公司、供水中心、供热中心、职工医院、社保局、工商所、土地科、阳光相互保险公司、通信公司、农业银行农场分理处、铁力市自来水厂等单位,工业单位有北大荒米业、山泉水米业、华威乳业、农垦人酒业、木材厂、砖厂、建筑公司、变电所、酱油厂等,农场工业园区为总局级工业园区,农垦人酒业为总局产业化龙头企业。农场的人口总数是9324人,总控面积23926公顷,其中耕地面积15872公顷,可垦荒地754公顷,林地面积1772公顷,水域面积68公顷,交通道路占地面积490公顷。2015年,实现生产总值10.04亿元,粮食总产10.33万吨,人均纯收入28034元。

种植业　春季发生严重涝灾的情况下,及时调整并制定“抢农时、抓基础、强经特”的生产方案,组织农业部门靠前指挥,深入一线进行指导,抢抓有利天气进行春播生产。水稻插秧工作较上年提前3天完成,大田播种于5月30日全部完成,落实农作物播种面积13733公顷,其中水稻6933公顷、玉米3467公顷、大豆2333公顷、高粱266公顷,中药材67公顷。完善农业基础设施,投入资金3589万元。新建晒场23618平方米,种子库房1020平方米;修建涵洞93座,农道桥2座;铺设沙石路93.41公里;沟道清淤79.98公里;架设输变电线路4.1公里;安装变压器15台,打机电井25眼,安装水资源监控设备两套。提高农机装备水平。落实农机补贴66.03万元,购置更新各类机械46台(套)。根据购机人员较多、补贴较少的实际情况,制定公开抓阄、公示的办法,设立举报电话全程监督,整个过程筹划细致、操作透明,确保农机补贴公平发放。加强农业科技应用,继续实施各类农业提产增效项目,落实水稻创建面积1333公顷,水稻“双增一百”项目面积3334公顷,通过项目的实施,有效提升农业技术的应用和农业管理水平;继续发挥现代化浸种催芽基地的作用,利用先进设备为职工统一处理芽种,提高水稻培育壮苗的水平,为水稻增产增收奠定基础;继续加大农业技术培训力度,组织各类农业生产培训班5次,培训学员300人次。

畜牧业　实现全年常规免疫率100%、强制免疫率100%的“双百”目标,全年无重大疫病发生。

造林绿化　在铁中、铁南管理区完成造林绿化任务10.3公顷,组织机关干部在第四作业站大棚区义务植树2000株。

工业　实现工业总产值3亿元,工业增加值1.8亿元,利润4000万元,工业经济效益综合指数增加8个百分点,企业达产率达90%。农垦人、华威等支柱企业呈平稳上升发展趋势。农垦人酒业已拥有酒类品种20多个,销售网络遍布全国,市场份额逐渐加大;华威乳业乳粉生产能力进一步提升,已有9个系列40多个品种,产品销往全国10多个省市自治区,失信投诉率为零。

城镇建设　加大基础配套设施建设投入资金65万元,为福瑞园、二八九、馨和花园小区硬化面积3350平方米,铺设排水管线30米;投资17万元,购置新型吸污车一台及相关配套设备;投资47万元,在农场主路两侧及各主要街道、小区路口安装监控设备。提升公共绿化水平,投入资金30万元,完成全场5500平方米绿化和6000平方米美化工作,种植绿篱、丁香、果树12000余株,各类花卉16万株。通过采取自育花苗和组织机关干部义务劳动的措施,节省费用支出8万元。强化综合服务管理能力,在物业管理方面,继续实施差额补贴措施,一方面继续保持物业费标准,执行每平方米每月0.25元,减少场区居民物业费支出50余万元。另一方面提高物业公司服务质量,处理居民各类生活难题500余件,为632户居民解决楼房漏雨和窗扇损坏等问题,支出维修费用11.3万元;在城镇管理方面,细化城镇管理工作目标,对市场周边及场区主要道路、人行道,进行分时段、定人、定责管理,做到全天有人管、有人扫;完善部门联动机制,组织城管局、公安局、土地、建委等部门,开展专项集中整治活动,解决场区主要街道、建筑工地、人员密集场所及小区楼道私搭乱建、乱堆乱放等问题,提升场区整洁度,为居民创造良好的生活环境。

民生工程　农场秉承民生理念,把改善民生作为工作的出发点和落脚点,扎实推进民生工程,不断提高职工群众的幸福指数。(1)供热改造工程。投资1818万元,新建40吨锅炉一座,将我场供热能力提高到50万平方米,建设换热站3座,铺设供热管线2584延长米,有效保障了场区居民采暖供热。(2)下排水改造工程。投资167万元,铺设排水管线1154米,解决场部地区排水不畅的问题。(3)供水网改造工程。农场在资金紧张的情况下,自筹资金41.5万元,进一步完善供水保障设施,新增供水中心化验设备8台(套);新铺设供水管线300延长米;维修阀门井17座;清洗主管线路8000延长米,增设楼房排污阀门76处;改造自来水管网200米,保障全场居民用水安全。(4)落实民生保障工程。为23名低收入职工发放扶低贷款40万元,鼓励帮助可扶持户脱贫致富。为全场235户低保户、意外致困户发放低保金、社会救助金及大病救助金226万元。农场克服资金紧张的困难,积极筹措资金320万元,发放场直下岗职工生活补贴,两节期间发放送温暖资金12万元。(5)加强文教卫生事业建设。筹措资金4.8万元,用于学校、医院设施设备建设。加强公共卫生服务力度,医院全年门诊接待量达了10320人,为8015名居民建立电子健康档案,建档率为94%,对948名65岁以上老人健康档案进行规范管理,完整率为98.5%,免费为重点人群体检9000余人次,减免费用15万元。(6)制定土地承包费收缴优惠政策。全场农业职工群众减少土地承包费支出105.6万元。 (苗 宇)

海伦农场

场长:张洪涛,1972年7月出生,黑龙江省海伦人,中共党员,本科学历,助理政工师。1991年7月参加工作,2012年6月至2015年11月任职。

党委书记:杨富江,1967年1月出生,山东兖州人,中共党员,本科学历,高级工程师。1983年12月参加工作,2012年6月任现职 。

副场长:吴俊学,1966年3月出生,黑龙江省铁力市人,中共党员,本科学历,助理政工师职称。1984年4月参加工作,2015年11月任海伦农场党委副书记、副场长,主持全面行政工作。

副场长:邸鸿龙(2015.8—)

高春伟(2009.11—)

曹金库(2014.11—)

纪委书记兼工会主席:王秋梅(女)(2013.3—)

党委委员、宣传部部长:郑永春(2013.4—)

概况 海伦农场位于小兴安岭南麓、通肯河畔,地处松嫩平原与小兴安岭的结合部,是世界三大黑土带之一的松嫩平原漫岗黑土带,地理坐标为北纬47°39′~47°48′,东经127°04′~127°24′,全场总控制面积23856.7公顷,其中耕地17093.6公顷,荒地、草塘1776.6公顷,山林2743公顷,水域面积898.49公顷。年平均降水556.9毫米,全年日照数2315小时,有效积温2200℃~2300℃,平均无霜期116天。黑土层深达70厘米,有机质含量平均5%~7%,耐旱抗涝。农场南以扎音河为界与红光农场隔河相望,北以通肯河为界,与建设农场相邻,东与通肯河林场接壤,西靠海伦市双录乡,场界清晰,土地规整。场区距海伦市48公里,向西距滨北铁路海北站23公里。

农场拥有土地、水、森林、草原、野生中草药、山野菜、天然食用菌类、自然景观和渔业等资源。农场总户数5643户,总人口12543人,职工2306人,从业人员6379人。种植业栽培品种有大豆、玉米、小麦、水稻,杂粮有红小豆、绿豆、高粱、谷子等,经济作物有南瓜、甜叶菊、甜菜、亚麻、油菜、月苋草、芦笋、中草药等。有“通肯河畔沃土,优质大豆之乡”之称。

2015年,农场经济社会事业全面发展。实现生产总值7.8亿元,同比增长3.3%。其中第一产业实现增加值4.05亿元,同比增长5.1%;第二产业实现增加值1.16亿元,同比增长-14%;第三产业实现增加值2.69亿元,同比增长16%;粮豆总产11.2万吨,同比增长32%;人均可支配收入21765元。

农业生产 投资1170万元,建设桦树管理区五队高标准农田示范工程。投资220万元,建设桦树管理区农田路。投资460万元,建设星火水库坝体垂直防渗工程。另有八队高标准农田示范项目、扎音河堤防护砌项目、节水增粮3个项目建设中。投资1169万元,增购农机32台(套)。落实科技示范带32公里,示范田总面积4800公顷,推广新技术24项。落实玉米、大豆高产创建示范片各666公顷。推广飞机航化作业1000公顷。落实饲料地200公顷,为养殖户提供扶持贷款40万元。实现奶牛存栏776头,生猪出栏5000头,大鹅出栏5万只,鲜乳3000吨。完成造林面积13.3公顷。种植中草药水飞蓟、月苋草、大力子等67公顷,蜜蜂养殖户8户,养殖蜜蜂1000箱,养殖林蛙10万只。农场被总局授予农业标准化提档升级标兵单位称号。

工业 实现工业生产总值1.16亿元,增加值0.54亿元,完成粮食转化4万吨,实现利润1100万元。(1)伟业冷冻厂新增投资300万元,新上两条生产线,企业生产能力进一步增强,黏玉米产业已基本形成。(2)引资200万元,新建“自然天成”植物保健品加工产业,已建设生产用房2000平方米,引进设备5套,建设种植基地11.3公顷。(3)绥化农垦益佳粮食贸易有限公司增加投资300万元,新建日处理700吨的烘干塔一座。新建恒运升大豆整理包装企业1处。(4)“大农网”平台迅速发展,旗舰店已注册买家1575人,卖家64家,完成交易金额1.2亿元。

城镇建管 运用一事一议筹资筹劳方式,筹集资金204万元,完成农场污水管网改造、平房区道路维修、场区绿化、医院接种大厅改造、垃圾处理项目。通过国家人畜饮水项目争取资金218万元,通过扶贫项目争取资金165万元,对农场供水系统进行全面改造。以“一站式”服务大厅为平台,实现社会管理重心下移。“网格化、精细化、数字化”管理初见成效。农场依法成立了业主委员会。

社会民生 投资300万元,对学校进行全面维修和电教室改造,采购电脑等教学设备110台(套),更新学生桌椅750套。投资15万元改造医院接种大厅,免费进行老年人、学生健康检查和妇女病普查及两癌筛查,共计810人次。发放低保金和低保户生活补贴234万元,大病医疗救助6万元,将蔬菜园区和高效中药材发展作为“共富工程”项目来抓,对低困职工实行“缓(缓交租金)、建(建规模)、贷(提供小额贷款)”的优惠政策,农场累计缓收租金8万元、发放滚动扶贫贷款40万元,20余户可扶持户承包了蔬菜大棚和种植高效药材。广泛开展践行社会主义核心价值观典型人物的培育和选树活动,农场有一名小学生被评为管局“十佳美德少年”,有两名干部被评为管局“十佳公仆”。开展健康有益的文化活动,组织开展场庆60周年盛夏文艺演出和大型图片展,接待北大荒文工团送戏下乡演出。争取到2015年度文化信息共享工程项目45万元设备。

企业管理　财务管理不断加强，严格压缩非生产性支出，全年六项经费支出278万元，节约经费开支7万元。强化专项资金的管理，共计发放各种专项补助资金2734万元。加大清欠力度，共回收欠款173万元，完成年初清欠指标。盘活闲置资产，聘请评估机构对“奥格公司”等闲置资产重新进行评估，为下步出售做好准备。安全管理常抓不懈，全年进行各类安全检查30余次，整改安全隐患100余项，确保了全年无安全生产事故发生。加强企业内控，提高防范风险意识；全力推行政务公开，实现财务工作透明化，综合监管能力得到加强。　（马君国）

绥棱农场

场长：杜敬友，1963年4月出生，山东单县人，中共党员，本科学历，高级审计师。1980年5月参加工作，2010年9月任现职。

党委书记：平易，1964年4月出生，河南林县人，中共党员，本科学历，教授级高级工程师。1986年7月参加工作，2011年9月任现职。

党委委员、副场长：

冯立军（2012.8—）

彭志祥（2014.10—）

孙韶伟（2012.8—）

纪委书记、工会主席：肖长明（2009.11—）

党委委员、武装部部长、组织部部长：杨生威（2013.7—）

概况　绥棱农场坐落在风光绮丽的努敏河畔，地跨绥棱、海伦两县（市），东靠小兴安岭，西接松嫩平原，绥建公路向南过绥棱县、与哈黑高速公路相连，北与红光农场接壤，垦网公路过海伦市与哈黑高速相接。辖区呈品字形，边界长88.6公里，地理坐标为北纬47°24′～37′，东经127°20′～47′，属于第三、四积温带交界处，全年日照2100～2300小时，年平均气温1.08℃，无霜期119～120天，平均年降水580.2毫米。有天然绿色植被保持完好的土地25676.9公顷，园地64.8公顷，林地1442.1公顷，牧草地3837.8公顷，水域2380公顷。现有人口7566人，职工2709名。农场所辖机构29个，其中三大管理区辖农业作业站14个；工业、林牧科室及所属机构3个；公路、物业、街道、供排水机构4个；商粮、物流机构2个；旅游、文艺单位2个；教育、卫生、机关、老干部科等机构4个。系统上划机构包括公、检、法、司、土地、工商、交通、通信、电业9个。民有工业企业9个，民有畜牧企业1个。绥棱农场是黑龙江垦区中型机械化国有农场、省级文明单位、国家重要商品粮基地之一。

2015年，农场实现国内生产总值4.7亿元，同比增长7%。其中第一产业增加值2.3亿元，同比增长7%；第二产业增加值1.1亿元，同比增长10%，第三产业增加值1.3亿元，同比增长7%；农场职工家庭人均纯收入28386元，同比增长3%。

种植业　围绕十六届二次职工代表大会上提出的种植业结构调整的要求，按照“压大豆、上玉米、扩水稻、调经特”的农业发展思路，加大力度调节种植结构，大力发展水稻、玉米、杂粮、中草药等抗灾、高效作物。其中玉米种植5800公顷、水稻种植3333公顷、小杂粮种植94公顷、中草药种植90公顷。通过结构调整，粮食总产实现历史性突破，粮豆总产达9.8万吨，实现农业总产值16629万元。通过种植结构的科学调整，提高作物的单产，尤其是在大田作物上表现尤为突出，玉米最高公顷产量达13100公斤、大豆最高公顷产量达3610.5公斤。按照农垦总局的要求，开展玉米、大豆、水稻三大作物高产创建活动，水稻万亩示范片实现了公顷产量10543.5公斤、玉米公顷产量达12015公斤、大豆公顷产量达3333公斤。实施投资80万元的中央水利基金五号水库除险加固护坡工程、投资390万元的第二、四作业站南岗小流域治理工程、投资400万元的〇九作业站旱作农业项目。争取国家农业综合开发资金1127万元，全部用于农田基本设施建设。协助二作业站烘干塔新上二期烘干及仓储项目，使烘干塔具备日处理潮粮3000吨、总仓储15万吨的能力，基本解决农场近6000公顷玉米的烘干和仓储难题。

农机　针对农场大量购进新型农机具情况，结合农场实际，为使驾驶人员能熟练掌握和使用，在全年的农业生产过程中结合不同时期开展农机驾驶人员的理论技术和实际操作培训，邀请了凯斯、迪尔、马斯奇奥、大平原、满胜厂家技术人员来场现场对农机驾驶人员进行培训，全年共培训12次，人员达75人次。针对2015年玉米和水稻面积的增加，在年初利用冬季农闲时节开展大规模的理论培训工作，培训人员达350人次，7月25日开展大规模的夏季实训工作，主要以培训玉米、水稻、大豆、经特作物高产栽培为主，培训人员达300人次。生产部门还把种植技术上传到农场网站，让全场职工在家就可以浏览到农业生产技术。重点推广大豆大垄三行密植技术333公顷，玉米大垄双行密植技术2400公顷。大垄三行大豆较常规小垄种植的大豆每公顷高出近500公斤，大垄双行的玉米产量也普遍高于小垄产量。农场继续加大对农机具更新力度，全年农机更新资金达875万元，田间综合机械化率达98.5%。各种大型农机具的配套使用，满足了现代农业发展的需求，为农业生产提供了强有力的保障。

工业　农场注重在完善工业产业链条上下工夫，着力打通农副产品“产、收、加、贮、销”的各环节。通过招商引资，分别引进总投资1850万元蔬菜冷链项目（可年储存果蔬产品5000吨，加工有机蔬菜成品2000吨，可使农场1000栋棚室蔬菜和667公顷蔬菜的加工和储存得到保障，年创产值3500万元，实现年纯利润350万元）、总投资900万元果酒厂和白酒厂项目（项目建成后，年加工浆果产品500吨，年创产值2000万元，纯利润147万元）。成立农副产品经销公司，采取市场化运作，通过对接市场，蔬菜销售价格显著提高。

民生工程　投资210万元实施美丽乡村项目，建设休闲广场亮化工程、新建公厕1个、自行车棚2个、住宅小区硬化6300平方米、新建农贸市场3000平方米；投资126万元实施一事一议项目,新建中央大街两侧人行步道板4000平方米、小区硬化3300平方米;引资500万元开发的建筑面积3000平方米泥草房回迁楼项目在年末投入使用;投资400余万元的30吨锅炉改造及配套设施建设,在2015年11月初投入使用,确保了供热温度;投资550万元建筑面积2500平方米的老年公寓项目在入冬前完成基础建设工程,预计2016年8月投入使用;投资160万元改造场部供水管线2600米及水源房;投资近20万元完成了场区街道节日亮化工程;农场投资30余万元,对原监控系统进行全面改造,更换高清监控探头58个,完善"天眼"工程建设。

社区管理　创新社区管理机制,投资30万元建立"一站式"社会管理服务大厅,设置9个便民服务窗口,极大地方便了职工群众的日常生活。全面推行社区居民网格化管理,共设置8个网格,每个网格配齐网格长、楼道长,和谐文明监督员、安全维稳协管员、政策法规宣传员、社情民意信息员、扶贫帮困联络员,定期召开网格长和"二长五员"培训会7次。增强社会管理载体,通过最美农场人评选、设置居民功德录,开展文明小区和楼道文化建设。　(付春雷)

红光农场

场长:曹宝山,1965年9月出生,黑龙江省海伦市人,中共党员,本科学历,高级会计师。1986年12月参加工作,2012年7月任现职。

党委书记:张辉,1975年6月出生,山东省五莲县人,中共党员,研究生学历,教授级高级政工师。1993年12月参加工作,2012年7月至2015年11月任职。

党委书记:韩志平,1965年4月出生,黑龙江省绥棱农场人,中共党员,本科学历,助理农艺师。1981年8月参加工作,2015年11月任现职。

副场长:佟宝石(2013.2—)

丁桂林(2014.10—)

纪委书记、工会主席:刘颖(女)(2014.11—)

党委委员、宣传部部长:张新秋(女)(2013.3—)

概况　红光农场地处小兴安岭西南麓,海伦市东北25公里处,横跨海伦、绥棱两市县。东西长32公里,南北宽20公里,东与绥棱县四海店林场、半截河林场为邻,西与海伦市第二良种场和东林乡接壤,南与海伦市护林林场、绥棱县相依,北临扎音河与海伦农场和海伦市通肯河林场隔河相望。农场被境内的海伦市陈家店林场分割成四片,海景公路由西南至东北穿场而过,扎音河由东向西注入海伦市东方红水库。农场地理坐标为北纬47°31′30″~47°42′15″,东经127°11′10″~127°36′34″之间。属寒湿带冷凉区大陆性季风气候区,冬季寒冷,夏季温热。属第四积温带。年平均积温2150℃,保证率在95%以上活动积温为2150℃~2300℃。农场区域无霜期在118天左右,全年平均日照2209小时,年平均降水量587毫米。土质为淋溶黑土和草甸黑土,地貌由漫岗和沟谷组成。农场总面积15520公顷,常住总户数3313户,常住总人口8167人,职工1990人。

农场经济中心距哈黑铁路、哈黑公路25公里,地区主要道路100%实现硬化,方便职工群众出行。地方驻场单位有海伦市农业银行红光分理处、邮政支局、电业局,垦区驻场单位有通信中心、加油站、社保分局、阳光农业保险分社,工商物价中心所、公安派出所、法庭等。场部地区职工住宅100%实行了砖瓦化,自来水达国家饮用水标准,入户率100%。

2015年,农场实现国内生产总值47058万元,同比增长6.3%,粮食总产54465吨,人均可支配收入14865元,同比增长6.8%。

种植业　农场通过技术组装应用、全程指导服务、科学安排调控、强化基础设施建设等措施,现代化大农业建设再上新台阶。完成玉米种植面积3633公顷,大豆种植面积5620公顷,水稻种植面积573公顷,经特作物种植面积20公顷,结构调整科学合理;高标准完成1353公顷玉米、大豆高产创建和2400公顷种植业示范带建设工作,推广应用大垄高台密植栽培、精密播种、病虫害综合防治等新技术,主推技术入户率和到位率达95%以上,示范户示范作物单产增长10%以上,单位面积效益提高10%以上,农作物丰产能力、抗灾能力得到了有效提高;更新进口大型收获机3台,220马力以上动力机械及农具1台(套),200马力以下拖拉机及农具3台(套),改善了农机装备结构;完成农业基础设施投资1246万元,新建高标准农田路3.17公里、冲刷沟治理1.17公里、新建建筑物13座、外运碎石土1万立方米、供水管线1万余米等。

畜牧业　继续按照"扩禽、稳牛、壮猪"的思路加快发展质量效益型畜牧业。实现奶牛存栏126头,鲜奶产量232吨;肉牛存栏46头,出栏43头;生猪存栏3960头;羊存栏733只,出栏1210只;禽存栏1.39万只,出栏28.09万只,其中种鹅存栏1.5万只,出栏25.87万只。生猪养殖生产效益显著,全年出栏生猪6794头,经济效益达540余万元;完成重大动物疫病、常规动物疫病的防检疫任务,畜禽免疫密度达100%;延续了肉鹅养殖的扶持政策,全年为肉鹅养殖户提供场地15处,协调各类扶贫资金和金融贷款450余万元,分配禽畜饲料地近66.67公顷,免费发放消毒药品1000公斤;肉鹅良种繁育体系建设步伐进一步加快,大荒地2.5万只养鹅基地全年实现养殖种鹅1.5万只,孵化鹅雏20万只,孵化率达85%;创新肉鹅饲养模式,推广应用"鹅玉模式",收到良好的生态和经济效益;肉鹅养殖规模稳步扩大,实现出栏肉鹅25万只,培育5000只以上规模户25户,万只以上大户8户,经济效益达400余万元。

工业　农场着力在招商引资、园区建设和服务企业上下工夫,经济发展方式逐步由工农同步发展转变为工业引领发展。成功引进海伦市鑫顺达粮食经销有限公司投资4000万元新上存储能力为20万吨的玉米烘干储备库及晒场项目,新建7000平方米库房3个,4000平方米和2500平方米库房各1个,晒场8000平方米;强化特色、突出重点,提升农产品转化加工能力。凯利冷冻食品有限公司加工糯玉米1200万穗,企业实现销售收入500万元,带动农场职工群众季节性就业300余人;以"互联网+"为创新驱动,加快发展电子商务等现代营销网络和平台,完成大农网红光旗舰店的筹建和运行工作;服务职工群众能力持续加强,协调原粮贸晒场、叶家管理区粮食储运中心和陈家管理区晒场,统筹安排使用,避免了因粮食存储不当给职工群众造成损失。

小城镇建设　坚持规划引领,在资金投入上着力整合资源,城镇管理上注重完善机制,统筹推进城镇建设,实现农场的人气及幸福指数同步提升。加强"三供两治"工程项目建设,完成了污水处理厂和垃圾处理场项目的施工图设计和各项手续审批工作;投资96万余元,实施和谐9号楼硬化及排水和7号住宅楼场地硬化工程,累计硬化地面3300余平方米,修筑排水沟及挡土墙340米等;生态小城镇建设进一步推进,栽植乔木4400株、花灌木4.57万丛、宿根花卉10万芽、花卉35万株、种植草坪1.2万平方米;投资742万元,实施了场部地区供水管网工程,铺设入户管1.38万米,安装水表3000块等;其他围绕城镇化水平提档升级、职工群众生产和生活"两个闭合圈"功能配套建设项目累计完成投资367万元;着力推行"五位一体"城镇管理模式,即整合城管、环卫、物业、社区、社会参与五个方面的功能,不断推进城镇管理服务社会化、市场化,以创建"三优"文明城镇为重点,开展"文明城镇建设环境治理工作月"等创新活动,打造封闭式小区1个,规范了自行车棚、酱缸棚、出租车停放场、自驾车停放场、货车停放场、农用车停放场的统一分类停放,营造了整洁、文明、宜居的居住环境。

民生工程　投资82万元,实施文体广场改扩建项目,方便了职工群众的文化娱乐生活;投资78万元,完成新建篮球场场地硬化3925平方米、挡土墙395米等;投资18万元,完成文体广场美化亮化工作,安装景观灯22盏、音响6套;投资720万元,启动中小学危房改造项目,完成工程土方3.8万立方米;继续实施场直再就业扶助资金发放政策,发放金额达196余万元;以食用菌种植为主的产业富民工程稳步推进,食用菌基地全年种植香菇60万棒,通过对食用菌经营体制改革,菌棒生产成本得到有效控制,菌棒成品率达89%,初步形成种植户与菌种厂的有效对接,全年共产香菇400吨,种植收益60万元,职工群众务工收入50万元,增收效果有所显现;文教卫生事业健康发展。　(刘　岩)

和平牧场

场长:刘士杰,1957年8月出生,黑龙江省安达县人,中共党员,本科学历,高级农艺师。1975年7月参加工作,2002年1月至2015年11月任职。

场长:张辉,1975年6月出生,山东省五莲县人,中共党员,研究生学历,教授级高级政工师。1993年12月参加工作,2015年11月任现职。

党委书记:倪金珠,1960年3月出生,黑龙江省庆安县人,中共党员,本科学历,教授级高级政工师。1977年参加工作,2007年10月至2015年11月任职。

党委书记:刘士杰,1957年8月出生,黑龙江省安达县人,中共党员,本科学历,高级农艺师。1975年7月参加工作,2015年11月任现职。

党委委员、副场长:

田泉波(2012.8—)

吴装(2012.8—2015.11)

王立波(2013.3—)

纪委书记、工会主席:孙长禄(2010.11—)

党委委员、组织部部长、宣传部部长:王若(2013.4—2015.11)

党委委员、组织部部长:王若(2015.11—)

概况　和平牧场位于大庆市大同区境内。地理坐标北纬46°08′39″~46°16′30″、东经124°13′08″~124°35′23″。属北寒温带大陆性季风气候。境内地势较为平坦,略有波状漫岗分布,海拔高度在128~167米之间。年平均气温4.6℃,活动积温2800℃以上。年平均日照2782.5小时。十年十春旱连年遭伏旱是这个地域的气候特点,年平均降水量333.8毫米,2015年降水量323.5毫米,比历年平均值少10.3毫米。年平均蒸发量1128.3毫米。地下水资源较为丰沛。草原分为草甸草原、草本沼泽两大类,耕地质地为风沙土,pH值在7.0~7.3之间。辖区总面积32491平方公里。其中耕地7718公顷,人工林地7150公顷,天然草地13236.65公顷。2015年,实现国内生产总值56813.6万元,比"十一五"期末2010年的34869.9万元增长62.93%;粮食总产64767吨,比2010年的28196吨增长127%;职工家庭人均收入21400元,比2010年的13001元增长64.6%。居民人均可支配收入16005元。

种植业　种植结构趋向合理,杂粮、中草药材等高效经济作物种植面积已占耕地面积的58%,公顷效益均在10447元以上,比2010年增加6000元。设施农业进一步加强,节水增粮喷灌项目投入4512万元,新打机电井128眼,新增节水灌溉面积3953公顷。年末,全场农田配套机电井457眼,基本实现水利设施全覆盖。投入扶贫项目资金220万元,建设机耕路10.29公里。组织化程度不断提高,组建高效作物种植、养殖等专业合作社24个,起到引领示范作用。科技水平不断提高,与八一农大合作,建立高效作物试验基地26.67公顷,进行杂粮品种筛选和高产栽培技术实验,有力支撑了杂粮和中草药产业的发展。应用"互联网+"电商平台,2015年和平大农网旗舰店完成交易254笔,实现交易额1亿元。

畜牧业　奶牛养殖适时转型。多措并举为养殖户解决鲜奶交售问题。投入草原生态奖补项目资金1620万元　打草原喷灌机电井35眼,架设输变电线路40.5公里;投入草原改良项目资金72万元,新建草场围栏24114延长米,浅翻轻耙改良草原360公顷。全面无死角抓好动物防检疫工作。继续有效推进禁牧措施,使草原生态得以持续恢复,"三化"现象得以有效遏制,

"四度一量"显著提高。年末,奶牛存栏4070头,鲜奶总产6392吨。

林业　完成造林26.8公顷。加强林政执法和林业资源管护力度。延伸了林业产业链,在一至三年生幼林地隙地种植杂粮和中草药材13.4公顷。

城镇建设　"十二五"期间,牧场搬迁、兴建同步推进,投资1.2亿元,建设住宅楼和住宅小区9.46万平方米,各类住宅面积达22.8万平方米。2011年以来,基本建设总投资8139万元,用于小城镇建设和惠民工程。建设文体馆一座,面积3575平方米;安装太阳能路灯282盏;硬化城镇道路里程132公里;维修了公共场所、住宅楼;铺设了供热管网;扩建了自来水厂房。实施一事一议和美丽乡村项目6个,投入资金1063万元,进行道路维修和营区绿化。2015年,牧场被省政府授予文明单位标兵称号。　(周宝贵)

肇源农场

场长:杨广明,1962年8月出生,湖北省宜昌市人,中共党员,研究生学历,高级政工师。1982年8月参加工作,2012年7月任现职。

党委书记:韩志平,1965年4月出生,辽宁省台安县人,中共党员,本科学历,助理农艺师。1981年8月参加工作,2008年12月至2015年11月任职。

党委书记:倪金珠,1960年3月出生,黑龙江省庆安县人,中共党员,本科学历,教授级高级政工师。1977年8月参加工作,2015年11月任现职。

副场长:王钟敏(2014.11—)
李国海(2014.11—)

纪委书记兼工会主席:姜丽梅(女)(2012.8—)

概况　肇源农场位于黑龙江省大庆市西南部,地处嫩江下游左岸,肇源县境内,地理坐标北纬45°37′,东经124°18′。嫩江流经地域2.05公顷,东南北三面与肇源县新站镇接壤,西与吉林省大安市隔江相望。农场东距新肇火车站9公里,西连大安港,陆路交通和水路运输极为便利。场区内有宽带互联网、移动和联通网及垦网通信相互连接,对外信息联络快捷。农场距大庆市128公里,距省城哈尔滨237公里,有客运班车直通省城,辐射半径小,有利于经济发展。

肇源农场处于北半球第一积温带,无霜期135～145天,大于或等于10℃以上年积温2900～3200℃,属于亚热带季风性气候,适宜水稻生长。全场总控制面积7811公顷,其中耕地3963公顷,全部种植优质水稻。场致力于发展绿色弱碱优质水稻专业场,不断加大先进科技推广和农用机械的引进力度,使水稻产量逐年提高,成为垦区西南部一座小型现代化农场。

2015年,农场实现国内生产总值3.67亿元,其中第一产业2亿元,第二产业0.77亿元,第三产业0.9亿元,实现居民人均可支配收入26785元。

农业生产　水稻总产3.75万吨,实现十二连增。种植龙稻16(稻花香)666.67公顷、松粳九号(长粒香)1333.33公顷、龙稻11(小粒香)2000公顷,全力打造弱碱有机稻米专业场。90%实现水稻订单种植,其中雀巢公司把农场作为婴幼儿米粉原料供应基地,订购米粉5000吨;嫩源水稻种植合作社与农场种植户签订稻花香种植面积133.33公顷;嫩丰水稻种植合作社与黑龙江省边防总队签订20公顷有机稻花香种植基地;第三作业区与益海嘉里签订3000吨超级稻订单。以嫩丰水稻种植合作社为依托,发展鸭稻共育生态种养模式,落实稻田6.67公顷养鸭1500只,生产鸭稻米60吨。投资33万元完成灌排渠系改造及清淤52条,总长度38公里;投资84万元完成泵站更新改造及渠道清淤工程;投资899万元进行节水增粮项目工程建设;配合省三江工程建设管理局推进堤防加固工程,已完成工程总量的40%。成立嫩源狐貉养殖合作社,选举合作社理事长(法定代表人)、监事2人,共9家养殖场加入。

商贸　嫩源米业整合自然人股本向经营者有序转移,农场持股71.38%,经营者持股28.62%。利用"互联网+"机遇,加入东北稻米产业电子商务联盟和由省贸促会主导的"地道龙江"联盟,加入黑龙江省品牌协会,成为理事单位。推进大荒源谷商标注册工作。投资10万元参股成立黑龙江省大农电子商务有限责任公司,自2015年9月20日正式上线运营以来,肇源旗舰店上架商品30款,设立专营店铺4家,年末累计完成交易额8213万元。与北京健生园合作,肇源旗舰店大荒源谷系列中高端大米产品已入驻其在央视商城网、京东、淘宝、亚马逊、苏宁易购等电商平台,双方根据各自优势共享利润分成。农场青年干部创办源古一品粮食销售公司,以"为爱下厨"为主题面向青年群体销售精品米,已在淘宝网开办网店。庆源杂粮公司大力发展孕婴小米、杂小豆等深加工业务,带动全场950栋育秧大棚的二次利用。

城镇建设　投资10万元,对希望广场、九八公园等公共场所进行绿化、美化工作,累计栽植草本花卉10万株;投资46.8万元购置刮道机一台。逐步推进城镇管理市场化,按照环境不同分区、分段进行对外承包,责任到人;成立精诚物业管理有限公司,发挥业主委员会参与城镇管理的作用;推进城管局与公路管理站职能有效融合。农场被评为总局美丽乡村建设场部小城镇建设示范单位。

社会民生　投资308万元用于供热板仓及外网配套工程,铺装混凝土地坪6100平方米,铺设供热管网500延长米,新建稻壳仓4400平方米;投资21.7万元,完成了自来水厂后期配套工程;投资20万元用于馨和小区外立面改造。完成200户危房改造住户房产证发放工作;下调楼房住户供热价格,为住楼户发放供热补贴款88万元;为农场65岁以上老人进行免费体检;全年发放低保资金61万元;为7户临时困难家庭发放救助资金2万元;及时兑现退伍转业军人经济补助金、优待金10万元;领导干部结对帮扶38户低收入职工,开展送温暖慰问困难职工110户;协调配合大庆油田在农场开展的三维地震石油勘探作业,为职工和养殖户争取补偿资金157万元。

(林　妮)

柳河农场

场长:韩学勇,1965年12月出生,黑龙江省拜泉县人,中共党员,专科学历,高级政工师。1988年9月参加工作,2008年12月至2015年4月任职。

场长:石文春,1966年9月出生,黑龙江省依安县人,中共党员,研究生学历,高级政工师。1986年12月参加工作,2015年4月任现职。

党委书记:徐俊军,1967年6月出生,黑龙江省庆安县人,中共党员,本科学历,工程师。1986年9月参加工作,2011年1月至2015年8月任职。

党委书记:吴国义,1970年1月出生,黑龙江省绥棱县人,中共党员,本科学历,高级政工师,1988年12月参加工作,2015年11月任现职。

副场长:蒋艳冬(2013.3 — 2015.8)

副场长:孙国祥(2014.11 —)

工会主席、纪委书记:单索微(女)(2010.11 —)

党委委员:李志强(2015.8 —)

概况　黑龙江省柳河农场位于绥化市庆安县境内,北纬46°37′~46°48′,东经127°44′~128°02′之间。北与庆安县双丰林场接壤,西北与庆安县新胜乡为邻,西、西南、东南三面与伊春双丰林业局相接。农场总控面积14552公顷,其中耕地4152公顷、森林面积7833公顷。

柳河农场地处温带,大陆季风气候,正常情况下,年降水量600毫米左右,无霜期115~120天,年积温2300℃~2500℃,属黑龙江省第三积温带上限。自然资源丰富、生态环境优良、山川秀美、环境宜人。流经境内的有柳河、靠山河、红毛碱河三条主要河流,纵横南北,无污染。天然次生林林相优良,盛产山杨、白桦等珍稀树种。1660公顷荒山适于栽种各种苗木、果树、花卉、中草药等。1300公顷草原,饲草丰茂,适于放牧牛、羊等牲畜。万亩沟塘湿地仍保持原始状态。柳河山、水、林、地资源宜农、宜林、宜牧、宜游。依托良好的自然资源农场主要以农业、畜牧业、林下经济和旅游业这四大产业为主,打造了一业带多业、多业促一业的经济发展格局。

2015年,农场实现国内生产总值16654.5万元,其中,第一产业7457.3万元;第二产业3055万元,第三产业6142.2万元,居民人均可支配收入22027元。

农业生产　加强种植业结构调整力度。播种面积4152公顷中,水田播种面积1780公顷;旱田2372公顷,包括玉米1240公顷,大豆1025.85公顷,经特作物105公顷,其中经特作物包括中草药66.7公顷、杂粮杂豆38.3公顷。种植业平均公顷效益6555元。加强农机更新力度,农机更新共投入378万元,更新水稻插秧机34台、收割机19台、轮式拖拉机12台,享受国家补贴80万元。培育壮大合作社,合作社总数达39个,其中2015年新成立5个;合作社成员人数达286人,种植业合作社占全场耕地面积48%。加强农业基础设施建设,总投资154万元实施节水增粮项目建设,新打水源井6眼,观察井1眼,到货卷盘喷灌机3台(套);与庆安县共投资150万元,修建毛渠4000米;农场投资80多万元维修农田道路76公里,其中一事一议筹资筹劳财政奖补投资50.44万元;投资180万元,建设1万平方米粮食晒场,已完成垫层基础工程。

林业　以发展林苗产业为重点,家庭林场为主的林苗面积达120公顷,各种造林绿化苗木销售总额220万元。林下党参和其他中草药种植也有小面积的试种。

畜牧业　规范畜牧管理档案,健全生产记录和防检疫记录。现有规模型生猪养殖小区5个,规模型蛋鸡场1个,肉牛养殖小区1个;60%规范化养殖小区由合作社经营。现有生猪存栏9156头,其中能繁母猪1358头,肉牛存栏162头,羊存栏531只,包括鸡、鹅等家禽存栏19900只;全年出栏肥猪18000头以上,出栏肉牛300头,羊400只,出售肉禽12000只,年产鸡蛋180吨以上。年度畜牧业生产总值2400万元。

商贸与旅游业　落实中草药种植、肉牛养殖、粮食烘干塔、月亮湾景点等四个招商引资项目,完成招商引资任务2000万元。年接待游客近4万人次,拉动餐饮、住宿等相关产业收入达500万元。

小城镇建设　加强城镇精细化管理,完成社区信息管理系统的信息采集和录入;完善城镇网格管理模式,根据街道现状、楼房分布等情况,将居民小组划分为4个网格,设立12个居民小组;深入开展和谐文明小区、文明楼道、文明家庭和文明单位创建活动。加强城镇美化香化,农场自育栽植花苗35万株;新铺并加宽了庆柳路人行道,提升主干道路的形象。强力推进物业市场化改革,按农垦绥化管理局要求,农场加快推进物业市场化改革进程,物业企业营业执照和经营许可证全部办理,物业服务相关人员配备已经上岗。

民生工程　投资475万元建成日处理能力600立方米净水厂。投资309万元实施农村饮水安全项目,建设5000米自来水管线,实现了24小时供水。投资53万元进行了学校教学楼改造项目工程,有效改善教学环境。投资437万元,完成了2014年小区道路建设收尾工程。

大农网柳河旗舰店　从2015年9月20日大农网柳河农场旗舰店正式上线运行至年末,已注册会员850多人,免费培训农户500余人次,已上挂农畜产品、中草药、农业机械等七大类50多种产品。通过柳河旗舰店已销售水稻10000多吨、玉米9000多吨,仅这两项农户增收近50万元,受益农户达300多家。尤其是农场职工收获的红小豆100多吨,通过大农网直接与黑龙江最大的红小豆收购商对接,越过中间所有粮商,以每斤高于当地市场价0.1元成交。通过大农网,扩大了农场销售农产品的市场范围,使价格提升,效率提高,成本降低。　(孙少如)

安达畜牧场

场长、党委书记:王敬波,1972年1月出生,黑龙江省安达市人,中共党员,大学本科学历,政工师。1994年12

月参加工作,2010年2月任现职。

党委副书记、纪委书记、工会主席:臧来彬(2010.2—)

概况　安达畜牧场建于1955年3月。由省公安厅劳改局主建,当时为劳改农场。1972年归国营农场管理局绥化分局领导,1980年5月撤销牧场建制成立绥化国营农场管理局干部进修校,1986年11月重新恢复安达畜牧场。2008年12月26日安达牧场划归和平牧场合并为一个党委。2010年1月26日重新恢复绥化管理局对安达畜牧场原有管理体制,建立安达畜牧场党委和行政职能。

安达畜牧场位于松嫩平原腹地。地理坐标为北纬46°13′,东经125°04′,位于安达市西南9公里处。场部东2公里与明沈公路相接。自然环境属于温带大陆性季风气候,一年四季差异明显。年平均温度2.5°C,全年有效积温2782℃,平均无霜期136天,年降雨量343.1毫米,年平均日照2850小时。所辖区域总面积约48.9平方公里,整个地形地貌由东向西呈平缓降低趋势。海拔在152~141米之间,相差高度为11米,属二级起伏,较平缓。土壤以碳酸盐草甸黑钙土为主,黑土层厚10~25厘米,为中性到碱性反应。pH值7~7.8之间。草原土壤黑土类草场面积较小,绝大部分是盐碱土类。全场土地面积:4895公顷。其中耕地984.2公顷、草原2538公顷、苇塘210.5公顷、水面164公顷、林地775公顷。牧场总户数821户,人口1762人。

2015年,牧场实现地区生产总值16724.7万元,工农业生产总值5067万元,粮食总产6725吨,居民人均可支配收入15868元。

农业生产　安达畜牧场在持续推进农业种植结构调整转型,种植业由种植常规作物向经特有机转变,因地制宜打造蔬菜专业场。加快农业种植业结构调整的步伐,采取调整耕地地块、发放高额中草药种植补贴、免费提供防风种子和机械作业费等方式扩大特色农业种植面积。种植棚室和陆地绿色瓜菜267公顷、其中棚室香瓜种植面积比2014年增长28%,棚室西红柿种植面积比2014年增长17%。中草药种植171.2公顷,其中多年生防风133公顷,长势正常,新增播种林地防风13公顷,露地防风1.68公顷。小杂粮面积200公顷,以绿豆和红小豆为主,公顷效益在10500元左右。引进以色列的蓖麻品种K9,播种蓖麻33.4公顷,每公顷效益在15000元。2014年秋整地地块在2015年全部实行平播免坐水种。落实秋整地200公顷。水利项目总投资1375万元,新建机电井56眼,3眼观测井,铺设输电线路14.73公里,购置进口喷灌机60台,提水设备53台(套),牧场所有耕地实现水利设施全覆盖。在道东蔬菜园区,投资9万元,修整了2.3公里的棚区道路,新建1000平方米的蔬菜交易市场,解决雨天蔬菜运不出去,外地客商在本地没有规范的瓜菜交易地点等难题。

畜牧业　奶牛存栏1285头、羊存栏1473只、生猪存栏702头、禽存栏2.3万只,年产鲜奶3500多吨。投资1900万元的兴臣现代化牧场改扩建完工,现已形成4家现代化牧场规模,存栏均在300头以上,现代化机械挤奶厅4座,推动奶牛养殖从散户粗放经营到牧场化集约经营的全面过渡,牧场基本实现人畜分离。长春奶牛规模化养殖场投资54.8万元粪污无害化处理工程建设已经完成。草原2000公顷,年产草3003吨。苜蓿种植440公顷。种植青贮1259公顷,青贮产量7.6万吨,有效地解决了饲料问题。完善畜牧防疫体系建设,形成了场、区、组三级防疫网络。经过春、夏、秋三次集中防疫和常规防疫,使动物两病检疫率和疫苗注射率都达100%,常规免疫普及率达98%以上。

工业和流通业　与深圳中聚瑞达有限公司签订并落实了10兆瓦光伏发电项目。与八一农垦大学达成合作建设狮籽鹅养殖场初步协议,进入调研论证阶段。绥化农垦汇通粮食贸易有限公司、雪娃娃冷饮厂、小乡村酸菜厂等企业运行良好,年可实现长期就业人员150多人,季节性就业人员300多人,可增加职工收入500多万元。大农网安达旗舰店9月20日正式营运,上架商品44个,设立专营店铺1家,2015年底累计完成交易额3204万元。

社会事业　投资485万元,铺设排水管线2889米,新建排水沟6800米,有效解决了居民排水排污问题。投资40万元,新建奶牛养殖区(原二队)人畜安全饮水工程一处,解决了奶牛养殖区人畜饮水不安全的问题。在医疗救助上,基本医疗服务7194人次,各项服务总收入9.5万元,重点健康管理对象总人数293人,服务签约286人。为1406位常住居民建立了纸质和电子档案,为190名65岁以上老年人进行了免费体检,为21名育龄人群进行了“两癌筛查”,全年预防接种完成21人次,89针次预防接种,无一例疑似预防接种异常把应发生。发放独生子女父母奖励、失独家庭扶助等总计8.06万元。2015年新纳入低保20户,按照低保标准退出5户,全年发放低保资金65.7万元,牧场配套4.8万元。争取管局扶低扶困借款40万元,为37户职工解决春耕和养殖等缺少资金的困难。争取中央财政帮扶资金2万元,牧场配套1万元,用于10户因大病和特殊原因致贫的特殊贫困户和51个低收入家庭。　(祝赵平)

涝洲鱼种场

场长:邢绍华,1971年6月出生,黑龙江省鹤岗市人,中共党员,专科学历,高级工程师。1992年8月参加工作,2014年9月任现职。

党总支书记:王洪国,1972年2月出生,黑龙江省嘉荫县人,中共党员,本科学历,政工师。1989年11月参加工作,2014年3月任现职。

副场长:关明江(2011—)

概况　涝洲鱼种场建于1956年3月,当时为国营肇东水产养殖场,隶属省商业厅水产局。该场从1963年开始生产鱼苗、鱼种,是本省生产草、鲢鱼最早的企业之一。1974年起放弃松花江捕捞,集中力量发展养鱼生产。1958年3月归肇东县管理,1962年4月,划归黑龙江省水产事业管理局直接领导,改称黑龙江省涝洲鱼种场,1968年下放肇东县领导,1969年11月收归省水产部门直接领导,1971年2月再次下放肇东县领导,1973年收归省水产局直接领导,2000年划归到省农委管理,2007年划归农垦绥化分局领导,先后隶属于和平牧场、安达畜牧场,2011年10月涝洲鱼种场脱离安达畜牧场,正式成为绥化管理局管理的一个独立单位,建立涝洲鱼种场党务和行政职能。2012年6月被命名为省级水产养殖场。

涝洲鱼种场位于黑龙江省肇东市境内,地理坐标北纬46°04′、东经129°09′,南邻松花江,东西北与肇东市涝洲镇接壤。分布在松花江北岸的开阔地带,与哈尔滨国际机场隔江相望,距肇东城区55公里,距哈尔滨市政府45公里。通乡公里直通涝洲鱼种场,交通十分便利。

涝洲鱼种场属北寒温带大陆性气候,一年四季气候差异明显。冬季寒气漫长、夏季炎热多雨、春季干旱多风、秋季短促,降温较快。多年平均降雨量442毫米,降雨集中在6、7、8三个月份,占年降水量70%左右。年平均气温在4.6℃,最低气温在1月份达-38℃,最高气温7月份达39℃,冻结期长达6个月,土壤冻深可达1.8米,全年稳定通过10℃的积温为2700℃,无霜期135天左右,年平均日照数2782.5小时,年平均风速3.5米/秒。属于松嫩平原的腹地,地势平坦,海拔高度120米,土壤以黑土为主,有少量沙土和草甸土,pH值7.0~7.5之间。

2015年末,涝洲鱼种场总面积536公顷,耕地面积7公顷,水域面积496公顷,其他面积33公顷。有一处天然水库库塘沐水库总面积近400公顷,其中一处100公顷省级湿地。场内有饲料加工厂1家,并且实行股份制经营。鱼种场总户数241户,人口642人。

2015年,实现生产总值639.5万元,同比下降10.5%,其中第一产业577.2万元,同比下降15.9%,第二产业35万元,第三产业27.2万元。涝洲鱼种场全场居民人均可支配收入13800元,同比上涨28.2%。

渔业 涝洲鱼种场主要支柱产业是渔业,实现渔业产值1159.4万元,产量水产品总产量1135吨,品种有鲤、草、鲢、鳙、及鲂、鲫、黄桑、鲶、怀,以及试生产匙吻鲟、台湾泥鳅、史氏鲟等经济效益较高的品种,其中鲤鱼753吨,产值723万元;鲫鱼113吨,产值134万元;鲢鳙鱼产量397吨,产值206.5万元;其他产量52吨,产值95.9万元。渔场养殖面积877公顷,淡水养殖面积492 3公顷,产量1311吨。其中池塘养殖面积为117.6公顷,产量876吨;水库养鱼面积374.7公顷,产量435吨。

农业生产 鱼种场以水稻种植为主,播种水稻7公顷,实现总产量33吨,产值8.1万元。

林业 建生态林7.2公顷。植树造林,防风固沙,完成1.5公顷树林带的更新抚育工作。

畜牧业 以特色狐貉养殖为主,辅助养殖猪和鸡。狐貉存栏754只,禽类存栏2000只,笼养蛋鸡2000只。生猪存栏51头,家禽存栏2000只,出栏肉猪肉量为7吨,畜牧业总产值22.3万元。

工业 涝洲鱼种场于2010年通过招商引资的方式,建设一座现年产值1.5万吨优质鱼饵的专业鱼饲料加工厂。2015年由于受到原料价格上涨以及鱼价格低迷等因素影响,共生产配合饲料117吨,实现产值35万元。

民生 完成住宅小区道路硬化工作,在住宅小区安装监控设施,加强技术防范,为小区安全提供技术保障。对居民区环境卫生进行治理,共清理垃圾20余车。 (穆玉玲)

哈尔滨管理局

党委书记:金奎祥,1957年5月出生,山东省高密市人,中共党员,研究生学历,正高级政工师。1974年12月参加工作,2010年8月任现职。

党委副书记、局长:满连奎,1961年12月出生,山东省沂南县人,中共党员,本科学历,高级会计师。1978年11月参加工作,2013年6月任现职。

党委副书记:张智,1965年11月出生,辽宁省黑山县人,中共党员,本科学历,助理翻译,1984年9月参加工作,2013年10月任现职。

副局长、党委委员:陈玉林,1964年9月出生,河南省信阳市人,中共党员,研究生学历,经济师。1979年9月参加工作,2009年10月任现职。

副局长、党委委员:鹿文革,1967年9月出生,四川省开县人,中共党员,研究生学历,正高级政工师。1987年10月参加工作,2011年9月任现职。

党委委员、纪委书记:商丽梅,女,1961年10月出生,辽宁省西丰县人,中共党员,研究生学历,教授级高级政工师。1977年9月参加工作,2015年7月任现职。

党委委员、工会主席:沈纯霞,女,满族,1961年5月出生,辽宁省复县人,中共党员,研究生学历,正高级政工师。1978年11月参加工作,2010年5月任现职。

调研员:曹恒卿,1966年8月出生,河南省泌阳县人,中共党员,本科学历,1984年10月参加工作,2014年10月任现职。

党委委员、武装部部长:贾连杰,1972年2月出生,内蒙古自治区开鲁县人,中共党员,本科学历。1990年3月参加工作,2014年3月任现职。

党委委员、组织部部长:郭洪明,蒙古族,1971年10月出生,黑龙江省肇州县人,中共党员,研究生学历,高级政工师。1996年7月参加工作,2012年8月任现职。

办公室主任:陈建平,1983年12月出生,黑龙江省双城市人,中共党员,研究生学历,助理政工师。1999年12月参加工作,2014年5月任现职。

办公室副主任、外事办主任、副调研员:王德强(2014.5—)

办公室副主任、信访办主任、副调研员:李晶(女)(2010.4—)

政策法规局局长、副调研员:刘兴江(2013.9—2015.10)

机关党委书记、副调研员:郭振民(2014.1—)

组织部副部长:孟祥婷(女)(2013.9—)

组织部副部长:黄俊德(2014.5—)

宣传部部长:关宏宇,满族,1971年2月出生,黑龙江省望奎县人,中共党员,本科学历,政工师。1995年8月参加工作,2013年10月任现职。

纪检委副书记、监察局局长:祖国杰,1964年1月出生,吉林省永吉县人,中共党员,本科学历,食品工程师。1983年3月参加工作,2010年5月-2015年10月任现职。

纪检委副调研员:栾勤先(2013.7—)

工会副主席:张蕊(女)1972年11月出生,河北省玉田县人,中共党员,本科学历,高级政工师。1992年10月参加工作,2011年9月任现职。

团委副书记:闫文帝(2010.4—2015.7)

农业局副局长:李维峰(2014.3—主持工作)

农业局副调研员:曹桂香(女)(2014.1—)

种子管理局局长:李彦青,1965年3月出生,中共党员,本科学历,农艺师。1986年9月参加工作,2014年1月任现职。

林业局局长、农机局局长:刘鹏,1963年6月出生,黑龙江省延寿县人,中共党员,专科学历,农艺师。1979年10月参加工作,2008年8月任现职。

畜牧兽医局局长:李存杰,1966年1月出生,山东省东阿县人,中共党员,专科学历,畜牧师。1987年7月参加工作,2015年10月任现职。

畜牧兽医局副局长:何晶(女)(2014.5—2015.10,主持工作)

畜牧兽医局首席兽医师:殷会成(2013.9—)

水务局局长:马庆芳,1963年11月出生,黑龙江省兰西县人,中共党员,研究生学历,高级工程师,1988年12月参加工作,2010年4月任现职。

水利工程管理分站站长:董立志,男,汉族,1967年4月出生,黑龙江省双城市人,中共党员,专科学历,工程师,1983年12月参加工作,2015年10月任现职。

土地整理中心主任:李广学,1967年11月出生,辽宁省北票市人,中共党员,本科学历,工程师。1989年4月参加工作,2014年1月任现职。

工信委主任:杨国林,1962年11月出生,吉林省洮南市人,中共党员,本科学历,高级工程师。1983年8月参加工作,2006年6月任现职。

安全生产监督管理局副局长:田家林(2014.5—,主持工作)

住房和城乡建设局局长:黄伟明,1969年9月出生,广东省梅州市人,中共党员,本科学历,高级工程师。1993年7月参加工作,2008年8月任职。

住房和城乡建设局副局长:任峰(2015.7—)

商务局局长:吴静,女,1962年1月出生,黑龙江省五常市人,中共党员,本科学历,高级政工师。1979 年 9 月参加工作,2004 年 3 月任现职。

商务局副局长:李云峰(2011.9—)

交通运输局局长:赫曜宇,赫哲族,1968 年 3 月出生,黑龙江省肇源县人,中共党员,研究生学历,高级会计师。1991 年 7 月参加工作,2012 年 8 月任现职。

计财处处长:谭国平,1964 年 8 月生,广东省梅州市人,中共党员,大学本科学历,高级会计师。1984 年 8 月参加工作,2015 年 7 月任现职。

计财处副处长:

谭国平(2014.5—2015.7 主持工作)

邢元勋(2010.4—)

高歌红(女)(2010.4—)

张雷(2011.6—)

审计处处长:钟玉涛,1959 年 11 月出生,山东省掖县人,中共党员,专科学历,高级会计师。1976 年 8 月参加工作,2014 年 5 月任现职。

人力资源和社会保障局局长:马洪君,满族,1967 年 3 月出生,辽宁省锦州市人,中共党员,专科学历,经济师。1985 年 12 月参加工作,2010 年 6 月任现职。

人力资源和社会保障局副局长:

张守良(2013.9—)

民政局局长、副调研员:李建华(2001.8—)

卫生局局长、卫生监督所所长、人口计生委主任:鄂肖艳,女,1962 年 4 月出生,黑龙江省五常市人,中共党员,本科学历,副主任医师。1979 年 12 月参加工作,2013 年 10 月任现职。

教育局局长:阎海滨,1962 年 5 月出生,河北省青龙县人,中共党员,本科学历,中学高级教师。1982 年 7 月参加工作,2004 年 3 月任现职。

教育局督学:刘畅(女)(2009.12—)

政法委副书记:刘奉艳,女,1970 年 5 月出生,山东省陵县人,中共党员,本科学历,中教高级,1980 年 7 月参加工作,2013 年 10 月任现职。

公安局局长:马勇,1963 年 10 月出生,天津市人,中共党员,本科学历,1979 年 10 月参加工作,2011 年 6 月? 2015 年 7 月任现职。

公安局副局长:

马会(2015.7—,主持工作)

童志勇(2013.9—)

司法局局长:高晓舟,1962 年 2 月出生,浙江省海宁市人,中共党员,本科学历,高级政工师。1978 年 8 月参加工作,2013 年 10 月任现职。

青年人民法庭庭长:宋长文,1964 年 10 月出生,辽宁省辽阳市人,中共党员,本科学历,四级高级法官,1982 年 3 月参加工作,2013 年 9 月任现职。

质量技术监督局局长:姜晓明,1972 年 12 月出生,辽宁省本溪市人,中共党员,本科学历,助理政工师。1989 年 12 月参加工作,2010 年 10 月任现职。

社会保险事业管理局局长:李左成,1958 年 7 月出生,黑龙江省绥化市人,中共党员,大学本科学历,政工师。1976 年 7 月参加工作,2015 年 6 月任现职。

环保局局长:马信,1957 年 4 月出生,黑龙江省肇州县人,中共党员,大学本科,高级农艺师。1974 年 7 月参加工作,2001 年 4 月任现职。

工商物价局局长:杨广全,1968 年 12 月出生,山东省宁阳县人,中共党员,研究生学历,价格鉴证师。1991 年 7 月参加工作,2013 年 11 月任现职。

国土局局长:崔君,1973 年 8 月出生,山东省梁山县人,中共党员,大学本科学历,1989 年 3 月参加工作,2013 年 12 月任现职。

国土局副局长:

李靖(2005.11—)

张志强(2010.7—)

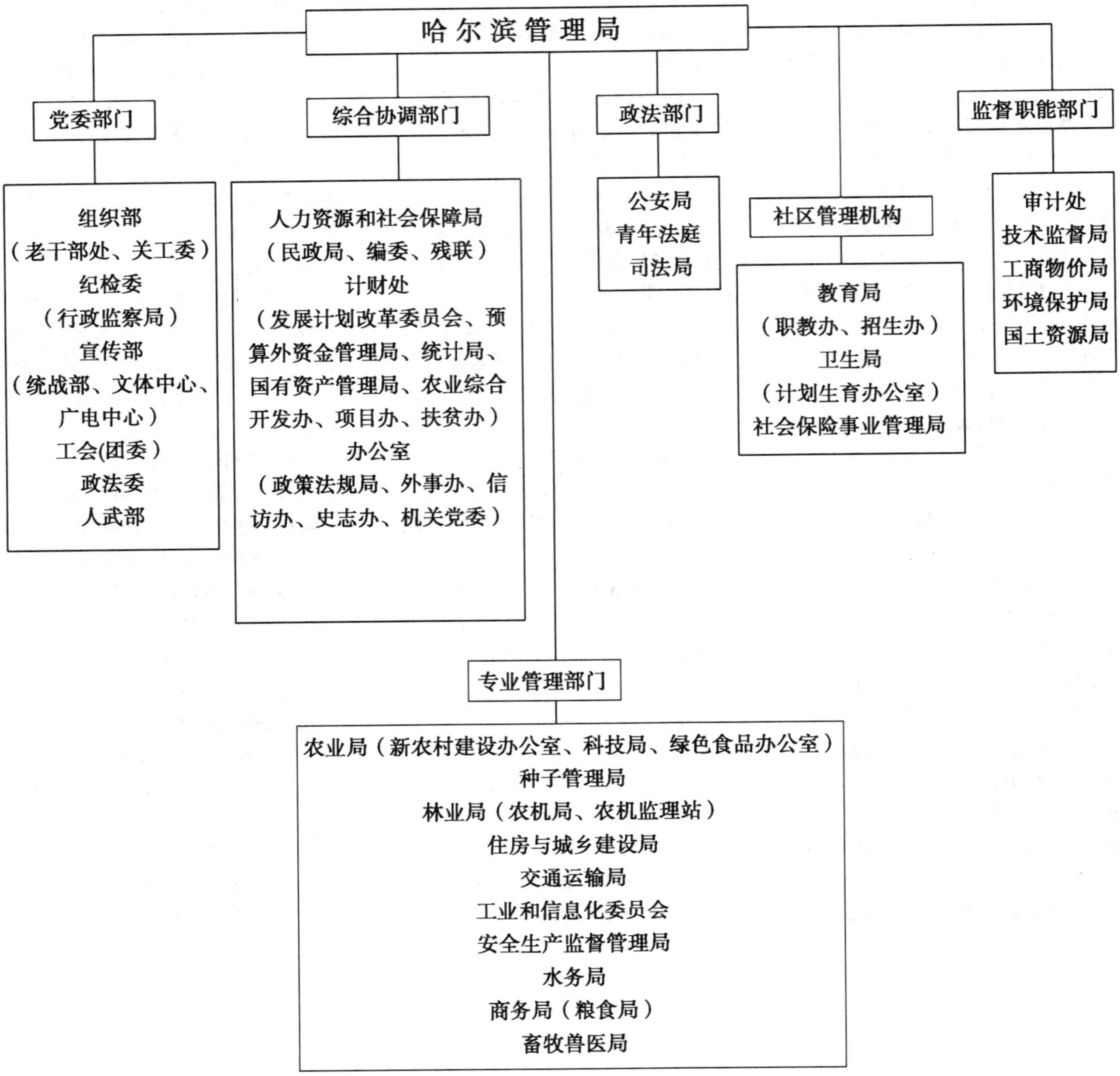

图20　哈尔滨管理局机构示意图(2015年)

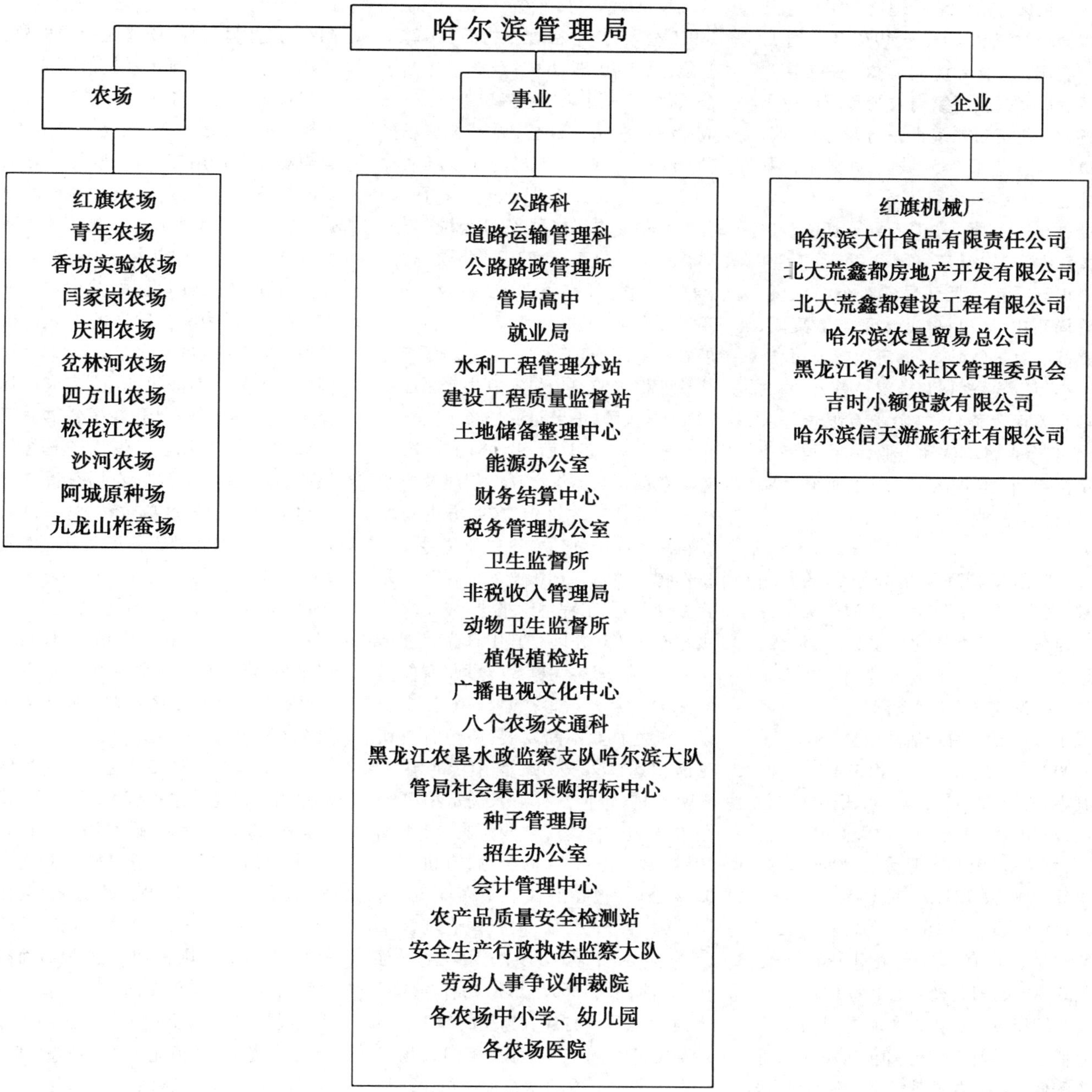

图21　哈尔滨管理局下属企事业单位示意图(2015年)

概况　哈尔滨管理局位于黑龙江省会哈尔滨市,始建于1976年。辖11个农场,其中香坊实验农场、红旗农场、青年农场、闫家岗农场和阿城原种场分别位于哈尔滨市香坊区、南岗区、道外区、道里区和阿城区,九龙山柞蚕场、庆阳农场、岔林河农场、四方山农场、松花江农场、沙河农场分别位于黑龙江省宾县、延寿、通河、肇东、依兰、方正五县市。管理局现有小岭社区、管局高中、防疫站、北大荒酿酒集团、鑫都房地产公司、鸿远房地产公司、吉时小额贷款公司、农垦贸易总公司、农垦北大荒蔬菜公司、哈丰有限责任公司10个直属单位和企业;农林牧渔业单位42个;管理区12个;工业企业85个;建筑企业4个;运输、仓储企业6个。

哈尔滨管理局地处松嫩平原东部、张广才岭西北麓,属寒温带大陆性季风气候,四季变化明显,土壤肥沃,地表水和地下水资源丰富,年降水500~600毫米,无霜期115~140天,大于等于10℃有效活动积温2500℃~3000℃。全局土地总面积53427公顷,其中:耕地25947公顷(水田10936公顷,旱田15011公顷),林地10079公顷,牧草地8953公顷,水面2086公顷。全局总户数18213户;总人口49031人,从业人员23716人,在岗职工人数6097人。现有基层党组织126个,党员3380人,副处级以上干部104人。

2015年,哈尔滨管理局国内生产总值、人均国内生产总值、居民人均可支配收入、恩格尔系数、城镇化率、居民家庭计算机普及率、城镇居民最低生活保障率等项指标均已达到小康标准。城镇人均住房建筑面积、每千人医生数等指标已接近小康标准。实现生产总值23.76亿元,同比增长7.9%;人均生产总值47949元;工农业总产值13.77亿元;粮食总产量20.87万吨;三次产业结构比28.4: 36: 35.6;固定资产投资总额23.42亿元;累计资产总额65.75亿元;职工工资总额2.7亿元;职工平均工资44337元;居民人均可支配收入24079元,同比增长7.6%;实现利润1106万元;资产负债率88.56%。

种植业　农作物总播种面积24928公顷,其中粮食作物面积22952公顷,总产20.87万吨;经济作物1976公顷,总产9万吨。坚持域外开发:完成播种5386.67公顷,其中庆阳农场播种666.67公顷大豆、松花江农场播种1600公顷(大豆1400公顷、糜子200公顷)、沙河农场播种3120公顷(玉米333.33公顷、糜子333.33公顷、高粱46.67公顷、红小豆20公顷、小粒豆333.33公顷、大豆2053.34公顷)。开展农业部高产创建活动,实施高产创建总面积3657.34公顷,其中水稻面积2270.67公顷,玉米面积1386.67公顷,示范辐射带动大面积生产田提高产量。获垦区五大作物高产创建及增产模式攻关活动先进单位,四方山农场获得总局高产创建先进单位称号。大田作物全面积参加阳光农业保险。万亩万棚万元”工程继续推进,设施农业占地面积390公顷。其中日光节能温室71公顷,塑料大棚85公顷,智能温室9.5公顷,水稻育秧棚2280栋87公顷。绿色农业不断发展,绿色有机认证面积达9728公顷,其中绿色认证6494公顷,包括岔林河农场水稻2000公顷,松花江农场(含沙河农场)水稻1064公顷,玉米3430公顷;有机认证3234公顷,包括红旗农场蔬菜67公顷,马铃薯33公顷,闫家岗农场蔬菜67公顷、水稻200公顷,庆阳农场树莓133公顷、水稻2667公顷,岔林河农场水稻67公顷。红旗农场完成200公顷蔬菜质量追溯体系建设,庆阳农场成为农产品质量追溯体系建设单位。加快推进垦区“十大”栽培模式和“十大”农业新技术的普及应用,完善组装水稻“三化二管”技术模式,示范钵型毯式育秧、稻田养鸭等项先进适用技术。科技贡献率及成果转化率稳步提升。科技贡献率75%以上,成果转化率85%以上。

林业　林业产业项目以扩大树莓栽植面积和增加食用菌产量为主。庆阳农场第五管理区栽植树莓200公顷,其中春季完成133.33公顷,秋季完成66.67公顷,栽植品种为哈瑞太兹,用苗量为160万株,栽植株行距为2.5米×1米,各农场挖掘潜力,共发展食用菌1990.2万袋,产量9929吨。庆阳农场与阿城原种场通过招商引资,各建立一处年产500万袋的菌袋厂。庆阳农场与地方合作,通过建设挂袋大棚,利用育秧大棚,农场废弃地等,大规模发展食用菌产业,取得较好的经济效益与社会效益,成为当地及周边地区较大的黑木耳生产集散地。阿城农场食用菌产业以九龙山作业区为核心,发展效果初步显现,建设木耳标准大棚,已成为宾县辖区的木耳种植基地,具有一定的知名度。2015年管理局投入资金1766.9万元,完成造林绿化面积248.73公顷,栽植各类乔灌木95.9万株,庆阳农场获得“全国绿化模范单位”称号。庆阳农场获得全省森林草原防火先进单位称号。庆阳、松花江农场和阿城原种场九龙山作业区三个单位获得垦区森林草原防火先进单位称号。管理局孙亮、王瑞雪、庆阳农场冷承浩、松花江农场曹勇、闫家岗农场姜长坤、阿城原种场九龙山作业区孙宝洪获得垦区森林草原防火先进个人称号。

水利工程　2015年,哈尔滨管理局水利工程建设总投资5251万元,其中国投2843万元,建设水利项目6大类16项,完成总工程量37.38万立方米,其中土石方37.38万立方米,混凝土方0.43万立方米。改善水田有效灌溉面积4440公顷,新增节水灌溉面积2040公顷。2015年实施“节水增粮行动”,投资3235万元(国投资金1144万元,配套资金691万元),项目覆盖庆阳、四方山、红旗、闫家岗农场4个农场。

畜牧业　管理局以立足资源优势,提高畜产品竞争力为核心,以因地制宜拓展“两牛一猪一禽”和渔业生产为发展思路,以扩大“稻田养鸭、林下养殖、休闲养鱼”等特色养殖为重点,以加快基础设施建设,完善服务功能,推进标准化、规模化、产业化养殖,提高畜产品安全为突破口,以推进现代畜牧业良种繁育和动物疫病防控水平全面升级为手段,以发展现代畜牧业,促进职工增收为目标,推进畜牧业产业化。奶牛存栏1739头,肉牛存栏536头,生猪存栏0.92万头,生猪出栏2.77万头,羊存栏9334只,羊出栏

5974只,家禽存栏35.92万只,家禽出栏31.65万只,肉类总产量3697吨,鲜奶总产量5682吨,禽蛋总产量4121吨。哈尔滨农垦熙源牧业有限公司总投资1.17亿元,在四方山农场奋斗作业区新建一座占地22万平方米的现代化示范奶牛场,其中购牛资金6000万元,基础建设资金5700万元。该项目顺利通过省级验收,第一批从澳大利亚引进的300头奶牛已于2015年11月9日进场。管理局促进良种繁育,发放奶牛性控冻精500剂。扩大标准化肉牛小区建设规模,提高肉牛标准化水平,为松花江农场标准化肉牛小区二期建设项目提供服务,推广饲养优质的西门塔尔、夏洛莱、利木赞肉牛品种,推广快速育肥技术,改进提高肉牛品质。盘活闲置小区,促进生猪生产。岔林河农场生猪养殖小区位于第二作业区北山,占地面积55709平方米,其中猪舍7栋,建设面积3772.8平方米,办公室及饲料库面积共504平方米,于2014年完成基础建设,处于闲置状态。筹资220万元建设粪便无害化处理工程。当年有一户养殖大户入区生产,年末生猪存栏268头。农场鼓励吸引更多养殖大户进区饲养。发展四方山农场绿色草原羊,拓宽市场,增加效益,富场富民。庆阳农场结合有机水稻发展目标,进一步扩大稻田养鸭规模,饲养量已达8万只;引进金陵黑鸡父母代鸡雏300羽,共孵化6批,出雏5000余只。四方山农场投资620万元用于草原改良和保护。其中投资60万元完成草原分户核查测绘、草原生态监测、草原禁牧管护,投资90万元建设草原管控砂石道2.32千米,修建过道涵2座、下地便涵6座,开挖排水沟2.41千米。投资470万元修建苜蓿基地涵洞19座,苜蓿地围栏20.6千米,草原围栏90.4千米,铁艺大门15处,该项目建设进度完成50%。四方山农场种植的苜蓿草收获三茬计5500吨,价格平均为1400元/吨,投资144.02万元,新建附属设施仓储库房,地面硬化2743平方米,其中贮草棚地面硬化5000平方米,晾晒场3250平方米。

农业机械化　管理局农机原值1.8亿元,净值1.1亿元,农机总动力13万千瓦,其中耕作机械动力7.35万千瓦;拥有大中型拖拉机1589台,大中型拖拉机配套农具1603台(件);水稻插秧机1055台;联合收获机446台,其中,水稻收获机341台;排灌动力机械1834台;农用水泵1326台;滴喷灌机械157套;种子加工机械91台;牧业播种机3台;牧业收割机13台;机动渔船5艘;农产品加工机械54台;农用运输车40台;推土机34台;挖掘机6台。利用国家农机购置补贴优惠政策,完成农机更新428台(件),其中更新40马力以上拖拉机87台,收割机30台,插秧机66台,累计新增农机总动力0.5万千瓦。投入农机更新资金1811.58万元,其中利用国家农机购置补贴资金672.02万元。开展农机标准化管理达标与创新活动,松花江农场通过农业部农机标准化农场审核验收。庆阳农场新建农机停放场1.5万平方米。闫家岗农场完成0.7万平方米农机具停放场前期规划。四方山、松花江、红旗农场机具停放场入场机具达到"十字"停放标准。举办农机培训班4次,培训农机驾驶操作人员1500人次,发放农机宣传材料960份。推进新型农机社会化服务,注册登记的农机专业合作社发展到20家,年实现效益407万元,实现作业面积1万公顷。四方山、松花江农场农机专业合作社引领示范作用增强,部分机械赴俄境外开发取得成效。组织农场农机跨区作业,跨区作业逐步形成产业。围绕种植业结构调整,重点推广水田全程机械化、设施机具、旱作节水、精量播种、保护性耕作等农机新技术10项,完成深松整地面积6600公顷,保护性耕作面积3000公顷,秸秆还田20000公顷,精量播种13330公顷,安装引进精准农业导航设备3套,玉米收获机械化面积实现100%。克服低温多雨等不利气候影响,田间作业综合机械化率98%,比上年提高0.5个百分点,机械整地面积24747公顷;水稻机械育秧面积5544公顷;机械播种面积22785公顷;机械田间管理面积12479公顷;有效灌溉面积12471公顷;全年完成跨区作业1.33万公顷,农机标准化作业整体水平不断提高。

工业　实现工业增加值8.39亿元,比上年增长7.2%,实现销售收入27.3亿元,比上年增长7.3%,实现利润总额3.3亿元,比上年增长5.5%。工业企业户数增长到288户。坚持"一场一策、一场一特",先后落地工业项目近30个,逐步形成以雷沃北大荒农业装备有限公司为龙头的农机产业体系,以北大荒绿洲米业、岔林河农场日日升米业为龙头的稻米产业体系,以北大荒酿酒集团为龙头的酿酒产业体系。北大荒酿酒集团创建了集休闲旅游、餐饮娱乐、工业生产于一体的国家AAA级工业旅游景区,实现二、三产业融合发展。北大荒农产品配送中心项目开工建设,项目总投资3.5亿元,选址在阿城经济开发区。到2015年底,完成投资额的20%。完成成品库与物流库主体钢结构安装,原料库一层和二层混凝土主体框架,中央厨房及质量检测中心土建基础施工,部分附属建筑主体工程。雷沃总部将免耕气吸精量播种机生产任务安排在松花江农场雷沃农机装备公司生产。公司对收割机生产线进行局部改装,当年生产马特马克免耕气吸精量播种机44台。岔林河兴旺米业有限公司通过国家规模以上企业认定,至此,管理局国家规模以上企业达4家。

商贸　完成经济技术合作项目32项,实现国内招商引资35.26亿元。实现外贸出口总额2.241万美元,境外开发土地6520公顷,服务业增加值8.45亿元,社会消费品零售总额5.7亿元。2015年1月30日自主举办农垦哈尔滨管理局2015年项目合作单位恳谈会,邀请26家合作企业代表恳谈经贸发展。组织企业参会参展,展示哈尔滨农垦优质产品和特色产品,拓宽经贸渠道。北大荒泰华有机食品股份有限公司与福州名成集团就共同建设蔬菜深加工冷链物流项目签约1.5亿元。年内组织北大荒酒业与北大荒牧业参加黑龙江省商务厅主办的"网络大集"活动,展出白酒系列与稻田鸭系列两大类10余种商品。

旅游业　发挥区位优势发展旅游业,实现旅游总收入10461万元。旅游基础设施投入共2778.8万元,其中香坊实验农场景区日光温室大棚维修、小木屋供暖管道改造及园区绿化投入34万元;红旗农场景区改造农家乐,新增特色坑烤美食,补充垂钓广场鱼苗,完善景点指示牌、服务指向牌及安全警示牌,投入34.8万元;闫家岗农场景区争取省旅游局政策资金扶持84万元,新建旅游厕所6座、荷花湖围栏500米、园区绿化投入575万元;青年农场景区投入360万元建设围堰护堤3公里、疏通水路3000米、江滩抽沙3万立方米;阿城原种场景区投入123万元绿化园区、维护棚室、续建和维护开心农场;四方山农场景区投入1652万元进行道路建设及绿化。北大荒酒庄被评为国家AAA级旅游景区;红旗农场都市农业园被评为省级乡村旅游示范点,是全省唯一的"2015年全国十佳休闲农庄";青年农场农业生态园签订合作协议,收取租金80万元。"五一"期间景区共接待游客1.7万人次,旅游收入170万元;"十一"期间接待游客2万余人次,旅游收入288万元。香坊实验农场景区与同程旅游网携手推出"1元游景区,3元砸金蛋,3元绘彩蛋"活动,与同程网、美团网、大众点评等合作,推出"园区套票购"活动;红旗农场景区与美团网合作,推出"中秋葡萄采摘团购"活动,迈出"互联网+旅游"第一步。阿城原种场景区参加哈市阿城区旅游推介会,扩大景区影响力。近郊农场开发休闲旅游"开心小菜园"项目,出租小菜园416块,实现经济收入56万元。管理局在香坊实验农场举办农垦哈尔滨管理局旅游产品推介会,北大荒现代农业园、唐都生态酒店分别与黑龙江龙行自驾车俱乐部有限公司签订了合作协议,北大荒现代农业园、闫家岗国际温泉旅游度假区分别设立了景区微信公众账号,A级旅游景区全部加入"农垦旅游"微信群。

现代服务业　哈尔滨管理局创新"土地一级整理、二级开发"模式,在香坊农场开展土地收储试点,争取到省政府土地出让金60%返还政策,累计返还土地出让金9.07亿元。辉煌小区等房地产开发项目推进了哈东新城建设速度,永泰城综合体功能已经完善。会展城上城居家式养老模式和充满人性化的洋街坊模式受社会好评。香坊美居花卉市场和美居建材广场等专业市场项目,有效地补充了城市综合体服务功能。北大荒酒厂和庆阳鸭业入驻阿城原种场电商平台网站,全年实现网站浏览量1.5万次,通过线上宣传线下交易的模式,实现收入3.2万元。庆阳农场与黑龙江北大荒速冻食品有限公司联合搭建庆阳农场微商平台,4家粮食供销企业入驻北京"买粮网"。美居时代广场、红旗农场商铺、青年农场红博商铺、王岗门市实现租金收入1492万元。香坊嘉圣国际物流园区一期建设项目全部投入使用,完成投资4.6亿元,库房出租率达95%以上,入驻百世汇通、申通物流、安得物流、百丽物流、康师傅食品等知名企业近20家,农场年收益203.59万元。兰西吉时小额贷款公司全年发放贷款2570万元,实现净利润225万元。红旗农场盛邦保安服务有限公司有保安员40名,设11处执勤点,实现营业额65万元。红旗鑫旗商贸公司有机蔬菜、花卉配送服务,实现营业收入89万元。率先在省内打造候鸟式异地养老模式,红旗农场在三亚建设北大荒养老中心分院,以北大荒养老中心为龙头的异地养老产业已经步入产业发展快车道。

小城镇建设　按照"融城兴业,富民强局"发展理念,哈尔滨管理局小城镇建设开拓创新,扎实推进,城乡规划、基础设施建设、住房保障、建筑业管理、房地产业管理等工作取得新成效。建设商品住宅130.84万平方米,其中新开工46万平方米;完成危房改造122套。加大城镇基础设施建设力度,完善综合服务功能,新建城镇道路5.63公里;供排水管线5公里;新建净水厂1座;垃圾处理场1座;中心医院1所;公园1处;中小学危房改造3处。各农场场部区域进一步绿化,植树5.5万株;新增绿地2.6万平方米。开展创建"三优"文明城市活动,确保场容场貌整洁优美。管理局城镇化率达到90%,城镇楼房化率90%,人均住房面积31.5平方米,城镇绿化覆盖率38%,道路硬化率100%,自来水普及率100%,燃气普及率82%,集中供热率90%。

环境治理　加大环境污染控制减排力度,按照农垦总局《垦区环境监管网格化管理工作实施方案》要求,制定《农垦哈尔滨管理局环境监管网格化管理工作实施方案》,制定网格化环境监管二级网格划分情况表,成立10组负责区域,相关处室领导与各农场场长为网格负责人。开展2015环境保护"利剑斩污"行动、秸秆禁烧等6项执法检查,关停了4家岩棉违法企业,行政处罚10家企业。严厉打击环境违法行为,及时消除了环境安全隐患。全年共出动执法人员477人次、现场监督检查211次。共征收排污费45.47万元,罚款39.7万元。庆阳农场第一、三、四管理区获得省级生态村称号。闫家岗农场生活污水治理工程建设完成,项目总投资1300万元;2月北大荒辉煌小区自建一座生活污水处理站,占地200平方米,投资500万元,处理污水能力1100吨/日;华义食品有限公司污水处理设施投入试运行,设计处理能力300吨/日;哈尔滨北牛制药有限公司锅炉改造使用清洁能源生物质压缩稻壳,年使用200~300吨,节约煤炭300吨。

综合治理　结合开展作风建设和"三严三实"专题教育,从加强学习培训、夯实基础、完善制度、规范程序、加强监督考核入手,维护辖区社会稳定、公共安全。突出源头治理,充分利用社区"网格"、自治组织、舆情监控等挖掘信息来源的广度和深度,排查预警有价值信息800余条。进一步规范重大决策社会稳定风险评估工作,继续推进"七个平台"建设,发挥综治统筹协调作用。组织开展打击整治逃费银行债务、校园及周边环境治安秩序整治、危爆品寄递物流等专项行动。已完成6个农场的社区服务中心和综治维稳中心标准化建设。深入开展"三项排查"工作,管理局共排查出各类矛盾纠纷229件,推进依法化解矛盾的调处方式,调处成功率92.6%。拓宽行业,强化标准,推进平安创建工作提档升级,政法系统规范组织平安创建宣传工作,统一开展宣传周,依托网格员入户点对点宣传,发放宣传单3200余份,在各媒体上发稿137篇。在加强学校、医院、社区等平安创建的同时，深入开展“平安旅游”创建工作，进一步加强对重点人群管理，确保违法犯罪青少年、易肇事肇祸精神病人等重点人员底数清，情况明，监管无盲点。巩固无邪教创建成果，开展社区反邪教知识宣传工作，确保“敏感日”防控工作落实到位。深入开展“红盾护农”专项行动，严厉打击坑农害农行为。重点解决了房屋拆迁、供热不达标等问题，为民工追回拖欠工资1500多万元。全局内未发生生产安全事故，未发生治安、食品卫生、学生安全、火灾等重特大案(事)件，有力地维护了社会和谐稳定，确保了职工群众安居乐业。红旗、松花江农场获省级“平安农场”命名。

民生和社会事业　教育卫生事业均衡发展，服务设施进一步完善。所属农场全部实现高质量地普及九年义务教育，职工人均受教育年限达到全国发达地区水平。投资6344万元新建(改建)8所幼儿园，初步实现局域内义务教育均衡发展。管理局高中坚持艺体特长与普通教育相结合，实现高中教育特色发展。医疗服务体系进一步完善，有各类医疗机构16家，居民点卫生机构覆盖率100%。深入实施惠家工程，累计投入人口计生事业经费318.7万元，计生各项奖励政策全部落实到位。社会保险覆盖范围不断扩大，五项社会保险开展面达100%，职工养老保险、医疗保险参保率接近100%。月人均养老金提高到1869元。最低生活保障制度进一步完善，实现了应保尽保，全面覆盖，月人均保障标准提高到500元。积极推进劳动就业，城镇登记失业率控制在3.5%以内。以“农场增效，职工增收”为目标，大力发展自营经济，深入开展富民工程、共富行动、金秋助学、大病医疗救助等活动，落实中央帮扶资金及各项救助款物2077万元，383户困难和低收入家庭全部实现脱低、脱困，职工家庭人均纯收入突破3万元。文化体育事业蓬勃发展，职工群众精神生活进一步丰富充实。以社会主义核心价值观“24字”内涵为标准，选树了垦区十佳公仆、感动北大荒人物、劳动模范等一批先优人物。荣获全国先进单位、先进个人等总局级以上各项荣誉88个，弘扬了经济社会发展的正能量。构建公共文化体系，投入1400余万元进行文化信息共享工程、全民健身工程建设。推进全民健身活动，开展丰富多彩的各类体育赛事120余场次。深入推进文明创建活动，组织抗日战争胜利七十周年系列纪念活动，开展青年知识竞赛、广场文艺演出、职工摄影和书法大赛等形式多样的群众性文体活动，丰富职工群众的精神文化生活。

法治工作　管理局各农场、企事业单位共建立14个法律顾问团队，覆盖率达100%。各农场企业、机关单位的重大经营决策、重要经营合同事前经法律顾问团队审查，出具律师或者法律顾问意见书。管理局法律顾问已出具法律意见书12份；参与修改合同33份；协助处理信访21件次；出席各类会议37场次。各司法所对管理局近郊5场、局直单位的10余份重要合同进行审查，从法律角度予以把关。坚持普法教育，组织各类领导干部法律知识讲座24场，组织领导干部法律知识考试11场，参加人员培训133人。司法局组织管理局机关部门负责人进行法律辅导讲课4次，管理局领导干部带头参加学习，局机关学法用法、依法行政氛围浓厚。管理局共开展“法律六进”活动64次，专项治理10次，宪法专题宣传11次，法制讲座17次，演讲活动4次，法律竞赛7次，受教育人数约5900人。参加垦区法治微电影创作大赛，上报法治微电影1部。社区矫正工作向委托机关提交《调查评估意见书》8件。协助地方及林业法院接收社区矫正人员19人。在册矫正人员全部为缓刑人员，无脱管、漏管现象。

党的建设　坚持党要管党、从严治党，以“为民务实清廉”为主题，以落实“两个责任”为抓手，严格执行中央“八项规定”和省委省政府“九项规定”，扎实开展党的群众路线教育活动和“三严三实”专题教育，切实加强党风廉政建设和反腐败工作，为管理局改革发展稳定营造风清气正的良好政治环境。注重学习培训，党员领导干部的政治意识、纪律意识、责任意识、廉政意识进一步增强。管理局党委开展各级党委理论中心组学习274次，培训党员领导干部3918人次，开展廉政教育专题讲座3次。进行了党支部书记培训；组织管局党员干部参观了黑龙江省女子监狱、东北烈士纪念馆和省纪委廉政教育基地；组织《中国共产党员廉洁自律准则》和《中国共产党员纪律处分条例》专题学习。通过学习培训，党员干部专业素质不断提高，廉政意识进一步增强。狠抓党风廉政建设和反腐败工作，态度坚决，力度加大，共处理场处级干部13人，科级干部10人，组织处理党员干部11人。落实整改问题229个，处理信访积案8项，清理违规公务用车73辆，调整清理超标办公用房804平方米，整治“衙门作风”问题41个，“三公”经费压缩57%。各级党委开展了专题党课教育，场处级以上党委书记全部走上讲台。共梳理出各级党委(党组)“领导班子问题清单”84项，“领导干部个人问题清单”261项，90%以上问题得到了处理和解决。注重制度建设，领导干部监督约束机制进一步完善。管理局党委注重将落实“两个责任”考核同领导班子、领导干部工作实际相结合，与职代会述职、述廉、民主评议干部相结合，各级党组织及其主要负责人履行主体责任意识明显增强。管理局党委有针对性地制定100余项规章制度，初步构建起了以党内监督为核心，审计监督、民主监督、社会监督协调配合、紧密衔接的制度体系。贯彻落实“三重一大”决策制度，推行党政一把手“四个不直接分管”工作制度，使决策、执行、监督等权力相对分离，形成相互制约、相互监督的工作格局。建立了法律顾问制度，管理局各农场、企事业单位共建立了14个法律顾问团队，为企业重大经营决策提供法律保障。创新完善干部考核评价和管理监督机制，领导干部重大事项报告制度，干部监督工作不断改进。扎实推进场(厂)务公开、民主管理，充分发挥民主监督作用，完善基层职代会联审制度，职代会走上了法制化、程序化、制度化的轨道，领导班子科学决策、民主决策水平不断提升。

(魏立文　孙亮　程锐　王华　李云峰　黄伟明　邹斌斌)

哈尔滨管理局基本情况及国民经济主要指标完成情况统计表

(2015年)

项目	计量单位	管理局	庆阳农场	岔林河农场	沙河农场	香坊实验农场	青年农场	闫家岗农场	红旗农场	四方山农场	松花江农场	阿城原种场	九龙山柞蚕场	分局局直小计
一、管理区	个	12	1	1	1	2	1	1	1	3	1			
二、总户数	户	18213	2860	1803	841	1832	726	2367	1077	1402	2319	1874	71	1041
三、总人口	人	49031	7895	3518	1949	6020	2900	5907	3184	3793	5624	5452	241	2548
男性人口	人	25722	4143	1861	969	3440	1708	3029	1485	1941	2891	2843	129	1283
女性人口	人	23273	3752	1657	980	2580	1192	2878	1663	1852	2733	2609	112	1265
少数民族人口	人	2841	203	92	20	561		129	86	65	8	1617	17	43
四、生产总值	万元	237640	31654	17450	3305	43643	15740	28358	32214	22257	24735	12108	290	5886
五、人均生产总值	元	48467	40094	49602	17000	7250	54275	48007	101175	58679	43981	22208	12033	23100
六、工农业总产值	万元	219136	35206	32209	2219	20779	9620	9646	22884	36667	20699	27549	793	865
七、粮食总产量	吨	208743	43671	38065	9648	0	1174	1748	320	61947	39092	13000	78	—
八、固定资产投资总额	万元	234175	9728	4065	580	198677	1	6036	2711	3137	864	1436	—	6940
九、职工工资总额	万元	90083	4097	2816	541	2224	570	1103	12158	48421	14517	1011	165	2460
十、职工平均工资	元/人	44337	42107	39658	35122	35868	49565	40403	32407	68198	42510	18739	30000	51037
十一、居民可支配收入	元/人	28530	24824	25782	14935	25836	25943	27931	26958	24482	24481	16022	16711	—

香坊实验农场

场长、党委副书记:尹东升,1966年7月出生,黑龙江省延寿县人,中共党员,研究生学历,高级会计师。1985年参加工作,2012年7月任现职。

党委书记:高俊民,1972年6月出生,黑龙江省哈尔滨市通河县人,中共党员,本科学历,高级教师。1992年8月参加工作,2014年1月任现职。

党委委员、副场长:

宋金友(2008.8—)

蒋志(2014.1—)

刘兆华(女)(2014.5—)

党委委员、武装部部长:郭洪斌(2009.10—)

概况　香坊实验农场始建于1948年3月,时由哈尔滨市政府组建,名为哈尔滨农林试验场;1949年交由东北农学院,名为东北农学院试验农场;1969年1月黑龙江省革命委员会成立五七干校,名为黑龙江省新香坊五七干校;1970年10月归属黑龙江省农牧局,名为黑龙江省农牧局香坊实验农场;1972年7月归属黑龙江省国营农场管理局,农场更名为黑龙江省香坊实验农场至今。

农场位于哈尔滨市香坊区幸福镇,地理坐标为北纬45°46′~45°39′,东经126°50′~126°30′(东八区)。香坊农场作为城中村农场,其城镇化建设纳入哈尔滨市建设规划,场部位于香福路150号,铁路、公路畅通,交通十分便利。全场土地总面积为1105.5公顷,其中耕地面积598公顷。全场地形为南高北低,海拔高度在120.80~162.81米之间。气候为寒温带季风性气候,年平均气温3.6℃。无霜期在135~140天左右,年积温2782.6℃度。年降水量400~600毫米。

2015年,香坊实验农场实现国内生产总值43643万元,其中:第一产业增加值2524万元,第二产业增加值18255万元,第三产业增加值22864万元。三次产业比例分别为5.8:41.8:52.4。居民可支配收入25836元。

现代旅游农业　通过转模式、调结构大力发展现代旅游农业,依托北大荒现代农业园区旅游资源,鼓励职工种植经济效益高的草莓、葡萄、香瓜等果蔬产品,种植职工家庭收入得到较大提高,农业种植职工实现家庭人均纯收入超3万元。占地67公顷的北大荒现代农业园,充分发挥其哈市近郊旅游中心优势,通过先进的组培技术优势和神农文化节、采摘节、世界名鸽展等活动,吸引旅客。

物流产业　开发建设嘉圣物流园区项目,项目地处哈尔滨市香坊区香福路与香明街交口。规划总占地面积65万平方米,一期占地面积17.86万平方米,二期规划占地面积17.7万平方米,三期规划占地面积29.4万平方米。一期项目于2014年底投入使用,整体运营态势良好,库房出租率达95%以上,入驻大型企业20余家,其中包括百世汇通、申通物流、百丽物流、康师傅食品、安利日化、联想集团、恒安集团、蒙牛乳业、红牛饮料等国内外知名品牌。

现代服务业　把握城市发展规律和哈市市场需求,发挥"香大花卉"品牌优势,重点建设占地25000平方米的北大荒花卉种植基地,项目集花卉种植、花鸟鱼宠物展销于一体,是哈市最大的花鸟鱼销售市场。项目已投入使用,600余个摊位全部出租完毕,在解决职工收入的同时,为农场创造了收益。

(刘瑞生)

红旗农场

场长:池强,达斡尔族,1978年1月出生,黑龙江省肇东市人,中共党员,研究生学历,高级农艺师。2003年7月参加工作,2011年5月任现职。

党委书记:刘明东,1967年7月出生,山东省乳山县人,中共党员,本科学历,高级农艺师。1986年4月参加工作,2014年1月任现职。

党委委员、副场长:

高金玉(2010.5—)

王艳玲(女)(2014.5—)

李儒意(2014.12—)

党委委员、纪委书记、工会主席:任秀芳(女)(2013.7—)

党委委员、宣传部部长:李海燕(女)(2014.5—)

概况　红旗农场位于哈尔滨市西南郊,地处北纬45°34′~45°41′,东经126°22′~126°33′,场部设在哈尔滨市南岗区王岗镇新山路48号,这里交通便利、信息快捷,距哈尔滨市区仅5公里。农场土地总面积1340公顷,其中耕地831公顷。总户数1077户,总人口3148人。农场土地分布在哈尔滨市郊区王岗镇、新农镇、新发镇、榆树乡和红旗乡五个乡镇内,大小共有46个地块。农场下辖机场路作业区、望哈作业区、中学、小学、北大荒养老中心、医院、派出所等单位。

农场土岗地退化性黏质黑土约占总耕地面积80%,低洼盐碱地占耕地面积20%。岗坡地中黑土层厚度25~30厘米,低洼地黑土层厚度在80~100厘米,黑土层下面是黏质黄土,透水能力差。

农场气候属于寒温带大陆季风气候。年平均气温为4.9℃,无霜期为135~140天,年日照时数为26489小时。年平均降水量445~500毫米,7~8月份降水量占全年降水量的70%,年蒸发量12832毫米。春季多风、少雨,蒸发量较大。年平均风速为4.6米/秒,4~5月份春风较大,平均风力4~5级。3~5月份日蒸发量一般可达433毫米,相当于全年降水量的70%,具有十年九春旱的特点。

2015年,农场实现国内生产总值32214万元,完成企业利润总额497万元,同比增长6.4%。其中第一产业7119万元;第二产业15765万元;第三产业9596万元;三产业结构比22:48:30;居民可支配收入26958元。

现代农业　按照"扩花、稳菌、增蔬"的结构调整思路,完成播种面积619公顷,年产蔬菜3.5万吨、食用菌3600吨、花卉900万株(盆),公顷效益83625元。完成农产品质量追溯面积200公顷、有机食品认证面积100公顷。组织开展农业技术、电商等相关培训258人次。农业基础设施配套投资579万元,完成机场路温室改造工程22栋、新增五华犁和秸秆还田机2台套、完成节水增粮和小型农田水利项目4项、绿化造林0.7公顷4.8万株。奶牛现存栏379头,累计产奶1762吨,兔存栏2000只。收回机场路鱼池地块34.93公顷,增收35万元。

工业　实现工业增加值14773万元,销售收入53636万元,利润5470万元,同比增加0.8%。哈尔滨工具厂、红旗锅炉辅机厂全年外贸出口118万美元。

现代服务业　本着"低投入、低成本、高效益"的原则,发挥区位优势,注重提档增速,谋划并构建现代服务业产业体系。投资35万元,完善景区标志、引进特色坑烤美食项目、打造农家乐项目;农场都市农业园荣获全国十佳休闲农庄称号;养老中心成为龙江天鹅颐养联盟会员单位;同溧阳市天目湖虹枫老年福利中心等10余家单位签订合作协议;解决了养老中心入住老人医保问题;哈尔滨农垦鑫旗商贸有限责任公司运营起步,完成了"鑫旗生活"微信公众账号的建立;2015年8月19日在上海股权交易中心中小企业报价系统Q板成功挂牌;农垦旗晟记账有限责任公司先后为13个单位提供了税务申报、证照办理、业务咨询等服务;农垦盛邦保安服务有限公司已与北大荒现代农业园等7家单位建立了合作关系,年派驻保安人员40人;商服出租比例提高到80%,资产收益589万元;建设红星凯悦三期和金港湾两个住宅小区,总占地6万平方米,建设住宅19栋,总建筑面积16.59万平方米;社区服务站地下2000平方米瑛辉大型超市投入使用;农垦同达供热公司供热范围达到160万平方米。

民生工程　投资220万元,对原有水站进行整合改造;投资87万元,完成机场路家属区道路两侧排水渠1.5公里,新建室外活动场地40平方米,安装体育设施一套、垃圾箱100个,铺设望哈作业区人畜饮水管线1公里;投资26万元对农场3号家属楼供暖管线和庭院路面进行维修养护;对望哈道北16户居民住宅进行整体搬迁,已完成其中6户居民的回迁入户工作;场直社区服务中心服务广大居民,全年共接待居民休闲、娱乐、健身27000余人次。农场发放低保金161万元,其中农场匹配低保金7万元。低保及低收入家庭参加垦区居民医疗保险189人,缴纳医疗保险费1.7万元;为40位患病的低保家庭发放医疗救助金8.3万元。辖区全年水质监测率达100%;为居民建立健康档案2116份;五项社会保险共计收缴969.4万元。　　(谢德权)

闫家岗农场

场长、党委副书记:阴秀旗,1965年11月出生,山西省平遥县人,中共党员,研究生学历,经济师。1985年12月参加工作,2012年7月任现职。

党委书记、政法委书记:胡顺杰,1970年4月出生,山东省临沭县人,中共党员,研究生学历,教授级高级政工师。1989年12月参加工作,2014年1月任现职。

党委委员、副场长:

张晓军(2010.5—)

代滨江(2013.7—)

孙庆昌(2013.7—)

韩秀晶(2014.3—)

党委委员、纪委书记、武装部部长、工会主席:练玉申(2014.3—)

党委委员:丛连滨(2005.4—2015.10)

概况　闫家岗农场位于哈尔滨市道里区机场路19公里处,行政区划属哈尔滨市道里区新农镇。地理坐标为北纬45°34′~45°39′,东经126°17′~126°21′。农场东西宽5公里,南北长7.2公里,占地总面积1068公顷。其中耕地439公顷。

农场处于松花江南岸第二阶地,土壤是发育在第四纪沉积层上的冲击性黄土母质,下层为砂层。气候属于中温带大陆季风气候,年平均气温为3.5℃,年平均降雨量为385毫米,年平均积温2852℃,初霜期一般为10月上旬、无霜期一般为135~140天。总体评价平年,无较大自然灾害。

农场地理位置优越,水陆空交通便利,东有哈尔滨围城四环公路,西邻哈尔滨太平国际机场,南靠京哈铁路双城段和102国道的哈双南线,北距松花江8公里。由于紧靠哈尔滨机场高速公路,农场通往市区的路程时间在30分钟以内。

农场自然景色秀美、物产资源丰富。八一湖水面107公顷,不仅保障了下游200多公顷水田的灌溉,也为绵延11公里的古运粮河常年丰水,使其蜿蜒流过场区最后注入松花江。场区西侧毗邻太平湖,沿湖53公顷保护性湿地。由于生态环境内发现的阎家岗遗址属旧石器晚期的人类遗址,距今23700年,是黑龙江省内发现最早的人类遗址,经考证是最早的哈尔滨人发源地。遗址出土了包括猛犸象、披毛犀、东北野驴、大连马、普氏野马等绝灭种化石,备受国内外考古学家关注。阎家岗遗址的发现和发掘,把黑龙江省的人类历史向前推进了1万多年。

农场总户数2367户,总人口5907人。有在职职工273名,现有农业服务中心、畜牧服务中心、物业管理中心、大什食品公司、渔业队、设施农业园、旱田园区、水稻园区、温泉旅游度假区、社区居民委、中小学校、医院、机关、派出所以及民营的制药厂、两个矿泉水厂、金属网业等单位。

2015年,农场实现国内生产总值28358万元;人均实现生产总值48007元;实现工农业总产值9646万元,其中农业总产值4749万元,工业总产值4897万元;粮食总产量1748吨;完成固定资产投资金额6036万元;农场职工工资总额1103万元;职工平均工资40403元;居民人均可支配收入27931元;农场实现全口径利润6979万元,实现营业利润765万元。

农林牧业　农场粮食播种面积439公顷,其中水稻133.3公顷,马铃薯、黏玉米、大蒜等旱田经济作物305.9公顷。水田全面积种植稻花香2号,实行统种统收,原粮回收价格每公斤4.6元;马铃薯实现订单种植,平均亩效益在1000元以上。三号智能温室由观赏型向生产型转变,引进三种观赏吊兰并进行扩繁;研发出秋葵花茶,实现黄秋葵的深加工,全年耕地和棚室增收41万元。农场成立黑龙江农垦运粮河农产品合作社联合社。2015年12月26日举行授牌仪式,宣布成立,按照绿色生产操作规程,统一生产经营管理,鲜品配送到家,满足都市人群享受健康安全食品的生活需求。在设施农业园区还尝试引进了12个集装箱房,采用国际流行的箱式房屋设计,迎合了城市居民享受田园风光、体验种植快乐、享受绿色生态的现代生活理念。大龙沟出售云杉等树种、生产纯天然蜂蜜,累计增收20万元。年植树面积11公顷,其中7.3公顷为海棠树。奶牛小区二期增加奶牛360头,承包费多收入20万元。

项目建设　农场太平湖温泉旅游度假区开始营业,每年为农场增加收益1000万元。农场投资607万元完成通湖路建设,完成了续建项目的土地申报手续。聘请企划公司策划,谋划农场的产业布局,重点推进农场旅游产业发展,天然垂钓场共接待垂钓及旅游爱好者3000多人次。推进大什公司和农场建设项目招商引资。盘活存量土地,整体拆迁原油库和兽药厂之间陈旧建筑,共计5万余平方米。投资126万元铺设了龙桥路及荷花路步道板项目;投资280万元建设了景区6个公共厕所及配套设施;投资1800万元建设了污水处理厂。奶牛小区西侧投资1600万元建设39000平方米垃圾处理场,建设规模为日处理垃圾40吨;投资633万元的农业部和水利部节水增粮项目完成了灌溉井及滴灌管线等建设任务;投资325万元、占地7000平方米的农机具停放场工程项目正在建设,规划建设农机库2000平方米,农机停放场4900平方米。加大对工程建设项目的审计力度,全年总送审金额9200多万元,已审计完成4项,审减额1212万元。

民生工程　筹集货币资金5000多万元,主要用于民生和社会事业发展上。为职工缴纳五项保险531万元及住房公积金173万元,保证养老金和医疗费、工伤、生育、医疗保险金的及时发放和报销,全部兑现在职人员工资1103万元;年发放低保金85.4万元,取暖补贴16.12万元,大病救助1.73万元,两节慰问金13.66万元,对农场195户困难家庭进行救助;引进价值300万元残疾人康复配套设施27套,为辖区残疾人康复治疗提供了保证;优先安了33名体弱多病人员重新就业;投入42万元,新打3眼回水井、检修设备及维修管线,供热达标率为97%;投入2万元为水厂更换滤芯,保证居民饮用水的水质;争取了价值45万元舞台灯光音响及价值34.8万元的室内外健身器材;争取到了66平方米价值143万的LED屏,用于机关建设;投资19.5万元,维修家属楼178户、疏通下水396次;整体更换20号楼下水管线、楼道更换声控灯264个、维修单元门32个;投资53万元,购置了吸污车、高空作业车和城管专用车,整体提高作业水平;投入86万元,完成2500多吨垃圾清扫及清运工作、绿化管护工作、清雪工作,全年各项环境治理共出动1.2万人次、车辆1280台次。

企业管理　严格控制预算资金的审批支付程序,控制费用支出,三公经费比上年下降近30%,营业成本比上年降低170万元。大什食品公司依法依规处理遗留问题,澄清债权债务关系,减员降耗节约开支。落实重点工作推进责任制,对各单位、部门核定了费用指标,完善机关目标考核制度,全年重点工作落实到部门,年终兑现考核薪酬。机关管理工作实现体系设置科学、运转协调、行为规范、办事高效。

社会事业　优化外部环境,出资10万元,完成对农场八一水库划界工作,维护农场利益;农场子弟校省市重点升学率哈局排名第一,达73.7%,创历史新高;完成92名妇女健康普查及98名60周岁以上老年人、中小学全校学生的免费体检工作;对市场摊位进行集中整治,全力推进市场经营有序;栽花种草、清扫垃圾确保居民生活环境优美、清洁;以雪为令,及时清理,确保道路畅通及安全出行,城市管理水平得到明显提升;建立"调访一体化"工作机制,以"平安社区、平安校园、平安医院、平安旅游"创建活动为契机,落实领导干部接访、下访、回访制度,群众上访案件办结率达95%;坚持"安全第一,预防为主"的方针,制作安全宣传板30块、条幅16个,强化"红线"意识,做好节前、汛期重点单位安全大检查,组织300人次参加应急演练;重视民兵工作,抓好三支队伍建设,努力提升应急动员作战能力。　(魏立文)

青年农场

场长、党委副书记:李存杰,1966年1月出生,山东东阿县人,中共党员,专科学历,高级畜牧师。1987年参加工作,2009年12月—2015年10月任现职。

场长、党委副书记:杨建福,吉林榆树人,1981年3月出生,中共党员,研究生学历,高级农艺师。2006年7月参加工作,2015年10月任现职。

党委书记:董立志,中共党员,1967年4月出生,双城市人,专科学历,工程师。1983年参加工作,2009年12月—2015年10月任现职。

党委副书记(主持党委工作):刘兴江,中共党员,本科学历,1965年6月出生,汤原县人,高级政工师。1988年10月参加工作,2015年10月任现职。

党委委员、副场长:

崔起国(2009.12—)

于志(2013.7)

刘兆华(女)(2014.6—2015.6)

王桂红(女)(2015.6—)

党委委员、纪检委书记、工会主席:王洪亮(2010.5—2015.7)。

党委委员、纪检委书记、工会主席:徐红江(女)(2015.10—)

概况　青年农场坐落于哈尔滨市道外区哈东路88号。地理坐标为北纬45°51′~46°,东经126°51′~127°。东濒松花江支流阿什河,南与哈尔滨北方特种车辆有限公司(原哈一机厂)相连,西与哈尔滨铁路东站隔铁路相望,直线距离1公里,北与龙江特种装备有限公司(原龙江电工厂)为邻。哈东路是哈尔滨东向第一出口,有4路、27路、66路、79路、121路、367路公交车通行,还有331、332、334、339、359、360公交线路途经农场。另外还有东部市县客运、货车途经此地。农场铁路、公路交通便利。

农场拥有土地664公顷,总人口

2900人,其中女性人口1192人。

农场现辖6个作业区,其中祖代鸡场位于道里区老机场路南15公里处,该鸡场是农业部农垦百家良种企业之一,年均饲养6万套AA系祖代鸡;新发鸡场位于道里区哈双北路2.5公里处,2010年因动迁停产,与名家庄园房地产公司联合开发,现已完成一期工程;江北鸡场位于原哈黑公里10公里处,多年从事肉鸡养殖,创造过农场养鸡业辉煌,因受哈市规划影响于2010年4月停产,部分房舍租赁,土地与“江北家园”房地产公司联合开发,有关手续在办理中;长林鸡场位于原哈同公路12.5公里处,2003年农场转制后停产,房舍租赁经营,业户多从事木材加工及家具生产;石桥开发区位于哈同路2.5公里处,阿什河西岸,哈同公路穿越场区,该场从事养殖业多年,因1994年阿什河大洪水后停产,土地租赁经营,现有商户100多户,多从事橡塑制品、木材加工、保温材料等生产,是目前农场收费大户;沿江作业区位于哈尔滨水泥厂后身、松花江沿岸,是农场土地面积最大的作业区,作业区土地外包开发商,进行联合开发;农场现有职工医院一座,位于道口四道街;农场与哈市八十七中学和新一小学联合办学,现有教职员工23人;年末农场共有从业人员156人。

2015年,农场实现国内生产总值15740万元,同比增长8.7%,其中第一产业实现增加值2510万元,第二产业实现增加值7110万元,第三产业实现增加值6120万元,同比分别增长2.9%、6.6%和14.1%;居民可支配收入25943元,同比增长5.6%。

产业发展　商业地产成为农场的支柱产业,实现收益270万元,占农场经营收入的30%。产业项目建设稳步推进,发展态势良好。名家庄园房产项目已完成一期工程,沿江农业生态园区已完成3150米水路疏通、5.4公里围堰护堤修建、15000平方米抽沙建滩等建设项目。年实现利润总额352万元,同比增加160万元。

经营管理　完善财务管理各项制度,强化费用预算管控。加大资产盘活力度,通过完善合同、国有资产、项目、收支的管理工作确保资产收益的最大化。严格落实中央八项规定和省委、总局九项规定,从严管理公务接待、公务用车、会议费用,“三公”经费减少6万元,下降8%。

民生工程　投资34万元对道口五道街家属楼供暖管线进行改造,改造户数255户,改造面积9300平方米,提高了居民冬季供暖温度。全面落实住房保障制度,为30户住房困难家庭申请租赁补贴7.8万元,为82户低保户申请办理取暖补贴8200元,为234户职工报销包烧费40万元。文教卫生和社会保障事业健康发展,农场与地方联合办学模式顺利进行,基本公共卫生服务均等化水平进一步提高。社保征缴社会保险费428万元,发放企事业单位养老金1432万元。农场免费为65周岁以上老人体检一次。工会举办形式多样的文体活动,在富民工程活动中起到了积极推动作用。(李少宏)

庆阳农场

场长:汪永辉,1970年4月出生,黑龙江省大庆市人,中共党员,本科学历,高级工程师。1989年7月参加工作,2012年7月任现职。

党委委员、副场长:

任福俊(2003.3—)

王树林(2015.7—)

党委委员、武装部部长:刘志(2015.6—)

概况　庆阳农场位于完达山支脉张广才岭西麓,在延寿县东部,辖区是延寿县、尚志市、方正县三角交界处。地理坐标为北纬45°19′~45°35′、东经128°17′~128°46′,平均海拔173米,北距哈同高速公路35公里,南距哈牡高速公路90公里,方亚公路贯穿全场。气候属于寒温带大陆性气候,年平均气温2℃~4℃,年平均日照2200~2400小时,年积温2400℃~2500℃,无霜期115~120天,年平均降雨量530~630毫米,作物生长期在1000~1100小时。土壤以白浆土、草甸土为主,场内有驿马河、大遂河、小遂河等7条河流,界河有亮珠河。

农场始建于1947年。现有总户数2860户,总人口数7895人,其中女性人口3752人,少数民族人口203人,职工973人。土地总面积7639公顷,其中林地2075公顷、耕地4592公顷(水田面积3632公顷,旱田面积960公顷)。全场下辖5个作业区、2个居民委、6个工业企业单位。

2015年,农场实现国内生产总值3.17亿元,同比增长9%;第一产业实现国内生产总值1.29亿元,同比增长2.53%;第二产业实现1.24亿元,同比增长13.5%;第三产业实现0.63亿元,同比增长14.5%。粮食播种面积4592公顷,粮食总产量43671吨。完成国有固定资产投资9728万元;居民人均可支配收入2.48万元。

农业生产　围绕“稻、鸭、果、药”四大产业总体布局,着重发展以有机水稻、树莓种植为主线的产业模式,形成产业相互融合、循环发展的产业格局。农场粮食生产能力4.37万吨,其中有机水稻1万吨,优质率100%;经济作物种植面积333公顷;栽植树莓200公顷,栽植品种为哈瑞太兹,用苗量160万株;建成标准育秧大棚880栋,摆栽黑木耳250万袋;2015年,完成了黑龙江农垦国家现代化农业示范区旱涝保收标准农田示范项目;完成低产田改造项目;有计划地对田间道路、沟渠进行了维修与疏通。农场与尚志市庆阳镇驿马河村合作,流转水田243公顷、旱田533公顷,实行订单种植;农场与大庆市丰沃百川农业科技有限公司进行合作,流转水田400公顷、温室大棚830栋,以此解决农场人多地少、资源紧缺的局面。

畜牧业　肉鸭养殖5万只,出栏5万只;肉牛养殖55头,出栏37头;生猪存栏268头,出栏2804头,实现畜牧业产值272万元、增加值890万元,占农业比重的6.5%。农场投资567万元,在第一作业区新建养猪场项目,包括3栋猪舍及附属设施,建筑面积5303平方米,工程已竣工。

工业　依法依规对黑龙江农垦北大荒速冻食品有限公司和黑龙江农垦北大荒牧业食品有限公司进行转制改革。针对企业转制,农场召开职工代表大会,对企业改制方案和职工安置方案进行表决,一致通过。主要改制方式,包括产权交易市场公开交易,将速冻公司、牧业公司股份对外出售,以资产评估价的70%由受让方以货币的形式交给农场,农场的出资比例由原来的100%降低到30%,农场在转制后的企业持股30%。

民生工程　农场缴纳“五项”社会保险费1304万元;居民最低生活保障标准由450元提高到500元,月人均补差从300元提高到335元;年发放最低生活保障补贴、临时救助、医疗救助、高龄补贴、低保及低收入群众一次性生活补助、义务兵优待金共计303万元。农场对低保户进行全面排查,对不符合低保条件的予以取缔,严格公开制度,对于低保人员实行公示,接受群众监督。通过审查,共清除不符合条件的低保户共计42户107人,补增低保户共计26户48人。农场低保金实行社会化卡式发放,全年发放低保金190万元。向42户困难群众发放1.44万元的临时救助资金;为16个困难患病群众发放医疗救助资金共计6.2万元;为困难群众发放取暖补贴资金13.6万元;为困难群众发放阶梯电价补贴7325元;为两名考入大专院校的低保家庭考生发放助学资金8600元;为两名本年度退役士兵发放义务兵家庭优待金4.8万元、自主就业金2万元;为两名孤儿发放生活补助金8640元;为9名低保家庭80周岁以上老人发放高龄津贴1.05万元。贯彻落实上级“富民行动”实施方案,组织32名科级干部与16个贫困户、低收入家庭结成帮扶对子,制定了脱贫、脱低工作目标,帮扶干部全年共垫付生产资金2.4万元,帮助解决无息贷款22万元。农场为改善供热条件,投资1160万元,新建锅炉房一处,建筑面积1799平方米,锅炉设备已投入使用;

社会事业　开展道路交通安全专项整治行动,有效防止了道路交通事故和群死群伤恶性事件的发生;构建了治安防控网络,覆盖了主要街道、重点区域、重点部位;投资45.6万元,改善农场学校办学条件;投资451万元,新建学校宿舍、食堂3500平方米;农场学校中考有10名学生考入省重点高中,普通高中升学率达85%;全面构建社区卫生服务体系,居民健康水平进一步提高。　(刘博学)

岔林河农场

场长:张金涛,1968年5月出生,黑龙江省明水县人,中共党员,本科学历,高级兽医师。1989年7月参加工作,2014年1月任现职。

党委副书记(主持党委工作):李绪山,1974年1月出生,山东省日照市人,中共党员,本科学历,会计师。1994年7月参加工作,2014年5月任现职。

党委委员、副场长:

于长志(2014.3—)

常景峰(2014.5—)

党委委员、纪委书记、工会主席:徐红江(女)(2013.8—2015.10)

党委委员、纪委书记、工会主席:徐世英(2015.10—)

党委委员、武装部部长:刘志(2013.8—2015.6)

党委委员、组织部、宣传部部长:高岩(2015.10—)

概况　岔林河农场地处通河县境内,场部位于哈肇公路226公里处南行4公里。场部东临通河县跃进泡渔场,南濒乌鸦泡镇,北与三站乡为邻,西抵新生总干渠,四、五作业区南临松花江。地理坐标为北纬45°58′~46°62′,东经128°50′~128°55′。农场土地总面积9148公顷。其中:耕地4272公顷、林地134公顷、水面4427公顷。农场处于松花江北岸第二、第三阶地,海拔高度在102~107米,受松花江影响形成低平原区,属于大片沉降盆地的一部分,地势由北向南倾斜,由山地丘陵向平原过渡,丘陵面积小,平原面积大。从地形看,因受冰川退却早期的影响,形成明显的台地、平原、水线、河流等特征。地形起伏,水线、水泡、残丘漫布其间,陡坎上下为缓坡或平坦地形,区域内有多起大、小不等的浅湖状自然泡沼形成了集水区。年度气候总体评价为丰年。无霜期132天,平均气温4℃,无低温冻害极端天气;全年日照总时数在2300~2600小时。≥10℃活动积温为2618℃,初霜9月24日、终霜5月16日,有早霜极端天气;平均夏季降水量421.8毫米,无暴雨、冰雹极端天气,最大风速18.5米/秒,无风灾极端天气;土壤主要以草甸白浆土和潜育白浆土为主,黑土层厚度为15~20厘米,黑土层以下为白浆土,厚度为30厘米,再往下为粉质黏土和亚黏土。境内河流泡沼统属于松花江水系,主要河流有大通河、片泡、鲫鱼泡、黑鱼泡、弹弓泡。可利用水资源总量1.2亿立方米/年,其中地下水可开采量180万立方米/年。

农场总户数1803户,户籍人口3518人。农场下设6个作业区、4个企业单位、5个事业单位,9个驻场单位。

2015年,农场粮食播种面积4272公顷,粮食总产38065吨。固定资产投资4065万元,实现国内生产总值17450万元,同比增长9%;居民可支配收入25782元;三产比重为49.7:21.6:28.7,上缴资产收益220万元。

种植业　大棚区于2月28日前扣棚完毕,农场统一供应水稻芽种,形成一套完整的管理体系,运转畅通、管理规范。从签订芽种协议、储备种子、设备检修、太空机选种、盐选包衣、浸种催芽、芽种发放、清理设备到跟踪秧苗质量均有章可循。4月7日至14日供种,4月15日开始农业播种。按照农场秋收方案,为了尽早收割水稻减少损失,抢售高价,自9月20日开始进入水稻收割抢收期,10月15日全面结束收割工作,为了保证粮食收储安全,在没有固定晒场的情况下,号召种植户利用田间平整临时晒场晾晒粮食,秋收执行黑色越冬计划,边收割边整地,促进秋整地进度。通过与农业阳光保险公司协调,给受灾种植户争取保险理赔款162.12万元。发展绿色有机水稻,第一作业区9户种植户与通河县柞树岗水稻农民专业合作社合作,种了26公顷有机水稻,效益较好。

农业机械化　通过宣传国家农机补贴政策,公示总局农机补贴机型,鼓励职工更新农机具。利用国家农机补贴政策,职工更新48马力以上轮式拖拉机10台;六行步进式插秧机51台;

小型履带式收割机 12 台,总计投资 312 万元,职工享受国家农机补贴政策资金 90.82 万元,受益职工 71 户。

林业产业　开展“绿在我身边,共创森林垦区”为主题的绿化活动,植树造林 0.9 公顷,入冬前修建林台 3.5 公里。栽植金叶榆 45 株;第一作业区补植云杉 112 株;第三作业区补植云杉 114 株;阳光家园小区栽植四季丁香 280 株;第一、第三作业区强排站栽植农田防护林垂柳 500 株。森林覆盖面积 441.2 公顷,占农场面积的 4.8%,城镇绿化覆盖率 39%。

水利工程　投资 190 万元,新建强排站 1 座、新修田间路 5.3 公里、渠道衬砌 1 公里、排水沟清淤 4.8 公里;利用小型农田水利建设项目资金建设有基圆涵 21 座,排水沟清淤 41.071 公里,渠道护砌 2.145 公里,维修农田路 5.15 公里。

畜牧业　农场蛋鸡存栏 35000 只,肉牛存栏 75 头,生猪存栏 1120 头。蛋鸡出栏 28000 只,产鲜蛋 49.3 万公斤,肉牛出栏 48 头,生猪出栏 2423 头。畜禽防疫、检疫方面做到不留死角,防疫率 100%。

工业与商业　工业总量稳中有升,实现工业总产值 16749 万元,实现工业增加值 3430 万元,实现利润总额 403 万元。工厂均为私营企业,日日升米业现拥有日加工精米 160 吨的生产线,兼营稻壳碳棒厂,年内实现利润 23 万元。北牛制药有限公司通河分公司(岔林河中药提取厂)年加工提取中药 3000 吨,年内实现利润 200 万元。兴旺水稻加工厂、御龙水稻加工厂、农垦岔林河加油站、物业管理中心、岔林河供电所和个体修理业均取得良好经济效益。通过经济普查,场内批发零售贸易业 31 户,住宿餐饮业 16 户,农林牧修理业 7 户,小型服务业(美发、洗浴、通讯、服装加工)7 户。

民生工程　制定脱贫、脱低工作目标,农场领导下基层走访,为 5 户贫困家庭和 5 户低收入家庭发放无息贷款 13 万元;农场工会入户走访贫困职工 35 户,解决实际困难 16 件,发放无息贷款 13 万元。党员干部共与 33 名贫困职工结成帮扶对子,义务为贫困职工购买生产资料,提供生产技术指导。农场组织干部职工义务对居民区和街道进行了两次集中整治;对辖区居民乱停乱放的车辆及乱设摊点进行了集中清理,提高了居民爱护家园的意识。新建了第二作业区居民健身活动广场;更换了供水中心净水罐锰砂等净化设施;完成了学校宿舍楼维修改造工程;建立场直社区综合服务中心;装修改造老干部活动中心。

社会事业　建立居民健康档案 3211 份;免费为 65 岁以上老人健康签约 252 人、体检 252 人,体检中发现的高血压、糖尿病患者纳入了慢性病进行管理;对农场低保户进行排查、公示,做到“应保尽保”“应退尽退”“应补尽补”,发放低保金 135072 元;向 25 户困难群众发放临时救助资金 12000 元;发放大病救助资金 54869.91 元;发放低保户取暖补贴资金 93720 元。

(程　辉)

四方山农场

场长:于海军,1971 年 5 月出生,黑龙江省依安县人,中共党员,本科学历,教授级高级政工师。高级农艺师。1992 年 7 月参加工作,2011 年 9 月任现职。

党委书记:房益民,1967 年 4 月出生,山东省潍坊市人,中共党员,本科学历,高级农艺师。1988 年 9 月参加工作,2011 年 9 月任现职。

党委副书记:程全海(2010.3—)

党委委员、副场长:

胡旭东(2013.7—)

刘赞淋(2015.7—)

纪委书记:程全海(2008.10—)

工会主席:孙立成(2014.5—)

党委委员、武装部部长:孙立成(2013.7—)

概况　四方山农场地处黑龙江省松嫩平原腹地的肇东市境内,东与兰西县毗邻,南、北、西与肇东市接壤,地理坐标为北纬 46°12′~46°22′,东经 125°45′~126°30′,场部距肇东市区 30 公里。农场土地总面积 17559 公顷,其中耕地 7319 公顷、林地 1715 公顷、草原 6622 公顷、水面 648 公顷。主场区地形东西长 17.7 公里,南北宽 9.01 公里;海拔高程在 139~148 米之间,地形坡度在 2/1000 以下,地势东高西低,自北向南倾斜,总体地势较为平坦,东西高差最大为 9.5 米;地貌特征类型为松嫩冲积平原;气候属中温带大陆季风气候;年积温 2600℃ ~2800℃;无霜期 125~140 天;平均降雨量 449.2 毫米;气候总体评价为平年;无极端气温、无低温冻害极端天气;日照时数 1612.5 小时;≥10℃活动积温为 2784.6 ℃;年平均降水量 355.5 毫米;6 月中旬农场北部部分地块遭遇冰雹天气;风向多为西南、西北,年风速≥4 米/秒;8 月下旬遭遇全面积风灾,部分地块受害较重;土壤类型主要是碳酸盐草甸土,黑土面积占耕地面积的 100%,黑土层厚度一般为 14~30 厘米,土壤有机质含量在 3% 左右,自然肥力一般,pH 值 7.5~8.2,略呈碱性;水资源总量为 569 万立方米,且以地下水资源量为主,地表水资源匮乏;境内没有河流,青肯泡位于农场青龙作业站境内,与安达市青肯泡相连,正常年容水量 69.33 万吨;野生植物资源有丰富。

农场总户数 1402 户,总人口 3793 人,全场从业人员 1842 人,其中职工 710 人。

2015 年,农场总播种面积 7319 公顷,其中旱田 7131 公顷,水田 188 公顷。农场下辖 3 个管理区、1 所小学、1 所职工医院。农场实现国内生产总值 22257 万元;人均生产总值 58618 元;实现工农业总产值 36677 万元;全年粮食总产量 61947 吨;完成固定资产投资总额 3137 万元;职工工资总额 48421 万元;职工平均工资 68199 元;居民可支配收入 24482 元;农场实现利润 323 万元。

现代农业　农场采取公开耕地面积、公开耕地等级、公开基本地价、公开报名、公开竞价等方式,完善规模田竞租,强化合同管理,收回欠缴土地租金 159 万元。种植业结构得到调整,从粮经二元结构向粮经饲三元结构转变。生产资料消耗农药施用量 37.1 吨;施化肥面积 7208 公顷,施化肥实物量 3235 吨(折纯量 1636 吨),施有机肥面积100公顷,施肥量1550吨;农用柴油耗用量295吨;创建高产示范区面积666.67公顷,经总局高产创建专家组测产产量12482.1公斤/公顷,被评为总局高产创建项目优秀单位;墨西哥艾特尔高产攻关区面积400公顷,采取"三减"、增施微量元素肥料、土壤测土配方施肥、调解土壤酸碱度、叶面喷施肥料等系列措施,收获粮食每公顷9750公斤;玉米双增二百项目区面积3333.33公顷;科技示范园区共开展试验项目28项,其中品种试验16项、肥料试验4项、农药试验2项、微生物试验2项,播期、化控、栽培模式等试验4项;落实示范户68户,技术指导员15人,辐射带动周边农户420余户;组织各项培训6次,培训人员800余人次;农业合作社发展到11个。

农业机械化　机械播种面积6400公顷,整地面积7319公顷,收获面积7030公顷;利用国家惠农政策,投入1151万元进行农机更新,新增农机具42台(套);订单作业1066.67公顷;跨区作业7113.33公顷;创收120万元。组建了"警监联合中队",开展"平安农机"驾驶员培训200人次;农用机械总动力21803千瓦;拥有耕作机械动力12782千瓦,大中型拖拉机配套农机具508台,小型拖拉机配套农机具41台。

水利工程　水利设施不断加强,有效灌溉面积188公顷;防汛抗旱疏浚沟渠8公里;在四尚路4公里桥处新修筑防水堤坝7公里;农场按照上级文件精神,落实"节水增粮"建设项目,投资511万元,完成节水灌溉面积347.67公顷;投资1026万元,实施了土地综合开发工程。疏浚支沟4条,总长9.02公里;新建圆涵8座,穿堤涵闸1座,排水闸1座;新打机电井4眼,架设输电线路3公里,购置变压器4台,购置喷灌机8台;新修机耕路8.1公里,土地平整133.33公顷,新建农机库房1300平方米,新建水泥晒场12100平方米;科技培训200人次,完成土地治理533.33公顷。

林业　完成造林面积9.53公顷,种植王族海棠、多季玫瑰、红王子锦带等树种;投资120万元,完成林业苗圃基地后续产业项目53.33公顷,培育苗木224万株;林下养鸡2000只、养鹅3000只、养鹿88只;创林业产值624.6万元;林业资源得到有效保护,监测和防治林木病虫害,林业有害生物成灾率低于3‰。制定《春秋两季森林草原防火实施方案》和《森林防火应急预案》,与管理区签订了责任状,严格了森防值班值宿制度;开展防火演练1次,制作森防宣传板2块、宣传旗80面、条幅6幅,发放宣传单1000份;全年无特重大森林火灾发生,森林火灾受害率低于0.5‰。

畜牧业　投资1.17亿元,建设占地22万平方米现代示范奶牛场1座,第一批从澳大利亚引进奶牛303头,鲜奶销售已与完达山签订合同;场直奶牛小区股份制合作改造初步完成;由农垦科学院畜牧兽医研究所与农场共建的乳肉兼用牛养殖基地,存栏德系西门塔尔牛175头;利用少数民族建设项目资金,投资40万元建设羊舍400平方米;蛋鸡存栏6.6万只,藏香猪存栏2000头;苜蓿草场核心示范区播种苜蓿700公顷,收获半干青贮5500吨,签订订单销售合同4000吨;全年发包奶牛养殖户耕地71公顷、草原223.93公顷,发放禁牧补贴43.62万元。奶牛存栏818头;肉牛存栏257头;草原羊存栏7380只;生猪存栏2264头;家禽存栏66300只;梅花鹿存栏45只;肉类总产量826吨;出栏家禽79000只;牛奶产量2378吨;羊毛产量18000公斤;禽蛋产量1136吨;鹿茸产量100公斤;淡水养殖面积648公顷,产量1060吨;实现畜牧业总产值6566.2万元。

工业　实现工业总产值2044万元;工业增加值4568万元;利润880万元;翠花酸菜成为知名品牌;粘豆包产业拓宽了销售渠道;农场与中节能绿碳环保有限公司签订有机废弃物综合利用项目协议书。

商贸粮食　拥有非公有制经济单位429个;实现增加值8617.1万元;资产总额25542万元;利润4835万元;个体交通运输拥有载货汽车36辆,载客汽车20辆,全年货运量52万吨,客运量16万人;个体批发和零售业户数41户,住宿和餐饮营业户数40户。粮食补贴实现"一卡通"发放,共发放粮食补贴420.47万元,补贴耕地面积4868.26公顷;发放大豆目标价格补贴367.35公顷,资金33.33万元。

项目建设　投资628万元,实施社区卫生服务中心建设项目,建设面积1100.06平方米;投资36万元,实施了第二管理区第三作业站羊舍建设项目,建设面积400平方米;投资210.53万元,实施了一事一议美丽乡村和筹资筹劳项目,新建场部居民区道路2.63公里,硬化路面1.6公里;投资358万元,建设了青龙作业站人畜饮水项目工程,铺设供水管线13479米,新建检查井17个、井房1座;投资200万元,实施了中小学危房改造工程,维修屋面、做防水保温925平方米、墙体刷乳胶漆5578平方米、室内贴墙裙1600平方米、外墙刷涂料2476平方米,室外操场硬化地面4800平方米;投资173万元,实施了＝十七作业站给水工程项目,铺设供水管线5668米;投资58万元,实施了气象业务观测场区建设项目,新建观测场625平方米;投资470万元,实施了草原生态保护补助奖励草原畜牧业转型升级补助项目,在第一、第二管理区新建方涵1座、圆涵8座、简易涵10座,建苜蓿地围栏20.6公里、其他草原建设围栏90.4公里,修标准铁艺大门3处,简易大门12处;投资34万元,实施了草原生态保护补助奖励项目,在第一管理区新建农田路2.32公里、新修内径100厘米圆涵2座、便涵6座、新挖排水沟2.41公里。

民生和社会事业　对2至12号居民楼屋顶防水、楼体、窗户进行了维修;完善了社区管理和服务职能,发挥社区综合服务中心作用;加强社会治安综合治理,通过网格化管理,把农场划分为六个网格,开展"平安农场""法律大集""法律六进"活动,农场被评为"省级平安农场";接待群众来信来访,解决职工群众关注的热点、难点问题;农场安全生产全年无责任事故;民政和残疾人事业得到发展,社会救助取得成效;全年发放低保金132.97万元;发放大病医疗救助金13.49万元;发放低保家庭取暖补贴资金14.23万元;发放临时救助金4.55万元;发放困难群众阶梯电价补助资金5275元;

转发上级生活补贴17.46万元;发放义务兵优待金34174元;残联发放辅助器具7件,发放助残日慰问金2000元;发放阳光家园补助2400元;发放燃油补贴2415元;开展金秋助学、困难职工帮扶、贫困母亲救助等活动,全年共帮扶救助35人,发放资金8.58万元;结对扶持困难职工22户,机关干部为职工提供担保贷款300万元;办理新型农村合作医疗982户1726人,基金征缴15.5万元;办理职工基本医疗保险、工伤保险和生育保险823人;社区卫生服务站建立家庭健康档案1237份;为65岁以上老年人进行了免费体检。

(黄晓军)

松花江农场

场长:杨世志,1975年9月出生,江苏省连云港市人,中共党员,研究生学历,高级农艺师。1998年7月参加工作,2014年1月任现职。

党委副书记(主持党委工作):陈涛,1976年7月出生,黑龙江省绥棱县人,中共党员,研究生学历,政工师。1998年7月参加工作,2014年1月任现职。

党委委员、副场长:衣爱东(2014.5—)

党委委员、纪委书记:陈福平(2014.12—)

党委委员、武装部部长:李志贵(2014.9—)

党委委员、工会主席:王洪亮(2015.7—)

概况　松花江农场始建于1961年。前身是原第八工业机械部依兰农机试验场,后为总局直属工业企业依兰收获机械厂。现隶属于哈尔滨管理局。

农场地处小兴安岭南麓,松花江北岸,依兰县与通河县交接地带。东与依兰县迎兰朝鲜族自治乡接壤,西与通河县清河镇小古洞村毗邻,南抵松花江,北接小兴安岭余脉,哈肇公路贯穿农场场部。地理坐标北纬46°15′~46°23′,东经129°15′~129°29′。土地总面积8744公顷,其中:耕地面积4504公顷,林地面积2859公顷,森林覆盖率29%,草地面积135公顷,水面面积125公顷,南北长11.5公里,东西宽16.4公里,地势属于丘陵漫岗地,由西北向东南倾斜,高差4.5米,平均坡度为10~15度,大片土地被山岭、沟壑、沼泽所分割。土壤为白浆土,棕壤土和森林灰化土,地表黑土层25~60厘米。气候属于寒温带大陆性季风气候,全年主要风向为西南风,夏季多为西南风,冬季多为东北风,平均风速2.1米/秒,最大风速可达6.0米/秒。这里四季分明,春季风大干旱,夏季温湿多雨,秋季降温迅速多早霜,冬季漫长而寒冷,年平均气温在3.2度左右,无霜期在120~130天,全年日照2483小时,初霜9月20日–10月8日,终霜4月15日~5月10日,结冰期为10月下旬,解冻期为4月下旬,全年结冰期为7个月左右,北部山区常出现早霜和低温冷害现象,年平均降水量568.7毫米,主要集中在6、7、8月份。土壤有机质含量在2.6%~3.5%。pH值在6.8~7之间,水资源总量为295万立方米,境内有小古洞河贯穿二、五作业区,其源头在通河县高台子山东坡,干流由北向南注入松花江。流域面积495平方公里,流域全长45公里,流域内地形自西北向东南逐步降低,上游多为山区,森林植被茂密,下游为平原,适宜种植水田。境内野生植被种类繁多。

辖区内居民户数2319户,人口5624人,农场下设5个作业区,1个域外开发管理区。农机制造产业区1个,园区内有大型农机装备制造企业1家,民营农机制造企业26家,各类合作组织20余家,从事种植业生产692户,约1100人,辖区内设居民委1个,各类社会性机构42个,人员197人。

2015年,农场实现收入4880万元,实现生产总值2.47亿元,同比增长8.7%,三产比重22.3∶61.4∶16.3,全场固定资产完成864万元,居民可支配收入24481元。

现代农业　实行土地承包制度改革,实行"两田制"阶梯式竞价承包方式。把承包田划分为基本田和规模田,基本田分配注重公平、保障民生,相对固定,规模田分配注重效率保障效益,发展规模经济。新的承包方案经职代会通过后实施。农场战胜了春涝、夏旱、大风等自然灾害,实现粮食生产39092吨。种植业实现增加值5079万元。经济作物种植面积200公顷,主要种有红菇娘,芸豆、谷子、糜子、红菇娘、双青豆、黑豆、白瓜子、矮高粱等。栽植绿色苗木3200株。发展地摆黑木耳80万袋。农业部玉米高产攻关项目"双增二百"通过达标验收。投资900余万元,维修田间道路3.7公里,治理耕地800公顷,改善节水灌溉80公顷。新进配套农机具74台(套)。全国农垦农机标准化示范农场创建,通过农业部农垦局验收。

畜牧业　存栏肉牛426头;生猪存栏1458头;羊存栏1709只;禽类存栏1.48万羽;网箱养鱼13箱。完成肉牛养殖小区建设面积2万平方米。实现畜牧产值450万元,增加值220万元,同比增长2.3%。

工业业　生产水、旱田农机具6万余台(套);拖拉机1533台;收获机140台;精量播种机42台;工业实现增加值1.5亿元,销售收入4.5亿元,同比增长16%;利润0.49亿元,同比增长19%。雷沃北大荒公司投资100余万元用于生产线改造,新增马特马克精量播种机产品顺利下线。依联公司,恒业机械厂等企业自主研制精播机、水稻打浆机、电动施肥器,产品不断更新升级。

民生工程　民生投资2100余万元。发放生活低保金,社会救助等民生类补贴178万元。重点支付职工群众欠款87万元。回收欠款121万元。全场养老保险参保3223人,医疗保险参保4027人,职工五险参保率100%。社区养老保险、医疗保险覆盖率79%和88%,企业承担费用468万元。为587名非职人员取得了城镇职工医疗保险参保资格。协调依兰县人民医院成为本地医疗保险定点医院。义务教育和学前教育协调发展,"两免一补"政策得到落实。新建职工医院投入使用。基本公共卫生服务项目覆盖率100%。投资288.5万元,铺设保障房供暖管线1980米。新建和改造健康路排水沟600延长米。投资150万元,新建净水站1处。投资121万元,完成校舍维修改造。一站式社会管理服务大厅全面开放,为社区居民提供了便捷服务。

社会事业　加强道路交通安全专项整治力度,有效遏制道路交通事故发生,加强了治安防控体系建设,辖区治安案件案发率明显下降。农场投资1138万元,新建锅炉房1618平方米,新安2台20吨锅炉,总吨位达40吨,解决供暖难题。农场投资75万元,铺设文化广场场地5160平方米,增加了排水设施,建设两处文化长廊,使广场文化氛围更加浓厚。　(刘春光)

阿城原种场

场长:任成年,1962年4月出生,山东省蓬莱市人,中共党员,本科学历,高级农艺师。1979年9月参加工作,2012年6月任现职。

党委书记:刘庆财,1964年6月出生,黑龙江省延寿县人,中共党员,本科学历,高级政工师。1986年7月参加工作,2009年12月任现职。

纪委书记、工会主席:孙健(2013.6—)

党委委员、副场长:

侯宝峰(2004.4—)

赵志君(2015.6—)

张学力(2014.5—)

杨劲(2014.3—)

概况　阿城原种场(阿城部分)地处阿什河东岸,距哈尔滨市23公里,距哈市阿城区中心3.5公里。地理坐标为北纬45°51′~45°60′,东经127°05′~127°06′。阿城原种场东邻阿城区金龙山镇,南与阿城区亚沟镇长胜村毗邻,西靠阿什河与阿城区隔河相望,北与阿城区料甸满族乡、继电器厂接壤。阿城原种场下辖地处虎林市阿北乡的阿北作业区,地理坐标为北纬46°15′~46°17′,东经133°31′~134°35′;地处宾县宾州镇东南部的九龙山作业区,地理坐标为北纬45°67′~45°68′,东经127°57′~127°61′。

阿城原种场地形东高西低,海拔高度为174.6米。地貌东部为丘陵地带,西部较为平坦。气候属于寒温带大陆季风气候,夏季最高气温可达38℃,冬季最低气温可降至-37℃,年均气温3.9℃。日照1700~2000小时,常年作物有效积温为2600℃~2800℃。初霜期为9月25日前后,终霜期为5月10日左右。年降雨量500~600毫米。年均风速3米/秒,春秋两季大风较多,全年5级以上大风有15~19次,时常伴有浮尘、扬沙天气出现。

阿城原种场总占地面积2627公顷,其中耕地1810公顷(旱田603公顷,水田1207公顷)。阿城原种场土壤结构为黑土、黑黄土、草甸土、白浆土,pH值6~6.5。九龙山作业区主要是颗粒状和黏粒状土壤,有机质含量比较丰富,但不均衡。表土有机质含量大于6%的占27.3%,含量在4%~6%的占20.3%,含量在3%~4%的占19.9%。森林总面积为1096公顷,其中九龙山作业区森林面积807.05公顷。森林基本分布在浅山区林缘农林交错地带,一半是以柞、水曲柳、山杨为主的天然次生林,一半是农田防护林、四旁绿化林以及用材林和薪炭林。森林覆盖率为37%。

阿城原种场交通便利,绥满铁路,哈绥公路、哈红公路、长江南路贯通场区,为经济和社会发展提供了有利条件。阿城原种场始建于1954年,先后隶属于省农业厅(局)、省国营农场管理局绥化分局、东北农学院、省农牧渔业厅、省农垦总局哈尔滨分局、省农垦总局建三江管理局,现隶属于省农垦总局哈尔滨管理局。总户数1874户。总人口5452人,其中职工1065人,具有中、高级专业技术职称人员58人。全场拥有农业机械总动力8200马力,农业生产以设施农业和水稻生产为主。

2015年,阿城原种场实现生产总值12108万元,比上年增长13.3%。其中农业实现产值5776万元,工业实现产值4545万元,畜牧业实现产值1149万元。农场总收入1930万元,居民可支配收入16022元。

农业生产　通过标准化作业、创新科技投入、农时管控和统一大机车作业等措施,取得丰收。优质稻米生产面积87公顷,优质水稻总产522吨。通过与袁隆平杂交水稻所和农科院水稻研究所合作,寒地杂交水稻试验种植2公顷。农场与联想集团佳沃北大荒达成水稻优质种子培育基地战略合作意向。全年完成播种面积1669公顷,粮食总产量1.3万吨。农业各项指标均实现"稳中有进、稳中提质、稳中增效"。

林业业　林业发展以维护生态平衡,保障农牧业稳定协调发展,实现全场经济可持续发展为主,建成了农田防护林、水源涵养林和水土保持林的绿色屏障,形成了较为完善的生态林业产业体系。农场食用菌产业以九龙山作业区为核心,发展效果初步显现,共建木耳标准大棚32栋,占地面积9000平方米,晾晒区面积3000平方米,种植木耳60.5万袋,在宾县辖区起到了示范带动作用。

绿色食品　以生态园区为核心,对原品种进行了改良,引进新品种,突出产品多元化、特色化、标准化,裸地种植了日本西红柿、豌豆、白菜、甜菇娘等果蔬,提高经济效益。生态园区共销售各类果蔬2000余吨。

民生工程　逐步加大对民生保障工程的投入力度,优先保障退休人员,继续采取"退休一人补齐一人"的做法.农场为75名退休人员补缴养老保险294万元;医保报销采取"部分补贴"和"全额补贴"的政策,全年医疗补贴费用35万元。全年支付低保金和各项社会福利性补助金320余万元,救助527人。场区绿化、香化950延长米。环境卫生治理3750延长米,清运生活垃圾236车次,计1840吨。维修供水管线32处。

九龙山柞蚕育种场　位于哈尔滨市宾县宾州镇东南七公里,距哈尔滨市67公里,地理坐标是东经127°32′28″、北纬45°43′08″,属于张广才岭支脉,总地势为南高北低,四周群山环绕,山间多小块坡耕地,属低山丘陵与山间河套冲积平原,地坡度为1/500-1/1000,海拔在110-929米之间,气候属于寒温带大陆季风气候,全年无霜期平均146天,年平均日照时数为2740小时，年平均气温为4℃，年平均有效积温2785℃，年平均降水量为551.9毫米，年平均风速3.8米/秒，年平均蒸发量大于降水量，由此形成了十年九旱的气候特点，一般规律为春季干旱少雨且风大，夏季高温多雨，秋季昼夜温差较大热量不足，冬季寒冷，结冻期为5个月左右。育种场始建于1959年，隶属关系多变，2007年划归农垦系统，于2009年隶属哈尔滨管理局阿城原种场。现有总户数71户；总人口数241人，其中：男129人，女112人；少数民族人口17人；有职工51人；总控制面积875公顷，其中柞矮林地848.6公顷；耕地面积12公顷；其他面积14.4公顷。现属于阿城农场的一个作业区。2015年，实现国内生产总值290万元，同比增长4%。居民可支配收入15200元。有低温保种窖两处640平方米，恒温产卵室450平方米，进行三个种级柞蚕良种生产140把，产量4.5万公斤。越冬保种量6万公斤，为其他市、县蚕蜂站和蚕农代保种4万公斤。建茹芳生态猪养殖场和绿源养殖场，养殖母猪1000头，出栏仔猪5000头，林地养殖鸡5000只。

（沈　赛）

沙河农场

场长：韩玉勇，1964年10月出生，黑龙江省饶河县人，中共党员，本科学历，高级政工师。1981年11月参加工作，2014年1月任现职。

党委书记：胡广利，1965年6月出生，黑龙江省安达市人，中共党员，专科学历，高级政工师。1987年1月参加工作，2014年12月任现职。

概况　沙河农场地处黑龙江省方正县东部，与依兰县达连河镇相邻，位于松花江南岸，地理坐标为北纬46°3′～46°16′，东经129°19′～129°25′。农场始建设于1954年6月27日，体制多变，先后隶属岔林河农场、庆阳农场、松花江农场管理。2014年1月15日与松花江农场分离重新组建。

农场属长白山支脉张广才岭北麓，辖区总面积2720公顷，其中耕地1219公顷，林地687公顷，水面面积为124公顷，其他用地690公顷。平均海拔高度为96～130米，场部地区海拔115米。地势呈南高、中平、北低状，形成三级台阶式地形地貌，构成了半山区半沼泽的特点。气候属于寒带大陆性季风气候，年平均气温2.75℃，无霜期110～130天。境内平均风速3米/秒，最大风速12米/秒，黑土厚度20厘米以上，有机质含量3.5%～4%，pH值4～4.5。常年作物有效积温平均为2797℃，年平均降水量631毫米。年平均日照2495小时，年平均日照134天。土壤类型主要为土质草甸土和黑土，黑土占土地面积80%以上。生态环境均衡协调，发展农牧业具有得天独厚的自然条件。农场水资源总量1017万立方米，地表水资源量397万立方米，地下水资源量620万立方米。境内只有朱淇河一条河流，源头暖泉子，长度24.1公里。农场是一个以农业为主，农、林、牧、副、渔全面发展的小型农业企业，农场有制药厂、职工医院、中小学校、派出所、机关、林业检查站等单位。辖区总户数841户，总人口1949人，少数民族人口20人。从业人员763名，在岗职工157人。

农场作物种植以水稻为主，大豆、玉米、红小豆等旱田作物的种植比重较小。农场养殖业以养猪、獭兔、家禽为主。粮食播种面积1219公顷；粮食总产9648吨；实现生产总值3305万元；居民可支配收入达14935万元。

农林畜牧业　发放各种惠农补贴141万元。投资349万元，完成农业基础设施建设等工程。筹集资金109万元，修建砂石田间道路15.6公里，平整田间路35公里；整修大棚基地路边沟5.5公里；铺设大棚管线3500米，大棚18栋；农业种植园试验种植品种11个；免费发放秸秆腐熟剂10吨；完成秋整地1133公顷；在俄罗斯开发耕地面积3333公顷，实现粮豆总产8739吨，其中，水稻5895吨、玉米2649吨、大豆192吨；粮豆平均单产506公斤；农业全面积参加了阳光保险；农场职工在境外务工增加收入150万元。

完成造林补植任务2.3公顷；建设防风护路林8公顷；栽植各种绿化苗木1.59万株，花苗1.3万株；种植地摆黑木耳40万袋；实现林业增加值32万元。畜牧业由于受市场经济影响，呈现阶段性下滑，生猪存栏239头，实现增加值53万元。

水利工程　投资264万元，实施了二号水库除险加固工程；投资20万元，完成了一号水库护坡工程；投资245万元，建设两座提水泵站；投资65万元，打抗旱水井、购置绞盘式喷灌机和柴油发电机组，进行小型农田水利设施建设。

社会事业　投资2万元，对小学楼楼顶进行维修；投资6万元，新建器材彩钢库204平方米。农场医院开展了基本公共卫生服务工作，完善居民健康档案，为重点人群提供免费体检；开展妇女病及两癌筛查活动，提高基本医疗服务质量；加强对职工医保及新农合规范化管理；加强辖区食品安全和餐饮服务行业的安全检查工作；经农垦总局社保局研究决定，把方正县人民医院作为定点医疗机构，并于2015年10月1日起执行定点医疗机构的报销制度；全年门诊量4390人次，住院病人150人次，年收入49万元。

民生工程　发放最低生活保障金等民生类补贴102万元；农场职工养老保险覆盖率100%；职工医疗保险覆盖率100%；投资229万元，完成了农场至老哈同公路改造工程，全长2.62公里（包括路灯58盏）；投资5.5万元，完善了社区一站式服务中心；投资5.8万元，新建了60平方米殡葬临时服务站；投资22万元，维护取暖锅炉及管道等设施。

（孙兰英）

北大荒农业股份有限公司

董事长、党委书记：刘长友，1962年12月出生，河北蔚县人，中共党员，研究生学历，助理农艺师。1978年10月参加工作，2012年12月任公司董事长。

总经理、党委副书记：贺天元，1963年4月出生，山东省蓬莱市人，中共党员，研究生学历，研究员级高级会计师。1984年8月参加工作，2012年12月任公司董事、总经理。

党委委员、监事会主席：史晓丹，1960年11月出生，甘肃天水人，中共党员，本科学历，高级经济师。1977年9月参加工作，2013年11月任公司监事会主席。

党委副书记、工会主席：叶凤仪(2012.6—)

党委委员、副总经理、总会计师：杨占海(2010.8—)

概况　黑龙江北大荒农业股份有限公司(以下简称北大荒股份或公司)成立于1998年11月27日，是由黑龙江北大荒农垦集团总公司独家发起设立的股份有限公司，2002年3月29日在上海证券交易所挂牌交易，股票名称及代码“北大荒，600598”。

公司及各子公司主要从事业务包括农业、化肥、麦芽、纸业、投资、矿产等。分公司主要包括16家农业分公司、浩良河化肥分公司等，子公司主要包括北大荒龙垦麦芽有限公司、黑龙江北大荒纸业有限责任公司、黑龙江省宝泉岭农垦四方山石墨产业有限公司、北大荒鑫都建筑工程有限公司、北大荒鑫都房地产开发有限公司、黑龙江北大荒投资管理有限公司、北大荒鑫亚经贸有限责任公司等。

2015年，公司实现营业收入36.54亿元，同比下降28.48%，主要系2014年处置北大荒米业集团有限公司股权导致的合并报表范围发生变化所致；实现利润总额6.32亿元，同比下降13.99%，实现净利润6.22亿元，同比下降13.94%，实现归属于母公司所有者的净利润6.59亿元，同比下降17.64%。利润同比下降的原因主要是，2014年3月处置北大荒米业集团有限公司股权导致2014年度合并报表形成收益6.42亿元，若扣除此因素影响，则2015年利润总额同比2014年增加5.39亿元，同比增长578.76%。2015年实现基本每股收益(扣除非经常性损益)0.38元，同比增加0.262元/股；加权平均净资产收益率(扣除非经常性损益)12.06%，同比增加8.1个百分点；资产负债率23.61%，比年初下降7.87个百分点。公司工贸企业减亏成效显著，整体运营质量和经济效益大幅提高，资债结构得以进一步优化，彻底扭转了2012年以来的不利局面，公司发展前景展现出前所未有的生机活力。公司实现粮豆总产71亿公斤，继续保持稳产高产态势。

公司是我国目前规模最大、现代化水平最高的种植业上市公司和重要的商品粮生产基地，土地总面积86.4万公顷，耕地面积77.2万公顷，主要生产水稻、玉米、大豆等农产品。坐拥世界三大黑土带之一的三江平原，地势平坦、耕地集中连片，为生产有机、绿色农产品提供得天独厚的自然生态环境，年可生产水稻、玉米、大豆等优质农作物70亿公斤以上。绿色作物种植面积达34.71万公顷、有机作物认证面积达5.12万公顷，在开发绿色、有机产品上具有巨大的拓展潜力和发展空间。

公司拥有16个农业科技推广中心、16个科技园区、16个农业科研站、14个农业气象站，建立科学施肥服务体系、病虫害生物预警服务体系、农业重大自然灾害防御体系和农户远程培训服务体系，推进地力培肥、良种繁育、丰产栽培、化控技术、节水灌溉、疫情防治、低碳生产等领域的管理创新，加速了科技成果的引进转化，保证了农业发展后劲。

公司区域拥有先进的农业装备技术水平，引进具有世界先进水平的卫星定位和自动导航系统的大型拖拉机、大马力机械、联合收割机、精量点播机等农机具，年末，各类农业机械总量达25.66万台(套)、农业机械总动力达292.91万千瓦，各农业分公司全面实现了飞机航化作业，加速了现代化大农业发展步伐。

2015年4月3日，公司成功摘掉ST的帽子，股票名称由“＊ST大荒”恢复为“北大荒”。摘帽当天，公司股票在开盘6分钟即实现涨停。资本市场对此反响强烈，“北大荒迈入黄金时代”“站在黄金发展期的起点，铸就农垦改革的王者”“经营逐步步入正轨，农垦改革值得期待”等报道见诸各大财经媒体，海通证券、长江证券、财富证券等投资研究机构纷纷上调“北大荒”股票的投资评级，2015年股票价格最高达到26.71元，总市值最高达475亿元，双双创出历史最高纪录。

2015年8月25日，公司发布《关于转让黑龙江北大荒投资担保股份有限公司部分股权之关联交易的公告》，公司将所持担保公司25.09%的股权转让给北大荒投资控股有限公司。转让后公司将持有担保公司49%的股权，集团公司持有25.91%的股权，投资控股公司持有25.09%的股权。双方以担保公司2014年12月31日评估基准日的全部股东权益评估价值12699.28万元加上评估基准日至2015年7月31日审计基准日的期间损益－316.41万元之和12382.87万元，作为股权转让的定价依据，25.09%的股权交易价格为3106.86万元。

2015年8月5日,公司就员工持股计划提交公司员工代表大会讨论通过,于8月24日提交公司董事会审议通过。9月11日,公司召开2015年第二次临时股东大会,通过《公司2015年度员工持股计划(草案)》,本员工持股计划筹集资金总额391.2126万元,持有人不超过64人,其中公司董事、监事、高级管理人员6人,最终出资额以实际缴款数为准。员工持股计划的股票来源为认购公司二级市场发行的股票,存续期限为36个月,锁定期限为12个月,自员工持股计划通过本次认购公司股份完成交易之日起计算。

2015年11月13日,北大荒股份第六届董事会第二十九次会议在公司4楼会议室召开。与会董事审议通过《关于成立黑龙江北大荒投资管理有限公司的议案》。11月17日,经黑龙江省垦区工商行政管理局审核,北大荒股份提交的黑龙江北大荒投资管理有限公司设立登记申请,符合法定形式,出具了《登记核准通知书》(黑垦登记企核准字〔2015〕第97号),准予设立登记。同日,投资管理公司办理并领取了营业执照正副本。

2015年11月19日,公司发布公告,黑龙江北大荒投资管理有限公司与北京佳沃龙江投资管理中心(有限合伙)、九三粮油工业集团有限公司、智恒里海(北京)咨询有限公司共同出资设立佳沃北大荒农业控股有限公司。注册资金3亿元,其中北京佳沃龙江投资管理中心(有限合伙)出资1.2亿元,占总股本的40%,北大荒投资管理公司出资0.9亿元,占30%,九三粮油工业集团有限公司出资0.54亿元,占18%,智恒里海(北京)咨询有限公司出资0.36亿元,占12%。(孙永喜)

总局直属企业

北大荒粮食集团有限公司

董事长、党委书记：史中华，1962年5月出生，吉林省榆树市人，中共党员，本科学历，高级工程师。1985年8月参加工作，2013年10月任现职。

总经理、党委副书记：祁祥一，1960年1月出生，山东省海阳县人，中共党员，本科学历，高级工程师。1982年2月参加工作，2013年10月任现职。

副总经理：石贵民（2009.4—）
李双青（2010.8—）
李志文（2012.3—）

概况　北大荒粮食集团有限公司是黑龙江省农垦总局的直属企业，是按照省政府2008年编制的《黑龙江省千亿斤粮食现代流通产业发展战略工程规划》和省政府2008第三十五次专题会议要求，由黑龙江北大荒农垦集团总公司出资，经国家工商总局无域名核准，于2009年4月注册成立，注册资金2亿元，是"农业产业化省重点龙头企业"。

集团现有12个全资子公司、12个控股子公司、20个分公司，占地413万平方米，其中地坪104.4万平方米，有固定仓容358万吨，铁路专用线1.4万延长米，年经营粮食700余万吨。集团现有资产95.7亿元。

2015年，集团共收储粮豆707万吨，同比增长29%，其中国内贸易粮411.7万吨；进出口贸易粮122.1万吨；政策性粮173.2万吨。销售粮豆562.8万吨，同比增长11.9%；实现营业收入125亿元，同比增长2%。

集团充分利用所属17家国有粮食购销企业地处粮食主产区、仓储设施完善等优势，应收尽收政策性粮，收储政策性粮食173.2万吨，同比增长92.4%，库存政策性粮363.7万吨，同比增长80%。优质高效地完成国家储备粮收储任务。

仓储建设　投资14000万元，国家匹配12500万元，新建钢构平房仓50万吨、钢构罩棚1万吨、钢构千吨囤17万吨、地坪6.5万平方米以及其他配套设施，提高了集团的收储能力，为扩大政策性粮收购量提供了可靠保障。

物流建设　集团作为黑龙江省铁路运输重点保障企业，充分发挥包粮、散粮运输和陆海联运的优势，开展公路运输、集装箱运输业务，加快构建现代粮食物流体系的步伐，实现铁路、公路、水路无缝连接。2015年，发运粮食80万吨，同比增长45.5%，其中港口发运散粮55万吨、集装箱粮25万吨。

营销战略　在国内贸易方面，集团广开销售渠道，延伸销售网络，集团粮食销售区域已遍布29个省。在进出口贸易方面，集团充分利用国内国际两个市场，分别在大连和广州成立2家进出口贸易公司、在天津成立经销处，积极开展进出口贸易业务，2015年，进出口贸易量达122.1万吨，实现贸易额25亿元。在成品粮经营方面，集团已开发农耕、云端两大系列，大米、山珍、杂粮三大品类共计90款新产品，同时充分利用成熟的第三方销售平台，积极开拓电商销售渠道，开展线上线下相结合的销售模式，目前产品已进入黑龙江、北京、山西、江苏、江西、广东、海南等地市场。

企业改革　2015年，先后在安达、大连、寿光、南通、广州、广西、海南等7家控股子公司推行董事长持股的混合所有制改革，使管理者与企业结成命运共同体，建立国有股、民营股、管理股三股合一、相互制约、责权利三位一体的激励机制。

经营理念　集团秉持"诚实做人、诚信经商、诚挚为民、诚笃报国"的核心理念，以维护食品安全为底线责任，以忠效国计、服务民生为终极使命，以满足客户需求为首要任务，以培育终端客户为重要途径，以实现最大效益为最终目的，以构建安全的原料基地、完备的仓储设施、稳定的融资渠道、牢固的物流体系为根本保障，视诚信为集团的核心竞争力，打造粮食集团诚信品牌，提升粮食集团的影响力。2015年集团再度被评为国家"守合同、重信用企业"和"黑龙江诚信示范企业"，连续5年荣登"中国百佳粮油企业榜"，位列"黑龙江企业100强"第16位。

（马甜甜）

北大荒米业集团有限公司

董事长、总经理：林长华，1966年3月出生，籍贯浙江开化县，中共党员，研究生学历，高级农艺师。1988年9月参加工作，2014年5月任现职。

党委负责人：路宏民，1969年2月出生，籍贯：山东省茌平县，中共党员，本科学历，高级讲师。1990年7月参加工作，2014年5月任现职。

副总经理：于占祥：（2014.6—）
安杰（2014.6—）
徐宝安（2014.6—）
郭晓林（2014.6—）
侯昭存（2014.6—）

概况　黑龙江省北大荒米业集团有限公司（以下简称北大荒米业）成立于2001年8月27日，现注册资本62548万元；2003年5月20日，划归黑龙江北大荒农垦集团总公司集中持有。2003年12月19日，黑龙江北大荒农垦集团总公司将所持全部股权转让给黑龙江北大荒农业股份有限公司。2014年5月由北大荒集团从北大荒农业股份整建制回购北大荒米业集团并实施重组，重组后的北大荒米业集团为北大荒集团总公司的子公司，为总局直属企业。

2015年，集团推进企业股权多元化经营管理思路，秉承"绿色安全、追求品质、服务一流、信誉至上"的经营理念，采用"龙头带基地，基地带农户"的产业化经营模式，构筑产品"从田园到餐桌"的安全产业链。依托粮食加工省运输重点保障企业优势，在全国建立终端销售网络，产品进入商超、电子商务平台和社区店近4万家，与京、津、沪、浙、粤、陕等主销区客户建立长期粮食安全战略合作关系。实现年度混合销售量127万吨，累计生产大米13万吨。年实现营业总收入320870万元。

集团寻求集团层面混合多元化改

制商机,与夏商集团、福建功夫谷、四川邦力达、深圳天地和、永辉等集团公司进行股改合作洽谈,将择中选优进行股权多元化合作,建立现代企业制度。

推进所辖制米公司、销售子公司股改,分别完成友谊、卫星、迎春、连珠山、二九一、双河、肇源等七家制米公司的股份制改制工作,改制后的制米公司股权比例为员工34%,集团66%。截至2015年决算,实施股改的86%的制米公司实现盈利,制米公司股改初见成效。销售子公司股改完成天津公司、吉林公司的股改工作,北京、上海、广州已完成了新公司的注册工作。

进一步理顺北京、上海、广州等销售子公司的销售渠道,网络遍布珠三角、长三角和渤海区域,占据中国主流市场,"北大荒"大米已广泛进入永辉、沃尔玛、家乐福、大润发等大型商超系统,从黑龙江到海南产品行销全国;与主销区粮食局、食品企业(如旺旺、雀巢)、军供系统建立了长期战略合作关系;2015年,省政府号召建设东北绿色食品旗舰店,米业集团积极响应,在广州、上海、宁波、温州等地建立旗舰店,展销北大荒米业的产品,树立"北大荒"品牌形象。 (姜　薇)

农垦通信有限公司

党委书记、董事长、总经理:王学利,1956年9月出生,辽宁省清原县人,中共党员,本科学历,高级通信工程师,研究员待遇,1974年10月参加工作,2010年1月任现职。

副总经理:姜志忠(2000.8—)
陈连军(2012.6—)
孙士忠(2012.6—)
马忠(2012.6—)

概况　黑龙江农垦通信有限公司公司坚持"保畅通、保安全、保稳定,增业务、增收入、创效益"的发展战略,以推进企业转型、创新经营为主线,强化企业管理,加快垦区宽带网络基础设施建设,加大业务创新和服务创新力度,实现收入26896万元,比上年末增加1071万元,同比增长4.15%,完成全年计划指标的116.94%。实现利润481万元,比上年同期减少344万元,完成全年计划目标的106.89%。拥有通信线路26941.329公里,其中光缆线路总长度19386.080皮长公里,比上年增加672.105皮长公里;市话电缆总长度7385.249皮长公里,比上年减少1435.182皮长公里;现有微波170.00波道公里。总局至各管局开通干线传输设备47台套,开通电路11885386路。比上年增加7493584路、传输网覆盖率100%。有数字程控交换机100套、比上年减少15套。交换机实占容量258440万线,比上年减少157302万线。软交换设备37160套,比上年增加28003套。现有软交换固定电话用户13万线。固定电话用户达254,837万户,比上年增加2587户。垦网户均电话普及率达56.3%;数据业务发展迅速,拥有宽带用户达197670万户,比上年增长12068户。其中光纤到楼改造用户数52627户、光纤到户数97895户、ADSL用户47148户。宽带家庭普及率39.02%。新业务、新技术发展迅,完成缓存、流媒体、数网业务、手机电视、互联网电视在各农垦管理局的开通使用,卫星导航、安防监控、网站制作、网络维护和通信工程建设、网络数据、北大荒云计算中心等多项信息通信业务在垦区的广泛应用,公司物联网项目在红旗岭农场及八五四农场迅速发展,完成物联网的视频监控工程建设项目,病虫害安全预警备耕、春播、夏管、秋收等全面信息化管理。利用传感器等先进设备对土地温度湿度,土壤pH值等农业采集信息集中传送到数据云平台。为垦区农业发展提供了有力的信息通信保障。建设完善各行业包括工商、公安、交通、交警、社保、财务、医保、检察院、法院、阳光保险、农行、卫生、土地等办公自动化系统的全网覆盖。垦区电视电话会议系统128套、农垦总局至管理局电视电话会议覆盖率达100%。实现总局至管理局、管理局至农场电视电话会议的声像同步传送。2015年,农垦通信哈尔滨分公司,被黑龙江省互联协会授予黑龙江省互联网十强企业。宝泉岭直属通信中心等17个单位营业厅被黑龙江团省委、黑龙江省通信管理局授予省级"青年文明号"。

信息通信网络基础设施建设　基本建设总投资5631.5万元,完成的重点建设项目:(1)实施垦区农业物联网建设示范项目,其中完成红旗岭、八五四农业物联网扩建工程,建设红旗岭、八五四农场的农田监控、农业气象信息、水利等农业物联网系统;建成哈尔滨至红兴隆两个数据中心间万兆传输环网通道及东部牡丹江至红兴隆密集波分环网;完成垦区数据中心应用系统设备和系统联调集成服务项目招标采购工作,完成红兴隆、九三数据中心综合布线工程;完成北大荒农业股份公司土地承包管理平台项目,建成北大荒农业股份公司所属十六分公司的土地承包管理系统。(2)完成建三江传输网扩容工程。(3)互联网内容聚合加速平台扩容工程,整合了红兴隆、九三东西部缓存资源池,增容互联网内容聚合加速平台吐出流量达21吉字节。(4)完成红兴隆、牡丹江、齐齐哈尔"无线城市"扩容工程,建设室外AP设备112台(套)。(5)完成软交换平台扩容工程,新增用户容量4.7万线。(6)完成数据网扩容、宽带接入网工程,购置路由器及数据交换机184台(套)、服务器及终端89台(套)、建设XPON端口3.66万线。(7)新建设光缆线路672公里。(8)购置蓄电池、发电机,开关电源、逆变电源等设备38台(套)。(9)完成建设及升级部分分公司认证计费系统工程。(10)购置光纤熔接机、光时域反射仪和光缆探测仪49台、ODF设备10.24万芯等。

(才宏伟)

九三粮油工业集团有限公司

董事长、总经理、党委副书记:杨宝龙,1972年6月出生,中共党员,研究生学历,律师、高级审计师。1997年6月参加工作,2014年1月任总经理、党委副书记,2014年2月任现职。

党委书记:韩树发,1959年8月出生,中共党员,研究生学历,高级工程师。1982 年 1 月参加工作,2001 年 7 月任现职。

党委副书记:岳钰钧(2002. 1—)

副总经理:史永革(2001. 12—)
罗永根(2014. 12—)
张理博(2014. 12—)
包志勇(2014. 12—)
孙鹏(2015. 3—)
牟欣伦(2015. 11—)

概况　2015 年,九三粮油工业集团有限公司(以下简称九三集团)实现营业总收入 410 亿元;工业增加值 34. 4 亿元,上缴税金 7. 7 亿元,实现利润 1. 26 亿元;进口大豆 716 万吨,年加工大豆总量 734 万吨,大豆进口量和加工量连续五年位居全国第一位。

集团全面推进"两个坚持""三个转变"的发展思路,打造购销运营系统、资本运营系统、快消品市场的全国系统、生产管理系统、管理内控系统、人力资源管理系统、企业文化系统的"七大系统",在复杂的经济形势下,保持清醒,坚持既定战略,以稳健、创新为原则,以优化发展质量和提高盈利能力为目标,以打造职业经理人为保障,以营销和资本的双向拉动为引领,强化营销和国际贸易联动,在全行业负利润的时代,保持了稳定的发展和持续盈利,企业发展质量进一步提升。"九三"品牌以 121. 56 亿元的品牌价值位居"中国 500 最具价值品牌"第 199 位。九三集团先后被评为 全国质量和服务诚信优秀企业、中国粮油行业最受尊敬企业、中国粮油十佳品牌特别奖,在黑龙江企业 100 强排行榜上名列第三位。

集团根据快消品营销特点,将九三集团食品营销有限公司、哈尔滨北大荒豆制品有限公司、九三集团(黑龙江)食品有限公司(原豆浆粉公司)整合为营销中心,将北安公司豆浆粉车间划入(黑龙江)食品公司,营销资源得到有效整合,这是对集团固有的产品销售体制进行的颠覆式改革。通过改革,营销系统的快消品思维逐渐形成,组织架构日趋完善,考核机制更为市场化,人员队伍更加专业化。通过冠名 2015 互联网 + 黑龙江峰会、哈尔滨之夏开幕式及九三百部红色经典电影进社区、赞助第二届中俄博览会、冠名哈尔滨至大连高铁列车、牡丹江至北京和哈尔滨至海口特快直达列车等推广活动,企业知名度和美誉度进一步提升。市场渠道建设能力进一步加强,东北市场渠道下沉到县级市,直营从哈尔滨、长春、沈阳、大连拓展到北京、天津,开展沃尔玛中国区一区和二区 72 家门店统采工作。新建沈阳、天津、郑州、成都四家旗舰店,东北三省有 126 家加盟商开业,形成区域联动格局。深化电商工作,在天猫 + 淘宝全网,食用油类排名提升至 28 名。以市场需求为导向,深入开展实用性研发。研发中心与农垦职院合作,取得实验室 CMA 计量认证资质,成为可向社会出具具有证明作用的数据和结果的第三方检测机构,年对外检测样品 120 份。启动非转基因板块上市工作,由德勤事务所完成尽职调查,并在会计师、律师的指导下进行资产和财务整理,为上市做准备。加大改革力度,以北大荒豆制品公司为典型进行示范。通过对北大荒豆制品公司进行内部组织架构重组、管理人员调整、严格进行绩效考核、取消全部外雇劳务和保洁人员,采取夜班生产和连续生产等措施,实现成本下降和达产率提高,全年减亏 3000 万元。创新人才成长机制,打造九三企业家团队。扩大招聘渠道,与前程无忧等知名招聘网站,与锐仕方达等猎头公司,与哈尔滨工业大学等高校建立了常态的联系和校企合作关系,打造人才培养摇篮。启动九三商学院,聘请国内知名专家对集团企业家团队进行培训。九三商学院成为打造九三企业家团队的有力保障。推进 ERP 管理系统升级,开始进行试点。推进中美双边预约定价项目,规避关联交易税收风险。通过引进会计师事务所、税务代理机构,规范了财务业务处理,提高专业化水平。对集团总部及 7 个生产公司进行编制调整,集团总部重新核定编制为 142 人,较原编制减少 54 人,较实际在岗人数减少 20 人;7 个生产公司较原编制减少 372 人,较实际在岗人数减少 124 人,年节省人力成本 1000 万元。　(孙　玥)

完达山乳业股份有限公司

董事长、总经理:王景海,1961 年 8 月出生,黑龙江省富锦市人,中共党员,研究生学历,高级农艺师。1978 年 4 月参加工作,2011 年 1 月任现职。

党委书记:陈德顺,1959 年 12 月出生,重庆市潼南县人,中共党员,研究生学历,教授级高级政工师。1979 年 1 月参加工作,2014 年 1 月任现职。

副总经理:顾坚,1961 年 3 月出生,广西柳州市人,中共党员,研究生学历,会计师。1977 年 7 月参加工作,2011 年 5 月任现职。

副总经理:马军喜,1963 年 2 月出生,湖北省谷城县人,中共党员,研究生学历,高级农机工程师。1982 年 12 月参加工作,2011 年 9 月任现职。

副总经理:余宁江,1960 年 5 月出生,四川省长宁县人,中共党员,本科学历,工程师,1977 年参加工作,2011 年 9 月任现职。

概况　完达山乳业股份有限公司拥有资产总额 38 亿元,下辖 24 家分、子公司,年加工鲜奶能力 80 万吨,可生产奶粉、液态奶、豆制品等 11 大系列近 150 个品种,销售网络遍及全国,产品远销东南亚和非洲。2015 年,面对国内原料与国际原料成本倍增的压力,加之国内担当社会责任和新标准新要求的出台,产品成本大幅度提高,产品价格不断下降,企业利润空间受到挤压。面对全国经济下行压力比较大的情况下,公司加快调整结构,稳定市场经营,经济运行质量质量明显提高,公司经济实现了逆势上涨,实现销售收入 51. 75 亿元,比 2010 年增长 23. 5 亿元,增长 84%;实现利润 2. 78 亿元,比 2010 年增长 5. 4 亿元;职工月均工资由原来的 1735 元,增长为 3139 元,增长 78%;公司资产负债率下降 10%。

消费者对完达山品牌的信任度明显提高。品牌价值迅速提升,品牌价值提升到 202. 85 亿元,位居《中国 500 最具价值品牌》排行榜 130 位,中国乳业第三位。连续5次蝉联亚洲品牌500强,位居205位。年投放宣传广告费1.2亿元,品牌宣传拉动地面销售能力明显增强。

企业的经营管理能力明显提高。公司主产品市场竞争能力明显提高。产品结构调整效果明显,奶粉高毛利产品比例大幅增长,安力聪、元乳、格致增长迅速,安力聪、元乳两只产品占奶粉销售总收入的60%,实现单品利润和规模效益的共同增长。安力聪的销售收入比上年增长38%;元乳销售收入达8.2亿元,比上年增长20%。液奶新品上市也具有较强的竞争力,冒泡、黑糖、咖啡酸奶、乳此新鲜巴氏奶、日配送产品等,产品具有较强竞争力。主产品的市场铺市进入良性发展,奶粉的市场产品增长结构合理,门店增长3000多个,KA门店新开发100多个。中心城市旗舰店发展扎实有效,在中心城市北京、上海、广州的旗舰店发展良好,基本实现自负盈亏。产品结构调整的竞争能力开始显现,适应市场变化的优质产品、网销产品、成人营养产品、液态自然清新产品、巴氏鲜牛奶都具有较强的竞争力。

技术研发能力增强。产品研发上市速度明显加快,2015年累计上市怡贝聪、邦尔慧、邦尔聪、恩聪、邦优、茁悦六大系列18种婴幼儿配方奶粉,上市成人和中老年奶粉两大系列产品,对婴幼儿奶粉和米粉8大系列24种产品进行系统升级上市。液奶累计上市乳此新鲜、瓶装酸奶、高端日配四大系列,共计9支产品。主品获利能力逐步增强,奶粉安力聪、元乳等主品已成为公司的主营收入和利润支撑点,研发部在此基础上积极开发和引进科技新产品,已与英国一家专业婴幼儿临床营养研究公司、丹麦科汉森公司及哈尔滨医科大学联合开展婴幼儿配方奶粉大数据临床试验研究,旨在开发利润型高端婴幼儿产品;开展国际产品合作业务,已与澳大利亚ADP公司联合开发不同系列、不同渠道的原装进口产品。　　(范　洁)

北大荒丰缘集团

董事长、党委书记:张显明,1957年11月出生,籍贯山东莱西,中共党员,本科学历,高级兽医师。1979年参加工作,2005年9月任党委书记,2014年12月兼任集团董事长。

总经理:侯雪坤,1964年3月出生,籍贯湖南望城,中共党员,博士研究生学历。1986年7月参加工作,2014年7月任现职。

党委副书记:陈英(2012.6—)

副总经理:

赵树清(2004.3—)

陶立新(2006.6—)

总工程师:李振生(2006.5—)

副总经理:郑金光(2007.5—)

郭秀才(2011.4—)

刘景兰(2014.4—)

概况　北大荒丰缘集团成立于2005年,前身是1997年成立的农垦九三分局制粉有限责任公司,现已发展成以面粉加工、食品生产为基础,生物科技为骨干,贸易经营为补充的综合性国家级农业产业化龙头企业。公司实行股东代表大会制度,最高权力机构为股东代表大会,下设董事会和监事会。总部坐落于哈尔滨市南岗区宣化街115号,下设丰威、丰裕、银海、丰润、远光、丰澳6个子公司;九三、佳富两个分公司,分布在黑龙江、湖北、澳大利亚等地(其中丰润分公司为生物科技项目)。主要经营面粉、挂面、谷朊粉、肠衣、肝素等产品。

2015年末,集团加工小麦2.3万吨,达产率23%,生产面粉1.75万吨,销售面粉1.67万吨;产销肠衣816万把(干制23万把),产销肝素钠800亿单位,在澳耕种自有土地2万公顷,可产农作物2.07万吨。集团实现销售收入11.1亿元,同比上年增长7.8%;亏损4000万元,同比减亏5815万元。通过调整高毛利、高附加值小包装面粉产品产销比率,推进干制肠衣规模化生产,强化龙江面粉市场和国内外肠衣市场的开拓,配套出台以利润为核心指标的收入绩效考核制度,将各产业生产经营的重心由体量向效益转移,努力提升企业盈利能力。丰润公司加快推进香港H股上市。成立主要负责人挂帅的上市工作组,公开招投标选聘各中介服务机构,参与辅导整体上市流程。丰润公司的企业内部审计、资产评估和尽职调查工作已完毕,股改方案基本确定。发展电子商务。集团电子商务主体是丰威公司,现已在天猫和建行两个平台进行探索销售,以小包装中高端产品为主,主要经营挂面和面粉两类产品。2015年销售面粉0.21吨,挂面0.13吨,计销售收入1万多元,为集团适应"互联网+"的新发展形势打下基础。

项目建设　丰威公司通过分板块推进业务整合,先后同多家国内外企业集团洽谈合作,成功引进山东浩翔公司作为战略合作者,对谷朊粉项目实施股权改造,已进入实质操作阶段。丰威公司正与哈尔滨老鼎丰公司就面粉、挂面合作项目进行实质性接洽。丰澳公司在北大荒集团总公司的统一部署下,推进与中酒集团的战略合作。中酒集团完成对丰澳公司境外农业生产经营情况的尽职调查和资产审计评估。通过对金谷丰缘公司进行增资,扩大整体合作规模,在增资过程中又引进了新的战略投资者——双城港顺粮食有限公司。金谷丰缘完成9万吨粮食收储任务。

产品研发　集团完成研发投入200多万元,涵盖涉及挂面、面粉、肠衣、肝素、谷朊粉等多个研发、技改、服务项目。丰威公司成为黑龙江省仅有的两家国家级主食加工业示范企业之一。　　(刘　宏)

北大荒商贸集团有限责任公司

董事长:王克坚,1963年5月出生,辽宁辽中人,中共党员,研究生学历,高级政工师。1983年4月参加工作,2014年12月任公司董事长、党委副书记。

党委书记：郑绪凯，1961年4月出生，黑龙江省佳木斯人，中共党员，本科学历，高级政工师。1979年12月参加工作，2014年12月任现职。

党委副书记、纪委书记、工会主席：李恩喜，满族，1958年11月出生，辽宁辽阳人，中共党员，本科学历，高级政工师。1975年8月参加工作，2006年3月任现职。

副总经理：郑建军（2011.5—）
王健（2011.5—）
仉玉杰（2009.3—）
王建国（2009.3—）

财务总监：赵宏伟（2009.11—）

纪委副书记、党委委员：王海夫（2010.2—）

总经理助理：王威（2011.2—）
高洪禄（2013.12—）
修孝军（2014.01—）

概况　北大荒商贸集团成立于2000年，是黑龙江农垦北大荒集团的全资子公司。是黑龙江省经营规模大、经济实力强、综合经营能力突出的大型现代物流企业。集团拥有全资、控股、参股企业180多家，下属一级公司26家，主要从事成品油、农业生产资料、农业机械及农机具、能源化工销售、有机绿色食品连锁经营、农产品购销、房地产、农业综合开发以及物流业。

2015年，商贸集团实现销售收入423亿元，经济总量居黑龙江省100强企业第4位。

北大荒营销股份有限公司按照集团提出的做大营销发展目标，拓展营销网络体系建设。借助"互联网+"经营模式，充分利用政府优惠政策，与物美集团、上海联华等大型商超合作，与京东商城、天猫、工商融e购等主流电商合作拓展营销渠道，形成了线上线下互相支撑的营销格局。新增连锁店191家，全国累计建"北大荒绿色食品"营销网点1138家，覆盖25省122个市县。宁波、中山、四川、天津、肇东、宜宾物流园区作为集团做强产业发展目标中的主体产业，布局东北亚、京津唐、长三角、珠三角、西南地区，以物流仓储基地建设、大宗粮食购销、货物仓储、仓储配送服务等为经营业务，是商贸集团在全国建立的六大综合性现代化物流产业平台。在发展物流仓储主业的基础上，利用区域特点进行多元化经营，积极开展粮食、饲料、食品、果蔬、水产、酒品、化工产品购销、房屋对外租赁、销售保理投资等业务，实现收入利润多渠道增长。中油黑龙江农垦石油有限公司按照集团做强产业发展目标，现有中转油库12座、加油站142座，专营垦区工农业及交通运输等产业成品油供给，克服市场冲击等不利因素，保持销量稳定，2015年销售成品油77万吨，实现销售收入45亿元。北大荒农业生产资料有限公司主要承担黑龙江垦区农业生产资料的采购和供应任务，下设十个分公司，并设立十三个农资配送中心，2015年优化农资市场的战略布局，完善农资连锁产业链条，全年实现化肥销售72.8万吨，实现销售收入18亿元。宁波鸿图投资有限公司主营实业投资、投资管理、企业管理咨询、经济贸易信息咨询等业务，依照商贸集团发展目标设计中的做优资本要求，公司稳健发展，累计对外投资1.3亿元，实现国有资产保值增值。天津北大荒玉米加工产业集团有限公司是北大荒商贸集团控股的现代粮食物流及玉米深加工企业集团，产业领域涉及粮食物流、淀粉制造、变性淀粉制造、果糖制造等四大产业。北大荒米业集团有限公司依托黑龙江垦区的地域粮源优势，规模化收储、加工、销售，辅以粮豆进口分销补充市场，借助垦区物流平台和天津港口物流优势，形成基础夯实、体系完善、发展快速的高效互动产业链条，2015年累计销售粮食及农副产品95万吨，实现销售收入42.5亿元。北大荒粮油有限公司以食用农产品销售，仓储，投资管理业务为主，并从事食用农产品专业领域内的技术开发、技术咨询、技术服务、技术转让及货物与技术的进出口业务。天津北大荒电子商务有限公司是经国家发改委批准立项，享有国家专项资金支持的北大荒商贸集团全资子公司，主要从事互联网金融、融资租赁、电子商务、粮食收购、批发，预包装食品，销售粮油、饲料等业务。2015年实现收入6.8亿元。天津北大荒物流有限公司是国家AAAAA级物流企业，集团下设客运、货运、仓储、加工、冷链物流、粮食物流、港口中转、集装箱运输、危险品运输、物流装备制造、信息指挥中心等20多个专业化子公司及分公司。利用垦区内15个物流节点、物流公共信息平台和物流管理信息平台，为垦区成品油、冷链、农资、农业机械、粮食及农副产品流通提供辐射全国的一体化物流服务。北大荒工贸有限公司是由多家外贸公司转型重组设立的专业进出口公司，公司围绕金融投资、国际贸易、林木加工、地产置业等四个板块开展业务，主要从事粮油食品、石油化工、建筑材料、机械设备等进出口业务。北大荒农机装备集团有限公司主要经营各种品牌的农业动力机械设备及配套农机具达上万个品种，近百家农机生产厂家在公司设立一级三包维修服务站。现有直属分公司1家，一级营销网络29个，是垦区经营规模最大，综合经营实力最强的农机营销服务新领军企业。黑龙江农垦大荒能源有限公司拥有6个控股子公司，主要从事能源化工销售，开展煤炭、焦炭、天然气贸易等业务。北大荒文化创意产业集团股份有限公司是黑龙江省实施"文化强省"战略和北大荒文化推广的重要市场平台。依托垦区旅游资源和历史文化，快速发展旅游、文化、会展服务，做强垦区和龙江特色的旅游文化产业。公司产业覆盖国际旅游、会议展览、文化科技、影视娱乐、艺术投资、现代传媒、文旅超市、园区开发等八大领域。北大荒（香港）国际贸易有限公司是商贸集团立足于国际，放眼国内国际市场的重要窗口，公司主要从事以金融、融资、资本运营服务为主，同时经营电子商务、土地流转、农机流转、进出口及转口贸易等业务。

（孙爱景）

北大荒建设集团

董事长、党委书记：于建华，1958年6月出生，黑龙江省克东生人，中共党员，大学本科学历，高级工程师，1975年11月参加工作，2012年6月任现职。

总经理:于秉坤,1976 年 3 月出生,山东省茌平县生人,中共党员,本科学历,高级工程师,1996 年 8 月参加工作,2012 年 6 任现职。

党委副书记:杨臣江,1963 年 3 月出生,黑龙江饶河县生人,中共党员,研究生学历,高级政工师,1979 年 11 月参加工作,2013 年 12 月 23 日任现职。

副总经理:张曙光(2006.6—)
王镝(2006.6—)
段滨川(2012.6—)
朱以春(2011.6—)

概况　2015 年,经总局同意北大荒集团授权,更名为北大荒建设集团。其前身是黑龙江农垦建工集团,于 2001 年 8 月 24 日组建,是集建筑设计、建筑施工、路桥施工、房地产开发、市政水利施工、消防电气施工、技术培训为一体的综合性工程总承包、国际工程承包、跨行业、跨地区施工的国家一级资质大型公司。集团下辖子(分)公司 32 家,其中建筑设计院 1 家、土建公司 26 家、房地产开发公司 2 家、路桥公司 1 家,专业分公司 2 家。驻外分公司发展到、上海、天津、烟台、海南、吉林、辽宁、山西、新疆、内蒙古等地。集团总部机关在 2014 年调整为"七部六办一中心",即工程管理部、经营开发部、计划财务部、人力资源部、监察审计部、法律事务部、党群工作部、清欠办、安全办、总工办、企管办、信访办、综合办公室、财务结算中心。集团现有员工 1501 名,各类工程技术人员 1037 余名,其中高级技术职称人员 174 人,中级技术职称人员 261 人,国家一、二级建造师 169 名,资产总额已达 51 亿元。

2015 年,集团承揽工程项目 337 项,落实产值 79.6 亿元(含结转),实现营业总收入 38.6 亿元,利润总额 110 万元,职均收入 4.25 万元。集团综合实力黑龙江省企业 100 强第 35 位。集团获全国优秀施工企业、全国工程建设质量管理小组活动优秀企业、全省工程建设 QC 小组活动优秀企业等荣誉称号。全年创省级优质 13 项,获省级安全质量标准化工地 4 项;获哈尔滨、长春、沈阳省会城市建设安全联检金牌 2 项;获国家级工法 1 项,省级工法 5 项,有效专利申报完成 4 项,十项新技术应用示范工程 6 项,管理体系运行通过国家再认证审核。

(刘　波)

北大荒马铃薯集团有限公司

党委书记、董事长:李顺,1962 年 6 月出生,江苏人,中共党员,本科学历,高级农艺师。1978 年 10 月参加工作,2010 年 1 月任现职。

党委副书记、总经理:姜涛,1968 年 12 月出生,黑龙江省甘南县人,中共党员,研究生学历,工程师。1985 年 11 月参加工作,2008 年 7 月任董事长、总经理、党委书记,2010 年 1 月任现职。

党委副书记、纪委书记、工会主席:赵溪江,1963 年 2 月出生,吉林四平人,中共党员,本科学历,高级政工师。1983 年 6 月参加工作,2011 年 5 月任现职。

副总经理:张喜忠(2008.8—)
李明安(2008.9—)

概况　北大荒马铃薯集团有限公司是国内最大的马铃薯产业集团和国家级重点农业产业化龙头企业。集团注册资本 92362 万元、资产总额 176008 万元。下辖黑龙江北大荒二龙山马铃薯产业有限公司、北大荒九三薯业股份有限公司、黑龙江北大荒马铃薯产业有限公司、黑龙江北大荒马铃薯全粉有限公司(中日合资)、黑龙江北大荒马铃薯产业有限公司种薯研发中心、黑龙江北大荒斯达奇生物科技有限公司、北大荒马铃薯研究院、中垦禾润国际(香港)有限公司、北大荒联兴有限公司(中泰合资)、北大荒马铃薯集团黑龙江贸易有限公司、黑龙江北大荒普洛特生物科技有限公司等分(子)公司。

2015 年末,集团有资产总额 176008 万元,比上年同期减少 8.22%;收购马铃薯原料 26.98 万吨,收购木薯 25.81 万吨;加工木薯淀粉 6.25 万吨,达产率 108%;生产全粉 4516 吨,马铃薯淀粉 2.99 万吨,综合达产率 37.88%。2015 年共销售马铃薯淀粉 4.23 万吨,木薯淀粉 7.48 万吨,全粉 3132 吨;实现营业总收入 6.69 亿元,工业增加值 9068 万元,经营亏损 6315 万元,比上年减亏 64 万元。

改革发展　2015 年 10 月 23 日,总局党委第十五次会议讨论并同意了《北大荒马铃薯集团股份制改革初步方案》,11 月 18 日北大荒马铃薯集团有限公司与北京黑土地基金管理合伙企业("黑土地")、Northeast China Investors Ltd.("东北投资")签署了《关于投资协议签署及履约保证金缴纳安排之备忘录》《投资协议》及《关于东北投资履约保证金缴纳之备忘录》,正式引入优势资本对集团进行股份制改造。首期第一轮投资完成后,北大荒马铃薯集团、黑土地、东北投资将分别持有目标公司 45%、30%、25% 股权。同年 9 月 30 日,集团和黑土地作为乙方与农垦北安、九三及齐齐哈尔管理局签署了《土地承包经营意向协议》,承租土地 6.67 万公顷。

项目建设　2015 年 8 月 26 日,北大荒马铃薯集团有限公司代表农垦总局与日本国新能源·产业技术综合开发机构签署《中华人民共和国黑龙江省齐齐哈尔市克山淀粉厂利用高纤维素分解酶生产菌从马铃薯淀粉渣中制造生物乙醇燃料示范项目设备转让协议》。9 月 11 日,集团公司及下属子公司黑龙江北大荒马铃薯产业有限公司与日本国双日株式会社、日立造船株式会社签署《利用马铃薯淀粉残渣制造生物乙醇示范项目(中国)协定》,集团薯渣制造乙醇燃料项目正式投入建设。7 月,农垦总局科技局和黑龙江省科技厅发展计划处批准黑龙江省马铃薯深加工工程技术研究中心研究项目增项,项目名称《马铃薯加工工业废水资源化综合利用》。集团还重点推进马铃薯淀粉和全粉加工专品种筛选试验、马铃薯终端食品试验等 19 项科研项目。

(王小岑)

北大荒通用航空公司

总经理：郭庆才，满族，1961年5月出生，黑龙江省嫩江县人，中共党员，本科学历，高级农艺师。1977年9月参加工作，2010年1月任现职。

副总经理：宫长贵（2006—）
樊利国（2014—）
朱宪华（2014—）

概况　北大荒通用航空有限公司始建于1985年。2015年，拥有飞机92架，年飞行能力1万小时以上，是目前世界规模最大的农、林专业通用航空公司。主要从事农、林航空作业、飞行员培训、人工影响天气、工业飞行、抢险救灾等项目，其中农业航空作业是主营项目，主要面向黑龙江垦区、辐射东北，可供航化作业的农场82个，跑道75条，形成网络式作业基地群，年航化作业能力130万公顷。林业飞行可覆盖东北及内蒙古地区，进行森林巡护、化灭作业，是国内唯一可进行森林灭火机群作业的专业航空队伍。

公司总部位于哈尔滨市松北区，固定资产14亿元，两个主运营基地，佳木斯基地占地面积77公顷，900米水泥跑道；肇东基地占地300公顷，1800米水泥跑道；两个基地修建有现代化的办公大楼、飞行培训综合楼，水泥跑道、大型机库、储油库等基础设施，配备有先进的办公、导航、通信、指挥系统，可供15～20架飞机同时进行目视飞行，年可飞天气在300天以上。公司有从业人员300人，其中飞行人员80名、机务人员130名，中、高级专业技术职称人员103人，飞行、维护、和后勤保障水平在同行业中处于领先地位。科研队伍实力雄厚，常年从事农业航空作业技术开发与应用，公司编写的《农业航空技术指南》对我国农业航空作业技术起到指导性作用；《农业航空田间作业技术规程》被确定为黑龙江省地方标准，填补我国农业航空田间作业标准的空白；《农业航空作业装备技术》对农业航化作业技术进行了技术革新，被选入了国家高新技术装备库，填补国内空白，技术达到国内领先，世界先进水平。

2015年，公司累计飞行11965小时，28162架次。其中，农、林等生产作业7001小时，14226架次。农业航化作业出动飞机50架，作业面积101.8万公顷。完成护林作业844.82小时，556架次。完成黑龙江省地方农业作业8.84万公顷，实现了抗害减灾目标，为黑龙江垦区粮食高产、稳产、抵御自然灾害以及大小兴安岭森林资源的有效保护发挥重要的作用，创造的经济和社会效益达250亿元。　（韩景奎）

黑龙江省农垦干部培训中心

党总支部书记、总经理：庞代新，1963年5月出生，重庆市合川人，中共党员，本科学历，教授级高级政工师。1982年12月参加工作，2005年5月任现职。

概况　黑龙江省农垦干部培训中心建成于1996年，1997年正式运营。是集客房、餐饮、会议、商贸、旅游、绿色食品销售、礼仪服务、康乐休闲于一体多功能现代化的四星级旅游饭店。坐落于哈尔滨市红旗大街175号，地处城市新经济商务区中心位置，毗邻哈尔滨国际会展体育中心，距太平国际机场42公里，距哈尔滨火车站6公里，是商务客人和会议代表的入住首选。黑龙江省农垦干部培训中心总占地面积9435.67平方米，总建筑面积37054平方米，饭店区16层，会馆区13层。饭店区备有不同档次客房235间，各类餐厅20余个，大、中、小型会议室10余个，商务中心、商场、绿色食品专卖店、旅游、航空售票等服务设施齐全。会馆区集洗浴、休闲、娱乐、餐饮、棋牌、客房、保健、健身于一体，功能布局合理，室内装修豪华精致，拥有套房、高级标准间53套，北大荒特色餐饮大厅，可同时供300人就餐，会馆会议设施齐全，宽敞气派，可举行500人大型会议。2015年，培训中心荣获全国文明旅游先进单位、省饭店协会第五届青年职工职业技能大赛团体金奖、安全生产工作目标考核合格单位、公共场所卫生信誉度A级单位等称号。（董红玉）

统计资料

垦区自然状况及资源

(2015 年)

表 1

项　　目	单　位	数　量	项　　目	单　位	数　量
一、自然状况			#可开发量	亿立方米	33
1. 地理位置			水库数量	座	193
北纬	度	43°56′-50°21′	水库容量	万立方米	111351
东经	度	123°32′-134°33′	大型水库	座	2
2. 土地总面积	万公顷	553.65	万立方米	31020	
构成:山地	%	11.7	八五二农场蛤蟆通水库	万立方米	15720
丘陵	%	29.0	查哈阳农场太平湖水库	万立方米	15300
漫岗	%	24.6	中型水库	座	16
平原	%	16.5		万立方米	41788
沼泽	%	18.2	八五三农场清河水库	万立方米	2588
3. 气候			八五二农场大索伦水库	万立方米	1650
年平均气温	摄氏度	-0.9-4.0	云山农场云山水库	万立方米	5196
有效积温≥10	摄氏度	2100-2500	八五六农场青山水库	万立方米	4362
年降水总量	亿立方米	265	八五五农场红星水库	万立方米	1940
年平均降水量	毫米	450-600	海林农场双峰水库	万立方米	1163
相对湿度	%	66-74	二龙山农场跃进水库	万立方米	5757
全年日照时数	小时	2400-2900	引龙河农场青年水库	万立方米	4910
年无霜期	天	100-140	赵光农场工农水库	万立方米	1930
二、自然资源			尾山农场三七水库	万立方米	1238
1. 土地资源			建设农场青石岭水库	万立方米	1470
耕地面积	万公顷	289.2	襄河农场襄河水库	万立方米	1401
水面面积	万公顷	25.4	格球山农场炮台山水库	万立方米	1286
#已养殖面积	万公顷	2.6	七星泡农场东风水库	万立方米	2700
林地面积	万公顷	92.3	红五月农场南阳河水库	万立方米	1614
草地面积	万公顷	34.4	大西江农场西江水库	万立方米	2583
2. 林木资源			小(I)型水库	座	107
森林蓄积量	万立方米	8633		万立方米	35070
森林覆盖率	%	17.1	小(II)型水库	座	68
3. 水利资源				万立方米	3473
河流入境水量	亿立方米	3000	4. 矿产资源		
水资源总量	亿立方米	97.59	煤　炭	万吨	15000
(1)地表水量	亿立方米	56.66	石灰石	亿吨	10
(2)地下水量	亿立方米	40.93	黄　金	吨	15.4

注:气候资料为多年平均值;矿产资源为以前调查数;林木资源和水利资源分别由林业局和水务局提供。

垦区国民经济主要指标总量

（2015 年）

表 2

指标	单位	数值	指标	单位	数值
一、年末总人口	万人	167.2	九、工业		
二、从业人员数	万人	77.7	1. 工业总产值	亿元	836.0
#职　工	万人	37.5	2. 主要工业产品产量		
三、生产总值	亿元	1172.7	原　煤	万吨	14.8
#第三产业增加值	亿元	375.7	发电量	万度	121886
四、工农业总产值	亿元	1793.4	水　泥	万吨	51.4
五、固定资产投资			化　肥（实物量）	万吨	28.1
1. 全社会固定资产投资总额	万元	1862754	大　米	万吨	402.4
生产性建设	万元	1230632	小麦粉	万吨	7.7
非生产性建设	万元	632122	食用植物油	万吨	174.2
#住　宅	万元	230756	乳制品（含液体乳）	万吨	27.1
2. 国有单位固定资产投资额	万元	1304358	十、交通运输		
六、企业主要财务指标（统营）			1. 货物周转量	万吨公里	176074
1. 固定资产原值	亿元	941	2. 旅客周转量	万人公里	61230
2. 固定资产净值	亿元	615	十一、国内商业		
3. 销售（经营）收入	亿元	1313	1. 商品销售总额	亿元	943.0
4. 利润总额	万元	64662	2. 社会消费品零售总额	亿元	217.8
七、职工收入和消费			十二、对外贸易		
1. 职工工资总额	亿元	120.2	进出口总额	万美元	250241
2. 职工平均工资	元/人	32496	出口额	万美元	65031
3. 农场职工家庭人均纯收入	元/人	23855	进口额	万美元	185210
4. 农场职工家庭人均消费支出	元/人	11240	十三、教育文化		
八、农林牧渔业			1. 在校学生数		
1. 农林牧渔业总产值	亿元	957.4	高等学校	人	30135
2. 主要农产品产量			中等专业学校	人	6026
粮　食	万吨	2206.7	普通中学	万人	7.1
油　料	万吨	0.7	小　学	万人	5.9
蔬　菜	万吨	18.3	2. 出版数量		
水　果	万吨	5.1	杂　志	万册	31.2
肉　类	万吨	22.9	报　纸	万份	1926.6
牛　奶	万吨	37.5	十四、卫生		
水产品	万吨	3.36	卫生机构床位数	张	11443
			卫生技术人员	人	12483
			#医　生	人	5891

注:1. 本表第六、十、十二、十三(1)、十四部分的数据分别由总局财务处、交通局、商务局、教育局、卫生局提供。

2. 从 2015 起农场职工家庭人均纯收入为垦区居民人均可支配收入数据;农场职工家庭人均消费支出为垦区居民人均生活消费支出数据。

垦区生产总值

(2015 年)

表 3

单位:万元

指示	合　计	劳动者报　酬	固定资产折旧	生产税净　额	#补　贴	营　业盈　余
生产总值	11726820	4428084	1474873	149752	292429	5674112
第一产业	5545732	2086869	520385	-288445	288787	3226923
1. 农林牧渔业	5545732	2086869	520385	-288445	288787	3226923
(1)农　业	4633214	1756626	427582	-281370	281708	2730377
(2)林　业	47608	18669	7574	-314	314	21679
(3)畜牧业	826532	294682	82060	-6665	6665	456454
(4)渔　业	38378	16892	3170	-96	101	18413
第二产业	2424111	789809	277838	260234	4174	1096230
2. 工　业	1859558	548566	231342	199285	4174	880366
3. 建筑业	564553	241243	46496	60950		215864
第三产业	3756977	1551407	676650	177962	-532	1350959
4. 批发和零售业	1091480	394458	130977	76863	23	489183
5. 交通运输、仓储业和邮政业	502803	175953	73042	28283	359	225525
(1)交通运输业	418085	147153	60737	24547	715	185648
(2)仓储业	75619	26221	10322	3464	-356	35612
(3)邮政业	9099	2579	1983	272		4265
6. 住宿和餐饮业	254893	92003	40668	16752		105470
# 餐饮业	214815	76490	33588	13895		90843
7. 信息传输、软件和信息技术服务业	42188	25662	7701	1089		7736
# 电信	38156	22607	7234	946		7369
8. 金融业	229518	62783	16878	14648	133	135210
# 银行	186267	42026	13484	11502	133	119256
9. 房地产业	256983	7336	225784	11339		12524
# 职工自有住房	214448		214448			
10. 租赁和商务服务业	76585	31189	7356	5488		32551
11. 科学研究、技术服务和地质勘查业	27493	17896	3274	1466		4858
12. 水利、环境和公共设施管理业	122533	78828	17519	2283	8	23903
13. 居民服务和其他服务业	244183	91081	41717	15985	150	95400
14. 教育	233478	194953	29308	271	195	8947
15. 卫生和社会工作	220929	135245	21661	229		63795
16. 文化、体育和娱乐业	14921	11045	1880	509		1486
17. 公共管理、社会保障和社会组织	217622	150663	34534	421	99	32005
18. 农林牧渔服务业	216721	79802	23963	2094	-1499	110862
19. 采矿业中的开采辅助活动						
20. 制造业中的金属制品机械和设备修理业	4647	2511	388	244		1504

物质文化生活水平

(2015 年)

表 4

指　　标	单　位	数值
一、收入		
垦区居民人均可支配收入	元	23855
职工年平均工资	元	32496
二、消费水平		
人均生活消费	元	12179.00
消费品支出	元	10372.59
服务性支出	元	1806.41
三、储蓄		
居民年末储蓄存款余额	亿元	495.17
人均储蓄存款余额	元	29620
四、住房		
年末住宅总面积	万平方米	5386.38
平均每人居住面积	平方米	33.50
五、交通		
每百人拥有汽车	辆	6.04
每百人拥有摩托车	辆	14.20
六、公用事业		
已安装自来水管理区	个	634
管理区自来水普及率	%	99.84
七、文化		
每百人拥有彩色电视机	台	40.51
每百人拥有电脑	台	20.90
每百人每天有报纸	份	3.16
每百人每年有杂志	册	18.66
八、教育		
学龄儿童入学率	%	100.00
每万人口有在校大学生数	人	182.00
九、卫生		
每万人拥有医院病床数	张	68.40
每万人拥有医生人数	人	35.20
十、就业		
每一劳动力负担人数	人	1.36

索　　引

索　引

说明：

一、本索引采取主题分析方法编制，范围涉及本卷类目、分目、子分目和条目。

二、本索引按汉语拼音音序（同音字按声调）排列，若首字拼音相同则按第二字音序排列，以此类推。类目、分目、子分目用黑体字，其他用宋体字排印。

三、索引款目后的阿拉伯数字表示内容所在的页码，数字后的拉丁字母（a、b、c）表示栏别（从左起至右分别为1、2、3栏）。

索　引